# DICIONÁRIO LULA

Ali Kamel

# DICIONÁRIO

# LULA

## UM PRESIDENTE EXPOSTO POR SUAS PRÓPRIAS PALAVRAS

Pesquisa **Rodrigo Elias**

Editora Nova Fronteira S.A.
Rua Bambina, 25 – Botafogo – 22251-050
Rio de Janeiro – RJ – Brasil
Tel.: (21) 2131-1111 – Fax: (21) 2286-6755
http://www.novafronteira.com.br
e-mail: sac@novafronteira.com.br

*Texto revisto pelo novo Acordo Ortográfico*

CIP-BRASIL. CATALOGAÇÃO NA FONTE
SINDICATO NACIONAL DOS EDITORES DE LIVROS, RJ

K23d Kamel, Ali
Dicionário Lula: Um presidente exposto por suas próprias palavras / Ali Kamel. - Rio de Janeiro : Nova Fronteira, 2009.

ISBN 978-85-209-2219-4

1. Silva, Luiz Inácio Lula da – Citações – Dicionários. 2. Silva, Luiz Inácio Lula da, 1945 – Discursos parlamentares. I. Título.

CDD: 320.981
CDU: 32(81)

*Para Patrícia, minha mulher,*
*Alice e Sofia, minhas enteadas,*
*Zeny, minha mãe,*
*Ahmad, meu pai,*
*Mamede, Leila e Samira, meus irmãos,*
*Thamine, Francesca, Eduardo e Felipe,*
*meus sobrinhos.*

# Agradecimentos

Sempre me lembro do meu avô materno, Hamed, dizendo-me, naquela mistura de português e árabe, que agradecer é, mais do que algo protocolar, uma demonstração ao mesmo tempo de afeto e honestidade. E eu tenho muitas pessoas a quem dizer muito obrigado.

O historiador Rodrigo Elias foi incansável como pesquisador, detalhista, crítico, mas generoso ao compartilhar descobertas, alguém absolutamente indispensável à realização do projeto. Cristiane Costa, editora deste livro, foi mais do que eu poderia querer: criativa, rigorosa e sempre com uma palavra de estímulo. O analista de sistemas Wilson Pacheco de Albuquerque compreendeu num instante as necessidades do projeto e desenhou um software que serviu como a peneira eletrônica de que eu precisava. José Pereira da Silva, linguista da Uerj, foi de uma paciência de mestre ao ensinar alguns segredos da lexicologia (mas não tem responsabilidade alguma quanto ao uso que fiz deles nem quanto às opiniões que expresso neste livro: julgará o meu trabalho apenas agora, depois de pronto). Ana Frias, jornalista, mestranda em história, usou toda a sua competência para dimensionar o tamanho do vocabulário de Lula, coisa que nenhuma máquina é capaz de fazer. Sílvia Faria, minha amiga, colega de trabalho há tantos anos, esteve ali sempre pronta a me ajudar na busca pelas estatísticas necessárias ao trabalho. Os acertos deste livro devem muito a eles; os erros são todos meus. Muitos foram aqueles que leram os originais, dando sugestões preciosas: na impossibilidade de citar todos, digo apenas que eles provaram, mais uma vez, que toda amizade é à prova de sacrifícios. Este livro não seria possível sem o trabalho dos redatores da Secretaria de Comunicação da Presidência da República, que fazem a transcrição dos discursos, das entrevistas e dos programas radiofônicos com o presidente Luiz Inácio Lula da Silva para que tudo fique à disposição do público. Mauro Palermo, diretor da Nova Fronteira, tem apoiado meus projetos desde o início, numa demonstração de confiança que me deixa sempre motivado. Carlos Henrique Schroder, diretor-geral de Jornalismo e Esporte da TV Globo – onde trabalho – e meu amigo, estimula sempre novas ideias, mesmo aquelas, como este livro, que nada têm a ver com o meu trabalho na televisão. João Roberto Marinho, presidente do Conselho Editorial das Organizações Globo, nesses vinte anos de parceria que desembocaram numa amizade sincera, com seu respeito à pluralidade de opinião, deu-me o empurrão que faltava para me fazer um autor de livros: ao me convidar para escrever uma coluna quinzenal no *Globo*, me fez ter uma disciplina que o compromisso com o dia a dia parecia tornar impossível. Patrícia, minha mulher, dialogou sempre comigo sobre cada etapa do trabalho, discutindo caminhos possíveis nos becos aparentemente sem saída em que às vezes me encontrei (entre muitas coisas, não vou esquecer o dia em que, sem encontrar um complemento curto e significativo o suficiente para o título do livro, ouvi dela a sugestão que está estampada hoje na capa).

A todos vocês, eu agradeço de coração.

# Sumário

## Lula, em palavras e números

Não há jornalista que tenha estado de algum modo diante do presidente Lula que não admita que ele é uma pessoa cativante: afetivo, carinhoso, atencioso, brincalhão. Desde a campanha de 1994, e mesmo antes, sou testemunha disto. Lula tem sempre um sorriso nos lábios, faz referências a contatos anteriores, conta uma ou outra piada ou situação engraçada. Até no gestual Lula exercita sua simpatia: dá tapinhas nas costas, segura o braço do interlocutor enquanto conta uma história, tem um aperto de mãos sempre enfático.

Mesmo em situações delicadas.

Um exemplo é a entrevista ao *Jornal Nacional* na eleição de 2006. O tema do mensalão era inevitável, e William Bonner e Fátima Bernardes fizeram as perguntas que tinham de ser feitas: incômodas, abordando as denúncias do procurador-geral, explorando as incongruências de Lula durante os meses em que o escândalo produzia manchete atrás de manchete. Em ocasiões assim, o salão da biblioteca do Palácio da Alvorada está sempre cheio de técnicos e jornalistas da equipe do *JN*. Ao fim do programa, Lula geralmente se levanta e continua conversando com todos, demonstrando a mesma descontração de antes, talvez com um ou dois graus a mais de alívio. Naquele dia, Lula entrou no salão quase em cima do horário previsto para o início, mas se mostrou afável como sempre. Deu a entrevista, demonstrando irritação e incômodo, mas sem jamais perder o controle. No fim, levantou-se, pediu licença e se retirou imediatamente. Todos ali acharam que o presidente se ofendera, mas, passados uns cinco minutos, Lula, recomposto, voltou ao salão e ali se comportou com a simpatia costumeira. Sempre vi sinceridade nesse tipo de comportamento com a imprensa: Lula é genuinamente uma pessoa afável. Esta não é, contudo, uma característica só dele: são muito raros os políticos com comportamento abertamente hostil diante de jornalistas.

Por esse motivo, esses encontros profissionais ajudam pouco a conhecer as posições do presidente sobre uma gama variada de temas. Por definição, é na presença de jornalistas que os políticos estão em estado de alerta: sabem que tudo o que digam e façam será, no dia seguinte, de domínio público. Por maior que seja a espontaneidade, as palavras são sempre medidas, pensadas, refletidas, o que limita o conhecimento sobre a opinião que os homens públicos têm dos fatos e fenômenos que nos cercam. Lula não é exceção.

Ou é?

De certa forma, sim e não. Não, porque todos os políticos têm um mesmo comportamento. E sim porque Lula tem uma peculiaridade: ele gosta de discursar e, em grande medida, como se verá, de improviso. Desde a posse até 31 de março de 2009 (quando encerrei a pesquisa para este livro), Lula fez 1.770 discursos contra 1.164 de Fernando Henrique Cardoso em período semelhante (de janeiro de 1995 a 31 de março de 2001), 52% a mais. Em média, Lula fez um discurso a cada dia útil, sendo que, em alguns casos, foram cinco em menos de 24 horas. E, embora seja avesso a entrevistas exclusivas ou coletivas formais, Lula concede com uma frequência enorme as entrevistas que o próprio Palácio do Planalto chama de "quebra-queixo", aquelas em que o rosto do presidente fica cercado de microfones e gravadores. Uma fala assim tão volumosa e cotidiana acaba por burlar, frequentemente, os controles típicos dos políticos: quando se fala muito, em palanques ou em entrevistas corridas, o autocontrole reflexivo se torna menos presente.

O volume de declarações tem outra característica: torna possível verificar a consistência das opiniões no decorrer do tempo. Dei-me conta, então, de que os discursos e entrevistas de Lula, assim como o programa radiofônico *Café com o Presidente*, poderiam ser um manancial, que, se bem pesquisado, daria acesso à opinião de Lula a respeito de inúmeros desafios com que se defronta o país. Mais: permitiria saber o que ele diz sobre a vida, sobre os temas que tomam o noticiário, como ele lida com conceitos como família, filhos, democracia, fome, eleições, aborto e tantos outros. Uma informação, paradoxalmente, até aqui desconhecida.

Porque, embora cotidianos, os discursos e entrevistas de Lula chegam ao noticiário de modo fragmentado, o destaque indo apenas para a pequena parte com relevância jornalística e, às vezes, dado o excesso, nem mesmo isso. Os assessores próximos e repórteres setoristas são os únicos a ouvi-lo sempre, não se sabe com que nível de atenção. Para o cidadão comum, porém, é literalmente impossível ter uma noção de conjunto sobre o que diz o presidente: em todos nós, o que fica é uma impressão difusa e, mesmo assim, restrita aos assuntos mais constantemente abordados. Uma situação como essa torna difícil fazer emergir um Lula mais próximo do real, e a consequência disso é que a maior parte das pessoas, ao analisá-lo, lida com preconceitos (palavra que uso aqui em seu sentido literal, de ideia preconcebida). Tanto os que o apoiam quanto os que o rejeitam politicamente, quando avaliam a posição de Lula a respeito de qualquer assunto, em sua maioria fazem-no sem base real ou método. Lula é coerente ao longo do tempo? Lula tem, sobre um mesmo tema, ideias opostas dependendo do público para quem está discursando? Ele se sente confortável diante do capitalismo ou se mostra como um socialista de carteirinha? Em que se apoiam as suas opiniões, avaliações, conceitos, conclusões, afirmativas, certezas? Ou ainda: há alguma base de onde tudo isso parte? Quais são as suas formas de construir um discurso e de comunicar esse mesmo discurso? Enfim, se há uma resposta a todas essas questões, ela não é possível sem um mergulho profundo em suas palavras. Não há outro jeito, nunca há.

Personagem de ponta da história do Brasil nos últimos trinta anos, protagonista, até aqui, de todas as eleições presidenciais depois da redemocratização do país, o primeiro operário a ser eleito presidente da República, Lula merece ter o seu pensamento esquadrinhado, medido, avaliado. Uma tarefa que, certamente, vai requerer o trabalho contínuo de um batalhão de historiadores e cientistas políticos por décadas a fio, até que uma imagem mais nítida do homem e do político possa começar a emergir.

No Brasil, não temos grande tradição de analisar a retórica dos presidentes, ao contrário do que acontece nos Estados Unidos, para citar apenas um país. Ali, as palavras do líder da nação são objeto de estudo praticamente desde a independência, há mais de duzentos anos. Em todas as grandes universidades americanas (Harvard, Yale, Stanford, Princeton), em seus departamentos ou institutos de ciências políticas, há, frequentemente, linhas de pesquisa nesse campo. Em muitas outras universidades, o interesse pelo assunto é também enorme, com programas dedicados exclusivamente a este estudo: University of Maryland, University of Pennsylvania, University of Texas, Indiana University, American University e Texas A&M University. Nesta última, o "Program in Presidential Rhetoric" é uma unidade de pesquisa, neste caso do departamento de Comunicação, voltada para o estudo de todos os aspectos da Presidência que envolvam o uso da linguagem e que possam influenciar as crenças, os valores, as atitudes e as ações do público. Numa busca rápida na livraria virtual Amazon, podem-se achar 298 livros sobre retórica presidencial: os trabalhos esquadrinham múltiplos aspectos da fala dos presidentes, dos mais remotos aos mais contemporâneos (na minha pesquisa, encontrei alguns livros de citações, mas nenhum "dicionário", como este que agora entrego ao público).

Por que tanto interesse dos americanos pelo que dizem os seus presidentes? Se, para muitos de nós, a pergunta pode soar pertinente, para os estudiosos de lá ela não faria o menor sentido: há um consenso em torno do fato de que as palavras dos que governam ajudam a moldar o país e a pôr em prática, aperfeiçoar ou levar adiante um projeto de nação. Basta puxar pela memória para se perceber como os presidentes, em seus discursos, buscam respaldo no que disseram os seus predecessores que fizeram História, numa linha que chega até os fundadores da pátria ("*The Founding Fathers*"): George Washington, John Adams, Thomas Jefferson, James Madison, Abraham Lincoln, mas também Woodrow Wilson, Franklin Roosevelt, John Kennedy e Ronald Reagan. Eles quase sempre são mais lembrados pelo que disseram do que pelo que fizeram, porque suas palavras ecoam os seus atos. Mesmo os políticos postos em lugares menos nobres, porém, merecem estudos aprofundados sobre o que disseram. A retórica de George W. Bush, que mal deixou o poder, é já objeto de dezenas de artigos e alguns livros, assim como a de Barack Obama, que nem bem assumiu o posto.

Não se trata de análises apenas sobre o estilo retórico deste ou daquele presidente, mas de estudos que, a partir das palavras, tentam desvendar o homem e o projeto de nação que está por trás dele. Mary E. Stuckey, em seu livro *Defining Americans, The Presidency and National Identity* (*Definindo os americanos, a Presidência e a identidade nacional*), diz: "Analisando a retórica presidencial, é possível analisar a história da América de cima para baixo, mas com a consciência de que esta é também a história de baixo para cima." Karlyn Kohrs Campbell e Katheleen Hall Jamieson, em *Deeds Done In Words* (*Ações em palavras*), asseveram: "Presidentes habilidosos não somente se adaptam a suas audiências; eles se lançam num processo de transformar aqueles que os ouvem na audiência que eles desejam." Jeffrey K. Tullis, em *The Rhetorical Presidency* (*A Presidência retórica*), chega a dizer que a retórica presidencial não é apenas uma forma de comunicação, mas um poder propriamente dito, exercido pelos presidentes.

As palavras têm peso.

Aqui no Brasil o postulado tem igual validade, embora, como afirmei, não haja uma tradição de estudar a questão como nos Estados Unidos. Existem estudos, obviamente, mas, em número, eles ainda estão aquém do desejável. Este livro pretende se somar aos esforços existentes. Seu objetivo, contudo, é ainda modesto, embora o trabalho seja um passo necessário: nesse primeiro momento, há duas metas que se complementam. A primeira é sistematizar, num dicionário, os conceitos que Lula vem emitindo sobre uma variedade de assuntos desde que tomou posse em janeiro de 2003. A segunda é, a partir dessa sistematização, mostrar o que Lula diz, como diz e, em alguns casos, quando isso for possível, por que diz, para que, por meio de suas palavras, um primeiro esboço do homem público possa surgir. Esta segunda meta é a que apresento agora, neste texto que antecede o dicionário propriamente dito. Trata-se de uma análise de conteúdo, que eu poderia chamar de clássica, não fosse o fato de que o método aqui aplicado, que será explicitado mais adiante, foi inteiramente adaptado por mim. Aqui, evitei os jargões da disciplina, porque serei sempre um jornalista e, também, para não afastar o público não especializado, a quem o trabalho se destina. Uma pequena bibliografia, em que me baseei, está relacionada ao fim do livro.

Sobre o dicionário, é preciso ressalvar logo que tenho plena consciência de que serei capaz de mostrar o que Lula diz pensar sobre os mais variados temas e não exatamente o que ele pensa de fato desses mesmos temas. A razão é singela: no momento, com as fontes de que dispomos, não há como saber se o discurso dele é "verdadeiro", se é sincero, num sentido absolutamente lato: sincero tanto para ele próprio quanto para o público que o ouve. Fazer tal averiguação dependerá essencialmente de um trabalho junto a outras pessoas, a outros documentos. O que ele diz em público, ele repete em privado? Há correspondência entre palavras e atos, entre fala e atitude? É um trabalho de anos, que ocupará, como disse, algumas gerações, e que dependerá de entrevistas com as pessoas que o cercam, da análise objetiva dos resultados de seu Governo (comparativamente ao seu discurso) e do acesso a documentos que hoje estão sob embargo.

O fascinante do trabalho, como disse, é que o volume de palavras que se lê é de tal ordem que é possível afirmar com um alto grau de certeza o que é episódico e o que é padrão. E, mesmo sem as outras fontes que mencionei há pouco, o falar contínua e cotidianamente permite intuir, em alguns casos, o que é dito de forma meramente protocolar, politicamente correta, e o que parece estar mais próximo das crenças e valores do presidente. Não pretendi aqui fazer psicanálise, o que seria ridículo. Mas não foram poucas as vezes em que, num discurso com menos freio, mais espontâneo, emergiram momentos com um grau de sinceridade mais evidente. Nesta análise crítica, terei oportunidade de dar alguns exemplos.

A tarefa de sistematizar o discurso do presidente em um dicionário demandou um esforço enorme, e para isso contei com a ajuda inestimável do pesquisador Rodrigo Elias, historiador. A Presidência da República publica em sua página da internet, com grande agilidade, todos os discursos e entrevistas de Lula, além do *Café com o Presidente*. Cada discurso, cada entrevista e cada programa ganham um link próprio, um arquivo eletrônico separado, o que torna impossível trabalhá-los como um todo. O primeiro passo, então, foi abrir um a um os textos, copiá-los e, depois, colá-los num único arquivo Word. Os discursos apenas protocolarmente lidos foram desprezados (com duas exceções que serão reveladas em breve). Só foram levados em conta os discursos improvisados no todo ou em parte (além de todas as entrevistas e todos os *Cafés com o Presidente*). Não se tratou de considerar que os discursos escritos por terceiros não reflitam o pensamento de Lula: se foram lidos, é porque foram previamente discutidos com ele e dele receberam o "aceite", como ocorre em todo o mundo. Mas, como se trata de um trabalho sobre a fala do presidente, entendi que o Lula mais real está no improviso (mesmo que ele se manifeste em meio a um discurso lido). Não quero dizer que todo improviso seja fruto da espontaneidade: muitas vezes, são também resultado de elaborações prévias e podem ser o produto de discussões longas com assessores. Mas, em grande medida, eles estão mais próximos de Lula do que textos inteiramente escritos por terceiros. E guardam frequentemente uma relação estreita com o espontâneo, o que leva a riscos, como mostrarei em breve. Apesar dos expurgos, a quantidade foi imensa: 1.554 textos (847 discursos, 503 entrevistas e 204 programas radiofônicos), um total de 3.171.006 palavras (nas entrevistas e nos programas, não foram levadas em conta as perguntas). Considerando que, em média, um artigo publicado nas páginas de Opinião de um jornal como *O Globo*, por exemplo, tem 650 palavras, os discursos improvisados, no todo ou em parte, as entrevistas de Lula e seus programas de rádio equivaleriam a 4.878 artigos, um volume suficiente para ele publicar um artigo diário, de domingo a domingo, por longos 13 anos e seis meses. Foram analisados dois períodos: o primeiro, de janeiro de 2003, ano da posse, a maio de 2008, quando a pesquisa para o livro foi iniciada; e o segundo, de setembro de 2008, mês da falência do Lehman Brothers, a 31 de março de 2009, para que os verbetes econômicos não ficassem defasados em relação à crise financeira de 2008. Estatisticamente, trata-se de um volume altamente significativo.

Uma vez reunidos em um só arquivo, o TextSTAT, um software livre que relaciona todas as palavras usadas num texto e a sua frequência, permitiu criar um "léxico Lula": desprezamos os pronomes, conjunções, preposições, verbos auxiliares e nomes próprios pouco significativos, e nos fixamos nas 540 palavras mais repetidas pelo presidente. Para definir esse *ranking*, as palavras e suas derivadas foram consideradas como um só conjunto semântico: por exemplo, "bandido" leva em conta também a frequência de "bandidos", "bandida", "bandidas", "bandidagem" e "banditismo". Para dar outro exemplo, o mesmo aconteceu com "consumo", cuja frequência foi somada à de "consumidor", "consumidora", "consumidoras", "consumidores", "consumismo", "consumir" e todas as flexões desse verbo. Outro software, desenhado especialmente para este livro pelo analista de sistemas Wilson Pacheco de Albuquerque, além de contar palavras, frases e expressões, permitiu visualizá-las no parágrafo e/ou no texto integral em que foram mencionadas. A partir daí, o trabalho foi de garimpeiro: ler o maior número possível de ocorrências tentando encontrar aquelas semanticamente significativas. Nem todas, porém, se prestaram a verbetes. "Gente", por exemplo, foi usada por Lula 19.828 vezes, mas em praticamente todas como variante do pronome pessoal "nós": assim, não se conseguiu chegar a uma definição da palavra "gente" como sinônimo de "pessoa". Casos como este fizeram a lista de verbetes se reduzir a 347.

Em todos os verbetes, foi mantida a transcrição tal como feita pela Presidência, com poucas alterações. Não se procurou saber se os textos passaram por alguma correção ou se espelham fielmente a prosódia de Lula. Notou-se, porém, que alguns erros de regência e concordância estão presentes, e foram mantidos aqui porque respeitam a sintaxe popular usada pelo presidente, sem que o livro os realce graficamente (simplesmente porque não se pretendeu aqui estudar a correção gramatical de Lula). A pontuação usada por quem fez as transcrições é às vezes confusa. Para o bom entendimento do leitor, o livro alterou a pontuação quando isso se fez necessário.

Para cada verbete, há uma definição mais geral seguida de um número variado de subverbetes, todos eles com a indicação da data em que o discurso foi proferido, o local e a ocasião. Entre colchetes, está a identificação das pessoas citadas, sempre respeitando os cargos e as ocupações que tinham à época do discurso. Tome-se a título de exemplo o verbete "amigo". A definição geral foi:

> O verdadeiro amigo não é aquele que fica dando tapinha nas costas. De vez em quando, o verdadeiro amigo é aquele que faz uma crítica, é aquele que chama a atenção. Esse é, muitas vezes, mais amigo do que aquele que fica só "Ah, está maravilhoso. É bonito. Está extraordinário." *(1/5/03, Indaiatuba – SP. Visita ao Retiro de Itaici – CNBB)*

Depois dessa definição mais geral, seguiram-se 15 subverbetes, dos quais reproduzo agora apenas dois:

**... são ciumentos:** Eu, pelo menos, sou um homem de muitos amigos, eu gosto de conviver com muita gente, eu sempre fui assim. E agora, muitas vezes, eu passo o final de semana sozinho, eu e Marisa, porque não posso chamar uma pessoa, que pode causar ciúmes a outra, que vai ficar reclamando. Então, você termina se recolhendo sozinho. *(4/5/05, Brasília – DF. Entrevista aos jornalistas franceses Slimane Zeghidour, da TV5, Pierre Ganz, da Rádio França Internacional, e Olivier Royant, da revista* Paris Match*)*

**... suportam divergências:** Eu quero, do fundo do coração, meus companheiros, dizer para vocês que eu sou um homem de muitos amigos. Durante a minha vida inteira eu construí uma relação de amizade que eu tento fazer sólida, eu nunca perdi a amizade de um companheiro porque ele divergiu de mim, porque não concordou comigo, porque está em outro partido ou porque torce para outro time. Nunca. Eu levo bronca de alguém durante trinta segundos, depois eu conto até dez. Eu acho que a vida é tão boa que não vale a pena a gente ficar com raiva dos outros porque a gente vai ficando com azia, vai tendo má digestão, vai tendo problema. *(18/4/05, São Bernardo do Campo – SP. Comemoração dos 30 anos da sua posse como presidente do Sindicato dos Metalúrgicos do ABC)*

Na imensa maioria dos casos, os subverbetes não respeitam uma ordem cronológica, porque a prioridade foi dar uma ideia de conjunto: a intenção é que, ao fim da leitura do verbete e dos subverbetes, o leitor tenha a sensação de que leu um pequeno artigo sobre o tema, que vai do geral ao específico. A cronologia só foi respeitada quando se percebeu uma mudança de opinião sobre o tema (ou a pessoa), na maior parte das vezes causada pelo choque entre o discurso inicial e a realidade concreta.

O leitor se dará conta de que poderá ler o livro abrindo-o em qualquer verbete: ali encontrará sempre uma estrutura fechada sobre algum tema e, dele, poderá partir para qualquer outro. Um bom início talvez seja o verbete "Lula", uma autobiografia de 25 páginas, cujo início é a infância pobre, e o final, o que ele antevê como o seu futuro: à luz deste, será mais fácil ver nos outros verbetes as sutilezas contidas nas entrelinhas, quase sempre determinadas pela história de vida do presidente. Trata-se, claro, de um livro de referência, como todos os dicionários, para ser consultado na medida da necessidade ou da curiosidade.

O Lula que emerge destas páginas é um comunicador sem igual; um homem que vê o mundo a partir de sua experiência concreta de vida, de uma maneira que salta aos olhos; coerente, mas com incoerências importantes;

um cidadão que preza os valores tradicionais da família e de Deus; um filho legítimo do capitalismo que almeja para os outros a mobilidade social que conseguiu para si (quando se tornou torneiro mecânico); um conciliador, cujo objetivo, ao menos no nível da retórica, é alcançar a harmonia entre os polos extremos da sociedade, tendo, para isso, como principal instrumento, políticas assistencialistas. Essas características estão presentes em todos os verbetes, e, nesta análise crítica, serão discutidas separadamente.

## O comunicador

Mesmo entre os críticos mais ácidos de Lula, ninguém duvida de sua imensa capacidade de comunicação. Esse é um dos mais relevantes traços do presidente: fazer-se entender de modo simples e eficaz, tanto pelo erudito quanto pelo iletrado. Pode-se discordar do que ele fala, mas não há como negar que ele se comunica com extrema competência. Esta constatação não surpreende. A novidade que a leitura de seus discursos revela é que o "método Lula de discursar", que esmiuçaremos aqui, é absolutamente consciente. Como se verá mais adiante, quase sempre Lula sabe o que faz, por que faz e onde faz: seu objetivo é se comunicar com todos, mas, prioritariamente, com o "povão", que compõe a massa de cidadãos. Para isso, Lula transforma o que muitos veriam como deficiência – sua sintaxe popular e sua falta de sofisticação gramatical – numa poderosa arma de comunicação.

Alguns poderão dizer que não haveria outra hipótese, dada a baixa escolaridade do presidente, mas estes se enganam. Lula poderia ter caído na tentação de apenas ler discursos escritos por terceiros ou apelar para o que poderíamos chamar de "odoricorização" (tendo em mente o personagem Odorico Paraguaçu, da novela "O Bem-amado", de Dias Gomes): tentar falar difícil sem ter os pré-requisitos para tanto. Não, Lula evita os dois riscos, e, à vontade com sua sintaxe, mostra-se como um dos mais eficazes comunicadores da história política brasileira. Seu vocabulário hoje o ajuda: diferentemente do que muitos imaginam, o presidente tem um repertório de palavras semelhante ao de alguém com formação superior. Isso será mostrado mais à frente.

Nem sempre foi assim: quem se lembra do Lula candidato ao Governo de São Paulo, em 1982, ou à Presidência da República, em 1989, nos debates, comícios e entrevistas, sabe que essa é uma qualidade que ele aprimorou ao longo dos anos. No último debate na disputa de 1989, contra Fernando Collor, por exemplo, Lula tropeçou bastante ao responder a uma pergunta sobre a proposta do presidente do PT do Paraná em relação à reforma agrária. Referiu-se a Collor como "meu candidato", e disse, titubeante:

> O problema do Nordeste não é um problema de seca... de cerca... de seca... é um problema de cerca. Daí porque ele [o presidente do PT do Paraná] defendeu a reforma agrária, senão morreriam milhões e milhões de nordestinos, como está aí a imprensa dizendo e o IBGE afirmando que é possível nascer até uma sub-raça.

Collor aproveitou o tropeço e fixou-se na questão da sub-raça:

> Eu quero aqui de alguma forma repelir essa insinuação de que nós sejamos sub-raça, até porque sub-raça eu não sou, como também acredito que meu adversário não seja sub-raça somente pelo fato de ter nascido no Nordeste. A prova de que não somos sub-raça é que estamos aqui disputando a eleição presidencial, duas pessoas com origem no Nordeste, o que dá uma demonstração clara, sobretudo, da dignidade de nosso povo e da vontade que tem de progredir e de ajudar o Brasil a crescer.

Na tréplica, em vez de desfazer a confusão, Lula insistiu nela explicando que a sub-raça seria o destino dos nordestinos, caso a região não se desenvolvesse economicamente:

> Eu acho que se a fome continuar a crescer como ela está crescendo, nós, os nordestinos, estaremos predestinados a virarmos uma sub-raça.

A reação de Collor foi a conhecida. Rechaçou a "premonição" de Lula e pediu que ele retirasse a afirmação, coisa que o então candidato do PT não fez.

Vinte anos depois, Lula tem hoje um jeito muito mais simples e convincente de falar da fome: narrar, com emoção, a sua própria experiência de retirante nordestino, que migrou para São Paulo fugindo exatamente da falta de comida (em 1989, Lula até se referia ao fato de que saíra do Nordeste fugindo da fome, mas sem transmitir sentimento, apenas ressentimento). Um bom exemplo de como Lula mudou é o seu discurso de 25/2/03, quando disse numa reunião do Conselho Nacional de Segurança Alimentar e Nutricional:

> Somente quem passou fome sabe o que é a fome. Uma coisa é a fome de literatura. Uma coisa é a fome de você saber, por ouvir dizer, que alguém está com fome. Outra coisa é a fome de quem passa fome. Outra coisa é uma dona de casa ver o sol se pondo, um fogão de lenha com uma boca só, um pedacinho de madeira queimando, um pouquinho de água fervendo e não ter 300 gramas de feijão para colocar naquela água, não ter o arroz, não ter o leite e muito menos o pão. E não é apenas um dia. São vários dias, durante vários meses e, às vezes, durante vários anos.

Ou então quando contou, em 20/7/05, na aula inaugural do programa ProJovem, em Recife, como se deu o dia em que saiu de sua terra para São Paulo:

A minha mãe vendeu o que tinha, ela vendeu tudo o que tinha, desde a casa, que era uma casinha "tapera" – todo mundo sabe como é uma casinha no meio do mato –, e ainda naquele tempo vendeu despertador, vendeu um burrico que tinha, vendeu não sei o quê mais lá. Eu sei que, ao todo, ela juntou acho que 13 contos, se não me falha a memória, e resolveu ir para São Paulo. Colocou os sete filhos no pau de arara, porque um já estava lá. E foi uma briga muito grande porque tinha irmão meu que se escondia para não ir, um subia no pé de caju e não queria descer. Uma irmã, na época, tinha apenas dois anos de idade, e viajamos 13 dias para São Paulo. A comida era um saco de farinha, algumas rapaduras e, quando o caminhão parava, a gente dormia embaixo do caminhão, de vez em quando acordava com um temporal e tinha que sair correndo.

Uma maneira sem dúvida mais eficaz de falar da fome, sem que seja preciso recorrer a estudos do IBGE e a ameaças de sub-raça, mas apenas à própria experiência. Como em tudo o que faz no campo da comunicação, Lula hoje demonstra ter consciência de que, ao falar de suas próprias experiências, passa mais sinceridade e, de alguma forma, faz aumentar a sua autoridade sobre o tema objeto do seu discurso. Um exemplo disso é o discurso que fez em 20/10/05 para rebater as pesquisas que mostravam que a fome não era mais uma epidemia em região alguma do país. É importante notar que ele inicia a sua argumentação admitindo que deixará de lado o modo tradicional de um presidente discursar, prova de que seu estilo é consciente:

Eu sei que, muitas vezes, parece que não faz parte da liturgia presidencial contar determinados casos. Mas, quando eu comecei a trabalhar na Villares, não tinha refeitório, não tinha restaurante, a gente levava marmita. E a segunda-feira, normalmente, é o melhor dia da marmita, porque é a sobra do almoço do domingo, é o bife à milanesa, é o macarrão, é o frango. E eu me lembro, isso está gravado na minha memória, eu me lembro, como se fosse hoje, que cheguei numa segunda-feira – normalmente, sentam-se os mesmos companheiros à mesa, quem já trabalhou em fábrica sabe, às vezes, chegam certos companheiros e sentam-se juntos durante anos e anos, é como se fosse uma confraria – e eu fiquei distanciado porque na minha marmita não tinha mistura. Eu estava lá sentado, cada um dos companheiros abria a comida cheirosa, e, quando eu fui abrir a minha, eu vi que não tinha carne. Eu peguei e fechei: "Ah! Eu não estou com fome, não. Vou deixar para comer depois." E sempre tem aquele cara que faz a pergunta indesejável. O cara falou assim para mim: "Ô Lula, me dá a tua mistura." Eu falei: "Não, não vou dar porque eu vou comer mais tarde." E isso acontece porque as pessoas têm vergonha. Ninguém vai reconhecer para um amigo, para um namorado, que não teve o que comer, ninguém vai reconhecer.

Entre um momento e outro, entre o Lula que tropeçava nas palavras e o Lula que prende a atenção do público, conscientemente, com suas histórias, houve aprendizado, desenvolvimento, Lula lapidou sua maneira de se comunicar. Num político, essa virtude – comunicar-se bem – é um ativo dos mais valiosos. Lula parece ter levado para suas aparições públicas a mesma simpatia que descrevi no início desta análise. Não que ele tenha totalmente deixado de lado o jeito zangado de discursar: quando necessário, todos somos testemunhas de que ele ainda o pratica, quase sempre quando se sente acuado por alguma situação crítica. Mas, na maior parte das vezes, Lula confessadamente procura evitar a raiva em público. Foi o que ele mesmo contou num discurso em 4/9/03, numa reunião do Conselho de Desenvolvimento Econômico e Social:

> Isso me lembra uma vez, em que eu estava numa comissão em que a Benedita era candidata – acho que a prefeita do Rio de Janeiro ou governadora – e fui fazer um discurso sobre reforma agrária. Eu falei com tanta força o discurso da reforma agrária, e gritando tanto que, quando eu desci, uma velhinha falou assim para mim: "Lula, dá para você falar mais devagar? Você pode dizer a mesma coisa: 'Eu vou fazer reforma agrária.' Eu entenderia. Mas você gritou tanto que me assustou."

O esforço para não explodir parece ser grande, como fica claro nesse discurso que ele fez em 17/8/05, em Vitória da Conquista, durante a comemoração pela chegada da eletricidade ao Assentamento Amaralina, no auge das denúncias sobre o mensalão:

> O papel do presidente da República é não perder a paciência nunca. Qualquer cidadão pode ficar nervoso, pode xingar. Toda vez que eu fico meio nervoso, a Marisa é a primeira a me chamar a atenção: "Você não pode, você é o presidente da República, você tem que contar até dez antes de falar." Então, eu nunca, eu nunca... muitas vezes, por mais que eu esteja irritado ou nervoso, eu não posso dizer tudo o que eu penso em função do cargo em que eu estou e porque também sei que o povo não gosta de um presidente que fica gritando, que fica berrando. O povo quer um presidente que converse com ele com a tranquilidade com que uma mãe conversa com o seu filho, com que um pai conversa com o seu filho, com respeito.

Além de tentar não mais assustar "velhinhas" ou de manter a calma mesmo nos períodos mais turbulentos, e de usar a sua experiência de vida como exemplo, Lula tem outra arma: falar por metáforas de fácil entendimento, que remetam ao dia a dia das pessoas: a casa, a família, o trabalho, o futebol, a luta pelo ganha-pão. Uma arma que Lula, como eu disse antes, usa de modo absolutamente deliberado, como fica claro nesta declaração, durante visita à Universidade Federal de Minas Gerais, em 3/2/06:

> Eu fico sempre fazendo as minhas imagens, as metáforas, que muitas vezes a imprensa não gosta, porque ela preferia que eu citasse grandes personalidades do mundo intelectual, e eu prefiro citar jogador de futebol, pé de laranja, "pé de coisa"; é o que eu acho que o povo brasileiro entende melhor.

No mesmo discurso, Lula lançou mão de sua receita, ao comentar o tempo de maturação de um projeto de Governo:

> Mas o Brasil é assim. Quando a gente vê uma coisa dessas, eu fico com a impressão que é uma semente que a gente planta. E o pessimista passa perto: "Ah, não vai dar nada, não estou vendo nada, não está acontecendo nada." E você está lá, todo dia, pondo um pouquinho de água, regando aquilo, tirando as ervas daninhas que ficam ali perto, como azarão, não deixando dar certo. E aí nasce o primeiro, brota, vem um galhinho: "Ah, mas ele não vai dar nada, ele é muito fraquinho, não sei das quantas, está tudo errado e tal." Até que a gente possa tirar um fruto e colher o resultado daquilo que foi plantado.

Explicar o seu modo de discursar e imediatamente colocá-lo em prática é uma atitude recorrente de Lula, desde o início do mandato, em 2003. Foi o que fez, por exemplo, na abertura do 4.º Congresso de Metalúrgicos do ABC em 26 de junho daquele ano:

> Como, às vezes, nem todo mundo entende palavras difíceis, eu prefiro utilizar coisas do dia a dia, que nós dizemos. E é por isso que sempre trato a arte de governar como a arte de criar uma família. Parece fácil criar uma família, mas o mundo está cheio de irresponsáveis, homens ou mulheres que não conseguem criar uma família. Está cheio de gente que não consegue cuidar da educação correta dos filhos, que não consegue fazer o mínimo necessário que todos nós deveríamos fazer e muitas vezes não fazemos. Então, o desafio de governar é exatamente esse, é a gente poder fazer as coisas simples com a precisão que a sociedade precisa, fazer com que o Estado esteja a serviço da comunidade e não a serviço de uma minoria, como historicamente sempre esteve no nosso país. Tudo isso não é fácil de ser construído, é muito mais fácil falar, e aqui eu estou vendo muita gente boa de discurso. Quando vocês namoravam, o sujeito contava para vocês: "Eu faço isso, eu faço aquilo, vamos fazer aquilo e tal." Vocês casaram e o "isso" ou "aquilo" não era tanto quanto se queria, muita gente não teve a casa de praia que sonhou, não teve o carro que sonhou.

Os exemplos são inúmeros. A construção verbal que Lula mais usa para introduzir as suas metáforas é a expressão "é como": no período estudado, ele a utiliza 503 vezes, em 372 ocasiões, ou seja, uma construção presente em quase 25% das vezes em que falou em público (considerando discursos, entrevistas e programas radiofônicos). Como as metáforas podem ser introduzidas por uma infinidade de expressões, esse número é altíssimo. Num livro como este, vale a pena passear por uma boa sequência de exemplos, para que o leitor tenha uma noção mais exata do estilo do presidente e do colorido de suas imagens (como nas demais citações aqui usadas, algumas constam dos verbetes do dicionário; outras foram colhidas especialmente para esta análise).

A alusão à família:

> Eu nunca encontrei uma pessoa que me cobrasse alguma coisa imediata. Todas as pessoas sabem que se requer um tempo. E nós precisamos apenas ter paciência para esse tempo. É como se nós tivéssemos um filho com febre e quiséssemos mudar de médico e de medicamento. E, entre um médico e outro, esse filho tivesse febre. Você, talvez, tivesse que dar o mesmo medicamento que foi a razão pela qual você tirou a criança do médico. *(23/1/03, Curitiba – PR. Transmissão do cargo de diretor-geral brasileiro da Itaipu Binacional)*

A alusão ao esporte:

> Governar é como uma maratona. Você não pode começar a 80 por hora, porque o seu fôlego pode acabar na primeira esquina. *(24/1/03, Porto Alegre – RS. III Fórum Social Mundial)*

A alusão à morte:

> Vamos fazer distribuição de renda, porque, nos últimos trinta anos, se vocês pegarem todos os indicadores sociais, vão perceber que a massa salarial é como se a gente estivesse fazendo um cardiograma de um defunto, ou seja, não se mexe nos últimos trinta anos, o que é um crime contra este país. *(15/4/03, Catalão – GO. Inauguração do novo Complexo Mineroindustrial Copebrás)*

A alusão à vida a dois:

> Se você não tem dinheiro para fazer uma obra, todo mundo compreende: "Ora, não tenho dinheiro para fazer uma obra." É como um marido ou uma dona de casa dizer: "Não tenho dinheiro para comprar uma televisão." *(22/4/03, Vitória – ES. Implantação do III Alto-forno da Companhia Siderúrgica de Tubarão)*

A alusão à doença:

> Será que alguém neste país imagina que eu não tenha vontade de reduzir os juros com uma medida provisória? Agora, há fragilidade. Isso é como um

doente: se a pessoa está frágil, você não pode nem tirá-la do lugar, nem transportá-la para um hospital melhor. *(1/5/03, Indaiatuba – SP. Visita ao Retiro de Itaici – CNBB)*

A alusão à agricultura:

Governar é como plantar uma árvore. Você pode estar com fome, mas se você plantar feijão, você vai ter que esperar noventa dias; se você plantar um pé de soja, vai esperar 100, 110 dias; se você plantar um pé de milho, vai esperar 18 meses; se você plantar um pé de café, vai esperar três anos; com um pé de laranja é a mesma coisa. *(29/5/03, São Bernardo do Campo – SP. Entrega simbólica de 225 toneladas de alimentos para o programa Fome Zero)*

A alusão à vida familiar:

É como na casa da gente, o dinheiro é sempre menos do que aquilo que precisamos. *(14/8/03, Brasília – DF. Entrega dos relatórios dos 27 Fóruns da Participação Social no Plano Plurianual 2004-2007)*

A alusão ao futebol:

É como um jogo de futebol, você marca um, o adversário marca um. *(28/8/03, São Paulo – SP. Comemoração do aniversário dos 20 anos da Central Única dos Trabalhadores e posse da nova diretoria)*

A alusão ao amor materno:

Imprensa, na verdade, é como coração de mãe: por mais que a gente brigue com ela, a gente sabe que precisa dela. *(18/12/03, Brasília – DF. Ato de prestação de contas do ano de 2003)*

A alusão ao amor não correspondido:

Neste país deve ter muita gente torcendo: "Não pode, esse Lula não pode dar certo." É como um ex-marido que não quer que a ex-mulher seja feliz. "Tomara que não dê certo." *(17/3/04, Fortaleza – CE. Lançamento da campanha Cresce Nordeste, do Banco do Nordeste)*

A alusão às obrigações de mãe:

Para governar, muitas vezes a gente tem que fazer coisas que as pessoas, às vezes, não gostam, mas é como uma mãe que leva um filho para tomar vacina. Vocês já viram criança entrar na fila da vacina rindo? *(19/12/03, Brasília – DF. Entrega das insígnias da Ordem do Mérito Cultural)*

A alusão aos desejos impossíveis:

A construção de um país é como a construção de uma vida, a gente nasce cheio de sonhos, cheio de desejos e, a cada dia que passa, a gente vai descobrindo como é difícil construir o sonho. *(14/7/04, Campinas – SP. Visita à fábrica de produtos da Samsung)*

A alusão à religião:

Presidente é como pote de água benta, todo mundo acha que pode falar mal dele. *(6/8/04, Belo Horizonte – MG. Reunião com os presidentes das Federações de Indústrias)*

A alusão à manutenção de uma casa:

O Brasil foi governado sem que as pessoas levassem em conta as pequenas coisas que têm que ser feitas. É como chegar numa casa e encontrar, na pia, uma torneira que está vazando e o cidadão, ao invés de ir, de forma pragmática, comprar uma nova borrachinha, trocar a borrachinha, colocá-la e estancar o vazamento, fica amarrando elástico, amarrando pano, tentando remediar uma coisa simples que poderia ser feita. *(14/9/04, Paulínia – SP. Inauguração das Unidades de Coque, de Hidrotratamento de Diesel e de Recuperação de Enxofre da Replan)*

A alusão ao transporte aéreo:

A máquina pública é como se fosse o piloto automático de um avião. *(16/9/04, Brasília – SP. Entrega do prêmio Gestor Eficiente da Merenda Escolar – edição 2004)*

A alusão à construção civil:

Este país tem que ser pensado para trinta anos, para vinte anos, tem que ser pensado a longo prazo. Isso é como uma escada, quem é da construção sabe, ou seja, nós temos que construir degrau por degrau, senão nós não construiremos. *(18/10/04, Curitiba – PR. Encontro com representantes da Associação Comercial do Paraná)*

A alusão ao orçamento doméstico:

É como a gente faz na casa da gente, a gente só gasta o que a gente pode gastar. *(3/10/05, São Bernardo do Campo – SP. Abertura do Congresso dos Metalúrgicos do ABC)*

A alusão à prudência inata ao ser humano:

A política é medida não apenas pelo desejo, mas pelo espaço de tempo em que a gente mede se é possível ou não fazer as coisas. É como pular na água para nadar. Ou você está preparado para atravessar, ou você não entra na água, ou você corre o risco de morrer afogado. *(20/10/05, Brasília – DF. Abertura do 11.º Congresso Nacional do PCdoB)*

A alusão aos cuidados médicos:

Fazer política econômica é como se a gente tivesse um médico em uma sala de cirurgia, o paciente deitado para operar, e cinquenta do lado de fora, gritando "olha, corta aquele pedaço, tira aquele pedaço ali, corta aquela tripa". O cidadão morreria. *(7/12/05, Brasília – DF. Posse da nova Executiva Nacional do PSB)*

A alusão ao conformismo inato ao ser humano:

Reforma é como mudar de casa, ou seja, você está habituado a morar numa casa e precisa mudar; a outra pode ser muito melhor, pode ser maior, mas você tem dificuldade de sair da casinha em que você está. *(17/5/07, Brasília – DF. 21.ª Reunião do Conselho de Desenvolvimento Econômico e Social – CDES)*

A alusão à música:

Ser presidente da República é como ser um maestro de orquestra: você não tem que saber tocar todos os instrumentos, você tem que entender de partitura, de música, de saber coordenar. *(9/5/08, Ilhéus – BA. Lançamento do Plano de Aceleração do Desenvolvimento e de Diversificação Agrícola na Região Cacaueira do Estado da Bahia)*

A alusão aos desastres naturais:

Nós saímos da turbulência, saímos do vendaval. É como você chegar numa cidade depois de um furacão. Até consertar tudo, limpar, colocar a casa em ordem para começar a voltar a funcionar com normalidade, tem um tempo; e nós fizemos isso com tranquilidade. *(2/10/03, Brasília – DF. Entrevista coletiva a emissoras de rádio)*

Trata-se, quase sempre, de uma linguagem que o povo entenda, simples e convencional. Isso não o impediu, porém, de incorporar palavras e conceitos que ele só recentemente aprendeu (e que, em alguns casos, foi objeto do seu sarcasmo). Um exemplo são as palavras "estruturante" e "transversalidade". No dia 25 de março de 2003, três meses após assumir o cargo, ao falar sobre o combate à fome, Lula ironizou o que andava ouvindo nas reuniões ministeriais:

Você tem que ver, na reunião dos ministérios, como é que estão as palavras. Agora tem "transversalidade", tem "estruturantes"! Esses dias eu fiz um ministro traduzir e ele teve dificuldade.

Lula aprendeu. No período analisado pelo livro, o presidente voltou a repetir a palavra "estruturante" mais quarenta vezes (não houve um ano em que ela não tivesse sido usada ao menos uma vez). Como, por exemplo, no dia 30/7/04, quando, diante de uma plateia de empresários, deputados e ministros, Lula discursou sobre os planos para incentivar a produção de energia no Brasil:

> Eu digo sempre que, muitas vezes, um governante, ele não será medido pela sua passagem pelo Governo, pelas grandes obras estruturantes que ele fez, porque muitos não fizeram nenhuma, ou seja, muitas vezes o padrão de relacionamento que se estabelece entre Estado e sociedade, Governo e sociedade, pode ser muito mais importante do que o resultado da obra.

O mesmo se deu com a palavra "transversalidade", que Lula usa no sentido de fazer uma política ser analisada e implementada por todos os ministérios envolvidos na questão, para evitar que uma decisão de um órgão seja obstaculizada por outro. Lula voltou a usá-la, todos os anos, num total de trinta vezes. Chama a atenção, neste caso, o fato de que ele passou a dar o crédito à autora do conceito:

> Foi aí que a companheira Marina [Silva, ministra do Meio Ambiente] criou uma palavra chamada transversalidade – bonita e difícil de falar – para quando um ministério pensar em fazer qualquer investimento ou qualquer projeto, o Ministério do Meio Ambiente e o Ministério Público comecem a trabalhar na elaboração desse projeto desde o começo, de forma que, quando estiver pronto, já esteja concluída também a política de licenciamento, pelo Ministério do Meio Ambiente, pelo Ibama e seus similares. *(11/3/04, Brasília – DF. Reunião do Conselho de Desenvolvimento Econômico e Social – CDES)*

Lula gosta de brincar com as novas palavras que aprende. A declaração a seguir, feita em 1/5/09, está fora do período analisado pelo livro, mas é irresistível reproduzi-la aqui:

> Quando a Petrobras, no dia 1.º de maio de 2009, apresenta ao mundo a prospecção e a retirada do primeiro barril de petróleo do pré-sal, isso tem um significado de uma transcendência incomensurável. Vocês gostaram? "Transcendência" e "incomensurável" juntos, vocês gostaram? Ô gente, nem eu estou acreditando que sou eu que estou aqui falando... Eu já falei "concomitantemente", daqui a pouco eu vou falar "*en passan*", daqui a pouco eu vou falar "condição *sine qua non*", e vai por aí afora. Para quem tomou posse falando "menas laranja", está chique demais. Está chique demais.

Chique e repetitivo, porque, apenas no período pesquisado, aquela foi a 14.ª vez que Lula fez a blague com o "*en passant*", sendo que numa delas repetiu também a referência ao "menas laranja". Na verdade, não havia ali termos novos para Lula: "transcendência" ele já havia usado três vezes, "incomensurável", 42, "concomitante", 37 e "*sine qua non*", 18.

Ao longo dos anos, Lula alargou o seu repertório de palavras consideravelmente, a ponto de ele ter hoje um vocabulário equivalente ao de uma pessoa que cursou a universidade. Estudos de lexicografia demonstram que um brasileiro iletrado utiliza, em média, de três mil a quatro mil vocábulos, número que pode aumentar sob a influência do rádio e da televisão. Este é o chamado vocabulário ativo, aquele que a pessoa usa espontaneamente ao falar. O vocabulário passivo, aquele que ela ouve e é capaz de entender, pode ser de três a quatro vezes maior. Alguém com nível superior tem, em média, um vocabulário ativo de entre nove mil e dez mil palavras (o passivo pode atingir quarenta mil).

Para se chegar ao número de palavras usadas por Lula, o procedimento foi aquele adotado pelos especialistas na matéria: excluídos nomes próprios e siglas, contou-se tudo: preposições, artigos definidos e indefinidos (mas não a flexão de número), conjunções, pronomes, verbos (mas não as suas flexões), advérbios, adjetivos e substantivos (nestes dois últimos casos, sem levar em conta variações de gênero e número). Gírias, palavrões, tabus linguísticos (como "desgramada" para evitar o uso de "desgraçada") e estrangeirismos também foram levados em conta. Para exemplificar, foram contadas as palavras "repercussão" e "repercutir", mas não "repercussões" e "repercutiram" (e todas as outras flexões desse verbo). Da mesma forma, foram contadas "administração", "administrador" e "administrativo" (mas não as suas flexões de gênero e número), "administrável" (mas não suas flexões de número), "administrativamente" e "administrar" (mas não as flexões desse verbo). O total encontrado foi expressivo: 11.543 palavras.

Mesmo considerando que uma parte dos textos analisados foi lida e não inteiramente improvisada, trata-se de um vocabulário larguíssimo. Estimo que a parte lida não supere 30% do material. Nela, é possível que haja palavras fora do vocabulário ativo de Lula, mas num número que em nenhuma hipótese altera a conclusão geral. Se 100% das palavras lidas por Lula não fizerem parte de seu vocabulário ativo, uma completa impossibilidade estatística, mesmo assim ele ainda teria um vocabulário de 8.080 palavras. Portanto, não há dúvida de que o vocabulário de Lula é equivalente ao daquele de um homem que cursou a universidade. Esse resultado surpreende, mas não deveria: exposto a quatro campanhas presidenciais, envolvido nos mais acirrados debates, surpreendente seria se Lula tivesse mantido inalterado o vocabulário que tinha ao tempo de líder sindical. Em resumo, Lula conhece uma quantidade de palavras como se tivesse cursado o superior completo, mas essas palavras não são necessariamente "difíceis", e a maneira como ele as utiliza segue um padrão mais coloquial, que todos entendem. São dois fenômenos independentes. Mesmo o cidadão iletrado que o ouve (com um vocabulário ativo de quatro mil vocábulos) é plenamente capaz de entendê-lo, seja por seu próprio vocabulário passivo (que, repito, pode chegar a doze mil), seja pela maneira popular com que Lula constrói seus enunciados.

Para ajudar-se nessa tarefa de se fazer entender, Lula lança mão de outro recurso, a repetição, cuja importância ele parece ter reconhecido desde o primeiro instante. Novamente, trata-se de um recurso consciente, proposital. Em todo o período analisado, ele usa o verbo "repetir" e suas variantes 345 vezes. Geralmente, ele repete e diz, transparentemente, que repete (embora em centenas de ocasiões, repita sem fazer menção à repetição). Ele usa, mais frequentemente, as seguintes construções (mas também as formas "já disse" e "já falei"): "vou repetir", "digo e repito", "quero repetir", "faço questão de repetir", "não me canso de repetir", "volto a repetir". Isso fica claro nos dois exemplos a seguir.

O primeiro é uma história que ele preza muito: os êxitos que conseguiu graças ao diploma de torneiro mecânico (no período analisado, ele contou essa saga 25 vezes, sem que houvesse ano em que ela deixasse de ser mencionada, o que dá uma média de três citações por ano):

> Então, eu digo e repito sempre: eu sou filho de uma mulher que teve oito filhos, teve doze, quatro morreram, ficaram oito vivos, eu sou o caçula dos homens, e eu fui o primeiro filho da minha mãe a ter um diploma primário, fui o primeiro a aprender uma profissão. Por conta disso, por conta de ter uma profissão, eu fui o primeiro filho da minha mãe a ter uma casa própria, eu fui o primeiro filho a ter uma televisão, a ter uma geladeira, a ter um carro. *(9/6/06, Paracambi – RJ. Inauguração da Unidade de Ensino Descentralizada de Paracambi)*

No segundo exemplo, ele chega a confessar que vem "martelando" a tese que está defendendo:

> Quero repetir o que venho martelando nesses últimos dez meses: a responsabilidade de vencer a miséria neste país, de garantir que as pessoas tomem café, almocem e jantem, de garantir que as pessoas possam fazer o ensino fundamental e depois prosseguir nos seus estudos, de garantir que todas as pessoas

tenham acesso a um bom sistema de Saúde não é apenas responsabilidade do Governo. *(20/10/03, Brasília – DF. Lançamento do Programa Bolsa Família, de transferência de renda)*

Lula usa tantas vezes o artifício da repetição, e está tão consciente de sua importância como instrumento de comunicação, que, certa vez, acabou citando, às avessas, a famosa frase atribuída a Joseph Goebbels, ministro da Propaganda de Hitler, segundo quem uma mentira contada mil vezes torna-se verdade. Aparentemente, na ocasião, Lula não se deu conta de que sua declaração poderia ser interpretada pelos adversários como uma confissão de que mente:

Portanto, se aqui for dita alguma coisa que eu já disse, é um defeito político, na verdade, um defeito genético do político brasileiro, mas que, segundo os comunicadores, é sempre importante a gente repetir uma mesma coisa muitas vezes, até que essa coisa se torne quase que uma verdade absoluta para todos nós. *(10/4/07, Brasília – DF. Abertura da Marcha a Brasília em Defesa dos Municípios)*

Repetição, metáforas facilmente entendidas pelo cidadão comum, linguagem simples e convencional, essa é a fórmula de Lula. Mas há ainda outro ingrediente. Quando necessário, Lula não se importa nem mesmo de usar imagens fortes, que poderiam ser vistas como de mau gosto. Essa linguagem "forte", embora não frequente, é usada sem constrangimento sempre que o presidente a considera necessária: a fala flui sem ressalvas, não há nenhum pedido de licença para se usar uma linguagem mais contundente. Se seu objetivo é comunicar-se, ele usa todos os recursos.

Como ao defender a atenção do Estado para o drama de adolescentes grávidas:

Eu conheço casos de meninas que perfuraram o útero com agulha de fazer tricô. Eu conheço casos, na Bahia e em outros estados do Nordeste, em que meninas colhiam fuligens no fogão de lenha, achando que aquilo poderia resolver o problema da sua gravidez. *(7/5/07, Brasília – DF. Entrevista à Rede Católica de Rádio, no Palácio do Planalto)*

Ou ao defender seu programa habitacional:

Quem mora numa grande cidade ou numa cidade média, fora do mangue, simplesmente não conhece o que é uma palafita. Mas eu já vi mulher com uma estaca de pau grudada na costela, que perfurou o seu útero e matou o seu filho. É o tipo de moradia mais degradante que pode existir. *(11/3/03, Brasília – DF. Encontro com prefeitos – VI Marcha a Brasília em Defesa dos Municípios)*

Ou ao defender seu programa de saneamento básico:

Pense num "cabra" [o próprio Lula] que, um dia, saiu dessa rua Auriverde e foi morar na rua Verão, numa casa nova, com cheiro de tinta, em junho de 1963. E, em janeiro de 1964, acordou à meia-noite, com rato disputando espaço com barata, com merda boiando na ponta do nariz, com água batendo no colchão, e teve que se levantar à noite para levantar o colchão, para levantar a mãe, para tirar as irmãs. *(12/7/07, Recife – PE. Lançamento do PAC nas áreas de saneamento e urbanização no estado de Pernambuco)*

Ou ao defender o Programa de Aceleração do Crescimento:

Só é contra quem não sabe o que é carregar uma lata d'água na cabeça por quatro ou cinco léguas. Só é contra quem não sabe o que é pegar um pote d'água cheio de barro, de merda de animal, de caramujo, levar para dentro de casa, colocar para assentar e ficar tomando aquela água barrenta cheia de caramujo para pegar doença, para apodrecer os dentes, para pegar verminose. Então, quem tem água Perrier na geladeira pode até ser contra. *(27/7/07, Natal – RN. Lançamento do PAC Saneamento e Urbanização no estado do Rio Grande do Norte)*

Ou ao defender a transposição das águas do São Francisco:

Vou fazer porque sei o que é ir buscar água num açude e ficar separando cocô da água – cocô de cavalo, cocô de cabrito – para pegar água numa canequinha, colocar num pote, deixar assentar, para depois, no dia seguinte, tomar um metro de barro dentro da água com caramujo. Eu sei, porque eu já bebi; sei porque já fui buscar água em açude. *(11/2/05, Caruaru – PE. Inauguração da Clínica Asa Branca, do Programa Brasil Sorridente)*

Ou ao defender o seu programa de combate à fome:

Eu me lembro de que, uma vez, no sindicato, nós denunciamos que os trabalhadores comiam rato na favela do Alves Dias. Foi um escândalo. A pessoa lia o jornal e achava que a gente era xiita: "Onde já se viu dizer que as pessoas comem rato?" E comiam. Em Quipapá, Pernambuco, quando fui pela primeira vez, com Jarbas Vasconcelos [governador de Pernambuco], Marcos Freire [político pernambucano, já falecido] e Cristina Tavares [política pernambucana, já falecida], entramos numa casa que tinha uma família comendo rato. E não era preá, era rato mesmo. *(25/3/03, Brasília – DF. Discurso no Conselho Nacional de Segurança Alimentar e Nutricional – Consea)*

Ou ao defender a necessidade de investimentos nas regiões metropolitanas:

prensa "denunciou" o fato, houve promessas de que o "sifu" seria reincorporado ao texto, mas nada aconteceu nesse sentido). Isso considerado, a frequência de palavras "fortes" que registrei há pouco parece ser expressiva. Trata-se de algo realmente inédito no exercício da Presidência: de fato, jamais, antes de Lula, um presidente deliberada e conscientemente falou a linguagem das ruas, da mais leve à mais pesada, sem restrições, com o objetivo de se comunicar bem.

Diante disto, discutir a questão da gafe nos discursos de Lula se torna algo extremamente complexo. Se considerarmos gafe tudo aquilo que destoe do padrão aceito pela audiência a que o discurso se destina, quase nada em Lula, hoje, poderia ser classificado como tal, pela simples razão de que o "estilo Lula de discursar" está agora amplamente absorvido por todas as plateias, o que dá a ele, na maior parte dos episódios, um salvo-conduto que os políticos em geral não têm (quando não é Lula quem fala, os discursos de autoridades e políticos continuam seguindo a ortodoxia: são formais e tentam seguir a norma culta, embora isso não seja nem de longe garantia de bom gosto e refinamento literário, como se sabe). Mas nem sempre foi assim, o que apenas corrobora o que digo aqui. Logo que assumiu a Presidência, a imprensa foi varrida por referências a gafes que Lula era acusado de cometer: nem todos os episódios poderiam ser classificados propriamente de gafes (havia deslizes, erros, atos falhos), mas a imprensa os rotulava sempre dessa maneira. As referências em reportagens, notas ou artigos se sucediam.

Em 17/6/03, numa feira de doces em Pelotas, ao lado de dona Marisa, Lula insistiu, mais uma vez, em que os primeiros resultados de seu Governo levariam algum tempo para acontecer. Referiu-se ao nascimento do primeiro filho para dizer que a natureza o fez esperar nove meses:

> A coisa que eu mais queria na minha vida, quando casei com a minha galega, era um filho. Ela engravidou logo no primeiro dia de casamento, porque pernambucano "não deixa por menos". Pois bem, eu tive que esperar nove meses para nascer a criança e mais um ano para ela falar "papai".

Em 24/6/03, numa entrega de prêmios a instituições beneficiárias do programa Senai Solidário, Lula reafirmou a fé em seu programa de Governo:

> Não tem chuva, não tem geada, não tem terremoto, não tem cara feia, não tem o Congresso Nacional, não tem o Poder Judiciário –, só Deus será capaz de impedir que a gente faça este país ocupar o lugar de destaque que ele nunca deveria ter deixado de ocupar.

No lançamento da nova política de saúde mental, em 28/5/03, entre enfermos e médicos, Lula, ao defender um tratamento mais humano para os doentes mentais, usou um velho clichê:

> Todos nós temos um pouco de louco dentro de nós. Quem não acreditar é só fazer uma retrospectiva do comportamento pessoal nos últimos dez anos que vai ver que já teve esse momento.

Durante a sanção do Estatuto do Idoso, em 1/10/03, diante de uma plateia de idosos, Lula tentou incentivar os mais velhos a ter uma vida ativa:

> Quando se aposentarem, por favor, não fiquem em casa atrapalhando a família. Têm que procurar alguma coisa para fazer. (...) se ficar disputando o espaço do sofá com o neto (...), a sua vida vai ficar chata.

Numa recepção a atletas paraolímpicos, em 27/11/03, Lula fez piada sobre mancar devido a uma dor no pé:

> Eu estou com uma dor no pé, mas não posso nem mancar, para a imprensa não dizer que eu estou mancando porque estou em algum encontro com portadores de deficiência.

Em 15/4/04, em visita à 18.ª Bienal do Livro, Lula quis incentivar as crianças a ler:

> A leitura, para a criança, é o mesmo que uma esteira para as pessoas da nossa idade. Muita gente coloca até uma esteira no quarto, muitas vezes coloca até na beira da cama pensando: amanhã vou levantar e vou começar a andar na esteira. Mas todo dia se levanta com uma preguiça desgramada e vai ficando para o dia seguinte. Isso é como o livro para uma criança que não adquiriu no tempo certo o gosto pela leitura.

Em todas as ocasiões, a repercussão foi enorme. Disseram que Lula fez dona Marisa enrubescer diante de uma afirmação sexista, protestaram contra o arroubo messiânico de Lula e o seu menosprezo pelo Congresso e pelo Poder Judiciário (a ponto de o presidente ir a público no dia seguinte se explicar), acusaram-no de subestimar o sofrimento dos doentes mentais e de se referir a eles como loucos, tacharam-no de insensível por insinuar que os idosos podem ser um estorvo, denunciaram mau gosto na piada diante de deficientes e decretaram que ele desestimulava a educação de jovens ao comparar a leitura a algo enfadonho como o exercício em esteiras. Exemplos de um período, o início do Governo, em que só a imprensa, muitas vezes sem razão e com alguma má vontade, falava de gafes, gafes e gafes.

Sem que o estilo do presidente tenha mudado substancialmente, porém, com o tempo, esse tipo de crítica rareou (apesar de nunca ter desaparecido por completo). É certo que ele aprendeu rapidamente que, como chefe de Estado e de Governo, deve evitar críticas públicas aos outros Poderes, mas, em relação a outros temas, Lula pouco mudou. Por que, então, as críticas se tornaram menos frequentes? Porque o que era visto incondicionalmente como gafe ou mau gosto passou a ser percebido, majoritariamente, como "espontaneidade": o "estilo Lula de discursar" parece ter sido se não acolhido, ao menos abonado. Não poderia ser diferente: quem mantém a postura de criticar o estilo de Lula acaba tendo uma atitude apenas esnobe e, pior, extemporânea: Lula e sua sintaxe são uma realidade inescapável, e detratá-lo com base em sua maneira de falar revelará apenas preconceito de classe, como eu mesmo disse à época num artigo no jornal *O Globo*.

Coisa diferente, contudo, é condenar o uso da linguagem "forte", como a que mencionei há pouco. A condenação, se houvesse, não seria nem de longe absurda, mas, ao contrário, defensável. É, afinal, legítima a preocupação de que uma linguagem mais chã por parte do mais alto mandatário do país comprometa, pelo exemplo, o padrão que se deseja para os jovens em formação, que poderão acreditar que é aceitável usar em ocasiões formais o vocabulário que costumam praticar na praia ou na partida de futebol. Mas, sendo já de conhecimento geral esse "estilo Lula de discursar", essa linguagem "forte" poderia mesmo ser classificada de gafe? Não creio. Pode ser condenável, mas gafe não é, porque não causa espanto, surpresa, não revela um comportamento, um pensamento, uma opinião que, antes, estivessem escondidos por um discurso de fachada. E, por esse mesmo motivo, por sequer provocar surpresa, não chega a ser condenada porque deixou até mesmo de chamar a atenção dos jornalistas: sem sair nos jornais, acaba ouvida apenas pela plateia imediata de Lula, sem ecoar no grande público.

Quando há pouco me referi à espontaneidade, não quis dizer, porém, que Lula seja um "espontâneo" em estado puro, e diga apenas o que lhe vêm à cabeça: como tenho tentado mostrar aqui, quase tudo nele é consciente e proposital (cada vez mais, numa escala crescente). Lula parece ter se dado conta de que pode usar a palavra "crioulo" em vez de negro, mas nunca diante de líderes do movimento negro; pode falar mal de senadores e deputados, mas jamais na frente deles; pode ironizar os militares, mas em nenhuma hipótese dentro de um quartel. A incorreção política de tais declarações continua a mesma, mas, na maior parte das vezes, ela passa despercebida, ou porque os jornalistas já se acostumaram ao estilo ou porque, na ausência física dos "ofendidos", o mal-estar tipicamente gerado por uma "gafe" não se estabelece.

Dois pontos, contudo, poderiam ser classificados de gafe sem hesitação: quando Lula comete algum erro de informação gritante ou quando diz algo inapropriado na presença de um dignitário estrangeiro no Brasil ou no exterior.

Quando se trata de erro de informação, curiosamente, nem sempre há repercussão na imprensa (às vezes não há sequer registro). Aqui, destaco alguns desses momentos. O primeiro, que gerou muita notícia negativa, ocorreu em 10/3/03, quando Lula afirmou que Napoleão esteve na China, algo que jamais aconteceu (num primeiro instante, o site da Presidência corrigiu o erro, mas, depois, quando o fato foi revelado pelo jornalista Elio Gaspari, o erro voltou a constar das íntegras):

> Napoleão Bonaparte disse: "A China é um gigante adormecido, e no dia em que acordar, o mundo vai tremer." E a China acordou, e o mundo está, pelo menos, preocupado com o potencial de crescimento da China. Antes de Napoleão Bonaparte ter visitado a China, o hino brasileiro já falava que nós somos um gigante.

O segundo se deu em 12/6/03, quando, durante reunião da Câmara de Política Social, Lula atribuiu a Oswaldo Cruz a descoberta da vacina da febre amarela:

> O que nós temos que ter em conta é que reforma é algo tão complicado que, quando Oswaldo Cruz [diretor-geral da Saúde Pública durante a Presidência de Rodrigues Alves] inventou a vacina da febre amarela para salvar o povo brasileiro de uma peste que se avizinhava, o que aconteceu? Ele quase foi linchado, porque ninguém queria tomar a vacina.

Na verdade, Oswaldo Cruz não inventou a vacina contra a febre amarela, mas combateu o mosquito transmissor criando brigadas "mata-mosquitos". A Revolta da Vacina, à qual Lula se refere, teve início em 10/11/1904, em protesto contra a vacinação obrigatória contra a varíola. O erro foi bastante explorado pela imprensa.

O mesmo não aconteceu em 25/6/03: Lula, ao defender políticas de longo prazo, deu a entender que a torre Eiffel levou dezenas de anos para ser construída, quando, na verdade, ela foi erguida em apenas dois anos e Gustave

Eiffel, seu idealizador, morreu 34 anos depois; o mais importante: foi pensada para ser temporária, mas depois de pronta decidiu-se não desmontá-la:

> Imaginem se a pessoa que pensou em construir a torre Eiffel estivesse pensando apenas no seu tempo de vida. Ele não construiria. Como tantas outras obras que a humanidade admira não estariam construídas hoje. Se nós pensássemos apenas no mandato de um governante e não em décadas e décadas, nós não teríamos sequer uma pirâmide construída no Egito.

Em 4/9/03, outra escorregada, também não registrada pela imprensa. Lula deu um colorido especial à história do descobrimento do Brasil, ao inventar um enredo que não está nos nossos livros de história:

> Eu fico imaginando quando o rei de Portugal imaginou vir para o Brasil. Tinha os pessimistas que falavam: "Como é que vai para o Brasil?" Não sabiam que tinha o Brasil ainda. "Como é que nós vamos descobrir uma terra nova? Tem esse mar imenso que a gente não sabe nem quantos quilômetros tem; nós não vamos conseguir." Aí o otimista falou: "Vamos fazer um barco e vamos tentar." E conseguiu chegar.

Como último exemplo, o caso de João Goulart: por duas vezes, uma em 25/8/05 e a outra em 31/7/07, Lula disse que o presidente deposto pelo golpe militar de 1964 renunciou. Nos dois episódios, o erro lhe rendeu muitas críticas. Aqui, a citação mais recente:

> Minha amizade pessoal é uma coisa, minha questão partidária é outra, minha relação com os adversários é outra. Mas tem gente que não pensa assim. Essa gente que não pensa assim fez a Marcha com Deus pela Liberdade em 1964, que resultou no golpe militar; essa gente que não pensa assim levou Getúlio Vargas ao suicídio; essa gente que não pensa assim levou o João Goulart a renunciar; essa gente que não pensa assim ficou contente com 23 anos de regime militar e está incomodada com a democracia.

Tais erros sem dúvida alguma incomodam o próprio Lula, que não esconde de ninguém o esforço grande que faz para evitá-los. Nem mesmo da imprensa estrangeira. Foi o que fez em 12/3/08, num encontro com empresários promovido pela revista inglesa *The Economist*:

> Eu tenho que falar de muitos assuntos, porque se fossem outros presidentes, dependendo da origem social deles, ninguém cobra. Agora, de mim as pessoas cobram mais do que precisariam cobrar. Então, eu tenho que me preparar, desde a mulher, a pedreira, a vasectomia, a laqueadura, a Economia, o crédito, a política externa, me especializar em América do Sul, América

Latina, África, Oriente Médio, Ásia, porque senão não sobrevive. Porque se fosse um grande intelectual que estivesse aqui, um grande empresário, vocês já partiam do pressuposto que ele já sabia tudo, não precisa nem perguntar. Então, para mim as pessoas perguntam e eu preciso estar preparado para responder.

Mas o que provoca mais clamor nos jornais, sem dúvida, são as afirmações inapropriadas de Lula quando está junto a chefes de Estado ou de Governo estrangeiros. Nesses casos, a presença do "ofendido" causa instantaneamente grande constrangimento, mesmo quando as gafes não têm gravidade. Ganham sempre registro, pequeno ou grande, erros como chamar venezuelanos de bolivianos, trocar o nome de uma grande empresa por outra, dizer que fará uma única reunião bilateral ao mesmo tempo com Brasil, Colômbia e Venezuela, erguer um brinde num banquete de muçulmanos na Síria, ou, na presença de Bush, falar em ponto G para analisar a possibilidade de acordo na rodada de Doha. Graves, no entanto, são as gafes que, de fato, traem um pensamento preconceituoso e constrangem o interlocutor estrangeiro. São raras, no entanto, e encontro dois exemplos. O primeiro, e talvez o mais famoso, se deu quando Lula fez uma viagem à Namíbia, em 7/11/03: falando sobre a capital do país, deu margem a que entendessem que ele considera a África suja, feia e com um povo sem qualidades:

> Quem chega em Windhoek não parece que está em um país africano. Poucas cidades do mundo são tão limpas, tão bonitas arquitetonicamente e têm um povo tão extraordinário como tem essa cidade.

A outra gafe foi quando, em 26/3/09, Lula afirmou, ao lado do primeiro-ministro britânico Gordon Brown, que a culpa pela crise econômica iniciada em 2008 era dos brancos de olhos azuis. Ele defendia a necessidade de proteger os imigrantes de países pobres estabelecidos nos países ricos, mas, ao fim de sua fala, revelou um viés racista:

> Resolver o problema da crise é resolver o problema da imigração. Porque nós também não temos o direito de permitir que sejam os pobres, que viajam o mundo à procura de uma oportunidade, de um emprego, de um salário, de uma renda, que sejam os primeiros a pagarem as contas de uma crise feita pelos ricos, sobretudo por nenhum negro, por nenhum índio e por nenhum pobre. É uma crise causada, fomentada, por comportamentos irracionais de gente branca, de olhos azuis, que antes da crise parecia que sabia tudo e que agora demonstra não saber nada.

O constrangimento de Gordon Brown foi visível, mas, na sua vez de falar, ele não fez referência ao fato. Um repórter britânico, porém, questionou Lula. Que piorou a gafe:

> No caso da crise, tinha bancos alavancando até 35 vezes o seu patrimônio líquido. Como eu não conheço nenhum banqueiro negro ou índio, eu só posso dizer que [não é possível que] essa parte da humanidade, que é a mais, eu diria, vítima do mundo, pague por uma crise. Não é possível.

Tudo isso é decorrência de uma preferência de Lula: o gosto pelo improviso. Mais uma vez, um gosto consciente, Lula conhece os riscos que corre. Isso fica claro no discurso que fez no Recife, em 20/7/05, ao falar para jovens:

> Quando a gente fala de improviso, a gente pode cometer o erro de falar uma palavra indevida no momento certo [Ao que parece, Lula quis dizer "momento errado".]. Como diriam vocês, quando fazem a rodinha para conversar alguma coisa, poderia se falar alguma bobagem. Mas, em se tratando de bobagem, é melhor a gente falar do que fazer bobagem. Então, eu quero ter uma conversa de pai para filho, de companheiro para companheira, de um presidente da República com boa parte da representação da nossa juventude.

Trata-se de uma tendência muito forte. Em algumas ocasiões, Lula chega a se referir a ela como se fosse uma compulsão. Foi assim em 10/2/04, na abertura da Expo Fome Zero, quando ele tentou, mas não conseguiu improvisar:

> Tenho umas páginas para ler, aqui, e estou doidinho para fazer um improviso. Lendo, serei mais racional, não lendo, serei mais emocional. E vou ler, para não colocar todas as minhas emoções para fora.

Em 2/7/05, durante um ato em comemoração aos 15 anos do Foro de São Paulo, Lula voltou a falar dos improvisos nos mesmos termos:

> Como sempre, eu tenho um discurso por escrito, como manda o bom protocolo da Presidência da República, mas, como sempre também, eu tenho uma vontade maluca de fazer o meu improviso.

O resultado é que o número de vezes em que Lula abandona os discursos escritos é grande. Na pesquisa para este livro, de um total de 1.697 discursos (nos dois períodos analisados), em 50% deles foi possível detectar algum tipo de improviso. O grupo diante do qual Lula mais frequentemente se atém ao texto escrito é composto por dignitários estrangeiros (no Brasil e no exterior), militares (brasileiros ou estrangeiros) e pelo papa. Em 303 discursos voltados para este público, Lula somente partiu para o improviso em 51 deles (17% do total, na maior parte das vezes, quando discursava para governantes latino-americanos). Além de sentir uma "vontade maluca" para improvisar, Lula dá outras justificativas para esta tendência: "falar com a alma"; "ser menos chato"; ou "cansar menos a plateia". Numa entrevista para rádios em 23/9/04, o presidente disse que, ao improvisar, se sente mais perto do povo:

> Eu até, de vez em quando, gosto do improviso como se eu não fosse nem o presidente da República, como se eu fosse um cidadão comum, porque eu tenho uma interação com o povo muito forte, eu gosto dessa interação, me sinto bem.

Mais de uma vez, porém, Lula justificou seus improvisos alegando que todos os que falaram antes dele usaram em seus discursos pontos que ele abordaria no dele. Foi assim, por exemplo, em 29/3/06, no encerramento do Fórum Brasil-Itália:

> Toda vez que eu venho aqui eu sou o último a falar. Eu ouço o Furlan [Luiz Fernando Furlan, ministro do Desenvolvimento], ouço o Paulo Skaf [presidente da Fiesp], ouço outros convidados e vou percebendo que cada um vai falando um pouco das coisas que estão no meu discurso escrito. Toda vez que eu chego aqui eu me deparo com a dificuldade de ler um discurso que já foi lido em parte e que vai tornando vocês mais cansados, prestando menos atenção ao que a pessoa está falando, e saindo do Brasil com uma má impressão do Brasil. Se um líder empresarial pôde vir aqui fazer um discurso de improviso, como Confindustria, por que eu não posso, como político, falar no meu improviso?

Em 15/12/05, Lula se queixou de um fato inusitado, um indício de que, talvez, seus discursos escritos por terceiros não passem previamente por seu escrutínio:

> Eu preferi falar de improviso porque no meu *script* não estavam essas coisas que eu queria falar.

Seja como for, Lula sabe que fala demais. De improviso ou não. E não reclama. Isso ficou patente em 8/7/04, num discurso na Bolívia, quando imaginou o que os discursos poderiam render para si e para outros:

> Um dia vão ganhar dinheiro pela quantidade de discursos que eu faço todos os dias. Eu ficaria milionário.

Lula chegou até mesmo a usar a enorme quantidade de vezes em que discursa para justificar o baixo número de entrevistas formais à imprensa. Foi assim em 7/11/05, numa entrevista ao programa *Roda Viva*, da TV Cultura:

> Eu não sei se na história do Brasil teve um presidente da República que faça o tanto de pronunciamento diário que eu faço. Tem dia que eu me canso de mim mesmo. Tem dia que eu faço oito pronunciamentos, tem dia que eu faço seis. Veja, é um discurso do presidente da República que, bem ou mal, deve ser uma notícia, pelo menos para alguns jornais interessados, para uma área, ou para uma televisão. Os ministros dão entrevista a todo momento. Eu não acho prudente um presidente da República dar entrevista toda semana ou todo mês.

Em 20/10/08, durante a entrega de prêmios às empresas mais admiradas no Brasil, uma iniciativa da revista *Carta Capital*, voltou a falar no número de vezes em que discursa:

> Tenho um discurso aqui, elaborado pela minha fábrica de produzir discursos. Eu tenho uma pequena fábrica de produzir discursos. Às vezes, são oito discursos por dia sobre assuntos variados, e vou abrir mão do meu discurso para dizer poucas palavras que eu queria dizer aqui.

Uma fábrica que não teria a mesma eficácia não fosse a maneira como Lula a administra: lendo quando acha que não pode correr riscos, deixando de lado apenas parte do texto para improvisar ou abandonando-o por completo para produzir, com a sua sintaxe, um texto completamente novo. Como quis demonstrar aqui, usando a sua fala de modo consciente como uma arma de comunicação eficiente.

Não cabe aqui discutir que propósitos pesaram mais em Lula no manejo de seus dons de comunicador: se ele os utilizou mais em benefício próprio, dentro de um projeto meramente político-eleitoral, ou se os pôs a serviço de um projeto consistente de nação. O leitor, sem dúvida, pode querer encontrar a resposta hoje, mas uma análise mais objetiva terá de esperar, necessariamente, o trabalho dos historiadores e dos cientistas políticos.

## Experiência de vida

Para todos nós, nossa experiência concreta de vida – a nossa origem, a história do nosso núcleo familiar, as nossas condições de vida nos primeiros anos – é um fator determinante na construção de nossa visão de mundo. Aquilo que fomos determina em larga medida o que somos e o que seremos: trata-se de um enunciado óbvio. A influência dessa experiência de vida pode ser relativa, porém. Ela é reforçada ou amenizada pelo testemunho da experiência de outros, pelas escolas que frequentamos, pela profissão que escolhemos, pelo noticiário a que temos acesso, pelos livros que lemos, pelos filmes a que assistimos, pelas peças de teatro, pelas viagens, pelo círculo de amizade. A tal ponto, que uma experiência amarga ou doce pode ser largamente compensada por experiências que não vivemos, mas que nos chegaram pelas múltiplas vias que mencionei. Alguém pode nunca ter passado fome na vida, por exemplo, e vir a ser o mais ardoroso ativista contra a fome. Por outro lado, alguém pode ter passado fome grave na infância e se tornar um egoísta abjeto na vida adulta. Tanto mais influência na construção de nossa visão de mundo terá o que chamo aqui de "experiência concreta de vida" quanto menores forem as chances de essa experiência ser mediada por tudo o que relacionei: em resumo, pela educação, direta e indireta, e pelos relacionamentos pessoais e profissionais.

No caso de Lula, suas palavras deixam muito claro que a sua experiência concreta de vida ocupa um espaço absolutamente central na forma como ele se vê e vê o mundo.

Aparentemente, é algo surpreendente.

Até 1980, ano da fundação do PT, quando completaria 35 anos, Lula foi essencialmente um cidadão de origem humilde, com baixa escolaridade, circulando entre pares, os seus colegas sindicalistas. Isso, sem dúvida, tornava mais restritas as mediações que pudessem amenizar a influência de sua experiência concreta de vida na formação de sua visão de mundo. Mas, a partir da criação do PT, a vida de Lula transformou-se radicalmente: candidato a governador de São Paulo em 1982, deputado constituinte em 1986 e cinco vezes candidato a presidente desde 1989, Lula correu o Brasil e o mundo, teve de absorver um volume ímpar de informação e travou contato com intelectuais, artistas e políticos de todos os tipos. Por que, então, como pretendo demonstrar aqui, essas mediações influíram tão pouco na matriz a partir da qual ele se vê e vê o mundo?

Arrisco duas hipóteses que poderão ser aprofundadas em trabalhos posteriores. Uma delas é que a trajetória de Lula, dada a sua origem, é tão extraordinária e improvável (no Brasil e em qualquer parte do mundo) que ele acabou por se sentir irremediavelmente preso ao seu passado e ao que nele experimentou. Logo no seu primeiro compromisso internacional como presidente, em Davos, na Suíça, em 26/1/03, Lula fez questão de realçar a raridade de sua história:

> Eu sou de uma terra onde, se as pessoas não morrem até completar um ano de idade, já é um milagre. E eu não morri, cheguei a presidente da República. E podem ficar certos que vocês vão ouvir falar muito de um presidente briguento e que defende os interesses da sua nação.

A outra resposta é que, paradoxalmente, a sua origem foi a parte determinante de sua trajetória de sucesso. Em outras palavras, sua trajetória é rara em decorrência de sua origem, mas, ao mesmo tempo, ela seria impossível sem essa mesma origem. Não fosse ele o operário de infância humilde, sua história não atrairia em outros o mesmo interesse. Ao surgir no mundo da política, viajando pelo Brasil e pelo mundo e travando contato com intelectuais, artistas e políticos de todos os tipos, Lula, sem dúvida, ampliou as suas relações pessoais e profissionais, mas estas reforçaram nele o "apego" à sua visão de mundo, considerada pela maioria dos que passaram a cercá-lo como prova de sua integridade, de seu ineditismo, de sua pureza. Lula "aprendeu" que exaltar a própria origem e se prender a ela eram condições indispensáveis ao seu sucesso. Uma pista de que isso é verdade pode ser encontrada no discurso que Lula fez em 26/6/03, quando rememorou a criação do Partido dos Trabalhadores, em 1980:

> O trabalhador, até então, era coadjuvante, era assistente; no máximo, ia a um comício, bater palmas para quem estivesse falando. Então, aparece um grupo de malucos no ABC e diz: "Vamos criar um partido dos trabalhadores." E a gente nem falava "Partido dos Trabalhadores", porque nós aprendemos a comer o "s", como eu nunca vi na vida. A gente falava "Partido dos Trabalhador", que era mais charmoso, mais forte, mais gostoso.

O fato é que a análise de tudo o que Lula tem dito desde que tomou posse aponta para isto: sua origem ocupa lugar central no seu discurso. É algo, mais uma vez, consciente, como fica evidente no que disse durante uma conferência do Banco Mundial, em Brasília, em 16/2/04:

> Os seres humanos, normalmente, reagem de acordo com o chão que os seus pés estão pisando. Se está junto da pobreza, pensa na pobreza, mas se daqui a pouco estiver do lado dos ricos, pensa como os ricos. Eu cheguei à Presidência da República, mas não quero esquecer de onde vim, eu não quero esquecer o mundo onde eu convivi politicamente.

Alguns poderão dizer que se apoiar tanto em sua origem é, na verdade, um mero recurso de retórica, uma peça central, sim, mas do seu marketing político. Não há dúvida de que há algo de retórico nessa postura de Lula, e acredito que tenha registrado isso quando escrevi que ele "aprendeu" que apegar-se ao seu passado foi condição fundamental para o seu êxito. Mas o que quero demonstrar aqui é que, de fato, a origem de Lula tem um peso verdadeiro na construção de sua visão de mundo e que isso pode ser constatado na análise de seu discurso. A leitura de verbetes como "chefe", "elite", "empregado", "empresário", "família", "favor", "felicidade", "orgulho", "marido", "miséria", "mulher", "pobreza", "raça", "trabalhador", "trabalho", entre tantos, é muito significativa para esta discussão. Para muito além de qualquer estratégia de marketing, esses verbetes mostram que o olhar de Lula é, em primeiro lugar, o olhar do operário que ele foi no passado: a família é uma coisa sagrada; chefes não gostam de trabalhar com pessoas mais competentes do que eles; mulheres são mais responsáveis do que os maridos; maridos preferem filhos homens; a elite não aceita que os pobres sejam tratados como ela; empregados gostam de elogios, mas preferem ter um salário justo; favelas não são bons lugares para se viver; felicidade é poder sorrir sem buracos nos dentes; trabalhador quer emprego, casa própria, mulher bonita, um carro e um filho na universidade; empresários devem poder ganhar o dinheiro deles; pobres têm vergonha de ser pobres e, se puderem, se vestem bem, comem bem, têm uma boa casa.

São verdades simples, compartilhadas, como diria Lula, pela imensa maioria da população. O próprio conceito de "trabalhador" é relevante para o que aqui estamos discutindo. Lula, na maior parte das vezes, se refere a "trabalhador", no campo ou na cidade, como aquele cujas atividades exigem um nível educacional menor. É como se um operário, ou pequeno agricultor, ou lixeiro, ou manicure, ou contínuo, ou motorista de caminhão, por exemplo, fossem "trabalhadores", enquanto médicos, engenheiros, advogados, cientistas, intelectuais fossem, por sua vez, médicos, engenheiros, advogados, cientistas e intelectuais. Essa ideia é uma constante na fala de Lula, e pode ser resumida por esse discurso que fez em 11/3/08, na inauguração de um reservatório de contenção de uma barragem em Divinópolis, em Tocantins:

> O Brasil, segundo eles, era para ser governado ou por empresário, ou por advogado, ou por médico, ou professor, mas nunca por um trabalhador. Isso não estava na conta deles. Muitas vezes eu perdi eleição porque nós mesmos tínhamos preconceitos contra nós.

Essa característica do discurso de Lula fica ainda mais evidente quando se lê o que ele afirmou nos sessenta anos da Sociedade Brasileira para o

Progresso da Ciência, em São Paulo, em 21/10/08, quando condenou greves longas no serviço público. Lula, contrariado, lembrou que médicos e professores, inspirados nos movimentos grevistas de 1978, passaram a querer ser chamados de trabalhadores:

> Quando eu comecei a fazer as greves em 1978, os professores não queriam mais ser chamados de professores, eram trabalhadores da Educação. Médico não queria mais ser chamado de médico, eram trabalhadores da Saúde. Tudo porque tinha a hegemonia metalúrgica nas greves de 1978, o que era uma bobagem.

Tendo duas origens – a remota, quando passou fome, como retirante, e a de operário, a partir do momento em que obteve o diploma de torneiro mecânico –, Lula trafega por ambas com bastante desenvoltura. Mas é para a última que ele sempre diz que vai retornar. Foi o que afirmou, por exemplo, durante o Fórum Social Mundial de Porto Alegre, em 27/1/05:

> Quando terminar o meu mandato, eu não vou para a França nem para os Estados Unidos fazer pós-graduação. Quando eu terminar o meu mandato, eu vou voltar para São Bernardo do Campo para conviver com os meus companheiros metalúrgicos, de onde eu nasci e, certamente, é para onde eu vou voltar.

Não importa qual a origem, porém, se a mais remota ou a do seu tempo de operário: Lula afirma com frequência que ambas o fazem ser mais preparado do que os presidentes que o antecederam. É assim em quase todas as áreas, e cito a seguir, a título de exemplo, apenas algumas poucas.

Na implementação de políticas voltadas aos mais pobres:

> Acho que muitos presidentes que eu conheço, quem sabe, tiveram a mesma preocupação [com os pobres] que eu tenho. Quem sabe, a diferença seja na nossa formação política, na nossa origem de classe. *(1/12/03, Brasília – DF. Abertura da V Conferência Nacional dos Direitos da Criança e do Adolescente)*

Na erradicação da fome no Brasil:

> Quando se discutem cinquenta centavos para uma política de combate à pobreza, muitas vezes isso tem mais repercussão, tem muito mais gente contra do que quando você discute cinco bilhões para ajudar uma outra coisa qualquer. E somente quem passou fome, somente quem acordou de manhã e não teve o que comer ou ficou acocorado num fogão de lenha tomando uma xícara de café preto com farinha de mandioca, ou que viu uma criança ir para a escola e, ao chegar na escola, não aprender porque faltavam nela as calorias

e as proteínas necessárias, sabe da importância do programa Bolsa Família. *(20/1/05, Brasília – DF. Apresentação da Rede Pública de Fiscalização do programa Bolsa Família)*

Na gestão de crises internacionais:

Não vamos descobrir uma arma qualquer na Bolívia para justificar uma briga com a Bolívia, não. Eu faço política, eu aprendi a negociar muito antes de ser político. E as nossas divergências serão tiradas em torno de uma mesa, conversando. *(3/5/06, Brasília – DF. Abertura da XVI Reunião Regional Americana da Organização Internacional do Trabalho)*

Na política de combate ao desemprego:

Sei o que é um chefe de família levantar todo dia às 5 horas da manhã, andar o dia inteiro e voltar para casa com a carteira no bolso, sem emprego. Eu sei o que é um marido chegar em casa, ver a mulher encostada na beira de um fogão, sem ter o que comer, com os filhos pedindo. *(17/6/03, Pelotas – RS. Discurso na 11.ª Feira Nacional do Doce – Fenadoce)*

Nas relações com os políticos:

Fazer política achando que todo mundo tem que dizer amém ao presidente não é possível. Fazer política achando que o presidente é um ser superior, que não tem que conversar com as pessoas, não é possível. O presidente, mais do que qualquer outro brasileiro, tem que estar 24 horas por dia à disposição de conversar com quem quer que seja para fazer um acordo político e, graças a Deus, eu trago da minha experiência sindical, que eu tenho muito orgulho, o aprendizado de negociar. Eu gosto de ouvir, gosto de meditar sobre o que as pessoas me falaram e gosto de fazer acordos; e vamos fazer. *(2/10/03, Brasília – DF. Entrevista coletiva a emissoras de rádio)*

Na gestão das Relações Internacionais:

Aprendi uma lição. Certa vez, para convencer os trabalhadores a acreditarem no sindicato, eu fiz um boletim em que havia a ilustração de um trabalhador e de um empresário quebrando uma varinha, com uma frase que dizia: "Quebrar uma vara é muito fácil." Ao lado, colocamos o mesmo trabalhador, com um feixe de varas na mão, e o mesmo empresário tentando quebrar esse feixe, sem conseguir quebrá-lo. Quero dizer a vocês que um país sozinho na América do Sul é frágil. Mas se nós determinarmos os nossos pontos de convergência e agirmos de comum acordo, mirando os interesses da América do Sul, podem ficar certos de que nós teremos muito mais força nas nossas relações internacionais. *(25/4/03, Recife – PE. Encerramento do Encontro Empresarial Brasil / Venezuela)*

Na gestão da Economia:

> Eu estou casado há trinta anos com a dona Marisa Letícia da Silva. Eu nunca fiz uma prestação na minha vida, a não ser a da minha casa, porque eu nunca gostei de pagar prestação e sempre tive medo de ficar desempregado. No Governo, eu ajo do mesmo jeito, ou seja, não darei nem um passo sem que eu tenha sustentação de que posso cumprir com aquele passo. Vai ser mais demorado? Vai. Mas quem demorou tanto para chegar à Presidência, como eu, por que que tem que ter pressa para fazer as coisas de forma atabalhoada? Eu demorei muito, porque eu tenho que ter pressa em fazer as coisas na correria? Não, tem que ser devagar, tem que ser bem pensado. E nós vamos fazer. *(17/5/04, Goiânia – GO. Abertura da 45.ª Reunião Geral da Frente Nacional de Prefeitos)*

Enfim, Lula afirma que combate a fome melhor porque passou fome; ajuda mais os pobres porque veio da pobreza; se relaciona melhor com os políticos porque foi um experiente negociador como sindicalista; enfrenta melhor as nações desenvolvidas porque, no passado, lutou com sucesso contra grandes empresários; é mais capaz de gerar empregos porque sentiu na carne o que é ficar sem trabalhar; é mais preparado para unir nações em desenvolvimento, historicamente em disputa, porque, ao tempo do sindicato, conseguiu convencer trabalhadores de que a união faz a força; e gere melhor a Economia porque levou para o Governo a experiência que teve em casa.

Essa peculiaridade de Lula – ancorar na sua dupla origem sua competência e o seu compromisso com as boas políticas – pode ser medida pelas vezes em que Lula cita sua cidade natal, Garanhuns, e usa expressões como "de onde eu vim", "minha terra" ou "minha origem" (198 ocorrências). Mas a chave para buscar no passado suas virtudes presentes está na mãe dele, dona Lindu, que ele sempre cita, quase nunca pelo nome, mas apenas se referindo a ela como "minha mãe": 269 ocorrências, em 9% dos textos analisados, um índice bastante elevado. Lula atribui a ela um papel fundamental na constituição do seu caráter, como deixou claro no discurso que fez na missa pelo 1.º de Maio de 2003, realizada, tradicionalmente, na Igreja Matriz de São Bernardo do Campo:

> Minha mãe conseguiu criar oito filhos – todos, homens e mulheres –, trabalhadores e honestos. Por quê? Porque havia uma estrutura e uma referência que era ela. Ela tinha valores. E olhem que ela morreu analfabeta. Minha mãe não sabia fazer um "o" com um copo. Entretanto, ela tinha valores que havia herdado da mãe dela e que passou para nós.

Em muitas circunstâncias, Lula gosta de destacar os ensinamentos que recebeu da mãe. Dela, ele aprendeu que a única coisa que não se pode perder é o direito de andar com a cabeça erguida; que não se deve deixar de olhar nos olhos das pessoas; que cachorro com muitos donos morre de fome; que não se pode brincar com os sentimentos dos inocentes; que a boa notícia anda devagar enquanto a ruim corre de avião; que onde come um, comem dois; que uma coisa boa leva tempo para se conquistar, enquanto uma ruim acontece num segundo; que a verdade engatinha enquanto a mentira voa; que se alguém não se respeita não terá o respeito de ninguém; que aquilo de que se gosta, ouve-se e entra na cabeça, enquanto aquilo de que não se gosta entra por um ouvido e sai pelo outro; que as pessoas só dão valor às coisas quando as perdem; que um macaco senta sobre o rabo e fica olhando o rabo dos outros; que cada macaco deve ficar no seu galho; e que rei morto, rei posto.

São ditados populares que Lula ouviu da mãe na infância e que hoje o ajudam a se comunicar com o povo de forma fácil e clara nas situações mais diversas: explicar crises políticas, divulgar programas de Governo, justificar medidas administrativas pouco populares, rebater críticas da oposição e comemorar feitos do Governo.

Estar agarrado às suas origens – ou, como prefiro dizer, à sua experiência concreta de vida – talvez explique bem outra característica do discurso de Lula: o ineditismo. A leitura do que o presidente disse, desde que assumiu, deixa a nítida impressão de que há uma ligação muito forte entre a "obsessão" de Lula por sua origem, por sua história, e o ineditismo que afirma haver nas ações de seu Governo, que ele costuma sublinhar com a já batida frase "nunca antes na história deste país." É como se o ineditismo de sua história contaminasse as ações de seu Governo: a impressão que Lula passa em seus discursos é que, se é a primeira vez que um operário governa o país, haverão de ser igualmente inéditas as ações desse presidente-operário.

Essa interpretação pode parecer ingênua: a maior parte dos analistas não vacila ao atribuir a uma estratégia de marketing político o hábito (ou, para alguns, o vício) que Lula tem de dizer "nunca antes". Obviamente, mais uma vez, não há dúvida de que pode haver muito de marketing nessa atitude, mas, como disse antes, não me propus aqui julgar se as declarações de Lula são ou não sinceras. O que a leitura atenta de um volume tão grande de discursos, de entrevistas e de programas *Café com o Presidente* me permite dizer é que, para Lula, dada a sua origem, seu Governo não poderia deixar de ser inovador, inédito. O presidente resumiu isso no discurso que fez no mesmo 1.º de Maio de 2003:

> O que eu quero que todo mundo compreenda é que a nossa responsabilidade é infinitamente maior do que a de qualquer outro presidente em qualquer outro momento da história deste país. Exatamente porque eu não sou um homem que veio de cima para baixo, eu sou um homem que vocês fizeram brotar do chão da fábrica, entrar na política e virar presidente da República.

Quase um ano depois, em 6/4/04, na inauguração de um hospital para idosos, em Rio Branco, no Acre, Lula voltaria a repetir:

> Nós só ganhamos porque o povo brasileiro falou: "Espera aí! Essa gente governa o Brasil desde que Cabral chegou aqui, há 500 anos. É um tal de diz que diz e a gente está sempre na pendura. Vamos experimentar o peão que veio do nosso meio."

Não se discutem aqui os méritos do Governo Lula, também não é este o propósito do livro. Certamente, o Governo dele protagonizou uma quebra de recordes em quase todas as áreas que forem analisadas. Mas, tirando façanhas realmente históricas – a eleição de um operário para a Presidência da República, a ida de um brasileiro ao espaço, a relação com o FMI –, a maior parte dos feitos do Governo Lula pode ser incluída em uma linha de evolução típica de um país que é classificado como "em desenvolvimento". Em outras palavras, em quase todas as áreas, o presidente anterior poderia ter atribuído ao seu Governo um ineditismo como aquele expresso pela frase "nunca antes na história deste país".

Tome-se, por exemplo, o gasto social do Governo Federal como proporção do PIB. De Sarney a Lula, ele só fez aumentar. Segundo estudo do economista Geraldo Biasoto Júnior, em 1985, foi de 10,3%; em 1994, de 11,8%; em 2002, foi para 12,9%; e em 2007, último dado disponível, passou para 14,2%. Da mesma forma, e apenas para reforçar o que digo aqui, segundo o IBGE, a proporção de domicílios com abastecimento de água (rede geral) era de 67% em 1984, 73% em 1989, 76% em 1995, 82% em 2002 e 84% em 2007; com lixo coletado era de 56% em 1984, 62% em 1989, 72% em 1995, 84% em 2002 e 88% em 2007; com iluminação elétrica era de 79% em 1984, 87% em 1989, 92% em 1995, 97% em 2002 e 99% em 2007; a porcentagem das casas com geladeira era de 62% em 1984, 70% em 1989, 75% em 1995, 87% em 2002 e 91% em 2007; com televisão era de 73% em 1989, 81% em 1995, 90% em 2002 e 95% em 2007. A taxa de escolarização das pessoas de 7 a 14 anos era de 76% em 1984, 84% em 1989, 90% em 1995, 97% em 2002 e 98% em 2007. A taxa de analfabetismo de brasileiros com 10 anos ou mais era de 22% em 1984, 18% em 1989, 14% em 1995, 10% em 2002 e 9% em 2007.

A expectativa de vida do brasileiro ao nascer era de 64,3 em 1984, 66,57 em 1990, 71, em 2002 e 72,48 em 2007. A mortalidade infantil era de 59 em mil nascidos vivos em 1984, 47 em 1990, 28,4 em 2002 e 24,1 em 2007.

Em síntese, nos casos que acabo de relatar, cada presidente, desde José Sarney, poderia ter dito que nunca antes na história desse país um Governo gastou tanto com o social. O mesmo se repete em praticamente todos os setores.

Mais uma vez, repito, não se quer aqui tirar méritos de Lula. O que se quer mostrar é que, num país em desenvolvimento, com raras exceções, todos os presidentes podem dizer que fizeram mais do que os antecessores.

Para Lula, porém, isso não importa. Não se pode saber se Lula conhece ou não as estatísticas que relacionei. Mas se ele as conhece, em vez de o intimidarem, elas reforçam nele a crença de que os números atuais são inéditos, não importando que façam parte de uma evolução histórica. Se não as conhece, tudo o que lhe chega ao conhecimento, para ele, é mesmo inédito. E, seja qual for a hipótese verdadeira, ele se sente cumprindo a promessa de que só mesmo um presidente-operário para fazer o que outros não fizeram. É isso o que transparece do discurso que fez em 17/6/04, na abertura da Primeira Conferência Nacional do Esporte:

> Eu queria fazer um parêntese aqui, nesse "pela primeira vez no Brasil", porque, Nuzman [Carlos Arthur Nuzman, presidente do COB], toda vez que nós falamos "pela primeira no Brasil" muita gente acha: "Mas por que que o Lula fala tanto 'pela primeira vez'?" Porque é pela primeira vez. Porque são coisas tão óbvias, que nunca foram feitas, que nós somos obrigados a dizer: "Pela primeira vez está sendo feita, no Brasil, determinada coisa."

O fato é que, ao longo do período analisado, em 1.554 textos, entre discursos, entrevistas e programas radiofônicos, em 880 vezes o presidente lançou mão de construções como "nunca antes na história deste país", "desde Cabral", "pela primeira vez na História", "jamais neste país", "desde a Proclamação da República", "há 500 anos" e um sem-número de expressões similares para marcar o que considera ser inédito em seu Governo. É um recurso tão extenso que o verbete "Nunca antes", se publicado na íntegra neste livro, ocuparia 140 páginas (o verbete completo está na internet, na página www.dicionariolula.com.br). São 41 subverbetes, cada um com dezenas de exemplos, mostrando que, para Lula, "nunca antes na história desse país", um Governo foi mais bem-avaliado; um presidente e seu vice foram eleitos sem diploma universitário; um presidente teve origem tão humilde; um presidente esteve tão certo do próprio êxito; o povo esteve tão otimista; um presidente dialogou tanto com a sociedade; a Economia, em seus diversos aspectos, esteve tão bem; um Governo levou tão em conta o desenvolvimento regional; um Governo teve uma política externa tão competente; um Governo teve uma política social tão competente; os problemas sociais foram tão discutidos no mundo (graças a Lula); um presidente viajou tanto; um presidente fez tanto pelas prefeituras; o Brasil teve tantos sindicalistas no Governo; um presidente fez tantas reformas; um presidente cuidou tanto do turismo; um Governo tratou tão bem os funcionários públicos; houve tantos brasileiros trabalhando no campo; um presidente investiu tanto em Educação; a Saúde esteve tão bem; um Governo tratou tão bem a pesca; um Governo incentivou tanto a inovação tecnológica e a pesquisa; um Governo investiu tanto em saneamento básico; o Brasil esteve tão unido; um Governo fez tanto pelos negros; um Governo combateu tanto a criminalidade; um Governo combateu tanto a corrupção; um Governo cuidou tão bem do meio ambiente; um Governo cuidou tanto do esporte; o povo governou o Brasil; um Governo investiu tanto na agricultura; um Governo se preocupou tanto com a saúde bucal dos brasileiros; um Governo investiu tanto nos aeroportos; um Governo fez um censo previdenciário tão bem-organizado; o país teve governadores tão bons; o Brasil teve um investimento público como o PAC [Programa de Aceleração do Crescimento]; a Caixa Econômica esteve tão bem; o Brasil teve tanta maturidade política; o Brasil teve um sistema elétrico tão bem-preparado; um Governo tratou tão bem o rio São Francisco; e a democracia esteve tão consolidada.

Mesmo criticado pela imprensa, Lula nunca deixou de usar a expressão "nunca antes" (e similares). Passou, inclusive, a dizer que não é mais apenas ele quem reconhece o ineditismo de suas ações, mas o povo também. Foi o que afirmou numa entrevista à TV Gazeta, concedida em 19/3/08:

> Não sou eu quem diz "nunca antes...". Hoje, qualquer brasileiro, em qualquer palco, você vai ver... Ontem, uma mulher do movimento social, filha de boliviano que recebeu a obra, dizia: "Nunca, na história do país, eu pensei que um presidente viria aqui anunciar obras para a minha enchente." Nós estamos fazendo o que deveria ter começado a ser feito na década de 50, na década de 60, na década de 70, e não foi feito.

Um passeio pelas palavras de Lula mostra que ele olha para trás, vê de onde veio, e é tomado de um sentimento de predestinação, às vezes exposto de maneira pouco modesta, como no discurso que proferiu em 31/3/05, na inauguração de um hospital em São Carlos, em São Paulo:

> O papel do nosso Governo é fazer aquilo que não foi feito na história do nosso país.

## Coerência

Em se tratando da fala de Lula, uma questão que sempre vem à tona é se ele é ou não coerente. Para muitos, suas opiniões não guardariam uma coerência interna, mas variariam de acordo com o público que o ouve. Eu mesmo tinha essa "impressão" ao iniciar o trabalho para este livro. Acreditava que conseguiria mostrar que o presidente diz uma coisa para um grupo e o seu oposto para um grupo diferente. Não posso negar que isso aconteça, mas a frequência que pude encontrar é muito baixa e em assuntos secundários, nada que assuma relevância ou que seja notadamente uma característica que torne o presidente diferente da maior parte das pessoas. A imersão no que Lula vem dizendo todos esses anos me permite afirmar que o discurso dele é preponderantemente coerente: ele tem sido repetitivo em suas declarações a respeito de uma variedade de temas, em geral não importando a plateia. A leitura dos verbetes mostrará isso. Podem-se identificar três núcleos a partir dos quais Lula constrói o discurso sobre o seu Governo: as ações governamentais devem ter o pobre como prioridade, a Educação merece atenção especial e a Economia tem de ser manejada com extrema responsabilidade.

É preciso notar, porém, que, quando uso a palavra "coerência", não quero dizer que Lula esteja certo ou errado no que diz nem tampouco que faça o que diz: quero constatar apenas que ele quase sempre diz uma mesma coisa sobre um mesmo tema. Evidentemente, a fala de Lula não está imune a incoerência. São incoerências de três tipos. Em alguns assuntos, Lula tenta envernizar o que diz, refugiando-se no que considera "politicamente correto", mas acaba sempre deixando escapar suas opiniões mais heterodoxas. O exemplo mais reluzente desse fenômeno é a sua avaliação do trabalho da imprensa.

Um segundo tipo de incoerência se manifesta quando, empurrado pela realidade dos fatos, Lula muda de opinião. Na maior parte das vezes, ele admite isso. O exemplo que mais sobressai é o da crise financeira de 2008: Lula começa classificando-a de marolinha e acaba afirmando que não tem controle sobre ela. A leitura do verbete basta por si e dispensa qualquer análise. Há dois assuntos, entretanto, em que Lula dissimula sua mudança de opinião: seu discurso sobre o Bolsa Família, que sofreu uma reviravolta radical; e sua retórica em relação aos escândalos envolvendo o PT, que vão de uma condenação cabal a uma leniência sem maiores disfarces.

Por último, há também uma incoerência "primordial": sua fala depois de eleito tem pouco a ver com o que passou anos dizendo desde a fundação do PT. Como reflexo disso, há também discrepâncias entre as promessas do início do Governo e as justificativas usadas para explicar dificuldades para implementá-las. Vamos discutir adiante todos esses pontos.

Comecemos pelo núcleo da coerência. Nele, a defesa dos mais pobres toma a dianteira: para empresários ou para catadores de papel, para estudantes ou professores, para o mundo acadêmico ou para plateias de cidadãos comuns, no Brasil ou no exterior, Lula, insistentemente, diz que suas prioridades são voltadas para os pobres. No período analisado, há 3.530 referências a "pobres", "pobreza" e palavras derivadas (como "empobrecidos", "empobrecer" etc.) em 865 textos, ou seja: seis em cada dez vezes em que falou, Lula se referiu aos pobres, um índice altíssimo. A posição de Lula gira em torno do que afirmou em Tocantins, em 18 de maio de 2007, na inauguração de um trecho da ferrovia Norte-Sul:

> Nós agora temos que pensar em cuidar do povo brasileiro, cuidar dos mais pobres. É importante que as pessoas saibam e eu vou repetir sempre: eu sou um presidente da República que tem compromisso com todos, com o rico e com o pobre, com o empresário grande e com o empresário pequeno, mas a nossa prioridade é cuidar dos mais pobres porque são eles que precisam mais do Governo.

O motivo dessa prioridade, para Lula, é óbvio, como ele deixou evidente em Lagoa Seca, na Paraíba, em 30/10/03, num ato celebrando o programa Um Milhão de Cisternas Rurais:

> Eu tenho consciência de que foi o povo pobre deste país que me elegeu. E é para o povo pobre deste país que nós temos que dedicar as prioridades para as nossas políticas.

Em decorrência disso, os programas sociais são presenças recorrentes em seus discursos: tomando-se apenas a expressão "política social" (e seu plural), há 373 ocorrências em 16% dos textos analisados, número que aumentaria substancialmente se fossem computadas variantes como "programa social", "projeto social", "investimento social", "inclusão social" etc.

(não fiz a conta porque há interseções, ou seja, "política social" é uma expressão usada frequentemente junto a "programa social", o que pode levar a que contemos como dois um único texto).

Por paradoxal que seja, é justamente no combate à pobreza que uma das mais gritantes incoerências de Lula vem à tona. É como se fosse uma incoerência dentro da coerência: Lula diz sempre que os pobres são sua prioridade, mas a forma de combater a pobreza muda conforme a conveniência.

Falo do Bolsa Família.

Lula assumiu o Governo com a enorme bandeira do combate à fome. Logo criou a Secretaria de Segurança Alimentar, com status de ministério, para a qual nomeou o economista José Graziano. Lula, no início do Governo, era um crítico ferrenho das políticas levadas a cabo pelo Governo Fernando Henrique Cardoso. Acreditava que a distribuição de dinheiro por meio de "vales" acomodava as pessoas, tirando delas o estímulo para trabalhar. Ele mesmo disse isso, com todas as letras, em 9/4/03, numa reunião sobre o semiárido nordestino:

> Eu, um dia desses, Ciro [Gomes, ministro da Integração Nacional], estava em Cabedelo, na Paraíba, e tinha um encontro com os trabalhadores rurais, Manoel Serra [presidente da Contag – Confederação Nacional dos Trabalhadores na Agricultura], e um deles falava assim para mim: "Lula, sabe o que está acontecendo aqui, na nossa região? O povo está acostumado a receber muita coisa de favor. Antigamente, quando chovia, o povo logo corria para plantar o seu feijão, o seu milho, a sua macaxeira, porque ele sabia que ia colher, alguns meses depois. E, agora, tem gente que já não quer mais isso porque fica esperando o 'vale-isso', o 'vale-aquilo', as coisas que o Governo criou para dar para as pessoas." Acho que isso não contribui com as reformas estruturais que o Brasil precisa ter para que as pessoas possam viver condignamente, às custas do seu trabalho. Eu sempre disse que não há nada mais digno para um homem e para uma mulher do que levantar de manhã, trabalhar e, no final do mês ou no final da colheita, poder comer às custas do seu trabalho, às custas daquilo que produziu, às custas daquilo que plantou. Isso é o que dá dignidade. Isso é o que faz as pessoas andarem de cabeça erguida. Isso é o que faz as pessoas aprenderem a escolher melhor quem é seu candidato a vereador, a prefeito, a deputado, a senador, a governador, a presidente da República. Isso é o que motiva as pessoas a quererem aprender um pouco mais.

Lula criticava, portanto, abertamente, programas que então levavam o nome de Auxílio-Gás, Bolsa Alimentação e Bolsa Escola, que distribuíam dinheiro diretamente às populações necessitadas e previamente cadastradas. Em 27/2/03, no fim do segundo mês de Governo, Lula modificou, por medida provisória, um programa chamado Bolsa-Renda, que dava R$60,00 a famílias pobres que habitassem áreas vitimadas pela seca, dando-lhe um novo nome: Cartão Alimentação. Foi em torno desse programa que se criaram muitas polêmicas. O cartão deveria permitir o saque em dinheiro vivo ou servir apenas de meio de pagamento em estabelecimentos comerciais cadastrados? O programa deveria permitir ou não a compra de bebidas alcoólicas ou produtos de higiene? Deveria exigir nota fiscal como prova de que o dinheiro foi bem-usado?

Em 20/10/03, quando a confusão em torno do assunto tinha se radicalizado, o que fez o Governo? Editou uma medida provisória criando o Bolsa Família, um programa que seria a união do Auxílio-Gás, do Bolsa Alimentação e do Bolsa Escola, severamente criticados por Lula, mais o Cartão Alimentação, recém-criado pelo Governo. O texto da medida provisória dizia o seguinte, em seu parágrafo único:

> O programa de que trata o *caput* tem por finalidade a unificação dos procedimentos de gestão e execução das ações de transferência de renda do Governo Federal, especialmente as do Programa Nacional de Renda Mínima vinculado à Educação – "Bolsa Escola", instituído pela Lei n.º 10.219, de 11 de abril de 2001, do Programa Nacional de Acesso à Alimentação – PNAA, criado pela Lei n.º 10.689, de 13 de junho de 2003, do Programa Nacional de Renda Mínima vinculado à Saúde – "Bolsa Alimentação", instituído pela medida provisória n.º 2.206-1, de 6 de setembro de 2001, do Programa Auxílio-Gás, instituído pelo Decreto n.º 4.102, de 24 de janeiro de 2002, e do Cadastramento Único do Governo Federal, instituído pelo Decreto n.º 3.877, de 24 de julho de 2001.

Ou seja, em pouquíssimos meses, os programas que eram criticados por Lula porque "acomodavam" o trabalhador, foram reunidos num superprograma, que daria dinheiro vivo, para ser usado como bem entendesse o beneficiário, sem necessidade de nota fiscal: filhos menores teriam de frequentar a escola e cumprir a tabela de vacinação prevista pelo Ministério da Saúde e mães esperando bebês teriam de fazer o pré-natal, condicionalidades que nunca foram controladas a contento.

Lula, publicamente, mudou o discurso. Quando os jornais começaram a trazer reportagens mostrando que beneficiários do Bolsa Família se recusavam a trabalhar na lavoura e em outras atividades, Lula passou a criticar com veemência quem falava sobre a "acomodação" dos beneficiários, esquecendo-se de que ele fora um dos primeiros a fazê-lo. A entrevista de 3/12/07 para o jornal *Folha de Londrina* é um bom exemplo:

> Recentemente, uma pesquisa da UFMG [Universidade Federal de Minas Gerais] comprovou que os beneficiários do Bolsa Família trabalham mais do que os não beneficiários. Pelos números do estudo, divulgado em maio, a taxa de ocupação dos adultos na extrema pobreza incluídos no programa é 3,1 pontos percentuais maior do que os não beneficiários na mesma situação de renda. Entre as mulheres, a diferença sobe ainda mais e vai a 3,5 pontos. Isso derruba a tese dos que dizem que o Bolsa Família é um assistencialismo que 'acomoda' o beneficiário. As pessoas não ficam 'mal-acostumadas', não, pelo contrário. O acesso às necessidades básicas aumenta a autoestima e elas vão querendo ter outras conquistas na vida.

Quando o assunto é o Bolsa Família, chama mesmo a atenção a adequação do discurso à realidade. Em uma palavra, a incoerência. No início, Lula afirmava e reafirmava que o objetivo do programa era matar a fome dos brasileiros. Foi assim em 17/8/05, num discurso, já citado, em Vitória da Conquista, na Bahia, durante a comemoração pela chegada de luz elétrica no Assentamento Amaralina:

> O objetivo do Bolsa Família é exatamente esse. É encher a barriga das pessoas até que surja a oportunidade de emprego, porque se não tivesse o Bolsa Família, muitos morreriam antes de poder ter acesso a um posto de trabalho, a uma oportunidade de trabalhar.

Apenas seis dias depois, em 23/8/05, na inauguração de uma linha de transmissão de energia em Cuiabá, Lula repetiu o discurso:

> Eu sei que tem gente que fala: "Não, mas esse presidente está com essa política do programa Fome Zero, do Bolsa Família, isso é proselitismo, isso é esmola." Eu sei que tem gente que fala assim. Lógico, o cidadão que toma café de manhã, almoça e janta todo santo dia, para ele Bolsa Família não significa nada, ele não precisa. E ainda mais se ele puder fazer uma crítica a mim tomando uma Coca-Cola em um bar, um uísque ou uma cerveja. Agora, tem pessoas que, se a gente não der essa ajuda, não conseguem comer as calorias e as proteínas necessárias à vida humana. E se for uma criança de antes de seis anos de idade, nós sabemos que essa criança poderá ter o seu cérebro atrofiado e nunca mais se recuperar.

Três dias depois, agora em Quixadá, no Ceará, a mesma história:

> O programa Bolsa Família atenderá, em dezembro, 8 milhões e 700 mil famílias. São 8 milhões e 700 mil famílias que vão totalizar quase trinta e poucos milhões de brasileiros que vão poder tomar um cafezinho de manhã, comer um feijãozinho com arroz no almoço e na janta.

Em 12/3/08, quase três anos depois, num encontro com empresários promovidos pela revista britânica *The Economist*, Lula rebateu um artigo meu, publicado no jornal *O Globo*, em que eu mostrava estatísticas provando que o Bolsa Família vinha sendo usado não para matar a fome, mas para a compra de eletrodomésticos. Lula, novamente, mudou as justificativas do programa, esquecendo-se do que vinha repetindo insistentemente até ali:

> No Brasil, tem uma coisa que eu queria que vocês compreendessem bem: tudo o que a gente faz para o pobre é gasto; tudo o que a gente faz para os setores mais ricos – que precisamos fazer também – é investimento, o que é uma distorção conceitual muito séria. Quando nós damos uma Bolsa Família de 75 ou 80 reais para uma mulher pobre, ela se transforma numa consumidora em potencial de alimentos, de roupas, de coisas de primeira necessidade, que é um sonho que nós tínhamos, de criar um mercado de massa, que os pobres pudessem adentrar... E não faz muito tempo... Há anos, eu, que era um trabalhador qualificado, para comprar Danoninho para os meus filhos, eu comprava medido, por semana, só podia tomar um, se tomasse dois era castigado, só faltava colocar cadeado na geladeira. E eu era considerado classe média operária. Se tivesse trabalhado na fábrica de alguns aqui, quem sabe eu tivesse ganho um pouco mais, mas eu estava na Villares, então, não estava ganhando tão bem. Mas hoje uma pessoa de um meio de comunicação importante no Brasil ficou indignada porque uma mulher do Bolsa Família comprou uma geladeira. Obviamente que ela não comprou com o dinheiro do Bolsa Família, mas o dinheiro do Bolsa Família pode ter ajudado a pagar a prestação. Isso porque não fizemos o nosso programa de renovação de geladeira que vamos fazer, se Deus quiser. A imprensa foi lá e entrevistou essa moça. Ela falou: "Não só eu comprei a geladeira, como estou de sandália nova porque eu pude comprar, eu compro sandália para os meus filhos." Antes do Bolsa Família, tinha mulher que comprava um lápis e partia ao meio para dar para dois filhos ou para dar para dois netos. Hoje, ela se dá o prazer de comprar uma caixa de lápis para cada um. Isso não é investimento? Isso não é distribuição de renda? Isso não é investimento sadio? Então, no Brasil nós ainda temos que mudar determinados conceitos que foram criados ao longo do tempo.

Da mesma forma, no início do Governo, o Bolsa Família era visto por Lula como uma medida emergencial, algo passageiro. Era a época em que se falava muito em criar "portas de saída", embora nada concreto tenha sido jamais anunciado. Em 18/3/04, por exemplo, numa cerimônia de entrega de cartões do programa em Belo Horizonte, Lula se referiu a ele como um primeiro passo:

> Para alguns, 75 reais são gastos em meia hora de uma boa noitada, num bom bar de Belo Horizonte. Para outros, 75 reais significam a possibilidade de garantir que as crianças possam comer trinta dias por mês, tomar um café minimamente decente ou comer um feijão com arroz. Essa é a razão pela qual nós vamos atingir todas as pessoas que são mais pobres no nosso país. Deus queira

> que ainda no meu Governo, ou Deus queira que daqui a alguns anos, qualquer outro presidente da República não tenha que ter essa política, porque as pessoas vão estar trabalhando e vivendo condignamente. É esse o nosso desejo, é esse o nosso compromisso e é essa a nossa busca incessante. E o Bolsa Família é o primeiro passo. E como toda grande caminhada – como dizia Mao Tsé-tung – começa pelo primeiro passo, nós estamos dando o primeiro passo, depois vamos dar o segundo, depois vamos dar o terceiro. Até que, um dia, a gente tenha atravessado toda a caminhada que queremos atravessar.

Quase três anos depois, em 30/10/06, numa entrevista à TV Globo, Lula já dava sinais de que via o programa como algo perene, como um mecanismo eficaz de redistribuição de renda e motor do crescimento:

> O Bolsa Família é uma questão que vai continuar existindo até que a gente consiga diminuir a pobreza neste país. Eu fico muito feliz quando percebo que, por conta do Bolsa Família e por conta do salário mínimo, a gente teve, em pouco tempo, uma redução de 19,3% das pessoas pobres no Brasil. É um alento e que precisa ser trabalhado com muito mais cuidado, com muito mais carinho, e nós vamos continuar trabalhando, porque nós precisamos exterminar a miséria neste país.

Um discurso cheio de idas e vindas: política de vales acomoda; política de vales é boa e não acomoda; visa a matar a fome dos brasileiros; não visa apenas a matar a fome dos brasileiros, mas também a ajudá-los a comprar de tudo, fortalecendo o mercado interno; é passageiro; talvez tenha de ser mais de longo prazo, porque reduziu a pobreza. Não há como não ver incoerência nesse terreno, mas, como afirmei, uma incoerência dentro de uma coerência: o combate à pobreza como tema central. Não à toa, o programa é mencionado por Lula 505 vezes em 209 ocasiões, um número considerável.

Depois da pobreza, e do combate a ela, a Educação é o segundo grande tema do presidente. Muitos estranham essa constatação, e há um motivo para isso. No início do Governo, sentindo-se fortemente cobrado por não ter tido uma educação formal, Lula, em 51 vezes, referiu-se ao fato de que não tinha diploma universitário. Na maior parte delas, disse que o diploma não era necessário para que exercesse a Presidência da República. Foi o que afirmou, por exemplo, em 13/6/03, em Brasília, numa conferência sobre pesca:

> Eu digo que política não tem segredo. Se há uma coisa que ninguém precisa ter é diploma universitário para conhecer política. O cidadão, para ser médico, tem que ter diploma, para ser jornalista, dizem que precisa, mas nem tanto, e vai por aí afora; mas o político não precisa, a política está na carne, está nas entranhas dele fazer as coisas corretas ou não.

Essa postura de Lula foi entendida por muitos como um menosprezo à educação formal. Não era, e ele tentou demonstrar isso algumas vezes, mas com pouco sucesso. Foi assim em 21/2/06, quando disse, em Arapiraca, no lançamento da pedra fundamental de um futuro campus avançado da Universidade Federal de Alagoas:

> Não tive a oportunidade de ter um diploma universitário. E não sinto orgulho disso, não, porque gostaria de ter tido. Não pude ter, como muitos milhões de brasileiros não puderam ter.

Em 2/6/06, em São José dos Campos, ao anunciar investimentos da Petrobras em São Paulo, Lula até revelou o que gostaria de ter estudado, caso tivesse cursado a universidade:

> Lamento profundamente não ter tido um diploma universitário, lamento. Não digo isso com orgulho, não, gostaria de ter. Até gostaria de ser economista, viu, Aloizio [Mercadante, senador pelo PT de São Paulo]? Veja que coisa. Até gostaria de ser economista. Não fui.

Não adiantou. Para amplos setores da sociedade, cristalizou-se a ideia de que Lula menosprezava o papel que a educação pode desempenhar na vida do ser humano. Uma impressão que não encontra respaldo nos textos. No período analisado, Educação é um tema citado por Lula 2.090 vezes em 600 ocasiões, ou seja, a cada dez vezes em que Lula se pronunciou, ele falou de Educação em quatro. O tom geral sempre foi enaltecer o papel da educação na promoção da cidadania:

> Educação é investimento porque é profissão, é sabedoria, é inteligência. E cada jovem que a gente formar, depois de quatro anos, ele retribuirá, quem sabe em pouco tempo, quatro ou cinco vezes aquilo que foi investido para sua formação. *(3/6/06, Santo André – SP. Inauguração do novo centro do Consórcio Social da Juventude do Grande ABC)*

Ou destacar a importância da educação como motor da mobilidade social:

> Não tem maior legado, não tem maior dádiva que um pai ou uma mãe pode deixar para o seu filho do que a sua formação. Não tem legado. Ofereça dinheiro para um filho e ofereça um curso – a mãe vai preferir que o filho faça o curso do que ter dinheiro fácil, que ele pode gastar numa semana e depois continuar pobre. Com um aprendizado profissional, com um curso universitário, ele adquirirá conhecimento para o resto da vida e nunca mais será um "zé-ninguém", nunca mais será um anô-

nimo no mundo do conhecimento ou no mundo do desenvolvimento. *(21/2/06, Juazeiro – BA. Visita às futuras instalações do campus da Univasf em Juazeiro – BA)*

Ou afirmar que ela é indispensável ao desenvolvimento das nações:

Nós também temos consciência de que, para o Brasil crescer e se desenvolver, a Educação é peça fundamental, até porque não tem, na história da humanidade, nenhum país que conseguiu crescer e se desenvolver sem antes ter consolidado a sua base, que é a formação intelectual e profissional da sua gente. *(5/8/03, Brasília – DF. Encontro com lideranças políticas)*

Além da defesa de que o exercício da Presidência não requer diploma universitário, há outro fator que pode também ter contribuído para que certos setores vejam em Lula menosprezo pela educação, quando, na verdade, o que ele faz é defendê-la. Trata-se da importância que o presidente dá à educação técnica, algo mais uma vez calcado na sua própria experiência concreta de vida. Como já tive ocasião de destacar neste livro, não houve ano em que Lula não creditasse a sua mobilidade social ao diploma de torneiro mecânico que obteve graças a um curso no Serviço Nacional da Indústria (Senai). Uma das vezes em que ele contou essa história foi em 23/4/03, na assinatura de convênios entre o Ministério da Educação e a Confederação Nacional da Indústria:

Foi a minha primeira conquista de cidadania. Foi um curso profissionalizante que eu tive a sorte de fazer, que tive a chance de fazer, porque cheguei em uma rua, na porta da fábrica, no momento em que a fábrica estava colocando uma placa, na qual estava escrito que precisavam de um menino para mandar para o Senai. E fui para o Senai, Armando [Monteiro, deputado e presidente da Confederação Nacional da Indústria]. Eu não tinha noção. O meu sonho era ser mecânico. Eu não sabia nem o que era, mas eu queria ser mecânico porque eu tinha um irmão mais velho que se sujava de graxa, que era mecânico de carros, então... eu queria ser mecânico. Aí, entrei na fábrica de parafusos Marte, fui lá, me inscrevi, fiz a ficha, fui ao Senai, passei no teste. Eu não sabia o que era um torno. Passei na frente de uma prensa e achava que aquilo era um torno, tal era a minha ignorância dentro de uma fábrica. Foi esse diploma, que consegui em 1963, que me levou para a Villares, e que, depois, me levou para o sindicato. Fui presidente do sindicato e, de muito teimoso que sou, José, hoje estou aqui, como presidente da República.

Em 3/9/04, na comemoração de aniversário de uma empresa, Lula repetiu a história, dessa vez realçando nela o papel de sua mãe:

Eu sei o orgulho que a minha mãe sentiu quando pegou no meu braço, com 14 anos de idade, para andar a pé quase oito quilômetros e ir no Senai fazer minha inscrição para um curso de torneiro mecânico. E, graças a um curso de torneiro mecânico, eu fui o primeiro de oito irmãos a ter uma profissão; eu fui o primeiro a ter uma casa própria; fui o primeiro a ter um carro. E, por conta disso, eu pude trabalhar numa indústria grande, virar presidente do sindicato, adquirir consciência política e chegar à Presidência da República.

Lula, portanto, parece se sentir injustiçado quando ouve alguém dizendo que ele não teve uma experiência educacional, logo ele, que atribui ao curso técnico do Senai todo o sucesso que teve na vida. Talvez por essa razão, um dos temas mais repetidos por Lula é a necessidade de criação de escolas técnicas no país. É como se ele desejasse para milhões de brasileiros que não terão acesso à universidade a chance de que ele próprio desfrutou anos atrás. "Escola técnica" (também no plural) é uma presença assídua na fala de Lula: 459 ocorrências, em 173 ocasiões. Em 26/1/06, por exemplo, Lula fez a sua mais completa defesa do ensino técnico, numa reunião em Brasília com diretores de centros federais de ensino tecnológico, os Cefets:

> O mesmo orgulho eu tive. Vocês imaginam para a periferia do Brasil o que é um jovem ter acesso a um curso profissionalizante de uma escola técnica. É uma revolução na família, é uma revolução na vida dele. Eu digo todo dia para ninguém esquecer: por conta do meu curso, eu fui o primeiro a ter uma casa, o primeiro a ter um carro, o primeiro a ter uma geladeira, o primeiro a ter uma televisão, de uma família de oito. Isso, certamente, acontece em todos os lares deste país que o jovem consegue ter acesso a uma formação. Ora, se eu fui um beneficiário de um ensino técnico, por que nós vamos coibir que tantos outros, tão ou mais pobres do que eu, mais necessitados, tenham acesso a esse curso? Portanto, não é um compromisso verbal, não. É um compromisso de vida, de que nós precisamos dar à escola técnica, neste país, a dimensão que ela tem, em função da dimensão das necessidades que a sociedade brasileira tem da escola técnica. Possivelmente, quem já esteve inscrito para fazer um curso de pós-graduação na Sorbonne não tenha essa dimensão. Eu tenho. Eu tenho a exata dimensão do que vale um curso profissional, por mais simples que ele seja: Proeja, ProJovem, Escola Cidadã.

Como tenho realçado, não é possível, nos limites que este livro se impôs, saber se a retórica de Lula tem efeito prático. Será preciso esperar o fim do Governo para que seja possível verificar se tudo o que Lula prometeu foi entregue. Com os dados até aqui disponíveis, porém, o discurso ainda está longe da realidade. Das 214 novas escolas técnicas prometidas, apenas 82 tinham sido entregues até maio de 2009, quando este livro terminou de ser redigido (a inauguração das outras 132 unidades estava anunciada para até o fim de 2010). A distância entre o falar e o fazer pode ser medida também com dados da execução orçamentária divulgados pelo próprio Governo Lula. Segundo o Ministério da Educação, o percentual do investimento público direto da União nas instituições públicas de ensino em relação ao Produto Interno Bruto (PIB) em 2003, primeiro ano do Governo Lula, foi de 0,7%; em 2007, essa proporção tinha subido para apenas 0,8%, um crescimento de apenas 14%. Enquanto isso, dados do Ministério da Fazenda mostram que as despesas com apenas dois programas do gordo orçamento de Assistência Social tiveram um crescimento de 150%: os gastos com o Bolsa Família e as aposentadorias especiais a idosos e deficientes físicos muito pobres (que não contribuíram para o INSS) cresceram de 0,4% do PIB em 2002 para 1% do PIB em 2008. Não há dúvida de que Lula se mostra consistentemente coerente ao dizer sempre que a Educação é prioridade. Os dados hoje disponíveis, porém, ainda não permitem dizer se há relação entre o que é prometido e o que é entregue.

Sobre economia, há grande coerência: o discurso é sempre o mesmo. Isso não quer dizer, contudo, que haja consistência teórica no que é insistentemente repetido. Afinal, sempre pode haver coerência no equívoco. O problema é que a adesão de Lula à ortodoxia econômica parece ter sido apenas parcial.

Desde a "Carta ao Povo Brasileiro", divulgada em 22 de junho de 2002 em plena campanha presidencial, Lula repete que com a Economia do país não se pode brincar. O sucesso dessa profissão de fé, percebido por Lula nas manifestações positivas que produziu Brasil afora, fez o presidente aprender que, sempre que necessário, é de bom-tom repeti-la como um mantra.

Em 21/8/04, Lula expressou ao público da Semana Nacional pela Cidadania e Solidariedade o mesmo que, muitas vezes, reiterou a plateias de empresários:

> O que nós queremos fazer com a Economia? A Economia não é um laboratório de teses que cada um que entra faz uma experiência. Se não der certo, o povo arca com o prejuízo, porque é assim que acontece no Brasil. Ou seja, nós não queremos fazer uma experiência de que: "Ah, o Brasil vai crescer 10% este ano." Ano que vem decresce dez. O ano que vem cresce cinco. No outro ano decresce. E nessas oscilações, ninguém sabe para onde vão. Então, eu estou achando que nós precisamos é ter um crescimento sustentável que seja 4%, que seja 4,5%, que seja 5%, que seja 3,5%. Mas que seja 2004, 2005, 2006, 2007, 2008, 2010, para que possamos nos programar e para que possamos recuperar o tempo perdido.

Preocupação com um crescimento sustentável, com o respeito a contratos, com a estabilidade da moeda, com o controle da inflação, com a redução dos juros (quando possível) são temas que Lula defendeu na maior parte das vezes em que discutiu economia, um assunto permanente: 2.498 ocorrências em 763 ocasiões, ou seja, em metade das vezes em que o presidente se manifestou. Esse respeito pelas regras do jogo pode ser medido também pelo número de ocasiões em que ele rechaçou a ideia de que seja possível, em Economia, se fazer mágica, palavra que aparece, com conotação negativa, 195 vezes em 131 textos. Como numa entrevista a *O Globo*, concedida em 22/11/07:

> Eu continuo dizendo que, na Economia, nós não temos o direito de fazer mágica. Economia é Economia, as coisas têm que ser feitas à luz do dia, não tem lançamento de pacotes e mais pacotes, achando que tem uma mágica.

O mesmo enfoque que Lula vem dando desde o início do Governo, mesmo para plateias ligadas a movimentos sociais, como eu disse. Foi assim em 21/11/03, no Fórum Nacional pela Reforma Agrária e Justiça no Campo:

> No Governo, a gente tem que medir cada passo, porque um passo errado significa uma volta atrás. E uma volta atrás significa fazer sofrer aqueles que já sofrem neste país. Este país, meus companheiros, durante muitos e muitos anos, foi pego de sobressalto, com planos mirabolantes: "Agora vai dar", e todo mundo entrava em festa. "Agora vai ser para valer", e todo mundo ficava feliz. E, seis meses depois, "a vaca ia para o brejo" e o povo ficava com o prejuízo, porque, em todos os "milagres", sobrou prejuízo nas costas do trabalhador.

Não se pode deixar de constatar uma linha coerente de discurso.

Coerência? Alguns economistas alegam que não se pode falar em coerência porque, na verdade, Lula fala em "responsabilidade", mas defende um Estado grande, gastador. De fato, tanto a carga tributária quanto os gastos públicos (sem considerar os juros) cresceram de 2002 para cá. A carga federal, segundo dados da Confederação Nacional dos Municípios, era de 22,8% do PIB, e, em 2008, passou a ser de 25,7%: a arrecadação federal de impostos passou de R$336,7 bilhões, em 2002, para R$746,7 bilhões no ano passado. No mesmo período, as despesas da União, segundo um estudo de Alexandre Schwartsman, economista, ex-diretor do Banco Central, cresceram de 15,5% do PIB para 17,6%.

Isso, no entanto, pode mostrar inconsistência em relação à ortodoxia econômica, mas não incoerência de Lula, porque é o que repete sempre: não brincar com a Economia, sim; mas, se há dinheiro em caixa, se há sempre uma sobra destinada ao pagamento das dívidas, não há por que não gastar em coisas que ele considera necessárias. Nisso, ele é de uma coerência exemplar: coerência no sentido de repetir sempre o mesmo discurso.

Não importa que os economistas mostrem que a curva de gastos é explosiva, que o país faria melhor se controlasse as despesas, para que dois movimentos se tornem possíveis mais rapidamente: a diminuição dívida/PIB, permitindo a queda consistente dos juros, e a desoneração tributária, permitindo um crescimento mais arrojado, com mais investimentos. Ao menos no nível do discurso, repito, ele parece ter se convencido de que o nível de gastos de seu Governo está dentro do razoável, que o Estado mínimo é uma quimera e que alguns gastos não devem ser vistos como despesas, mas como investimento. Esta é a lógica com que trabalha.

A ortodoxia de Lula se limita, então, a transpor para a macroeconomia a mesma dinâmica de uma dona de casa ao lidar com a economia doméstica. É o que Lula deixa transparecer em entrevistas como a que concedeu ao SBT em 28/11/07:

> Meu exemplo de economia é a dona de casa, que pega o salário dela ou do marido, paga as suas despesazinhas e o restante ela vai gastando de acordo com as suas necessidades, sem jogar dinheiro fora e sem contrair dívidas para que os outros paguem.

A esse modelo, Lula acrescentou uma crença, logo no início do Governo, como ficou claro no discurso do 1.º de Maio de 2003, já citado aqui:

> Eu queria dizer para vocês que descobri uma coisa fantástica no Governo: é que, por menos que a gente tenha dinheiro, a gente tem dinheiro. Quando era prefeito de Ribeirão Preto, o Antônio Palocci [ministro da Fazenda] falava assim para mim: "Lula, não se preocupe. Se você ganhar as eleições, você vai perceber, a gente vai passar um aperto no começo, mas, depois, você vai perceber que um real na mão deles vale dois reais na nossa mão."

A partir dessa matriz de pensamento, Lula acha natural se gastar mais, se há dinheiro para isso: se o caixa está em bom nível, em decorrência do crescimento econômico e da eficiência da máquina de arrecadação, deve-se poder gastar sem pensar em aproveitar o momento para diminuir os impostos. Ele fez esse raciocínio em 20/9/07, numa reunião do Conselho de Desenvolvimento Econômico e Social:

> As pessoas falam da carga tributária, mas não falam dos ganhos. Ninguém fala quanto as empresas estão ganhando, quanto os bancos estão ganhando,

> o quanto a massa salarial está subindo. Ora, se vai tudo bem na Economia, a empresa vai ganhar mais, o Governo vai arrecadar mais, os trabalhadores vão ganhar mais, todo mundo vai ganhar mais. Agora, é importante não confundir aumento de carga tributária com aumento de tributo. E vamos ser francos, o Brasil está numa situação privilegiada, pode ter um ou outro setor que ainda não desencantou, mas no fundo, no fundo, se a gente olhar para os últimos 25 anos vai perceber: nunca vivemos o momento que estamos vivendo.

Como as demandas da sociedade são grandes, e como Lula, ao longo dos anos, se propôs atendê-las, ele repete sempre que isso seria uma tarefa impossível se os impostos fossem reduzidos. Foi o que afirmou em 7/3/07, no lançamento de uma obra social no Rio de Janeiro:

> Todos nós queremos pagar menos impostos e todos nós queremos melhores serviços, e é incompatível essa dádiva de Deus, de menos impostos e mais serviços, as duas coisas não batem. Quando alguém fala: eu quero transporte bom e de qualidade, barato, não existe.

Por conta disso, com frequência Lula se bate contra a tese do Estado mínimo. Um exemplo foi o discurso que proferiu para avicultores em 25/10/05:

> Nós estamos chegando à conclusão de que o Estado não tem que ser mínimo nem máximo, ele tem que ser um Estado necessário para dar conta das coisas, porque embora a febre aftosa seja da responsabilidade dos estados, o Governo Federal é que tem responsabilidade de fiscalizar. E assim vale para todas as áreas. Montar este Estado, podem ter certeza, vai precisar da ajuda de vocês, e não só da ajuda, não é pedir dinheiro para vocês pagarem, não, é para que reconheçam.

Lula tem consciência de sua adesão apenas parcial à ortodoxia. Isso fica claro no pronunciamento que fez ao mesmo Conselho de Desenvolvimento Econômico e Social em 17/7/07:

> Eu só temo que as discussões da reforma tributária também sejam sempre assim, porque nós precisamos melhorar a Saúde, precisamos melhorar a Educação, precisamos desonerar isso, desonerar aquilo, mandar muito servidor público embora, porque precisa enxugar o Estado e baixar os impostos. O meu medo é que nem sempre a conta fecha.

Para que a "conta feche", Lula repete sempre a mesma ideia: gastos sociais não podem ser vistos como despesas, mas como investimentos que, anos depois, resultarão em menos gastos. Foi o que disse em 22/2/06, em Imperatriz, no Maranhão, ao visitar o campus da Universidade Federal do Maranhão:

> No nosso Governo é proibido utilizar a palavra "gasto" quando se trata de Educação. Educação é investimento. Quando a gente diz que a gente vai gastar investindo na Educação, é porque a gente não sabe o retorno à nação, ao Estado, à comunidade da cidade e à pessoa de cada centavo investido na Educação. Gasto é quando a gente deixa de investir em Educação para ter que investir em cadeia depois, para cuidar de pessoas que cometeram crimes ou delito neste país.

É uma ideia recorrente, que Lula repetiu, quase com o mesmo fraseado, ao menos 15 vezes no período analisado. Como em 23/3/06, numa reunião do Conselho de Desenvolvimento Econômico e Social:

> Eu estou proibido, no Governo, de utilizar a palavra gasto quando a gente coloca política social. Se o empresário precisa de um empréstimo de um bilhão do BNDES, é investimento. Agora, se você precisa de 50 mil reais para cuidar de crianças, é gasto. Não tem investimento mais sagrado do que investimento em gente.
>
> E investir em gente significa dar Educação, garantir a saúde e a possibilidade de as pessoas tomarem café, almoçarem e jantarem, além de outros direitos que as pessoas têm. Mas é preciso tirar da cabeça de todos nós a palavra gasto. E é com muito orgulho que eu digo: nós estamos fazendo 22 bilhões de investimento em programas sociais este ano.

Aqui, não me preocupei, portanto, em discutir se a "teoria econômica de Lula" é ou não coerente com os bons ensinamentos da teoria econômica. O que fiz foi constatar que, em todo o período analisado, ele é coerente ao repetir a sua fórmula: não fazer mágica, não gastar mais do que arrecada, mas gastar muito se a arrecadação permite, porque as necessidades são inúmeras. Em resumo, nem sempre coerência significa acerto. Por vezes, pode apenas ser uma forma mais elegante de teimosia.

De um modo geral, como afirmei, o balanço das palavras de Lula revela mais momentos de coerência do que de incoerência, mas estes, sem dúvida, existem, como mostrei aqui.

A incoerência mais notada diz respeito à diferença entre o que Lula disse nos seus trinta anos de militância política e o que passou a dizer, depois de eleito. O curioso é que Lula não a esconde, mas a explica sempre da mesma maneira, tornando coerente, no sentido de repetitiva, a justificativa para a incoerência. Foi assim em 17/7/07, também diante do Conselho Econômico e Social:

> Pego a minha experiência de vinte anos no movimento sindical, e fico olhando a quantidade de coisas que eu falei e falava porque era moda falar, mas que não tinham substância para sustentar na hora em que você pega no concreto. Na hora

> em que você entra no "pão-pão, queijo-queijo" tem uma diferença, e tem determinadas coisas que não podem ser um debate eminentemente ideológico, ele é real.

O mesmo argumento que Lula já tinha usado apenas um ano depois da posse, em 23/1/04, durante o anúncio de sua primeira reforma ministerial:

> Tinha gente que entendia que o PT, chegando ao Governo, deveria ter o mesmo discurso que tinha antes de ser Governo. Era humanamente impossível, porque a realidade política, quando se ganha um país da dimensão do Brasil, e quando se descobre que a sociedade é mais heterogênea do que um partido político, tem mais segmentos da sociedade representados do que as correntes dentro de cada partido político. Ou nós compreendemos isso e nos articulamos para sair da fase do "eu acho" para entrar na fase do "eu faço" e fazemos, ou nós não governamos uma cidade, não governamos um estado e muito mais um país do tamanho do Brasil.

Essa diferença entre "teoria" e "prática", que Lula parece achar muito natural, foi a chave que ele mais usou para justificar mudanças de atitude em relação ao que pregava antes de ser eleito. Foi a ela que ele recorreu, em 21/10/04, diante de agentes de viagem, para explicar a aliança com o PMDB, que ele rejeitara nos meses que antecederam a posse, em 2002:

> Eu precisava ampliar a minha base de alianças no Congresso Nacional. Eu percebi, rapidamente, a diferença entre "eu acho" e "eu faço". Quando a gente está teorizando, a gente pode achar tudo, quando a gente está governando, a gente tem que fazer, então precisa deixar de "achar".

Lula aparenta não ter nenhum problema com o que poderíamos chamar de "incoerência inaugural". Ele próprio qualificou-se de "metamorfose ambulante", referindo-se à canção de Raul Seixas, e fez da expressão, nos dois mandatos, quase um bordão, utilizando-a 13 vezes, a primeira delas em 28/8/03 e a mais recente em 23/3/09. Mas foi em 5/5/08, na I Conferência Nacional de Gays, Lésbicas, Bissexuais, Travestis e Transexuais, que ele deu a definição mais clara do fenômeno:

> Uma vez eu disse que todo político é cheio de certezas, todo político é cheio de convicções muito precisas. As pessoas se assustavam quando eu dizia: "Olha, eu sou a metamorfose ambulante." Na minha vida, eu penso que tenho tudo definido. No dia seguinte eu aprendo que tem uma coisa que ainda não estou definido, e que eu preciso me definir; que tem uma coisa que eu era contra, agora sou a favor; que tem uma coisa que eu não concordava, agora eu concordo. É esse o jeito de governar uma família que tem 190 milhões de filhos. Não é filho único, não temos apenas uma religião, não temos apenas uma opção sexual.

A essa crença na mutabilidade do ser, Lula, aos poucos, acrescentou outras para justificar a demora na execução do que prometeu. No início, alertava que os projetos teriam necessariamente um tempo de maturação, lançando mão de suas metáforas: o nascimento de um filho (nove meses entre a concepção e o parto), o ritmo da natureza (plantar, adubar, esperar crescer para somente então colher), a construção civil (uma casa demora meses para surgir do solo cru). Depois, quando o Governo avançava em anos, passou a defender mais um credo: não há quebra de promessa; o que falta é agilidade, não a ele, mas à máquina pública. Em 17/10/07, depois de explicar em Joanesburgo ao na época presidente da África do Sul, Thabo Mbeki, que um novo governante tem uma primeira fase de encantamento com o poder e, depois, uma segunda fase de pequenas decepções, declarou:

> O terceiro momento na vida de um governante é o contato que ele tem com a realidade, no momento em que ele atinge a maturidade de ter paciência, de compreender que as decisões nunca são como a gente deseja. Dentro da nossa burocracia interna elas nunca funcionam com a rapidez que nós gostaríamos, sempre tem um funcionário que deixa as nossas decisões na gaveta mais do que o tempo necessário, sempre tem um outro que não trata com a prioridade com que nós tratamos quando nos reunimos. E essa realidade, ela começa a mudar quando a gente começa a dar um certo ritmo à burocracia dos nossos países.

Apesar de seguir dizendo que construiria um novo Brasil, Lula passou a temperar essa afirmação com outra: não é fácil solucionar os problemas. Foi o que disse para sindicalistas em 11/7/05:

> Este país eu não abro mão de construir. Eu sei o quanto foi duro chegar até onde nós chegamos. Eu sei quantas lutas... Aqui eu estou vendo companheiros de trinta anos de caminhada, só que eu conheço, e eu sei que todo mundo tem consciência de que ainda estamos muito longe de concretizar tudo aquilo que nós temos por objetivo concretizar neste país. Até porque se fosse fácil fazer as coisas, outros já teriam feito.

A partir de meados do segundo mandato, Lula começou a dizer que as mazelas acumuladas "nos últimos 500 anos" eram tantas que seria "humanamente impossível" um único governante dar conta de todas elas. Uma mudança em relação ao início, quando se mostrava mais confiante em suas realizações, como em 14/7/04, na inauguração de uma estação de tratamento de esgoto em Campinas:

> Eu dizia e repito: eu quero provar que um metalúrgico é capaz de fazer por este país muito mais do que a elite fez durante os 500 anos em que ela governou este país.

Quatro anos depois, em 5/5/08, durante o lançamento de obras do Programa de Aceleração do Crescimento (PAC) em Teresina, no Piauí, o tom era bem mais realista:

> Não é possível a gente consertar em quatro, oito ou dez anos o desmazelo de cinquenta ou de cem anos causado pela elite dirigente deste país.

Outra forma relevante de incoerência é certa ambiguidade no discurso de Lula: na maior parte das vezes, ele faz uso do politicamente correto para falar de um tema, mas, tempos depois, revela opiniões mais inesperadas sobre o mesmo assunto. Não é algo frequente, mas também não chega a ser raro.

O Congresso, por exemplo. Na imensa maioria das vezes, Câmara e Senado são devidamente incensados como pilares da democracia. A opinião do presidente é sempre muito parecida com a que ele revelou em 31/7/07, no lançamento de um programa de obras do PAC em Cuiabá, Mato Grosso:

> A única coisa que eu quero dizer, e todo mundo aqui sabe, é que com a democracia não se brinca, o que vem depois dela é sempre muito pior. E como já vivi o pior, eu, quando vejo gente criticar o Congresso Nacional, que o Congresso Nacional não faz isso, não faz aquilo, eu, com todos os defeitos que possa ter o Congresso Nacional, ponho as mãos para o céu todos os dias e agradeço a existência dele, porque sem ele este país seria muito pior.

Apesar de repetir isso sempre, Lula, aqui e ali, faz declarações pouco convencionais. Como em 27/2/08, num encontro com empresários em torno da reforma tributária:

> Nem sempre o Congresso faz coisas piores do que o que entra lá. Muitas vezes eles melhoram as coisas do Governo que entram lá.

Ou como em 25/7/05, no programa *Café com o Presidente*:

> Eu penso que é preciso a gente fazer uma espécie de divisor, o debate no Congresso Nacional é a coisa mais legítima no fortalecimento da democracia brasileira, mas eu tenho dito que o nosso lema é deixar os debates acontecerem, e o papel do Governo, meus caros ministros, é trabalhar, trabalhar e trabalhar porque o que o povo quer mesmo é resultado, o que ele quer mesmo é saber se, no frigir dos ovos, a sua vida vai estar melhor do que quando nós entramos no Governo.

Ou como em 19/2/08, numa entrevista coletiva em Vitória, no Espírito Santo:

> Eu sou da tese de que o Congresso Nacional existe para legislar, existe para fazer CPI, existe para investigar, e o Governo existe para trabalhar.

Alguém sempre dirá que as declarações sobre o Congresso não provam incoerência, mas são apenas exemplos de opiniões complementares. Não se trata disso, porém: para aquele que entende o papel do Congresso na dinâmica democrática, e o aceita incondicionalmente, Câmara e Senado são sempre indispensáveis à democracia, e não "pioram" ou "melhoram" os projetos do Governo, mas apenas dão a eles a cara que a nação, por meio de seus representantes, quis ou pôde dar. Certamente não são exemplos de que Lula diz uma coisa num momento para negá-la em outro, mas mostram que o presidente emite conceitos, sobre um mesmo tema, que não são 100% harmônicos entre si.

O mesmo acontece em uma variedade de assuntos, o que uma visita aos verbetes pode confirmar. Em alguns deles, há sempre a opinião mais consensual, mais politicamente correta, ao lado de apreciações mais originais e, portanto, talvez, mais verdadeiras. Cito alguns exemplos a seguir.

A democracia é o melhor dos sistemas, aquele em que os conflitos se resolvem por meio do debate, mas, às vezes, isso é mera formalidade:

> No regime militar não se precisaria ter ficado até as três horas da manhã para votar; na democracia tem que ficar. Você sabe que tem maioria, você tem 308, mas, para valorizar a democracia, tem que deixar as pessoas extravasarem aquilo que estão falando. *(4/9/03, Brasília – DF. Reunião do Conselho de Desenvolvimento Econômico e Social – CDES)*

Os deputados são os legítimos representantes do povo, mas não existem os ingênuos ou os inocentes:

> Cada deputado sabe a regra do jogo, cada deputado sabe o que acontece quando a gente se divide. Eu digo sempre uma frase que o doutor Ulysses Guimarães [ex-deputado pelo MDB de São Paulo, ex-presidente do partido e da Câmara dos Deputados, já falecido] me dizia: "Não adianta pensar que tem deputado ingênuo ou inocente. Eu digo sempre que os ingênuos ficaram como suplentes." *(5/12/06, Brasília – DF. Entrevista após o encerramento da 20.ª reunião ordinária do Pleno Conselho de Desenvolvimento Econômico e Social – CDES)*

A Constituição brasileira é a melhor do planeta, e deve sempre ser respeitada, mas é muito contraditória:

O Brasil é um país que tem leis que permitem fazer uma coisa e, na mesma Constituição, tem uma outra lei que proíbe fazer. Ou seja, o mesmo Estado que dá com uma mão é o mesmo Estado que tira com a outra. *(21/1/05, Porto Seguro – BA. Visita ao Acampamento Luiz Inácio Lula da Silva)*

As CPIs são legítimos instrumentos e ajudam a consolidar as instituições, mas Lula não vai perder tempo com elas:

Eu confesso a vocês que eu não tenho tempo a perder com CPI. Nós iremos fazer tudo que for possível para contribuir com todas as informações, mas nesse momento eu não quero jogar fora e não quero perder a oportunidade do bom e extraordinário momento que o Brasil vive. *(19/2/08, Serra – ES. Entrevista coletiva após visita à Estação de Movimentação de Gás do Gasoduto Cabiúnas)*

O desmatamento é um problema no Brasil e deve ser combatido, mas é mentira dos estrangeiros que a Amazônia corra perigo:

Vocês viram, esses dias, na televisão brasileira e na imprensa, aquela discussão do aquecimento da Terra; vocês viram o estrago que o ser humano está fazendo no planeta Terra. Agora, não acreditem que seja o Brasil. De vez em quando vocês ouvem um discurso assim: "Ah, não, porque o Brasil vai desmatar a Amazônia; ah, não, porque o Brasil tem muita produção de soja; ah, não, porque o Brasil tem isso ou tem aquilo." É mentira. Primeiro: nós não queremos desmatar, nós queremos preservar. Mas quem tem que mudar o comportamento são os países ricos que produzem poluição. A grande emissão de gases que está causando problema no planeta é das empresas dos países ricos, não é das nossas. Até porque nós temos muitas florestas para absorver o gás carbônico produzido pelas indústrias. *(10/2/07, Iraquara – BA. Inauguração da usina de biodiesel da Brasil Ecodiesel)*

O Brasil é uma mistura feliz de raças, mas os negros são muito discriminados (ou vice-versa):

Nós estamos aqui para tratar de problemas com os quais ninguém gosta de ser identificado: preconceito racial, discriminação, intolerância, racismo. Tem gente até que acredita que eles não existem no Brasil. Ou pensa que, quando ocorrem, prejudicam apenas algumas minorias. A realidade é bem diferente: esses males, aparentemente invisíveis, causam muito sofrimento entre nós. Pelo menos metade da população brasileira vem sendo prejudicada por essa situação: a metade negra do nosso povo. *(21/3/03, Brasília – DF. Instalação da Secretaria Especial de Políticas de Promoção da Igualdade Racial)*

A política é o melhor instrumento para se resolver os problemas, mas é mesquinha:

> Eu, às vezes, acho que a política tem um lado pequeno, tem um lado mesquinho, que é o seguinte, uma comparação chula: um casal se separa, depois como é que fica? A mulher fica torcendo para o marido não arrumar uma melhor do que ela, e o marido fica torcendo para ela arrumar um marido pior do que ele. É o prazer pela desgraça quando, na verdade, eles deveriam torcer para que ambos continuassem felizes e arrumassem coisa melhor, até porque, se o 'ex' fosse bom, não tinha separação. *(31/7/07, Campo Grande – MS. Lançamento do PAC Saneamento e Urbanização no estado de Mato Grosso do Sul)*

A existência da oposição é saudável, mas Lula não precisa ouvi-la para governar:

> Eu já fui oposição muitas vezes, perdi muitas eleições e nunca fui chamado para conversar. É importante que as pessoas saibam que, no mundo inteiro, na Inglaterra, nos Estados Unidos, na Alemanha, oposição é oposição, Governo é Governo, quem ganha governa e acabou. *(30/10/06, Brasília – DF. Entrevista à TV Bandeirantes)*

O Judiciário é a garantia do sistema democrático, mas não deve se meter na seara alheia:

> Seria tão bom se o Poder Judiciário metesse o nariz apenas nas coisas deles, o Legislativo apenas nas coisas deles e o Executivo apenas nas coisas deles. Nós iríamos criar a harmonia que está prevista na Constituição, para que a democracia brasileira seja efetivamente garantida. *(28/2/08, Aracaju – SE. Inauguração do viaduto Jornalista Carvalho Déda e assinatura de ordens de início de obras da revitalização do rio São Francisco e de saneamento e habitação – PAC)*

O caso em que fica mais transparente o conflito entre o discurso politicamente correto e afirmações mais heterodoxas é a imprensa (e substantivos correlatos, como jornal, entrevista, televisão etc., temas abordados pelo presidente de uma maneira crescentemente negativa e que, por esse motivo, tiveram seus verbetes construídos em ordem cronológica). Trata-se de um assunto sempre muito presente na fala de Lula: imprensa é uma palavra citada 969 vezes, em 482 ocasiões, ou seja, foi um assunto mencionado em um terço de todas as vezes em que o presidente falou. Em Lula, é um caso típico de amor aparente e mágoa submersa. Mas a incoerência escaparia ao leitor se, aqui, eu não fugisse por um momento à regra do livro de só dar atenção aos discursos improvisados no todo ou em parte. Porque é nos pronunciamentos inteiramente lidos, e, portanto, escritos por terceiros, que se podem achar os elogios protocolares à imprensa. No improviso, os elogios, quando existem, vêm cheios de ressalvas.

Por exemplo, em 14/9/04, num discurso lido, comemorativo aos 25 anos da Associação Nacional dos Jornais, Lula reconheceu de forma muito viva o papel que a imprensa desempenha nos regimes democráticos:

> Estou aqui para homenagear a imprensa de meu país, que desempenhou um papel muito importante na conquista da nossa democracia. Em vários momentos de nossa história política, a liberdade de imprensa esteve suspensa ou sofreu severas restrições, como todos aqui presentes sabem muito bem. Milhares de brasileiros e brasileiras pagaram um preço alto lutando contra a supressão dessa liberdade por Governos ditatoriais. Vivemos, felizmente, num país em que a democracia está consolidada e nosso empenho tem sido no sentido de fortalecê-la e aprofundá-la.
>
> Desde os tempos de Thomas Jefferson, a liberdade de imprensa tem como corolário o direito do cidadão comum à informação verdadeira, equilibrada e plural.

Dois anos depois, em 29/8/06, também num discurso lido, Lula declarou diante da plateia do 6.º Congresso Brasileiro de Jornais:

> Sou comprometido com a liberdade em todas as suas dimensões essenciais. Com a liberdade de expressão, em seu sentido mais amplo, seu sentido cultural, por assim dizer. E, em particular, com a liberdade de imprensa, essa ferramenta que ajudou a criar, manter e aperfeiçoar a democracia moderna em que vivemos. Nem poderia ser de outra forma. Para quem a democracia é um valor universal, a liberdade de imprensa não pode ser um valor relativo, porque a liberdade de expressão foi uma das maiores conquistas históricas da sociedade humana. E é um dos bens mais preciosos da vida social. O Estado democrático só existe, se consolida e se fortalece com uma imprensa livre.

Essa foi sempre a tônica de Lula quando falou da imprensa em discursos apenas lidos. Quando improvisou, porém, Lula não deixou de reconhecer os méritos do jornalismo, porque sabe que não seria de bom-tom, mas sempre acrescentou deméritos. Um exemplo típico foi o pronunciamento que fez na entrega do prêmio Faz a diferença, do jornal *O Globo*, em 23/3/04:

> Nós não teríamos chegado aonde chegamos se não tivéssemos tido a compreensão e, ao mesmo tempo, a incompreensão da imprensa. Porque eu digo sempre que para o bem ou para o mal a imprensa é muito importante para garantir o processo democrático de uma nação.

Numa rápida visita ao verbete "imprensa", o leitor poderá constatar que, para Lula, muitas vezes a imprensa não entende o que ouve; esteve alinhada com o Governo Fernando Henrique; muitas vezes não informa adequadamente (e que não seja por má-fé!); gosta mais de noticiar delitos do que coisas boas; briga com Lula (que não briga com ela); tem jornalistas que deturpam os fatos; gosta mais de noticiar vaias do que aplausos; não piora nem melhora com o tempo; mas não consegue jogar o povo contra o presidente. Em quase todas as intervenções de Lula sobre a imprensa houve senões. Ele mesmo, porém, reconheceu que essa é uma atitude típica dos políticos. Foi o que disse em 29/4/05, numa de suas raras entrevistas coletivas formais:

> Eu não conheço um político que não se queixe da imprensa. Não conheço. Você é capaz de chegar num político da oposição, ele está se queixando da imprensa, e você chega num da situação, ele se queixa da imprensa. Eu nunca vi alguém dizer: "Não, essa aí está fazendo o meu joguinho." Nunca vi. Eu já vim aqui, já vi o presidente Itamar [Franco, presidente do Brasil de 1992 a 1995] se queixar, já vi o presidente Sarney [José Sarney, presidente de 1985 a 1990] se queixar, já vi o Fernando Henrique Cardoso [presidente de 1995 a 2003] se queixar, já me queixei, já vi tanta gente se queixar. E você vai para a oposição, é a mesma coisa: "Não, porque a imprensa só fala do Governo, a imprensa não sei das quantas, o Governo." Eu, no fundo, acho que a imprensa é um bom remédio para a gente consolidar a democracia em qualquer país do mundo, para fiscalizar a administração pública municipal, estadual ou federal. E por mais que você não goste, sem ela nós não teríamos democracia. E nos momentos históricos em que não tivemos ela, todos nós sabemos o que pagamos de preço.

A leitura do verbete "jornal", palavra citada 485 vezes no período, é igualmente reveladora. Lula iniciou o Governo dizendo em 4/4/03 que toma o cuidado de não ler jornal todo dia para não ficar "azedo", mas seis meses depois, em 2/10/03, afirmou a radialistas que lia jornais "todo santo dia":

> Eu, quando levanto de manhã, leio cinco ou seis jornais todo santo dia. Às vezes, se eu fosse me ater pelas manchetes dos jornais, eu nem sairia do Palácio da Alvorada, tal era a confusão estabelecida na praça. Aí você chega aqui, pega o telefone, liga pra um lá: "Mas não é isso, não, aí tem equívoco, eu não falei isso, eu não pensei aquilo." Então, não existe nada que substitua a relação humana.

Dois anos depois, porém, em 20/5/05, Lula admitiu ao jornal sul-coreano *Chosun Ilbo* que a leitura de jornais perdia frequência:

> Eu, por exemplo, no sábado e no domingo, não leio jornal. Não vejo nenhum programa de política. Se eu vejo televisão, eu vejo... se for programa infantil, ainda melhor. Ou seja, só quero coisa leve, coisa que não me preocupe.

Não se passaram cinco meses, em 20/10/05, Lula teve uma recaída, e voltou a recomendar a leitura diária de jornais, ao estimular o ministro do Desenvolvimento Social e Combate à Fome, Patrus Ananias, a não se abater com as críticas que o Bolsa Família vinha enfrentando:

> A gente sempre tem que levar muito a sério as críticas, analisar tudo, mas eu vou te dar um conselho de alguém que aprendeu a fazer isso há muito tempo. O que é importante é a gente ler todos os jornais que puder ler por dia, ler todas as revistas que puder ler por semana, e ver todos os programas de televisão. Temos que ter ouvidos e olhos tanto para ouvir como para ler tudo.

Mais dois anos, e Lula, aparentemente, jogou a toalha. Em 18/12/08, numa entrevista reveladora a Mario Sergio Conti, da revista *Piauí*, sobre a imprensa, o presidente fez questão de dizer que não lia mais jornais:

> Tenho não [o hábito de ler jornais todas as manhãs], eu não tenho isso faz tempo, faz tempo. Não é que não dá, é que eu não quero fazer.

E, na mesma entrevista, explicou por quê:

> Eu tenho problema de azia. Eu me cuido profundamente, para não perder o humor logo cedo.

Se os leitores repararem, é todo um ciclo de 360 graus que vai do "azedo", no início do Governo, à "azia", no meio do segundo mandato.

No mais, os jornais merecem a mesma avaliação que Lula faz da imprensa: eles não dão destaque aos programas de Governo; publicam o que deveria ficar em sigilo; devem ter a credibilidade posta sob suspeita; cometem injustiças históricas; não são lidos pelo povo; não permitem que o povo tenha uma visão correta do Governo; preferem sempre notícias ruins; não são confiáveis e distorcem os fatos.

Não há dúvida de que os comentários de Lula sobre a imprensa sejam um exemplo exuberante de incoerência, mas, isoladamente, talvez não haja exemplo melhor do que o relacionado ao PT e ao escândalo do mensalão, palavra significativamente pouco usada por Lula: apenas 35 vezes em oito ocasiões. Mais uma vez, para que a incoerência possa ser constatada, tive de levar em conta um discurso inteiramente lido por Lula: aquele, pronunciado em 12/8/05, em reunião ministerial transmitida ao vivo por todas as redes de televisão. Nele, Lula disse, solenemente:

> Ajudei a criar esse partido e, vocês sabem, perdi três eleições presidenciais e ganhei a quarta, mantendo-me sempre fiel a esses ideais, tão fiel quanto sou hoje. Quero dizer a vocês, com toda a franqueza, eu me sinto traído. Traído

por práticas inaceitáveis das quais nunca tive conhecimento. Estou indignado pelas revelações que aparecem a cada dia, e que chocam o país. O PT foi criado justamente para fortalecer a ética na política e lutar ao lado do povo pobre e das camadas médias do nosso país. Eu não mudei e, tenho certeza, a mesma indignação que sinto é compartilhada pela grande maioria de todos aqueles que nos acompanharam nessa trajetória.

Uma postura muito diferente da que o presidente tinha adotado apenas 28 dias antes, quando afirmou, em 15/7/05, em entrevista à jornalista Melissa Ribeiro, em Paris, divulgada pelo programa *Fantástico*, da TV Globo:

O que o PT fez, do ponto de vista eleitoral, é o que é feito no Brasil sistematicamente. Eu acho que as pessoas não pensaram direito no que estavam fazendo porque o PT tem, na ética, uma de suas marcas mais extraordinárias. E não é por causa de um erro de um dirigente ou de outro que você pode dizer que o PT está envolvido em corrupção. Eu acho que a nova direção do partido saberá explicar para a sociedade o que aconteceu com o PT e o que vai acontecer daqui para a frente com o PT.

No pronunciamento de quase um mês depois, tudo mudou:

Se estivesse ao meu alcance, já teria identificado e punido exemplarmente os responsáveis por esta situação. Por ser o primeiro mandatário da nação, tenho o dever de zelar pelo estado de direito. O Brasil tem instituições democráticas sólidas. O Congresso está cumprindo com a sua parte, o Judiciário está cumprindo com a parte dele. Meu Governo com as ações da Polícia Federal estão investigando a fundo todas as denúncias. Determinei, desde o início, que ninguém fosse poupado, pertença ao meu partido ou não, seja aliado ou da oposição. Grande parte do que foi descoberto até agora veio das investigações da Polícia Federal.

No mesmo discurso, Lula chegou a pedir desculpas ao país:

Eu não tenho nenhuma vergonha de dizer ao povo brasileiro que nós temos que pedir desculpas. O PT tem que pedir desculpas. O Governo, onde errou, tem que pedir desculpas, porque o povo brasileiro, que tem esperança, que acredita no Brasil e que sonha com um Brasil com Economia forte, com crescimento econômico e distribuição de renda, não pode, em momento algum, estar satisfeito com a situação que o nosso país está vivendo. Quero dizer a vocês: não percam a esperança. Eu sei que vocês estão indignados e eu, certamente, estou tão ou mais indignado do que qualquer brasileiro. E nós iremos conseguir fazer com que o Brasil consiga continuar andando para a frente, marchando para o desenvolvimento, para o crescimento da

> riqueza e para a distribuição de renda. E eu tenho certeza que posso contar com o povo brasileiro.

Tão logo a situação amainou, porém, e a ameaça de medidas mais fortes, como o *impeachment*, desapareceu do horizonte, o discurso de Lula mudou radicalmente. Numa entrevista a emissoras de rádio, em 18/11/05, Lula já debitava os erros do PT à juventude do partido:

> É muito importante que aconteçam essas coisas com o PT enquanto o PT é novo. O PT só tem 25 anos de vida e, nessa idade, você sabe que entre 18 e 25 anos nós cometemos muitos erros para que a gente amadureça quando estiver com trinta anos, ou seja, isso vai servir de aprendizado para nós. Aqueles que cometeram erros pagarão, e já estão pagando o preço, mas o PT é muito grande, o PT está espraiado por este território nacional como nunca um partido esteve, nos mais diferentes e nos mais longínquos lugares em que você for, você vai encontrar alguém com a bandeira do PT.

Um mês e dez dias depois, em 1/1/06, Lula em entrevista a Pedro Bial, do programa *Fantástico*, da TV Globo, restringia os erros do PT a um pequeno grupo:

> O PT é um partido muito grande, com quase um milhão de filiados, um partido espalhado. Se três, quatro, meia dúzia, dez, quinze ou vinte pessoas de uma organização política cometem erros não significa que o partido todo está cometendo o mesmo erro.

Em 23/8/07, Lula dava um passo além (ou aquém, dependendo do ponto de vista) e, numa entrevista coletiva, aventava a hipótese de pedir desculpas a alguns dos companheiros acusados:

> O tempo vai se encarregar de dizer se eu estou certo de estar frustrado ou não, se as pessoas cometeram erros ou não. Eu só quero dizer para vocês uma coisa: eu tenho humildade para pedir desculpas se algum companheiro que eu prejudiquei for inocente. Humildemente eu pediria desculpas. Eu quero ver se todos que acusaram com leviandade terão coragem de pedir desculpas. Eu pedirei desculpas se eu tiver cometido alguma injustiça.

Em toda a Presidência Lula, até aqui, como eu disse talvez não haja episódio de incoerência mais marcante. Se, em relação à imprensa, Lula gira 360 graus, indo do "azedo" à "azia", no caso do PT e do mensalão, ele faz um semicírculo: na pior fase do escândalo, em texto escrito, Lula pede desculpas à nação; quando tudo já é passado, ele admite pedir desculpas aos acusados.

## Deus e a família

Deus é uma presença marcante na fala de Lula: 1.900 citações em 796 ocasiões, ou seja, em mais da metade das vezes em que o presidente se manifestou, de alguma maneira, ele citou Deus. As formas variam. A expressão "se Deus quiser" parece ser a preferida, com 357 ocorrências, seguida de "graças a Deus", com 259, "Deus abençoe vocês" (e variantes), com 217 e "pelo amor de Deus", com 130. Da leitura de tudo o que Lula diz, pode-se perceber que ele tem visão tradicional de Deus, a do homem comum: Deus é "poderoso", é "justo", é "sábio", é "generoso" e será "o último a nos julgar". Deus "existe", "protege", "castiga", "ilumina", "ajuda", "dá", "quer", "sabe", "faz a parte Dele" e "escreve certo por linhas tortas". E é também "brasileiro", uma afirmação que Lula faz sete vezes. Em relação ao país, Lula afirma que Deus foi muito amigo, como disse em 30/10/03, na inauguração de um terminal de passageiros no aeroporto de Campina Grande, na Paraíba:

> Deus fez duas coisas com o Brasil: deu uma natureza de beleza incomparável a qualquer país do mundo e deu um povo maravilhoso, ordeiro e generoso.

O problema, segundo Lula afirmou na Expo Fome Zero, em São Paulo, em 10/2/04, é que faltou juízo aos brasileiros, coisa que o presidente pretendia agora corrigir:

> Deus pôs os pés aqui e falou: "Olha, aqui vai ter tudo. Agora, é só homens e mulheres terem juízo que as coisas vão dar certo." E nós vamos fazer este país dar certo sem precisar pegar dinheiro de fora para combater a fome.

Lula disse muito poucas vezes que acredita em Deus, apenas seis vezes, uma insignificância estatística. Mas, nessas poucas vezes, deixou claro que sua crença é muito forte. Como em 12/4/03, na inauguração de uma fábrica de sucos, em Maringá, no Paraná:

> Vamos garantir que este país gere mais empregos, exporte mais, melhore a Educação e a Saúde. E não tenham dúvidas, eu digo isso com a mesma certeza de que estou vendo vocês na minha frente, com a mesma certeza de que eu creio em Deus.

Uma ênfase que ele voltaria a usar em 5/12/08, numa entrevista coletiva, em relação à crise financeira de 2008:

> Posso dizer para vocês que eu acredito, como acredito em Deus, que esta crise é uma grande oportunidade para o Brasil e para o mundo.

A Deus, Lula transfere seus êxitos passados, e, implicitamente, os futuros, de uma maneira fatalista, como deixou claro na missa do 1.º de Maio de 2003:

> Na vida de um ser humano, acontecem muitas coisas que normalmente ele não prevê que vai acontecer. Na minha vida, até a fundação do PT, quase tudo aconteceu sem que eu esperasse. Aconteceu porque tinha que acontecer, porque, como eu acredito em Deus, eu penso que Deus fez acontecer. Eu nunca, na minha vida, dom Cláudio [Hummes, cardeal-arcebispo de São Paulo], tinha pensado em ser dirigente sindical. Aliás, meu irmão mais velho me convidava para o sindicato e eu nunca aceitei, porque eu achava uma coisa tremendamente chata as discussões que, normalmente, eu não entendia. Eu vim ao sindicato em 1968, pela primeira vez. Houve uma briga no sindicato, não sei por quê, mas houve uma briga. E, por conta da briga, eu passei a gostar de vir e a frequentar o sindicato. Um ano depois eu era diretor do sindicato, três anos depois eu era presidente do sindicato. E eu me lembro que, em 1978, depois da primeira greve, era o meu segundo mandato, e eu disse para dona Marisa: "Dona Marisa, este será o meu último mandato. Eu aprovei, numa assembleia, que nenhum presidente poderia ficar mais que dois mandatos na Presidência." E eu falei: "Eu vou voltar para casa e vamos cuidar da nossa família." De 1978 até agora, dom Cláudio, já são 25 anos, e eu voltei para casa. Ou seja, voltei em parte, em termos. Mas a verdade é que, cada vez mais, eu me meti em encrenca. Até que fundamos o PT e um conjunto de companheiros entendeu que este partido deveria ter um candidato a presidente da República. É importante lembrar que, em 1978, eu dizia para quem quisesse ouvir, que eu não gostava de política e tinha ódio de quem gostava. Isso em 1978. Em 1980, eu já estava fundando o PT; em 1982 fui candidato a governador; em 1989, 1994 e em 1998, a presidente. E, graças à teimosia de vocês, eu fui eleito presidente da República e cá estou.

À crença em Deus, Lula também atribui a sua imunidade contra praga de inimigos. Foi o que afirmou em 4/9/07, no lançamento das obras para a construção da Refinaria Abreu e Lima, no Recife, em Pernambuco:

> Muitas vezes, na política, o jogador que deixa o campo para entrar o outro, ele não quer que o outro marque o gol, ele quer que o outro perca. Então, as pessoas ficam torcendo para a desgraça ser maior. Se as pessoas pensassem positivo... A mim não pega, porque eu creio em Deus. Não adianta nego tentar rogar praga, que não pega. E também porque eu tenho a minha crença definida, todo dia eu converso com Ele para pegar energia positiva. Portanto, quem quiser perder tempo em torcer contra, vai quebrar a cara. É melhor torcer a favor, porque no segundo mandato eu aprendi o que fazer. Hoje eu sei muito mais do que eu sabia.

Essa foi uma das únicas vezes em que Lula fez referência direta a conversar com Deus. Ou a rezar. A frase "eu rezo" aparece apenas cinco vezes, e todas elas curiosamente referindo-se ao presidente dos Estados Unidos, Barack Obama. Como nessa entrevista que concedeu em Brasília em 5/2/09:

> Eu confesso a vocês que, embora seja muito importante ser presidente dos Estados Unidos, eu acho que o nosso querido companheiro Obama está com um pepinaço na mão. Eu rezo por ele mais do que rezo por mim, para que ele consiga encontrar uma saída para os Estados Unidos, e quem sabe isso ajude a resolver o problema de outros países.

A relação de Lula com a Igreja Católica é notória: a instituição é citada 223 vezes, geralmente de uma maneira extremamente positiva. Mas, pelo material analisado, pode-se depreender que Lula não vai à missa regularmente. Desde que assumiu a Presidência, Lula, no primeiro mandato, foi todos os anos à Igreja Matriz de São Bernardo do Campo, na missa pelo 1.º de Maio; no segundo mandato, até 2009, não voltou mais lá. Ele vai mesmo pouco a missas, como deixou transparecer em 7/5/07, numa entrevista à Rede Católica de Rádio:

> Quando você é presidente da República, a tua aparição, em qualquer lugar público, causa um transtorno fora do comum. Ou seja, para ir numa Igreja, para ir numa missa lá em Aparecida, a segurança vai antes, e vai demarcar o lugar. Eu sempre acho incômodo você mexer com as pessoas que não pediram para você ir lá. As pessoas estão lá para rezar e, daqui a pouco, chega um alvoroço de gente para ocupar o lugar delas. Eu não vou mais a estádio de futebol. Eu, na verdade, estou há quatro anos na Presidência e nunca fui a um restaurante, porque a segurança quer ir na frente, e eu acho que eu não tenho o direito de causar transtorno na vida das pessoas.

Apesar disso, Lula participou de missas no palácio em ocasiões como o Natal, e, algumas vezes, fez referências explícitas a orar pela saúde do vice-presidente José Alencar, que se submeteu a longo tratamento contra um câncer. Em 19/12/08, na confraternização de Natal do Planalto, chegou a pedir que rezassem um pai-nosso para o vice, não deixando de ironizar o ministro da Secretaria de Comunicações, Franklin Martins, ateu:

> Eu penso, Gilberto [Carvalho, secretário particular do presidente], que você, que quase foi padre, viesse aqui na frente para a gente terminar este meu discurso aqui impreciso e desnecessário com uma prece para o nosso companheiro José Alencar, que a gente, de pé, pudesse rezar um pai-nosso. Você, Franklin, também reza um pai-nosso, que vai fazer bem para você.

Já em relação ao diabo, Lula se mostra bem mais contido: apenas cinquenta citações, trinta delas contando que alguém comeu o pão que ele amassou: os pobres (antes de Lula), o Governo Lula em seu primeiro ano (muitas citações a respeito), Mário Covas (quando governador de São Paulo), José Fritsch (para montar a Secretaria da Pesca), a família de Lula (na infância dele), os produtores agrícolas (antes de Lula), o Brasil, de 1980 até Lula, para pagar a dívida externa, Tião Viana (quando presidente interino do Senado), Juscelino Kubitschek (quando presidente da República), José Sarney (quando presidente da República), os funcionários públicos (antes de Lula) e Vitor Buaiz (quando governador do Espírito Santo). Nas outras vinte citações ao diabo, expressões populares, como afirmar que alguém tem mais medo de alguma coisa do que "o diabo da cruz". Ou perguntar, diante do desconhecido: "Que diabo é isso?" Ou como mero xingamento entre amigos. Em 27/6/06, na abertura da I Conferência de Economia Solidária, Lula contou como se referira tempos atrás aos economistas que traçavam um cenário muito ruim para o Brasil nos anos que antecederam a sua eleição:

> Alguns achavam até que o Brasil estava quebrado. De vez em quando eu dizia para eles: "Diabos, vocês são meus amigos e dizem que o Brasil está quebrado e querem que eu seja presidente da República. Por que eu vou ser presidente da República?"

Quando o assunto é família, Lula também repete o padrão que se espera de um brasileiro médio. Citada, de um jeito ou de outro, 2.593 vezes em 45% dos pronunciamentos públicos de Lula, a família, para Lula, é o centro que determina o bem-estar da sociedade: ela é sagrada e, quando vai bem, todo o resto vai bem. É ela quem dá sustentação ao indivíduo, é ela quem precisa atender às primeiras necessidades dos cidadãos e, para isso, requer atenção especial do Estado. Lula mira-se em si próprio quando fala em família, como ficou evidente no discurso que fez a operários em Brasília, em 27/7/05:

> A família é a base fundamental pela qual a gente pode construir a sociedade que todos nós queremos construir. Eu sei que muitos de vocês estão aqui, sei que as mulheres de vocês muitas vezes ficaram na sua cidade natal, no seu estado. Eu nasci assim, o meu pai [Aristides Inácio da Silva] engravidou minha mãe [Eurídice Ferreira de Melo], ele veio embora e eu fiquei lá em Garanhuns, na barriga da minha mãe. Eu fui ver meu pai cinco anos depois. Meu pai podia ter todos os defeitos que um homem pode ter, mas ele nunca deixou de mandar uma ajuda para minha mãe cuidar dos oito filhos dela. Então, eu sei que vocês têm famílias, por favor, vocês estando aqui não esqueçam que vocês têm filhos e que eles serão o resultado do que vocês fizerem por eles hoje.

Lula parece saber que a defesa da valorização da família soa conservadora a certo discurso de esquerda. É o que se pode entender do que disse no Recife, em Pernambuco, ao lançar obras do PAC, em 12/7/07:

> Uma outra coisa que nós precisamos cuidar, neste país, Eduardo [Campos, governador de Pernambuco], eu sei que houve um tempo em que a esquerda não gostava que a gente falasse isso, isso era atrasado, até falar em pátria era atrasado, João Paulo, [prefeito de Recife]. Então, na década de 70, se a gente falasse pátria, "esse cara é conservador". Naquele tempo não tinha a palavra neoliberal, era outra coisa qualquer, de direita. Para mim tem uma coisa sagrada, que é a questão da família. Se a família estiver bem, tudo está bem, se a família estiver mal, tudo está mal. Cuidar da família é permitir que a família cuide dos seus, porque senão as pessoas não cuidam e acham que o Estado vai cuidar. O Estado nem sabe onde a pessoa mora, quem sabe é a mãe e o pai. Portanto, cuidar, acabar com a desagregação da estrutura da família brasileira, aquele negócio de filho brigar com pai, de pai brigar com mãe, ninguém fica feliz dentro de casa, as pessoas não querem nem chegar em casa porque sabem que é um inferno. Como é que a gente vai construir uma nova sociedade se não tiver harmonia entre as pessoas, se os filhos não virem os seus pais como seus mestres, como espelho do que eles querem ser? Como é que a gente vai construir?

Trata-se, como disse, de uma visão absolutamente tradicional.

Os pais são os modelos:

> A família é a base da consagração da vida de cada um de nós. O pai e a mãe têm que servir de exemplo para os seus filhos, no comportamento e na educação. *(20/7/05, Recife – PE. Aula inaugural do ProJovem – Programa Nacional de Inclusão de Jovens)*

Os pais devem mandar nos filhos:

> O processo de desagregação da estrutura familiar, às vezes, é levado por problemas sociais, às vezes, levado por problemas de droga. Pai não consegue mais mandar no filho, o filho não respeita o pai, ou seja, isso precisa voltar a acontecer, unificar a família brasileira. *(24/11/05, Brasília – DF. Entrevista a emissoras de rádio de São Paulo e do Rio de Janeiro)*

Os pais podem dar "palmadinhas" nos filhos:

> Por mais que um pai ou uma mãe adora um filho, às vezes uma palmadinha carinhosa, ao invés de significar sofrimento, significa um processo educativo em que vamos chegar onde nós queremos. *(13/3/07, Brasília – DF. Posse dos novos ministros da Agricultura, Pecuária e Abastecimento, do Turismo e da Secretaria de Relações Institucionais da Presidência da República)*

Os filhos devem respeitar os pais:

A gente só vai sentir falta da mãe da gente quando a gente não a tiver mais. A mãe é quase que uma coisa sagrada. Todo dia de manhã nós temos que levantar e perguntar a nós mesmos se nós fizemos algum gesto bom para a nossa mãe, se nós fomos obedientes, se nós a tratamos com carinho, se nós tratamos bem o nosso pai. Essa relação é condição fundamental para a gente vencer na vida. *(30/3/07, Olinda – PE. Formatura do programa ProJovem)*

Bem-educados, os filhos não viram bandidos:

Se a família tiver pai e mãe que estejam bem e que cuidem bem dos filhos, essa família não vai criar nenhum bandido, nenhum traficante, nenhum viciado em droga. Essa família vai criar um homem honesto, uma mulher honesta. Não é a pobreza que faz as pessoas virarem bandidas, porque eu saí de Pernambuco agarrado no rabo da saia de uma mãe com oito filhos, ficamos comendo o "pão que o diabo amassou" durante muito tempo em Santos e em São Paulo, todos pobres, mas todos honrados e nenhum bandido. Sabe por quê? Porque era uma mãe que sabia cuidar dos seus filhos, mesmo na pobreza. *(28/2/05, Brasília – DF. Abertura do 9.º Congresso Nacional dos Trabalhadores e Trabalhadoras Rurais)*

Marido e mulher devem se compreender mutuamente:

Aqui, tem mulheres e homens casados, que saem de manhã para trabalhar e trabalham o dia inteiro, das 7 da manhã às 6 da tarde. Alguns pegam três ônibus para o trabalho, de segunda a sexta. Às vezes uma companheira mulher chega em casa meia hora atrasada, porque teve um problema qualquer, e o marido, que já está em casa, e, ao invés de reconhecer as 12 horas de trabalho dela, prefere reconhecer apenas a meia hora que ela atrasou, e por conta disso começa a brigar. Com o homem acontece a mesma coisa; muitas vezes o companheiro trabalha das 7 às 6 horas, todo santo dia, e às vezes para para tomar uma cervejinha com um companheiro. Quando chega em casa, não tem nenhum elogio pelas 12 horas que trabalhou, mas críticas pela meia hora em que ele tomou uma cerveja. *(4/6/03, São Paulo – SP. 8.º Congresso Nacional da CUT)*

Essa visão tradicional que Lula tem de família e de Deus, agora confirmada em números e na leitura metódica de sua fala, está em linha com o que veremos a seguir: Lula nem de longe se quer um revolucionário.

## Capitalismo e conciliação

Nada expressa melhor a ideia política que Lula faz de si próprio do que a sua hoje já famosa frase segundo a qual "se você conhecer uma pessoa muito idosa esquerdista, é porque ela está com problema". Ele disse isso de improviso em 11/12/06, durante o prêmio Brasileiro do Ano, concedido pela revista *IstoÉ*. A frase inteira é a seguinte:

> Passei vinte e poucos anos criticando o Delfim Netto [deputado federal pelo PP de São Paulo], e agora o Delfim Netto é meu amigo e eu sou amigo dele. E por que eu estou dizendo isso? Porque eu acho que é a evolução da espécie humana. Quem é mais de direita vai ficando mais de centro, quem é mais de esquerda vai ficando socialdemocrata, menos à esquerda, e as coisas vão confluindo de acordo com a quantidade de cabelos brancos que você vai tendo e de acordo com a responsabilidade que você tem, não tem outro jeito. Se você conhecer uma pessoa muito idosa esquerdista, é porque ela está com problema. Se conhecer uma pessoa muito nova de direita, também está com problema.

Se lembrarmos da declaração de Lula, que reproduzi mais atrás, segundo a qual ele resistiu muito a frequentar o sindicato porque achava "uma coisa tremendamente chata" as discussões que lá se travavam, pode-se dizer que nem quando jovem Lula foi de esquerda.

Poucos dias depois da afirmação sobre a "evolução da espécie", Lula voltaria a demonstrar problemas em ser rotulado como "de esquerda". Foi numa entrevista coletiva em Brasília, em 22/12/06:

> Se você perguntar para mim se eu sou de esquerda ou de direita, eu vou dizer: eu sou torneiro mecânico de profissão e católico por opção religiosa, e corintiano por opção futebolística. Eu acho que, se ser de esquerda é defender as coisas que eu defendo na área social, eu sou de esquerda. Mas o Governo não é um Governo de esquerda, o Governo é um Governo que governa em função da correlação de força política na sociedade, com forte inclinação para atendimento das demandas sociais, que é para isso que o povo me elegeu, e eu, portanto, fico feliz.

A declaração é um eco das primeiras entrevistas de Lula na década de 1970, quando surgiu no cenário nacional. Indagado sobre se era comunista, Lula costumava responder: "Eu sou torneiro mecânico."

Não se trata apenas de uma ironia recorrente de Lula: a leitura de suas palavras indica que, pelo menos no nível da retórica, o presidente não é o que se poderia chamar de um "esquerdista clássico". Como nos seus primeiros anos no sindicato, ele continua se parecendo mais com um sindicalista americano de meados dos anos 40/50 do século passado, que desejava para os trabalhadores uma vida melhor: ganhar mais para ter acesso aos bens de consumo de uma classe média mais abastada. Isso fica muito evidente na definição que Lula dá à palavra "trabalhador" em muitas de suas declarações. Em 7/3/07, na inauguração de obras de moradia popular no Rio de Janeiro, Lula explicou quais seriam os sonhos do brasileiro:

> Todo trabalhador brasileiro carrega três sonhos na vida, que são a marca registrada de cada homem e de cada mulher. Um deles é ter uma casa própria, como se fosse um passarinho: nós sabemos que tem muitos ninhos por aí, mas nós queremos o nosso ninho. Nenhum passarinho põe ninho no ninho do outro, a não ser o chupim, que derruba o ovo do tico-tico e coloca o ovo no lugar, para o tico-tico criar o chupim. Mas todo ser humano honesto e trabalhador, que não é chupim, quer o que é dele, quer o ninho dele, quer saber que vai morar num lugar em que os filhos dele vão ter os amigos, em que vai ter escola, em que vai ter uma série de coisas. A família vai construir amizade e ele vai viver tranquilo. O segundo sonho é ter emprego. Se você tiver os dois juntos, a casa e o emprego, aí Deus está te abençoando duas vezes. Mas se, além de ter a casa e o emprego, a gente puder colocar o filho numa faculdade, aí Deus está olhando a gente três vezes e amando a gente três vezes. É esse o sonho que eu tenho para construir este país.

Nove meses depois, em 14/12/07, Lula foi ainda mais detalhista ao falar em São Paulo para trabalhadores da Ford:

> O que ele quer é cuidar do carro com carinho, porque tem três coisas que um trabalhador gosta: uma casa, casar com uma mulher bonita e ter um carro bom, três coisas importantes. Serra [José Serra, governador de São Paulo], há um tipo de companheiro que compra carro e dedica ao carro uma exclusividade de sábado, que é lavar o carro dele, lubrificar, passar perfume. Somente depois é que ele se lembra da mulher e da família, mas ele cuida do carro com um carinho especial.

Um retrato muito parecido ao que o próprio Lula traça de si. Em 2/5/03, na inauguração de uma termelétrica em Ribeirão Preto, São Paulo, ele repetiu a história de sua ascensão social, já contada aqui algumas vezes e que repito agora em função da centralidade que ela ocupa na fala do presidente:

> Eu não fui cortador de cana, mas fui torneiro mecânico. E você sabe que, por conta de eu ter aprendido uma profissão – o primeiro filho de uma família de oito –, fugi do salário mínimo. Eu fui o primeiro na família a ter uma casa, uma televisão, uma geladeira, um carro. Tudo isso por conta de uma profissão. E eu sempre sonhei que era possível melhorar a situação da classe trabalhadora.

Como disse, trata-se, sem tirar nem pôr, do mesmo discurso de Lula na época em que aparecia como líder sindical no ABC paulista. Isso fica evidente quando se relê a entrevista que concedeu em julho de 1978 ao jornalista Ruy Mesquita, publicada na revista *Senhor*. Nela, Lula disse, literalmente:

> Quando eu digo que o trabalhador precisaria ganhar o suficiente para usar um terno bonito, para ter um carro, para ter uma televisão a cores, para ter, enfim, aquilo que ele produz, quando ele puder possuir tudo isso nós teremos realmente um país mais rico, porque teremos um Brasil com poder aquisitivo interno razoável.

Na mesma entrevista, Lula contou um entrevero com um jornalista que o interpelara num bar, insatisfeito com sua resposta a um estudante num encontro ocorrido dias antes. Um relato revelador:

> Eu estava jogando bilhar e chegou um jornalista: "Ô Lula, eu acho que tenho de lhe dar os parabéns. Só que eu acho que você estava errado ao responder à pergunta daquele estudante. Eu não admito que trabalhador de salário mínimo use terno bonito." O cara chamou a atenção de todos os caras que estavam lá no bar. Eu falei: "Está a fim de brigar comigo ou está a fim de quê?" E falei: "Você sabe de uma coisa? Eu vou falar um palavrão aqui. Vá para a p... Porque, primeiro, eu não sou trabalhador de salário mínimo; segundo, se eu pudesse, eu me vestia muito melhor do que eu me vesti naquele dia. E posso lhe garantir até que tem muitos trabalhadores até na minha profissão que ganham mais do que você que é jornalista. Você quer ter o direito de ter um carro e eu tenho que comer num cocho?" Quando os estudantes resolveram fazer outro dia um ato público para angariar esmolas para a classe trabalhadora, eu fiz uma nota oficial: "Que fossem dar esmola para a mãe deles."

A entrevista com Ruy Mesquita foi mesmo um retrato vivo do Lula daqueles tempos, um Lula muito parecido com o que está na Presidência. Nela, Lula contou como se aborrecera com outro jornalista:

> Chega um pessoal no sindicato: "Pô, a gente precisava pegar um trabalhador." Então eu peguei um ferramenteiro da Volkswagen e falei: "Vai entrevistar o rapaz na casa dele." Então foram. E chegou lá o fotógrafo e disse: "Ah, pombas, eu não vou fotografar a sua casa porque a sua casa tem carro. Isso não é trabalhador." A concepção que se tem de trabalhador é que ele tem de ser miserável, ele tem de morar em barraco. É uma concepção errada que se faz do trabalhador, gente. Tem trabalhador que tem realmente casa luxuosa para a capacidade do trabalhador. É o mínimo que ele quer de conforto.

Diante dessa resposta, Ruy Mesquita comentou:

> Lula, evidentemente, sabe melhor do que ninguém que somente um número mínimo de trabalhadores neste país pode ter uma casa ou um automóvel. Ele mesmo disse na nossa conversa que 70% dos favelados de São Paulo são trabalhadores da indústria de automóveis. E é exatamente esse, e apenas esse, o sentido da sua luta: ele quer que o maior número de trabalhadores possam ter casa e automóvel, possam ir pescar no domingo, possam ter um nível de

> vida compatível com a dignidade humana, como têm os trabalhadores da Suécia ou da Alemanha. E é a singeleza desses objetivos, é a ausência de qualquer conotação ideológica na sua atuação que irrita os ideologicamente engajados da imprensa, da política, das universidades, que, até agora, viram baldados os seus esforços para manipulá-lo em benefício dos seus interesses políticos e ideológicos, que nada têm em comum com os interesses que Lula defende.

Três décadas depois, é elogiável a atualidade dessa análise de 1978. O PT surgiu em 1980, e suas diversas tendências de esquerda sempre acalentaram a ilusão de ter cooptado Lula. Foi assim porque ele se comportou todo o tempo de maneira ambígua o suficiente para dar concretude a essa fantasia. Ao chegar à Presidência, porém, Lula, sem deixar a ambiguidade de lado, foi voltando mais livremente ao discurso que fazia na origem de sua vida pública.

Inclusive no que diz respeito ao socialismo, rótulo que o deixa desconfortável.

Em 28/11/07, numa entrevista ao SBT, o presidente declarou:

> Eu acho muito ruim a gente ficar com um carimbo, na testa, do que a gente é. Eu poderia dizer: eu me considero um homem com aptidões socialistas muito fortes. Agora, esse socialismo é um projeto de conquista da sociedade e não uma imposição de um Governo. Não é possível fazer socialismo por decreto, por medida provisória.

Esse incômodo de Lula diante de rótulos explica a baixa frequência de certas palavras em seu léxico. "Esquerda", a mais mencionada, aparece 157 vezes; "direita", 84; "socialismo", 19; e "capitalismo", 13, sendo que todas as 13 após a crise financeira de 2008. Apesar disso, não é difícil encontrar Lula definindo o seu ideário político. A melhor explicação foi dada em 11/2/05, numa entrevista ao jornal *O Globo*. Lula declarou:

> Para resumir em poucas palavras, eu diria que o lema do Partido dos Trabalhadores sempre foi "democracia e desenvolvimento econômico com distribuição de renda e inclusão social". O socialismo para o PT sempre foi uma ideia reguladora, de se buscar a justiça social, e não um "modo de produção". Foi a ideia de transformar o Brasil, dentro da democracia, que norteou a fundação do PT. Tenho para mim que o comportamento político do partido sempre foi pragmático e orientado para as reformas estruturais de que o país precisa. Quando me perguntavam se o PT ia ser tático ou estratégico, eu respondia: "Eu só quero fundar um partido."

Lula relata em muitos momentos sua impaciência com aqueles que gostariam de implantar o socialismo no Brasil. Na abertura da II Conferência de Segurança Alimentar, em Olinda, em 17/3/04, o presidente foi irônico:

> Eu me lembro que, quando eu comecei a minha militância política, a gente dizia: "Nós vamos fazer tal coisa, vamos organizar um partido, vamos organizar o sindicato, vamos fazer uma Central." As pessoas diziam: "Não, só vamos resolver o problema quando o socialismo chegar." Então, tudo se resumia na construção do socialismo. Havia alguns que falavam assim para mim: "Por que disputar eleição agora? Vamos construir, primeiro, uma sociedade socialista, depois a gente disputa." E eu comecei a pensar nos anos que eu tinha, nos anos que faltavam. E eu falei: "Se ficar esperando esse tal de socialismo, eu morro e não chego a presidente da República. Eu vou é chegar a presidente da República para facilitar as coisas para o povo brasileiro."

Em 27/6/03, num encontro de deputados e vereadores do PT em Brasília, Lula já tinha debochado da aflição de seus companheiros nos primeiros tempos:

> Eu venho aprendendo a governar desde 1982, quando a gente elegeu uma única prefeitura, a prefeitura de Diadema, no estado de São Paulo. Aquele tempo, sim, era duro. Era duro porque o PT, naquele tempo, não tinha a experiência que nós temos. O PT era mais novo, todos nós éramos mais exigentes, eu diria até mais inconscientes do que somos hoje, e queríamos, a partir da cidade de Diadema, fazer o socialismo.

Nem de esquerda nem de direita, a leitura de Lula permite ver nele, ao menos depois de eleito, um tipo de político muito comum em nossa história: aquele com ideologia fluida, que se balança no Governo como um conciliador entre as classes. Tal tipo seria, no poder, a tradução do "Lulinha paz e amor", papel que ele desempenhou na campanha que o elegeu em 2002. Em 9/2/05, numa entrevista ao jornal *A Notícia*, Lula deixou isso bem claro:

> Em primeiro lugar, o meu comportamento político sempre foi prático. Nunca gostei de ser rotulado. Quando comecei minha vida no movimento sindical era chamado de agente da CIA pelos comunistas e de comunista pela direita. Isso me deixava tranquilo, pois, como não era nem um nem outro, ficava livre para escolher o caminho que entendia melhor para os trabalhadores. Na política, tento fazer a mesma coisa. Em junho de 2002, antes das eleições presidenciais, lançamos o documento chamado "Carta ao Povo Brasileiro", no qual foram definidas as regras da política que seguimos hoje. Em toda a minha vida sindical, partidária, de oposição e, agora, de Governo, defendi e pratiquei o diálogo democrático, a negociação política intensa. Este diálogo não é apenas legítimo e justo: por meio dele estamos resolvendo problemas do nosso país que nunca foram resolvidos. Uma das razões pelas quais decidi fundar o Partido dos Trabalhadores foi justamente o fato de não me identificar com nenhuma das forças partidárias à esquerda ou à direita existentes no Brasil. Enquanto alguns companheiros queriam planejar a revolução social para dali a cem anos, eu queria mudar a realidade já: eleger ve-

readores, deputados, prefeitos, governadores. Queria a mudança agora, nem que fosse aos poucos, não em um futuro ideal e incerto. Foi seguindo esse caminho, perfeitamente coerente, que o PT chegou à Presidência da República.

Foi no encontro com empresários promovido pela revista britânica *The Economist*, em 12/3/08, que Lula fez a definição mais simples e mais clara sobre os seus propósitos declarados:

> Não valeu a pena a gente governar o país se o resultado, no final do mandato, for a gente continuar com a mesma quantidade de gente na classe média, com a mesma quantidade de ricos e com a mesma quantidade de pobres. Eu quero aumentar o número de ricos, quero aumentar o número de gente na classe média e quero acabar com a pobreza neste país. Por isso, para nós é uma questão de honra não abrirmos mão de fazer as políticas sociais que estamos fazendo agora. E vou fazer mais.

O Lula conciliador, um tipo bem diferente do que encarnava nos primeiros anos do PT, surge também cristalino no discurso que fez em Campinas, na presença de Tarja Halonen, na época presidente da Finlândia, em 6/4/06:

> Qualquer um de nós, do mais humilde dos brasileiros ao mais público dos brasileiros, nós sabemos que esse ditado popular aparece sempre na nossa rodinha de amigos: "Ah, a corda arrebenta do lado mais fraco." Na verdade, quem cunhou esse ditado popular foi um malandro, porque ele cunhou para tentar convencer a parte mais pobre que ela tem que perder sempre, que ela precisa sempre levar desvantagem, quando a gente poderia ter dito: "A corda não precisa arrebentar." Por que a corda tem que arrebentar? A corda pode ficar sem arrebentar e a gente fazer com que os vários segmentos da sociedade possam viver em harmonia, cada um tendo aquilo que é possível ter naquele momento, sem que ninguém possa prejudicar ninguém na distribuição do bolo que nós temos que fazer no país.

Na visão expressa por Lula em seus pronunciamentos e entrevistas, trabalhador e empresário dependem um do outro, o destino de um está atado ao do outro. Não se trata de os trabalhadores suplantarem os empresários, o sonho da esquerda revolucionária, mas de obter para eles melhores condições de vida, numa sociedade em que os extremos estejam mais próximos. Em 13/3/08, falando para a primeira turma de formandos da Universidade Zumbi dos Palmares, uma entidade privada voltada para alunos negros, Lula explicou como vê o mundo:

> Se a loja vende mais, vai ter mais imposto para pagar. Mas não é isso que nós queremos? Nós queremos que a loja cresça, que o patrão produza mais, que o

trabalhador tenha mais emprego, que ganhe mais salário, que os empresários lucrem mais e que o Estado arrecade mais, para poder fazer o pagamento das dívidas sociais de um século que, se o Estado não pagar, nenhum patrão paga. Se o Estado não pagar, nenhum banqueiro paga. É o Governo que tem que cuidar dos pobres.

Em 16/3/06, quando assinou decretos incluindo trabalhadores nos conselhos do Sesi, Senai, Sesc e Senac, entidades patronais de serviço social vinculadas ao comércio e à indústria, Lula já tinha manifestado sua crença de que patrões e empregados têm interesses comuns:

> Nós [trabalhadores e empregadores] sabemos, muitas vezes, que estamos de lados diferentes, pensando contrariamente em muitas coisas, mas nós sabemos que precisamos um do outro para sobreviver, é como se fosse unha e carne. Precisamos, e o que estamos fazendo? Aparando a unha, deixando ela bem-feitinha, cortadinha, rente à carne, para passar a conviver com muita tranquilidade.

É uma ideia que Lula repete com frequência desde o início do Governo. Foi assim em 29/3/03, num evento do programa Fome Zero, na fábrica da Ford, em São Bernardo do Campo:

> O que me dá mais orgulho é poder vir à porta de uma fábrica, como eu vim tantas vezes, às vezes para xingar. Quantas vezes eu xinguei a direção da Ford, e quantas vezes a direção da Ford deve ter me xingado aqui dentro, quantas vezes! E o que aconteceu? Nós ficamos adultos, amadurecemos e, hoje, eu estou aqui na frente de vocês cumprimentando o Maciel [Antônio Maciel, presidente da Ford no Brasil], certo de que o que eu penso para o desenvolvimento deste país, o que eu penso para a Economia deste país, é o mesmo que pensa o Marinho [Luiz Marinho, presidente da CUT], é o mesmo que pensa o Maciel.

Lula, desde o início, insiste sempre em que sua missão, como presidente, é harmonizar os extremos. Disse isso em 8/4/03, numa cerimônia de regularização fundiária de favelas:

> Se o Estado tem dinheiro para financiar grandes grupos econômicos, que eu acho que tem que financiar quando precisa gerar empregos, nós temos que ter dinheiro para financiar a habitação para as pessoas que não podem pagar. Isso não é nenhum crime, não é nenhum erro, é uma necessidade de cumprir o que está na Bíblia, na Constituição, na Declaração Universal dos Direitos Humanos e na ética que permeia a nossa ação política desde que nós começamos a fazer política.

E repetiu-se, com mais ênfase, cinco anos depois, em 29/4/08, numa entrevista à revista alemã *Der Spiegel*:

> A democracia é exatamente extraordinária por isso, porque embora todo mundo saiba que eu tenho um compromisso social muito forte, que eu tenho origem, que eu sei de onde vim, sei para onde vou quando deixar a Presidência, eu não posso deixar de entender que eu tenho que governar para um grande empresário brasileiro, para um banqueiro e, ao mesmo tempo, para um catador de papel na rua, para um trabalhador de fábrica. Criar uma certa harmonia entre esses mais diferentes segmentos da sociedade é que é a arte de exercer a democracia em sua plenitude.

Um político, portanto, muito distante do revolucionário, um tipo de que, reiteradamente, Lula quer se afastar. Em 17/5/07, em entrevista aos jornais *La Nación*, da Argentina, e *Última Hora*, do Paraguai, o presidente demonstrou essa intenção:

> Primeiro, eu nunca falei em revolução. Eu sou um democrata de nascença. Segundo, eu acredito nos valores da democracia. Somente a democracia é que garante a eleição de um Lula presidente da República, de um Evo Morales presidente da República [da Bolívia]. Eu não sei que outra possibilidade teria um índio ou um metalúrgico de chegar à Presidência da República dos seus países.

Uma crença que faz Lula afirmar, imodestamente, que a eleição dele foi mais positiva para os trabalhadores do que qualquer movimento anterior da história mundial. Foi assim na entrevista que concedeu em 20/5/05 ao jornal sul-coreano *Chosun Ilbo*:

> Nem na Revolução Russa os trabalhadores chegaram ao poder, nem na Revolução Cubana os trabalhadores chegaram ao Governo. E no Brasil, pela via democrática, com debate político, eu fui eleito. Então eu acho que isso pode despertar em outros trabalhadores, no mundo inteiro, a vontade de acreditar como eu acreditei.

Lula costuma comprovar essa tese com números, como no discurso que fez no 16.º Congresso Continental Ordinário da Organização Regional Interamericana de Trabalhadores em 20/4/05:

> Eu não conheço, em nenhum momento da história política de qualquer país do mundo, uma situação como a que nós estamos vivendo hoje. Nem nos países que fizeram a revolução, nem nos países que se constituíram durante muitos e muitos anos em modelos de países socialistas, a classe trabalhadora teve a participação que tem no meu Governo. Só para vocês terem uma ideia, além do presidente da República, tem nove ministros que saíram do movimento sindical. Eu não conheço nenhum momento na história política da humanidade em que um Governo, por mais democrático que tenha sido, tenha tido tantos sindicalistas como ministros. E nós temos porque a nossa eleição foi o resultado, foi a constru-

ção de um processo histórico nascido há mais de vinte anos, que foi fazendo com que os companheiros fossem galgando cargos importantes.

É evidente que, com 36 ministérios e secretarias, Lula deixou de dizer que parte das outras 27 vagas é ocupada por ex-adversários de classe, vindos de partidos antes execrados, de "patrões", como PMDB, PTB, PP, PRB e que tais (isso sem falar nos importantes cargos de segundo escalão, como diretorias de estatais). Mas a participação desses partidos em seu Governo corrobora, exatamente, o que estou tentando mostrar aqui: a rendição de Lula ao tipo conciliador que decidiu encarnar.

Se isso é verdade, se a análise da fala de Lula permite ver nele, hoje, o típico político brasileiro, conciliador, advogado da harmonia entre as classes, muito distante do revolucionário clássico, um "Lulinha paz e amor" na Presidência, onde fica o Lula raivoso, que vemos de quando em vez, aparentemente jogando ricos contra pobres?

Nos momentos de crise política aguda.

No início da crise do mensalão, em 22/7/05, numa visita às novas instalações da Refinaria Duque de Caxias, no Rio, Lula deixou de lado o figurino "Lulinha paz e amor" e assumiu um tom desafiador:

> Meus companheiros, eu conquistei o direito de andar de cabeça erguida, neste país, com muito sacrifício. E não vai ser a elite brasileira que vai fazer eu baixar a minha cabeça. Não vai ser.

Apenas vinte dias depois, conforme já mostrado aqui, ao enfrentar o seu pior momento, Lula fez o discurso em que pediu desculpas ao povo brasileiro. Mas tão logo viu afastados os maiores perigos, Lula voltou ao ataque. Em 17/3/06, ao lançar obras em Santa Catarina, já iniciando a campanha pela reeleição, Lula atribuiu a crise política que acabara de viver ao ódio das "elites":

> Quando eu li o livro sobre JK, eu percebi que, naquela época, os iguais aos de hoje daquela época, porque a elite sempre foi mais ou menos a mesma, uma parte da elite política sempre foi a mesma... você pega a família que está há trezentos anos na política brasileira, trezentos, quatrocentos anos na política, e eu estou percebendo que é o mesmo tipo de gente que acusava de forma peremptória Juscelino Kubitschek [presidente do Brasil entre 1956 e 1961] de todas as coisas, de todas as infâmias. Não tinha palavrão que faltasse para o Juscelino ser atacado, e a televisão está mostrando honestamente o que foi aquilo [numa minissérie da TV Globo. E eles fizeram isso conosco o ano passado. Não são os mesmos; se fizer um DNA político, ideológico, é a mesma coisa, vão perceber que é a mesma coisa. Eu aprendi que a gente tem que ter paciência

nessas horas, a gente tem que ter paciência, contar até dez, pensar muito em Deus e sempre acreditar que a verdade vai aparecer.

A palavra "elite" aparece 111 vezes em oitenta ocasiões, um número baixo, mas que aparenta ser maior dada a grande publicidade que recebe, porque vem sempre acompanhada de críticas muito fortes. Em 40% das vezes, são explicitamente as "elites dirigentes", as "elites políticas", as "elites que governaram", as "elites que estiveram no poder nos últimos 500 anos". Nas outras vezes, as elites são aqueles que têm dinheiro, os ricos, mas sempre citados como os que determinavam quem mandava no país até Lula. Nos dois casos, as elites são "conservadoras", "nunca aceitam benefícios para os pobres", "têm mente colonizada", "perpetuaram-se no poder mantendo a miséria e o analfabetismo", são "insensíveis", "preconceituosas", "traiçoeiras" e "tratam mal os adversários".

Embora sejam mais citadas nos momentos de crise, é fato que, desde o início do Governo, Lula mirou nelas de quando em vez. Mas isso não invalida a ideia de que ele, todo o tempo, tenta passar a imagem que quer para si: um conciliador. São dois processos: as elites são mesmo as culpadas por tudo o que de mal aconteceu ao país até aqui, mas a eleição de Lula inaugura uma nova fase em que o dirigente governará, pela primeira vez, para os pobres, sem se descuidar dos ricos. É o que se pode depreender do que ele disse em 29/5/03, numa cerimônia do Fome Zero:

> Quase todos os empresários que, publicamente, sei que trabalharam contra mim na campanha, já os chamei para conversar no Palácio do Planalto. E os tratei como eu trato o Marinho [Luiz Marinho, sindicalista] quando vai lá. Tratei igual eu trato o Meneguelli [Jair Meneguelli, ex-sindicalista, presidente do Sesi] ou o Vicentinho [Vicente Paulo da Silva, ex-sindicalista, deputado federal por São Paulo] quando vão lá. Porque eu não ganhei as eleições para governar para o meu umbigo, eu ganhei as eleições para governar para 175 milhões de brasileiros, independentemente do que eles pensam.

Esse padrão – culpar as elites pelos males passados – sofre abalo quando Lula se vê encurralado, seja pela crise do mensalão, como acabamos de mostrar, seja quando sente sua reeleição ameaçada, como aconteceu na reta final do primeiro turno, quando se descobriu uma operação de petistas para a compra, em dinheiro vivo, de um dossiê falso contra tucanos. A tal "elite" passa a ser, então, a culpada pelos males presentes, especialmente os de Lula. Mas, mesmo nessas ocasiões, o presidente não abandona o figurino de conciliador. Por contraditório que isso possa parecer, ele reforça essa imagem ao buscar apoio nos mais pobres ao mesmo tempo em que revela mágoa dos "mais ricos": na fala de Lula, estes, apesar de não esquecidos por seu Governo, optaram por apoiar seus adversários na primeira oportunidade. Os discursos meramente eleitorais não puderam ser analisados, porque não constam do site da Presidência, mas foi possível, por meio dos discursos presidenciais posteriores, ter informações indiretas sobre eles. Em 13/11/06, na Venezuela, logo depois do segundo turno, Lula deixou patente sua postura de conciliador injustiçado:

> Eu conheço o tipo de crítica que fazem a você [Hugo Chávez, presidente da Venezuela]. É a mesma crítica que faziam a mim. Os banqueiros ganharam muito dinheiro no Brasil e, certamente, ganham muito dinheiro aqui na Venezuela. Alguns empresários ganham muito dinheiro aqui, como ganharam muito dinheiro lá. Mas, se tiverem que fazer uma opção entre você e um outro que seja mais próximo deles, não tenha dúvida de que o preconceito fará com que eles estejam do lado de lá.

Poucos dias antes, em 6/11/06, numa entrega de prêmios concedidos pela revista *Carta Capital*, Lula fez um discurso esclarecedor no que diz respeito ao uso retórico que faz de suas mágoas para reforçar sua postura de conciliador:

> Eu penso que de vez em quando a humanidade precisa deixar a hipocrisia de lado e nós precisamos ser um pouco mais verdadeiros. Veja que absurdo, eu fiz uma campanha em que eu era obrigado, Roberto [Setúbal, presidente do banco Itaú], a defender os bancos e os meus adversários criticavam os bancos, e vocês votavam neles e não em mim. E eu sabia disso. E eu defendia porque acho que vocês saudáveis dão menos prejuízo do que se tiver que criar um Proer [Programa de Estímulo à Reestruturação e ao Fortalecimento do Sistema Financeiro Nacional], principalmente quando a gente estiver investindo mais e emprestando dinheiro para o Gerdau [Jorge Gerdau, presidente do Grupo Gerdau] fazer mais uma fábrica em algum lugar deste país.

No mesmo discurso, referindo-se ao escândalo do mensalão, Lula afirmou:

> Eu estou dizendo isso, Mino [Carta, diretor de *Carta Capital*], para dizer para você não ter nenhuma preocupação de falar 'povo', porque se tem uma coisa que ficou nítida nessas eleições é que neste país existe mais povo do que formadores de opinião. Existe muito mais povo e já não é possível alguém imaginar que pode enganar a sociedade a vida inteira. As pessoas estão aprendendo a perceber a verdade e a mentira, as coisas que são verdadeiras e as coisas que

> não são verdadeiras, entre aquilo que há dez anos era tratado como se fosse uma coisa corriqueira da política nacional, porque é tudo assim mesmo, e de repente vira como se fosse a coisa mais danosa que acontece na humanidade. Isso, meu caro Mino, o povo percebeu. Da mesma forma que um dia ele percebeu que era preciso os trabalhadores fazerem greve para se fazerem ouvir, da mesma forma que um dia ele percebeu que era preciso fazer a campanha das Diretas e foi para a rua, da mesma forma que um dia entendeu que era preciso cassar um presidente da República e foi para a rua, ele foi para a rua agora. Ele foi para a rua por uma razão muito simples: é que eles perceberam que estavam tentando tirar alguma coisa que eles tinham conquistado, sintetizado numa única palavra chamada cidadania.

Mas, ainda na cerimônia de *Carta Capital*, no auge de sua "mágoa", Lula se entronizou novamente no papel de conciliador:

> Daí criou-se o sofisma de que alguém queria dividir o Brasil: "Esse Lula quer dividir o Brasil entre ricos e pobres." Não, eu não quero dividir, eu já nasci com ele dividido e, lamentavelmente, nasci do lado dos pobres. Eu poderia ter nascido senhor de engenho, mas nasci na senzala. Não fui eu quem dividiu, ele veio dividido. O que eu quero é repartir o pão produzido de forma mais justa, e quem estuda economia neste país, quem fala de economia com seriedade sabe que o consumo, numa parte deste país, está crescendo a níveis que nunca cresceram, sobretudo na parte mais pobre deste país. Então, é essa a divisão. Nós queremos que uma parte da população vá para a classe média e a classe média suba mais um degrau, e cada um suba mais um degrau até que todo mundo atinja a sociedade que nós achamos que seria ideal para o Brasil, como achamos que é ideal para a Dinamarca, para a Suécia, para a Finlândia, para a Noruega, para tantos outros países que eu acho que têm uma boa política social combinada com uma boa política de investimento.

E reiterou:

> Eu sinto a necessidade de fazer com que este país cresça, até porque o crescimento vai ajudar o povo. O povo, sendo ajudado, vai ajudar a classe média, a classe média, sendo ajudada, vai ajudar os empresários, os empresários, sendo ajudados, vão ajudar todo mundo a viver bem.

Essa postura de "conciliador" terá um preço, e no futuro será julgada. Os historiadores poderão ajudar a mostrar se ela foi um traço positivo ao evitar radicalizações que teriam levado o país a grandes confrontos ou se foi uma característica negativa ao contribuir para que mantivéssemos as amarras que nos impedem de dar um salto de qualidade. Polos opostos do espectro ideológico do país, curiosamente, talvez concordem nas respostas. Um lado e outro têm razão ao acreditar que Lula, "com tudo o que ele representa", com tudo aquilo em que diz acreditar, com sua imensa capacidade de se comunicar, poderia ter levado o Brasil para um lugar mais próximo do que imaginam ser o ideal. Lula costuma antecipar a sua defesa, sempre na linha da conciliação, como fez em 29/9/04, ao assinar a lei de incentivo às micro e pequenas empresas:

> Eu resolvi que, ao invés de exercer o poder, é preciso exercer a autoridade. O que é exercer a autoridade? É quando, ao invés de você impor um pensamento único, você constrói com todos os envolvidos aquilo que é o consenso possível de ser feito com a sociedade.

Uma busca pelo consenso em que alguns, ao longo de todo o espectro ideológico, poderão ver aversão ao risco. A levar em conta o que disse em 20/10/05, durante Congresso do PCdoB, Lula talvez preferisse dizer que se pauta pela cautela:

> É verdade que nós estamos longe de construir os sonhos que acalentamos durante anos, décadas. Mas é verdade, também, que a política é medida não apenas pelo desejo, mas pelo espaço de tempo em que a gente mede se é possível ou não fazer as coisas. É como pular na água para nadar. Ou você está preparado para atravessar, ou você não entra na água, ou você corre o risco de morrer afogado. Acho que nós conseguimos avançar muito, talvez nem tanto quanto alguns gostariam, mas também nem tão pouco como alguns adversários gostariam.

Muito longe do estereótipo do líder da esquerda operária tradicional – geralmente ateu, arauto do um novo homem, advogado da reestruturação da família em novos moldes, proponente de um regime político-econômico em que haja supremacia dos trabalhadores em relação aos patrões –, Lula acaba exposto, por suas próprias palavras, como um brasileiro médio mais ou menos crente em Deus, defensor do modelo tradicional de família e que se vê como o proponente de uma sociedade capitalista onde haja mais harmonia entre pobres e ricos.

Depois de dois anos de pesquisa, não posso dizer: eis o homem. Mas, certamente, posso afirmar: a seguir, estão as suas palavras.

## Aborto

Eu tenho duas posições. Eu tenho a posição de pai e de marido, e de cidadão, e tenho um comportamento de presidente da República. São duas coisas totalmente distintas. Primeiro, eu tenho dito, na minha vida política, que sou contra o aborto. Tenho dito publicamente. E tenho dito publicamente que não acredito que ninguém faça aborto por opção ou por prazer. É importante que a gente saiba dimensionar quando uma jovem desesperada, numa gravidez indesejada, corre à procura de um aborto. É preciso saber qual é o tratamento que ela recebeu de seus pais, é preciso conhecer as possibilidades que ela tem de criar aquele filho, porque hoje nós temos, no Brasil, 30% das meninas de 15 a 17 anos fora da escola por causa de gravidez precoce. Então, o dado concreto é o seguinte: se nós tivéssemos, no Brasil, um bom processo de planejamento familiar, de educação sexual, possivelmente nós não tivéssemos a quantidade de gravidez indesejada que temos no Brasil, hoje. Entretanto, quando ela existe, o Estado precisa tratar isso como uma questão de saúde pública, porque a História também nos ensina que, muitas vezes, no desespero e por falta de orientação, muitas meninas se matam precocemente. Eu conheço casos de meninas que perfuraram o útero com agulha de fazer tricô. Eu conheço casos, na Bahia e em outros estados do Nordeste, em que meninas colhiam fuligens no fogão de lenha, achando que aquilo poderia resolver o problema da sua gravidez. Ora, então o Estado não pode ficar alheio a uma coisa que existe, que é real, e não dar assistência para essas pessoas. Essa divergência vai existir, eu acho que ela ainda vai levar muito tempo, vamos discutir até que a gente entenda corretamente o seguinte: qual é o meu sonho? O meu sonho é que as pessoas tenham uma educação tão desejada e tão perfeita que não precisem ficar grávidas sem desejar. Este é o meu desejo. Agora, enquanto isso não acontece, o Estado precisa assumir a responsabilidade de cuidar de milhões de pessoas, ao longo de décadas, que às vezes ficam grávidas sem querer ficar grávidas. E, depois, como é que se comporta o pai de uma menina de 17 anos que fica grávida? Como é que se comporta a mãe? Como é que se comportam os parentes? Então, eu penso que é preciso agir. E nós já temos uma lei no Brasil, que é uma lei que define corretamente, mas, apesar da lei, nós ainda temos um processo de pessoas que engravidam de forma indesejável muito grande. E aí o Estado não pode abdicar de cuidar disso como uma questão de saúde pública, porque senão é levar à morte muitas jovens neste país. *(7/5/07, Brasília – DF. Entrevista à Rede Católica de Rádio, no Palácio do Planalto)*

**... tem números que causam descrença em Lula:** Eu, às vezes, participando de palestras, não agora que eu sou presidente, mas quando eu não era, as pessoas citavam as maiores barbaridades de números sem citar fontes. Eu me lembro de uma vez em que uma pessoa citou o número de abortos no Brasil. Era tão grande que era maior do que o número total de mortes que tinha no país. Então, é preciso que a gente tenha cuidado para a gente trabalhar com esses números com precisão. *(29/11/05, Brasília – DF. Reunião do Consea)*

**... é aceitável em certos casos, pois está acima de questões religiosas:** Como cristão e como católico, lamento profundamente que um bispo da Igreja católica tenha um comportamento, eu diria, conservador como esse [d. José Cardoso Sobrinho, arcebispo de Olinda e Recife, excomungou os médicos que fizeram aborto em uma menina de nove anos, grávida de gêmeos]. Não é possível permitir que uma menina estuprada [pelo] padrasto tenha esse filho, até porque a menina corria risco de vida. Eu acho que, neste aspecto, a medicina está mais correta que a Igreja. *(6/3/09, Vitória – ES. Entrevista coletiva após cerimônia de lançamento do programa Território de Paz, no bairro São Pedro)*

## Ação(ões)

Não há tempo para defendermos apenas o pão da gente. O que nós queremos é repartir o pouco que temos até termos condições para criar o muito que nós precisamos. Isso não acontece por milagre, isso acontece por gestos, isso acontece por ações. E por mais perfeitas que sejam as ações, elas não acontecem no dia que a gente quer. Quem é vereador, prefeito, deputado, sabe o que eu estou falando. É fácil fazer um discurso. Mas tente transformar o seu discurso em coisa prática para ver o quanto demora, porque não depende só de você, depende da estrutura de poder, de concorrência, de aprovação de lei, depende de uma série de coisas. *(27/6/03, Brasília – DF. Abertura do Encontro Nacional de Vereadores e Deputados Estaduais do Partido dos Trabalhadores)*

**... devem seguir o discurso, para que o Governo tenha credibilidade:** Se o Governo brasileiro quiser passar seriedade, ele precisa agir com seriedade e as pessoas têm que acreditar que ele está sendo sério, porque não basta falar, é preciso saber se as ações do Governo estão caminhando na direção do discurso. Porque se o Governo falar uma coisa e fizer outra, ninguém acredita. *(18/12/06, Manaus – AM. Abertura da 224.ª Reunião do Conselho Administrativo da Superintendência da Zona Franca de Manaus – Suframa)*

**... devem ser fruto da persistência:** Persistir e nunca desistir é um lema que precisa tomar conta das nossas ações diárias. *(20/10/03, Brasília – DF. Lançamento do programa Bolsa Família, de transferência de renda)*

**... devem ser republicanas:** Se vocês permearem o perfil ideológico desta sala aqui, vocês vão perceber que o resultado disso aqui é o resultado do Brasil, do que o Brasil é, com todas as suas colorações político-partidárias e ideológicas, numa demonstração de que as ações deste Governo são ações republicanas. *(30/6/06, Brasília – DF. Assinatura de acordos de cooperação técnica para desenvolvimento dos polos da Universidade Aberta do Brasil)*

**... quando são boas, devem ser reconhecidas:** Eu até disse que era necessário criar um Oscar de boas ações, como por exemplo o combate à mortalidade infantil feita pela Pastoral da Criança, que tem dado resultados extraordinários; como a experiência símbolo do Betinho [Herbert de Sousa, sociólogo, já falecido, criador da Ação da Cidadania Contra a Miséria e Pela Vida], que começou o programa de combate à miséria no Brasil; como a experiência de dom Cláudio Hummes, em São Paulo, o nosso cardeal, de geração de empregos e procura de uma bolsa de empregos para as pessoas que estão desempregadas na periferia. Estas e outras experiências precisam ser premiadas porque não dá para esperar que fique tudo subordinado ao Estado brasileiro, ao Governo Federal, ao Governo Estadual, ao Governo Municipal. *(19/12/05, Rádio Nacional. Programa de rádio* Café com o Presidente*)*

**... devem obedecer sempre ao critério da equidade:** A Agenda [Nacional de Desenvolvimento] é também, pela primeira vez, um documento democraticamente pactuado para apontar o caminho que devemos percorrer em nossa transformação nacional. Seu resultado não poderia ser outro senão o esforço em sua primeira diretriz estratégica. Ela aponta que qualquer decisão dos poderes públicos, qualquer ação governamental deve ter como norte e critério a equidade. *(25/8/05, Brasília – DF. 13.ª reunião ordinária do Pleno Conselho de Desenvolvimento Econômico e Social – CDES)*

**... devem priorizar os pobres:** Eu estava pensando que faz dez dias que terminaram as eleições no Brasil e, graças à generosidade do povo brasileiro, fomos reeleitos com 61% dos votos do povo brasileiro. E isso aumenta a minha responsabilidade, não apenas com o povo brasileiro, sobretudo com o povo mais pobre do meu país, porque eu quero governar para todos, para ricos e pobres, mas os pobres terão que ter preferência nas ações do nosso Governo. *(13/11/03, Ciudad Guayana – Venezuela. Inauguração da segunda ponte sobre o rio Orinoco)*

## Acordo

[ver: harmonia; sindicato]

Eu aprendi na minha vida de negociador, quando era presidente do Sindicato dos Metalúrgicos do ABC, que o bom acordo é aquele em que os dois saem pensando que ganharam e saem satisfeitos com o resultado. Os jornalistas compreenderão o que estou dizendo: se um jornalista sai de manhã para vender um carro e ele vende o seu carro e chega em casa dizendo que pegou um bom preço pelo carro, feliz da vida, e se o comprador chega em casa e diz para a mulher: "Fiz um bom negócio, paguei um bom preço", feliz da vida, significa que este é um acordo extraordinário, porque deixou as duas partes alegres. *(8/11/03, Pretória – África do Sul. Declaração no início da entrevista coletiva conjunta)*

**... é melhor do que a lei:** Quando você faz um acordo político, quando você faz um acordo ético, um acordo moral, nenhum empresário vai à Justiça recorrer de uma decisão que foi acordada; mas todo e qualquer empresário pode recorrer de uma decisão decorrente de uma lei. Ele pode contratar um advogado e dizer: "Eu não concordo com a lei." Mas, se for um acordo e o advogado disser que ele não deve concordar, ele pode até se dar ao luxo de dispensar o advogado, porque foi ele quem fez o acordo. *(26/5/03, Brasília – DF. Reunião com representantes do setor sucroalcooleiro)*

**... é a melhor maneira de resolver conflitos:** Nós vamos fazer um pacote para a agricultura familiar, um pacote para os assentamentos deste país. Queremos fazer um acordo. Nada será feito na marra, nem contra os grandes, nem contra os pequenos. Tudo será feito em torno de uma mesa de negociação, para que a gente possa determinar direitos e deveres para cada um de nós. *(6/6/03, Alto Araguaia – MT. Inauguração do Terminal Ferroviário da Ferronorte)*

**... deve ser feito às escondidas, mas o resultado deve ser bem anunciado:** O bom acordo é aquele que você faz em silêncio e depois você anuncia o resultado dele, da forma, eu diria, consagradora. *(10/11/07, Santiago – Chile. Entrevista após sessão plenária da Conferência dos Chefes de Estado e de Governo Ibero-Americanos)*

**... não é simples:** Acordo é difícil, não é simples. *(2/6/07, Londres – Inglaterra. Entrevista ao programa* Hard Talk*, da BBC)*

**... requer coragem dos participantes:** Toda vez que você dá um toque de seriedade em alguma coisa, você começa a ver gente contra, gente achando que tem que ficar como está. Aliás, é sempre mais fácil ficar como está, até no casamento. Tem gente que sabe que não está legal, então fica empurrando com a barriga, quando seria mais fácil fazer um acordo e falar "não está legal", cada um vai viver a sua vida numa boa. Não é assim, Lucélia [Santos, atriz, integrante do Conselho de Desenvolvimento Econômico e Social – CDES]? É assim que deveria ser, tem gente que tem coragem de fazer, alguns até mais de uma vez, enquanto outros vivem amargurados a vida inteira e não o fazem. *(12/6/03, Brasília – DF. Reunião da Câmara de Política Social)*

## Acusação

**[ver: corrupção; CPI; investigar]**

O país tem seus percalços políticos, não é a primeira vez nem será a última, e é bom que seja assim, porque isso vai consolidando o processo democrático no nosso país. As mentiras que foram contadas irão aparecer, as verdades que foram ditas vão ser apuradas, e aqueles que tiverem culpa pagarão pelos erros que cometeram. Essa é a lógica natural da política em qualquer lugar do mundo. Não há por que ficarmos mais ou menos traumatizados. Quem mentiu vai aparecer; quem fez alguma [coisa] que seja verdadeira vai aparecer, e a democracia continuará no seu leito natural para fortalecer este país. Da minha parte, eu tenho a responsabilidade de cuidar para que qualquer que seja a acusação, qualquer que seja a denúncia, contra quem quer que seja, não prejudique os 186 milhões de brasileiros que no fundo, no fundo são vítimas quando as coisas não dão certo. *(16/9/05, Maceió – AL. Inauguração do Aeroporto Internacional de Maceió – Zumbi dos Palmares)*

**... é melhor do que a suspeição:** Não queiram carregar nas costas de vocês suspeição. Eu sei que muitos aqui já carregaram, têm muitos aqui que não são marinheiros de primeira viagem, mas a suspeição é pior do que a acusação concreta e objetiva, porque joga-se lama em todo mundo e na hora em que vai se provar, a gente percebe que nem tudo que foi dito era mentira, mas que nem tudo que foi dito era verdade. *(25/8/05, Brasília – DF. 13.ª reunião ordinária do Pleno Conselho de Desenvolvimento Econômico e Social – CDES)*

**... é fácil de fazer:** No Brasil, a coisa mais fácil do mundo é você fazer uma acusação; a coisa mais difícil do mundo é você pedir desculpas. *(24/2/06, Brasília – DF. Entrevista à revista* The Economist*)*

**... deve ser apurada:** Nesses seis meses, estamos enfrentando uma saraivada de críticas, de acusações e de infâmias, e nós discutimos sempre que o papel nosso não é dizer se quem está acusando está errado ou está certo, mas nós achamos que tudo que for levantado, de acusação, que seja apurado. E a apuração é o maior atestado de idoneidade que uma pessoa séria e honesta deseja que aconteça na sua vida. Não tem nada pior do que você tentar evitar a apuração, não tem nada pior do que você tentar criar problemas para que as instituições funcionem corretamente bem. *(15/12/05, Brasília – DF. Almoço com oficiais-generais)*

**... precisa ter provas:** Eu tenho visto as pessoas dizerem que o José Dirceu [deputado federal pelo PT] vai ter que ser punido, que não tem como ficar lá. E eu fico me perguntando qual o crime que José Dirceu cometeu? Porque, até agora, se você colocar todas as denúncias contra o José

A

Dirceu em uma prensa, apertar, não vai sair uma gota, porque não tem. Você viu que eu fiz a pergunta no *Roda Viva* [programa de entrevistas da TV Cultura] a um jornalista: "Qual é a acusação contra o José Dirceu?" Ele não sabia. Até porque quem o acusou [Lula se refere a Roberto Jefferson, presidente do PTB] foi cassado, porque mentiu ao Congresso Nacional. Com relação à minha família, veja, a minha família não está livre de ser acusada, como nunca esteve livre a família de qualquer presidente da República. Agora, eu penso que vocês, como pessoas inteligentes, leram as matérias e devem ter chegado à conclusão de que não existe nenhuma base para terem publicado e acusado pessoas sem nenhuma prova, sem nenhum cabimento, apenas porque, de vez em quando, isso faz parte da política nacional. Então, se alguém levanta uma dúvida contra um membro do meu Governo, um membro da minha família, não basta levantar a dúvida, precisa provar para que ele pague tanto quanto qualquer brasileiro que cometa erro ter que pagar neste país. *(24/11/05, Brasília – DF. Entrevista a emissoras de rádio do Amazonas, de Pernambuco, de Minas Gerais, do Pará, da Bahia, do Rio Grande do Sul, do Ceará e de Goiás)*

**... quando resultar em processo, não deve vazar para a imprensa:** O que nós não queremos, definitivamente, é culpar nenhum inocente, e, ao mesmo tempo, não queremos absolver nenhum culpado. É por isso que a investigação tem que ser séria e é por isso que nós defendemos a ideia de que quando uma acusação estiver sendo alvo de processo, que esse processo não seja vazado para a imprensa antes do seu final, porque senão nós cometemos o erro de condenar as pessoas, como já aconteceu tantas vezes no Brasil, pessoas que foram condenadas *a priori* e, depois que foi feita a investigação, essas pessoas eram inocentes. *(28/5/07, Rádio Nacional. Programa de rádio* Café com o Presidente*)*

**... não impedirá que Lula defenda seus aliados até o fim do processo:** Porque na hora em que tiver uma acusação contra você, eu vou te defender até que você seja julgada e condenada. *(23/8/07, Brasília – DF. Entrevista aos jornalistas Tânia Monteiro, Vera Rosa, Rui Nogueira e Ricardo Gandour, do jornal* O Estado de S. Paulo*)*

## Adversário(s)

[ver: amigo; amizade; oposição]

Temos uma definição das prioridades e vocês vão perceber que os nossos adversários são aqueles que torcem tanto para que as coisas não deem certo, até porque neste país deve ter muita gente torcendo: "Não pode, esse Lula não pode dar certo." É como um ex-marido que não quer que a ex-mulher seja feliz. "Tomara que não dê certo." Ou seja, também vale para uma ex-mulher que não quer que o ex-marido seja feliz. Tem gente que diz: "Será possível, nós vamos deixar um torneiro mecânico? É certo que nós, que estudamos tanto, possamos deixar? Mas isso não pode!" *(17/3/04, Fortaleza – CE. Lançamento da campanha Cresce Nordeste, do Banco do Nordeste)*

**... existem em todo jogo político:** O que nós estamos fazendo para mudar a história deste país? O que nós estamos fazendo para haver a distribuição de renda? Porque se fosse possível fazer por decreto, já estaria feito; se fosse possível o Ministério do Trabalho fazer, já estaria feito; se fosse possível o Aloizio [Mercadante, senador pelo PT] e o Suplicy [Eduardo Suplicy, senador pelo PT] fazerem uma lei, já estaria feita. Não é fácil. Isso é um jogo de força política, é como um jogo de futebol, você marca um, o adversário marca um; o adversário marca dois, você empata o jogo, às vezes você ganha, às vezes você perde. *(28/8/03, São Paulo – SP. Comemoração do aniversário dos vinte anos da Central Única dos Trabalhadores e posse da nova diretoria)*

**... dificultam os projetos políticos, o que é natural:** Quando eu falo de equilíbrio, meus companheiros – eu contei uma história no Congresso da CUT [Central Única dos Trabalhadores], sobre aqueles que não têm paciência. É como se, na saída de uma partida de futebol, todo mundo achasse que tinha de fazer um gol nos primeiros cinco segundos. Às vezes, passam os noventa minutos e não se consegue fazer um gol porque do outro lado tem adversário, tem goleiro, tem beque central para impedir o gol. *(21/11/03, Brasília – DF. Reunião com integrantes do Fórum Nacional pela Reforma Agrária e Justiça no Campo)*

**... não devem ser aniquilados, mas cooptados:** Muitas vezes, as coisas não acontecem mais rápido porque, como nós vivemos num regime democrático, nós temos que quebrar barreiras. E quebrar barreiras não é aniquilar os adversários. É convencer os contrários de que é possível fazer as coisas. *(18/9/04, São Paulo – SP. Apresentação do Projeto de Ampliação da Produção do Polo Petroquímico União S.A.)*

**... não torcem pelo sucesso de Lula:** A gente não pode também ficar esperando que os adversários políticos torçam pelo nosso sucesso. *(12/4/03, Maringá – PR. Inauguração da Indústria de Sucos Cocamar)*

**... ficam numerosos na proporção em que o país melhora:** Como o Brasil hoje é praticamente imbatível em algumas áreas, como o Brasil definitivamente entrou nessa parada para ganhar, vocês têm que se preparar, Furlan [Luiz Fernando Furlan, ministro do Desenvolvimento], Roberto Rodrigues [ministro da Agricultura] e os nossos produtores têm que se preparar porque nós temos adversários nessa área. Não pensem que as pessoas lá fora vão ficar vendo o Brasil crescer, vão ficar vendo o Brasil ser o exportador maior do mundo, vão ficar vendo o Brasil vender para vários países. Não. Tem disputa nesse mercado e disputa pior do que São Paulo e Corinthians, pior do que São Paulo e Palmeiras, pior que Corinthians e Palmeiras, Vasco e Flamengo, ou seja, é disputa, todo mundo sabe, "nego" pisa na canela mesmo. *(26/4/05, Brasília – DF. Café da manhã com a Abic, por ocasião do lançamento da 1.ª Edição Especial dos Melhores Cafés do Brasil)*

**... quando elogiam, mentem:** Não se preocupe com as brigas, com as críticas dos adversários, e nunca espere que o adversário o elogie, se elogiar não acredite. *(4/9/07, Aracaju – SE. Batismo da Plataforma de Petróleo FPSO Sevam-Piranema do Campo de Piranema)*

**... não querem que Lula governe; querem separá-lo do povo:** Não tenho pressa de decidir a minha vida, se vou ser ou se não vou ser, acho que os adversários querem que eu defina logo que sou candidato, porque aí eles querem me proibir de viajar o Brasil como eu estou viajando. Porque se depender deles, eles querem que eu fique sentado na minha mesa o dia inteiro e não saia para ter contato com o povo. E como eu nasci no meio de vocês, eu só tenho garantia se estiver no meio de vocês. *(21/1/06, Rio Branco – AC. Lançamento oficial do Projeto-Modelo de Assentamento Agroflorestal)*

**... ficam nervosos, porque Lula é calmo e responsável:** Os meus adversários devem estar muito nervosos, porque eu não estou nervoso. Eles devem estar muito, muito, porque eu tenho consciência do significado da minha chegada à Presidência da República, eu tenho noção do sentido histórico, e tenho noção das dificuldades de a gente não poder fazer tudo o que é possível fazer, às vezes contrariando até companheiros, como a gente contraria filhos. *(19/4/06, Porto Alegre – RS. Inauguração da nova emergência do Hospital Nossa Senhora da Conceição)*

**... são respeitados por Lula:** Em primeiro lugar, eu aprendi – e é por isso que eu sobrevivi e cheguei aqui – a manter relação política, do maior respeito, seja com aliados ou com adversários. *(21/1/08, Brasília – DF. Posse do ministro de Minas e Energia, Edison Lobão)*

## Aécio Neves

Eu penso que se todos os governadores do Brasil tivessem o comportamento que tem o Aécio Neves, certamente nós não teríamos problemas entre o presidente da República e os governadores. *(18/3/04, Belo Horizonte – MG. Entrega do cartão Bolsa Família)*

**... é jovem, mas é experiente:** E o governador Aécio, embora seja jovem, tem muita experiência política. *(18/8/03, Pouso Alegre – MG. Retomada das obras da Rodovia Fernão Dias e anúncio da recuperação de seis mil quilômetros de rodovias federais em todo o país)*

**... é politicamente jeitoso:** O Aécio é outro mineiro. Eu considero o Aécio um companheiro, tenho uma boa relação com o Aécio. É um menino preparado, politicamente jeitoso. Eu acho que é uma grande figura. *(10/10/07, Brasília – DF. Entrevista ao jornalista Kennedy Alencar, do jornal* Folha de S.Paulo*)*

**... será tratado por Lula como um irmão:** Sabe o governador Aécio Neves que eu vou tratá-lo como se ele fosse meu irmão, como se ele fosse do PT. *(3/5/03, Uberaba – MG. Inauguração da 69.ª Expozebu)*

**... será tratado por Lula como um adversário de pelada:** Pela relação de amizade que eu tenho com o Aécio, desde o tempo da Constituinte, que permite que a gente possa dizer que, muito mais que uma relação institucional entre presidente e governador, nós temos uma relação de jogador de futebol, em que meu time sempre ganhava do dele – o máximo que eles conseguiam era empatar *(30/8/05, Uberlândia – MG. Inauguração das obras de ampliação e modernização do Aeroporto de Uberlândia)*

**... fará críticas a Lula, quando necessário; e vice-versa:** Eu não tenho dúvida nenhuma que, se for necessário um dia o governador Aécio Neves fazer críticas a mim, como presidente da República, eu não tenho dúvida de que ele as fará. Da mesma forma que, não tem dúvida o Aécio, que se for necessário fazer crítica por erros cometidos pelo governador de Minas Gerais, eu as farei. *(18/3/04, Belo Horizonte – MG. Op. cit.)*

**... será tratado por Lula de forma democrática, mesmo ele sendo do PSDB:** Eu quero lembrar a vocês de uma coisa: o Aécio é governador do PSDB, eu sou presidente do PT. Agora, tanto eu tenho que tratar o Aécio da forma mais democrática e mais respeitosa, como o Aécio certamente vai me tratar, porque muito mais importante do que as divergências do PT com o PSDB é a necessidade do povo de Minas Gerais e do povo do Vale do Jequitinhonha. *(11/1/03, Itinga – MG. Visita à cidade)*

**... atuou como parceiro do Governo Federal:** Quero também dizer ao governador Aécio Neves que, embora pertençamos a partidos diferentes, talvez porque tenhamos, em algum momento histórico, nos filiado a partidos diferentes, a verdade é que enquanto Governo do Estado, enquanto presidente da República, nós temos trabalhado de forma muito unida, e eu posso dizer para vocês, mineiros, que o governador Aécio Neves tem sido um grande parceiro do Governo Federal nessa arrumação de casa, sobretudo no primeiro ano. Por isso, muito obrigado. *(19/2/04, Uberaba – MG. Entrega da Medalha JK alusiva ao 50.º aniversário da Faculdade Federal de Medicina do Triângulo Mineiro)*

**... consegue recursos para Minas Gerais porque é amigo dos ministros:** Vocês perceberam que a relação do Aécio com os ministros é quase uma confraria, de tão amigos que eles são. Por isso ele consegue tanta coisa para Minas Gerais. *(18/3/04, Belo Horizonte – MG. Assinatura de convênios)*

**... não faz elogios a Lula de graça:** O governador Aécio não me elogia de graça. Vocês viram que ele fez uns elogios aqui, e já saiu conquistando o aeroporto, já saiu conquistando o metrô. *(27/6/07, Belo Horizonte – MG. Lançamento do PAC Saneamento e Urbanização no estado de Minas Gerais)*

## África

**[ver: América; América Latina]**

Eu digo sempre que sobretudo nos países da África é onde predomina o maior grau de pobreza, hoje, no mundo. *(16/7/06, São Petersburgo – Rússia. Entrevista durante Cúpula do G8)*

**... é pobre porque ali ficaram os menos aptos (devido à escravidão):** Por que a África é atrasada? Por que os negros são menos inteligentes do que os brancos? Por que lá faz mais calor do que na Europa ou nos Estados Unidos? Os negros que vão para os Estados Unidos ou para o Brasil são mais inteligentes do que os negros que ficam na África? Não. A África está atrasada porque durante 350 anos as pessoas que tinham mais possibilidades, os mais fortes, os mais sadios, os mais jovens, mulheres e homens, eram colocados em navios e transformados em escravos no Brasil, nos Estados Unidos, em Cuba, no Haiti e em tantos outros países do mundo. Imaginem o que são 350 anos alguém tirando do seu país as pessoas que tinham mais possibilidade de trabalho, as pessoas que tinham mais saúde, as pessoas que eram mais preparadas. *(20/4/05, Brasília – DF. Inauguração do 16.º Congresso Continental Ordinário da Organização Regional Interamericana de Trabalhadores)*

**... quando limpa, nem parece África:** Quem chega em Windhoek não parece que está em um país africano. Poucas cidades do mundo são tão limpas, tão bonitas arquitetonicamente e têm um povo tão extraordinário como tem essa cidade *(7/11/03, Windhoek – Namíbia. Encerramento de visita à Namíbia. Observação: este trecho, improvisado, não foi transcrito entre os discursos no site da Secretaria de Imprensa da Presidência da República, no qual consta apenas o discurso redigido e não lido na ocasião. O trecho, entretanto, consta em reportagem no site da Agência Brasil em http://www.radiobras.gov.br/materia.phtml?materia=159712&editoria=PO)*

**... é credora do Brasil:** A nossa história com a África é mais do que uma relação diplomática. É uma dívida que eu acho que o Brasil, nenhum de nós individualmente, mas que o Brasil tem com o continente africano. Porque foi desta parte do mundo que partiram homens livres, transformados em escravos no momento em que partiram, para nos ajudar a ser o que somos hoje, para nos ajudar a construir uma mistura belíssima de raças e ter um povo maravilhoso, como nós temos. E eu acho que o Brasil ficou com uma dívida a pagar e nós temos que pagar, ao longo desses próximos anos, mantendo a mais estreita relação, sobretudo com os países de língua portuguesa. *(4/11/03, Maputo – Moçambique. Visita ao Centro de Estudos Brasileiros – CEB)*

**... foi ignorada pelo Brasil:** O Brasil tem suas raízes na África. Mas acontece que a cultura brasileira, durante quinhentos anos – é só olhar o mapa do Brasil –, se a gente pegar o mapa do Brasil, a gente vai perceber que, nesses quinhentos anos, o Brasil ficou de olho apenas no chamado Velho Continente. *(1/5/03, Indaiatuba – SP. Visita ao Retiro de Itaici – CNBB)*

**... terá a atenção do Governo Lula:** O meu Governo vai voltar a dar atenção a esse grande continente, que é o nosso irmão de sangue e de raízes espirituais. *(21/3/03, Brasília – DF. Instalação da Secretaria Especial de Políticas de Promoção da Igualdade Racial)*

## Afrodescendente(s)

[ver: negro; preconceito racial e outros; preto; raça]

Eu quero que vocês saibam que se depender do presidente da República, nós iremos fazer muito mais. Isso não é uma questão de programa de Governo, é uma questão de consciência política, é uma questão de reconhecimento do papel que têm os afrodescendentes no nosso país, é saber a importância que vocês têm para a nossa cultura, é saber que nós não seríamos o que somos hoje se não fossem vocês. Então, é preciso que a gente pare com essa bobagem de ter medo de enfrentar o racismo, temos que enfrentá-lo com unhas e dentes porque racismo e preconceito, na minha opinião, são duas doenças que não são apenas recicláveis, elas têm que ser abolidas. Aí, somente com enfrentamento e somente com o Estado tendo coragem de enfrentar a diversidade, não tendo nenhuma preocupação de dizer que vai garantir que mais meninas e meninos negros têm que entrar na universidade, de que é preciso as pessoas terem a oportunidade de ter a mesma qualidade de salário que tem um branco que trabalha na mesma função, e oportunidade de garantir que as crianças possam, na escola, ter o mesmo nível de ensino que outras crianças. *(28/11/06, Brasília – DF. Cerimônia por ocasião das comemorações do Dia Nacional da Consciência Negra)*

**... são o mesmo que "negro":** Em algum momento deste país tivemos tantas meninas e meninos negros na universidade? Só no ProUni [Programa Universidade para Todos] foram 38 mil afrodescendentes. Em que momento histórico deste país teve 38 mil jovens negros entrando na universidade? Precisa mais? Precisa. Este ano tem mais ProUni, vai ter mais. *(29/11/05, Brasília – DF. Reunião do Consea)*

**... no passado, eram chamados de crioulos:** Eu, quando vejo as pessoas falarem de enchente, eu tenho três episódios na minha vida, Sérgio [Cabral Filho, governador do Rio de Janeiro]. Eu morei num bairro chamado Vila Carioca, em São Paulo, um bairro importante, uma vila do bairro do Ipiranga, lá perto do Museu do Ipiranga, e quase todo ano tinha uma enchente. Naquele tempo, eu tinha 14 anos de idade e utilizava a enchente. Tinha um armazém do IBC [Instituto Brasileiro do Café, já extinto] na frente de casa, um armazém grande, onde trabalhavam aqueles afrodescendentes que, naquele tempo, a gente já chamava de "uns crioulos bem fortes e altos", que carregavam três sacas de café nas costas, assim, um embaixo de cada braço e um no pescoço, porque ganhavam por produtividade. Todos iam trabalhar de [falha na gravação] ... para ir aos bailes de sexta-feira à noite ou a uma gafieira. *(2/7/07, Rio de Janeiro – RJ. Lançamento do PAC nas áreas de saneamento e urbanização no estado do Rio de Janeiro)*

**... da Bahia têm mais orgulho de se definirem assim:** A Bahia é onde os negros mais se encontraram, é onde os negros têm orgulho da sua cor, é onde os negros têm orgulho de se dizerem afrodescendentes, e é um estado com uma capital extraordinariamente bonita. *(15/8/07, Brasília – DF. Inauguração da embaixada do Benin em Brasília)*

**... são o setor mais marginalizado do país:** Por causa de uma ideia engenhosa de nosso atual ministro da Educação [Fernando Haddad], que na época era chefe, era secretário-executivo do Ministério da Educação, nós fizemos um convênio com as universidades privadas, fizemos uma isenção de imposto. O imposto equivalente foi transformado em bolsa de estudo e nós tivemos, de janeiro do ano passado a fevereiro deste ano, 203 mil jovens, entre meninas e meninos, que não tinham nenhuma oportunidade de entrar na universidade, que entraram agora. E todos eles oriundos de escolas públicas e, mais importante, 40% pessoas afrodescendentes, pessoas negras, meninas e meninos, que era o setor mais marginalizado dentre todos os marginalizados deste país. *(5/4/06, Camaçari – BA. Visita ao Complexo Industrial Ford Nordeste)*

**... precisam receber reparações:** Primeiro, quero cumprimentar os meus companheiros de Governo e os companheiros que representam as entidades que lutam para que consigamos fazer justiça e os reparos necessários aos afrodescendentes brasileiros. *(27/9/06, Brasília – DF. Assinatura do Decreto de Titulação de Terras Quilombolas)*

## Agricultura

**[ver: alimento; biocombustível]**

A agricultura é uma atividade econômica que depende de duas coisas básicas: ela depende do tempo ou depende de muito investimento em tecnologia. Se não há investimento em tecnologia, se não há um processo de irrigação, se não há outros mecanismos de tecnologia, o que acontece? A pessoa depende apenas das intempéries, do sol e da chuva. Ora, se há uma atividade em que nós dependemos muito da chuva ou do sol e não está em nosso poder garantir se vai chover ou se vai fazer sol, eu me pergunto: por que há vinte, trinta ou quarenta anos as elites políticas que governaram este Brasil, até agora, não pensaram em criar um seguro-agrícola? *(16/3/05, Coronel Freitas – SC. Visita a áreas atingidas pela seca na região Sul)*

**... é um dos pilares do Governo Lula:** A agricultura é, para o meu Governo, um dos pilares do desenvolvimento que precisamos ter. *(12/4/03, Londrina – PR. Visita à Via Rural)*

**... é mais competitiva nos países tropicais:** Se você pegar a agricultura tropical *versus* a agricultura temperada, o que vai acontecer? A tropical tem um ciclo longo que vai de dez a 12 meses. A temperada tem um ciclo curto que vai, no máximo, de quatro a seis meses. Então, a vantagem comparativa entre essa parte do mundo e essa parte do mundo é muito grande para os pobres essa vez. É a primeira vez, no século, que os pobres têm chance de competir em alguma coisa. *(29/4/08, Brasília – DF. Entrevista à revista alemã* Der Spiegel*)*

**... é mais competitiva no Brasil:** A nossa agricultura é muito competitiva e continuaremos fazendo tudo o que estiver ao nosso alcance para aumentar mais ainda a sua extraordinária contribuição ao povo brasileiro. *(18/6/04, Brasília – DF. Lançamento do Plano Agrícola e Pecuário 2004/2005)*

**... é o setor econômico mais dinâmico:** Hoje, a agricultura brasileira é, sem dúvida nenhuma, o setor da Economia que mais cresce. E a nossa balança comercial só tem o peso que tem por conta da nossa agricultura. *(12/4/03, Maringá – PR. Inauguração da Indústria de Sucos da Cocamar)*

**... é importante, seja a empresarial, seja a familiar:** Os assentamentos dos trabalhadores rurais vão dar muito mais certo no dia em que conseguirmos organizá-los em cooperativas, dando, inclusive, uma dimensão administrativa importante para eles, porque nós precisamos da agricultura empresarial, mas precisamos também fortalecer a agricultura familiar. *(12/4/03, Maringá – PR. Op. cit.)*

**... gera riqueza e empregos:** Estamos discutindo outras medidas para que possamos ter os anos de 2006 e 2007 tranquilos na agricultura brasileira porque a agricultura é muito importante, tanto na geração de riqueza para o Brasil como na geração de empregos e renda para os trabalhadores brasileiros. *(10/4/06, Rádio Nacional. Programa de rádio* Café com o Presidente*)*

**... não gera empregos, se é familiar; gera trabalho:** A agricultura familiar não gera empregos, ela gera trabalho e permite que a pessoa não saia do campo. *(12/4/03, Maringá – PR. Op. cit.)*

**... é a principal válvula do coração do país:** Vamos continuar discutindo a agricultura porque, para nós, a agricultura é a válvula principal do coração deste país. *(15/5/06, Rádio Nacional. Programa de rádio* Café com o Presidente*)*

# Aids

[ver: sexo]

Houve um tempo em que todo mundo ficava tranquilo porque diziam o seguinte: "A aids só pega nos homossexuais." Então, quem não era homossexual achava uma maravilha: "Eu nunca vou ter aids." Depois inventaram que a aids só vai pegar em quem usa drogas, sobretudo quem injeta drogas na veia: "Ah, eu não injeto, então eu estou livre disso"; a aids é uma coisa de homem que trai a mulher: "Eu não traio, então eu estou livre disso." O tempo vai passando, a ciência vai evoluindo e nós vamos descobrindo que a aids é tudo isso e um pouco mais que nós ainda não sabemos. *(7/3/07, Rio de Janeiro – RJ. Comemoração ao Dia Internacional da Mulher)*

**... ainda não tem cura:** O mundo moderno exige que as pessoas se cuidem. Inclusive no momento em que a humanidade tem uma doença como a aids, é muito importante que todas as pessoas se cuidem para evitar serem vítimas de uma doença que ainda não tem cura. *(2/4/05, Brasília – DF. Respondendo sobre posicionamento da Igreja a respeito do uso de preservativos em entrevista coletiva acerca do falecimento do papa João Paulo II)*

**... pode ser evitada com o uso de preservativos:** Preservativo tem que ser doado e ensinado como usar. Sexo tem que ser feito e ensinado como fazer. Somente assim, nós seremos um país livre da aids e de outras doenças infecciosas. *(7/3/07, Rio de Janeiro – RJ. Comemoração ao Dia Internacional da Mulher)*

**... está aumentando a cada dia:** Muitas vezes nós somos modernos nos discursos, mas em casa a gente não tem coragem de conversar com a filha da gente, não tem coragem de conversar com o filho da gente. Agora tem um problema mais sério, meu caro Roberto Dinamite [ex-jogador de futebol, deputado estadual no Rio de Janeiro], que é uma verdadeira dinamite neste país, que é o crescimento das pessoas convivendo com aids. Eu fui orientado pela Nilcéa [Freire, secretária especial de Políticas para as Mulheres] que eu não poderia falar "aidético", porque politicamente não é correto, vou aqui, agora, não errar mais politicamente. *(7/3/07, Rio de Janeiro – RJ. Comemoração ao Dia Internacional da Mulher)*

**... é bem combatida no Brasil, há anos, por obra do PT:** A aids é um outro mal sobre o qual o Brasil, ao longo desses últimos dez anos adquiriu conhecimento, adquiriu maturidade e hoje, posso dizer para vocês, o Brasil é um país que exporta conhecimento e competência no tratamento da aids, inclusive com convênios com a maioria dos países africanos de língua portuguesa, para que adotem a política que nós adotamos no nosso país, que começou em 1988 na cidade de Santos, quando a nossa companheira Telma de Souza era prefeita daquela cidade e o saudoso David Capistrano era o nosso secretário de Saúde. *(5/11/04, Rio de Janeiro – RJ. Lançamento da proposta de Implementação dos Objetivos do Milênio nas comunidades de Madureira, Oswaldo Cruz e bairros adjacentes)*

## Ajuste fiscal

[ver: Economia]

Nós tivemos que fazer um ajuste duro e eu não fiz nada mais do que eu faço na minha casa, nada mais do que eu faço nos meus trinta anos de casamento com a dona Marisa. Eu só gasto aquilo que eu posso gastar, só dou um presente para o meu filho quando eu tenho dinheiro para comprar. Não adianta pedir, porque se eu não tiver, não dou e não vou mentir. E este país foi governado com mentiras por muito tempo. Na época das campanhas eleitorais os governantes gastavam o que não tinham, prometiam o que não podiam fazer e passavam décadas e décadas... E o povo só assistindo a sua situação piorar na periferia deste país. *(30/5/08, Belém – PA. Assinatura de atos e lançamento de programas em Belém do Pará)*

**... foi eternamente criticado por Lula, antes de ele chegar à Presidência; depois, foi apoiado:** Nós fizemos o maior ajuste fiscal, que eu conheço, da história deste país. E tomamos uma decisão de elevar o superávit primário de 3,75 para 4,25, quando eu passei muitos anos da minha vida dizendo que era preciso diminuir o superávit primário e aplicar o dinheiro dentro do Brasil. E por que nós fizemos isso? Fizemos isso porque nós descobrimos, ao mesmo tempo, concomitantemente, que o Brasil precisava recuperar a credibilidade interna e a credibilidade externa. *(12/3/08, Brasília – DF. Mesa de negócios do The Economist Newspaper Group)*

**... continua tendo a oposição de Lula, presidente, se for imposto pelo FMI:** Eu passei trinta anos da minha vida carregando faixa "fora, FMI" [Fundo Monetário Internacional]. Como brasileiro, eu ficava ofendido cada vez que descia no aeroporto de São Paulo uma delegação do FMI, para ver as contas do Brasil. Fui ao Congo, na África, e o presidente se queixou para mim porque quer fazer uma universidade. O FMI disse: "Não pode fazer, porque tem que fazer contenção de gastos." Ele quer fazer uma estrada, e o FMI disse: "Não pode fazer, porque tem que fazer contenção de gastos, e o ajuste fiscal é mais importante." É alguém de fora dizendo o que você deve e o que não deve fazer. *(20/3/08, Foz do*

*Iguaçu – PR. Entrega dos contratos de cessão de uso de águas públicas para aquicultura, assinatura do termo de cooperação entre a Petrobras e os estados de Mato Grosso do Sul e do Paraná para a construção do alcoolduto Campo Grande)*

**... não é fácil de fazer, mas vale a pena:** Para chegar onde nós chegamos, não foi fácil. Os senadores, os deputados, no meu primeiro mandato, viveram o que eu vivi, e muito mais difícil foi ter a coragem de fazer o ajuste fiscal que nós fizemos em 2003. Quem entende de economia, aqui, e nem precisa, economista é como técnico de futebol, todo mundo sabe um pouco, sabe que o que nós fizemos no ano de 2003 foi quase uma sangria no próprio peito para garantir que este país pudesse construir, nos anos seguintes, uma solidez que lhe desse a sustentabilidade que estamos conquistando agora. *(20/4/07, Anápolis – GO. Cerimônia de inauguração da fábrica da Hyundai)*

**... se faz pagando com capital político:** Nós trocamos grande parte do capital político que nós tínhamos por fazer um ajuste fiscal, que, eu digo, Delfim [Netto, economista e ex-deputado], eu duvido que um economista tradicional ou qualquer outro Governo tivesse a coragem de fazer. *(27/3/08, Recife – PE. Inauguração de agências do Banco Azteca)*

**... não deve ser a única receita para desenvolver um país:** O FMI não pode ter uma única receita para o desenvolvimento dos países pobres, que é o ajuste fiscal duro, muitas vezes não permitindo que os países cresçam. *(16/2/04, Brasília – DF. Perguntas dirigidas ao presidente Lula pelos participantes da Conferência Anual da Rede Parlamentar de Países-membros do Banco Mundial, videoconferência)*

**... é necessário para a recuperação econômica e demonstra a coragem do político:** Eu quero aproveitar que estou no estado de São Paulo e lembrar a todos o que foram os primeiros quatro anos do governador Mário Covas, aqui no estado de São Paulo [1995-99]. Possivelmente, grande parte dos políticos que estão aqui em algum momento fez críticas, porque diziam que o Mário Covas não gastava, não investia, só pensava no ajuste. Mas foi graças à coragem de fazer o ajuste, no momento em que foi preciso, que o estado de São Paulo se recuperou economicamente. E graças ao que nós fizemos no ano passado, é que eu posso dizer a vocês que, hoje, qualquer membro do Governo pode andar de cabeça erguida, em qualquer lugar deste país e dizer: "Não terá volta nesse país, a Economia vai crescer", e vai crescer muito a cada ano, porque esse é o destino, sem Plano Lula, sem Plano Palocci [Antônio Palocci, ministro da Fazenda], sem plano que leve o nome de qualquer pessoa, porque o grande plano nosso é a credibilidade na relação entre Governo e sociedade, entre Estado e sociedade e entre Estado e outros estados. *(1/4/04, Araras – SP. Inauguração da nova fábrica de café solúvel da Nestlé)*

**... permite um aumento do crédito:** Para fazer o PAC [Programa de Aceleração do Crescimento], nós chamamos os governadores, porque também poderíamos ter feito um pacote de cima para baixo, chegar aqui e falar: "Governadora [Wilma Maria de Faria, governadora do Rio Grande do Norte], tem aqui dez 'contos' para a senhora, vamos entregar isso aqui." Não. Chamamos a governadora, chamamos os prefeitos, mostramos os projetos, discutimos, fizemos os ajustes. Eu quero dar parabéns à governadora porque, realmente, o Rio Grande do Norte é um estado com as contas acertadas, e, por ter as contas acertadas, ela pôde contrair empréstimos que outros estados não puderam, viu, Wilma? Veja uma coisa, o estado do Rio de Janeiro tem menos capacidade de endividamento do que você. Significa que as coisas aqui andaram bem. É por isso que tem menos dinheiro do Orçamento da União e tem mais dinheiro de financiamento. Outros estados não têm condições, então, nós fomos obrigados a colocar mais dinheiro do Orçamento e menos dinheiro de investimento. *(27/7/07, Natal – RN. Lançamento do PAC Saneamento e Urbanização no estado do Rio Grande do Norte)*

**... pode gerar problemas sociais, como o ajuste da década de 1980:** Falta muita coisa para fazer? Falta. Mas é importante lembrar que desde os anos 80 este país não cresce. Essa geração que estamos vendo na cadeia com 24 anos, esses adolescentes, não são filhos do Lula, não, são filhos do modelo econômico implantado neste país na década de 80, são filhos da dívida externa, são filhos do ajuste fiscal. E querem que eu resolva em quatro anos o que eles não resolveram em cem? Não! *(31/7/07, Campo Grande – MS. Lançamento do PAC Saneamento e Urbanização no estado de Mato Grosso do Sul)*

## Aliança(s)

**[ver: adversário; Câmara dos Deputados; Congresso; oposição; PMDB; Senado]**

Na política, as coisas acontecem assim. Tem uma coisa chamada "correlação de forças" e nós temos que aprender o significado disso. Cada atitude que nós vamos tomar, nós temos que saber o tamanho dos adversários. Quando a gente manda uma lei, se a gente vai conseguir aprovar, qual é o número de votos que nós temos, quantos nós elegemos, quantos a gente pode compor. Porque, aí, as pessoas falam: "É, mas você não pode fazer aliança com qualquer um." Ora, meu Deus do céu, se eu tivesse a totalidade das pessoas que eu gostaria de ter, não precisaria fazer aliança. Aliança você só faz porque você precisa de vinte, você só tem dez, você precisa arrumar dez. Se você tem dez contra, não querem vir com você, você precisa procurar dez que são a favor. *(3/10/05, São Bernardo do Campo – SP. Abertura do Congresso dos Metalúrgicos do ABC)*

**... não devem ser feitas com o diabo:** Qual é a hipótese que um candidato à reeleição tem que fazer? Se for uma pessoa honesta, que quer sair do Governo do mesmo jeito que entrou, de cabeça erguida, só pode ser candidato se, em primeiro lugar, tiver a convicção muito forte de que o segundo mandato será melhor do que o primeiro. Segundo, se para ser candidato não tiver de vender a alma ao diabo nas suas alianças políticas. Caso contrário, se ganhar é vitória de Pirro, ganha e não governa. *(7/12/05, Brasília – DF. Entrevista à revista* Carta Capital, *no Palácio do Planalto)*

**... dependem das duas partes, como no casamento:** Eu gostaria de ter uma aliança política com três ou quatro partidos. Agora, é preciso saber que aliança política é como casamento, se eles querem fazer ou não. *(20/10/05, Brasília – DF. Abertura do 11.º Congresso Nacional do PCdoB)*

**... devem ser pragmáticas:** Mas eu precisava ampliar a minha base de alianças no Congresso Nacional. Eu percebi, rapidamente, a diferença entre "eu acho" e "eu faço". Quando a gente está teorizando, a gente pode achar tudo, quando a gente está governando, a gente tem que fazer, então precisa deixar de "achar". *(21/10/04, Rio de Janeiro – RJ. Abertura do 32.º Congresso Brasileiro de Agências de Viagens)*

**... são feitas para que o Governo aprove seus projetos no Congresso:** Mas o importante é que a gente tenha consciência de que é um ano em que a gente tem que plantar, construir as nossas alianças políticas, quem vai ser a nossa base de sustentação, quem vai nos ajudar a votar projetos na Câmara. *(29/11/04, Brasília – DF. Encontro Nacional dos Prefeitos Eleitos do PT)*

**... são feitas em troca de ministérios:** Vocês sabem que quando as pessoas ficam junto com a gente muito tempo, as pessoas vão pensando em ser ministro, vão pensando... o que é normal, nada contra alguém pensar. Mas, então, quando eu pensei na Dilma [Rousseff, ministra de Minas e Energia], eu falei: "Eu não vou falar agora, porque podem estranhar." Depois, na discussão de alianças políticas, eu fiquei sabendo que um partido estava reivindicando o Ministério de Minas e Energia e, na época, eu disse: "Olha, negociaremos qualquer coisa, menos o Ministério de Minas e Energia. Esse (nem tinha falado com a Dilma) ministério vai ser da Dilma Rousseff." *(19/4/06, Osório – RS. Visita às obras dos Parques Eólicos de Osório)*

**... devem ser feitas, mas sem esquecer os compromissos com o povo:** O que você tem que fazer é o seguinte: você tem que construir a aliança necessária, precisa construir a maioria, mas sobretudo você tem que se lembrar do compromisso que você tem com esse povo aqui. *(4/9/07, Aracaju – SE. Batismo da Plataforma de Petróleo FPSO Sevam-Piranema do Campo de Piranema)*

## Alimento(s)

[ver: agricultura; biocombustível; comida; Economia; fome; pobre; pobreza]

A gente se preocupa com energia, com água, com dinheiro, com financiamento, com trator, com tecnologia, e a gente não se preocupa com o estoque daquilo que é básico para a sobrevivência humana, que é o alimento. Nós vamos levar isso muito a sério. *(13/6/03, Brasília – DF. Lançamento do Plano Agrícola e Pecuário – Safra 2003/2004)*

**... são a principal matéria-prima:** Podem ficar certos de que quem chegou ao patamar de 114 milhões de toneladas este ano, a tendência agora, meu caro, é só subir, porque a matéria-prima mais importante de que o homem está precisando hoje é exatamente alimento. São um bilhão de famintos. *(3/5/03, Uberaba – MG. Inauguração da 69.ª Expozebu)*

**... devem ser financiados pelo Governo:** Ou seja, nós vamos tentar fazer com que todo e qualquer dinheiro disponível, que possa financiar o consumo de massa, a começar pelo alimento, possa ser colocado à disposição daqueles que precisam do dinheiro, que é a parte mais humilde da população. *(15/9/03, Rio de Janeiro – RJ. Abertura do 37.º Congresso Nacional de Supermercados)*

**... são mais caros hoje porque há mais pessoas comendo:** Eu acho que nós tínhamos mais fome antes porque a inflação sobre o alimento é decorrente do povo estar comendo mais. É aquilo que eu disse ontem. Tem mais chinês comendo no mundo, tem mais indiano comendo no mundo, tem mais africano comendo no mundo, tem mais brasileiro comendo no Brasil, tem mais latino-americano comendo, tem mais gente no continente asiático comendo. Ora, na medida em que mais gente começa a comer carne, começa a comer coisas produzidas com soja, começa a comer arroz, começa a comer trigo, obviamente que se a produção de alimentos não aumentar vai ter uma escassez de oferta e, portanto, vai ter inflação. *(11/4/08, Haia – Holanda. Entrevista a jornalistas brasileiros durante visita à Holanda)*

**... ainda são escassos na mesa de muitos:** Um forte e amplo movimento nacional de solidariedade está possibilitando o atendimento emergencial de milhões de pessoas que sofrem com a falta de alimentos e não podem ficar esperando – subnutridas – os resultados das mudanças que estamos realizando na estrutura econômica e social do nosso país. *(9/2/04, São José dos Campos – SP. Lançamento do jato comercial Embraer 190)*

**... ainda são escassos na mesa de muitos, mas quem tem fome esconde o fato por vergonha:** Uma grande parcela da sociedade não tem renda para comprar alimentos e, portanto, não tem acesso. E um outro problema muito sério é que, muitas vezes, no Brasil, quem tem fome não tem coragem de dizer que tem fome. *(17/3/04, Olinda – PE. Abertura da II Conferência Nacional de Segurança Alimentar)*

**... não podem escassear na mesa dos brasileiros, porque o Brasil é grande produtor:** Se tem um país no mundo em que não há nenhuma razão para as pessoas passarem fome é o Brasil. Primeiro, porque produzimos alimento *per capita* suficiente para todo mundo comer, graças aos nossos agricultores, graças à agricultura empresarial, graças à agricultura familiar, graças aos homens e mulheres que produzem de sobra, não apenas para nos alimentar, mas para fazer com que o Brasil tenha recordes na sua balança comercial, exportando grande parte dos excedentes que produzimos. *(10/2/04, São Paulo – SP. Inauguração da Expo Fome Zero 2004)*

**... não devem ser utilizados para a produção de combustível:** Vai começar, agora, a aparecer as tentativas de criar dificuldades. "Ah, mas os biocombustíveis vão criar problemas na área de alimentos." Depende, se nós formos fazer biocombustíveis de feijão, de arroz, de trigo, de milho, nós estaremos criando problema, porque nós vamos tornar o alimento mais caro, mais escasso, vamos tornar a carne mais cara, o leite mais caro, o derivado mais caro. Mas o Brasil está propondo uma outra coisa, o Brasil está propondo ter um zoneamento agrícola correto, definir claramente quais são as áreas que a gente deve plantar ou não, mas também a gente entender, por debate político, que o problema da fome no mundo, hoje, não é por falta de alimentos, é por falta de renda, e muito menos por conta do biocombustível. Porque se fosse assim, os países africanos estavam comendo todo dia, o Nordeste brasileiro estava comendo e a América Latina. Não se planta biodiesel e não se come. O problema não é esse. O problema é que nós vamos ter adversários do programa, é assim no mundo inteiro. E na história da humanidade, nós sempre vamos ter gente que vai tentar dizer que não é bom. Isso vale para os biocombustíveis e vale para qualquer outra coisa. *(20/9/07, Brasília – DF. 23.ª reunião ordinária do Conselho de Desenvolvimento Econômico e Social – CDES)*

## Amanhã

Eu penso que é importante, toda vez que a gente tiver que pensar em construir o amanhã, a gente imaginar o que foi o ontem, porque senão nós faremos avaliações precipitadas, julgamentos precipitados e, muitas vezes, exigiremos aquilo que deveríamos ter paciência para exigir. *(21/10/04, Rio de Janeiro – RJ. Posse da diretoria da Federação das Indústrias do Estado do Rio de Janeiro – Firjan)*

**... com Lula, será melhor, segundo o povo brasileiro:** O povo brasileiro recuperou a autoestima, voltou a gostar e a acreditar no Brasil, na honestidade, voltou a acreditar que o amanhã pode ser melhor para ele. *(26/6/03, São Bernardo do Campo – SP. Abertura do 4.º Congresso de Metalúrgicos do ABC)*

**... está sempre na cabeça de Lula:** E a felicidade de alguém que exerce um segundo mandato, é que eu não tenho tempo de pensar em ontem. Eu estou com a minha cabeça preparada para pensar no amanhã, depois de amanhã, no mês seguinte, porque o Brasil não pode esperar. *(16/3/07, Brasília – DF. Posse dos novos ministros da Justiça, da Saúde e da Integração Nacional)*

**... para as crianças, deve sempre ser melhor:** A Luana [Raquel Porto, integrante da comitiva do Movimento dos Meninos e Meninas de Rua do Piauí] é um exemplo. Quem não é do Piauí não sabe, ela mora num lugar chamado Irmã Dulce, a primeira vila que fomos visitar depois da posse, e a situação da maioria das pessoas era degradante, as pessoas moravam realmente muito mal. Se não se apresenta para ela e para outras milhões de crianças uma perspectiva de que o depois de amanhã vai ser melhor do que o amanhã, que será melhor do que o hoje e melhor do que o ontem, quem é que pode segurar a impetuosidade de um adolescente, de uma criança? *(1/12/03, Brasília – DF. Abertura da V Conferência Nacional dos Direitos da Criança e do Adolescente)*

**... será melhor, acreditam os jovens:** A grande maioria da juventude acredita que o amanhã será muito melhor, será muito mais produtivo, será muito mais garantido para ele. *(3/6/06, Santo André – SP. Inauguração do novo centro do Consórcio Social da Juventude do Grande ABC)*

**... talvez nem exista, acreditam os jovens:** Eu soube que em todo começo do curso, quando os professores perguntam aos alunos do ProJovem [Programa Nacional de Inclusão de Jovens] quais os planos que eles têm para o futuro, a maioria responde: "Professor, eu não sei nem se eu vou estar vivo amanhã!" *(30/3/07, Olinda – PE. Formatura do programa ProJovem)*

**... nem sempre chega na velocidade que queremos:** É lógico que vocês sabem, alguns de vocês aqui já ficaram desempregados muito tempo, e sabem que muitas vezes a economia não começa a crescer hoje e gerar todo o seu resultado amanhã. O que nós estamos colhendo, hoje, não foi plantado este ano, não, foi plantado desde julho do ano passado, quando o Palocci [Antônio Palocci, ministro da Fazenda] falava: a economia já começou a voltar a crescer. *(23/7/04, Brasília – DF. Assinatura da MP de correção de aposentadorias e pensões de fevereiro de 1994 a março de 1997; da MP de abono de R$100,00 no IR de pessoas físicas)*

**... às vezes não chega:** A gente nunca sabe se vai estar vivo amanhã, mas eu tenho fé em Deus. *(6/4/06, Campinas – SP. Lançamento de edital de licitação para o Aeroporto Industrial de Campinas e anúncio de melhorias urbanas para a comunidade do entorno de Viracopos)*

## América

[ver: África; América Latina]

Eu viajei para todos os países da América do Sul e todos eles vieram aqui. Depois fomos reconstruir com a África, fomos reconstruir com o mundo árabe. Sabem qual foi a última viagem feita por uma autoridade brasileira para o Líbano? D. Pedro [II, imperador do Brasil], em 1876. E nós fomos construir isso. Olha para o mapa do mundo que não só tem a América do Norte, não, tem ali a América do

Sul. Está vendo aquele negócio ali? É o Brasil. *(29/11/04, Brasília – DF. Encontro Nacional dos Prefeitos Eleitos do PT)*

**... tem três partes:** Não é possível fazer o crescimento econômico acontecer também por mágica, é preciso que a gente crie as condições para que ele cresça de forma sustentável e que tenha um crescimento duradouro que possa fazer os países da América Latina, da América Central, já nem falo dos Estados Unidos e do Canadá, porque são países mais resolvidos economicamente que os nossos, mas que a nossa economia cresça definitivamente por um longo tempo. *(3/5/06, Brasília – DF. Abertura da XVI Reunião Regional Americana da Organização Internacional do Trabalho)*

**... foi descoberta graças às invenções de libaneses e árabes:** Os comerciantes libaneses e os navegantes árabes, mais do que quaisquer outros, difundiram o conhecimento que enriqueceu nossa cultura ocidental. Trouxeram para o mundo europeu invenções decisivas para a própria descoberta das Américas. *(31/3/05, São Paulo – SP. Solenidade comemorativa aos 125 anos da imigração libanesa no Brasil)*

## América Latina

[ver: África; América]

Vocês sabem que a luta pela integração da América Latina e da América do Sul é uma luta de vários séculos. Quantos e quantos livros não foram publicados sobre a integração da América do Sul e da América Latina? Quantos e quantos filmes, quantos e quantos documentários, quantos e quantos políticos morreram, acreditando que era possível formular a integração da América do Sul. Nós temos que olhar o que aconteceu no século XX, no século XIX, no século XVIII, para que a gente possa não repetir, no século XXI, os mesmos erros que foram cometidos no passado, tirarmos proveito das coisas certas que foram feitas em outros séculos, para que a gente possa transformar o século XXI no verdadeiro século da integração do nosso continente. *(18/1/07, Rio de Janeiro – RJ. Foro Consultivo de Municípios, Estados, Províncias e Departamentos do Mercosul)*

**... deve atuar unida:** Uma coisa eu quero que o povo da Venezuela compreenda, quero que os meus companheiros do Brasil compreendam e quero que o meu querido companheiro Chávez [Hugo Chávez, presidente da Venezuela] compreenda: não há saída para um país da América Latina sozinho. *(13/11/06, Ciudad Guayana – Venezuela. Inauguração da segunda ponte sobre o rio Orinoco)*

**... precisa de integração física:** Eu acho que a integração da América do Sul é uma coisa muito forte, que precisa da integração física, pois sem aviões, sem portos, aeroportos, rodovias ou ferrovias não há integração. Se um empresário de Quito, para vir ao Brasil, tiver que ir a Miami, ele já faz negócio em Miami. Para que, então, ele vai vir aqui, ao Brasil? *(18/3/04, Recife – PE. Assinatura de convênio entre o Ministério da Ciência e Tecnologia e a Universidade de Pernambuco)*

**... deve "pensar grande":** E se nós quisermos pensar que a América Latina vai ser uma região desenvolvida no século XXI, ou nós pensamos grande, como disse o Eliezer [Batista, ex-presidente da Vale], ou nós ficamos pensando pequenininho e sempre iremos continuar a ser um país pequenininho. *(5/5/06, Aimorés – MG. Inauguração da Usina de Aimorés)*

**... não pode ficar subordinada apenas aos interesses dos EUA:** Até o final do ano, nós vamos fazer uma outra coisa importante, que é a ligação, o acordo entre a União Europeia e o Mercosul. Vamos tentar consolidar esse bloco para facilitar a discussão do Brasil no Acordo de Livre Comércio das Américas, para que nós não fiquemos subordinados apenas à pressão dos interesses econômicos dos Estados Unidos, mas que a gente possa discutir uma Alca em função dos interesses da nossa agricultura e da nossa indústria. *(30/4/04, Ribeirão Preto – SP. Visita à Agrishow 2004 – Feira Internacional de Tecnologia Agrícola em Ação)*

**... não deve culpar o imperialismo americano pela sua miséria; a culpa é dela própria:** A primeira solução para a América Latina é que os nossos governantes precisam entender que a seriedade não pode ser eventual, ela tem que ser definitiva, e que a gente não pode ficar culpando o imperialismo americano pela nossa miséria, ou a riqueza europeia pela nossa pobreza. Nós temos que analisar historicamente o que nós fizemos, como se comportou a nossa classe dirigente no século XX, para que a gente perceba que o nosso problema não está nos outros, o nosso problema está em nós mesmos. *(6/4/06, São Paulo – SP. Respostas a perguntas de empresários durante o World Economic Forum on Latin America)*

**... é o maior mercado para o Brasil:** Hoje, a América Latina é o maior comércio brasileiro, são quase 28 bilhões de reais que nós exportamos para a América Latina; são 27,8 bilhões de reais, o que significa 22% das exportações brasileiras. É um percentual muito importante, na verdade representa 22,1%, o que é um número... nós saímos de nove bilhões para 27,8 bilhões. Com a Argentina, nós saímos de 2,3 bilhões para 10,7 bilhões. Com a União Europeia, nós temos 27 bilhões, com os Estados Unidos, 23 bilhões. Isso é uma coisa extremamente importante. Nós estamos mostrando que é possível, com parceria e com seriedade, numa política de troca entre nós, nós nos ajudarmos, nos ajudarmos a crescer. *(7/7/06, Brasília – DF. Entrevista ao jornal* Financial Times*)*

**... graças a Deus, hoje tem Lula, Chávez, Morales, Kirchner e a Frente Sandinista:** Milhares de pessoas já morreram neste continente porque acreditaram na liberdade, porque acreditaram na independência e porque queriam fazer justiça social. Agora, quis Deus que nós tivéssemos uma América Latina e uma América do Sul um pouco diferenciadas. Já não é apenas o companheiro Chávez, presidente da Venezuela, já não é apenas o presidente Lula, presidente do Brasil, outros presidentes foram eleitos democraticamente. Poderia citar a nossa querida Michelle Bachelet, no Chile, poderia citar o nosso querido companheiro Kirchner, na Argentina, poderia citar Tabaré Vázquez, no Uruguai, poderia citar Nicanor [Duarte], no Paraguai, poderia citar Evo Morales, na Bolívia, poderíamos citar tantos e tantos companheiros que vão sendo eleitos. E a mais recente eleição é a recondução da Frente Sandinista no Governo da Nicarágua. *(13/11/06, Ciudad Guayana – Venezuela. Op. cit.)*

**... está mudando para melhor, independentemente de ideologia:** Se pegarmos lá de Santiago do Chile, desde o Lagos [Ricardo Lagos, ex-presidente] até Michelle Bachelet, e formos perpassando todos os países da América Central, do Caribe, da América do Sul, nós vamos percebendo que há um avanço sistematizado na conquista de espaços pelos trabalhadores, pela democracia, pelas mulheres, pelos índios e pelos negros. E muitas vezes não depende sequer do Governo ser de esquerda ou de direita, depende muito mais dele ser humano, com sensibilidade humanística ou não, depende muito mais dele decidir que legado pretende deixar para aqueles que vierem depois de nós. E a evolução é, na minha opinião, extraordinária. *(3/5/06, Brasília – DF. Abertura da XVI Reunião Regional Americana da Organização Internacional do Trabalho)*

**... é quase totalmente democrática:** Eu tive oportunidade de dizer ao presidente Bush [George Bush, presidente dos Estados Unidos], na reunião que tivemos em Camp David, de que estava na hora dos Estados Unidos ter um olhar produtivo, ter um olhar de maior solidariedade com a América Latina, ou seja, esqueçamos um pouco a metade do século passado, em que o mundo bipolar determinava que quem não pensasse do mesmo jeito era comunista e, portanto, precisava ser destruído. Isso não existe mais. E a América Latina é o exemplo vivo. Com exceção das Farc [Forças Armadas Revolucionárias da Colômbia], todo mundo entrou no jogo democrático, disputou eleições, ganhou e perdeu, e o resultado é acatado. *(20/9/07, Brasília – DF. Entrevista ao jornal* New York Times*)*

**... tem partidos de esquerda que podem gerenciar a política econômica de modo liberal:** Muitos agentes do mercado financeiro mudaram, passando a confiar em meu Governo. Superaram preconceitos e aprenderam que um partido de esquerda na América Latina é capaz de praticar uma política econômica que zela pela estabilidade monetária, pelo equilíbrio fiscal e pelo respeito aos contratos, ao mesmo tempo em que mantém o compromisso com a redução das desigualdades, o combate à pobreza e a inclusão. *(5/10/07. Entrevista ao jornal* Emerging Markets*)*

**... não deve seguir no rumo das privatizações ou do Estado mínimo:** Eu acho que a América Latina mudou, a América do Sul mudou, já não predomina mais o discurso das privatizações, já não se prega mais o discurso da negação do Estado, até porque todo mundo que tem bom senso sabe que o Estado é insubstituível para fomentar e ser o indutor para que as boas coisas aconteçam no país. *(8/8/07, Manágua – Nicarágua. Encerramento do Seminário Empresarial Brasil-Nicarágua)*

**... vai estar representada no Conselho de Segurança da ONU porque tem esse direito:** Eu compreendo que os cinco membros permanentes do Conselho de Segurança não queiram mudar, mas é preciso convencer o mundo de que não tem por que a América Latina não estar representada, não tem por que a África não estar representada, não tem por que países da importância da Índia, da Alemanha e do Japão não estarem no Conselho de Segurança. Então, nós vamos conseguir. É apenas uma questão de tempo. *(2/6/07, Londres – Inglaterra. Entrevista ao programa* Hard Talk*, da BBC)*

**... é uma região pacífica:** Todos nós precisamos ter consciência de que esta América do Sul é um território de paz. Aqui, há mais de cem anos não há um conflito, que não há uma coisa grave. Houve um conflito entre o Chile e o Equador, entre o Peru e o Equador. Mas eu acho que todos nós estamos conscientes de que no século XXI a América do Sul não pode jogar fora a oportunidade de crescer. E só é possível crescer em momento de paz, em momento de tranquilidade. Se um governante gasta o seu dinheiro e o seu tempo com guerra, certamente haverá um retrocesso para o seu país. *(28/11/07, Brasília – DF. Entrevista à RedeTV!)*

**... vive ainda conflitos do século XIX:** Na América Latina, as divergências do século XIX de vez em quando aparecem nas mesas de negociação. Você vai conversar com um país e começa a perceber que tal país teve problema com outro em 1890. Eu falei: gente, nós precisamos parar com as divergências do século XIX. Pelo amor de Deus, vamos construir as convergências do século XXI. *(2/6/07, Londres – Inglaterra. Op. cit.)*

**... abriga ainda muitas desconfianças recíprocas:** Eu me lembro de um presidente que já não é mais presidente, que quando eu ganhei as eleições em 2002, ao me visitar, ele disse: "Presidente Lula, eu passei cinquenta anos acreditando que o Brasil era uma ameaça para a Bolívia, e dediquei vinte anos a acreditar que os Estados Unidos da América do Norte iriam salvar a Bolívia. Agora, presidente Lula, eu quero dedicar esses quatro anos a acreditar que o Brasil pode ser melhor para a Bolívia do que foram os Estados Unidos." Essa é uma verdade que está incutida na cultura do nosso povo ou de uma parcela do nosso povo. Tem gente da nossa diplomacia que diz claramente: "Não, a Argentina é um perigo", tem gente da Argentina que diz: "O Brasil é um perigo", tem gente do Uruguai que diz: "O Brasil é um perigo, a Argentina é um perigo", tem gente da Argentina que diz que o Uruguai é que é um perigo, e assim vai para o Paraguai, vai para a Venezuela, quando, na verdade, nós só iremos consolidar a integração neste continente no dia em que nós percebermos que sozinhos não haverá saída para nenhum país na América do Sul e da América Latina. *(18/1/07, Rio de Janeiro – RJ. Op. cit.)*

**... deve ter no futebol a única fonte de rivalidade:** A única divergência que eu quero ter com os meus parceiros da América do Sul é no futebol. *(25/4/07, Brasília – DF. Entrevista no Palácio do Planalto a jornalistas argentinos e chilenos – Jornais* Página 12, El Clarín *e* La Nación, *da Argentina; e* La Tercera *e* El Mercúrio, *do Chile)*

## Amigo(s)

**[ver: adversário; amizade; companheirismo; companheiro]**

O verdadeiro amigo não é aquele que fica dando tapinha nas costas. De vez em quando, o verdadeiro amigo é aquele que faz uma crítica, é aquele que chama a atenção. Esse é, muitas vezes, mais amigo do que aquele que fica só "Ah, está maravilhoso. É bonito. Está extraordinário". *(1/5/03, Indaiatuba – SP. Visita ao Retiro de Itaici – CNBB)*

**... podem ser de dois tipos:** Eu aprendi a conhecer quem são os amigos da hora da festa, quem são os amigos de chegar para comer na hora em que a comida está pronta e quem são os amigos que vão ajudar a plantar, a colher, a fazer a comida e comer junto. *(23/12/06, São Paulo – SP. Natal da Vida e Cidadania dos Catadores e da População em Situação de Rua)*

**... suportam divergências:** Eu quero, do fundo do coração, meus companheiros, dizer para vocês que eu sou um homem de muitos amigos. Durante a minha vida inteira eu construí uma relação de amizade que eu tento fazer sólida, eu nunca perdi a amizade de um companheiro porque ele divergiu de mim, porque não concordou comigo, porque está em outro partido ou porque torce para outro time. Nunca. Eu levo bronca de alguém durante trinta segundos, depois eu conto até dez. Eu acho que a vida é tão boa que não vale a pena a gente ficar com raiva dos outros porque a gente vai ficando com azia, vai tendo má digestão, vai tendo problema. *(18/4/05, São Bernardo do Campo – SP. Comemoração dos 30 anos da sua posse como presidente do Sindicato dos Metalúrgicos do ABC)*

**... são a coisa mais importante da vida:** Eu aprendi, ao longo desses poucos 62 anos de idade, que o valor mais extraordinário que a gente leva da nossa passagem pela Terra é a quantidade e a qualidade dos amigos e das amigas que construímos durante a nossa passagem pela Terra. *(20/2/08, Brasília – DF. Posse do ministro da Secretaria Especial de Políticas de Promoção da Igualdade Racial, Edson Santos)*

**... são mais importante até do que um mandato:** Quero dizer para vocês que eu tenho um profundo respeito por esta governadora [do Rio Grande do Norte, Wilma Maria de Faria], desde 1987 que eu conheço esta mulher e desde 1987, mesmo quando o PT disputou com ela, nós nunca perdemos a nossa relação de respeito e de amizade, porque se tem uma coisa que eu prezo é a minha relação de amizade. O mandato tem quatro anos, um amigo pode ser eterno. *(19/5/06, Natal – RN. Visita às obras da Ponte de Todos – Newton Navarro, entre Forte e Redinha)*

**... em grande número, abandonaram Lula no momento de aperto:** A primeira coisa que nós fizemos, no ano de 2003, foi o maior aperto que este país já conheceu. Eu perdi até amigos que achavam que eu podia fazer a transformação no primeiro ano ou no primeiro mês. Perdi muitos amigos que achavam que eu não ia fazer nada, porque os juros continuavam altos, porque o Brasil não crescia, porque tinha desemprego. *(14/3/08, Araraquara – SP. Assinatura de ordens de início das obras do PAC)*

**... seguram a barra quando a coisa aperta:** Aos ministros que vão ficar aqui e que vão trabalhar a questão social da agricultura, aquele negócio todo, eu queria dizer para vocês: a única coisa que a gente vai levar, quando deixar o Governo, é a nossa relação de amizade com as pessoas que nós atendemos. E eu quero dizer para vocês, meus companheiros: tratem esse pessoal bem, porque no fundo, no fundo, quando a coisa apertar, quem é nosso amigo é esta gente que está aqui, que vai segurar a barra. *(3/7/07, Fortaleza – CE. Abertura da III Conferência Nacional de Segurança Alimentar e Nutricional)*

**... não precisam estar sempre presentes:** Um amigo, muitas vezes, não é aquele que se vê todo dia, mas é aquele que, possivelmente, vendo-o uma única vez, marque a amizade para o resto da vida. *(3/7/03, Brasília – DF. Comemoração aos 181 anos do Ministério da Justiça)*

**... são ciumentos:** Eu, pelo menos, sou um homem de muitos amigos, eu gosto de conviver com muita gente, eu sempre fui assim. E agora, muitas vezes, eu passo o final de semana sozinho, eu e Marisa, porque não posso chamar uma pessoa, que pode causar ciúmes a outra, que vai ficar reclamando. Então, você termina se recolhendo sozinho. *(4/5/05, Brasília – DF. Entrevista aos jornalistas franceses Slimane Zeghidour, da TV5, Pierre Ganz, da Rádio França Internacional, e Olivier Royant, da revista* Paris Match*)*

**... são interesseiros:** E se ele [o ocupante de um cargo eletivo] não foi uma pessoa que tratou os outros bem, vai perceber que os amigos já não estão esperando por ele, que os amigos já fizeram outra amizade, que ele vai ter que construir uma nova relação de amizade. E vocês sabem que nem todo mundo sabe viver sem corte, e esse é um trabalho psicológico de muita profundidade, em que a gente tem que ter consciência de que o mandato é muito passageiro, portanto, nós voltamos a ser o que éramos antes. *(7/3/05, Brasília – DF. Abertura da VIII Marcha a Brasília em Defesa dos Municípios)*

**... não influenciam as decisões de Lula, presidente:** Se eu tiver que optar entre uma empresa falida de um amigo do presidente e uma empresa que queira investir para gerar novos empregos, os novos empregos irão receber o dinheiro do

BNDES, porque é assim que a gente vai dar a demonstração de que o Brasil que nós queremos é um país com mais qualidade de vida, com mais dignidade e com mais respeito ao ser humano. *(15/4/03, Catalão – GO. Inauguração do novo Complexo Mineroindustrial Copebrás)*

**... devem influenciar as decisões de deputados:** O projeto de lei de inovação que assinamos, em abril deste ano, encontra-se no Congresso em regime de urgência. Cada empresário aqui tem um amigo deputado, não custa nada pegar o telefone e ligar pedindo para o deputado apressar a votação desse projeto de lei de inovação tecnológica. *(8/11/04, São Paulo – SP. Posse da diretoria da Fiesp)*

**... não devem influenciar os Governos:** Eu quero dizer para vocês [governadores de primeiro mandato] o seguinte: nessa hora, não tem relação de amigo; nessa hora, é relação de chefe de Estado. A gente tem que convidar as pessoas mais qualificadas para a função que o Estado brasileiro precisa. E nós vamos perceber que na máquina pública brasileira tem pessoas da mais alta qualificação à espera de uma oportunidade. Eu quero dizer para vocês: ao invés de procurar apenas um amigo, procurem aquele que está esperando uma chance. E cada estado, por mais pobre ou por mais importante que seja, Marcelo Déda [governador eleito de Sergipe], tem gente da mais alta competência à espera de uma oportunidade. Por favor, se vocês puderem, descubram esses gênios, eles existem e, muitas vezes, são tratados de forma secundária por quem passa pelos Governos neste país. *(23/11/06, Brasília – DF. Almoço com governadores)*

**... não são favorecidos na escolha para ministérios:** Eu não montei um clube de amigos para serem ministros, eu queria escolher as pessoas competentes em cada área para cumprir com a sua tarefa. *(22/4/03, Vitória – ES. Implantação do III Alto-forno da Companhia Siderúrgica de Tubarão)*

**... quando jornalistas, são *"muy amigos"*:** Quero cumprimentar os amigos da imprensa, sempre "*muy amigos*" *(13/12/07, Caracas – Venezuela. Encerramento do Encontro Empresarial Brasil-Venezuela e assinatura de atos)*

## Amizade

[ver: adversário; amigo; companheirismo; companheiro]

Eu não confundo a minha relação de amizade pessoal com o papel de chefe de nação que o povo brasileiro me deu, nas eleições de 2002. *(16/1/04, Piracicaba – SP. Inauguração da nova unidade de fundição da fábrica Dedini S.A.)*

**... é o único valor que Lula levou para a Presidência:** Possivelmente, um cidadão que votou em mim não tem consciência do gesto dele de, num país importante como o Brasil, depositar um voto num ser humano que não faz parte das classes que, tradicionalmente, exercem o poder neste país. E vocês me deram uma chance e eu vou sempre dizer: podem ficar certos, eu só tenho um valor na minha vida, que é a minha relação de amizade. *(3/9/04, Osasco – SP. Cerimônia pelos 60 anos de fundação da Cobrasma, atuais Flanaço e Amsted Maxion)*

**... precisa ser cultivada, para que não acabe depois que se deixa um cargo público:** Vejam, o Brasil teve um ministro da Educação chamado Eduardo Portella, me parece até que era um acreano [Eduardo Portella, ministro da Educação, Cultura e Esportes entre 1979 e 1981], que uma vez fez uma declaração dizendo: "Eu não sou ministro, eu estou ministro." Parece uma frase qualquer, mas se todos os governantes, prefeitos, vereadores, governadores, deputados estaduais, senadores, deputados federais e presidente da República tivessem essa frase como paradigma para o seu comportamento, nós seríamos muito mais humildes na nossa relação com a sociedade, nós atenderíamos os outros com muito mais carinho, porque na verdade nós estamos exercendo um cargo. Depois do nosso mandato, o que nós vamos fazer? Cada um vai voltar para a sua vida particular. E se ele não foi uma pessoa que tratou os outros bem, vai perceber que os amigos já não estão esperando por ele, que os amigos já fizeram outra amizade, que ele vai ter que construir uma nova relação de amizade. *(7/5/05, Brasília – DF. Abertura da VIII Marcha a Brasília em Defesa dos Municípios)*

**... deve ser resgatada na sociedade:** Eu acho que tem valores que nós temos que resgatar. Valores religiosos, valores familiares, valores do ciclo de amizade, porque, hoje, as crianças estão, cada vez mais, cercadas dentro de uma casa com uma grade cada vez mais alta, presas diante do computador. *(19/7/04, São Paulo – SP. Lançamento da campanha O melhor do Brasil é o brasileiro)*

**... é a coisa mais importante da vida:** Eu sempre achei que a coisa mais importante que um ser humano carrega da vida, quando termina a sua passagem pela Terra, é a amizade que ele fez. *(12/3/07, Brasília – DF. Posse do novo ministro da Advocacia-Geral da União)*

**... não é a relação necessária para que alguém atue no Governo:** Quando fui eleito presidente, precisava de um empresário que entendesse de comércio exterior. Eu não precisava de alguém que fosse necessariamente meu amigo porque, no Brasil, normalmente, se monta um Governo de amigos. Eu montei um Governo independentemente da amizade anterior que eu tinha, mas eu queria escolher alguns homens competentes. *(24/7/03, Concórdia – SC. Abertura do III Seminário Brasileiro de Agricultura Familiar)*

**... conta na hora de indicar alguém para o Governo:** Quando eu fui indicar o José Sérgio Gabrielli para diretor-financeiro da Petrobras, meu caro ex-ministro João Paulo Reis Velloso [João Paulo dos Reis Velloso, ministro do Planejamento entre 1969 e 1979], não faltaram pessoas que me diziam assim: "O mercado não vai gostar, o mercado vai reagir, é melhor deixar quem está lá." E eu fiquei pensando: puxa vida, nós nos matamos para ganhar as eleições, perdi três antes de ganhar, e aí um tal de mercado, que eu nem conheço, não quer que eu indique as pessoas para ocupar os cargos que preciso ocupar. Como eu não tinha nenhuma relação de amizade com o mercado, eu falei: "Sabe de uma coisa? Eu vou indicar meu companheiro." "Não, mas é melhor deixar quem está lá, presidente. Deixa quem está lá." Eu falei: "Mas se o povo quisesse que ficasse quem estava lá, o povo não tinha votado em mim." Bom, conclusão: coloquei o companheiro José Sérgio Gabrielli e hoje, orgulhosamente, o indiquei para presidente da Petrobras, porque, orgulhosamente, ele se transformou em um dos mais importantes diretores-financeiros que a Petrobras já teve em toda a sua história e é por isso que a Petrobras começou a ganhar alguns prêmios importantes pela sua gestão financeira. *(22/7/05, Rio de Janeiro – RJ. Visita às novas unidades de produção da Refinaria de Duque de Caxias – Reduc)*

**... pode definir as ações dos governantes:** Da nossa parte, governador [Sérgio Cabral Filho, governador do Rio de Janeiro], não haverá nenhum momento... e eu disse ao Sérgio, agora há pouco:

"Sérgio, fique preparado que vai vir torpedo para cima de você. Então, fique preparado, porque o jogo político é um pouco complicado e você conhece como ninguém." Eu disse ao Sérgio: "Nos momentos mais difíceis eu vou provar que a nossa relação de amizade não foi eleitoral. É uma relação verdadeira, que pode ser consagrada com demonstrações que nós possamos dar ao povo do Rio de Janeiro." *(18/1/07, Rio de Janeiro – RJ. Assinatura de acordos para moradias no Rio de Janeiro)*

**... é uma via de mão dupla:** Não tem um único lugar deste país em que eu não tenha cultivado amizade, respeito, carinho, porque essas coisas só são importantes quando isso é recíproco, você dá e você recebe. Se você só quer receber, você é um egoísta. *(12/6/07, Guarulhos – SP. Abertura do VII Congresso Nacional dos Metalúrgicos da Central Única dos Trabalhadores – CUT)*

**... ajuda na relação entre presidente e governadores:** E eu acho que nunca teve um presidente da República que tenha a relação de amizade que eu tenho com a maioria dos governadores brasileiros. Portanto, nós temos tudo para fazer as coisas darem certo. Tudo. *(4/9/07, Ipojuca – PE. Início das obras da Refinaria General José Ignácio Abreu e Lima)*

**... não exclui divergências políticas:** Quem lida comigo há trinta anos sabe que se tem uma coisa que eu não perco, nos bons e nos maus momentos, é o bom senso de não confundir as divergências políticas com as minhas relações de amizade pessoal. *(4/6/03, São Paulo – SP. 8.º Congresso Nacional da CUT)*

**... não exige a convivência:** Antes de ler o meu pronunciamento, quero dizer a vocês que um amigo, muitas vezes, não é aquele que se vê todo dia, mas é aquele que, possivelmente, vendo-o uma única vez, marque a amizade para o resto da vida. Depois que fui eleito presidente da República, resolvi visitar quatro pessoas no Rio de Janeiro – o meu companheiro de partido, Apolônio de Carvalho [comunista histórico e fundador do Partido dos Trabalhadores, já falecido], a dona Maria Amélia, mãe de Chico Buarque [compositor e intérprete], o Evandro Lins e Silva [jurista, já falecido] e o Raymundo Faoro [advogado e cientista político, já falecido], que já estava no hospital. Fui visitá-los porque cada um marca uma passagem na minha vida. *(3/7/03, Brasília – DF. Comemoração aos 181 anos do Ministério da Justiça)*

## Amor

[ver: amizade]

Às vezes é pai brigando com mãe, às vezes é pai e mãe brigando com os filhos, os filhos brigando com pai e mãe. Quero chamar a atenção de vocês que tem uma palavra mágica na nossa relação humana, uma palavra mágica que é compreensão, que é o carinho, que é o amor que a gente precisa dedicar uns aos outros para a gente poder viver em harmonia. *(20/8/05, São Paulo – SP. Inauguração da Fábrica de Bolas e Camisetas e visita ao programa Pintando a Cidadania)*

**... se retribui com amor:** Eu disse uma vez num comício na praça Castro Alves que, possivelmente, em outra encarnação eu tenha sido baiano, porque em poucos lugares do mundo eu tenho sido tratado, ao longo desses anos, com o carinho com que o povo baiano tem me tratado todas as vezes que eu venho aqui. E podem ficar certos que amor a gente paga com amor; carinho a gente paga com carinho. *(7/6/04, Salvador – BA. Lançamento da Farmácia Popular do Brasil)*

**... deve ser dado a quem nos odeia:** As respostas que nós temos que dar para esses que transmitem ódio todo dia é transmitir mais carinho, é trabalhar mais, é a gente mostrar mais amor com o povo deste país, é a gente mostrar mais alegria, porque, na verdade, o que eles estão torcendo é que a gente fique nervoso e faça o jogo rasteiro que estão fazendo. *(16/6/06, Olinda – PE. Liberação de recursos do Fundo Nacional de Habitação e Interesse Social para urbanização de assentamentos)*

**... está em falta no mundo:** Eu quero, do fundo do meu coração, agradecer todo o carinho do povo de Moçambique, agradecer a essa gente maravilhosa que trabalha neste hospital [Central de Maputo]. Espero que vocês tenham o maior amor dentro de vocês, porque o mundo está precisando de muito carinho, de muito amor, de muita solidariedade, e eu acho que o trabalho que vocês fazem aqui demonstra isso. *(6/11/03, Maputo – Moçambique. Visita ao Hospital Central de Maputo)*

**... é um sentimento que o povo brasileiro tem em grande quantidade:** Este povo brasileiro tem um coração fantasticamente grande, e não é por causa de doença de Chagas, não – o coração é grande de amor, de vontade de fazer as coisas. *(8/7/03, São Paulo – SP. Lançamento da ONG Apoio Fome Zero)*

**... é melhor quando se tem dentes:** Eu canso de viajar e vejo pessoas rirem para mim, pondo a mão na boca assim, aí você olha, é porque não tem um dente. Pessoas de 18 anos, de 20 anos, então coloca um dente novo, fica maravilhoso, aí o amor vai ser muito melhor, muito maior, as pessoas vão se apaixonar com muito mais facilidade, porque não é possível uma mulher que não ri e um homem que não ri arrumar um namorado, não é verdade? Olha como o sorriso é bonito, é uma coisa que deixa a gente leve, tranquilo. *(19/4/06, Porto Alegre – RS. Inauguração da nova emergência do Hospital Nossa Senhora da Conceição)*

**... como o ódio, marca a relação das pessoas com a imprensa:** No fundo, no fundo, todo mundo tem uma relação de amor e ódio com a imprensa. Amor, quando saem coisas boas, e ódio, quando saem coisas ruins. *(7/11/05, Brasília – DF. Entrevista ao programa* Roda Viva*)*

## Aposentado(s)

[ver: aposentar-se]

Houve um tempo em que os aposentados eram chamados de velhos. Eu acho que a palavra velho deveria ser abolida, ser trocada por "experiente", como era na Antiguidade. Ou seja, as pessoas serem tratadas com um pouco mais de respeito. *(1/10/03, Brasília – DF. Comemoração ao Dia Internacional do Idoso)*

**... não deveriam ficar em casa, atrapalhando a família:** Eu pelo menos tenho a minha sogra, que mora comigo e com a Marisa. Não é mãe da Marisa, mas é minha sogra. Ela tem 75 anos. É de uma disposição que se falar para ela que tem um passeio a pé daqui para a China, ela topa ir. Não tem nada que ela não esteja disposta a fazer. Eu acho que é isso que faz a gente viver um pouco mais. Por isso é que, meus amigos e minhas amigas, quando se aposentarem, por favor, não fiquem em casa atrapalhando a família. Têm que procurar alguma coisa para fazer. Vá a um clube, faça alguma coisa que possa tornar o seu dia prazeroso. Porque se você ficar disputando o espaço do sofá com o neto para ver um desenho animado ou um futebol, a sua vida vai ficar chata. *(1/10/03, Brasília – DF. Comemoração ao Dia Internacional do Idoso)*

**... atualmente, são mais jovens, o que é ruim para o sistema previdenciário:** Tem uma combinação de fatores que nós estamos vivendo... Eu dizia para a Dilma [Rousseff, ministra-chefe da Casa Civil]: é engraçado, na década de 60 a gente fazia uma reunião com aposentados e as pessoas eram todas acima de 70 anos, acima de 75 anos. A gente faz reunião com aposentados hoje e são pessoas com 60 anos, com 58 anos, porque começaram a trabalhar muito cedo e vão viver muito tempo. É uma vantagem para a gente, enquanto pessoa, viver muito mais e uma desvantagem para a Previdência, que tem que pagar para nós muito mais. *(7/4/06, Brasília – DF. Anúncio de reajuste de 5% para aposentados e pensionistas e medidas que beneficiam idosos)*

**... devem ser ativos:** O que um aposentado precisa, além de sobreviver dignamente? Ele precisa de coisas para fazer, porque o tédio pode matar as pessoas, como qualquer outra doença mata. *(24/1/08, Brasília – DF. Abertura das comemorações dos 85 anos da Previdência Social e Dia do Aposentado)*

**... devem receber aquilo a que têm direito, apesar de déficits:** Este ano nós vamos ter um rombo na nossa Previdência de 40 bilhões de reais e o que o Tesouro tem que colocar, portanto, foge daquilo que o contribuinte pagou, ou seja, você percebe que nós estamos fazendo um esforço imenso para fazer com que os aposentados recebam aquilo que têm direito. *(27/1/05, Porto Alegre – RS. Conferência "Chamada Global para a Ação Contra a Pobreza", no Fórum Social Mundial – Respostas a questionamentos de participantes)*

**... devem receber aquilo a que têm direito, apesar de déficits, e o que recebem deve ser visto como investimento:** Vocês imaginem a pressão que a gente sofre todo santo dia, dizendo: resolveu o problema da Previdência, vai ter dinheiro para investimento, como se a gente pagar 400 reais para um trabalhador aposentado não fosse um investimento. Se a gente não tivesse pagando o que estamos pagando hoje para milhares de aposentados que recebem o salário mínimo, certamente nós estaríamos precisando construir mais cadeias, quem sabe contratando mais policiais, porque é esse o resultado de um povo que não tem esperança, que não tem perspectiva. *(12/2/07, Brasília – DF. Instalação do Fórum Nacional da Previdência Social)*

**... podem ajudar na economia, tomando empréstimos:** Ontem, nós sancionamos a lei que garante a 20 milhões de aposentados o direito a esse crédito, para que nenhum aposentado vá mais deixar o seu relógio na Caixa Econômica Federal para pegar um empréstimo. Ele chegará ao banco, pegará um empréstimo, e vai pagar em 12 meses, 24 meses, e vai poder entrar no banco e ser tratado em igualdade de condições. Eu acredito que isso também vai colocar muito dinheiro em circulação, sobretudo agora, no final do ano, para gerar mais dinamismo na economia brasileira. *(29/9/04, Brasília – DF. Assinatura da mensagem que encaminha ao Congresso Nacional o projeto de lei complementar de incentivo às micro e pequenas empresas)*

**... são tratados por Lula como companheiros:** Não aconteceu muitas vezes, na história do Brasil, de um presidente da República ser companheiro dos dirigentes aposentados e os aposentados serem companheiros do presidente da República. Peguem a história, que não tem muito tempo... Sendo francamente, porque eles cobram do Governo como devem cobrar e nós, com a mesma honestidade, dizemos "é possível" ou "não é possível". E nem por isso nós deixaremos de ser companheiros. *(24/1/08, Brasília – DF. Op. cit.)*

## Aposentar-se

**[ver: aposentado]**

Andei neste país muitos anos e cansei de encontrar mulheres e homens com o rosto todo enrugado, com a mão toda calejada, que estavam, há dez, há 12 anos, perambulando atrás do direito de uma aposentadoria. E se exigia tantos documentos que as pessoas não tinham mais como provar. Enquanto os trabalhadores rurais são obrigados a ficar procurando documentos e mais documentos, seria mais fácil olhar para a cara de uma mulher, olhar para a cara de um homem, pegar na mão dessa mulher ou desse homem do que, muitas vezes, aposentar pessoas que nunca trabalharam e que conheceram dona Jorgina [de Freitas Fernandes, advogada, ex-procuradora do Instituto Nacional do Seguro Social (INSS), condenada por fraudar o órgão], lá no Rio de Janeiro, e conseguiram se aposentar através de falcatruas. *(14/5/03, Brasília – DF. Encerramento do Grito da Terra – Brasil 2003)*

**... é algo que, para alguns, acontece injustamente mais cedo:** Eu, quando falo da Previdência Social, não quero prejudicar o intelectual. O que eu quero é aproveitar o máximo possível do potencial de inteligência que o intelectual tem para que fique trabalhando até os 60 ou 70 anos, e não se aposente com 53. Por que um cortador de cana tem que trabalhar até aos 60 anos para se aposentar? Por que o professor universitário se aposenta com 53? Se uma cortadora de cana se aposenta com 55, por que uma procuradora do Estado tem que se aposentar com 47 anos? *(17/6/03, Pelotas – RS. 11.ª Feira Nacional do Doce – Fenadoce)*

**... não deve significar piora de vida:** Nós vamos criando as condições para que a Previdência Social seja, definitivamente, a garantia de que o aposentado brasileiro, ao se aposentar, não está fazendo uma opção para piorar a sua qualidade de vida. *(7/4/06, Brasília – DF. Anúncio de reajuste de 5% para aposentados e pensionistas e medidas que beneficiam idosos)*

**... deve ser viável no futuro, com as reformas:** Nós ainda temos a reforma tributária para fazer e eu estou convencido de que a reforma da Previdência vai permitir que, daqui a 20 ou 30 anos, o meu neto tenha a possibilidade de se aposentar e receber o seu salário porque, até então, não havia essa possibilidade porque os estados estavam quebrados. *(1/12/03, Rádio Nacional. Programa de rádio* Café com o Presidente*)*

**... não está nos planos do Lula:** Em 1.º de janeiro de 2011, pretendo ir para casa descansar. Depois, veremos. O que posso antecipar-lhe, desde já, é que não tenciono me aposentar da política. *(11/4/08, sem local. Entrevista por escrito ao jornal holandês* De Telegraaf*)*

## Argentina

Eu tenho, na minha cabeça, a consciência de que a Argentina é um parceiro estratégico, é um parceiro extremamente importante. Nós vamos ter que vencer barreiras, tanto na burocracia brasileira quanto na burocracia argentina, na burocracia empresarial brasileira, na burocracia empresarial argentina. Tem gente na Argentina que não gosta do Brasil, tem gente no Brasil que não gosta da Argentina. Eu não. Eu gosto da Argentina, eu tenho um profundo respeito pelo presidente Kirchner [Néstor Kirchner, presidente da Argentina], tenho uma visão de que a Argentina é estrategicamente muito importante para o Brasil. Muitas vezes eu compreendo a angústia de um governante argentino, em função do potencial econômico do Brasil, do comércio brasileiro, que é muito maior. Isso nós vamos resolver conversando. A maior demonstração que eu posso dar de que gosto da Argentina é que o meu time de futebol, no Brasil, o Corinthians, tem até um técnico argentino [Daniel Passarella], tem jogadores argentinos, ou seja, eu acho que nós estamos vivendo um momento bom. *(4/5/05, Brasília – DF. Entrevista aos jornalistas franceses da TV5 [Slimane Zeghidour], da Rádio França Internacional [Pierre Ganz] e da revista* Paris Match *[Olivier Royant])*

**... tem divergências históricas com o Brasil:** Argentina e Brasil sempre tiveram divergências, não apenas no futebol, mas sempre tiveram divergências muito sérias. Só para vocês terem uma ideia dessas divergências, quando o Brasil estava fazendo a Itaipu [Usina Hidrelétrica de Itaipu Binacional], os militares argentinos diziam que Itaipu era uma espécie de bomba atômica contra a Argentina, que, no caso de um conflito, as comportas se abririam e a afundariam. E, por conta de Itaipu, a Argentina começou a pensar em construir bomba atômica. *(29/5/03, São Bernardo do Campo – SP. Entrega simbólica de 225 toneladas de alimentos para o Programa Fome Zero)*

**... superou divergências com o Brasil quando ambos chegaram ao fundo do poço:** O Brasil e a Argentina disputavam a liderança quando não havia por que disputar liderança; os dois só foram se tornar humildes quando chegaram ao fundo do poço. *(25/6/03, Brasília – DF. 1.º Seminário de Infraestrutura para o Desenvolvimento Sustentável)*

**... deve lutar ao lado do Brasil, porque ambos são pobres:** Na política, você vai costurando as coisas, não há mais ciumeira entre o Brasil e a Argentina. A Argentina tomou consciência de que é pobre, o Brasil tomou consciência de que é pobre. Ou nós nos juntamos e brigamos juntos ou, sozinhos, não vamos encontrar saída. Essa é uma lógica. *(29/5/03, São Bernardo do Campo – SP. Op. cit.)*

## Autoestima

[ver: orgulho]

Sabe uma coisa que eu acho importante no ser humano? É quando a gente recupera a autoestima, quando a gente vê que as coisas estão acontecendo favoravelmente à gente. *(30/11/07, Rio de Janeiro – RJ. Assinatura da autorização de início das obras de urbanização integrada do PAC nas comunidades de Pavão/Pavãozinho e Cantagalo)*

**... recuperada é uma prioridade de Lula:** Eu descobri uma coisa: este país não precisa apenas de emprego, de salário, de combate à fome. Este país precisa, primeiro, recuperar a autoestima de 175 milhões de brasileiros. *(27/3/03, São Paulo – SP. Posse do presidente da Associação Comercial de São Paulo)*

**... deve ser recuperada junto com a autoestima dos governantes:** Recuperar a autoestima do povo significa antes recuperar a autoestima dos governantes dos países da América do Sul e não agir de forma subserviente diante desse mundo globalizado. *(1/5/03, Indaiatuba – SP. Visita ao Retiro de Itaici – CNBB)*

**... deve ser "vendida" pelo presidente:** O meu papel é vender autoestima, o meu papel é dizer o seguinte: se um país como o Brasil permitiu que um operário metalúrgico chegasse à Presidência da República, eu fico imaginando o que este país não pode permitir para vocês, que estão começando agora. *(26/2/08, Rio de Janeiro – RJ. Inauguração da fábrica de pneus de mineração e terraplenagem da Michelin – América do Sul)*

**... é algo bom para o país:** Estamos, nesse sentido, vivendo um momento especial, pois a elevação de nossa autoestima favorece a exploração de todas as possibilidades do Brasil, seja na economia, na cultura, nas artes, na ciência, na tecnologia e em outras áreas do conhecimento humano. *(29/4/04, Brasília – DF. Teleconferência sobre o Programa de Regionalização do Turismo "Roteiro do Brasil")*

**... move a sociedade:** Quando eu disse que era preciso destravar o país, é preciso que a gente tenha a compreensão dos prefeitos, é preciso que a gente tenha a compreensão dos governadores, é preciso que a gente tenha a compreensão de deputados e senadores, de governadores de estado, da imprensa e da sociedade brasileira, porque uma sociedade não é movida apenas a projetos concretos, é movida também a crenças, a autoestima, em o povo perceber que ele pode ser a válvula pela qual a economia brasileira não vai parar mais de crescer. *(31/1/07, Cabo de Santo Agostinho/Ipojuca – PE. Assinatura dos contratos para construção dos dez primeiros navios da Transpetro em Suape – PE)*

**... significa ter uma casa bonita:** Eu acho que é preciso fazermos um concurso nacional com todos os arquitetos, para criar projetos de casas mais bonitas do que os projetos das "casinhas" que a gente vê, espalhadas por este país afora. Eu acho que é possível, com pouco dinheiro, fazer uma casa mais bonita, mais ajeitada, algo que dê um pouco mais de orgulho para as pessoas, porque a casa significa autoestima. *(3/10/03, Blumenau – SC. Inauguração do Conjunto Habitacional Itoupava Garten)*

**... nos jovens, é perdida por causa dos maus exemplos:** É preciso compromisso, solidariedade e muitas políticas públicas para que a gente possa recuperar nesses jovens o tempo perdido e para que a gente possa devolver a eles a autoestima que jamais deveriam ter perdido. E, muitas vezes, a perda da autoestima se dá em função dos maus exemplos que eles veem na televisão, de autoridades que poderiam ser exemplos bons e que, muitas vezes, apresentam-se como exemplos negativos, fazendo com que essa meninada não acredite mais em nada. Esse, para mim, é o grande desafio. *(7/6/04, Salvador – BA. Recebimento dos títulos de Cidadão Baiano e Soteropolitano, da Assembleia Legislativa da Bahia)*

**... se eleva entre os brasileiros quando o Brasil ganha a Copa:** Dentro do campo, Cafu [capitão da seleção brasileira de futebol], você, que é o mais experiente, pelo amor de Deus, não deixe essa meninada perder a tranquilidade. O que nós sabemos fazer bem é jogar bola, o que nós sabemos fazer bem é ganhar títulos de Copa do Mundo, o que nós sabemos fazer bem é dar espetáculo futebolístico. Mas, numa Copa do Mundo, mesmo que tiver que marcar um gol de canela, feio, por favor, peça para eles marcarem e não peça para não marcar esse gol, porque é isso que vai tornar a autoestima do povo brasileiro ainda mais elevada. *(8/6/06, Brasília – DF. Videoconferência com a seleção brasileira)*

## Autoridade

[ver: autoestima]

Eu resolvi que, ao invés de exercer o poder, é preciso exercer a autoridade. O que é exercer a autoridade? É quando, ao invés de você impor um pensamento único, você constrói com todos os envolvidos aquilo que é o consenso possível de ser feito com a sociedade. *(29/9/04, Brasília – DF. Assinatura da mensagem que encaminha ao Congresso Nacional o projeto de lei complementar de incentivo às micro e pequenas empresas)*

**... dá importância ao indivíduo:** Tem um companheiro que não foi citado [José Eduardo Dutra, senador pelo PT de Sergipe entre 1995 e 2003 e presidente da Petrobras entre 2003 e 2005], porque no Brasil é assim, quando você é autoridade, você é lembrado, quando você não é, você não é mais lembrado. Eu digo sempre que político sem mandato nem vento bate nas costas. *(15/3/06, Itabaiana – SE. Implantação do Projeto de Expansão das Universidades Federais no estado de Sergipe)*

**... tem lugares privilegiados:** Vocês sabem que, de vez em quando, Deus nos dá lições, porque normalmente nos atos que a gente faz, as autoridades ficam na sombra e o povo fica de cara para o sol. Então, eu acho que na sua sabedoria, Deus deve ter enviado um engenheiro da Petrobras para fazer este palanque, e ele nos colocou com a cara para o sol e agora todos nós, aqui, aprendemos um pouco como é que o povo sofre quando participa dos atos que nós fazemos. *(14/6/07, Angra dos Reis – RJ. Batismo da Plataforma P-52)*

**... nem sempre é poder:** A vontade vale mais do que uma lei. E eu vou dizer para vocês uma coisa: o homem mais poderoso do mundo [Jesus Cristo] fez o que fez sem ter o poder, não tinha nenhum poder, não tinha nenhuma caneta para assinar um decreto, para contratar um funcionário, para mandar alguém embora. Ele apenas teve a capacidade de convencer as pessoas. Ele não tinha poder, mas tinha autoridade, a autoridade moral, a autoridade ética, a autoridade daquele que está disposto a servir, ao invés de ser servido, pela grandiosidade que tem. *(29/9/04, Brasília – DF. Assinatura da mensagem que encaminha ao Congresso Nacional o projeto de lei complementar de incentivo às micro e pequenas empresas)*

**... não deve prescindir do diálogo:** Um dos erros que um Governo comete – e já cometemos muitos, na história deste país, ao longo de tantos e tantos anos – se dá quando alguém, investido no cargo de autoridade, pensa que não precisa mais ouvir as pessoas, pensa que sabe tudo e começa a fazer as coisas sem as consultas necessárias, sem ouvir aqueles que, direta ou indiretamente, participam da atividade que o Conselho [Nacional do Turismo] representa. *(11/3/04, Brasília – DF. Encontro com membros do Conselho Nacional do Turismo)*

**... pode ser exercida com serenidade:** Eu, que passei muito tempo da minha vida gritando: "Fora, FMI [Fundo Monetário Internacional]", não precisei fazer nada. Apenas com a autoridade de presidente da República: "Nós não queremos mais acordos, vamos andar com as nossas próprias pernas, somos donos do nosso nariz e o Brasil só vai gastar aquilo que pode gastar." *(7/11/05, Assis – SP. Inauguração da Linha de Transmissão Londrina/Assis/Araraquara)*

**... é dada pelo cargo, não pela antiguidade:** A criação desta Secretaria [Especial de Políticas de Promoção da Igualdade Racial] é o começo de um trabalho que precisa dar certo. Um trabalho que tem de ser articulado com o de outros ministérios. Um trabalho cotidiano, persistente, que estimule, coordene e torne mais eficientes as ações do Governo nessa área. E aí, minha companheira Matilde [Ribeiro, secretária especial de Políticas de Promoção da Igualdade Racial], toda vez que a gente trabalha numa fábrica ou num quartel, ou em qualquer atividade em que entre uma pessoa nova, essa pessoa nova leva mais tempo. Você vai começar a tratar os outros ministros como autoridades maiores do que você, porque é mais nova. E todos os ministros, aqui, são seus amigos, minha cara. Você tem que pedir licença por educação, mas por direito você é igual a qualquer companheiro que já está no Governo. *(21/3/03, Brasília – DF. Instalação da Secretaria Especial de Políticas de Promoção da Igualdade Racial)*

**... é transitória:** Eu quero dizer para vocês que, possivelmente, nós, autoridades brasileiras, autoridades circunstanciais, se não tivéssemos feito este lançamento, não teríamos conhecido esses integrantes do grupo "Marujada, Fragata Brasileira". *(13/6/03, Brasília – DF. Lançamento das Conferências Nacionais de Aquicultura e Pesca)*

**... precisa respeitar o povo e ser por ele respeitada:** Portanto, esse povo, aqui, aprendeu a dizer para as autoridades que respeito é bom e que eles gostam de respeitar e de serem respeitados. Esse povo, aqui, aprendeu a dizer para as autoridades que o que eles querem não é esmola, é direito; o que eles esperam é a cidadania, e não favor. *(26/2/04, Belém – PA. Inauguração do Projeto de Urbanização da Bacia do Tucunduba)*

## Avançar

**[ver: desenvolvimento]**

O Brasil está vivendo, provavelmente, um dos momentos mais importantes da sua história. A chance que se abriu para o Brasil nesses últimos meses é algo que muitas pessoas – que escreveram artigos, textos, prefácios de livros ou os livros – não imaginavam que pudesse acontecer. E nós não vamos permitir que haja um retrocesso. Nós vamos avançar, porque o Brasil precisa disso. *(25/6/03, Brasília – DF. Encerramento do 2.º Congresso Brasileiro de Agribusiness)*

**... é o mesmo que se desenvolver:** Nós já perdemos o século XIX, nós já perdemos o século XX, ou seja, outros países conseguiram avançar, se desenvolver, e nós fomos ficando para trás. Nós, hoje, estamos convencidos de que o Brasil precisa crescer, de que a América do Sul precisa crescer e de que o Brasil é o país que pode dar uma espécie de dinâmica para oferecer oportunidades aos outros países, sobretudo no que diz respeito à infraestrutura de integração que nós estamos fazendo. *(15/12/06, Brasília – DF. Almoço com oficiais-generais)*

**... só é possível com conhecimento:** A pesquisa científica, em seus diversos campos, faz a humanidade avançar: na Agricultura, na Saúde, na Educação, no domínio de formas mais democráticas de acesso ao conhecimento, no combate a mazelas seculares, como a desnutrição. No mundo de hoje, a pesquisa é também um dos principais instrumentos para o desenvolvimento dos povos, no campo do comércio internacional e das relações entre os países. *(31/10/03, Brasília – DF. Entrega do prêmio Finep de Inovação Tecnológica)*

**... exige ousadia:** Quero que vocês aproveitem, eu tenho mais quatro anos de mandato, eu quero que vocês aproveitem, é um desafio que eu estou fazendo a vocês. Aproveitem o fato de eu ter mais quatro anos de mandato e façam as reivindicações que estão enrustidas na cabeça de vocês e no movimento, porque nós só vamos avançar se houver ousadia da sociedade para que o Governo seja ousado e cumpra com a sua função. *(7/3/07, Rio de Janeiro – RJ. Comemoração ao Dia Internacional da Mulher)*

## Banco(s)

[ver: banqueiro; juros; lucro]

Aqui no Brasil os prédios de bancos são muito poderosos, ostentam muito quando, na verdade, a única coisa que deveria ser bem segura no banco é o cofre. A parede poderia ser mais simples, os vidros poderiam ser mais simples, ficaria tudo mais barato, e aí se cobraria menos tarifa e poderia se reduzir os juros. *(27/3/08, Recife – PE. Inauguração de agências do Banco Azteca)*

**... públicos devem ajudar a gerar desenvolvimento:** O BNDES, o Banco do Brasil e outros bancos que há por aí, como o BNB [Banco do Nordeste do Brasil] e o Basa [Banco da Amazônia], não podem ficar com o dinheiro guardado para fazer superávit primário, esse dinheiro vai começar a aparecer para gerar desenvolvimento. Esse dinheiro precisa ser utilizado para fazer o Brasil voltar a crescer, para gerar empregos e para gerar renda. Essa é a finalidade do BNDES. *(4/4/03. Barcarena – PA. Inauguração da 3.ª linha da cadeia de produção da Alunorte, refinaria de alumina da Vale)*

**... públicos foram mal-administrados no passado:** Em vários estados os bancos não foram bem administrados, aliás, em vários estados era pelos bancos estaduais que se financiava a campanha eleitoral, era por onde se criava centenas de empregos, pessoas que só colocavam o paletó e nunca compareciam lá. E nós queremos provar que os bancos estaduais bem-administrados, bem-gerenciados e com seriedade são um extraordinário ponto para o desenvolvimento de qualquer estado brasileiro. *(8/5/07, São José – SC. Inauguração do Centro Operacional e Administrativo dos Correios e Telégrafos)*

**... surpreendentemente, podem ajudar em programas sociais:** Quando venho a uma reunião como esta e a Febraban [Federação Brasileira de Bancos] resolve me entregar um documento onde assume o compromisso de começar com um plano-piloto de 10 mil cisternas, parece pouco. E, se for olhar para 1 milhão, que é o que o movimento está reivindicando, nós ainda estamos muito, mas muito longe de conseguir isso. Mas quem é que imaginava, há dois meses, que a Febraban viria, hoje, aqui, dizer que vai começar com um plano-piloto de 10 mil cisternas? Ninguém. Se eu falasse para você, Paulo Rubens [Santiago, ex-deputado pelo PT de Pernambuco], certamente você falaria: "A Febraban não vai fazer isso." Se eu falasse para o Jorge Mattoso [presidente da Caixa], certamente ele falaria: "A Febraban não vai fazer isso." O Frei Betto [assessor especial da Presidência da República], então, falaria para mim: "Imagine se a Febraban vai fazer cisterna! Vai lá ver se consegue captar o recursinho, se é que existe, para depositar nos bancos." *(9/4/03, Brasília – DF. Cerimônia relativa à Articulação no Semiárido – ASA)*

**... ajudam em programas sociais menos do que podem:** Os bancos fizeram 20 mil, se não me falha a memória. É pouco, viu, Márcia [Lopes, ministra interina do Desenvolvimento Social e Combate à Fome], porque pelos lucros que os bancos têm, poderiam fazer 200 mil cisternas que ainda era barato, poderiam contabilizar sem nenhum prejuízo. *(26/6/07, Brasília – DF. Sessão de renovação do compromisso com o pacto "Um Mundo para a Criança e o Adolescente do Semiárido Brasileiro", de 2007 a 2010)*

**... preferem os clientes ricos:** Se 10% da população detêm 50% da riqueza, os bancos se acomodam e preferem concentrar a clientela no filé-mignon da sociedade. O resultado é um círculo vicioso e o efeito acaba reforçando a causa. Tanto que nós sabemos: ser pobre não significa apenas não ter recursos, significa, principalmente, não ter acesso a quem tem recursos. *(9/9/03, Brasília – DF. Comemoração da abertura da conta CAIXA Aqui de número 500 mil)*

**... levam calotes dos ricos:** Se você pegar as dívidas dos bancos públicos que foram privatizados neste país, você vai perceber que não tem nenhum pobre que deve ao banco. É só pegar a lista. Não tem um único pobre que deve ao banco. Ou seja, quem deve ao banco, normalmente, é uma parte mais aquinhoada, que teve acesso a juros e a dinheiro que pobre nunca conseguiu ter. *(9/9/03, Brasília – DF. Op. cit.)*

**... com Lula, aprenderam a atender os pobres:** Os bancos tinham desaprendido a atender pobre. Até o Banco do Brasil e a Caixa Econômica Federal tinham desaprendido a atender pobre. Era muito melhor atender um cidadão de chapelão, com charuto na boca, do que atender um cidadão com uma sandália Havaianas no pé. O que nós fizemos? Nós resolvemos fazer crédito para o povo pobre deste país. Criamos o crédito consignado, já que os bancos diziam que não emprestavam dinheiro para pobre porque o pobre podia não pagar. Nós demos a folha de pagamento como garantia. *(14/3/08, Araraquara – SP. Assinatura de ordens de início das obras do PAC em Araraquara)*

**... foram defendidos por Lula em muitas campanhas; mas votaram contra ele:** Eu penso que de vez em quando a humanidade precisa deixar a hipocrisia de lado e nós precisamos ser um pouco mais verdadeiros. Veja que absurdo, eu fiz uma campanha em que eu era obrigado, Roberto [Rodrigues, ministro da Agricultura], a defender os bancos e os meus adversários criticavam os bancos e vocês votavam neles e não em mim. E eu sabia disso. E eu defendia porque acho que vocês saudáveis dão menos prejuízo do que se tiver que criar um Proer [Programa de Estímulo à Reestruturação e ao Fortalecimento do Sistema Financeiro Nacional], principalmente quando a gente estiver investindo mais e emprestando dinheiro para o Gerdau [Jorge Gerdau, presidente do Grupo Gerdau] fazer mais uma fábrica em algum lugar deste país. *(6/11/06, São Paulo – SP. Cerimônia de premiação das Empresas mais Admiradas no Brasil)*

**... estrangeiros davam palpites contra o Brasil:** De vez em quando eu brinco: quantos palpites os bancos deram sobre nós. Parecia que eles sabiam tudo. Eu cansei de viajar o mundo, e ia com jovens de 28, 29, 30 anos, todos especialistas em finanças internacionais, dando palpite sobre o Brasil, sobre a Bolívia, sobre a Argentina. Eles nem conheciam o Brasil, a Bolívia e nem a Argentina, e ficavam querendo dizer como a gente tinha que fazer as coisas. Agora, quase todos eles tomaram uma bordoada com a crise imobiliária americana. Passaram tanto tempo dando palpite sobre os países pobres, que não cuidaram de si próprios. *(20/3/08, Foz do Iguaçu – PR. Entrega dos contratos de cessão de uso de águas públicas para aquicultura, assinatura do termo de cooperação entre a Petrobras e os estados de Mato Grosso do Sul e do Paraná para a construção do alcoolduto Campo Grande)*

## Bandido(s)

**[ver: Bolsa Família; cadeia; corrupção; corrupto; criança; droga; Educação; educador; família; jovem; pobre; pobreza; polícia; policial; violência]**

Se a família tiver pai e mãe que estejam bem e que cuidem bem dos filhos, essa família não vai criar nenhum bandido, nenhum traficante, nenhum viciado em droga. Essa família vai criar um homem honesto, uma mulher honesta. Não é a pobreza que faz as pessoas virarem bandidas, porque eu saí de Pernambuco agarrado no rabo da saia de uma mãe com oito filhos, ficamos comendo o "pão que o diabo amassou" durante muito tempo em Santos e em São Paulo, todos pobres, mas todos honrados e nenhum bandido. Sabe por quê? Porque era uma mãe que sabia cuidar dos seus filhos, mesmo na pobreza. *(28/2/05, Brasília – DF. Abertura do 9.º Congresso Nacional dos Trabalhadores e Trabalhadoras Rurais)*

**... são o produto da falta de investimento em Educação:** Se a gente tivesse investido em Educação e em emprego na década de 80, certamente muitos desses que são bandidos hoje não seriam bandidos, seriam pessoas de bem, trabalhadoras, e estariam vivendo. *(19/5/06, Natal – RN. Visita às obras da Ponte de Todos – Newton Navarro, entre Forte e Redinha)*

**... são o resultado de fracassos da família e do Estado:** É preciso parar com essa história de ficar jogando a responsabilidade um no outro: "A culpa é do governador, a culpa é do prefeito, a culpa é do presidente, a culpa é do povo." Não, a culpa, na verdade, é um pouco de cada um de nós. Não porque nós criamos o bandido, mas porque nós, no tempo certo, não investimos em Educação, no tempo certo não cuidamos do nosso povo, e quando a gente não cuida para que os nossos adolescentes tenham uma boa qualidade de educação, tenham oportunidade de trabalhar, o crime organizado oferece a oportunidade, com base no desespero que toca a cabeça do ser humano. *(14/6/07, Rio de Janeiro – RJ. Entrega de veículos que seriam utilizados na segurança dos Jogos Pan-Americanos 2007)*

**... não são como no passado:** Combater o crime organizado não é combatê-lo como se tentava perseguir o Meneghetti [Gino Amleto Meneghetti (1878-1976), italiano radicado no Brasil em 1913, já com extensa ficha criminal, posteriormente considerado "o maior gatuno da América Latina", preso roubando pela última vez em 1964, aos 76 anos de idade], quando era o bandido mais famoso de São Paulo, quando não se tinha conhecimento de violência. O crime organizado é uma indústria. Ele tem o seu braço político, seu braço empresarial, seu braço no Judiciário, seu braço internacional, seu braço em tudo quanto é lugar. *(27/3/03, São Paulo – SP. Posse do presidente da Associação Comercial de São Paulo)*

**... são mais numerosos:** Mas quero dizer para vocês que toda vez que vejo uma criança, nos dias de hoje, eu me lembro que, quando eu e muitos de vocês éramos crianças, embora fôssemos tão pobres quanto as crianças de hoje, naquele tempo a gente não tinha a violência que temos hoje. A rua era nossa. Ou seja, ir para a rua era quase como conquistar a liberdade. A gente podia jogar bola na rua, bastavam duas pedras e já se fazia o gol; uma bola de meia, e já valia a pena jogar. A gente não tinha medo de trânsito, porque não havia muitos carros. A gente não tinha medo de bandido, porque não havia tanto bandido, gangue. A gente voltava da escola e ia para a rua, para o campo de futebol; e voltava para casa às seis ou sete horas da noite, inteiro, sem ter acontecido nada. *(2/10/03, Brasília – DF. Apresentação do programa Segundo Tempo e seus parceiros)*

**... amedrontam quem deveria combatê-los:** Estamos, inclusive, estudando a possibilidade de construir casas para a Polícia Militar, porque, muitas vezes, morando onde moram, muitos não podem nem chegar em casa com a roupa, com medo de serem assaltados pelo primeiro bandido da esquina. Ou, quem sabe, mandar a mulher lavar a roupa e esconder dentro do quarto para que ninguém saiba que é policial. *(16/3/04, Brasília – DF. Abertura da 7.ª Marcha dos Prefeitos)*

**... são a razão de ser da polícia:** Eu digo sempre: policial só tem valor quando aparece o bandido. *(15/12/05, Brasília – DF. Almoço com oficiais-generais)*

**... podem ser presos usando-se "inteligência":** Para prender um bandido hoje, você não precisa de mil policiais, você pode ter dois e fazer o mesmo trabalho se trabalhar com inteligência. *(21/10/04, Rio de Janeiro – RJ. Posse da diretoria da Federação das Indústrias do Estado do Rio de Janeiro – Firjan)*

**... na ficção, eram representados por atores negros:** Há alguns anos, negro só aparecia na televisão se houvesse um personagem de escravo ou de bandido. *(21/3/03, Brasília – DF. Instalação da Secretaria Especial de Políticas de Promoção da Igualdade Racial)*

**... são tratados de maneira diferente pela imprensa, dependendo da classe social:** Quem sabe não estará longe o dia, Waldir [Pires, ministro da Controladoria-Geral da União], em que o noticiário da imprensa não estará apenas procurando bandidos nas favelas deste país, mas estará mostrando também os bandidos que não parecem bandidos, mas que às vezes roubam e causam tanto mal quanto os bandidos, porque terminam por tirar dinheiro da boca de crianças, terminam por tirar dinheiro das escolas públicas e por desmoralizar as instituições neste país. *(12/5/03, Brasília – DF. Sorteio dos municípios que serão fiscalizados quanto à aplicação de recursos, realizado pela Controladoria-Geral da União – CGU)*

**... custam mais para o Estado do que os gastos sociais:** O que nós gastamos com o Bolsa Família, o que nós gastamos com os programas sociais brasileiros, tudo junto, é mais barato do que o que Estado brasileiro gasta com um preso, por mês, neste país. É mais barato do que a gente gasta para cuidar de determinados tipos de bandido, em que somos obrigados a colocar carro-forte para transportá-los, com dez ou 12 policiais atrás, e helicóptero para cima e para baixo. Se a gente for levar em conta o salário de tudo que está envolvido, vai perceber que daria para atender dez ou 15 famílias por cada preso que está nas delegacias de São Paulo, do Rio de Janeiro, de Pernambuco, e assim por diante. *(2/2/05, Guarulhos – SP. Entrega de cartões do programa Bolsa Família)*

## Banqueiro(s)

[ver: banco; empresário; juros; lucro]

Quem vive por esse Brasil afora percebe que, muitas vezes, um trabalhador recebe o seu salário no dia 5 e, por algum motivo, no dia 6, ele já está tomando dinheiro emprestado. E a coisa mais habitual é o cara falar: "Eu te empresto 50, mas eu quero 100 de volta, daqui a dez dias. Eu te empresto 100, mas quero 200." Ou seja, no fundo, no fundo a agiotagem permeia o comportamento de muita gente neste país e o comportamento dos bancos. *(9/9/03, Brasília – DF. Cerimônia de comemoração da abertura da conta CAIXA Aqui de número 500 mil)*

**... ganham dinheiro, e isso é importante:** Tem gente que fala: "Mas os banqueiros estão ganhando muito dinheiro." Eu acho importante que os banqueiros ganhem dinheiro, porque quando eles perdem o povo paga, como no caso do Proer [Programa de Estímulo à Reestruturação e ao Fortalecimento do Sistema Financeiro Nacional], algum tempo atrás. É importante lembrar disso. Os empresários precisam ganhar dinheiro porque senão eles quebram e não tem emprego para nós. Mas entre esses que ganham dinheiro e nós, é preciso que comece a haver o bom senso da política de justiça social com a distribuição, para que todos se sintam coparticipantes dessa grande nação chamada Brasil. Se não for assim, não vale a pena. *(19/2/08, Vitória – ES. Cerimônia de assinatura da ordem de início das obras de adequação do Contorno de Vitória e das obras de esgotamento sanitário no bairro de Santo Antônio)*

**... valem o mesmo que os pobres, mas só nas eleições:** Todo mundo que faz política sabe que os mais pobres deste país são lembrados apenas em época de eleição, porque em época de eleição o valor do voto deles é igual ao valor de um voto de banqueiro. Mas, depois da eleição, as audiências são feitas com os banqueiros e não com os pobres deste país. *(21/6/07, Belo Horizonte – MG. Cerimônia de inauguração da avenida Antônio Carlos)*

**... são alvo da ira de todos os políticos:** Eu duvido que haja, neste palanque aqui, algum político que já não tenha, em vários momentos, descarregado a sua ira em cima dos bancos brasileiros. Duvido. Deste que lhes fala a muitos que não falaram. *(30/10/03, Lagoa Seca – PB. Ato público comemorativo do programa Um Milhão de Cisternas Rurais)*

**... tinham medo do Lula:** E duvido, também, que tenha havido algum momento em que a maioria dos banqueiros não tenha ficado com medo do Lula ser presidente da República. *(30/10/03, Lagoa Seca – PB. Op. cit.)*

**... ficam felizes, doando centavos:** O programa Fome Zero conseguiu sensibilizar a sociedade. Eu me lembro que vi o Gabriel [Jorge Ferreira], que era presidente da Febraban, da poderosa Federação dos Bancos brasileiros, participando de um agrupamento de empresários que resolveu fazer doação em dinheiro para construir cisternas no Nordeste, na região do semiárido, e pasmem, não só deram o dinheiro, como um belo dia eu fui visitar uma cidade muito pobre no estado da Paraíba, e eis que eu encontro lá o nosso querido e mais outros banqueiros que tinham dado dinheiro, que tinham contribuído. Eu tenho certeza de que naquela noite eles dormiram muito mais felizes, vendo que um centavo que eles tiraram, e que não fazia falta nenhuma, tinha dado a possibilidade de um cidadão ter água para beber, durante pelo menos alguns meses. Por isso é muito melhor a gente ser bom, é muito melhor a gente ser honesto, é muito melhor a gente ser justo. *(16/9/04, Brasília – DF. Cerimônia de entrega do prêmio Gestor Eficiente da Merenda Escolar)*

**... fazem escolhas políticas segundo preconceito de classe:** Eu conheço o tipo de crítica que fazem a você [Hugo Chávez, presidente da Venezuela]. É a mesma crítica que faziam a mim. Os banqueiros ganharam muito dinheiro no Brasil e, certamente, ganham muito dinheiro aqui na Venezuela. Alguns empresários ganham muito dinheiro aqui, como ganharam muito dinheiro lá. Mas, se tiverem que fazer uma opção entre você e um outro que seja mais próximo deles, não tenha dúvida de que o preconceito fará com que eles estejam do lado de lá *(13/11/06, Ciudad Guayana – Venezuela. Inauguração da segunda ponte sobre o rio Orinoco)*

**... são insensíveis à dívida social:** Se a loja vende mais, vai ter mais imposto para pagar. Mas não é isso que nós queremos? Nós queremos que a loja cresça, que o patrão produza mais, que o trabalhador tenha mais emprego, que ganhe mais salário, que os empresários lucrem mais e que o Estado arrecade mais, para poder fazer o pagamento das dívidas sociais de um século que, se o Estado não pagar, nenhum patrão paga. Se o Estado não pagar, nenhum banqueiro paga. É o Governo que tem que cuidar dos pobres. *(13/3/08, São Paulo – SP. Cerimônia de colação de grau da 1.ª turma de formandos da Universidade da Cidadania Zumbi dos Palmares)*

**... não precisam de Governo:** Banqueiro, por exemplo, não precisa do Governo, os grandes empresários não precisam do Governo, muitos setores da classe média não precisam tanto do Governo, precisam da Educação, precisam da Saúde. Agora, tem uma camada da população, que é a maioria, em algumas regiões do Brasil, que se o Governo não ajudar, essas pessoas irão padecer. É esse o meu discurso, ou seja, é cuidar dos mais necessitados para que o Brasil se transforme num país com mais gente participando da classe média e mais gente participando do bolo. *(30/10/06, Brasília – DF. Entrevista concedida ao SBT)*

**... precisam de Governo:** A democracia é exatamente extraordinária por isso, porque embora todo mundo saiba que eu tenho um compromisso social muito forte, que eu tenho origem, que eu sei de onde vim, sei para onde vou quando deixar a Presidência, eu não posso deixar de entender que eu tenho que governar para um grande empresário brasileiro, para um banqueiro e, ao mesmo tempo, para um catador de papel na rua, para um trabalhador de fábrica. Criar uma certa harmonia entre esses mais diferentes segmentos da sociedade é que é a arte de exercer a democracia em sua plenitude. *(29/4/08, Brasília – DF. Entrevista à revista alemã* Der Spiegel*)*

## Base

**[ver: adversário; aliança; Câmara dos Deputados; Congresso; oposição; PMDB; Senado]**

Eu precisava ampliar a minha base de aliança no Congresso Nacional. Eu percebi, rapidamente, a diferença entre "eu acho" e "eu faço". Quando a gente está teorizando, a gente pode achar tudo, quando a gente está governando, a gente tem que fazer, então precisa deixar de "achar". *(21/10/04, Rio de Janeiro – RJ. Abertura do 32.º Congresso Brasileiro de Agências de Viagens)*

**... deve ser sempre homenageada:** Eu não cumprimentei o Renan Calheiros [senador pelo PMDB de Alagoas]. Não cumprimentar o senador que é o líder da base de sustentação é complicado. Quero cumprimentá-lo. Um cumprimento especial para o Renan. *(20/11/03, Maceió – AL. Almoço oferecido pelo governador Ronaldo Lessa)*

**... deve incluir o PMDB para promover a governabilidade:** A aliança política se dá no momento em que as pessoas estabelecem pontos comuns de ação e de trabalho, e nós chegamos a essa aliança política porque compreendeu o PT a necessidade de ter o PMDB como um partido participante da sua base de sustentação e compreendeu o PMDB que, pela sua própria história, não poderia negar, ao novo Governo, a sustentação necessária para que nós pudéssemos, não apenas aprovar as reformas que precisamos aprovar, mas que nós pudéssemos ter tranquilidade na governabilidade do nosso país. *(23/1/04, Brasília – DF. Anúncio da reforma ministerial)*

**... determina a composição ministerial:** A reforma ministerial passa pela força de um partido político que faz parte da base do Governo e que tem que estar no Governo. *(30/11/03, Brasília – DF. Entrevista à TV Bandeirantes, no Palácio da Alvorada)*

**... deve aprovar os projetos do Governo:** Nós temos muitas coisas para votar na Câmara. E eu não tenho dúvida nenhuma de que a base do Governo irá continuar a fazer a maioria para aprovar as coisas que nós precisamos aprovar. *(15/2/05, Georgetown – Guiana. Entrevista a jornalistas brasileiros)*

**... terá a ajuda do Governo; mas quem é de fora também:** Eu vou dizer que nenhum governador sofrerá nenhum veto do Governo Federal por não ser do meu partido ou por não ser da base aliada. Qualquer governador, de qualquer partido político, que tiver um problema e esse problema puder ser resolvido pelo Governo Federal, nós não iremos olhar o time, a escola de samba, a religião e o partido ao qual ele pertença, nós iremos sempre olhar a necessidade que tem o povo daquele estado, daquela cidade, de receber os seus benefícios. *(18/1/07. Assinatura de acordos para moradias no Rio de Janeiro)*

# Benefício(s)

[ver: Bolsa Família; desenvolvimento; favor; pobre; pobreza]

É uma obrigação moral e ética fazer os benefícios chegarem à parte pobre da população brasileira, sobretudo àquela que trabalha. *(28/3/03, Ponta Porã – MS. Ato público "Colheita de Grãos", na Escola do Assentamento Itamarati)*

**... atingem o objetivo quando resultam de investimentos feitos por políticos honestos:** Até porque os investimentos públicos, feitos por pessoas honestas, não são dirigidos para beneficiar os governantes, mas para beneficiar a população da cidade e do estado que venham a receber o benefício. *(18/3/04, Belo Horizonte – MG. Assinatura de convênios)*

**... não isentam quem os recebe de responsabilidade:** O Bolsa Família aumenta os benefícios, mas aumenta também o compromisso e a responsabilidade das famílias atendidas com o seu próprio futuro. *(20/10/03, Brasília – DF. Lançamento do programa Bolsa Família, de transferência de renda)*

**... devem chegar a todas as regiões:** Esta região [amazônica] não pode ser tratada como se fosse uma coisa do outro mundo, intocável, onde as pessoas não têm direito aos benefícios. Em nome do discurso da preservação se deixou de mandar para cá investimentos para o desenvolvimento, e nós achamos que aqui as mulheres e os homens têm direito de trabalhar, como em qualquer outro lugar deste país, têm o direito de receber um salário digno, como em qualquer outro lugar deste país, têm o direito de criar os seus filhos com dignidade, como em qualquer outro lugar deste país. *(28/6/03, Parintins – AM. Inauguração do portal da cidade de Parintins)*

**... devem atingir a toda a população, e a China é um exemplo disso:** Creio que o êxito econômico chinês oferece esse exemplo de como transformar e integrar um país, dinamicamente, num processo de globalização da economia internacional, com benefícios para toda a população. *(30/4/03, Rio de Janeiro – RJ. Abertura do Seminário Brasil-China: Um salto necessário)*

**... chegam mais dificilmente à zona rural:** No campo, mesmo num assentamento, com as pessoas morando muito distantes umas das outras, ficam muito difíceis os outros benefícios que têm que se levar para a casa do trabalhador. A eletrificação rural fica mais cara e mais distante. A educação para as crianças fica muito mais distante, a possibilidade de comercializar o seu produto é muito mais difícil. *(14/5/03, Brasília – DF. Encerramento do Grito da Terra – Brasil 03)*

**... devem chegar mesmo às áreas mais isoladas:** Há cidades inteiras – como eu disse agora há pouco –, regiões inteiras invisíveis no mapa financeiro nacional. Nada menos que 30% das cidades brasileiras, ou seja, 1.674 municípios não possuem sequer uma agência bancária. Vira um gargalo na vida do lugar e da sua gente. O comércio não se amplia e o que já existe definha, porque quando as pessoas vão retirar o dinheiro da aposentadoria, por exemplo, têm que ir para uma cidade vizinha. E aí eles já aproveitam e já gastam o dinheiro deles na cidade vizinha e não na cidade em que eles moram. Mas agora já existe também a alternativa dos correspondentes bancários. São pequenas padarias, mercearias ou lojas lotéricas contratadas pela Caixa que funcionam como uma agência: fazem pagamentos, recebem dinheiro e liberam benefícios sociais do Governo, como o programa Fome Zero. Isso tudo coloca mais recursos no comércio e gira a economia local. *(9/9/03, Brasília – DF. Comemoração da abertura da conta CAIXA Aqui de número 500 mil)*

**... produzem resultado com o tempo:** Na hora em que o dinheiro sai do cofre do Governo e começa a se espalhar em benefícios para a sociedade, as coisas aparecem, e aparecem de forma muito forte. *(14/6/07, Angra dos Reis – RJ. Cerimônia de batismo da Plataforma P-52)*

**... produzem resultado na forma de votos:** Mesmo nos momentos de crise mais profunda, mesmo nos momentos em que as pesquisas mostravam a gente numa situação delicada, eu tinha a mais pura convicção de que as sementes que nós tínhamos plantado algum dia iriam brotar e que as pessoas iriam perceber, porque não era possível que a quantidade de coisas que foram criadas neste país não aparecesse no processo eleitoral. E eu tinha mais convicção ainda, embora em muitos momentos não tivesse sido divulgadas corretamente as coisas boas que a gente fazia, às vezes até tripudiadas, eu sabia que era quase que irreversível, porque se o benefício estava chegando à pessoa não adiantava ninguém mentir, porque a própria pessoa que era beneficiária estava recebendo. *(12/6/07, Guarulhos – SP. Abertura do VII Congresso Nacional dos Metalúrgicos da Central Única dos Trabalhadores – CUT)*

## Biocombustível

[ver: agricultura; alimento; petróleo]

Todos sabemos que os biocombustíveis poluem menos e, por serem provenientes de fontes renováveis, não geram os danos ambientais decorrentes das atividades extrativistas. Caso não tivéssemos uma legislação consistente e uma política ambiental estruturada e eficiente, poderíamos estar correndo o risco de transformar nossa aposta nos biocombustíveis em um incentivo para a expansão irresponsável e desordenada da agricultura sobre nossas áreas nativas. Felizmente, não é isso que ocorre. *(30/8/06, Brasília – DF. I Encontro Nacional sobre Biocombustível)*

**... é uma paixão do Governo Lula:** Posso dizer para vocês que a paixão pelos biocombustíveis é de tal magnitude dentro do Governo, que teria bem uns dez ministros preparados para vir aqui e passar horas e horas debatendo com vocês. Esse, na verdade, não é mais um biocombustível, é uma paixão governamental, empresarial, da agricultura e, sobretudo, do povo trabalhador deste país, porque o programa, além da magnitude do biocombustível, tem a magnitude da biocidadania e de tantas outras bios que a gente vai criando pelo Brasil afora. *(30/8/06, Brasília – DF. Op. cit.)*

**... desempenha um papel social:** Quanto ao aspecto social dos biocombustíveis, é importante sempre lembrarmos que mais de 200 mil agricultores familiares estão integrados, com possibilidade de trabalharem em função dos leilões que fizemos para produzir, já em 2007, o que estava previsto produzir apenas em 2008, que são 840 milhões de litros de biocombustíveis. E esses números, graças aos compromissos assumidos pelas empresas que participaram dos leilões e ofertas futuras, poderão chegar, até o final do próximo ano, a 250 mil trabalhadores já envolvidos no biodiesel. Estou falando de pessoas simples, assentados da reforma agrária ou pequenos sitiantes, que pela primeira vez na vida participam diretamente do nosso processo de desenvolvimento. *(30/8/06, Brasília – DF. Op. cit.)*

**... tem importância estratégica:** Quando nós estamos discutindo, aqui, na sede nacional das indústrias brasileiras, sobre biocombustíveis, eu fico imaginando que a gente está discutindo a soberania nacional, a gente está discutindo a definição do Brasil que nós queremos para o século XXI, nós estamos discutindo qual o papel que o Brasil vai ter neste mundo globalizado. *(30/8/06, Brasília – DF. Op. cit.)*

**... transformará países pobres em ricos:** Não vai demorar 20 anos para que os biocombustíveis sejam uma nova revolução na matriz energética do planeta e motivo para que os países que foram pobres no século XX se transformem em países prósperos no século XXI. *(23/5/07, Brasília – DF. Entrega do prêmio Parceiros do Desenvolvimento às empresas que contribuíram para o desenvolvimento do país em 2006)*

**... fará o mundo se curvar:** Eu estou convencido de que será inexorável: o mundo vai se curvar à questão do biodiesel. É apenas uma questão de tempo e vai depender da gente ficar batendo, não aceitarmos o argumento de que os biocombustíveis vão ocupar a área de alimentos, não aceitarmos o argumento de que os biocombustíveis vão ocupar a Amazônia, não aceitarmos nenhum argumento que não seja o argumento de que nós patenteamos um combustível que eles não patentearam e, portanto, nós queremos colocar esse biocombustível no mercado internacional, para que eles cumpram aquilo que foi assinado no Protocolo de Quioto. *(28/6/07, Brasília – DF. Lançamento do Plano Agrícola e Pecuário)*

**... despoluirá o planeta Terra:** Quero dizer ao presidente Durão Barroso [presidente da União Europeia] que foi extremamente positiva essa discussão sobre biocombustíveis. Essa é uma discussão extremamente necessária, que tem que ser feita com muita responsabilidade para que possamos, daqui a algum tempo, dar uma resposta ao mundo de como vamos fazer para despoluir o planeta Terra. *(5/7/07, Bruxelas – Bélgica. Entrevista à imprensa após assinatura de atos)*

**... provoca resistência contra o Brasil, que é imbatível no setor:** É importante lembrar que quando um país é insignificante, do ponto de vista da sua balança comercial, que não coloque em risco nenhuma grande economia, ninguém se incomoda. Mas quando um país passa a ser competitivo com as grandes potências do mundo, em vários produtos, começa a ser vítima de ataques. É o que está acontecendo agora na área dos biocombustíveis. Todo mundo sabe que o Brasil será invencível nessa disputa, porque temos terras, temos água, temos conhecimento, temos tecnologia e porque temos 30 anos de acúmulo de conhecimento. Portanto, nós somos imbatíveis. *(20/3/08, Foz do Iguaçu – PR. Entrega dos contratos de cessão de uso de águas públicas para aquicultura, assinatura do termo de cooperação entre a Petrobras e os estados de Mato Grosso do Sul e do Paraná para a construção do alcoolduto Campo Grande)*

**... sofre ataques injustos:** As pessoas começaram, então, a dizer que o problema da crise do alimento se deve ao fato de que o Brasil produz muita cana e está produzindo o biodiesel, e que, portanto, nós somos o "patinho feio" da história. O que é engraçado é que essas pessoas que estão criticando os biocombustíveis, e que estão preocupadas com o preço do alimento, nunca fizeram uma crítica ao preço do petróleo, que salta de 30 para 120 dólares. Nunca fizeram uma crítica! Nunca reconheceram publicamente o quanto implica, no custo do alimento, o aumento do preço do petróleo; quanto implica na produção de fertilizantes o aumento do petróleo e o aumento do gás. E tentam, com uma transferência muito simplista, fazer um debate com o qual nós não deveremos nos preocupar, porque esse debate nós ganhamos. Ganhamos economicamente, ganhamos tecnologicamente, e vamos ganhar politicamente. *(23/4/08, Brasília – DF. Comemoração do 35.º aniversário da Empresa Brasileira de Pesquisa Agropecuária – Embrapa)*

**... é um erro, quando é feito de milho, como nos Estados Unidos:** Na verdade, na política de biocombustíveis só tem um equívoco, que é a decisão americana de produzir álcool do milho. *(19/4/08, Acra – Gana. Assinatura de atos)*

**... não vai repetir os erros do ProÁlcool:** A introdução do biodiesel e dos biocombustíveis no Brasil como política energética passa por não permitir que nós cometamos os erros que cometemos em 1975, no caso do ProÁlcool. Nós vamos construir a coisa certa, cumprindo a nossa função de uma nova matriz energética, cumprindo a nossa função de gerar crescimento econômico para este país, cumprindo a nossa função de gerar riquezas, gerar renda e gerar justiça social. *(30/8/06, Brasília – DF. Op. cit.)*

**... é resultado de um consenso nacional:** Grande parte do sucesso do Programa Nacional do Biodiesel se deu, justamente, pelo fato de ele ter sido elaborado com a participação de empresários, de trabalhadores, de pesquisadores e cientistas. Mesmo se considerarmos apenas o Governo Federal, o fato de 12 ministérios participarem do programa mostra a nossa determinação em tratar o biodiesel com o maior número possível de pontos de vista. *(30/8/06, Brasília – DF. Op. cit.)*

## Bolsa Família

**[ver: banco; bandido; benefício; favor; fome; pobre; pobreza]**

O Bolsa Família é uma grande evolução dos programas sociais no Brasil. Nós fizemos convergir vários programas de apoio individual – Bolsa Escola, Vale-Gás, Bolsa Alimentação e o Cartão Alimentação – para um só programa que se dirige a todo o núcleo familiar. O próprio nome deixa claro o objetivo do programa: dar proteção integral a toda a família e não apenas a alguns de seus membros. *(20/10/03, Brasília – DF. Lançamento do programa Bolsa Família, de transferência de renda)*

**... faz parte de um amplo programa de combate à miséria:** O Bolsa Família é um programa que está dentro do programa Fome Zero, a reforma agrária está dentro do programa Fome Zero, o seguro agrícola está dentro do programa Fome Zero, a demarcação das terras indígenas, das terras dos quilombolas, está dentro do programa Fome Zero. Tudo isso está pensado num programa para combater a miséria no Brasil, para combater a fome. E isso está acontecendo e eu estou satisfeito. Sei que ainda falta muito para fazer, mas estou convencido de que vamos fazer. Se não tudo, vamos fazer mais do que historicamente foi feito no nosso Brasil. *(1/11/04, Rádio Nacional. Programa de rádio* Café com o Presidente*)*

**... requer contrapartida de quem recebe:** O programa Bolsa Família é o maior programa de transferência de renda que nós temos no mundo, com condicionalidades. O que é a condicionalidade? A mulher pobre, que recebe o Bolsa Família, está condicionada a colocar seus filhos com menos de 14 anos na escola. Ela está obrigada a levar as crianças para tomar vacina. E se ela for uma mulher que esteja grávida, ela é obrigada a fazer todos os exames que as mulheres têm que fazer. Essa é uma coisa extraordinária. *(24/11/05, Brasília – DF. Entrevista a emissoras de rádio de São Paulo e do Rio de Janeiro)*

**... não é esmola:** Tem gente que fala assim para mim: "Presidente, por que gastar 7 bilhões com o Bolsa Família? Isso é dar esmola. O povo precisa é de emprego." O objetivo do Bolsa Família é exatamente esse. É encher a barriga das pessoas até que surja a oportunidade de emprego, porque se não tivesse o Bolsa Família, muitos morreriam antes de poder ter acesso a um posto de trabalho, a uma oportunidade de trabalhar. *(17/8/05, Vitória da Conquista – BA. Inauguração da eletrificação do Assentamento Amaralina e comemoração ao atendimento de 1 milhão e 300 mil pessoas pelo programa Luz para Todos)*

**... não desperta orgulho em quem recebe:** Porque ninguém recebe o Bolsa Família ou o projeto Fome Zero com orgulho, recebe porque necessita. Orgulho mesmo a gente tem é de receber o salário no final do mês, como resultado do nosso trabalho. Esse é o orgulho que nós temos, não tem nada mais sagrado do que a gente levar para casa a comida ganha às custas do nosso suor. Mas, enquanto isso não é possível, o programa Fome Zero, e dentro do programa Fome Zero o programa Bolsa Família, atenderá, em dezembro, 8 milhões e 700 mil famílias. São 8 milhões e 700 mil famílias que vão totalizar quase trinta e poucos milhões de brasileiros que vão poder tomar um cafezinho de manhã, comer um feijãozinho com arroz no almoço e na janta. *(26/8/05, Quixadá – CE. Lançamento do Programa do Desenvolvimento Regional Sustentável do Banco do Brasil e inauguração do Centro de Comercialização da Agricultura Familiar de Quixadá)*

**... não deixa acomodado quem recebe:** Recentemente, uma pesquisa da UFMG [Universidade Federal de Minas Gerais] comprovou que os beneficiários do Bolsa Família trabalham mais do que os não beneficiários. Pelos números do estudo, divulgado em maio, a taxa de ocupação dos adultos na extrema pobreza incluídos no programa é 3,1 pontos percentuais maior do que os não beneficiários na mesma situação de renda. Entre as mulheres, a diferença sobe ainda mais e vai a 3,5 pontos. Isso derruba a tese dos que dizem que o Bolsa Família é um assistencialismo que "acomoda" o beneficiário. As pessoas não ficam "mal-acostumadas", não, pelo contrário. O acesso às necessidades básicas aumenta a autoestima e elas vão querendo ter outras conquistas na vida. *(30/12/07, sem local. Entrevista por escrito para o jornal* Folha de Londrina*)*

**... sofre críticas de quem quer que todo dinheiro vá só para ricos:** Ainda tem muita gente no Brasil que se incomoda quando a gente faz política para pobre, tem muita gente, porque eles gostariam que os sete bilhões de reais que a gente está dando para o Bolsa Família não viessem para os pobres, mas que fossem para os ricos, como sempre foi neste país. Eles gostariam que os nove bilhões que nós estamos dando para a agricultura familiar não fossem para a agricultura familiar, fossem para outro tipo de investimento. E nós temos clareza de que o papel do Governo é atender o conjunto da sociedade. Mas temos clareza que, dentro desse conjunto da sociedade, tem as pessoas mais necessitadas. E é como uma mãe faz com os seus filhos. Quando uma mãe tem dez filhos, ela pode ter dez filhos, ela vai cuidar daquele que tiver mais fraquinho, daquele que tiver mais frágil. *(4/6/05, Santo André – SP. Entrega de cartões do programa Bolsa Família)*

**... se destina às pessoas que passam fome:** Eu sei que tem gente que fala: "Não, mas esse presidente está com essa política do programa Fome Zero, do Bolsa Família, isso é proselitismo, isso é esmola." Eu sei que tem gente que fala assim. Lógico, o cidadão que toma café de manhã, almoça e janta todo santo dia, para ele Bolsa Família não significa nada, ele não precisa. E ainda mais se ele puder fazer uma crítica a mim tomando uma Coca-Cola em um bar, um uísque ou uma cerveja. Agora, tem pessoas que, se a gente não der essa ajuda, não conseguem comer as calorias e as proteínas necessárias à vida humana. E se for uma criança de antes de seis anos de idade, nós sabemos que essa criança poderá ter o seu cérebro atrofiado e nunca mais recuperar. *(23/8/05, Cuiabá – MT. Inauguração da Linha de Transmissão de Energia Elétrica Coxipó/Cuiabá/Rondonópolis)*

**... não se destina apenas a quem passa fome:** E muita gente pensa que são só os miseráveis que precisam disso. Às vezes não. Às vezes você tem companheiro que era trabalhador, que estava dentro de uma fábrica trabalhando, que foi mandado embora, que está há mais de um ano desempregado, e esse companheiro adquiriu a sua condição de precisar de uma ajuda dessa para poder sobreviver. *(4/6/05, Santo André – SP. Op. cit.)*

**... deve contribuir para comprar de tudo, e não apenas matar a fome:** No Brasil, tem uma coisa que eu queria que vocês compreendessem bem: tudo o que a gente faz para o pobre é gasto; tudo o que a gente faz para os setores mais ricos – que precisamos fazer também – é investimento, o que é uma distorção conceitual muito séria. Quando nós damos uma Bolsa Família de 75 ou 80 reais para uma mulher pobre, ela se transforma numa consumidora em potencial de alimentos, de roupas, de coisas de primeira necessidade, que é um sonho que nós tínhamos, de criar um mercado de massa, que os pobres pudessem adentrar... E não faz muito tempo... Há 20 anos, eu, que era um trabalhador qualificado, para comprar Danoninho para os meus filhos, eu comprava medido, por semana, só podia tomar um, se tomasse dois era castigado, só faltava colocar cadeado na geladeira. E eu era considerado classe média operária. Se tivesse trabalhado na fábrica de alguns aqui, quem sabe eu tivesse ganho um pouco mais, mas eu estava na Villares, então, não estava ganhando tão bem. Mas hoje uma pessoa de um meio de comunicação importante no Brasil ficou indignada porque uma mulher do Bolsa Família comprou uma geladeira. Obviamente que ela não comprou com o dinheiro do Bolsa Família, mas o dinheiro do Bolsa Família pode ter ajudado a pagar a prestação. Isso porque não fizemos o nosso programa de renovação de geladeira que vamos fazer, se Deus quiser. A imprensa foi lá e entrevistou essa moça. Ela falou: "Não só eu comprei a geladeira, como estou de sandália nova porque eu pude comprar, eu compro sandália para os meus filhos." Antes do Bolsa Família, tinha mulher que comprava um lápis e partia ao meio para dar para dois filhos ou para dar para dois netos. Hoje, ela se dá o prazer de comprar uma caixa de lápis para cada um. Isso não é investimento? Isso não é distribuição de renda? Isso não é investimento sadio? Então, no Brasil nós ainda temos que mudar determinados conceitos que foram criados ao longo do tempo. *(12/3/08, Brasília – DF. Mesa de negócios do Economist Newspaper Group)*

**... não é solução definitiva:** Não é o Bolsa Família que vai resolver o problema do povo brasileiro. O que vai resolver o problema brasileiro são as mudanças estruturais que queremos que aconteçam no Brasil. A economia tem que voltar a crescer, tem que gerar empregos, porque é através do emprego que a pessoa conquista a sua cidadania plena, sustentando a si e a sua família, sem precisar de favor do Governo Federal, do Governo Estadual ou do Governo Municipal. *(26/2/04, Belém – PA. Inauguração do projeto de urbanização da bacia do Tucunduba)*

**... não deve durar para sempre:** Eu sonho que, um dia, a gente não precise do Bolsa Família. Eu sonho que, um dia, a gente tenha uma situação de desenvolvimento e crescimento econômico tão grande, que a gente tenha todo mundo trabalhando e que a gente não precise garantir uma ajuda de Bolsa Família para as pessoas. *(4/6/05, Santo André – SP. Op. cit.)*

**... como diria Mao, é apenas o primeiro passo:** Para alguns, 75 reais são gastos em meia hora de uma boa noitada, num bom bar de Belo Horizonte. Para outros, 75 reais significam a possibilidade de garantir que as crianças possam comer 30 dias por mês, tomar um café minimamente decente ou comer um feijão com arroz. Essa é a razão pela qual nós vamos atingir todas as pessoas que são mais pobres no nosso país. Deus queira que ainda no meu Governo, ou Deus queira que daqui a alguns anos, qualquer outro presidente da República não tenha que ter essa política, porque as pessoas vão estar trabalhando e vivendo condignamente. É esse o nosso desejo, é esse o nosso compromisso e é essa a nossa busca incessante. E o Bolsa Família é o primeiro passo. E como toda grande caminhada – como dizia Mao Tsé-Tung [marxista, líder do movimento comunista que fundou a República Popular da China, em 1949] – começa pelo primeiro passo, nós estamos dando o primeiro passo, depois vamos dar o segundo, depois vamos dar o terceiro. Até que, um dia, a gente tenha atravessado toda a caminhada que queremos atravessar. *(18/3/04, Belo Horizonte – MG. Cerimônia oficial de entrega do cartão Bolsa Família)*

**... é devolvido pelos pobres assim que eles viabilizam, graças a ele, o próprio sustento:** Aí vêm as mulheres na televisão, 200 mulheres, não foi uma, me fizeram um abaixo-assinado e mandaram me entregar aqui. Eu vejo uma mulher na televisão dizendo o seguinte: "Olha, eu peguei", eu não sei se ela pegou 75 reais, "comprei pintinhos na feira", franguinhos. Para não falar só pintinho, galinhazinha, franguinha, qualquer coisa. Mas ela comprou lá. Depois ela recebeu no segundo mês, comprou mais uma porção. Aí ela se transformou em uma criadora de galinha caipira, e está vendendo ovo caipira na feira. Sabe qual foi a atitude desta mulher? Pegar o seu cartão do Bolsa Família e devolver, dizendo "eu já ganhei a minha cidadania, eu já aprendi a sobreviver. Eu não preciso mais". E não foi uma, viu Wilma [Maia, governadora do Rio Grande do Norte], foram 200 mulheres que me devolveram o cartão. Queira Deus que apareça mais gente, porque o Bolsa Família não é a solução definitiva dos problemas do pobre, mas é aquela cadeira de descanso na qual ele senta para ser atendido depois, no médico, porque quem fica em pé, esperando o médico, sofre muito mais. Então, esse primeiro socorro tem dado uma demonstração extraordinária ao Brasil e eu acho que isso nós vamos construindo, eu sei que alguns querem mais pressa, outros querem menos, eu sou daqueles que o passo tem que ser dado do tamanho da perna. *(7/12/05, Brasília – DF. Posse da nova Executiva Nacional do PSB)*

**... beneficia toda a sociedade, inclusive a classe média:** Muita gente fala: "Ah! Mas poderia estar atendendo à classe média..." O programa Bolsa Família é para atender à classe média. O resultado final é atender aqueles que pagam impostos no Brasil, porque quanto mais crianças comerem, menos crianças teremos na rua; quanto mais adolescentes estiverem na escola, menos adolescentes teremos na rua ou na criminalidade; quanto mais crianças estiverem comendo na escola, menos pessoas nós vamos ter cometendo delitos e pequenos delitos, tornando-se marginais. Então, no fundo, no fundo, o ganhador de tudo isso não é a própria pessoa que recebe, é a sociedade brasileira que vai ganhar. *(20/10/05, Brasília – DF. Abertura do Seminário Internacional Bolsa Família)*

**... é distribuída pelo Estado brasileiro, não pelo político "A" ou "B", ou mesmo por Lula:** A fiscalização que o companheiro Patrus [Ananias] propôs ao programa Bolsa Família é o que eu chamo da boa e saudável fiscalização. Primeiro, porque ninguém que recebe o Bolsa Família, ninguém, sabe quem é que está envolvido no Bolsa Família, se tem um deputado "A", deputado "B". As pessoas recebem um cartão e sabem que aquela é uma transferência de renda feita pelo Estado brasileiro. Portanto, ela não deve favor ao presidente da República, ao ministro. Ela sabe que é o Estado brasileiro que está tentando fazer pequenos reparos nos grandes malefícios que, ao longo da História, o Estado brasileiro construiu para prejudicar as pessoas mais pobres. Porque, afinal de contas, pobre não tem acesso a dinheiro público. É muito difícil. *(20/1/05, Brasília – DF. Apresentação da Rede Pública de Fiscalização do programa Bolsa Família)*

**... é vítima de fraude, num número aceitável:** O que nós temos é apenas que ter a consciência e a certeza de que estamos fazendo o melhor que podemos e que temos toda a sensibilidade para, na medida que descubramos erros, entendermos que são erros, e corrigirmos a trajetória. De vez em quando as pessoas falam: "Ah, mas o cadastro do Bolsa Família não faz isso, não faz aquilo." Ora, se até um supermercado importante como o Pão de Açúcar trabalha com a possibilidade de 1% de roubo, imaginem num programa que tem 5 milhões de cartões, você pode ter desvio, sim.

Você pode ter. *(26/10/04, Brasília – DF. 5.ª reunião do Consea – Gestão 2004/2005)*

**... tinha falhas no cadastramento, já resolvidas:** É importante que a gente saiba em que degrau a gente estava e em que degrau a gente está. A gente não está numa escada rolante, rolando ao contrário. Estamos subindo porque fizemos a coisa certa, o grande problema do Bolsa Família não era apenas dar o dinheiro, o grande problema era que nós não tínhamos um cadastro sério, nós não tínhamos um cadastro que merecesse respeitabilidade. E nós sabemos que, no meio de tanta gente honesta neste país, sempre tem um picareta que quer cadastrar uma pessoa que não tem direito, que quer cadastrar uma pessoa que não tem nem dimensão de chegar perto do Bolsa Família. Nós tivemos que enfrentar isso e, pela primeira vez, eu digo isso sem medo de errar, nós temos um cadastro que merece respeito. De vez em quando o Patrus [Ananias] e a equipe dele ainda se deparam com denúncias de pessoas cadastradas que não têm o direito de se cadastrar. E não é ele quem cadastra, quem faz o cadastro é o prefeito da cidade, vigiado pela comunidade onde ela está organizada. Mas é preciso que a gente esteja vigilante sempre, porque sempre haverá alguém disposto a achar que é mais esperto do que os outros para tentar enganar. *(3/7/07, Fortaleza – CE. Abertura da III Conferência Nacional de Segurança Alimentar e Nutricional)*

**... atingiu suas metas em tempo recorde:** Hoje estou duplamente feliz. Não sei se vocês têm acompanhado, tem momentos muito importantes. Hoje, por exemplo, eu fui a Contagem, hoje nós conseguimos atingir a meta que eu disse, em janeiro de 2003, no meu discurso de posse. Hoje nós completamos 11 milhões e 100 famílias recebendo o Bolsa Família. É um recorde de tempo extraordinário. *(28/6/06, Ouro Branco – MG. Anúncio de investimentos da Gerdau Açominas)*

**... já mostra resultados:** O Bolsa Família é uma questão que vai continuar existindo até que a gente consiga diminuir a pobreza neste país. Eu fico muito feliz quando percebo que, por conta do Bolsa Família e por conta do salário mínimo, a gente teve, em pouco tempo, uma redução de 19,3% das pessoas pobres no Brasil. É um alento e que precisa ser trabalhado com muito mais cuidado, com muito mais carinho, e nós vamos continuar trabalhando, porque nós precisamos exterminar a miséria neste país. *(30/10/06, Brasília – DF. Entrevista à TV Globo)*

## Brasil

[ver: África]

Eu digo sempre que o Brasil é um país abençoado, porque Deus nos deu a vantagem comparativa, esse solo extraordinário, com uma extensão territorial fantástica, sem as intempéries que acontecem na maioria de outros países. Nós não temos vulcão, não temos maremoto, não temos vendaval, como tem em outros países, não temos neve, como tem em outros países, ou seja, nós temos todas as condições que a natureza nos deu como vantagem comparativa. O que era preciso, na verdade, era a gente fazer a nossa parte. Deus fez a parte dele, os portugueses fizeram a parte deles quando demarcaram tão bem o nosso país, e durante muitos anos ficamos esperando que nós fizéssemos a nossa parte, que o Banco do Brasil fizesse a sua parte, que o ministro da Fazenda fizesse a sua parte, que a Câmara dos Deputados fizesse a sua parte, que o ministro da Agricultura fizesse a sua parte, que os empresários fizessem a sua parte, e isso, graças a Deus, está sendo feito. *(18/6/04, Brasília – DF. Lançamento do Plano Agrícola e Pecuário 2004/2005)*

**... é um país que ninguém segura:** Não poderia ter coisa melhor do que um presidente da República saber que uma escola de samba e o carnaval não podem ser tratados de forma pejorativa, como quando a gente encontra às vezes, pelo mundo afora, alguém dizendo: "O Brasil é um país que só tem carnaval, que só sabe jogar bola e que só tem crianças de rua." É verdade, nós temos carnaval, temos futebol, temos criança de rua. Mas este país conquistou o direito de andar de cabeça erguida no mundo e competir, do ponto de vista da tecnologia, com qualquer país do mundo. Quando uma escola de samba, que é o retrato fiel da imagem mais pura do povo brasileiro – normalmente saída dos bairros mais pobres dos estados brasileiros – adota para si a responsabilidade de colocar um tema da magnitude política que é esse, das Metas do Milênio, como samba-enredo, eu sou obrigado a olhar para vocês e dizer: eu acho que ninguém segura este país. Ninguém segura um país em que, enquanto no mundo inteiro e em muitos lugares do Brasil os nossos velhos são tratados como se fossem cidadãos de terceira categoria, a Portela abre espaço para os jovens de caras enrugadas, para os portelenses da Velha Guarda continuarem sendo artistas mostrando a capacidade que têm, porque a arte não tem idade, não tem cor, não tem religião, está dentro de cada um. *(5/11/04, Rio de Janeiro – RJ. Lançamento da proposta de Implementação dos Objetivos do Milênio nas comunidades de Madureira, Oswaldo Cruz e bairros adjacentes)*

**... é o celeiro do mundo:** O Brasil é o líder mundial na comercialização externa de diversos produtos agropecuários, café, suco de laranja, açúcar, soja, carne e aves e, quem sabe, se ganharmos a briga do algodão, poderemos logo, logo também ser o primeiro colocado na venda de algodão; e se tudo acontecer como estamos pensando, quem sabe, logo, também estaremos exportando etanol para este mundo todo ficar menos poluído do que é hoje. *(18/6/04, Brasília – DF. Lançamento do Plano Agrícola e Pecuário 2004/2005)*

**... é pacífico:** O Brasil é um país de paz. No Brasil, nós primamos e damos prioridade à política de paz. *(25/9/07, Nova York – EUA. Entrevista ao programa de televisão* Charlie Rose*)*

**... avacalha tudo:** Graças a Deus, o sistema financeiro não está envolvido no *subprime*. Lá eles falam *subprime*, se fosse aqui no Brasil era caloteiro, aqui no Brasil nós avacalhamos tudo logo. Então, nós estamos de olho para que o Brasil e os países que estão crescendo na América Latina não sejam vítimas da crise americana. *(27/3/08, Recife – PE. Inauguração de agências do Banco Azteca)*

**... é uma mistura de gente otimista:** O Brasil é a segunda população negra do mundo. Só perdemos para a Nigéria, e são poucos os países árabes que têm a quantidade de árabes e descendentes de árabes que moram neste país, que aqui convivem em paz, participam da política, comungam suas religiões sem serem importunados pelo nosso Governo e pelo nosso povo, mas respeitados no exercício das suas atividades. Essa gente ajudou a construir este país, essa gente dá uma demonstração da convivência pacífica com o povo judeu, essa gente, portanto, tem muito a nos ensinar, e o que vocês viram aqui, nas ruas de Brasília, é o que vocês verão em qualquer cidade brasileira, em qualquer estado deste país.

Verão gente pobre, verão gente que mora em favelas, verão gente que protesta contra o Governo, verão gente das mais diferentes cores, dos mais diferentes credos religiosos, mas uma coisa vocês encontrarão: seres humanos que têm um otimismo extraordinário, que têm uma vontade de estabelecer relação com o mundo como poucos e que acreditam, firmemente, de que somente com paz e democracia nós poderemos construir o mundo que queremos, até porque o mundo que nós queremos precisa de desenvolvimento. *(11/5/05, Brasília – DF. Encerramento da Cúpula América do Sul-Países Árabes)*

**... é o resultado da mistura entre negros, brancos e índios:** Hoje o Brasil é uma nação, eu diria, que tem um povo que é o resultado dessa miscigenação entre europeus, índios e negros, e que permitiu que nós saíssemos do jeito que somos: com samba, com carnaval, com futebol e com muita vontade de vencer na vida. *(4/7/07, Lisboa – Portugal. Entrevista coletiva após a sessão plenária da Cimeira União Europeia-Brasil)*

**... não tem heróis:** Não sei se vocês perceberam que no Brasil nós não temos heróis, não sei se vocês perceberam que o Brasil é um país em que nós não cultuamos heróis.

Em qualquer lugar do mundo que eu vou, eu tenho que levar flores ao túmulo do herói nacional. No Brasil não tem, Ciro Gomes [ministro da Integração Nacional]. No Brasil, quando a gente fala em herói, a gente fala em Ayrton Senna, a gente fala em Pelé, a gente fala nos jogadores que foram campeões do mundo, de vôlei, de basquete, de natação. A gente não tem a figura que todo país do mundo tem, porque em algum momento, neste país, se achou que era possível viver sem referência. E eu acho que nós temos obrigação de contribuir com a construção de um outro momento na vida do nosso país. *(19/7/04, São Paulo – SP. Lançamento da campanha O melhor do Brasil é o brasileiro)*

**... não é apenas o Centro-Sul:** Nós também temos dirigentes neste país que acham que o Brasil é apenas o Centro-Sul do país, que acham que o Brasil é apenas de Brasília para baixo, e não enxergam de Brasília para cima. Não veem que os brasileiros sertanejos, os índios e os quilombolas são tão brasileiros quanto aqueles de olhos azuis que nascem em qualquer outro lugar deste país e, portanto, merecem as mesmas oportunidades, merecem a mesma chance. *(28/3/08, Delmiro Gouveia – AL. Assinatura de protocolos de cooperação federativa e de instalação do Comitê Estadual de Articulação do programa Territórios da Cidadania)*

**... tem de ser pensado no longo prazo:** Eu trabalho com a firme convicção de que uns dos grandes males do Brasil é que o Brasil é pensado, historicamente, de eleição em eleição. E se for pensado apenas de eleição em eleição, com o mandato de quatro anos, o governante fica sempre muito perturbado com a sua própria reeleição ou com o seu sucessor e deixa de construir aquilo que o Brasil precisa que seja construído. Era como se nós fôssemos plantar um pé de fruta com a única intenção de sermos nós mesmos a chupar aquela fruta. Muitas vezes, os pioneiros não conseguem ter acesso àquilo que eles conseguiram plantar. *(14/9/04, Paulínia – SP. Inauguração das Unidades de Coque, Hidrotratamento de Diesel e de Recuperação de Enxofre da Replan)*

**... é fácil de consertar:** Eu confesso uma coisa a vocês, eu tive a impressão, quando cheguei ao Governo, que o Brasil era como uma casa. Vocês já entraram numa casa em que você chega no banheiro e a descarga não está funcionando, a torneira da pia está com um monte de pano enrolado e está pingando, vazando, quando na verdade uma borrachinha para consertar custa, acho, 10, 15 centavos? O Brasil é um pouco isso. *(21/10/04, Rio de Janeiro – RJ. Posse da diretoria da Federação das Indústrias do Estado do Rio de Janeiro – Firjan)*

**... tem leis contraditórias:** O Brasil é um país que tem leis que permitem fazer uma coisa e, na mesma Constituição, tem uma outra lei que proíbe fazer. Ou seja, o mesmo Estado que dá com uma mão é o mesmo Estado que tira com a outra. Então, nós estamos cuidando de tentar desbloquear todos os problemas que nós temos, que criam dificuldades na elaboração das políticas públicas que nós queremos fazer *(21/1/05, Porto Seguro – BA. Visita ao Acampamento Luiz Inácio Lula da Silva)*

**... é presidencialista com Constituição parlamentarista:** O Brasil é um país presidencialista com uma Constituição parlamentarista, em que governadores, prefeitos e presidentes, hoje, têm muito menos poder de decisão do que tinham há 20, 40 anos. Hoje, nós criamos mecanismos que agem muito mais, às vezes até para dificultar as ações do Executivo, e nós achamos que isso é bom porque faz parte da democracia e nós vamos aprendendo a fazer as coisas cada vez mais corretas. *(27/3/08, Recife – PE. Inauguração de agências do Banco Azteca)*

**... não pode dar um cavalo de pau:** O ministro da Fazenda, Antônio Palocci, criou uma frase que eu tenho repetido: "O Brasil é como se fosse um transatlântico e em transatlântico a gente não dá 'cavalo de pau'." *(27/3/03, São Paulo – SP. Posse do presidente da Associação Comercial de São Paulo)*

**... é um país capitalista:** Neste país nós nunca tivemos o crédito que nós temos hoje. Acho que os mais velhos, aqui, todo mundo de barba branca ou sem barba deve se lembrar o quanto era difícil um jovem desses pegar um dinheiro emprestado. Hoje, com o crédito consignado, tanto para aposentado quanto para trabalhador, tirar dinheiro emprestado hoje não é o mais difícil. Eu espero que vocês nunca precisem de dinheiro emprestado, mas, se precisarem, não vão ser achacados como nós éramos pouco tempo atrás neste país, quando a gente tinha que pagar quase um terço do que a gente queria tomar emprestado, antes de receber o dinheiro. E nós estamos fazendo isso porque nós reconhecemos que o Brasil é um país capitalista, país capitalista tem que ter capital, e para ter capital é preciso que o Estado cumpra o seu papel. *(5/4/06, Camaçari – BA. Inauguração da primeira fábrica de pneus da Continental do Brasil Produtos Automotivos)*

**... dá medo à América do Sul:** Os presidentes da América do Sul são muito desconfiados com o Brasil, porque o Brasil é o maior, o Brasil tem mais indústria, o Brasil é o mais rico. As pessoas ficam sempre com medo do maior, sempre com medo de ele engolir os outros, porque tem mais indústria, porque "não vai haver uma relação comercial igualitária, porque o Brasil vai nos sufocar". O mesmo medo que nós temos dos americanos eles têm da gente, essa é a verdade. A primeira coisa a fazer é estabelecer confiança. Todos vocês sabem o que é estabelecer confiança. *(29/5/03, São Bernardo do Campo – SP. Entrega simbólica de 225 toneladas de alimentos para o programa Fome Zero)*

**... é "sacaneado":** O Brasil virou o maior exportador de carne do mundo, o Brasil é um dos maiores exportadores de soja do mundo, o Brasil é o maior exportador de café do mundo, o Brasil é um grande exportador de muitas outras coisas. E eles, agora, inventaram: "Vai faltar alimento no mundo, porque o biocombustível está tomando lugar da produção do alimento." Sacanagem pura, malandragem pura de quem não tem competência para competir com o Brasil. *(6/5/08, Manaus – AM. Inauguração do projeto de urbanização do Igarapé da Cachoeirinha, assinatura de ordens de início das obras da ponte sobre o rio Negro, de ordens de serviço do PAC e do Pacto Federativo do Amazonas.)*

**... deve ser levado a sério:** E na hora em que a gente coloca, aos olhos do mundo, multipossibilidades de oferecermos multicombustíveis ou várias matrizes de energia, o que nós estamos passando para o mundo? Nós estaremos passando para o mundo a certeza de que nós, governantes brasileiros, empresários brasileiros, de que nós, povo brasileiro, estamos levando este país a sério. E quando nós levarmos o país a sério, não há por que os outros não levarem o país a sério. *(30/8/06, Brasília – DF. I Encontro Nacional sobre Biocombustível)*

**... tem de se unir contra os adversários:** Nós estamos ganhando uma parte do mercado mundial. E isso coloca muita gente de orelha em pé contra o Brasil. O que nós temos que fazer? Primeiro, não existe saída individual para nenhum produtor, para nenhum criador de gado ou para nenhum empresário. Se alguém pensa que tem saída individual, pode tirar o cavalo da chuva porque não tem. O que nós precisamos é fazer um pacto de brasilidade, um pacto de... patriótico mesmo, de juntar Governo e empresários em todas as frentes e enfrentar todos os oponentes que nós temos e todos os concorrentes de forma coesa. *(26/4/05, Brasília – DF. Café da manhã com a Abic, por ocasião do lançamento da 1.ª Edição Especial dos Melhores Cafés do Brasil)*

**... é um país rico:** Eu disse ao Kofi Annan [secretário-geral da ONU]: O Brasil, necessariamente, não precisa do dinheiro desse fundo. Esse fundo é para ajudar os países mais pobres do que nós. O Brasil é um país rico, tem condições. Nós precisamos é fazer as coisas a partir do que temos. Mas há países que não têm condições. E eu tenho certeza de que a gente está no caminho certo. Se, durante muito tempo, esse assunto não foi discutido com a seriedade devida, eles agora sabem que em todo lugar em que eu estiver, a questão da fome será colocada, não como um problema nosso, porque estamos resolvendo, mas como um problema da humanidade e, portanto, como uma responsabilidade de todo mundo. *(27/9/03, Havana – Cuba. Encontro com estudantes brasileiros)*

**... é um país pobre:** O Brasil tinha tudo para ser um país rico, mas não é. É um país imenso, de potencial extraordinário. Durante 30 anos foi o país que mais cresceu no mundo, a percentuais extraordinários. Mas, no Brasil, como em outros países em desenvolvimento, a riqueza produzida não foi distribuída, ela ficou nas mãos de poucos. Então, o que sobrou foi um saldo de pobreza que nós vamos ter que resolver em algum momento. *(28/1/05, Davos – Suíça. Sessão especial "Financiando a Guerra Contra a Fome", do Fórum Econômico Mundial)*

**... aprendeu a respeitar a natureza:** O Brasil é um país que aprendeu que é importante crescer respeitando a natureza. *(2/9/07. Entrevista ao jornal* Amazonas em Tempo*)*

**... precisa aprender a respeitar a natureza:** O Brasil é um país que precisa tomar consciência que, hoje, evitar o desmatamento é uma vantagem comparativa na relação internacional do Brasil. Não é uma coisa que um fazendeiro quer fazer e o Governo não quer, ou um fazendeiro quer fazer e a Marina [Silva, ministra do Meio Ambiente] não quer. Isso é muito pequeno. O que precisa ter é o seguinte: o fazendeiro está tomando consciência de que se ele desmatar de forma ilegal, sem autorização, ele estará criando um problema para o Brasil, na sua relação comercial. Porque daqui a pouco começa a surgir na União Europeia: "Não comprem carne do Brasil, que desmatou; não comprem soja do Brasil..." *(2/5/08, Brasília – DF. Entrevista à TV Cultura)*

**... é um país laico:** Eu já disse para o papa [Bento XVI] ontem: o Brasil é um país laico. E a nossa televisão será laica. Ela respeitará tudo e todos. *(11/5/07, Brasília – DF. Encerramento do I Fórum Nacional de TVs Públicas)*

**... é um país católico:** É importante ver o seguinte: o Brasil é o maior país católico do mundo. O fato de Sua Santidade o papa Bento XVI vir ao Brasil, primeiro, é um momento de discutirmos a ação social da Igreja Católica. Ou seja, a Igreja no Brasil tem um compromisso histórico em defesa do povo pobre, do povo oprimido. Eu, durante grande parte da minha vida, militei direta e indiretamente com os movimentos de igreja para que pudéssemos construir um Brasil mais justo. Depois que assumi a Presidência da República, nós temos feito várias políticas públicas que são resultado do aprendizado que eu tive quando militava nos movimentos sociais ligados à Igreja Católica. Nós temos uma relação muito boa, respeitando a autonomia da Igreja e a Igreja respeitando a autonomia do Estado. Temos uma relação de solidariedade, um compromisso com o povo brasileiro. *(7/5/07. Programa de rádio* Café com o Presidente*)*

**... tem baixa autoestima:** Eu acho que o Brasil é um país que, em se tratando dos seus bancos, não deve nada a nenhum país do mundo, só que a gente muitas vezes aceita, com muita facilidade, ser tratado como um país subdesenvolvido, como um país emergente, como um país de menor porte, quando na verdade, para qualquer coisa que você olhar no mundo, o Brasil está entre os oito, os dez, os cinco maiores países do mundo. *(4/8/06, Brasília – DF. Visita à Caixa Econômica Federal)*

**... precisa se vender melhor:** Eu não tinha nenhum fio de barba branca e ouvia dizer que o Brasil é um país extraordinário, o mais lindo do mundo, com um potencial turístico fantástico. Entretanto, o Uruguai, que é um país pequeno, de quatro milhões de habitantes, tem mais turistas que o Brasil. Não adianta o Brasil ter todas as coisas bonitas se nós não mostrarmos ao mundo o que o Brasil tem. O Brasil não é só o carnaval, não é só futebol e não é só criança de rua. O Brasil tem um comércio, um turismo de negócio como poucos países no mundo têm. O Brasil tem turismo ambiental como poucos países têm. O Brasil tem turismo de praia como poucos países do mundo têm. Agora, nós é que temos que mostrar, nós é que temos que viajar ao mundo dizendo: olhem, o Brasil tem isso, tem isso, tem isso. Não podemos ficar esperando que as pessoas adivinhem o que o Brasil tem ou que outro país faça propaganda do turismo brasileiro. Nós é que temos que ter esse interesse. *(20/6/03, Washington D.C. – EUA. Entrevista após reunião de trabalho com o presidente dos Estados Unidos, George Bush)*

**... não é pior que os outros:** É preciso acabar com essa bobagem de tudo no Brasil ser nivelado por baixo. O Brasil é um país grande, é um país que tem competência, é um país que tem um povo extraordinário, e nós precisamos fazer, sempre que possível, o melhor, e não o pior, como se fosse um país sem dono, um país de ninguém. É preciso que a gente coloque a nossa autoestima na ponta da chuteira, no bico do pé, para que a gente possa fazer o que nós temos o direito de fazer. Por que o Brasil tem que ser inferior à Espanha, inferior a Portugal, inferior à Inglaterra, inferior aos Estados Unidos? *(20/8/07. Programa de rádio* Café com o Presidente*)*

**... fala mal de si:** Eu acho que o Brasil é o único país tão *sui generis* que, talvez, seja o único em que os brasileiros viajam para fora e falam mal do Brasil. Você não vê um suíço falar mal da Suíça, você não vê um italiano falar mal da Itália, mas os brasileiros adoram falar. *(14/6/07, Rio de Janeiro – RJ. Ato de apoio à campanha Vote no Cristo. Ele é uma Maravilha)*

**... gosta de torcer contra:** O Brasil é fantasticamente engraçado. Eu não sei se é o Brasil, governador Jarbas [Vasconcelos, governador de Pernambuco], ou se é no mundo inteiro. Aquele que perde uma eleição, ele fica torcendo, torcendo para que quem seja eleito não faça nada, não dê certo, erre o máximo possível, porque é a chance. Mas vocês já foram eleitos, já perderam, já ganharam eleição, é assim no Brasil. Todo mundo fica torcendo pelo fracasso. *(25/11/05, Fortaleza – CE. Assinatura de contratos e convênios para a construção da Transnordestina e do Metrô de Fortaleza e anúncio de empréstimos de microcrédito do BNB)*

**...é autossuficiente em petróleo, mas não tanto:** O Brasil é autossuficiente, mas ainda precisamos importar petróleo, exportamos petróleo pesado, compramos petróleo leve. *(10/11/07, Santiago – Chile. Entrevista após sessão plenária da Conferência dos Chefes de Estado e de Governo Ibero-Americanos)*

**... com Lula, encontrou o seu caminho:** O Brasil, finalmente, encontrou o seu caminho. O Brasil é hoje um país respeitável, o Brasil é hoje um país que tem 190 bilhões de dólares de reservas. O Brasil é hoje um país que exporta mais de 160 bilhões de dólares. O Brasil é hoje um país que tem um programa de investimento chamado PAC [Programa de Aceleração do Crescimento], de 504 bilhões de reais. Dá quase 265 bilhões de dólares. Há muitas décadas isso não acontecia no Brasil. *(28/2/08, Aracaju – SE. Inauguração do Viaduto Jornalista Carvalho Déda e assinatura de ordens de início de obras da revitalização do rio São Francisco e de saneamento e habitação [PAC])*

## Brasília

[ver: Palácios do Planalto e da Alvorada]

Eu sobrevoei de helicóptero, esses dias, do aeroporto de Brasília até o Palácio da Alvorada: eu nunca vi tanta piscina em minha vida. E nesta época está frio, ninguém estava na piscina. Mas o pior é que você tem vários clubes. Você tem Clube do Exército, Clube da Aeronáutica, Clube da Marinha, Clube das Nações, Clube do Banco do Brasil, Clube da Caixa Econômica, Clube do Congresso Nacional, e muitos outros. E a 20 quilômetros daqueles clubes, que ficam fechados de segunda a sexta, vivem milhares de crianças pobres, que nunca viram uma piscina e, quem sabe, morrerão sem ver uma piscina. Por que não aproveitar essa estrutura que está pronta e colocar essas crianças para utilizar essas praças esportivas e dar a elas a oportunidade? Porque se não dermos o crime organizado vai dar, o narcotráfico vai dar e aí ficará muito mais caro tentar recuperar essas crianças. Então, nós não temos que fazer, nós temos que tentar aproveitar o que já está feito. *(27/3/03, São Paulo – SP. Posse do presidente da Associação Comercial de São Paulo)*

**... está longe dos pobres:** Era muito mais fácil a gente ficar dentro de um gabinete olhando para a aristocracia que vai lá fazer pressão para querer dinheiro. Mas duro é a gente dormir toda noite lembrando que neste país tem milhões e milhões de almas, homens e mulheres, que não conhecem Brasília, que não conhecem o gabinete do presidente, que não conhecem o gabinete do governador, que não conhecem o gabinete dos deputados e que, portanto, não têm como fazer pressão. É para esses que nós temos que olhar, são essas mulheres de 50 anos, com a fisionomia enrugada de tomar sol do dia em que nasce ao dia em que morre. São esses trabalhadores, com as mãos calejadas, não de roubar, mas de trabalhar no cabo da enxada, de sol a sol, que nós temos que olhar. *(6/6/06, Missão Velha – CE. Início das obras da nova Transnordestina)*

**... nasceu para unir o Brasil:** O desenvolvimento é uma transformação. É uma prerrogativa do consenso político e da revolução de mentalidades alcançada em cada época. Justamente por isso não é uma fatalidade na vida das nações, mas uma conquista. Uma decorrência da vontade nacional de superar os entraves na construção do presente e do futuro. Os abolicionistas compreenderam isso no século XIX. O Brasil não tinha mais como avançar se ficasse dividido entre a casa-grande e a senzala. Getúlio Vargas [presidente do Brasil entre 1930 e 1945 e entre 1951 e 1954] vislumbrou isso nos anos 30. O Brasil nunca seria uma nação de verdade se continuasse emparedado entre a oligarquia e o cafezal. Celso Furtado [economista brasileiro] e Juscelino [Kubitschek, presidente do Brasil entre 1956 e 1961] descobriram isso nos anos 60. O Brasil não cabia numa industrialização cercada de desequilíbrios regionais e sociais por todos os lados. Foi assim que a liberdade venceu a escravidão. Foi assim que a Petrobras se tornou a oitava companhia petrolífera do mundo. Foi assim que a Sudene [Superintendência do Desenvolvimento do Nordeste] integrou o Nordeste ao Brasil. Foi assim que Brasília, um dia, saltou das pranchetas de Lúcio Costa [arquiteto e urbanista] e Oscar Niemeyer [arquiteto] para redesenhar o planalto central e unir o Norte ao Sul do país. *(10/2/04, São Paulo – SP. Inauguração da Expo Fome Zero 2004)*

**... é uma cidade seca:** Eu hoje estava andando com a Marisa no Alvorada, o Palocci [Antônio Palocci, ministro da Fazenda] não foi, e tem um monte de pé de jabuticaba lá. Eu vou preparar uma para vocês com a jabuticaba, porque eu falo muito dessa fruta. Mas eu estou desde janeiro naquela casa e a gente vai ao pé de jabuticaba e nunca tem nenhuma, está sempre sem flor, porque Brasília é muito seca, e o sol bebe a água antes dela chegar à raiz; todo mundo sabe que jabuticaba precisa de água e sol. Há um mês e pouco nós colocamos lá um gotejamentozinho. Hoje, nós fomos lá e eu acho que daqui a alguns dias eu vou encher vocês de jabuticaba. *(4/9/03, Brasília – DF. Reunião do Conselho de Desenvolvimento Econômico e Social – CDES)*

**... é ainda muito dependente de recursos públicos:** Eu fico feliz quando você [Antônio Rocha, presidente da Federação das Indústrias do Distrito Federal] diz que aumentou o processo de exportação de Brasília e, na medida em que o Brasil exporte valor agregado, a chance de Brasília é enorme. Agora, com o aeroporto funcionando melhor, nós ainda temos que continuar a reforma do aeroporto, eu acho que Brasília tem uma chance de não ficar dependendo do Governo Federal, de tentar procurar os nichos de oportunidades que já têm no parque gráfico de Brasília e em outras coisas, e desenvolver Brasília, porque, como a cidade cresceu muito, não tem a possibilidade de o Governo Federal e o Governo do Distrito Federal serem os únicos sustentáculos da geração de oportunidades para essas pessoas. *(9/10/06, Brasília – DF. Reunião com a diretoria da Federação das Indústrias do Distrito Federal – Fibra)*

**... é uma cidade bonita:** Os professores e as professoras que vieram de fora para visitar Brasília, aproveitem porque Brasília é uma cidade bonita. *(15/10/03, Brasília – DF. Recepção a docentes representantes dos estados pelo Dia do Professor)*

**... é flamenguista:** Lamentavelmente, aqui, em Brasília, só passa jogo do Flamengo, não passa do Corinthians. *(15/5/03, Brasília – DF. Sanção da Lei de Modernização do Futebol e do Estatuto de Defesa do Torcedor)*

## Bravata

[ver: oposição; qualidade]

Quando a gente é de oposição, pode fazer bravata porque não vai ter que executar nada mesmo; agora, quando você é Governo, você tem que fazer, e aí não cabe a bravata, é melhor você contar até dez e refazer o que você ia fazer, do que fazer errado e ter que voltar atrás. *(27/3/03, São Paulo – SP. Posse do presidente da Associação Comercial de São Paulo)*

**... é propor coisas inviáveis:** Veja, é preciso saber quando a oposição faz oposição em torno de propostas concretas, e é preciso saber quando as pessoas fazem bravatas. São duas coisas distintas. Não misture oposição com bravata. Bravata é quando o cara propõe coisas ou ameaça coisas que ele sabe que não pode fazer. Agora, o cidadão fazer oposição e ser contra um projeto do Governo, isso é legítimo e, da minha parte, não tem nenhuma restrição. Agora, quando o cidadão propõe uma coisa que ele sabe que é inviável, e nem ele mesmo acredita, é isso que eu considero bravata. *(25/11/07, Brasília – DF. Entrevista ao jornal* O Globo*)*

**... não é para presidentes:** Para a gente provar que as coisas estão bem mesmo, nós temos que devolver ao FMI [Fundo Monetário Internacional] o dinheiro que nós não vamos usar. Não vamos ficar pagando juros de um dinheiro que nos serviu num tempo em que a gente estava sufocado, mas que não compensava ficar pagando juros para ter um dinheiro quando, na verdade, nós já temos mais de 56 bilhões de reservas e, portanto, estamos garantidos com as nossas importações, sem precisar ... e não fizemos bravata. Eu, que passei muito tempo da minha vida com a bandeira "Fora, FMI", poderia ter feito uma grande bravata. *(24/1/06, Brasília – DF. Assinatura da Resolução da Agência Nacional de Transportes Terrestres – ANTT –, que autoriza a construção da Variante Ferroviária Litorânea Sul)*

**... não é mais necessária:** A gente agora pode andar o mundo, e quando a gente for debater a Amazônia, nós não precisamos esperar a pergunta, nós é que iremos dizer para eles o que nós estamos fazendo na Amazônia. Não precisa mais ficar dizendo bravata: "A Amazônia é nossa", até porque muitas vezes quem fala isso nem fala com muita convicção. Eu sempre acho que quem quer as coisas de verdade, não precisa ficar fazendo bravata. *(8/5/08, Brasília – DF. Lançamento do Plano Amazônia Sustentável)*

**... não deve ser feita na economia:** A economia está crescendo, vai crescer mais ainda, vai gerar mais empregos e o juro vai cair, o juro vai chegar a um patamar que, eu diria, é aquele que todo mundo sonha: juros compatíveis com os juros internacionais de países com quem o Brasil compete. Esse é o nosso desejo. Agora, sem fazer nenhuma estupidez, nenhum ato de bravata. A inflação está controlada: "Meirelles [Henrique Meirelles, presidente do Banco Central], o negócio é o seguinte: baixa logo três pontos, os juros." Não vou fazer isso, porque durante 27 anos da minha vida vivi recebendo salário e eu sei que quando a inflação aumentar, o prejudicado sou eu. E mais prejudicados ainda serão os trabalhadores que ganham o salário mínimo, os que recebem o Bolsa Família ou os que recebem auxílio-doença. *(15/5/07, Brasília – DF. Entrevista coletiva a jornalistas brasileiros e estrangeiros)*

**... é sinônimo de discurso ideológico:** Esse negócio de combater a fome é menos bravata, é menos discurso ideológico. É, na verdade, falar com o coração das pessoas. É falar com aquilo que o ser humano tem de mais sagrado, que é a sua sensibilidade. Não adianta ficar nervoso porque o presidente Bush [George W. Bush, presidente dos Estados Unidos] não concorda com o Fundo de Combate à Fome. Não adianta ficar de cara feia, é preciso que a gente o convença disso, é preciso que a gente convença aqueles que não estão convencidos e faça aqueles que estão convencidos contribuírem. *(7/10/04, Brasília – DF. Apresentação da agenda das ações preparatórias da comemoração ao Dia Mundial da Alimentação)*

**... dá origem a guerras:** Eu disse ao presidente Evo Morales [da Bolívia]: não precisava ter mandado o Exército cercar a Petrobras, porque nós temos endereço, temos residência fixa. Então, essas coisas nós precisamos tratar com muito respeito. Eu acho que nós vamos resolver isso negociando, sem bravata, porque toda guerra começa quando um fala uma bravata, outro fala outra, aí falam muita bobagem e não têm como voltar atrás. Eu conto até dez antes de falar certas coisas. *(5/5/06, Aimorés – MG. Inauguração da Usina de Aimorés – Hidrelétrica Eliezer Batista)*

**... é diferente de ter orgulho:** O que nós não podemos aceitar é que as pessoas que já tiveram todo o seu território devastado venham dizer para o Brasil o que a gente tem que fazer. É uma questão de orgulho, não é uma questão de bravata, Guedes [Luís Carlos Guedes Pinto, vice-presidente de Agronegócios do Banco do Brasil], é uma questão de orgulho. É de a gente andar pelo mundo de cabeça erguida. *(23/4/08, Brasília – DF. Comemoração do 35.º aniversário da Empresa Brasileira de Pesquisa Agropecuária – Embrapa)*

## Burocracia

**[ver: ação; Estado; funcionário público; governar; máquina pública; teoria]**

O terceiro momento na vida de um governante é o contato que ele tem com a realidade, no momento em que ele atinge a maturidade de ter paciência, de compreender que as decisões nunca são como a gente deseja. Dentro da nossa burocracia interna elas nunca funcionam com a rapidez que nós gostaríamos, sempre tem um funcionário que deixa as nossas decisões na gaveta mais do que o tempo necessário, sempre tem um outro que não trata com a prioridade com que nós tratamos quando nos reunimos. E essa realidade, ela começa a mudar quando a gente começa a dar um certo ritmo à burocracia dos nossos países. *(17/10/07, Joanesburgo – África do Sul. Sessão plenária de Encerramento do Ibas)*

**... deve ser criticada, mas, sem ela, há mais erros:** Eu, particularmente, sou um crítico feroz da burocracia, mas sem bons burocratas nós erraríamos muito mais do que erramos e faríamos muito menos do que fazemos. *(11/5/05, Brasília – DF. Encerramento da Cúpula América do Sul-Países Árabes)*

**... é competente, mas atrasa os projetos:** Eu prometi nunca mais criticar a burocracia do meu país, que eu acho extremamente competente. Mas o problema é que a máquina pública do Estado é infinita, é definitiva, e os governantes são muito passageiros. Então, o tempo e a pressa política não são acompanhados pelo tempo com que a máquina administrativa pensa as coisas. *(13/12/07, Caracas – Venezuela. Encerramento do Encontro Empresarial Brasil-Venezuela e assinatura de atos)*

**... é poderosa:** Não sei quantos de vocês conhecem, mas a burocracia é uma coisa extremamente poderosa, e ela é eterna, nós somos passageiros. Esse é um dado que não vale para o Brasil, isso é para o mundo. Se você conversar com o Bush [George W. Bush, presidente dos Estados Unidos]; conversar com o Chirac [Jacques Chirac, presidente da França]; conversar com a Angela Merkel [chanceler], na Alemanha; conversar com o Tony Blair [primeiro-ministro], na Inglaterra; conversar com o Chávez [Hugo Chávez, presidente], na Venezuela; conversar com o Kirchner [Néstor Kirchner, presidente], na Argentina, conversar com todos os presidentes e primeiros-ministros, eles vão dizer: a burocracia é poderosa. *(24/8/06, Foz do Iguaçu – PR. Abertura da 16.ª Convenção Anual da Federação das Associações Comerciais e Empresariais do Paraná)*

**... se acha superpoderosa:** Não quero tomar decisões de modo tecnocrático, sem ouvir a sociedade. Não quero ficar prisioneiro de debates puramente ideológicos, desvinculados da vida cotidiana do povo, nem da burocracia do Governo, que muitas vezes acha que sabe e pode tudo. *(13/2/03, Brasília – DF. Instalação do Conselho de Desenvolvimento Econômico e Social – CDES)*

**... é um transtorno:** Qual é o problema do Pronaf [Programa Nacional de Fortalecimento da Agricultura Familiar]? É que o Banco do Brasil liberava o dinheiro e já ficava com quase 40 centavos para cada real emprestado. Depois, o coitado do pequeno [agricultor] tinha que passar por tanta gente que ele desanimava. Então, nós já decidimos que vamos acabar com a burocracia. *(1/5/03, Indaiatuba – SP. Visita ao Retiro de Itaici – CNBB)*

**... é confusa:** A burocracia no Estado brasileiro foi feita... ela dá com uma mão e tira com a outra. Uma lei diz que pode, a outra diz que não pode. *(25/10/05, Brasília – DF. Abertura do 19.º Congresso Brasileiro de Avicultura)*

**... atrapalha até mesmo o Governo:** Eu me lembro que numa conversa que tive com o presidente Fernando Henrique Cardoso [presidente do Brasil entre 1995 e 2003], eu perguntei para ele como é que ele podia ter liberado 1 bilhão e 400, só ter contratado 262 milhões e só ter saído 19 milhões. Bem, ele disse que, muitas vezes, a burocracia complica um pouco. *(18/3/04, Belo Horizonte – MG. Entrega do cartão Bolsa Família)*

**... é uma desgraça:** A gente agora tem que tentar derrubar os obstáculos, as burocracias, porque é uma desgraça. *(16/6/06, Olinda – PE. Liberação de recursos do Fundo Nacional de Habitação e Interesse Social para a urbanização de assentamentos)*

**... é dispensável:** Se o Estado brasileiro confiar na sociedade brasileira, se o Estado brasileiro confiar nas instituições já organizadas da sociedade brasileira e, através dessas instituições e dessas entidades, fizer parcerias para políticas públicas no campo social, a possibilidade de termos sucesso é infinitamente maior do que se tentarmos fazer através da burocracia, da máquina pública, seja ela municipal, estadual ou federal. *(12/9/03, Feira de Santana – BA. Visita à Fazenda do Menor)*

**... é necessária:** A burocracia é necessária, mas ela não pode ser impeditiva do Brasil dar o salto de qualidade que precisa dar para crescer e distribuir renda. *(30/10/06, Brasília – DF. Entrevista à TV Bandeirantes)*

**... cumpre a lei:** Não estou, como presidente da República, fazendo uma crítica evasiva à tecnocracia e à burocracia dos países da América do Sul, até porque todos os nossos técnicos trabalham com base em legislações existentes e normas definidas às vezes até historicamente, e eles apenas têm que cumprir aquilo que está escrito. Nós não podemos exigir, pela nossa pressa, que um técnico burle uma norma vigente para tentar fazer a vontade de um presidente, mas nós, através do nosso ministro de Relações Exteriores, através de nossos ministros em cada atividade nos nossos países, podemos detectar quais os entraves técnicos, legais, burocráticos que temos em cada acordo que fazemos. *(15/9/04, Manaus – AM. Encerramento do Seminário Empresarial Brasil-Venezuela)*

## Bush [George W. Bush]

**[ver: crise financeira de 2008; Estados Unidos]**

Eu me lembro, quando eu cheguei em Evian, eu nem tinha noção de como é que se participava de uma reunião com tantos presidentes importantes, e discute para lá, discute para cá, o Bush estava, assim, falando da guerra do Iraque, estava num momento tenso e eu disse: presidente, a minha guerra não é contra o Iraque, que está tão longe de mim. A minha guerra é contra a pobreza do meu país. *(16/6/06, Brasília – DF. 13.º Congresso da União da Juventude Socialista – UJS)*

**... foi convencido por Lula em cinco meses de que a fome é mais importante do que a guerra:** Vejam que engraçado: no dia 10 de dezembro fui conversar com o presidente Bush. Depois que conversei com o Bush, eu estive em Davos, em janeiro, e o presidente Clinton [Bill Clinton, ex-presidente dos Estados Unidos] me avisou: "Olhe, o presidente Bush não tem muita sensibilidade para essa questão de políticas sociais, de fome. O negócio dele é outro." Estava no auge da guerra do Iraque e eu senti que, lá, a guerra tinha um peso que não tinha aqui, para nós. Mas, vejam, passados apenas quatro meses, eu voltei aos Estados Unidos e qual não foi minha surpresa ao saber que o presidente Bush não queria conversar mais sobre guerra, não queria conversar mais sobre o Iraque. Ele queria conversar sobre o combate à miséria no mundo. Ora, é um passo fantástico. Parece pouco. Mas é um passo extraordinário. Um homem que era visto, por muitos de vocês e por muitos outros políticos do mundo inteiro como insensível ao problema da fome, cinco meses depois a fome foi o teor de parte da nossa conversa, além do desenvolvimento e das negociações entre o Brasil e os Estados Unidos. *(8/7/03, São Paulo – SP. Lançamento da ONG Apoio Fome Zero)*

**... não deu motivo para que Lula brigasse com ele:** Eu estou há três anos no Governo e não consegui brigar com o Bush, que é aquela potência, por que eu vou brigar com a Bolívia? Não tem sentido. *(5/5/06, Aimorés – MG. Inauguração da Usina de Aimorés – Hidrelétrica Eliezer Batista)*

**... gosta da carne brasileira:** Nós tínhamos um problema de febre aftosa, nós bloqueamos o estado que teve o problema e o presidente Bush veio almoçar na minha casa. Eu falei: presidente, você vai comer carne, a mesma que eu vou comer. E oferecemos para ele uma carne que eu duvido que ele tenha comido melhor, pode até ter comido igual. Me telefonou, uma semana depois, dizendo: "Ainda não terminei de fazer a digestão, de tanta carne que eu comi no país." *(6/4/06, São Paulo – SP. Respostas a perguntas de empresários durante o World Economic Forum on Latin America)*

**... como outros líderes dos países ricos, age de acordo com os interesses comerciais do seu país:** Nós temos que fazer pressão. Eu não acho que o presidente Chirac [Jacques Chirac, presidente da França] vai ceder porque eu estou dizendo para ele que Guiné-Bissau está passando fome. Eu não acho que o presidente Bush vai ceder porque eu estou dizendo para ele que no Senegal tem problemas ou que no Brasil tem problemas, não. Eles vão ceder na hora em que eles perceberem que os interesses comerciais deles podem correr riscos se não atenderem a uma necessidade básica dos países pobres. *(9/2/06, Argel – Argélia. Entrevista durante visita de Estado à Argélia)*

**... pode aprender com Lula como negociar a paz entre palestinos e israelenses:** Na última conversa que eu tive com o Bush, eu disse para o Bush: olhe, pra gente resolver o problema do Oriente Médio, não pode o país que é o principal foco de tensão ser o negociador. Porque todo mundo no Oriente Médio, no mundo árabe, sabe que o Bush é ligado a Israel. Então, quando o Bush vai negociar com os palestinos, ele não é visto pelos palestinos como um interlocutor válido, porque ele já tem lado. Eu sugeri o seguinte: pra uma negociação dar certo, é preciso que você tenha alguém de confiança dos palestinos, alguém de confiança de Israel. Mais: dentro dos palestinos, você tem que ter alguém de confiança dos grupos que não concordam com o Governo palestino; e tem que ter gente que mereça a confiança dos grupos que não concordam com o Governo de Israel. É essa diversidade que pode permitir que um acordo dê certo. Porque senão toda proposta que for tentada já vem carimbada. *(10/12/07. Entrevista ao repórter Ricardo Amaral [revista* Época*] durante voo Argentina-Brasil, após posse da presidente Cristina Kirchner)*

**... é quem deve cuidar da crise que atingiu o mundo em 2007 (*subprime*):** Já falei com o presidente Bush duas vezes que a crise é dele, por favor resolva e não jogue para cima dos países pobres, não. *(12/3/08, Brasília – DF. Mesa de negócios do Economist Newspaper Group)*

**... pode aprender com o Brasil como se salva banco:** Eu, pessoalmente, liguei duas vezes para o presidente Bush. Eu soube que ele ficou meio chateado porque eu tinha falado com o Gordon Brown [primeiro-ministro do Reino Unido], que tinha dado uma declaração na imprensa brasileira sendo duro com os Estados Unidos. Ele falou com o Gordon Brown, meio chateado, e eu liguei para ele para falar: Bush, o problema é o seguinte, meu filho: nós ficamos 26 anos sem crescer, agora que a gente está crescendo você vem atrapalhar? Resolve a sua crise. E depois, o Brasil tem *know-how* para salvar banco, é só criar um Proer [Programa de Estímulo à Reestruturação e ao Fortalecimento do Sistema Financeiro Nacional]. Se ele quiser, pode vir ao Brasil e tem gente que pode ensinar, eu não vou ensinar, mas tem gente que pode ensinar como é que se salva um banco. O Brasil tem *know-how* e acho que se eles precisarem nós poderemos mandar essa tecnologia para eles. *(27/3/08, Recife – PE. Inauguração de agências do Banco Azteca)*

# Cadeia

**[ver: bandido; Bolsa Família; corrupção; corrupto; criança; droga; Educação; educador; família; jovem; pobre; pobreza; polícia; policial; violência]**

E eu lembro sempre, para ninguém esquecer, que, em 1927, Lampião [Virgulino Ferreira da Silva, cangaceiro que atuou no Nordeste nas décadas de 1920 e 1930] dizia que no Brasil quem tivesse 30 contos de réis não ia para a cadeia. Nós aprovamos na Constituição de 88 que todos os fazendeiros que estivessem envolvidos com a plantação de maconha, e que nós conseguíssemos descobrir, perderiam suas terras. Eu nunca vi a imprensa denunciar um único fazendeiro que perdeu a terra por estar plantando maconha. *(11/3/03, Brasília – DF. Lançamento do Plano Nacional de Erradicação do Trabalho Escravo)*

**... é lugar onde bandido leva "porrada":** Se porrada educasse as pessoas, bandido saía da cadeia santo. *(26/2/08, Rio de Janeiro – RJ. Visita às obras da ThyssenKrupp – Companhia Siderúrgica do Atlântico, em Santa Cruz)*

**... é para onde os corruptos deveriam ir depois de comprovada a culpa:** Eu prefiro que haja toda a tramitação e investigação necessárias para, quando a gente disser que alguém é corrupto, a gente provar que é corrupto e colocar essa pessoa na cadeia. *(12/5/03, Brasília – DF. Sorteio dos municípios que serão fiscalizados quanto à aplicação de recursos, realizado pela Controladoria-Geral da União – CGU)*

**... não traz de volta o dinheiro roubado por quem está preso:** A coisa que mais entristece é saber que uma pessoa foi punida, que está há quatro ou cinco anos na cadeia, e depois de todo esse tempo você percebe que não se conseguiu trazer um único centavo que essa pessoa roubou de volta para os cofres da instituição que foi roubada. *(1/9/04, Brasília – DF. Abertura do Encontro Internacional de Combate à Lavagem de Dinheiro e Recuperação de Ativos)*

**... é dispendiosa:** Fica muito mais barato dar um prato de comida para um ser humano em liberdade do que ter que sustentá-lo com um prato de comida numa cadeia, depois que ele cometer barbaridades, como se comete aqui, no país, a vida inteira. *(8/7/03, São Paulo – SP. Lançamento da ONG Apoio Fome Zero)*

**... deve dar chance de recuperação:** O dado concreto é que, em Pernambuco, com o programa ProJovem [Programa Nacional de Inclusão de Jovens], o melhor aluno do ProJovem de Recife é um presidiário, que sai da cadeia para estudar e volta depois para a cadeia, e é considerado o melhor aluno de quase nove mil alunos que estudam, ou sete mil alunos, na capital. Bom, isso colocado... eu estou colocando isso para afirmar para vocês o quê? O que nós temos que fazer neste país é consolidar algumas coisas que possam garantir a todos a questão da oportunidade. *(7/12/05, Brasília – DF. Posse da nova Executiva Nacional do PSB)*

**... está cheia por conta dos políticos da década de 1980:** Essa geração que estamos vendo na cadeia com 24 anos, esses adolescentes, não são filhos do Lula, não, são filhos do modelo econômico implantado neste país na década de 80, são filhos da dívida externa, são filhos do ajuste fiscal. E querem que eu resolva em quatro anos o que eles não resolveram em cem? Não! *(31/7/07, Campo Grande – MS. Lançamento do PAC Saneamento e Urbanização no estado de Mato Grosso do Sul)*

## Câmara dos Deputados

[ver: adversário; aliança; base; Congresso; deputado; político; Senado; senador]

Esse é o Brasil, esse é o país jurídico que nós construímos. O defeito não é, individualmente, de ninguém, o defeito é coletivo. O defeito, às vezes, é de uma Câmara de Vereadores, de uma Assembleia Legislativa, da Câmara dos Deputados, do Senado, que muitas vezes aprova as coisas achando que está resolvendo e, na verdade, está atrapalhando. *(20/5/08, Santos – SP. Assinatura de atos relativos a obras do PAC na Baixada Santista)*

**... tem seu presidente "eleito" exclusivamente por seus membros:** A eleição do presidente da Câmara é um assunto interno da Câmara, diz respeito exclusivamente ao Poder Legislativo. *(2/3/05, Brasília – DF. Entrevista ao jornal* Estado de Minas*)*

**... não deve sofrer influência do presidente da República ao eleger o seu presidente:** O presidente da República não pode ter candidato a presidente da Câmara. O presidente da Câmara pode ter candidato a presidente da República, mas o presidente da República não pode ter da Câmara. Todo mundo sabe da minha relação histórica com o PCdoB e, sobretudo, da minha relação pessoal com o companheiro Aldo [Rabelo, deputado federal pelo PCdoB de São Paulo, candidato à Presidência da Câmara]. Todo mundo sabe da minha relação histórica com o Arlindo [Chinaglia, deputado federal pelo PT de São Paulo, candidato à Presidência da Câmara]. Portanto, o Governo, embora parecesse estar numa situação delicada, na verdade, o Governo tinha dois candidatos com potencial de ganhar disputando as eleições, e foi o que aconteceu. Se quiséssemos apenas teorizar, nós iríamos ver o somatório da votação do Aldo com o somatório da votação do Arlindo, no primeiro turno, e iríamos perceber a quantidade de potencial de votos que nós temos dentro da Câmara dos Deputados. Agora, o dado concreto é que o resultado foi definido pela maioria da Câmara. Eu tenho certeza que a Câmara e o Senado continuarão independentes, ou seja, têm o seu trabalho próprio, têm a sua definição e o seu perfil, e, portanto, nós vamos trabalhar como trabalhamos com o Aldo, como trabalhamos com o Renan [Calheiros, senador por Alagoas e presidente do Senado], no primeiro mandato, com muita tranquilidade. *(2/2/07, Campinas – SP. Entrevista antes da cerimônia de inauguração da Estação de Tratamento de Esgoto Anhumas)*

**... ao contrário do Poder Executivo, funciona no compasso dos acordos políticos:** Por que que não se pergunta o seguinte: por que outros Governos não fizeram o que eu fiz? Por que não mandaram para o Congresso Nacional a reforma da Previdência Social já votada na Câmara, a reforma da política tributária já votada na Câmara? Agora, o tempo da Câmara não é o tempo do Poder Executivo, é o tempo da Câmara, é o tempo dos acordos políticos. *(30/11/03, Brasília – DF. Entrevista à TV Bandeirantes, no Palácio da Alvorada)*

**... mostra responsabilidade e faz o presidente feliz quando vota com o Governo:** Nós estamos felizes. Felizes por vocês, felizes pelo Brasil, felizes pelo grau de responsabilidade da nossa Câmara dos Deputados e do Senado. Com muita competência, a Câmara já aprovou a reforma da Previdência Social e vai aprovar a reforma tributária, que nós estamos fazendo. *(1/10/03, Brasília – DF. Comemoração ao Dia Internacional do Idoso)*

## Campanha(s) política(s)

[ver: eleição; eleitor]

Durante a eleição, eu acho um exagero a quantidade de mesquinharia que se fala numa campanha, já acho uma mesquinharia entrar alguém dentro da casa da pessoa pela televisão e baixar o nível do jeito que eles baixam. Pois bem, vamos supor que no processo eleitoral seja normal. Você deve ter xingado o teu adversário, ele deve ter te xingado. Você vê que eu fui quase que um *gentleman* na disputa com o meu adversário [Geraldo Alckmin, ex-governador de São Paulo, disputou o segundo turno das eleições presidenciais com o então presidente Lula, em 2006, pelo PSDB]. Ele, que era um *gentleman*, virou quase uma coisa louca na televisão, bravo, nervoso. Eu acho que, terminadas as eleições, é preciso a gente dar um tempo para o País, é preciso que o País tenha um tempo de governabilidade. Vai ter disputa para prefeito agora, daqui a um ano começa a guerra, todo mundo xinga todo mundo. Acabaram as eleições, todos nós precisamos torcer para que o eleito consiga fazer alguma coisa para melhorar. *(31/7/07, Cuiabá – MT. Lançamento do PAC Saneamento Básico e Urbanização no estado de Mato Grosso)*

**... são hoje mais difíceis de ser controladas:** Hoje, o controle de uma campanha é muito complicado. Eu me lembro que quando nós começamos o PT, em 1980, para um cidadão fazer uma camiseta do PT, o nome maior que ele colocava na camiseta dele era o do governador, depois ele colocava o do senador, e depois ele colocava o dele. Se ele fazia uma festa para arrecadar dinheiro, 30% eram do partido. Hoje não é mais assim, cada um faz a sua campanha. Quem pode, pode, quem não pode, fica de fora do processo. *(20/6/07, Brasília – DF. Entrevista ao jornal* Valor Econômico*)*

**... podem não trazer resultados concretos quando são limpas e ecologicamente corretas:** A primeira propaganda na vida que fizeram de uma candidatura, em 1982, em Xanxerê, porque não tinha dinheiro, não tinha papel, pegaram palha de milho, daquelas do tamanho de fazer o cigarrinho de corda, e fizeram a propaganda do candidato em papel de milho. Agora, o resultado é o seguinte: bonito para caramba, mas voto, não tivemos quase nenhum. Mas ficou a lição de uma campanha ecologicamente correta. *(25/2/08, Brasília – DF. Lançamento do programa Territórios da Cidadania)*

**... fazem os políticos mudarem de opinião:** Aqui, quando se falou da água do São Francisco, alguns companheiros vaiaram e outros companheiros aplaudiram. E eu queria chamar a atenção dos meus companheiros brasileiros. A primeira coisa que nós temos que ter em conta é a dimensão da miséria existente no semiárido brasileiro. São mais de 20 milhões dos nossos que, muitas vezes, não têm água para beber. E eu não quero fazer de forma irresponsável, porque nunca aceitei prometer isto em nenhuma campanha. Nunca fiz como candidatos que vinham à Bahia e eram contra. Iam à Paraíba, eram favoráveis; iam a Sergipe, eram contra; iam ao Rio Grande do Norte, eram favoráveis. Não. Eu nunca fiz isto, porque eu acho que nós precisamos levar água para os nossos irmãos. *(30/10/03, Juazeiro – BA. Visita à XIV Feira Nacional de Agricultura Irrigada – Fenagri)*

**... fazem as pessoas dizer disparates:** Teve até uma pessoa aqui [ele se refere a Denise Frossard, candidata derrotada ao Governo do Rio de Janeiro em 2006 pelo PPS], numa campanha, que disse que era normal que a sociedade sentisse asco dos deficientes. Eu não sei quem foi, mas eu sei, eu vi no jornal que teve uma pessoa que falou que a gente deveria tratar com indiferença. *(17/8/07, Rio de Janeiro – RJ. Visita aos atletas dos Jogos Parapan-Americanos Rio 2007)*

**... fazem os políticos agir com demagogia:** Eu duvido que vocês já tenham visto, numa campanha política, um candidato falar mal dos pobres. Eles falam mal dos ricos, falam mal dos banqueiros, falam mal dos empresários, falam mal de qualquer coisa, mas os pobres são endeusados, porque é o único momento em que os pobres têm o mesmo peso que os ricos. Na hora em que estão na fila para votar, mesmo que os pobres estejam esfarrapados, é capaz de o candidato chamá-los de doutores. Agora, depois das eleições, o pobre vai continuar pobre, e aqueles de quem os candidatos falaram mal a vida inteira vão para a mesa deles beber e comer, vão tomar café. *(26/3/08, Recife – PE. Assinatura de ordem de início das obras do PAC no estado de Pernambuco)*

**... despertam radicalismos:** Uma vez, eu estava fazendo um discurso na Candelária, no Rio de Janeiro, na campanha de 1989 ou na campanha de 1994. Vocês sabem que numa campanha, quando a gente está percebendo que vai perder, a gente vai ficando mais radical e vai perdendo mais votos. Eu me lembro que desci do palanque, eu tinha feito um discurso, e ali na Candelária só tinha trabalhadores urbanos. Eu fiz um discurso dizendo: eu vou ganhar as eleições para fazer a reforma agrária ampla, geral e radical sob o controle dos trabalhadores. Escorria baba aqui, do canto da boca. Mas eu falei gritando. Quando eu desci do palanque, uma senhora, que naquela época deveria ter a idade que eu tenho hoje, portanto uma jovem senhora, falou assim: "Lula, não dá para você falar um pouquinho mais baixo? Do jeito que você fala, você me assusta. Se você falasse assim: 'Olha, eu quero fazer reforma agrária para melhorar a vida do povo todo', eu entenderia. Agora, precisa colocar tantos adjetivos, como você colocou, e ser tão bravo?" *(5/12/07, Brasília – DF. Encontro com representantes das centrais sindicais da 4.ª Marcha da Classe Trabalhadora)*

**... com Lula, são para ganhar, e não para baixar o nível:** Aqui no Brasil, com a mesma tranquilidade, esteja certo que, no momento certo... não irei precipitar nenhuma decisão, não sou candidato antes do tempo de definir se sou ou não sou candidato. Não farei o jogo rasteiro dos meus adversários, não jogarei pequeno e não baixarei o nível de uma campanha política neste país. Vai ter um momento em que eu vou decidir, e quero que você saiba, o dia em que eu decidir, se for para ser candidato, é para ganhar as eleições aqui neste país, outra vez. *(16/12/05, Ipojuca – PE. Lançamento da pedra fundamental da refinaria de Pernambuco)*

**... quando longas, podem fazer um candidato melhorar:** Nós saímos de nada de crédito para 40 bilhões de crédito consignado. Eu falava: isso vai aparecer em algum momento, não tem jeito, isso vai desabrochar. E desabrochou no momento em que a sociedade percebeu que não existia apenas uma campanha eleitoral entre dois candidatos, mas existia duas propostas para o país, dois projetos distintos, o povo resolveu se posicionar. Por isso eu agradeço, companheiro Grana [Carlos Alberto Grana, presidente da Confederação Nacional dos Metalúrgicos], o segundo turno, porque o segundo turno foi aquela coisa que Deus falou: "Não, baixinho, vai ter segundo turno para você melhorar, vai ter o segundo turno para você se afirmar. Você estava achando que estava tudo resolvido, não é, baixinho? Então vai pisar no espinho, um pouco, para você saber o quanto é bom." *(12/6/07, Guarulhos – SP. Abertura do VII Congresso Nacional dos Metalúrgicos da Central Única dos Trabalhadores – CUT)*

## Caninha

Pois bem, meus companheiros e companheiras, vocês estavam vendo eu e o Aécio [Neves, governador de Minas Gerais] cochichando ali, enquanto as pessoas estavam falando, eu estava dizendo para o Aécio que a parte pior dos atos que a gente faz são os discursos, é verdade. Quando a gente terminou esta viagem do trem, deveria ter uma festa, deveria ter uma mesa de feijão-tropeiro, de pururuca. Eu não vou dizer nem uma Havana, alguma Concha de Salinas, não vou nem dizer uma..., não vou dizer, porque senão vão dizer que estou induzindo os ministros a tomarem uma caninha, não vou. *(5/5/06, Ouro Preto – MG. Inauguração do "Trem da Vale" e lançamento do Projeto de Educação Patrimonial)*

**... é coisa de homem:** Não é que a gente não confia no homem, é que a mulher, quando se trata de cuidar dos "barriguinhos", a mulher tem mais responsabilidade. A mulher não tem vontade de parar no bar e tomar uma caninha. Ela vai é comprar o leite para o filho, ela vai é comprar o feijão para o filho. *(24/9/05, Salvador – BA. Lançamento do Programa de Recadastramento de Pescadores)*

**... é mais rara do que uísque:** Olhe, eu acho que o Bush [George W. Bush, presidente dos Estados Unidos] dificilmente comeu uma carne boa como a nossa. Não foi só para o Bush, não. Fizemos para o Fidel [Castro, presidente de Cuba], fizemos para o Lagos [Ricardo Lagos, presidente do Chile], fizemos para o Chávez [Hugo Chávez, presidente da Venezuela], fizemos para o Hu Jintao [presidente da China]. Ou seja, quer uma caninha para experimentar? Está aqui, caninha boa, aguardente de cana, uísque toma em qualquer... *(23/11/05, Rio de Janeiro – RJ. Abertura do 25.º Encontro Nacional do Comércio Exterior – Enaex)*

## Capital

[ver: banco; banqueiro; empregado; empregador; empresário; juros; pobre; pobreza; trabalhador]

Se nós somos um país capitalista, é preciso que o povo tenha o mínimo de capital, é preciso que o povo tenha acesso ao mínimo de mecanismos para que possa ter acesso à compra. *(26/4/05, Brasília – DF. Café da manhã com a Abic, por ocasião do lançamento da 1.ª Edição Especial dos Melhores Cafés do Brasil)*

**... gera riqueza:** O outro projeto que nós temos para o Nordeste é a Transnordestina. É uma ferrovia que liga grande parte do Nordeste brasileiro, que de forma irresponsável foi desativada nas últimas décadas, e nós achamos que no Nordeste brasileiro, diferentemente de outras regiões que precisam, primeiro, ter investimento para depois vir a obra, nós temos que oferecer a infraestrutura, para depois a gente convencer aqueles que têm capital a investir no Nordeste brasileiro, para que a gente possa explorar parte da riqueza que nós somos capazes de produzir nesta região do Nordeste. *(18/3/05, Aracaju – SE. Entrega de unidades habitacionais do Programa de Arrendamento Residencial – PAR)*

**... precisa ter retorno:** É normal que o empresário, ao querer colocar o seu dinheiro em algum empreendimento, discuta antes o retorno do capital investido. *(25/11/05, Fortaleza – CE. Assinatura de contratos e convênios para a construção da Transnordestina e do Metrô de Fortaleza e anúncio de empréstimos de microcrédito do BNB)*

**... é atraído quando se tem credibilidade:** E graças ao que nós fizemos no ano passado, é que eu posso dizer a vocês que, hoje, qualquer membro do Governo pode andar de cabeça erguida, em qualquer lugar deste país, e dizer: não terá volta nesse país, a economia vai crescer, e vai crescer muito a cada ano, porque esse é o destino, sem Plano Lula, sem Plano Palocci [Antônio Palocci, ministro da Fazenda], sem plano que leve o nome de qualquer pessoa, porque o grande plano nosso é a credibilidade na relação entre Governo e sociedade, entre Estado e sociedade e entre Estado e outros estados. É por isso que o capital externo está voltando. É por isso que eu posso dizer para vocês que a economia brasileira vai crescer, independentemente da ideia do maior pessimista que possa existir no nosso país. *(1/4/04, Araras – SP. Inauguração da nova fábrica de café solúvel da Nestlé)*

**... não é investido onde pode ser perdido:** Quem conhece o investidor estrangeiro, quem conhece o capital estrangeiro circulante no mundo sabe que ninguém coloca a mão em cumbuca, ninguém investe dinheiro para perder. *(30/8/06, Brasília – DF. I Encontro Nacional sobre Biocombustível)*

**... tem sua relação com o trabalho constantemente transformada, o que exige transformação na legislação:** Vamos fazer também uma reforma na estrutura sindical brasileira, vamos fazer uma reforma na legislação trabalhista. E vamos fazer não para prejudicar alguém, nós vamos fazer porque de vez em quando é preciso que a gente tenha a capacidade de atualizar as relações entre capital e trabalho e a legislação que rege essa relação. Nós queremos fazer isso na perspectiva de facilitar a criação de empregos que o nosso país precisa. *(27/3/03, São Paulo – SP. Posse do presidente da Associação Comercial de São Paulo)*

**... pode ser político:** As pessoas não me procuram para pedir empregos. As pessoas me procuram para dizer: "Eu quero ajudar. Como é que eu faço? Eu quero contribuir." E se nós não aproveitarmos isso, nós estaremos dando a primeira demonstração de incompetência. Porque o grande capital que nós não poderemos perder, em hipótese alguma, neste primeiro ano, é o capital político que nós conquistamos, no dia 27 de outubro do ano passado. E é o capital político do povo, que votou pela mudança, do povo que mudou porque queria um outro rumo para o país, queria acreditar numa outra coisa. *(23/1/03, Curitiba – PR. Transmissão do cargo de diretor-geral brasileiro da Itaipu Binacional)*

## Casa

Veja, nós estamos inaugurando 239 casas, num país que precisa de muito mais casas, e nós sabemos da importância que a casa tem na vida de cada um de vocês. A casa é para nós como um ninho para o passarinho, ou seja, a casa é o nosso aconchego maior, é onde a gente vai cuidar dos nossos filhos, é onde a gente vai estar perto da escola, é onde eles vão construir amizades, vão estabelecer uma relação social na rua em que moram, por isso a casa é importante, e por isso nós damos prioridade às casas. *(21/3/06, Lauro de Freitas – BA. Inauguração das residências do projeto Habitar Brasil em Lauro de Freitas)*

**... tem a cara da família:** A gente pode perceber, numa vila como esta, que todas as pessoas que pegaram a casa recentemente já estão fazendo o muro mais alto, o muro mais bonito. A cara da casa é a cara da Caixa Econômica Federal, é a cara da prefeitura, é a cara da empresa que construiu, e essa é a cara da casa que vocês recebem. Mas, quando a pessoa entra na casa, ela dá o toque da cara da família dela. *(18/3/05, Aracaju – SE. Entrega de unidades habitacionais do Programa de Arrendamento Residencial)*

**... para os pobres, deve ser mais bonita:** Normalmente, as casas feitas para a parte mais pobre da população, que não pode pagar, são casinhas muito humildes, parecidas com caixotes, porque eu acho que não se respeita muito mais a dignidade humana. Eu até brincava com o presidente da Caixa: eu acho que é preciso fazermos um concurso nacional com todos os arquitetos, para criar projetos de casas mais bonitas do que os projetos das "casinhas" que a gente vê, espalhadas por este país afora. Eu acho que é possível, com pouco dinheiro, fazer uma casa mais bonita, mais ajeitada, algo que dê um pouco mais de orgulho para as pessoas, porque a casa significa autoestima. *(3/10/03, Blumenau – SC. Inauguração do Conjunto Habitacional Itoupava Garten)*

**... não dá mais sossego:** Hoje, nem dentro de casa se tem mais sossego. Esses dias, aqui em São Paulo, pegaram o nosso companheiro, que mora ali perto da USP, ficaram cinco horas dentro do bloco de apartamentos em que ele mora e roubaram os 11 apartamentos, com todas as famílias dentro. *(23/12/04, São Paulo – SP. Celebração do Natal de Jesus – Encontro com Moradores de Rua)*

## Certeza

Eu disse que agradecia o fato de estar aqui hoje porque uma vez eu disse que todo político é cheio de certezas, todo político é cheio de convicções muito precisas. As pessoas se assustavam quando eu dizia: "Olha, eu sou a metamorfose ambulante." Na minha vida, eu penso que tenho tudo definido. No dia seguinte eu aprendo que tem uma coisa que ainda não estou definido, e que eu preciso me definir; que tem uma coisa que eu era contra, agora sou a favor; que tem uma coisa que eu não concordava, agora eu concordo. É esse o jeito de governar uma família que tem 190 milhões de filhos. *(5/6/08, Brasília – DF. Abertura da I Conferência Nacional de Gays, Lésbicas, Bissexuais, Travestis e Transexuais – GLBT.)*

**... do dever cumprido:** A única coisa que eu tenho certeza é que, todo dia, encosto a cabeça no travesseiro e durmo um sono muito gostoso, com a consciência tranquila do dever cumprido. Eu estou fazendo aquilo que eu acho que o Brasil precisa que alguém faça. *(30/11/03, Brasília – DF. Entrevista à TV Bandeirantes)*

**... da chance única:** O que nós temos que ter clareza e certeza é que nós estamos tendo, neste momento histórico do Brasil, possivelmente a mais importante oportunidade que um Governo já teve na nossa história republicana. *(23/1/03, Curitiba – PR. Cerimônia de transmissão do cargo de diretor-geral brasileiro da Itaipu Binacional)*

**... da necessidade de diálogo:** A única coisa de que eu tenho certeza é que se ficarmos no Fórum Social Mundial, reunidos em Porto Alegre e vocês aqui, no Fórum Econômico, reunidos em Davos, sem conversar, chegaremos a um novo milênio fazendo as mesmas coisas e discutindo somente entre aqueles que concordam conosco, seja aqui ou em Porto Alegre. *(26/1/03, Davos – Suíça. Sessão plenária "Diálogo com o presidente do Brasil" no XXXIII Fórum Econômico Mundial)*

**... de ter juntado a melhor equipe:** Tenho certeza de que montei um Governo, se não com todos os homens e mulheres melhores que há no Brasil, com quase todos aqueles que, ao longo da sua vida, dedicaram um compromisso imenso à luta pela igualdade neste país, à luta por distribuição de renda, à luta por geração de empregos. *(23/1/03, Curitiba – PR. Op. cit.)*

**... sobre a razão do sucesso:** E tenho certeza de que essa relação de honestidade e de companheirismo será a razão do sucesso do nosso Governo. *(24/1/03, Porto Alegre – RS. III Fórum Social Mundial)*

**... de que o Acre será mais belo:** Tenho certeza de que, até o final do seu mandato [de Jorge Viana, governador do estado], o Acre vai estar muito mais bonito. *(9/5/03, Rio Branco – AC. Inauguração do Hospital da Criança)*

**... da importância do Fome Zero:** Tenho certeza de que o Fome Zero iluminou um porão da nossa história. *(15/9/03, Rio de Janeiro – RJ. Abertura do 37.º Congresso Nacional de Supermercados)*

**... do acerto das medidas de seu Governo:** E eu tenho certeza de que a gente está no caminho certo. *(27/9/03, Havana – Cuba. Encontro com estudantes brasileiros)*

**... da importância do Estatuto do Idoso:** Tenho certeza de que esse Estatuto do Idoso também vai mudar a face do Brasil e vai tornar este país mais parecido com a sociedade que acalentamos desde a nossa juventude. *(1/10/03, Brasília – DF. Comemoração ao Dia Internacional do Idoso)*

**... de que não pode errar:** Eu tenho certeza de que o Brasil espera que eu faça as coisas certas, eu tenho consciência de que não posso errar, porque se eu errar, eu sei o preço que este país vai pagar, e sei o quanto vai demorar para a gente reconquistar o espaço que conquistamos nas eleições de 2003. *(21/11/03, Brasília – DF. Reunião com integrantes do Fórum Nacional pela Reforma Agrária e Justiça no Campo)*

**... sobre o óbvio:** Eu tenho certeza que é mais fácil falar do que fazer. *(9/12/03, Trípoli – Líbia. Discurso durante visita à Líbia)*

**... de que não haverá retrocesso:** Tenho certeza que este país nunca mais voltará a ser um país conformado com a pobreza e com a miséria, como foi até agora. *(5/8/04, Rio de Janeiro – RJ. Inauguração do Centro de Produção de Antígenos Bacterianos Charles Mérieux)*

**... do compromisso de classe:** Eu tenho certeza, como na morte, a gente volta para onde veio, eu tenho certeza de que na política eu voltarei sempre para junto daqueles que são os meus mais sinceros companheiros na luta deste país. *(21/1/05, Porto Seguro – BA. Visita ao acampamento Luís Inácio Lula da Silva.)*

**... do bom rumo da Educação:** Tenho certeza de que esse esforço do nosso Governo tem mudado o perfil da Educação brasileira, superando a baixa qualidade e eliminando as desigualdades de acesso em todos os níveis de ensino, da educação infantil à universidade. *(14/6/05, Brasília – DF. Lançamento de ações para a Qualidade da Educação)*

**... do bom rumo da reforma agrária:** A única coisa que eu tenho certeza absoluta é que nós vamos terminar o Governo sendo o Governo que mais levou a sério a questão da reforma agrária na história do nosso país. *(27/1/06, Castilho – SP. Assinatura de acordo de cooperação e parceria entre a Caixa Econômica Federal e o Incra)*

**... de que o Brasil estaria na final da Copa de 2006:** Eu tenho certeza de que nós vamos para a final. Mas, pelas funções que eu tenho, não posso ir, mas vou ficar aqui torcendo. *(8/6/06, Brasília – DF. Videoconferência com a seleção brasileira)*

**... de que o Brasil será consertado por Lula:** Eu estou certo de que nós vamos consertar o país. *(8/5/03, Brasília – DF. Reunião da Associação Brasileira de Atacadistas e Distribuidores de Produtos Industrializados – Abad)*

**... de que o Nordeste voltará a crescer:** Eu estou certo disso, meu caro Lúcio [Alcântara, governador do Ceará], que o Nordeste vai voltar a crescer. *(28/7/03, Fortaleza – CE. Cerimônia de recriação da Sudene)*

**... de que cumprirá a palavra:** Eu estou certo que nós vamos fazer tudo que nos comprometemos a fazer. *(29/11/04, Brasília – DF. Encontro Nacional dos Prefeitos Eleitos do PT)*

## Chefe

**[ver: empregado; empregador; empresário; pobre; pobreza; trabalhador]**

Se um companheiro aqui, dentro da fábrica, vai pedir 100 reais emprestados para o chefe – porque na fábrica a gente pede dinheiro emprestado, porque o chefe normalmente ganha um pouco mais que a gente, e quando estamos pendurados, vamos pedir para o companheiro nos emprestar um dinheirinho – então, muitas vezes, o chefe fala para o trabalhador: "Olhe, eu te empresto 100 reais, mas você terá que me pagar 150 reais." *(19/3/04, Betim – MG. Visita à fábrica da Fiat Automóveis)*

**... fica com a melhor parte do trabalho:** Eu trabalhava no Departamento de Previdência Social, no sindicato, e tinha um advogado que trabalhava comigo, o Luizinho – nem sei se ele está mais no sindicato. E eu falava assim... Eu cuidava das viúvas que iam lá procurar atestado de vida, cuidava de habite-se, cuidava de uma série de documentos que naquele tempo exigiam, não sei se exigem tudo isso hoje ainda. Eu disse para o Luizinho: "Olhe, se aparecer uma viuvinha bonita aqui, você me fala." Porque eu era o chefe do departamento e era justo que eu atendesse. Aí, um dia, ele falou assim para mim: "Ó, Lula, tem uma lourinha aí bonita." *(14/12/07, São Paulo – SP. Inauguração da Agência da Previdência Social de Benefício por Incapacidade – APS/BI)*

**... é quem vigia os trabalhadores:** Eu me lembro de situações em que empresas tinham um buraco na porta para controlar se o trabalhador estava ficando muito tempo no banheiro ou não, e não eram indústrias pequenas, eram indústrias multinacionais, indústrias poderosíssimas. Eu me lembro do tempo em que uma mulher grávida para ir ao banheiro era obrigada a pegar uma ficha com a sua chefe, e muitas vezes ia uma vez e não podia ir a segunda vez, com medo de ser punida porque estava indo demais ao banheiro. *(3/5/06, Brasília – DF. Abertura da XVI Reunião Regional Americana da Organização Internacional do Trabalho)*

**... é duro nas cobranças:** Você [Paulo Vannuchi, secretário especial dos Direitos Humanos] será tratado com o grau de amizade, respeito e conhecimento que nós nos tratamos há tantos e tantos anos. E se deu certo até agora, certamente vai dar mais certo agora. E você não é mais apenas o meu parceiro. Eu, agora, sou o seu chefe, o seu presidente e, portanto, vou ser muito mais duro na cobrança. *(21/12/05, Brasília – DF. Posse do novo secretário especial dos Direitos Humanos, Paulo Vannuchi)*

**... não gosta de quem é mais competente:** O Mino [Carta, jornalista e editor ítalo-brasileiro], que criou a revista *Quatro Rodas*, o *Jornal da Tarde*, a revista *Veja*, a revista

*IstoÉ*, o *Jornal da República* – e nesse eu já estava mais por dentro da situação –, e o Mino que criou a *Carta Capital*. Possivelmente, em muitos dos lugares em que o Mino passou, ele tenha perdido o emprego por ser mais competente que o seu chefe. E chefe tem um defeito de não querer ninguém mais competente que ele. *(30/8/04, São Paulo – SP. Premiação da pesquisa das Empresas mais Admiradas no Brasil em comemoração do aniversário da revista* Carta Capital*)*

**... gosta de ganhar crédito pelo trabalho dos bons funcionários:** Muitas vezes, eu fico chateado quando eu não vejo lealdade na relação humana, eu fico chateado. Eu quero dizer para vocês que a coisa mais triste que um governante, e não eu, pode viver, é ele saber que nas obras para as quais ele deu dinheiro para fazer, sequer é citado o nome dele na maioria das cidades e na maioria dos estados brasileiros. Então, é o pior dos mundos, porque quando a coisa está boa, "fui eu que fiz". Eu aprendi na minha vida com chefe de fábrica. Eu durante muito tempo trabalhei e tinha muito chefe me olhando. Era um peão trabalhando e três em cima, olhando trabalhar. Bem, mas eu não me preocupava. Agora, quando saía uma peça boa, o chefe batia no peito e falava para o outro chefe: "Nós fizemos a peça boa." Quando, por azar, a gente estava cansado e estragava uma peça, ele dizia: "Ele estragou a peça, não fomos nós, foi ele só." *(22/2/06, Imperatriz – MA. Visita ao campus da Universidade Federal do Maranhão, em Imperatriz, no âmbito do programa de expansão do Sistema Federal de Ensino Superior)*

**... no Brasil é sempre branco:** Se a gente não começar, na pré-escola, a contar a história do Brasil diferente para nossas crianças, elas crescerão achando que os negros sempre foram escravos. Elas começarão achando que os negros são uma raça inferior. Se nós não começarmos a mudar, meu amigo Cristovam [Buarque, ministro da Educação], na cartilha em que a criança começa a aprender o bê-á-bá, se nós não começarmos a discutir que as pessoas devem ter papel importante nos filmes e na televisão pela sua competência e não pela sua cor, nós nunca mudaremos isso. Vamos continuar achando e admitindo que a mulher negra e o homem negro são bons para dançar, são bons para jogar futebol, são bons para disputar as Olimpíadas, mas para outras atividades como gerente de banco, dentista, médico, advogado, chefe em repartição pública, tem que ser branco. Até dentro das fábricas – e está aqui um negro saído de dentro da fábrica, o companheiro Vicentinho [deputado federal pelo PT de São Paulo] –, sabe-se que se numa empresa houver dois trabalhadores, para um deles ser escolhido chefe – se houver um negro e um branco –, pode ficar certo de que o branco será escolhido para ser o chefe daquela fábrica. *(21/3/03, Brasília – DF. Instalação da Secretaria Especial de Políticas de Promoção da Igualdade Racial)*

**... não deve deixar que suas relações pessoais interfiram em sua função:** Eu não confundo a minha relação de amizade pessoal com o papel de chefe de nação que o povo brasileiro me deu, nas eleições de 2002. *(16/1/04, Poços de Caldas – MG. Inauguração oficial da Usina Padre Carlos)*

**... não deve ser desacatado:** Eu aprendi, ainda em 1969, quando fui dirigente sindical pela primeira vez, que pelo fato de eu ter sido eleito dirigente sindical, eu achei que podia subir em cima da mesa, achei que podia desacatar o chefe. E aí eu fui aprendendo com o tempo que, pelo fato de eu ter responsabilidade, o meu comportamento deveria ser sempre exemplar, e foi assim a minha vida inteira. *(12/6/07, Guarulhos – SP. Entrevista antes da cerimônia de abertura do VII Congresso Nacional dos Metalúrgicos da Central Única dos Trabalhadores – CUT)*

## China

A China, para nós, do Brasil, tem que ser entendida como um parceiro estratégico na área comercial, na área do investimento científico e tecnológico, na área cultural porque, afinal de contas, um país que tem apenas 500 anos de cultura não pode deixar de ter humildade e aprender um pouco com outro país que tem milhares de anos de cultura à nossa frente. *(20/2/03, São Paulo – SP. Abertura da exposição* Os Guerreiros de Xi'an e os Tesouros da Cidade Proibida*)*

**... precisa ser incluída nos fóruns internacionais, para melhor controle:** Da mesma forma, meu caro Montezemolo [Luca di Montezemolo, empresário italiano, presidente da Ferrari, da Maserati, da Fiat e da Confindustria – Confederazione Generale dell'Industria Italiana], eu fui criticado porque tomei a decisão de reconhecer a China como economia de mercado. E tomei essa decisão porque tenho consciência de que ou nós colocamos a China no âmbito da OMC [Organização Mundial do Comércio] e passamos a envolvê-la nas discussões que faz o resto do mundo, ou nós deixamos a China de lado e ela vai ocupando os espaços que ocupa sem pedir licença a quem quer que seja. É preciso, portanto, colocá-los dentro dos foros em que nós decidimos as nossas coisas para que a gente possa comprometê-los como queremos comprometer todos os países e a nós mesmos, brasileiros, porque se não for a discussão nos foros internacionais que nós criamos, a coisa começa a acontecer em paralelo às decisões que nós fazemos. *(29/3/06, São Paulo – SP. Encerramento do Fórum Brasil-Itália: Relações Bilaterais)*

**... tem menos terras produtivas do que o Brasil:** O que não pode continuar a acontecer é, num país deste tamanho, com oito milhões e meio de quilômetros quadrados, onde não temos vulcão, não temos neve, não temos maremoto, onde temos mais terras produtivas do que a China, termos 43 milhões de pessoas passando fome. *(12/4/03, Londrina – PR. Visita à Via Rural – Fazendinha)*

**... tem exemplos históricos de como administrar pensando no futuro:** Normalmente, a classe política brasileira trabalha com uma perspectiva de curto prazo, com a perspectiva do seu mandato de quatro anos. As pessoas costumam correr atrás do tempo, para fazer tudo que puderem inaugurar nos próximos quatro anos, sem saber que o imperador que começou a construir as Muralhas da China [Muralha da China, construção iniciada pelo imperador Qin Shi Huang Di, século III a.C.] não as viu terminadas, mas certamente construiu uma das obras mais fantásticas que o ser humano já viu. *(30/4/03, Rio de Janeiro – RJ. Inauguração do Laboratório de Tecnologia Oceânica – Laboceano – da Coppe/UFRJ)*

**... produz mais porque é autocrática:** A verdade é que é um setor em que o Brasil produz 900 milhões de pares de sapatos por ano. Sabe a China quanto produz? Nove bilhões. Nós somos o segundo. Então, competir com a China não é uma coisa fácil. Não é fácil, lá eles não têm a dificuldade que nós temos aqui para fazer uma lei. Lá eles não têm o sindicato reivindicando o tanto de aumento de salário que eles reivindicam aqui. *(23/11/05, Rio de Janeiro – RJ. Abertura do 25.º Encontro Nacional do Comércio Exterior – Enaex)*

**... tem uma ligação maior entre ciência e mercado, no que deve ser copiada:** Eu fui à China, eu cheguei na China e a coisa mais importante era a ligação entre a universidade pública e as empresas da China, transformando o seu conhecimento teórico em produtos que poderiam ser industrializados, gerar riqueza para aquela empresa e uma contrapartida para a universidade. Isso é a coisa mais fantástica que eu vi. E eu voltei para o Brasil convencido de que a gente tem que fazer isso, afinal de contas, nós não podemos ficar a vida inteira produzindo teorias, guardando numa gaveta, e não tentar fazer aquilo gerar riquezas para um país. *(22/2/06, Imperatriz – MA. Visita ao campus da Universidade Federal do Maranhão, em Imperatriz, no âmbito do programa de expansão do Sistema Federal de Ensino Superior)*

**... não deve ser comparada ao Brasil:** Outra coisa que, às vezes, me machuca muito é citar a China como exemplo. Não faça isso, porque a China é um país fantasticamente grande, de uma produção extraordinária, de um crescimento extraordinário, mas certamente nenhum de vocês gostaria que as condições do Brasil fossem as da China. Não vamos olhar apenas para o crescimento, vamos olhar para o conjunto dos problemas e das soluções que encontrou a China. *(30/11/05, Curitiba – PR. Encerramento do Fórum Futuro 10 Paraná)*

## Churrasco

[ver: alimento; comida; fome]

O embaixador brasileiro em Tóquio [Ivan Canabrava] já sabe: tem que preparar uma churrasqueira na embaixada. E eu vou convidar as autoridades japonesas para comerem um belo churrasco; vamos fazer uma costela, não queimada como vocês faziam para mim quando eu vinha aqui, mas uma costela de qualidade, uma picanha de qualidade, para ver se, depois disso, os japoneses vão deixar de encomendar a carne brasileira. *(16/3/05, Erechim – RS. Visita a áreas atingidas pela seca na região Sul)*

**... é feito por Lula nos fins de semana:** Sábado e domingo eu como melhor. Aí eu como uma boa rabada, frango com polenta, faço um churrasco, mas só no final de semana. *(3/12/07, Brasília – DF. Entrevista ao jornalista Ricardo Kotscho e publicada na edição 6 (dez/07 – jan/08) da revista* Brasileiros*)*

**... põe à prova o carinho das pessoas:** Eu estava falando e estava vendo, ali fora, a fumaça do churrasco. Eu pensei comigo: como este povo é bondoso, porque ficar vendo uma pessoa falar, falar, e a carninha queimando ali, e todo mundo com a barriga vazia, vocês têm muita paciência, têm o coração muito grande. *(23/6/06, Chapecó – SC. Abertura do II Encontro de Habitação da Agricultura Familiar)*

## Cidadão(s)

Se passasse um catador [de papel e papelão] com uma carroça, eu não sei se nós seríamos capazes de chamá-lo de companheiro. Porque foi criada, neste país, uma marca de que nós somos diferentes por aquilo que fazemos, pela ascendência social. O que vocês estão fazendo é consolidando um processo que, quando menos vocês esperarem, vocês passarão com a carrocinha de vocês num bar desses e terá alguém, como nós, tomando uma cerveja que será capaz de dizer: "Companheiro, pare a carrocinha e venha tomar uma cerveja conosco." Quando isso acontecer, nós teremos completado um ciclo de conquista de direitos humanos e conquista de cidadania neste país. *(1/10/07, Rio de Janeiro – RJ. Cerimônia de liberação de recursos do BNDES para cooperativas de catadores de materiais recicláveis)*

**... não são condição natural; são construção social:** A gente não conquista cidadania quando a gente nasce, a gente conquista o direito de ter cidadania quando a gente nasce. A gente conquista cidadania quando a gente tem independência profissional, independência na nossa formação de escolaridade, quando a gente tem o nosso emprego e quando a gente começa a pensar seriamente que já estamos prontos para servir ao nosso país, para constituir nossa família e criar nossa família. *(7/11/07, Brasília – DF. Abertura do 5.º Encontro Nacional do Programa de Mobilização da Indústria Nacional de Petróleo e Gás Natural)*

**... são formados pela Educação:** O gasto com Educação não é gasto, é investimento. Porque formar uma menina ou formar um menino é dar a ele cidadania, é dar a ele dignidade, é dar a ele decência, é dar a ele um emprego, é dar a ele a chance de ter cidadania. *(29/3/06, Guarulhos – SP. Visita às futuras instalações do campus da Universidade Federal do Estado de São Paulo)*

**... têm de ter onde morar:** Cidadania é a pessoa dizer: "Eu moro em tal lugar." *(8/4/03, São Paulo – SP. Lançamento do Programa de Regularização Fundiária em Favelas)*

**... devem estar integrados ao mercado, ganhando dinheiro:** Fazer a reforma agrária, para nós – e está aqui o ministro [Miguel Rossetto, ministro do Desenvolvimento Agrário] que vai coordenar esse processo –, não é tirar miseráveis da cidade para torná-los miseráveis no campo. É tentar tirá-los da cidade e torná-los cidadãos dignos no campo, porque, na hora em que estiverem assentados, têm que produzir para vender no mercado e ganhar dinheiro. *(26/4/03, Buíque – PE. Lançamento do Programa Conviver)*

**... não devem ser um estorvo para a família:** O Sarah [Kubitschek, hospital], indubitavelmente, ensina as pessoas a tratarem do preconceito e dizer: "Nós somos cidadãos. Andando ou não andando, em pé ou de cadeira de rodas, eu sou cidadão, posso contribuir para o meu país, posso trabalhar, posso ser gente de bem", porque ninguém quer ficar em casa como se fosse um estorvo para a família. *(17/12/03, Brasília – DF. Inauguração do Centro Internacional de Neurociências e Reabilitação – Rede Sarah)*

**... devem ter carteira assinada:** A história de um país é contada em função de fatos e, inegavelmente, se Getúlio Vargas não tivesse feito nada neste país, apenas feito a Consolidação das Leis do Trabalho, ele teria sido o presidente da República que tirou toda uma nação de um estágio de semiescravidão para tornar os cidadãos com direito a terem um emprego com carteira assinada. *(24/8/07, Porto Alegre – RS. Lançamento do PAC Saneamento e Urbanização no estado do Rio Grande do Sul)*

**... devem ser produtivos:** Alguns pensam que reforma agrária é dar terra. Para nós, reforma agrária é, além de dar terra, torná-los produtivos e torná-los cidadãos. *(11/3/08, Divinópolis – TO. Inauguração do reservatório de contenção da Barragem Manuel Alves)*

**... são consumidores:** Mesmo nossa face mais negativa pode ser entendida como oportunidade: a desigualdade. Se bem atacada, como nos últimos anos, resulta em novos cidadãos, em novos consumidores, como nos provam o acerto do Bolsa Família e das demais políticas sociais. *(12/5/08, Rio de Janeiro – RJ. Lançamento da Política de Desenvolvimento Produtivo)*

## Cidade(s)

[ver: município]

Eu passei um período da minha vida entendendo que parte dos problemas do nosso país acontece nas cidades. Nas cidades tudo acontece porque é lá que a pessoa estuda, é lá que a pessoa mora, é lá que a pessoa trabalha, é lá que a pessoa tem o médico, é muito mais fácil encontrar um vereador no boteco da esquina tomando "uma" e dando "outra" para o santo; é lá que você consegue encontrar o secretário da prefeitura, é lá que você consegue encontrar o assessor do prefeito ou o próprio prefeito. E ficaria tudo mais fácil se as coisas acontecessem com maior evidência e incidência nos municípios. *(11/3/03, Brasília – DF. Encontro com prefeitos da VI Marcha a Brasília em Defesa dos Municípios)*

**... para o presidente, todas têm a mesma importância:** Eu tenho que gostar do Acre o tanto que eu gosto de São Paulo, o tanto que eu gosto de Pernambuco, o tanto que eu gosto do Amazonas, o tanto que eu gosto do Ceará, o tanto que eu gosto da Bahia. Primeiro, o presidente não tem estado; segundo, o presidente não tem cidade. Eu sou de Caetés, sou de Garanhuns, sou de São Paulo, sou de São Bernardo, sou de Santos. Para mim, toda cidade é cidade brasileira. *(11/2/05, Surubim – PE. Inauguração do Projeto de Abastecimento do Jucazinho)*

**... de São Paulo é a mais brasileira:** Esta cidade é a mais brasileira de todas as cidades, porque muitas outras cidades pelo Brasil afora têm apenas os companheiros que nasceram e que moram naquelas cidades. A minha cidade, Caetés, tem gente de Caetés; Garanhuns tem gente de Garanhuns. Outras capitais têm uma maioria absoluta de gente que nasceu na capital. São Paulo é a mais brasileira, porque duvido que haja um bairro na cidade que não tenha pernambucano, cearense, baiano, sergipano, paranaense, catarinense, gaúcho, ou seja, cada bairro está representado pela cara do povo brasileiro. E mais ainda: São Paulo é uma cidade mundial, porque tem o coração do tamanho do coração de uma mãe. Aqui moram, praticamente, pessoas de todos os países do mundo. Eu duvido que haja algum país do mundo, por menor que seja, que não tenha alguém recebendo o carinho e as oportunidades de sobrevivência que São Paulo oferece. Portanto, São Paulo precisa ser uma cidade bonita, precisa ser uma cidade bem-tratada. *(23/1/04, São Paulo – SP. Inauguração da Fonte Multimídia do Parque do Ibirapuera)*

**... do Rio de Janeiro é um grande cartão-postal:** O Rio de Janeiro, todo presidente já disse isso, é um estado especial, e a cidade é muito mais especial ainda, porque é o grande cartão-postal que o mundo conhece. *(21/10/04, Rio de Janeiro – RJ. Cerimônia de posse da diretoria da Federação das Indústrias do Estado do Rio de Janeiro – Firjan)*

**... foram consertadas pelos prefeitos:** E eu, toda vez que imagino ter uma preocupação qualquer, fico me lembrando: se os nossos prefeitos conseguiram a proeza de consertar as cidades, por que eu não posso consertar o Brasil? Se os nossos governadores, em tão pouco tempo, fizeram tanta coisa boa para os estados, por que nós não poderemos dar coisas boas para o Brasil? *(5/8/03, Brasília – DF. Encontro com lideranças políticas)*

**... estão quebradas:** Nós reconhecemos que as cidades brasileiras estão quebradas. Nós reconhecemos que os estados brasileiros estão quebrados. Mas a verdade nua e crua é que muita gente poderia ter gritado há um tempo atrás. A verdade é que muita gente poderia ter contribuído para que isso não acontecesse, e ficaram quietos. E, da minha parte, eu até acho saudável que esses que não gritaram antes gritem agora, porque significa, pelo menos, que eles não têm medo de nós e percebem que nós os tratamos de forma mais democrática do que eles foram tratados anteriormente. *(5/8/03, Brasília – DF. Op. cit.)*

## Ciência

**[ver: Educação; intelectual; pesquisa científica]**

Nós ainda temos muito que fazer em ciência e tecnologia, mas eu não tenho dúvida nenhuma de que qualquer brasileiro que tiver a chance de conhecer um laboratório desse porte sairá daqui com a autoestima muito elevada, convencido de que o nosso país tem condições plenas de disputar com qualquer país do mundo, mesmo no campo da ciência e tecnologia, desde que o Governo brasileiro acredite que investir em ciência, em tecnologia e em pesquisa, às vezes demora muito, mas pode nos trazer ganhos inimagináveis. *(30/4/03, Rio de Janeiro – RJ. Inauguração do Laboratório de Tecnologia Oceânica – Laboceano – da Coppe/UFRJ)*

**... quando é exata, é inquestionável:** Eu quero saber quem cuidou mais da Educação, quem cuidou mais da Saúde, quem cuidou mais do Emprego, quem cuidou mais do Desenvolvimento. Eu quero medir porque os números, você pode não gostar, mas eles não mentem. Você pode discordar ou não, mas os números são os números. Afinal de contas, Marta [Suplicy, ex-prefeita de São Paulo e ex-deputada federal pelo PT de São Paulo], matemática é uma ciência exata e não pode mentir. Você pode não acreditar, mas eles são exatos. *(23/12/05, Osasco – SP. Comemoração da meta do programa Bolsa Família – 8 milhões e 700 mil famílias atendidas em 2005)*

**... é importante para o desenvolvimento:** A pesquisa científica, em seus diversos campos, faz a humanidade avançar: na Agricultura, na Saúde, na Educação, no domínio de formas mais democráticas de acesso ao conhecimento, no combate a mazelas seculares, como a desnutrição. No mundo de hoje, a pesquisa é também um dos principais instrumentos para o desenvolvimento dos povos, no campo do comércio internacional e das relações entre os países. *(21/10/03, Brasília – DF. Entrega do prêmio Finep de Inovação Tecnológica)*

**... precisa de um bom relacionamento com o Governo:** É certo que nós precisamos fazer uma revolução no campo da ciência e da tecnologia no nosso país. E fazer uma revolução no campo da ciência e da tecnologia não é inventar nada novo, é apenas trabalhar com a humildade de que já temos, no Brasil, os cientistas competentes e capazes de fazerem o que o Brasil precisa. E a grande revolução é estabelecer uma nova relação, um novo padrão de relacionamento entre o Governo e a comunidade científica. *(18/3/04, Recife – PE. Assinatura de convênio entre o Ministério da Ciência e Tecnologia e a Universidade de Pernambuco)*

## Classe(s)

[ver: crise financeira de 2008; pobre; pobreza]

Possivelmente, um cidadão que votou em mim não tem consciência do gesto dele de, num país importante como o Brasil, depositar um voto num ser humano que não faz parte das classes que, tradicionalmente, exercem o poder neste país. E vocês me deram uma chance e eu vou sempre dizer: podem ficar certos, eu só tenho um valor na minha vida, que é a minha relação de amizade. E eu não quero ser medido porque eu fiz uma ou duas obras. Eu digo sempre que eu quero ser medido pelas coisas boas e pelo grau de satisfação que um ser humano sente. Eu digo sempre: quando eu deixar a Presidência da República eu quero ter conquistado o direito, mesmo que não tenha feito tudo que eu pensava fazer, de ter feito o máximo que estava ao meu alcance, para poder olhar na cara de cada companheiro, de cada metalúrgico, como eu estou agora, aqui, olhar os empresários, e não ter perdido o direito de chamá-los de companheiros. *(3/9/04, Osasco – SP. Cerimônia pelos 60 anos de fundação da Cobrasma, atuais Flanaço e Amsted Maxion)*

**... de Lula esteve, por muito tempo, excluída do poder:** Nós tivemos um 2005 muito ruim, amargo, amargo para mim e amargo para vocês. Até que vocês se levantaram e começaram a publicar uns adesivos espalhados por este país, dizendo "mexeu com o Lula, mexeu comigo", e parece que isso acalmou os ânimos de algumas figuras que falam tanto em democracia, mas não aceitam com facilidade a alternância de poder. Sobretudo quando aquele que está no poder representa uma classe social que, historicamente, não tem acesso ao poder. *(14/12/07, São Bernardo do Campo – SP. Lançamento do novo Ford KA)*

**... determinam a prioridade política:** Imaginem convencer um político europeu, um político americano, ou mesmo um político saído das classes mais abastadas do Brasil a se preocupar com a fome. Não está no seu cotidiano, ele não passa por isso no seu dia a dia. Então, ele não tem nenhuma razão de estar preocupado. Os que passam fome é que precisam fazer com que eles entendam. *(7/10/04, Brasília – DF. Apresentação da agenda das ações preparatórias da comemoração do Dia Mundial da Alimentação)*

**... mais baixas estão tendo mais ganhos no Governo Lula:** As coisas estão dadas, a economia está sólida, o Brasil ganhou credibilidade e respeitabilidade, a massa salarial está crescendo, o crédito está crescendo. Quem está acompanhando o jornal está vendo, é o maior crescimento de crédito nas classes C, D, e E da história deste país. São pobres que estão tendo acesso ao consumo de coisas que eram proibidas para eles. E isso vai continuar. *(21/2/06, Recife – PE. Inauguração do Aeroporto Internacional do Recife/ Guararapes, Gilberto Freyre)*

**... mais ricas conseguem acobertar seus problemas:** Eu carrego, Paulinho [Paulo Vannuchi, secretário especial dos Direitos Humanos], uma preocupação – e você, como secretário especial dos Direitos Humanos, como ser humano, como cristão – que é a questão do processo de degradação da sociedade brasileira a partir da família, um processo que tem violência dentro de casa, as mulheres são violentadas, as mulheres são maltratadas e muita gente pensa que é só no meio dos pobres. Não é, não. Na classe média, na classe média alta. É que nos pobres, logo alguém chama a polícia e todo mundo fica sabendo. Em outras classes sociais, as coisas ficam encobertas, mas o Paulinho sabe o quanto tem de violência entre pai e filho. *(26/5/06, Brasília – DF. Encerramento da 1.ª Conferência Nacional dos Direitos dos Idosos)*

## Coisa pública

[ver: corrupção]

O que há, na verdade, é o compromisso da seriedade com a coisa pública. Isso aqui não é nosso, nós é que somos brasileiros. *(6/2/04, Brasília – DF. Audiência com o presidente mundial da General Motors Corporation, Richard Wagoner)*

**... é aquilo que se opõe à coisa privada:** Eu quero dizer para vocês, homens e mulheres do turismo brasileiro, que o mais importante não foi eu ter criado o Ministério do Turismo. O mais importante foi eu ter achado o homem certo [Walfrido dos Mares Guia, ministro do Turismo] para ocupar o lugar certo, na administração do turismo brasileiro. Primeiro, pela sua inteligência; segundo, pela sua habilidade enquanto empresário bem-sucedido que é, na área da Educação; terceiro, porque há uns 30 anos que ele vem sendo secretário em Minas Gerais, de um monte de coisas: foi secretário de Planejamento, foi secretário de Educação. Portanto, é um homem que tem dimensão, tanto da coisa privada quanto da coisa pública. *(21/10/04, Rio de Janeiro – RJ. Abertura do 32.º Congresso Brasileiro de Agências de Viagens)*

**... tem de ser tratada com responsabilidade:** Se na vida pessoal da gente é assim, na vida e no trato da coisa pública também tem que ser assim. Nós só poderemos prometer aquilo que pudermos cumprir, só poderemos gastar aquilo que pudermos arrecadar e só poderemos fazer dívidas de acordo com a nossa possibilidade de pagamento. *(18/12/03, Brasília – DF. Ato de prestação de contas do ano de 2003)*

**... antes de Lula, muitas vezes foi tratada como coisa de amigos:** Muitas vezes a coisa pública foi tratada, no Brasil, como se fosse uma coisa de amigos, como se fosse um clube de amigos e não uma coisa pública de verdade. *(17/3/04, Fortaleza – CE. Lançamento da campanha Cresce Nordeste, do Banco do Nordeste)*

**... antes de Lula, foi usada em proveito próprio por "espertos":** Veja que o Banco do Nordeste, em dez anos, não conseguiu aplicar o que foi aplicado apenas o ano passado, numa demonstração inequívoca de que faltou seriedade no trato do dinheiro público no nosso país. Ou faltou seriedade ou, quem sabe, teve aqueles que sempre acham que são mais espertos do que os outros, que tentam se aproveitar da coisa pública para si próprio ao invés de pensar no conjunto das pessoas que deveriam ter acesso ao dinheiro público. *(17/3/04, Fortaleza – CE. Op. cit.)*

**... depois da crise do mensalão, tem de ser mais bem-gerenciada:** Não é uma coisa simples de fazer, é uma coisa em que o Poder Executivo tem as suas limitações, o Legislativo tem as suas limitações, o Judiciário tem as suas limitações. O que há de importante para dizer é que todos os poderes estão imbuídos do desejo de que é preciso sair dessa crise [do mensalão] muito mais forte, do ponto de vista institucional, muito mais forte do ponto de vista das mudanças das leis que temos que fazer, e muito mais forte do ponto de vista do gerenciamento da coisa pública no país. *(25/8/05, Brasília – DF. 13.ª reunião ordinária do Pleno Conselho de Desenvolvimento Econômico e Social – CDES)*

**... com Lula, está sendo gerenciada de forma correta:** As coisas estão acontecendo bem para o Brasil, os trabalhadores estão acreditando, os empresários estão acreditando, os governadores todos. Todos nós aprendemos a gerenciar melhor a coisa pública, o PAC [Programa de Aceleração do Crescimento] é uma lição de vida para todos nós, porque nós estamos provando que é possível fazer se a gente tiver planejamento e gestão. *(6/5/08, Manaus – AM. Entrevista após visita às obras da ponte sobre o rio Negro)*

**... devia ser gerenciada sem tanta preocupação com os corruptos, porque os projetos ficam emperrados:** Os projetos param na mesa de qualquer um de vocês. Para por quê? Porque segundo o rito de fazer coisa pública neste país é assim. Para tudo tem manual, para tudo tem uma orientação. Se a pessoa vier de verde, a decisão tem que ser azul. Se vier de azul, a decisão tem que ser preta, mas não tem alguma alternativa de novidade. Uma novidade para a máquina: "Não está previsto na lei, não está previsto no manual, isso aqui não está no manual, nas normas de funcionamento", e as coisas ficam truncadas. Muitas vezes, culpa-se o funcionário sem saber que a culpa é uma coisa que vem de muito tempo e é uma coisa que vem sendo acumulada por conta de uma questão cultural neste país. Muitas vezes se pensa que todo mundo é corrupto, até prova em contrário, quando deveríamos partir sempre do princípio de que todo mundo é honesto até prova em contrário. Então, hoje, nós tínhamos uma série de funcionários, e com muita razão, muito preocupados em aceitar um projeto. Na verdade, eu acho que as pessoas pensavam: "Bom, se eu aceitar isso aqui, o Ministério Público vai vir em cima de mim, eu vou ser processado, meus bens vão ser disponibilizados e o Governo não coloca nem advogado para me defender. Eu é que vou arcar com as despesas do advogado." Quando isso foi pensado e feito, não para moralizar a máquina pública, mas na minha opinião para atravancar e emperrar a máquina pública. *(19/3/08, Brasília – DF. Encontro para foto com assessores das salas de situação do PAC)*

# Comida

[ver: alimento; churrasco; fome]

Eu hei de realizar um sonho, que não é só meu, mas um sonho que é de todos vocês: que haverá um dia, neste país, onde nenhuma criança irá dormir sem um prato de comida e nenhuma criança acordará sem um café da manhã. *(24/1/03, Porto Alegre – RS. III Fórum Social Mundial)*

**... dá orgulho quando enche a barriga dos filhos de um trabalhador:** Para mim, gente, não tem coisa mais orgulhosa do que ver um pai de família trabalhar, no final do mês receber o seu salário e, com o seu salário, pegar a sua mulher e os seus filhos, ir na bodega mais próxima e encher a casa de comida, para as crianças poderem ficar com a barriga cheia, terem saúde e, amanhã, serem trabalhadores. *(4/8/05, Eliseu Martins – PI. Cerimônia alusiva à colheita de mamona para a produção de biodiesel)*

**... é fundamental para que haja igualdade entre ricos e pobres:** Ora, o que nós estamos fazendo? Nós estamos querendo dar oportunidade para tornar iguais o filho do pobre e o filho do rico. Todos entrarão na escola aos seis anos de idade e todos vão aprender em igualdade, porque Paulo Freire [educador brasileiro] dizia: "Não tem ninguém burro no mundo, não tem ninguém que não seja inteligente, é dar comida e oportunidade que todo mundo vai em frente e vence na vida." *(15/3/06, Itabaiana – SE. Implantação do Projeto de Expansão das Universidades Federais no estado de Sergipe)*

**... não deve perder espaço para a energia:** Confesso a vocês que jamais irei fazer a disputa entre energia e comida, até porque eu preciso dos dois, e também não irei fazer a disputa entre energia e preservação ambiental, porque também preciso dos dois. *(5/7/07, Bruxelas – Bélgica. Declaração à imprensa após assinatura de atos)*

**... pode ser um problema político:** Quando eu falo "transformar numa questão política" é quando as pessoas, dentro de casa, começarem a discutir o assunto; quando um filho falar para o pai, à noite, quando ele chegar do trabalho, cansado, e tirar o sapato para descansar: "Pai, e a questão da fome?" Quando a gente conseguir isso, teremos transformado a fome num problema político. Ou quando a mulher falar para o filho: "Meu filho, não deixe comida no prato, porque tem gente passando fome." Aí transformamos isso num problema político. Aí tudo fica mais fácil para ser resolvido. *(8/7/03, São Paulo – SP. Lançamento da ONG Apoio Fome Zero)*

**... é um problema mais fácil de resolver do que guerras:** Nós fizemos uma reunião dos 20 países e enquanto as pessoas queriam discutir guerra, eu falava: vamos discutir a questão da fome, vamos discutir a questão da pobreza, é muito mais fácil. É muito mais fácil acabar com a fome no mundo do que acabar com uma nação ou fazer uma guerra. Nós corremos muito menos risco se nós tratarmos de dar comida para esse povo. *(10/2/04, São Paulo – SP. Inauguração da Expo Fome Zero 2004)*

**... faz o pobre ir mais feliz aos comícios:** Espero que o comércio continue vendendo muito mais, porque quando o comércio vende do jeito que está vendendo, eu sei que a comida está chegando à boca do pobre, e quando está chegando à boca do pobre a gente percebe que ele vai aos atos públicos mais feliz, mais alegre. *(1/4/08, Brasília – DF. Reunião do 25.º Pleno Conselho de Desenvolvimento Econômico e Social – CDES)*

# Companheirismo

**[ver: adversário; amigo; amizade; companheiro]**

Quero tratar cada um de vocês como trato meu caçula de 17 anos. Na hora em que puder fazer, faremos. Mas na hora em que não der para fazer, com a mesma serenidade e com o mesmo carinho, quero dizer: companheiro, não dá para fazer. E tenho certeza de que essa relação de honestidade e de companheirismo será a razão do sucesso do nosso Governo. *(24/1/03, Porto Alegre – RS. III Fórum Social Mundial)*

**... é moeda para resgatar dívidas históricas:** Quando eu tomei a decisão de visitar, nos primeiros 36 meses de Governo, 17 países africanos, eu tinha consciência de que a dívida, se fôssemos quantificá-la monetariamente, seria impagável, mas eu tinha consciência de que determinadas coisas a gente não paga com dinheiro, a gente paga com reconhecimento, a gente paga com gestos, a gente paga com solidariedade, a gente paga com companheirismo, a gente paga, eu diria, muitas vezes com sentimentos. *(27/9/06, Brasília – DF. Assinatura do Decreto de Titulação de Terras Quilombolas)*

**... gera coisas boas:** Se a gente plantou ódio, se a gente plantou inveja, se a gente plantou discórdia, a gente vai colher desgraça. Mas se a gente plantar harmonia, plantar companheirismo, plantar lealdade, a gente vai colher muita coisa boa. *(18/1/07, Rio de Janeiro – RJ. Assinatura de acordos para moradias no Rio de Janeiro)*

**... melhora a imagem do Brasil:** Vocês viram os momentos angustiantes que nós vivemos com o companheiro Evo Morales, da Bolívia, com o negócio do gás. Todo mundo queria que eu batesse e o Alckmin [Geraldo Alckmin, ex-governador de São Paulo, candidato derrotado a presidente em 2006], na campanha, falava: "O Lula tem que ser duro, o Lula precisa ser duro." Primeiro, gente, eu vou contar uma coisa para vocês: uma das coisas mais extraordinárias foi a eleição do Evo Morales, um índio ser eleito presidente da Bolívia, que tem maioria índia. E eu apanhei muito por causa disso, entretanto vocês nunca me viram fazer uma crítica ao Evo Morales porque eu conheço a situação de pobreza da Bolívia, conheço o sofrimento daquele povo e, se eu puder ajudar, eu vou ajudar, mas não vou atrapalhar. Eu quero é construir, porque durante muitos anos o Brasil foi visto como imperialista e nós só vamos mudar isso se mudarmos procedimentos, se a gente tiver generosidade e companheirismo. *(12/6/07, Guarulhos – SP. Abertura do VII Congresso Nacional dos Metalúrgicos da Central Única dos Trabalhadores – CUT)*

**... leva verbas aos estados:** Isso aqui [obras do Programa de Aceleração do Crescimento na Rocinha, Rio de Janeiro] só está acontecendo também, Sérgio [Cabral, governador do Rio de Janeiro], pelo seu grau de companheirismo e pelo seu jeito de ser. Se você fosse um governador daqueles que só pensam em si mesmo, que não quisesse fazer parceria com o Governo Federal e que ficasse fazendo críticas, certamente eu e você não estaríamos aqui juntos. Estamos aqui porque assumimos um compromisso na campanha, no segundo turno. *(7/3/08, Rio de Janeiro – RJ. Assinatura de ordem de início das obras do PAC na comunidade da Rocinha)*

**... pode ajudar a fazer uma revolução planetária:** Se a gente souber extrair o potencial de bondade, de companheirismo, de solidariedade que tem dentro de cada ser humano, nós poderemos fazer uma grande revolução neste nosso querido planeta Terra. *(21/8/04, Porto Alegre – RS. Almoço comemorativo da Semana Nacional pela Cidadania e Solidariedade)*

**... é sinônimo de amizade:** O que nós fizemos até agora não seria possível se não houvesse entre nós um grau de amizade, um grau de companheirismo como existe. Apesar de ele [José Alencar, vice-presidente da República] ser mais novo que eu, eu o tenho tratado com o respeito de pai, de irmão, de companheiro de verdade, porque nós entramos nessa briga juntos e ganhamos juntos. Eu tenho a noção da importância dele para que nós ganhássemos as eleições. Eu acho que foi o trabalho de cada um, mas, sobretudo, a garantia que ele nos deu junto a um setor importante da sociedade que desconfiava de nós. Isso foi extremamente importante para que nós chegássemos à vitória. *(5/7/04, Brasília – DF. Reunião de apresentação dos resultados do Governo)*

**... é pedir com jeitinho, com humildade:** No mais, meus queridos companheiros e companheiras, eu quero fazer justiça, aqui, e quero agradecer pessoalmente. Posso dizer para vocês que nesses três anos de Presidência da República eu tenho tido uma lição de humildade, de companheirismo do presidente José Sarney, [ex-presidente da República, senador pelo Amapá]. Tenho tido uma lição. Muita gente neste país é boa para fazer discurso. Muita gente é boa para xingar todo mundo, muita gente é boa para fazer barulho, mas o presidente Sarney, não, ele chega para mim, com um papelzinho, e fala: "Presidente, isso aqui são as necessidades do Amapá. Por favor, se puder, faça isso." Toda vez que me encontra. *(20/12/05, Santana – AP. Cerimônia de assinatura do convênio para a construção do Terminal Pesqueiro Público de Santana)*

## Companheiro(s)

[ver: adversário; amigo; companheirismo]

Companheiro não é aquele que aparece no baile apenas quando está cheio de moças bonitas, não. Companheiro é aquele que vai ao baile mesmo quando só tem homens, vai lá para rever os amigos. Companheiro não é aquele que dá tapinha nas costas quando você tem 80% nas pesquisas, não. Companheiro é aquele que é teu amigo quando você não tem nenhum ponto na pesquisa. Companheiro é aquele que é teu amigo a vida inteira, e é assim que a gente constrói essa relação sincera e não uma relação falsa. *(3/7/07, Fortaleza – CE. Lançamento do PAC Saneamento e Urbanização no estado do Ceará)*

**... são raridade:** Tem muita gente que fala em amigo com muita facilidade, que fala em companheiro com muita facilidade, mas se todos nós fôssemos submetidos a um teste para mostrar dez companheiros de verdade, nós teríamos dificuldades. Eu não teria tanta, porque só tenho nove dedos, então eu teria uma tarefa mais simples que a de vocês. *(20/2/08, Brasília – DF. Posse do ministro da Secretaria Especial de Políticas de Promoção da Igualdade Racial, Edson Santos)*

**... são escolhidos:** Sabe o que acontece? Irmão a gente não escolhe, pai a gente não escolhe, mãe a gente não escolhe, agora companheiro a gente escolhe. E quando a gente escolhe uma pessoa para ser companheiro, eu digo sempre o seguinte: nem todo irmão é um companheiro, agora, todo companheiro é um irmão extraordinário para nós. *(15/3/06, Aracaju – SE. Visita ao projeto de reurbanização do bairro Coroa do Meio)*

**... são uma coisa sagrada:** Não temos que ter vergonha de dizer que somos amigos, porque não é fácil a gente olhar na cara de muita gente e dizer "eu sou companheiro de fulano e fulano é meu companheiro". Companheiro é uma coisa tão sagrada, que a gente constrói ao longo de muitos anos, de muita solidariedade e de muito trabalho conjunto. Por isso, o padre Júlio [Lancellotti] é um grande companheiro, desses que eu consegui acumular ao longo dessa minha pouca idade de 62 anos. *(22/12/07, São Paulo – SP. Celebração do Natal da Vida e Cidadania dos catadores e da população em situação de rua)*

**... não devem se prender ao protocolo:** Ele [Miguel Arraes, ex-governador de Pernambuco e membro do PSB, falecido em agosto de 2005] fazia questão que eu não o tratasse como senhor. Eu, da mesma forma, nunca admiti que, quando presidente, ele me tratasse com deferência, de Excelência ou outra coisa. Companheiro é companheiro para toda a vida, não precisa mudar em função do cargo em que você está sobrevivendo. *(7/12/05, Brasília – DF. Posse da nova Executiva Nacional do PSB)*

**... devem continuar reivindicando:** Esta minha vinda aqui é apenas para que a gente diga a vocês: continuem reivindicando e continuem pedindo. Nós nunca vamos reclamar e vocês nunca ouvirão da minha boca uma reclamação porque um companheiro ou uma companheira, desse ou daquele movimento, se encontrou comigo e fez reivindicação. *(27/1/06, Castilho – SP. Assinatura de acordo de cooperação e parceria entre a Caixa Econômica Federal e o Incra)*

**... deixam Lula triste quando se vão do Governo, e alegre quando chegam:** Sempre a saída de um companheiro ou de uma companheira do Governo nos deixa muito sensibilizados e muito tristes, ao mesmo tempo em que a entrada de um novo companheiro é motivo de alegria. *(27/5/08, Brasília – DF. Posse do novo ministro do Meio Ambiente, Carlos Minc).*

**... devem ser julgados com cautela:** É muito duro quando você tem que julgar um companheiro, ter que afastar um companheiro porque houve uma denúncia. E se aquele companheiro for inocente? Então, se o companheiro é inocente, você cometeu uma injustiça. *(23/8/07, Brasília – DF. Entrevista aos jornalistas Tânia Monteiro, Vera Rosa, Rui Nogueira e Ricardo Gandour, do jornal* O Estado de S. Paulo*)*

**... se ofendidos, provocam mais sofrimento do que quando o ofendido é Lula:** Quando a ofensa é pessoal, elas ofendem menos, muito menos do que quando ofendem um companheiro. *(15/12/05, Brasília – DF. Almoço com oficiais-generais)*

# Competência

Eu digo sempre que todo homem só consegue provar aquilo que tem competência de fazer e aquilo que é quando for desafiado por desafios às vezes maiores do que o seu próprio tamanho. *(15/3/04, Brasília – DF. Posse do ministro dos Transportes, Alfredo Pereira do Nascimento)*

**... não depende do sexo da pessoa:** Eu fui à Nuclep [Nuclebrás Equipamentos Pesados S.A.], no Rio de Janeiro, eu vi mulher, menina sendo torneiro mecânico, menina sendo soldadora. Isso, há 20 anos, dizia-se: "Isso é profissão de homem." Não tem profissão de homem ou de mulher, ou seja, tem competência e a massa encefálica dentro da nossa cabeça não tem diferença entre homem e mulher. Tem trabalho em que a mulher tem muito mais competência, tem trabalho em que a mulher é muito mais produtiva, ela é muito mais dedicada. *(24/11/05, Brasília – DF. Entrevista coletiva a emissoras de rádio de SP e RJ)*

**... não é o mais importante para que se ocupem certos cargos na administração pública:** A função de governante é dura por isso: é porque a gente tem que mandar embora pessoas que a gente nem conhece; diretores que, às vezes, são pessoas da mais alta competência, mas que, como são cargos de confiança de um Governo, a mudança se faz necessária. *(23/1/03, Curitiba – PR. Transmissão do cargo de diretor-geral brasileiro da Itaipu Binacional)*

**... é importante para que se ocupem certos cargos na administração pública:** Montei uma comissão interministerial, com seis ou sete ministros, que visitaram todos os principais portos do Brasil, inclusive o de Vitória. E eu dei a seguinte determinação: eu não quero saber se o administrador do porto é do PT, é do PL, é do PCdoB, é do PSB, é do PMDB, eu não quero saber de que partido ele é, eu quero saber se ele tem competência para gerir o porto. Se tiver competência, fica, se não tiver, sai, porque o que nós precisamos, na verdade, é fazer as coisas funcionarem bem, porque quanto melhor funcionarem mais a gente vai poder gerar empregos aqui no estado [do Espírito Santo], mais vocês vão poder exportar, mais vocês vão poder importar. *(24/3/06, Vitória – ES. Comemoração dos 100 anos do porto de Vitória)*

**... para o administrador público, não basta; ele tem de ter sensibilidade:** Nem sempre o técnico tem a mesma dimensão [na gestão da máquina burocrática], não porque não tem competência, às vezes ele é muito mais competente do que quem dirige, mas ele não tem a paixão da sensibilidade política de saber: olha, precisa ou não precisa fazer? Porque senão todos nós estaremos determinados a cumprir apenas o receituário que foi feito há muitos e muitos anos, do que pode ou não pode, e pode acontecer uma guerra ali no meio que a pessoa não muda um milímetro. *(18/12/06, Manaus – AM. Abertura da 224.ª reunião do Conselho Administrativo da Suframa)*

**... não é o que deve determinar a sobrevivência de empresas e associações:** A Timemania [loteria que passou a vigorar em 2008, criada pelo Governo Federal para ajudar a saldar as dívidas dos clubes de futebol com a União] é uma lei que visa salvar os times de futebol neste país. Eu não concordo, não aceito a ideia daqueles que dizem que os times que não tiverem condições que morram, que os times têm que ser apenas uma empresa, e que não se estabelece quem não tem competência, não se estabelece. Isso é muito fácil de dizer, mas é preciso a gente reconhecer que alguns times no Brasil não são mais times de futebol, são, na verdade, centros de atividades culturais, e uma parcela da população não conseguiria imaginar o Brasil sem algumas das suas equipes de futebol. *(4/5/06, Brasília – DF. Abertura da II Conferência Nacional de Esporte)*

**... não falta aos trabalhadores, mas eles não sabem, pois são iludidos:** Muitas vezes eu perdi eleição porque nós mesmos tínhamos preconceitos contra nós. É difícil a gente convencer um trabalhador comum de que ele tem competência para fazer alguma coisa. Ele aprendeu a vida inteira que ele não tinha. Nas novelas ele só é lavador de carro, só é empregada doméstica, nunca tem uma posição de destaque, é sempre o de baixo. Então, nós vamos sendo condicionados a acreditar que a gente não pode, que a gente não tem condições. Pobre só pode ser jogador de futebol, até porque rico... Não tem caso de rico jogador de futebol, são raríssimos. Mas pobre tem, porque é a única coisa que nós temos espaço para fazer, e, ao mesmo tempo, pobre pode ser artista, artista também pode. *(11/3/08, Divinópolis – TO. Inauguração do reservatório de contenção da Barragem Manuel Alves)*

**... quando falta a alguns países faz com que eles apelem para a "sacanagem":** O Brasil virou o maior exportador de carne do mundo, o Brasil é um dos maiores exportadores de soja do mundo, o Brasil é o maior exportador de café do mundo, o Brasil é um grande exportador de muitas outras coisas. E eles, agora, inventaram: "Vai faltar alimento no mundo, porque o biocombustível está tomando lugar da produção do alimento." Sacanagem pura, malandragem pura de quem não tem competência para competir com o Brasil. *(6/5/08, Igarapé da Cachoeirinha – AM. Inauguração do projeto de urbanização do Igarapé da Cachoeirinha, assinatura de ordens de início das obras da ponte sobre o rio Negro, de ordens de serviço do PAC e do Pacto Federativo do Amazonas)*

## Computador(es)

[ver: informação]

Computador, hoje, é uma necessidade de desenvolvimento do país, é uma necessidade para que a gente prepare o Brasil para competir com o mundo mais avançado, do ponto de vista da informática. *(31/1/07, Crateús – CE. Inauguração da usina de biodiesel da Brasil Ecodiesel)*

**... são desejados por todos:** Todo mundo quer ter uma casinha própria e todo mundo quer ter um carro. E, agora, tem mais um desejo: o computador. Quem é que não quer ter um computador? E, agora, com a banda larga. *(5/5/08, Teresina – PI. Assinatura de ordens de serviço de início de obras do PAC, lançamento do Bolsa Formação, Plano Habitacional para Policiais e Pacto dos Territórios da Cidadania no estado do Piauí)*

**... são mais fáceis de usar para os jovens:** Para nós, que já temos aí 40, 50, 60, entrar no computador é mais difícil. Mas dê uma máquina dessa para um moleque de dez anos de idade para ver em quanto tempo ele vai estar "viajando" mais do que uma pessoa de 80 já viajou a vida inteira. *(19/5/08, Brasília – DF. Encontro com prefeitos de municípios com menor Índice de Desenvolvimento da Educação Básica – Ideb)*

**... fazem parte da rotina de Lula:** Hoje, eu me levantei para fazer a minha caminhada, às 6h da manhã, depois fui tomar café, fui ao computador e vi que o IBGE [Instituto Brasileiro de Geografia e Estatística] tinha divulgado um dado importante: "O desemprego em dezembro foi de 7,2%." Quem acompanha a divulgação dos índices de desemprego pelo IBGE, sabe que um número desses tem um significado extraordinário para o Brasil. *(24/1/08, Brasília – DF. Abertura das comemorações dos 85 anos da Previdência Social e Dia do Aposentado)*

**... não servem para fazer política:** Nós chegamos à conclusão de que era preciso juntar toda a América do Sul para fazer um Mercosul forte. E todo mundo sabe que política não se faz por computador, faz-se olhando no olho da pessoa, sentindo a química que existe entre o ser humano, para ganhar a confiabilidade do seu interlocutor. *(20/11/03, Maceió – AL. Almoço oferecido pelo governador Ronaldo Lessa)*

**... ajudam o Governo:** O Ministério da Saúde já capacitou 1.898 municípios e 2.016 profissionais das secretarias municipais de Saúde. O objetivo é colocar um técnico e um computador em postos de saúde de todas as cidades brasileiras para colher e armazenar estatísticas indispensáveis à formulação de políticas públicas cada vez mais consistentes. O sistema permitirá, ainda, fazer o acompanhamento das crianças beneficiárias do Bolsa Família, conforme previsto na regulamentação do programa. *(26/10/04, Brasília – DF. 5.ª reunião do Consea – Gestão 2004-2005)*

**... devem se tornar acessíveis aos pobres:** A nossa ideia é colocar mais de um milhão de computadores financiados – para pagar 50, 60 reais por mês – na mão da gente pobre deste país para que eles tenham oportunidade. *(22/2/06, Imperatriz – MA. Visita ao campus da Universidade Federal do Maranhão, em Imperatriz, no âmbito do programa de expansão do Sistema Federal de Ensino Superior)*

**... ainda não são um item imprescindível:** Foram esses compromissos que nós assumimos em praças públicas. E são esses compromissos que nós queremos cumprir. E vamos cumpri-los, podem ficar certos de que vamos cumpri-los. E começaremos a cumpri-los na hora que a gente puder afirmar, não importa o dia, mas puder, em algum instante, avisar, em algum lugar do mundo: "No meu Brasil as pessoas não conseguiram ainda todas comprar computador. No meu Brasil, todas as pessoas não podem ainda viajar de avião." Ou até dizer: "No meu país todas as pessoas não conseguiram ainda chegar à universidade." Ou: "No meu país as pessoas não conseguiram ainda comprar o seu primeiro ou o seu segundo carro." Mas nós temos que dizer: "No meu país, todas as pessoas que lá moram tomam café, almoçam e jantam todo dia." *(25/2/03, Brasília – DF. Reunião do Conselho de Segurança Alimentar e Nutricional – Consea)*

**... deixarão de ser artigo de luxo em pouco tempo:** Eu acho que logo, logo nós vamos poder vir aqui no Conselho e dizer para vocês: finalmente, o computador chegou ao pobre neste país. Finalmente ele deixou de ser um artigo de luxo. *(23/3/06, Brasília – DF. 16.ª Reunião Plenária do Conselho de Desenvolvimento Econômico e Social – CDES)*

**... podem diminuir o desespero dos jovens:** Estamos discutindo com muita força no Governo a necessidade de ter uma política de inclusão digital, para ver se esses jovens conseguem ter acesso a um computador e sair um pouco do desespero no qual se encontram no nosso país. *(17/5/04, Goiânia – GO. Abertura da 45.ª Reunião Geral da Frente Nacional de Prefeitos)*

**... podem ajudar os jovens a ter bons empregos:** Se a gente quiser cuidar para que as pessoas que trabalham com a pesca tenham acesso à Educação; se nós quisermos cuidar para que os filhos de vocês tenham acesso a uma boa educação; se nós quisermos cuidar para que vocês tenham acesso a uma coisa que é importante que todos tenham, que é acesso ao computador – porque os nossos filhos, certamente, irão querer viver uma vida mais digna do que a que nós vivemos, uma profissão melhor, uma profissão que lhes permita ganhar mais –, se nós quisermos garantir, então, que as crianças de vocês tenham acesso à informática, e se nós quisermos garantir a vocês que na época que não podem pescar vocês vão ganhar um salário, nós temos que saber qual é a cara do pescador e da pescadora do Brasil. *(20/12/05, Santana – AP. Assinatura do convênio para a construção do Terminal Pesqueiro Público de Santana)*

**... devem ser democratizados:** Eu acho que não pode ser o computador o discriminador, o criador das diferenças de classes sociais. Não é justo que uma criança com bens possa ter quantos computadores quiser na sua casa e uma criança pobre não tenha nenhum na escola, para estudar. Pois vai ter, podem ter certeza que nós vamos digitalizar este país. *(31/1/07, Crateús – CE. Op. cit.)*

**... não substituem a relação humana:** Eu acho maravilhoso as crianças trabalharem com computação, crianças com 6 anos trabalham melhor que pessoas com 50 anos de idade. Entretanto, por mais que ele seja inteligente, ligado ao computador, ele não pode prescindir da relação humana, ou seja, o contato direto entre as pessoas é que define o tipo de sociedade que nós vamos ter. *(19/7/04, São Paulo – SP. Lançamento da campanha O melhor do Brasil é o brasileiro)*

## Comunicação

[ver: discurso; informação]

Quando o Furlan [Luiz Fernando Furlan, ministro do Desenvolvimento] estava falando das coisas que faltam a gente fazer, eu estava comentando com o Palocci [Antônio Palocci, ministro da Fazenda]: o Furlan precisaria conversar com um homem de comunicação, porque, veja, é bem possível que a imprensa dê destaque às coisas que nós não fizemos e esqueça o que nós anunciamos aqui. É bem possível, porque em comunicação é isso, muitas vezes o importante não é o principal, o importante é o secundário. *(15/6/05, Brasília – DF. Assinatura da MP de Desoneração Tributária e de Estímulo ao Desenvolvimento e ao Investimento)*

**... não se dá apenas por palavras:** Eu fico olhando na cara de cada mulher, fico olhando na cara de cada homem, fico olhando na cara de vocês e fico dizendo: o ser humano, quando tem bons ideais, quando tem bons propósitos, ele não se comunica pela voz, ele se comunica pelos olhos, pela alma e pelo coração. *(29/3/06, Guarulhos – SP. Visita às futuras instalações do campus da Universidade Federal do Estado de São Paulo)*

## Comunismo

[ver: comunista; socialismo]

É importante lembrar que nós estamos vivendo um período importante de fortalecimento da democracia no continente. Agora que não existe mais o medo do comunismo, agora que o mundo está mais tranquilo, agora que as pessoas aprenderam a fazer as disputas políticas exercendo a democracia, eu penso que os Estados Unidos deveriam ter uma política mais pró-ativa para a América Latina. *(25/9/07, Nova York – EUA. Entrevista ao programa de televisão* Charlie Rose*)*

## Comunista

[ver: comunismo; socialismo]

Eu confesso que não gosto de rótulo. Eu acho que os mais velhos aqui se lembram que a primeira entrevista que eu dei, ainda no tempo da TV Tupi, tinha o Mesquita [Ruy Mesquita, jornalista, entrevistou Lula em 1978 para a TV Cultura] que me perguntou: Você é comunista? Eu falei: Não, sou torneiro mecânico. Porque eu acho que o rótulo não ajuda. Eu prefiro ser o Lula, torneiro mecânico, pernambucano de Garanhuns, que chegou à Presidência da República. *(2/10/03, Brasília – DF. Entrevista coletiva a emissoras de rádio)*

**... faz revolução; Lula disputa eleição:** Vocês estão lembrados que num passado muito distante, o Prestes [Luiz Carlos Prestes, ex-secretário-geral do Partido Comunista Brasileiro, já falecido] resolveu fazer a Coluna Prestes e, depois de conhecer os problemas do Brasil, ele resolveu que tinha que virar comunista para resolver os problemas do Brasil. Eu resolvi virar presidente da República para ver se era possível fazer aquilo que eu entendia que precisaria ser feito. *(24/5/06, Brasília – DF. Encontro com representantes do setor odontológico)*

**... é como Lula era chamado pela direita; a esquerda o acusava de ser agente da CIA:** Em primeiro lugar, o meu comportamento político sempre foi prático. Nunca gostei de ser rotulado. Quando comecei minha vida no movimento sindical era chamado de agente da CIA pelos comunistas e de comunista pela direita. Isso me deixava tranquilo, pois, como não era nem um nem outro, ficava livre para escolher o caminho que entendia melhor para os trabalhadores. Na política, tento fazer a mesma coisa. Em junho de 2002, antes das eleições presidenciais, lançamos o documento chamado "Carta ao Povo Brasileiro", no qual foram definidas as regras da política que seguimos hoje. Em toda a minha vida sindical, partidária, de oposição e, agora, de Governo, defendi e pratiquei o diálogo democrático, a negociação política intensa. *(9/2/05, Brasília – DF. Entrevista ao jornal* A Notícia*)*

**... era algo que Lula nunca quis ser:** Eu fui para o sindicato na marra. Eu não gostava do sindicato também. Eu achava que lá só tinha comunista. Eu tinha 21 anos de idade. Meu irmão era militante, era muito atuante e tentava me convencer, todas as vezes, mas eu nunca tive vontade de ir para o sindicato. *(1/5/03, Indaiatuba – SP. Visita ao Retiro de Itaici – CNBB)*

**... já foi xingamento:** Eu fico imaginando quantas vezes aqueles que ousaram fazer a campanha O Petróleo é Nosso foram chamados de malucos, de comunistas, de pessoas que pensavam pequeno, que não tinham dimensão de que o Brasil não tinha petróleo. *(3/10/03, Rio de Janeiro – RJ. Solenidade comemorativa dos 50 anos da Petrobras)*

**... já foi agressão:** Neste país, durante muitas e muitas décadas, citar essas coisas que vocês mostraram em documentário aqui era ser chamado de comunista, as pessoas não aceitavam essa discussão. Você dizer que tinha muito pobre era ser agredido de comunista, de subversivo. *(7/3/07, Rio de Janeiro – RJ. Lançamento da Rio Solidário – obra social do Rio de Janeiro)*

**... não assusta empresários ousados na hora de fazer negócios:** Quando foi possível fazer um ônibus em Cuba, a Marcopolo não quis saber se Cuba era comunista ou não. Ela quis saber se lá era possível colocar os produtos dela. Se é importante colocar os seus produtos na China, a direção da Marcopolo não discutiu se a China é um país em que tem um partido único, a Marcopolo queria saber que lá era um país em que ela poderia fazer negócios e colocar os seus produtos, da mesma forma que fez com o México. Ou seja, é essa a ousadia, é essa a competência, é essa a visão estratégica que os empresários brasileiros precisam ter e não apenas ficarem esperando que o Governo tenha mais dinheiro para emprestar, para fazer algum projeto. *(20/2/04, Caxias do Sul – RS. Lançamento da nova linha de produção da Marcopolo S.A.)*

**... quando deixa de ser, fica sectário:** Muitos desses meninos e meninas que estão protestando são oriundos do PT. Vocês sabem que ex-marido, ex-mulher, ex-fumante, ex-comunista, ex-petista vão ficando cada vez mais sectários, cada vez mais radicais e nós aprendemos a conviver com isso. *(19/4/06, Porto Alegre – RS. Inauguração da nova emergência do Hospital Nossa Senhora da Conceição)*

## Concretizar

[ver: realizar]

Passei grande parte da minha vida dizendo que o sonho que eu tinha de ganhar uma eleição era para ver se eu conseguia atender a todas as minhas reivindicações. E acho que, ao longo de 30 anos, fiz todas as reivindicações que um ser humano pode fazer, seja junto ao movimento sindical, seja junto ao movimento popular, seja como coparticipante de outros manifestos da sociedade brasileira. E, agora, temos a oportunidade de concretizar as coisas que nós reivindicávamos. Agora, não temos mais como jogar a culpa em cima de ninguém. Nós, agora, Bené [Benedita da Silva, ministra do Desenvolvimento Social], somos Governo. Nós, agora, não podemos olhar para o lado e dizer que não fazemos as coisas porque tem alguém atrapalhando. *(11/3/03, Brasília – DF. Lançamento do Plano Nacional de Erradicação do Trabalho Escravo)*

**... é o sonho do presidente Lula:** Vocês têm que dormir, todo santo dia, com a certeza que eu vou dormir sonhando em concretizar cada coisa que o povo brasileiro acredita que nós vamos concretizar. *(26/4/04, São Bernardo do Campo – SP. Lançamento do Serviço de Atendimento Móvel de Urgência – Samu – 192)*

**... requer tempo:** Todas as vezes que participamos de um processo político, nós geramos dentro de nós todas as expectativas que a gente tinha que gerar. Mesmo vocês, quando disputam uma eleição no sindicato, seja num órgão superior ou num sindicato de base, as expectativas que vocês viram, na categoria que representam, é sempre uma expectativa altamente positiva. E quando vocês tomam posse percebem que, para concretizar a expectativa que geraram, leva mais tempo do que vocês imaginaram. Muito mais tempo. E quantos terminam o mandato sem conseguir cumprir essa expectativa? *(20/4/05, Brasília – DF. Inauguração do 16.º Congresso Continental Ordinário da Organização Regional Interamericana de Trabalhadores)*

**... não é nada fácil, descobre-se depois:** E este país, eu não abro mão de construir. Eu sei o quanto foi duro chegar até onde nós chegamos. Eu sei quantas lutas... Aqui eu estou vendo companheiros de trinta anos de caminhada, só que eu conheço, e eu sei que todo mundo tem consciência de que ainda estamos muito longe de concretizar tudo aquilo que nós temos por objetivo concretizar neste país. Até porque se fosse fácil fazer as coisas, outros já teriam feito. *(11/7/05, Brasília – DF. Encontro com sindicalistas)*

**... é uma tarefa impossível, quando se pensa em todos os sonhos:** Nós nunca sonhamos tudo que deveríamos sonhar. Nem na nossa vida pessoal, ou na nossa vida política, nós conseguiremos resolver ou concretizar tudo aquilo que a gente pensou que podia concretizar. *(20/2/08, Brasília – DF. Posse do ministro da Secretaria Especial de Políticas de Promoção da Igualdade Racial, Edson Santos)*

## Congresso

[ver: Câmara dos Deputados; Senado]

Nem sempre o Congresso faz coisas piores do que o que entra lá. Muitas vezes eles melhoram as coisas do Governo que entram lá. *(27/2/08, Brasília – DF. Encerramento da reunião com lideranças empresariais para apresentação da proposta de reforma tributária)*

**... teve os presidentes da Câmara e do Senado "feitos" por Lula:** Vocês estão lembrados que diziam assim: "O Lula não vai conseguir trabalhar com o Congresso Nacional, vai ser muito difícil trabalhar com o Congresso Nacional, porque ele não tem maioria." Nós fizemos o presidente da Câmara e o presidente do Senado. *(10/3/03, São Paulo – SP. Exposição de produtos da fábrica Daimler-Chrysler do Brasil)*

**... não deve ter os presidentes da Câmara e do Senado "feitos" pelo presidente da República:** Ora, todo mundo sabe que a lógica do Congresso Nacional funciona assim: quando um partido tem a Presidência da Câmara, outro partido tem a Presidência do Senado. O PT tem a Presidência da Câmara. O PMDB, como maior partido no Senado, tem o direito de ter a Presidência do Senado. Isso é um problema dos senadores, não haverá hipótese alguma de ingerência do presidente da República na disputa do que vai acontecer no Senado, até porque, pelo que eu sei pela imprensa, o presidente Renan [Calheiros, presidente do Senado] apenas pediu uma licença de 45 dias. *(16/10/07, Brazzaville – Congo. Entrevista a jornalistas brasileiros durante visita à República do Congo)*

**... se dedica ao debate enquanto o Governo trabalha:** Eu penso que é preciso a gente fazer uma espécie de divisor, o debate no Congresso Nacional é a coisa mais legítima no fortalecimento da democracia brasileira, mas eu tenho dito que o nosso lema é deixar os debates acontecerem, e o papel do Governo, meus caros ministros, é trabalhar, trabalhar e trabalhar porque o que o povo quer mesmo é resultado, o que ele quer mesmo é saber se, no frigir dos ovos, a sua vida vai estar melhor do que quando nós entramos no Governo. *(25/7/05. Programa de rádio* Café com o Presidente*)*

**... se dedica a legislar e a investigar enquanto o Governo trabalha:** Eu sou da tese de que o Congresso Nacional existe para legislar, existe para fazer CPI, existe para investigar, e o Governo existe para trabalhar. *(19/2/08, Serra – ES. Entrevista após visita à Estação de Movimentação de Gás do Gasoduto Cabiúnas)*

**... dá lições ao presidente com os seus debates:** A democracia vence na hora em que a maioria decide o que é melhor para este país. Embora eu não seja deputado, muitas vezes eu fico até as duas horas da manhã vendo os debates, para ver se aprendo um pouco com os debates que se dão no Congresso Nacional. *(4/9/03, Brasília – DF. Reunião do Conselho de Desenvolvimento Econômico e Social – CDES)*

**... só atrapalha se o presidente não mantiver com ele uma boa relação:** Quando tomei posse, diziam para mim: "Não vai ser possível governar, por causa do Congresso", porque muitos presidentes diziam que o Congresso Nacional terminava atrapalhando. Estou há nove meses no Governo e, se Deus quiser, nós vamos aprovar, até o dia 15 de dezembro, a reforma da Previdência Social e a reforma tributária, que muitos tentaram, durante muitos anos, e não conseguiram. Não porque não tinham qualidades, não porque não quisessem, mas porque, possivelmente, não fizeram uma relação com o Congresso como deveria ser feita, uma relação com os governadores, com os prefeitos, das capitais, sobretudo, que precisaria ser feita. *(11/10/03, Corumbá – MS. Cerimônia comemorativa do 26.º aniversário do estado do Mato Grosso do Sul)*

**... não deve se subordinar a ninguém:** Não será aprovado um projeto de reforma que seja a cara da UNE, não será aprovado um projeto que seja a cara da Fasubra [Federação de Sindicatos de Trabalhadores das Universidades Brasileiras], não será um projeto aprovado com a cara dos companheiros que a Gazzola [Ana Lucia Gazzola, presidente da Associação Nacional dos Dirigentes das Instituições Federais de Ensino] representa, ou o Candotti [Ennio Candotti, presidente da Sociedade Brasileira para o Progresso da Ciência]. Isso só aconteceria se nós não tivéssemos democracia, se não tivéssemos debate, se o presidente da República encomendasse ao seu ministro da Educação, que encomendasse um trabalho para dois técnicos, que fariam o projeto e a gente daria entrada no Congresso Nacional, e o Congresso, de forma subordinada, adotaria essa política. Isso não existe no Brasil. *(25/2/05, Brasília – DF. Entrega de manifestos de apoio à reforma da Educação Superior)*

**... deve ser cúmplice do Governo, para mudar o que não funciona:** E, aí, nós temos que destravar o país, ou seja, tem muita coisa que atrapalha o país crescer, muita coisa: pequenas normas, grandes normas, leis, que precisam ser mudadas. E só vão ser mudadas se a gente tiver a boa cumplicidade do Congresso Nacional e da sociedade brasileira. *(13/12/06, Brasília – DF. Entrevista após encontro com representantes da União Nacional da Construção)*

**... é sempre criticado, mas é condição para a democracia:** Logo, nós vamos começar a discutir a reforma agrária aqui, neste Congresso Nacional, para onde o Governo mandará uma proposta. Logo, vamos discutir a reforma da estrutura sindical brasileira e, se depender do Governo, mandaremos uma proposta. Logo, vamos discutir as reformas na legislação trabalhista e o Governo não se negará a mandar uma proposta, até porque acho que todos nós, em algum momento da nossa história, já fizemos crítica a esta Casa. Mas sem esta Casa não existiria democracia no nosso país e nós precisamos valorizá-la ao máximo. *(30/4/03, Brasília – DF. Entrega das propostas das reformas tributária e previdenciária)*

**... é indispensável, mesmo na adversidade:** Qual é o desafio que nós temos hoje? Primeiro, os dólares que existem no mercado, aos montes, são disputados por gigantes que oferecem muito mais oportunidades que o Brasil. A disputa hoje não é Brasil e México, ou Brasil e Argentina, ou Brasil e Venezuela. A disputa hoje é Brasil e China, é Brasil e Índia, e as condições que alguns países oferecem para os empresários nós não podemos oferecer, não devemos oferecer, porque uma delas é o fortalecimento da democracia que nós precisamos manter neste país, ter sindicatos fortes, ter imprensa livre, ter Congresso forte, ter Justiça forte, ou seja, esse é o equilíbrio da democracia e nós precisamos aprender a conviver com ele, mesmo na adversidade. *(11/12/06, São Paulo – SP. Entrega dos prêmios: Brasileiro do Ano, pela revista* IstoÉ, *Empreendedor do Ano, pela revista* IstoÉ Dinheiro, *e Personalidade do Ano, pela revista* IstoÉ Gente*)*

**... é indispensável, apesar dos defeitos:** A única coisa que eu quero dizer, e todo mundo aqui sabe, é que com a democracia não se brinca, o que vem depois dela é sempre muito pior. E como já vivi o pior, eu, quando vejo gente criticar o Congresso Nacional, que o Congresso Nacional não faz isso, não faz aquilo, eu, com todos os defeitos que possa ter o Congresso Nacional, ponho as mãos para o céu todos os dias e agradeço a existência dele, porque sem ele este país seria muito pior. *(31/7/07, Cuiabá – MT. Lançamento do PAC Saneamento Básico e Urbanização no estado de Mato Grosso)*

**... nunca foi criticado por Lula, presidente:** Graças a Deus, eu estou há quatro anos e meio, e talvez seja o único presidente que não tenha falado mal do Congresso nem uma vez, porque os presidentes, quando as coisas apertam, jogam a culpa no Congresso, no deputado. Eu nunca falei. E nunca falei porque tenho a minha responsabilidade e acho que o Congresso, com defeito ou virtude, graças a Deus, a gente o tem, porque no dia em que não tiver, será ditadura e a ditadura é muito pior do que a democracia com o Congresso. *(27/7/07, Natal – RN. Lançamento do PAC Saneamento e Urbanização no estado do Rio Grande do Norte)*

**... não teve em Lula um deputado que gostasse da atividade parlamentar:** As pessoas podem até não gostar do Congresso Nacional, eu fui deputado quatro anos e desisti porque não quis mais ser deputado, mas todos nós aqui somos testemunhas de que este país era muito menos seguro e era menos gratificante quando a gente não tinha o Congresso Nacional funcionando, fechado pelo autoritarismo brasileiro. *(7/6/06, Brasília – DF. Assinatura de mensagem que encaminha projeto de lei de criação do Fundo Setorial do Audiovisual [FSA] e mecanismos de fomento ao setor)*

**... é reflexo fiel da sociedade brasileira:** O Congresso Nacional é a representação mais fiel do que representa a sociedade brasileira, dos interesses da sociedade, dos agrupamentos existentes na sociedade. *(19/9/07, Brasília – DF. Lançamento do PAC/Funasa)*

**... sempre se acerta com o Governo, basta uma boa conversa e algumas emendas:** O Congresso Nacional tem nos ajudado. Por mais que você veja, na imprensa, briga entre o Senado e o Poder Executivo, Câmara e Poder Executivo, a verdade é que na essência o Senado e a Câmara têm votado as coisas de interesse deste país. De vez em quando, tem uma disputa política mais aguerrida, um xinga aqui, outro xinga ali, mas uma boa conversa resolve e fica tudo acertado, vota-se, coloca-se uma emenda a mais, isso é parte da democracia. *(25/11/05, Fortaleza – CE. Assinatura de contratos e convênios para a construção da Transnordestina e do Metrô de Fortaleza e anúncio de empréstimos de microcrédito do BNB)*

**... muitas vezes, cria entraves por não entender as necessidades do país:** Eu lembro que, quando fui à Índia com um grupo de companheiros da ABCZ [Associação Brasileira de Criadores de Zebu], nós fomos discutir com o Governo da Índia a possibilidade de voltarmos a importar embriões outra vez, porque estava proibido desde 1960 e alguma coisa, se não me falha a memória, desde 1966. Nós já tínhamos até um laboratório lá, criado pela ABCZ, e foi um trabalho imenso, até que arrancamos do primeiro-ministro da Índia a certeza de que íamos poder importar. Até hoje nós não conseguimos importar. *(3/5/07, Uberaba – MG. Abertura oficial da 73.ª ExpoZebu)*

**... é onde a oposição, por disputa eleitoral, pode atrapalhar o Brasil:** Os projetos que eu tenho no Congresso Nacional e os projetos que eu pretendo mandar não me favorecem um milímetro, mas favorecem 190 milhões de habitantes, e eu espero que a oposição seja responsável para votar aquilo que for de interesse do Brasil. Só isso. Depois, podem continuar falando mal de mim, não tem nenhum problema. O que não pode é atrapalhar o Brasil por conta das disputas eleitorais. *(30/10/06, Brasília – DF. Entrevista à TV Globo)*

**... demora a resolver as coisas, e isso é natural:** Muitas vezes a imprensa fala mal de deputado, muitas vezes nós falamos mal de deputados, mas a verdade é que as disputas que eles fazem dentro do Congresso, os bate-bocas que eles fazem, e, às vezes, até a demora de votar um projeto do nosso interesse, fazem parte de um jogo democrático, e a democracia é o mais importante regime do mundo. *(16/4/08, Brasília – DF. Inauguração do trecho Ceilândia do Metrô-DF e respectivas estações: Guariroba, Ceilândia Centro, Ceilândia Norte e Terminal Ceilândia)*

**... é muito lento, como comprova essa história exemplar:** Nós temos um problema, que é o seguinte: o tempo dos presidentes é diferente do tempo do Parlamento. Nós vamos e fazemos um acordo, esse acordo tem que passar pelo Parlamento. Às vezes, o acordo precisa ser para ontem, e demora oito meses, nove meses, um ano, um ano e meio. Eu conto esse caso sempre: eu tomei posse, e o presidente Wade [Abdulai Wade], do Senegal, me liga e fala assim para mim: "Presidente Lula, vai vir uma praga de gafanhoto na semana que vem e eu precisava de um aviãozinho. Eu sei que o Brasil tem o avião Ipanema, de primeira qualidade. Eu queria o avião e queria pesticida para matar esses gafanhotos." Eu falei: vai ser a minha primeira obra internacional. Fantástico! Chamei o ministro [das Relações Exteriores] Celso Amorim e falei: Celso, vamos mandar o avião Ipanema, vamos comprar, custa... Sei lá quantos centavos que custa aquilo lá, vamos comprar. Vocês sabem o que aconteceu? Demorou seis meses, porque eu tive que mandar para o Congresso Nacional. Aí, quando o aviãozinho chegou, já tinham comido o milho do coitado. *(6/12/07, Belém – PA. Encerramento do Encontro de Governadores da Frente Norte do Mercosul)*

**... quer o bem do Brasil e o seu próprio:** Eu estou convencido de que a Câmara e o Senado querem o bem do país e, portanto, querem que o Governo continue governando, e nós acreditamos que o Congresso Nacional está fazendo aquilo que eles entendem que seja melhor para eles nesse momento. *(11/4/08, Haia – Holanda. Entrevista a jornalistas brasileiros durante visita à Holanda)*

## Constituição

[ver: Brasil; cadeia; democracia; lei]

A Constituição não tem problema, ela está aí. Quem lê a Constituição brasileira em qualquer lugar do mundo vai falar: "Este país é o país mais extraordinário do planeta." *(5/3/08, Brasília – DF. Comemoração do Dia Internacional da Mulher)*

**... é observada por Lula:** Eu quero terminar dizendo para vocês que o Governo poderia estar choroso, porque em dezembro alguns senadores tiraram 40 bilhões de reais do Governo Federal. Desses 40 bilhões, a gente ia colocar 24 bilhões na Saúde, 24 bilhões eram para cuidar da Saúde; eles tiraram. Não tem problema. Vão fazer falta 40 bilhões, mas nós vamos arrumar mais. Pode demorar um pouco mais, um pouco menos, mas nós vamos arrumar dinheiro. O que eles têm que saber, e eu digo isso todos os dias: em 2005, eles pensavam que eu tinha acabado e acharam que iam ganhar. Agora, eles sabem que eu sou um cumpridor da democracia e da Constituição e que, portanto, não tem essa de terceiro mandato, termina agora, em 2010. *(6/5/08, Igarapé da Cachoeirinha – AM. Inauguração do projeto de urbanização do Igarapé da Cachoeirinha, assinatura de ordens de início das obras da ponte sobre o rio Negro, de ordens de serviço do PAC e do Pacto Federativo do Amazonas)*

**... não é o problema do país:** Nós passamos dez anos discutindo que a solução do país era uma nova Constituição, fizemos. Depois, nós passamos dez anos dizendo que o problema era a dívida externa. Hoje, nós não temos esse problema, porque pagamos o dinheiro do FMI [Fundo Monetário Internacional], pagamos o Clube de Paris; não devemos para eles. Depois passamos dez anos dizendo que o problema era a inflação. Hoje, a inflação está controlada. Eu quero dizer que a partir de hoje nós não temos mais problemas, os problemas somos nós, nós é que somos os problemas. *(9/2/07, São Francisco do Conde – BA. Cerimônia de início das operações do Campo de Gás de Manati)*

**... estabelece a igualdade entre os brasileiros de todas as cores:** Este país não pode esquecer que nós não somos um país de uma única cor, aliás, eu acho que a beleza do Brasil, a alegria do Brasil, está na nossa mistura, está na nossa mistura extraordinária que produziu este povo de múltipla cor, alegre, um povo que não tem preconceito, um povo que conseguiu, na Constituição, estabelecer uma igualdade. *(21/3/06, Cruz das Almas – BA. Instalação da Universidade Federal do Recôncavo da Bahia em Cruz das Almas)*

**... estabelece uma igualdade entre os brasileiros de todas as cores, mas não é cumprida:** No Brasil, lamentavelmente, embora a Constituição diga que todos nós somos iguais perante a lei, uns são mais iguais do que outros e, ainda, negros e índios eram segregados neste país, não na lei, mas na prática e no comportamento. *(13/4/06, Salto – SP. Assinatura de termos de compromisso para transferência de con-*

*vênios entre instituições de segmento comunitário e o Cefet)*

**... estipula direitos básicos:** Eu, quando vejo a cara de vocês, fico lembrando que a classe operária brasileira poderia ser assim. O que nós queremos? Trabalhar. O que nós queremos? Tomar café da manhã, almoçar e jantar. O que nós queremos? Colocar nossos filhos numa escola decente. O que nós queremos? Sonhar com os nossos filhos entrando numa universidade. O que nós queremos? Ter acesso ao lazer, ter acesso à cultura. É isso que nós queremos: coisas simples, que estão na Bíblia, que estão na Constituição, que estão na Declaração Universal dos Direitos Humanos, que estão no Estatuto da Criança e do Adolescente. *(10/3/03, São Paulo – SP. Exposição de produtos da fábrica Daimler-Chrysler do Brasil)*

**... como a Bíblia, baliza a vida:** Vocês podem extrair desta conferência, que possivelmente seja a coisa mais importante que já tenha acontecido na questão da aquicultura e pesca deste país, uma verdadeira Constituição, um catecismo, uma bíblia, alguma coisa que possa balizar a vida de vocês daqui para a frente, porque, mais importante do que essas leis que nós assinamos agora, o que vocês precisam extrair daqui é uma lição para todos nós. *(25/11/03, Luziânia – GO. Abertura da Conferência Nacional de Aquicultura e Pesca)*

**... quando trata da distribuição de recursos, é democrática:** Então, o que nós fizemos ontem, no Congresso Nacional, foi uma demonstração que já tínhamos feito na Constituição de 88, quando possivelmente tenhamos feito a mais democrática Constituição do ponto de vista da distribuição do bolo da arrecadação da União, fortalecendo municípios e estados. *(18/3/04, Belo Horizonte – MG. Assinatura de convênios)*

**... quanto às instituições, é quase uma garantia de democracia:** A democracia institucional, tal como nós aprovamos na Constituição de 88, já está mais ou menos garantida. *(13/2/03, Brasília – DF. Abertura da Reunião do Conselho de Desenvolvimento Econômico e Social – CDES)*

**... é muito parlamentarista, ao contrário do regime de Governo em vigor:** É importante ter essas coisas claras, porque nós somos um país em que temos um regime presidencialista, votado num plebiscito, e temos uma Constituição muito parlamentarista. *(20/10/05, Brasília – DF. Abertura do 11.º Congresso Nacional do PCdoB)*

**... é bem-feita:** Falta muito para a mulher conquistar ainda e falta muito para que os homens avancem na compreensão do papel das mulheres, porque o problema nosso não é [inaudível] de instrumentos legais, porque a nossa Constituição é muito bem-feita e garante os direitos às mulheres. *(7/3/07, Rio de Janeiro – RJ. Comemoração do Dia Internacional da Mulher)*

**... é maravilhosa, mas não foi colocada em prática:** Vamos ter que resolver os problemas dos índios neste país, de uma vez por todas. Nós fizemos uma Constituição maravilhosa, mas, até hoje, não foram demarcadas todas as terras e, naquelas que foram demarcadas, não foram dadas as condições para que eles pudessem trabalhar condignamente e pudessem manter a sua cultura acesa e viva. Nós vamos ter que cuidar disso com carinho. *(1/5/03, Indaiatuba – SP. Visita ao Retiro de Itaici – CNBB)*

**... não dá cobertura a todas as atitudes do Governo:** Eu, por exemplo, me tornei um dirigente sindical importante, lutando contra a estrutura sindical que está aí. Mas já faz 23 anos que eu saí do movimento sindical e nós continuamos com a mesma estrutura sindical. Nós temos a CUT [Central Única dos Trabalhadores], a Força Sindical, a CGT [Central Geral dos Trabalhadores], GTB [Grito da Terra Brasil], a CAT [Central Autônoma dos Trabalhadores], um monte de central e nenhuma delas está prevista na Constituição. E o Governo as trata dentro da legalidade, como se estivesse na Constituição. Mas não está. Ora, então, ao invés de viver na promiscuidade, vamos dar a isso uma densidade legal, para que possamos viver mais decentemente, orgulhosos dos atos e dos gestos que fizemos. *(12/6/03, Brasília – DF. Reunião da Câmara de Política Social)*

**... não pode ser cumprida integralmente na prática:** Uma coisa é aquilo que está na Constituição, que nós temos obrigação de fazer e, mesmo assim, nós temos, muitas vezes, disputas judiciais enormes e longas, parecendo até intermináveis. A outra é aquilo que está no nosso alcance de fazer. *(19/4/05, Brasília – DF. Cerimônia comemorativa do Dia do Índio)*

**... tem um vício de origem:** Eu, muitas vezes, tenho dúvida, porque é a questão da legislação em causa própria. Vocês estão lembrados que na Constituição de 88 nós tínhamos o debate se a Constituição seria livre e soberana e à parte do Congresso. Nós a fizemos juntos, então, normalmente ela sempre vai cometer benefícios ou malefícios em função da necessidade de sobrevivência de quem está legislando em causa própria. *(17/7/07, Brasília – DF. 22.ª Reunião ordinária do Conselho de Desenvolvimento Econômico e Social – CDES)*

## Consumo

[ver: crise financeira de 2008; Economia]

O crédito para o consumo é uma alavanca indutora do investimento, que multiplica o emprego, expande a renda e gera nova poupança para realimentar a cadeia sustentável da economia. *(12/12/03, Brasília – DF. Comemoração da abertura da conta CAIXA Aqui nº 1.000.000)*

**... depende da preservação do planeta:** Nós poderemos crescer de forma mais razoável do que o crescimento feito até agora. E, até agora, a sociedade de consumo não levou em conta a necessidade de preservar o planeta para que a gente continue consumindo. *(1/6/07, Londres – Inglaterra. Entrevista a jornalistas brasileiros durante visita a Londres)*

**... é fundamental para a atração de investidores estrangeiros:** Quando os ministros da área de desenvolvimento ou da área econômica saírem pelo mundo tentando convencer investidores a investirem no Brasil, eles vão perguntar três coisas fundamentais: primeiro, se nós teremos infraestrutura suficiente para que eles possam produzir e escoar sua produção; segundo, se a gente vai ter mão de obra qualificada para poder atender aos desejos de boa qualidade dos produtos fabricados no Brasil; e terceiro, eles vão perguntar se o Brasil tem mercado para consumir os produtos que eles vão produzir. *(30/1/06, Viana – ES. Inauguração da Subestação de Energia Elétrica de Viana)*

**... é algo que se aprende:** Eu estou vendo aqui alguns companheiros criadores de gado e vendedores de carne. Eles sabem que estão vendendo muito e que o pobre está comendo carne, o que não era muito habitual na nossa vida. As donas de casa estão consumindo aquilo que, até então, era só para setores médios da sociedade, não só porque, com a globalização, esses produtos todos baixaram, mas também porque as pessoas começaram a adquirir o sabor de consumir alguma coisa. *(27/11/07,*

*Brasília – DF. 24.ª reunião ordinária do Pleno Conselho de Desenvolvimento Econômico e Social – CDES)*

**... com Lula, teve aumento entre os mais pobres:** Nos últimos anos, graças à singular combinação entre estabilidade de preços, crescimento do poder aquisitivo e uma política estruturada e eficaz para a redução da miséria e da pobreza, um número crescente de brasileiros passou a consumir mais e melhor. *(24/8/06, Foz do Iguaçu – PR. Abertura da 16.ª Convenção Anual da Federação das Associações Comerciais e Empresariais do Paraná)*

**... aumentou entre os pobres graças ao crédito barato:** Em julho do ano passado nós fizemos acordos com o movimento sindical e foi criada uma linha de financiamento para que os trabalhadores possam tomar dinheiro emprestado a juros baratos. O trabalhador, podendo tomar dinheiro emprestado, vai poder consumir. E consumindo, ele vai poder ativar o comércio, que vai ativar a indústria, e, portanto, vai gerar emprego no comércio ou na indústria. *(12/1/04, Rádio Nacional. Programa de rádio* Café com o Presidente*)*

**... deve ser de tal ordem que os operários possam consumir o que produzem:** O que eu desejo é chegar um dia aqui na porta da Ford e perceber que cada um de vocês pôde comprar o carrinho que vocês produziram, o carro que vocês fabricaram com carinho. Vocês não podem ficar vendo apenas os outros comprarem, passar na via Anchieta e falar "aquele carro fui eu que fabriquei", e estar no ponto de ônibus com a mulher. Deus queira que a gente consiga, um dia, fazer com que todo trabalhador possa consumir aquele produto que ele produziu. *(14/12/07, São Bernardo do Campo – SP. Lançamento do novo Ford KA)*

**... se crescer demais, gera inflação:** O consumo não pode crescer acima da capacidade produtiva do país. Até pode, porque a gente pode importar um pouco. Mas é preciso que a gente tenha cuidado porque, se cresce muito o consumo e a indústria não investe em novas fábricas, em nova produção, a gente tem de volta uma doença desgraçada – que nós não gostamos dela – que é a inflação, que muitas vezes favorece o rico e quem paga o preço é o pobre que vive de salário neste país. *(14/3/08, Araraquara – SP. Assinatura de ordens de início das obras do PAC em Araraquara)*

## Conversar

[ver: negociar]

O que eu queria pedir para vocês é o seguinte: na hora em que houver problemas, a melhor forma de resolver esses problemas é pegar o telefone, ligar para o governador, o governador ligar para mim, e aquilo que parecia uma demanda interminável se resolve com cinco minutos de boa conversa. *(12/11/07, Brasília – DF. Assinatura do convênio para transferência de recursos do Governo Federal para o Governo do estado do RJ para a realização, por delegação, das obras do Arco Rodoviário)*

**... não faz mal a um político, como Lula aprendeu no movimento sindical:** Eu sou um homem que tenho pautado a minha vida pela paciência, pela vontade de encontrar soluções. Eu aprendi isso no movimento sindical. Está aqui o Meneguelli [Jair Meneguelli, presidente do Sesi], que conviveu comigo negociando, conversando. Uma boa prosa não faz mal a um político. *(21/10/04, Rio de Janeiro – RJ. Posse da diretoria da Federação das Indústrias do Estado do Rio de Janeiro – Firjan)*

**... é saber ouvir:** Sei que se eu pedisse para cada companheiro aqui falar a seu respeito, certamente os elogios seriam os maiores, porque você conquistou respeito na Câmara, você conquistou na sua relação política e na sua relação humana, e eu peço para você não fazer nada mais do que você fez a vida inteira: gostar de uma boa conversa, gostar de resolver um bom problema, tentar ouvir as pessoas, mais do que falar, falar somente aquilo que é necessário, porque é assim que a gente vai conquistar espaço. Da minha parte, meu companheiro José Múcio [Monteiro, ministro-chefe da Secretaria de Relações Institucionais] – você agradeceu a sua mãe por ser a sua primeira eleitora –, ela foi a sua primeira eleitora porque eu não estava em Pernambuco, senão ela, certamente, seria a segunda eleitora. *(26/11/07, Brasília – DF. Posse do ministro-chefe da Secretaria de Relações Institucionais da Presidência da República, José Múcio Monteiro)*

**... é melhor do que fazer guerra:** Espero que a paz [em Moçambique] seja, definitivamente, duradoura e que as pessoas que participaram desse processo de luta tenham aprendido que uma boa conversa, um bom acordo, vale mais a pena do que uma guerra, por menor e por mais curta que ela seja. *(4/11/03, Maputo – Moçambique. Visita ao Centro de Estudos Brasileiros – CEB)*

**... derruba tabus:** Eu tive uma boa conversa com o presidente Bush e, pela primeira vez, o presidente Bush admitiu criar um grupo de trabalho liderado pelo Celso [Amorim, ministro das Relações Exteriores] e pela Condoleezza [Rice, secretária de Estado dos Estados Unidos] para aprofundar essa discussão [sobre a reforma do Conselho de Segurança da ONU]. Antes isso era tabu. Para minha surpresa, a China andou pelo mundo, trabalhando contra a mudança no Conselho de Segurança. Agora, vejam, nós apresentamos a nossa proposta em dois tempos. O primeiro tempo é a votação, se vamos fazer a reforma ou não, que tipo de reforma, depois, se apresentam os países. Primeiro vamos consolidar se há ou não reforma e, depois, então, votamos quem vai ser. *(25/4/07, Brasília – DF. Entrevista a jornalistas argentinos e chilenos – jornais* Página 12, El Clarín *e* La Nación, *da Argentina; e jornais* La Tercera *e* El Mercúrio, *do Chile)*

**... torna possível o impossível:** Não existe tema proibido para se discutir neste Governo. Vocês só não podem impedir um mandato meu e do José Alencar [vice-presidente da República] porque nós fomos eleitos, mas não existe tema proibido. Eu acho que a gente vai resolvendo as coisas na medida em que vai tendo conhecimento, na medida em que vocês vão colocando no papel, na medida em que a gente vai conversando coisas que pareciam impossíveis e que vão se transformando em coisas possíveis. *(6/8/04, Belo Horizonte – MG. Reunião com presidentes das Federações das Indústrias)*

**... é uma forma civilizada de fazer política:** Em algum momento vocês vão perceber que vou conversar com o PSDB, porque eu não quero discriminar ninguém. No PFL tem muita gente disposta a conversar, nós vamos conversar. Veja, só não vai conversar quem não quiser conversar. Quem for civilizado e quiser fazer política civilizada terá espaço para uma boa conversa, quem não quiser, nós temos que respeitar o direito de silêncio dos outros. *(23/11/06, Brasília – DF. Entrevista após almoço com governadores)*

**... é forma de se fazer política internacional:** Você não faz política internacional por e-mail, por fax ou por correio; você faz política internacional pegando na mão das pessoas, olhando no olho das pessoas, conversando com as pessoas. *(23/8/04, Santiago – Chile. Encontro com integrantes da comunidade brasileira residente em Santiago)*

**... é uma forma de o presidente tomar conhecimento do andamento das ações do Governo:** Eu anunciei a liberação de 1 bilhão e 700 milhões. Qual não foi minha surpresa, pois o tempo vai passando e você vai se preocupando com outras coisas, quando, um belo dia, eu estou conversando com o presidente da Caixa Econômica e eu perguntei: "Já liberou aquele 1 bilhão e 700 milhões?" Ele falou: "Não posso liberar." "Ah, por que não pode liberar?" "Porque certas prefeituras não têm capacidade de endividamento, então eu não posso dar o dinheiro." Eu falei: "Mas escuta aqui: você pediu para eu anunciar." "É, eu pedi, mas não dá para liberar." Eu me lembro que eu chamei o presidente da Caixa Econômica, chamei o Palocci, e falei: "Olha, eu não sei qual é a mágica que vocês vão fazer. O que eu sei é que este ano, até o dia 31 de dezembro, eu quero liberar 1 bilhão e 700 milhões, porque foi um compromisso assumido com os prefeitos brasileiros." Não é possível! Porque se um presidente da República anuncia e, depois, não acontece, eu fico imaginando os que estão abaixo do presidente da República. *(18/3/04, Belo Horizonte – MG. Entrega do cartão Bolsa Família)*

## Coração

**[ver: amizade; amor; razão]**

Eu aprendi, desde muito pequeno, que não é possível fazer as coisas se a gente não sente emoção. Se a gente não sentir no coração aquilo que a gente está fazendo, a gente age como robô, e tanto faz a cor preta como a vermelha, como a branca, ou seja, a gente não consegue fazer distinção. *(23/3/05, Brasília – DF. II Evento de Reconhecimento Nacional às Micro e Pequenas Empresas)*

**... tem de ser usado quando se tomam decisões:** Nenhum problema do Brasil pode ser resolvido se a gente colocar apenas a razão. É preciso colocar a razão e colocar muita emoção, colocar o coração. *(19/8/05, São Paulo – SP. Lançamento da Política Nacional do Esporte)*

**... substitui diplomas:** Em 30 meses nós colocamos 14 vezes mais dinheiro para o saneamento básico do que eles em quatro anos, em uma demonstração de que, para governar este país, não se precisa ter os diplomas universitários que tanto preconceito jogaram contra mim. Para dirigir este país tem que ter, sobretudo, uma coisa chamada coração, porque é com o coração que a gente conserta um país com os problemas sociais de um país. *(23/7/05, São Bernardo do Campo – SP. Comemoração da posse da nova diretoria do Sindicato dos Metalúrgicos do ABC)*

**... deve ser tocado pelas propostas:** A solidariedade não tem fronteiras quando a proposta política toca o coração das pessoas. Eu acho que é isso que nós temos que fazer: tocar profundamente o coração das pessoas. *(8/7/03, São Paulo – SP. Lançamento da ONG Apoio Fome Zero)*

**... de Lula não tem problemas:** Depois que eu comecei a andar, ministro [da Saúde, cargo ocupado por Saraiva Felipe], a minha pressão todo dia de manhã é medida, a minha pressão é a pressão de um menino, 11x7, todo santo dia de manhã. E eu digo sempre o seguinte: eu nunca vou morrer do coração, porque como eu sou corintiano e sofri a vida inteira, eu não vou morrer do coração. *(22/12/05, Montes Claros – MG. Inaugura-*

*ção do Samu, Farmácia Popular, Centro de Especialidades Odontológicas, e anúncio de Restaurante Popular e da Unidade Industrial de Biodiesel)*

**... de Lula não tem espaço para mágoas:** Eu digo sempre que no meu coração não existe mais espaço para mágoa, não existe mais espaço para rancor. Existe espaço para a compreensão de cada coisa que acontece no dia a dia, seja bom ou seja ruim. *(16/12/05, Ipojuca – PE. Lançamento da pedra fundamental da refinaria de Pernambuco)*

**... de Lula se comove com as crianças:** Não tem nada que mexa mais com o meu coração, com a minha alma, do que ver essas crianças podendo tomar café de manhã, almoçar, jantar e praticar um pouco de esporte. *(20/8/05, São Paulo – SP. Inauguração da Fábrica de Bolas e Camisetas e visita ao programa Pintando a Cidadania)*

## Corinthians

[ver: futebol]

Eu, de vez em quando, fico com a pressão acima da média nacional, porque eu quero que as coisas aconteçam. Eu sou corintiano no futebol, eu sempre estou querendo que o Corinthians marque um gol e que ele ganhe, e a pressão sobe. Daqui a pouco o Corinthians perde e eu sou obrigado a controlar. *(17/5/04, Goiânia – GO. Abertura da 45.ª reunião geral da Frente Nacional de Prefeitos)*

**... tem Lula como torcedor desde que ele era criança:** Eu virei corintiano com o quarto centenário. Eu nem bem sabia o que era futebol, porque tinha vindo de Pernambuco com 7 anos de idade, em 52; em 54 o Corinthians foi campeão e, por conta de tudo o que aconteceu, eu morava em Itapema, Vicente de Carvalho hoje, lá em Santos, e não virei santista nem virei Jabaquara, virei corintiano, em 54. Bom, de lá para cá, o Corinthians faz parte das minhas alegrias, dos meus sofrimentos. Você não sabe, Marcelinho [Carioca, ex-jogador do Corinthians e jogador do Brasiliense], o quanto você me fez sofrer quando você perdeu o pênalti contra o Palmeiras na decisão da Libertadores. Eu estou com 60 anos, foi a única vez que eu pensei que ia ter um enfarte, porque eu não acreditava que aquilo tinha acontecido, mas aconteceu. *(27/1/06, São Paulo – SP. Inauguração do Memorial do Corinthians)*

**... não é o único time de Lula:** Eu nunca neguei os times para os quais torço. Eu me lembro que, durante a campanha, me diziam: "Olha, você fala muito do Corinthians e não é bom falar do Corinthians, porque tem o São Paulo, o Santos..." Eu não podia, porque era candidato a presidente, negar que eu era corintiano. Eu não posso negar isso, como eu não posso negar que sou vascaíno no Rio de Janeiro. Como eu não posso negar que, em Pernambuco, eu sou torcedor do Náutico. *(3/8/04, Brasília – DF. Audiência com representantes do Clube Náutico Capibaribe)*

**... às vezes abusa da paciência do torcedor:** Eu sou corintiano. Então, cada vez que eu vejo o Corinthians na televisão, eu falo: eu tenho que ter paciência e não quebrar a televisão. *(22/2/05, Sidrolândia – MS. Inauguração da rede de eletrificação de 53 assentamentos rurais do estado de Mato Grosso do Sul)*

**... testa o coração de Lula:** Eu sou de um tempo em que eu pegava três ônibus para ir ao Parque São Jorge ver o Corinthians, não me importava se era de trem, se era de ônibus, se estava lotado. Naquele tempo não tinha briga, naquele tempo a gente ia junto, todos os torcedores e todos os times, nós éramos amigos antes de tudo, brincávamos uns com os outros dentro do campo, e eu não tinha notícia de briga. Alguns morriam de infarto, eu aguentei o Pelé [jogador do Santos entre 1956 e 1974] 15 anos na minha vida, se eu não morri de infarto com o Pelé batendo no Corinthians, nunca mais eu morro de infarto neste país. *(4/5/05, Brasília – DF. Lançamento nacional da Loteria Timemania)*

**... faz a semana de Lula começar alegre ou triste:** O futebol brasileiro está definitivamente no cotidiano da nossa vida, nos nossos domingos, nas nossas segundas. Na segunda é mais grave porque a gente chora, como eu, Leão [Emerson Leão, técnico do Corinthians], depois de ver o Corinthians jogar sábado, nem brinca! *(29/1/07, São Paulo – SP. Entrega do 3.º Troféu Mesa-Redonda da TV Gazeta)*

**... atrapalha a agenda do presidente:** Se o Corinthians jogasse hoje, eu teria mais dificuldade de vir. Como o Corinthians resolveu seu problema ontem, eu fiquei livre para vir à Feira. *(23/10/05, São Paulo – SP. Abertura do Salão Internacional do Transporte – Fenatran/2005)*

**... é um espelho da vida:** Eu acho que a vida é assim, a vida é dura, e nós precisamos nos conformar porque o meu Corinthians, também, ontem, deu um vexame. *(15/5/03, Brasília – DF. Sanção da Lei de Modernização do Futebol e do Estatuto de Defesa do Torcedor)*

**... comete erros como todos:** Todo mundo erra também, não é só o Corinthians que erra, todo mundo comete erros. *(7/6/06, Brasília – DF. Encerramento do Seminário* Brasil nos Trilhos*)*

**... pode até perder, desde que se esforce para ganhar:** Eu, por exemplo, fiquei muito feliz, no domingo. O Corinthians perdeu do Atlético, de 3 a 1, mas pelo menos houve um esforço. Duro é quando perde sem se esforçar. Pelo menos houve um esforço. *(14/9/04, Paulínia – SP. Inauguração das Unidades de Coque, de Hidrotratamento de Diesel e de Recuperação de Enxofre da Replan)*

## Corrupção

**[ver: coisa pública; corrupto; CPI; investigar; polícia; processo penal; PT; punir]**

Eu tenho dito que a gente vai combater a corrupção. E vamos combater a corrupção porque o dinheiro da corrupção é o dinheiro que está faltando para a Educação, para a Saúde e para fazer os investimentos produtivos que nós precisamos fazer no Brasil. Isso vai acontecer. Isso vai acontecer nos quatro anos e eu quero que vocês acompanhem. *(24/3/03, São Bernardo do Campo – SP. Comemoração dos 50 anos de atividades da Volkswagen no Brasil)*

**... é uma desgraça da América do Sul:** Eu quero que vocês saibam e voltem para os seus países com a certeza de que eu entendo que a corrupção é uma das desgraças do nosso continente, e muitas vezes quando alguém falava que nós éramos pobres por conta do imperialismo, eu dizia: pode ser até meia verdade, mas a outra verdade é que nesses países da América do Sul e da América Latina nem sempre nós tivemos dirigentes que fizessem as coisas corretas para o seu povo e com o dinheiro público. *(2/7/05, São Paulo – SP. Celebração aos 15 anos do Foro de São Paulo)*

**... está em todos os setores da sociedade:** Em todo setor... o da polícia tem corrupção? Tem, e na política não tem? No empresariado não tem? No Poder Judiciário não tem? Em todo segmento da sociedade tem. O que nós precisamos é separar o joio do trigo. *(8/3/08, Rio de Janeiro – RJ. Lançamento do projeto Bolsa Formação, para policiais)*

**... no Brasil, se combate com burocracia, o que é um mal:** No Brasil nós criamos uma quantidade de regulamentações para proteger o Estado brasileiro contra a degradação ambiental, contra o superfaturamento, contra a corrupção, de tal magnitude que com esses instrumentos legais todos colocados em prática, às vezes uma obra demora dois ou três anos para começar, por conta da quantidade de processos que têm que ser feitos para legalizar o conjunto da obra. *(4/9/07, Ipojuca – PE. Início das obras da Refinaria General José Ignácio de Abreu e Lima)*

**... é uma acusação à qual Lula diz estar imune:** Todo mundo tem obrigação de ser honesto. Isso eu herdei da minha mãe [Eurídice Ferreira de Melo] e os brasileiros sabem disso, mesmo os adversários mais tenazes sabem. Eles podem acusar qualquer pessoa no Brasil, isso pode chegar até na porta da minha casa, mas eles sabem que não vão me acusar de corrupção porque sabem que eu sou honesto. *(5/7/07, Bruxelas – Bélgica. Entrevista ao canal France 24)*

**... deve ser apurada antes do fim do mandato do suposto corrupto:** Não se pode permitir que as pessoas que praticaram corrupção sejam julgadas depois que terminarem o seu mandato, como acontece habitualmente no nosso país. *(12/5/03, Brasília – DF. Sorteio dos municípios que serão fiscalizados quanto à aplicação de recursos, realizado pela Controladoria-Geral da União – CGU)*

**... deve levar à cadeia, não ao fechamento de órgãos públicos:** Nós já recriamos a Sudene [Superintendência do Desenvolvimento do Nordeste], que foi fechada a pretexto de combater a corrupção. Nós achamos que para combater a corrupção você prende o corrupto, mas não fecha a Sudene. *(20/12/03, Mossoró – RN. Cerimônia de imissão de posse da Fazenda Maísa)*

**... deve levar à punição de quem quer que seja, mesmo de parentes de Lula:** Se tiver alguém praticando corrupção, quem vai investigar é a Polícia Federal, é o Ministério Público, é o Governo Federal. E se tiver alguém, pode ser primo, aderente, pode ser quem for, se estiver praticando ato ilícito terá que ser punido, não tem perdão. *(16/12/05, Garanhuns – PE. Inauguração da Escola Senai de Garanhuns Eurídice Ferreira de Melo – "Dona Lindu")*

**... será investigada até o fim pelo Governo Lula:** Mas eu quero dar uma informação importante para vocês. Primeiro, não haverá nenhum indício – eu não estou dizendo nem caso de denúncia –, não haverá nenhum indício de denúncia que envolva práticas ilícitas ou corrupção neste Governo que não seja investigada até o fim. *(20/2/04, Caxias do Sul – RS. Lançamento da nova linha de produção da Marcopolo S.A.)*

**... gera notícia na imprensa, principalmente quando é combatida:** É importante saber que a questão da corrupção no Brasil não é uma coisa nova. E quanto mais se combate a corrupção, mais ela aparece na imprensa. E nós estamos combatendo a corrupção como jamais foi combatida neste país. *(13/6/05, Rádio Nacional. Programa de rádio* Café com o Presidente*)*

**... quando combatida à exaustão, dá a falsa impressão de que cresceu:** Naquilo que diz respeito à possibilidade de investigação de um Governo, nós estamos fazendo mais do que já foi feito em qualquer outro momento da história do Brasil. E tem um problema grave, porque toda vez que você combate a corrupção, ela aparece mais na imprensa e passa para a sociedade a impressão de que tem mais corrupção exatamente porque você está combatendo. *(15/7/05, Paris – França. Entrevista à jornalista Melissa Monteiro, TV Francesa, e exibida no programa* Fantástico, *da Rede Globo, em 17 de julho de 2005)*

**... nem sempre deve ser noticiada, pois acaba com a credibilidade do Estado, e por isso pode ser escondida, inclusive com a veiculação de mentiras:** Eu me lembro de um momento, logo no início do Governo, quando um alto companheiro meu, de uma função muito importante, foi prestar contas de como tinha encontrado a instituição em que ele estava trabalhando – e me permitam, aqui, não dizer o nome da instituição –, e ele me dizia simplesmente o seguinte: "Presidente, a nossa instituição está quebrada, estamos falidos. O processo de corrupção que aconteceu, antes de nós, foi muito grande. Algumas privatizações que foram feitas em tais lugares levaram a instituição a uma quebradeira." Eu disse ao meu companheiro: "Olhe, se tudo isso que você está me dizendo é verdade, você só tem o direito de dizer para mim. Para fora, feche a boca e diga que a nossa instituição está preparada para ajudar no desenvolvimento deste país." Ele não entendeu. E eu dizia para ele: "É isso mesmo", porque se nós, com três dias de posse, ou com três meses de posse, saíssemos pelo Brasil vendendo a ideia de que determinadas coisas importantes em que a sociedade brasileira acredita, se determinadas instituições de que a República tanto necessita, como uma espécie de alavanca para o desenvolvimento deste país, se a gente saísse dizendo que estavam quebradas, eu me pergunto: que mensagem nós íamos passar à sociedade? Tanto à sociedade interna quanto à sociedade externa? *(24/2/05, Jaguaré – ES. Visita às obras da Estação Fazenda Alegre)*

## Corrupto(s)

**[ver: corrupção; CPI; investigar; polícia]**

Tem gente que é eleita com uma fama de honesto e, três meses depois, já está sendo chamado de corrupto pelo povo, na rua. *(11/3/03, Brasília – DF. Encontro com prefeitos da VI Marcha a Brasília em Defesa dos Municípios)*

**... existem aos montes, espalhados por Governos mundo afora:** Então, ao invés de dar esmola, vamos criar um fundo que pode ser organizado e dirigido por uma instituição multilateral da ONU [Organização das Nações Unidas]. Um fundo que não esteja na mão de ninguém, e que também não caia na mão de nenhum Governo corrupto, porque está cheio de gente passando fome no mundo e está cheio de governantes com conta na Suíça e nos paraísos fiscais espalhados por esse mundo afora. *(17/3/04, Olinda – PE. Abertura da II Conferência Nacional de Segurança Alimentar)*

**... só podem ser identificados por meio de denúncias:** Você não tem uma varinha de condão para falar "apareçam os corruptos ou os malfeitores da pátria, que nós vamos punir". Não. Você fica sabendo das coisas quando lê, quando alguém denuncia, quando alguém faz uma denúncia ou tem pelo menos um indício de prova. Aí você manda investigar. E, na investigação, você prova se é inocente ou não, se é culpado ou não. *(1/1/06, Brasília – DF. Entrevista ao programa* Fantástico, *da Rede Globo, no Palácio do Planalto)*

**... só podem ser punidos após uma investigação:** Volto a repetir, sem alarde, porque não gosto da ideia de condenar alguém pela imprensa e depois a pessoa ser inocente. Eu prefiro que haja toda a tramitação e investigação necessárias para, quando a gente disser que alguém é corrupto, a gente provar que é corrupto e colocar essa pessoa na cadeia. *(12/5/03, Brasília – DF. Sorteio dos municípios que serão fiscalizados quanto à aplicação de recursos, realizado pela Controladoria-Geral da União – CGU)*

**... às vezes, são injustamente rotulados:** O que me deixa realmente contrariado – e eu acho que a todo ser humano de bem neste país – é ver o nome de pessoas aparecerem nos jornais como corruptos, e depois de um, três meses, cinco meses, essa pessoa é inocentada. E os mesmos que deram as manchetes não têm a ética de pedir desculpas pelo erro cometido. *(7/5/07, Brasília – DF. Entrevista à Rede Católica de Rádio, no Palácio do Planalto)*

**... foram presos em quantidade no Governo Lula:** No meu Governo, a Polícia Federal, em apenas 31 meses, prendeu mais corruptos do que todos os Governos nos últimos 20 anos neste país. *(3/8/05, Teresina – PI. Visita às obras realizadas na Vila Irmã Dulce)*

## CPI (Comissão Parlamentar de Inquérito)

[ver: corrupção; corrupto; investigar]

A Câmara e o Senado podem, todos os anos, aprovar um conjunto de CPIs. Na Câmara ia ter um limite de cinco CPIs por ano, no Senado não tem limite. Todo mundo que faz política sabe que a CPI é um instrumento minoritário, é um instrumento das minorias. Aliás, foi a própria decisão da Suprema Corte [Supremo Tribunal Federal] que disse que era o atendimento da minoria no Congresso Nacional. Ora, se é um instrumento da minoria, e eu fui minoria tanto tempo, e tanto tempo pedi CPI contra os outros, por que eu haveria de ficar zangado com uma CPI contra o meu Governo? *(26/4/07, Santiago – Chile. Entrevista coletiva após cerimônia de assinatura de atos com o Governo do Chile)*

**... deve acontecer tantas e quantas vezes o Congresso quiser:** Acho que o Congresso Nacional tem toda a competência e serenidade para definir se deve ou não fazer CPI, quantas CPIs deve fazer. *(20/2/04, Caxias do Sul – RS. Lançamento da nova linha de produção da Marcopolo S.A.)*

**... é perda de tempo para o Governo:** Eu sou da tese de que o Congresso Nacional existe para legislar, existe para fazer CPI, existe para investigar, e o Governo existe para trabalhar. Eu confesso a vocês que eu não tenho tempo a perder com CPI. Nós iremos fazer tudo que for possível para contribuir com todas as informações, mas nesse momento eu não quero jogar fora e não quero perder a oportunidade do bom e extraordinário momento que o Brasil vive. *(19/2/08, Serra – ES. Entrevista coletiva após visita à Estação de Movimentação de Gás do Gasoduto Cabiúnas)*

**... ajuda a consolidar as instituições:** O Congresso Nacional tem a sua função, tem a sua tarefa, tem a CPI dos Correios, pode criar outras CPIs, o Congresso vai ter que investigar da forma mais madura, mais serena e, na hora em que encontrar os culpados, esses culpados terão que assumir as suas penalidades. É assim que a gente constrói o processo democrático. É assim que nós iremos consolidar as instituições brasileiras. É assim que a gente vai fazer com que a sociedade, sobretudo os mais jovens, possa pegar gosto em participar da vida política do país e possa, cada vez mais, respeitar as instituições existentes no seu país. *(11/7/05, Brasília – DF. Encontro com sindicalistas)*

**... não deveria existir no Governo Lula:** É importante lembrar que também não é a primeira vez que, no Brasil, tem uma CPI. Nós gostamos muito de CPI e elas são feitas sistematicamente, e eu acho que isso faz parte do jogo democrático. O que é importante para mim é que eu gostaria que não acontecesse isso. Eu acho que o Brasil não merece isso porque o Brasil está vivendo um bom momento na sua economia, o Brasil está vivendo um bom momento na geração de empregos e eu gostaria que tudo fosse diferente. Mas não é. Faz parte da política, nós temos que encarar isso com a tranquilidade que um dirigente tem que ter e vamos ver se os nomes aparecem e se as provas aparecem para que as pessoas possam ser punidas. *(15/7/05, Paris – França. Entrevista à jornalista Melissa Monteiro, TV Francesa, e exibida no programa* Fantástico, *em 17 de julho de 2005)*

**... é a primeira etapa de um processo:** A CPI tem um papel extremamente importante de apurar, de investigar. Depois, o Ministério Público vai ter um outro papel importante, o Poder Judiciário vai tomar as medidas que tem que tomar, a Câmara vai tomar as medidas que tem que tomar. *(25/8/05, Brasília – DF. 13.ª reunião ordinária do Pleno Conselho de Desenvolvimento Econômico e Social – CDES)*

**... não pode atrapalhar o funcionamento do Congresso:** Independentemente da CPI estar funcionando, estar apurando, é importante que haja uma compatibilização entre a investigação da CPI e o trabalho do Congresso Nacional para que a gente possa votar projetos importantes. *(8/8/05, Rádio Nacional. Programa de rádio* Café com o Presidente*)*

**... não atrapalha o funcionamento do Governo Lula:** Eu não sei quantos países do mundo, e não sei quantos presidentes no mundo sobreviveriam a três CPIs funcionando concomitantemente. E, no Brasil, o Governo sobreviveu e saiu fortalecido. *(7/7/06, Brasília – DF. Entrevista ao jornal* Financial Times*)*

## Credibilidade

[ver: crédito]

Vocês estão lembrados de que, em dezembro, este país não tinha um dólar de crédito internacional para financiar nossas exportações? Pois bem, em seis meses nós conquistamos uma credibilidade que, possivelmente, na história do Brasil, nenhum Governo teve, em seis meses. *(27/6/03, Brasília – DF. Abertura do Encontro Nacional de Vereadores e Deputados Estaduais do Partido dos Trabalhadores)*

**... se conquista mantendo a cabeça erguida:** E estamos com credibilidade porque não baixamos a cabeça. Estamos com credibilidade porque temos a coragem de dizer aquilo que o Brasil tem direito, sem deixar, em nenhum momento, qualquer porta fechada para negociação com qualquer país. Mas eles [os países do Mercosul] têm que saber que este país é soberano, que este país tem indústria, que este país tem agricultura, que este país tem trabalhadores e trabalhadoras e, portanto, este país tem que defender os seus interesses. *(30/10/03, Juazeiro – BA. Visita à XIV Feira Nacional de Agricultura Irrigada – Fenagri)*

**... se conquista agindo de forma prudente:** O que estamos fazendo? Na verdade, estamos colocando aquilo que antigamente se fazia: o fio do bigode. Nós estamos apostando na credibilidade, estamos apostando na seriedade para não fazer nenhuma coisa apressada. *(11/3/04, Brasília – DF. Reunião do Conselho de Desenvolvimento Econômico e Social – CDES)*

**... se conquista sendo previsível:** E para que a gente continue conquistando credibilidade, o Governo tem que dar os sinais do que ele quer fazer. *(15/6/05, Brasília – DF. Assinatura da MP de Desoneração Tributária e de Estímulo ao Desenvolvimento e ao Investimento)*

**... se conquista mostrando a verdade:** Eu tomei a atitude de dizer: nós ganharemos mais credibilidade agindo com seriedade do que se a gente, "porque faltam três dias para as eleições", não fizer as coisas. "Eu vou jogar tudo embaixo do tapete, depois das eleições a gente aflora isso." O povo está cansado. Esse povo não pode viver subordinado a mentiras. Já mentiram demais, já prometeram demais, já falaram demais e este povo continua, a cada dia, vendo que a sua situação está mais difícil. *(21/10/04, Rio de Janeiro – RJ. Posse da diretoria da Federação das Indústrias do Estado do Rio de Janeiro – Firjan)*

**... atrai dinheiro:** Eu lembro que neste país, em outros tempos, quando entravam 10 bilhões de dólares de investimento estrangeiro, era motivo de uma semana de apologia na imprensa brasileira. E, hoje, meu caro, em sete meses, já entraram 33 bilhões de dólares de investimento e a gente, muitas vezes, não vê ninguém noticiar. Está entrando dinheiro, porque este país ganhou credibilidade, porque este país, hoje, não vive andando em Washington para mendigar empréstimo para pagar suas contas. *(20/9/07, Manaus – AM. Assinatura de atos relativos às obras do PAC no estado do Amazonas nas áreas de habitação, saneamento e transportes)*

**... é condição necessária para tomar medidas impopulares:** Fizemos uma aposta na credibilidade política que o Governo tinha, para fazer todo o sacrifício que precisaria ser feito no primeiro ano sem que, com isso, perdêssemos o patrimônio político acumulado durante tanto tempo. *(28/11/03, Rio de Janeiro – RJ. Encerramento do 23.º Encontro Nacional de Comércio Exterior)*

**... existe para ser usada:** Eu duvido que um outro presidente da República fizesse o choque que nós fizemos em 2003. Eu duvido que alguém tivesse a coragem de fazer o aperto fiscal que eu fiz em 2003. Eu fiz por quê? Porque eu entendia que eu tinha muita credibilidade política e era preciso gastar um pouco dessa credibilidade política para arrumar a casa. *(26/2/08, Rio de Janeiro – RJ. Inauguração da fábrica de pneus de mineração e terraplanagem da Michelin – América do Sul)*

**... não pode faltar para que haja acordos:** O Brasil reencontrou, sem nenhuma mágica de qualquer membro do Governo ou da sociedade, mas com determinação, com seriedade, conquistando uma coisa que em acordos um ser humano não pode perder, que é a credibilidade, o Brasil encontrou um caminho do crescimento. *(30/7/04, Brasília – DF. Assinatura de decreto que regulamenta a Lei 10.848, que dispõe sobre a comercialização de energia elétrica)*

## Crédito

[ver: consumo; crise financeira de 2008; dinheiro; juros; mercado]

Ao lado do aumento da renda, o crédito é o instrumento mais importante para a consolidação de um forte mercado de massas. Nesse sentido, empenhamos todos os nossos esforços, nos últimos 44 meses, para expandir a oferta de crédito e mudar a face enrijecida do mercado financeiro nacional. *(24/8/06, Foz do Iguaçu – PR. Abertura da 16.ª Convenção Anual da Federação das Associações Comerciais e Empresariais do Paraná)*

**... é fundamental para uma economia capitalista:** Cabe ao Governo ter a preocupação e a compreensão de que o mercado interno é a condição *sine qua non* para que a indústria brasileira possa fazer mais investimentos, para que ela possa crescer mais e, com esse crescimento do mercado interno, a gente então criar o mercado consumidor que, no fundo, no fundo, resulta em ganhos para todo mundo. É por isso que nós estamos vivendo um momento importante no Brasil. É porque num país capitalista, de economia capitalista, sem crédito e sem distribuição de renda, não é nem país de economia capitalista e muito menos a economia capitalista. *(23/8/07, Brasília – DF. Almoço de encerramento do Seminário da ABDIB:* Obstáculos e Soluções para o Desenvolvimento da Infraestrutura Brasileira*)*

**... é tão mais importante quanto maior for a importância e as necessidades das pessoas:** Eu fui a um bairro de Fortaleza, no ano passado, e as pessoas criaram uma cooperativa onde as pessoas emprestam um cartãozinho de crédito, R$20,00 por pessoa. Se R$200,00 é pouco, imagine R$20,00. Agora, imagine R$20,00 num caso emergencial, para uma pessoa comprar o que levar para comer em casa no final de semana. Isso tem mais valor do que, às vezes, três, quatro ou cinco mil reais para uma pessoa ter acesso a uma conta para trocar de carro ou para comprar um outro bem material qualquer. Então, a importância do valor do crédito é proporcional à importância e ao tamanho das necessidades das pessoas. *(9/9/03, Brasília – DF. Comemoração da abertura da conta CAIXA Aqui de número 500 mil)*

**... não se dissemina mais por conta da informalidade:** Temos tomado uma série de medidas para facilitar o acesso das empresas ao crédito em condições mais favoráveis, estimulando a produção e o investimento. Dentre elas, posso citar a expansão das operações de crédito dos bancos de fomento, a legislação que obriga os bancos a destinarem parte de seus depósitos para o microcrédito e as medidas voltadas para a redução dos *spreads* bancários. Mas a oferta de crédito não é o único problema. O acesso ao crédito é dificultado, também, porque muitas empresas, principalmente as pequenas, convivem na informalidade. *(30/10/05, Brasília – DF. Entrevista à* Revista Empreendedor*)*

**... tinha secado para o Brasil, mas Lula o trouxe de volta:** Nós pegamos este país sem crédito para as nossas importações, e hoje o Brasil bateu recorde de exportação: 96 bilhões de dólares; e recorde de saldo comercial: 36 bilhões de dólares. *(27/1/05, Porto Alegre – RS. Conferência "Chamada Global para a Ação Contra a Pobreza", no Fórum Social Mundial)*

## Criança(s)

As crianças, nós sabemos, são os seres humanos mais sensíveis e vulneráveis. Se existirem condições saudáveis para elas, existirão, também, condições saudáveis para todos os seres vivos em nosso planeta. *(7/4/03, São Paulo – SP. Solenidade comemorativa do Dia Mundial da Saúde)*

**... não devem trabalhar:** E quando se fala do trabalho infantil, a gente fala de tirar a oportunidade de uma criança poder cumprir o seu ciclo natural, que todo ser humano deveria ter: o de ter o seu tempo de brincar, o seu tempo de estudar, até que atinja o seu tempo de trabalhar e de fazer as outras opções de vida. Eu sei que muitas crianças que trabalham, trabalham exatamente por causa da pobreza na sua família. Eu sei que muitas crianças que trabalham, trabalham porque é preciso levar alguma renda para casa. E nós sabemos que não é apenas a questão do dinheiro ou a questão da lei. Muitas vezes é uma questão de conscientizar as pessoas, também. Porque uma mãe, se estiver minimamente preparada, se estiver minimamente escolarizada, vai fazer qualquer coisa para não permitir que o seu filho saia para trabalhar para levar dinheiro para casa. *(13/12/04, Brasília – DF. Recepção à Caravana Nacional pela Erradicação do Trabalho Infantil)*

**... com saneamento, serão sadias:** Pois bem, meu caro prefeito [Agnelo Alves] de Parnamirim, a gente não vai conseguir colocar o nosso nome numa manilha, não tem como, e, se colocar, ninguém vai ver. Mas o que a gente vai ver como resultado dessa manilha embaixo da terra? O resultado não é uma placa, o resultado é uma criança sadia, é uma criança brincando na rua, é uma criança vivendo mais, é uma criança sem esquistossomose, é uma criança sem diarreia, é uma criança vivendo com muito mais dignidade. *(27/7/07, Natal – RN. Lançamento do PAC Saneamento e Urbanização no estado do Rio Grande do Norte)*

**... quando passam fome, não têm hábito alimentar:** Essa política de Combate à Fome é isso. Tem muita gente que diz: "Mas isso é proselitismo." É proselitismo para quem está com o buchinho cheio. Eu me lembro, Ciro [Gomes, ministro da Integração Nacional] – você que é nordestino, um paulistano naturalizado cearense –, que uma vez eu vim a um estado do Nordeste e não vou dizer qual, nem para falar mal, nem falar bem, e fui discutir a questão de uma vaca mecânica para produzir leite de soja numa cidade pobre. Aí me apareceu um monte de nutricionistas de uma universidade importante, também aqui do Nordeste, e disseram assim para mim: "Mas, companheiro Lula, você precisa levar em conta os hábitos alimentares dessas crianças." Eu falei: "Mas, desgraça, essa criança não tem hábito alimentar, está morrendo de fome." Que hábito alimentar tem essa criança? Hábito alimentar temos nós, aqui, que podemos comer. Mas uma criança de quatro anos, que tinha um braço da grossura do meu dedo... Coitada, não comia a língua porque não podia e a gente diz que tem hábito alimentar? *(17/3/04, Olinda – PE. Abertura da II Conferência Nacional de Segurança Alimentar)*

**... com Lula, passaram a comer mais:** Quando foi criada a merenda escolar, o real era igual a 1 dólar, então, na verdade, a merenda escolar valia 13 *cents* de dólar. Acontece que, a partir de 1998, a partir de 1999, era preciso 4 reais para valer um dólar; então, o que aconteceu é que o valor da merenda escolar foi muito diluído. Então o que aconteceu? Desde 1994 não tinha reajuste. Nós nos comprometemos, a pedido dos companheiros do Consea [Conselho Nacional de Segurança Alimentar e Nutricional], a reajustar em cerca de 40% – 15% neste final de ano, iniciando a partir do mês passado, e outros 20% a partir do ano que vem, para que a gente possa começar, gradativamente, a recuperar o poder original do valor da merenda escolar. Eu confesso que quando pediram para aumentar de 13 para 18 centavos, eu não consegui entender como é que alguém conseguia comer com 18 centavos. De qualquer forma, esse é o milagre da multiplicação. Tem gente que consegue fazer, com 13 centavos, uma comida com todas as calorias e as proteínas necessárias para as nossas crianças sobreviverem. *(26/10/04, Brasília – DF. 5.ª reunião do Consea)*

**... se comerem o suficiente, escapam de ser bandidas:** O Chico [Menezes, presidente nacional do Conselho de Segurança Alimentar e Nutricional] sabe que quando foi aumentar o dinheiro da merenda escolar de 13 para 18 centavos eu não quis participar, porque eu achava uma vergonha aumentar 6 centavos [*sic*]. Foi um trabalho imenso para ele me convencer que era uma grande coisa, que estava congelada há mais de 10 anos, a 13 centavos, quando o dólar era um por um, era 13 *cents* de dólar. Chique! E agora que eu fui aumentar para 22 centavos, ele falou: "Isso é um sucesso extraordinário." Eu não tinha dimensão. De qualquer forma, ainda é pouco, e nós precisamos sempre colocar mais, porque eu acho que quanto mais comerem, mais as nossas crianças vão ser inteligentes, mais as nossas crianças vão deixar de ser bandidas. E cada centavo que a gente colocar nessa política social será um centavo a menos que nós iremos precisar colocar nas cadeias deste país, porque fica muito mais caro. *(24/5/06, Brasília – DF. Reunião do Consea)*

**... se comerem e estudarem, podem ajudar o país a crescer:** No dia em que as nossas crianças comerem, no dia em que estudarem, no dia em que os nossos adolescentes tiverem formação profissional, o quanto este país poderá ter de crescimento. *(26/4/03, Buíque – PE. Lançamento do Programa Conviver)*

**... ricas e pobres têm destinos distintos:** Quando nasce uma criança pobre, a gente já sabe que ela poderá desistir da escola antes de terminar o ensino fundamental; quando nasce uma criança rica, a gente já sabe que ela pode ir para Paris fazer pós-graduação. *(1/8/03, São Paulo – SP. Inauguração do Centro Educacional Unificado Jambeiro)*

**... antes de Lula, não foram tratadas como deveriam:** Cinquenta e dois por cento das crianças que estão na quarta série não sabem interpretar um texto que leem e 59% não sabem fazer as quatro operações. Isso é tão grave, meus companheiros, prefeitos e governadores, quanto a situação econômica do país. Isso é tão grave, prefeito Pimentel [Fernando Pimentel, prefeito de Belo Horizonte], como a dívida externa, a dívida interna. Durante tantos anos se fez tanta propaganda, e constatamos que, mais uma vez, as nossas crianças não tiveram o cuidado necessário que precisariam ter tido. *(5/8/03, Brasília – DF. Encontro com lideranças políticas)*

**... com Lula, ricas e pobres terão as mesmas oportunidades:** Mas o mais importante é que nós mandamos um projeto de lei para a Câmara, ele foi aprovado, foi aprovado no Senado, eu sancionei semana passada, que é a extensão do tempo de escolaridade das crianças de oito para nove anos, para garantir que as crianças mais pobres – as crianças que moram na periferia, aquelas que não têm oportunidade de pagar –, uma pré-escola antes de entrar no ensino fundamental. Porque tem criança que com cinco anos já vai para a pré-escola, com quatro anos e meio vai para o parquinho e tal. E tem outras, coitadas, que, pela situação financeira da família, às vezes porque a prefeitura não pode, porque o estado não pode, essa criança só vai entrar na escola quando tem sete anos de idade. E se essa criança entra na sala de uma que fez a pré-escola, essa criança já vai entrar defasada. Aí começam a dizer: "Não, porque tal criança teve eficiência, tal criança é muito inteligente." Não é verdade. É que elas tiveram iniciação diferenciada e oportunidades diferenciadas. O que nós queremos é garantir que essas crianças tenham a mesma oportunidade. *(21/2/06, Recife – PE. Inauguração do Aeroporto Internacional do Recife/Guararapes)*

**... podem ser salvas pelo esporte:** Já está mais do que claro, na cabeça de todo o Governo e, eu diria, de muitas outras autoridades brasileiras, e também de muita gente no Brasil, que o esporte pode significar não apenas a boa prática da saúde e a boa conquista de medalhas de ouro, de prata e de bronze, pode significar uma oportunidade que nós temos de vencer coisas ruins que estão beirando e tomando conta das nossas crianças, neste país. *(22/8/03, Brasília – DF. Encontro com a delegação brasileira nos XIV Jogos Pan-Americanos de Santo Domingo – República Dominicana)*

**... devem valorizar os idosos:** As crianças devem saber que um bom velhinho ajuda muito na criação das pessoas, na educação dos netos, às vezes cuidando dos filhos quando a mãe tem que trabalhar. *(7/4/03, São Paulo – SP. Op. cit.)*

**... devem continuar inimputáveis:** Eu até entendo que um pai, ou uma mãe, machucado com a morte brutal de uma filha ou de um filho possa reagir emocionalmente e querer vingança. Todos nós que estamos aqui poderemos, um dia, reagir emocionalmente. Se acontecer alguma coisa conosco, com um filho nosso, com um parente nosso ou com uma pessoa de quem a gente gosta, que mora perto da gente e que nós conhecemos, certamente nós vamos reagir emocionalmente. Agora, o Estado não pode reagir emocionalmente. O Estado, por meio das suas instituições, tem que fazer justiça. E precisa julgar sem nenhuma paixão, porque senão continuaremos a cometer erros neste país. Eu já vi pessoas em estado de desespero, pessoas cristãs, daquelas que participam, na beira de um caixão, dizendo: "Não acredito mais em Deus. Se Deus existisse, meu filho não teria morrido, minha mulher não teria morrido ou minha mãe não teria morrido." É o mesmo estado emocional de alguém que acha que vamos resolver o problema da violência diminuindo a idade, para que os nossos adolescentes sejam punidos mais duramente. Essa é uma luta inglória. Nós, que lutamos contra a pena de morte no Brasil, sabemos que, se fosse feita uma pesquisa, ela revelaria que a maioria do povo acha que, se for decretada a pena de morte, acabam os crimes. Da mesma forma que, no estado emocional em que a sociedade está vivendo hoje, tem muita gente que diz: "Ah, vamos... Sabe, tem 16 anos. Vamos punir mais duramente. Vamos acabar com esse negócio de completar maioridade. Vai resolver o problema." Será que é isso? Se fosse só isso, será que nós teríamos os problemas que temos hoje, em vários lugares do mundo e não apenas no Brasil? *(1/12/03, Brasília – DF. Abertura da V Conferência Nacional dos Direitos da Criança e do Adolescente)*

**... são levadas ao desespero, e ao mau caminho, pela desagregação familiar, pela pobreza, pela televisão e muitos outros fatores:** Possivelmente, se fôssemos conversar com um especialista em cultura, como o Gilberto Gil [ministro da Cultura], não o Gilberto Gil, mas uma outra pessoa, diria assim: "O problema será resolvido quando as crianças tiverem acesso à cultura." Se fôssemos falar com o Cristovam [Buarque, ministro da Educação], ele falaria: "O problema será resolvido quando essa criança estiver na escola." Se fôssemos falar com o Jaques Wagner [ministro do Trabalho], ele diria: "O problema dessa criança será resolvido quando ela tiver um emprego." Se fôssemos falar com a Benedita [da Silva, secretária especial da Assistência e Promoção Social], ela diria: "O problema dessa criança será resolvido se tiver uma boa assistência social." Se fôssemos falar com um almirante ou com um general do Exército, eles diriam: "O problema seria resolvido se essa criança pudesse servir às Forças Armadas." E assim por diante. Tem até quem diria que esse problema se resolveria se ela pudesse ser deputado, governador ou alguma outra coisa. O dado concreto é que existe um sem-número de fatores que fazem com que cheguemos ao estado que estamos vivendo hoje, e acho que nenhum de nós poderia afirmar: "É tal coisa." Não é só a pobreza também. É importante que os adolescentes que estão aqui saibam: quando vim de Pernambuco para cá, eu tinha sete anos de idade. Eu achei que minha mãe [Eurídice Ferreira de Melo] teve uma coragem imensa, porque sair de Pernambuco com oito filhos grudados na sua saia, pegar um pau de arara e ir para Santos, para se encontrar com o marido, com o nosso pai, e, ao chegarmos lá, encontrar meu pai [Aristides Inácio da Silva] já casado com outra e com um monte de filhos, e essa mulher não se abalar e conseguir criar os oito filhos... Não há nenhum com diploma universitário. Mas todos aprenderam uma profissão, todos viraram chefes de família e até tem um que virou presidente da República. E estou dizendo isto para tentar dizer para vocês que não é apenas a questão da pobreza; tem outras coisas, quem sabe, mais sérias. Eu venho discutindo já há algum tempo, e possivelmente, alguns de vocês, em algum lugar desse Brasil, já me ouviram dizer o que vou repetir aqui: tão grave ou até mais grave do que as questões econômicas deste país é o processo de desagregação da estrutura da nossa sociedade, a começar pela família. O governador Mário Covas, um dia, me disse que na Febem, em São Paulo – já faz um tempo isso –, cada criança custava por volta de 1.800 reais, por mês, e estou falando de quase quatro anos atrás. E eu fiquei imaginando: "Será possível recuperar uma criança fora do convívio da família?" Será que quem está precisando de conselho e de reeducação não é a própria família e a criança ou o adolescente? Muitas vezes não discutimos as causas, discutimos apenas os efeitos. Eu sou do tempo da palmatória nas escolas. Depois saiu a palmatória e, quando a gente fazia uma arte, apanhava na palma da mão, até a mão ficar inchada; era o tempo da garrafinha, da tampa de garrafa e do caroço de milho, em que a gente se ajoelhava quando fazia alguma coisa errada. Ou, às vezes, era o servente que tinha autorização para meter a régua na cabeça da gente, e era uma régua de um metro, daquelas grossas, e a gente, bem ou mal, ia aprendendo a ficar com medo e a respeitar as pessoas que entravam na sala de aula. O que a gente percebe? O castigo não fazia o aluno ser mais inteligente ou menos inteligente; pelo contrário, ele transformava a escola numa coisa menos prazerosa do que ela deveria ser. Da mesma forma que uma pessoa que mora num quarto de três por três com pai, mãe, cinco ou seis filhos, dormindo todo mundo junto. Lógico que uma criança não tem vontade de voltar para casa, tem vontade de sair e nunca mais aparecer. Outro dia, eu vi uma pesquisa da Clarice Herzog [socióloga] sobre um tema que eu venho discutindo, essa questão da desagregação da estrutura familiar e da sociedade. Ela fez uma pesquisa mostrando a diferença entre a pobreza de uma grande metrópole e a pobreza no interior. Numa cidadezinha, Arthur Virgílio [senador pelo Amazonas], como Maués, lá no estado do Amazonas, as pessoas, por mais pobres que sejam, ainda têm uma estrutura familiar na cidade. Às vezes têm o pai e a mãe, às vezes um tio e uma tia, às vezes um padrinho, e numa pequena cidade isso vale muito, até uma relação de amizade vale muito. Então, essa pessoa é uma pessoa tranquila, que está pobre, está passando necessidades, mas ainda tem a esperança, a fé, tem uma estrutura de sociedade que lhe permite um mínimo de expectativa. Mas quando essa mesma pessoa pobre e tranquila, que mora com quatro ou cinco filhos na casa do sogro ou da sogra, vem para um grande centro urbano, vai morar numa situação totalmente degradada, em que não se sabe onde é o espaço do banheiro ou o espaço da cozinha, muitas vezes dormindo junto com cinco ou seis pessoas. Eu digo isso porque eu tinha dez anos de idade e dormia com treze pessoas num quarto e cozinha. Treze! E, hoje, as pessoas não têm nem um quarto e cozinha, na maioria dos lugares em que a gente vai, por essa periferia afora. Quem é que conhece como é que se mora numa palafita, seja na Bahia, em Pernambuco, no Maranhão, no estado do Amazonas, em situação totalmente degradante, em que uma criança não tem uma única razão, um único motivo para dizer: "Eu quero morar aqui"? Então, a rua passa a ser uma saída. A rua passa a ser uma tranquilidade. Nós devemos pensar nisso como um todo e tentar encontrar uma solução, porque as leis já existem, a Constituição de 1988 cuidou bem disso, o Estatuto da Criança e do Adolescente cuidou muito bem disso. E, de repente, a gente percebe que os problemas continuam e que, cada vez mais, nós estamos diante quase que de um fato consumado. A gente nunca parou para discutir qual é o papel que alguns programas de televisão têm na formação das nossas crianças e dos nossos adolescentes. Quantos pais estão em casa, para cuidar do tipo de programa que as crianças têm que assistir, do tipo de filme? Nós nunca pensamos. Às vezes, cometemos um erro, diante de uma barbárie qualquer, atacamos o vizinho, dizemos que foi culpa da escola, sempre os outros. Nós nunca olhamos para nós mesmos. Nunca. *(1/12/03, Brasília – DF. Op. cit.)*

## Crime

[ver: bandido; Bolsa Família; cadeia; corrupção; corrupto; criança; droga; Educação; educador; família; jovem; pobre; pobreza; polícia; policial; violência]

## Criminalidade

[ver: bandido; Bolsa Família; cadeia; corrupção; corrupto; criança; droga; Educação; educador; família; jovem; pobre; pobreza; polícia; policial; violência]

## Crise do *subprime* de 2007

[ver: crise financeira de 2008; crise política; Economia]

Eu tenho dito, nesses últimos meses, que o Brasil vive uma situação que, em nenhum momento da nossa história, nós conseguimos viver, um momento em que tem um conjunto de fatores, sobretudo no que diz respeito às políticas econômicas, combinando entre si, que permitem que a gente tenha uma crise como essa crise imobiliária americana, e o Brasil se mostra muito tranquilo. Estamos convencidos de que, qualquer que seja a durabilidade dessa crise americana, ela não nos trará problemas. *(31/8/07, Brasília – DF. Entrevista à imprensa regional:* A Crítica*/AM,* O Liberal*/PA,* Jornal do Commercio*/PE,* A Tarde*/BA,* O Povo*/CE,* O Popular*/GO,* O Dia*/RJ,* Hoje em Dia*/MG,* Zero Hora*/RS,* Gazeta do Povo*/PR, e Associação Paulista de Jornais)*

**... deve fazer o Brasil ter cautela:** O Brasil continua tranquilo, obviamente que sempre alerta. Por enquanto a entrada de capital no Brasil tem sido maior do que a saída e nós vamos continuar com toda cautela, torcendo para que os Estados Unidos resolvam esse problema, afinal de contas, quem criou a lei de financiamento foi o Governo americano, e, portanto, quem vendeu facilidade que assuma as dificuldades. *(10/9/07, Helsinque – Finlândia. Conferência de imprensa após assinatura de atos)*

**... se atingir proporções mundiais, vai atingir o Brasil:** Obviamente que se tiver um problema na economia mundial vai afetar todos os países do mundo. Entretanto, é importante a gente lembrar que os números estão indicando que a força do crescimento da economia brasileira está sustentada no crescimento interno. *(15/9/07, Madri – Espanha. Entrevista coletiva a jornalistas brasileiros, após almoço oferecido pelo presidente de Governo da Espanha, José Luis Zapatero)*

**... não tem a sua real dimensão conhecida:** Qual é o único problema que nós temos, que ainda não atravessou o Atlântico, e que ainda não chegou aqui? É a crise do tal do *subprime* americano, que a gente não sabe o tamanho. Por enquanto começou com umas coisas com um banco de desenvolvimento, e hoje está pegando bancos grandes, bancos como o Citibank estão com problemas, DeutscheBank está com problema. Mas é um problema, por enquanto, dos americanos e dos europeus, ainda não chegou aqui. *(20/12/07, Brasília – DF. Bate-papo com jornalistas do Comitê de Imprensa da Presidência da República, durante café da manhã de confraternização pelo final de ano)*

**... tem a torcida de alguns colunistas, que querem que ela chegue ao Brasil:** Se você ler alguns colunistas que escrevem, você vai perceber o seguinte: no fundo, no fundo eu sentia que as pessoas estavam torcendo para que a crise americana afetasse o Brasil. Porque em política você tem o Governo, que tem que governar... e você tem um determinado tipo de gente que trabalha contra, porque ele percebe que a única chance dele é o Governo dar errado, quando, na verdade, todos deveriam pensar para frente, pensar de forma positiva. *(23/8/07, Brasília – DF. Entrevista aos jornalistas Tânia Monteiro, Vera Rosa, Rui Nogueira e Ricardo Gandour, do jornal* O Estado de S. Paulo*)*

**... se atingir a Europa, ganhará vigor:** Quando se fala que se houver uma recessão nos Estados Unidos vão diminuir as importações, é importante lembrar também que o Brasil diversificou muito as suas exportações, e hoje nós não dependemos mais apenas dos Estados Unidos. Nós temos exportações com muitos países no mundo e, portanto, também seria pequeno o efeito aqui no Brasil. De qualquer forma, os Estados Unidos são a principal economia do mundo, nós temos que olhar qual é o tamanho da crise, onde ela pode chegar, porque também pode atingir a Europa, e se atingir a Europa, aí sim, atinge o comércio mundial com muito mais vigor. *(24/1/08, Rio de Janeiro – RJ. Entrevista coletiva)*

**... é dos americanos:** Um tempo desses, me disseram que o presidente Bush [George Bush, presidente dos Estados Unidos] estava nervoso porque eu tinha dito que a crise era dele e que ele cuidasse para não atingir os pobres. E, na verdade, a crise é deles, a crise não é nossa. Quem tem casa, aqui, nos Estados Unidos? Quem financiou casa aqui? Então a crise é deles, não é nossa. *(19/2/08, Vitória – ES. Assinatura da ordem de início das obras de adequação do Contorno de Vitória e das obras de esgotamento sanitário no bairro de Santo Antônio)*

**... deve ser resolvida por George Bush:** Já falei com o presidente Bush duas vezes que a crise é dele, por favor resolva e não jogue para cima dos países pobres, não. O sistema financeiro, que quis ganhar dinheiro apostando em cassino, que pague a conta, não transfira a conta para os países que passaram trinta anos sem crescer, que agora estão tendo a oportunidade de crescer e não podem pagar essa conta. *(12/3/08, Brasília – DF. Mesa de negócios do The Economist Newspaper Group)*

## Crise financeira de 2008

[ver: crise do *subprime* de 2007; crise política; Economia]

O Brasil não comprou os títulos imobiliários americanos, portanto, eu vou encontrar com meu amigo Bush agora, no dia 24, e vou dizer: Bush, resolva o problema da crise, porque nós não deixaremos ela atravessar o Atlântico e chegar ao território brasileiro. *(17/9/07, Madri – Espanha. Conferência de imprensa por ocasião da visita a Madri)*

**... levou à quebradeira bancos que palpitavam sobre o Brasil:** Tem uma crise nos Estados Unidos, que vocês estão acompanhando pela imprensa. Uma crise muito forte, que tem levado a maior economia do mundo a sobressaltos extraordinários. Eu vejo, com uma certa tristeza, bancos muito importantes que passaram a vida dando palpites sobre o Brasil, que passaram a vida dizendo o que a gente deveria ou não fazer, que passaram a vida medindo o risco deste país, que passaram a vida fazendo propaganda para investidores sobre se o Brasil era ou não confiável – era como se eles fossem os superinteligentes e nós, os supercoitados –, é com muita tristeza que esses palpiteiros estão quebrando, estão entrando em concordata. Na verdade, determinaram nos últimos anos, no mundo, não que o capital pudesse circular livremente pelo mundo, gerando empregos e riqueza. Mas determinaram que a especulação financeira, o cassino do sistema financeiro internacional, pudesse determinar a lógica da economia. *(18/9/08, Rio Grande – RS. Batismo da plataforma P-53)*

**... faz a imprensa brasileira ficar mais preocupada do que Lula:** A imprensa, de vez em quando, fica doida: "Mas, presidente Lula, e a crise americana?" "Perguntem para o Bush. A crise é dele, não é minha." Eu tenho que cuidar do meu país para não permitir que ele seja contaminado por esta crise, e é por isso que diversificamos a nossa balança comercial. *(19/9/08, Mossoró – RN. Inauguração de* *prédios do campus da Ufersa, assinatura de protocolo para implantação de refinaria em Guamaré e inauguração da Termoaçu)*

**... será impedida por Lula de "atravessar" o Atlântico, se necessário, com um muro:** Sem nenhuma arrogância, com muita humildade, acompanhamos [inaudível] a crise americana todo santo dia. Nunca estudei tanto as crises do Brasil como estudo a crise americana. Estão quase construindo um muro para não deixá-la ultrapassar o Atlântico. *(22/9/08, Nova York – Estados Unidos. Jantar para entrega da condecoração da insígnia de ouro America's Society e do Council of the Americas)*

**... se chegar ao Brasil, será como uma "marolinha":** Eu estou muito confiante de que a crise americana, se ela chegar aqui... lá ela é um *tsunami*, aqui ela vai chegar uma marolinha, que não dá nem para esquiar. Qual é o problema que nós temos? Na medida em que a economia americana tem um rombo no sistema financeiro, na agiotagem e no cassino que foi o sistema financeiro americano, o Governo teve que cobrir um buraco de US$850 bilhões. Isso, só para o povo brasileiro ter uma ideia, é um trilhão e setecentos bilhões de reais. É importante lembrar que o Proer brasileiro [Programa de Estímulo à Reestruturação do Sistema Financeiro Nacional] foi de 24 bilhões de reais. Então, é uma crise muito forte, é uma crise maior do que a russa, maior do que a crise asiática, é maior do que a crise do México, e é importante lembrar que essas outras crises quebraram o Brasil. Essa crise americana ainda não chegou diretamente ao Brasil. Nós temos um pequeno problema de crédito, que nós vamos suprir essa deficiência por falta de dólar no mercado internacional para financiar as nossas exportações. Nós tomamos a decisão de permitir que os bancos maiores possam comprar carteiras dos bancos menores, e qualquer negócio o próprio Governo fará o redesconto. As nossas medidas, eu tenho conversado com o Guido [Mantega, ministro da Fazenda] e com o Meirelles [Henrique Meirelles, presidente do Banco Central] todos os dias, não vai ter pacote, é importante lembrar: não existirá pacote. O que nós vamos é tomar medidas pontuais para que a gente acompanhe a economia mundial e o desenrolar dela. Eu quero dizer para vocês que o povo brasileiro pode ficar tranquilo. *(4/10/08, São Bernardo do Campo – SP. Entrevista coletiva após passeata, antes das eleições municipais; publicada no site da Presidência em 18 de dezembro de 2008)*

**... não é apenas americana, mas, como todos já sabem, é mundial, e "sobra para nós":** Essa é a primeira crise que o Governo não tem que explicar que é internacional, porque todo o povo brasileiro já sabe que essa crise está acontecendo por causa da especulação financeira que começou nos Estados Unidos da América do Norte. Eles brincaram com a economia, brincaram com a política de financiamento, e na hora em que a porca entorta o rabo, sobra para nós. *(7/10/08, Angra dos Reis – RJ. Batismo da plataforma P-51)*

**... espraiou-se para todos os continentes:** A crise financeira adquiriu dimensões globais, espraiou-se para todos os continentes. Sistemas financeiros foram duramente abalados, e com eles doutrinas e concepções econômicas que predominaram nos últimos vinte anos. *(10/10/08, Brasília – DF. Jantar comemorativo dos 200 anos do Banco do Brasil)*

**... tem um lado bom, como a eleição de um negro nos Estados Unidos:** Requião [Roberto Requião, governador do Paraná], Aécio

[Neves, governador de Minas], que estou vendo aqui agora, Ana Júlia [governadora do Pará], vocês não sabem como tem gente torcendo para dar errado. Há gente que pede a Deus todos os dias para a crise chegar logo ao Brasil, "porque não é possível que esse Lula fique incólume nessa crise". É possível, e essa crise, dentre os benefícios que vai causar, vai eleger o Obama [Barack Obama, candidato democrata à Presidência dos Estados Unidos] presidente dos Estados Unidos, eleger um negro, o que não é pouca coisa. Pode até ser que não tenha muita diferença ideológica e conceitual entre democratas e republicanos na hora em que se trata da política interna dos Estados Unidos. Mas, do ponto de vista simbólico, este mundo elegeu um torneiro mecânico pela segunda vez no Brasil, elegeu um índio na Bolívia; eleger um negro nos Estados Unidos e um bispo no Paraguai é demais. *(20/10/08, São Paulo – SP. Premiação das Empresas mais Admiradas do Brasil, promovida pela revista* Carta Capital*)*

**... leva o Governo brasileiro a não poder assegurar que não haverá cortes de gastos:** Eu não posso assumir o compromisso com vocês de que se houver uma crise econômica que abale o Brasil que a gente vai manter todo o dinheiro de todos os ministérios como está, até porque se a União arrecadar menos, vai ter menos dinheiro para todo mundo. *(21/10/08, São Paulo – SP. Comemoração dos 60 anos da Sociedade Brasileira para o Progresso da Ciência – SBPC)*

**... deve ser combatida com o consumo responsável, estimulado pelo presidente:** Esses dias, Serra [José Serra, governador de São Paulo], eu fui a um comício do Marinho [Luiz Marinho, candidato a prefeito de São Bernardo do Campo] lá em São Bernardo e eu disse ao povo: "Olha, eu acho que vocês têm que comprar." As pessoas terminaram o comício, foram para o bar tomar cerveja e falaram: "Vamos beber que o presidente mandou a gente gastar." Eu acho que com bom senso as pessoas que tiverem um plano para comprar o seu carro, para comprar sua geladeira, para comprar sua televisão obviamente têm que medir o tamanho da prestação dentro daquilo que é o orçamento que vai pro seu bolso no final do mês. Acho que as pessoas têm que continuar comprando, porque se acontecer o contrário, aquilo que ainda não é crise na produção brasileira passa a ser. Na hora em que as pessoas deixarem de comprar, a empresa deixa de produzir, o comércio deixa de vender, o Serra vai perder imposto, o Kassab [Gilberto Kassab, prefeito de São Paulo] vai perder imposto, o Governo Federal vai perder imposto. Aí, a crise, que ainda não chegou no setor produtivo brasileiro, pode chegar se a gente permitir que o pânico tome conta das nossas atividades cotidianas. *(29/10/08, São Paulo – SP. Inauguração do 25.º Salão Internacional do Automóvel)*

**... faz com que Lula atue no Brasil como um motivador, tentando amenizar os seus efeitos; e não dizendo ao povo que ele "sifu":** Imaginem vocês, se um de vocês fosse médico e atendesse um paciente doente, o que vocês falariam para ele? "Olha, companheiro, o senhor tem um problema, mas a medicina já avançou demais, a ciência avançou demais, nós vamos dar tal remédio e você vai se recuperar." Ou você diria: "Meu, 'sifu'." Vocês falariam isso para um paciente de vocês? Vocês não falariam. Ou o presidente se comportar como aquela visita indesejada a um doente no hospital, não sei se já aconteceu com vocês. Vai visitar um parente no hospital; está lá o cidadão...

Todo doente fica feio: ele emagrece, ele fica pálido, ele fica psicologicamente arrebentado, não é o melhor lugar do mundo o hospital, a gente está sempre malvestido, às vezes não tomou banho direito. E aí chega lá a família toda para visitar e aí senta uma comadre e começa a falar: "Ih, ontem, lá na minha rua morreram dois com essa doença aí. E a minha vizinha disse que não tem cura. Um parente dela morreu lá em Pernambuco, em Garanhuns, com essa doença aí." Ou seja, você acaba de matar o paciente. *(4/12/08, Rio de Janeiro – RJ. Lançamento das linhas de ação do Fundo Setorial do Audiovisual)*

**... assumiu dimensões incontroláveis:** É uma crise que nós não temos controle sobre ela. É uma crise, eu diria, de quebra do sistema financeiro mundial. *(13/2/09, Recife – PE. Entrevista após visita à fazenda marítima de criação de peixes beijupirá)*

**... deve ser debelada por Barack Obama, como deseja Lula:** Eu estou rezando para o Obama [Barack Obama, o presidente dos Estados Unidos] mais do que rezei para mim. Por quê? Porque como a economia americana tem uma incidência na economia do mundo inteiro, e alguns parceiros nossos dependem muito dos Estados Unidos, como a China, por exemplo, nós queremos que a economia americana se recupere logo, para que a economia vá voltando à normalidade. O mundo inteiro pode se recuperar, mas se os americanos não se recuperarem nós teremos problema, afinal de contas o buraco é lá. O chamado buraco negro que todo mundo fica procurando está exatamente na economia americana. *(11/2/09, Brasília – DF. Entrevista exclusiva para a Associação dos Diários do Interior do Brasil – ADI)*

**... quando for superada, fará o Brasil ficar mais forte:** O país que não se deixar levar pela crise, o país que mantiver investimentos, o país que continuar fazendo as obras de infraestrutura, o país que convencer os empresários a fazerem os investimentos necessários, quando essa crise acabar, nós sairemos na frente de todo mundo. Portanto, eu estou preparado para que o Brasil saia dessa crise mais forte, crescendo mais, com mais emprego e com mais distribuição de renda. É um desafio? É. Mas eu nunca tive nada de graça na minha vida, tudo o que eu conquistei foi com muito desafio, e este é mais um desafio que eu quero enfrentar. *(3/2/09, Rio de Janeiro – RJ. Entrevista após cerimônia de anúncio de recursos do FNHIS e do Pronasci, da ampliação do Programa Saúde da Família e da inauguração do Cetep da comunidade Santa Marta)*

**... foi causada pelos brancos de olhos azuis:** Nós também não temos o direito de permitir que sejam os pobres, que viajam o mundo à procura de uma oportunidade, de um emprego, de um salário, de uma renda, que sejam os primeiros a pagarem as contas de uma crise feita pelos ricos, sobretudo por nenhum negro, por nenhum índio e por nenhum pobre. É uma crise causada, fomentada, por comportamentos irracionais de gente branca, de olhos azuis, que antes da crise parecia que sabia tudo e que agora demonstram não saber nada. *(26/3/09, Brasília – DF. Conferência de imprensa em conjunto com o primeiro-ministro britânico, Gordon Brown)*

## Crise política

[ver: crise financeira de 2008; PT]

Não vou sair daqui sem falar da crise, até porque vocês poderão estar perguntando: "Peraí, mas tem uma crise, o presidente vem aqui e não fala nada?" E eu quero dizer para vocês que a crise é extremamente grave. E quero dizer para vocês, e disse na quinta-feira em um discurso que fiz no Conselho de Desenvolvimento Social e Econômico, que em horas de crise como esta nós temos duas coisas a fazer. Primeiro, é ter muita paciência para não tomar nenhuma decisão precipitada, não se deixar levar pelo estado emocional, mas sim pela razão, nos momentos adequados. E, segundo, utilizar os instrumentos que o Estado tem para fazer todas as investigações que têm que ser feitas. *(30/8/05, Uberlândia – MG. Inauguração das obras de ampliação e modernização do Aeroporto de Uberlândia)*

**... deixa Lula mais forte:** Tem pessoas que fraquejam nas crises, tem pessoas que entram em depressão em momentos difíceis. Eu, ao contrário, fico com mais vontade de lutar. Quanto mais me batem, mais eu tenho motivação para resistir. *(3/12/07, Brasília – DF. Entrevista ao jornalista Ricardo Kotscho e publicada na edição 6 [dez/07-jan/08] da revista* Brasileiros*)*

**... faz parte da natureza de Lula, que, por isso, dá valor às coisas:** O momento exige que nós falemos de outros assuntos, que falemos de crise, e eu sou um azarado. Vocês sabem que eu fui gestado em crise. Minha mãe [Eurídice Ferreira de Melo], quando engravidou do meu pai [Aristides Inácio da Silva], ele veio embora e a largou lá sozinha, e eu já entrei em crise. Vim conhecer meu pai cinco anos depois e entrei em crise outra vez, porque descobri que ele estava casado com outra mulher e já não era mais apenas minha mãe que era mulher dele. E depois, várias outras crises que eu vivi na vida. Você sabe que a crise de subsistência dos pobres no país é uma coisa complicada, Mino [Carta, jornalista, diretor da revista *Carta Capital*], é uma labuta diária para sobreviver. Imagine a crise para chegar a presidente da República, imagine o que a gente tem que vencer de preconceito, de enfrentamento de adversidades o dia inteiro, a noite inteira. Não tem jeito, Mino, é difícil. Eu sinto exatamente o que você sente, eu sei exatamente o que você sofre, o que você passa e que outras pessoas passam, mas, ao mesmo tempo, eu sou um otimista e acho que nós dois deveríamos servir de orientação para os outros, porque somos vencedores. Queria dizer para vocês que eu sou um homem... não sou amante de crise, mas eu acho que a crise é uma coisa que motiva a gente a sobreviver. Se não tem crise, a gente fica como aquele cidadão que ficou rico herdando [inaudível] do pai sem nunca ter produzido um alfinete. O cara é rico, tudo, mas nunca produziu nada. Eu prefiro aqueles que produzem menos, mas que cada gota do que produzem é à custa do seu suor, do seu sangue, do seu estudo, da sua dedicação. *(20/10/08, São Paulo – SP. Premiação das Empresas mais Admiradas no Brasil, promovida pela revista* Carta Capital*)*

**... provoca sempre uma corrida por culpados:** Tem dias em que a gente é aplaudido, mas meio minuto depois a gente perde um pênalti e pronto, é uma vaia que não acaba mais, e nós, brasileiros, temos experiência dessas coisas. E em tempo de crise é assim. Em tempo de crise, alguns procuram logo encontrar um jeito de encontrar um culpado, e eu, como ser humano, como seu [Roberto Rodrigues, ministro da Agricultura] companheiro – eu sei que o Paulo, seu filho mais velho, está aqui –, fui à sua casa duas vezes e a impressão que eu tenho é de que eu fui cinquenta vezes, pelo carinho, pelo tratamento que a gente recebe da família como um todo, e quero te dizer do profundo respeito que a dona Marisa tem por você, da profunda amizade e admiração. *(3/7/06, Brasília – DF. Posse do novo ministro da Agricultura, Pecuária e Abastecimento, Luís Carlos Guedes Pinto)*

**... na ética, é resultado do sistema, e não de conduta imprópria de indivíduos:** Não me canso de repetir e vou repetir aqui: a crise ética que se abateu sobre o país é a crise do sistema político em sua inteireza, e não apenas de algumas pessoas ou de alguns partidos. Por isso, é fundamental uma reforma política bem-desenhada, que supere o atraso e as condutas inadequadas nesse campo. Não podemos investir indefinidamente no conflito político. *(24/8/06, Brasília – DF. 19.ª reunião ordinária do Pleno Conselho de Desenvolvimento Econômico e Social – CDES)*

# Cuba

Uma vez, eu fiquei perguntando: por que em Cuba tinha bastante divórcio? Aí, depois, eu fiquei sabendo: tinha divórcio porque as pessoas tinham independência. Quando as pessoas têm independência, as pessoas não têm medo. A gente vive junto porque ama, porque gosta, no dia em que não ama e não gosta, o que acontece? A gente não é obrigado a viver junto. *(16/6/06, Brasília – DF. 13.º Congresso da União da Juventude Socialista – UJS)*

**... tem em Lula um fã:** Eu sou da geração que é apaixonada pela Revolução Cubana. Talvez os pais de vocês tenham sido ou são dessa geração. Tenho um carinho muito especial pelo Fidel [Castro, presidente de Cuba], eu visito Cuba desde 1985, portanto, há 23 anos eu visito Cuba. Houve tempo em que eu vinha a Cuba todo ano. *(15/1/08, Havana – Cuba. Entrevista coletiva na residência da embaixada do Brasil em Cuba)*

**... tem o povo mais politizado do planeta Terra:** Eu tenho um profundo respeito pelo povo cubano, acho que é o povo mais politizado do planeta Terra. Acho que tem poucos países do mundo que durante a História tiveram o privilégio de ser politizados. É um povo muito... Quem for a Cuba vai descobrir que está diante da Bahia, quer dizer, está como se estivesse em Salvador, porque é muito parecido com o nosso povo baiano. *(19/2/08, Serra – ES. Entrevista coletiva após visita à Estação de Movimentação de Gás do Gasoduto Cabiúnas)*

**... tem um povo muito preparado:** Nós estamos estudando o projeto de fazer uma carreteira em Cuba, uma grande rodovia, estamos ajudando na construção de um laboratório de produção de remédio, e o Brasil quer que Cuba decida o seu destino da melhor forma possível. O Brasil espera que os cubanos de Miami não tentem fazer nenhuma bobagem. O povo cubano é o povo mais politizado do planeta. É importante ter clareza que ali é 100% política e que, portanto, ali tem um alto grau de escolaridade – compete com qualquer país do mundo –, e que é preciso, aos poucos, ir criando as condições para que Cuba dê um salto de qualidade extraordinário no desenvolvimento. *(29/4/08, Brasília – DF. Entrevista à revista alemã* Der Spiegel*)*

**... tem as suas razões, assim como os Estados Unidos:** Então, conversei com Fidel Castro sobre o brasileiro que estava lá; conversei com Fidel Castro sobre os cinco cubanos que estão condenados à pena de morte nos Estados Unidos, porque as pessoas só falam de um lado, não falam dos dois lados. E eu ponderei muitas coisas ao Fidel, porque se alguém tiver que falar é ele, e não eu. Mas eu, José Dirceu [ministro-chefe da Casa Civil] e Frei Betto [assessor da Presidência] passamos uma hora e meia conversando sobre direitos humanos e não tenho nenhuma obrigação de dar informações ao chamado Repórter Sem Fronteira. Eu passei a minha vida inteira lutando por liberdade democrática. Ela vale para mim, vale para Cuba, vale para Paris, vale para todo mundo. Agora, Cuba tem suas razões, os Estados Unidos têm suas razões. A mim, cabe apenas dizer ao chefe de Estado como é que eu acho que deveriam ser as coisas. Mas não cabe mais do que isso. *(2/10/03, Brasília – DF. Entrevista coletiva a emissoras de rádio)*

**... investiu em áreas essenciais e hoje é potência olímpica:** Qual é a explicação que nós temos para um país que tem o PIB que tem o Brasil, para um país que tem 190 milhões de habitantes e, em todos os jogos Pan-Americanos e Olimpíadas, ver um país com 11 milhões de habitantes, como Cuba, ser uma potência olímpica, e nós não sermos uma potência olímpica. Obviamente que o Governo cubano, em algum momento, fez uma opção de investimento numa coisa sagrada que está ligada ao esporte, que foi a Educação, que foi a Saúde, que foi a formação da sua juventude, e há muitas décadas os cubanos colhem aquilo que plantaram. *(3/8/07, Brasília – DF. Encontro com atletas brasileiros do Pan)*

**... se dependesse do Lula, seria uma democracia:** Se dependesse de mim, Cuba viveria no regime mais democrático do mundo, como nós vivemos aqui. Não depende de mim. Eu tenho que, pelo menos, permitir que os cubanos, na sua soberania, tenham autodeterminação. *(7/11/05, Brasília – DF. Entrevista ao programa* Roda Viva*)*

**... não viu os trabalhadores chegarem ao poder:** Nem na Revolução Russa os trabalhadores chegaram ao poder, nem na Revolução Cubana os trabalhadores chegaram ao Governo. E no Brasil, pela via democrática, com debate político, eu fui eleito. Então eu acho que isso pode despertar em outros trabalhadores, no mundo inteiro, a vontade de acreditar como eu acreditei. *(20/5/05, Brasília – DF. Entrevista à jornalista Insun Kang, do jornal* Chosun Ilbo*)*

**... sofre um bloqueio inaceitável:** O nosso país, durante quinhentos anos, ficou olhando para a Europa. Está na hora de olhar para a África e para a América do Sul. Está na hora de se estabelecer novas parcerias, para que a gente possa ser mais independente, fortalecer o Mercosul e estabelecer uma força política para negociar. Não podemos aceitar o que está acontecendo durante quarenta anos, o bloqueio a Cuba. Não podemos aceitar que países sejam marginalizados durante séculos e séculos. *(24/1/03, Porto Alegre – RS. III Fórum Social Mundial)*

**... ajuda os povos da América Latina:** É invejável quando a gente vê um país na situação sempre difícil que Cuba tem e que, entretanto, tem a capacidade de fazer uma universidade e oferecer vagas para todos os países da América Latina, inclusive para o Brasil, onde dezenas de jovens estudam de graça o curso que querem fazer. *(3/5/06, Brasília – DF. Abertura da XVI Reunião Regional Americana da Organização Internacional do Trabalho)*

**... deu a suas crianças acesso a tratamento dentário:** Eu dizia para o Humberto Costa [ministro da Saúde]: aqueles "negócios" que se coloca na boca – porque eu estou vendo que está cheio de meninas com aqueles "negócios" de aço na boca para corrigir os dentes – aqui, no Brasil, ainda é artigo de luxo. Lá, em Cuba, qualquer criança pobre pode colocar aquilo. Então, nós vamos ter que evoluir para que os pobres tenham o direito de fazer a correção nos seus dentes. *(17/3/04, Sobral – CE. Lançamento do Programa Nacional de Saúde Bucal)*

**... precisa da ajuda do Brasil:** Em Cuba, eu vou assinar uma série de acordos com os cubanos. O Brasil tem interesse em ajudar os cubanos a descobrir se tem petróleo em águas profundas em Cuba, até porque Cuba está muito próxima do golfo do México. Nós temos interesse em ajudar os cubanos a construir uma fábrica de lubrificantes. Vamos assinar acordos para a construção de estradas, na área de Saúde tem muitos acordos, tanto para reconhecer os médicos brasileiros que se formam em Cuba quanto para ajudar a construir laboratórios em Cuba. É uma viagem que eu vou fazer com muito interesse porque acho que tudo que o Brasil puder fazer para ajudar os países da América Central e do Caribe nós temos de fazer. *(14/1/08, Rádio Nacional. Programa de rádio* Café com o Presidente*)*

## Cultura

**[ver: Educação; televisão; televisão pública]**

Vocês sabem, tanto quanto eu, que a cultura é fundamental para a construção da identidade de uma nação e que este papel cultural é ainda mais importante para a juventude brasileira. Nós dizemos sempre que sem trabalho, sem educação e sem cultura a gente não desperta esperança na juventude brasileira. *(3/10/05, São Paulo – SP. Visita ao Ponto de Cultura da Comunidade de Heliópolis)*

**... faz bem para a autoestima de um povo:** Às vezes, o que se gasta em dinheiro é infinitamente menor do que aquilo que a gente ganha para a cultura e, sobretudo, aquilo que a gente ganha em autoestima para o nosso povo. *(2/7/04, Brasília – DF. Entrega das novas instalações da Rádio Nacional do Rio de Janeiro)*

**... é uma arma contra a violência e a miséria:** Eu quero dar um beijo no coração de cada homem, de cada mulher, de cada jovem que está aqui, e dizer a vocês que o espetáculo que nós vimos aqui, hoje, tanto das crianças, tocando e cantando, quanto das crianças de circo, é uma demonstração de que a cultura e a educação são duas armas poderosíssimas para tirar as nossas crianças da rua, da violência e da miséria em que elas estão vivendo. *(4/4/03, Belém – PA. Apresentação dos programas Sementes do Amanhã e Escola-Circo e entrega dos três primeiros Cartões Alimentação do programa Fome Zero a famílias da cidade de Belém)*

**... deve ser articulada pelo poder público de forma democrática:** No nosso Governo, o Estado está retomando o seu lugar e o seu papel na promoção da cultura, como democrático articulador e executor de políticas públicas. *(19/12/03, Brasília – DF. Entrega das insígnias da Ordem do Mérito Cultural)*

**... foi colonizada durante boa parte da história do país:** Embora tivéssemos deixado de ser colônia, embora tivéssemos conquistado a nossa independência, do ponto de vista econômico e financeiro, do ponto de vista cultural e do ponto de vista comercial, havia uma certa subordinação. *(12/7/06, Salvador – BA. Encerramento da II Conferência de Intelectuais da África e da Diáspora)*

**... no Brasil, é múltipla:** A pessoa, quando pensa no país, pensa que o país é homogêneo, que todo mundo é igual, que todo mundo tem a mesma cultura, que a terra é a mesma. Basta andar um pouco. *(1/5/03, Indaiatuba – SP. Visita ao Retiro de Itaici – CNBB)*

**... tem de se relacionar às culturas de outros países:** Em todas as viagens que temos feito, em muitas delas o Gilberto Gil [ministro da Cultura] tem viajado conosco, é uma orientação de todo o Governo que em todos os debates que façamos em nível internacional, e a imprensa tem acompanhado, a questão da cultura seja vista como uma coisa estratégica para a interação que o Brasil pretende fazer com o restante do mundo. Na nossa concepção, não haverá uma globalização total, ideal, que possa atender aos interesses dos mais diferentes povos, se não houver uma integração também cultural, respeitando as particularidades de cada país. *(6/7/04, Brasília – DF. Entrega do relatório do Seminário de Valorização da Produção Cultural Brasileira – da Rede Globo)*

**... não depende apenas de dinheiro:** Eu vim aqui, na verdade, para desejar que os companheiros que participam do "Garantido" e do "Caprichoso" [agremiações do Festival Folclórico de Parintins, no Amazonas] façam a melhor apresentação que Deus permita que eles façam. E que todos nós possamos sair daqui com a certeza de que participamos de uma festa não só de Parintins, mas de uma festa universal, porque esta é uma festa que envolve sobretudo a parte mais pobre da humanidade, que, se dependesse de dinheiro, não participaria de festa. Só participa porque a cultura não depende do mercado, depende da criatividade, da inteligência e da competência das pessoas. *(28/6/03, Parintins – AM. Inauguração do portal da cidade de Parintins)*

**... precisa de dinheiro:** Agora mesmo estamos fazendo um acordo entre o Ministério da Cultura e a Caixa Econômica Federal, para que possamos fazer uma loteria para a cultura, neste país, e que as pessoas que querem ajudar a cultura possam comprar um número e concorrer, receber de presente "um artista ou uma artista de prêmio", sei lá. Mas o dado concreto... eu não vou nem falar se a Marisa vai comprar, para receber quem ela quer receber, para não brigar com ela... *(22/8/03, Brasília – DF. Encontro com a delegação brasileira nos XIV Jogos Pan-Americanos de Santo Domingo – República Dominicana)*

**... gera riqueza:** Vocês sabem que a cultura sempre foi uma espécie de menina dos olhos de todos que disputavam campanhas eleitorais; mas, na hora de se discutir verba, ela passa a ser um peso, porque as pessoas não veem na cultura uma forma de se ganhar dinheiro. Muitas vezes, se vê na cultura apenas uma forma de gastar dinheiro. Como se investir em cultura fosse gasto e não investimento. *(11/2/04, Brasília – DF. Instalação e reunião do Conselho Superior de Cinema)*

## Decisão(ões)

Quando a gente tem mais responsabilidade, a gente também pensa e conta até dez cada vez que vai tomar uma decisão. *(18/8/03, Pouso Alegre – MG. Retomada das obras da rodovia Fernão Dias e anúncio da recuperação de 6 mil quilômetros de rodovias federais em todo o país)*

**... quando políticas, devem vir antes das discussões técnicas:** O Cesar Maia [prefeito do Rio de Janeiro] é economista e sabe que os secretários da Fazenda se reúnem no Confaz, e, se depender do interesse de cada estado, não haverá reforma tributária no país nunca. Foi por isso que eu fiz questão de convidar os governadores em separado dos secretários da Fazenda porque, primeiro, era preciso ter uma decisão política para depois, então, discutir as questões técnicas da reforma tributária. *(15/9/03, Rio de Janeiro – RJ. Abertura do 37.º Congresso Nacional de Supermercados)*

**... quando políticas, devem ser tomadas a despeito das lições da academia:** Eu penso que nós já chegamos à casa dos 15 bilhões de reais, de dinheiro que os trabalhadores tomaram emprestado. E olhe que os aposentados estão começando agora. Tudo isso porque a gente ouve os sermões acadêmicos, técnicos, mas tem uma hora que tem que haver uma decisão política de que as coisas não podem continuar como eram, porque se continuarem como eram, não darão certo, então é preciso mudar. *(30/12/04, Brasília – DF. Sanção do projeto de lei que institui normas gerais para licitação e contratação da Parceria Público-Privada)*

**... são proteladas graças a pressões de grupos:** Muitas vezes, a pressão de um setor, por menor que seja, faz com que o nosso Congresso ou os nossos Governos demorem meses para tomar uma decisão sobre algo que poderia acontecer em uma semana ou em um mês. *(15/9/04, Manaus – AM. Encerramento do Seminário Empresarial Brasil-Venezuela)*

**... no Governo, devem ser obedecidas por todos:** Todas as decisões envolvem um conjunto de ministros que estão ligados àquela esfera de problema. E quando nós tomamos a decisão é para todo mundo cumprir a decisão. *(14/5/08, Brasília – DF. Entrevista após almoço em homenagem à chanceler federal da Alemanha, Angela Merkel)*

**... levam tempo até ser implementadas:** Nesses cinco anos eu aprendi a diferença entre uma decisão e a execução. É muito demorado. *(20/11/07, Brasília – DF. Celebração do Dia Nacional da Consciência Negra e lançamento da Agenda Social Quilombola)*

**... no Governo, podem ser mudadas depois de tomadas:** Eu aprendi na minha vida que toda vez que a gente toma uma decisão, enquanto Governo, e essa decisão não tem os objetivos que a gente deseja, não há nenhum problema de o Governo mudar de posição. *(5/5/04, Rio Verde – GO. Inauguração da fábrica de esmagamento de soja Comigo)*

## Democracia

A democracia institucional, tal como nós aprovamos na Constituição de 88, já está mais ou menos garantida. Mas nós sabemos que a democracia definitiva só irá acontecer quando, neste país, nós soubermos que todos, sem distinção de credo religioso, de raça, sem distinção da origem social, tenham tido acesso às coisas elementares que todo ser humano deva ter: o direito de trabalhar, o direito de morar, o direito de estudar, o direito de ter acesso à Saúde

D

e o direito de tomar café, almoçar e jantar todo santo dia. *(13/2/03, Brasília – DF. Abertura da reunião do Conselho de Desenvolvimento Econômico e Social – CDES)*

**... não pode ser objeto de brincadeiras:** Eu não brinco com democracia, porque, toda vez que se brinca com a democracia, a gente quebra a cara. A alternância de poder é importante. Toda vez que um dirigente político se acha imprescindível e insubstituível, está começando a nascer um pequeno ditadorzinho dentro dele. *(6/5/08, Igarapé da Cachoeirinha – AM. Inauguração do projeto de urbanização do Igarapé da Cachoeirinha, assinatura de ordens de início das obras da ponte sobre o rio Negro, ordens de serviço do PAC e do Pacto Federativo do Amazonas)*

**... permite a convivência no dissenso:** Nem todo mundo torce para o Grêmio, nem todo mundo torce para o Internacional, nem todo mundo torce para o time, aqui, de Pelotas, nem todo mundo é católico, nem todo mundo gosta do preto, do azul, do verde. Cada um gosta de uma coisa. Essa é que é a coisa extraordinária da democracia e do pluralismo: é cada um acreditar em uma coisa e estabelecer fóruns para discuti-las e aprová-las. *(17/6/03, Pelotas – RS. 11.ª Feira Nacional do Doce)*

**... é um valor universal:** Nós precisamos, sempre, cada vez mais, enaltecer a democracia, porque a democracia não é um valor pequeno, a democracia é a razão das grandes lutas de toda a humanidade em todos os tempos. *(29/5/07, Brasília – DF. Abertura do 24.º Congresso Brasileiro de Radiodifusão)*

**... é uma conquista:** A democracia foi uma conquista da sociedade brasileira, com muito sofrimento, com muitas derrotas, com muitas perdas, inclusive de vidas de pessoas. *(5/1/04, Brasília – DF. Entrega do prêmio da Universidade de Notre Dame)*

**... é a expressão da vontade do povo sobre a vontade do governante:** A democracia não é a supremacia da minha vontade sobre a vontade da sociedade. A democracia é exatamente a supremacia da vontade da sociedade sobre a vontade do governante. *(5/9/03, Esteio – RS. Inauguração oficial da XXVI Expointer 2003)*

**... impõe que o governante aceite críticas:** Às vezes as pessoas reclamam sem nenhuma maldade, às vezes reclamam por má-fé, às vezes reclamam por falta de informação, às vezes reclamam porque querem reclamar, mas os ouvidos deste Governo têm que estar preparados para receber aplausos e também não aplausos, para receber pessoas que falam bem e pessoas que não falam bem. É assim que a gente vai construir essa democracia. *(24/6/03, Brasília – DF. Lançamento do Plano Safra para a Agricultura Familiar 2003/2004)*

**... é convencer e ser convencido:** Vocês estão percebendo que o exercício da democracia é uma coisa complicada, mas é a única coisa que dá solidez àquilo que a gente aprova. É a gente deitar a cabeça no travesseiro, com a consciência tranquila de que nós participamos de um debate onde convencemos ou fomos convencidos. Mas, ao mesmo tempo, sair com disposição daquilo que nós formos convencidos. Nós temos que convencer a sociedade. *(12/6/03, Brasília – DF. Reunião da Câmara de Política Social)*

**... permite a ascensão social, inclusive de Lula:** Somente a democracia é que permitiu que metalúrgico fosse presidente da República, somente a democracia é que permite que a gente possa ter ascensão. *(31/1/07, Suape – PE. Assinatura dos contratos para a construção dos dez primeiros navios da Transpetro)*

**... ganhará substância com a igualdade racial:** A democracia brasileira será tanto mais substantiva quanto maior for a igualdade racial no nosso país. *(21/3/03, Brasília – DF. Instalação da Secretaria Especial de Políticas de Promoção da Igualdade Racial)*

**... não é apenas o direito de protestar, mas de ser atendido:** Eu quero dizer para vocês que o nosso modelo de desenvolvimento é tão democrático, vai fortalecer tanto a democracia que o nosso povo vai ser incluído nessa tal de democracia. E para ser incluído nessa tal de democracia, não basta garantir ao povo o direito de gritar que está com fome; é preciso garantir ao povo o direito de trabalhar, de comer, de estudar e de ter acesso a todas as riquezas produzidas neste país. *(31/1/07, Suape – PE. Op. cit.)*

**... tem problemas:** Eu confesso a vocês que a democracia tem problemas, mas eu prefiro a democracia, com muito mais problemas do que ela tem, do que viver sem democracia. Se nós estivéssemos em um outro lugar qualquer do mundo, possivelmente o secretário-geral do partido é que seria o presidente da República, viria aqui e leria o balanço anual, e não teria nem pergunta, muito menos debate. A democracia pressupõe a gente ouvir o Congresso Nacional, ouvir a sociedade, medir a correlação de força, ver os prós e os contras, e construir as maiorias que nós precisamos para consolidar esse processo democrático. *(24/8/06, Brasília – DF. 19.ª reunião ordinária do Pleno Conselho de Desenvolvimento Econômico e Social – CDES)*

**... sai fortalecida quando os parlamentares votam, contra ou a favor do Governo:** Estou feliz porque o Congresso se portou com a grandeza que a sociedade brasileira esperava dos parlamentares brasileiros; tanto aqueles que votaram a favor como aqueles que votaram contra deram uma contribuição extraordinária para o fortalecimento da democracia neste país. *(4/9/03, Brasília – DF. Op. it.)*

**... é deixar a minoria "extravasar", mesmo o Governo tendo maioria:** No regime militar não se precisaria ter ficado até as três horas da manhã para votar; na democracia tem que ficar. Você sabe que tem maioria, você tem 308, mas, para valorizar a democracia, tem que deixar as pessoas extravasarem aquilo que estão falando. *(4/9/03, Brasília – DF. Reunião do Conselho de Desenvolvimento Econômico e Social – CDES)*

**... é fazer prevalecer a vontade da maioria:** Há companheiros que se confundem com o significado da democracia. Há companheiros que acham que democracia é a minoria se sobrepor à maioria. Tem gente que acha que se entre 100 pessoas houver cinco votos de um lado e 95 do outro, os cinco é que têm razão. Eles podem até ter razão no futuro, mas, naquele momento, a democracia é a prevalência da vontade e da decisão dos 95, se tiver sido garantido a todos participar. *(26/6/03, São Bernardo do Campo – SP. Abertura do 4.º Congresso de Metalúrgicos do ABC)*

# Democrata(s)

Eu sou um democrata convicto, acredito na democracia não como meio, mas como fim. *(31/1/07, Suape – PE. Assinatura dos contratos para construção dos dez primeiros navios da Transpetro)*

**... gostam do jogo democrático:** Eu sou democrata, gosto do jogo democrático, não decidi se sou candidato ou não, nem vou decidir porque acho que não é o momento. *(25/8/05, Brasília – DF. 13.ª reunião ordinária do Pleno Conselho de Desenvolvimento Econômico e Social – CDES)*

**... devem aceitar vitórias e derrotas:** Estou tranquilo, até porque eu, como democrata, aprendi que a gente, quando manda uma coisa para o Congresso Nacional, a gente ganha ou a gente perde. *(10/11/07, Santiago – Chile. Entrevista após sessão plenária da Conferência dos Chefes de Estado e de Governo Ibero-Americanos)*

**... aceitam o confronto, mesmo violento:** A sociedade brasileira aceita as manifestações, aceita as passeatas, aceita as greves, aceita o protesto. A sociedade aprendeu que isso faz parte da democracia. Em todo mundo civilizado é assim, na Suécia, na Finlândia, na França, na Itália, na Espanha, nos Estados Unidos, ou seja, você pode pegar o país que você quiser como modelo que você vai perceber que o povo se manifesta, que tem enfrentamento com a polícia. Isso já está absorvido pelos democratas do planeta Terra. *(7/6/06, Brasília – DF. Assinatura de mensagem que encaminha projeto de lei de criação do Fundo Setorial de Audiovisual [FNC] e mecanismos de fomento ao setor)*

**... convivem bem com quem pensa diversamente:** Dois seres de berços diferentes, de formação diferente, de concepções ideológicas diferentes podem ser amigos, podem conviver democraticamente na adversidade. Esse é um símbolo que os democratas deste país não podem deixar de passar todo o santo dia para a sociedade brasileira. *(29/6/06, São Paulo – SP. Assinatura de contratos na área de habitação)*

**... agem como Chávez:** Um dia levantaram: "Ah, o Lula está indo para a rua porque quer imitar o Chávez [Hugo Chávez, presidente da Venezuela]." Eu não quero ser que nem o Chávez, nem o Chávez quer ser igual a mim. O Chávez é o Chávez e eu sou eu. Agora, eles estão agindo no Brasil como a Fedecámaras [Federación de Cámaras y Asociaciones de Comercio y Producción de Venezuela, organização de empresários daquele país] agiu na Venezuela, sem respeitar o jogo da democracia. Porque você pode não gostar do Chávez por n motivos, agora, o cidadão faz uma eleição, faz uma Constituição, faz um referendo, ganha o referendo, faz outro referendo, e ainda assim acham que não é democrata? Aí também é demais. *(7/12/05, Brasília – DF. Entrevista no Palácio do Planalto à revista* Carta Capital*)*

**... agem como Lula:** Primeiro, eu nunca falei em revolução. Eu sou um democrata de nascença. *(17/5/07, Brasília – DF. Entrevista aos jornais* La Nación *e* Última Hora, *do Paraguai)*

## Denúncia(s)

[ver: acusação; corrupção; CPI; investigar; Polícia; PT]

Você [Sandro Lima, jornalista do *Correio Braziliense*] disse que existe uma série de denúncias. Você deve acompanhar a minha vida política e eu primo por entender que todo ser humano é inocente até prova em contrário. Você não pode crucificar ou decretar pena de morte para ninguém por causa de denúncia. A denúncia, tem que apurar. *(29/4/05, Brasília – DF. Entrevista coletiva)*

**... só devem ser levadas a sério quando são feitas por alguém honesto:** Mas o mais importante é que nessa política de alianças eu não poderia, Renan [Calheiros, presidente do Senado], dizer aos companheiros que muitas vezes vocês não precisam aceitar que as denúncias dos nossos adversários virem verdades absolutas para que os nossos amigos virem nossos adversários. É preciso saber quem está acusando quem e qual o tipo do crime que se cometeu, porque eu terei muita vergonha de ser denunciado por um erro, por uma mulher ou por um homem honestos. Teria muita vergonha e talvez nem sairia à rua. Mas não vou permitir que alguém que não tenha moral de fazer crítica a alguém possa fazer com que eu rompa a amizade com o companheiro que me ajudou durante tanto tempo, como o companheiro Renan Calheiros ajudou no Senado da República. *(28/3/08, Delmiro Gouveia – AL. Assinatura de protocolos de cooperação federativa e de instalação do Comitê Estadual de Articulação do programa Territórios da Cidadania)*

**... não devem servir para a imprensa massacrar pessoas, ou então é "denuncismo":** Eu acho que o denuncismo não ajuda ninguém neste país. Eu acho que é importante que todos saibamos o que cada um pode fazer, porque o que nós estamos assistindo no Brasil há alguns anos é pessoas serem condenadas e massacradas por manchetes de jornais. Passam-se cinquenta anos e não se prova um único erro daquela pessoa. Somente quem não tem filhos, somente quem não tem amigos é que não sabe o que significa uma denúncia vazia, porque na verdade elas são vazias. O papel correto seria investigar, apurar, e quando tiver a denúncia concreta, a apuração concreta, mandar prender o cidadão. Agora, do jeito que é feito no Brasil, eu acho que não contribui com o crescimento da economia, não contribui com a autoestima que está tomando conta deste país, e acho que cada um de nós pode fazer alguma coisa para começar a minimizar isso. *(6/8/04, Belo Horizonte – MG. Reunião com os presidentes das Federações das Indústrias)*

**... devem ser investigadas até o fim, para que haja punição ou redenção:** Todos aqueles que cometerem erros serão investigados, serão apurados, se estiverem errados pagarão, se estiverem certos, nós teremos que dar atestado de idoneidade para as pessoas, porque no Brasil as pessoas sabem colocar na cruz, mas tirar da cruz não tiram, mesmo que a pessoa seja inocente. *(11/7/05, Brasília – DF. Encontro com sindicalistas)*

**... contra Lula não o farão perder a calma:** Podem ficar tranquilos que este é um ano em que, se depender de alguns, não de todos, o jogo vai ser muito baixo. Podem ficar certos. Agora, toda vez que vocês estiverem com suas famílias, lembrem-se do seguinte: o Lula assumiu um compromisso de que, em nenhum momento, por mais que seja leviana a denúncia, por mais que seja grave o xingamento, vocês têm que ter a certeza de que eu estarei me comportando como um pai ou como uma mãe se comporta com os filhos, tentando não perder de vista, nunca, que a razão pela qual eu fui ser presidente e a razão pela qual eu ganhei não foi para governar para eles, foi para governar para vocês. *(24/3/06, Vitória – ES. Comemoração dos 100 anos do porto de Vitória)*

**... contra Lula têm objetivos eleitorais e antidemocráticos:** Então, essa é uma novidade que tem causado um certo receio em pessoas que não querem mais fazer o jogo democrático. Aliás, não querem nem que o presidente Lula diga que é candidato. Imagina o absurdo a que nós chegamos: a cada pesquisa que eu apareço na frente, é um terror. Aí aumenta a quantidade de denúncias, aumentam as leviandades. E eu fico pensando que daqui a pouco eles vão querer pedir que se faça um exame na minha mãe [Eurídice Ferreira de Melo], que já morreu, em 80, para saber o que eu era quando eu era feto. *(19/4/06, Porto Alegre – RS. Inauguração da nova emergência do Hospital Nossa Senhora da Conceição)*

**... às vezes, prejudicam o país:** De repente uma pessoa qualquer faz uma denúncia no Ministério Público e esta obra é embargada durante nove meses, um ano, como o aeroporto de Brasília foi embargado sete anos. As pessoas precisam ter em conta os prejuízos que este país tem com cada obra que fica paralisada seis, sete, oito, nove, dez anos. *(24/2/05, Vitória – ES. Início das obras do novo terminal do Aeroporto Internacional de Vitória)*

## Deputado(s)

[ver: Câmara dos Deputados; Senado; senador]

Cada deputado se sente um entendedor do assunto, o que é normal também; cada um representa um segmento da sociedade e está lá no debate. *(20/6/07, Brasília – DF. Entrevista ao jornal* Valor Econômico*)*

**... não são ingênuos:** Acontece que, também, cada deputado sabe a regra do jogo, cada deputado sabe o que acontece quando a gente se divide. Eu digo sempre uma frase que o doutor Ulysses Guimarães [ex-deputado pelo MDB de São Paulo, ex-presidente do partido e da Câmara dos Deputados, já falecido] me dizia: "Não adianta pensar que tem deputado ingênuo ou inocente. Eu digo sempre que os ingênuos ficaram como suplentes." *(5/12/06, Brasília – DF. Entrevista após o encerramento da 20.ª reunião ordinária do Pleno Conselho de Desenvolvimento Econômico e Social – CDES)*

**... têm o mesmo peso na Câmara, do mais ao menos votado:** Eu me lembro muito, quando fui deputado, na época o mais votado do Brasil, com 652 mil votos. E quando cheguei no Congresso Nacional um cidadão que tinha sido eleito num estado menor, com 2 mil votos, tinha a mesma importância que eu. Quando você toma posse no Congresso desaparece a quantidade de votos. Cada um vale um voto. Na ONU é a mesma coisa. *(20/9/07, Brasília – DF. Entrevista ao jornal* The New York Times*)*

**... não devem só pensar na reeleição:** Eu tenho um amigo, dos melhores amigos, que foi eleito deputado junto comigo em 1986. Nós tomamos posse, ele era constituinte e esse rapaz ficava "doente". Tudo que ele fazia ele pensava na reeleição dele, tudo; não tinha um gesto que ele fizesse que não fosse pensando na reeleição, ele estava ficando "doente". Um dia, eu o convidei para ir almoçar em casa e falei: "Meu amigo, pelo amor de Deus, esquece a eleição que vem, trabalhe agora porque se você trabalhar direito, plantar direito, certamente vai colher uma boa safra; não pense na eleição." Ele deixou de pensar nas eleições e foi um bom deputado durante muitos e muitos anos, até virar meu ministro. *(21/10/04, Rio de Janeiro – RJ. Posse da diretoria da Federação das Indústrias do Estado do Rio de Janeiro – Firjan)*

**... têm bom salário:** Eu ouvi dizer que tinha um deputado aí fazendo passeata contra [as obras no rio São Francisco]. Esse deputado abre a geladeira dele, que ele vai ter água Perrier para beber, água francesa, porque o salário de deputado é bom. Ele vai ter. Ele não sabe o que é carregar uma lata d'água de vinte litros na cabeça durante seis léguas, ele não sabe o que é ver a cabritinha que dá leite para os filhos morrer de sede. Não sabe. Aí: "Eu sou contra, sou contra." Chega na salinha dele, ar-condicionado, água de coco, água gelada. E ainda vai no supermercado, e ele quer comprar todas as verduras, que não sabe quem planta. Quem planta colocou água ali. *(15/3/06, Aracaju – SE. Inauguração do conjunto residencial Sérgio Vieira de Mello)*

**... não são relapsos em todos os casos:** Sempre a crítica ao Congresso é coletiva, desde quando era constituinte, a minha mágoa era que, quando queriam mostrar que os deputados não trabalhavam, não se nominava quem veio e quem não veio. Fica tudo muito generalizado, então, quem se matou de trabalhar, quem veio para votar, aparece como se não tivesse aparecido e não é criticado individualmente. *(26/1/06, Brasília – DF. Reunião com diretores dos Centros Federais de Educação Tecnológica – Cefets)*

**... podem ser contra ou a favor:** Você [Walmir Assunção], agora, como deputado, sabe que muitas vezes é mais fácil a gente fazer uma crítica ao governador do que a gente realizar uma obra. Porque este país tem leis, porque este país tem deputado contra, tem vereador contra, tem prefeito contra, como tem a favor. Tem senador contra, senador a favor; é tudo um jogo de correlação de forças, e que nem sempre a correlação de forças está favorável a nós. E, sobretudo, vocês, do Movimento Sem-Terra, sabem o que significa essa palavra chamada correlação de forças. Nem tudo a gente pode fazer para mudar as leis, que precisam ser mudadas. É preciso saber quantos deputados nós vamos ter para votar as coisas, e o jogo é um pouco mais complicado. *(28/9/05, Santa Cruz de Cabrália – BA. Visita ao assentamento "Lulão")*

**... gostam de conversar com o presidente:** É muito mais fácil a gente trabalhar, sendo presidente da República, tendo um governador que é parceiro, tendo deputados e senadores que são parceiros, preocupados até na apresentação das suas emendas, em apresentar emendas para obras importantes para o estado, do que a gente trabalhar com um governador que não conversa com o presidente da República. Que deputado não quer conversa com o presidente da República? *(29/9/07, Colatina – ES. Inauguração da BR-259/ES – Trecho João Neiva/Baixo Guandu)*

**... devem ir a inaugurações de obras:** Outro dia eu vi, na Bahia, Alfredo [Nascimento, ministro dos Transportes], você estava na Bahia e a imprensa disse: "Não, porque tinha deputado." Ora, se não tivesse deputado a imprensa dizia: "Nossa, não foi ninguém." Então, veja, deputado é para estar aqui mesmo, governador é para estar aqui mesmo, prefeito é para estar aqui mesmo. Candidatos, eu estou vendo aqui vários candidatos, é para estarem aqui mesmo. E estão dizendo: "Não, mas essa obra é eleitoral." Mas se eu não fizesse também seria eleitoral, porque os adversários vinham aqui cobrar: "Por que não fez? Por que não assinou o contrato?" *(16/1/06, Goiana – PE. Visita às obras de duplicação da rodovia BR-101 Nordeste, no estado de Pernambuco)*

**... têm o hábito de deixar as votações para fazer a pré-campanha:** Eu sei que os deputados... e aqui é um apelo aos deputados, um grande apelo, que é o seguinte: eu sei que nós estamos entrando em um período pré-eleitoral muito delicado, em que, a partir de junho, menos gente virá para Brasília e mais gente vai estar no seu estado fazendo campanha, o que eu acho normal. Agora, a gente não pode deixar um projeto desses cair na gaveta e ficar um ano, dois anos lá esperando. Se vocês quiserem, com um pouquinho de pressão aqui ou ali, a gente coloca isso na pauta muito antes do hábito tradicional do nosso Congresso. *(10/5/06, Brasília – DF. Implementação do Programa de Medicamentos Fracionados)*

**... acabam votando o que é importante para o Brasil:** E o Congresso Nacional – e eu já tive o orgulho de ser deputado constituinte – é uma Casa em que a pluralidade da sociedade brasileira, com toda a sua cara, está representada: diverge, briga, mostra as diferenças, às vezes até se xingam. Mas tem um momento em que bate na cabeça de todo mundo a responsabilidade de votar as coisas que são importantes para o Brasil. *(2/12/04, Brasília – DF. Entrega do prêmio Finep e sanção da Lei de Inovação de Incentivo à Pesquisa Tecnológica)*

**... devem ter suas emendas parlamentares liberadas sem barganhas:** Eu lembro sempre, quando eu ia à porta de fábrica, se passava muito tempo sem ir à porta da fábrica fazer assembleia, quando a gente ia, o peão falava assim: "É, nunca vem aqui, mas agora vem, agora está precisando do meu voto." O deputado fala a mesma coisa: "É, passou oito meses sem conversar comigo, agora vem." Então, o que nós decidimos? Isso, desde 2005, e não era possível cumprir, porque precisava fazer superávit primário, se arrochava, no começo do ano, para liberar no final do ano. O que aconteceu? Nós, agora, tomamos a decisão e eu disse ao Guido Mantega [ministro da Fazenda], disse ao Walfrido [dos Mares Guia, ministro das Relações Institucionais] o seguinte: "Eu não quero mais ouvir conversa de emendas, faça um calendário para liberar emenda." Você coloca no Orçamento uma quantidade para emendas e essa coisa tem que sair na normalidade do processo legislativo, sem que a gente discuta com o deputado se a emenda não saiu. As emendas vão sair num tempo determinado. Todo mundo sabe que as emendas vão sair em determinado tempo; tem prazo para tudo e fica todo mundo tranquilo. É muito mais fácil para você trabalhar e você não fica tendo que ouvir discursos de pessoas dizendo: "É, minha emenda não saiu porque era em fevereiro, já estamos em novembro, já estamos em dezembro." Aí, chega no final do ano, tem que liberar emenda a toque de caixa. Isso é prejudicial a qualquer governo. E eu acho que essas coisas são corrigidas. *(23/8/07, Brasília – DF. Entrevista aos jornalistas Tânia Monteiro, Vera Rosa, Rui Nogueira e Ricardo Gandour, do jornal* O Estado de S. Paulo*)*

# Desculpa (pedir desculpas)

[ver: acusação; corrupção; PT]

Tem gente que, na primeira briga, já se separa; tem gente, como eu, que tem paciência; quando a parceira tem razão, não custa nada pedir desculpas e dizer: você tem razão, eu errei, vamos para outra. E assim eu já estou chegando aos trinta anos de casado. *(27/6/03, Brasília – DF. Abertura do Encontro Nacional de Vereadores e Deputados Estaduais do Partido dos Trabalhadores)*

**... é algo que todos devem fazer quando estão errados, até mesmo o presidente:** Depois que eu fui falar de improviso, eu fui tomado de uma emoção muito grande, como todo orador é, de falar da campanha eleitoral, porque falei. Se eu cometi o erro, eu, primeiro, sou o presidente da República e não gostaria de dar o exemplo de um presidente tentando denegrir qualquer lei. Portanto, como criaram a palavra desculpa, eu peço desculpas se isso causou mal a alguém. *(23/9/04, Brasília – DF. Entrevista coletiva a 13 emissoras de rádio)*

**... não é necessário quando se é presidente; mas Lula pede:** Eu sei que não é normal um presidente pedir desculpas, porque a liturgia não permite: o presidente pode tudo. Mas eu tenho que pedir desculpas porque estava marcado para eu vir aqui às nove horas da manhã para fazer a abertura. *(27/3/08, Recife – PE. Inauguração de agências do Banco Azteca)*

**... está fora de moda no Brasil:** A palavra desculpa está fora de moda no Brasil. As pessoas precisam aprender a pedir desculpas quando erram. *(23/8/07, Brasília – DF. Entrevista aos jornalistas Tânia Monteiro, Vera Rosa, Rui Nogueira e Ricardo Gandour, do jornal* O Estado de S. Paulo*)*

**... enaltece o homem:** O Ricardo Berzoini [ministro da Previdência Social] reconheceu o erro [ao tentar fazer um recadastramento de aposentados que levou muitos idosos a filas imensas], já pediu desculpas à sociedade brasileira, e eu acho que todo grande homem não tem que ter vergonha de pedir desculpa. A desculpa enaltece o ser humano, engrandece o ser humano, quando ele reconhece que errou. *(17/11/03, Rádio Nacional. Programa de rádio* Café com o Presidente*)*

**... em alguns casos, deveria ser obrigatório:** Agora, eu disse que, no Brasil, nós precisamos criar também um instrumento de pedido de desculpas, daqueles que, levianamente, acusam os outros e depois não têm coragem de dizer que acusaram de forma leviana, pessoas que são crucificadas. *(30/8/05, Uberlândia – MG. Inauguração das obras de ampliação e modernização do Aeroporto de Uberlândia)*

**... é o que Lula precisou fazer na crise do mensalão:** Eu não tenho nenhuma vergonha de dizer ao povo brasileiro que nós temos que pedir desculpas. O PT tem que pedir desculpas. O Governo, onde errou, tem que pedir desculpas, porque o povo brasileiro, que tem esperança, que acredita no Brasil e que sonha com um Brasil com Economia forte, com crescimento econômico e distribuição de renda, não pode, em momento algum, estar satisfeito com a situação que o nosso país está vivendo. Quero dizer a vocês: não percam a esperança. Eu sei que vocês estão indignados e eu, certamente, estou tão ou mais indignado do que qualquer brasileiro. E nós iremos conseguir fazer com que o Brasil consiga continuar andando para a frente, marchando para o desenvolvimento, para o crescimento da riqueza e para a distribuição de renda. E eu tenho certeza que posso contar com o povo brasileiro. *(12/8/05, Brasília – DF. Abertura da reunião ministerial)*

## Desempregado(s)

**[ver: desemprego; empregado; emprego; trabalhador; trabalho]**

Nunca acabaremos com 100% dos desempregados no Brasil e nem no mundo, mas, certamente, teremos muito mais gente trabalhando do que a quantidade de desempregados que nós temos hoje. *(1/5/04, São Bernardo do Campo – SP. Missa dos Trabalhadores e Trabalhadoras: "Igreja, Dignidade e Trabalho")*

**... são obcecados por emprego:** Acreditamos que o emprego continua sendo uma obsessão do presidente da República, uma obsessão dos meus ministros e, sobretudo, uma obsessão de quem está desempregado, porque precisa do emprego para sustentar a sua família com dignidade. *(2/2/05, Guarulhos – SP. Visita às novas unidades habitacionais do Programa de Arrendamento Residencial – PAR, no conjunto habitacional Parque Jurema)*

**... são, geralmente, negros:** Nós estamos aqui para tratar de problemas com os quais ninguém gosta de ser identificado: preconceito racial, discriminação, intolerância, racismo. Tem gente até que acredita que eles não existem no Brasil. Ou pensa que, quando ocorrem, prejudicam apenas algumas minorias. A realidade é bem diferente: esses males, aparentemente invisíveis, causam muito sofrimento entre nós. Pelo menos metade da população brasileira vem sendo prejudicada por essa situação: a metade negra do nosso povo. Ela não é somente negra – é em sua grande maioria pobre. Mais de 64% dos pobres e pelo menos 70% dos indigentes brasileiros são negros, como também a maior parte dos desempregados e subempregados do país. *(21/3/03, Brasília – DF. Instalação da Secretaria Especial de Políticas de Promoção da Igualdade Racial)*

**... são, em grande parte, jovens:** O ProJovem [Programa Nacional de Inclusão de Jovens] é um programa que nós criamos para atender crianças da periferia de 18 a 24 anos que tinham desistido da escola e que não trabalham. É um programa que está sendo hoje coordenado junto à secretaria da Presidência da República e que nós vamos juntar tudo isso no MEC [Ministério da Educação] ou em qualquer outro ministério. Pois bem, nós demos para Belém nove mil vagas. É só para capitais, para jovens da periferia. Nós demos nove mil vagas para Belém; demos 35 mil para o Rio de Janeiro; 356 mil para São Paulo; 10 mil não para sei para onde. Pois bem, eu estou sabendo aqui, agora, que só foram matriculados em Belém 1.750. Mas tem 9 mil vagas disponibilizadas. E nós pagamos ainda 120 reais para cada jovem que sair da periferia, voltar a estudar, e nós pagamos um salário. Pagamos uma renda de 120 reais para ele voltar a estudar. Eu não entendo por que não estão completos aqui os 9 mil. O ideal era que os prefeitos tivessem pedindo mais, querendo mais, exigindo mais e não tem. Eu não entendo. Tem cidade que nós demos 30 mil vagas, até agora só tem 12, como se não tivesse jovem sem formação, como se não tivesse jovem desempregado. É o que mais tem no Brasil. *(22/2/06, Imperatriz – MA. Visita ao campus da Universidade Federal do Maranhão, em Imperatriz, no âmbito do programa de expansão do Sistema Federal de Ensino Superior)*

**... têm em Lula alguém que viveu algo parecido:** Eu, portanto, sei o que passa na cabeça de cada um de vocês, sei o sofrimento de um desempregado, porque já vivi a crise de 1965, vivendo 11 meses sem emprego, e sei o que se passa na casa de um desempregado. *(1/5/03, São Bernardo do Campo – SP. Missa dos Trabalhadores: "A esperança é fruto de nossa resistência")*

**... vêm do campo:** E a agricultura familiar é importante não porque gera empregos, ela gera trabalho, e manter o marido, a mulher e os filhos trabalhando já é uma bênção. Sabe por quê, companheiros? Porque cada companheiro que estiver trabalhando no campo, a gente sabe que é, possivelmente, um desempregado a menos nas grandes regiões metropolitanas *(28/2/05, Brasília – DF. Abertura do 9.º Congresso Nacional dos Trabalhadores e Trabalhadoras Rurais)*

**... não devem ser abandonados pelas mulheres:** Então, quero, do fundo do meu coração, agradecer a esta galega que teve "paciência de Jó" com este seu marido. Eu sempre digo que ela é bem-casada, mas eu acho que quem é bem-casado sou eu, porque tive sorte. É que de vez em quando eu vejo as pessoas filosofarem, dizendo que "porque o marido ficou desempregado, a mulher largou, porque não sei o quê lá, a mulher largou". A Marisa passou maus bocados comigo e nunca me largou. Tinha dia que a gente ficava procurando moeda nos cofres da molecada para comprar cigarro. O que era o vício, que eu não aconselho ninguém a ter; o que era o vício. Mas, de qualquer forma, eu acho que isso valeu para a construção da nossa vida, da nossa estrutura política, da nossa estrutura enquanto ser humano, enquanto homem e mulher. *(18/4/05, São Bernardo do Campo – SP. Comemoração dos 30 anos da* *sua posse como presidente do Sindicato dos Metalúrgicos do ABC)*

**... não devem entrar na bandidagem:** Vocês nunca podem perder a esperança, não tem nenhuma razão para um jovem, por estar desempregado ou por ter brigado com a mãe ou com o pai, trabalhar para a bandidagem, não tem. *(7/3/08, Rio de Janeiro – RJ. Assinatura de ordem de início das obras do PAC na comunidade de Manguinhos)*

**... devem depositar suas esperanças no presidente Lula:** Acho que não custa nada cada um de nós, na véspera de Natal, descobrir um companheiro, sei lá, uma companheira, que esteja desempregado. E não precisa dar nada, porque as pessoas também não querem, mas pelo menos estender a mão, cumprimentar e dizer: "Meu companheiro, você não está sozinho. Nós, agora, temos um presidente metalúrgico. Nós, agora, temos um companheiro que conhece a situação que vivemos dentro da fábrica", e despertar na cabeça desse companheiro a certeza de que 2004 será o grande ano deste nosso querido país. *(19/12/03, Angra dos Reis. Início das obras de construção da plataforma P-52 e lançamento do Programa Nacional de Petróleo e Gás Natural)*

**... sabem a importância do Bolsa Família:** Na verdade, o Bolsa Família é uma ajuda que só sabe a importância desta ajuda quem sabe o que é, muitas vezes, não ter o que comer dentro de casa. Quem nunca passou necessidade, quem nunca ficou desempregado... quem ficou um final de semana em casa, mãe e um monte de filhos, e um marido, um olhando para a cara do outro, sem ter o que colocar no fogo para cozinhar, é que sabe a importância de um programa como este, do Bolsa Família. *(1/6/05, São Paulo – SP. Abertura do Salão do Turismo – Roteiros do Brasil)*

## Desemprego

**[ver: desempregado; empregado; emprego; trabalhador; trabalho]**

Somente quem está dentro de uma fábrica, ou quem está em casa esperando que o companheiro ou a companheira chegue, ao final do mês, com o salário para ajudar a família a sobreviver tem noção do que é o desemprego, tem noção do que é um trabalhador ir marcar o seu cartão, chegar lá e o cartão não estar, vai ao departamento de pessoal e recebe o comunicado de que foi dispensado. Eu vivi uma das piores crises de desemprego no Brasil, em 1965, com 19 anos de idade. Fiquei desempregado por um ano e dois meses. Saía todos os dias para procurar emprego, às 6h da manhã, às 5h da manhã, voltava às 4h, 5h da tarde, quase batendo palma em cada fábrica. Às vezes o diretor de Recursos Humanos colocava um funcionário para atender a gente, pegava a carteira da gente, entrava para o escritório, voltava 4 ou 5 horas depois para dizer: "Não tem vaga", e você voltava para casa, de segunda a sexta, na angústia de que na outra segunda você iria arrumar emprego. *(26/2/08, Rio de Janeiro – RJ. Inauguração da fábrica de pneus de mineração e terraplanagem da Michelin – América do Sul)*

**... é uma doença crônica:** Quem já ficou desempregado, neste país, sabe que o desemprego é como uma das doenças crônicas do ser humano. Não tem nada que possa dar maior prazer a um ser humano do que trabalhar e, no final do mês, receber o seu salário e poder gastar o seu dinheirinho, ajudando a família ou a si próprio. *(30/6/03, Brasília – DF. Lançamento do programa Primeiro Emprego)*

**... é maior entre os que não têm qualificação:** E por que nós estamos fazendo isso? Porque nós achamos que a construção civil é o setor que gera empregos mais rápido, que gera uma mão de obra de muita exigência de qualificação... Uma parte dessas pessoas que acumulam todas as estatísticas do desemprego. *(18/10/04, Curitiba – PR. Encontro com representantes da Associação Comercial do Paraná)*

**... é grande nas regiões metropolitanas, e está associado a problemas habitacionais e à violência:** Vamos investir o máximo que já foi investido neste país para que a gente possa resolver o problema de habitação e saneamento básico, sobretudo nas grandes regiões metropolitanas, onde o desemprego é muito grande e onde a violência cresce a cada dia. *(16/1/04, Piracicaba – SP. Inauguração da nova unidade de fundição da fábrica Dedini S.A.)*

**... não se resolve com choro ou protesto:** Quem está lembrado, aqui, quantas vezes a gente ia para a porta da Mercedes, não para falar de empregos, para chorar o desemprego? Quem está lembrado de quantas assembleias na porta da Ford? Quem está lembrado de quantas assembleias na porta da Volkswagen? Quantos milhares de trabalhadores mandavam embora e a gente ficava chorando, lá, o tempo inteiro, sem saber o que fazer? E não tinha o que fazer. Havia uma modernização, uma reestruturação produtiva, crise, e mandavam embora. E a gente não tinha o que fazer a não ser a homologação. *(3/10/05, São Bernardo do Campo – SP. Abertura do Congresso dos Metalúrgicos do ABC)*

**... pode ser agravado pelas greves:** O meu nome lá no sindicato [dos Metalúrgicos de São Bernardo do Campo] era "Levanta Moral", porque era tanta greve contra o desemprego, que eu dizia "pelo amor de Deus, já estão desempregando, vocês fazem mais greve, vai ter mais desemprego". É preciso encontrar uma outra solução. *(7/12/05, Brasília – DF. Posse da nova Executiva Nacional do PSB)*

**... não é culpa do presidente:** Durante a campanha, eu fui à Universidade Federal da Bahia, e de cada dois jovens que se formam, um está desempregado, não tem possibilidade de arrumar emprego, ou seja, se nós não cuidarmos disso... Mas essa não é uma tarefa do presidente da República. Quem quiser jogar a culpa do emprego e do desemprego no presidente, pode jogar, mas tem que ter consciência. Nós sabemos que é um problema estrutural do modelo que está estabelecido neste país há muitos e muitos anos e que a gente não vai mudar rapidamente. *(17/5/04, Goiânia – GO. Abertura da 45.ª Reunião Geral da Frente Nacional de Prefeitos)*

**... foi culpa de outros presidentes:** Quando a gente começou a pagar a dívida externa brasileira, o desemprego começou a acontecer e nós passamos, praticamente, 26 anos sem ver a indústria brasileira crescer. A indústria automobilística, empresas como Volkswagen, que chegaram a ter 44 mil trabalhadores, hoje deve ter 16 mil, 13 mil trabalhadores, aqui. Então, vocês vejam o que aconteceu de trabalhador que foi mandado embora. E aqui, em Santo André, várias empresas que fecharam, empresas grandes que tinham dois, três mil trabalhadores, que fecharam. Quando o Governo brasileiro resolveu tirar os impostos para importar autopeças, quebrou quase todas as empresas de autopeças aqui no ABC. Aí, Dilma [Rousseff, ministra-chefe da Casa Civil], era desemprego. Aí, aquela fartura de peão trabalhando passou a ser uma fartura de companheiros desempregados. Era ferramenteiro que estava seis, sete anos sem arrumar emprego, era torneiro, era fresador, era pintor. Nós passamos a viver uma crise profunda, as cidades foram empobrecendo e pessoas foram morando em favelas. O cidadão pagava numa casa quinhentos reais, apenas como exemplo, de aluguel; ele preferia ir morar em um barraco, pagar duzentos e ter mais trezentos para ele comer. *(20/5/08, Santo André – SP. Assinatura de atos relativos a obras do PAC dos municípios do ABC)*

**... pode ser reduzido por ações do presidente:** Eram poucos aqueles que acreditavam que nós pudéssemos chegar no começo de janeiro e já recebermos a notícia de que no mês de dezembro nós conseguimos reduzir o desemprego abaixo de 10%. Muito mais importante: poucos acreditavam que a gente pudesse criar a quantidade de empregos que criamos na indústria, na agricultura e no setor de serviços. *(25/1/05, Aparecida de Goiânia – GO. Homenagem ao Dia do Carteiro e inauguração das novas instalações do Centro de Treinamento de Cartas e Encomendas)*

**... com Lula, não voltará a crescer:** Uma coisa eu vou dizer para vocês, podem olhar para a minha cara: este país não voltará a ter recessão, este país não voltará a ter o desemprego que nós tivemos durante vinte anos, e este país vai garantir ao nosso povo mais pobre a possibilidade de ascensão, porque somente assim iremos construir um país economicamente rico, ecologicamente correto e sustentável, e socialmente justo para o povo brasileiro. *(30/5/08, Belém – PA. Assinatura de atos e lançamento de programas em Belém do Pará)*

## Desenvolvimento

[ver: Economia]

Nós sabemos que desenvolvimento não brota espontaneamente. Não basta ter solos férteis, água abundante e 365 dias de sol por ano. É preciso mais que isso. Para brotar, o desenvolvimento exige muitas transformações, um plantio cuidadoso de políticas estratégicas com uma noção muito clara do que se quer colher e de como se pretende repartir os frutos. Um país deve escolher o seu próprio destino, com definição política de prioridades. Sem tecnologia de ponta, sem pesquisa para induzir e apoiar a produção, nenhum povo consegue acelerar seu crescimento, reduzir as desigualdades e conquistar um espaço digno no mundo globalizado. *(29/4/03, Brasília – DF. Solenidade do 30.º Aniversário da Embrapa)*

**... se faz com infraestrutura:** As prioridades para o desenvolvimento é a gente fazer os investimentos em infraestrutura. Os projetos já estão definidos: portos, aeroportos, rodovias, ferrovias, hidrovias. Eu penso que nós vamos apresentar ao Brasil, em cada região, um conjunto de obras que vai mostrar que nós estamos preparando o Brasil para um crescimento vigoroso. *(30/12/06, Brasília – DF. Entrevista após a abertura da exposição fotográfica* São Milhões de Lulas*)*

**... se faz com as reformas:** A reforma não é para fazer favor para uns, não é para prejudicar outros. A reforma é para conseguirmos fazer com que o nosso país deixe definitivamente de ser um país emergente, em vias de desenvolvimento, e passe a ser um país desenvolvido; que conquiste os espaços que já deveria ter conquistado nesse mundo globalizado. *(30/4/03, Brasília – DF. Entrega das propostas das reformas tributária e previdenciária)*

**... se faz com autoestima:** E não há país nenhum do mundo capaz de sair da via de país em desenvolvimento para país desenvolvido se não tiver autoestima na flor da pele, no coração, na cabeça e na alma de cada brasileiro ou brasileira. *(5/11/04, Rio de Janeiro – RJ. Lançamento* *da proposta de Implementação dos Objetivos do Milênio nas Comunidades de Madureira, Oswaldo Cruz e bairros adjacentes)*

**... se faz com responsabilidade:** E nós estamos convencidos de que o Brasil só vai alcançar um patamar de país desenvolvido, definitivamente, na hora em que nós, brasileiros, acreditarmos em nós, e na hora em que nós fizermos as coisas certas, na hora em que nós dermos os passos do tamanho das nossas pernas, sem fazer nenhuma aventura descabida. *(22/12/04, Brasília – DF. Anúncio da criação do Polo de Poliéster do Nordeste)*

## Desgraça(s)

[ver: felicidade]

Vocês sabem que nós tínhamos assumido o compromisso de combater a fome neste país, porque a fome é a desgraça maior na vida de um ser humano. *(4/4/03, Belém – PA. Apresentação dos programas Sementes do Amanhã e Escola-Circo e entrega dos três primeiros Cartões Alimentação do programa Fome Zero a famílias da cidade de Belém)*

**... de quase todo tipo foram enfrentadas por Lula:** Eu já passei por tudo que é desgraça que vocês possam imaginar que um ser humano passou. Já pensaram? Pensem mais. *(12/7/07, Recife – PE. Lançamento do PAC nas áreas de saneamento e urbanização do estado de Pernambuco)*

**... são resultado dos maus sentimentos:** Se a gente plantou ódio, se a gente plantou inveja, se a gente plantou discórdia, a gente vai colher desgraça. *(18/1/07, Rio de Janeiro – RJ. Assinatura de acordos para moradias no Rio de Janeiro)*

**... é o que os partidos de oposição desejam para Lula:** Eu sempre faço comparação com time de futebol. Certamente, domingo, a torcida do Internacional estava pedindo a Deus para o Grêmio não ganhar do Náutico. Certamente, aqui no Paraná, deve ter torcida de outros times, que não do Coritiba, que estão torcendo para o Internacional ganhar do Coritiba, para ele cair. Ou seja, é pura maldade. É a gente torcer para a desgraça dos outros; na verdade, esse é um dos males da política brasileira. Aquele que perde faz uma corrente negativa contra o que ganha. Eu não sei qual é a corrente negativa aqui contra você, Requião [Roberto Requião, governador do Paraná], mas pode ficar certo porque ao invés de as pessoas exigirem, cobrarem para que as coisas melhorem, as pessoas ficam torcendo para não dar certo. *(30/11/05, Curitiba – PR. Encerramento do Fórum Futuro 10 Paraná)*

**... maior é a inveja:** Nós estamos trabalhando para ver se os deputados e senadores votam o Orçamento porque, lamentavelmente, a maior desgraça do ser humano é a inveja, ou seja, eles não conseguiram fazer e eles não querem permitir que a gente faça, não querem permitir. *(21/3/06, Lauro de Freitas – BA. Inauguração das residências do projeto Habitar Brasil – HBB)*

**... às vezes são imprevisíveis, mas não devem ser motivo para desânimo:** Vocês sabem que, de vez em quando, acontece uma desgraça que foge ao controle de todos nós e aparecem os pessimistas perguntando se vale a pena continuar com esse ou com aquele programa. Se permitirmos que essa lógica prevaleça, nós nunca chegaremos a lugar nenhum, porque não tem nenhuma grande invenção da humanidade que não trouxe riscos, que não trouxe, muitas vezes, prejuízos, que não trouxe, muitas vezes, sacrifício de pessoas, mas que, graças à continuidade dos programas, os homens conseguiram produzir coisas maravilhosas no século passado. *(11/9/03, Brasília – DF. Reinstalação do Conselho Nacional de Ciência e Tecnologia)*

**... não devem ser mostradas pela televisão, principalmente no exterior:** Nós temos canal de televisão a cabo, que mostra lá fora aquilo que a gente vê de violência o dia inteiro, aqui, no Brasil. Qual é a motivação que a gente vai dar para alguém vir para o Brasil, se ficamos mostrando apenas desgraça? *(30/4/04, Ribeirão Preto – SP. Visita à Agrishow 2004 – Feira Internacional de Tecnologia Agrícola em Ação)*

**... não sensibilizam os investidores:** Nós inventamos piadas de nós mesmos, nós gostamos de falar das nossas desgraças, achando que isso vai sensibilizar alguém. Tem gente que acha que se chegar em Nova York, numa reunião com investidores, e começar a falar: "Não, porque no Brasil tem tantos milhões de crianças de rua, porque no Brasil tem tantos milhões de prisioneiros, porque no Brasil tem...", isso vai sensibilizar os investidores e eles vão falar: "Vamos colocar o dinheiro no Brasil." *(6/4/06, São Paulo – SP. Respostas a perguntas de empresários durante o World Economic Forum on Latin America)*

## Desmatamento

**[ver: floresta; meio ambiente; natureza]**

No Brasil, a coisa mais fácil do mundo é alguém jogar a culpa em cima de uma coisa que não é feita por causa do Ibama ou do Ministério do Meio Ambiente, sem as pessoas se darem conta de que o Ministério do Meio Ambiente e o Ibama têm que cumprir a legislação existente, feita democraticamente pelo Congresso Nacional. Mas o simples cumprimento da lei, muitas vezes, deixa as pessoas indignadas, porque alguns, se pudessem, desmatavam tudo; alguns se esquecem de olhar para as grandes regiões metropolitanas que já estão totalmente degradadas, por irresponsabilidade, há cinquenta anos, há quarenta anos, e mesmo assim algumas pessoas resistem a que as coisas aconteçam da melhor forma possível, onde as pessoas possam cortar uma árvore para fazer um móvel, mas que isso seja dentro de critérios, de regras estabelecidas, de um processo de manejamento. Alguns são vorazes, eles, se pudessem, derrubavam tudo com trator ou com motosserra. Se pudessem, poluíam todas as águas, porque alguns, por ignorância, acham que são infindáveis os bens que a natureza nos deu. *(20/5/05, Brasília – DF. Comemoração do Dia Internacional da Biodiversidade)*

**... não é um problema do Brasil:** Vocês viram, esses dias, na televisão brasileira e na imprensa, aquela discussão do aquecimento da Terra; vocês viram o estrago que o ser humano está fazendo no planeta Terra. Agora, não acreditem que seja o Brasil. De vez em quando vocês ouvem um discurso assim: "Ah, não, porque o Brasil vai desmatar a Amazônia; ah, não, porque o Brasil tem muita produção de soja; ah, não, porque o Brasil tem isso ou tem aquilo." É mentira. Primeiro: nós não queremos desmatar, nós queremos preservar. Mas quem tem que mudar o comportamento são os países ricos que produzem poluição. A grande emissão de gases que está causando problema no planeta é das empresas dos países ricos, não é das nossas. Até porque nós temos muitas florestas para absorver o gás carbônico produzido pelas indústrias. *(10/2/07, Iraquara – BA. Inauguração da usina de biodiesel da Brasil Ecodiesel)*

**... pode prejudicar o país comercialmente:** Aos agricultores que têm me procurado em Brasília, eu tenho dito: tem que levar em conta que a nossa responsabilidade hoje é tão grande que qualquer denúncia que aparecer contra o Brasil, na OMC [Organização Mundial do Comércio], nós vamos pagar alguns preços que ainda não pagamos. Sobretudo quando o Brasil resolve brigar com as grandes nações, sobretudo quando o Brasil resolve enfrentar a União Europeia na OMC, sobretudo quando o Brasil resolve enfrentar os Estados Unidos na OMC, sobretudo quando o Brasil cria o G-20, sobretudo quando o Brasil cria as condições dos partidos, dos países pequenos se fazerem ouvir; nós ficamos mais vigiados. A febre aftosa nos traz problema, determinado tipo de soja nos traz outro problema e nós, então, precisamos... os nossos móveis nos trazem problema se alguém denunciar que a gente está desmatando, como acontece habitualmente na região Norte do país. Por isso nós aprovamos a Lei das Florestas, que vai permitir a geração de 100 mil empregos, em torno da BR-163, só na produção de móveis, de forma cuidadosa, com manejamento adequado. *(17/2/06, Flores da Cunha – RS. Almoço com agricultores)*

**... trará punição divina a quem o fizer:** Bom, ao invés de a gente ficar culpando alguém, eu não quero culpar ninguém. Eu não quero culpar alguém que desmatou, também não quero que ninguém culpe o Governo. Eu quero que a gente olhe para o céu, mesmo quem não acredita em Deus, saiba que alguém mais poderoso do que nós deve estar zangado com o que nós estamos fazendo no planeta, nesse momento histórico da sua vida. Há muitas incompreensões. *(22/11/05, Luziânia – GO. Abertura do I Congresso Nacional de Agricultura Familiar – Fetraf)*

**... é uma acusação feita ao Brasil, como tantas outras:** Em reuniões em organismos multilaterais, muitas vezes o Brasil é acusado de muita coisa, que vai desde o desmatamento ao trabalho escravo, ao mau pagamento de salário. Agora, mais uma novidade, que é a falta de alimento, por conta dos biocombustíveis, e vai por aí afora. *(23/4/08, Brasília – DF. Comemoração do 35.º aniversário da Empresa Brasileira de Pesquisa Agropecuária –Embrapa)*

**... está diminuindo no Brasil:** Podemos, por isso, garantir a nós mesmos e ao mundo que nossas florestas estão a cada dia mais seguras e os índices decrescentes de desmatamento são conhecidos por todos nós. *(30/8/06, Brasília – DF. I Encontro Nacional sobre Biocombustível)*

**... está sendo administrado pelo Estado:** Nós provamos que é possível, com responsabilidade, sem evitar o desenvolvimento de nenhuma região, aprovar uma política de desmatamento, sem tirar do povo da Amazônia a ideia de que isso vai deixá-lo vivendo a vida inteira como se fosse um cidadão de segunda ou terceira categoria, sem ter acesso ao desenvolvimento. *(10/11/06, Brasília – DF. Reunião com membros do Fórum Brasileiro de Mudanças Climáticas)*

**... não pode ser enfrentado com conselho dos países desenvolvidos:** Nós, hoje, poderíamos dizer para todo mundo uma coisa que eu acho importante: já tem estudos na Embrapa, um estudo comparativo entre o Brasil e outros países do mundo, sobretudo os países desenvolvidos. Eles têm pouco a nos dar conselho sobre como cuidar do meio ambiente, porque eles só foram descobrir que era necessário cuidar quando desmataram praticamente todo o seu território. *(26/10/06, Brasília – DF. Apresentação da redução do índice de desmatamento da Amazônia)*

## Destino
[ver: sorte]

Um país deve escolher o seu próprio destino, com definição política de prioridades. *(29/4/03, Brasília – DF. 30.º aniversário da Embrapa)*

**... é traçado por Deus:** Acho que não tinha um prefeito neste país, sem demérito, que tivesse mais competência do que o Celso Daniel [prefeito de Santo André (SP), membro do PT, assassinado em 2002]. E ele morreu porque... dizem que Deus traça o destino de cada um de nós. Não acredito em crime político, em hipótese alguma. Eu acho que o assaltaram, sequestraram, depois perceberam o "tamanho", como se diz na gíria policial, o "tamanho do peixe" e resolveram matar de forma irresponsável e por medo. E isso deve acontecer em várias outras mortes que já tivemos no Brasil. *(24/11/05, Brasília – DF. Entrevista coletiva a emissoras de rádio de SP e RJ)*

**... é imprevisível:** Bem, veja o que é o destino. Eu, que fui crítico da ferrovia Norte-Sul, ela começou em 1987, o Sarney [José Sarney, senador pelo PMDB do Amapá, presidente da República de 1985 a 1990] fez 100 quilômetros, depois do Sarney até o meu Governo foram feitos 115 quilômetros, e eu, que era contra, já fiz 150 quilômetros. *(10/6/06, Serra – ES. Início das obras do Gasoduto Cabiúnas-Vitória – Gascav – trecho inicial do Gasoduto Sudeste-Nordeste – Gasene)*

**... prega peças nas pessoas:** Eu dizia ao presidente Nicanor [Duarte, presidente do Paraguai] que o destino nos prega peças que às vezes não sabemos explicar. Possivelmente, muita gente que está aqui nesta tribuna há 33 anos era contra a construção de Itaipu. Possivelmente, muita gente que aqui está assistindo ao meu pronunciamento era contra Itaipu. As razões eram as mais diversas possíveis, mas tinha uma que, possivelmente, unificava gente do Paraguai e gente do Brasil: era o fato de, em 1973, o Paraguai ter um regime autoritário e o Brasil ter um regime autoritário, portanto, dois Governos autoritários tinham tomado uma decisão de construir Itaipu Binacional, e aqui fizemos muita oposição. *(21/5/07, Foz do Iguaçu – PR. Inauguração das unidades geradoras 9A e 18A da Usina Hidrelétrica de Itaipu)*

**... pode parecer irônico:** Parece ironia do destino: um metalúrgico que não tem um diploma universitário vai passar para a História como o presidente que mais fez universidades e escolas técnicas no mandato. Parece ironia do destino, mas tem uma coisa que eu quero que vocês saibam: quando a gente coloca um filho no mundo, a gente quer que o filho sempre seja melhor do que a gente. Vocês podem ter certeza de que o pai de vocês quer que vocês sejam melhores do que eles, a mãe de vocês quer que vocês sejam muito melhores. E eu, na verdade, quando chego à Presidência da República, o que a gente quer? A gente quer que a nossa juventude tenha as oportunidades na vida que eu não tive quando eu tinha a idade de vocês. *(28/9/07, Santo André – SP. Visita às obras do campus da Universidade Federal do ABC)*

**... é promissor para o Brasil:** Nós não poderemos criar nenhum problema para atrapalhar o Brasil de seguir a trajetória que, na minha opinião, é o destino do Brasil para as próximas décadas: crescimento sustentável, geração de empregos, distribuição de renda e melhoria da qualidade de vida das pessoas. *(8/8/07, Manágua – Nicarágua. Entrevista a jornalistas brasileiros e estrangeiros durante visita à Nicarágua)*

D

# Deus

[ver: diabo]

E sou presidente da República não com o objetivo de fazer milagres, porque estes só Deus é quem faz. *(25/11/03, Luziânia – GO. Abertura da Conferência Nacional de Aquicultura e Pesca)*

**... elegeu Lula:** Deus não elege um pernambucano de Caetés todo ano para presidente da República. Não elege um metalúrgico todo ano para presidente da República. *(25/1/05, Aparecida de Goiânia – GO. Homenagem ao Dia do Carteiro e inauguração das novas instalações do Centro de Tratamento de Cartas e Encomendas)*

**... reelegeu Lula:** Deus me deu o segundo mandato para fazer coisas novas, e uma delas é a TV pública brasileira. *(11/5/07, Brasília – DF. Encerramento do I Fórum Nacional de TVs Públicas, no Hotel Nacional)*

**... não dá muitas oportunidades:** Deus não dá muitas oportunidades [fazer um curso profissionalizante no Senai] se a gente não aproveita a primeira que ele está nos dando. E essa oportunidade, posso dizer para vocês de cátedra: essa oportunidade é de ouro e vocês não podem abandonar. *(4/9/07, Petrolina – PE. Inauguração da Escola Técnica do Senai em Petrolina)*

**... é brasileiro, assim como Lula é sortudo:** É verdade que eu tenho sorte, muita sorte, e é verdade que Deus é brasileiro. Essas duas verdades são inexoráveis. *(27/3/08, Recife – PE. Inauguração de agências do Banco Azteca)*

**... é brasileiro, operário e carioca:** Vocês não sabem o que é "urucubaca", ou seja, gente torcendo para que as coisas não deem certo. "Aquilo não pode dar certo, tem que dar errado, porque se der certo..." Graças a Deus, como Deus é brasileiro, é marinheiro, é da indústria naval, é metalúrgico, é químico, é gráfico, é de todas as categorias, e é carioca também, Ele fez com que as coisas dessem certo. *(10/10/05, Niterói – RJ. Lançamento do Programa de Modernização e Expansão da Frota Nacional de Petroleiros da Petrobras Transporte S/A – Transpetro)*

**... por ser brasileiro, ajuda a desmascarar os pessimistas:** De vez em quando, Deus é tão brasileiro que aparecem os dados do IBGE para desmascarar os pessimistas, com uma... um grupo de pessoas que escrevem, que fazem comentários, porque está tudo abaixo de zero, a Economia não está crescendo... Os dados do IBGE demonstraram o quê, nesta semana? Não só a Economia está crescendo, como a renda está crescendo e, se Deus quiser, 2006 vai ser o ano em que a Economia vai crescer mais, a renda vai crescer mais, o emprego vai crescer mais, o salário vai crescer mais, o poder de compra vai crescer mais. *(30/1/06, Viana – ES. Inauguração da Subestação de Energia Elétrica de Viana)*

**... talvez não seja brasileiro, mas ao menos passou uma boa temporada no Brasil:** O Brasil é um dos poucos países do mundo que pode, definitivamente, garantir o sustento de alimentos, se não de toda, pelo menos de uma boa parte da humanidade, porque o povo que nós temos, o sol que nós temos e a terra que nós temos me permitem dizer para vocês que Deus é brasileiro. Se ele não é brasileiro, certamente ficou muito tempo aqui no Brasil, deve ter passado pelo Rio Grande do Sul, deve ter passado um pouquinho por Garanhuns, um pouquinho pelo Ceará, porque este país é abençoado por Deus: a gente não tem vulcão, não tem furacão, não tem nada; tem, de vez em quando, umas mudanças, intempéries, que trazem uns prejuízos. *(16/3/05, Erechim – RS. Visita a áreas atingidas pela seca na região Sul)*

**... fez quase tudo certo em relação ao Brasil:** Deus fez duas coisas com o Brasil: deu uma natureza de beleza incomparável a qualquer país do mundo e deu um povo maravilhoso, ordeiro e generoso; mas, lamentavelmente, durante muitos anos, as pessoas que dirigiram o país não tiveram a dimensão da importância do que o turismo representava para o nosso querido Brasil. *(30/10/03, Campina Grande – PB. Inauguração do novo terminal de passageiros do Aeroporto Presidente João Suassuna)*

**... deu tudo aos brasileiros, mas não o juízo, pelo menos até Lula:** Deus pôs os pés aqui e falou: "Olha, aqui vai ter tudo. Agora, é só homens e mulheres terem juízo que as coisas vão dar certo." E nós vamos fazer este país dar certo sem precisar pegar dinheiro de fora para combater a fome. *(10/2/04, São Paulo – SP. Inauguração da Expo Fome Zero 2004)*

**... fez a parte dele e, agora, Lula está fazendo a nossa:** O que era preciso, na verdade, era a gente fazer a nossa parte. Deus fez a parte dele, os portugueses fizeram a parte deles quando demarcaram tão bem o nosso país, e durante muitos anos ficamos esperando que nós fizéssemos a nossa parte, que o Banco do Brasil fizesse a sua parte, que o ministro da Fazenda fizesse a sua parte, que a Câmara dos Deputados fizesse a sua parte, que o ministro da Agricultura fizesse a sua parte, que os empresários fizessem a sua parte, e isso, graças a Deus, está sendo feito. *(18/6/04, Brasília – DF. Lançamento do Plano Agrícola e Pecuário 2004/2005)*

**... obriga-nos a usar a inteligência:** Vejam vocês, no dia em que eu estava reunido com o movimento do Sul do país para discutir a seca, meia hora depois que terminei de discutir a seca de uma região que eu pensava que não tinha seca, eu me reuni com a prefeita de Teófilo Otoni, em Minas Gerais [Maria José Haueisen Freire], uma região seca, para discutir as enchentes que estavam acontecendo em Teófilo Otoni. E eu pensei: mas Deus é sábio mesmo. De vez em quando Deus nos dá um puxão de orelha para que a gente utilize mais a nossa cabeça, a nossa inteligência, e para que force a gente a pensar no nosso futuro com muito mais sabedoria e com muito mais garantia. *(16/3/05, Coronel Freitas – SC. Visita a áreas atingidas pela seca na região Sul)*

**... é poderoso o suficiente para levar a paz ao Oriente Médio:** Deus é mais poderoso do que todos nós e decide, às vezes, coisas que não temos como evitar. Mas não tenho dúvida de que, esteja ele onde estiver, estará pensando que um dia o Oriente Médio poderá viver em paz, em tranquilidade, podendo usufruir da riqueza que Deus deu àquela região do planeta Terra. *(31/3/05, São Paulo – SP. Solenidade comemorativa aos 125 anos da imigração libanesa no Brasil)*

**... é justo:** Foi importante, governador [Sérgio Cabral Filho, do Rio de Janeiro], que nós não anunciássemos o PAC [Programa de Aceleração do Crescimento] antes das eleições de 2006, porque senão vocês iriam ler, em manchete de jornais, que nós estaríamos lançando um programa apenas com interesse eleitoral. E Deus é tão justo e tão grande que abriu a minha consciência para começar essa obra do PAC exatamente no momento em que eu não disputo mais eleições no Brasil, porque o mandato termina em 2010. *(7/3/08, Rio de Janeiro – RJ. Assinatura de ordem de início de obras do PAC na comunidade do Complexo do Alemão)*

**... é sábio:** Deus é tão sábio que ele não permitiu que você nascesse com a inteligência que você tem hoje; você foi adquirindo ao longo do tempo. Aos 18 anos você atingiu a plenitude da sua inteligência. *(15/9/07, Madri – Espanha.*

*Entrevista a jornalistas brasileiros após almoço oferecido pelo presidente de Governo da Espanha, José Luis Zapatero)*

**... não peca:** A única coisa impossível é Deus pecar. É a única coisa impossível. Para nós, seres humanos, aquilo que parece impossível é apenas um pouco mais difícil. E se for mais difícil, precisa de mais ousadia, de mais criatividade para que a gente não deixe de fazer aquilo que é o papel do Estado brasileiro fazer. *(19/4/06, Tenente Portela – RS. Inauguração das obras de eletrificação rural do programa Luz Para Todos na terra indígena do Guarita)*

**... fará o juízo final de todos nós:** Um homem, quando chega na minha idade, não tem mais espaço para ter rancor no coração. Quem quiser falar bem de mim, eu sou agradecido. Quem quiser falar mal, eu fico agradecido do mesmo jeito, porque Deus sabe quem tem razão e Deus é que fará o juízo final de todos nós. *(14/6/06, São Gonçalo – RJ. Lançamento da pedra fundamental do Polo Petroquímico de Itaboraí e da pedra fundamental do Centro de Inteligência de São Gonçalo)*

**... tem sido generoso com Lula desde já:** Quando eu digo que Deus é generoso comigo, é porque algumas coisas aconteceram que não estavam previstas, que parece que têm o dedo não meu, mas o dedo de alguém. *(2/6/06, São Paulo – SP. Abertura da 2.ª edição do Salão do Turismo – Roteiros do Brasil)*

# Diabo

[ver: Deus]

As coisas estão arrumadas, todos os estados estão crescendo, todos estão gerando mais empregos, cresce a indústria, cresce a agricultura, cresce o comércio, crescem as exportações, crescem as importações, crescem as nossas reservas, cresce o salário das pessoas, cresce o salário mínimo. Ou seja, está tudo do jeito que Deus gosta. Antes era tudo do jeito que o diabo gostava. Agora é tudo do jeito que Deus gosta. *(20/3/08, Florianópolis – SC. Lançamento do programa de revitalização do maciço do Morro da Cruz e assinatura dos termos de doação de telecentros a municípios do estado de Santa Catarina)*

**... amassou o pão que Lula comeu em 2003:** Eu tomei posse em janeiro de 2003. Todo mundo sabe que nós comemos o pão que o diabo amassou no primeiro ano, todo mundo sabe e nós não escondemos de ninguém. *(16/12/05, Garanhuns – PE. Inauguração da Escola Senai de Garanhuns Eurídice Ferreira de Melo – "Dona Lindu")*

**... amassou o pão que Juscelino Kubitschek comeu:** Esse grande presidente [Juscelino Kubitschek] só foi reconhecido como grande cinquenta anos depois, porque durante a sua gestão ele comeu o pão que o diabo amassou no Brasil, tal era a quantidade de críticas que ele recebia na época. *(6/4/06, São Paulo – SP. Respostas a perguntas de empresários durante o World Economic Forum on Latin America)*

**... amassa o pão que os parlamentares comem:** Meu querido companheiro, muito companheiro, que está comendo o pão que o diabo amassou lá no Congresso Nacional, Tião Viana [senador pelo PT do Acre], mas que não perde a calma *(21/1/06, Rio Branco – AC. Lançamento oficial do Projeto-Modelo de Assentamento Agroflorestal)*

**... amassou o pão que os funcionários públicos comeram:** Vocês sabem que durante anos e anos os funcionários públicos brasileiros foram destratados, foram acusados, foram achincalhados. Desde a campanha de 1989, bastava um trabalhador ganhar cinquenta centavos a mais, que já era considerado marajá. E vocês sabem o quanto vocês comeram o pão que o diabo amassou. *(6/6/06, Jaguaribara – CE. Visita ao Complexo do Castanhão)*

**... tem medo da cruz:** Ora, no caso das pessoas mais pobres, possivelmente grande parte do patrimônio seja o próprio nome delas, porque o pobre tem um medo de ficar devendo como o diabo tem medo da cruz; o nome dele é a coisa mais importante. *(25/4/05, Brasília – DF. Lançamento do Programa Nacional de Microcrédito Produtivo Orientado)*

**... não mete medo a quem fala a verdade:** Quem fala a verdade, conversa até com o diabo, sem medo, sai de cabeça erguida e ainda vai contar para Deus que derrotou o diabo. *(9/5/08, Lauro de Freitas – BA. Assinatura de atos do PAC)*

**... não é bom aliado político:** Qual é a hipótese que um candidato à reeleição tem que fazer? Se for uma pessoa honesta, que quer sair do Governo do mesmo jeito que entrou, de cabeça erguida, só pode ser candidato se, em primeiro lugar, tiver a convicção muito forte de que o segundo mandato será melhor do que o primeiro. Segundo, se para ser candidato não tiver de vender a alma ao diabo nas suas alianças políticas. *(7/12/05, Brasília – DF. Entrevista à revista* Carta Capital, *no Palácio do Planalto)*

## Dificuldade(s)

Pode ficar certo, nós temos consciência de que com todas as dificuldades que estamos enfrentando agora, no começo, e não são pequenas, em nenhum momento eu deitei desanimado, achando que as coisas são difíceis. Até porque eu nunca tive nenhuma experiência fácil na minha vida. Eu fui comer pão, pela primeira vez, com sete anos de idade. Eu sou de uma terra onde, se as pessoas não morrem até completar um ano de idade, já é um milagre. E eu não morri, cheguei a presidente da República. E podem ficar certos que vocês vão ouvir falar muito de um presidente briguento e que defende os interesses da sua nação. *(26/1/03, Davos – Suíça. Sessão plenária "Diálogo com o presidente do Brasil" no XXXIII Fórum Econômico Mundial)*

**... têm peso relativo:** Vocês tiveram uma oportunidade, pelo amor de Deus, não a larguem, porque um jovem de 20 anos não tem o direito de dizer que está com dificuldade. Quando a pessoa está com 60, como eu, 62, qualquer dificuldade a gente já pensa que está na hora da morte, mas vocês estão no começo da vida. Cada vez que baixar o astral de vocês, levantem a cabeça. Levantem a cabeça porque vocês têm pela frente mais de 2/3 da vida que vocês vão viver, portanto, vocês precisam construir este país melhor do que nós construímos. *(4/9/07, Petrolina – PE. Inauguração da Escola Técnica do Senai em Petrolina)*

**... se resolvem com conversa e acordo:** Vamos ter dificuldades? Vamos, mas as dificuldades nós superaremos no debate, na conversa, no diálogo, nos acordos que vamos fazer. Vamos continuar com uma forte política social e vamos continuar desenvolvendo este país de forma mais justa. Este país tem oito milhões e meio de quilômetros quadrados, tem regiões que já chegaram na quarta revolução industrial e tem regiões que chegaram, mal e porcamente, na primeira, e nós precisamos fazer com que o país seja mais justo na sua forma de desenvolvimento, na sua forma de política social e na sua forma de distribuição de renda. *(5/12/06, Brasília – DF. Encerramento da 20.ª reunião ordinária do Pleno Conselho de Desenvolvimento Econômico e Social – CDES)*

**... é algo que Lula sabe que existe:** Vocês, até hoje, não me ouviram dizer uma única palavra que significasse dificuldade para o futuro. Não. Primeiro, porque se no Brasil as coisas estivessem boas eu não teria ganho as eleições. Segundo, eu ganhei as eleições exatamente porque acredito que o Brasil precisa de mudanças substanciais. Mudança na relação Estado e sociedade, mudança na relação Governo e empresários. *(10/3/03, Mauá – SP. Inauguração da nova unidade da empresa Polibrasil)*

**... é algo de que Lula gosta:** Nós pegamos este país com uma dívida praticamente impagável, e todo mundo sabe disso. Todo mundo sabe que nós também tomamos a decisão de não ficar falando dos Governos anteriores. Nós temos que olhar para frente e fazer aquilo que nós nos propusemos a fazer com dificuldade ou sem dificuldade. E eu vou dizer uma coisa para vocês: quanto mais dificuldades, mais eu gosto. *(6/4/06, Rio Branco – AC. Inauguração do Hospital do Idoso)*

**... é algo que Lula transforma em otimismo:** Eu, a cada dia que passa, a cada dificuldade, me sinto o brasileiro mais otimista que este país já teve. Nada, podem ficar certos, vai nos impedir – não tem chuva, não tem geada, não tem terremoto, não tem cara feia, não tem o Congresso Nacional, não tem o Poder Judiciário –, só Deus será capaz de impedir que a gente faça este país ocupar o lugar de destaque que ele nunca deveria ter deixado de ocupar. *(24/6/03, Brasília – DF. Entrega dos troféus às instituições beneficiárias do programa Senai Solidário e premiação do Concurso Nacional de Criatividade para Docentes)*

**... quando visam a evitar desvios de recursos públicos, são bem-vindas:** A máquina pública brasileira é uma máquina poderosa, tem gente da mais extraordinária qualidade espalhada por esses quatro cantos do país. E nós vamos tentar, cada vez mais, dotar essa máquina de muito mais competência e, ao mesmo tempo, de muito mais dificuldade para que não haja, em nome da máquina pública, desvios de recursos, malversação de patrimônio neste país. *(25/8/05, Brasília – DF. 13.ª reunião ordinária do Pleno Conselho de Desenvolvimento Econômico e Social – CDES)*

**... quando visam a evitar desvios de recursos públicos, são malvistas:** Eu sei o que é tomar uma decisão no Governo e, depois de três meses, sair pelo Brasil anunciando: "Fizemos tal coisa." Aí, quando eu chego no estado: "Companheiro, chegou o dinheiro aqui?" "Não, não chegou, presidente, parou." "Parou por quê?" "Porque a Caixa fez isso, porque o Banco do Brasil fez aquilo, porque o BNDES fez aquilo, porque..." É assim que as coisas funcionam. Não é isso? Então, o PAC [Programa de Aceleração do Crescimento] está nos ensinando a mexer direitinho com a máquina administrativa. Nós ainda temos uma revolução para fazer, que é mudar algumas coisas, eu acho. A Lei de Licitação não pode continuar do jeito que é, é preciso mudá-la para facilitar as coisas. Sabe por quê? Porque no Brasil se parte do pressuposto de que todo mundo é ladrão, então se cria a dificuldade. Mas a dificuldade não resolve nada, vejam quantos desvios que tem. É preciso que haja um pouco de disposição nossa. *(9/5/08, Salvador – BA. Assinatura do pacto do programa Territórios da Cidadania, lançamento do Bolsa Formação e do Programa Habitacional, dos projetos Farol, da ferrovia Leste-Oeste, da Via Expressa Portuária e do PAC Habitação na Bahia)*

**... podem decorrer de um bom motivo:** Muitas vezes a gente só vê a desgraça, muitas vezes a gente só ouve aquilo que as pessoas falam contra, mas as pessoas muitas vezes não se dão conta de que entre críticas e elogios, entre altos e baixos, o Congresso Nacional, através do Senado e da Câmara dos Deputados, tem dado uma contribuição extraordinária para que a gente possa ir aprovando as coisas que são prioritárias para este país. Muitas vezes é difícil, mas a dificuldade decorre do fato da democracia permitir que haja o debate. E o Congresso Nacional é a representação mais fiel do que representa a sociedade brasileira, dos interesses da sociedade, dos agrupamentos existentes na sociedade. Portanto, se tiver que ter divergência, tem que ter no Congresso Nacional. *(19/9/07, Brasília – DF. Lançamento do PAC/Funasa)*

**... podem ser criadas deliberadamente para atrapalhar:** Nós precisamos construir uma nova lógica de gerenciamento administrativo neste país. A gente tem que ter a disputa eleitoral de forma civilizada, em que a gente disputa; quem ganhou, ganhou. Agora, o que não pode é quem perdeu ficar tentando atrapalhar quem ganhou governar, criando dificuldades, criando obstáculos. *(9/5/08, Salvador – BA. Op. cit.)*

## Dignidade

[ver: benefício; Bolsa Família; favor]

Eu sempre disse que não há nada mais digno para um homem e para uma mulher do que levantar de manhã, trabalhar e, no final do mês ou no final da colheita, poder comer às custas do seu trabalho, às custas daquilo que produziu, às custas daquilo que plantou. Isso é o que dá dignidade. Isso é o que faz as pessoas andarem de cabeça erguida. *(9/4/03, Brasília – DF. Cerimônia relativa à Articulação no Semiárido ASA)*

**... é o maior sentimento humano:** Há situações em que a pobreza deixa de ser pobreza para ser miséria. E quando é miséria, ela fere o maior sentimento da vida humana, que é a dignidade, em cada um dos países onde as pessoas estão empobrecidas. *(10/1/03, Teresina – PI. Visita à vila Irmã Dulce)*

**... é com o que se vive em uma sociedade civilizada:** A partir de agora eles [os idosos] terão uma ampla proteção jurídica para usufruir direitos da civilização. Sem depender de favores, sem amargar humilhações e sem pedir para existir. Simplesmente viver como deve ser a vida numa sociedade civilizada: com muita dignidade. *(1/10/03, Brasília – DF. Comemoração do Dia Internacional do Idoso)*

**... é importante para o trabalhador, para a sua família e para a sociedade:** Nós sabemos do compromisso desse Governo com a reforma agrária, e vamos fazê-la, para fazer com que os assentamentos, não apenas os existentes, mas outros que forem acontecer neste país, se tornem efetivamente produtivos e sejam motivo de orgulho das famílias que forem assentadas. Que elas possam trabalhar com dignidade e decência, sustentar sua família e colocar, no mercado, produtos de boa qualidade para a sociedade. *(24/6/03, Brasília – DF. Lançamento do Plano Safra para a Agricultura Familiar 2003/2004)*

**... é o que importa na vida:** Eu lembro quando o comandante Rolim [Amaro Rolim, fundador da TAM] era vivo. O Rolim era daqueles que, de vez em quando, acordava de bom humor e ficava na porta do avião para receber a gente. E um dia eu perguntei para ele: "Por que vocês distribuem a *Carta Capital* dentro do avião da TAM?" Ele falou: "Não só para ajudar o meu amigo Mino Carta [jornalista, fundador da revista *Carta Capital*], mas também porque é uma revista que fala diretamente às pessoas que viajam no avião da TAM." Eu digo isso porque o Mino Carta tem no seu caráter, na sua teimosia da sanguinidade italiana, aquilo que para muitos parece defeito, eu acho que é uma virtude do Mino, ou seja: eu posso perder uma revista, um cargo, o emprego, e eu lembro quando você foi mandado embora da *IstoÉ*. A gente pode perder qualquer coisa, Mino, mas continue como você é, não perca a sua dignidade e o seu caráter, porque isso conta profundamente na nossa passagem pelo planeta Terra. Todo o resto é secundário. *(30/8/04, São Paulo – SP. Premiação da pesquisa das Empresas mais Admiradas no Brasil, em comemoração do aniversário da revista* Carta Capital*)*

**... se aprende a ter em casa:** O dado concreto é que o Brasil nunca teve a credibilidade que tem lá fora porque o que eu não aprendi na escola eu aprendi de uma mulher analfabeta, que é ter dignidade e ter vergonha na cara, respeitar e ser respeitado. É isso que eu faço com os outros e é isso que eu quero que façam comigo. *(3/8/05, Garanhuns – PE. Lançamento do Plano Safra da Agricultura Familiar – 2005/2006)*

**... não é obtida por meio de favores do Estado, mas pelo trabalho:** O que dá dignidade a um ser humano não é receber um favor do Estado, o que dá dignidade a um ser humano, seja homem ou mulher, é trabalhar e, com o resultado do seu trabalho, receber o seu salário e poder comprar para si e para sua família as coisas que necessitam, sem precisar ficar na fila de uma prefeitura, do Governo Estadual ou do Governo Federal, às vezes por horas e horas, esperando um favor do poder público. *(19/3/04, Betim – MG. Visita à fábrica da Fiat Automóveis)*

**... pode ser dada pelo Estado, como está fazendo o Governo Lula:** Quero agradecer aos quilombolas aqui presentes, porque depois de três séculos e meio de escravidão, nós estamos hoje dando aos remanescentes de escravos neste país a dignidade que eles já conquistaram na Constituição de 1988, mas muitas vezes a diferença da garantia institucional com a prática administrativa não combina e nós sabemos que muitas vezes era difícil um olhar do Governo Federal, do Governo Estadual ou do Governo Municipal para uma comunidade que está a trinta, quarenta quilômetros do centro da cidade, porque nós, governantes, muitas vezes, governamos subordinados à pressão momentânea, e quem pode fazer as pressões são os grupos organizados que podem ir a Brasília, que podem ir à capital do estado ou que podem ir ao centro da cidade. *(19/9/07, Brasília – DF. Lançamento do PAC/Funasa)*

## Dilma Rousseff

Quero, sobretudo, Dilma, te agradecer, porque no Brasil não era habitual imaginar uma mulher no Ministério de Minas e Energia. Era habitual assim: mulher vai cuidar de ação social, mulher vai cuidar de algumas tarefas que o homem não gosta muito de fazer. Pois bem, eu tive o prazer de conhecer a Dilma, não porque ela foi secretária do Governo Olívio Dutra, no Rio Grande do Sul, porque quando eu ia lá não havia... Mas numa reunião do Tolmasquim [Maurício Tolmasquim, especialista em energia], do Pinguelli Rosa [Luiz Pinguelli Rosa, professor da Coppe/UFRJ] e de um monte de gente que me ajudava a produzir o programa energético para o Brasil, eis que um dia chega uma gaúcha com jeito de mineira, com esse rosto delicado, com um computador embaixo da mão e começou a falar mais forte que os homens. Depois de duas reuniões, eu falei: "Taí! Achei minha ministra de Minas e Energia." Eu quero, Dilma, te agradecer. Agradecer porque eu acho que você significa, para as mulheres brasileiras, a definição de que as mulheres podem ir muito mais longe, em qualquer atividade que elas quiserem se meter. Somente, enquanto eu for presidente, por favor, não queiram ser candidatas. *(8/7/05, Brasília – DF. Posse dos ministros de Estado da Saúde, das Comunicações e de Minas e Energia)*

**... tem vontade e disposição política:** Por isso eu quero, companheira Dilma Rousseff, do fundo do coração, agradecer a rapidez com que você, junto com a sua equipe, junto com as pessoas que trabalham com você, elaborou esse projeto. E a rapidez com que você apresentou esse projeto para começar a ser executado. Isso demonstra claramente que, no Brasil, nós temos falta de muita coisa: nós temos falta de dinheiro, nós temos falta de infraestrutura, mas o que não pode ter, em nenhum político, é a falta de vontade e a falta de disposição política de fazer as coisas. E você foi encontrar o dinheiro, que nem eu sabia que tinha, para dizer: "Nós temos o dinheiro, e vamos gastá-lo levando luz à casa de quem não tem luz." *(11/11/03, Brasília – DF. Lançamento do Programa Nacional de Universalização do Acesso e Uso da Energia Elétrica)*

**... fica emocionada com os programas do Governo:** É importante lembrar que a Dilma, emocionada e alegre pelo sucesso do programa, esqueceu de falar. É que cada família inscrita nos programas sociais federais que forem atingidas pelo programa Luz para Todos irá receber um kit de graça: duas tomadas, três lâmpadas e um medidor. Portanto, essa pessoa vai começar com o pé direito, recebendo a luz na sua casa. *(9/6/04, Brasília – DF. Assinatura de contratos do programa Luz para Todos)*

**... produz energia em suas falas públicas:** Eu penso que se esse decreto conseguir produzir energia, a energia que a Dilma produziu na fala dela, eu penso que todos nós estaremos muito felizes, e a Economia brasileira certamente agradecerá. *(30/7/04, Brasília – DF. Assinatura de decreto que regulamenta a Lei 10.848, que dispõe sobre a comercialização de energia elétrica)*

**... parece frágil, mas não é:** Agora eu queria dizer a todos vocês, a começar de mim, ao governador, aos empresários, aos deputados, que se não fosse a coragem da ministra Dilma Rousseff, essa mineirinha agauchada, que parece frágil, mas de fragilidade não tem nada, podem ter certeza, nós não estaríamos agora vendo essa beleza de hélice funcionando aí, esse negócio extraordinário, e eu jamais imaginei que o vento pudesse produzir energia. Eu, no máximo, achava que dava para empinar pipa. *(19/4/06, Osório – RS. Visita às obras dos Parques Eólicos)*

**... cumpre as tarefas:** A Dilma é daquelas pessoas que quando a gente dá uma tarefa para ela, saiam da frente, porque ela não descansa enquanto não faz. *(10/5/06, Brasília – DF. Implementação do Programa de Medicamentos Fracionados)*

**... "enquadra" os subordinados companheiros do Lula:** Eu sou companheiro do José Sérgio Gabrielli [presidente da Petrobras] desde 1980. Vocês sabem que é difícil companheiro brigar com companheiro. Então, quando preciso enquadrar o José Sérgio, eu peço para a Dilma enquadrá-lo. Primeiro, porque a mulher leva vantagem, o homem nunca vai ser indelicado, só alguns, mas a maioria é sempre mais delicada no trato... *(20/6/06, Araucária – PR. Teste industrial do H-Bio)*

**... é a melhor "gerente" do Brasil:** A Dilma é a grande surpresa. A Dilma Rousseff, eu estou convencido de que é um dos quadros mais extraordinários que este país tem, como gerente. *(10/10/07, Brasília – DF. Entrevista ao jornalista Kennedy Alencar, do jornal* Folha de S.Paulo*)*

**... é a "gerente do conjunto dos projetos" da Presidência:** A ministra Dilma, em nome da Presidência, vira uma espécie de, como é que se fala, gerente do conjunto dos projetos que nós estamos fazendo. Na verdade, é o seguinte: se não tiver alguém gerenciando, para cobrar todos os dias, a coisa não anda corretamente. *(7/7/06, Brasília – DF. Reunião de trabalho no DNIT)*

**... é mais dura e mais administradora do que o Lula:** Quando o Governo quer ser duro com a sua burocracia eu dou para a Dilma resolver, porque ela consegue ser mais dura do que eu, menos política do que eu e mais administradora. *(20/6/06, Passo Fundo – RS. Lançamento da pedra fundamental da usina de biodiesel BSBios)*

**... é racional e equilibrada, talvez por ser mulher:** Vocês viram aqui que a Dilma é muito racional. A Dilma, talvez por ser mulher, é mais equilibrada, possivelmente tenha mais juízo. Vocês viram que ela falou que vamos começar com 2%, depois vamos chegar a 5%, e não sei das quantas. Eu acho que, do ponto de vista do planejamento, maravilhoso, é isso mesmo que tem que fazer. Mas, minha querida ministra de Minas e Energia, se o petróleo continuar a subir como está subindo, podem ficar certos que o biodiesel vai ser utilizado em maior quantidade, em um prazo muito menor do que todos nós estamos pensando. *(27/4/05, Belém – PA. Inauguração da usina de biodiesel da Agropalma)*

**... é mãe do PAC:** A Dilma é uma espécie de mãe do PAC [Programa de Aceleração do Crescimento]; é ela que cuida, é ela que acompanha, é ela que vai cobrar junto com o Márcio Fortes [ministro das Cidades] se as obras estão andando ou não estão andando. *(7/3/08, Rio de Janeiro – RJ. Assinatura de ordem de início de obras do PAC na comunidade do Complexo do Alemão)*

**... é também a avó e a tia do PAC:** Eu quero dizer para vocês que quando nós pensamos no PAC, nós resolvemos criar um conselho gestor. Eu disse agora há pouco, em Belo Horizonte: a Dilma é, na verdade, a mãe, a avó e a tia do PAC. Porque eu aprendi que se a gente anuncia uma obra e não fica atrás dela o tempo inteiro, essa obra não acontece. *(17/4/08, Ribeirão das Neves – MG. Assinatura de ordens de serviço de obras do PAC em municípios do estado de Minas Gerais)*

**... cuida do PAC melhor do que cuidou da sua própria filha:** Quero falar da Dilma Rousseff porque outro dia, no Rio de Janeiro, eu disse que a Dilma era a mãe do PAC. E por que ela é a mãe do PAC? É porque o PAC só funciona porque esta mulher, certamente, toma mais conta do PAC do que tomou conta da filha dela. E por que eu digo isso? Porque todo mundo aqui que é pai sabe. Quando tem uma filha ou um filho que está com 14, 15 anos, eles não querem mais saber do pai. Nós somos coroas, nós estamos superados, as músicas não combinam, a roupa não combina, os amigos não combinam; eles querem liberdade. Então, a filha da Dilma certamente foi assim. Mas o PAC não quer liberdade, o PAC quer controle, fiscalização, acompanhamento. Porque, senão, ele não funciona. *(17/4/08, Belo Horizonte – MG. Visita às obras do projeto de urbanização da Vila São José)*

**... precisa sorrir:** Nós estaremos levando banda larga para atender 37 milhões de estudantes do ensino fundamental, em 55 mil escolas públicas urbanas deste país. Foi um acordo feito com muito esforço e vamos atender 20 milhões este ano, 20 milhões no ano que vem e o restante em 2010. E, pasmem, isso não mereceu uma nota da imprensa que cobriu o evento, o que chamou a atenção foi eu ter pedido para a Dilma Rousseff sorrir. Isso demonstra que nem sempre as coisas importantes são percebidas com mais força do que uma coisa irrelevante, isso fica demonstrado. *(15/4/08, Brasília – DF. Abertura da XI Marcha a Brasília em Defesa dos Municípios)*

**... pode ficar sem o batom, se isso for necessário para manter as obras do PAC:** Portanto, estejam certos, nenhuma obra do PAC irá sofrer qualquer diminuição por conta da crise econômica. Nenhuma. Nós cortaremos o batom da dona Dilma e cortaremos o meu corte de unha, mas não cortaremos uma obra do PAC neste país, seja do tamanho que ela for, porque nós achamos que ela é a segurança para o momento que o país está vivendo. *(10/2/09, Brasília – DF. Abertura do Encontro Nacional de Novos Prefeitos e Prefeitas)*

**... é caxias, mas isto não a habilita a ser candidata à Presidência:** A Dilma é de uma capacidade de gerenciamento impecável. E, sobretudo, é aquilo que a gente gosta, caxias. É uma pessoa a quem você dá um compromisso, ela cobra 24 horas por dia, ela não dorme. Se você quiser um trabalho, ela vara a noite trabalhando para te entregar o produto. Então, eu acho uma figura extraordinária. Agora, entre ser uma figura extraordinária para gerenciar e ser candidata a presidente é uma outra conversa, porque aí tem um ingrediente chamado política, que exige outras credenciais. *(24/4/08, Brasília – DF. Entrevista exclusiva aos* Diários Associados*)*

**... é a melhor candidata à Presidência por sua capacidade e por sua história:** Agora, o que eu estou percebendo é que a minha ministra da Casa Civil, a Dilma Rousseff, é a pessoa mais qualificada hoje para governar o Brasil. Ela coordena os principais programas de desenvolvimento no Brasil, ela conhece muito bem o Brasil, é uma gerente extraordinária, tem uma capacidade de gestão fantástica, conhece bem de Economia e eu acho que é uma mulher que tem uma história política que merece respeito. A companheira Dilma Rousseff foi militante de esquerda na década de 70, foi presa, foi torturada, e hoje ela é uma mulher preparada. Não tem mágoa do seu passado, não tem vergonha e, por isso, eu acho que ela está mais calejada para dar continuidade e melhorar aquilo que estamos fazendo hoje. *(3/2/09, sem local. Entrevista exclusiva por escrito ao jornal* Extra*)*

## Dinheiro

E, por último, eu queria dizer para vocês que descobri uma coisa fantástica no Governo: é que, por menos que a gente tenha dinheiro, a gente tem dinheiro. Quando era prefeito de Ribeirão Preto, o Antônio Palocci [ministro da Fazenda] falava assim para mim: "Lula, não se preocupe. Se você ganhar as eleições, você vai perceber, a gente vai passar um aperto no começo, mas, depois, você vai perceber que um real na mão deles vale dois reais na nossa mão." *(1/5/03, Indaiatuba – SP. Visita ao Retiro de Itaici – CNBB)*

**... até Lula, era maldistribuído:** Aquela favela em que eu fui anunciar o PAC [Programa de Aceleração do Crescimento], o Complexo do Alemão, em 1950 era uma fazenda, não tinha favela. E ela virou uma favela mais forte nos anos 80, quando terminou o Milagre Brasileiro. E por que virou? Porque, embora o Brasil tivesse crescido muito nos anos 70, o que aconteceu é que a riqueza foi toda para um bolso só. Então, ficou-se com milhões de pessoas miseráveis e meia dúzia de pessoas altamente ricas. Assim nenhum país vai para frente. É preciso que a gente tenha em mente o seguinte: mesmo que pouco dinheiro no bolso da gente, significa distribuição de renda. Se todo mundo tiver um pouquinho... Imaginem o seguinte: um cidadão ganha na loteria, sozinho, 20 milhões de reais. Então, o que vai acontecer? Vai ter um cidadão rico. Imaginem se, em vez de um ganhar 20 milhões, mil ganhassem 2 milhões, ou 2 mil reais cada um. Então, nós teríamos mil com 2 mil reais, seriam mil pessoas comprando pão, mil pessoas comprando feijão, mil pessoas comprando roupas, ao passo que vocês têm um só com uma conta bancária gorda, rendendo juros, e o restante pobre. Foi isso que aconteceu na Economia brasileira. Pois bem, nós mudamos isso. *(11/3/08, Divinópolis – TO. Inauguração do reservatório de contenção da barragem Manuel Alves)*

**... é relativo:** Tem muita gente que não dá importância ao programa Bolsa Família. Um dirigente do PT, um deputado federal, um funcionário do Banco do Brasil, cinquenta reais eles dão de gorjeta, dependendo da moça que está ao lado, que ele quer agradar. Eles dão de gorjeta para o garçom, depois de ter tomado dois chopes, eles dão mais gorjeta do que... Agora, isso, muitas vezes, não tem importância. Nós olhamos, assim, para cinquenta, sessenta reais, e não tem a menor importância. Mas pensem num matuto deste país, no meio do mato, que passa anos sem ver uma nota de um real, e você entregar para ele um programa de cinquenta, sessenta ou setenta reais. Pensem no poder da multiplicação que esse pouco dinheiro trará para a vida da pessoa. *(20/12/07, Brasília – DF. Almoço com superintendentes do Banco do Brasil)*

**... pode fazer milagre:** Tem gente que não sabe o que fazer com mil reais, tem gente que não sabe o que fazer com 5 mil, tem gente que não sabe o que fazer 35 mil, com 50 mil. Mas podem ficar certos de que uma mãe que está passando necessidade, quando ela tem na sua mão cinquenta, sessenta, setenta, oitenta, noventa reais, ela consegue fazer, com aquele pouco dinheiro, a verdadeira multiplicação dos pães. *(20/10/05, Brasília – DF. Abertura do Seminário Internacional Bolsa Família)*

**... é mais bem-gasto pelas mulheres:** Então, nós precisamos começar a entender o seguinte: como é que faz uma dona de casa, uma mulher, com o pouco dinheiro que ela tem? O homem até que pode gastar mais, pode querer tomar cerveja, mas a mulher, não. A mulher, se ela tiver dez reais e precisar de dez, ela não joga um centavo fora. *(27/3/03, São Paulo – SP. Posse do presidente da Associação Comercial de São Paulo)*

**... deve ser gasto com cautela:** Eu aprendi, na minha vida de 27 anos dentro de uma fábrica, que quando a gente recebe o salário contado no final do mês e a gente é sério, a gente não gasta o dinheiro jogando *snooker* antes de chegar em casa. A gente vai para casa com o dinheiro, senta com a mulher da gente e discute, primeiro, o que tem que pagar; segundo, o que tem que comprar; depois, a gente separa o dinheiro do transporte do mês inteiro; se der para comprar uma coisa nova, compra. Se não der, espera pelo mês seguinte. Quando chega o final do ano, Sérgio [Cabral Filho, governador do Rio de Janeiro], a gente recebe, na fábrica, 13.º, às vezes, a gente recebe férias e, às vezes, a gente recebe 50% do 13.º do ano seguinte. Então, a gente recebe uma bolada razoável. Quando o trabalhador é sério, ele se senta com a mulher antes do Natal, ou a mulher que trabalha se senta com o marido e com a família antes do Natal, e não gasta tudo, não. Tem gente, como os que governaram antes de nós, que gasta tudo antes do Natal. Chega no mês de janeiro, quando a gente recebe o pagamento, aí o pagamento de janeiro vem salgado de descontos. Além de a gente ter que pagar tudo que é imposto, eles descontam imposto de renda, descontam um monte de coisas, e a gente recebe nada. Então, o que a gente faz? A gente guarda dinheiro para que a gente não atravesse o mês de janeiro quebrado. Quem vive de salário sabe disso. *(28/9/07, Cabo Frio – RJ. Inauguração do Aeroporto Internacional de Cabo Frio)*

**... em falta o Natal deixa os pobres tristes:** A data de Natal não me é muito alegre. Eu fico triste com as músicas e eu sei que a gente sempre fica lembrando a quantidade de pessoas que para elas tanto faz sem Natal como... elas só veem diferença nas luzes da rua e na quantidade de gente na rua, porque nunca vão ter dinheiro para fazer as coisas que pensam fazer, para dar os presentes que pensam em dar. Então, não é uma data que me deixa muito feliz, desse ponto de vista do consumismo a que todos nós fomos educados, da metade do século para cá. *(23/12/05, São Paulo – SP. Terceiro Encontro com os Catadores e com a População de Rua por ocasião do Natal)*

**... deve ser bem-gasto pelas nações:** E quero poder dizer ao mundo: como seria bom, como seria maravilhoso se, ao invés de os países ricos produzirem e gastarem dinheiro com tantas armas, gastassem dinheiro com pão, com feijão e com arroz, para matar a fome do povo. *(24/1/03, Porto Alegre – RS. III Fórum Social Mundial)*

**... em excesso não é bom:** O Ciro [Gomes, ministro da Integração Nacional], em nossas conversas, diz o seguinte: o ideal para qualquer governante do mundo seria governar um país pequeno com um PIB americano. Aí, como você tem muito dinheiro, você se dá ao luxo até de gastar muito em guerra, quando poderia gastar na paz, combatendo a fome no Terceiro Mundo, na África, em outros lugares. *(27/3/03, São Paulo – SP. Posse do presidente da Associação Comercial de São Paulo)*

**... se é público, é do povo:** O dinheiro não é nosso. A prefeitura não produz dinheiro, o Governo do Estado não produz dinheiro, o presidente da República não produz dinheiro. O dinheiro é gerado pela capacidade contributiva e produtiva deste país. Então, na hora em que a gente recebe o dinheiro, nós não estaremos fazendo nenhum favor de devolvê-lo de forma honesta para quem pagou o dinheiro para o próprio Governo. É uma coisa que não é motivo até de ser elogiada, é nossa obrigação moral ser honestos com um dinheiro que não é nosso. Eu diria que é mais do que uma obrigação moral, é uma obrigação ética, a gente ter esse comportamento. *(16/9/04, Brasília – DF. Entrega do prêmio Gestor Eficiente da Merenda Escolar)*

**... se é público, pode ser da prefeitura, do estado ou do Governo Federal:** Muitas vezes você passa numa cidade ou num estado, a obra está sendo feita com o dinheiro do Governo Federal e, com a maior desfaçatez, o político vai para a televisão dizer que a obra é dele. E as pessoas não percebem que a gente sabe. E por que a gente sabe? Porque eu sei que um estado como Alagoas, ou o estado da Bahia, ou o estado de Pernambuco, todos os estados dependem fundamentalmente do dinheiro do Governo Federal. *(21/2/06,*

*Arapiraca – AL. Lançamento da pedra fundamental do campus da Universidade Federal de Alagoas em Arapiraca)*

**... se é público, nasce do imposto:** Essas pessoas pedem, mas quando você pergunta de onde vai vir o dinheiro para pagar, ninguém diz de onde vai vir. Ou seja, o cara pensa que o presidente da República é a galinha dos ovos de ouro. Mas o dinheiro não nasce do nada. O dinheiro nasce da produção, nasce do imposto. Então, se as pessoas querem mais, tenham coragem de dizer: "Aumente imposto." Mas ninguém diz, porque todo mundo quer baixar imposto e, depois, querem mais as coisas. *(2/10/03, Brasília – DF. Entrevista a emissoras de rádio)*

**... dá um poder que pode ser mal-usado:** Eu sei o quanto é bom o poder do dinheiro, o quanto é bom alguém que tem influência esperar que um prefeito humilde chegue lá com o chapeuzinho na mão: "Doutor, secretário, eu estou precisando de 3 mil-réis." E o doutor lhe dá os 3 mil-réis a troco de um favor que, no fundo, no fundo é a sua liberdade. Nós temos que acabar com isso para mudarmos as outras coisas que precisam ser mudadas no Brasil, porque o meu mandato termina, o mandato de vocês termina, mas o Brasil continua. *(11/3/03, Brasília – DF. Encontro com prefeitos da VI Marcha a Brasília em Defesa dos Municípios)*

**... dá um poder que pode ser bem-usado:** Os trabalhadores vão perceber que, quando eles tiverem muito dinheiro, como tem a Previ [Caixa de Previdência dos Funcionários do Banco do Brasil], eles passarão a mandar mais na Economia do que se fizerem uma greve. Não é que não se deva fazer greve, porque, quando precisa, tem que fazer. Mas é que eles vão ter muito mais decisão, muito mais influência nas decisões políticas. Temos categorias imensas no Brasil que poderiam estar organizando fundos de pensão e estar aí, investindo em empresas e participando de projetos. *(4/4/03, Barcarena – PA. Inauguração da terceira linha da cadeia de produção da Alunorte, refinaria de alumina da Vale)*

**... se é pouco, tem de ser bem-gasto:** Sabemos as implicações das limitações financeiras do nosso país. Mas eu acredito que podemos reverter isso em médio espaço de tempo. Vamos fazer. E vamos fazer porque eu tenho dito aos meus ministros: a gente não tem que ficar chorando o dinheiro que não tem, nós precisamos definir corretamente o que fazer com o pouco que temos. *(11/3/03, Brasília – DF. Encontro com prefeitos da VI Marcha a Brasília em Defesa dos Municípios)*

**... se é pouco, tem de ser gasto com o pobre:** Nenhum governante precisa fazer pós-graduação em ciências políticas para saber uma coisa elementar: se o Estado tem pouco dinheiro, se o dinheiro é pouco, na hora em que nós tivermos que decidir gastar, nós temos que gastar com aquela parte da população que mais necessita do Governo, que não são os ricos. *(6/5/03, Aracaju – SE. Outorga da Medalha do Mérito Serigy)*

**... é mal-usado por alguns administradores, porque não vem do bolso deles:** Vira e mexe, você tem, em muitas cidades, um hospital que não está funcionando bem, mas o prefeito ou o governador, o presidente da República começa a fazer outro, apenas com o objetivo de deixar a sua marca: "A obra começou com tal pessoa, não vale. O que vale é a minha obra." Enquanto a classe política pensar pequeno e agir dessa forma, porque não age com o dinheiro do bolso, o país vai ficando para trás, o país vai perdendo competitividade, o país deixa de andar.

*(18/8/03, Pouso Alegre – MG. Retomada das obras da rodovia Fernão Dias e anúncio da recuperação de seis mil quilômetros de rodovias federais em todo o país)*

**... não é tudo:** Com todos os empresários e pessoas com quem conversamos sobre políticas públicas que signifiquem melhorar a vida de uma criança e impedi-la de cair num buraco definitivo, temos tido parceria; com os empresários brasileiros, com as ONGs, com as igrejas. Portanto, eu diria que tão importante quanto o dinheiro é a organização da sociedade, que já está acontecendo. *(16/7/07, Brasília – DF. Entrevista para os Jornalistas Amigos da Criança)*

**... às vezes, vale menos do que a criatividade do governante:** Primeiro, eu quero cumprimentar o Agnelo [Queiroz, ministro dos Esportes] pelo trabalho extraordinário que ele está fazendo, num ministério que, possivelmente, seja um dos ministérios com menos dinheiro. E você resolveu aceitar o desafio de provar que ter dinheiro é importante para fazer as coisas, mas ter criatividade e vontade de fazer, muitas vezes, vale mais do que dinheiro, que muitos não sabem utilizar corretamente. *(2/10/03, Brasília – DF. Apresentação do programa Segundo Tempo e seus parceiros)*

**... não é indispensável para que se mude a história do Brasil:** Eu acho que nós poderemos mudar a história do país sem dinheiro. Porque tem muita gente que fala tanto de dinheiro que, às vezes, eu fico pensando que tem gente que só ficaria bem governando um país com o PIB dos Estados Unidos e do tamanho da ilha de Marajó. Ou seja, se você tem mais dinheiro do que precisa, é fácil fazer as coisas. Duro é uma mulher e três filhos mais o marido sobreviverem com 240 reais por mês. E sobrevivem. *(2/10/03, Brasília – DF. Op. cit.)*

**... para ser gasto, tem de ser encontrado:** Nós precisamos ter dinheiro para fazer tudo o que nós queremos. De onde vamos tirar esse dinheiro? Nós vamos ter que dizer. Eu aprendi uma lição na reunião que fiz com os ministros, para discutir o Orçamento, e disse aos meus companheiros: no próximo ano eu vou pegar vocês pelo pé. Vou mandar o esboço do Orçamento um mês antes e vou dizer para os ministros: cada um vai ter trinta dias para me dizer onde nós vamos arrumar a totalidade do dinheiro que todo ministro acha que deveria ter. Porque aí é preciso haver uma transferência de responsabilidade nessa lógica da construção do bolo que todos nós achamos que o Brasil tem que ter, para que possamos fazer os investimentos necessários para o crescimento que queremos para o nosso país. *(4/9/03, Brasília – DF. Reunião do Conselho de Desenvolvimento Econômico e Social – CDES)*

**... se faz com projeto:** O que faz uma indústria crescer ou o que faz um Governo gerar empregos não é apenas ter dinheiro. É preciso ter projetos. Ou seja, é o projeto que faz o dinheiro, e não o dinheiro que faz o projeto. Você pode ter muito dinheiro, mas, se não tiver projeto, termina o ano, você está com o dinheiro todo no caixa do banco e não é emprestado. Se você tiver bons projetos, você pode consumir todo o dinheiro que tiver para emprestar, até antes de vencer o ano. E aí nós vamos ter que brigar para arrumar mais dinheiro para emprestar. *(14/5/04, Franca – SP. Inauguração da nova unidade de produção da Fábrica de Calçados Ferracini)*

**... existe, mas tem que ser captado:** Esse negócio de ficar dizendo que não tem dinheiro é apenas meia verdade. A outra verdade é que nós temos que ir atrás do dinheiro. A outra verdade é que nós temos que procurar quem tem dinheiro para fazer aquilo que nós entendemos que precisa ser feito. *(30/11/03, Brasília – DF. Entrevista à TV Bandeirantes)*

**... desviado por corruptos, é o que falta no social:** Eu tenho dito que a gente vai combater a corrupção. E vamos combater a corrupção porque o dinheiro da corrupção é o dinheiro que está faltando para a Educação, para a Saúde e para fazer os investimentos produtivos que nós precisamos fazer no Brasil. *(20/3/03, São Bernardo do Campo – SP. Comemoração dos 50 anos de atividades da Volkswagen no Brasil)*

**... dá independência:** Eu fui agora há pouco ao Congo, e por causa de uma dívida externa eles querem fazer uma estrada e o FMI não deixa. Eles querem fazer uma universidade e o FMI não deixa, achando que o dinheiro é para fazer um ajuste fiscal que tem que fazer, então, o país fica atrofiado, não cresce. No fundo, no fundo, o que eu quero dizer? Hoje, o Brasil poderia pagar toda a sua dívida externa, a pública e a privada e ainda sobraria a mesma quantidade de dinheiro que nós tínhamos quando foi decretada a moratória pelo, na época, ministro Funaro [Dilson Funaro, ministro da Fazenda entre 1985 e 1987]. É uma coisa no mínimo extraordinária para a nossa geração, que vive esse momento. É uma coisa que nós precisamos meditar, porque a mudança de patamar é uma mudança histórica. *(27/2/08, Brasília – DF. Encerramento da reunião com lideranças empresariais para a apresentação da proposta de reforma tributária)*

**... tem que gerar desenvolvimento:** O BNDES, o Banco do Brasil e outros bancos que há por aí, como o BNB [Banco do Nordeste] e o Basa [Banco da Amazônia], não podem ficar com o dinheiro guardado para fazer superávit primário, esse dinheiro vai começar a aparecer para gerar desenvolvimento. Esse dinheiro precisa ser utilizado para fazer o Brasil voltar a crescer, para gerar empregos e para gerar renda. *(4/4/03, Barcarena – PA. Inauguração da terceira linha da cadeia de produção da Alunorte, refinaria de alumina da Vale)*

**... no bolso não faz mal a ninguém:** Não tem nada que dê mais garantia a um país do que um montante de reservas como esse que nós conseguimos acumular. E, se Deus quiser, vamos acumulando, ora um pouco mais, ora um pouco menos, porque dinheiro no bolso não faz mal a ninguém e muito menos a um país emergente como o Brasil, que precisa de muita credibilidade. *(29/3/07, Brasília – DF. Posse de novos ministros de Estado)*

**... deve circular:** Eu penso que nós temos que aprender com outras experiências e espero que, a partir da experiência brasileira, possamos ensinar a muita gente que é possível, e plenamente possível, fazermos com que aquele dinheiro que está guardado naqueles cofres imensos de aço – eu entrei, lá na exposição da Bienal, no cofre do Santander, que era o antigo Banco Meridional; é um cofre quase do tamanho disso aqui, eu não sei como vai ter dinheiro para encher aquilo – então, ao invés daquele dinheiro ficar dentro de um cofre, é melhor colocar esse dinheiro circulando, porque ele vai virar consumo, o consumo vai gerar emprego no comércio, que vai gerar emprego na indústria, que vai gerar mais consumo, e nós vamos fazer a roda da sociedade funcionar, fazendo com que todos possam ter o direito de consumir aquilo que precisam. *(6/10/03, Brasília – DF. Abertura do III Fórum Internacional de Microcréditos)*

**... não deve ser desprezado, por pouco que seja:** Eu aprendi, desde pequeno, por ter nascido em Garanhuns e muito miserável, a não rasgar nem nota de um real, quanto mais nota de cem. *(11/2/05, Caruaru – PE. Inauguração da Clínica Asa Branca, do programa Brasil Sorridente)*

**... quando achado e devolvido, causa espanto até no presidente:** Meu caro Francisco Cavalcante. O Francisco, eu não sei se vocês estão lembrados, que há um ano e pouco atrás surgiu uma notícia daquelas que nos permitem ter mais orgulho do Brasil e do nosso povo. Este homem que vocês estão vendo aqui, elegante – venha aqui, sr. Francisco –, este homem, terno novo, gravata nova, este homem que vocês estão vendo aqui, há mais ou menos um ano, um ano e pouco, ele trabalha na Infraero, presta serviços a uma empresa terceirizada, este cidadão achou dez mil dólares. E para nossa grata surpresa, este companheiro pegou esses dez mil dólares e entregou na Direção do Aeroporto. Esse dinheiro era de um cidadão suíço, que depois veio buscar o dinheiro, não sei se lhe deu uma gorjeta, acho que nem falou obrigado. Eu recebi o Francisco no meu gabinete e perguntei para o Francisco: "Francisco, você não teve vontade de ficar com o dinheiro? Afinal de contas, você não tinha roubado, você achou." Ele falou: "Não." Eu falei: "Por quê?" "Porque aquele dinheiro não era meu." Vocês percebem que gestos como esse engrandecem a figura humana, engrandecem o ser humano, porque nós estamos percebendo, com todas as denúncias que acontecem no Brasil, que se nós tivéssemos 180 milhões de Franciscos, certamente o dinheiro do Brasil daria para a gente fazer muito mais coisas para o povo pobre deste país do que se as pessoas levarem dinheiro. *(25/7/05, Brasília – DF. Visita às obras de ampliação da nova pista do Aeroporto de Brasília)*

## Diploma

[ver: Educação; emprego; ensino]

Eu sou filho de uma mulher analfabeta, que já morreu. E eu, de oito filhos, fui o primeiro a ter um diploma profissional. Por conta desse diploma profissional, eu fui o primeiro a ter uma casa, uma televisão, um carro. Eu fui virando "chique", fui tendo as coisas. E tudo por conta de um diploma. *(23/4/03, Brasília – DF. Assinatura de convênio entre a Confederação Nacional da Indústria e o Ministério da Educação)*

**... não é necessário para fazer política:** Eu digo que política não tem segredo. Se há uma coisa que ninguém precisa ter é diploma universitário para conhecer política. O cidadão, para ser médico, tem que ter diploma, para ser jornalista, dizem que precisa, mas nem tanto, e vai por aí afora; mas o político não precisa, a política está na carne, está nas entranhas dele fazer as coisas corretas ou não. *(13/6/03, Brasília – DF. Lançamento das Conferências Nacionais de Aquicultura e Pesca)*

**...não mede a inteligência de alguém:** Veja a coincidência do destino dos seres humanos: embora Amador Aguiar tenha sido um banqueiro, criador do Bradesco, durante grande parte da minha vida, para vencer os preconceitos que eram lançados contra mim, porque queria ser presidente da República e não tinha o diploma universitário, eu lembrava que o Amador Aguiar, que tinha construído o maior banco nacional, também não tinha diploma universitário, e nem por isso o Bradesco foi menor do que qualquer outro banco. E eu utilizava o Amador Aguiar como exemplo, porque no Brasil adquiriu-se o hábito de confundir título universitário com sabedoria, título universitário com inteligência, o que é uma coisa descabida, e ninguém melhor que o Amador Aguiar para provar que a inteligência é uma coisa à parte e a universidade é apenas o aumento do conhecimento que as pessoas precisam ter sobre determinadas coisas específicas. *(3/5/07, Uberlândia – MG. Inauguração da usina Amador Aguiar II)*

**... não é necessário para governar:** Eu quero dizer isto para vocês: eu não tenho um diploma universitário, mas este país vai ficar orgulhoso de ver como é que um torneiro mecânico, formado no Senai, pode cuidar deste país melhor do que alguns doutores que governaram o Brasil durante tantos anos. *(21/5/03, Balsas – MA. Abertura da Agrobalsas 2003)*

**... é menos importante do que o coração:** Em 30 meses, nós colocamos 14 vezes mais dinheiro para o saneamento básico do que eles em quatro anos, em uma demonstração de que, para governar este país, não se precisa ter os diplomas universitários que tanto preconceito jogaram contra mim. Para dirigir este país tem que ter, sobretudo, uma coisa chamada coração, porque é com o coração que a gente conserta um país com os problemas sociais de um país. *(23/7/05, São Bernardo do Campo – SP. Comemoração da posse da nova diretoria do Sindicato dos Metalúrgicos do ABC)*

**... pode ajudar a governar melhor:** Não é mérito, mas pela primeira vez na história da República tem um presidente e um vice-presidente que não têm diploma universitário. Possivelmente, se nós tivéssemos, poderíamos fazer muito mais, mas eu estou convencido de que, para o político, o mais importante é ele saber o que é importante para o seu povo. E ele não é obrigado a saber, ele tem apenas que ter mais capacidade de ouvir do que de falar. *(8/9/03, Brasília – DF. Lançamento do programa Brasil Alfabetizado)*

**... não garante o conhecimento:** Mas, de qualquer forma, eu não vou perder a oportunidade de falar algumas palavras para vocês, dizendo aos amigos da Fiocruz que irei, de forma muito honrada, pendurar na sala da minha casa, não no Palácio do Planalto, numa moldura bem bonita, esse diploma. E prometo a vocês que esse título Doutor *Honoris Causa* não será utilizado para coisas não sérias. Podem ficar certos que eu não vou clinicar com esse diploma, porque se fosse Doutor *Honoris Causa* em ciências políticas, eu até poderia fazer um pouco de política. Mas, em se tratando de Saúde, eu vou respeitar os profissionais do nosso país. *(5/8/04, Rio de Janeiro – RJ. Inauguração do Centro de Produção de Antígenos Bacterianos Charles Mérieux)*

**... não garante o emprego:** Se não tiver ninguém, cotidianamente, aferindo se as pessoas aprenderam ou não, a gente pode descobrir que elas não aprenderam nos momentos mais importantes, em que têm que fazer uma prova ou, quem sabe, quando tiverem que fazer um teste para arrumar um emprego no mercado de trabalho, mesmo com o diploma na mão. *(13/9/04, Brasília – DF. Encontro com os alunos vencedores das Olimpíadas de Matemática)*

**... torna mais fácil a procura por emprego:** Vocês vão perceber, com o diploma, que vai ficar mais fácil arrumar emprego; vocês vão perceber, com a profissão, que vai ficar mais fácil arrumar emprego; vocês vão perceber que vão ganhar mais do que o salário mínimo. *(22/10/05, Rio de Janeiro – RJ. Formatura de alunos do projeto Sesi – Por um Brasil Alfabetizado)*

**... é importante para a cidadania:** Que vocês, todo dia, ao se prepararem para ir à universidade, tenham a certeza de que não estão fazendo um favor a ninguém, nem a vocês mesmos, que vocês estão apenas pensando no futuro de vocês, das suas famílias e, possivelmente, estarão transformando os pais de vocês nas figuras mais alegres e mais felizes, porque todo sonho do pobre, neste país, é deixar como legado para o seu filho não um carro, não uma casa; o que nós queremos deixar para os nossos filhos é que eles possam ter uma boa formação profissional, que eles tenham um diploma de doutor e que eles possam, a partir daí, ser donos da discussão do seu emprego, do seu salário, e possam, finalmente, conquistar a sua cidadania plena. *(26/1/05, São Paulo – SP. Entrega dos certificados a estudantes aprovados em São Paulo pelo Programa Universidade para Todos – ProUni)*

**... não é o fim, mas o início de uma jornada:** A gente não pode virar as costas para vocês, agora que a gente entregou o diploma. Agora que vocês pegaram o diploma, aumenta a nossa responsabilidade com vocês. Nós precisamos agora cuidar de cada um, saber o que está fazendo, se arrumou emprego, se conseguiu estudar, porque se a gente esquecer essa meninada, João Paulo [Lima e Silva, prefeito de Recife] e meu caro Eduardo [Campos, governador de Pernambuco], minha secretária de Educação [cargo ocupado por Maria Luiza Aléssio] e secretários aqui, se a gente achar que já cumpriu com a nossa obrigação dando esse diploma, nós estaremos cometendo um erro. Esse diploma não é o fim, esse diploma é o começo, essa formação é o começo de uma jornada e não o fim de uma jornada; vocês acreditaram em vocês. *(30/3/07, Olinda – PE. Formatura do programa ProJovem)*

**... é algo que Lula gostaria de ter:** Hoje é a terceira cidade em que nós participamos de eventos como este. Já fui a Juazeiro, na Bahia, já fui a Petrolina, em Pernambuco, estou em Arapiraca, saio hoje à noite para Parnaíba, no Piauí, amanhã vou a Imperatriz, no Maranhão, e, de tardezinha, vou para Marabá, no estado do Pará, anunciar universidades. Anunciar, levar a inteligência brasileira para perto do povo que precisa ter as informações adequadas. E faço isso com orgulho, porque não tive a oportunidade de ter um diploma universitário. E não sinto orgulho disso, não, porque gostaria de ter tido. Não pude ter, como muitos milhões de brasileiros não puderam ter. *(21/2/06, Arapiraca – AL. Lançamento da pedra fundamental do campus da Universidade Federal de Alagoas em Arapiraca)*

**... de economia é algo que Lula gostaria de ter:** Lamento profundamente não ter tido um diploma universitário, lamento. Não digo isso com orgulho, não, gostaria de ter. Até gostaria de ser economista, viu, Aloizio [Mercadante, senador pelo PT de São Paulo]? Veja que coisa. Até gostaria de ser economista. Não fui. *(2/6/06, São José dos Campos – SP. Anúncio de investimentos da Petrobras no estado de São Paulo)*

## Direito(s)

Esse povo aqui aprendeu a dizer para as autoridades que respeito é bom e que eles gostam de respeitar e de serem respeitados. Esse povo aqui aprendeu a dizer para as autoridades que o que eles querem não é esmola, é direito; o que eles esperam é a cidadania, e não favor. *(26/2/04, Belém – PA. Inauguração do projeto de urbanização da bacia do Tucunduba)*

**... são aqueles explicitados pela Bíblia, pela Declaração Universal dos Direitos Humanos, pela Constituição e pela ética:** Então, nós vamos ter que começar a cuidar de quem está pior, porque o cidadão que não tem uma casa, mas ainda pode pagar um aluguel, este ainda pode esperar um mês, dois meses, três meses. Mas outros não têm nada e não ganham para pagar. Se a prestação for 20 reais, não podem pagar. Esses cidadãos também têm o direito de morar. Eles não podem ficar na rua. E o Estado é que tem que dar condições para essas pessoas morarem. Não tem jeito. Se o Estado tem dinheiro para financiar grandes grupos econômicos, que eu acho que tem que financiar quando precisa gerar empregos, nós temos que ter dinheiro para financiar a habitação para as pessoas que não podem pagar. Isso não é nenhum crime, não é nenhum erro, é uma necessidade de cumprir o que está na Bíblia, na Constituição, na Declaração Universal dos Direitos Humanos e na ética que permeia a nossa ação política desde que nós começamos a fazer política. *(8/4/03, São Paulo – SP. Lançamento do Programa de Regularização Fundiária em Favelas)*

**... no Brasil, em muitos casos são ainda apenas formais:** Eu penso que este é um momento que vai ficar na cabeça de vocês, não por outra coisa, mas pela oportunidade que nós estamos garantindo que vocês tenham. Oportunidade que é garantida na Constituição como obrigatoriedade. É dever do Estado garantir a todos os seus cidadãos e cidadãs o direito a estudar. Entretanto, entre o preceito constitucional e a realidade, nós sabemos quantos milhões de jovens ficam fora da universidade, ou porque, não tem todas as vagas, ou porque, quando tem, não têm condições de pagar. *(26/1/05, São Paulo – SP. Entrega dos certificados a estudantes aprovados em São Paulo pelo Programa Universidade para Todos – ProUni)*

**... no Brasil, são garantidos e negados pelo mesmo Estado:** O país é assim: o Estado dá um direito às pessoas e tira com outras mãos. *(11/12/06, São Paulo – SP. Entrega dos prêmios Brasileiro do Ano, pela revista* IstoÉ*; Empreendedor do Ano, pela revista* IstoÉ Dinheiro*; e Personalidade do Ano, pela revista* IstoÉ Gente*)*

**... são fundamentais para a democracia, em alguns casos:** A democracia definitiva só irá acontecer quando, neste país, nós soubermos que todos, sem distinção de credo religioso, de raça, sem distinção da origem social, tenham tido acesso às coisas elementares que todo ser humano deva ter: o direito de trabalhar, o direito de morar, o direito de estudar, o direito de ter acesso à Saúde e o direito de tomar café, almoçar e jantar todo santo dia. *(13/2/03, Brasília – DF. Abertura da Reunião do Conselho de Desenvolvimento Econômico e Social – CDES)*

**... serão defendidos pelo Governo Lula:** Eu não tenho dúvida nenhuma de que uma das coisas que marcará o nosso Governo será a política de direitos humanos. Não tenho dúvida nenhuma de que marcará pelo resultado, pelo resultado das coisas que acontecerem. *(21/12/05, Brasília – DF. Posse do novo secretário especial dos Direitos Humanos, Paulo Vannuchi)*

**... não são exclusivos de nenhuma categoria:** Tem gente que reclama: "Tem pouco índio e muita terra." E tem gente que esquece que antes de nós chegarmos, eles tinham toda a terra do Brasil, que é de oito milhões e meio de quilômetros quadrados. Da mesma forma, os quilombolas, e isso incomoda, mas nós vamos legalizar e vamos dar direito, a quem de direito, de poder viver em harmonia neste país. E aí entra, meus companheiros, me desculpem, a questão do rio São Francisco. Se eu tiver dois copos d'água na minha casa, e chegar alguém pedindo um copo, eu darei um copo d'água para a pessoa que estiver pedindo. Não acredito que seja possível um ser humano... Imaginem se o governador de Minas Gerais [Aécio Neves] dissesse: "Eu sou dono do rio, o rio nasce aqui. Vou fazer um muro e não vou deixar a água passar." Sabem o que eu iria fazer? Nós iríamos derrubar o muro para a água passar. *(28/3/08, Delmiro Gouveia – AL. Assinatura de protocolos de cooperação federativa e instalação do Comitê Estadual de Articulação do programa Territórios da Cidadania)*

**... devem ser ensinados às crianças nas escolas:** O que é necessário é que possamos determinar, enquanto Estado, Federação, União, uma política que faça com que as nossas crianças e jovens tenham, nas escolas, informações relevantes, tais como saber que precisam comer bem, que têm direitos que estão na Constituição, que têm direitos que estão no Estatuto da Criança e do Adolescente. Isso, muitas vezes, eles não aprendem. *(7/4/03, São Paulo – SP. Solenidade comemorativa do Dia Mundial da Saúde)*

## Discurso(s)

**[ver: comunicação]**

Um dia vão ganhar dinheiro pela quantidade de discursos que eu faço todos os dias. Eu ficaria milionário. *(8/7/04, Santa Cruz de la Sierra – Bolívia. Jantar realizado após cerimônia de relançamento da Câmara de Comércio Brasileiro-Boliviana)*

**... são muito proferidos por pernambucanos, como Lula:** Eu digo sempre que pernambucano não pode ver um microfone que quer fazer um discurso. *(5/8/03, Brasília – DF. Encontro com lideranças políticas)*

**... de Lula são produzidos por uma fábrica:** Tenho um discurso aqui, elaborado pela minha fábrica de produzir discursos. Eu tenho uma pequena fábrica de produzir discursos. Às vezes, são oito discursos por dia sobre assuntos variados, e vou abrir mão do meu discurso para dizer poucas palavras que eu queria dizer aqui. *(20/10/08, São Paulo – SP. Premiação das Empresas mais Admiradas do Brasil, promovida pela revista* Carta Capital*)*

**... são impostos em ocasiões desnecessárias:** Eu, na verdade, imaginava que, ao visitar uma feira, não precisava fazer discurso. Mas, este ano, esta é a 14.ª feira que eu visito e, em todas elas, tem que ter um discurso, e a gente termina não visitando a feira, mas só fazendo o discurso. Mas, já que a regra é essa, vamos conversar um pouco com vocês. *(30/10/03, Juazeiro – BA. Visita à XIV Feira Nacional de Agricultura Irrigada)*

**... podem ser cansativos:** Eu tinha trazido um discurso por escrito, mas olhando a fisionomia de vocês, em pé e cansados, eu resolvi dispensar o discurso e dizer algumas palavras. *(20/2/03, São Paulo – SP. Abertura da exposição* Os Guerreiros de Xi'an e os Tesouros da Cidade Proibida*)*

**... podem ser intermináveis:** Normalmente a gente faz um discurso e esquece de terminar. *(10/3/03, São Paulo – SP. Abertura da IX Feira Internacional do Plástico)*

**... quando são escritos, são menos emocionais:** Eu, na verdade, ia fazer um discurso por escrito, tal a honraria que é vir aqui, para este ato, junto com vocês. De qualquer forma, vou deixar com você, para guardar na sua gaveta, depois. E vou falar umas palavrinhas, mais com o coração do que com a cabeça. *(29/5/03, Diadema – SP. Encontro com a diretoria, fornecedores e grandes clientes da Uniforja)*

**... quando são escritos, podem ser redundantes:** Quando a gente prepara um discurso para um evento como este, é preciso combinar com os que falam antes de nós, para que não falemos as mesmas coisas. Portanto, o que está escrito aqui não vale, porque já foi dito. Eu vou ter que falar um pouco, agora, com o meu sentimento. *(20/2/04, Caxias do Sul – RS. Abertura da 25.ª Festa da Uva 2004)*

**... são melhores quando improvisados:** Como sempre, eu tenho um discurso por escrito, como manda o bom protocolo da Presidência da República, mas, como sempre também, eu tenho uma vontade maluca de fazer o meu improviso. *(2/7/05, São Paulo – SP. Ato político de celebração dos 15 anos do Foro de São Paulo)*

**... são chatos de ler:** Eu trouxe um discurso por escrito, mas não vou ler, não, porque ler é chato, eu fico aqui de cabeça baixa. *(26/5/06, Brasília – DF. Encerramento da 1.ª Conferência Nacional dos Direitos dos Idosos)*

**... são fáceis de serem proferidos e difíceis de serem implementados:** É fácil fazer um discurso. Mas tente transformar o seu discurso em coisa prática para ver o quanto demora, porque não depende só de você, depende da estrutura de poder, de concorrência, de aprovação de lei, depende de uma série de coisas. *(27/6/03, Brasília – DF. Abertura do Encontro Nacional de Vereadores e Deputados Estaduais do Partido dos Trabalhadores)*

**... às vezes, não são seguidos na prática por quem os profere:** A verdade é que, muitas vezes, a gente está fazendo discurso, tudo bonitinho, contra a dengue, e na casa da gente está lá uma poça d'água, à espera de um casal que faça o seu acasalamento "mosquitório" e coloque a sua larva lá e gere um mosquitinho para picar uma pessoa. *(9/5/08, Salvador – BA. Assinatura do pacto do programa Territórios da Cidadania, lançamento do Bolsa Formação e do Programa Habitacional, dos projetos Farol, da ferrovia Leste-Oeste, da Via Expressa Portuária e do PAC Habitação na Bahia)*

**... são também sinônimo de conversa fiada:** Todo mundo sabe que o meu sonho é melhorar a vida do povo pobre deste país. Isso não é um discurso, isso está na minha história, isso está nas minhas origens, isso está na minha cara. *(22/4/03, Vitória – ES. Implantação do III Alto-forno da Companhia Siderúrgica de Tubarão)*

**... com Lula, são sempre pra valer:** O fato de envolvermos 13 ministros para participarem disso é a demonstração de que não é um discurso eleitoral, de que não é um discurso para a televisão, de que não é um show de pirotecnia. *(10/11/06, Brasília – DF. Reunião com membros do Fórum Brasileiro de Mudanças Climáticas)*

## Divergência(s)

[ver: adversário; oposição]

Quem lida comigo há trinta anos sabe que se tem uma coisa que eu não perco, nos bons e nos maus momentos, é o bom senso de não confundir as divergências políticas com as minhas relações de amizade pessoal. *(4/6/03, São Paulo – SP. 8.º Congresso Nacional da CUT)*

**... não duram para sempre:** O homem precisa ter compreensão de que uma pessoa com quem teve divergência na década passada pode ser o seu melhor amigo na década seguinte. *(27/3/08, Recife – PE. Inauguração de agências do Banco Azteca)*

**... são positivas:** Divergência é bom ter, porque nós precisamos aprender a conviver com isso. *(25/11/05, Fortaleza – CE. Assinatura de contratos e convênios para a construção da Transnordestina e do metrô de Fortaleza e anúncio de empréstimos de microcrédito do BNB)*

**... podem ser construtivas:** Neste Conselho nós vamos discutir, vamos divergir, vamos ter, quem sabe, desavenças profundas, mas o que é importante é que todos tenham claro que individualmente talvez nenhum de nós ganhemos nada. Agora, certamente, se formos grandes nas nossas convergências e maiores ainda nas nossas divergências, certamente o Brasil será o grande ganhador do funcionamento desse Conselho. *(11/9/03, Brasília – DF. Reinstalação do Conselho Nacional de Ciência e Tecnologia)*

**... devem se restringir ao período eleitoral:** E não tem solução para um governador sozinho, para um prefeito sozinho e para um presidente sozinho. Ou todos nós assumimos a responsabilidade de deixar as nossas divergências para a época das eleições e passamos a governar juntos, ou não haverá solução para este país. *(26/4/03, Buíque – PE. Lançamento do Programa Conviver)*

**... devem ser dirimidas no Congresso Nacional:** O Congresso Nacional é a representação mais fiel do que representa a sociedade brasileira, dos interesses da sociedade, dos agrupamentos existentes na sociedade. Portanto, se tiver que ter divergência, tem que ter no Congresso Nacional. *(19/9/07, Brasília – DF. Lançamento do PAC/Funasa)*

**... não podem ser obstáculo para se reconhecer méritos alheios:** Mesmo com divergências que eu e qualquer um da minha equipe possamos ter com o presidente Fernando Henrique Cardoso [presidiu o Brasil de 1995 a 2003], nós todos reconhecemos que a eleição de Cardoso foi um avanço extraordinário para a democracia brasileira, pela qualidade intelectual dele, pelos compromissos históricos dele. *(8/7/04, Santa Cruz de La Sierra – Bolívia. Relançamento da Câmara de Comércio Brasileiro-Boliviana)*

**... devem existir apenas no campo ideológico, não na prática administrativa:** Até que se entende a divergência político-ideológica, a diferença partidária. O que não pode é que essas divergências aconteçam na prática administrativa. Isso não pode, porque quem perde é o povo e, normalmente, os mais necessitados. *(18/11/06, Rio de Janeiro – RJ. Visita ao Hospital da Lagoa e assinatura do decreto que retorna a gestão plena do SUS ao município do Rio de Janeiro)*

**... são contornadas quando há pontos em comum:** As circunstâncias políticas fizeram com que cada um [dos antigos militantes do PMDB] fosse para um partido político, e nos encontramos agora, com divergências – muitas vezes pensamos coisas diferentes sobre assuntos diferentes e não queremos que isso não seja assim –, a aliança política se dá no momento em que as pessoas estabelecem pontos comuns de ação e de trabalho, e nós chegamos a essa aliança política, porque compreendeu o PT a necessidade de ter o PMDB como um partido participante da sua base de sustentação, e compreendeu o PMDB que, pela sua própria história, não poderia negar ao novo Governo a sustentação necessária para que nós pudéssemos não apenas aprovar as reformas que precisamos aprovar, mas que nós pudéssemos ter tranquilidade na governabilidade do nosso país. *(23/1/04, Brasília – DF. Anúncio da reforma ministerial)*

# Dívida(s)

**[ver: FMI; responsabilidade]**

No Brasil, nós temos muitas dívidas, algumas seculares. Temos dívida com o povo pobre deste país, temos dívida com o povo do Nordeste, temos dívida com os negros, temos dívida com os índios brasileiros e que precisamos pagar. Obviamente que como a dívida é histórica, não é possível pagá-la de uma única vez. Mas é preciso construir um caminho para pagar. *(18/4/05, Rádio Nacional. Programa de rádio* Café com o Presidente*)*

**... não são feitas por Lula:** Eu, muitas vezes, fiquei anos sem comprar uma coisa nova para dentro de casa para não fazer uma dívida. Eu não sou daqueles que em janeiro gasta o 13.º. Eu era daqueles que esperava receber para gastar, para ter certeza de que eu iria receber. Mas tem gente que, se puder, gasta em janeiro o 13.º dos próximos dez anos. *(11/3/04, Brasília – DF. Reunião do Conselho de Desenvolvimento Econômico e Social – CDES)*

**... devem ser pagas, e Lula aprendeu isso com a mãe:** Eu sou filho de uma mulher que morreu aos 64 anos, analfabeta, mas que nunca fez uma dívida que não pudesse pagar. Ela morreu sem ter um televisor, porque achava que não podia pagar e não ia fazer dívidas. Para governar é a mesma coisa: você só pode se endividar até onde pode pagar. Se você não pode pagar, para, porque senão você vai deixar para um outro. É preciso ter responsabilidade nessa coisa, porque você não está lidando com o seu dinheiro. *(24/8/04, Santiago – Chile. Inauguração do seminário* Como Fazer Negócios com o Brasil*)*

**... podem tornar o país vulnerável:** Nós estamos num ano onde as exportações continuam crescendo. E nós estamos num ano em que a Economia está mais ou menos estável e controlada. E sabemos que enquanto tivermos uma dívida do tamanho que temos, não será fácil a gente perder a vulnerabilidade externa. *(20/2/04, Caxias do Sul – RS. Lançamento da nova linha de produção da Marcopolo S.A.)*

**... dos governantes com o povo brasileiro estão sendo pagas por Lula:** Eu não estou fazendo coisas apenas para pobres, eu estou fazendo e pagando uma dívida que os governantes brasileiros contraíram durante séculos com a parte mais pobre da população brasileira; é o pagamento de uma dívida. *(31/7/07, Campo Grande – MS. Lançamento do PAC Saneamento e Urbanização no estado de Mato Grosso do Sul)*

**... foram pagas ao Exterior, e agora o Brasil é um país livre e digno:** Aqui no Brasil, de vez em quando, vocês viam nos jornais: "Missão do FMI vem para o Brasil." Descia no aeroporto e começava a dar palpite: "Não pode gastar nisso, não pode gastar naquilo, você só pode fazer aquilo." Era como se, mesmo depois da morte de Tiradentes [Joaquim José da Silva Xavier, militar do regimento dos Dragões de Minas Gerais, foi considerado culpado de crime de lesa-majestade por participar da Inconfidência Mineira, de 1788-1789, e executado em 1792] e depois da Independência em 1822, a gente ainda não tivesse independência. Era preciso vir alguém aqui para dizer: "Só pode comer aquilo, só pode fazer aquilo." O que nós fizemos? Vamos preparar a casa para a gente dar o segundo grito de liberdade. Não precisava gritar "Independência ou morte", era só gritar "respeito", "dignidade". Em 2005, dissemos para o FMI [Fundo Monetário Internacional]: "Nós não precisamos de vocês mais aqui, peguem os 15 bilhões e 900 de vocês, tchau e bênção, que nós vamos cuidar do nosso próprio nariz, com os nossos erros e com os nossos acertos." Na quarta-feira, agora, eu me levanto e vejo a notícia: "Brasil deixa de ser devedor e passa a ser credor." O que significa? Significa que hoje, como disse o governador [do Rio de Janeiro, cargo ocupado por Sérgio Cabral Filho], as nossas reservas em dólar são maiores do que a dívida pública externa e a dívida privada. Significa que hoje, com muita humildade, nós poderemos transitar no mundo, não com o nariz em pé, mas de cabeça erguida, dizendo: "Nós não queremos ser maiores ou menores do que ninguém, nós queremos apenas ser respeitados enquanto nação e ser respeitados na nossa soberania. Nós decidimos o que queremos, como queremos e quando fazemos as coisas." *(26/2/08, Rio de Janeiro – RJ. Inauguração da fábrica de pneus de mineração e terraplanagem da Michelin – América do Sul)*

## Dólar

Os exportadores vão lá conversar comigo e querem que eu aumente o dólar, os importadores querem que eu baixe; os vendedores de máquinas querem que eu aumente, os compradores de máquinas querem que eu baixe. Ora, não existe mágica. Não é possível criar um dólar para o boi, um dólar para a soja, um dólar para a Nestlé, um dólar para o Bradesco, um dólar para a cana-de-açúcar, não é possível. É por isso que o dólar é flutuante. *(21/8/07, Lins – SP. Inauguração da planta de biodiesel do Grupo Bertin)*

**... quando está muito valorizado, não é bom para o Brasil:** O dólar, ano passado, chegou a quase quatro reais. Obviamente que tem gente que gosta, mas para o país não é bom, pode ser bom para um segmento. *(27/3/03, São Paulo – SP. Posse do presidente da Associação Comercial de São Paulo)*

**... quando está muito desvalorizado, não é bom para o Brasil:** Eu acho que por conta da fragilidade do dólar, o dólar está muito desvalorizado agora. Eu até tive ontem uma notícia que um amigo meu foi ao Chile, na reunião da Apec [Asia-Pacific Economic Cooperation], e foi ao *free shop* comprar um produto e ele achou que iria pagar em dólar, e não era em dólar, era em peso chileno, porque o dólar estava barato. Eu acho que nós não queremos que o real se transforme numa moeda muito forte, que desvaloriza o dólar, porque para nossas exportações é melhor que o dólar mantenha um certo equilíbrio. *(23/11/04, Brasília – DF. Entrevista à TV Bloomberg)*

**... deve ser flutuante sempre:** O dólar está caindo tanto que já começam companheiros nossos a dizer: "Não pode cair, precisa parar por aí." Já começa gente a dizer: "Não, não. Por favor, segura." O Governo não vai segurar. O câmbio é flutuante e o dólar vai cair até quanto tiver que cair. Não cabe a nós, de um Governo, dizer: "Não, vai parar em dois, em três. Não. Ele vai cair enquanto tiver que cair." E nós vamos manter o dólar flutuante. *(4/4/03, Barcarena – PA. Inauguração da 3.ª linha da cadeia de produção da Alunorte, refinaria de alumina da Vale)*

**... deve ter seu valor ditado pelo mercado:** O Governo não pode ficar como peteca. O Governo tem que permitir apenas que a solidez da macroeconomia permita que o próprio mercado trate de estabilizar o valor do dólar. *(24/2/05, Vitória – ES. Início das obras do novo terminal do Aeroporto Internacional de Vitória)*

**... deve ter seu valor influenciado pelo Governo:** Eu me lembro que, quando eu ganhei as eleições, o Brasil era obrigado a vender dólar para poder baratear o preço do dólar. Hoje, nós compramos para poder encarecer um pouco o dólar. *(20/6/06, Araucária – PR. Teste industrial do H-Bio)*

## Domingo

Eu confesso a vocês que, hoje, tenho saudade do tempo que trabalhava na Villares como torneiro mecânico, quando entrava às 8 horas da manhã, saía às 15 para as 6 horas. A noite era minha, o sábado era meu e o domingo era meu. Hoje, como presidente da República, e acho que o mesmo acontece com você, Paulo Hartung [governador do Espírito Santo], a gente não tem hora para entrar, não tem hora para sair, não tem sábado, não tem domingo. *(22/4/03, Vitória – ES. Implantação do III Alto-forno da Companhia Siderúrgica de Tubarão)*

**... não é dia de trabalhar:** Todo mundo sabe que é ruim trabalhar aos domingos, mas todo mundo sabe que os turistas, as pessoas adoram fazer compras aos domingos. Encontrar um meio-termo que possa dar ao comerciário e à comerciária o direito de ter o domingo para descansar, mas também dar ao povo o direito de poder escolher o dia que quer comprar, é tentar encontrar a perfeição, e isso só acontecerá com maturidade, com muita capacidade de conversa e com muita disposição de acertar. *(21/5/06, São Paulo – SP. Inauguração da sede do Sindicato dos Comerciários de São Paulo)*

**... não é dia de começar um regime:** Todo mundo diz que vai começar a fazer regime na segunda-feira. "Ah, hoje é sábado e domingo, eu não vou parar, mas amanhã eu começo." Aí não começa. Na outra semana: "Ah, hoje eu não vou parar, é sábado e domingo, mas na segunda eu começo." *(4/9/07, Petrolina – PE. Inauguração da Escola Técnica do Senai em Petrolina)*

**... é dia de paquera, de ir ao botequim:** Porque muita gente, quando vê vocês vestidos bonitos assim, emocionados, indo para as Olimpíadas, acha que é fácil. Agora, as pessoas não levam em conta quantos dias da semana vocês não foram a lugar nenhum, a não ser para treinar. Em quantos domingos ou sábados vocês deixaram de paquerar, de ir a um botequinho ou fazer qualquer coisa porque precisavam treinar? *(9/7/04, Brasília – DF. Despedida dos atletas que foram às Olimpíadas de Atenas)*

**... para Lula, é dia de ver coisas leves na televisão:** Eu, por exemplo, no sábado e no domingo, não leio jornal. Não vejo nenhum programa de política. Se eu vejo televisão, eu vejo... se for programa infantil, ainda melhor. Ou seja, só quero coisa leve, coisa que não me preocupe. *(20/5/05, Brasília – DF. Entrevista à jornalista Insun Kang, do jornal* Chosun Ilbo*)*

**... é dia de brincar e brigar com os filhos:** Quando é que eu fico muito bem? Quando eu vou para a minha casa, que estão todos os meus filhos em casa, que eu passo um sábado e domingo brincando e brigando com meus filhos. Aí eu volto à minha vida real. *(4/5/05, Brasília – DF. Entrevista aos jornalistas franceses da TV5 [Slimane Zeghidour], Rádio França Internacional [Pierre Ganz] e revista* Paris Match *[Olivier Royant])*

**... é dia de futebol:** Os governantes constroem verdadeiros ginásios para 20 mil pessoas, para ter um jogo, uma vez por ano, de uma seleção brasileira, para ter um jogo, às vezes, duas vezes por ano. E de segunda a domingo, mês após mês, aquilo fica vazio, não acontece nada. As várzeas deste país estão cheias de campos que não são utilizados para nada: só no domingo se joga um pouquinho. *(27/3/03, São Paulo – SP. Posse do presidente da Associação Comercial de São Paulo)*

**... é dia de comer caju:** Os adultos também sabem comer caju sem transformá-lo em nada, ou seja, um cajuzinho puro é muito bom no domingo à tarde ou próximo do almoço. *(27/8/07, Brasília – DF. Lançamento do Projeto Caju)*

**... para Lula, era dia de mostrar o sapato engraxado, comer pão com mortadela e beber Tubaína:** A primeira coisa que eu adorava era engraxar sapato no sábado e no domingo. Adorava acabar de engraxar o sapato, chegar no bar, porque era na frente de um bar, pedir meia bengala de pão, mandar colocar mortadela; naquele tempo tinha uma bebida chamada Tubaína, que eu não sei se tem mais, e era meia bengala de pão com mortadela, uma Tubaína e ali estava ganho o meu sábado. *(20/7/05, Rio de Janeiro – RJ. Inauguração do Complexo Tecnológico de Medicamentos de Farmanguinhos / Fiocruz)*

**... é dia de Lula e dona Marisa ficarem sozinhos:** Em 90% dos meus domingos, ficamos eu e Marisa sozinhos. Aqui em Brasília, nunca fui a um jantar, nunca fui a um aniversário, nunca fui a um restaurante. A minha vida é Palácio do Planalto... *(10/10/07, Brasília – DF. Entrevista ao jornalista Kennedy Alencar, do jornal* Folha de S.Paulo*)*

## Dor de dente

Esse conjunto de coisas que foram acontecendo na minha vida me permitiram enxergar que não era possível o Brasil ser justo no tratamento da saúde do povo brasileiro, se um cidadão que estava com a unha encravada podia ir a um convênio médico e ser tratado, e tudo bem. E esse mesmo cidadão, que tinha uma dor de dente que incomodava mais que a unha encravada, não tinha o tratamento. E somente quem já teve dor de dente sabe o que é uma dor de dente. Eu quero dizer para vocês que eu penso que dor de dente é coisa de pobre; o dente do rico não chega a doer, ele trata antes. Ou ele cuidou do dente na infância, na adolescência, em algum momento ele cuidou do dente, porque ele não teve dor de dente. Ele nunca teve que mascar fumo, ele nunca teve que encher um algodão com álcool e enfiar no buraco do dente para parar a dor, ele nunca teve que ir em benzedeira para benzer o dente, e tantas outras coisas. Até creolina em dente o pobre coloca neste país, para evitar a dor de dente. *(24/5/06, Brasília – DF. Encontro com representantes do setor odontológico)*

## Droga(s)

Muitas vezes uma pessoa entra na droga porque a droga faz esquecer os problemas que ela tem. Uns entram na droga, outros entram na cachaça. Quem pode, procura um analista. Aí, gasta um monte de dinheiro se cuidando com analista. Quem não pode, tenta resolver com imediatismo. *(19/2/08, Cachoeiro de Itapemirim – ES. Entrega da conclusão das obras dos prédios da Unidade de Ensino Descentralizada do Cefet)*

**... não são um problema relativo à pobreza:** Nós não podemos exigir que o educador, se não está preparado, entre na sala de aula para dar lições para combater a droga. Ele precisa ser preparado, porque se não for preparado, ele pode falar bobagem dentro da sala de aula. Então, se a gente preparar os pais, e podemos utilizar a televisão para isso, se a gente preparar os educadores e se a gente preparar um pouco mais a sociedade, eu acho que todos nós iremos colher, num curto espaço de tempo, resultados extraordinários no combate à droga, que não é um problema social. Na Inglaterra tem problema de droga, nos Estados Unidos tem problema de droga, na Holanda tem problema de droga, em todo país tem problema de droga, porque em todo país tem gente desesperada, tem gente procurando um jeito de fugir das suas responsabilidades. *(21/6/06, Brasília – DF. Abertura da Semana Nacional Antidrogas)*

**... viciam o ser humano por culpa de "um diabinho":** Todo ser humano nasce com um diabinho puxando a gente para fazer coisa ruim, de um lado, e um anjo puxando a gente para fazer coisa boa, do outro. Muitas vezes, a gente cede para aquele que oferece mais facilidade para a gente, e, certamente, a droga oferece facilidade, porque ela te oferece o esquecimento dos problemas, quando, na verdade, você não tem que esquecê-los, você tem que enfrentá-los, derrotá-los e se tornar um vencedor nessa luta cotidiana de cada um de nós. *(11/10/07, Brasília – DF. Lançamento do programa social Direitos de Cidadania – Criança e Adolescente)*

**... viciam adolescentes que não recebem atenção de Governos:** Requião [Roberto Requião, governador do Paraná], nós vamos lançar agora um programa para a juventude. É um programa para cuidar de 4,5 milhões de adolescentes que, se a gente não cuidar, o crime organizado cuidará, se a gente não cuidar, a droga cuidará. Foi por isso que nós criamos o ProUni. Quando nós criamos o ProUni, Requião, sabe qual foi a manchete? "Presidente Lula nivela a Educação por baixo." São 360 mil adolescentes que entraram na universidade, meninos da periferia. *(24/8/07, Curitiba – PR. Lançamento do PAC Saneamento e Urbanização no estado do Paraná)*

**... devem estar entre as maiores preocupações dos pais:** O que a gente não pode é ficar preso dentro do nosso mundo, achando que todo mal que nos rodeia é por causa de quem está fora. Eu dizia, hoje: isso é mais ou menos como numa família em que, de repente, aparece um filho metido em drogas, e, ao invés de o pai e a mãe discutirem com o filho e saberem onde é que está o defeito, começam a culpar a escola, começam a culpar o vizinho, começam a culpar a namorada; ao invés de sentarem e olharem para dentro do pai e da mãe e perguntarem a si mesmos: "O que nós deixamos de fazer para que o nosso filho não fosse drogado?" *(24/1/03, Porto Alegre – RS. III Fórum Social Mundial)*

**... só aprisiona os filhos de famílias desestruturadas:** Se a família tiver pai e mãe que estejam bem e que cuidem bem dos filhos, esta família não vai criar nenhum bandido, nenhum traficante, nenhum viciado em droga. *(28/2/05, Brasília – DF. Abertura do 9.º Congresso Nacional dos Trabalhadores e Trabalhadoras Rurais)*

**... podem ser combatidas com o esporte:** O esporte auxilia de forma concreta no combate ao uso de drogas, à evasão escolar, à criminalidade. *(17/6/04, Brasília – DF. Abertura da 1.ª Conferência Nacional do Esporte)*

**... devem ser combatidas por todos os setores do Governo e da sociedade:** Ora a polícia achava que era ela quem tinha que cuidar da droga, ora era a Saúde, que se achava única e onipotente para cuidar do problema da droga, ora eram psicólogos, assistentes sociais, ora era a Polícia Militar. E o que nós estamos descobrindo agora? Que o compartilhamento de responsabilidade entre os 190 milhões de brasileiros e, entre eles, as instituições existentes no nosso país, envolvendo, sobretudo, a comunidade, é, possivelmente, o caminho da salvação da lavoura no combate à droga, na recuperação dos drogados, no combate ao narcotráfico, porque senão nós ficamos responsabilizando os outros. *(21/6/06, Brasília – DF. Op. cit.)*

**... movimentam uma máquina de fazer dinheiro:** Nós não podemos ficar assustados 24 horas por dia com o crime organizado, que não é mais a bandidagem comum que nós conhecíamos, é uma indústria de fabricar dinheiro, ora com as drogas, ora com seu braço empresarial, seu braço político, seu braço no Judiciário, seu braço internacional, tentando atemorizar as pessoas de bem neste país. *(24/3/03, São Bernardo do Campo – SP. Comemoração dos 50 anos de atividades da Volkswagen no Brasil)*

**... levam à prisão apenas de "bagrinhos":** De vez em quando, nós vemos na televisão: "Polícia consegue apreender a maior quantidade de cocaína já vista no Brasil." Aí, o que apresenta a televisão? Cinco ou seis "bagrinhos". Para onde ia e de onde veio, quem vendeu e quem comprou a droga, não aparece. Aparecem os "bagrinhos", ou seja, é sempre a mesma história. *(22/4/03, Vitória – ES. Assinatura de Protocolo de Intenções e repasse de recursos da União para o Espírito Santo para a área da segurança pública)*

**... são negociadas por gente que mora em coberturas:** Possivelmente, no dia em que a inteligência da polícia for mais ousada e mais forte do que a força bruta, a gente não precise invadir uma favela, mas, quem sabe, subir numa cobertura, numa das grandes capitais deste país, e pegar um verdadeiro culpado pelo narcotráfico. *(22/4/03, Vitória – ES. Op. cit)*

**... deviam ser compradas, em sua totalidade, pelos Governos de países ricos:** Muitas vezes eu fico vendo, lendo e estudando o comportamento dos países mais ricos que querem acabar com as drogas: ficam dando dinheiro para o país para isso, ficam mandando as Forças Armadas cuidarem disso, as polícias cuidarem disso. Eu fico imaginando o seguinte: se os Estados Unidos tomassem a atitude de comprar toda a coca produzida na Bolívia e desaparecessem com ela, oferecendo um preço maior que os traficantes, será que não poderia dar uma solução melhor? Se os países ricos resolvessem comprar a produção de coca, por exemplo, e deixassem apenas o suficiente para o povo fazer o seu chá e desaparecessem com a coca, não seria mais eficaz do que ficar querendo resolver com o Exército? Não seria mais eficaz? Por que, aí, o que iria acontecer? Na pior das hipóteses, o preço iria subir tanto que, possivelmente, o preço da cocaína ficaria tão caro que as pessoas deixariam de ter o vício porque não poderiam comprar. *(24/2/06, Brasília – DF. Entrevista à revista* The Economist*)*

# Dúvida(s)

[ver: certeza]

Ora, eu penso que, no Brasil, nós ainda trabalhamos com muita dúvida. Eu quero dizer para vocês que eu nunca, nunca na minha vida trabalhei com um plano "B" – eu estou trabalhando assim, mas se acontecer alguma coisa, como é que eu faço? Se o plano "B" for mais fácil de executar do que o plano "A", você nem executa o "A", já começa pelo "B". Então, nós temos que ser teimosos e continuar fazendo o que está dando certo. Nós não temos por que não continuar fazendo o que está dando certo e aprimorar as coisas que estamos fazendo. *(1/4/08, Brasília – DF. Reunião do 25.º Pleno Conselho de Desenvolvimento Econômico e Social – CDES)*

**... são benéficas quando dizem respeito a panaceias:** Convém duvidar sempre de panaceias. *(28/7/03, Fortaleza – CE. Cerimônia de recriação da Sudene)*

## Economês

Passava aquele monte de torre por cima da ilha, e aquela ilhinha, em que morava um grupo de pessoas, não tinha energia elétrica, porque não era economicamente viável. Este país não pode ser pensado apenas assim. Ele tem que ser pensado assim, mas tem que saber que tem coisa que, do ponto de vista do "economês", não é aquilo que o economista diz que é viável, mas do ponto de vista social, do ponto de vista da solidariedade, do ponto de vista dos compromissos do Governo, nós temos que gastar 6 bilhões e meio. *(2/1/07, Brasília – DF. Comemoração ao atendimento de 5 milhões de pessoas pelo programa Luz para Todos)*

**... é pensar algo exclusivamente do ponto de vista da viabilidade econômica:** Eu não utilizei nem a palavra "economês", eu não costumo utilizar. O que eu disse é o seguinte: é que determinados programas sociais, se for pensado apenas do ponto de vista da viabilidade econômica, eles não acontecem, porque o lucro que eles dão, no primeiro momento, não é retorno em dinheiro, é retorno em benefício, é ascensão pessoal da família, ascensão pessoal das pessoas. Obviamente que dá muito mais lucro você montar telefone num grande centro urbano, luz num centro urbano. Você levar isso para a periferia do País é muito mais caro e muito menos lucrativo. Mas somente o Estado é que pode trabalhar não pensando no lucro, o Estado tem que trabalhar pensando na cidadania. *(2/1/07, Brasília – DF. Entrevista concedida após cerimônia em comemoração ao atendimento de 5 milhões de pessoas pelo programa Luz para Todos)*

## Economia

**[ver: ajuste fiscal; consumo; Corinthians; desenvolvimento; economista; emprego; fábrica; renda]**

Meu exemplo de economia é a dona de casa, que pega o salário dela ou do marido, paga as suas despesazinhas e o restante ela vai gastando de acordo com as suas necessidades, sem jogar dinheiro fora e sem contrair dívidas para que os outros paguem. *(28/11/07, Brasília – DF. Entrevista ao SBT)*

**... é uma ferramenta importante:** A Economia é uma ferramenta muito importante na mão do ser humano. Ela pode destruir ou preservar, pode gerar desenvolvimento ou não. Quem tem que escolher o país que queremos e o mundo que desejamos deixar para os nossos filhos somos nós mesmos. Essa é uma prerrogativa da cidadania: fazer do desenvolvimento uma ponte solidária que todos possam atravessar em busca de um futuro melhor. *(6/4/04, Manuel Urbano – AC. Reativação da linha do Correio Aéreo Nacional – CAN)*

**... é um tema que interessa a Lula:** Você pode ficar certo de que quando um jornalista importante escreve um artigo que fala do Governo ou fala da Economia, eu fico sabendo tão rápido quanto ele, que escreveu. *(18/12/08, Brasília – DF. Entrevista exclusiva à revista* Piauí*)*

**... tem como ideal o investimento produtivo:** O ideal de uma Economia é que as empresas cresçam mais que o setor financeiro, que a rentabilidade produtiva seja maior que a rentabilidade dos juros e, ao mesmo tempo, que o resultado de tudo isso signifique melhoria da qualidade de vida para os 186 milhões de brasileiros. *(24/8/06, Brasília – DF. 19.ª reunião ordinária do Pleno Conselho de Desenvolvimento Econômico e Social – CDES)*

**... precisa ser gerida com sentimentos:** Eu tive a sorte de ter um médico no Ministério da Fazenda. Eu tive sorte, porque o jogo da Economia é muito pesado. Tem uma parte dele muito teórica. E, na hora em que você coloca um médico, que está acostumado a lidar com gente que está morrendo, que tem que ter mais carinho... O Palocci [Antônio Palocci, ministro da Fazenda] é o mais jeitoso de todos nós para fazer essas coisas. *(1/5/03, Indaiatuba – SP. Visita ao Retiro de Itaici – CNBB)*

**... precisa de otimismo e fé:** Se todos nós tivermos bastante otimismo, certamente a gente passa o otimismo para a sociedade e, certamente, uma sociedade otimista tem muito mais chance de vencer do que uma sociedade pessimista. Na vida real, a gente sabe quando a gente acorda azedo e quando a gente acorda de bom humor, a diferença do dia para a gente. Na Economia é a mesma coisa: se a gente acreditar, as coisas acontecem; se a gente não acreditar, as coisas não acontecem. *(4/9/07, Recife – PE. Entrevista durante visita à cidade de Recife para início das obras da Refinaria Abreu e Lima)*

**... é avessa a mágicas:** Eu continuo dizendo que, na Economia, nós não temos o direito de fazer mágica. Economia é Economia, as coisas têm que ser feitas à luz do dia, não tem lançamento de pacotes e mais pacotes, achando que tem uma mágica. *(22/11/07, Brasília – DF. Lula ao jornal* O Globo*)*

**... não pode ser objeto de experimentos:** Agora, o que nós queremos fazer com a Economia? A Economia não é um laboratório de teses que cada um que entra faz uma experiência. Se não der certo, o povo arca com o prejuízo, porque é assim que acontece no Brasil. Ou seja, nós não queremos fazer uma experiência de que: "Ah, o Brasil vai crescer 10% este ano." Ano que vem decresce dez. O ano que vem cresce cinco. No outro ano decresce. E, nessas oscilações, ninguém sabe para onde vão. Então, eu estou achando que nós precisamos é ter um crescimento sustentável que seja 4%, que seja 4,5%, que seja 5%, que seja 3,5%. Mas que seja 2004, 2005, 2006, 2007, 2008, 2010, para que possamos nos programar e para que possamos recuperar o tempo perdido. *(21/8/04, Porto Alegre – RS. Almoço comemorativo da Semana Nacional pela Cidadania e Solidariedade)*

**... antes de Lula, era como o Corinthians:** A retomada do crescimento da Economia é o nosso desejo, é a nossa obsessão e é o nosso sonho. Eu fico comparando a Economia brasileira ao atual time do meu Corinthians. Ou seja, o time foi desmontado durante o campeonato. Então, agora, contrataram dois técnicos. Podem contratar três que vai ser difícil, até você estruturar. *(2/10/03, sem local. Entrevista coletiva a emissoras de rádio)*

**... demora a apresentar resultados:** É lógico que vocês sabem, alguns de vocês aqui já ficaram desempregados muito tempo, e sabem que muitas vezes a Economia não começa a crescer hoje e gerar todo o seu resultado amanhã. O que nós estamos colhendo hoje não foi plantado este ano, não, foi plantado desde julho do ano passado, quando o Palocci falava: "A Economia já começou a voltar a crescer." *(23/7/04, Brasília – DF. Assinaturas da MP de correção de aposentadorias e pensões concedidas entre fevereiro de 94 e março de 97; da MP de concessão de abono de R$100,00 no IR de pessoas físicas; e sanção do PL que reduz alíquotas do PIS e da Cofins)*

**... não é obra de um homem só:** A Economia não depende da vontade apenas de uma pessoa, depende de um conjunto de acertos que a pessoa fizer e de um conjunto de pessoas que estiverem convencidas daqueles acertos. *(28/3/06, Brasília – DF. Posse do novo ministro da Fazenda, Guido Mantega)*

**... se não cresce, faz aumentar a criminalidade:** De 1980 até pouco tempo atrás, a Economia não crescia; a Economia não crescendo, as empresas não investiam; as empresas não investindo, não geravam empregos; você, não tendo emprego, ia criando um exército de jovens desempregados no País. Quando vocês olharem na televisão as imagens mostrando jovens de 24, 25 anos presos, aqueles jovens são filhos do resultado de políticas econômicas equivocadas neste país, que não geraram emprego para milhões de jovens, que não deram oportunidade. Agora nós encontramos uma nova situação: o País começa a crescer, o mercado interno cresce como há muito tempo não crescia. Quando há uma demanda grande, as empresas, primeiro, começam a pedir hora extra, depois as empresas fazem um segundo turno, depois as empresas fazem um terceiro turno. E se a coisa continua crescendo, o que vai acontecer? A empresa vai construir um pavilhão a mais, a empresa vai contratar trabalhador a mais, vai gerar mais emprego, vai gerar mais consumo e a Economia vai crescendo durante muitos anos. Nós estamos criando as condições para que a Economia brasileira tenha um crescimento sustentável. Qual é o problema que nós temos? Nós temos hoje, já, um problema de falta de mão de obra qualificada, porque durante 26 anos a Economia não cresceu, não houve uma reciclagem na formação profissional. Hoje, com o PAC [Programa de Aceleração do Crescimento], nós já estamos percebendo que está faltando engenheiro na área da construção civil, porque se passou mais de vinte anos com a indústria da construção civil sem crescer, e agora que tudo começou a dar certo, nós precisamos correr atrás para formar profissionais. *(4/9/07, Petrolina – PE. Inauguração da Escola Técnica do Senai em Petrolina)*

**... para crescer, requer que o crédito flua, e o crédito estancou em 2008:** Eu estou fazendo aqui propaganda de consumo, mas é que a Economia tem uma dinâmica própria. Eu não quero pedir para ninguém que tenha dívida fazer mais dívida. Pelo amor de Deus, paguem as que já têm. Não quero. Mas eu quero pedir para que a gente torne à atividade econômica com uma certa normalidade. Por isso é que nós atendemos imediatamente a indústria automobilística, porque ela representa 24,5% do PIB [Produto Interno Bruto] industrial. Por isso é que nós colocamos logo dinheiro para movimentar o capital de giro das empresas de construção civil. Por isso é que nós colocamos dinheiro para a agricultura imediatamente. Por isso, nós colocamos dinheiro para capital de giro da pequena e média empresa. Ainda assim, esse dinheiro não tem chegado à ponta com a presteza que nós queremos. Não no Brasil, em lugar nenhum do mundo o dinheiro disponibilizado tem chegado à ponta, porque gerou-se uma desconfiança. *(3/12/08, Brasília – DF. Abertura do 3.º Congresso Mundial de Engenheiros: Inovação com Responsabilidade Social)*

**... não é, ainda, sólida como a japonesa e a americana:** Eu vou dar um exemplo: nós temos, no BNDES [Banco Nacional de Desenvolvimento Econômico e Social], hoje, por volta de 60,8 bilhões de reais para financiamento de infraestrutura, de novas empresas no Brasil. Nós criamos, no Brasil, uma coisa chamada crédito com desconto em folha que, segundo o Banco Central, já fez circular, este ano, praticamente 12 bilhões e meio, ou seja, pessoas que não tinham crédito, agora, podem chegar num banco e pegar 2, 3 mil reais para pagar 1,75 ou 2% de juros ao mês e comprar o eletrodoméstico à vista. Então, nós estamos colocando dinheiro em circulação que, habitualmente, não existia no Brasil. Eu acho que isso vai fazer com que a Economia continue crescendo, mesmo o juro não sendo aquele juro do sonho de todo mundo. Nós não podemos ter um juro japonês; nós não podemos ter um juro americano. Por quê? Porque a nossa Economia não tem a solidez da Economia americana, não tem a solidez da Economia japonesa. A solidez da nossa Economia é a solidez da Economia brasileira, de um país que, muitas vezes, assumiu compromissos e não cumpriu; de um país que precisa conquistar credibilidade junto a credores, junto a investidores. *(23/11/04, Brasília – DF. Entrevista à TV Bloomberg)*

**... tem condições de suportar uma crise na América:** Hoje, a Economia brasileira está tão sólida, a macroeconomia está tão sustentável e as reservas estão tão seguras que, embora estejamos preocupados com a crise americana e acompanhando-a todo santo dia, a gente acompanha a crise todo dia, com lupa: é o Banco Central, o ministro da Fazenda [cargo ocupado por Guido Mantega] e, de quando em quando, uma reunião com muita gente, para a gente não permitir que o Brasil seja pego de sobressalto e, daqui a pouco, a gente volte àquela situação que vivemos há tanto tempo. Nós, hoje, vocês sabem, não devemos nenhum favor ao FMI [Fundo Monetário Internacional]. As nossas reservas são maiores do que a nossa dívida externa. Dívida privada, na sua grande maioria, e dívida que os estados e prefeituras contraem para fazer investimentos, o que é muito importante, dada pelo Banco Mundial, pelo BID [Banco Interamericano de Desenvolvimento] e pelo Bird [Banco Internacional para a Reconstrução e o Desenvolvimento]. Então, a situação está sob controle. *(2/9/08, Vitória – ES. Cerimônia alusiva à coleta do primeiro óleo da camada do pré-sal na plataforma P-34)*

**... se depender do Lula, será uma das maiores dentro do sistema capitalista:** Eu quero dizer para vocês que este país, no dia 31/12/2010... quero me preparar para entregar este país a quem vier me suceder. Quero entregar um país com a Economia equilibrada, com a inflação altamente controlada, com a indústria crescendo, com a agricultura crescendo, com os pobres menos pobres, com os trabalhadores ganhando mais salário, com os empresários fazendo mais investimentos, porque, a partir daí, nós estaremos colocados em condições de nos transformarmos na quinta ou sexta maior Economia do mundo. *(10/9/08, Manaus – AM. Abertura da IV Feira Internacional da Amazônia – Fiam 2008)*

**... depois da Crise de 2008, pode ser recuperada rapidamente com muita conversa, esperança e otimismo:** Tenho feito mais reuniões nesses últimos dias do que em todo o ano passado. E eu acho que é com muita tranquilidade, com muita conversa, com muita esperança, vendendo esperança para as pessoas, vendendo otimismo para as pessoas, que a gente vai fazer com que a Economia brasileira dê um salto de recuperação rápida. *(11/2/09, Brasília – DF. Entrevista coletiva após almoço oferecido ao presidente da República da Namíbia, Hifikepunye Pohamba)*

## Economista(s)

**[ver: diploma; Economia]**

Quem entende de Economia, aqui? E nem precisa; economista é como técnico de futebol: todo mundo sabe um pouco, sabe que o que nós fizemos no ano de 2003 foi quase uma sangria no próprio peito para garantir que este país pudesse construir, nos anos seguintes, uma solidez que lhe desse a sustentabilidade que estamos conquistando agora. *(20/4/07, Anápolis – GO. Inauguração da fábrica da Hyundai)*

**... na oposição, têm a solução para todos os problemas; na situação, não:** E a verdade nua e crua é que eu, de vez em quando, fico analisando as coisas que se fala da Economia brasileira, sem querer ofender nenhum economista, porque eu tenho muitos amigos economistas e gosto de todos eles. Mas a verdade é que economista, quando está na oposição, é melhor do que quando está na situação. Na oposição eles têm todas as fórmulas para todos os problemas, mas, quando estão no Governo, não há nenhuma fórmula para nenhum dos problemas. *(15/12/03, São Paulo – SP. Cerimônia de premiação das revistas* IstoÉ, *Brasileiro do Ano;* IstoÉ Dinheiro, *Empreendedor do Ano;* IstoÉ Gente, *Personalidade do Ano)*

**... não criaram o crédito consignado; Lula, sim:** Eu me lembro de uma vez que, no estado do Acre, o trabalhador tomava um empréstimo e não recebia pagamento no final do mês, porque descontavam tudo de uma só vez. E nós fizemos o empréstimo consignado, que nunca apareceu em uma reunião de economistas que eu fiz, durante vinte anos da minha vida, e nós fizemos o empréstimo consignado. Chamamos trabalhadores, chamamos os banqueiros: sentem-se e vejam a possibilidade de fazer empréstimo mais barato para o trabalhador. O trabalhador tem como dar de garantia o seu contracheque. E, no ano passado, foram jogados no mercado, praticamente, 17 bilhões de reais de empréstimo consignado. E agora, este ano, já foram mais de 4 bilhões e 600 milhões para os aposentados brasileiros, que podem pegar um empréstimo a um juro mais barato do que na agiotagem ou do que as altas prestações que a gente paga em uma loja para comprar um eletrodoméstico. *(22/7/05, Rio de Janeiro – RJ. Visita às novas unidades de produção da Refinaria de Duque de Caxias – Reduc)*

**... acham que o país não pode crescer mais de 3%, mas estão errados:** Havia uma lógica entre os economistas do Governo de que o Brasil não poderia crescer mais do que 3% ao ano. Nós queremos provar que o Brasil pode crescer 3%, 4%, 5%, 6% e quanto a Economia suportar. *(14/3/08, Araraquara – SP. Assinatura de ordens de início das obras do PAC)*

**... assustavam Lula antes de sua eleição:** Eu fazia reunião com alguns economistas amigos meus, dos mais importantes do Brasil; quando terminava a análise econômica, eu falava: "Espera aí, se o Brasil está assim, por que vocês querem que eu seja candidato a presidente? Se o país vai quebrar, por que eu vou pegar esse abacaxi?" Agora, como eu gosto de abacaxi, é a minha fruta predileta, eu falei "Vou pegar esse abacaxi e vou provar que a gente pode consertar esse abacaxi, fazê-lo ser uma coisa bastante digerível." *(25/11/05, Fortaleza – CE. Assinatura de contratos e convênios para a construção da Transnordestina e do metrô de Fortaleza e anúncio de empréstimos de microcrédito do BNB)*

**... não imaginaram que um dia o Brasil teria reservas bilionárias:** Tenho dito lá fora e aqui dentro que este século é o século do Brasil. Já tivemos o século da Europa, já tivemos o século dos Estados Unidos, e este século, nós temos que transformá-lo no século dos países emergentes, dentre eles o Brasil. E hoje o Brasil está numa situação confortável, nós estamos com 165 bilhões de dólares de reserva. Nenhum economista brasileiro jamais imaginou que o Brasil poderia chegar a ter 165 bilhões de reserva. Isso nos dá muita garantia, muita tranquilidade, muita mobilidade para que a gente possa administrar melhor. Vocês viram que a crise americana não passou por aqui. Ela tentou chegar, bateu nos arrecifes que nós temos espalhados pelo litoral brasileiro e foi embora para outro lugar. *(26/10/07, Rio de Janeiro – RJ. Entrevista após visita às instalações do Cenpes – Centro de Pesquisa e Desenvolvimento Leopoldo Américo Miguez de Mello, da Petrobras)*

**... se forem honrados, têm de admitir que, com Lula, o Brasil está arrumado:** É verdade que qualquer economista de bom senso neste país, por mais oposição que ele seja, por mais contra o Governo Lula que ele seja, qualquer economista com um mínimo de honradez ao que ele aprendeu numa faculdade de Economia, tem que dizer publicamente que este país nunca esteve tão arrumado como está agora, que nunca teve tanta solidez como tem agora. *(1/10/07, Rio de Janeiro – RJ. Liberação de recursos do BNDES para cooperativas de catadores de materiais recicláveis)*

## Educação

**[ver: educador; educar; professor]**

Investir na Educação é garantir o desenvolvimento do país e o futuro de milhões de jovens brasileiros. *(28/11/07, sem local. Entrevista por escrito ao jornal* A Tribuna, *do Espírito Santo)*

**... é sempre o que explica o desenvolvimento das nações:** Nós também temos consciência de que, para o Brasil crescer e se desenvolver, a Educação é peça fundamental, até porque não tem, na história da humanidade, nenhum país que conseguiu crescer e se desenvolver sem antes ter consolidado a sua base, que é a formação intelectual e profissional da sua gente. *(5/8/03, Brasília – DF. Encontro com lideranças políticas)*

**... só é possível quando não há fome:** Acho que apostar na Educação é a coisa mais importante que temos que fazer agora. A Educação e a luta contra a fome, porque Paulo Freire [educador] já dizia que ele descobriu que era inteligente depois que ele começou a comer bem. É verdade, porque uma criança com fome não consegue aprender na escola, não tem nem apetite para aprender. Então, acho que esses são os dois males – como dizia uma poetisa, que esqueço o nome, Eliza Lucinda, lá do Espírito Santo: "A fome é o apetite sem esperança e o analfabetismo é a cegueira de uma pessoa que enxerga." *(23/4/03, Brasília – DF. Assinatura de convênio entre a Confederação Nacional da Indústria e o Ministério da Educação)*

**... faz aumentar a renda:** As empresas vão perceber onde é que tem gente profissionalmente formada, vão se implantar, vocês vão trabalhar e o Brasil vai colher os frutos da sabedoria de um país que um dia acreditou que a educação é a base fundamental para crescer, se desenvolver, gerar renda e riqueza para o nosso povo. *(10/8/05, Gurupi – TO. Descerramento da placa alusiva à entrega de restauração de trecho de 60km da BR-153)*

**... dá independência:** A formação de um jovem, a formação de uma menina, permite a eles ter independência. *(29/3/06, Guarulhos – SP. Visita às futuras instalações do campus da Universidade Federal do Estado de São Paulo)*

**... é investimento, pois o Governo economiza em cadeias:** No nosso Governo é proibido utilizar a palavra "gasto" quando se trata de Educação. Educação é investimento. Quando a gente diz que a gente vai gastar investindo na Educação, é porque a gente não sabe o retorno à nação, ao Estado, à comunidade da cidade e à pessoa de cada centavo investido na Educação. Gasto é quando a gente deixa de investir em Educação para ter que investir em cadeia depois, para cuidar de pessoas que cometeram crimes ou delito neste país. *(22/2/06, Imperatriz – MA. Visita ao campus da Universidade Federal do Maranhão, em Imperatriz, no âmbito do programa de expansão do Sistema Federal de Ensino Superior)*

**... é obrigação do Estado:** Nós viemos dizer, meu querido jovem: "Não perca a sua esperança, porque Educação é obrigação do Estado." Independente da origem social, você tem que ter direito a escola de qualidade, do ensino fundamental à universidade. *(22/2/06, Imperatriz – MA. Op. cit.)*

**... dá um retorno grande ao Estado:** Educação é investimento porque é profissão, é sabedoria, é inteligência. E cada jovem que a gente formar, depois de quatro anos, ele retribuirá, quem sabe em pouco tempo, quatro ou cinco vezes aquilo que foi investido para sua formação. *(3/6/06, Santo André – SP. Inauguração do novo centro do Consórcio Social da Juventude do Grande ABC)*

**... não é vista por todos como prioridade:** Quando vamos fazer o Orçamento da União prevalece o corporativismo que está enraizado na estrutura cerebral de todos nós. É uma briga de puxar fatias, cada um quer um pedaço, e cada um acha que o seu setor é mais importante. Não tentem convencer ninguém da Saúde que a Educação é mais importante, que não vão conseguir convencer. Não tentem convencer o pessoal da área de transporte que a Educação é mais importante, que não vão convencer, e assim sucessivamente. É uma política de convencimento da sociedade, e nós não vamos conseguir reestruturar o ensino no país se a gente não começar a mexer na essência, que é motivar os nossos educadores a voltarem a ter prazer de serem educadores. *(23/3/06, Brasília – DF. 16.ª reunião plenária do Conselho de Desenvolvimento Econômico e Social – CDES)*

**... é herança melhor do que dinheiro:** Não tem maior legado, não tem maior dádiva que um pai ou uma mãe pode deixar para o seu filho do que a sua formação. Não tem legado. Ofereça dinheiro para um filho e ofereça um curso – a mãe vai preferir que o filho faça o curso do que ter dinheiro fácil, que ele pode gastar numa semana e depois continuar pobre. Com um aprendizado profissional, com um curso universitário, ele adquirirá conhecimento para o resto da vida e nunca mais será um "zé-ninguém", nunca mais será um anônimo no mundo do conhecimento ou no mundo do desenvolvimento. *(21/2/06, Juazeiro – BA. Visita às futuras instalações do campus da Univasf)*

**... é a prioridade de Lula, diria Paulo Freire:** Paulo Freire [educador já falecido] que, certamente, pela bondade que carregava no coração, deve estar lá no céu olhando para todos nós e dizendo assim: "Finalmente os meus meninos tomaram juízo, finalmente os meus meninos acreditaram que investir na Educação é a solução para o Brasil e para o mundo." *(3/9/05, Angicos – RN. Comemoração do 2.º aniversário do programa Petrobras Fome Zero e entrega de certificado aos alunos do projeto Mova-Brasil)*

**... pode ser privada também:** Também na questão da Educação é um pouco isso. Nós não temos que esperar a gente poder construir universidade federal para todo mundo, ter todos os prédios no Brasil inteiro, para falar: "O pobre tem que entrar na universidade." Não precisamos. Seria muito cômodo a gente ficar com o discurso que eu cansei de fazer, e não faço isso criticando ninguém, faço me criticando, cansei de fazer. Wagner Benevides [chefe do escritório estadual da Secretaria Especial de Aquicultura e Pesca em Minas Gerais] está aqui, que fez comigo, Carlinhos Calazans [delegado Regional do Trabalho de Minas Gerais] está aqui, Paulo Funghi [secretário de Governo de Contagem, MG] está aqui, estava Arnaldo Godoy [vereador em Belo Horizonte, MG], que está lá em cima, cansamos de fazer discursos: "Universidade pública e gratuita para todo mundo." E a gente fazia esse discurso na porta das universidades públicas e não tinha coragem de ir à porta das universidades particulares fazer isso para os estudantes que estavam pagando. Então era um contrassenso do discurso. Você ficava dizendo a mesmice para quem já tinha pública e gratuita, e não tinha coragem de ir na universidade particular dizer: "Nós queremos garantir a escola pública para você."

O que nós fizemos? E essa foi a ideia engenhosa. A ideia engenhosa foi a de utilizar uma parte daquilo que as universidades tinham que pagar – ou algumas não pagavam – ao Governo, e transformar aquilo em bolsa de estudos para que os pobres da periferia pudessem ter chance de estudar. O sucesso é extraordinário, e só o estado de Minas Gerais, entre janeiro do ano passado e janeiro deste ano, já tem praticamente 21 mil jovens a mais na universidade por conta dessas bolsas. Vinte e um mil jovens a mais. Ao todo, vão ser 203 mil até junho. *(3/2/06, Belo Horizonte – MG. Inauguração dos novos prédios da Universidade Federal de Minas Gerais)*

## Educador(es)

**[ver: Educação; educar; professor]**

Eu quero aproveitar este momento e a presença de todos vocês aqui para lembrar a figura do maior educador brasileiro, o nosso saudoso companheiro Paulo Freire.

Faço isso por dois motivos. Primeiro – e isso é evidente para todos nós –, a obra de Paulo Freire continua sendo a nossa maior referência quando o assunto é alfabetização e cidadania. Segundo – e isso eu já não sei se todos sabem –, Paulo Freire começou a trabalhar como alfabetizador no Sesi [Serviço Social da Indústria]. Isso foi em 1947. O Sesi tinha apenas um ano de vida e ele foi ser o diretor de Educação e Cultura. Ficou lá por dez anos e todo mundo sabe o quanto ele deixou lá de coisas boas. Depois, ele continuou seu caminho, levando ao mundo sua maneira única de educar e conscientizar jovens e adultos. E o Sesi também foi em frente, constituindo-se em uma das redes sociais mais bem-sucedidas do nosso Brasil. *(23/4/03, Brasília – DF. Assinatura de convênio entre a Confederação Nacional da Indústria e o Ministério da Educação)*

**... têm de ter a autoestima recuperada:** Então você percebe, Cristovam [Buarque, ministro da Educação], que a nossa tarefa, além de alfabetizar, é recuperar a autoestima de todos os educadores brasileiros. Isso passa por recuperar a dignidade e a decência das nossas escolas públicas. *(23/4/03, Brasília – DF. Op. cit.)*

**... precisam ter aumento de salário:** Nós sabemos que os educadores brasileiros precisam ter seus salários corrigidos, porque é uma vergonha uma função tão importante ganhar tão pouco. *(17/6/03, Pelotas – RS. 11.ª Feira Nacional do Doce)*

**... têm de educar, apesar do salário baixo e da baixa autoestima:** Eu acho que os educadores brasileiros muitas vezes são malremunerados, muitas vezes estão desmotivados e precisam ser motivados. A gente também não pode permitir, por conta do baixo salário que se ganha, ou da não existência de melhores condições de trabalho, que o educador jogue sobre as costas do aluno aquilo que o Estado não lhe oferece. Por que eu estou dizendo isso? Porque hoje, muitas vezes, uma criança entra às 8h na escola, ouve vários professores durante quatro horas seguidas, e não tem nenhum momento em que o professor se preocupa em perguntar se ela aprendeu aquela aula que ele está dando. Agora, com a aprovação continuada, não existe um tempo para se medir se esse aluno está aprendendo ou não. É por isso que hoje muitas crianças chegam à 4.ª ou 5.ª séries com muitas dificuldades de saber ler ou de interpretar um texto, por menor que seja, e muitas vezes não sabem fazer sequer as quatro operações. Então, essa revolução que você falou, Cristovam [Buarque, ministro da Educação], é uma revolução que começa a partir de nós, ou seja, cada um de nós tem que assumir a responsabilidade de perguntar não o que o Governo está fazendo, apenas – é importante perguntar e cobrar, todo santo dia, mas é importante a gente se perguntar todo santo dia, ao levantar de manhã, se olhar no espelho e falar: "O que eu estou fazendo?" Ou toda noite, na hora em que for dormir, na hora em que encostar a cabeça no travesseiro, perguntar: "O que eu fiz hoje? Além daquilo que é a minha obrigação profissional, o que eu dei para o meu país? O que eu dei para o meu povo? O que eu dei para alguma pessoa?" Não são poucos os casos em que nós temos empregadas domésticas analfabetas trabalhando com pessoas que são professores de pós-graduação em universidades brasileiras. Não são poucos os casos. *(8/9/03, Brasília – DF. Lançamento do Programa Brasil Alfabetizado)*

**... podem ser bons ou maus:** Numa mesma cidade, na mesma rede pública, você tem duas escolas. Numa, você tem as crianças com um nível bom de educação, e, a 500 metros, você tem outra onde as crianças não estão aprendendo; ou seja, o que está acontecendo? Nós queremos discutir se o educador pode ser aprimorado para que possa fazer essas crianças aprenderem na escola. *(16/7/04, Brasília – DF. Entrevista aos Jornalistas Amigos da Criança)*

**... têm de ser avaliados:** Nós universalizamos [a Educação], mas junto com a universalização não houve um acompanhamento da melhoria da qualidade da Educação. Então, nós estamos no pior dos mundos, ou seja, nós estamos vendo crianças ficarem quatro ou cinco anos na escola, e a gente faz um teste apenas na 4.ª série. Isso significa que nós passamos quatro anos sem saber como essas crianças estão aprendendo, e sem saber se os educadores, dentro da sala de aula, estão educando corretamente. Tem uma máxima que é a pura verdade: se um professor, um político ou qualquer um de nós fala uma coisa para alguém e essa pessoa não entende, essa pessoa não é inteligente o suficiente para entender; se a gente fala pela segunda vez e ela continua a não entender, essa pessoa ainda não é inteligente; mas se a gente falar pela terceira vez e a pessoa não entender, é preciso cuidar de quem está falando, e não de quem está ouvindo. *(15/3/07, Brasília – DF. Abertura da reunião com educadores)*

**... precisam ser reciclados:** Não adianta vender estatísticas dizendo que todas as crianças estão na escola, porque é importante que todas as crianças estejam nas escolas, e isso é um ganho extraordinário, mas é preciso saber qual a qualidade do ensino que essas crianças estão tendo. E hoje, no primeiro estudo feito em 2003, nós constatamos que é preciso reeducar os nossos alunos e os nossos educadores, porque 40% das crianças que entram nas escolas não terminam o 2.º grau, 58% não aprendem a interpretar um texto quando saem da 4.ª série, e 59% não sabem fazer uma das quatro operações. *(7/6/04, Salvador – BA. Recebimento dos títulos de Cidadão Baiano e Soteropolitano, da Assembleia Legislativa da Bahia)*

**... se ensinam bem, tornam até matemática fácil:** Depois que eu conversei com os alunos da Olimpíadas da Matemática, saí convencido de que matemática para mim sempre foi a coisa mais difícil do mundo, eu não sei se para vocês. Mas os professores me disseram: "Presidente, matemática é que nem pegar a ponta do fio de um casulo, se você pegou, não tem mais problema." Eles falaram que se a gente não cuidar dos educadores para ensinar matemática corretamente na sala de aula, as crianças sempre vão deixar de gostar de matemática. *(16/7/04, Brasília – DF. Op. cit.)*

**... não têm em Lula um colega, mas um entusiasta:** Eu não sou educador, mas possivelmente eu seja o mais otimista dos brasileiros com relação à Educação, por duas razões. Primeiro, porque eu acho que para o Brasil se transformar em um país altamente desenvolvido, competitivo, o Brasil tem que investir muito na Educação, melhorar o salário dos professores, melhorar as condições dos alunos, melhorar as condições de trabalho das pessoas que trabalham nas escolas, mas, ao mesmo tempo, ter uma forte inclusão educacional para os alunos. Nós temos no Governo alguns programas para a juventude que ainda não apareceram, mas vão aparecer, porque os dados são irrefutáveis. Temos o Consórcio da Juventude, no Ministério do Trabalho, temos o Escola de Fábrica, no Ministério da Educação, temos o ProJovem, na Secretaria-Geral da Presidência da República, que são programas que estão tirando o jovem da periferia e colocando para estudar, ganhando uma ajuda de custo, e esses jovens, depois, prestam serviço à comunidade – que é uma coisa, para mim, extraordinária. Além disso, tem diminuído o analfabetismo. Além disso, um milhão de jovens que já tinham abandonado a escola voltaram a estudar, o que é muito gratificante para o nosso país e para o futuro. E tem o programa de inclusão de adolescentes brasileiros na universidade, como o ProUni, como eu disse agora há pouco, que é um programa de sucesso porque pega gente da periferia e coloca na escola. Tudo isso, Luiz [Fara Monteiro, jornalista], vai trazer resultados benéficos para o Brasil daqui a alguns anos, porque quando esses jovens estiverem melhor formados, quando tiverem uma profissão, o Brasil vai ser muito mais importante na sua relação comercial, na sua relação política com o mundo. *(12/12/05, Rádio Nacional. Programa de rádio* Café com o Presidente*)*

## Educar

**[ver: Educação; educador; professor]**

Quem tem que educar meu filho sou eu, eu é que tenho que me responsabilizar pela formação da moral dos meus filhos. Mas, no Brasil, até isso a gente joga para cima do Estado. *(9/8/04, São Paulo – SP. Abertura da Semana Nacional pela Cidadania e Solidariedade)*

**... não pode ser algo feito com violência:** Enquanto os pais pensam que batendo educam, na verdade ensinam que é legítimo bater em alguém. Isso ajuda a explicar o fato de que crianças violentas venham de lares violentos, e de que adultos que batem em crianças tenham sido agredidos na sua infância. Há, portanto, uma ligação muito forte entre uma infância de agressões e uma conduta adulta violenta. *(15/6/07, Brasília – DF. Lançamento da campanha Não Bata, Eduque, em favor dos direitos da criança e contra o castigo físico e humilhante)*

**... custa menos do que recuperar:** No estado do Rio Grande do Norte, a construção de uma escola com quatro salas de aulas que atende 200 alunos custa 480 mil reais, com uma média de 2.440 reais por aluno. Já a construção de um centro educativo para abrigar 72 adolescentes infratores custa ao estado 2.352.000 reais, com um custo médio de 32 mil reais por adolescente. Ou seja, significa que você gasta 2.440 reais para educar uma criança e mantê-la na escola e 32 mil reais para manter um adolescente infrator num centro de recuperação. *(3/9/05, Angicos – RN. Comemoração do 2.º aniversário do programa Petrobras Fome Zero e entrega de certificado aos alunos do projeto Mova Brasil)*

## Eleição

[ver: campanha política; eleitor]

A eleição é um gesto democrático importante, a eleição é extremamente necessária, ela simboliza o fortalecimento da democracia, portanto, é extraordinário que a gente tenha eleição, e muita eleição. *(20/12/05, Macapá – AP. Visita às obras do novo Aeroporto Internacional de Macapá)*

**... é mais eficaz que revoluções:** Nem na Revolução Russa os trabalhadores chegaram ao poder, nem na Revolução Cubana os trabalhadores chegaram ao Governo. E no Brasil, pela via democrática, com debate político, eu fui eleito. Então eu acho que isso pode despertar em outros trabalhadores, no mundo inteiro, a vontade de acreditar como eu acreditei. *(20/5/05, Brasília – DF. Entrevista à jornalista Insun Kang, do jornal* Chosun Ilbo*)*

**... permite a vitória de um índio e de um metalúrgico:** Primeiro, eu nunca falei em revolução. Eu sou um democrata de nascença. Segundo, eu acredito nos valores da democracia. Somente a democracia é que garante a eleição de um Lula presidente da República, de um Evo Morales presidente da República [da Bolívia]. Eu não sei que outra possibilidade teria um índio ou um metalúrgico de chegar à Presidência da República dos seus países. *(17/5/07, Brasília – DF. Entrevista aos jornais* La Nación *e* Última Hora, *do Paraguai)*

**... no caso de Lula, é a vitória da História:** Eu tenho consciência de cada passo, eu tenho consciência de cada coisa. Se, para alguns, a vitória significa a eleição de um homem ou de uma mulher, no meu caso é diferente, porque a minha vitória significa a vitória da História e não de um homem, mas da história da própria classe trabalhadora brasileira. E eu não posso esquecer que a minha inteligência não é minha inteligência, é o resultado da consciência política de vocês. É por isso que eu cheguei lá. *(24/3/03, São Bernardo do Campo – SP. Comemoração dos 50 anos de atividades da Volkswagen no Brasil)*

**... deve ser o resultado de um bom trabalho:** Nós vamos fazer as coisas com a tranquilidade de um Governo que sabe o que quer, sabe para onde vai. E não vamos aceitar que a afobação de alguns permita que a gente tome uma medida apenas pensando numa eleição. A eleição é consequência de um trabalho que você fez. *(22/2/05, Campo Grande – MS. Assinatura do termo de implantação do Polo Minerossiderúrgico de Corumbá)*

**... pode ser o resultado da sorte:** Também temos que trabalhar com a hipótese de que eleição é isso, é um jogo de loteria, você ganha e você perde. *(23/4/08, Brasília – DF. Entrevista exclusiva concedida para o jornal* Diário do Grande ABC*)*

**... pode ser o resultado da persistência:** Eu perdi uma eleição em 82, perdi uma eleição em 89, perdi uma eleição em 94, perdi uma eleição em 98, perdi quantas medalhas? Acreditei, e um dia eu ganhei a medalha. *(22/8/03, Brasília – DF. Encontro com a delegação brasileira nos XIV Jogos Pan-Americanos de Santo Domingo – República Dominicana)*

**... não leva necessariamente à vitória dos melhores:** Mas nem todo mundo que é bom ganha eleição. Tem gente ruim que ganha e tem gente boa que não ganha. Esse negócio da eleição não pode ser o único parâmetro para medir se uma pessoa foi boa ou não, porque tem muita gente, tem muito bandido neste país, espalhados pelos seis mil municípios do Brasil, que se elegem. Todo mundo sabe que eles fazem trambique, um monte de coisas. Esse não é o critério. *(30/11/03, Brasília – DF. Entrevista à TV Bandeirantes, no Palácio do Planalto)*

**... leva à vitória dos mais bem-preparados:** Nós tentamos, quando terminaram as Olimpíadas, trazer aqui os que tinham medalha e os que não tinham medalha, para que a gente pudesse prestar a mesma homenagem, porque eu acho que todos os que vão para uma disputa em qualquer atividade, vão com a disposição de ganhar. Se a gente não ganha, é porque tem alguém que se preparou mais do que nós e precisamos respeitar. Ao invés de sermos vítimas, nós tivemos alguém mais preparado do que nós. *(27/11/03, Brasília – DF. Cumprimentos à delegação brasileira para os II Jogos Parapan-Americanos de Mar del Plata)*

**... não é uma guerra:** É uma convocação que eu quero fazer para os prefeitos: agora tem eleição, vocês têm que saber que a eleição não é uma guerra, é uma disputa. Depois das eleições, vocês têm que continuar companheiros e amigos. Não é possível que a cada eleição se faça uma guerra. Que o povo, na sua sabedoria, eleja o melhor. Que a disputa seja democrática e transparente. E eu, da minha parte, e você, Eduardo [Braga, governador do Amazonas], da sua parte, nós iremos governar com quem ganhar as eleições aqui na cidade de Manaus. *(6/5/08, Igarapé da Cachoeirinha, AM. Inauguração do projeto de urbanização do Igarapé da Cachoeirinha, assinatura de ordens de início das obras da ponte sobre o rio Negro, de ordens de serviço do PAC do Pacto Federativo do Amazonas)*

**... leva políticos a torcer pelo fracasso de adversários:** O Brasil é o único lugar do mundo onde mesmo o companheiro de partido que elege o seu sucessor fica torcendo para ele não dar certo, para ser pior do que ele. É, muitas vezes, o comportamento da mediocridade, não tem nada similar no mundo. Não sei se na França é assim, mas no Brasil é. As pessoas ficam torcendo e trabalhando para que não dê certo. "Ah! Porque eu só posso ganhar uma eleição se o prefeito, se o governador, se o presidente, se o vereador fracassar. Se ele der certo, eu não vou ganhar." *(19/7/05, Taubaté – SP. Comemoração dos 50 anos da Alstom no Brasil)*

**... já atrapalhou alguns governantes:** Por que este país que cresceu durante cinquenta anos, como um dos maiores crescimentos do mundo, não conseguiu se transformar num país definitivamente desenvolvido? É porque em momentos cruciais, em que o Governo deveria tomar decisões, muitas vezes duras, o Governo vacilou porque, possivelmente, tivesse uma eleição próxima ou porque, possivelmente, os seus partidários não se interessavam do ponto de vista político. *(23/11/04, Brasília – DF. Posse da diretoria e do conselho fiscal da Confederação Nacional do Comércio)*

**... pode levar políticos a gastar de forma irresponsável:** Eu estou convencido, tenho dito isso aqui, dentro e fora do Brasil: nós temos uma oportunidade ímpar na história deste país. Já tivemos outras e as jogamos fora, ora porque o dirigente ficou embevecido com o sucesso do seu programa e a partir daí achou que estava tudo resolvido. E quando chega na época das eleições se faz a "farra do boi", se gasta o que não tem, se promete o que não tem. Eu acho que o povo brasileiro não merece mais que isso aconteça com ele. *(10/3/05, Brasília – DF. 11.ª reunião do Conselho de Desenvolvimento Econômico e Social – CDES)*

**... não pode levar à paralisação de obras:** O problema é que hoje, no Brasil, o governador toma posse no dia 1º de janeiro, como eu tomei, e tem um ano para governar com o Orçamento do Governo anterior. Ele só pode construir o seu Orçamento de 2003 para 2004. Acontece que, em 2004, já teve eleição para a prefeitura da cidade, e uma eleição na capital é quase uma eleição do estado, porque envolve muitos interesses, muita disputa política, ou seja, é praticamente meio ano dedicado às eleições. Depois, ele teve 2005 para governar. Acontece que quatro anos para quem está governando é muito pouco, mas para quem está na oposição, quatro anos é uma eternidade. Então, há sempre esse conflito. Ora, que a eleição se dê da forma mais tranquila, que a disputa se dê da forma mais democrática, que se lancem quantos candidatos quiserem, mas que a gente tome em conta que uma eleição, se não ajudar, ela não pode atrapalhar as obras que estão em andamento no estado, não pode, porque senão será o pior dos mundos, porque as pessoas vão começar a se dar conta de que aquilo que parecia muito bom pode não ser bom se as pessoas não tiverem juízo para fazer uma disputa eleitoral e não uma guerra contra o desenvolvimento do estado, da nação ou de uma cidade. *(20/12/05, Macapá – AP. Op. cit.)*

**... é tempo de inauguração sem obra pronta:** Nós fomos a Surubim inaugurar a Adutora Jucazinho, uma coisa que estava há muitos e muitos anos funcionando à meia-boca. Eu sei que já teve até inauguração dela, um tempo atrás, porque neste país, também, em época de eleição, se inaugura um monte de obras que não estão prontas. Em época de eleição é uma desgraça. *(11/2/05, Caruaru – PE. Inauguração da Clínica Asa Branca, do programa Brasil Sorridente)*

**... deve estar submetida a um projeto de nação:** A eleição é uma coisa muito circunstancial. Você não pode colocar um projeto de vida de uma nação em função de uma eleição. A eleição é que tem que estar subordinada a esse projeto de nação. *(10/2/06, Ouidah – Benin. Entrevista concedida durante a visita à casa do senhor Chacha de Souza)*

## Eleitor(es)

[ver: campanha política; eleição]

Coloquem o presidente do banco mais importante do Brasil na fila dos eleitores, e coloquem esta companheira na fila dos eleitores, o voto dos dois vale a mesma coisa. Só que, depois das eleições, alguns políticos só convidam os ricos para as suas festas, e os pobres ficam esquecidos até as próximas eleições. É isso que mudou no Brasil. *(11/3/08, Divinópolis – TO. Inauguração do reservatório de contenção da Barragem Manuel Alves)*

**... no Brasil, são menos valorizados:** Com os Estados Unidos, que são o nosso maior parceiro individual, a coisa parece que bateu quase no topo, ou seja, chegou nas limitações. Eles têm problemas políticos. Não pensem que eles colocam tarifas e não tarifas para os nossos produtos por causa da questão econômica. Num país que tem um PIB de 10 trilhões, isso não é nada. É por uma questão eleitoral. Lá, eles valorizam o eleitor mais do que nós. Eles não mexem porque sabem que mexer no subsídio é mexer num barril de pólvora, e aquilo pode explodir. *(28/11/03, Rio de Janeiro – RJ. Encerramento do 23.º Encontro Nacional de Comércio Exterior)*

**... não devem ter seus interesses imediatos levados sempre em conta:** Se o problema é político, cada governante precisa olhar menos para os seus eleitores e olhar um pouco mais para os milhões de seres humanos que se levantam pela manhã e não têm um pão para comer, e somente o desenvolvimento é que vai permitir que essa gente tenha acesso a comer três vezes por dia. Então, é uma decisão eminentemente política, não tem mais questão econômica no meio. Agora, não é possível querer fazer política sem risco. Muitas vezes, a gente pode perder um pouco internamente, mas, do ponto de vista histórico, você prestou um serviço à humanidade. É assim que eu vejo a Rodada de Doha. Os técnicos já cumpriram a sua parte, agora o desafio é dos dirigentes. *(1/6/07, Londres – Inglaterra. Entrevista ao jornal* The Guardian*)*

**... podem se revoltar:** Obviamente que um índio, no meio da Amazônia, sendo brasileiro, cidadão brasileiro, eleitor brasileiro, e não recebendo as funções que o Estado tem que ter para com ele e para com o seu povo, vai ser tão rebelde contra o Estado quanto um companheiro que mora numa favela do Rio de Janeiro, a cem metros de Copacabana, e não tem água, não tem escola, não tem nada para fazer. *(8/5/08, Brasília – DF. Lançamento do Plano Amazônia Sustentável – PAS)*

**... às vezes, são incoerentes:** Eu fui uma vez em Pirapora, Minas Gerais, os mineiros devem estar lembrados, na caravana de 1993, do São Francisco, fazia três meses que tinha havido eleição. Eu cheguei na cidade, o povo estava fazendo uma manifestação e pedindo a renúncia do prefeito. E me convidaram para ir. Eu falei: "Não vou, não vou porque vocês acabaram de eleger o homem, como é que vão pedir a cabeça do homem? Ele nem começou a administrar." Esses dias foi a mesma coisa: eu fui a Caruaru. Não sei se está aqui o prefeito de Caruaru. Mas eu fui a Caruaru. Cheguei lá, um movimento para que o prefeito saísse. Mas ele tinha acabado de ser eleito. Se foi bom ou certo, o povo é que vai julgar, se teve alguma coisa errada, a Justiça vai julgar, senão a gente não passa a seriedade para o eleitor que votou em nós nas eleições. *(7/3/05, Brasília – DF. Abertura da VIII Marcha a Brasília em Defesa dos Municípios)*

**... estão amadurecendo:** E o que aconteceu nessas eleições de 2002 foi a demonstração da maturidade política do Brasil, a demonstração de que não é possível a gente confundir uma disputa política com problemas pessoais. Foi uma demonstração do amadurecimento dos eleitores brasileiros, do Governo do presidente Fernando Henrique Cardoso e do meu Governo recém-eleito. *(5/1/04, Brasília – DF. Entrega do prêmio da Universidade de Notre Dame)*

**... merecem respeito:** Eu posso ser adversário do Serra [José Serra, governador de São Paulo] e ele pode ser meu adversário, mas o dado concreto é que ele foi eleito e eu fui eleito. O meu eleitor e o eleitor dele merecem o respeito de todos neste país e, portanto, os eleitores que votaram na gente não querem que a gente continue a disputa depois das eleições, eles querem que a gente governe. Eles se lembram dos discursos que nós fizemos, das propostas que fizemos, dos compromissos assumidos. Então, o que o povo deseja é que a gente governe. *(20/5/08, Santos – SP. Assinatura de atos relativos a obras do PAC na Baixada Santista)*

**... votaram em massa em Lula, mas não no PT:** E todos nós sabemos que não fizemos uma revolução no Brasil, viu, Cervantes [Sergio Cervantes, diplomata cubano], apenas ganhamos uma eleição, numa correlação de forças extremamente eficaz do ponto de vista do eleitor brasileiro, mas uma correlação de forças mais apertada, do ponto de vista das instâncias congressuais deste país. *(20/10/05, Brasília – DF. Abertura do 11.º Congresso Nacional do PCdoB)*

## Elite

**[ver: empresário; pobre; pobreza]**

Lamentavelmente – e não gostaria de estar dizendo isso agora, mas vou dizer –, um grupo muito pequeno de uma elite conservadora nunca aceitou, em tempo nenhum, que os pobres fossem tratados iguais a eles. Mesmo que a gente não tirasse nada deles, mesmo que a gente não tirasse um centavo dos benefícios que eles recebiam, eles não admitiam que o pobre tivesse as coisas com a mesma qualidade, nunca admitiram, porque, para eles, pobre tinha que continuar pobre, sem oportunidades, sem chances de se transformar em grandes personalidades deste país. Na cabeça deles, o lugar de destaque no cenário político, no cenário acadêmico, nas grandes profissões e nos grandes empregos era apenas para uma pequena parcela da sociedade. *(16/8/07, Rio de Janeiro – RJ. Visita às instalações do campus educacional do Colégio Pedro II)*

**... é culpada pelo subdesenvolvimento:** Nós somos pobres. Uma parte pode ser culpa dos países ricos. Mas outra pode ser culpa de uma parte da elite do continente sul-americano, que governou de forma subserviente, que governou de forma subalterna este país, praticando os casos mais absurdos de corrupção. *(24/1/04, Porto Alegre – RS. III Fórum Social Mundial)*

**... gosta mais da Europa:** Não é apenas aqui no estado do Espírito Santo que há anos um presidente não vinha. Tem estado onde eles nunca foram, tem estado que nunca conheceram, e nunca se interessaram em conhecer, porque a elite dirigente brasileira gosta mais de Paris, de Londres, de Roma do que do próprio Brasil. *(22/4/03, Vitória – ES. Assinatura de Protocolo de Intenções e repasse de recursos da União para o Espírito Santo para a área de segurança pública)*

**... sempre teve a mente colonizada:** O Brasil, apesar de ter tido a sua independência proclamada no dia 7 de setembro de 1822, o Brasil teve durante muitos anos a cabeça política, a cabeça das doutrinas estabelecidas neste país, uma colonização eterna, porque embora nós tivéssemos uma independência, o Brasil esteve muitos e muitos anos com uma ação de país colonizado, que pensava pequeno e que achava que para tudo que teria que fazer, teria que pedir licença para a União Europeia ou pedir licença para os Estados Unidos. Houve até quem dissesse que o que era bom para os Estados Unidos, era bom para o Brasil. E assim predominou a cabeça da nossa elite dirigente durante anos e anos, décadas e décadas. *(22/2/05, Campo Grande – MS. Assinatura do termo de implantação do Polo Minerossiderúrgico de Corumbá)*

**... perpetua-se no poder mantendo a miséria e o analfabetismo:** O Cristovam [Buarque, ministro da Educação] citou três milhões de estudantes. Numa população de 175 milhões de habitantes, se 10% dos alfabetizados resolvessem ensinar os analfabetos, possivelmente nós faríamos um milagre, em que os calculistas pesquisadores não entenderiam o que aconteceu no nosso país. Portanto, acho que está nas nossas mãos, Cristovam. E este acordo [entre a Confederação Nacional da Indústria e o Ministério da Educação] é um passo extremamente importante. Espero que ele sirva de lição para que outros segmentos da sociedade, para que outras entidades possam assumir o mesmo compromisso, porque, aí, vamos descobrir que o dinheiro nunca foi o grande problema deste país. O grande problema é que, muitas vezes, a miséria e o analfabetismo transformaram-se numa forma eficaz de perpetuação de uma elite no poder. *(23/4/03, Brasília – DF. Assinatura de convênio entre a Confederação Nacional da Indústria e o Ministério da Educação)*

**... persegue quem é diferente dela:** Este ano, dos cem mil que vão entrar [na universidade], outros 30 ou 40% serão de jovens negros e negras, para que a gente acabe de uma vez por todas com a desigualdade que existe neste país, com o preconceito racial, com a perseguição àqueles que são diferentes da costumeira elite dirigente do Brasil. *(23/12/05, Osasco – SP. Comemoração da meta do programa Bolsa Família – oito milhões e setecentas mil famílias atendidas em 2005)*

**... é insensível a coisas simples que dão dignidade às crianças:** Uma parte da elite brasileira, Cristovam [Buarque, Ministro da Educação], não tem noção de que dar um uniforme para uma criança pobre ir à escola é dar a essa criança o primeiro princípio da cidadania, para que ela possa ir bem-vestida à escola. Isso é um princípio elementar da igualdade entre as crianças numa escola. Duro é quando uma criança vai bem-vestida à escola, porque o pai e a mãe têm um mínimo de condições, e lá encontra um companheirinho que está maltrapilho, malvestido, às vezes sem sapato. O que a Marta [Suplicy, prefeita de São Paulo] fez foi gastar o dinheiro da Educação da forma mais decente possível. *(1/8/03, São Paulo – SP. Inauguração do Centro Educacional Unificado Jambeiro)*

**... até Lula, tinha o monopólio da Presidência da República:** A minha chegada à Presidência da República é um sinal de alerta para qualquer cidadão brasileiro, para qualquer, porque, até antes de mim, a Presidência da República era um cargo pensado apenas de forma elitista. Só podia chegar à Presidência da República quem fosse da elite brasileira, da elite intelectual, da elite empresarial ou da elite militar. Nós, a parte pobre deste país era pensada apenas como eleitor ou eleitora, a cada quatro anos. *(19/2/08, Vitória – ES. Assinatura da ordem de início das obras de adequação do Contorno de Vitória e das obras de esgotamento sanitário no bairro de Santo Antônio)*

**... até Lula, não estava acostumada à força do nordestino:** Para chegar aonde nós chegamos foi uma tarefa muito difícil. Primeiro, foi necessário consertar o país. Vocês lembram, quando nós entramos, todo mundo dizia que nós não íamos conseguir governar, que o Brasil estava quebrado, que o Brasil não tinha crédito, que o Brasil dependia do FMI, que o Brasil devia para o FMI. Tinha gente que imaginava: "Vamos deixar esse tal de Lula entrar, ele não vai aguentar um ano, e nós vamos tirar ele dali." Pois bem, eles não sabem que o nordestino quando não morre de fome até os cinco anos de idade, é muito difícil alguém derrubar o nordestino dali para a frente. É muito difícil. E a elite política deste país não estava acostumada a isso.

*(28/2/08, Fortaleza – CE. Assinatura de atos de saneamento e habitação do PAC)*

**... é menos competente que o povo trabalhador:** Todos nós, daqui a quatro anos, queremos medir o que foram os nossos quatro anos e o que foram os anos antes de nós, para provarmos como é que o povo trabalhador, ao ser chamado à responsabilidade, mostra competência para fazer o que, muitas vezes, a elite brasileira não conseguiu fazer. *(14/5/04, Franca – SP. Abertura da 35.ª Feira Agropecuária de Franca)*

**... fez menos pelo país em 500 anos do que Lula em quatro:** Tem gente que odeia que essas coisas estejam acontecendo, porque tem gente que torcia para que, na hora em que nós ganhássemos as eleições, o Brasil acabasse. E o Brasil nunca foi tão respeitado como é respeitado hoje. O Brasil nunca teve a autoestima que está tendo hoje. E eu dizia e repito: eu quero provar que um metalúrgico é capaz de fazer por este país muito mais do que a elite fez durante os 500 anos em que ela governou este país. Quero provar, porque quando eu deixar o Governo, eu quero andar de cabeça erguida em cada rua deste país, em cada lugar, com a cabeça erguida e com a consciência do dever cumprido. *(14/7/04, Campinas – SP. Inauguração da Estação de Tratamento de Esgoto)*

**... fez tantos estragos que é impossível Lula consertá-los em quatro, oito ou dez anos:** E sei, também, que não é possível a gente consertar em quatro, oito ou dez anos o desmazelo de cinquenta ou de cem anos causado pela elite dirigente deste país. *(5/5/08, Teresina – PI. Assinatura de ordens de serviço de início de obras do PAC, lançamento do Bolsa Formação, Plano Habitacional para Policiais e Pacto dos Territórios da Cidadania no estado do Piauí)*

**... é contrária à preservação do patrimônio histórico:** A verdade nua e crua é que um povo que não conhece a sua história é um povo mais fragilizado politicamente, intelectualmente e culturalmente. E, no Brasil, muitas vezes, uma parte da elite brasileira gosta de viajar para a Europa e gosta de enaltecer os castelos europeus, gosta de enaltecer os museus na Europa. Mas, quando chega no Brasil, onde um prefeito, um governador, um presidente da República diz que vai gastar 50 centavos para recuperar um próprio histórico, eles falam contra e, muitas vezes, criticam abertamente. *(5/5/06, Ouro Preto – MG. Inauguração do "Trem da Vale" e lançamento do Projeto de Educação Patrimonial)*

**... considera seus benefícios como investimento e os dos pobres como gasto:** E o desafio foi importante, porque o grande adversário do ministério e dos programas foi enfrentar o preconceito, um preconceito cultural, um preconceito que está arraigado na cabeça de uma parte da elite brasileira que acha que tudo o que a gente dá para ela é investimento, e tudo o que a gente dá para os pobres é gasto. Não têm dimensão cultural para fazer uma inflexão e perceber que o que nós investimos em políticas sociais significa um investimento tão importante quanto qualquer outro investimento. Porque, por menos que você dê para uma pessoa pobre, você estará transformando essa pessoa numa espécie de consumidora dos bens de consumo populares que nós mesmos produzimos no Brasil. *(12/3/08, Brasília – DF. Solenidade – MDS 4 anos: Superando a Fome e Reduzindo as Desigualdades Sociais)*

**... historicamente, tem medo de se aliar ao povo com medo de perder poder:** Companheiros e companheiras, a história do povo brasileiro é uma história de segregação para muitos e de muitos benefícios para poucos. Já na Revolução de 1917 [a data correta é 1817] e na Confederação do Equador [1824], a elite de Pernambuco discutia se não seria bom chamar os negros, se não seria bom chamar os índios para participarem mais ativamente, e a elite falava: "Não, nós não podemos chamá-los, porque se eles participarem e aprenderem, daqui a pouco vão fazer guerra contra nós e vão querer mandar no estado." A política brasileira é assim. Estou vendo um homem ali, o Severino [Cavalcanti], que foi presidente da Câmara [dos Deputados entre fevereiro e setembro de 2005, quando renunciou o cargo de deputado federal para fugir da cassação por corrupção e foi eleito presidente da Câmara porque a nossa oposição queria derrotar o Governo, achando que o Severino iria ser contra o Governo. Pois bem, elegeram o Severino. Não levou muito tempo, perceberam que o Severino não era oposição ao Governo, e trataram de derrubá-lo com a mesma facilidade com que o elegeram. E, certamente, aquela parte da elite paulista ou do Paraná, que te convidava para fazer palestra todas as semanas para falar mal de alguns projetos, hoje, se o encontrarem na rua, não o cumprimentam, e eu continuo tendo o mesmo respeito, hoje, que eu tinha por você há muito tempo, porque a relação humana não é feita apenas de um momento, a relação humana é feita de forma mais sadia, e quando a gente comete erros, a gente paga. Mas é importante que a gente saiba que a hipocrisia deste país deixou a grande maioria da população marginalizada. *(26/3/08, Recife – PE. Assinatura de ordem de início das obras do PAC no estado de Pernambuco)*

**... finge-se de amiga e, depois, descarta-se de quem não precisa mais:** Seguinte: há apenas uma meia verdade de que uma parte da grande elite brasileira, seja dos meios de comunicação, seja do empresariado, gosta do Palocci [Antônio Palocci, ministro da Fazenda]. Obviamente, alguns respeitam. Eu, pelo menos, acho que, se não fosse o Palocci, a gente não teria chegado nessa situação de confiabilidade do Brasil. Por uma razão: por ele não ser economista e não ficar tendendo a ficar nervoso com as teses, porque eu conheço muito os nossos companheiros. Mas veja uma coisa: o que essa elite vendeu nos últimos 90 dias? Vendeu a ideia de que, se a Economia está bem, não é por conta do Governo. Donde então não precisam mais do Palocci. E aí começaram a cutucar-lhe a vida. Eu estou preocupado, porque daqui a pouco eles vão querer analisar o passado do Palocci, e se ele não cometeu heresias até no ventre materno. Eu tenho conversado muito com o Palocci, tenho mostrado que o pessoal do PSDB de São Paulo não é tão amigo dele, não. *(7/12/05, Brasília – DF. Entrevista à revista* Carta Capital, *no Palácio do Planalto)*

**... trata mal os adversários:** E eu acho que se o Ciro [Gomes, ministro da Integração Nacional] não estivesse participando... obviamente que todos os ministros tiveram... Eu dei a Transnordestina e o São Francisco para o Ciro, numa homenagem de um companheiro que disputou as eleições comigo, e eu disse ao Ciro uma vez: "Você vai saber o que é a elite política brasileira quando você virar oposição. Você vai saber como é que ela trata os adversários." *(25/11/05, Fortaleza – CE. Assinatura de contratos e convênios para a construção da Transnordestina e do metrô de Fortaleza e anúncio de empréstimos de microcrédito do BNB)*

**... é a mesma há 300 anos, lança as mesmas infâmias:** Quando eu li o livro sobre JK, eu percebi que, naquela época, os iguais aos de hoje daquela época, porque a elite sempre foi mais ou menos a mesma, uma parte da elite política sempre foi a mesma... você pega a família que está há trezentos anos na política brasileira, trezentos, quatrocentos anos na política, e eu estou percebendo que é o mesmo tipo de gente que acusava de forma peremptória Juscelino Kubitschek [presidente do Brasil entre 1956 e 1961] de todas as coisas, de todas as infâmias. Não tinha palavrão que faltasse para o Juscelino ser atacado, e a televisão está mostrando honestamente o que foi aquilo [numa minissérie da TV Globo]. E eles fizeram isso conosco o ano passado. Não são os mesmos; se fizer um DNA político, ideológico, é a mesma coisa, vão perceber que é a mesma coisa. Eu aprendi que a gente tem que ter paciência nessas horas, a gente tem que ter paciência, contar até dez, pensar muito em Deus e sempre acreditar que a verdade vai aparecer. *(17/3/06, São Francisco do Sul – SC. Cerimônia alusiva às obras de recuperação e modernização do porto de São Francisco do Sul)*

**... não será capaz de fazer Lula baixar a cabeça:** Portanto, meus companheiros, eu conquistei o direito de andar de cabeça erguida, neste país, com muito sacrifício. E não vai ser a elite brasileira que vai fazer eu baixar a minha cabeça. Não vai ser. *(22/7/05, Rio de Janeiro – RJ. Visita às novas unidades de produção da Refinaria de Duque de Caxias – Reduc)*

**... tem subdivisões, e uma domina a outra:** Muitas coisas que acontecem no Nordeste é porque, muitas vezes, parte da elite política do Nordeste foi subserviente à elite política do Centro-Sul deste país. Muitas vezes. É só ver a votação no Congresso Nacional que a gente vai ver quantas coisas o Nordeste perdeu, porque me parece que quem tem o poder de persuasão não é a maioria, são os magnatas do poder econômico, que fazem *lobby* no Congresso Nacional. *(30/4/08, Maceió – AL. Instalação e posse do Conselho Deliberativo da Superintendência do Desenvolvimento do Nordeste – Sudene)*

**... é também gente muito preparada:** Veja, nós criamos o Sistema Único de Segurança Pública. Foi feito convênio com todos os estados da Federação para que haja um trabalho integrado entre a Polícia Federal e as polícias estaduais, tanto a Militar quanto a Civil. Nós criamos um grupo de elite, de gente muito experimentada. Essas pessoas estão sendo preparadas, estruturadas para começar a funcionar. *(2/10/03, Brasília – DF. Entrevista a emissoras de rádio)*

**... tem hoje Lula entre seus membros:** Vejam que interessante: um filho da dona Lindu, que não tem diploma universitário, que não faz parte da elite política deste país... agora sou da elite política porque já virei político importante, mas não estava previsto na sociologia brasileira um retirante nordestino, torneiro mecânico, sem diploma universitário chegar a presidente da República. Eu cheguei. E também, certamente, não estava dito em nenhum livro que uma mulher que morreu analfabeta seria o nome de uma escola de formação profissional da qualidade do Senai. *(16/12/05, Garanhuns – PE. Inauguração da Escola Senai de Garanhuns Eurídice Ferreira de Melo – "Dona Lindu")*

## Empregado(s)

[ver: empregador; empresário; trabalhador]

Às vezes, nós tratamos uma pessoa que trabalha na casa da gente muito bem, tem gente que fala... uma vez eu fui numa casa e o cidadão falou assim para mim: "Lula, essa mulher mora comigo há quarenta anos, cuidou do meu filho, cuidou do meu neto, é como se fosse da família." E a mulher perguntou assim para mim: "Lula, se eu sou da família, pergunta para ele por que eu não estou no testamento dele." É verdade, porque muitas vezes a gente pensa que essa relação equivocada é melhor. Não, o melhor é ter uma relação de empregado e empregador, ter horário para entrar, ter horário para sair, ter o salário registrado em carteira profissional, pagar a Previdência, é a melhor coisa que nós temos a fazer, e foi uma conquista que as mulheres tiveram no Dia Internacional da Mulher. *(19/4/06, Porto Alegre – RS. Inauguração da nova emergência do Hospital Nossa Senhora da Conceição)*

**... não têm que ser elogiados, mas bem-remunerados:** Não adianta a gente falar que a função do carteiro é nobre, que ele atende todo mundo, que os cachorros saem para mordê-lo, que ele sai correndo, às vezes, quando vai entregar uma carta de uma mulher que está se separando do marido ou do namorado, sai a toque de caixa, que é um empregado maravilhoso, e que precisa ser feita uma estátua para ele. Tudo isso é importante. Agora, o mais importante é, em troco do serviço que vocês prestam, vocês ganharem o suficiente para cuidar da família de vocês. *(8/5/07, São José – SC. Inauguração do Centro Operacional e Administrativo dos Correios e Telégrafos)*

**... não devem ser segregados:** E eu lembro que cheguei com a Benedita [da Silva, secretária de Assistência Social e Direitos Humanos do estado do Rio de Janeiro] no prédio e o porteiro falou assim para nós: "Vocês não podem entrar pelo elevador principal, têm que entrar pelo elevador de serviço." Foi a primeira vez, já como político, que eu me senti um cidadão de terceira categoria. Porque, gente, se tem uma coisa abominável é você viver num país em que tem um elevador para um e um elevador para outro, que tem elevador para empregado. Eu me lembro de que, na época, eu liguei para o prefeito e falei: "Prefeito, eu não vou subir, porque eu não vou pelo elevador de serviço. Não é por nada, não, é porque eu não estou trabalhando. Eu vim aqui fazer uma visita e eu quero entrar." Então, o prefeito ficou nervoso e falou com o porteiro, porque certamente era uma figura simples, mas que tinha essa coisa: que pobre e preto têm que subir pelo elevador dos fundos e não pelo elevador da frente. Apenas para mostrar o quanto nós ainda temos que avançar. Nós temos que avançar muito porque nós retrocedemos. *(1/10/07, Rio de Janeiro – RJ. Liberação de recursos do BNDES para cooperativas de catadores de materiais recicláveis)*

**... quando qualificados, são disputados:** Quando aquele menino tirar o diploma daqui, em qualquer lugar em que ele chegar vai ter uma oportunidade de emprego. Se ele não tiver uma profissão, ele vai chegar na fábrica, vai perguntar se tem vaga e vão falar para ele: "Não tem." Se ele tiver uma profissão, mesmo se não tiver vaga, vão pegar a ficha dele e no dia em que surgir uma vaga vão chamá-lo, porque empregado qualificado tem oportunidade neste país. *(19/2/08, Cachoeiro de Itapemirim – ES. Entrega da conclusão das obras dos prédios da Unidade de Ensino Descentralizada do Cefet – ES)*

## Empregador(es)

**[ver: empregado; empresário; trabalhador]**

Nós [trabalhadores e empregadores] sabemos, muitas vezes, que estamos de lados diferentes, pensando contrariamente em muitas coisas, mas nós sabemos que precisamos um do outro para sobreviver, é como se fosse unha e carne. Precisamos, e o que estamos fazendo? Aparando a unha, deixando ela bem-feitinha, cortadinha, rente à carne, para passar a conviver com muita tranquilidade. *(16/3/06, Brasília – DF. Assinatura dos decretos de inclusão do trabalhador nos conselhos do Sesi, Senai, Sesc e Senac)*

**... podem ser bons ou maus:** É preciso que os bons fazendeiros, os bons empregadores denunciem também o trabalho escravo, porque senão a sociedade se confunde, fica parecendo que está todo mundo envolvido nisso. São poucos os que praticam o trabalho escravo. *(9/2/04, Rádio Nacional. Programa de rádio* Café com o Presidente*)*

**... não têm tanta divergência com sindicalista:** Isso é como numa negociação simples entre um empregador e um sindicalista. Parece que as distâncias são enormes, mas, quando se sentam na mesa para negociar, a gente percebe que tem vários pontos que precisam apenas ser melhor ajeitados, para que a gente possa colocar a política para andar. *(26/1/03, Davos – Suíça. Sessão plenária "Diálogo com o Presidente do Brasil", no XXXIII Fórum Econômico Mundial.)*

**... não podem ser simplesmente atacados pelos sindicalistas:** O sindicato era um órgão eminentemente de contestação. O fato de a gente ir na porta de fábrica falar mal do empregador e falar mal do Governo já nos dava o direito de dizer que éramos bons dirigentes sindicais. Hoje, o sindicato precisa ser algo mais do que apenas um sindicato de contestação. Obviamente que ele pode contestar, e é o papel dele. Mas obviamente que um papel sagrado do sindicato hoje é, além de contestar, ter capacidade de fazer propostas que possam significar melhoria para a sua própria categoria. *(21/5/06, São Paulo – SP. Inauguração da sede do Sindicato dos Comerciários de São Paulo)*

**... não podem ser prejudicados por causa da legislação trabalhista:** Em outubro, nós aprovamos uma lei em que a gente pedia para criar o primeiro emprego e ao mesmo tempo a gente criava, Nildemar [Secches, presidente da Perdigão], uma imposição para que o empregador não pudesse mandar um outro trabalhador embora. Ora, o que aconteceu? Nós criamos a lei, mas como no Brasil tem lei que pega e tem lei que não pega, essa lei não pegou por quê? Porque o empresário queria contratar o jovem, mas se ele tivesse que mandar alguém embora por conta da crise econômica, ele não podia. Então, nós estamos mandando agora para o Congresso Nacional uma mudança na lei. *(5/5/04, Rio Verde – GO. Assinatura da carteira de trabalho de número 5.000 da empresa Perdigão)*

**... reconhecem o trabalhador qualificado:** Vocês vão perceber que quando vocês começarem a estudar, a primeira coisa que vai melhorar é a relação de vocês no local de trabalho, porque o próprio empregador, se tiver um trabalhador mais qualificado, vai ter que promover esse trabalhador para exercer uma função melhor e para ganhar um salário melhor. *(25/7/05, Brasília – DF. Visita às obras de ampliação da nova pista do Aeroporto de Brasília)*

**... não gostam de inexperientes:** Quando você tem uma carteira profissional, mas você não tem profissão, e chega numa empresa para procurar emprego, o empregador pergunta: "O que você sabe fazer?" E você fala: "Nada", simplesmente ele diz para você: "Não estamos precisando, vá embora." *(19/6/06, Santo Amaro da Purificação – BA. Entrega das instalações do Cefet)*

**... precisam de mais facilidades para empregar, mas precisam tratar empregados com mais dignidade e respeito:** A nossa legislação é de 1943, portanto, é preciso adequá-la para que a gente possa tornar algumas coisas, que hoje são difíceis, nós queremos facilitar a contratação dos trabalhadores, queremos que fique mais fácil o empresário contratar um trabalhador, que fique menos oneroso para o empregador contratar um trabalhador, mas queremos que o trabalhador seja tratado com mais dignidade e com mais respeito. Eu acho que há, hoje, uma confluência de interesses entre os empresários, representados pelos seus sindicatos, e os trabalhadores. Eu estou convencido que nós vamos apresentar uma boa proposta de reforma trabalhista, que terá sensibilidade do Congresso Nacional. *(24/2/06, Brasília – DF. Entrevista à revista* The Economist*)*

## Emprego

**[ver: crise financeira de 2008; Economia]**

O dado concreto é que nós precisamos trabalhar para criar o maior número de empregos possível, porque, na minha opinião, o emprego é aquilo que dá dignidade à pessoa humana. É o cidadão poder trabalhar e, no final do mês, receber o seu salário, comprar coisas para si e para a sua família, sem viver de favor de ninguém. Não tem nada que dê mais autoestima e mais orgulho às pessoas. Nós vamos trabalhar para isso. (30/11/03, Brasília – DF. Entrevista à TV Bandeirantes)

**... é prevenção contra o crime:** Se a gente não gerar empregos, pode perder parte da nossa juventude para o crime organizado. *(24/3/03, São Bernardo do Campo – SP. Comemoração dos 50 anos de atividades da Volkswagen no Brasil)*

**... quando é o primeiro, é mais difícil de se conseguir hoje:** O Primeiro Emprego é, na verdade, a primeira possibilidade que temos de dar oportunidade às pessoas para conquistarem a sua cidadania. Até porque está muito mais difícil do que no nosso tempo ou do que no meu tempo de jovem. Muito mais complicado. Eu diria que a meninada de hoje tem menos possibilidade do que eu tive, há 45 anos. *(30/6/03, Brasília – DF. Lançamento do programa Primeiro Emprego)*

**... é a questão que mais emociona Lula:** Realmente, essa questão do emprego é a coisa que mais me emociona, porque desde 1980, são praticamente 25 anos que o Brasil vem tendo retrocesso na geração de empregos, que não acompanha o crescimento demográfico. Eu vou dizer uma coisa para vocês e quero que vocês gravem este número: em oito anos do Governo passado – segundo o Caged [Cadastro Geral de Empregados e Desempregados], que é do Ministério do Trabalho e foi criado em 1992 –, em oito anos, de 1994 a 2002, neste país, foi criada uma média mensal de 8.030 novos empregos. Nos nossos 31 meses de Governo a média não foi de oito, foi de 104 mil novos empregos a cada mês, neste país, perfazendo o total positivo, entre demitidos e admitidos, de 3 milhões e 135 mil empregos, contra 790 mil em oito anos do Governo anterior. *(10/8/05, Palmas – TO. Inauguração do Hospital Geral de Palmas Dr. Francisco Ayres)*

**... é uma obsessão do presidente:** Vocês sabem que, durante a campanha, eu afirmei quantas vezes foi possível afirmar que o emprego, para mim, seria uma obsessão. E vou fazer com que essa obsessão tome conta da minha cabeça durante os quatro anos de mandato, porque nós teremos que dar a oportunidade de trabalhar e de estudar para milhões de jovens que querem trabalhar e estudar e que têm oportunidade, neste momento histórico do nosso país. *(10/3/03, São Paulo – SP. Exposição de produtos da fábrica Daimler-Chrysler do Brasil)*

**... significa salário, poder de compra, crescimento e, novamente, emprego:** Acho que eu tenho quase idade para ser pai do Eduardo [Campos, governador de Pernambuco] e do João Paulo [Lima e Silva, prefeito do Recife]. Eles parecem mais velhos do que eu, mas eu tenho idade de ser pai deles. Eles sabem do carinho pessoal que eu tenho por eles, carinho de irmão, de pai, de tudo que vocês possam imaginar. Agora, a única coisa que eu cobro deles é que, pelo amor de Deus, essas obras significam muito, porque elas significam melhoria da qualidade de vida de vocês. Depois, elas significam emprego para muita gente, e emprego significa salário, salário significa poder de compra. As pessoas vão poder comprar; as pessoas comprando na loja, a loja vai comprar da fábrica, a fábrica vai produzir mais e vai precisar de mais empregados. A Economia do estado vai crescendo, mais empresas vão vir para cá, mais empregos vão gerar. É nisso que nós precisamos acreditar e fazer. *(26/3/08, Recife – PE. Assinatura de ordem de início das obras do PAC no estado de Pernambuco)*

**... não podem ser gerados pela coisa pública:** Preparar o Brasil que nós queremos não é inventar como gerar empregos. É que a angústia deve ser de sindicalistas, eu sei como é, porque é a minha. Ou seja, a angústia de gerar empregos... há quem diga até que o Estado deveria ter muito dinheiro para pagar para jovens trabalharem, fazer coisa pública, e isso seria ótimo se nós tivéssemos o dinheiro. Mas o emprego que nós precisamos construir é um emprego sólido, que advenha da geração de crescimento econômico, da geração de riqueza. Esse é o emprego que interessa. Para esse emprego nós temos que ter uma coisa sólida; é só a Economia voltar a crescer, e vocês sabem que ela vai crescer. *(11/3/04, Brasília – DF. Reunião do Conselho de Desenvolvimento Econômico e Social – CDES)*

**... depende do crescimento da Economia:** Nós sabemos que se não houver a empresa, não haverá emprego; se não houver emprego, não haverá renda; se não houver renda, não haverá comida; se não houver comida, será a desgraça total neste ou em qualquer outro país. *(29/5/03, São Bernardo do Campo – SP. Entrega simbólica de 225 toneladas de alimentos para o programa Fome Zero)*

**... não são gerados pela agricultura familiar, mas ela retém a pessoa no campo:** Os assentamentos dos trabalhadores rurais vão dar muito mais certo no dia em que conseguirmos organizá-los em cooperativas, dando, inclusive, uma dimensão administrativa importante para eles, porque nós precisamos da agricultura empresarial, mas precisamos também fortalecer a agricultura familiar. A agricultura familiar não gera empregos, ela gera trabalho e permite que a pessoa não saia do campo. *(12/4/03, Maringá – PR. Inauguração da indústria de sucos Cocamar)*

**... perdido é uma tragédia, e Lula sabe disso:** Sei o que é um chefe de família levantar todo dia às 5 horas da manhã, andar o dia inteiro e voltar para casa com a carteira no bolso, sem emprego. Eu sei o que é um marido chegar em casa, ver a mulher encostada na beira de um fogão, sem ter o que comer, com os filhos pedindo. *(17/6/03, Pelotas – RS. Discurso na 11.ª Feira Nacional do Doce – Fenadoce)*

## Empresário(s)

[ver: banqueiro; elite; empregado; fábrica; pobre; trabalhador]

Como é possível pensar em criar uma estrada de 1.800 e poucos quilômetros sem ter viabilidade econômica? Porque esse é o pensamento que deve permear o empresário, que deve permear a iniciativa privada. É justo que ele, ao pensar em investir, queira saber: "Tem mercado para o meu produto? Eu vou lá. Tem mão de obra qualificada? Tem eletricidade? Tem água? Tem estrada?" Aí ele vai fazer o seu investimento. Esse é o papel de um empresário que quer fazer investimento. *(22/2/07, Brasília – DF. Assinatura do decreto que instituirá a Política Nacional do Desenvolvimento Regional – PNDR)*

**... só pensam no lucro, e isso é certo:** O empresário pode aceitar participar da parceria em uma estrada, porque terá um pedágio rentável e lhe trará retorno. Eu quero dizer aos empresários que eu concordo com isso: só ponham o dinheiro de vocês aonde vocês puderem ganhar alguma coisa. Mas o Estado tem a obrigação de garantir o direito de ir e vir das pessoas. Então, quando o Estado faz investimento, ele não precisa, enquanto Estado, ficar pensando apenas no lucro. Ele está pensando na socialização dos benefícios que tem que garantir à sociedade. *(14/9/04, Paulínia – SP. Inauguração das Unidades de Coque, de Hidrotratamento de Diesel e de Recuperação de Enxofre da Replan)*

**... devem poder ganhar o dinheiro deles:** Portanto, nós vamos tentar, e quero te ["companheiro Manoel", sem maior identificação] dizer que enquanto eu for presidente, você me terá como parceiro, para que a gente sempre tente, numa mesa de negociação, de forma muito ajuizada e equilibrada, encontrar as soluções que possam permitir aos empresários produzir, que possam ganhar o seu dinheiro, que os trabalhadores possam trabalhar e possam viver condignamente, sem o banco cobrar uma taxa que você apresentou aqui, agora. *(17/11/05, Brasília – DF. Entrega do Selo Combustível Social)*

**... não se seduzem por discurso apenas:** Nós sempre afirmamos, aqui no Governo, que é o projeto que faz o dinheiro, não é o dinheiro que faz o projeto. Se você tentar convencer um empresário a investir em alguma coisa de forma abstrata, apenas pelo seu bom discurso, você não vai trazer um níquel para cá, mas se você tiver um bom projeto, que tenha base de sustentação, que tenha viabilidade econômica, pode ficar certo que muita gente vai ter interesse de investir os recursos aqui no Brasil. *(14/8/03, Brasília – DF. Entrega dos relatórios dos 27 Fóruns da Participação Social no PPA 2004-2007)*

**... são agentes do desenvolvimento:** Vocês, que são empresários, vocês, que são agentes do desenvolvimento deste país, sabem que nós não temos mais esse problema. Pois bem, já conquistamos a confiança internacional, já estamos a ponto de ser um dos países de maior pretensão para os investidores estrangeiros. Nós, agora, precisamos estabelecer o quê? Uma cumplicidade boa entre nós, a cumplicidade de que não existe problema que o Governo possa resolver sozinho ou problema que a indústria automobilística possa resolver sozinha, ou qualquer outra indústria. Nós temos que estabelecer regras de conversação, nós temos que estabelecer um diálogo capaz de enfrentar os problemas de forma conjunta, e dar o salto de qualidade que o Brasil precisa. *(20/4/07, São Paulo – SP. Posse das diretorias da Anfavea e do Sinfavea – Gestão 2007/2010)*

**... em sua maioria, não agem como bons empresários devem agir:** Todo mundo sabe que, no Brasil, tem três jeitos de se ganhar dinheiro: o mais fácil é especulando – todo mundo sabe que tem gente que chora, chora, chora, mas vive de especulação; hoje acontece no mundo uma nova modalidade, o narcotráfico e o contrabando, que tem feito gente ficar rica pelo mundo afora; mas, a mais sadia, aquela que faz uma nação crescer, que contribui com o nascimento da cidadania, que contribui com a certeza de uma nação grande e próspera, chama-se investimento no setor produtivo, sem o qual nenhum país consegue gerar os empregos necessários, a riqueza necessária e a renda necessária. Nós sabemos uma coisa, que é importante dizer aqui. Muita gente pode ter uma ou outra discordância do dr. Antônio Ermírio de Morais [presidente do Grupo Votorantim], até porque nós só não temos discordância de Jesus Cristo no mundo, mas a verdade é que se nós formos analisar a história da família e a história do comportamento empresarial do Antônio Ermírio de Morais, vamos perceber que se 50% dos empresários brasileiros pensassem e agissem como ele age, possivelmente o nosso PIB hoje fosse o triplo do que é. Possivelmente, nós hoje estivéssemos em um padrão de desenvolvimento infinitamente maior. *(18/8/03, Jacareí – SP. Inauguração da nova linha de produção de celulose de eucalipto da Unidade Jacareí da Votorantim Celulose e Papel)*

**... muitas vezes aumentam os preços indevidamente:** Os preços de determinados produtos aumentam porque tem empresário que, quando começa a vender bem, ao invés de ganhar mais vendendo mais, ele quer logo aumentar os preços. *(18/9/04, São Paulo – SP. Apresentação do Projeto de Ampliação da Produção do Polo Petroquímico União S.A.)*

**... agem de acordo com o interesse próprio:** E, na minha sala, ministros e ex-ministros, companheiros e companheiras, entra um empresário que está devendo em dólar e fala: "Presidente, o dólar tem que baixar." Entra um empresário que quer comprar uma máquina e fala: "Presidente, o dólar tem que baixar." E entra um empresário que quer exportar e fala: "Presidente, o dólar tem que subir." É engraçado. E o Palocci [Antônio Palocci, ministro da Fazenda] foi genial, esses dias, porque num debate com empresários, os empresários criticavam o câmbio, e criticavam o câmbio, e criticavam o câmbio, e o Palocci falou: "Mas vocês não queriam o câmbio flutuante? Câmbio flutuante flutua, vai para cima ou para baixo." Mas tem gente que só quer que flutue de acordo com os seus interesses. *(22/7/05, Rio de Janeiro – RJ. Visita às novas unidades de produção da Refinaria de Duque de Caxias – Reduc)*

**... fazem empréstimos chamando-os de "investimento":** Eu estou proibido, no Governo, de utilizar a palavra gasto quando a gente coloca política social. Se o empresário precisa de um empréstimo de 1 bilhão do BNDES, é investimento. Agora, se você precisa de 50 mil reais para cuidar de crianças, é gasto. Não tem investimento mais sagrado do que investimento em gente. *(23/3/06, Brasília – DF. 16.ª reunião plenária do Conselho de Desenvolvimento Econômico e Social – CDES)*

**... só investem com segurança:** O Armando [Monteiro, presidente da Confederação Nacional da Indústria] sabe que cada vez que eu vejo um gráfico, viu, governador [da Bahia, cargo ocupado por Jaques Wagner], cada vez que eu vejo um gráfico que diz que a capacidade instalada está se esgotando, eu começo a ficar preocupado, porque na hora em que a capacidade instalada está atingindo o seu nível mais superior, significa que urgentemente nós precisamos convencer as empresas brasileiras a fazerem mais investimentos, porque a etapa de uma empresa fazer um novo investimento é o seguinte: primeiro a Economia começa a crescer, o empresário começa a vender um pouco mais. Nesse momento, o empresário ainda não tem coragem de construir um galpão a mais, porque ele não sabe se vai ser duradouro. Então, o primeiro passo dele é contratar umas horas extras, duas horas a mais por dia ou, quem sabe, trabalhar um sábado até meio-dia. Aí, se aquilo vai se consolidando, a Economia continua crescendo e o empresário está vendo a sua demanda crescer cada vez mais, o que ele vai fazer? Ele vai abrir um terceiro turno. Se isso se consolida, aí, sim, vem uma nova planta, um novo projeto, novas máquinas. *(29/10/07, Salvador – BA. Inauguração de unidade do Cimatec/Senai)*

**... ajudam o povo quando ganham dinheiro:** Queremos que os bancos ganhem dinheiro, que os empresários ganhem dinheiro, que todo mundo ganhe dinheiro, porque se não ganharem, quem vai perder é o povo. Nós precisamos que as empresas cresçam, que gerem empregos, que as nossas fazendas produzam, que gerem empregos. *(26/3/08, Recife – PE. Assinatura de ordem de início das obras do PAC no estado de Pernambuco)*

**... ganham muito dinheiro no Governo Lula:** Esses empresários que estão vencendo certamente são empresários que não passam grande parte do tempo chorando porque as coisas não aconteceram como eles queriam. Eles foram trabalhar para fazer as coisas acontecerem e estão colhendo. Estão colhendo sob a ótica do *Correio Braziliense*, sob, talvez, a ótica do jurado que escolheu esses empresários – e outros poderiam estar sendo premiados, porque a quantidade de empresários brasileiros, neste momento, que estão ganhando dinheiro é muita. *(23/5/07, Brasília – DF. Entrega do prêmio Parceiros do Desenvolvimento às empresas que contribuíram para o desenvolvimento do País em 2006)*

**... pensam que são independentes, mas pedem socorro ao Governo quando em apuros:** Se um grande grupo econômico tiver uma dívida externa e não puder pagá-la, vai ficar na mão do Governo: "Deixa quebrar ou empresta dinheiro?" Sempre cai na mão do Governo. O Governo funciona como um pai funciona para os filhos. Todo filho pensa que é independente, pensa que pode fazer o que quiser, pensa que pode ir para a noite. Agora, quando acontece alguma coisa, volta para casa, pedindo para o pai e para a mãe: "Por favor, me socorram." Então, é assim. A dívida é dos empresários, mas, no fundo, nós somos uma espécie de avalista, porque somos o Governo, temos interesses, e porque a nós não interessa que nenhuma grande empresa nossa quebre, porque senão será um desastre. *(1/5/03, Indaiatuba – SP. Visita ao Retiro de Itaici – CNBB)*

**... falavam mal do Lula, e vice-versa:** Eu dizia aos empresários: "Quantas reuniões vocês já fizeram para falar mal de mim? E quantas eu já fiz para falar mal de vocês também?" E, hoje, nós vencemos o preconceito, porque não gostávamos uns dos outros sem nos conhecermos, por ouvir dizer. Se o Aécio [Neves, governador de Minas Gerais, do PSDB] falasse mal de mim, ou eu falasse mal do Aécio, isso virava uma verdade. Então, eu quero que vocês saibam que não há preconceito. *(3/5/03, Uberaba – MG. Inauguração da 69.ª Expozebu)*

**... reconhecem disposição do presidente Lula ao diálogo:** Tenho recebido no gabinete, em Brasília, dezenas de grupos empresariais, dos mais diferentes setores da Economia brasileira. O que ouço deles, todo santo dia, é que nunca nenhum presidente da República, nenhum, conversou com as categorias econômicas organizadas. E como acredito que o diálogo é a única forma capaz de fazer com que a gente encontre os pontos comuns entre empresários e trabalhadores, entre sociedade e Estado, para que a gente promova mudanças, vamos nos cansar de fazer esse diálogo, para ver se a gente consegue fazer o Brasil dar um salto de qualidade e melhorar a qualidade de vida do nosso povo. *(10/3/03, Mauá – SP. Inauguração da nova unidade da empresa Polibrasil)*

**... devem fazer política:** Porque eu não gosto muito quando ouço um empresário dizer "eu não faço política", porque, direta ou indiretamente, muitos de vocês que estão aqui e outros milhões que não estão têm a ver com cada deputado, que tem a ver com cada governante eleito neste país. *(27/3/03, São Paulo – SP. Posse do presidente da Associação Comercial de São Paulo)*

**... não confiam em suas associações de classe:** Vamos ser francos: a maioria dos empresários não se sente representada pelos seus sindicatos, e agora, com as grandes corporações, depois do processo de privatização, é que perderam a representatividade. *(10/4/03, Brasília – DF. Reunião do Conselho de Desenvolvimento Econômico e Social – CDES)*

**... confiam menos no Brasil do que os estrangeiros:** As coisas estão todas combinando entre si. Eu acabo de fazer uma viagem, Sérgio [Cabral Filho, governador do Rio de Janeiro], fui à Finlândia, fui à Noruega, fui à Dinamarca, fui à Suécia, fui à Espanha, e agora eu fui a Washington e tive um encontro com 12 presidentes de países estrangeiros. Sérgio, o dia em que nós, brasileiros, e, sobretudo, os nossos empresários tiverem 50% da confiança no Brasil que estão tendo os investidores estrangeiros, este país vai dar um salto de qualidade em dez anos que ele não deu em 50 anos. Vai dar um salto de qualidade extraordinário. *(28/9/07, Cabo Frio – RJ. Inauguração do Aeroporto Internacional de Cabo Frio)*

**... valorizam mais o trabalhador estrangeiro:** Normalmente, a gente ouve empresários brasileiros dizerem que o trabalhador brasileiro precisa copiar o trabalhador alemão, precisa copiar o trabalhador japonês. Houve no Brasil até quem, um dia, falou que a gente, se quisesse dar certo na agricultura, deveria importar japonês. Hoje, tive a grata alegria de ver um empresário alemão do setor petroquímico e como vi, de manhã, um empresário alemão do setor automobilístico parabenizarem os trabalhadores brasileiros pela sua competência e pela sua capacidade de produção, não devendo nada a trabalhador de nenhum país do mundo. *(10/3/03, Mauá – SP. Op. cit.)*

**... têm de ser otimistas como "dom João VI" e partir para o exterior:** Não é nenhuma vergonha o empresário brasileiro pensar em ser um empresário multinacional. E se ele quiser ser multinacional, ele tem que deixar de ser pessimista e começar a procurar outros espaços. Eu fico imaginando quando o rei de Portugal imaginou vir para o Brasil. Tinha os pessimistas que falavam: "Como é que vai para o Brasil?" Não sabiam que tinha o Brasil ainda. "Como é que nós vamos descobrir uma terra nova? Tem esse mar imenso que a gente não sabe nem quantos quilômetros tem; nós não vamos conseguir." Aí o otimista falou: "Vamos fazer um barco e vamos tentar." E conseguiu chegar. [Ao que parece, o presidente se refere ao descobrimento do Brasil, que se deu sob d. Manuel, o Venturoso, e em circunstâncias distintas da mencionada] *(4/9/03, Brasília – DF. Reunião do Conselho de Desenvolvimento Econômico e Social – CDES)*

**... são vistos como imperialistas na América do Sul:** Vocês imaginam que vários países da América do Sul veem nos empresários brasileiros verdadeiros imperialistas e algozes dos seus interesses. E veem nos empresários americanos e europeus, parceiros. O que significa isso? Preconceito e desconfiança. Então, eu resolvi tomar a iniciativa de quebrar,

Zeca [do PT, governador de Mato Grosso do Sul], o preconceito e quebrar essa desconfiança. *(22/2/05, Campo Grande – MS. Assinatura do termo de implantação do Polo Minerossiderúrgico de Corumbá)*

**... precisam redistribuir renda:** E, hoje, o nosso trabalho é o de convencer. De convencer os empresários de que se pode – e tem muita gente disposta a contribuir –, de que é preciso ter uma outra visão empresarial. É preciso que a sociedade cresça concomitantemente com a empresa. É preciso que o crescimento da empresa signifique não apenas o enriquecimento de uma pessoa, mas também o crescimento da comunidade próxima a essa empresa, que os benefícios sejam partilhados, que a qualidade de vida seja melhorada e que a distribuição de renda comece a ser feita no Brasil, porque senão todos nós iremos nos arrepender amargamente e num futuro muito próximo. *(4/4/03, Barcarena – PA. Inauguração da 3.ª linha da cadeia de produção da Alunorte, refinaria de alumina da Vale)*

**... devem pensar com o coração:** Os dirigentes, os empresários e a sociedade não podem mais pensar apenas com a cabeça. Eu acho que em algum momento nós temos que ter a consciência que nós, seres humanos, somos tocados por sentimentos. É o sentimento que nos toca e, portanto, se a gente colocar o coração para falar um pouquinho, no nosso dia a dia, possivelmente as soluções dos problemas do Brasil estejam muito mais próximas e muito mais fáceis do que os números gelados de uma pesquisa, seja do IBGE [Instituto Brasileiro de Geografia e Estatística], do Ipea [Instituto de Pesquisa Econômica Aplicada], da Febraban [Federação Brasileira dos Bancos], da CNTI [Confederação Nacional dos Trabalhadores na Indústria], da CNI [Confederação Nacional da Indústria], seja de qualquer instituição. O número é gelado demais, ele não dá sentimento, ele dá apenas conhecimento. *(4/9/03, Brasília – DF. Op. cit.)*

**... devem ajudar o Governo a fazer justiça social:** Esses dias eu fui para a televisão elogiar um empresário brasileiro chamado Abílio Diniz, dono de uma grande cadeia de supermercados [Rede Pão de Açúcar]. Por quê? Porque nós reduzimos os impostos para três produtos básicos: feijão, arroz e farinha de mandioca. E ele, imediatamente, foi para a televisão, chamou todos os fornecedores dele e pediu que os fornecedores dele reduzissem o preço para o consumidor. Empresários assim não só contribuem para ganhar dinheiro e desenvolver o país, mas contribuem para que o Governo possa, num mandato de quatro anos, fazer um mínimo de justiça social. *(25/8/04, Quito – Equador. Almoço empresarial oferecido pelo presidente do Equador)*

**... deveriam alfabetizar seus funcionários:** Se cada empresário brasileiro resolvesse alfabetizar 10% dos funcionários que cada um tem, certamente nós, em um ano, acabaríamos com o analfabetismo neste país. *(8/9/03, Brasília – DF. Lançamento do programa Brasil Alfabetizado)*

**... devem contratar os jovens:** Se cada empresário brasileiro contratasse um jovem, apenas um jovem, eu não estou pedindo dois, se cada empresário contratasse um jovem, a gente poderia ter seis milhões de empregos para esses jovens trabalharem. *(11/4/07, Rio de Janeiro – RJ. Formatura de Jovens Voluntários para os Jogos Pan-Americanos)*

**... descobriram que se beneficiam com o bem-estar de seus empregados:** Houve uma evolução também na relação entre capital e trabalho, que houve uma interação e que, hoje, os empresários descobriram que a empresa irá cada vez melhor quanto melhores e mais satisfeitos estiverem os seus trabalhadores. *(14/5/04, Franca – SP. Inauguração da nova unidade de produção da fábrica de calçados Ferracini)*

**... devem saber que dinheiro não é tudo:** E quero dizer aos nossos amigos empresários: vocês não estão apenas fazendo uma obra como outra qualquer para ganhar dinheiro, também vão ganhar dinheiro. Eu quero dizer para vocês, para cada empresário que assinou o contrato [do Programa de Aceleração do Crescimento] aqui, que além do prazer de vocês ganharem o dinheiro a que vocês têm direito, vocês têm que colocar no coração que, mais do que obra, vocês estão devolvendo o prazer à vida e o direito à cidadania a homens e mulheres da periferia do Rio de Janeiro, que merecem e que brigaram por isso a vida inteira. *(7/3/08, Rio de Janeiro – RJ. Assinatura de ordem de início das obras do PAC na comunidade de Manguinhos)*

**... precisam ganhar dinheiro, mas precisam dividir:** Os empresários precisam ganhar dinheiro, porque senão eles quebram e não tem emprego para nós. Mas entre esses que ganham dinheiro e nós, é preciso que comece a haver o bom senso da política de justiça social com a distribuição, para que todos se sintam coparticipantes dessa grande nação chamada Brasil. Se não for assim, não vale a pena. *(19/2/08, Cachoeiro de Itapemirim – ES. Entrega da conclusão das obras dos prédios da Unidade de Ensino Descentralizada do Cefet – ES)*

## Ensino

[ver: diploma; Educação; educador; educar; escola; professor; universidade]

Pedi ao ministro Tarso Genro [ministro da Educação] que é importante que se comece a fazer teste com as crianças do ensino fundamental, a cada seis meses; que se convoque uma reunião com os secretários de Educação de todos os estados – se for necessário, convocarei uma reunião de governadores – para que possamos medir, a cada seis meses, se as crianças estão aprendendo de verdade dentro da escola, porque, se não estiverem aprendendo, é preciso mudar o que estamos fazendo. O objetivo não é tirar a criança de casa para ir à escola, é garantir que essa criança aprenda. *(1/4/04, Araras – SP. Inauguração da nova fábrica de café solúvel da Nestlé)*

**... deve suprir o país da mão de obra necessária para o crescimento econômico:** E se a Economia vai crescer, como eu tenho certeza que vai crescer, o conhecimento precisa crescer concomitantemente. Precisa crescer, porque o que pode parecer mais desesperador é, na hora em que as indústrias tiverem precisando contratar mais técnicos, mais profissionais, a gente perceber que há escassez no mercado. Então, nós queremos fazer esse jogo combinado: do ensino fundamental à universidade, da estabilidade econômica à política do desenvolvimento, para que o Brasil, definitivamente, se transforme num país de Economia sólida, num país desenvolvido, e que possam as futuras gerações viver num mundo infinitamente melhor do que aquele que nós herdamos. *(28/12/05, Brasília – DF. Assinatura de convênio para extensões universitárias)*

**... deve receber igual atenção em todos os níveis:** Durante muitos anos, se falava que, antes de qualquer outra ação, o que importava era priorizar a destinação de recursos à educação superior. Depois, se falava que essa ideia havia sido ultrapassada. O certo, mesmo, seria investir tudo, ou quase tudo, na educação básica. A verdade é que esse falso dilema prosperou no Brasil durante muito tempo. E sua solução é óbvia: o ensino básico de qualidade é fundamental para que tenhamos um bom ensino superior. E um ensino superior de excelência que forme bons professores é também essencial para melhorarmos a educação básica. *(19/5/08, Brasília – DF. Encontro com prefeitos de municípios com menor Índice de Desenvolvimento da Educação Básica – Ideb)*

**... deve ser visto como investimento:** Então, você não pode emprestar dinheiro para uma empresa construir uma fábrica e dizer que é investimento, e fazer a universidade e dizer que é gasto. A universidade é um investimento tão importante ou mais importante que qualquer outro investimento que se faça em qualquer parte do mundo. Por quê? Porque a universidade faz uma reforma estrutural na cabeça da sociedade, ela deixa a sociedade mais competitiva com qualquer outra nação do mundo. É por isso que nós fizemos o Fundeb [Fundo de Manutenção e Desenvolvimento da Educação Básica e de Valorização dos Profissionais da Educação]: foram 10 bilhões de reais a mais para o ensino fundamental. É por isso que nós aumentamos de oito para nove anos o tempo de permanência das crianças na escola. É por isso que nós aprovamos agora o Programa de Desenvolvimento da Educação. É por isso que nós estamos anunciando ao Brasil que, até 2010, nós vamos ter dez universidades federais novas, vamos ter 48 extensões universitárias pelo Brasil inteiro e vamos ter mais 214 escolas técnicas profissionais neste país. *(28/9/07, Santo André – SP. Visita às obras do campus da Universidade Federal do ABC)*

**... não depende apenas de dinheiro:** Eu não sei se a qualidade de ensino está ligada apenas à questão dos recursos, porque você tem universidade, em que você tem a sala de aula, você tem o professor, você tem o computador, você tem o aluno, e ainda assim ele não aprende. Não sei se é a questão do dinheiro apenas ou a questão de você melhorar o currículo e melhorar a formação daqueles que estão dando a aula. *(16/7/04, Brasília – DF. Entrevista coletiva aos Jornalistas Amigos da Criança)*

**... pode melhorar a relação entre homem e mulher:** Mesmo quando as mulheres têm uma atividade importante, quando a mulher é profissional liberal, quando a mulher tem uma vida própria, ainda assim ela tem uma dupla jornada que muitas vezes os homens não têm. É preciso consciência para que o companheiro reparta dentro de casa as tarefas que não são obrigação apenas de uma pessoa. Eu acho que isso vem com o tempo, isso vem na hora que a gente começar a dar a educação correta para a criança na escola, na hora em que a criança começa a aprender isso no ensino profissional, no ensino técnico, na universidade. Certamente, nós estaremos dando passos importantes para criarmos uma geração, eu diria, muito melhor civilizada do que a que nós temos hoje e muito melhor relacionada do ponto de vista do entendimento entre homens e mulheres. *(8/3/04, Brasília – DF. Lançamento do Ano da Mulher no Brasil e do Pacto pela Redução da Mortalidade Materna e Neonatal, em café da manhã com funcionárias do Palácio do Planalto)*

**... quando profissionalizante, é importante, como mostra a experiência de Lula:** O ensino profissionalizante é um tema muito importante para mim, que tive nele a oportunidade de melhorar de vida. Afinal, como os companheiros e as companheiras sabem, foi através do Senai que pude me tornar um torneiro mecânico, antes de virar doutor *honoris causa*, e ingressar no mercado formal de trabalho. *(5/8/04, Rio de Janeiro – RJ. Inauguração do Centro de Produção de Antígenos Bacterianos Charles Mérieux)*

**... público, quando é superior, é para os ricos; quando é básico, é para os pobres:** Estão nas universidades públicas, sejam elas federais ou estaduais, os filhos daqueles que poderiam estar pagando uma escola privada. E, por conseguinte, os filhos dos pobres, que estudam no ensino fundamental da escola pública, são os que dificilmente terão acesso à universidade pública, e vão ter que pagar. É uma contradição enorme entre o que existe no ensino fundamental e o que existe nas universidades brasileiras consideradas boas. *(9/8/04, São Paulo – SP. Abertura da Semana Nacional pela Cidadania e Solidariedade)*

**... está recebendo redobrada atenção de Lula e do Congresso Nacional:** As coisas que foram feitas pelo Ministério da Educação são coisas que poderiam ter sido feitas há 20 anos atrás, há 15 anos atrás, mas as coisas também não acontecem, nem sempre as coisas acontecem no tempo que têm que acontecer. Tinha que acontecer agora, aconteceu agora. E eu acho que a educação brasileira está vivendo um momento auspicioso. Primeiro, porque o Fundeb foi aprovado na Câmara e todo mundo sabe o significado do Fundeb para o ensino básico no Brasil. Segundo, porque a reforma universitária, ela certamente será, tanto quanto o Fundeb, levada muito em conta pelo Congresso Nacional, e eu não tenho dúvida nenhuma de que também será aprovada, porque nós precisamos fazer uma grande e necessária reforma universitária, onde a autonomia seja definitivamente uma conquista e não uma peça de discurso de campanha. Terceiro, porque o MEC [Ministério da Educação] voltou a dizer à juventude brasileira que eles não podem perder a esperança por falta de aprender uma profissão, porque o Estado voltou a assumir a paternidade pelo ensino técnico do país, ou seja, nós não precisamos saber se uma prefeitura ou se o estado vai ter dinheiro para gerenciar uma escola técnica, porque é da nossa responsabilidade, e nós não fugiremos à nossa responsabilidade. Assumiremos a responsabilidade e, por isso, estamos aí, ainda este ano, para inaugurar 25 das 32 escolas técnicas que estamos fazendo. Mas eu acho que tudo isso seria pouco se a gente não tivesse aprovado a lei que estabelece que as crianças vão ter nove anos de ensino. O que vocês produziram – eu digo o Congresso Nacional, que trabalhou de forma muito produtiva –, o que vocês fizeram, na verdade, foi estender para milhões e milhões de crianças pobres o direito que algumas outras crianças já tinham, de poder se preparar antes de entrar no ensino fundamental. Vocês estão dando agora a oportunidade para que todas as crianças do Brasil tenham a mesma oportunidade. *(6/2/06, Brasília – DF. Sanção de projetos de lei na área de Educação)*

## Entrevista(s)

[ver: internet; jornal; leitor; televisão]

O jornalista só vai descobrir o quanto a sua função é importante o dia em que tiver a incumbência de sair de casa com uma pauta para fazer uma entrevista consigo mesmo, fazer uma reportagem sobre o próprio jornalista. Vocês iriam perceber o que todos nós sentimos quando temos que conversar com vocês. *(10/9/03, Brasília – DF. Inauguração da Sala de Redação Carlos Castello Branco e do novo site da SID)*

**... devem ser feitas sem que o presidente conheça antes as perguntas:** Vou dizer para vocês que tem sempre a primeira vez. Eu acho que, quem sabe, o dia de hoje seja o início de uma nova dinâmica na conversa do presidente da República com a sociedade brasileira, através dos microfones das rádios brasileiras. Eu quero dizer para vocês que é muito prazeroso estar aqui, participar de uma entrevista em que a gente possa discutir um pouco o Brasil, em que vocês possam fazer as perguntas que vierem na cabeça de vocês. Não sei quantas vezes um presidente da República deu entrevista sem antes saber das perguntas que iam lhe ser feitas. Eu acho que isso – saber das perguntas antes – cerceia a liberdade de imprensa, a criatividade dos jornalistas e até a criatividade da resposta do entrevistado. Portanto, estou à disposição de vocês para o que vier. *(2/10/03, Brasília – DF. Entrevista coletiva a emissoras de rádio)*

**... dão notoriedade:** Quero cumprimentar os companheiros dos Conselhos Gestores que foram criados por milhares de municípios neste país. Pessoas que não têm notoriedade, que nunca saíram na imprensa, que nunca apareceram em fotografias, nunca deram entrevista na televisão, nem, quem sabe, se aproximaram do presidente da República. *(17/3/04, Olinda – PE. Abertura da II Conferência Nacional de Segurança Alimentar)*

**... não foram concedidas por Lula com a frequência que os jornalistas desejavam:** Se vocês da imprensa, em algum momento, ficaram zangados com o Governo, com o presidente da República, porque não tinham a informação ou porque não tiveram a entrevista que queriam ter, a culpa não é do Ricardo Kotscho [secretário de Imprensa da Presidência], porque não tem ninguém que brigou mais para eu dar entrevistas do que o Ricardo Kotscho; ninguém insistiu tanto para eu dar entrevista coletiva. Se dependesse dele, eu ficaria das 8 horas da manhã às 8 horas da noite, todos os dias, conversando com a imprensa. *(26/11/04, Brasília – DF. Despedida do secretário de imprensa, Ricardo Kotscho)*

**... não devem ser concedidas com frequência por um presidente, embora Lula goste delas:** Tem dia que eu me canso de mim mesmo. Tem dia que eu faço oito pronunciamentos, tem dia que eu faço seis. Veja, é um discurso do presidente da República que, bem ou mal, deve ser uma notícia, pelo menos para alguns jornais interessados, para uma área, ou para uma televisão. Os ministros dão entrevista a todo momento. Eu não acho prudente um presidente da República dar entrevista toda semana ou todo mês. Quem sabe, se isso que você está falando for um pecado original de um presidente que não dá entrevista, eu posso dar entrevista. Até porque, sabe de uma coisa? Eu gosto, eu gosto de dar entrevista, eu gosto de desafios, eu gosto de determinadas provocações em debate. Então, não tem nenhum problema, é apenas a minha forma de trabalhar, que eu acho que é mais correta. *(7/11/05, Brasília – DF. Entrevista ao programa* Roda Viva*)*

**... devem ser equilibradas por parte do jornalista:** Seria importante que o Ministério da Agricultura, o Ministério da Saúde e outros órgãos que estão com a responsabilidade de cuidar da gripe aviária mandassem uma comunicação nossa aos editores dos jornais, aos editores das televisões e das rádios, para que as pessoas, ao entrevistarem alguém que possa, na entrevista, soar algum alarde com relação a isso, que tivessem o cuidado de chamar outras pessoas para ouvir, porque sempre que a gente está na frente de uma televisão, que a gente vê a notícia, o primeiro impacto é do medo: "Se tem gripe aviária, por que eu vou comer frango?" Eu vou comer carne de porco. Se tiver gripe suína, nós vamos parar de comer e vamos comer outra coisa qualquer. *(7/4/06, Brasília – DF. Lançamento do Plano Nacional de Prevenção da Influenza Aviária)*

**... devem ser concedidas pelo presidente sempre a todos os veículos que concorrem entre si:** Eu espero me educar para ter um outro relacionamento com a imprensa. Obviamente que no Brasil sempre é muito difícil, porque nós temos jornais importantes, e quando você dá entrevista para um, você não pode dar para um, tem que dar para quatro, cinco, seis, sete jornais. Você vai dar uma entrevista para uma revista, tem que dar para três ou quatro. Você vai dar uma entrevista para uma televisão, tem que dar para quatro. Então, na verdade, fica mais complicado, mas nós vamos ver também se conseguimos dar as entrevistas que eu não dei. *(22/12/06, Brasília – DF. Entrevista durante café da manhã com jornalistas)*

**... são pesadas, quando o entrevistado é o presidente:** Quero agradecer a todos vocês, porque hoje eu estou me sentindo um pouco mais gente. Não é aquela entrevista sempre pesada que um presidente tem que dar. *(29/1/07, São Paulo – SP. Entrega do 3.º Troféu Mesa-Redonda da TV Gazeta)*

**... não bastam para divulgar uma ação de Governo:** Eu falei para a Dilma [Rousseff, ministra-chefe da Casa Civil]: "Não basta dar entrevista, é preciso mandar o material do PAC [Programa de Aceleração do Crescimento] para os editores dos jornais, para os donos dos jornais, para os editores de televisão, para os donos de televisão e para quem mais quiser. Eu só não vou entregar para o papa agora, porque o papa não tem obrigação de saber o que é o PAC." *(8/5/07, São José – SC. Inauguração do Centro Operacional e Administrativo dos Correios e Telégrafos)*

**... às vezes, não satisfazem nem o entrevistado nem o entrevistador:** Possivelmente, todos vocês que estão aqui, ligados direta ou indiretamente à radiodifusão, já receberam reclamações de pessoas dizendo: "Olha, vocês não publicaram aquilo que eu queria que publicassem, vocês falaram mal de mim, a minha cara não estava boa na televisão hoje, a manchete não estava como eu queria." Quem é que já não reclamou para vocês aqui? Todo mundo já reclamou e muitas vezes vocês também reclamam: "Mas não foi dada a entrevista que eu queria, não respondeu às perguntas que eu queria." *(29/5/07, Brasília – DF. Abertura do 24.º Congresso Brasileiro de Radiodifusão)*

**... exercem fascínio nos políticos:** No Brasil, eu costumo dizer que político, quando vê um microfone, fica tentado a fazer um discurso. Ontem, eu dizia ao presidente Cavaco Silva [presidente de Portugal] que, no Brasil, quando nós abrimos a geladeira, já damos uma entrevista pensando que é uma televisão. *(8/3/08, Rio de Janeiro – RJ. Almoço em sua homenagem oferecido pelo presidente da República Portuguesa, Aníbal Cavaco Silva)*

**... devem ser comedidas quando têm como objetivo anunciar bons números na Economia:** Hoje foi anunciado o PIB [Produto Interno Bruto], e eu disse ao meu ministro do Planejamento [cargo então ocupado por Paulo Bernardo]: "Você vai dar entrevista? Vai dar entrevista comedida, porque se der uma entrevista muito eufórica, já vai gente querer aprovar o que a gente não pode." *(12/3/08, Brasília – DF. Mesa de negócios do The Economist Newspaper Group)*

## Equilíbrio

Quando eu falo de equilíbrio, meus companheiros – eu contei uma história no Congresso da CUT [Central Única dos Trabalhadores] sobre aqueles que não têm paciência. É como se, na saída de uma partida de futebol, todo mundo achasse que tinha de fazer um gol nos primeiros cinco segundos. Às vezes, passam os 90 minutos e não se consegue fazer um gol, porque do outro lado tem adversário, tem goleiro, tem beque-central para impedir o gol. Muitas vezes a gente morre afogado pela nossa pressa. Se o ser humano tivesse controle psicológico quando caísse na água, se ele parasse de respirar ou controlasse a respiração, e se ele não se debatesse muito, não morreria afogado, ficaria boiando o tempo que quisesse. Nós morremos porque, às vezes, começamos a gritar, de forma apavorada, a beber água e a ficar cansados, e aí, dali a pouco, afundamos. No Governo, a gente tem que medir cada passo, porque um passo errado significa uma volta atrás. E uma volta atrás significa fazer sofrer aqueles que já sofrem neste país. Este país, meus companheiros, durante muitos e muitos anos, foi pego de sobressalto, com planos mirabolantes: "Agora vai dar", e todo mundo entrava em festa. "Agora vai ser para valer", e todo mundo ficava feliz. E, seis meses depois, "a vaca ia para o brejo" e o povo ficava com o prejuízo, porque, em todos os "milagres", sobrou prejuízo nas costas do trabalhador. *(21/11/03, Brasília – DF. Reunião com integrantes do Fórum Nacional pela Reforma Agrária e Justiça no Campo)*

**... é dado à sociedade pelo Governo:** Um Governo é um conjunto de interesses da sociedade e tem sempre aquele cabo de guerra, tem sempre um lado puxando o outro. Qual é o nosso papel? É o papel do equilíbrio, é o papel de não permitir que um lado derrube o outro. O que nós queremos é que todos os lados, da forma mais justa possível, permaneçam em pé fazendo um bom combate, puxando aquele que pensa que vai cair, mas não cai; levantando com mais força, porque é assim que nós queremos que esse país se organize. E eu acho que nós estamos conseguindo isso. *(6/7/04, Brasília – DF. 82.º Dia Internacional do Cooperativismo)*

**... é imprescindível para que haja bom senso:** O que nós precisamos é apenas ter equilíbrio para que, quando a gente esteja no Governo, a gente não esqueça tudo que a gente fez. Mas que as pessoas também não nos vejam no Governo como viam aqueles que elas achavam que eram de direita, que eram conservadores. *(27/7/07, Natal – RN. Lançamento do PAC Saneamento e Urbanização no estado do Rio Grande do Norte)*

**... significa igualdade:** É só a gente ver os indicadores para ver o seguinte: quantos doutores nós formamos no Nordeste e no Norte, e quantos nós formamos no Sul e no Sudeste? É só a gente perceber que há um desequilíbrio estrutural no investimento e nas ações do Governo, para que a gente crie este país mais justo, mais equânime, mais equilibrado. *(22/2/07, Brasília – DF. Assinatura do decreto que instituiria a Política Nacional do Desenvolvimento Regional – PNDR)*

## Equipe

**[ver: líder; ministério; ministro]**

O que é importante é que você seja um político de competência para montar uma equipe extraordinária. Nem todo técnico foi jogador de futebol, como nem todo maestro é obrigado a saber tocar todos os instrumentos da orquestra. Agora, se ele montar com os melhores músicos, ele vai ter uma boa orquestra. *(23/8/07, Brasília – DF. Entrevista aos jornalistas Tânia Monteiro, Vera Rosa, Rui*

*Nogueira e Ricardo Gandour, do jornal* O Estado de S. Paulo*)*

**... tem o valor dos seus resultados:** Quando eu indiquei o Walfrido [dos Mares Guia, ministro do Turismo] e todos os ministros, e aqui tem dois, todos, eu nunca disse para um deles: "Olha, você está convidado para ser ministro, agora o seu chefe de gabinete, o secretário-executivo do ministério vai ser escolhido pelo presidente, o tesoureiro do ministério vai ser escolhido pelo presidente." Muita gente já fez isso no Brasil. Eu disse para eles: "Montem o seu time, o que importa, para mim, é que o time ganhe." *(21/10/04, Rio de Janeiro – RJ. Abertura do 32.º Congresso Brasileiro de Agências de Viagens)*

**... de Lula é uma das melhores já montadas no país:** Eu, de vez em quando, vou me deitar e fico imaginando que fui abençoado por Deus. Primeiro, porque consegui montar uma das mais extraordinárias equipes que um Governo já montou neste país. São pessoas que conhecem as áreas pelas quais estão responsáveis, que estão dispostas a fazer qualquer sacrifício para ajudar nosso país a mudar, e pessoas que, como eu, carregam dentro de si a esperança que alimentou nossos sonhos e vai permitir que os realizemos. *(29/4/03, Brasília – DF. Solenidade do 30.º aniversário da Embrapa)*

**... de Lula foi aprovada por Deus:** Quando nós ganhamos as eleições, todo mundo dizia: "O Brasil vai quebrar, esse Lula não vai dar certo. Imagina, esse retirante nordestino quer governar um país que sempre foi governado por doutor, sempre foi governado por gente lá de riba, lá do andar de cima, não vai dar certo." O que eles não sabiam é que eu tinha a convicção de que eu sabia mais do que eles e que eu não podia errar. Isso é que eles não sabiam: é que não podia errar. E por isso eu montei uma equipe de qualidade. Apanhamos que nem cachorro sarnento. Não foi fácil, não. Eu tinha até medo do segundo mandato, porque eu achava: se eu apanhar tanto como eu apanhei no primeiro, eu vou morrer de pancada. Mas, graças a Deus, nós aprendemos uma lição: das coisas ruins da vida da gente, a gente precisa tirar proveito. Eu acho que, de vez em quando, Deus faz as coisas conosco de propósito, para saber se a gente vai passar na aprovação. Ele passou. Pois bem, nós passamos. *(6/5/08, Igarapé da Cachoeirinha – AM. Inauguração do projeto de urbanização do Igarapé da Cachoeirinha, assinatura de ordens de início das obras da ponte sobre o rio Negro, de ordens de serviço do PAC e do Pacto Federativo do Amazonas)*

**... de Lula é comandada apenas por ele:** Não tem equipe econômica e não tem equipe produtiva; tem um Governo do qual eu sou o presidente da República, e, portanto, eu decido as coisas. Ninguém ganha e ninguém perde. Quem ganha é o povo brasileiro com essa nossa decisão [aumento do salário mínimo], e é uma decisão minha, portanto, não tem ninguém que sai enfraquecido, nem ninguém que sai fortalecido. Todo mundo ganha nessa história. *(21/12/06, Brasília – DF. Entrevista após confraternização de Natal dos servidores do Palácio do Planalto)*

## Escola(s)

[ver: Educação; educador; ensino; professor]

Então, garantir que as pessoas comam três vezes por dia e que tenham acesso à escola é o mínimo que um governante tem que garantir. Porque, sem isso, tudo o mais é mentira. Comer e estudar possibilita ter forças para trabalhar, possibilita ter forças para aprender mais, possibilita à gente ser dono do nosso nariz, possibilita à gente andar de cabeça erguida. *(25/9/04, Rio de Janeiro – RJ. Formatura dos alunos do projeto Sesi – Por um Brasil Alfabetizado)*

**... podem formar cidadãos conscientes:** O Estado pode ser o indutor de uma nova mentalidade a ser criada neste país. Nós não podemos continuar com a mesmice desses últimos anos. Nós precisamos evoluir. E se nós ensinarmos para uma criança o significado da política ambiental, o significado do que é educação sexual, teremos, dentro de casa, crianças de 10 ou 12 anos "puxando a orelha" do pai e da mãe quando estiverem fazendo uma coisa errada. Essas crianças todas estão na escola. A escola pode ser um instrumento para a gente ajudar a elevar esse nível de educação das pessoas. O que é necessário é que possamos determinar, enquanto Estado, Federação, União, uma política que faça com que as nossas crianças e jovens tenham, nas escolas, informações relevantes, tais como: saber que precisam comer bem, que têm direitos que estão na Constituição, que têm direitos que estão no Estatuto da Criança e do Adolescente. Isso, muitas vezes, eles não aprendem. *(7/4/03, São Paulo – SP. Solenidade comemorativa do Dia Mundial da Saúde)*

**... são investimento:** Salário de professor não é gasto, criação de escola não é gasto, criação de faculdade não é gasto, criação de escola técnica não é gasto, é investimento. Investimento que traz retorno imediato para o país. Gasto vai ser o dia em que eu não investir na Educação e depois tiver que investir na construção de uma cela para segurar um jovem que não teve oportunidade de estudar. Aí é gasto. *(22/2/06, Imperatriz – MA. Visita ao campus da Universidade Federal do Maranhão, em Imperatriz, no âmbito do programa de expansão do Sistema Federal de Ensino Superior)*

**... são pouco prazerosas:** Eu acho que precisamos começar a descobrir como transformar o espaço da escola em algo prazeroso, em que a criança, na sexta-feira à tarde, lamente que vai ter sábado e domingo e que não vai poder estudar, e que no domingo à noite esteja ansiosa porque na segunda-feira terá aula. Eu acho que isso é possível se nós conseguirmos transformar a escola numa coisa mais alegre, mais plural, em que a criança aprenda muito mais do que algumas matérias. *(7/9/03, Brasília – DF. VII Encontro Cívico Nestlé)*

**... não são frequentadas por muitos jovens:** Nós temos um estoque acumulado de milhões de jovens que já saíram da escola, que atingiram 15, 16, 17, 18 ou 19 anos de idade, e essas crianças estão saindo da escola. Esses jovens estão no pior dos mundos, porque estão, de um lado, fora da escola... certamente, estão fora da escola porque a escola não foi motivadora para eles continuarem. As pessoas, hoje, só fazem e só vão quando gostam, ou seja, se a escola não for uma coisa que desperte neles uma coisa prazerosa, eles não vão. Depois, ele está nas ruas sem possibilidade de emprego, e a solução que se apresenta é, de um lado, o crime organizado, disputando com as famílias quem vai tutelar aquele jovem que não tem escola e não tem estudo, e são milhões de adolescentes. *(15/3/07, Brasília – DF. Reunião com educadores)*

**... devem ser frequentadas em respeito aos pais:** Eu sei que, às vezes, sair de casa para vir à escola é difícil. Às vezes a gente acorda cansado, às vezes a gente não quer vir, às vezes a gente acha que ficar em casa, faltando à aula, é melhor. Eu queria dizer que vocês precisam escutar um conselho: vocês não sabem a expectativa que o pai e a mãe de vocês estão depositando no fato de entrarem em uma escola para aprender uma profissão que eles não tiveram. Vocês, na verdade, não estão estudando apenas pelo futuro de vocês, estão estudando para tornar a relação de vocês mais respeitosa com os pais e com as mães, porque vocês só vão descobrir o sacrifício que os seus pais fizeram para criar vocês quando casarem e tiverem filhos. Antes disso, não saberão o sacrifício que o pai teve para cuidar de vocês até vocês chegarem à escola. *(20/3/07, Inhumas – GO. Visita às obras da Unidade de Ensino Descentralizada [Uned] do Centro Federal de Educação Tecnológica [Cefet] de Goiás, em Inhumas)*

**... são responsabilidade de todos os níveis de Governo:** Se a escola não está bem, é preciso saber que o prefeito tem responsabilidade, junto com o Governo do Estado, junto com o presidente da República. Mas todos nós, se quisermos melhorar a qualidade do ensino, nós temos que estar juntos para fazer com que as coisas aconteçam e a meninada tenha as escolas públicas funcionando cada vez melhor e cada vez mais com qualidade. *(14/4/08, Rádio Nacional. Programa de rádio* Café com o Presidente*)*

**... técnicas devem ser apoiadas, e Lula sabe disso por experiência própria:** O mesmo orgulho eu tive. Vocês imaginam para a periferia do Brasil o que é um jovem ter acesso a um curso profissionalizante de uma escola técnica. É uma revolução na família, é uma revolução na vida dele. Eu digo todo dia para ninguém esquecer: por conta do meu curso, eu fui o primeiro a ter uma casa, o primeiro a ter um carro, o primeiro a ter uma geladeira, o primeiro a ter uma televisão, de uma família de oito. Isso, certamente, acontece em todos os lares deste país que o jovem consegue ter acesso a uma formação. Ora, se eu fui um beneficiário de um ensino técnico, por que nós vamos coibir que tantos outros, tão ou mais pobres do que eu, mais necessitados, tenham acesso a esse curso? Portanto, não é um compromisso verbal, não. É um compromisso de vida, de que nós precisamos dar à escola técnica, neste país, a dimensão que ela tem, em função da dimensão das necessidades que a sociedade brasileira tem da escola técnica. Possivelmente, quem já esteve inscrito para fazer um curso de pós-graduação na Sorbonne não tenha essa dimensão. Eu tenho. Eu tenho a exata dimensão do que vale um curso profissional, por mais simples que ele seja: Proeja, ProJovem, Escola Cidadã. *(26/1/06, Brasília – DF. Reunião com diretores dos Centros Federais de Educação Tecnológica – Cefets)*

## Esquerda

[ver: comunismo; comunista; PT]

Passei vinte e poucos anos criticando o Delfim Netto [deputado federal pelo PP de São Paulo], e agora o Delfim Netto é meu amigo e eu sou amigo dele. E por que eu estou dizendo isso? Porque eu acho que é a evolução da espécie humana. Quem é mais de direita vai ficando mais de centro, quem é mais de esquerda vai ficando socialdemocrata, menos à esquerda, e as coisas vão confluindo de acordo com a quantidade de cabelos brancos que você vai tendo e de acordo com a responsabilidade que você tem, não tem outro jeito. Se você conhecer uma pessoa muito idosa esquerdista, é porque ela está com problema. Se conhecer uma pessoa muito nova de direita, também está com problema. *(11/12/06, São Paulo – SP. Entrega dos prêmios: Brasileiro do Ano, pela revista* IstoÉ;

*Empreendedor do Ano, pela revista* IstoÉ Dinheiro*; e Personalidade do Ano, pela revista* IstoÉ Gente*)*

**... tem em Lula a sua esperança:** Embora tenha sido eleito presidente do Brasil, tenho a nítida noção do que a nossa vitória representa de esperança, não apenas aqui dentro, mas para a esquerda em todo o mundo e, sobretudo, para a esquerda na América Latina. *(24/1/03, Porto Alegre – RS. III Fórum Social Mundial)*

**... é um rótulo que Lula evita:** Se você perguntar para mim se eu sou de esquerda ou de direita, eu vou dizer: "Eu sou torneiro mecânico de profissão e católico por opção religiosa, e corintiano por opção futebolística." Eu acho que, se ser de esquerda é defender as coisas que eu defendo na área social, eu sou de esquerda. Mas o Governo não é um Governo de esquerda, o Governo é um Governo que governa em função da correlação de força política na sociedade, com forte inclinação para atendimento das demandas sociais, que é para isso que o povo me elegeu, e eu, portanto, fico feliz. *(22/12/06, Brasília – DF. Entrevista durante café da manhã com jornalistas)*

**... é desorganizada:** Quando aquelas pessoas que não estão organizadas em sindicato, que não leem jornal, que não veem televisão, que, muitas vezes, não escutam rádio, que nem sabem que tem CUT [Central Única dos Trabalhadores], que tem PT, PSB, PCdoB, PMDB, e cuja única preocupação é sobreviver, quando elas aprenderem que têm força e começarem a se manifestar, aí todo mundo, a imprensa toda começará a escrever sobre elas, e os políticos começarão a se preocupar. Aí a própria esquerda vai tratar de se organizar e tentar criar um grupo, porque é preciso organizar essa gente também. Aí estará dada a situação, e nós começaremos a resolver o problema da fome. *(17/3/04, Olinda – PE. Abertura da II Conferência Nacional de Segurança Alimentar)*

**... pode chegar ao poder, e exercê-lo de forma democrática:** Certamente não é tudo que as pessoas desejam, se olharmos o ideal do futuro que queremos construir, mas foi muito, se nós olharmos o que éramos poucos anos atrás no nosso continente. Era um continente marcado por golpes militares, era um continente marcado por ausência de democracia. E hoje nós somos um continente em que a esquerda deu, definitivamente, um passo extraordinário para apostar que é plenamente possível, pela via democrática, chegar ao poder e exercer esse poder. *(2/7/05, São Paulo – SP. Celebração aos 15 anos do Foro de São Paulo)*

**... é tão conservadora quanto a direita:** Vocês sabem que todos nós somos muito conservadores, não é apenas a direita que é conservadora. Normalmente, do ponto de vista ideológico, a gente sempre diz que a direita é conservadora. Mas do ponto de vista das reformas, a esquerda também tem comportamentos muito conservadores. Por quê? Porque a gente não quer mudar nada, às vezes. As pessoas têm medo da mudança, têm medo do novo. Então: "Ah, vai mudar a estrutura sindical, mas ela está aí." Eu nasci dizendo que era preciso mudar a estrutura sindical porque ela era a cópia fiel da "Carta di Lavoro", de Mussolini. Eu nasci no movimento sindical com esse discurso. Mas tem gente que acha que tem que continuar assim. *(10/4/03, Brasília – DF. Reunião do Conselho de Desenvolvimento Econômico e Social – CDES)*

**... tem no PT sua maior expressão política no Brasil:** Me transformei no sindicalista mais importante deste país sem ter medo de cara feia, de direita ou de esquerda, e criei um partido [Partido dos

Trabalhadores] que, em apenas 20 anos, se transformou no mais importante partido político da esquerda deste país. *(30/10/03, Campina Grande – PB. Inauguração do novo terminal de passageiros do Aeroporto Presidente João Suassuna)*

**... tem no PT a sua maior expressão política na América Latina:** Sem nenhuma falta de modéstia, durante um tempo eu fui o melhor dirigente sindical brasileiro. Depois, criei o partido político mais importante da esquerda na América Latina e, em 20 anos, chegamos à Presidência da República. Nessa escada do tempo, algumas pessoas não conseguem subir todos os degraus, e outras pessoas, que vão assumindo mais responsabilidade e vão chegando aos degraus mais altos, vão trabalhando em função da realidade concreta e objetiva. Quando a gente é oposição, a gente faz política filosofando. Quando você ganha as eleições, você faz política governando. *(25/9/07, Nova York – EUA. Entrevista ao programa de televisão* Charlie Rose*)*

**... se aproxima da direita quando trata da questão da Saúde:** Eu me lembro que, na Constituinte de 1988, a única discussão que deu unanimidade foi a discussão da política de Saúde. Eu me lembro que pessoas ideologicamente marcadas por serem de direita – como, na época, o líder do Governo – na hora de se discutir a política de Saúde não se via diferença entre o cidadão ideologicamente de direita e o cidadão ideologicamente de esquerda. *(7/4/03, São Paulo – SP. Solenidade comemorativa do Dia Mundial da Saúde)*

**... não gostava quando se falava da pátria e da família:** Eu sei que houve um tempo em que a esquerda não gostava que a gente falasse isso, isso era atrasado, até falar em pátria era atrasado, João Paulo [Lima e Silva, prefeito de Recife]. Então, na década de 70, se a gente falasse pátria, "esse cara é conservador". Naquele tempo não tinha a palavra neoliberal, era outra coisa qualquer, de direita. Para mim tem uma coisa sagrada, que é a questão da família. Se a família estiver bem, tudo está bem, se a família estiver mal, tudo está mal. *(12/7/07, Recife – PE. Lançamento do PAC nas áreas de saneamento e urbanização no estado de Pernambuco)*

**... antes do Governo Lula, estava restrita à área social:** Esses dias eu estava olhando a importância, quer dizer, o PSB tem dois ministérios. Quando é que a esquerda imaginou ter essas coisas, porque, no máximo, o que a direita dava, quando queria fazer uma concessão com a esquerda, era um ministério da área social, mas dava um ministério da área econômica e os outros para todo mundo e ficava o coitado da área social sem poder fazer política social, porque os outros prendiam o dinheiro. *(16/6/06, Brasília – DF. 13.º Congresso da União da Juventude Socialista – UJS)*

**... é mais radical na América do Sul porque ali os problemas são maiores:** A esquerda na América do Sul, em alguns casos, faz exatamente o discurso que a esquerda fazia na década de 20 ou na década de 30, na Europa. Quando você reside em um país que tem fome, que tem exclusão educacional, exclusão digital, obviamente que o discurso de um político é mais radical do que um discurso de um dirigente suíço, do que o discurso de um dirigente francês ou inglês. Eles já estão com grande parte dos problemas resolvidos. Enquanto em alguns países o problema principal é a fome, é a desnutrição infantil, é o analfabetismo, em outro país é a questão nuclear, em outro país é a questão ambiental, porque os problemas sociais já foram resolvidos. Então, é importante apenas ter essa compreensão: o discurso que nós fazemos agora, na América Latina, não é diferente do discurso que a Europa já fez antes de conquistar o Estado de bem-estar social. Segundo, também como na Europa, na América Latina não tem uma única concepção de esquerda. Ou seja, a esquerda francesa não é igual à alemã, que não é igual à espanhola e que não é igual à portuguesa. Até porque cada um de nós se torna mais à esquerda ou menos à esquerda em função da realidade política do nosso país, da realidade social do nosso país. *(29/4/08, Brasília – DF. Entrevista exclusiva à revista alemã* Der Spiegel*)*

## Estabilidade

**[ver: desenvolvimento; Economia: mágica; plano econômico]**

O que nós precisamos, urgentemente, é enfrentar os desequilíbrios sociais e regionais que empurram uma grande parcela da população para viver no avesso do mundo, debaixo da ponte, ao lado do shopping center e com a barriga vazia em plena área rural. Para corrigir isso é que existe o Governo, é para isso que existe Estado nacional. Nós podemos consolidar a estabilidade e fazer o Brasil crescer, de modo que todo pai de família possa dormir em paz e acordar com esperança. *(29/4/03, Brasília – DF. 30.º aniversário da Embrapa)*

**... é boa para os investidores:** A primeira coisa que uma empresa precisa para fazer um investimento, qualquer que seja o lugar, é ter consciência de que o país tem uma estabilidade macroeconômica, que as pessoas não vão ser pegas de calça curta a cada mudança de Governo ou a cada mudança de ministro. *(20/4/07, Anápolis – GO. Inauguração da fábrica da Hyundai)*

**... é um objetivo básico:** Portanto, podem ficar tranquilos, nós vamos garantir a estabilidade neste país, porque, sem isso, tudo o mais será impossível. *(21/11/03, Brasília – DF. Reunião com integrantes do Fórum Nacional pela Reforma Agrária e Justiça no Campo)*

**... foi recuperada por Lula sem invenção econômica:** Com todas as críticas que possamos merecer e que a política econômica certamente merece, uma coisa vocês deveriam reconhecer: é a primeira vez, na história do Brasil, que estamos conquistando a estabilidade sem nenhuma invenção econômica. *(11/3/04, Brasília – DF. Reunião do Conselho de Desenvolvimento Econômico e Social – CDES)*

**... foi recuperada por Lula com sacrifício:** Eu estou muito mais otimista do que já estive em qualquer momento da minha vida. Porque se em 2003 nós fizemos um sacrifício para recuperar a estabilidade do país, recuperar a confiança e criar as bases para que o Brasil pudesse crescer, eu posso garantir a vocês que, em 2004, o Brasil vai voltar a crescer, vai gerar empregos. *(12/1/04, Rádio Nacional. Programa de rádio* Café com o Presidente*)*

**... não será colocada em risco pelo Governo por questões eleitorais:** Eu quero dizer para vocês, olhando na cara de vocês: da parte do Governo, nós não faremos nenhuma medida que possa colocar em risco a estabilidade que nós conquistamos, por causa do processo eleitoral. *(23/11/05, Rio de Janeiro – RJ. Abertura do 25.º Encontro Nacional do Comércio Exterior – Enaex)*

**... necessita de mais 15 anos para ser definitiva:** Eu trabalho com a ideia de que o Brasil precisa ter, no mínimo, uns dez ou 15 anos de crescimento contínuo, para que a gente possa dar a estabilidade definitiva, resolver os problemas salariais do Brasil, resolver o problema do crescimento econômico e colocar o Brasil no patamar dos países desenvolvidos, em que as regiões não sejam divididas como são hoje, entre regiões pobres e regiões ricas, mas que o Brasil seja mais ou menos igual, e que as mesmas oportunidades que têm São Paulo, Rio de Janeiro, Minas Gerais, Rio Grande do Sul, a gente possa dizer ao povo do Amapá, ao povo do Acre, ao povo de Roraima, ao povo do Pará, ao povo do estado do Amazonas, porque é assim que nós vamos construir um país justo, um país mais solidário, um país com mais distribuição de riqueza. *(20/12/05, Macapá – AP. Visita às obras do novo Aeroporto Internacional de Macapá)*

**... em 2006, já está "consagrada":** Então, 2006 será melhor por isso, 2006 será melhor porque a Economia brasileira vai continuar crescendo, os empresários vão ter mais lucros. Os empresários tendo mais lucros, vão pagar mais imposto de renda, pagando mais imposto de renda, nós vamos ter mais dinheiro para repassar para os municípios, e isso é muito bom. Vai crescer, porque o Brasil não precisa ficar mais falando de estabilidade, porque a estabilidade já está consagrada. *(27/12/05, Brasília – DF. Sanção do projeto de lei relativo ao Imposto Territorial Rural – ITR)*

**... já não precisa mais ser tema de conversa: está consolidada:** Já não discute mais estabilidade econômica, essa coisa tem que ficar um pouco de lado, porque já conquistamos, e depois que a gente conquista, precisa apenas consolidar. *(20/4/07, São Paulo – SP. Posse das diretorias da Anfavea e do Sinfavea – Gestão 2007/2010)*

## Estado

[ver: burocracia; funcionário público; máquina pública]

O Estado é uma estação de trem, o Governo é o trem e o povo, os passageiros que muitas vezes nem a estação nem o trem veem. Ora, o que acontece quando um trem chega na estação? Ele faz barulho e apita, mas, daqui a pouco, vai embora, vem outro trem. E está lá a estação impávida, sem se mexer, pronta há muitos anos. A máquina do Estado é um pouco isso: entra Governo, sai Governo, a máquina do Estado funciona, independentemente de nós. O que nós precisamos é apenas ter o cuidado e, de vez em quando, parar e pintá-la, para as pessoas sentirem que chegou um outro trem, que tem um trem que vai para outro lugar, para outra localidade, e ver se as pessoas ganham o sentido da utilidade da passagem pelo Governo da máquina do Estado. *(23/11/04, Brasília – DF. Posse da diretoria e do conselho fiscal da Confederação Nacional do Comércio)*

**... não é poderoso:** No Brasil, sempre se passou a ideia de que o Estado era poderoso e tinha que fazer tudo. Eu estou convencido de que o papel do Estado deve ser o papel muito mais de indutor do que de executor. *(27/3/03, São Paulo – SP. Posse do presidente da Associação Comercial de São Paulo)*

**... é lento:** Porque o Estado não é demorado apenas para quem está esperando. O Estado é demorado para o presidente da República, para o ministro da Fazenda, para o ministro da Casa Civil, para o ministro do Trabalho, para o ministro da Integração Regional. Muitas vezes você toma uma decisão, e até você cumprir todo o ritual para concretizar aquela obra... *(30/11/03, Brasília – DF. Entrevista à TV Bandeirantes)*

**... não deve ser grande nem pequeno:** Agora, nós estamos chegando à conclusão de que o Estado não tem que ser mínimo nem máximo, ele tem que ser um Estado necessário para dar conta das coisas, porque embora a febre aftosa seja da responsabilidade dos estados, o Governo

Federal é que tem responsabilidade de fiscalizar. E assim vale para todas as áreas. Montar este Estado, podem ter certeza, vai precisar da ajuda de vocês, e não só da ajuda, não é pedir dinheiro para vocês pagarem, não, é para que reconheçam. *(25/10/05, Brasília – DF. Abertura do 19.º Congresso Brasileiro de Avicultura)*

**... deve beneficiar a todos:** E o papel do Estado não é beneficiar um em detrimento ao outro, o papel do Estado é colocar na mesa comida para todos comerem. *(21/3/06, Cruz das Almas – BA. Instalação da Universidade Federal do Recôncavo da Bahia)*

**... deve beneficiar mais os pobres:** Da minha parte, todos vocês sabem, embora eu diga sempre: "Eu sou o presidente de todos", acho que quem mais precisa do Estado é a parte mais pobre da população. *(24/8/07, Porto Alegre – RS. Lançamento do PAC Saneamento e Urbanização no estado do Rio Grande do Sul)*

**... deve criar facilidades para o crescimento:** O papel do Estado é o de criar facilidades, criar mecanismos para que as empresas se motivem mais a fazer investimentos aqui, porque o que conta, na verdade, é a gente garantir que as pessoas tenham possibilidade de trabalho, porque quando um homem e uma mulher têm trabalho, tudo fica mais fácil, basta não ficar doente que as coisas vão indo de vento em popa. *(31/3/05, São Carlos – SP. Apresentação dos novos investimentos da empresa Tecumseh no Brasil)*

**... deve investir onde as empresas não investem:** O papel do Estado é pensar nacionalmente, globalmente, o seu território, regionalmente e, também, as microrregiões. Em algumas áreas, o Estado tem que se dispor a fazer financiamentos ou investimentos do Orçamento Geral da União, mesmo que saiba que o retorno pode ser de longo prazo, porque, para alguns estados, você precisa fazer uma estrada porque já estão se desenvolvendo; para outros estados, se não tiver estrada, não vem o desenvolvimento. *(25/11/05, Fortaleza – CE. Assinatura de contratos e convênios para a construção da Transnordestina e do metrô de Fortaleza e anúncio de empréstimos de microcrédito do BNB)*

**... não deve agir pensando no lucro:** Somente o Estado é que pode trabalhar não pensando no lucro, o Estado tem que trabalhar pensando na cidadania. *(2/1/07, Brasília – DF. Entrevista concedida após cerimônia em comemoração ao atendimento de 5 milhões de pessoas pelo programa Luz para Todos)*

**... quando não tiver dinheiro, deve fazer parcerias:** Aquilo que o Estado não pode fazer, o Estado precisa fazer em parceria com quem pode fazer, para que a gente possa concluir determinadas obras que, historicamente, são reivindicadas pelo povo brasileiro. *(19/2/04, Campo Florido – MG. Inauguração do trecho da BR-262)*

**... deve julgar sem emoção:** O Estado não pode reagir emocionalmente. O Estado, por meio das suas instituições, tem que fazer justiça. E precisa julgar sem nenhuma paixão, porque senão continuaremos a cometer erros neste país. *(1/12/03, Brasília – DF. Abertura da V Conferência Nacional dos Direitos da Criança e do Adolescente)*

**... deve dar oportunidade e não "porrada":** Por isso é que nós estamos levando o PAC [Programa de Aceleração do Crescimento] para as comunidades que moram nos morros do Rio de Janeiro, para levar oportunidades a essa gente de bem com a presença mais próxima do Estado, subindo o morro com posto de saúde, escola, creche, saneamento básico, moradia decente, e não dando porrada, porque porrada não educa as pessoas. O que educa é a solidariedade, o que educa é fazer as pessoas, especialmente os jovens, acreditarem que terão oportunidades fora do tráfico e do crime organizado. A função do Estado é dar oportunidades, e não porrada. *(7/3/08. Entrevista por escrito ao jornal* Extra, *do Rio de Janeiro)*

## Estados Unidos

Os Estados Unidos são o nosso maior parceiro individual há muitos anos e nós queremos aumentar essa relação e participação. *(20/6/06, Araucária – PR. Teste industrial do H-Bio na Repar)*

**... não são imperialistas; defendem seus interesses:** Eu não sou daqueles que ficam aqui, sentado na minha cadeira, achando que os Estados Unidos são imperialistas, que a França é imperialista, que não sei quem é imperialista. Cada um defende os seus interesses. Nós defendemos os nossos, os países ricos defendem os deles. *(4/5/05, Brasília – DF. Entrevista aos jornalistas franceses da TV5, Slimane Zeghidour; Rádio França Internacional, Pierre Ganz; e revista* Paris Match, *Olivier Royant)*

**... não fazem nada para ajudar os pobres:** Eu tenho dito para todos os países: "Se vocês imaginarem que os Estados Unidos vão atender a demanda de vocês, vocês vão continuar sendo pobres e vão continuar sendo endividados como são. Nós precisamos começar a acreditar em nós." *(1/5/03, Indaiatuba – SP. Visita ao Retiro de Itaici – CNBB)*

**... elevam o preço do milho, e, com isso, dos alimentos:** Os Estados Unidos são grandes produtores de álcool, produzem álcool de milho, que encarece o álcool americano e, ao mesmo tempo, encarece o milho dos outros países, porque quando os Estados Unidos tiram o milho do mercado de ração para produzir álcool, o álcool fica caro e o milho também fica caro. *(5/3/07, Rádio Nacional. Programa de rádio* Café com o Presidente*)*

**... são os maiores poluidores, e devem assumir esta responsabilidade:** Se os Estados Unidos são o país que mais contribui com a emissão de gases no mundo, cabe a ele uma maior responsabilidade, ou para diminuir a emissão de gases, ou para pagar países que, com políticas de preservação ambiental, com políticas de diminuição de desmatamento e com políticas de reflorestamento, contribuem para retirar os gases que eles emitem no ar. *(1/6/07, Londres – Inglaterra. Entrevista ao jornal* The Guardian*)*

**... com suas intervenções militares, provocam consequências mundiais:** Eu quero dizer para vocês, empresários, que, embora estejamos a oito mil quilômetros de distância dos Estados Unidos, embora estejamos a 14 mil quilômetros do Iraque, a verdade é que essa guerra já começa a trazer prejuízos para o Brasil e para outros países. *(10/3/03, São Paulo – SP. Abertura da IX Feira Internacional do Plástico)*

**... têm uma estratégia equivocada de guerra contra o terrorismo:** Eu não tenho dúvida nenhuma de que os Estados Unidos atacariam muito mais o terrorismo fazendo política social do que tentando fazer essa guerra que estão fazendo. *(27/3/03, São Paulo – SP. Posse do presidente da Associação Comercial de São Paulo)*

**... têm muita violência em seus setores médios:** É preciso estabelecer uma discussão, não apenas para fazer um diagnóstico do que acontece na questão da violência, no Brasil, mas para que a gente descubra, concretamente, que não é apenas a questão da pobreza, como alguns falam, porque senão, nos Estados Unidos, não aconteceria a barbaridade que acontece com setores médios. *(24/4/07, Brasília – DF. Entrevista durante jantar com a bancada do PT)*

**... não tiveram relação política correta com a América Latina no século XX:** Eu acho que os Estados Unidos não tiveram uma política correta para a América Latina durante o século passado. Houve intervenções militares e nós sabemos que o Governo da época, dos Estados Unidos, estava por trás disso. *(2/6/07, Londres – Inglaterra. Entrevista ao programa* Hard Talk, *da BBC)*

**... têm de mudar sua relação com a América Latina:** Os Estados Unidos precisam fazer uma política pró-ativa para a América Latina; os Estados Unidos precisam entender que acabou a Guerra Fria, acabou aquela história de quem era comunista ou não era comunista. Hoje, todos os países querem se desenvolver, crescer e gerar empregos, e os Estados Unidos podem ajudar. Eu tenho dito ao Bush [George W. Bush, presidente dos Estados Unidos] e dito a todo Governo americano que está na hora deles apresentarem uma política sadia e objetiva para a América Latina. *(27/9/07, São Paulo – SP. Entrevista à Record News)*

**... divergem da Venezuela no campo da retórica e da visão de mundo:** Tem uma divergência histórica entre a Venezuela e os Estados Unidos, porque o Chávez [Hugo Chávez, presidente da Venezuela] acha que foi o presidente Bush [George W. Bush, que ocupava o cargo de presidente dos Estados Unidos] que encomendou o golpe contra ele, e ninguém tira isso da cabeça dele. Agora, veja o paradoxo da divergência verbal: os Estados Unidos são o maior comprador de petróleo da Venezuela, e a Venezuela vende petróleo para os Estados Unidos mais barato do que vende para outros países. Para cada barril de petróleo, eles têm dois dólares de desconto. Então, de vez em quando, eu falo para o Chávez e para o Bush: "Se vocês são inimigos mesmo, por que é que os Estados Unidos não param de comprar o seu petróleo, ou por que você não para de vender para eles?" Porque no fundo, no fundo tem uma briga que tem uma parte de retórica, na verdade, e tem uma parte que é divergência política, divergência de concepção do mundo, divergência que é um pouco até latino-americana, porque o imperialismo se envolve demais na política interna. *(27/9/07, São Paulo – SP. Op. cit.)*

**... são menos democráticos do que o Brasil no mundo do trabalho:** Falam que os Estados Unidos são mais democráticos, que a Alemanha é mais avançada; eu duvido que exista em algum lugar do mundo o relacionamento que existe entre os trabalhadores da indústria automobilística brasileira e os seus empregadores. *(29/5/03, São Bernardo do Campo – SP. Entrega simbólica de 225 toneladas de alimentos para o programa Fome Zero)*

**... aplicam uma lógica peculiar nas questões comerciais:** O que está acontecendo na Rodada de Doha [negociações iniciadas em 2001, no âmbito da Organização Mundial de Comércio relativas às barreiras comerciais]? A União Europeia não abre mão de dificultar a entrada dos produtos agrícolas dos países pobres. Os Estados Unidos querem reduzir o subsídio de 13 para 17; eu nunca vi reduzir para cima. *(13/3/08, Brasília – DF. Mesa de negócios do The Economist Newspaper Group)*

**... precisam saber que o Brasil pode enfrentá-los nos fóruns internacionais:** Quando os Estados Unidos sobretaxam o aço, obviamente que estão nos prejudicando. Mas o que nós fazemos para que sejamos respeitados e tratados em igualdade de condições? Qual é a lógica da nossa política de relação comercial? Estamos há quantos anos mantendo uma média de 26% na relação comercial com a Europa, com a União Europeia, e 25% com os Estados Unidos, e o restante com a América do Sul e com o mundo asiático? Ora, se temos canais obstruídos na Europa e nos Estados Unidos, primeiro temos que ter coragem de brigar de verdade na Organização Mundial de Comércio, para que o Brasil tenha os seus direitos respeitados, como têm outros países. *(27/3/03, São Paulo – SP. Op. cit.)*

**... precisam saber que agora o Brasil tem um Governo que sabe aonde quer chegar:** Não adianta a gente ter o nome num organismo chamado Alca, que é a Área de Livre Comércio das Américas, se, antes de começarmos a negociar, os Estados Unidos aprovam no Congresso todas as salvaguardas para os seus produtos agrícolas. Nós vamos entrar para competir de que jeito? Podem ficar certos de que, desta vez, quem quiser negociar com o Brasil vai negociar sabendo que este país tem um Governo que sabe o que quer, que sabe onde quer chegar e como fazer para chegar lá. *(29/4/03, Brasília – DF. Solenidade do 30.º aniversário da Embrapa)*

**... precisam ser enfrentados como o Lula sindicalista enfrentava os empresários:** Notei que os governantes dos países mais pobres passam o tempo inteiro reclamando que os Estados Unidos não nos dão para aquilo que achamos que temos direito. Notei que uma outra parte dos países passam o tempo inteiro reclamando que a Europa não faz por nós aquilo que gostaríamos que ela fizesse. E fiquei me lembrando do meu tempo de dirigente sindical, do tempo em que eu reivindicava alguma coisa aos empresários que trabalhavam comigo e, muitas vezes, eles não concordavam com a minha reivindicação. Para conquistar uma parte daquilo que eu achava que tinha direito, ao invés de ficar chorando, eu ia à luta. Pois bem, nessa relação entre o Brasil e o mundo, o Brasil tem que compreender que, em comércio exterior, ninguém faz concessão. Não adianta a gente ficar chorando para a União Europeia reduzir os subsídios que eles dão para os seus agricultores. Eles não vão reduzir, não, porque é interesse deles, inclusive político, manter o subsídio. Os Estados Unidos estão produzindo álcool de milho, que vai custar três vezes mais caro que o álcool de cana que produzimos aqui. Seria mais fácil comprar de nós. Por que não vão comprar? Porque eles precisam, primeiro, se eleger lá e, segundo, manter a agricultura deles funcionando. Ora, se nós temos esse problema, não adianta a gente ficar chorando: "Nós somos os coitadinhos, nós somos os pobrezinhos, nós somos a América Latina, por favor..." Não. Ninguém respeita negociador que chora ou que anda de cabeça baixa.

O Brasil não deve nada a nenhum país do mundo, do ponto de vista da sua capacidade tecnológica e da produtividade agrícola. Não devemos nada a nenhum país do mundo. Competimos com todos eles. E, certamente, produziremos produtos de melhor qualidade com mais produtividade. Entretanto, se nós não tivermos ousadia de nos vendermos lá fora, vender os nossos produtos, a nossa qualidade, vender aquilo que a gente sabe fazer, ninguém estará preocupado em ter piedade se aqui tem criança de rua, se aqui tem ocupação de terras, se aqui tem violência, se aqui tem qualquer coisa. Nós é que temos que ter a preocupação de ir lá fora dizer: "Nós existimos. Nós temos competência. Nós temos produtos e queremos disputar em igualdade de condições com vocês." Foi por isso, governador, que tive uma reunião na China, na Rússia, na Índia, na África do Sul e na Argélia.

Fomos dizer a eles que se Rússia, Brasil, Índia, África do Sul, Argélia e México tivessem consciência da força que têm e se juntassem para fazer a mesma política com relação ao mundo desenvolvido, certamente não seríamos nós que ficaríamos chorando para eles baixarem os subsídios deles. Seriam eles que viriam atrás de nós para oferecer os seus mercados para que nós vendêssemos os nossos produtos. *(6/6/03, Alto Araguaia – MT. Inauguração do terminal ferroviário da Ferronorte em Alto Araguaia)*

**... têm potencial agroenergético menor do que o Brasil:** O mundo não tem como competir com o Brasil na produção de álcool; o mundo não tem como competir com o Brasil na produção de biodiesel. Até tem território maior que o Brasil, a China é maior que o Brasil; a Rússia era, quando era uma só, maior que o Brasil; os Estados Unidos são maiores que o Brasil. Mas no Alasca, o que se planta lá? Aqui no Brasil, não. Nós temos oito milhões e meio de quilômetros quadrados e, coisa como a mamona, dizem que até em pedra, se a gente plantar, dá. Obviamente que a mamona tem que ser plantada numa certa altura ao nível do mar, para produzir muito mais. *(21/11/06, Barra do Bugres – MT. Inauguração da unidade de biodiesel da usina Barralcool)*

**... são um mercado menos importante do que a América do Sul:** Obviamente que a União Europeia é uma grande parceira comercial, obviamente que os Estados Unidos são um grande parceiro comercial, mas é com muito orgulho que eu posso dizer para vocês: graças à nossa política de integração, hoje o maior mercado para o Brasil chama-se América do Sul, onde as nossas exportações cresceram 87% e onde nós estamos vendendo cada vez mais e também queremos comprar; e ainda estamos crescendo 20% ao ano com os Estados Unidos, 26% com a União Europeia. *(23/12/05, Osasco – SP. Comemoração da meta do programa Bolsa Família – 8 milhões e 700 mil famílias atendidas em 2005)*

**... são o primeiro parceiro comercial do Brasil:** É verdade que o Japão é um grande aliado dos Estados Unidos. E é verdade, também, que o Brasil tem uma grande história de relação com os Estados Unidos, e que os Estados Unidos são o nosso primeiro parceiro comercial *(17/5/05, Brasília – DF. Entrevista aos jornais* Yomiuri Shimbun, Nihon Keizei Shimbun *e* Asahi Shimbun, *e às agências Kyodo News e Jiji Press, da imprensa japonesa)*

# Estrada(s)

**[ver: infraestrutura]**

Não é possível. Um país que, ao longo de 50 anos, construiu a malha viária que o Brasil construiu e, de uns tempos para cá, não teve sequer competência para fazer manutenção nela. Você pode até não fazer uma nova, mas não pode deixar o que existe estragar com facilidade. Nós sabemos que, se quisermos controlar nossas estradas, não precisamos encarecer seu preço, precisamos colocar balanças para evitar que caminhões andem com o dobro da carga que as estradas suportam. *(8/4/03, São Paulo – SP. Abertura da XI Feicom – Feira Internacional da Indústria da Construção)*

**... apresentam problemas porque só agora estão sendo utilizadas:** O grande problema do Brasil é que, durante muitos anos, não se fez a manutenção obrigatória que tinha que ser feita, e, todo mundo sabe, uma estrada é como um aparelho eletrônico que nós temos em casa: se a gente passa muito tempo sem usá-lo, quando vai usar, tem algum problema. *(23/10/05, São Paulo – SP. Abertu-*

*ra do Salão Internacional do Transporte – Fenatran/2005)*

**... não são prioridade dos Governos Estaduais:** Eu me lembro que, em 2002, o presidente Fernando Henrique Cardoso [presidente do Brasil entre 1995 e 2003], no intuito de acertar e de fazer as coisas, anunciou à nação a transferência de 14 mil quilômetros de estradas federais para os Governos Estaduais fazerem a recuperação. Vocês estão lembrados, não estão? E eu ainda – já tinha ganho as eleições –, eu ainda fui, com o peso de um presidente que está entrando, que tem mais prestígio do que o que está saindo, eu fui pedir para atender logo, porque tinha alguns estados atrasados. Isso aconteceu na verdade, meus companheiros e companheiras. Isso aconteceu na verdade. Muitos governadores pegaram o dinheiro do Governo Federal, ao invés de fazer estradas, pagaram folhas de pagamento atrasadas, pagaram o 13.º salário. E as estradas estão lá, é aquela criança que não tem pai nem mãe, ninguém assume. Você vai nos estados, está a placa lá: "Essa estrada é do Governo Federal". Vamos devolver, mas não querem devolver o dinheiro junto. *(23/11/05, Rio de Janeiro – RJ. Abertura do 25.º Encontro Nacional do Comércio Exterior – Enaex)*

## Estratégia(s)

[ver: planejamento]

É como se nós estivéssemos nos preparando para uma guerra. Nós montamos a nossa tática, montamos a nossa estratégia, sabemos que o inimigo vem por ali, vai vir acolá. Temos tudo preparado. Ele pode vir por outro lugar, mas se ele vier por onde a gente está preparado, nós vamos combatê-lo e vamos vencê-lo. *(7/4/06, Brasília – DF. Lançamento do Plano Nacional de Prevenção da Influenza Aviária)*

**... em termos de conceito, sempre confundem Lula:** Eu não sei qual é a tática, ou qual é a estratégia. Esse negócio de tática e estratégia sempre me confunde. *(7/11/05, Brasília – DF. Entrevista ao programa* Roda Viva*)*

**... no campo social, foram montadas por Lula para que haja mudanças de forma gradual:** Quando aqui no Nordeste tinha seca, inventava-se uma frente de trabalho. Os trabalhadores pegavam a enxada e tiravam a pedra de um lado e colocavam do outro. Aí, chovia, e dois anos depois vinha a seca. Eles pegavam as pedras que tinham colocado do outro lado, traziam de volta, e ganhavam 30 reais por mês. Agora, nunca mais nós ouvimos falar em frente de trabalho, porque hoje tem um programa de compra de alimentos do Governo, porque hoje tem o programa da compra de leite, porque hoje tem o Bolsa Família, porque hoje nós criamos programas de prestação continuada que sustentam quase três milhões de brasileiros. Hoje nós temos o ProJovem [Programa Nacional de Inclusão de Jovens], que vai colocar na escola 4,5 milhões de jovens de 17 a 24 anos. Hoje nós temos um pouco mais do que tínhamos ontem, amanhã teremos um pouco mais do que temos hoje, e mais à frente nós teremos um pouco mais do que vamos ter amanhã. Essa é a lógica da nossa estratégia administrativa. Essa é a lógica do que nós queremos para o Brasil. *(28/3/08, Delmiro Gouveia – AL. Assinatura de protocolos de cooperação federativa e de instalação do Comitê Estadual de Articulação do programa Territórios da Cidadania)*

**... exigem um conhecimento prévio do problema a ser tratado:** A Agenda Portos reuniu todos os ministérios e órgãos de Governo envolvidos com o sistema. Foi feita uma radiografia séria dos problemas e definida uma estratégia de ação em várias etapas. A primeira delas expira em abril, e a nossa expectativa é que os gargalos no escoamento da produção sejam reduzidos. Além de obras para melhorar o acesso rodoferroviário, o Governo trabalha para reduzir os custos portuários, agilizar a liberação das cargas e eliminar os gargalos físicos e administrativos que comprometem o funcionamento dos portos brasileiros. *(30/1/05, Brasília – DF. Entrevista ao jornal* Tribuna de Santos*)*

**... para que haja resultados, devem ser seguidas com persistência:** A agropecuária – e aqui quero prestar minha homenagem à Embrapa, referência mundial na agricultura tropical –, as indústrias de celulose e de energia, a mineração, a siderurgia, entre outras, têm diante de si um futuro promissor, no Brasil e no exterior. Basta que sigam estratégias consequentes e persistentes. *(12/5/08, Rio de Janeiro – RJ. Lançamento de Política de Desenvolvimento Produtivo)*

## Estruturante

**[ver: planejamento]**

Nós já inventamos a palavra "estruturante", viu, Plínio [de Arruda Sampaio, presidente da Associação Brasileira de Reforma Agrária]. Você tem que ver, na reunião dos ministérios, como é que estão as palavras. Agora tem "transversalidade", tem "estruturantes"! Esses dias eu fiz um ministro traduzir e ele teve dificuldade. Mas nós temos consciência de que todos os passos que estamos dando é no sentido de termos as reformas de que o Brasil necessita, para que se possa ganhar o que comer às custas do trabalho, porque no fundo é isso que dá dignidade a qualquer ser humano. *(25/3/03, Brasília – DF. Discurso no Conselho Nacional de Segurança Alimentar e Nutricional – Consea)*

**... é o oposto de assistencialista:** Se a gente entrar no debate academicista, se ele [o programa Bolsa Família] é assistencialista ou não, se ele é estruturante ou não, a gente não vai terminar nunca. No século que vem, Patrus [Ananias, ministro do Desenvolvimento Social e Combate à Fome], nós estaremos mortos e terá "nego" discutindo: "Mas será que aquele programa era isso, era aquilo?" Não importa. *(20/10/05, Brasília – DF. Abertura do Seminário Internacional Bolsa Família)*

**... é o oposto de voluntarista:** Eu sou contra a política de voluntarismo, aquele oba-oba, que você chega e fala: "Não, tem tanta coisa, vamos fazer isso, vamos fazer aquilo." Não. Eu prefiro as políticas estruturantes, que são mais demoradas, porque elas têm que ser mais cautelosas, porque elas são mais responsáveis. *(30/11/06, Abuja – Nigéria. Entrevista após abertura da Cúpula África-América do Sul – Afras)*

**... é um trabalho cujo resultado não aparece imediatamente:** Acho que esse trabalho da política de combate à fome, tenho dito ao Graziano [José Graziano, ministro extraordinário de Segurança Alimentar e Combate à Fome] todo dia, tem dois momentos. Um momento vocês discutiram agora, que é a questão estruturante, são as coisas que vão acontecendo e que vamos começar a colher daqui a seis, sete, oito meses, algumas até daqui a um ano, dois anos. Mas tem a questão imediata, que está passando na nossa porta. Todo dia alguém liga, alguém telefona, alguém anuncia, alguém fala: "Olhe, tal pessoa quer dar alguma coisa e não sabe como fazer."

Temos que criar esse mecanismo de captação urgentemente, seja do recurso financeiro, seja da doação de alimento. *(25/3/03, Brasília – DF. Op. cit.)*

**... é um trabalho cujo resultado é duradouro:** O que é preciso pensar agora é em como resolver o problema estruturante para os próximos cinco, seis anos, e quando se trata de hidrelétrica, a gente não pensa e começa a fazer hoje. Nós pensamos hoje para colher daqui a quatro ou cinco anos, e precisamos pensar sempre cinco anos à frente para que a gente possa visualizar um crescimento econômico sustentável e duradouro. *(8/8/07, Manágua – Nicarágua. Encontro com o presidente da Nicarágua, Daniel Ortega)*

**... é o tipo de obra que marca o lugar de um governante na História:** Eu digo sempre que, muitas vezes, um governante, ele não será medido pela sua passagem pelo Governo, pelas grandes obras estruturantes que ele fez, porque muitos não fizeram nenhuma, ou seja, muitas vezes o padrão de relacionamento que se estabelece entre Estado e sociedade, Governo e sociedade, pode ser muito mais importante do que o resultado da obra. *(30/7/04, Brasília – DF. Assinatura de decreto que regulamenta a Lei 10.848, que dispõe sobre a comercialização de energia elétrica)*

**... é gerar desenvolvimento:** E vocês sabem que nós tivemos um primeiro ano muito difícil e nós não tínhamos condições de começar, mas a BR-101 Sul e a BR-101 Nordeste são obras prioritárias, obras estruturantes, obras que significam a possibilidade de se desenvolver duas regiões importantes do Brasil. *(3/12/04, Palhoça – SC. Assinatura da ordem de serviço da duplicação da BR-101 no estado de Santa Catarina)*

**... é melhorar a infraestrutura:** De nossa parte, estamos empenhados em implementar projetos estruturantes como o que vai levar as águas do rio São Francisco para o semiárido nordestino, a modernização de portos e aeroportos e a melhoria geral da infraestrutura. *(21/12/04, Brasília – DF. Entrevista à revista* Indústria Brasileira, *editada pela CNI)*

**... é melhorar a autoestima do povo, como o PAC nas favelas do Rio de Janeiro:** Nós decidimos fazer na região metropolitana, onde está a maior concentração de favelas, portanto, a maior concentração de violência ou de possibilidade de violência. Então, nós vamos à Baixada Fluminense, às principais cidades e à cidade do Rio de Janeiro, eu vou dar dois exemplos: Complexo do Alemão e Manguinhos. Nós vamos fazer uma intervenção estruturante ali, para a gente mudar não apenas a qualidade de vida do povo, mas mudar a cara do Rio de Janeiro, para melhorar, para recuperar a autoestima desse povo extraordinário que, muitas vezes, liga a televisão e parece que aqui só tem morte, só tem bandido, quando 99% são homens e mulheres trabalhadores que levantam de manhã, se matam de trabalhar e, depois, não veem isso na televisão, não veem isso nos jornais. *(14/6/07, Angra dos Reis – RJ. Batismo da plataforma P-52)*

**... é o tipo de revolução que o Governo Lula está fazendo:** Quero aproveitar, aqui, os cariocas e os paulistas que estão me entrevistando, e, como São Paulo tem muito nordestino, no Rio também tem muito nordestino – nós estamos fazendo uma revolução estruturante no Nordeste brasileiro. Nós estamos levando uma refinaria para o Nordeste brasileiro. Nós estamos, agora... Eu vou ao Ceará amanhã, nós vamos anunciar a Transnordestina, que é uma ferrovia que liga o porto de Suape ao porto de Pecém, em um projeto privado em que o Governo entra com o financiamento via BNDES [Banco Nacional de Desenvolvimento Econômico e Social] e via Fundos Constitucionais, um investimento de 4 bilhões de reais na região. *(24/11/05, Brasília – DF. Entrevista coletiva a emissoras de rádio de SP e RJ)*

**... é um tipo de política que transcende um Governo, tornando-se definitiva:** Nós precisamos criar políticas estruturantes que sejam definitivas, que independam de quem esteja na Presidência da República dos países, para que as coisas possam fazer com que o continente africano tenha no século XXI as oportunidades que ele não teve no século XX, no século XIX, no século XVIII e no século XVII. *(30/11/06, Abuja – Nigéria. Op. cit.)*

## Exército

[ver: Forças Armadas]

Eu me lembro que uma das frustrações grandes que eu tive na minha vida foi quando, com 18 anos de idade, eu me apresentei ali, no Parque Dom Pedro, para tentar servir no Exército brasileiro, e não consegui. Não sei por quê, não me quiseram. O dado concreto é que eu não pude servir no Exército brasileiro e isso foi uma frustração muito grande para minha mãe [Eurídice Ferreira de Melo], porque um dos sonhos dela era que seus filhos pudessem servir o Exército. Pode ser que tenha algumas pessoas com preconceito contra o Exército brasileiro, mas no meio do povo pobre, certamente, grande parte das famílias gostaria que os seus filhos tivessem a oportunidade de servir no Exército brasileiro. Mas a minha frustração foi compensada quando, quase 40 anos depois, eu sou eleito presidente da República, e aquele menino que não pôde servir o Exército brasileiro vira comandante-chefe das Forças Armadas do nosso País. *(11/8/06, Barueri – SP. Visita ao 20.º Grupo de Artilharia de Campanha Leve a oficinas do programa Soldado Cidadão)*

**... junto com as outras Forças Armadas, tem feito muito pelo Brasil:** E quero dizer aos senhores que qualquer pessoa que passar pelo Governo sairá do Governo não apenas reconhecendo, mas sairá do Governo agradecida pelos serviços que as Forças Armadas prestam a este país, inclusive na área social, que era importante que muita gente soubesse, porque a crítica é muito fácil fazer, a crítica não exige conhecimento, a crítica não exige responsabilidade. O reconhecimento exige sobretudo humildade, e eu sou testemunha que, por este país afora, a Marinha, a Aeronáutica e o Exército têm prestado serviços de tamanha grandeza que muitos outros órgãos do Governo não conseguiram chegar lá, não conseguiram fazer. *(15/12/05, Brasília – DF. Almoço com oficiais-generais)*

**... pode ter função social:** Tomei uma decisão esta semana e anunciei ontem: o Exército brasileiro tinha recrutado setenta mil jovens e nós tomamos a decisão de recrutar mais trinta mil jovens, que vão ficar um ano no Exército aprendendo uma profissão e, depois, vamos introduzi-los no mercado de trabalho, sobretudo os jovens das grandes regiões metropolitanas. *(14/5/04, Franca – SP. Abertura da 35.ª Feira Agropecuária de Franca)*

**... pode ajudar no desenvolvimento do país:** O Exército brasileiro tem dado uma contribuição extraordinária ao País, neste novo momento que estamos vivendo, com a retomada do desenvolvimento e dos investimentos em infraestrutura. Atualmente, nós temos 19 obras do PAC [Programa de Aceleração do Crescimento] sendo executadas por oito mil homens do Exército, inclusive obras de extrema importância, como a integração de bacias do rio São Francisco. *(7/3/08, sem local. Entrevista por escrito ao jornal* Extra, *do Rio de Janeiro])*

**... não deve combater o crime, a não ser em ocasiões especiais:** Nós entendemos que o Exército brasileiro, as Forças Armadas, não podem ser utilizadas para combater o crime, sem que seja uma coisa muito especial. *(18/1/07, Rio de Janeiro – RJ. Entrevista após encontro com o governador do estado do Rio de Janeiro, Sérgio Cabral)*

## Experiência

[ver: competência]

Aqueles que têm alguma preocupação com o nosso Governo podem ficar tranquilos que, ao final de quatro anos, eu quero fazer, Gilmar [Dominici, prefeito de Franca], o que você fez aqui em Franca. Eu me lembro que quando você ganhou as eleições, a elite de Franca dizia: "Esse moço não vai dar certo, esse moço não tem experiência." Depois, você se reelegeu e vai terminar o seu segundo ano de mandato, talvez, como o melhor prefeito que a cidade de Franca já teve. E eu sei das suas preocupações. Você é um homem que construiu uma relação de amizade e ninguém, pode ser rico ou pobre, tem alguma coisa contra você. As pessoas podem ter divergências, o que é natural, mas as pessoas te respeitam pela seriedade com que você administrou esta cidade. E é isso que nós vamos fazer no Brasil. *(14/5/04, Franca – SP. Abertura da 35.ª Feira Agropecuária de Franca)*

**... ensina a governar:** E esses dois anos que eu estou na Presidência já me ensinaram muitas coisas, muitas. E coisas que eu descobri que são mais complicadas do que ser presidente do sindicato. Quando eu era presidente do sindicato, eu falava para uma categoria, contra um determinado adversário. Hoje, tem 500, 600, um milhão de categorias, com os interesses mais díspares possíveis, e você tem que trabalhar os interesses de todos. Às vezes, uns querem que o dólar baixe, outros querem que o dólar aumente, outros querem que o dólar fique como está. Então, tem um jogo de interesses que, se você não tiver jogo de cintura e paciência, você não governa. É só pegar a história do Brasil para vocês verem quantos presidentes chegaram ao final do mandato, porque é preciso não tomar nenhuma decisão sob pressão. Aqui tem gente com experiência. Não há nada que não possa esperar a cabeça refrescar para tomar a decisão, porque se você tomar decisões de forma precipitada, pode cometer erros que você pode demorar para recuperar. *(18/4/05, São Bernardo do Campo – SP. Comemoração dos 30 anos da sua posse como presidente do Sindicato dos Metalúrgicos do ABC)*

**... não impede que políticos cometam erros "graciosos":** Não vejo qual o crime que a Benedita [da Silva, ministra da Assistência Social] tenha cometido. Cometeu um erro, um erro administrativo que passou por muita gente, ou seja, na medida que manda um pedido de viagem para a Casa Civil, dizendo que era para um ato religioso, obviamente dá a vocês, a mim e a qualquer outro brasileiro o direito de perguntar: "Como é que pode alguém viajar para ir a um ato religioso?" Mas veja, a Benedita é uma mulher que tem 60 anos de idade, tem experiência política há muito tempo. A Benedita não iria fazer uma viagem para um ato religioso oficial. Eu só posso entender e compreender que foi um erro administrativo de quem fez o pedido da viagem, porque não passa pela cabeça, uma pessoa que tem a notoriedade política que tem a companheira Benedita, que tem o histórico que ela tem, cometer um erro gracioso desses. *(2/10/03, Brasília – DF. Entrevista coletiva a emissoras de rádio)*

## Exportador(es)

O desempenho de nosso setor exportador está fazendo História, marcando o início de uma nova era de desenvolvimento e prosperidade. *(30/8/04, Piracicaba – SP. Comemoração dos 50 anos da empresa Caterpillar no Brasil)*

**... comemoram, com o Governo, êxito histórico:** Este mês nós tivemos o gostoso prazer de tomar um champanhe junto com os exportadores brasileiros, porque ultrapassamos 101 bilhões de dólares de exportação, o que é um recorde, uma marca fantástica, porque o Brasil, na década de 70, tinha uma participação de 1,2 do comércio mundial. A China não existia ainda. O Brasil, depois, chegou a ter 0,70, ou seja, o Brasil caiu quase que 50% na sua política de comércio exterior. E, nesses dois anos de Governo, nós já estamos a 1,12%, ou seja, estamos chegando perto do melhor momento do Brasil, hoje, com a China tomando conta de uma grande parte do comércio mundial. *(31/3/08, São Carlos – SP. Apresentação dos novos investimentos da empresa Tecumseh do Brasil)*

**... não devem pagar muitos impostos:** Nenhum país do mundo conseguirá ser competitivo se as empresas e os exportadores tiverem que exportar encargos sociais e impostos para o mundo inteiro. *(10/3/03, São Paulo – SP. Abertura da IX Feira Internacional do Plástico)*

**... não querem o real muito valorizado:** Há quatro meses, havia os céticos no Brasil que diziam que a inflação iria estourar, que o dólar iria para 5 reais e que o Risco Brasil iria crescer como jamais cresceu. E o que nós estamos vendo? Hoje estamos vendo companheiros nossos já reivindicando que o dólar não caia tanto, principalmente os nossos amigos exportadores. *(29/4/03, Brasília – DF. Solenidade do 30.º aniversário da Embrapa)*

**... reconhecem os avanços promovidos pelo Governo:** Nós fizemos uma aposta política. Fizemos uma aposta na credibilidade política que o Governo tinha, para fazer todo o sacrifício que precisaria ser feito no primeiro ano, sem que, com isso, perdêssemos o patrimônio político acumulado durante tanto tempo. E eu acho que vocês, que são exportadores, sabem que o resultado hoje é mais primoroso do que muitos analistas, em algum momento, ousaram analisar. *(28/11/03, Rio de Janeiro – RJ. Encerramento do 23.º Encontro Nacional de Comércio Exterior)*

**... precisam exportar conhecimento, coisa de nação desenvolvida:** Nós vamos, quem sabe, se a Embrapa nos ajudar, ser exportadores de conhecimento, porque aí sim, nós estaremos consagrados enquanto nação desenvolvida. *(18/6/04, Brasília – DF. Lançamento do Plano Agrícola e Pecuário 2004/2005)*

**... vão receber recursos do Estado:** O financiamento à exportação tem sido e continuará sendo uma das prioridades do meu Governo, que tem no BNDES um agente fundamental. A atuação do banco já se revelou um sucesso e tem sido especialmente importante nas exportações de maior valor agregado. O desafio, agora, é ajudar outros exportadores brasileiros a repetirem a história de sucesso da Embraer, e eu tenho certeza de que não faltarão recursos para isso. *(21/8/07, sem local. Entrevista por escrito para a Associação Paulista de Jornais – APJ)*

## Fábrica(s)

[ver: Economia; empresário; trabalhador]

Quando você chega na porta de uma fábrica com uma formação profissional, a primeira coisa que te dizem é o seguinte: "Espere um pouco que nós vamos conversar." E aí, muda a vida da gente. A minha mudou, a do Meneguelli [Jair Meneguelli, presidente do Sesi] mudou, e a de tantos outros companheiros que se formaram no Senai e aprenderam uma profissão mudou. *(16/12/05, Garanhuns – PE. Inauguração da Escola Senai de Garanhuns Eurídice Ferreira de Melo – "Dona Lindu")*

**... não são coisa boa:** De vez em quando alguém fala assim: "Trabalha-se muito na Presidência?" Eu fiquei 27 anos dentro de uma fábrica e nunca pensei que eu ia ter inveja e saudade do tempo de fábrica, porque fábrica não é coisa boa. *(19/12/03, Brasília – DF. Entrega das insígnias da Ordem do Mérito Cultural)*

**... serão sempre visitadas por Lula:** Quero ver se se torna um hábito, de quando em quando, eu vir à porta da fábrica, porque não é justo que quem me ajudou o tanto que vocês me ajudaram, que riem e choram comigo há mais de vinte anos, não é possível que, agora, porque ganhei as eleições, eu esqueça que surgi politicamente na porta de uma fábrica e não venha mais aqui. *(24/3/03, São Bernardo do Campo – SP. Comemoração dos cinquenta anos de atividades da Volkswagen no Brasil)*

**... serão criadas em grande número durante o Governo Lula:** Eu acho que esse ano nós vamos inaugurar muitas fábricas. Esse é o ano em que eu acho que a Economia brasileira vai dar resposta aos anseios, às aspirações e, por que não dizer, até às inquietudes de milhões e milhões de seres humanos, nesse país, que estão à espera de uma oportunidade para poder trabalhar e viver a sua vida com o resultado do seu trabalho. *(16/1/04, Piracicaba – SP. Inauguração da nova unidade de fundição da fábrica Dedini S.A.)*

**... fazem Lula ficar otimista:** Sempre que venho a uma fábrica, eu me sinto muito mais otimista para falar as coisas que, muitas vezes, eu não posso falar. *(29/3/04, São Caetano do Sul – SP. Entrega de novas viaturas ao Departamento de Polícia Rodoviária Federal)*

**... é onde o operário xinga o patrão e vice-versa, mas onde os dois terminam do mesmo lado:** O que me dá mais orgulho é poder vir à porta de uma fábrica, como eu vim tantas vezes, às vezes para xingar. Quantas vezes eu xinguei a direção da Ford, e quantas vezes a direção da Ford deve ter me xingado aqui dentro, quantas vezes! E o que aconteceu? Nós ficamos adultos, amadurecemos e, hoje, eu estou aqui na frente de vocês cumprimentando o Maciel [Antônio Maciel, presidente da Ford no Brasil], certo de que o que eu penso para o desenvolvimento deste país, o que eu penso para a Economia deste país, é o mesmo que pensa o Marinho [Luiz Marinho, presidente da CUT], é o mesmo que pensa o Maciel. *(29/3/03, São Bernardo do Campo – SP. Entrega simbólica de 225 toneladas de alimentos para o programa Fome Zero)*

**... são um bom investimento, mas gastar com o social é o "investimento mais primoroso do mundo":** É preciso que as pessoas compreendam que quando a gente empresta dinheiro para uma empresa construir uma nova fábrica é um investimento. Mas, também, quando a gente coloca dinheiro na Saúde, coloca dinheiro na Educação, contrata mais professores, contrata mais médicos, contrata mais fiscais, coloca mais dinheiro para ajudar o microcrédito, coloca mais dinheiro para ajudar a agricultura familiar, coloca mais dinheiro no Bolsa Família, na verdade não estamos gastando, nós estamos fazendo o investimento mais primoroso do mundo, que é o investimento no ser humano, na melhoria da qualidade de vida das pessoas, na melhoria da possibilidade de crescimento das pessoas. *(3/9/07, Rádio Nacional. Programa de rádio* Café com o Presidente*)*

**... já não geram mais tantos empregos como no passado:** Vivi no sindicato numa época em que a palavra desemprego não era utilizada. Vivi no sindicato numa época em que o máximo que nós discutíamos era a palavra rotatividade de mão de obra, era o trabalhador que saía de uma empresa e logo entrava em outra, porque tínhamos muito emprego. Hoje, vivemos uma situação mais difícil, o emprego já não é tão abundante como naquela época, e é preciso que saibamos que, além das questões econômicas do país, além do pouco dinheiro para investimento, nós temos os avanços tecnológicos que são imensos e que, muitas vezes, faz com que uma fábrica produza muito mais, precisando de menos trabalhadores. *(19/3/04, Betim – MG. Visita à fábrica da Fiat Automóveis)*

## Família

**[ver: filho; mãe; marido]**

Que Deus abençoe todos vocês; cuidem bem das suas famílias, porque a família é a base fundamental pela qual a gente pode construir a sociedade que todos nós queremos construir. Eu sei que muitos de vocês estão aqui, sei que as mulheres de vocês muitas vezes ficaram na sua cidade natal, no seu estado. Eu nasci assim, o meu pai [Aristides Inácio da Silva] engravidou minha mãe [Eurídice Ferreira de Melo], ele veio embora e eu fiquei lá em Garanhuns, na barriga da minha mãe. Eu fui ver meu pai cinco anos depois. Meu pai podia ter todos os defeitos que um homem pode ter, mas ele nunca deixou de mandar uma ajuda para minha mãe cuidar dos oito filhos dela. Então, eu sei que vocês têm famílias, por favor, vocês estando aqui não esqueçam que vocês têm filhos e que eles serão o resultado do que vocês fizerem por eles hoje. *(25/7/05, Brasília – DF. Visita às obras de ampliação da nova pista do Aeroporto de Brasília)*

**... é sagrada:** Eu considero a família uma coisa sagrada na vida da gente, ou seja, você ter uma referência na família é uma coisa importante, porque quando a coisa aperta, só resta para a gente mesmo o ombro da família para a gente chorar, rir. *(23/8/04, Rádio Nacional. Programa de rádio* Café com o Presidente*)*

**... quando está bem faz com que todo o resto vá bem:** Uma outra coisa que nós precisamos cuidar, neste país, Eduardo [Campos, governador de Pernambuco], eu sei que houve um tempo em que a esquerda não gostava que a gente falasse isso, isso era atrasado, até falar em pátria era atrasado, João Paulo [prefeito de Recife]. Então, na década de 70, se a gente falasse pátria, "esse cara é conservador". Naquele tempo não tinha a palavra neoliberal, era outra coisa qualquer, de direita. Para mim tem uma coisa sagrada, que é a questão da família. Se a família estiver bem, tudo está bem, se a família estiver mal, tudo está mal. Cuidar da família é permitir que a família cuide dos seus, porque senão as pessoas não cuidam e acham que o Estado vai cuidar. O Estado nem sabe onde a pessoa mora, quem sabe é a mãe e o pai. Portanto, cuidar, acabar com a desagregação da estrutura da família brasileira, aquele negócio de filho brigar com pai, de pai brigar com mãe, ninguém fica feliz dentro de casa, as pessoas não querem nem chegar em casa porque sabem que é um inferno. Como é que a gente vai construir uma nova sociedade se não tiver harmonia entre as pessoas, se os filhos não virem os seus pais como seus mestres, como espelho do que eles querem ser? Como é que a gente vai construir? *(12/7/07, Recife – PE. Lançamento do PAC nas áreas de saneamento e urbanização no estado de Pernambuco)*

**... deve ser o principal fórum para se resolver os problemas pessoais:** Se tiverem problema dentro de casa, vamos tentar reunir a família e discutir. A família é a base da consagração da vida de cada um de nós. O pai e a mãe têm que servir de exemplo para os seus filhos, no comportamento e na educação. E vocês estão na flor da idade, vocês estão naquele momento em que é tudo ou nada, vocês estão naquele momento em que vocês precisam definir o futuro que querem, e se vocês estudarem e aprenderem uma profissão, vocês vão perceber que vai ficar mais fácil arrumar emprego, vocês vão perceber que vão ganhar um pouquinho mais que um salário mínimo, vocês vão perceber que vão poder construir a vida de vocês e ainda ajudar a melhorar a vida da família de vocês. *(20/7/05, Recife – PE. Aula inaugural do ProJovem – Programa Nacional de Inclusão de Jovens)*

**... se desagrega por problemas sociais:** O processo de desagregação da estrutura familiar, às vezes, é levado por problemas sociais, às vezes, levado por problemas de droga. Pai não consegue mais mandar no filho, o filho não respeita o pai, ou seja, isso precisa voltar a acontecer, unificar a família brasileira. Não tem nada mais extraordinário do que pai e mãe se sentarem à mesa com todos os filhos, seja para comer uma pizza, seja para almoçar, seja no domingo, para comer um churrasco, e isso está ficando cada vez mais difícil. E é difícil você recuperar... *(24/11/05, Brasília – DF. Entrevista a emissoras de rádio de SP e RJ)*

**... se desagrega por problemas econômicos:** Eu digo sempre que eu trato a Economia como eu tratei a minha vida o tempo inteiro, não tem diferença. Obviamente que os nomes são diferentes, os paradigmas são diferentes. Mas eu, aos 62 anos de idade, e desde muito cedo com uma responsabilidade, antes de casar, de cuidar de mãe e de irmãs em uma crise de desemprego profunda em 1965, aprendi que o salário da gente precisa ser controlado a ferro e fogo, porque se você gastar mais do que ganha, ou se você se endividar mais do que a possibilidade que você tem de pagar, mais dia, menos dia, você tem que começar a vender a casa para pagar dívida, vender a televisão, vender a geladeira, vender o carro. E quando tem uma crise dessas, profunda, a família se desestrutura, há separações, há brigas familiares. Então, eu sempre fui muito cuidadoso, nunca comprei nada à prestação na minha vida. *(27/3/08, Recife – PE. Inauguração de agências do Banco Azteca)*

**... é a solução para o problema da criança e do adolescente:** Eu sou daqueles que não acredita que haja solução para o problema da criança e do adolescente fora do seio da família. Se nós não entendermos que o processo de desagregação da estrutura da sociedade a partir da família é tão grave quanto os problemas econômicos e outros problemas que nós temos no Brasil, nós não teremos uma definição correta para resolver este problema. *(16/7/04, Brasília – DF. Entrevista para os Jornalistas Amigos da Criança)*

**... tem que cuidar dos seus, não o Estado:** No Brasil, Oded [Grajew, diretor-presidente do Instituto Ethos], tem um defeito crônico que é, muitas vezes – e outro dia a Nilcéa [Freire, secretária especial de Políticas para as Mulheres] me cobrava que eu tenho culpa nisso –, a gente jogar toda a responsabilidade no Estado, até por coisas que são nossas, ou seja, quem tem que educar meu filho sou eu, eu é que tenho que me responsabilizar pela formação da moral dos meus filhos. Mas, no Brasil, até isso a gente joga para cima do Estado. E a Nilcéa dizia: "Você não reclama, não, porque você tem muito a ver com isso. Porque durante muitos anos da sua vida você passou a dizer: 'Não, o Estado tem que fazer isso, o Estado tem que fazer aquilo', de repente..." Ou seja, como é que nós vamos resolver o problema da degradação da estrutura da família brasileira? Como é que nós vamos resolver o problema de milhões de adolescentes que não têm perspectiva por fora da família? Não há Estado que consiga resolver esse problema se a família não tiver a certeza de que ela é o primeiro elo da formação da estrutura da sociedade. Como é que você vai recuperar um garoto na Febem ou num desses centros de recuperação, por fora da família, se o problema que levou ele lá é exatamente a desagregação da família? Como é que nós vamos resolver isso? Passa a ser uma coisa insolúvel. Eu me lembro quando o governador [de São Paulo] Mário Covas era vivo, ele disse que gastava, na época, mil e oitocentos reais por mês para cuidar de uma criança na Febem. Pode-se gastar dez mil reais por mês, o problema não é do montante que se gasta lá dentro; ele não vai se recuperar, porque o problema dele ficou atrás, que é a própria desestruturação da família. Quem sabe ficasse muito mais barato com mil e oitocentos reais que você cuida de uma criança na Febem, você pudesse cuidar de seis, dando uma renda mínima para a família, com o compromisso de a família melhor se responsabilizar pelo filho. *(9/8/04, São Paulo – SP. Abertura da Semana Nacional pela Cidadania e Solidariedade)*

**... será alvo de programas do Governo, para que não se desestruture:** Ontem – eu não sei se vocês acompanharam – eu fiquei emocionado porque nós conseguimos colocar trinta mil jovens da periferia deste país para servir o nosso Exército. Há 16 anos que o Exército brasileiro não recrutava mais que 65 mil jovens. Agora, recrutou cem mil, dos quais trinta mil vão aprender uma profissão, além de aprender cidadania, além de aprender uma série de coisas que nós precisamos aprender.

Porque um dos graves problemas do Brasil é que há uma desagregação da estrutura da sociedade, a partir da família. Quando o pai e a mãe não se entendem, dificilmente terá tranquilidade na família. O pai e a mãe ainda significam o maior elo de integração da estrutura social brasileira. E nós vamos trabalhar para que todo mundo tenha o direito de ter uma família feliz, vivendo em harmonia, vivendo em paz; que todos possam trabalhar, no campo ou na cidade, mas que a criança, sobretudo, tenha o direito de brincar e tenha o direito de estudar. *(11/8/04, Nova União – RO. Assinatura de atos: programa Luz para Todos, recuperação da BR-429 e convênios com MDA)*

## Favor(es)

**[ver: emprego; Bolsa Família]**

Eu, um dia desses, Ciro [Gomes, ministro da Integração Nacional], estava em Cabedelo, na Paraíba, e tinha um encontro com os trabalhadores rurais, Manoel Serra [presidente da Contag – Confederação Nacional dos Trabalhadores na Agricultura], e um deles falava assim para mim: "Lula, sabe o que está acontecendo aqui, na nossa região? O povo está acostumado a receber muita coisa de favor. Antigamente, quando chovia, o povo logo corria para plantar o seu feijão, o seu milho, a sua macaxeira, porque ele sabia que ia colher, alguns meses depois. E, agora, tem gente que já não quer mais isso porque fica esperando o 'vale-isso', o 'vale-aquilo', as coisas que o Governo criou para dar para as pessoas." Acho que isso não contribui com as reformas estruturais que o Brasil precisa ter para que as pessoas possam viver condignamente, às custas do seu trabalho. Eu sempre disse que não há nada mais digno para um homem e para uma mulher do que levantar de manhã, trabalhar e, no final do mês ou no final da colheita, poder comer às custas do seu trabalho, às custas daquilo que produziu, às custas daquilo que plantou. Isso é o que dá dignidade. Isso é o que faz as pessoas andarem de cabeça erguida. Isso é o que faz as pessoas aprenderem a escolher melhor quem é seu candidato a vereador, a prefeito, a deputado, a senador, a governador, a presidente da República. Isso é o que motiva as pessoas a quererem aprender um pouco mais. *(9/4/03, Brasília – DF. Cerimônia relativa à Articulação no Semiárido – ASA)*

**... como sinônimo de privilégio, não terão vez no Governo Lula:** Acabou o tempo do apadrinhamento. Acabou o tempo em que o "amigo do rei" conseguia os empréstimos e aqueles que queriam produzir não conseguiam empréstimo. Agora, entrou o tempo da Justiça, ou seja, aquele que tiver direito vai receber o que lhe é de direito, aquele que não tiver direito vai ficar falando mal do Governo em algum lugar deste país. Não vamos recriar a política dos favores neste país. Não vamos. E, agora, nós queremos chamar a sociedade – e os governadores vão entrar – porque, logo, entrará em discussão o Plano Plurianual do Governo Federal, onde vamos estabelecer a nossa estratégia de desenvolvimento para o futuro e, em agosto, teremos que entregar ao Congresso Nacional. *(15/4/03, Catalão – GO. Inauguração do novo Complexo Mineroindustrial Copebrás)*

**... humilham os trabalhadores:** Eu sonho que um dia a gente não terá, pelo Brasil, trabalhadores como vocês, da Mercedes, junto com trabalhadores que estão desempregados há dois, três anos, vivendo de ajuda, vivendo de favores. *(10/3/03, São Paulo – SP. Exposição de produtos da fábrica Daimler-Chrysler do Brasil)*

**... são válidos, enquanto a dignidade não chega:** Nós queremos garantir para as pessoas o direito de trabalhar. É por isso que eu disse, antes, durante e depois da campanha: gerar empregos é uma obsessão, porque é o emprego que dá dignidade ao ser humano. Um cidadão ou uma cidadã trabalhar e viver com o seu salário é que lhe dá o direito de andar de cabeça erguida, de não vender o seu voto na época da eleição, de não ficar dependendo de favor desse ou daquele político numa cidade, num estado ou no Governo Federal. Mas enquanto isso não vem, nós vamos fazer o programa Fome Zero atender à plenitude das pessoas que estão com fome neste país. *(30/10/03, Lagoa Seca – PB. Ato público comemorativo do programa Um Milhão de Cisternas Rurais)*

**... não são a salvação, mas, como emergência, são válidos, como o Bolsa Família:** Nós não estamos fazendo favor e sabemos que o Bolsa Família não é a salvação, é apenas uma coisa emergencial para garantir que a pessoa, numa dificuldade primeira, tenha o que comer, não precise mendigar. Mas o ideal e o que nós buscamos é que daqui a alguns anos a gente não precise mais do Bolsa Família, porque todos estarão trabalhando, ganhando salário e vivendo às custas do seu trabalho. Mas isso também não acontece com um passe de mágica. *(23/12/05, Osasco – SP. Comemoração da meta do programa*

*Bolsa Família – oito milhões e setecentas mil famílias atendidas em 2005)*

**... não se confundem com o pagamento de dívidas históricas:** Eu acho que a questão da cota é uma coisa extremamente importante. Não estamos fazendo nenhum favor, estamos apenas pagando, tardiamente, uma dívida contraída durante quinhentos anos de história. *(13/1/05, Brasília – DF. Sanção do ProUni – Programa Universidade para Todos)*

## Felicidade

**[ver: desgraça; sorriso]**

Como nós estamos em época de Natal, eu queria dizer para vocês: felicidade, ou a gente reparte ou a gente perde, porque não é justo a gente ser feliz sozinho. *(19/12/03, Brasília – DF. Lançamento do Programa de Modernização da Frota de Caminhões – Modercarga)*

**... para o povo, é poder consumir:** A expansão do emprego ocorreu em todo o território nacional, tendo um pequeno destaque para as regiões Sudeste e Nordeste brasileiras. E é isso que eu quero que continue acontecendo no Brasil: crescimento econômico, aumento da geração de empregos, aumento da massa salarial, aumento do poder de compra do povo, porque é isso que o povo brasileiro precisa para ser feliz. *(21/1/08, Rádio Nacional. Programa de rádio* Café com o Presidente*)*

**... é poder sorrir com todos os dentes:** Às vezes você vai num ato público e pergunta: Aquela pessoa não sorri? Aquela pessoa não abre a boca? Aquela pessoa não fala? É porque a pessoa tem vergonha de mostrar a "janela". Aquilo que é bonito numa criança de seis anos de idade, quando está trocando os dentes, fica feio num adolescente ou num adulto. Então, as pessoas não sorriem. E quem não sorri não pode ser feliz, gente. *(11/2/05, Caruaru – PE. Inauguração da Clínica Asa Branca, do programa Brasil Sorridente)*

**... é algo que só se tem quando existe autoestima:** Se você não acredita em você, se você não tem esperança, você já levanta de manhã mal-humorado, você já cumprimenta as pessoas mal-humorado, você vai dormir mal-humorado. Eu acho muito difícil alguém ser feliz se não acreditar em si mesmo, se não tiver autoestima, se não acreditar que amanhã ele poderá fazer melhor do que fez hoje. *(19/7/04, São Paulo – SP. Lançamento da campanha O melhor do Brasil é o brasileiro)*

**... é algo que só se tem quando existe autoestima, e Lula tem demais:** Primeiro, eu penso que nós terminamos o mandato em uma situação altamente privilegiada. Poucos presidentes tiveram a felicidade e a alegria de terminar um mandato numa situação tão boa como nós estamos tendo no primeiro mandato, do ponto de vista político, do ponto de vista econômico, do ponto de vista das políticas sociais. *(30/12/06, Brasília – DF. Entrevista após abertura da exposição fotográfica* São Milhões de Lulas*)*

**... de Lula é ver o povo feliz:** Eu quero que o povo brasileiro seja feliz. A minha felicidade é exatamente saber que o meu povo está feliz. *(29/12/03, Rádio Nacional. Programa de rádio* Café com o Presidente*)*

## Fernando Henrique Cardoso

Eu tenho relação de amizade com o presidente Fernando Henrique Cardoso de quando ele não era sequer eleito senador, ele era suplente de senador, eu tenho amizade com ele. Então, eu tenho que tratá-lo de forma civilizada, e ele a mim. No momento em que a gente tiver que ter disputas, vamos tê-las. Mas eu acho que tem muito mais momentos de confluência do que de disputas, porque a disputa se dá em momentos eleitorais. *(8/4/05, Roma – Itália. Entrevista coletiva)*

**... deve ser superado por Lula, não pela quantidade, mas pela qualidade das medidas:** Eu tenho dito, todo dia: se o ministro da Reforma Agrária [cargo então ocupado por Miguel Rossetto] do meu Governo for disputar com o Governo anterior, seja do Fernando Henrique Cardoso, do Itamar [Franco, presidente entre 1992 e 1995], do Sarney [José Sarney, presidente entre 1985 e 1990] ou de qualquer outro, apenas pela quantidade de gente assentada, se um assentou trezentos mil, eu tenho que assentar 301; se o outro assentou quinhentos mil, eu tenho que assentar 501. Se a gente for disputar pelo número, já perdemos a batalha, porque a nossa vitória não estará na quantidade, mas na qualidade dos assentamentos, a partir deste Governo. *(28/3/03, Ponta Porã – MS. Ato público Colheita de Grãos, na Escola do Assentamento Itamarati)*

**... no passado, foi progressista:** Em 78, por exemplo, eu era totalmente apolítico. Seis meses depois, eu já estava apoiando o Fernando Henrique Cardoso para candidato ao Senado, aqui em São Paulo, porque, na época, ele era um intelectual vindo do exterior, progressista, e era uma novidade. *(1/5/03, Indaiatuba – SP. Visita ao Retiro de Itaici – CNBB)*

**... tinha auxiliares "boas-pintas", viajou muito, mas não conseguiu assegurar o crédito para as exportações brasileiras:** O Brasil chegou a uma situação, no ano passado, apesar da "boa-pinta" dos homens que dirigiram a Economia deste país. Nem no tempo da moratória do Sarney, em 1986, cortaram o crédito para as exportações brasileiras. E agora, com o Malan [Pedro Malan, ministro da Fazenda de janeiro de 1995 a dezembro de 2002], com quinhentas vindas do FMI [Fundo Monetário Internacional] aqui, com todo mundo sendo amigo de todo mundo, com Fernando Henrique Cardoso viajando 365 dias, em oito anos, para o exterior, eles, simplesmente, desde agosto do ano passado, cortaram toda e qualquer linha de crédito para as exportações brasileiras. E, sem isso, você não exporta, porque você não tem capital de financiamento. *(1/5/03, Indaiatuba – SP. Op. cit.)*

**... não aprendeu a negociar, a conversar e a respeitar as diferenças, ao contrário de Lula:** Depois da posse, muita gente dizia: "Não é possível fazer as reformas." E eu não queria a reforma para mim, porque não sou especialista nem em reforma tributária nem em previdenciária. Eu fui juntar as pessoas neste país. Parecia impossível, mas juntamos os 27 governadores de estado, em três reuniões memoráveis, coisa que parecia impossível. O Rigotto [Germano Rigotto, governador do Rio Grande do Sul] estava presente quando governadores de outros partidos diziam: "Puxa vida, eu fiquei oito anos com o Fernando Henrique Cardoso e ele não conseguiu fazer isso." Nós fizemos, porque eu aprendi não na universidade; eu aprendi no chão da fábrica a negociar, a conversar com as pessoas, a respeitar as diferenças. *(17/6/03, Pelotas – RS. 11.ª Feira Nacional do Doce – Fenadoce)*

**... teve um segundo mandato pior do que o primeiro:** A minha tese é a seguinte: alguém só pode ser candidato à reeleição se ele perceber que, no segundo mandato, ele poderá fazer mais do que no primeiro. Porque se ele tiver consciência que não pode, não seja louco, não seja candidato, porque vai afundar. Foi o que aconteceu com nosso amigo Fernando Henrique Cardoso. O segundo mandato foi muito ruim, se comparado ao primeiro. *(30/11/03, Brasília – DF. Entrevista à TV Bandeirantes, no Palácio da Alvorada)*

**... fez avançar a democracia, ao eleger-se presidente:** Mesmo com divergências que eu e qualquer um da minha equipe possamos ter com o presidente Fernando Henrique Cardoso, nós todos reconhecemos que a eleição de Cardoso foi um avanço extraordinário para a democracia brasileira, pela qualidade intelectual dele, pelos compromissos históricos dele. *(8/7/04, Santa Cruz de la Sierra – Bolívia. Jantar após relançamento da Câmara de Comércio Brasil-Bolívia)*

**... fez o Brasil perder dinheiro por questões eleitorais:** Eu tinha dito antes: a eleição municipal, por mais importante que seja, não irá fazer com que o Governo tome nenhuma atitude em função dela, porque o Brasil já perdeu duas vezes por decisões pensadas eleitoralmente. O presidente Fernando Henrique Cardoso, nas eleições de 1998, na reeleição dele, se tivesse discutido a questão dos juros no momento certo, se tivesse mudado a política cambial como nós queríamos, dez bilhões de dólares não teriam fugido deste país, em poucas horas. *(21/10/04, Rio de Janeiro – RJ. Posse da diretoria da Federação das Indústrias do Estado do Rio de Janeiro – Firjan)*

**... nas greves do ABC, lutou a favor das manifestações democráticas:** Em 80, este país conheceu a greve histórica mais importante deste país, que foi a famosa greve dos 41 dias, feita pela categoria metalúrgica do ABC, e que culminou com a consolidação do processo democrático brasileiro, que foi aquela extraordinária manifestação no dia 1.º de maio de 1980, quando a polícia, naquela ocasião chefiada pelo general Braga [coronel Erasmo Braga, na ocasião referida, secretário de Segurança de São Paulo], não queria deixar que o 1.º de maio se realizasse na Igreja Matriz. E a polícia chegou de manhã, tomou conta da praça, e os trabalhadores e suas mulheres foram chegando e foram cercando a polícia. Daqui a pouco a gente tinha mais de seis mil pessoas e vinte mil policiais no meio. Vários políticos, o próprio ex-presidente Fernando Henrique Cardoso, Franco Montoro [governador de São Paulo entre 1983 e 1987, já falecido], Teotônio Vilela [ex-senador por Alagoas, já falecido], vários... o ex-prefeito Tito Costa [de São Bernardo do Campo], todos fazendo gestão para que se permitisse haver o 1.º de Maio, porque se não houvesse o 1.º de Maio, iria haver uma verdadeira chacina no Centro de São Bernardo, porque o povo não queria sair e a polícia não queria sair. O povo queria fazer a passeata e a polícia não queria deixar. *(23/7/05, São Bernardo do Campo – SP. Comemoração da posse da nova diretoria do Sindicado dos Metalúrgicos do ABC)*

**... na Presidência, errou, mas tentando acertar:** Eu me lembro que, em 2002, o presidente Fernando Henrique Cardoso, no intuito de acertar e de fazer as coisas, anunciou à nação a transferência de 14 mil quilômetros de estradas federais para os Governos Estaduais fazerem a recuperação. Vocês estão lembrados, não estão? E eu ainda – já tinha ganho as eleições – eu ainda fui, com o peso de um presidente que está entrando, que tem mais prestígio do que o que está saindo, eu fui pedir para atender logo, porque tinha alguns estados atrasados. Isso aconteceu na verdade, meus companheiros e companheiras. Isso aconteceu na verdade. Muitos governadores pegaram o dinheiro do Governo Federal, ao invés de fazer estradas, pagaram folhas de pagamento atrasadas, pagaram o 13.º salário. E as estradas estão lá, é aquela criança que não tem pai nem mãe, ninguém assume. *(23/11/05, Rio de Janeiro –*

*RJ. Abertura do 25.º Encontro Nacional do Comércio Exterior – Enaex)*

**... não sabe se comportar como ex-presidente, ao contrário de José Sarney:** Eu penso que nós deveremos aproveitar a experiência que adquirimos para tentar passar para a sociedade brasileira a tranquilidade que ela precisa, sobretudo de alguém que foi ex-presidente da República. Eu tenho dito que o único que tem sabido se comportar adequadamente é o presidente Sarney, porque o presidente Fernando Henrique Cardoso, lamentavelmente, não age assim: é uma opção dele. Eu acho que cada um de nós paga o preço pelos nossos erros e pelos nossos acertos na política. *(30/10/06, Brasília – DF. Entrevista ao SBT)*

**... depois da reeleição de Lula, não deve mais servir como parâmetro de comparação:** Hoje, a gente não tem que discutir estabilidade, não tem que discutir inflação, eu não tenho que ficar mais utilizando o Fernando Henrique Cardoso como comparação para nada. Eu agora tenho que partir daqui, ou seja, o carro já está na estrada, o motor está bom, o óleo diesel de primeira qualidade, biodiesel, estamos aí andando. *(11/5/07, Brasília – DF. Encerramento do I Fórum Nacional de TVs Públicas, no Hotel Nacional)*

**... pode ser recebido por Lula para conversar:** De vez em quando, eu vejo o presidente Fernando Henrique Cardoso dizer que eu não o convidei. É importante lembrar que ele também só me convidou depois que eu fui derrotado em 1998, e eu sempre tive relação de amizade com o Fernando Henrique Cardoso. Eu não tenho por que não conversar com ele. Se ele acha que eu errei em não convidá-lo, não será por falta de convite que a gente não vai conversar. *(15/5/07, Brasília – DF. Entrevista coletiva a jornalistas brasileiros e estrangeiros)*

**... gosta de dar conselhos, mas não fez o que aconselha enquanto foi presidente:** Por que essa tentativa de chantagem, agora com a questão da CPMF? Todo mundo sabe que o Brasil não pode prescindir de 40 bilhões de reais. Qualquer ser humano minimamente inteligente sabe que não pode prescindir. Ora, se querem fazer uma proposta para acabar com isso, vamos estabelecer um prazo em que você prepare o Orçamento Geral da União para conviver sem a CPMF. Então, uma coisa é você ser um cientista político e teorizar sobre a política, outra coisa é você tentar exercitar, na prática, essa política, coisa que o presidente Fernando Henrique Cardoso dá muito conselho para os outros fazerem, mas não fez quando estava na Presidência. *(27/9/07, São Paulo – SP. Entrevista à Record News)*

**... não se comportou adequadamente depois de deixar a Presidência, o que prejudicou a amizade com Lula:** No caso do presidente Fernando Henrique Cardoso, nós somos amigos desde 1978. Não foi ele que me procurou para ajudá-lo, fui eu que o procurei para apoiá-lo quando ele foi candidato a senador, em 1978. Ora, isso perdurou até ele deixar a Presidência da República e não se comportar adequadamente, como um ex-presidente da República se comporta. *(27/9/07, São Paulo – Op. cit.)*

**... deveria estar feliz com Lula, pois este fez o que ele não conseguiu:** Sou amigo do Fernando Henrique Cardoso. Ora, mas se nós estamos que nem dois jogadores de futebol, somos amigos, somos até irmãos e estamos jogando em times diferentes, mas vem botinada por aí. Então, o que nós precisamos é ter paciência na hora de uma falta mais grave. Eu estou tranquilo e o Fernando Henrique Cardoso deveria estar feliz. Se tem um homem que deveria estar feliz, neste momento, é ele, porque eu consegui fazer o Brasil a que ele aspirou e não conseguiu. *(27/9/07, São Paulo – SP. Op. cit.)*

**... foi quem, na verdade, apoiou a ideia de terceiro mandato presidencial:** Não quero que vocês publiquem isso, não, é apenas uma informação. Quem defendeu o terceiro mandato... o Fernando Henrique Cardoso defendeu o terceiro mandato do Fujimori [ex-presidente do Peru, entre 1990 e 2000]. Ou vocês esquecem que publicaram isso? *(25/11/07, Brasília – DF. Lula ao jornal* O Globo*)*

**... tem melhor formação do que Lula, mas este é melhor presidente:** Obviamente que se comparar a educação, a formação intelectual do Fernando Henrique Cardoso, ele é muito mais estudado do que eu. É verdade que ele teve mais anos de escolaridade, mas é verdade que eu sei governar melhor do que ele. *(27/11/07, Brasília – DF. Entrevista à TV Record)*

**... fala mal de Lula, que não fala mal dele:** Eu sempre tive uma boa relação com o Fernando Henrique Cardoso. Eu não sei por que, depois que eu fui eleito presidente, possivelmente ele torcesse para que eu não desse certo. Possivelmente ele não esteja gostando de que as coisas estejam acontecendo bem no Brasil. Se for isso, o tempo cura. Eu costumo não falar mal do presidente Fernando Henrique Cardoso. Ele tem falado mal de mim e eu não tenho respondido. *(28/11/07, Brasília – DF. Entrevista ao SBT)*

**... tem ressentimento do sucesso de Lula:** Eu continuo tendo no Fernando Henrique Cardoso uma pessoa amiga; é assim que eu o vejo. O que eu sinto, lendo as coisas que o ex-presidente escreve, é que ele fica magoado com comparações que fazem entre os nossos Governos. Às vezes, eu tenho a impressão de que ele esperava o meu fracasso. Como o fracasso não aconteceu, parece que isso o deixa um pouco ressentido... Sobretudo pela melhoria da imagem externa do nosso país, por causa da melhoria da vida das pessoas no Brasil, do crescimento da Economia... *(3/12/07, Brasília – DF. Entrevista ao jornalista Ricardo Kotscho publicada na edição 6 [dez/07 – jan/08] da revista* Brasileiros*)*

**... deixou o país mais arrumado para Lula, mas não o suficiente:** Eu não sei se vai dar para fazer tudo, mas o que eu quero é ter um alicerce sólido o suficiente para que quem vier depois de mim pegue o Brasil mais arrumado do que eu peguei. Certamente, o Fernando Henrique Cardoso deixou mais arrumado do que ele pegou... Cada um de nós vai cumprindo uma tarefa. Eu estou cumprindo essa tarefa agora, e vou fazer o esforço que estiver ao meu alcance para que o Brasil não retroceda. *(19/3/08, Brasília – DF. Entrevista exclusiva para a TV Gazeta)*

**... não era tão magnânimo quanto Lula:** Eu duvido que o Mário Covas [governador de São Paulo de 1995 a 1999 e de 2000 até morrer, em janeiro de 2001] tenha recebido do Fernando Henrique Cardoso 30% do que eu já dei para o José Serra [governador de São Paulo]. Duvido que o Kassab [Gilberto Kassab, prefeito de São Paulo], que é prefeito do Democratas, tenha recebido alguma coisa perto do que nós estamos dando para o PFL ou para o Cesar Maia [prefeito do Rio de Janeiro], no Rio de Janeiro. *(9/5/08, Salvador – BA. Assinatura do Pacto Federativo do programa Territórios da Cidadania, lançamento do programa Bolsa Formação, do Programa Habitacional para Agentes de Segurança Pública, dos projetos Farol, da ferrovia Leste-Oeste, da Via Expressa Portuária e do PAC Habitação e Saneamento na Bahia)*

## Fila

Eu nunca fiquei na fila para pegar comida, mas eu ficava na fila para pegar presente de Natal. É a mesma coisa. E, quando chegava na hora, acabava o brinquedo, e eu voltava para casa sem o brinquedo e com a frustração. *(25/3/03, Brasília – DF. Discurso no Conselho Nacional de Segurança Alimentar e Nutricional – Consea)*

**... é lugar de sofrimento:** Certamente, algumas pessoas que estão protestando são daquelas que nunca vão precisar usar um hospital público. Certamente a maioria delas não sabe o que é uma fila de hospital, uma sala de espera, quando uma mãe chega com o filho às três horas da manhã precisando, às vezes, apenas fazer uma inalação, e, às vezes, encontra uma funcionária malremunerada, portanto, ela também não está de bom humor já às três da manhã; o médico, muitas vezes, está descansando na sala dos fundos e a paciente fica ali horas esperando uma coisa que poderia ser resolvida em minutos. Eu digo isso porque já fiz isso muitas vezes, no tempo em que eu não tinha carro, no tempo que eu tinha que pegar ônibus, e eu sei que hoje acontece com muita gente. *(19/4/06, Porto Alegre – RS. Inauguração da nova emergência do Hospital Nossa Senhora da Conceição)*

**... pode ser fruto da falta de informação:** O que mais me incomodava, com o ministro Nelson [Machado, ministro da Previdência Social de 22 de julho de 2005 a 29 de março de 2007], era quando eu ligava a televisão de manhã, de noite, aquele bando de gente na fila, no INSS [Instituto Nacional do Seguro Social], três horas da manhã, quatro horas da manhã. Eu dizia para o Nelson: "Bota os funcionários para trabalhar 24 horas por dia, faz três turnos, faz quatro turnos, faz qualquer coisa, mas não é possível!" E aí detectou-se, Marcílio [sem mais informações], que metade das pessoas que iam para as filas iam pedir informações que não precisava ir para a fila. No Brasil, também, nós fomos acostumados a ir para a fila, e tudo vai ficando normal. *(14/12/07, São Paulo – SP. Inauguração da Agência da Previdência Social de Benefício por Incapacidade – APS/BI)*

**... tira a dignidade, quando é para receber favor do Estado:** O que dá dignidade a um ser humano não é receber um favor do Estado; o que dá dignidade a um ser humano, seja homem ou mulher, é trabalhar e, com o resultado do seu trabalho, receber o seu salário e poder comprar para si e para sua família as coisas que necessitam, sem precisar ficar na fila de uma prefeitura, do Governo Estadual ou do Governo Federal, às vezes por horas e horas, esperando um favor do poder público. *(19/3/04, Betim – MG. Visita à fábrica da Fiat Automóveis)*

**... no Governo Lula, quando é para obter favor público, não tira a dignidade:** Outro dia, o Governo do Rio de Janeiro abriu uma inscrição para que as pessoas das favelas Rocinha, Complexo do Alemão e Manguinhos se inscrevessem. Parece que foram 14 mil pessoas, mas aí apareceu um repórter lá, porque tinha uma fila, e o repórter foi indignado perguntar para a mulher: "Mas a senhora não está bronqueada porque está nesta fila há muito tempo?" A mulher falou: "Meu filho, eu estou desempregada há tanto tempo, agora que tem uma fila para arrumar emprego você vem dizer para eu falar mal da fila?" *(5/3/08, Brasília – DF. Comemoração do Dia Internacional da Mulher)*

## Filho(s)

[ver: droga; família; mãe; marido]

A coisa que eu mais queria na minha vida, quando casei com a minha galega, era um filho. Ela engravidou logo no primeiro dia de casamento, porque pernambucano "não deixa por menos". *(17/6/03, Pelotas – RS. 11.ª Feira Nacional do Doce – Fenadoce)*

**... não têm defeitos:** Você não sabe aquela história que o pai nunca vê o defeito do filho? Para o pai, o filho é o melhor da classe, é o melhor da rua, é o melhor jogador, é o melhor em um monte de coisas. Só quando ele conversa com alguém de fora é que ele fica sabendo dos defeitos do filho. *(29/4/05, Brasília – DF. Entrevista coletiva à imprensa)*

**... têm de ser assumidos pelos pais:** Precisamos melhorar os compromissos morais e éticos de alguns homens neste país, para na hora de fazer um filho saber cuidar desse filho que ele ajudou a colocar no mundo. *(10/1/03, Teresina – PI. Visita à Vila Irmã Dulce)*

**... realizam as aspirações dos pais:** Não tem nada mais orgulhoso para um pai do que a gente saber que o nosso filho é mais inteligente do que a gente, é mais culto do que a gente, aprendeu mais do que a gente. Por quê? Porque nós estamos podendo dar a ele aquilo que nós não conseguimos receber de nossos pais, e que nossos pais não conseguiram receber dos seus pais. *(20/8/05, São Paulo – SP. Inauguração da Fábrica de Bolas e Camisetas e visita ao programa Pintando a Cidadania)*

**... hoje, são mais inteligentes do que os pais e os avós:** Todo mundo sabe da minha ligação histórica, quase de pai para filho, com o Marinho [Luiz Marinho, ex-presidente da CUT, ministro da Previdência Social]. Ele é o exemplo de um filho mais inteligente que o pai. E hoje também não é novidade que a nossa molecada, com esse negócio da informática, dá um banho. Nós somos a primeira geração em que nossos netos sabem mais do que os avós. A primeira, a partir de oito anos de idade, um avô pega dois controles remotos e não sabe o que fazer, o neto pega quatro e faz uma "desgrameira" na televisão. *(29/3/07, Brasília – DF. Posse de novos ministros de Estado)*

**... devem ser responsabilidade da família, em primeiro lugar:** Se você gasta de dois mil a três mil reais para cuidar de uma criança na Febem, num estado brasileiro, separada da família, fica muito mais barato você dar 300 reais para a família e coparticipar, para a família cuidar do seu próprio filho. Esta é uma coisa de que nós temos que ter consciência: o primeiro elo a cuidar do filho é a própria família. *(16/7/04, Brasília – DF. Entrevista para os Jornalistas Amigos da Criança)*

**... devem ser tratados com honestidade:** Muitas vezes, prefiro falar a verdade olhando na cara das pessoas do que contar uma mentira fácil, como habitualmente acontece no Brasil. Prefiro agir como ajo com meus filhos. Muitas vezes, sou obrigado a ir dormir com vontade de chorar, porque neguei uma coisa para o meu filho, mas, ao mesmo tempo, com a consciência tranquila de que fui honesto com ele. É melhor que mentir para um filho sabendo que é mentira, sabendo que não se vai cumprir. *(6/6/03, Alto Araguaia – MT. Inauguração do terminal ferroviário da Ferronorte em Alto Araguaia)*

**... têm na formação profissional e na acadêmica a maior herança dos pais:** O maior legado que um pai ou uma mãe, por mais rico que seja, ou por mais pobre que seja, o maior legado que ele deixa para um filho é a sua formação profissional, é a sua formação acadêmica. *(21/3/06, Cruz das Almas – BA. Instalação da Universidade Federal do Recôncavo da Bahia)*

**... só dão valor aos pais quando se tornam um deles:** O filho, quando é solteiro, dá pouca importância para o pai ou para a mãe, porque ele tem uma vida toda pela frente. Quando ele casa, que tem um filho, ele volta para casa ligeirinho, todo final de semana. *(27/5/08, Brasília – DF. Posse do novo ministro do Meio Ambiente, Carlos Minc)*

**... são igualmente amados, não importam quantos e como sejam:** Quando a gente tem os nossos filhos, a gente não quer saber se é homem ou se é mulher, se ele tem os olhos verdes ou azuis, se ele tem 1,90m ou 1,50m, se ele é gordo ou é magro, se ele é um aluno bom na escola ou não é. Nós os tratamos de forma igual, porque são os nossos filhos e temos obrigações com eles. *(19/2/04, Campo Florido – MG. Inauguração do trecho da BR-262)*

**... podem ser tratados de maneira diferente:** Por que é que eu tenho paixão por desenvolver o Nordeste e o Norte do país? É porque também, como numa família – aqui tem um monte de pais e mães –, a gente não gosta mais de um filho do que de outro, gosta? A gente gosta de todos igualmente. Às vezes tem um mais malandro, que a gente precisa chamar mais a atenção, e às vezes tem um coitadinho, que está mais caladinho, mais quietinho, e a gente sabe que quando uma criança se levanta sem fazer peraltice é porque está doente. Então, como pai e como mãe, a gente cuida desse mais fraquinho com um pouco mais de carinho, não é isso? Pega no colo, uma papinha aqui, um denguinho ali, porque o chamego faz bem para aquele que está mais necessitado, e o que está bom merece até uma bronca. *(27/7/07, Natal – RN. Lançamento do PAC Saneamento e Urbanização no estado do Rio Grande do Norte)*

**... é mais bem-tratado quando é o caçula:** Queria dizer a você, meu querido Paulo Hartung [governador do Espírito Santo], que por ser um estado geograficamente pequeno, o Espírito Santo está sendo tratado como um filho caçula, aquele que recebe mais carinho, aquele que é tratado com mais chamego. *(22/4/03, Vitória – ES. Assinatura de Protocolo de Intenções e repasse de recursos da União para o Espírito Santo para a área da segurança pública)*

**... podem ser educados com palmadas:** Eu me lembro quando o Palocci [Antônio Palocci, ministro da Fazenda] e eu decidimos aumentar o superávit primário. Nós sabíamos das críticas que íamos receber, nós sabíamos dos discursos contra a Economia que iríamos ter que ouvir, mas nós tínhamos consciência de que, por mais que um pai ou uma mãe adora um filho, às vezes uma palmadinha carinhosa, ao invés de significar sofrimento, significa um processo educativo em que vamos chegar onde nós queremos. *(13/3/07, Brasília – DF. Posse dos novos ministros da Agricultura, Pecuária e Abastecimento, do Turismo e da Secretaria de Relações Institucionais da Presidência da República)*

## Floresta(s)

[ver: desmatamento; meio ambiente; natureza]

Eu estava agora mesmo dando uma entrevista para um jornalista francês, foi muito rápida a entrevista, mas vem aquela velha história de que: "Olha, nós precisamos tomar cuidado porque senão nós vamos invadir a Amazônia e nós vamos prejudicar a biodiversidade da Amazônia, vamos mudar o ecossistema." Eu disse ao jornalista que seria importante que a gente olhasse o mapa-múndi do desmatamento dos últimos mil anos e fizéssemos o acompanhamento da evolução do desmatamento, para perceber que este país, muitas vezes tão agredido por erros de pessoas que de forma irresponsável fazem queimadas e desmatamento onde não deveriam fazer, ainda tem 69% da sua mata original preservada, enquanto os países ricos que tentam nos dar lição só têm 0,3% das suas florestas preservadas. *(21/8/07, Lins – SP. Inauguração da planta de biodiesel do Grupo Bertin)*

**... são um bem muito valioso:** Ora, nós temos árvores de 300 anos, 250 anos, 400 anos. Mogno, que é uma madeira extremamente valiosa. No Brasil já se acabou com o pau-brasil, já se acabou com o jacarandá da Bahia e agora querem acabar com outras árvores nobres. Nós não somos contra cortar e muito menos contra a madeireira, o que nós queremos é que as pessoas tenham critérios para fazer isso, porque uma árvore de 400 anos não é propriedade de uma pessoa, é um patrimônio da humanidade e é um patrimônio da sociedade brasileira. Nós precisamos fazer com que a pessoa, se quiser cortar, refloreste. Ela pode plantar milhões de árvores, ela pode fazer um programa de reflorestamento. Agora, cortar a floresta, da forma como vinham cortando neste país, sem comunicar a ninguém – pegar uma máquina e sair com um trator derrubando árvores, pegar uma madeira nobre e derrubar um hectare de mata, com motosserra –, não vai continuar. *(22/2/05, Sidrolândia – MS. Inauguração da rede de eletrificação em 53 assentamentos rurais do estado de Mato Grosso do Sul)*

**... devem ser preservadas:** Não adianta a gente ter florestas, reservas e monumentos se a gente não cuidar deles; isso é um patrimônio da humanidade, portanto, a gente tem que cuidar deles. *(14/6/07, Rio de Janeiro – RJ. Ato de apoio à campanha Vote no Cristo. Ele é uma Maravilha)*

**... devem ser preservadas, e isso é compatível com o turismo:** Não tem nada que possa garantir mais a manutenção da riqueza das nossas florestas e da nossa fauna, de todos os países do mundo, do que um turista bem-motivado, do que um turista bem-formado, do que um turista com uma visão pacifista e com uma visão ambientalista. Não tem nada melhor do que a gente saber que aquela pessoa que está pegando o avião é um pacifista e um ambientalista e, juntando os dois, ele vira mais que um turista, vira um bom turista. *(27/11/03, Brasília – DF. Lançamento do Fórum Mundial do Turismo para a Paz e Desenvolvimento Sustentável e do Movimento Brasil de Turismo e Cultura)*

**... são melhores do que deserto:** A floresta em pé, bem-manejada, com certificação de madeira e produção diversificada, vale muito mais que os 630 mil km² de desertos que o lucro cego produziu na Amazônia. *(6/4/04, Manuel Urbano – AC. Reativação da linha do Correio Aéreo Nacional – CAN)*

**... fazem o Brasil feliz:** Feliz o país que tem a floresta que nós temos. Feliz o país que tem a água que nós temos. Mas muito mais feliz é o país que tem uma ministra como a Marina [Silva, ministra do Meio Ambiente] para tomar conta de tudo isso. *(20/5/05, Brasília – DF. Cerimônia comemorativa ao Dia Internacional da Biodiversidade)*

**... estão sendo preservadas pelo Governo Lula:** É extremamente significativo a gente dizer, Marina [Silva, ministra do Meio Ambiente], que você está provando que é possível, ao invés de proibir, a gente continuar ensinando como fazer as coisas corretas neste país. É mais barato, mais econômico e mais saudável para o futuro da nação, e será muito melhor reconhecido pelos nossos netos, nossos bisnetos, daqui a alguns anos, quando eles perceberem que cuidar da Amazônia não foi uma decisão unilateral de um ambientalista, de um ministro ou de um presidente da República, mas foi uma determinação de políticas públicas de um Governo que tenta cuidar da nossa fauna, que tenta cuidar da nossa floresta, que tenta cuidar das nossas águas, tentando reparar, no menor espaço de tempo possível, o descuido que durante tanto e tanto tempo as pessoas tiveram. *(26/10/06, Brasília – DF. Apresentação da redução do índice de desmatamento da Amazônia)*

**... são suficientes para absorver o gás carbônico produzido pelas indústrias brasileiras:** A grande emissão de gases que está causando problema no planeta é das empresas dos países ricos, não é das nossas. Até porque nós temos muitas florestas para absorver o gás carbônico produzido pelas indústrias. *(10/2/07, Iraquara – BA. Inauguração da usina de biodiesel da Brasil Ecodiesel)*

## FMI (Fundo Monetário Internacional)

[ver: crédito; dívida; independência]

Sou daqueles que acreditam que o FMI vai ter que mudar o seu comportamento. O FMI não pode ter uma única receita para o desenvolvimento dos países pobres, que é o ajuste fiscal duro, muitas vezes não permitindo que os países cresçam. Acho que o FMI precisa adotar a linguagem do crescimento econômico, da distribuição de renda; é preciso que o FMI comece a fazer uma diferenciação entre o que é investimento produtivo e o que é dívida. *(16/2/04, Brasília – DF. Perguntas dirigidas ao presidente pelos participantes da Conferência Anual da Rede Parlamentar de Países-Membros do Banco Mundial [videoconferência])*

**... no Brasil, tradicionalmente, é o bode expiatório do presidente:** Este país é assim: prefeito joga culpa no governador, que joga a culpa no presidente, que joga a culpa no FMI, que joga a culpa no papa e que volta para o povo. *(15/9/03, Rio de Janeiro – RJ. Abertura do 37.º Congresso Nacional de Supermercados)*

**... agora, não é mais necessário ao Governo brasileiro:** Vocês estão lembrados quanto era o déficit em conta corrente em 2002? Trinta e dois bilhões de dólares. Você sabe quanto é o superávit de conta corrente hoje? Catorze bilhões de dólares. O Brasil passou oito anos tendo déficit de balança comercial, tinha que tomar dinheiro emprestado do FMI para saldar seus débitos. Agora, não. Nós nem precisamos fazer acordo com o FMI. *(22/2/05, Campo Grande – MS. Assinatura do termo de implantação do Polo Minerossiderúrgico de Corumbá)*

**... agora, precisa do Brasil:** No ano passado, possivelmente sem fazer o barulho que era necessário fazer para que houvesse destaque neste país, nós tomamos uma decisão de não renovarmos o acordo com o FMI. Parecia improvável, parecia impossível que o Brasil, em tão pouco tempo, pudesse tomar uma decisão de não querer repetir o acordo com o FMI. E o que foi *sui generis* nisso? É que o FMI queria que o Brasil continuasse com o acordo, porque era simbolicamente importante dizer ao mundo que o Brasil mantinha um acordo com o FMI. Não fizemos nenhum barulho, rompemos o acordo com o FMI porque não precisávamos mais do FMI. *(15/12/05, Brasília – DF. Almoço com oficiais-generais)*

**... não precisa mais palpitar no Brasil:** Não precisamos ficar com o FMI dando palpite aqui, pode pegar o dinheiro e ir embora que nós vamos resolver o nosso problema. *(18/12/06, Manaus – AM. Abertura da 224.ª reunião do Conselho Administrativo da Suframa)*

**... foi importante para o Brasil:** Se pensássemos em dez anos atrás, ou 15 anos atrás, eu conheço gente aqui do plenário e do meu Governo que, certamente, estaria gritando na rua: "Fora, FMI". Entretanto, embora não tenhamos sido nós que fizemos os acordos com o FMI, todo mundo sabe que o Brasil quebrou três vezes. E o acordo com o FMI deu sustentabilidade para que o país pudesse chegar a sobreviver. *(28/3/05, Brasília – DF. Lançamento do projeto Viva Brasil 2005, parte integrante do Ano do Brasil na França)*

**... continua desnecessário ao Brasil, mesmo em tempo de crise:** Antes, quando tinha o começo de uma crise nos Estados Unidos, o Brasil já quebrava, o ministro da Fazenda já tinha ido 80 vezes aos Estados Unidos, o FMI já tinha vindo aqui 150 vezes. Pois bem, a crise está lá. Nós não devemos nada ao FMI, não devemos nada ao Clube de Paris e temos 160 bilhões de dólares de reservas. *(24/8/07, Curitiba – PR. Lançamento do PAC Saneamento e Urbanização no estado do Paraná)*

**... com a crise de 2008, precisa dar palpites para os EUA:** Eu queria que vocês entendessem o que estou falando: a crise americana é uma crise muito profunda, talvez seja a maior crise dos últimos 50 anos, acho que só teve igual a essa a de 1929. É uma crise profunda, e está chegando na Europa, porque também os bancos europeus participavam do cassino imobiliário dos Estados Unidos. Essa é a verdade. Agora, quando era o Brasil que tinha problema, todo dia tinha banco dando palpite: "Faz isso, faz aquilo." Toda semana descia uma equipe do FMI: "Faz isso, faz aquilo." E o coitado do Brasil quebrava. Acontecia uma coisa na Argentina, todo mundo dava palpite, o FMI estava lá. Cadê os palpites que eles estão dando agora na crise americana? Cadê o FMI? Por que o FMI não está lá dando palpite? Por que não estão na Europa dando palpite? É porque a crise é deles. E quando a crise é deles, é que nem gente que não gosta de pobre: a crise é deles, eles fingem que não tem crise. *(7/10/08, Angra dos Reis – RJ. Batismo da plataforma P-51)*

**... com a crise de 2008, provou que não tomava conta das Economias centrais:** Então, pasmem, a irresponsabilidade dos países ricos, que na década de 80 e na década de 90 passaram todo o tempo nos ensinando como administrar os nossos países e não estavam sequer administrando corretamente os seus países. Cadê a solidez da Economia americana? Cadê o infalível Banco Central americano? Cadê o infalível FMI? Cadê o infalível Banco Mundial? Cadê o infalível Banco Central europeu? Será que eles não sabiam que o seu sistema financeiro estava envolvido na maior agiotagem financeira que o mundo conheceu? Será que eles não sabiam? Porque o *subprime*... Eu me lembro o dia, a primeira vez que falei de *subprime* foi em setembro do ano passado, um ano e um mês sem que eles tivessem tomado uma única decisão. *(16/10/08, Maputo – Moçambique. Encerramento de encontro empresarial)*

## Fome

**[ver: Bolsa Família; favor; pobre; pobreza]**

Vocês sabem que nós tínhamos assumido o compromisso de combater a fome neste país, porque a fome é a desgraça maior na vida de um ser humano. Se a pessoa não come direito, a pessoa não estuda direito, a pessoa não trabalha direito, a pessoa não vive bem, porque a sua saúde estará em situação de precariedade. *(4/4/03, Belém – PA. Apresentação dos programas Sementes do Amanhã e Escola-Circo e entrega dos três primeiros Cartões Alimentação do programa Fome Zero a famílias da cidade de Belém)*

**... causa danos físicos e mentais:** Uma pessoa sem comer não trabalha, uma pessoa sem comer não estuda, uma pessoa sem comer fica feia, vai ficando deformada, vai tendo atrofiamento no cérebro. Se a pessoa não ingerir vitamina A, como em Pernambuco foi detectado, alguns anos atrás, não consegue enxergar sequer o que está no quadro-negro. *(27/3/03, São Paulo – SP. Posse do presidente da Associação Comercial de São Paulo)*

**... deve ser um problema de quem não é sua vítima:** O país pobre vai continuar apenas vendo a sua dívida aumentar, porque não tem o compromisso, não existe uma disposição política de dizer: "A fome não é um problema de quem está com fome, a fome é um problema de quem está comendo." Nós é que temos que assumir a responsabilidade de estendermos a mão àqueles que não estão comendo. *(28/1/05, Davos – Suíça. Fórum Econômico Mundial)*

**... só é conhecida por quem a sente:** Somente quem passou fome sabe o que é a fome. Uma coisa é a fome de literatura. Uma coisa é a fome de você saber, por ouvir dizer, que alguém está com fome. Outra coisa é a fome de quem passa fome. Outra coisa é uma dona de casa ver o sol se pondo, um fogão de lenha com uma boca só, um pedacinho de madeira queimando, um pouquinho de água fervendo e não ter 300 gramas de feijão para colocar naquela água, não ter o arroz, não ter o leite e muito menos o pão. E não é apenas um dia. São vários dias, durante vários meses e, às vezes, durante vários anos. *(25/2/03, Brasília – DF. Reunião do Conselho Nacional de Segurança Alimentar e Nutricional – Consea)*

**... deve ser combatida como prioridade:** Quando se discutem 50 centavos para uma política de combate à pobreza, muitas vezes isso tem mais repercussão, tem muito mais gente contra do que quando você discute 5 bilhões para ajudar uma outra coisa qualquer. E somente quem passou fome, somente quem acordou de manhã e não teve o que comer ou ficou acocorado num fogão de lenha tomando uma xícara de café preto com farinha de mandioca, ou que viu uma criança ir para a escola e, ao chegar na escola, não aprender porque faltavam nela as calorias e as proteínas necessárias, sabe da importância do programa Bolsa Família. *(20/1/05, Brasília – DF. Apresentação da Rede Pública de Fiscalização do programa Bolsa Família)*

**... é omitida por suas vítimas:** A fome não é uma coisa medida em pesquisa. Quem sente a fome é quem passa fome, e nem todo mundo que passa fome reconhece que passa fome. *(20/12/04, Brasília – DF. Missa de celebração de Natal)*

**... é a maior arma de destruição em massa:** A fome é a arma mais mortífera que nós temos, hoje, no planeta Terra. Não tem arma química que destrua mais do que a fome. Nenhuma guerra destrói tanto quanto a fome está destruindo. Numa guerra matam-se soldados; a fome mata crianças e, muitas vezes, ainda no útero da mãe, quando não mata a mãe junto. Mata crianças com meses de idade, com dias e com poucos anos. E se não mata, debilita. *(7/10/04, Brasília – DF. Apresentação da agenda das ações preparatórias da comemoração do Dia Mundial da Alimentação)*

**... decorre de um desequilíbrio político e comercial global:** Espero que os principais líderes mundiais se lembrem de que a fome é talvez o maior e mais dramático reflexo desse desequilíbrio global. Quantos na Europa sabem, por exemplo, que o protecionismo agrícola dos países industrializados agrava o quadro de miséria e fome em várias partes do mundo? Se o comércio de produtos agrícolas fosse mais livre, todos ganhariam: os consumidores comprariam a melhor preço e os produtores teriam remuneração justa. *(3/6/07, sem local. Entrevista por escrito ao jornal alemão* Bild am Sonntag*)*

**... quando discutida no âmbito da política, tem repercussão internacional:** A fome é tão importante que se os estudiosos deste país soubessem que falar da fome daria a repercussão internacional que deu o nosso programa, eles teriam falado antes de mim. Ou não teriam falado? Teriam. *(27/6/03, Brasília – DF. Abertura do Encontro Nacional de Vereadores e Deputados Estaduais do Partido dos Trabalhadores)*

**... é um tema que toca a todos:** Esse negócio de combater a fome é menos bravata, é menos discurso ideológico. É, na verdade, falar com o coração das pessoas. É falar com aquilo que o ser humano tem de mais sagrado, que é a sua sensibilidade. *(7/10/04, Brasília – DF. Op. cit.)*

**... deve ser combatida como uma tarefa sagrada:** Eu acho que combater a fome é uma coisa sagrada, porque o direito de comer é o direito mais elementar que existe na espécie humana. *(17/3/04, Olinda – PE. Abertura da II Conferência Nacional de Segurança Alimentar e Nutricional – Consea)*

**... deve ser transformada em problema político:** A fome só vai ser combatida, definitivamente, quando ela for transformada num problema político. Por enquanto, a fome é um problema social. *(12/5/04, Brasília – DF. Posse da nova composição do Consea)*

**... existe no Nordeste por culpa do descaso dos governantes:** Se o povo nordestino ainda passa fome é porque durante quase um século os governantes resolveram não tratar o Nordeste com o respeito que o Nordeste brasileiro merece. *(6/6/06, Jaguaribara – CE. Visita ao Complexo do Castanhão)*

## Força

Toda vez que começamos a fazer alguma coisa na vida, a gente, em algum momento, descobre que "a união faz a força". Todo mundo sabe disso, todo mundo também sabe que sozinho eu sou fraco, mas se eu estivesse com um monte de gente perto de mim, eu seria mais forte. Eu aprendi isso no movimento sindical, e o primeiro material escrito que eu fiz para a categoria, para tentar motivar os trabalhadores a participarem da luta, foi com o exemplo de um feixe de vara, em que eu mostrava que o trabalhador sozinho era uma varinha que qualquer um poderia quebrar; depois eu colocava um feixe de vara para mostrar o quanto era difícil, por mais forte que fosse o adversário, quebrar um feixe de varas juntas. *(21/8/03, Benevides – PA. Lançamento do Polo de Fruticultura da Amazônia)*

**... deve ser usada para intimidar parceiros e adversários:** Nós, ao contrário de querermos brigar com os Estados Unidos, que é um parceiro extremamente importante nosso, ao invés de querermos brigar com a União Europeia, que é outro parceiro extremamente importante, nós resolvemos fazer uma coisa que nós aprendemos quando jogamos futebol de várzea. Ou seja, os nossos adversários só nos respeitarão se a gente mostrar alguma força, se a gente mostrar altivez, se a gente mostrar alternativas de táticas para o jogo que vai se iniciar. *(8/11/04, São Paulo – SP. Posse da diretoria da Fiesp)*

**... é maior quando se divide o adversário:** Vejam o que aconteceu com Hugo Chávez [presidente da Venezuela], na Venezuela: O Chávez é uma belíssima figura. Se vocês conhecerem o Chávez, todo mundo vai gostar. A Igreja de lá não gosta dele. Vocês vão adorar o Chávez. É simpático, agradável. Agora, como ele tem uma formação militar e não política, ele não faz política. Então, ele briga com todos. Ele é capaz de brigar com todos vocês ao mesmo tempo. Eu, se quiser brigar com dom

Jayme [Chemello, presidente da Conferência Nacional dos Bispos do Brasil – CNBB], vou ficar de bem com dom Cláudio [Hummes, arcebispo de São Paulo]. Eu vou querer dividir os meus adversários para poder ter uma força. *(1/5/03, Indaiatuba – SP. Visita ao Retiro de Itaici – CNBB)*

**... às vezes, quando é desnecessária, assusta:** Eu falei com tanta força o discurso da reforma agrária, e gritando tanto que, quando eu desci, uma velhinha falou assim para mim: "Lula, dá para você falar mais devagar? Você pode dizer a mesma coisa: 'Eu vou fazer reforma agrária.' Eu entenderia. Mas você gritou tanto que me assustou." *(4/9/03, Brasília – DF. Reunião do Conselho de Desenvolvimento Econômico e Social – CDES)*

**... está mais presente na sociedade do que no Governo:** Acho que essa disposição da sociedade tem que ser canalizada pelo Consea [Conselho de Segurança Alimentar e Nutricional], e agora estamos instalando o Conselho Nacional. Mas precisamos criar os Conselhos Estaduais, os Municipais, porque é preciso criar uma consciência na sociedade de que um Governo pode fazer muito, mas, por mais que o Governo faça, ele não tem a mesma força que a sociedade terá se ela quiser assumir para si a tarefa de cuidar disso. *(25/2/03, Brasília – DF. Reunião do Conselho Nacional de Segurança Alimentar e Nutricional – Consea)*

**... para surtir efeito, não precisa ser bruta:** Mas o que eu acho mais gratificante de tudo isso, companheiros, é a força da manifestação, porque tem gente que acha que a força de uma manifestação se apresenta pela quantidade de vidros quebrados, se apresenta pela quantidade de palavrões que se fala, se apresenta pela quantidade de ofensas que se faz, quando, na verdade, a gente pode fazer uma passeata, como vocês fizeram, uma caminhada. O Feijoó [José Lopez Feijoó, presidente do Sindicato dos Metalúrgicos do ABC] não consegue mais fazer passeata, gordinho do jeito que ele está, desce do carro, anda dois minutos e já fica cansado. A gente vai percebendo que depois de fazer uma caminhada como esta, vocês deixaram em Brasília um saldo de que é possível fazer as coisas organizadas, de que é possível os dirigentes sindicais não perderem o controle das manifestações. *(5/12/07, Brasília – DF. Encontro com representantes da Centrais Sindicais da 4.ª Marcha da Classe Trabalhadora)*

**... é muito necessária para se chegar ao presidente para uma conversa:** Vocês sabem que quando um investidor estrangeiro vem ao Brasil, ou mesmo um brasileiro, eu ainda não calculei a quantidade de horas e de quilômetros que ele anda para que possa ser atendido por todas as partes do Governo? Ele passa no Itamaraty, proseia, toma um café e vai ao Ministério do Trabalho saber quais são as regras e, durante mais uma hora, duas horas, proseia, isso se o ministro estiver; se não, conversa com o secretário-executivo e volta para o ministro depois; aí, ele quer saber como está a Educação no Brasil e passa lá no Tarso Genro [ministro da Educação]; quer saber quais as dificuldades do meio ambiente e vai lá na Marina [Silva, ministra do Meio Ambiente]; aí, ele passa no Furlan [Luiz Fernando Furlan, ministro do Desenvolvimento, Indústria e Comércio Exterior], passa no Guido [Mantega, ministro do Planejamento, Orçamento e Gestão], passa no Gushiken [Luiz Gushiken, secretário de Comunicação de Governo e Gestão Estratégica], no José Dirceu [ministro-chefe da Casa Civil], passa no Eduardo Campos [ministro da Ciência e Tecnologia]; depois, vai ao Palocci [Antônio Palocci, ministro da Fazenda], vai ao

Meirelles [Henrique Meirelles, presidente do Banco Central]; se tiver muita força, ele pede uma conversinha com o presidente da República. E isso leva meses e meses. *(11/3/04, Brasília – DF. Reunião do Conselho Nacional de Desenvolvimento Econômico e Social – CDES)*

## Forças Armadas

**[ver: Exército]**

Quero agradecer, nestes primeiros 11 meses de Governo, aos nossos três comandantes das Forças Armadas, porque conseguimos mostrar que as Forças Armadas brasileiras não estão divorciadas do restante da sociedade. Pelo contrário, são parte viva e integrante dos 176 milhões de brasileiros e nós, certamente, na palavra do ministro Agnelo Queiroz [ministro do Esporte], não conseguiríamos fazer parte do que fizemos no esporte se não fosse a disposição de vocês de nos ajudarem a fazer o que fizemos, sobretudo em outras políticas sociais, como a Saúde na Amazônia e a ajuda ao programa Fome Zero. *(18/12/03, Brasília – DF. Ato de Prestação de Contas do Ano de 2003)*

**... são um lugar de disciplina e de respeito à hierarquia:** Ora, mediante esse fato de insubordinação, a determinação minha para o comando da Aeronáutica é colocar ordem na casa, faça o que tiver que ser feito, mas nós precisamos manter o bom funcionamento dos aeroportos, a disciplina militar, porque para isso eles entraram nas Forças Armadas, se formaram sargentos e, portanto, têm que respeitar a hierarquia e cumprir com a determinação que todos os outros brasileiros cumprem. *(25/6/07, Rádio Nacional. Programa de rádio* Café com o Presidente*)*

**... garantem um lugar importante para o Brasil no mundo:** Quero dizer a vocês que esta primeira viagem que eu faço ao porta-aviões *São Paulo* aumenta o meu orgulho pelo Brasil, pela Marinha brasileira. E quero dizer a vocês que saio daqui convencido que um país que tem as Forças Armadas que nós temos, que tem a Marinha que nós temos e que tem os homens movidos à autoestima que nós temos precisa ocupar um espaço cada vez maior neste mundo globalizado. *(4/8/04, Vitória – ES. Discurso a bordo do navio-aeródromo* São Paulo*)*

**... precisam ser reequipadas:** Durante vinte anos, as Forças Armadas foram... os equipamentos envelheceram. O Brasil, na década de 70, tinha empresas modernas, que produziam tanques, um monte de armas para as Forças Armadas. Isso foi desmontado, e nós queremos recuperar. Nesse instante, o ministro da Defesa [cargo ocupado por Nelson Jobim] está com o grupo de trabalho para oferecer, dentro de um ano, um programa de reestruturação dos materiais de defesa das Forças Armadas brasileiras. Nós precisamos voltar a ter as nossas indústrias. É importante lembrar que foi a Aeronáutica brasileira que criou o ITA [Instituto Tecnológico da Aeronáutica], que, por conseguinte, criou a Embraer, que é uma das empresas mais competitivas do mundo na produção de aviões. Nós tivemos fábrica para produzir tanques e tudo isso acabou. *(15/9/07, Madri – Espanha. Entrevista ao jornal* El País*)*

**... têm o carinho e o respeito dos países da América do Sul:** Estamos fazendo isso porque acreditamos que o Brasil tem dimensão geográfica, tem qualidade pessoal, tem capacidade econômica de ter uma relação muito mais forjada na parceria do que na hegemonia, seja tecnológica, militar ou econômica. E posso dizer aos senhores que sou testemunha do carinho e do respeito que os países da América do Sul têm para com as nossas Forças Armadas. *(15/12/05, Brasília – DF. Almoço com oficiais-generais)*

**... preparam jovens que, sem emprego, podem ser mão de obra especializada do crime:** Quando nós criamos o Soldado Cidadão, nós dissemos para as Forças Armadas que eram 50 mil jovens que a gente estava recrutando, de preferência jovens dos grandes centros urbanos, para dar a eles uma formação profissional e uma disciplina. Esses jovens, já é o segundo ano em que a gente forma jovens altamente preparados, com disciplina, que aprenderam a lidar com armas, que aprenderam a atirar e estão na rua. Se não tiver a possibilidade do emprego e se a sociedade brasileira e o Estado não oferecerem uma resposta, certamente o crime organizado oferecerá. *(15/3/07, Brasília – DF. Abertura da reunião com educadores)*

**... não são democráticas:** Depois, em 1989, eu aprendi uma lição aqui. Eu vim fazer uma visita à Espanha, e o nosso companheiro primeiro-ministro fez uma pergunta para mim: como é que eu iria lidar com os militares. Eu disse que eu ia democratizar as Forças Armadas. E ele perguntou como é que eu iria democratizar as Forças Armadas. Eu fiquei me perguntando por que Felipe González queria saber por que eu ia democratizar as Forças Armadas. Eu falei: "Eu vou começar a democratizar as Forças Armadas colocando as crianças, desde o ensino fundamental, nas escolas militares." Ele falou: "Presidente Lula" – presidente, não, ele me chamava de companheiro, na época –, "não há tempo de você formar o seu general democrático, porque entre a escola militar e as estrelas de um general leva aproximadamente quarenta anos, e o mandato é só de quatro anos. Então, é preciso que você descubra como democratizar as Forças Armadas em quatro anos e não em quarenta anos." Eu estou contando essa história porque a grande e extraordinária lição que um político aprende na vida é a convivência democrática dentro da adversidade. Conviver com os diferentes, aceitar as ideias diferentes das pessoas e construir, através do debate político, aquilo que é possível ser feito a cada momento. *(17/9/07, Madri – Espanha. Conferência de Imprensa por ocasião da visita a Madri-Espanha)*

**... têm a admiração do povo:** Veja, não precisa incentivar entrar nas Forças Armadas, que o povo brasileiro adora participar das Forças Armadas. É só ver o sucesso do programa Soldado Cidadão. Nós vamos colocar 50 mil jovens a mais e, no meio do ano, colocaremos mais 50 mil jovens, porque servir às Forças Armadas brasileiras é um honra para qualquer adolescente. Lamentavelmente, quando eu tinha 18 anos, eu fui servir, mas como eu era baixinho, não me deixaram servir. *(24/5/06, Brasília – DF. Entrevista após o encontro com representantes do setor odontológico)*

## Funcionário(s) público(s)

[ver: burocracia; empregado; Estado; trabalhador]

Aqui no Brasil, desde o começo da década de 90, do final da década de 80, ser funcionário público era sinônimo de coisa ruim. Se o cidadão ganhasse 500 reais por mês já era chamado de "marajá". Por quê? Porque se pegava como paradigma a miséria, muitas e muitas vezes o funcionalismo público brasileiro foi tachado de "marajá", porque se pegava como paradigma "tantos milhões de desempregados", "tantos milhões de famintos". Ora, para esses, um cara que ganha cem já é "marajá". E vamos ser francos, foi um período extremamente difícil, em que muita gente, muitas vezes, tinha até vergonha de dizer que era servidor público, porque era sinônimo... de vez em quando colocam a manchete: "Fulano de tal ganha 20 mil reais por mês." E isso bate um carimbo nas costas de todo mundo, achando que todo mundo ganha aquilo, quando, na verdade, tem uma grande maioria que ganha aquém do que a dignidade da profissão exige que a pessoa ganhe. Na maioria das vezes. *(12/1/05, Brasília – DF. Sanção da Lei 4.177/2004, que dispõe sobre o Plano de Carreira de Cargos Técnico-Administrativos em Educação)*

**... são permanentes, ao contrário do Governo:** O país é assim: o Estado dá um direito às pessoas e tira com outras mãos. A lei que regulamenta o meio ambiente neste país obriga a dar licença prévia para uma obra. Mas, na medida em que ela exige, pune o cidadão que der, e for processado pelo Ministério Público, com a indisponibilidade dos seus bens. Então, o funcionário público fala: "Bom, esse Governo é passageiro, ele tem quatro anos, eu tenho trinta anos." Eu de vez em quando me sinto sabe como? O trem. O trem vai, para; os ministros são as locomotivas e a estação é a máquina pública. A estação está imexível, como diria o Magri [Antônio Rogério Magri, ex-sindicalista, ex-ministro do Trabalho do Governo Collor], ela está lá, impoluta, e o trem faz barulho e passa. Vem outro trem, faz barulho e passa. Ou seja, isso vem assim. *(11/12/06, São Paulo – SP. Entrega dos prêmios: Brasileiro do Ano, pela revista* IstoÉ*; Empreendedor do Ano, pela revista* IstoÉ Dinheiro*; e Personalidade do Ano, pela revista* IstoÉ Gente*)*

**... deveriam ser mais numerosos:** Um país que tem problema de desemprego, você não pode cortar funcionário público. Eu te digo uma coisa: pelo que eu conheço da máquina, tem muito pouco para a gente cortar. A solução do problema é, ao invés de a gente ficar falando "eu vou cortar", aumentar. *(30/10/06, Brasília – DF. Entrevista ao SBT)*

**... não devem ganhar mal:** Vocês viram que, pelo discurso do presidente dos Correios [cargo ocupado por Carlos Henrique de Almeida Custódio], vocês não podem sequer se queixar comigo de salário, eu sei que é pouco, mas isso não ocorreu apenas com os Correios, ocorreu em quase todos os setores da administração pública federal. Ou houve aumento real acima da inflação ou nós fizemos um reajuste nas carreiras das pessoas, que estavam muito defasadas, porque também é preciso acabar com essa mania de que funcionário bom é funcionário mal-remunerado. Acho que durante muito tempo se criou essa ideia, no Brasil, de que as pessoas têm que ganhar mal para ser servidor público. E o que acontecia conosco e acontece ainda hoje no Brasil? Os assalariados das carreiras mais qualificadas no Brasil, em alguns casos, ganham tão mal que a gente faz concurso e, antes de chamar, 30% ou 40% das pessoas já foram para outro lugar porque descobriram que o salário era muito baixo. *(8/5/07, São José – SC. Inauguração do Centro Operacional e Administrativo dos Correios e Telégrafos)*

**... são criticados quando o salário é alto:** Qual é o problema que nós temos no Brasil? Eu vi aí, na porta do Instituto [Tecnológico da Aeronáutica], algumas pessoas dizendo: "Presidente, não esqueça a nossa reivindicação, não esqueça o nosso salário." Esse é um dado sério do Brasil, porque durante algum tempo, durante muito tempo, na verdade... Um cientista brasileiro, um alto funcionário de muita competência de um instituto de pesquisa ou do Governo ganha sete, oito mil reais por mês e é considerado marajá. Esse mesmo cidadão sai de onde ele está, ganhando sete mil reais por mês, e vai ganhar setenta lá fora. Aí, não, "é por causa de qualificação profissional". No setor público, ele é marajá, no outro, é por competência. *(13/3/07, São José dos Campos – SP. Lançamento do programa Espaço e Sociedade)*

**... são heróis porque preferem o setor público ao privado:** O André [Singer, porta-voz da Presidência] foi convidado por mim para ser porta-voz. Ele que era uma figura muito importante na imprensa brasileira e na imprensa de São Paulo, que participou, muitas vezes, de almoços comigo, quando estava do lado de lá, na *Folha de S.Paulo*. E o André, como a maioria de vocês que não é funcionário de carreira – são funcionários que vêm para cá quando o presidente convoca –, faz parte daquele grupo que considero heróis brasileiros, ou seja, são pessoas que abdicam de uma vida profissional inteira dentro de uma empresa, ganhando, às vezes, um salário condizente com o cargo que exercem, e vêm para cá exercer um cargo muito mais importante por um salário bem menos importante. E vocês sabem que muitos de vocês às vezes quase pagam para trabalhar. Essa é a verdade do Brasil. *(2/5/07, Brasília – DF. Despedida do ex-secretário de Imprensa e porta-voz André Singer)*

**... quando recebem salário baixo, não podem ser cobrados:** E vou dizer para vocês: no setor público também. Ou seja, a verdade é essa: na casa que não tem pão, todo mundo briga e ninguém tem razão. Mas na hora que a Economia começa a se ajustar, a arrecadação começa a melhorar, ora, nós também temos que fazer a nossa parte: remunerar melhor os nossos servidores para que a gente possa exigir o trabalho deles. Porque a gente paga mal, a gente finge que paga, o funcionário finge que trabalha. Ninguém cobra ninguém? Não, é melhor pagar corretamente para a gente poder cobrar e as pessoas executarem. *(14/12/07, São Paulo – SP. Inauguração da Agência da Previdência Social de Benefício por Incapacidade – APS/BI)*

**... devem representar o chefe:** Eu mesmo já deixei de ir a algumas reuniões importantes, mas quando vai um representante meu, seja o meu chanceler ou outro funcionário qualquer, ele vai com procuração do presidente da República para fazer o que tiver que ser feito, porque nós não temos tempo a perder. *(11/5/05, Brasília – DF. Encerramento da Cúpula América do Sul-Países Árabes)*

**... têm responsabilidade e seriedade:** A terceira coisa que eu vi, que vocês ainda não inauguraram, mas que eu tive a oportunidade de ver, é a nova máquina que vai coordenar os jogos que a Caixa coordena, e o mais prazeroso é saber que é tecnologia brasileira, feita por brasileiros, e, portanto, a gente não tem que ficar dependente de empresas, que às vezes não são brasileiras, ou às vezes de empresas que não têm a mesma responsabilidade, a mesma seriedade, que um funcionário de carreira da Caixa tem para prestar contas à própria instituição em que ele trabalha. *(4/8/06, Brasília – DF. Visita à Caixa Econômica Federal)*

**... atrapalham, muitas vezes, o ritmo do Governo:** O terceiro momento na vida de um governante é o contato que ele tem com a realidade, no momento em que ele atinge a maturidade de ter paciência, de compreender que as decisões nunca são como a gente deseja. Dentro da nossa burocracia interna, elas nunca funcionam com a rapidez que nós gostaríamos, sempre tem um funcionário que deixa as nossas decisões na gaveta mais do que o tempo necessário, sempre tem um outro que não trata com a prioridade com que nós tratamos quando nos reunimos. *(17/10/07, Joanesburgo – África do Sul. Sessão plenária de Encerramento do Ibas)*

**... no passado, recebiam a aposentadoria como um prêmio:** Quando dom Pedro criou o sistema de aposentadoria no Brasil, o funcionário público recebia a aposentadoria como um prêmio. Tudo bem, isso acontecia naquela época, mas nós não estamos mais na época de dom Pedro. Hoje, se a gente não cuidar disso, daqui a cinco anos não teremos dinheiro para pagar. *(26/6/03, São Bernardo do Campo – SP. Abertura do 4.º Congresso de Metalúrgicos do ABC)*

**... têm em Lula o número um:** Eu quero, em primeiro lugar, dizer para vocês que é uma alegria maior do que a que o meu coração comporta estar, outra vez, participando do maior evento multinacional que a sociedade civil mundial organiza, que é este Fórum Social Mundial. Da outra vez que participei aqui, fui fazer um debate cujo tema destinado para eu falar era "Um outro Brasil é possível". E me lembro que, naquele instante, eu não tinha nem certeza de que seria candidato a presidente da República. E, hoje, ao participar deste fórum, eu participo na condição de funcionário público número um do meu país. *(24/1/03, Porto Alegre – RS. III Fórum Social Mundial)*

## Futebol

**[ver: Corinthians; seleção brasileira de futebol]**

O futebol é para nós, brasileiros, parte da nossa vida. Ontem, por exemplo, nós fomos assistir a um filme, lá no cinema do Alvorada, com Osmar Prado tor brasileiro], chamado *Desmundo*. E mesa, depois do filme, ninguém se olhava; todo mundo olhava a televisão, para ver o jogo. *(15/5/03, Brasília – DF. Sanção da Lei de Modernização do Futebol e do Estatuto de Defesa do Torcedor)*

**... é democrático:** O futebol é a coisa mais democrática do planeta, ou seja, através do futebol um menino de uma favela pode se transformar em um jogador de seleção, pode ganhar muito dinheiro, pode ficar rico. *(30/10/07, Zurique – Suíça. Programa de rádio* Café com o Presidente *– Edição Especial com a participação de Dunga e Romário, após a confirmação do Brasil como sede da Copa de 2014)*

**... é um setor de potencial importância para a Economia:** O futebol é um setor de grande potencial empregador e de geração de recursos para o nosso povo e para o nosso país. *(4/5/05, Brasília – DF. Lançamento nacional da Loteria Timemania)*

**... é importante para as relações diplomáticas:** O futebol é grande fator de aproximação do Brasil com outros povos. *(13/7/06, Brasília – DF. Entrevista à agência Interfax – Rússia)*

**... é entendido por todos:** Eu sempre comparo mais ou menos ao futebol, porque futebol é coisa que todo mundo entende; mesmo os que não são corintianos entendem de futebol neste país, mesmo o Aloizio Mercadante [senador por São Paulo pelo PT], que é santista, ou o Miro Teixeira [ministro das Comunicações], que é flamenguista, ou os cruzeirenses, sei lá, todo mundo entende. *(13/6/03, Brasília – DF. Lançamento das Conferências Nacionais de Aquicultura e Pesca)*

**... pode trazer coisas positivas para o mundo da política:** Acho que a Fifa deu uma contribuição enorme. E isso, para mim, é uma coisa que pode marcar, Ricardo [Teixeira, presidente da Confederação Brasileira de Futebol], porque vai se tirando a ideia de que "o mundo do futebol é isso, o mundo do futebol é aquilo". De repente, a gente descobre que o mundo do futebol, na hora em que é provocado, tem essa coisa boa, que pode oferecer para o Brasil e para outros lugares do mundo. Então, logo, logo, Teixeira, vamos provocar, porque nós queremos fazer uma seleção do Mercosul. Não sei se vai ser muito difícil, vocês teriam problemas em fazer a convocação. Mas nós temos que fazer uma seleção do Mercosul, porque não sei se vocês percebem que o Brasil está ocupando um espaço muito importante na geografia comercial do mundo. *(17/8/04, Santo Domingo – República Dominicana. Cumprimentos à seleção brasileira em Santo Domingo)*

**... é como nas Relações Internacionais: tem de jogar pesado:** Nós é que temos que ter coragem de brigar pelos nossos interesses sem imaginar que, pela nossa pobreza, alguém vai ter dó de nós e vai fazer concessão. No jogo internacional não é assim, nem no futebol é assim, cada jogador que entra em campo entra para ganhar e joga pesado, senão não ganha. *(27/9/03, Havana – Cuba. Encontro com estudantes brasileiros)*

# Futuro

[ver: destino; História; sonho]

Eu acho que nós precisamos olhar para o futuro. E o futuro é muito mais promissor para todos nós que queremos construir um mundo justo, um mundo sem armas nucleares, um mundo de paz, onde a única guerra a ser vencida é a guerra contra a miséria e contra a pobreza que hoje envolve mais de um milhão de seres humanos. *(27/5/05, Tóquio – Japão. Encerramento da reunião conjunta do Comitê de Cooperação Econômica Brasil-Japão e Seminário Brasil-Japão: Oportunidades de Comércio e Investimento)*

**... é mais importante do que o passado:** Eu acho que nós temos que aprender a conviver pensando muito mais no futuro do que ficar lamentando o passado. Ou seja, tiremos as lições do passado, mas vamos projetar o futuro. E o futuro é que nós queremos que o Brasil continue crescendo, que o Brasil continue gerando empregos, que o Brasil continue dando certo, porque eu sou daqueles que acreditam que o Brasil vai ser o país do século XXI. Eu trabalho com isso na minha cabeça, ou seja, se o século XIX e o século XX foram da Europa e dos Estados Unidos, o século XXI tem que ser nosso. E ele não depende do presidente Bush [George W. Bush, presidente dos Estados Unidos], ele não depende do presidente Chirac [Jacques Chirac, presidente da França], depende de nós, brasileiros. Então, é isso que eu quero construir. *(8/4/05, Roma – Itália. Entrevista coletiva)*

**... é mais importante do que o presente:** Então, pensar no futuro é um desafio muito maior do que remoer o passado ou ficar apenas governando em função do presente. Fazer essa combinação do presente com o futuro é um desafio extraordinário para todos nós. *(25/4/07, Brasília – DF. Entrevista a jornalistas argentinos e chilenos; jornais* Página 12, El Clarín *e* La Nación, *da Argentina; e os jornais* La Tercera *e* El Mercúrio, *do Chile)*

**... do Lula será o mesmo projetado para todos os brasileiros:** Eu sou um homem da consciência muito tranquila, não apenas pelo meu passado, mas pelo meu futuro, porque o meu futuro é o futuro que eu sonho e que espero construir para todos os brasileiros que esperam que o Estado possa estar a seu serviço, um dia. *(25/8/05, Brasília – DF. 13.ª reunião ordinária do Pleno Conselho de Desenvolvimento Econômico e Social – CDES)*

## G-20

Por problemas políticos internos, e agora mais ainda, quando acabam de entrar dez países novos na União Europeia, a preocupação principal dos países ricos da Europa é cuidar desses dez novos que entraram no bloco, porque são os irmãos mais novos na jogada. E para evitar que a América do Sul e que o Brasil sofram as consequências disso, nós, então, resolvemos fazer uma coisa que eu aprendi no sindicato, ou seja, sozinho a gente é muito fraco, mas junto a gente pode ter muita força. Então construímos esta aliança na América do Sul, depois construímos um bloco G-3, formado pela África do Sul, Brasil e Índia, depois construímos o G-20 em Cancún, que inclui o Brasil e mais 19 países, e agora, dia 26 de janeiro, eu estou indo à Índia, depois à Rússia, depois à China, para completar aquilo que nós chamamos de "parcerias estratégicas", que interessam ao Brasil. *(30/11/03, Brasília – DF. Entrevista à TV Bandeirantes)*

**... não foi fácil de ser criado:** Não foi fácil criar o G-20, não. Não foi fácil convencer um grupo de países de que era possível mudar a geografia comercial do mundo se estabelecêssemos entre nós um grau de confiança e de relação em que pudéssemos, cada um de nós, entender que temos que nos ajudar muito mais. *(2/7/05, São Paulo – SP. Celebração aos 15 anos do Foro de São Paulo)*

**... foi uma resposta ao caráter antidemocrático da OMC:** A criação do G-20, estimulada pelo Brasil, foi resultado de nossa defesa de processos negociadores mais democráticos e transparentes na OMC [Organização Mundial do Comércio] que levem a resultados do interesse da maioria dos membros da organização. Graças a esse grupo, conseguimos evitar que a Rodada de Doha acabasse em mais um acerto agrícola negociado entre um punhado de países desenvolvidos e que, como na Rodada do Uruguai, não atendesse às nossas reivindicações. *(23/5/07, Brasília – DF. Entrevista ao jornal* Diário Econômico, *de Portugal)*

**... mostra que os países em desenvolvimento têm força e devem ser respeitados:** Eu me lembro o quanto nós fomos criticados, no Brasil, porque resolvemos criar o G-20 em Cancún, porque as pessoas normalmente têm medo de brigar; muitas vezes as pessoas, ao se relacionarem com um país mais forte, ficam sempre com medo de ceder alguma coisa. E nós achamos que nós estamos apenas afirmando que queremos defender os nossos interesses, os interesses da nossa indústria, da nossa agricultura, do nosso comércio e dos nossos trabalhadores. Ou seja, fazemos o mesmo que eles fazem dentro dos seus países. E o resultado é que quanto mais força você fizer, mais você será respeitado pelos seus interlocutores. Até porque, na relação entre dois seres humanos, nenhum interlocutor respeita o interlocutor que não se respeita. *(16/8/04, Santo Domingo – República Dominicana. Encontro com empresários da Câmara de Comércio dominicano-brasileira)*

**... luta contra os subsídios dos países ricos:** O G-20, hoje, é uma espécie de referência nas discussões na Organização Mundial do Comércio. E passou a ser uma referência porque nós não precisamos brigar com os Estados Unidos nem com a Europa, até porque são parceiros importantes nossos. O que nós estamos dizendo, China, Índia, Brasil, México e tantos outros países? O que nós estamos dizendo? Nós queremos apenas igualdade, nós queremos apenas o fim dos subsídios agrícolas, nós queremos apenas o direito de os países mais pobres poderem colocar os seus produtos no mercado europeu, nos Estados Unidos. Foi por isso que entramos na OMC contra o algodão, contra o açúcar, e ganhamos. *(20/10/05, Brasília – DF. Abertura do 11.º Congresso Nacional do PCdoB)*

**... tem no Brasil um de seus líderes:** A atuação decisiva do Brasil na constituição do G-20 confirma a capacidade de liderança que estamos demonstrando. *(20/4/04, Brasília – DF. Formatura dos novos diplomatas)*

## Garanhuns

[ver: Lula; Pernambuco]

Eu sou pernambucano, nascido em Garanhuns, e voltei lá, depois de quase trinta anos que estava fora de Pernambuco. Quando voltei à minha terra, os meus parentes que moravam lá estavam, ainda, do mesmo jeito de trinta anos atrás. E os discursos dos meus parentes eram os mesmos que a minha mãe [Eurídice Ferreira de Melo] fazia quando eu tinha sete anos de idade e morava lá. *(9/4/03, Brasília – DF. Cerimônia relativa à Articulação no Semiárido – ASA)*

**... deve ter petróleo:** É bom destacar que na plataforma petrolífera SSP-300 será produzido o melhor óleo de águas profundas do Brasil. É um óleo do tipo leve, que o Brasil ainda precisa importar para produzir derivados como a gasolina, óleo diesel e gás de cozinha. Esse óleo é misturado no nosso gás pesado, é isso? Parabéns, vocês estão dando uma contribuição enorme para melhorar a qualidade do petróleo da Petrobras. Esse alto padrão de qualidade só é encontrado em alguns locais do mundo, como o golfo Pérsico, Garanhuns. Garanhuns não tem porque a Petrobras não foi pesquisar ainda, mas o dia em que for, lá será não em águas profundas, mas num açude qualquer de lá. A plataforma vai ser pequena, e nós vamos encontrar petróleo. *(4/9/07, Aracaju – SE. Batismo da plataforma de petróleo FPSO Sevam-Piranema do Campo de Piranema)*

**... deixa Lula feliz quando ele a visita:** Estar em Garanhuns pela segunda vez em pouco tempo é duplamente motivo de alegria. Primeiro, porque é sempre importante voltar, mesmo que numa viagem muito rápida, para inaugurar alguma coisa ligada à Educação, e, segundo, pela oportunidade, mesmo que rápida, apenas para algumas fotografias e alguns abraços, de poder rever primos e primas, parentes meus que há tanto tempo eu não via, a não ser nessas oportunidades em que eu posso passar por aqui. Haverá um dia que ainda poderei vir de férias para dormir uma noite aqui e uma noite em Caetés, uma noite em Caetés e uma noite aqui, e passar uma parte da minha vida. *(16/12/05, Garanhuns – PE. Inauguração da Escola Senai de Garanhuns Eurídice Ferreira de Melo – Dona Lindu)*

**... é um lugar quente:** Eu, muitas vezes, para não atrapalhar o trânsito de Brasília, vou para o aeroporto de helicóptero. Eu nunca vi tanta piscina na minha vida como em Brasília, sem nenhuma pessoa, porque aqui quando faz vinte graus as pessoas já acham que está frio. Nós, lá em Garanhuns, quando faz três graus abaixo de zero, a gente acha que ainda está calor. *(2/10/03, Brasília – DF. Apresentação do programa Segundo Tempo e seus parceiros)*

**... produziu um presidente, o que não foi fácil:** Se eu saí de Garanhuns – hoje, a minha cidade é Caetés, mas naquele tempo era Garanhuns – e consegui virar presidente da República, por que não posso garantir que vocês vão voltar a produzir, que a gente vai alfabetizar esse povo, que a gente vai gerar empregos neste país? Por que a gente não pode garantir? *(26/4/03, Buíque – PE. Lançamento do Programa Conviver)*

**... tem gente passando fome:** Quantas pessoas estão passando fome numa cidade? Se eu perguntar hoje, eu sei que é muito difícil um prefeito responder, porque a gente não tem estatística, a estatística é geral demais. Mas, aqui, quantas pessoas estão passando fome em Garanhuns? Quantas? Quantas pessoas, na hora do almoço, não têm o que comer? Se nós fizermos um jogo combinado e o Governo Federal tiver a solução, o prefeito de Garanhuns pode ficar certo de que vai ficar muito mais fácil a gente levar comida ou dinheiro até essas pessoas. *(11/3/03, Brasília – DF. Encontro com prefeitos da VI Marcha a Brasília em Defesa dos Municípios)*

**... não tem gente com medo de cara feia:** Se um pernambucano de Garanhuns tivesse medo de cara feia, não sairia sequer da barriga da sua mãe. *(30/10/03, Campina Grande – PB. Inauguração do novo terminal de passageiros do Aeroporto Presidente João Suassuna)*

## Globalização

**[ver: independência; nação; nacionalismo; OMC; planeta Terra]**

Na nossa concepção, não haverá uma globalização total, ideal, que possa ender aos interesses dos mais diferen- povos, se não houver uma integra- mbém cultural, respeitando as laridades de cada país. *(6/7/04, DF. Entrega do relatório do Semi- rização da Produção Cultural Globo)*

**... foi, durante algum tempo, mal-interpretada:** Houve um tempo, no Brasil, e não é culpa de qualquer governante, individualmente, mas era uma doutrina que começava a se espalhar pela universidade, pela imprensa, pelos governantes, por muitos empresários, de que a globalização colocava o Brasil num patamar em que o Brasil não precisaria produzir coisas que eram consideradas essenciais para nós. *(3/9/04, Osasco – SP. Cerimônia pelos 60 anos de fundação da Cobrasma, atuais Flanaço e Amsted Maxion)*

**... foi, durante algum tempo, mal-interpretada, o que provocou o sucateamento da indústria naval:** Eu duvido que algum país do mundo, um Estado que tivesse construído a indústria naval que nós chegamos a construir, com a mão de obra qualificada que nós tínhamos, eu duvido que algum Governo sério, em qualquer país do mundo, pudesse permitir que essa indústria quebrasse, como quebrou a nossa indústria naval. A pretexto de quê? A pretexto de que o Brasil precisava entrar na globalização e ser moderno. Não era produzir navios e ter cargas brasileiras transportadas por navios brasileiros e ter, dentro dos navios, trabalhadores brasileiros e, mais ainda, ter num navio a bandeira brasileira hasteada, carregando o orgulho para todos nós. *(23/11/05, Niterói – RJ. Batismo da plataforma FPSO P-50, da Petrobras)*

**... é inexorável:** O mundo se preparou, criaram a globalização, e nós não podemos ficar fora dela. Precisamos nos preparar. *(31/10/03, Brasília – DF. Entrega do prêmio Finep de Inovação Tecnológica)*

**... é incerta:** Senhoras e senhores, vivemos hoje sob o signo de uma globalização instável e incerta. O quadro internacional nos desafia e obriga a mudar o modelo que produziu vulnerabilidade externa, incerteza, pobreza e estagnação. *(20/4/04, Brasília – DF. Formatura dos novos diplomatas)*

**... não significa o esquecimento das questões sociais:** Possivelmente este é o grande desafio da construção da soberania do século XXI: a parceria do Estado e da sociedade para demarcar a questão social como principal fronteira a ser protegida e ampliada no mundo da globalização. *(28/7/03, Fortaleza – CE. Recriação da Sudene)*

**... obriga a deixar o sentimentalismo de lado:** Muitas vezes, o Brasil faz política internacional de forma sentimentalista. E nós não estamos mais na fase do sentimentalismo. A globalização exige competência para fazer negócio. *(22/4/03, Vitória – ES. Implantação do III Alto-forno da Companhia Siderúrgica de Tubarão)*

**... não pode justificar o agravamento da pobreza:** Precisamos assumir a responsabilidade e não permitir que a globalização de hoje ou o modelo de desenvolvimento de hoje permita que os países pobres sejam tratados da mesma forma que foram tratados na época da colonização. Os colonizadores chegavam prometendo progresso, chegavam prometendo desenvolvimento e, quando vocês conquistaram a independência, vocês constataram que, do ponto de vista das riquezas naturais, os países estavam mais pobres, tinham sido dilapidados. Parece que ninguém, hoje, tem responsabilidade, parece que não aconteceu nada, a África é pobre porque é um continente negro, a África é pobre porque não tem escola, a África é pobre porque não tem desenvolvimento, e ninguém assume a responsabilidade de dizer que a África é pobre porque, durante mais de trezentos anos, as mulheres, as crianças e os jovens eram transformados em escravos para construir algumas das nações que são ricas hoje. *(12/7/06, Salvador – BA. Encerramento da II Conferência de Intelectuais da África e da Diáspora)*

## Governar

[ver: adversário;
Lindu, dona (mãe de Lula)]

Hoje, eu dou graças a Deus por não ter sido eleito em 1989. Por que eu dou graças a Deus? Talvez não seja bem o termo, mas eu acho que 12 anos de espera me prepararam muito. Quando cheguei à Presidência da República, eu me sentia preparado para exercer o poder. Eu conhecia todos os presidentes que tinham chegado lá antes de mim, e pode ter gente igual, gente com maior formação intelectual, mas governar não é isso. Governar é saber tomar decisão, governar é saber definir as prioridades, governar é exercer o papel do Estado sem abdicar da liberdade da iniciativa privada, governar é você definir para quem o Estado deve governar. E eu me sentia preparado. *(25/9/07, Nova York – Estados Unidos. Entrevista no Aeroporto John Fitzgerald Kennedy)*

**... é como criar uma família:** Como, às vezes, nem todo mundo entende palavras difíceis, eu prefiro utilizar coisas do dia a dia, que nós dizemos. E é por isso que sempre trato a arte de governar como a arte de criar uma família. Parece fácil criar uma família, mas o mundo está cheio de irresponsáveis, homens ou mulheres que não conseguem criar uma família. Está cheio de gente que não consegue cuidar da educação correta dos filhos, que não consegue fazer o mínimo necessário que todos nós deveríamos fazer e muitas vezes não fazemos. Então, o desafio de governar é exatamente esse, é a gente poder fazer as coisas simples com a precisão que a sociedade precisa, fazer com que o Estado esteja a serviço da comunidade e não a serviço de uma minoria, como historicamente sempre esteve no nosso país. Tudo isso não é fácil de ser construído, é muito mais fácil falar, e aqui eu estou vendo muita gente boa de discurso. Quando vocês namoravam, o sujeito contava para vocês: "Eu faço isso, eu faço aquilo, vamos fazer aquilo e tal." Vocês casaram e o "isso" ou "aquilo" não era tanto quanto se queria, muita gente não teve a casa de praia que sonhou, não teve o carro que sonhou. *(26/6/03, São Bernardo do Campo – SP. Abertura do 4.º Congresso de Metalúrgicos do ABC)*

**... é tratar o povo como se trata um filho:** Quantas vezes eu já fui obrigado a dizer para o meu filho: não dá. "Ah, pai, mas eu preciso fazer uma viagem." Não dá. Então, você tem que tratar o povo como se trata um filho, da forma mais carinhosa possível, mas sem fazer o que fez a elite governante deste país, ao longo dos últimos anos. *(22/4/03, Vitória – ES. Cerimônia de implantação do III Alto-forno da Companhia Siderúrgica de Tubarão)*

**... é agir também de acordo com o coração:** Eu não acredito, meu querido Tarso Genro [ministro da Educação], que algum governante, no mundo, possa governar corretamente se não pensar 50% com o sentimento de seu coração, com o sentimento do ser humano. Não é possível ficar apenas com as coisas racionais. Um pouco de irracionalidade, um pouco de emoção é que faz com que um governante tenha sensibilidade para olhar para aqueles que, muitas vezes, não estão nem nas ruas quando passa a carreata de um candidato. *(15/10/04, Brasília – DF. Apresentação das Ações de Educação Alimentar e Nutricional)*

**... é ter problemas:** Se dependesse só de mim, lá em Brasília, ou se dependesse só do ministério, do MDA [Ministério do Desenvolvimento Agrário] ou do Incra, não aconteceria, porque os problemas são tantos... a gente acaba de fazer uma reunião sobre um problema, aparecem quinhentos outros problemas. *(23/6/06, Chapecó – SC. Abertura do II Encontro de Habitação da Agricultura Familiar)*

**... é ter mais problemas do que soluções, mas isso é gostoso:** O que é gostoso em governar é que, às vezes, tem mais problemas do que soluções fáceis. E são esses problemas que fazem com que cada um de nós aprenda a exercitar a democracia às últimas consequências. *(5/9/03, Esteio – RS. Inauguração oficial da XXVI Expointer 2003)*

**... é uma palavra inapropriada:** Eu vou tentar não utilizar mais a palavra "governar", porque "governar" é muito pomposa. Eu vou utilizar a palavra "cuidar". Eu preciso cuidar do Brasil e cuidar do povo brasileiro. A palavra mais adequada, Júlio [padre Júlio Lancellotti, coordenador do Vicariato do Povo de Rua da Arquidiocese de São Paulo], é cuidar. Nós temos que cuidar dessa gente, temos que cuidar desse povo esperançoso. *(23/12/06, São Paulo – SP. Cerimônia de Natal da Vida e Cidadania dos Catadores e da População em Situação de Rua)*

**... é como plantar uma árvore:** Eu tenho gravado na minha cabeça, não posso esquecer um minuto sequer, cada compromisso que eu tenho e a minha responsabilidade de fazer as coisas neste país. E tenho consciência de que vamos fazer, porque, muitas vezes, governar é como plantar uma árvore. Você pode estar com fome, mas se você plantar feijão, você vai ter que esperar noventa dias; se você plantar um pé de soja, vai esperar 100, 110 dias; se você plantar um pé de milho, vai esperar 18 meses; se você plantar um pé de café, vai esperar três anos; com um pé de laranja é a mesma coisa. A verdade é que nós plantamos alguma coisa neste país, e quando a gente planta, a gente tem que adubar, a gente tem que jogar água, tem que regar sempre, para que esse pé de árvore nasça forte e frondoso, e não morra com a primeira ventania e com a primeira seca. *(29/5/03, São Bernardo do Campo – SP. Entrega simbólica de 225 toneladas de alimentos para o programa Fome Zero)*

**... é agir com cautela:** Em matéria de política e de governar também é assim: se a pessoa fica desesperada, tentando fazer as coisas de forma atabalhoada, não dá certo. As coisas têm que ser pensadas. Se tiver dúvida, discute-se mais um pouco. O que é importante é que cada tijolo que se coloque esteja no prumo. Não sei se todos vocês têm experiência de fazer casa na base do mutirão, entre companheiros. Às vezes, a pessoa começa a fazer uma casa, toma umas cervejas na hora do almoço, e quando chega na segunda-feira, no serviço, ela percebe que a parede está torta e tem que desmanchar. *(25/6/03, Brasília – DF. I Seminário de Infraestrutura para o Desenvolvimento Sustentável)*

**... é governar para todos:** Quase todos os empresários que, publicamente, sei que trabalharam contra mim na campanha, já os chamei para conversar no Palácio do Planalto. E os tratei como eu trato o Marinho [Luiz Marinho, sindicalista] quando vai lá. Tratei igual eu trato o Meneguelli [Jair Meneguelli, ex-sindicalista, presidente do Sesi] ou o Vicentinho [Vicente Paulo da Silva, ex-sindicalista, deputado federal por São Paulo] quando vão lá. Porque eu não ganhei as eleições para governar para o meu umbigo, eu ganhei as eleições para governar para 175 milhões de brasileiros, independentemente do que eles pensam. *(29/5/03, São Bernardo do Campo – SP. Entrega simbólica de 225 toneladas de alimentos para o programa Fome Zero)*

**... é governar mais para os excluídos:** Já houve gente no Brasil que afirmou: "Nós não temos que pensar em governar o Brasil para 180 milhões de brasileiros, nós temos que governar para os 35 ou 40 milhões que estão no mercado." Ora, meu Deus do céu, um Governo tem que governar exatamente para aqueles que não estão no mercado, porque para aqueles que já estão no mercado, o mercado resolve, mas para aqueles que estão marginalizados é que o Estado tem que se colocar à disposição deles. *(28/5/05, Nagóia – Japão. Encontro com representantes da comunidade brasileira)*

**... é não tirar o olho de onde se veio:** Governar é a gente saber de que lado a gente está e para quem que a gente quer fazer as coisas. Eu digo sempre: eu Governo para todos, eu não faço distinção, mas eu não tiro o olho de onde eu vim. Eu vim do meio dos pobres deste país e é para eles que nós precisamos governar. *(6/5/08, Igarapé da Cachoeirinha – AM. Inauguração do projeto de urbanização do Igarapé da Cachoeirinha, assinatura de ordens de início das obras da ponte sobre o rio Negro, de ordens de serviço do PAC e do Pacto Federativo do Amazonas)*

**... não é simples:** Governar não é tão simples como a gente pensa. Veja uma coisa: eu fui amigo do Scalco [Euclides Scalco, ex-deputado, presidente da Itaipu Binacional no período de Fernando Henrique Cardoso] na Constituinte. Tenho a certeza, por todos os informes que tenho, de que o Scalco foi um extraordinário administrador de Itaipu. E a função de governante é dura por isso: é porque a gente tem que mandar embora pessoas que a gente nem conhece; diretores que, às vezes, são pessoas da mais alta competência, mas que, como são cargos de confiança de um Governo, a mudança se faz necessária. *(23/1/03, Curitiba – PR. Transmissão do cargo de diretor-geral brasileiro da Itaipu Binacional)*

**... não é fácil:** Veja, eu acho que governar não é fácil. Tomar decisões como presidente da República nem sempre é fácil, porque muitas vezes você tem o choque de interesses do Estado com os interesses de uma parte da sociedade. Muitas vezes você tem que tomar decisões sobre divergências entre dois ministros, muitas vezes você tem que tomar decisões pressionado por interesses econômicos. Então, é muito difícil governar. Agora, o que eu acho que o Fernando Henrique Cardoso deveria ter dito, e não sei se ele queria dizer isso, é que não é impossível governar. Para governar bem, é preciso que você tenha determinação de fazer as coisas acontecerem. *(10/10/07, Brasília – DF. Entrevista ao jornalista Kennedy Alencar, do jornal* Folha de S.Paulo*)*

**... é bom:** Eu acho que esse aprendizado foi muito importante, mas o mais importante para mim foi domar a inflação, dobrar as exportações, facilitar o crédito para o povo brasileiro, que, hoje, eu acho que é o maior de toda a sua história. Você quer saber de uma coisa? Eu poderia dizer para você: eu acho que governar é bom. O prazer de ver as coisas acontecerem, o prazer de você ver brotar uma coisa que você plantou. Eu acho que esse é um aprendizado extraordinário, sobretudo o aprendizado da convivência democrática na diversidade. *(7/7/06, Brasília – DF. Entrevista ao jornal* Financial Times*)*

## Greve(s)

**[ver: empregado; empregador; fábrica; grevista]**

Eu fui peão, fiz as maiores greves deste país, eu nunca fui ao estádio da Vila Euclides pedir dias parados. Eu dizia para a peãozada: "Greve é guerra, nós temos a nossa força de trabalho para poder negar ao patrão, para ele nos atender. Ele tem alguns direitos para executar sobre nós para a gente ceder." Agora, não. Esses dias, não sei quantos dias de greve... mas todo mês vai lá receber o pagamento. Isso é greve? Isso são férias, não é greve. *(22/2/06, Marabá – PA. Visita às obras do campus do Sul e Sudeste da Universidade Federal do Pará)*

**... são uma conquista, e o Lula, que mudou de lado, não pode reclamar e tem que trabalhar:** A greve é uma conquista universal. Nós, às vezes, ficamos zangados, porque a gente exagera na greve, mas como eu já estive do outro lado e agora estou deste, eu tenho que aprender a conviver com os dois lados, numa boa, sem perder a ternura. Portanto, companheiros e companheiras, tudo o que eu queria era sair daqui e ir para uma praia, mas eu tenho que ir para Brasília. *(10/6/06, Serra – ES. Início das obras do Gasoduto Cabiúna-Vitória – Gascav, trecho inicial do Gasoduto Sudeste-Nordeste – Gasene)*

**... podem ser evitadas com um acordo:** Eu já saí do sindicato para ir para a assembleia decretar greve e marcava encontro com o sindicato patronal no meio do caminho e fazia o acordo. Chegava lá e não tinha greve. Acordo você faz quando você quer fazer. *(20/12/07, Brasília – DF. Bate-papo com jornalistas do Comitê de Imprensa na Presidência da República, durante café da manhã de confraternização pelo final de ano)*

**... atualmente, são dispensáveis para se conseguir maiores salários:** Fiz, talvez, os mais importantes movimentos que aconteceram na década de 70 e na década de 80. A gente fazia greve de 41 dias e não ganhava um centavo de aumento real. Hoje, 90% dos trabalhadores fazem acordos acima da inflação, com aumento real. *(23/4/08, Brasília – DF. Entrevista para o jornal* Diário do Grande ABC*)*

**... quando envolvem servidores públicos, só terão reivindicações atendidas dentro das possibilidades do erário, e com a perda dos dias parados:** Muitas vezes, as pessoas querem aquilo que o Estado não pode pagar, e se o Estado não pode pagar, não vai pagar. Se o Estado puder pagar, nós vamos fazer acordos e vamos atender como temos atendido 100% das categorias neste país. Eu sou amplamente favorável ao cumprimento da decisão da Suprema Corte [Supremo Tribunal Federal]. Não trabalhou, não ganha, portanto. E não dá para, no Governo, fazer como em uma indústria metalúrgica, a Advocacia-Geral da União entra em greve e aí a Justiça decide: "Bom, 30% vai trabalhar." Eu não posso perder 70% dos processos que estão contra o Governo, eu preciso de 100% da Advocacia trabalhando. Então, eu penso que foi importante a decisão da Suprema Corte, e, se for necessário, eu tenho certeza que a gente conta com o apoio dos trabalhadores da iniciativa privada. Se tem que mandar um projeto de lei regulamentando a greve e regulamentando, ao mesmo tempo, a contratação coletiva do trabalho. Nós não queremos que o servidor público seja tratado também, na relação com o Estado, como se fosse de segunda categoria, ele tem o direito de ter a negociação coletiva, sentar à mesa e ter até o direito de fazer greve como eu tinha quando era metalúrgico. Agora, a greve tem um custo. Qual é o custo? É não receber o dia que eu não trabalhei. *(2/5/08, Brasília – DF. Entrevista exclusiva à TV Cultura)*

## Grevista

**[ver: empregado; empregador; fábrica; greve]**

Eu me lembro que nós fizemos uma greve, Vicentinho [deputado federal pelo PT de São Paulo], na matriz, a Villares mandou um grupo de trabalhadores embora, então nós fizemos uma greve em defesa dos que tinham sido mandados embora. Depois de dez dias de greve eu descubro o quê? Eu descubro que só estavam participando da greve os que estavam trabalhando, os que foram mandados embora estavam querendo receber a sua indenização. Eu falei: "Vamos parar com essa greve, gente, nós somos grevistas, mas não somos tontos." *(12/6/07, Guarulhos – SP. Abertura do VII Congresso Nacional dos Metalúrgicos da Central Única dos Trabalhadores – CUT)*

## Guerra(s)

**[ver: Exército; fome; força; Forças Armadas]**

Fico imaginando quantos bilhões e bilhões de dólares se gastam com a guerra. Soldado matando soldado. Soldado matando inocente e, próximo de nós, crianças levantando os olhos e mendigando um prato de comida, que muitas vezes se joga fora e não se dá para essa criança. *(24/1/03, Porto Alegre – RS. III Fórum Social Mundial)*

**... não ocorrerão no Governo Lula:** Eu até brinquei outro dia, no encontro da OIT [Organização Internacional do Trabalho]: não pensem que eu vou fazer com a Bolívia o que os americanos fizeram com o Iraque.

Não vou. Nada de guerra, porque eu sou da paz e aquele povo lá é um povo muito pobre, que precisa de ajuda. Se vocês conhecerem alguém pobre aqui, lá é mais pobre do que aqui. Então, eles precisam de ajuda e não de arrogância. *(5/5/06, Aimorés – MG. Inauguração da Usina de Aimorés – Hidrelétrica Eliezer Batista)*

**... têm desdobramentos imprevisíveis:** Nós estamos próximos a um acontecimento sobre o qual nós não temos controle e muitas vezes não podemos fazer nada, que é a iminência de uma guerra. Eu quero dizer para vocês, empresários, que, embora estejamos a 8 mil quilômetros de distância dos Estados Unidos, embora estejamos a 14 mil quilômetros do Iraque, a verdade é que essa guerra já começa a trazer prejuízos para o Brasil e para outros países. Eu espero que cada um de nós tenha um gesto para fazer com que o mundo entenda que o povo, a humanidade, neste momento, está carecendo mais de educação, mais de saúde, mais de alimentação, muito mais de paz do que de uma guerra, que poderá trazer prejuízos e malefícios para a sociedade e, sobretudo, para a parte mais pobre do planeta Terra. *(10/3/03, São Paulo – SP. Abertura da IX Feira Internacional do Plástico)*

**... só são úteis em um caso:** A luta contra a fome, a guerra contra a fome, esta, sim, é uma guerra que vale a pena todos nós participarmos, porque ela não prevê matar ninguém. Pelo contrário, prevê recuperar milhões e milhões de vidas que estão sucumbindo pela miséria. *(20/10/03, Brasília – DF. Lançamento do programa Bolsa Família, de transferência de renda)*

**... matam menos do que a fome:** Por exemplo, aqui no Brasil, a questão da fome não é uma questão do cotidiano ou da sociedade organizada. Tem gente preocupada com outras coisas. E eu acho normal que as pessoas estejam preocupadas com outras coisas. Mas é importante lembrar que a fome, hoje, mata mais do que qualquer guerra que a humanidade já produziu. E ela não mata soldados, ela mata crianças, ela mata feto, ela mata pessoas indefesas que, muitas vezes, não têm sequer o direito de reclamar. *(15/6/04, São Paulo – SP. Encontro com o Fórum da Sociedade Civil, na XI UNCTAD)*

**... é algo para o qual o Brasil, e as Forças Armadas, por via das dúvidas, devem estar preparados:** Eu quero que as Forças Armadas estejam preparadas, que nunca precisemos delas para uma guerra com o inimigo externo, mas que também saibam o que nós temos que fazer, se precisarmos fazer. *(15/12/05, Brasília – DF. Almoço com oficiais-generais)*

## Habitação(ões)

[ver: casa; dignidade; PAC]

O cidadão que não tem uma casa, mas ainda pode pagar um aluguel, este ainda pode esperar um mês, dois meses, três meses. Mas outros não têm nada e não ganham para pagar. Se a prestação for vinte reais, não podem pagar. Esses cidadãos também têm o direito de morar. Eles não podem ficar na rua. E o Estado é que tem que dar condições para essas pessoas morarem. Não tem jeito. Se o Estado tem dinheiro para financiar grandes grupos econômicos, que eu acho que tem que financiar quando precisa gerar empregos, nós temos que ter dinheiro para financiar a habitação para as pessoas que não podem pagar. Isso não é nenhum crime, não é nenhum erro, é uma necessidade de cumprir o que está na Bíblia, na Constituição, na Declaração Universal dos Direitos Humanos e na ética que permeia a nossa ação política desde que nós começamos a fazer política. *(8/4/03, São Paulo – SP. Lançamento do Programa de Regularização Fundiária em Favelas)*

**... é um problema urbano:** São nelas [nas cidades] que estão os grandes problemas de habitação, de educação, de saúde, do transporte. Não é na Presidência da República. *(29/11/04, Brasília – DF. Encontro Nacional dos Prefeitos Eleitos do PT)*

**... é um problema rural:** Muitas vezes a gente fala em habitação e a gente não sabia que no campo tinha muita gente que, embora tenha o seu pedacinho de terra, tinha uma casa em péssimas condições e não tinha recursos para melhorar a sua casa. *(23/6/06, Chapecó – SC. Abertura do II Encontro de Habitação da Agricultura Familiar)*

**... caminha junto com o saneamento e o crédito:** A habitação, saneamento básico e crédito são três coisas que caminham tão juntas que se não tiver as três no mesmo embrulho, na mesma medida, nós não teremos o ciclo completo de investimento na construção civil. *(7/2/06, Brasília – DF. Lançamento das medidas de apoio à habitação e à construção civil)*

**... será tratada como nunca foi neste país:** Vamos investir o máximo que já foi investido neste país para que a gente possa resolver o problema de habitação e saneamento básico, sobretudo nas grandes regiões metropolitanas, onde o desemprego é muito grande e onde a violência cresce a cada dia. *(16/1/04, Piracicaba – SP. Inauguração da nova unidade de fundição da fábrica Dedini S.A.)*

**... precisam ser devolvidas se não forem pagas:** Mandamos uma lei, Marconi [Perillo, governador de Goiás], para o Congresso Nacional, para liberar o sistema financeiro brasileiro a investir em habitação, coisa que era praticamente proibida, porque nos Estados Unidos as pessoas compram casas financiadas em trinta anos ou até mais, e, se a pessoa não paga, tem que devolver a casa. Aqui, no Brasil, tem situações em que a pessoa compra a casa, não paga e não a devolve. Ora, significa que ninguém quer financiar, que ninguém está disposto a colocar o seu dinheiro para financiar. E eu não estou falando das casas pequenas, financiadas pela Caixa Econômica Federal, porque essas a Caixa já tem profissionalismo e competência para fazer. Eu estou pensando em casas de setores médios da sociedade, que podem pagar e que, muitas vezes, não podem comprar porque as da Caixa são muito pequenininhas e muito humildes, e eles não têm outro tipo de financiamento. *(5/5/04, Rio Verde – GO. Assinatura da carteira de trabalho de número 5.000 da empresa Perdigão)*

## Harmonia

Qualquer um de nós, do mais humilde dos brasileiros ao mais público dos brasileiros, nós sabemos que esse ditado popular aparece sempre na nossa rodinha de amigos: "Ah, a corda arrebenta do lado mais fraco." Na verdade, quem cunhou esse ditado popular foi um malandro, porque ele cunhou para tentar convencer a parte mais pobre que ela tem que perder sempre, que ela precisa sempre levar desvantagem, quando a gente poderia ter dito: "A corda não precisa arrebentar." Por que a corda tem que arrebentar? A corda pode ficar sem arrebentar e a gente fazer com que os vários segmentos da sociedade possam viver em harmonia, cada um tendo aquilo que é possível ter naquele momento, sem que ninguém possa prejudicar ninguém na distribuição do bolo que nós temos que fazer no país. *(6/4/06, Campinas – SP. Lançamento de edital de licitação para o Aeroporto Industrial de Campinas e anúncio de melhorias urbanas para a comunidade do entorno de Viracopos)*

**... deve existir na esfera política:** O que nós estamos percebendo aqui é que cada um de nós já aprendeu muito com a vida e já superamos os preconceitos. E já chegamos à conclusão a que deveríamos ter chegado logo no início: de que nada pode ser melhor para a convivência humana do que a harmonia e a compreensão; de que a síntese da democracia é a convivência política, mesmo que na adversidade, respeitando cada um e compreendendo cada um do jeito que nós somos e do jeito que nós nos comportamos. *(15/9/03, São Paulo – SP. Jantar comemorativo do 50.º aniversário da Associação Brasileira "A Hebraica")*

**... deve existir entre classes econômicas antagônicas:** Os empresários precisam dos trabalhadores, os trabalhadores precisam dos empresários, e a nação precisa dos dois. Portanto, quanto mais harmonia nós conseguirmos construir, muito melhor para o Brasil e muito melhor para todos nós. *(14/2/08, Brasília – DF. Assinatura de mensagem ao Congresso Nacional, que encaminha as Convenções 151 e 158 da OIT)*

**... deve começar na família:** Eu digo sempre que, tão grave quanto o problema econômico do país, é a desagregação da estrutura da sociedade, a começar pela família, sobretudo pela perda dos valores que nós precisamos urgentemente começar a discutir, com muito carinho, para que a gente se respeite dentro de casa. Porque se não houver harmonia dentro de casa, não haverá harmonia na rua, não haverá harmonia na vila, não haverá na cidade, no estado, e não haverá no país. *(7/6/04, Salvador – BA. Recebimento dos títulos de Cidadão Baiano e Soteropolitano da Assembleia Legislativa da Bahia)*

**... dentro da família é fundamental, e deve ser papel do presidente cuidar para que ela exista:** E o meu trabalho de presidente não é apenas administrar a grande política de Brasília, é cuidar para que a família brasileira viva em harmonia, viva em paz, que pai goste de filhos, que filhos gostem da mãe, e que juntos eles possam construir a base de uma nação livre e soberana que nós vamos consagrar no nosso país. *(17/8/05, Vitória da Conquista – BA. Inauguração da eletrificação do Assentamento Amaralina e comemoração ao atendimento de 1 milhão e 300 mil pessoas pelo programa Luz para Todos)*

**... entre homem e natureza é fundamental para o desenvolvimento sustentável:** Para ser sustentável, o desenvolvimento tem que ter por base a harmonia entre o ser humano e a natureza. *(18/12/03, Brasília – DF. Ato de Prestação de Contas do Ano de 2003)*

**... é alcançada com dificuldades:** Um belo dia, nós tomamos uma decisão de transformar o biodiesel num combustível de verdade no país. O que eu vou dizer aqui são fatos muito reais, porque as coisas... A gente vê com muita facilidade quando a gente entra no teatro e a orquestra toca naquela harmonia fabulosa. A gente não leva em conta quantas horas eles tiveram de ensaio, não leva em conta quantas vezes o violino número um errou e o maestro precisou corrigir, até que a orquestra pudesse fazer o seu espetáculo. Para nós chegarmos ao dia de hoje houve problemas. *(20/6/06, Araucária – PR. Cerimônia de teste industrial do H-Bio)*

**... quando existe entre os entes federativos, é positiva para o povo:** O dado concreto, que está provado cientificamente, numericamente e politicamente, é que se houver bom senso entre os governantes, os entes federativos vão funcionar em muito mais harmonia, e quem ganha com essa harmonia é o povo da cidade, o povo do estado. *(18/11/06, Rio de Janeiro – RJ. Visita ao Hospital da Lagoa e assinatura do decreto que retorna a gestão plena do SUS ao município do Rio de Janeiro)*

**... não existe entre o Judiciário, o Legislativo e o Executivo, do jeito que a Constituição determina:** Seria tão bom se o Poder Judiciário metesse o nariz apenas nas coisas deles, o Legislativo apenas nas coisas deles e o Executivo apenas nas coisas deles. Nós iríamos criar a harmonia que está prevista na Constituição, para que a democracia brasileira seja efetivamente garantida. *(28/2/08, Aracaju – SE. Inauguração do viaduto Jornalista Carvalho Déda e assinatura de ordens de início de obras da revitalização do rio São Francisco e de saneamento e habitação – PAC)*

## História

Agora, a verdade é que a História não é contada em função das intenções. A história de um país é contada em função de fatos. *(24/8/07, Porto Alegre – RS. Lançamento do PAC Saneamento e Urbanização no estado do Rio Grande do Sul)*

**... deve ser conhecida:** A verdade nua e crua é que um povo que não conhece a sua história é um povo mais fragilizado politicamente, intelectualmente e culturalmente. *(5/5/06, Ouro Preto – MG. Inauguração do Trem da Vale e lançamento do Projeto de Educação Patrimonial)*

**... traz lições e pode ser reescrita:** Eu acredito no sentido da História, e acho que a História é, possivelmente, o grande ensinamento para que os que virão depois acertem mais do que os que se foram. Quando, por exemplo, nós tivemos a queda do Muro de Berlim, a História nos ensinou o quê? Não existe nenhum regime mais fantástico, por mais problemas que tenha, do que a democracia. Não existe. A democracia não é uma meia coisa, ela é uma coisa por inteiro, porque fazer política em um país que tem imprensa livre, fazer política em um país que tem sindicato livre, fazer política em um país que tem um Congresso Nacional livre, que tem organizações partidárias livres, que tem os estudantes fazendo o que entendem fazer, pode ser difícil, mas é muito mais saudável para o futuro da humanidade do que você tentar se autointitular "dono da verdade" e fazer apenas a política que interessa a um partido, a uma religião, a uma corrente sindical ou a uma pessoa. Por isso, eu acho que a História nos ensina muito, nós temos muitos erros no passado e, portanto, nós agora temos a chance de corrigir. Eu me lembro de uma frase que eu disse, que não foi muito aceita por alguns companheiros na época do Partidão [antigo Partido Comunista Brasileiro]: "Graças a Deus caiu o Muro de Berlim, porque agora a esquerda vai ter o direito de pensar novamente, vai ter o direito de criar coisas novas, vai ter o direito de pensar no futuro. Não está tudo escrito, nós poderemos reescrever a História. E eu acho que é o que está acontecendo hoje." *(7/11/05, Brasília – DF. Entrevista ao programa* Roda Viva*)*

**... é feita por bravos, crentes e magnânimos:** A história da humanidade não é construída nem por homens, nem por mulheres covardes. Os covardes não aparecem nem no rodapé dos livros. A História é construída por pessoas ousadas, que têm coragem, que enfrentam, que não desanimam, que têm perseverança e que acreditam, a cada dia, em Deus, em si próprias, como forma de tornar a vida mais prazerosa e mais gostosa para todos nós. *(29/5/03, Diadema – SP. Encontro com a diretoria, fornecedores e grandes clientes da Uniforja)*

**... reconhecerá, no futuro, o papel de Lula:** Eu sou um homem, hoje, muito mais leve do que no mandato passado. O fato de eu não ser candidato em 2010 me tirou umas três toneladas das costas. Eu acho que nós temos que fazer, neste mandato, o que não foi possível fazer no primeiro. Nós consertamos o país. Eu sei que tem críticas, mas a História não é contada no mesmo dia em que ela acontece. O pioneiro não consegue, muitas vezes, chupar a laranja que ele plantou. Mas a História vai contar o que aconteceu neste país nesses últimos quatro anos. E nós não fizemos nenhum milagre, não teve nenhum milagre, nós apenas tentamos repartir, de forma mais justa, o pão deste país. *(27/7/07, Natal – RN. Lançamento do PAC Saneamento e Urbanização no estado do Rio Grande do Norte)*

**... serve como um tribunal:** Eu penso que nessas coisas a História é que vai se encarregar de fazer a avaliação do trabalho de cada um de nós. Muitas vezes, a avaliação é feita ainda quando a gente está na função, outras vezes a avaliação é feita depois que a gente deixa a função, e muitas vezes ela é feita quando a gente nem existe mais. *(16/3/07, Brasília – DF. Posse dos novos ministros da Justiça, da Saúde e da Integração Nacional)*

## Homem(ns)

**[ver: dinheiro; humanidade; mulher]**

Um homem não é marcado pela quantidade de anos que ele vive ou pela quantidade de anos em que ele fica no mandato. Um homem é marcado pela grandeza da sua obra, e a minha obra é recuperar a autoestima do povo brasileiro e colocar o Brasil no mundo de cabeça erguida, porque nós não somos uma raça inferior, nós somos iguais a qualquer outro no mundo e precisamos entrar nas negociações, sejam políticas, culturais ou comerciais, de cabeça erguida. *(2/5/03, Ribeirão Preto – SP. Inauguração da termelétrica da Companhia Energética Santa Elisa)*

**... nem todos cumprem seus compromissos:** Precisamos melhorar os compromissos morais e éticos de alguns homens neste país, para na hora de fazer um filho saber cuidar desse filho que ele ajudou a colocar no mundo. *(10/1/03, Teresina – PI. Visita à Vila Irmã Dulce)*

**... devem reconhecer os erros:** A grandeza de um homem não é acusar, a grandeza de um homem é ter a dimensão de reconhecer e pedir desculpas pelos erros que cometeu. *(18/5/07, Babaçulândia – TO. Inauguração do trecho Aguiarnópolis-Araguaína da ferrovia Norte-Sul)*

**... ainda são os principais provedores da família e ajudam pouco nas tarefas domésticas:** Um estudo da Fundação Perseu Abramo, que é uma fundação do Partido dos Trabalhadores, revela que os homens são, em sua grande maioria, os provedores do sustento familiar, mas revela também que as mulheres já contribuem para esse sustento de forma significativa com 45%. Em relação à execução ou à chefia das tarefas domésticas, 97% das mulheres fazem isso praticamente sozinhas, enquanto os homens as auxiliam de forma ainda muito pouco expressiva. *(12/3/03, Brasília – DF. Comemoração ao Dia Internacional da Mulher)*

**... são às vezes injustamente criticados pelas mulheres:** Aqui, tem mulheres e homens casados, que saem de manhã para trabalhar e trabalham o dia inteiro, das 7 da manhã às 6 da tarde. Alguns pegam três ônibus para o trabalho, de segunda a sexta. Às vezes uma companheira mulher chega em casa meia hora atrasada, porque teve um problema qualquer, e o marido, que já está em casa, e, ao invés de reconhecer as 12 horas de trabalho dela, prefere reconhecer apenas a meia hora que ela atrasou, e por conta disso começa a brigar. Com o homem acontece a mesma coisa; muitas vezes o companheiro trabalha das 7 às 6 horas, todo santo dia, e às vezes para para tomar uma cervejinha com um companheiro. Quando chega em casa, não tem nenhum elogio pelas 12 horas que trabalhou, mas críticas pela meia hora em que ele tomou uma cerveja. *(4/6/03, São Paulo – SP. 8.º Congresso Nacional da CUT)*

**... têm alguns sonhos básicos:** Tudo o que o homem quer é trabalhar, ter uma casinha, poder estudar, ter uma mulher bonita e ter um carro. *(7/3/08, Rio de Janeiro – RJ. Assinatura de ordem de início de obras do PAC na comunidade do Complexo do Alemão)*

## Hugo Chávez

[ver: democracia; Venezuela]

Indiscutivelmente, o Chávez é, de longe, o melhor presidente que a Venezuela já teve nesses últimos cem anos. *(26/4/08, São Bernardo do Campo – SP. Entrevista coletiva após participação na Campanha Nacional de Vacinação do Idoso)*

**... assim como o Lula e outros governantes, não foi previsto pelos cientistas políticos:** Eu acho que em poucos momentos da sua história este continente viveu uma autoestima tão elevada como agora. Porque em poucos meses aconteceu, neste continente e na América do Sul, uma coisa que muito cientista político, com pós-doutorado na Sorbonne ou em outra universidade qualquer, não imaginava que pudesse acontecer. O Kirchner [Néstor Kirchner, presidente da Argentina] não estava nos prognósticos daqueles que previam o resultado eleitoral. O Lula, vindo de onde veio e tendo a formação que tem, não estava predestinado a ser presidente do Brasil. E o Carlos Mesa era vice [vice-presidente da Bolívia entre 2002 e 2003, presidente]. O Nicanor [Duarte, presidente do Paraguai] representa o rompimento com a cultura tradicional dos partidos centenários do Paraguai. O Chávez é a mesma coisa. E tem mais coisa para mudar. *(16/12/03, Montevidéu – Uruguai. Entrega das chaves da cidade de Montevidéu)*

**... é esperto:** Eu falo para a Petrobras, a Petrobras tem que assumir o biodiesel, porque o biodiesel, que é uma complementação da Petrobras, porque eu sonho que um dia a Petrobras irá exportar muito mais petróleo, iremos entrar na Opep [Organização dos Países Exportadores de Petróleo] e iremos ganhar parte do dinheiro que o Chávez está ganhando hoje com a venda de petróleo. E esse Chávez é esperto, porque ele vende petróleo para o principal adversário dele que é os Estados Unidos. *(16/12/05, Ipojuca – PE. Lançamento da pedra fundamental da refinaria de Pernambuco)*

**... é bom para negociar:** Negociar com o Chávez é fácil. *(20/12/07, Brasília – DF. Bate-papo com jornalistas do Comitê de Imprensa na Presidência da República, durante café da manhã de confraternização pelo final de ano)*

**... não deve ser julgado por outros povos que não o venezuelano:** O Brasil defende a autodeterminação dos povos e, portanto, nós achamos que Hugo Chávez é um problema da consciência política do povo da Venezuela, como o Brasil é da sua consciência política, a Argentina e a Bolívia. *(24/2/06, Brasília – DF. Entrevista à revista* The Economist*)*

**... não é um vizinho incômodo:** Chávez não me é um vizinho incômodo, Chávez é um grande parceiro do Brasil. A Venezuela tem interesse no Brasil e o Brasil tem interesse na Venezuela. A briga entre Chávez e Bush é um problema dos dois, e eu não me meto. *(19/3/07, sem local. Entrevista exclusiva à revista semanal* Panorama, *da Itália)*

**... tem sonhos compatíveis com um país democrata:** O Chávez é um presidente latino-americano, voltado para priorizar a questão sul-americana. Então, eu não vejo nenhum mal em o Chávez sonhar o sonho de uma única América do Sul, que Bolívar [Simon Bolívar, líder revolucionário venezuelano do início do século XIX] sonhava, e de ter uma participação forte na relação com os países. *(25/4/07, Brasília – DF. Entrevista a jornalistas argentinos e chilenos; jornais* Página 12, El Clarín *e* La Nación, *da Argentina; e os jornais* La Tercera *e* El Mercúrio, *do Chile)*

## manidade

**omem; mulher]**

dentemente da sua origem so- pendentemente do berço em que você nasceu, na medida em que você virou cidadão ou cidadão deste país, você tem que ter os direitos elementares garantidos. E o direito de tomar o seu remédio e o direito de sorrir são dois direitos sem os quais a humanidade não seria essa coisa boa que é. *(23/3/06, Brasília – DF. Lançamento da expansão do programa Farmácia Popular do Brasil)*

**... está ficando sem espaço:** A humanidade está percebendo que o seu espaço está ficando cada vez mais comprimido no planeta, o ar está cada vez mais poluído, a água está ficando rareada em muitas partes do mundo, as florestas estão ficando rareadas, e a qualidade de vida só tende a piorar se a gente não der um passo atrás. *(5/5/06, Aimorés – MG. Inauguração da Usina de Aimorés – Hidrelétrica Eliezer Batista)*

**... precisa deixar de ser hipócrita:** Eu penso que de vez em quando a humanidade precisa deixar a hipocrisia de lado e nós precisamos ser um pouco mais verdadeiros. Veja que absurdo, eu fiz uma campanha em que eu era obrigado, Roberto [Setúbal, presidente do banco Itaú], a defender os bancos e os meus adversários criticavam os bancos, e vocês votavam neles e não em mim. E eu sabia disso. E eu defendia porque acho que vocês saudáveis dão menos prejuízo do que se tiver que criar um Proer [Programa de Estímulo à Reestruturação e ao Fortalecimento do Sistema Financeiro Nacional], principalmente quando a gente estiver investindo mais e emprestando dinheiro para o Gerdau [Jorge Gerdau, presidente do Grupo Gerdau] fazer mais uma fábrica em algum lugar deste país. Mas eu estou começando a dizer isso, Mino [Carta, jornalista, diretor da revista *Carta Capital*], porque de vez em quando a humanidade vive momentos de hipocrisia e muitas vezes todos nós embarcamos nela como se fôssemos inocentes. Eu me lembro que o Gorbachev [Mikhail Gorbachev, ex-presidente da União Soviética], depois de sete anos como a figura mais importante do planeta Terra, pelo menos era o que alguns setores da imprensa brasileira falavam e também o *New York Times*, quando esse cidadão desmonta um país que bem ou mal existia e vai disputar as eleições, ele só teve 0,6% dos votos. Na verdade ele era bom para quem, "cara-pálida"? Porque para o povo russo não foi naquele momento. Num outro momento histórico nós vimos um cidadão levar o seu país à loucura que o Saddam Hussein [ex-presidente do Iraque] levou o Iraque, vendendo uma força que não tinha, uma arma que não tinha, e um outro cidadão [George W. Bush, presidente dos Estados Unidos] precisava da guerra porque tinha eleição e era preciso a justificativa, e um país foi destruído, uma parte do povo dizimado, e sabe Deus quantos anos vai se levar para recuperar aquilo sem que a gente saiba em que momento vai terminar com o terrorismo no mundo. Mas o maior exemplo é o do Brasil. Aqui, em 1792, matou-se um homem [Joaquim José da Silva Xavier, o Tiradentes, alferes do regimento dos Dragões de Minas Gerais, culpado de crime de lesa-majestade por participação na Inconfidência Mineira de 1788-89], enforcaram, esquartejaram, penduraram sua carne nos postes para ninguém se lembrar mais dele. Trinta anos depois faz-se a Independência, que foi a razão pela qual esse homem foi enforcado, e ele é transformado, depois da Independência, em herói nacional, é proclamado patrono das Forças Armadas que o matou, e ainda hoje é tratado de inconfidente, embora seja o herói mais importante deste país. *(6/11/06, São Paulo – SP. Premiação das Empresas mais Admiradas no Brasil)*

**... pode ser dividida entre covardes e corajosos:** Alguém que passasse por esta região, há trinta anos, talvez dissesse: "Isto aqui não é terra para agricultura. Isto aqui é uma terra que tem muito salitre. Não vou plantar aqui." Graças a Deus, a humanidade é feita de homens e mulheres covardes e corajosos, ousados e não ousados. E, por causa da ousadia de alguns brasileiros que residem aqui ou que vieram para cá, Balsas está se transformando em um grande centro produtor de grãos neste país. *(21/5/03, Balsas – MA. Abertura da Agrobalsas 2003)*

**... pode ser transformada por pessoas como o Lula:** Não deixarei de fazer as coisas que temos que fazer. E espero dar a minha contribuição para que outros companheiros ganhem as eleições em outros países do mundo, para que a gente possa, de uma vez por todas, começar a eleger pessoas que tenham mais sensibilidade, que tenham mais compromisso, que acreditem que é possível a gente mudar a história da humanidade. *(24/1/03, Porto Alegre – RS. III Fórum Social Mundial)*

**... foi salva por Jesus Cristo:** Se Jesus Cristo precisou ser crucificado para salvar a humanidade, por que que cada um de nós não pode colocar um pouco do seu sacrifício para salvar esse imenso Brasil que tanto precisa de nós? *(22/4/03, Vitória – ES. Assinatura de Protocolo de Intenções e repasse de recursos da União para o Espírito Santo para a área da segurança pública)*

**... precisa investir em Educação:** Tenho consciência de que não existe, na humanidade, nenhum momento da História e muito menos no planeta Terra, qualquer país que tenha se desenvolvido sem que tivesse, antes, havido um forte investimento na Educação. *(22/2/06, Parnaíba – PI. Anúncio do Programa de Interiorização da Universidade Federal do Piauí e expansão do campus de Parnaíba)*

**... não tem lugar para analfabetos:** Não existe espaço na humanidade, hoje, se a gente não souber ler e escrever, trabalhar com computação. *(25/9/04, Rio de Janeiro – RJ. Formatura dos alunos do projeto Sesi – Por um Brasil Alfabetizado)*

**... em grande parte, sofre de fome:** É preciso tornar isso uma coisa cotidiana. Por exemplo, aqui no Brasil, a questão da fome não é uma questão do cotidiano ou da sociedade organizada. Tem gente preocupada com outras coisas. E eu acho normal que as pessoas estejam preocupadas com outras coisas. Mas é importante lembrar que a fome, hoje, mata mais do que qualquer guerra que a humanidade já produziu. E ela não mata soldados, ela mata crianças, ela mata feto, ela mata pessoas indefesas que, muitas vezes, não têm sequer o direito de reclamar. *(15/6/04, São Paulo – SP. Encontro com o Fórum da Sociedade Civil, na XI UNCTAD)*

**... tem na liberdade a palavra mais importante:** A democracia era muito discutida, o Geisel [Ernesto Geisel, ex-presidente do Brasil na ditadura militar] inventou a democracia lenta e gradual, mas quando os trabalhadores brasileiros resolveram levantar a cabeça, sair para a rua e dizer "Nós existimos", a democracia ganhou uma nova dinâmica, e nós pudemos conquistar essa que é a palavra mais importante na vida da humanidade, que é liberdade. Liberdade de expressão, liberdade de comunicação e liberdade de ir e vir. *(26/2/08, Rio de Janeiro – RJ. Visita às obras da ThyssenKrupp – Companhia Siderúrgica do Atlântico)*

## Humildade

**[ver: bravata; orgulho]**

A única coisa que eu queria pedir aos companheiros e companheiras que vão cuidar disso [do Canal Internacional]: em relação política, humildade não faz mal a ninguém. *(10/2/05, Brasília – DF. Assinatura do Acordo de Cooperação para o Canal Internacional – TV Brasil)*

**... é compatível com a altivez:** Temos consciência da nossa importância na América do Sul, temos consciência do papel que podemos exercer no mundo com muita humildade, mas, ao mesmo tempo, com muita altivez. *(25/5/06, Brasília – DF. Homenagem ao presidente da França, Jacques Chirac, durante jantar no Palácio do Itamaraty)*

**... não é necessária quando se diz a verdade:** É por isso que eu não tenho nenhuma humildade de dizer que, durante muito tempo, fui o mais importante dirigente sindical deste país porque eu tinha lealdade com as pessoas, mesmo quando eu era adversário político delas. *(18/9/04, São Paulo – SP. Apresentação do Projeto de Ampliação da Produção do Polo Petroquímico União S.A.)*

**... é necessária para conquistar liderança:** Liderança não se impõe. Liderança se conquista. E não se conquista liderança com arrogância, com prepotência. Isso é ditadura. Liderança se conquista com muita humildade, com muita tranquilidade e, necessariamente, nem sempre o maior é o líder. Às vezes, é o mais competente. Às vezes, é o mais inteligente. Às vezes, é o mais humilde. Às vezes, é o menos pretensioso. *(25/6/03, Brasília – DF. Encerramento do 2.º Congresso Brasileiro de Agribusiness)*

**... é necessária para administrar recursos:** Você pode ter o dinheiro do mundo, se você não tiver humildade e sensibilidade para fazer as coisas florescerem, desabrocharem como um botão de rosa, o dinheiro não vai valer nada. *(8/11/06, Brasília – DF. Entrega da Ordem do Mérito Cultural)*

**... é necessária para mudar de opinião:** Agora, eu sou um cidadão que tem humildade para mudar de posição, sobretudo quando você vira presidente da República e depende de quarenta bilhões de reais para fazer investimentos. Eu não sou um poste, eu sou um ser humano. Você não governa com principismo. Principismo você faz no partido quando pensa que não vai ganhar nunca as eleições. Quando você vira Governo, você governa em função da realidade que você tem, e uma das realidades é o Orçamento da União. *(15/9/07, Madri – Espanha. Entrevista coletiva a jornalistas brasileiros após almoço oferecido pelo presidente de Governo da Espanha, José Luis Zapatero)*

**... é necessária para assumir que se é melhor do que os outros:** Eu tive a oportunidade de ir à ilha Gorée [no Senegal, centro de comércio escravo entre os séculos XV e XIX], no ano passado, pedir perdão. E pedi perdão com a humildade de um presidente da República que pode olhar na cara do povo brasileiro e dizer que eu não tenho dúvida que, nunca, nenhum presidente fez para os afrodescendentes o que nós estamos fazendo. *(30/11/06, Abuja – Nigéria. Entrevista após abertura da Cúpula África-América do Sul – Afras)*

**... implica reconhecer a experiência dos outros:** A gente tem que ter a humildade de chamar aqui aqueles que sabem, aqueles que estão nisso há trinta, quarenta anos, aqueles que dedicaram parte da sua adolescência, parte dos melhores anos da sua vida tentando encontrar na pesca o sustento da sua família e que, possivelmente, têm muito mais conhecimento do que este país pode ganhar com a pesca do que qualquer especialista, qualquer engenheiro, qualquer doutor formado nas melhores universidades deste país. *(25/11/03, Luziânia – GO. Abertura da Conferência Nacional de Aquicultura e Pesca)*

**... implica reconhecer os próprios erros:** Nós temos claro que o nosso papel no Governo é contribuir para que as coisas funcionem, é de criar as facilidades para que funcionem cada vez melhor. E muitas vezes, no afã de fazermos as coisas mais perfeitas possíveis, poderemos cometer equívocos, poderemos cometer erros e precisamos ter a humildade de, se detectarmos o erro, não termos por que não reconhecer e não mudar. Não cabe, para alguém que tem um mandato de apenas quatro anos, ter a arrogância de um imperador. Nós temos que ter a consciência que, ao sairmos do Governo, não queremos ter quarto de hotel de graça, não queremos passagem de avião facilitada, o que nós queremos é poder encontrar com vocês, em qualquer lugar deste país, e nos tratarmos como companheiros. *(11/3/04, Brasília – DF. Encontro com membros do Conselho Nacional do Turismo)*

**... antes de Lula, não era algo que os presidentes tinham:** Quando eu assumi a Presidência da República, este país gastava sete bilhões em programas sociais, hoje estamos gastando 22 bilhões em programas sociais. E estamos fazendo isso não é por favor, não, é por direito, porque na hora em que os presidentes da República tiverem humildade e perceberem que o dinheiro que eles têm lá não é deles, é do povo, é apenas devolver para o povo, em forma de benefício, esse dinheiro que todo mundo vai ganhar. *(22/2/06, Imperatriz – MA. Visita ao campus da Universidade Federal do Maranhão, em Imperatriz, no âmbito do programa de expansão do Sistema Federal de Ensino Superior)*

## Idade

[ver: criança; jovem]

Não é a idade que torna uma pessoa velha, são os maus tratos que tornam uma pessoa velha. Às vezes, andando pelo Brasil, encontramos pessoas com 40 anos de idade, mulheres com 35 anos de idade que já tiveram nove, dez filhos, que não comem as calorias e as proteínas necessárias. E essas pessoas então ficam, precocemente, velhas. Mas eu estou olhando para vocês aqui e o que a gente poderia dizer? O que vemos, na verdade, é um bando de meninas e meninos com o rosto enrugado. Alguns e algumas ainda participando de bailes. Tem até quem está na expectativa de arrumar namorado. Porque a verdade é essa: não é a idade que envelhece as pessoas. Mais ainda, a gente não mede a nossa passagem pela Terra pela quantidade de anos que vive apenas, mas pela qualidade dos prazeres que a gente teve enquanto viveu. *(1/10/03, Brasília – DF. Comemoração ao Dia Internacional do Idoso)*

**... não pode ser revelada, se for de mulher de mais de vinte:** Quero, aqui, fazer uma censura ao nosso chefe do cerimonial, que ao apresentar a dona Creusantina de Lima e Silva, que recebeu a casa, a gente nunca pode falar a idade de uma mulher depois que ela completa vinte anos de idade. Falar que ela era viúva estava ótimo. *(15/3/06, Aracaju – SE. Inauguração do conjunto residencial Sérgio Vieira de Mello – Programa de Arrendamento Residencial – PAR)*

**... é relativa:** Eu, quando vejo um intelectual da universidade, um professor se aposentar com cinquenta anos de idade, eu fico pensando: está certo que um jogador de bola, aos trinta, está ficando velho, está certo que um bispo, aos 75, tem que se aposentar, e também acho que nem o presidente deveria ser depois de determinada idade. Mas, meu Deus do céu, o ser humano atinge o ápice da sua capacidade intelectual aos cinquenta anos, é quando ele está, eu diria, maduro, pronto, aí se aposenta. Não é possível. *(21/10/04, Rio de Janeiro – RJ. Posse da diretoria da Federação das Indústrias do Estado do Rio de Janeiro – Firjan)*

**... não é motivo para doença:** Eu vou fazer sessenta ainda em outubro. Quem não me deu presente pode começar a se preparar para comprar. Mas a verdade é que as pessoas vão chegando a uma certa idade, as pessoas levantam de manhã, vão tomar café e colocam um tanto de comprimido na boca antes do café, é comprimido para isso, comprimido para aquilo, não é isso, Humberto [Costa, ministro da Saúde]?, e depois se queixam. Normalmente, os aposentados: "Puxa vida, o que eu ganho não dá para comprar remédio." Está certo que se ganha pouco no Brasil, mas não é só que se ganha pouco, é que se precisa tomar muito remédio. E eu estou convencido de que nós precisamos convencer a sociedade brasileira a se exercitar, a fazer algum tipo de exercício, a andar, a correr, a dançar. Eu tiro pela minha experiência, eu sou um jovem que levanta todos os dias às 6h30 da manhã, ando de cinquenta minutos a uma hora todos os dias – Arlindo [Chinaglia, deputado federal pelo PT de São Paulo], você que é médico tem que saber disso. Conheço pessoas que fazem isso, tinham a pressão 16x9, 16x10, 17x10, e, quando começam a andar sistematicamente, as pessoas passam a ter a pressão regulada. Ao invés de tomar um comprimido, pode tomar uma tacinha de vinho, não tem nenhum problema. Ao invés de ficar vendo televisão, vendo notícia ruim, vai andar um pouco. Se tiver marido e mulher, vão de bracinho dado, namorando. *(8/7/05, Brasília – DF. Posse dos ministros de Estado da Saúde, das Comunicações e de Minas e Energia)*

**... faz os indivíduos ficarem maduros e sérios, ao contrário dos jovens, que querem tudo de graça:** Quando a gente chega a ter sessenta anos de idade, a gente atinge a maturidade. E quando a gente governa o Brasil, a gente tem seriedade, a gente não pode ficar entendendo que pode chegar um grupinho de pessoas e falar "eu quero cinema de graça, eu quero teatro de graça, eu quero ônibus de graça". Eu também quero tudo de graça, mas eu tenho que trabalhar. *(15/3/06, Aracaju – SE. Op. cit.)*

**... deve ser valorizada conforme avança:** Vou, agora, dizer algo que serve para eles [crianças e jovens], mas serve, principalmente, aos mais idosos, da minha idade para cima. Ainda falta algum tempo para eu chegar à "terceira idade", mas, como sou solidário, quero cuidar da "terceira idade" bem antes de eu chegar lá, para quando eu chegar, já saber se as coisas evoluíram ou não. As crianças devem saber que um bom velhinho ajuda muito na criação das pessoas, na educação dos netos, às vezes cuidando dos filhos quando a mãe tem que trabalhar. *(7/4/03, São Paulo – SP. Solenidade comemorativa do Dia Mundial da Saúde)*

## Ideal(is)

[ver: ideologia]

Eu posso cometer algum erro, mas jamais eu negarei uma vírgula dos ideais que me fizeram chegar à Presidência da República do nosso país. *(24/1/03, Porto Alegre – RS. III Fórum Social Mundial)*

**... faz a alma se manter jovem quando se é fiel a ele:** Eu quero terminar, olhando para a Clara Sharf [ativista política], essa menina de 79 anos de idade, e dizer: Clara, minha querida, a velhice enruga apenas o nosso rosto; a negação e a traição dos nossos ideais termina por enrugar a nossa alma, e eu não tenho dúvida de que vocês são idosos de alma limpa, que estão com o rosto com um pouquinho de rugas, mas a alma de vocês está límpida porque vocês ainda continuam acreditando que nós vamos fazer deste país uma nação onde todos, das crianças aos mais idosos, possam conquistar a sua cidadania real. *(1/10/03, Brasília – DF. Comemoração ao Dia Internacional do Idoso)*

**... quando é bom, é transmitido pelo olhar e pelo coração:** Eu fico olhando na cara de cada mulher, fico olhando na cara de cada homem, fico olhando na cara de vocês e fico dizendo: o ser humano, quando tem bons ideais, quando tem bons propósitos, ele não se comunica pela voz, ele se comunica pelos olhos, pela alma e pelo coração. E é essa comunicação feita de palavras, mas feita de muita compreensão, de muito carinho e de muito amor, que eu posso dizer ao prefeito Elói Pietá [prefeito de Guarulhos]: pode ficar certo, Elói, que não estamos fazendo nenhum favor a Guarulhos, estamos apenas devolvendo, da forma mais honesta possível, parte da riqueza que o povo de Guarulhos produziu aqui e mandou para o Governo Federal e para o Governo Estadual. *(29/3/06, Guarulhos – SP. Visita às futuras instalações do campus da Universidade Federal do Estado de São Paulo)*

**... de Lula são nobres e o orientam:** São meus sonhos e ideais que orientam meu trabalho no dia a dia. E creio que partilho esses sonhos com grande parte dos brasileiros: um país com mais justiça social e igualdade. Com menos pobreza. Com mais oportunidades e perspectivas para as pessoas. Um país cujas imensas riquezas cheguem a todos os brasileiros.

*(10/4/08, sem local. Entrevista por escrito ao jornal holandês* De Telegraaf*)*

**... não deve prevalecer sobre o possível:** A gente não fica chorando pelo ideal, a gente tenta fazer aquilo que é possível, dentro das nossas limitações. *(12/12/03, Brasília – DF. Comemoração da abertura da conta CAIXA Aqui n.º 1.000.000)*

## Ideia(s)

No final do meu mandato, ninguém vai dizer: "Olhe, eu tinha uma boa ideia e não consegui apresentar para o Governo." Quem tiver ideia, por favor, tire das gavetas porque o Governo quer usar todas as boas ideias em benefício das boas causas e acabar com a miséria neste país. *(27/3/03, São Paulo – SP. Posse do presidente da Associação Comercial de São Paulo)*

**... se são anacrônicas, não valem muito:** Muitas vezes, uma boa ideia ou uma boa proposta apresentada fora de época, às vezes, é uma boa proposta que nasceu morta. *(14/2/08, Brasília – DF. Assinatura de Mensagem ao Congresso Nacional, que encaminha as Convenções 151 e 158 da OIT)*

**... às vezes não correspondem à realidade:** Muitas vezes, você sai à procura de um tesouro perdido. E todo mundo que sai tem a ideia fixa de que vai encontrar o tesouro abarrotado de alguma coisa. E, muitas vezes, a frustração é que você encontra o tesouro não tão cheio quanto você queria. *(23/4/03, Brasília – DF. Assinatura de convênio entre a Confederação Nacional da Indústria e o Ministério da Educação)*

**... são geniais quando restituem a esperança perdida:** Quando o companheiro Luiz Dulci [secretário-geral da Presidência] trouxe à minha mesa a ideia da criação do ProJovem [Programa Nacional de Inclusão de Jovens], para dar oportunidade a meninas e meninos deste país que estavam entre 18 e 24 anos de idade, que tinham feito o ensino fundamental, mas que por qualquer razão tinham parado de estudar, eu achei que a ideia era uma ideia genial, porque não tem nada mais genial do que, de repente, você ter a ideia de que é possível dar oportunidade a quem não teve oportunidade e despertar a esperança em quem já tinha perdido a esperança. *(20/7/05, Recife – PE. Aula inaugural do ProJovem – Programa Nacional de Inclusão de Jovens)*

**... quando são boas, devem ser mencionadas sem medo de gafes:** Eu penso que o tempo perdido com a juventude neste país foi tanto que nós vamos precisar de alguns anos fazendo muito para que a gente possa recuperar a dívida que se tem com a juventude brasileira, com a esperança da juventude brasileira. E, por isso, eu sei que o Fernando Haddad [ministro da Educação] fica meio cismado, e falou: "Presidente, o senhor não pode falar do ProUni numa universidade federal." Posso. Posso falar e vou falar, porque de todas as ideias na Educação, esta é uma ideia que eu acho genial. *(3/2/06, Belo Horizonte – MG. Inauguração dos novos prédios da Universidade Federal de Minas Gerais)*

## Ideologia

**[ver: bravata; ideal]**

Quando eu estava em campanha, se você pegar os meus discursos na televisão, vai perceber que eu dizia: "Primeiro, nós queremos provar que é possível fazer uma reforma agrária tranquila e pacífica neste país, porque, durante muito tempo, se tentou fazer ideologia sobre a questão da reforma agrária, a luta do pequeno contra o grande, que é uma bobagem. O Brasil precisa do grande e precisa do pequeno." *(30/11/03,*

*Brasília – DF. Entrevista à TV Bandeirantes, no Palácio da Alvorada)*

**... produz irracionalidades:** Nós vamos ter uma celeuma aqui, eu espero que seja uma briga entre os jornalistas e não me envolvam nessa briga. Mas vou dizer para você o seguinte: o projeto São Francisco é um projeto necessário. E eu tenho certeza que, muitas vezes, a discussão envereda para o campo da ideologia e não permite que a racionalidade permeie a cabeça das pessoas. *(18/11/05, Brasília – DF. Entrevista coletiva a emissoras de rádio de AM, PE, MG, PA, BA, RS, CE e GO)*

**... divide os homens:** O governador [do Rio de Janeiro, cargo ocupado por Sérgio Cabral Filho] falou em votar no Cristo [Redentor, no projeto "New 7 Wonders of the World"]. É importante lembrar o seguinte, que é a primeira vez que a gente vai votar numa pessoa que não tem partido, tem todos, porque a ideologia dele não defende apenas uma coisa, defende tudo aquilo que nós pensamos. *(14/6/07, Angra dos Reis – RJ. Batismo da plataforma P-52)*

**... é algo nobre:** Não é qualquer país do mundo que consegue produzir um conjunto de pessoas movidas apenas pela sua ideologia, pelos seus compromissos, que se dispõem a dedicar tanto tempo do seu ano para que a gente possa fazer as coisas serem discutidas como devem ser. *(29/11/05, Brasília – DF. Reunião do Consea)*

**... não dá imunidade à lei:** Eu só espero que, quando terminar a CPI [dos Correios], os culpados sejam entregues num processo ao Ministério Público para serem processados. Espero que o Ministério Público mova uma ação, e quem deve pagar pagará, seja do PT, seja católico ou evangélico, seja do PMDB. Não tem cor, não tem raça, não tem sexo, não tem ideologia, todos precisam pagar. *(3/8/05, Garanhuns – PE. Lançamento do Plano Safra da Agricultura Familiar – 2005/2006)*

**... não se aplica às Relações Internacionais:** O que nós queremos é ter uma boa política de exportação e, ao mesmo tempo, ter uma combinação com o mercado interno. E aqui, José Paulo [de Andrade, jornalista da rádio Band de São Paulo], não tem ideologia, se trata do Brasil compreender o seguinte: política internacional é uma via de duas mãos. *(23/9/04, Brasília – DF. Entrevista coletiva a 13 emissoras de rádio)*

## Igreja

[ver: papa]

Em todos os fóruns de que participo no mundo inteiro, eu faço questão de dizer da grande participação da Igreja Católica na construção de todas as conquistas que a sociedade brasileira teve nesses últimos anos. E, certamente, vai continuar tendo. Este é um papel que está reservado aos cristãos e à nossa Igreja Católica, organizar essa sociedade para os fatos importantes. E, dentro da Igreja Católica, tem o papel extraordinário da Pastoral Operária. *(1/5/04, São Bernardo do Campo – SP. Missa dos Trabalhadores e Trabalhadoras "Igreja, Dignidade e Trabalho")*

**... deve ter liberdade de organização:** É livre o direito de organizar uma igreja e de praticar sua religião. *(22/12/03, Brasília – DF. Sanção do projeto de lei que altera o Código Civil, garantindo personalidade jurídica às igrejas e entidades religiosas)*

**... ajudou os trabalhadores em momentos difíceis:** Aqui nós tivemos guarida da Igreja, não apenas para suprir as nossas necessidades espirituais, mas para fazer com que os trabalhadores tivessem uma retaguarda para enfrentar os momentos difíceis que a democracia brasileira, de pouca inexistência naquele momento, criava de situação delicada para nós.

*(1/5/05, São Bernardo do Campo – SP. Missa de celebração do Dia do Trabalhador)*

**... acalma as pessoas:** Possivelmente, o crescimento e o inchaço das grandes regiões metropolitanas do país fizeram o ser humano ficar um pouco mais violento. Uma coisa é a pessoa morar numa cidadezinha pequena, em que o seu tio é referência, sua madrinha é referência, sua igreja é referência. Outra coisa é o cidadão morar apinhado num monte de barraco de 3m² em que, disputando espaço com rato, com barata, com tudo que não presta. Isso torna o ser humano com muito mais razão de ficar nervoso, ficar irritado, ficar violento, e as brigas dentro de casa são consequências disso. *(19/2/08, Vitória – ES. Assinatura da ordem de início das obras de adequação do contorno de Vitória e das obras de esgotamento sanitário no bairro de Santo Antônio)*

**... pode ajudar na organização da sociedade:** Eu fico imaginando: na capital de São Paulo, cada bairro tem uma igreja católica ou evangélica; cada bairro tem um comitê do PT ou de outro partido político. Ou seja, a sociedade já está organizada. O que precisamos é tentar canalizar essa organização para um movimento, que se ouve falar na televisão, mas para o qual ainda não se recebeu orientação de como se deve participar, de como fazer as coisas. *(25/3/03, Brasília – DF. Discurso no Conselho Nacional de Segurança Alimentar e Nutricional – Consea)*

**... pode ajudar no combate à fome:** Eu acho que agora que nós demos o pontapé e a partida já começou, a sociedade civil, eu tenho pedido – a Igreja tem um papel importante nisso e, aliás, o papa tem tido um comportamento exemplar na defesa do combate à fome –, e as igrejas evangélica e católica, o movimento sindical – eu penso, companheiros, que o Fórum Social Mundial que vai se realizar em Porto Alegre precisa definir um ou dois temas para se transformar em bandeira, para eles trabalharem durante o ano inteiro. *(26/10/04, Brasília – DF. 5.ª reunião do Consea – Gestão 2004-2005)*

**... tem carinho pelo Brasil:** Eu acredito que a vinda de Sua Santidade, o papa Bento XVI, ao Brasil precisa ser encarada como um momento histórico e um momento mágico da Igreja Católica brasileira. O fato de o Brasil ser o maior país católico do mundo e o fato de já estarmos mais ou menos habituados a receber papas aqui, na medida em que o João Paulo II [antecessor de Bento XVI] veio três vezes ao Brasil, é uma demonstração do carinho que a Igreja tem pelo Brasil, é uma demonstração do respeito ao papel que a Igreja joga no Brasil, seja na sua atitude de evangelizar, seja na sua atitude de trabalhar com políticas sociais e com temas que interessam à sociedade brasileira. *(7/5/07, Brasília – DF. Entrevista à Rede Católica de Rádio)*

**... é onde o Lula passa o 1.º de Maio:** É importante lembrar que o grande 1.º de Maio feito junto com a Igreja foi com Vinicius de Moraes [poeta e compositor brasileiro, já falecido], no Paço Municipal, no 1.º de Maio de 1979. No 1.º de Maio de 80 eu não pude vir à missa, porque estava preso. Mas vocês fizeram a primeira missa, dentro desta igreja, no 1.º de Maio, e já faz 23 anos que todo santo 1.º de Maio – não tem sempre tanta gente como tem agora – os mais fiéis, como eu, Frei Betto [assessor especial do presidente], os padres, o Vicentinho [ex-sindicalista, deputado federal pelo PT de São Paulo], o Marinho [Luiz Marinho, sindicalista], estamos aqui, tenha pouca ou muita gente. Pode ter meia dúzia de pessoas – você nem comparece aqui, Gilberto Carvalho [secretário particular da Presidência] –, mas nós cá estamos fazendo o nosso 1.º de Maio. *(1/5/03, São Bernardo do Campo – SP. Missa dos trabalhadores: "A esperança é fruto de nossa resistência")*

# Imposto(s)

[ver: reforma; tributo]

Tem muita gente que não paga imposto e ainda se queixa que o imposto é alto. Então, o que nós queremos é que todos paguem, porque, quando todos pagarem, aí todos podem pagar menos. *(21/1/08, Rádio Nacional. Programa de rádio* Café com o Presidente*)*

**... em sua maior parte não são de responsabilidade do Governo Federal:** Nós estamos tentando encontrar um meio de fazer com que o investimento não seja onerado por impostos. Por enquanto, o que nós podemos fazer é discutir a parte federal, que não é a maior parte. A maior parte dos impostos são os impostos estaduais, e eu acho que haverá um momento em que o presidente da República, os ministros, os governadores de estado e o Congresso Nacional estarão convencidos de que nós não podemos cobrar impostos de alguém que vem fazer um projeto e vai pagar impostos depois que começar a produzir e ganhar dinheiro. Nós não podemos cobrar do investimento. *(28/6/06, Ouro Branco – MG. Anúncio de investimentos da Gerdau Açominas)*

**... devem retornar para a sociedade sob a forma de serviços:** Começam uma obra e na metade descobrem que têm que parar porque existe irregularidade. Nós vamos consertar isso chamando todos os envolvidos na determinação da construção de uma obra. No início do projeto vamos ver qual é o papel do Ministério Público, da prefeitura, do Governo do Estado, para que, quando a obra começar, não pare na metade. É necessário que ela termine, porque é para isso que cobramos impostos, e esse dinheiro deve ser devolvido com a maior honradez possível para o nosso país. *(11/10/03, Corumbá – MS. 26.º aniversário do estado do Mato Grosso do Sul)*

**... têm propostas de reforma incompatíveis:** Eu só temo que as discussões da reforma tributária também sejam sempre assim, porque nós precisamos melhorar a Saúde, precisamos melhorar a Educação, precisamos desonerar isso, desonerar aquilo, mandar muito servidor público embora, porque precisa enxugar o Estado e baixar os impostos. O meu medo é que nem sempre a conta fecha. *(17/7/07, Brasília – DF. 22.ª reunião ordinária do Conselho de Desenvolvimento Econômico e Social – CDES)*

**... devem ser reduzidos, defende Lula:** Eu sou daqueles que acreditam que na hora em que a gente diminuir mais impostos, a gente vai ganhar mais por venda de unidades do que por diminuição do mercado. *(6/4/06, São Paulo – SP. Respostas a empresários durante o World Economic Forum on Latin America)*

**... devem ser reduzidos, e isso não é impossível:** A redução dos impostos também não é uma missão impossível. Não usei o aumento de imposto como instrumento de minha política econômica. Ao contrário, reduzi, e a arrecadação não caiu. *(24/8/06, Brasília – DF. 19.ª reunião ordinária do Pleno Conselho de Desenvolvimento Econômico e Social – CDES)*

**... não podem ser baixos quando se desejam serviços de qualidade:** Todos nós queremos pagar menos impostos e todos nós queremos melhores serviços, e é incompatível essa dádiva de Deus, de menos impostos e mais serviços, as duas coisas não batem. Quando alguém fala: eu quero transporte bom e de qualidade, barato, não existe. *(7/3/07, Rio de Janeiro*

*– RJ. Lançamento da Rio Solidário – Obra Social do Rio de Janeiro)*

**... não são o maior entrave para o nosso desenvolvimento:** Eu estou tão convencido de que o maior Custo Brasil que nós temos não são os impostos que se cobra neste país. O maior Custo Brasil que nós temos foi um século de esquecimento do povo pobre deste país, sendo tratado como cidadãos de segunda categoria. *(25/2/08, Brasília – DF. Lançamento do programa Territórios da Cidadania)*

## Imprensa

**[ver: entrevista; internet; jornal; leitor; televisão]**

Não gosto da ideia de condenar alguém pela imprensa e depois a pessoa ser inocente. Eu prefiro que haja toda a tramitação e investigação necessárias para, quando a gente disser que alguém é corrupto, a gente provar que é corrupto e colocar essa pessoa na cadeia. Quem sabe não estará longe o dia, Waldir [Pires, ministro da Controladoria-Geral da União], em que o noticiário da imprensa não estará apenas procurando bandidos nas favelas deste país, mas estará mostrando também os bandidos que não parecem bandidos, mas que às vezes roubam e causam tanto mal quanto os bandidos, porque terminam por tirar dinheiro [Ao que parece, Lula quis dizer "comida".] da boca de crianças, terminam por tirar dinheiro das escolas públicas e por desmoralizar as instituições neste país. *(12/5/03, Brasília – DF. Sorteio dos municípios que serão fiscalizados quanto à aplicação de recursos, realizado pela Controladoria-Geral da União – CGU)*

**... muitas vezes, não entende o que ouve:** Muitas vezes, ou a imprensa não retrata direito, porque as pessoas não compreenderam o que a gente falou, e, muitas vezes, como o Patrus [Ananias, ministro do Desenvolvimento] disse há pouco, se fala uma coisa, as pessoas entendem outra, ou se queria dizer uma coisa e as pessoas entenderam outra. *(18/3/04, Belo Horizonte – MG. Entrega do cartão Bolsa Família)*

**... para o bem ou para o mal, é importante na democracia:** Nós não teríamos chegado aonde chegamos se não tivéssemos tido a compreensão e, ao mesmo tempo, a incompreensão da imprensa. Porque eu digo sempre que para o bem ou para o mal a imprensa é muito importante para garantir o processo democrático de uma nação. *(23/3/04, Rio de Janeiro – RJ. Entrega do prêmio Faz Diferença, do jornal* O Globo*)*

**... esteve alinhada com o Governo de Fernando Henrique Cardoso:** Mas não foi feita, meu caro Marcelo Miranda [ex-governador do Mato Grosso do Sul], há oito anos atrás, a dragagem dos portos que precisava ter sido feita, porque senão os navios não conseguem encher, porque o casco bate no chão. Era este país que estava escondido, era este país que a imprensa não divulgava, porque neste país se criou o chamado consenso, pensamento único. Estava tudo tão maravilhoso, até que nós descobrimos que não estava tão maravilhoso assim, em várias áreas. *(2/4/04, Três Lagoas – MS. Inauguração da Termelétrica Três Lagoas)*

**... muitas vezes não informa adequadamente; oxalá não seja por má-fé:** Muitas vezes a imprensa não informa adequadamente, possivelmente por falta de informações. Eu sempre quero crer que nunca seja por má-fé, mas sempre por falta de informações. *(7/6/04, Salvador – BA. Recebimento dos títulos de Cidadão Baiano e Soteropolitano da Assembleia Legislativa da Bahia)*

**... é malfalada por todos, mas é necessária:** Eu acho, meu querido Fábio [Pannunzio, jornalista da TV Bandeirantes], que eu não conheço um político que não se queixe da imprensa. Não conheço. Você é capaz de chegar num político da oposição, ele está se queixando da imprensa, e você chega num da situação, ele se queixa da imprensa. Eu nunca vi alguém dizer: "Não, essa aí está fazendo o meu joguinho." Nunca vi. Eu já vim aqui, já vi o presidente Itamar [Franco, presidente do Brasil de 1992 a 1995] se queixar, já vi o presidente Sarney [José Sarney, presidente de 1985 a 1990] se queixar, já vi o Fernando Henrique Cardoso [presidente de 1995 a 2003] se queixar, já me queixei, já vi tanta gente se queixar. E você vai para a oposição, é a mesma coisa: "Não, porque a imprensa só fala do Governo, a imprensa não sei das quantas, o Governo." Eu, no fundo, acho que a imprensa é um bom remédio para a gente consolidar a democracia em qualquer país do mundo, para fiscalizar a administração pública municipal, estadual ou federal. E por mais que você não goste, sem ela nós não teríamos democracia. E nos momentos históricos em que não tivemos ela, todos nós sabemos o que pagamos de preço. *(29/4/05, Brasília – DF. Entrevista coletiva)*

**... gosta mais de noticiar delitos do que coisas boas:** Quando um jovem comete um delito, quando um jovem comete uma coisa bárbara, às vezes aparece na imprensa durante trinta dias. E, muitas vezes, o jovem faz coisas boas e não aparece nem no rodapé de um jornal, não é notícia. Eu quero dizer isso para ter uma conversa muito franca com vocês. Eu, às vezes, tenho a impressão de que nós valorizamos o que não presta e desprestigiamos o que presta neste país. Vou dizer isso porque vocês são exemplos de que os jovens do Rio de Janeiro são infinitamente melhores do que, muitas vezes, a impressão que se passa na televisão, no rádio ou em qualquer outro lugar. A impressão que eu tenho é que se a gente mostrar o jovem que cometeu um crime, a gente deveria mostrar, do outro lado, os milhões de jovens que são pobres, que estão com o pai desempregado, a mãe desempregada, que não têm o que tomar no café de manhã, não têm o que almoçar, mas são jovens honestos que querem estudar, que querem trabalhar e querem apenas uma oportunidade. *(11/4/07, Rio de Janeiro – RJ. Formatura de Jovens Voluntários para os Jogos Pan-Americanos)*

**... briga com Lula, que não briga com ela:** Eu quero dizer ao povo do estado do Paraná que eu sou menos nervoso que o Requião [Roberto Requião, governador do Paraná]. O Requião fica nervoso, ele briga. Eu aprendi a ter paciência. Requião, eu não brigo com a imprensa, eles brigam comigo, mas eu não brigo com eles. Não brigo até porque eu acho que a liberdade de imprensa é um bem incomensurável para a democracia. O fato dela bater não impediu que eu chegasse à Presidência da República, eu cheguei, e não impediu que eu me reelegesse. A única coisa em que eu acredito é na verdade. Quem escrever a verdade, quem falar a verdade, o povo que estiver lendo ou vendo vai acreditar ou não. Quem estiver mentindo, o povo também vai saber, vai ter discernimento para saber o que é mentira e o que é verdade. Também acontece conosco, também eu não quero briga com a imprensa, não quero briga com os empresários, não quero briga com gente de outros partidos políticos. *(24/8/07, Curitiba – PR. Lançamento do PAC Saneamento e Urbanização no estado do Paraná)*

**... às vezes atrapalha o Governo, mesmo sendo democrática, pois há maus jornalistas que deturpam os fatos:** Está difícil lançar o PAC [Programa de Aceleração do Crescimento] nesses tempos. Por que está difícil lançar o PAC? Porque nós estamos entrando em época de campanha. A imprensa vive dizendo: "O presidente está lançando o PAC em campanha política." Ora, são 504 bilhões de reais. Nós assinamos um contrato aqui em São Paulo, com o governador Serra [José Serra] e com todos os prefeitos da região metropolitana. Se a gente não acompanhar, se a gente não vier aqui ver assinar e depois, se a gente não cobrar, o que eu tenho medo? É que a gente anuncie na televisão o dinheiro, assine o contrato e a obra não saia. Então, agora eu sei que está em campanha, e as pessoas gritam o nome de um, o nome de outro. Isso não é legal no lançamento do PAC, porque vocês sabem que a gente tem uma boa convivência com a imprensa, a imprensa é extremamente democrática, fala muito bem do Governo todo dia. Então, a gente não pode dar pretexto para que alguns maus jornalistas possam fazer valer a sua tese. É importante que cada companheiro que venha falar do PAC aqui seja tratado pelo povo em igualdade de condições, porque senão o que sai na imprensa não é o ato que a gente fez, sai outro ato, porque nós demos razão para isso, porque nós demos motivação. *(28/4/08, Osasco – SP. Início de obras do PAC em municípios da região Oeste de São Paulo e anúncio do compromisso de construção do campus de Osasco da Universidade Federal de São Paulo – Unifesp)*

**... gosta mais de noticiar vaias do que aplausos:** Eu tenho que ir ao Maranhão. O povo precisa, o Governo quer, a oposição não quer que eu vá. Eu tenho que ir à Paraíba inaugurar obras. O povo precisa, o Governo quer, a oposição ao governador não quer que eu vá. É assim em cada estado, e está ficando difícil. Ou eu vou e enfrento essa situação, ou eu paro de ir e vou ver o que acontece depois das eleições. Essa é uma coisa importante porque eu acho que a manifestação é democrática. Vocês jamais me verão fazer críticas; vaia e aplauso para mim é a mesma coisa, só que a imprensa não publica aplausos, só vaias. A imprensa parece que tem ojeriza aos aplausos. Mil aplausos não valem uma notinha do jornal. Uma vaia vale a manchete da primeira página. Esse é o dilema. Então, nós precisamos sempre, em todos os atos, medir qual é a manchete que a gente quer produzir no dia seguinte, porque senão todos nós perdemos. E nessa brincadeira de olho por olho, dente por dente, todo mundo vai ficar cego e vai ficar banguela. É preciso que tenha uma mediação. Digo isso com carinho. *(9/5/08, Ilhéus – BA. Lançamento do Plano de Aceleração do Desenvolvimento e Diversificação Agrícola na região cacaueira do estado da Bahia)*

**... não conseguiu jogar a opinião pública contra o Governo:** A existência do mensalão, propalada pela oposição e difundida pela imprensa, não foi comprovada. A despeito da enorme campanha contra o Governo, a maioria da opinião pública do país assim o entendeu, e por essa razão continuou apoiando o Governo e minha candidatura presidencial. *(27/7/06, Brasília – DF. Entrevista ao jornal* Expresso, *de Portugal)*

**... dá as notícias, mas seria melhor o povo ouvi-las diretamente do presidente:** Eu acho que é importante lembrar alguns números porque os números vão ficar na cabeça de vocês que serão mensageiros de boas notícias para aqueles que não vieram aqui ou serão mensageiros para aquelas aves de mau agouro que não querem enxergar um dedo na frente do nariz, as coisas que acontecem neste país. Estas pessoas que estão aqui precisam saber, e eu faço questão de dizer em todo lugar, muitas vezes a imprensa não escreve mais, de tanto que eu já falei, mas eu vou continuar falando, porque vocês não leem a maioria dos jornais publicados neste país. Então, eu vou ser a "Rádio Peão" e vou dar a informação para vocês. *(26/8/05, Quixadá – CE. Lançamento do Programa do Desenvolvimento Regional Sustentável do Banco do Brasil e inauguração do Centro de Comercialização da Agricultura Familiar de Quixadá)*

**... não piora nem melhora com o tempo:** Eu não vejo, Mario Sergio [Conti, diretor de redação da revista *Piauí*], melhora ou piora na imprensa. Eu acho que a imprensa brasileira tem um comportamento que não é um comportamento de agora, é um comportamento histórico. Eu, por exemplo, sou um cidadão brasileiro que nunca tive a grande mídia brasileira com preocupação de fazer coisas favoráveis a mim, e nunca me preocupei muito com isso, porque antes de tudo eu acredito na inteligência de quem assina uma revista, de quem assina jornal, de quem vê televisão e escuta rádio. Possivelmente, ainda tenha gente inocente, que acredita que tudo o que ele fala, tudo o que ele escreve é recebido pelo leitor como a verdade mais absoluta, ou seja, ele não acredita na capacidade de análise do leitor, que pega uma matéria e percebe se há má-fé, se não há má-fé, se a matéria está informando corretamente ou se não está informando corretamente. Hoje a informação é muito plural, não tem mais apenas a informação de tal revista, a informação de tal jornal. A informação é veiculada por diferentes fontes. Então, quando o cidadão pega o jornal de manhã, aquela matéria ele já viu na televisão, ele já ouviu no rádio, ele já viu em vários blogs [incompreensível] diferentes, então aumenta a capacidade de interpretar do cidadão que lê. *(18/12/08, Brasília – DF. Entrevista exclusiva à revista* Piauí*)*

# Incluir

**[ver: democracia; desenvolvimento; pobre; pobreza]**

Nós, que estamos entre os que têm cidadania, sabemos que, se o Brasil incluir socialmente essa grande parte da população secularmente excluída, o nosso país vai melhorar e, não tenho dúvida, melhorar muito. É preciso construir uma ponte entre esses dois mundos. E o nome dessa ponte chama-se oportunidade. Toda a nação vai se beneficiar com isso. Essas pessoas que sobrevivem abaixo da linha de pobreza – quase cinquenta milhões – têm direito a uma vida digna. Têm que receber algum apoio imediato que lhes permita resistir hoje, acreditando no dia de amanhã. Essas pessoas não estão isoladas no mundo. Em sua maioria, vivem em família, sob um mesmo teto. Convivem juntos pai, mãe e filhos; às vezes, alguns irmãos, uns de maior idade, outros de menor; em outros casos, avós e netos; em muitas situações, mães, sem a ajuda de ninguém, carregando o peso da chefia da família. *(20/10/03, Brasília – DF. Lançamento do programa Bolsa Família, de transferência de renda)*

**... é, pela primeira vez, uma política de Governo:** Nós sabemos que é difícil, mas sabemos que tem um caminho a ser perseguido, uma trajetória, a construção dos alicerces necessários para que a gente possa construir uma casa sólida, que não tenha preocupação com nenhuma tempestade, que não tenha preocupação com nenhum vendaval, mas que ela seja uma casa sólida, a ponto de garantir a famílias de 180 milhões de brasileiros a tranquilidade de que estão vivendo num país arrumado economicamente, democrático, e um país que vai garantir que, pela primeira vez, o povo possa ter a inclusão social como uma política pública de Governo e não como gestos eventuais desse ou daquele Governo que passa pelo Brasil. *(11/7/05, Brasília – DF. Encontro com sindicalistas)*

**... demanda aumento dos gastos:** Se eu quiser governar o Brasil para 35 milhões, eu não terei problemas, porque o Brasil tem espaço para 35 ou 40 milhões de brasileiros viverem em um padrão de classe média alta europeia. Se eu quiser governar só para esses, eu não preciso, realmente, fazer investimento do Estado. Agora, se eu quiser e o Brasil desejar incluir os milhões que estão deserdados, aí, realmente, nós vamos ter que gastar. *(12/3/08, Brasília – DF. Mesa de negócios do The Economist Newspaper Group)*

**... é parte fundamental do desenvolvimento:** Estamos, igualmente, fazendo da inclusão social um fator fundamental do nosso desenvolvimento, beneficiando o conjunto da população brasileira, em especial o povo mais pobre do nosso país. *(30/8/04, Piracicaba – SP. Comemoração dos cinquenta anos da empresa Caterpillar Brasil)*

**... gera desenvolvimento:** Um banco público não tem que ter prejuízo, não tem que ser deficitário. No final do ano, na hora de fazer o balanço, ele tem que demonstrar um certo lucro. Mas o que a Caixa Econômica Federal está provando é que é possível ter lucro com uma forte política de inclusão social, fazendo com que uma grande parcela da sociedade, que nunca teve apoio de nenhum banco no Brasil, possa agora ter acesso a empréstimos em condições muito mais favoráveis, inclusive para pessoas que nunca tiveram uma conta no banco ou pessoas que nunca nem conseguiram entrar na agência de um banco. *(6/6/05, São Paulo – SP. Lançamento do Sistema Financeiro Inclusivo Caixa "Viver em Comum-Unidade")*

## Independência

**[ver: FMI; nação; nacionalismo]**

O Dia da Independência é o dia mais importante em todos os países do mundo. Eu tive a felicidade de participar do Dia da Independência da Índia. E ali, além deles mostrarem o desfile militar, eles mostram um desfile da sociedade. É o desfile de escola, o desfile de agricultores, o desfile de trabalhadores, é a totalidade da sociedade se manifestando no Dia da Independência. E eu trabalho para que a gente consiga, a cada Dia da Independência, fazer uma coisa melhor, uma coisa que envolva mais a sociedade. Por isso eu quero convidar todas as pessoas, de Brasília e do Brasil. Os de Brasília, para participarem do Dia da Independência, aqui, no dia 7, lá na Esplanada dos Ministérios. E quero convidar, no Brasil inteiro, as pessoas a irem para as ruas comemorar. Afinal de contas, não é sempre que a gente pode comemorar a independência do Brasil num clima tão bom como o que estamos vivendo neste momento em nosso país. *(6/9/04, Rádio Nacional. Programa de rádio* Café com o Presidente*)*

**... tem em Tiradentes seu ícone:** A Petrobras, no dia em que a gente comemora o Dia de Tiradentes, que é a imagem da nossa independência, a Petrobras vai oficializar a autossuficiência de petróleo no Brasil. Então, vai ser uma festa muito bonita, vai ter material na escola para as crianças lerem, material didático para as crianças saberem o que é a Petrobras, na escola; vai ter uma comemoração. *(15/3/06, Aracaju – SE. Visita ao projeto de reurbanização do bairro Coroa do Meio)*

**... foi conquistada tardiamente:** O nosso país proclamou a independência depois que vários outros já tinham proclamado. No Brasil, até as mulheres conseguiram o direito ao voto depois que outras mulheres tinham conseguido, em outros países. No nosso país, o analfabetismo não foi enfrentado de frente, na década de 50. E isso justifica, hoje, parte do nosso atraso. *(6/6/03, Alto Araguaia – MT. Inauguração do Terminal Ferroviário da Ferronorte)*

**... foi conquistada com ousadia:** Na história da humanidade todas as grandes descobertas e todos os grandes feitos ocorreram porque alguém ousou, porque uma minoria ousou, porque alguns foram chamados de loucos, porque alguns foram presos, porque alguns morreram, e depois nós colhemos os frutos da grande conquista. No Brasil, foi assim a nossa independência. Foi preciso que muitos morressem para que um dia descobríssemos que era preciso ter independência. Também foi assim em todos os países. *(3/10/03, Rio de Janeiro – RJ. Solenidade comemorativa dos cinquenta anos da Petrobras)*

**... quando foi conquistada, nos deixou mais pobres:** Nós não queremos ter relação hegemônica, nós não queremos ser vistos como imperialistas, nós queremos ser vistos como parceiros para desenvolver um continente que já foi rico, que já teve muito ouro, que já teve muita prata, mas nos levaram tudo e continuamos pobres, mais pobres do que éramos quando conquistamos a nossa independência. *(25/8/04, Quito – Equador. Almoço empresarial oferecido pelo presidente do Equador)*

**... não bastou para que nossa mentalidade fosse descolonizada:** O Brasil, apesar de ter tido a sua independência proclamada no dia 7 de setembro de 1822, o Brasil teve durante muitos anos a cabeça política, a cabeça das doutrinas estabelecidas neste país, uma colonização eterna, porque embora nós tivéssemos uma independência, o Brasil esteve muitos e muitos anos com uma ação de país colonizado, que pensava pequeno e que achava que, para tudo que teria que fazer, teria que pedir licença para a União Europeia ou pedir licença para os Estados Unidos. Houve até quem dissesse que o que era bom para os Estados Unidos era bom para o Brasil. E assim predominou a cabeça da nossa elite dirigente durante anos e anos, décadas e décadas. *(22/2/05, Campo Grande – MS. Assinatura do termo de implantação do Polo Minerossiderúrgico de Corumbá)*

**... foi conquistada, "de verdade", por Lula:** Eu tomei a decisão, chamei o ministro Palocci [Antônio Palocci, ministro da Fazenda] e falei: "Palocci, graças a Deus nós batemos recorde de exportação, graças a Deus as nossas reservas líquidas hoje são de 55 bilhões de dólares. Vamos dizer ao FMI que nós não precisamos mais do dinheiro deles e vamos devolver esse dinheiro para eles. E devolver o dinheiro porque nós agora conquistamos a independência de verdade, nós agora conquistamos a nossa soberania de verdade." *(20/1/06, Queimados – RJ. Assinatura de convênios para a Saúde na Baixada Fluminense e anúncio dos recursos para retomada das obras do Hospital de Queimados)*

**... foi declarada, "de verdade", por Lula:** Devolvemos o dinheiro e dissemos ao FMI: o Brasil, em 1822, proclamou a sua independência política, administrativa, e hoje, no dia que nós fizemos isso, eu declarei, hoje nós concluímos a nossa independência, porque não queremos ingerência de ninguém dizendo o que a gente tem que fazer no nosso país. *(17/3/06, São Francisco do Sul – SC. Cerimônia alusiva à obra de recuperação e modernização do porto de São Francisco do Sul)*

# Índio(s)

Na verdade, durante séculos se tentou passar para a história deste país que índio era preguiçoso e não trabalhava. Durante muito tempo se tentou passar para uma parte da sociedade brasileira que índio não gostava de trabalhar. Entretanto, nós temos que perguntar: "Qual a chance e a oportunidade que foi dada aos índios nesses quinhentos anos?" A primeira coisa que os portugueses fizeram quando chegaram ao Brasil foi tentar destruir o povo que já existia neste país e que, portanto, era dono do nosso território. Depois, tentaram fazê-lo trabalhar nos trabalhos pesados como os escravos trabalharam. E quantos foram mortos e quantos foram vitimados? Graças a Deus, o nosso país tomou consciência, aprovou na Constituição de 88 normas mais duras de proteção à cultura indígena. E, agora, o nosso Governo decidiu que nós temos que cuidar do índio como nós temos que cuidar dos 190 milhões de brasileiros. Não é possível uma criança indígena ser obrigada a beber água sem tratamento, do dia em que nasce ao dia em que morre. Não é possível não ter coleta de esgoto nas terras indígenas ou nas terras dos negros neste país. *(21/9/07, São Gabriel da Cachoeira – AM. Lançamento da Agenda Social dos Povos Indígenas)*

**... fazem parte do estereótipo do Brasil:** Normalmente se tem uma visão do Brasil de país de Terceiro Mundo, pobre, que tem índio, que tem gente pobre, que tem carnaval, que tem futebol. É verdade que nós temos tudo isso. Mas é verdade, também, que nós temos outras coisas para vender: nós temos indústrias, temos agricultura, temos um extraordinário rebanho bovino, temos tecnologia. O que precisamos é vender as coisas boas que a gente tem. *(25/6/03, Brasília – DF. Encerramento do 2.º Congresso Brasileiro de Agribusiness)*

**... como outras minorias e excluídos, não eram recebidos no palácio do Governo:** Eu não sou Governo, eu estou Governo, e estou lá porque acredito que é possível fazer, dom Cláudio [Hummes, cardeal arcebispo de São Paulo], estou lá porque acredito que é possível fazer a transformação. Aquele palácio não estava acostumado a permitir que os sem-terra entrassem lá, que os índios entrassem lá, que os negros entrassem lá, que os sem-teto entrassem lá. Aquilo é um espaço do povo, porque o povo é a força motora do processo democrático deste país, e, portanto, se um rico pode entrar lá, por que um pobre não pode entrar? *(23/12/04, São Paulo – SP. Celebração do Natal de Jesus – Encontro com moradores de rua)*

**... fazem parte da parcela marginalizada da população que agora recebe atenção do Governo:** No ProUni [Programa Universidade para Todos] são mais de 1.200 jovens índios que já entraram na universidade. Tem gente que não gosta, mas paciência, eu não fui eleito para fazer as coisas apenas para quem já tem direito. Nós temos a obrigação de fazer as coisas também para a parcela da sociedade que estava marginalizada. *(3/10/05, São Paulo – SP. Visita ao Ponto de Cultura da Comunidade de Heliópolis)*

**... estudam em universidade como nunca antes:** Nunca, em nenhum momento da nossa República, tantos jovens negros, mulheres e homens, entraram na universidade brasileira. Nunca! E nunca tantos índios fizeram universidade neste país. *(3/2/06, Belo Horizonte – MG. Inauguração dos novos prédios da Universidade Federal de Minas Gerais)*

**... precisam de terra:** Hoje, eu assinei um decreto consolidando a homologação das terras indígenas Munduruku. São 2 milhões e 380 mil hectares de terra, em que espero que não tenha mais conflito, que já está legalizada e que os índios possam, agora, decidir o seu próprio destino, com a ajuda do Governo do Estado, com a ajuda do Governo Federal, para que a gente possa reconhecer, com o maior carinho do mundo, sem ficar dizendo, como dizem alguns, que é muita terra para pouca gente. *(26/2/04, Belém – PA. Inauguração do projeto de urbanização da bacia do Tucunduba)*

**... não precisam só de terra:** Durante toda minha vida eu afirmei que não era possível fazermos apenas a homologação de terra indígena e não levarmos em conta que, depois da terra, tem praticamente tudo para se fazer para o índio brasileiro. Porque depois da terra, temos que dar as condições para que as pessoas possam trabalhar a sua terra. Depois da terra, precisamos dar condições para que o índio tenha acesso a uma boa educação, de muita qualidade; depois disso é preciso garantir ao índio, além da terra, da educação e das condições de trabalho, fazer com que tenha acesso fácil a uma boa política de Saúde pública, que é da responsabilidade do Estado brasileiro. *(19/4/05, Brasília – DF. Cerimônia comemorativa do Dia do Índio)*

**... ainda têm muito o que receber:** Vamos ter que resolver os problemas dos índios neste país, de uma vez por todas. Nós fizemos uma Constituição maravilhosa, mas, até hoje, não foram demarcadas todas as terras e, naquelas que foram demarcadas, não foram dadas as condições para que eles pudessem trabalhar condignamente e pudessem manter a sua cultura acesa e viva. Nós vamos ter que cuidar disso com carinho. E sabem por que vamos ter que cuidar disso com carinho? Porque se não cuidarmos, nós vamos nos sentir frustrados, porque isso faz parte da nossa vida. Afinal de contas, são trinta anos acumulando trabalho, discussão com essa gente. *(1/5/03, Indaiatuba – SP. Visita ao Retiro de Itaici – CNBB)*

**... contribuíram para a riqueza alimentar, cultural e espiritual do Brasil:** Aqui são preservadas amostras de nossa biodiversidade, numa coleção que já soma mais de 83 mil espécies vegetais. Entre elas está a de um milho macio e muito doce, cultivado pelos antepassados dos índios Kraôs, do Tocantins. Ao longo das gerações, e justamente porque as diferenças regionais foram desprezadas neste país, os Kraôs perderiam esse patrimônio cultural e alimentar. Mas graças a uma coleta feita por pesquisadores da Embrapa, nos anos 70, eles agora estão recebendo de volta essa riqueza genética que combina rusticidade com alto teor de amido. Há, nesse gesto, um sentido maior. O que estamos devolvendo aos Kraôs é apenas um minúsculo grão do muito que os povos indígenas nos deram, não apenas de riqueza alimentar, mas também cultural e espiritual. *(29/4/03, Brasília – DF. 30.º aniversário da Embrapa)*

**... precisam produzir:** As pessoas não podem ter ocupado uma terra para a gente ficar, depois, dando cesta básica. Temos é que fazer com que aquilo se torne produtivo. A gente demarca a terra dos índios e tem que levar cesta básica porque se demarcou, mas eles estão lá, sem ter o que fazer na vida. *(25/3/03, Brasília – DF. Discurso no Conselho Nacional de Segurança Alimentar e Nutricional – Consea)*

## Inflação

**[ver: dinheiro; Economia; plano econômico]**

O importante para o Brasil é a gente aumentar o salário mínimo e não permitir que a inflação volte, porque quem paga com a inflação é o pobre. O rico não perde com a inflação, o rico coloca o seu dinheiro no banco, vive da exploração, não perde. Agora, o pobre que no fim do mês vai pagar aluguel, vai comprar comida, esse certamente é a grande vítima da inflação. *(27/1/06, Castilho – SP. Assinatura de acordo de cooperação e parceria entre a Caixa Econômica Federal e o Incra)*

**... come o salário do povo:** A inflação é a pior desgraça para o povo que vive de salário, porque a inflação come o salário dele. *(20/5/08, São Paulo – SP. Assinaturas de atos relativos a obras do PAC da cidade de São Paulo)*

**... come o salário do povo, e Lula sabe disso por experiência própria:** Eu acho que a inflação tem que ser controlada porque durante 27 anos da minha vida vivi de salário, como trabalhador, e sei que a inflação é uma desgraça na vida de um operário que recebe salário. *(24/4/08, Brasília – DF. Entrevista exclusiva aos* Diários Associados*)*

**... pode ser controlada com o aumento da produção:** A inflação é minha preocupação cotidiana. Acho que a inflação causada pelo alimento, eu tenho dito que aqui no caso do Brasil eu fico feliz que o povo esteja comendo mais e quero que coma mais e quero que cada vez coma melhor, porque esse é um desafio fácil de controlar a inflação, na medida em que a gente trabalhe para aumentar a produção de alimentos. *(30/4/08, Brasília – DF. Entrevista coletiva após cerimônia de lançamento da carteira de trabalho informatizada e do Cartão de Identificação do Trabalhador)*

**... surge quando a demanda aumenta:** Vocês não podem esquecer que quatro meses atrás nós começamos a tomar medidas para conter a demanda. A demanda estava muito forte, e a inflação estava dando sinais de arrebentar a parede. Nós começamos a tomar medidas, criamos instrumentos, mandamos medidas provisórias para o Congresso Nacional. Não precisou nem ter os efeitos das medidas que nós mandamos, e a demanda caiu. *(5/2/09, São Salvador – TO. Inauguração da Usina Hidrelétrica São Salvador)*

**... é um "bicho-papão" que pode despertar se as contas do Governo não estiverem controladas:** Hoje, eu e qualquer membro do nosso Governo podemos vir a uma feira, a uma exposição como esta, e dizer para vocês que o "bicho-papão" da inflação está controlado e nós iremos trabalhar com uma taxa de inflação de 7%, e até, quem sabe, um pouco menor, a depender da nossa capacidade de manter as contas do Governo mais ou menos controladas. *(8/7/03, São Paulo – SP. Abertura da 35.ª Feira Nacional do Calçado – Francal 2003)*

**... não pode ser negligenciada com fins eleitorais:** Podem ter certeza de uma coisa: eu não vou cometer os erros que os outros cometeram por causa de eleição, "tem eleição, não pode fazer isso, tem eleição, não pode fazer aquilo, tem eleição... deixa a inflação voltar mais um pouquinho que não tem problema, um pouquinho só não vai fazer falta". Mas quando ela volta um pouquinho, volta outro pouquinho, outro pouquinho, e na hora em que chegar a dois dígitos, a gente perdeu o controle da inflação. *(10/9/08,*

*Manaus – AM. Abertura da IV Feira Internacional da Amazônia – Fiam 2008)*

## Informação

**[ver: imprensa; internet; jornal; televisão; televisão pública]**

Eu me lembro que, quando o Fernando Henrique Cardoso era presidente da República, só tinha dois governadores que colocavam na televisão e na propaganda o dinheiro que o Governo Federal mandava para cá. Era exatamente o Governo Jorge Viana, do PT [estado do Acre], e o Governo Zeca, do PT [estado do Mato Grosso do Sul]. Se tem dez mil reais gastos aqui, são cinco do Governo Federal, cinco do Governo Estadual, e, se tiver, tanto do Governo Municipal. Por quê? Porque ninguém quer fazer propaganda, o que nós queremos é que a informação seja dada corretamente para o povo brasileiro saber quem é que está fazendo as coisas neste país. E isso é apenas uma questão de honestidade. *(6/4/04, Rio Branco – AC. Inauguração do Hospital do Idoso)*

**... deve ser correta, para não haver injustiças:** Eu vou mostrar como algumas coisas mudaram neste ano, porque é importante a gente trabalhar com informação correta, para não cometer erros e nem injustiças com companheiros. *(19/2/04, Campo Florido – MG. Visita à sede do Assentamento Nova Santo Inácio Ranchinho)*

**... hierarquiza os seres humanos:** Então, obviamente que para mim, como nordestino, é motivo de orgulho saber que não existe um ser humano menos incompetente do que outro, não existe um ser humano mais burro do que outro, como se fala na linguagem popular. O que existe é ser humano que tem oportunidade e ser humano que não tem oportunidade. O que existe é ser humano que tem informação e ser humano que não tem informação. No mais, o nosso saudoso Paulo Freire [educador brasileiro, já falecido] dizia: "Se a gente tomar café todo dia, almoçar e jantar, todos nós seremos muito inteligentes." E é isso que está acontecendo no Brasil neste momento. *(5/4/06, Camaçari – BA. Visita ao Complexo Industrial Ford Nordeste)*

**... para os pobres, quase sempre vem da televisão:** Era fundamental que isso ocorresse; afinal, a TV digital vai moldar em boa medida o futuro das comunicações, da produção, difusão e absorção de cultura em nosso país. Vai permitir um amplo acesso a serviços e bens culturais, especialmente para a população mais pobre, que muitas vezes tem na televisão seu único meio de informação e diversão gratuita. *(29/6/06, Brasília – DF. Assinatura de decreto sobre implantação do Sistema Brasileiro de Televisão Digital)*

## Infraestrutura

**[ver: desenvolvimento; obra]**

Qualquer um de nós aqui – pode ter os olhos verdes, os olhos castanhos, pode ter a cor que for – não convencerá nenhum empresário brasileiro ou de qualquer lugar do mundo a fazer investimento naquele país se não oferecer para ele três coisas: infraestrutura, mão de obra qualificada e mercado para o consumo daquele produto. Sem esses três quesitos, é só conversa fiada. E a energia dentro da infraestrutura é a base para que uma máquina comece a funcionar. *(23/11/05, Niterói – RJ. Batismo da plataforma FPSO P-50, da Petrobras)*

**... é também fazer manutenção no que já existe:** Imaginem vocês o quanto custou para este país e o quanto custa a gente não ter feito investimentos na manutenção da infraestrutura brasileira. Porque se você não tem dinheiro para fazer uma obra, todo mundo compreende: "Ora, não tenho dinheiro para fazer uma obra." É como um marido ou uma dona de casa dizer: "Não tenho dinheiro para comprar uma televisão." Agora, o que a gente não admite é que não tenhamos competência de fazer a manutenção naquilo que já está pronto, porque deixar uma estrada asfaltada acabar e virar pó, deixar uma ferrovia acabar e virar pó significa, simplesmente, incompetência e desleixo. *(22/4/03, Vitória – ES. Implantação do III Alto-forno da Companhia Siderúrgica de Tubarão)*

**... sofreu com o "apagão", em muitas áreas, no final do Governo de Fernando Henrique Cardoso:** E, por incrível que pareça, apesar de sua importância para o nosso país, este porto [de Itajaí] não recebia uma obra importante desde 1950; portanto, há 56 anos. Trata-se de mais um exemplo da maneira pela qual a infraestrutura foi tratada no Brasil ao longo do tempo. O "apagão" do setor elétrico, de triste memória para todos nós brasileiros, não foi o único preço que o Brasil e os brasileiros foram obrigados a pagar pela falta de planejamento e de investimento. Não foi, e vocês sabem que não. *(17/3/06, Itajaí – SC. Cerimônia alusiva às obras de ampliação e melhoramento da infraestrutura portuária de Itajaí)*

**... adequada ajuda o Brasil a competir com qualquer país do mundo:** São rodovias importantes, hidrelétricas importantes, redes de transmissão importantes, são ferrovias importantes, são hidrovias importantes, porque nós achamos que na hora em que tivermos a infraestrutura adequada, nós poderemos competir com muito mais igualdade, com todo e qualquer país do mundo. *(17/10/05, Roma – Itália. Encontro com empresários italianos e brasileiros na Confindustria)*

**... teve mais investimentos no Governo Lula, até 2006, do que nos 15 anos anteriores:** Não é uma eleição que faz a minha cabeça, o que faz a minha cabeça, e possivelmente isso incomode alguns, é chegar no dia 31 de dezembro de 2006 e pedir para vocês, não para mim, fazer uma aferição dos últimos 15 anos do que aconteceu na política econômica brasileira, do que aconteceu na política social, do que aconteceu na política de infraestrutura, que aconteceu na política de distribuição de renda, para que a sociedade possa fazer o julgamento. *(25/8/05, Brasília – DF. 13.ª reunião ordinária do Pleno Conselho de Desenvolvimento Econômico e Social – CDES)*

**... teve ainda mais investimentos com o PAC, depois de 2006:** Depois que nós lançamos o PAC [Programa de Aceleração do Crescimento]... o montante de dinheiro não é tudo aquilo que nós queríamos, mas para um país onde, desde 1975, não existia infraestrutura, disponibilizar 504 bilhões, em quatro anos, é uma soma, eu diria, invejável para os padrões de investimento em infraestrutura no Brasil. *(23/8/07, Brasília – DF. Almoço de encerramento do Seminário da ABDIB:* Obstáculos e soluções para o desenvolvimento da infraestrutura brasileira*)*

**... precisa de muito dinheiro, e por isso é mais fácil falar de infraestrutura do que realizar:** É importante lembrar a todos vocês que, muitas vezes, é mais fácil falar do que realizar quando se trata de infraestrutura. Primeiro, porque, quando se trata de infraestrutura, há um componente que, queiramos ou não, é essencial, chamado "dinheiro". E só se pode fazer investimentos em infraestrutura se tiver dinheiro próprio, que tem que estar previsto no Orçamento da União, portanto, aprovado pelo Congresso Nacional. Ou se consegue financiamento do exterior para poder fazer a obra de infraestrutura. Caso contrário, tudo passa a ser um sonho não realizável. *(25/6/03, Brasília – DF. 1.º Seminário de Infraestrutura para o Desenvolvimento Sustentável)*

## Intelectual(is)

**[ver: governar; opinião pública; universidade]**

Em 1978, o Joãozinho Trinta [carnavalesco brasileiro] falou que quem gostava de miséria era intelectual. Pobre gostava de coisa bonita. E é verdade. Não que o intelectual goste de miséria, porque intelectual também gosta de coisa boa. Mas a verdade é que os pobres gostam de coisas bonitas. *(4/10/03, Porto Alegre – RS. Descerramento de placa alusiva à visitação presidencial ao Paço dos Açorianos)*

**... aparentam saber de tudo, e por isso não são questionados; com Lula é diferente:** Eu tenho que falar de muitos assuntos, porque se fossem outros presidentes, dependendo da origem social deles, ninguém cobra. Agora, de mim as pessoas cobram mais do que precisariam cobrar. Então, eu tenho que me preparar, desde a mulher, a pedreira, a vasectomia, a laqueadura, a Economia, o crédito, a política externa, me especializar em América do Sul, América Latina, África, Oriente Médio, Ásia, porque senão não sobrevive. Porque se fosse um grande intelectual que estivesse aqui, um grande empresário, vocês já partiam do pressuposto que ele já sabia tudo, não precisa nem perguntar. Então, para mim as pessoas perguntam e eu preciso estar preparado para responder. *(12/3/08, Brasília – DF. Debate na mesa de negócios do The Economist Newspaper Group)*

**... usam óculos:** Eu estou colocando os óculos para vocês pensarem que eu virei intelectual agora, para ficar mais chique. *(16/8/07, Rio de Janeiro – RJ. Visita às instalações do campus educacional do Colégio Pedro II)*

**... ficam debatendo e não fazem coisas concretas:** Eu fico pensando que, talvez pelo fato do Palocci [Antônio Palocci, ex-ministro da Fazenda, deputado federal pelo PT de São Paulo] não ter sido um economista da Fundação Getulio Vargas, da Universidade Federal do Rio de Janeiro ou da Unicamp e não tivesse todas as nuances clássicas da Economia, e por eu não ser um intelectual, um leitor de dezenas de livros sobre economia, talvez por isso nós tenhamos feito o que tínhamos que fazer. Senão o debate acadêmico tomaria conta das discussões políticas e as coisas deixariam de acontecer como aconteceram. *(27/3/08, Recife – PE. Fórum Empresarial Brasil-México)*

**... são egoístas:** Havia uma coisinha aqui no Brasil ou, quem sabe, na cabeça das pessoas – quem sabe o Brasil nem tivesse tido culpa, porque nem soubesse que estava sendo feito –, de cada ministro fazer o seu programa em função do pensamento da sua equipe. No fundo, no fundo era uma coisa do ego intelectual: "Eu vou produzir o conhecimento que acumulei ao longo da minha vida, sem me importar com o que os outros vão estar pensando." *(3/10/07, Brasília – DF. Reunião do Conselho Nacional de Ciência e Tecnologia)*

**... não devem se aposentar tão cedo:** Eu, quando falo da Previdência Social, não quero prejudicar o intelectual. O que eu quero é aproveitar o máximo possível do potencial de inteligência que o intelectual tem para que fique trabalhando até os 60 ou 70 anos, e não se aposente com 53. Por que um cortador de cana tem que trabalhar até aos 60 anos para se aposentar? Por que o professor universitário se aposenta com 53? Se uma cortadora de cana se aposenta com 55, por que uma procuradora do Estado tem que se aposentar com 47 anos? Meu caro, neste país ninguém é maior ou menor do que ninguém. Nós somos iguais. E sempre há espaço e fórum para se discutir as coisas. E vamos discuti-las com bom senso, sem mentiras. Mas eu não posso aceitar que alguém neste país se aposente com 17 mil reais por mês, quando 40 milhões de pessoas não têm nem oportunidade de trabalhar. *(17/6/03, Pelotas – RS. 11.ª Feira Nacional do Doce – Fenadoce)*

**... não estão entre aqueles que Lula gosta de citar:** Eu fico sempre fazendo as minhas imagens, as metáforas, que muitas vezes a imprensa não gosta, porque ela preferia que eu citasse grandes personalidades do mundo intelectual, e eu prefiro citar jogador de futebol, pé de laranja, "pé de coisa"; é o que eu acho que o povo brasileiro entende melhor. Mas o Brasil é assim. Quando a gente vê uma coisa dessas, eu fico com a impressão que é uma semente que a gente planta. E o pessimista passa perto: "Ah, não vai dar nada, não estou vendo nada, não está acontecendo nada." E você está lá, todo dia, pondo um pouquinho de água, regando aquilo, tirando as ervas daninhas que ficam ali perto, como azarão, não deixando dar certo. E aí nasce o primeiro, brota, vem um galhinho: "Ah, mas ele não vai dar nada, ele é muito fraquinho, não sei das quantas, está tudo errado e tal." Até que a gente possa tirar um fruto e colher o resultado daquilo que foi plantado. *(3/2/06, Belo Horizonte – MG. Inauguração dos novos prédios da Universidade Federal de Minas Gerais – UFMG)*

**... erram suas previsões:** Eu, durante muitos anos da minha vida, disse que Deus tinha sido muito generoso comigo. Porque um nordestino que não morre até completar cinco anos de idade, de fome, e consegue sobreviver, a tendência natural é ele se transformar numa pessoa forte, sadia e, quem sabe, conquistar alguma coisa na vida. E eu acho que Deus foi justo e generoso, porque não estava previsto nas escritas de alguns poucos intelectuais brasileiros, ou de alguns poucos políticos, que um metalúrgico, pernambucano, pudesse chegar à Presidência da República da oitava Economia mundial do planeta Terra. *(30/10/03, Campina Grande – PB. Inauguração do novo terminal de passageiros do Aeroporto Presidente João Suassuna)*

**... não entendem tudo:** Eu fui ao Ceará e vi crédito de vinte reais. Isso aqui, no nosso meio, pode parecer absurdo. Mas um cidadão que, num final de semana, consegue pegar um cartãozinho para pegar vinte reais para comprar o feijãozinho e a farinha de mandioca e levar para casa para a família comer uma semana tem o mesmo valor de alguém que pega alguns milhões para fazer outra coisa. Mas isso não está na nossa cabeça intelectualizada, isso não está na nossa cabeça contábil, isso não está na nossa cabeça monetária, porque essas coisas são muito novas e muito difíceis. *(25/4/05, Brasília – DF. Lançamento do Programa Nacional de Microcrédito Produtivo Orientado)*

**... assim como outros profissionais, se enganam acreditando serem donos da verdade:** Às vezes o político se engana, às vezes o intelectual se engana, às vezes os jornalistas se enganam, às vezes os radialistas se enganam, achando que eles podem se transformar em formadores de opinião pública capazes de, em tudo que falarem, terem a mágica da verdade. *(29/5/07, Brasília – DF. Abertura do 24.º Congresso Brasileiro de Radiodifusão)*

**... devem ter mais espaço na televisão:** Há quanto tempo a gente não vê um grande intelectual debatendo na televisão brasileira? Aliás, hoje, nem debate sobre economia tem mais, porque quando eles querem falar de economia, eles procuram uma pessoa de mercado, não procuram mais economista. *(11/5/07, Brasília – DF. Encerramento do I Fórum Nacional de TVs Públicas, no Hotel Nacional)*

**... tinham a cabeça colonizada:** Durante muito tempo, embora a gente tivesse conquistado a nossa independência há muito, a verdade é que a cabeça intelectual brasileira era colonizada, do ponto de vista político. E a gente não acreditava em nós mesmos, ou seja, sempre achávamos que éramos os "coitadinhos". *(18/10/04, Curitiba – PR. Encontro com representantes da Associação Comercial do Paraná)*

**... no passado, estudaram em escolas públicas:** Os grandes intelectuais brasileiros foram formados em escola pública no ensino fundamental. Hoje as possibilidades são menores porque caiu a qualidade, porque caiu o salário, porque caiu a condição de vida da sociedade. *(13/3/07, São José dos Campos – SP. Lançamento do programa Espaço e Sociedade)*

**... não são os únicos credenciados para ocupar a Presidência da República:** Eu acho que algumas pessoas neste país têm que aprender uma lição: elas precisam aprender que a democracia significa alternância de poder e, da mesma forma que um grande empresário pode ser presidente da República, respeitado pelos trabalhadores brasileiros, um trabalhador pode ser presidente da República, respeitado pelos outros segmentos da sociedade, da mesma forma um intelectual pode ser presidente da República. A democracia exige que todos nós respeitemos aquele que foi eleito. É preciso que alguém que não seja universitário possa ser eleito presidente da República, e, nesse aspecto, o Brasil é exemplar. *(7/12/05, Brasília – DF. Posse da nova Executiva Nacional do PSB)*

# Internet

[ver: entrevista; imprensa; jornal; leitor; televisão]

Eu já peguei o vício, Afif [Guilherme Afif Domingos, presidente da Associação Comercial de São Paulo], na minha mesa tem um computador. E eu que nunca me interessei em ficar vendo se a Bolsa sobe ou desce, se o dólar cai ou sobe, se o risco cai, agora eu fico olhando direto. Tem gente que até reclama: "Puxa, eu vim aqui para conversar e o senhor não para de olhar no computador." *(27/3/03, São Paulo – SP. Posse do presidente da Associação Comercial de São Paulo)*

**... não vai provocar o fim dos Correios:** Pode ter internet, pode ter e-mail, pode ter o que quiser, a carta é insubstituível, a carta é uma coisa sagrada, é uma coisa que a pessoa escreveu de próprio punho, às vezes errou, riscou, mas lá vai a cartinha, às vezes tem até uma lágrima em cima. E isso o e-mail não pode levar, somente os Correios podem levar. *(25/1/05, Aparecida de Goiânia – GO. Homenagem ao Dia do Carteiro e inauguração das novas instalações do Centro de Tratamento de Cartas e Encomendas)*

**... é prioridade no Governo Lula:** Nosso Governo está igualmente empenhado na implementação de ações com o objetivo de ampliar a inclusão digital. Destaco o programa Casa Brasil, que é um dos mais ousados de inclusão digital e social, voltado para a população de baixa renda sem acesso individual à internet. A ideia é que em um só lugar estejam reunidos em um telecentro comunitário composto de pelo menos dez computadores com conexão banda larga e software livre. *(19/8/05, Hortolândia – SP. Inauguração do novo centro de serviços da IBM Brasil)*

**... permite que os pobres possam aprender e pesquisar melhor:** Eu vim a este programa, hoje, a convite dos companheiros do Banco do Brasil e a convite do ministro do Planejamento [cargo ocupado por Paulo Bernardo], não pela quantidade de alunos que estão aqui aprendendo um pouco de informática, aprendendo a recuperar coisas que normalmente são jogadas fora, para permitir que pessoas mais pobres, que não podem comprar, tenham acesso à utilização de um computador, tenham acesso à rede de internet, para que essas crianças possam não apenas aprender a trabalhar, mas aprender a pesquisar e a conhecer um pouco mais as coisas do mundo. *(20/4/07, Gama – DF. Inauguração do Centro de Recondicionamento de Computadores – CRC – do Gama)*

**... permite que as diferenças desapareçam:** Até o final deste ano todas as escolas técnicas de ensino médio do Brasil terão internet banda larga. E até o final de 2010 todas as escolas públicas do Brasil terão internet banda larga. E por que isso é necessário? Porque é através do conhecimento que a gente pode permitir que as diferenças sociais desapareçam. Essa história de dizer que pobre não sabe fazer as coisas, nós acabamos de desmascarar essa ideia. *(20/4/07, Gama – DF. Op. cit.)*

**... ajuda o Governo a administrar com velocidade:** É importante que cada Governo crie um conselho gestor para acompanhar essa obra, para ver qual é o problema, por que a obra não está andando, o que não está acontecendo, porque hoje, com a internet, em tempo real, a gente pode discutir o problema no mesmo dia. *(3/8/07, Brasília – DF. Lançamento do PAC Saneamento e Urbanização nos estados de AM, AP, AC, RO, RR, TO, ES, GO, PA, MA, AL, SC e no DF)*

**... é muito acessada pela "molecada":** Eu tenho conversado muito com essa molecada, esses dias, e percebo que há um vazio. Há muito mais informações, estão todos mais espertos no computador, todos mexem na internet, viajam, dia e noite, vão dormir às quatro horas da manhã, que é uma coisa extraordinária, mas eu acho que está faltando uma discussão "pão-pão, queijo-queijo", pai, mãe e filho, está faltando mais coisas entre eles mesmos. No nosso tempo – eu não sou de geração tão velha assim –, nós tínhamos, eu acho que era mais... Isso resulta num desbloqueio e numa desmotivação do adolescente brasileiro, por isso é que nós queremos uma campanha de autoestima, que é para ver se a gente consegue falar: eu posso, eu devo tentar pegar o que tem de exemplos bons no mundo. *(16/7/04, Brasília – DF. Entrevista coletiva aos Jornalistas Amigos da Criança)*

**... ajuda o Governo a comprar barato, sem corrupção:** Nós estamos sentindo hoje, no Governo, o que é a experiência de fazer compra via internet, e o que era fazer compra como antigamente. A diminuição de custos, a lisura do processo. E isso nós precisamos fazer chegar a todo o Governo, o que não é uma tarefa fácil porque tem hábitos que não são tão simples de mudar. *(2/8/04, Barueri – SP. Apresentação de modelo da plataforma para exportação de serviços de tecnologia da informação da Hewlett-Packard)*

## Investigar

[ver: acusação; denúncia; processo penal]

Eu disse esses dias, na posse do novo procurador-geral da República [Antônio Fernando de Souza], que o Brasil é um país fantástico. Todo mundo adora que haja uma forte investigação dos outros. Todo mundo quer que haja um forte combate à corrupção dos outros. Todo mundo acha que é preciso investigar tudo, desde que chegue na casa do vizinho e não na sua. *(11/7/05, Brasília – DF. Encontro com sindicalistas)*

**... é uma etapa do processo que deve ser respeitada, sem escândalo:** E como nós não somos de acusar ninguém sem prova, nós precisamos primeiro investigar para saber se tem alguma coisa errada para a gente poder, então, punir quem errou. Não precisa fazer escândalo. Vocês não viram o ministro da Previdência [cargo ocupado por Nelson Machado] fazer nenhum escândalo, até porque nós não queremos acusar ninguém sem prova, nós queremos primeiro pegar se é verdade o fato. Se for verdade, aí sim, nós vamos tomar as providências. *(7/4/06, Brasília – DF. Anúncio de reajuste de 5% para aposentados e pensionistas e medidas que beneficiam idosos)*

**... é algo que só é feito em benefício dos ricos:** Há alguns dias eu fiquei sabendo que, de 100% dos crimes que acontecem no Rio [de Janeiro], apenas 8% são desvendados e 92% não o são. Ou seja, se tem uma pessoa rica que é vítima, muitas vezes a pressão da família faz com que a polícia vá fundo para investigar. Mas se é um pobre, depois da missa de sétimo dia ele é esquecido. *(22/4/03, Vitória – ES. Assinatura de Protocolo de Intenções e repasse de recursos da União para o Espírito Santo para a área da segurança pública)*

**... não é tarefa do presidente:** Todos nós, os 176 milhões de brasileiros, estamos subordinados à possibilidade de qualquer denúncia, sobre qualquer coisa. Todo mundo pode agir emocionalmente, um presidente da República não pode agir emocionalmente. Se tiver denúncia de crime eleitoral, a Justiça Eleitoral e os partidos para investigar, não depende do presidente da República. Se tiver denúncia contra funcionários, o máximo que o presidente pode fazer é exonerar o funcionário, abrir inquérito na Polícia Federal e permitir que haja toda facilidade possível para que a apuração vá até o fim. Se a pessoa estiver condenada, que pague pelo erro cometido. Se a pessoa for inocente, que tenha a sua honradez recuperada por quem a acusou. *(20/2/04, Caxias do Sul – RS. Lançamento da nova linha de produção da Marcopolo S.A.)*

**... é tarefa do presidente:** Nós estamos fazendo aquilo que é o papel do Poder Executivo. Tem o papel da Justiça, tem o papel da polícia, tem o papel do Ministério Público, mas naquilo que for pertinente à ação do Poder Executivo, nós não deixaremos pedra sobre pedra, iremos investigar. Eu disse no meu discurso no Fórum de Combate à Corrupção, que houve na semana passada, que eu cortaria na minha própria carne, porque eu sou filho de uma mulher que morreu aos 64 anos analfabeta, e ela dizia para mim sempre o seguinte: "O que um homem não pode perder é o direito de andar de cabeça erguida." *(13/6/05, Rádio Nacional. Programa de rádio* Café com o Presidente*)*

# Jeitinho

[ver: burocracia; jeitoso; lei]

Lamentavelmente, no Brasil, muitas dessas coisas estavam desmontadas [projetos de infraestrutura] porque era preciso adotar sempre a política do jeitinho, ou seja, quem é amigo do rei pode liberar alguma coisa, e quem não é amigo do rei espera o resultado do caos, onde estão várias instituições brasileiras que têm que dar pareceres extremamente importantes. *(30/3/04, Brasília – DF. Lançamento do Programa de Incentivo às Fontes Alternativas de Energia Elétrica e assinatura de Acordo de Cooperação Técnica entre Ministério de Minas e Energia e Ministério do Meio Ambiente)*

**... é o contrário de fazer cumprir a lei:** Nós queremos adotar a política do jeitinho. Se tem lei, nós temos que cumprir; se a lei está obsoleta, nós temos que mudá-la. *(30/3/04, Brasília – DF. Op. cit.)*

# Jeitoso

[ver: jeitinho]

Eu tive a sorte de ter um médico no Ministério da Fazenda. Eu tive sorte, porque o jogo da Economia é muito pesado. Tem uma parte dele muito teórica. E, na hora em que você coloca um médico, que está acostumado a lidar com gente que está morrendo, que tem que ter mais carinho... O Palocci [Antônio Palocci, ministro da Fazenda] é o mais jeitoso de todos nós para fazer essas coisas. *(1/5/03, Indaiatuba – SP. Visita ao Retiro de Itaici – CNBB)*

**... é quem pede suavemente:** Eu duvido que tenha filho que se contente com os dez reais que a mãe lhe dá nas sextas-feiras para sair. Ele, na verdade, está querendo vinte reais ou está querendo trinta reais. E o Nelsinho [Nelson Trad, prefeito de Campo Grande, MS], muito jeitoso – aliás, o pessoal daqui está muito jeitoso –, o Nelsinho, muito jeitoso, falou: "Olha, presidente, se o senhor não se importar, eu vou bater na sua porta outra vez." Eu queria te dizer, Nelson, que fui criado e aprendi muito pequeno com a minha mãe [Eurídice Ferreira de Melo] que, quando alguém batia na porta da nossa casa, a gente abria e mandava a pessoa entrar. *(31/7/07, Campo Grande – MS. Lançamento do PAC Saneamento e Urbanização no estado do Mato Grosso do Sul)*

**... pode ser ao mesmo tempo aquele que pede e aquele que nega:** O Fernando Haddad [ministro da Educação] aprendeu a reivindicar. Ele sabe que é bom reivindicar. Então, vira e mexe ele pede uma audiência comigo: "Presidente, eu fiz uma agendazinha com o senhor." E como ele não é "macaco velho" na relação comigo, de trinta anos, como o Tarso [Genro, presidente do PT] – o Tarso me pedia, ficava na porta me esperando e a gente conversava. O Fernando é mais jeitoso, pede. Aí chegou lá para mim e falou: "Presidente, tem um negócio aqui, como é que chama lá, o Proep, que foi inventado, 'não sei das quantas', mas que cortaram o dinheiro e tem 18 [milhões de reais] que as comunidades não podem tocar." Aí ele falou assim para mim: "Presidente, isso aqui para a gente assumir, para federalizar, custa quarenta milhões. Presidente, com quarenta milhões, o senhor precisa convencer o Palocci [Antônio Palocci, ministro da Fazenda], presidente." Porque eu gosto do papel dele de reivindicar, mas também gosto do papel do Palocci de negar. Porque aí eu fico como uma espécie de caminho do meio, o ponto de equilíbrio entre os dois, porque senão um nega demais e outro reivindica demais, desbalanceia. *(22/2/06, Marabá – PA. Visita às obras do campus do Sul e Sudeste da Universidade Federal do Pará)*

**... é quem sabe ser "mineiro":** O Aécio [Neves, governador de Minas Gerais] é outro mineiro. Eu considero o Aécio um companheiro, tenho uma boa relação com o Aécio. É um menino preparado, politicamente jeitoso. Eu acho que é uma grande figura. *(10/10/07, Brasília – DF. Entrevista ao jornalista Kennedy Alencar, do jornal* Folha de S.Paulo*)*

## Jornal(is)

[ver: entrevista; imprensa; internet; leitor; televisão]

Tem dia que é bom a gente nem ler jornal, porque eu tomei como atitude não ler todos os jornais todo dia, porque tem dia que você fica azedo. *(4/4/03, Barcarena – PA. Inauguração da 3.ª linha da cadeia de produção da Alunorte, refinaria de alumina da Vale)*

**... não dão destaque aos programas do Governo Lula, únicos na História; o mesmo vale para a televisão:** Na semana passada, João [Felício, presidente da Central Única dos Trabalhadores – CUT] – quem está na área de Saúde, aqui, se lembra –, nós lançamos o mais importante projeto para cuidar dos doentes mentais neste país, o Volta para Casa, que foi aprovado e vai fazer com que a maioria dos doentes mentais possam voltar para casa. A família vai receber um salário para cuidar dessa pessoa em casa, e o Estado vai dar assistência para essa pessoa. Qual não foi a minha surpresa ao ver a televisão e ler os jornais! Não falavam quase nada do projeto que nós lançamos, mas falavam de uma mulher que veio dizer que o Fernandinho Beira-Mar [Luiz Fernando da Costa, narcotraficante brasileiro] se recuperou porque estava lendo a Bíblia. Nós lançamos o mais importante e único projeto de turismo da história do Brasil, numa perspectiva de criarmos um milhão e duzentos mil empregos. No dia seguinte, eu li os jornais e não havia uma só matéria sobre o lançamento do projeto de turismo. *(4/6/03, São Paulo – SP. 8.º Congresso Nacional da CUT)*

**... publicam o que deveria ficar em sigilo:** Alguns até falam o que não deveriam falar para a imprensa. Às vezes, uma coisa que é sigilosa no dia seguinte está estampada nas páginas dos jornais. Então, você percebe que tem jornalistas que adquirem um poder de influência muito grande em determinadas personalidades do mundo industrial, do mundo político, do mundo sindical. *(10/9/03, Brasília – DF. Inauguração da Sala de Redação Carlos Castello Branco e do novo site da SID)*

**... são lidos por Lula todo santo dia:** Eu, quando levanto de manhã, leio cinco ou seis jornais todo santo dia. Às vezes, se eu fosse me ater pelas manchetes dos jornais, eu nem sairia do Palácio da Alvorada, tal era a confusão estabelecida na praça. Aí você chega aqui, pega o telefone, liga pra um lá: "Mas não é isso, não, aí tem equívoco, eu não falei isso, eu não pensei aquilo." Então, não existe nada que substitua a relação humana. *(2/10/03, Brasília – DF. Entrevista coletiva a emissoras de rádio)*

**... devem ter a credibilidade posta sob suspeita; o mesmo vale para a televisão:** Toda vez que vocês olharem uma notícia nos jornais ou na televisão de que tal coisa não vai acontecer, é preciso se informar, porque aqui, em Belém, nesses sete anos de Governo do companheiro Edmilson [Rodrigues, prefeito da cidade], vocês têm a mais exata noção da quantidade de coisas que já se falou contra esse companheiro, da quantidade de denúncias que já fizeram contra ele. E ele, em nenhum momento, perdeu a tranquilidade para honrar o compromisso que ele tinha assumido com vocês. *(26/2/04, Belém – PA. Inauguração do projeto de urbanização da bacia do Tucunduba)*

**... precisam dizer apenas a verdade e, para isso, é importante que sejam fiscalizados por um Conselho Federal de Jornalistas:** O que nós efetivamente desejamos enquanto brasileiros, não enquanto presidente da República, mas enquanto seres humanos, é que, ao abrirmos o jornal e lermos uma notícia, ela seja a mais pura verdade conseguida por aquele jornalista e não apenas a intenção do profissional, do dono do jornal ou coisa parecida. Isso não é bom para quem lê, não é bom para vocês que escrevem, não é bom para o jornal, porque este vai perdendo credibilidade. Eu acho que uma instituição que possa orientar eticamente, profissionalmente e culturalmente é extremamente importante. É uma coisa que será boa para o futuro da imprensa no Brasil. Obviamente, alguns irão dizer sempre que isso é intromissão na autonomia, na independência, que estão querendo fazer ingerência. É só pegar os jornalistas de hoje, você vê que é tudo um bando de meninos e meninas muito jovens, ou seja, que eu acho que uma instituição dessa poderia contribuir para fortalecê-los enquanto profissionais. *(7/4/04, Brasília – DF. Encontro com representantes da Federação Nacional dos Jornalistas)*

**... tentaram desunir, por meio de seus proprietários, a categoria dos jornalistas:** Os donos dos jornais trabalharam de forma muito forte, de forma muito viva para tentar quebrar a espinha dorsal do jornalismo, ou seja, primeiro com um processo de contratação de jornalistas fora das regras preestabelecidas, terceirizados, como pequena empresa. E aí todo mundo sabe que acontece com algumas categorias o que acontece muito com jogador de futebol. Ou seja, imaginem vocês se os jogadores famosos, que fossem para a seleção, resolvessem organizar a categoria dos jogadores para reivindicar os seus direitos. Acontece que, quando as pessoas ficam famosas, cada uma vai pensando na sua sobrevivência pessoal e o coletivo vai ficando no segundo plano. *(7/4/04, Brasília – DF. Op. cit.)*

**... dão destaque aos êxitos do Governo na Economia, mas, muitas vezes, contrariados:** Hoje estamos com 180 milhões de habitantes e todos nós sabemos que, nesses 34 anos, o Brasil ficou um longo tempo sem crescer, apesar de também não ter crescido muito a população. Mas a verdade é que, se a população cresce e a Economia não acompanha, vai ficando um hiato de pessoas que não conseguem conquistar a sua cidadania. E essa dívida, nós estamos começando a acreditar que podemos pagá-la de forma sólida se a Economia brasileira não parar de crescer. E para não parar de crescer, volta a necessidade de energia; para não parar de crescer, é preciso que as pessoas acreditem um pouco mais neste país; é preciso que as pessoas acreditem que o crescimento não depende do Palocci [Antônio Palocci, ministro da Fazenda], não depende do Lula, não depende da Dilma [Rousseff, ministra de Minas e Energia], depende de uma vontade coletiva de acreditar que é possível as coisas acontecerem. E por que eu falo isso? Falo isso por causa de todos os números, todos, sem distinção, e todos os jornais, muitas vezes contra a vontade, são obrigados a colocar os resultados de todos os institutos que fazem pesquisas sobre o crescimento econômico do país. *(30/7/04, Brasília – DF. Assinatura de decreto que regulamenta a Lei 10.848, que dispõe sobre a comercialização de energia elétrica)*

**... na visão dos políticos, deveriam ser favoráveis a eles:** É verdade que todos nós, políticos, gostaríamos que, todos os dias, as manchetes dos jornais fossem favoráveis, os jornais fossem favoráveis, mas não é assim nem na vida da gente. Então, por que a gente vai exigir que os outros façam isso? O que nós temos é apenas que ter a consciência e a certeza de que estamos fazendo o melhor que podemos e que temos toda a sensibilidade para, na medida que descubramos erros, entendermos que são erros, e corrigirmos a trajetória. *(26/10/04, Brasília – DF. 5.ª reunião do Consea – Gestão 2004-2005)*

**... não são lidos por Lula aos sábados e domingos; televisão, só programa leve:** Eu, por exemplo, no sábado e no domingo, não leio jornal. Não vejo nenhum programa de política. Se eu vejo televisão, eu vejo... se for programa infantil, ainda melhor. Ou seja, só quero coisa leve, coisa que não me preocupe. *(20/5/05, Brasília – DF. Entrevista à jornalista Insun Kang, do jornal* Chosun Ilbo*)*

**... cometem injustiças históricas:** Eu queria lembrar para vocês que crise, neste país, já levou, em 1954, o presidente Getúlio Vargas a se matar. Crise, neste país, levou o Juscelino a ser mais achincalhado do que qualquer outro presidente da história deste país. Se alguém tiver dúvida, pegue os jornais da época para ver o que se falava do Juscelino Kubitschek, para ver quantas manchetes de jornais chamando-o de ladrão, e ele só foi reconhecido – hoje todo mundo sente orgulho de colocar um cartaz do Juscelino na sua casa – depois que foi cassado e muito depois que ele morreu. Hoje, ele é exemplo para todos os presidentes de direita e de esquerda, de centro ou não; todo mundo acha que o Juscelino é a marca. Mas pegue para saber o que aconteceu no mandato dele, foi curto. *(25/8/05, Brasília – DF. 13.ª reunião ordinária do Pleno Conselho de Desenvolvimento Econômico e Social – CDES)*

**... não são lidos pelo povo:** Estas pessoas que estão aqui precisam saber, e eu faço questão de dizer em todo lugar, muitas vezes a imprensa não escreve mais de tanto que eu já falei, mas eu vou continuar falando, porque vocês não leem a maioria dos jornais publicados neste país. Então, eu vou ser a "Rádio Peão" e vou dar a informação para vocês. *(26/8/05, Quixadá – CE. Lançamento do Programa do Desenvolvimento Regional Sustentável do Banco do Brasil e inauguração do Centro de Comercialização da Agricultura Familiar de Quixadá)*

**... devem ser lidos, todos eles; o mesmo vale para revistas e televisão:** A gente sempre tem que levar muito a sério as críticas, analisar tudo, mas eu vou te dar um conselho de alguém que aprendeu a fazer isso há muito tempo. O que é importante é a gente ler todos os jornais que puder ler por dia, ler todas as revistas que puder ler por semana, e ver todos os programas de televisão. Temos que ter ouvidos e olhos tanto para ouvir como para ler tudo. *(20/10/05, Brasília – DF. Abertura do Seminário Internacional Bolsa Família)*

**... não permitem que os leitores tenham uma visão correta do Governo:** Pois bem, companheiros, obviamente que alguém que mora numa capital e, muitas vezes, faz a avaliação do Governo pelas manchetes dos jornais nem sempre tem a informação correta. *(20/10/05, Brasília – DF. Abertura do 11.º Congresso Nacional do PCdoB)*

**... falam contra o Governo, porque são proibidos de falar a favor:** Este país já viveu momentos muito difíceis, e os mais velhos, da nossa idade, Mino [Carta, dono da revista *Carta Capital*], viveram um tempo da receita de bolo nos jornais. Nós vivemos o tempo do pensamento único neste país, em que era proibido falar contra, e agora estamos outra vez: é proibido falar a favor. Quer dizer, nós mudamos do oito para oitenta com uma facilidade enorme. *(6/11/06, São Paulo – SP. Premiação das Empresas mais Admiradas no Brasil)*

**... não conseguem influenciar negativamente os eleitores, pois estes usufruem diretamente os benefícios do Governo Lula:** Eu falo, sem medo de errar, e não vou mais fazer aqui comparação, porque agora eu tenho que me comparar com o primeiro mandato, que nunca houve na história do país qualquer situação que chegasse perto do que nós conseguimos fazer nos primeiros quatro anos. É por isso que muita gente ficou atônita, porque depois do massacre que o Governo sofreu as pesquisas mostravam que nós íamos ganhar as eleições. É porque milhões e milhões de almas brasileiras, mulheres e homens, que recebiam o benefício diretamente na sua casa, seja na agricultura familiar, seja na política de urbanização de favelas, seja no Bolsa Família, seja nos programas para a juventude brasileira, muitas vezes não tinham sequer condições de ter acesso aos jornais ou a um jornal na televisão. Mas essas pessoas passaram a contar na política brasileira, porque em poucos momentos da História essas pessoas passaram a ser sujeitos da própria História e não mais coadjuvantes que assistiam de longe os formadores dizerem o que eles tinham que fazer; elas resolveram fazer pelas suas próprias mãos. E é assim que nós precisamos construir um país, onde um ser humano não precise ficar dependendo do outro para ter informação correta, um ser humano não precise de informação de outro para tomar a decisão em quem vai votar, em quem vai escolher para ser vereador, prefeito, deputado, governador ou presidente da República. *(23/3/07, Brasília – DF. Posse dos novos ministros da Agricultura, Pecuária e Abastecimento, do Turismo e da Secretaria de Relações Institucionais da Presidência da República)*

**... preferem sempre notícias ruins:** A gente compra um jornal, só tem notícia negativa; a gente escuta um rádio, muitas vezes tem muita notícia negativa. Muitas vezes eu tenho a impressão de que as coisas boas perderam espaço para as coisas ruins. Por exemplo, lá no Congresso Nacional, quando eles querem dizer que tem um deputado que não trabalha, eles não individualizam, eles dizem: "A Câmara dos Deputados não trabalha", e aí o povo passa a entender que são os 513 deputados que não trabalham. Se tem um deputado corrupto, "tem corrupto na Câmara". Às vezes não especificam e induzem as pessoas a acreditarem que é tudo a mesma coisa. *(11/4/07, Rio de Janeiro – RJ. Formatura de jovens voluntários para os Jogos Pan-Americanos)*

**... se mentirem, deixarão de ter leitores:** Qual é a minha tranquilidade? É que hoje você tem uma sociedade mais experimentada. Se o jornal mentir, quem vai dizer que ele mentiu ou não é o leitor, que vai deixar de comprar. Se a televisão mentiu, quem vai desligar é o telespectador, não sou eu. Então, a única razão de sobrevivência é todos nós sermos o mais sérios possível naquilo que nós fazemos. Fora disso, não tem salvação. *(23/8/07, Brasília – DF. Entrevista aos jornalistas Tânia Monteiro, Vera Rosa, Rui Nogueira e Ricardo Gandour, do jornal* O Estado de S. Paulo*)*

**... devem ser lidos para além das manchetes:** Hoje o Guido [Mantega, ministro da Fazenda] entrou na minha sala com um monte de páginas de jornais, de matérias. E o Guido falava assim para mim, Armando [Jorge Armando Félix, ministro-chefe do Gabinete de Segurança Institucional]: "Presidente, sabe qual é o nosso defeito? É que político costuma pegar o jornal e só ler a primeira página." É preciso que a gente leia o restante, porque se a gente sair da primeira página e for ao Caderno de Economia de todos os jornais, a gente vai perceber que o momento que o Brasil vive hoje é um momento singular, é um momento único na nossa história. *(26/11/07, Brasília – DF. Posse do ministro-chefe da Secretaria de Relações Institucionais da Presidência da República, José Múcio Monteiro)*

**... não são lidos por Lula:** Tenho não [o hábito de ler jornais todas as manhãs], eu não tenho isso faz tempo, faz tempo. Não é que não dá, é que eu não quero fazer. *(18/12/08, Brasília – DF. Entrevista exclusiva à revista* Piauí*)*

**... não são lidos por Lula porque dão azia:** Eu tenho problema de azia. Eu me cuido profundamente para não perder o humor logo cedo. Eu começo a minha atividade política tendo meia hora de conversa com o Franklin [Martins, ministro da Comunicação Social] sobre a imprensa brasileira. Eu tinha com o Ricardo Kotscho [jornalista, ex-secretário de Imprensa da Presidência], eu tinha com o André Singer [jornalista, ex-porta-voz da Presidência], fazia uma avaliação da imprensa, as principais coisas, o que estava rolando no mundo político, o que estava rolando no mundo econômico. A partir daí tem a minha conversa diária... *(18/12/08, Brasília – DF. Op. cit.)*

**... não são lidos por Lula, que só lê o que o assessor lhe mostra; o mesmo vale para a televisão:** Aí ele [Franklin Martins] me traz o artigo. Aí me traz o artigo para ler, às vezes tem coisa boa na televisão e eles me trazem vídeo para eu ver, às vezes eu vejo no avião quando estou viajando. *(18/12/08, Brasília – DF. Op.cit.)*

**... não são confiáveis; por isso, Lula prefere ficar na mão de um assessor; o mesmo vale para a televisão:** Mas é muito melhor ficar na mão de um assessor em que eu confio do que na mão de um artigo que eu não conheço o jornalista. Então, eu prefiro conversar com alguém que eu recruto, da maior seriedade, e que me dá as informações corretas. *(18/12/08, Brasília – DF. Op. cit.)*

**... não são lidos por Lula, mas "não há hipótese" de isso o deixar desinformado:** Um homem que conversa com o tanto de pessoas que eu converso por dia deve ter uns trinta jornais na cabeça todo santo dia. O que acontece? Em cada conversa que você tem com uma pessoa, surge o assunto do dia, seja ele da Economia, seja ele da agricultura, seja ele da política. Não há hipótese de um presidente da República ser desinformado sobre as coisas mais importantes que acontecem no Brasil. *(18/12/08, Brasília – DF. Op. cit.)*

**... distorcem os fatos:** Quando eu fiz o programa Bolsa Família, as matérias que saíam deles, analistas, eram de que isso era assistencialismo. Ou seja, as pessoas muitas vezes têm a sua formação ideológica, têm a sua tese sobre as coisas. O que eu às vezes não concordo é que as pessoas, em vez de publicarem um fato como ele é, contra ou a favor, não importa, as pessoas colocam apenas aquilo que pensam sem se importar com o fato como ele é. Apesar de que eu acho que cada um pode ter sua opinião, cada um pode falar o que quiser. *(18/12/08, Brasília – DF. Op. cit.)*

**... não terão Lula como fonte:** Não gosto, não gosto de ser fonte, porque eu acho que você estabelece uma relação promíscua com o jornalista, com o jornal, com a revista, com a televisão. Se você passa a ser uma espécie de informante privilegiado... no caso do mundo policial, isso seria informante. No mundo jornalístico é mais chique, você passa a ser fonte. Então, é o cara que planta laranja para colher manga, é o cara que planta manga para colher limão... *(18/12/08, Brasília – DF. Op. cit.)*

**... não deviam ter fontes anônimas:** Eu não acho correto as pessoas se esconderem em nome de uma coisa fictícia, que é uma fonte. Você pode ter jornalista sério, que tem uma fonte verdadeira e, portanto, ele coloca uma matéria, e aí não é plantada, é uma matéria que alguém disse. E você tem o cara que, quem sabe, se levanta um dia, por falta de informação melhor ele planta uma fonte, e em nome da fonte ele publica o que ele quiser. Eu, sinceramente, não acho isso a coisa mais nobre da imprensa brasileira... *(18/12/08, Brasília – DF. Op. cit.)*

## Jornalista(s)

[ver: entrevista; imprensa; internet; jornal; leitor; televisão]

## José Dirceu

Eu acho que o José Dirceu tem experiência política – feliz do país que tem um político da magnitude do José Dirceu –, tem coragem e inteligência para fazer o enfrentamento. *(7/11/05, Brasília – DF. Entrevista ao programa* Roda Viva*)*

**... é um animal político:** O José Dirceu é um animal político da maior grandeza. *(10/10/07, Brasília – DF. Entrevista ao jornalista Kennedy Alencar, do jornal* Folha de S.Paulo*)*

**... antes de ser demitido, era visto por Lula entre aqueles que ajudariam o Brasil a seguir outro caminho:** É com homens como esses, mais o companheiro José Graziano [ministro extraordinário da Segurança Alimentar e Combate à Fome], que está aqui, que combate a fome, e companheiros como Palocci [Antônio Palocci, ministro da Fazenda], como José Dirceu, como Ciro Gomes [ministro da Integração Nacional], que a gente está levando este país para um outro caminho. *(12/4/03, Londrina – PR. Visita à Via Rural – Fazendinha)*

**... assim como outros companheiros de Lula, quando estava no Governo era exortado por Lula a ficar, convencido de que seria um dos que fariam o que fosse necessário ao Brasil:** Todo dia, quando chego ao palácio para governar e encontro o José Dirceu, o Antônio Palocci, o Gilberto Carvalho [secretário particular da Presidência], o José Genoino [presidente do PT], o Olívio Dutra [ministro das Cidades], e todos os ministros, o meu papel é dizer para eles que nós temos que estar cada vez mais tranquilos e cada vez mais convencidos de que somente nós poderemos fazer o que o Brasil precisa que seja feito. *(5/8/03, Brasília – DF. Encontro com lideranças políticas)*

**... antes de ser demitido, ficava com o trabalho acumulado por causa das viagens de Lula:** O José Dirceu já anda reclamando que estou viajando muito. Viajar muito significa que vai acumulando serviço na pasta dele, porque ele tem que preparar um monte de coisas para eu assinar. *(1/5/03, Indaiatuba – SP. Visita ao Retiro de Itaici – CNBB)*

**... antes de ser demitido, sabia negociar, o que era mal-interpretado:** Foi muito importante a capacidade de negociação demonstrada pela Casa Civil, pelo José Dirceu e pelo companheiro Palocci [Antônio Palocci, ministro da Fazenda], porque, no Brasil, tem muita gente que não está habituada à negociação. Então, qualquer negociação é interpretada por alguns como se fosse a política do "é dando que se recebe", como se fosse uma coisa maléfica, quando a coisa mais nobre no processo político é exatamente a capacidade de negociação que as pessoas têm. E nós vamos continuar negociando. *(4/9/03, Brasília – DF. Reunião do Conselho de Desenvolvimento Econômico e Social – CDES)*

**... antes de ser demitido, era o responsável pela boa relação do Governo com o Congresso:** Ninguém queria ceder e, às vezes, quem levava o nome de homem mau era o José Dirceu, que tinha que ficar telefonando para ministro pedindo, cobrando, insistindo. E também quero aproveitar aqui para dizer a vocês e, obviamente, ao companheiro José Dirceu, que eu não sei se nós teríamos conseguido fazer o que fizemos na nossa relação com o Congresso Nacional se a gente não tivesse a coordenação de um companheiro como o José Dirceu. *(18/12/03, Brasília – DF. Ato de prestação de contas do ano de 2003)*

**... antes de ser demitido, precisou dividir suas tarefas com outro companheiro:** Quero dizer que o companheiro Aldo Rebelo [deputado federal pelo PCdoB de São Paulo], que prestou um serviço inestimável como líder do Governo na Câmara dos Deputados, assume a Secretaria de Coordenação Política e Assuntos Institucionais, dividindo esta tarefa excepcional que o companheiro José Dirceu, sozinho, cumpriu no ano passado. Precisaria dois Golias, e o José Dirceu conseguiu dar conta da relação com o Congresso e da administração interna do Governo. Nós precisamos aperfeiçoar a administração interna e o companheiro José Dirceu vai cuidar disso. E o Aldo vai cuidar da questão da relação institucional. *(23/1/04, Brasília – DF. Anúncio da reforma ministerial)*

**... foi acusado de montar a quadrilha do mensalão, o que não foi provado:** O José Dirceu foi acusado pelo Roberto Jefferson [ex-deputado pelo PTB do Rio de Janeiro] de montar uma quadrilha, e, sobretudo, uma quadrilha para pagar mensalão. Eu estou esperando que o Congresso Nacional, pelos seus 513 deputados, pelo seu presidente, ou por quem quer que seja, dê à sociedade brasileira o veredicto final: afinal, teve ou não mensalão? *(7/11/05, Brasília – DF. Entrevista ao programa* Roda Viva*)*

**... foi cassado injustamente; se errou, a História irá julgar:** Acho que o Congresso Nacional tem soberania para tomar as decisões e votar naquilo que a gente gosta e naquilo que a gente não gosta. A única coisa que eu lamento é que o José Dirceu tenha sido cassado antes de terem provado alguma coisa contra ele. Eu tinha dito há um mês atrás, no programa *Roda Viva*, que do jeito que as coisas caminhavam o Congresso se via quase que na obrigação de cassar o José Dirceu, porque se não cassasse seria negar tudo o que foi feito. Acho que o Congresso tomou uma decisão, a História vai se encarregar de dizer se foi certo ou não, mas eu acho que faltou provar para a sociedade que o Zé tinha cometido [a falta de] decoro parlamentar pelo qual ele foi acusado. Acho que todo mundo aqui sabe a relação de amizade, de carinho, que eu tenho pelo José Dirceu, todo mundo sabe o quadro político importante que ele é. Se ele errou ou não a História vai julgar. O dado concreto é que eu acho que poderiam, antes de julgá-lo, ter provado o que diziam do José Dirceu, e não fizeram isso ontem. Eu acho que a História vai se encarregar de colocar as coisas mais às claras para todos nós nos próximos meses, quem sabe nos próximos anos. *(1/12/05, Brasília – DF. 15.ª reunião do Conselho de Desenvolvimento Econômico e Social – CDES)*

**... deixou o Governo por orientação de Lula, para não servir de "vidraça" para a oposição:** Veja, o José Dirceu, primeiro, quando aconteceu a denúncia sobre o Waldomiro [Diniz, ex-subchefe de Assuntos Parlamentares da Presidência, acusado de receber propina de bicheiros], que até agora também não se provou nada, está num processo de investigação, é verdade que o José Dirceu queria sair do Governo. Eu disse: "Zé, mas se você está dizendo que não tem nada com o Waldomiro, e você vai sair porque estão atacando o Waldomiro, ou seja, você não consegue montar um Governo, porque a cada um que for denunciado você tirar, ou seja, você troca todo mundo, todo mês." E o José Dirceu ficou. Na segunda fase, quando começaram a atacar muito o José Dirceu, eu tive uma reunião com o José Dirceu e disse ao José Dirceu: "José Dirceu, eu acho que chegou o momento de você pensar se não é melhor você voltar para o Congresso Nacional, porque lá está o centro do debate sobre a crise. E você é um deputado que teve mais de quinhentos mil votos, você é uma figura de peso nacional, portanto, lá eu acho que você vai poder fazer muito mais do que se ficar dentro do Governo sendo vidraça da nossa oposição." E o José Dirceu tomou a decisão de voltar para o Congresso Nacional. *(7/11/05, Brasília – DF. Op. cit.)*

**... mesmo cassado, pode ser companheiro de palanque de Lula:** Eu levaria o José Dirceu para o palanque, até porque ele foi cassado e não foi provado nada contra ele. Ele é um cidadão que perdeu o mandato de parlamentar dele, mas até agora eu não vi nenhuma acusação que possa dizer: "O José Dirceu cometeu um delito." *(7/12/05, Brasília – DF. Entrevista coletiva às emissoras de rádio Band AM e Bandnews FM, CBN e Jovem Pan, no Palácio do Planalto)*

**... cometeu erros, como outros cometeram, e está pagando por eles:** São erros. Tanto é que foram punidos. O Genoíno [José Genoíno] saiu da Presidência do PT; o Silvinho [Pereira, ex-secretário-geral do PT, deixou o cargo em meio à crise do mensalão] não está mais no PT; o Zé Dirceu perdeu o mandato; o Delúbio [Soares, ex-tesoureiro do PT, deixou o cargo em meio à crise do mensalão] saiu do PT. Para mim, a apuração tem que ser feita dentro do meu partido, nos outros partidos, dentro da sociedade, naqueles que são amigos do presidente e naqueles que são adversários do presidente. Afinal de contas, a investigação séria, o combate à corrupção, o combate aos erros administrativos que alguém possa ter cometido não podem ter cor partidária, não podem ter coloração ideológica. O que precisa é que prevaleça a ética. *(1/1/06, Brasília – DF. Entrevista ao programa* Fantástico, *da Rede Globo, no Palácio do Planalto)*

**... se fez algo que não condiz com a história do PT, como o Delúbio Soares, traiu Lula:** No caso do Zé Dirceu – diferentemente do Delúbio [Soares, ex-tesoureiro do PT, deixou o cargo em meio à crise do mensalão], que assumiu a responsabilidade –, ele ainda não definiu seu processo. Ele foi cassado, vai ter o relatório da CPI, vamos aguardar para ver o que vai acontecer. Mas não quero nem julgar se eu fui traído por A ou por B. Acho que o conjunto dos acontecimentos, para mim, soou como se fosse uma facada nas costas de alguém que, junto com outros milhões de brasileiros, dedicou parte da sua vida para construir um instrumento político que pudesse ser diferente de tudo o que estava aí. *(1/1/06, Brasília – DF. Op. cit.)*

**... não é um traidor:** Eu não acho que o José Dirceu seja um traidor. O José Dirceu foi um quadro político importante para o Governo. O José Dirceu contribuiu de forma extraordinária para o Governo. Na hora em que o José Dirceu cometeu erros políticos, o José Dirceu deixou o Governo e foi para a Câmara. *(10/10/07, Brasília – DF. Op. cit.)*

**... foi afastado do Governo por Lula, como forma de punição:** Veja, eu acho que o José Dirceu – não está provado se ele cometeu os crimes que lhe foram imputados – vai ser julgado. Para mim, a punição que eu poderia dar eu dei: afastei o José Dirceu do Governo. *(20/9/07, Brasília – DF. Entrevista ao jornal* The New York Times*)*

## José Serra

O governador de São Paulo foi meu adversário, mas é meu amigo, tenho boa amizade com o Serra. *(28/3/08, Delmiro Gouveia – AL. Assinatura de protocolos de cooperação federativa e de instalação do Comitê Estadual de Articulação do programa Territórios da Cidadania)*

**... é um homem de bem:** Olha, eu tenho uma boa relação com o governador Serra. Eu acho que o Serra é um homem de bem, tenho mantido com São Paulo uma boa relação, e eu tenho fé em Deus que vou contribuir mais com o Serra do que o Fernando Henrique Cardoso [presidente do Brasil entre 1995 e 2003] contribuiu com o Covas [Mário Covas, governador de São Paulo de 1995 a 1999 e de 1999 a 2001, quando morreu]. *(10/10/07, Brasília – DF. Entrevista ao jornalista Kennedy Alencar, do jornal* Folha de S.Paulo*)*

**... é companheiro:** Meu caro companheiro José Serra, prefeito da cidade de São Paulo. *(26/1/05, São Paulo – SP. Entrega dos certificados a estudantes aprovados em São Paulo pelo Programa Universidade para Todos – ProUni)*

**... é um velho conhecido de Lula:** A nossa relação com o Serra, com o Aécio [Neves, governador de Minas Gerais], é uma relação histórica de trinta anos, não é uma relação de trinta dias ou de uma eleição. *(23/11/06, Brasília – DF. Almoço com governadores)*

**... como governador de São Paulo, tem uma boa relação com Lula:** Então, Serra, esta é a terceira vez que eu venho ao Palácio Bandeirantes: duas para assinar acordos e uma para receber o papa, em que, certamente, assinamos um grande acordo para encontrar com Deus e para ter o lugar garantido num futuro bem longínquo. Mas o dado concreto é que eu faço isso porque eu vivi na pele a experiência da má relação entre um presidente da República e um governador. E quando tem a má vontade, as coisas não acontecem. Teve estado em que nós passamos quatro anos tentando fazer alguma coisa, e era impossível, porque tinha uma disputa política amanhã. *(26/6/07, São Paulo – SP. Lançamento do PAC nas áreas de saneamento e habitação)*

**... recebe recursos do PAC, mesmo sendo adversário:** O Serra, lá em São Paulo, que é nosso adversário – não ele, o partido dele –, está recebendo oito bilhões de reais do PAC [Programa de Aceleração do Crescimento]. *(18/3/08, Campo Grande – MS. Assinatura de ordens de início das obras do PAC no MS, lançamento do programa Caminho da Escola, entrega de telecentros e visita às obras de urbanização e saneamento do bairro Vila Popular)*

**... deve ser respeitado, assim como Lula:** Eu posso ser adversário do Serra e ele pode ser meu adversário, mas o dado concreto é que ele foi eleito e eu fui eleito. O meu eleitor e o eleitor dele merecem o respeito de todos neste país, e, portanto, os eleitores que votaram na gente não querem que a gente continue a disputa depois das eleições, eles querem que a gente governe. *(20/5/08, Santos – SP. Assinatura de atos relativos a obras do PAC na Baixada Santista)*

**... já foi líder estudantil, e conhece a importância do ensino público:** O Serra já foi líder estudantil, presidente da UNE [União

Nacional dos Estudantes], o Tarso [Genro, ministro da Justiça] já foi, deve ter alguns de vocês também que já foram, e vocês sabem que durante muitos anos nós tivemos um discurso histórico, em que defendíamos, de forma muito categórica, ensino público e gratuito para todo mundo. Esse é um discurso que nós vamos continuar defendendo, porque é um sonho, é uma utopia que nós poderemos, um dia, construir. *(26/1/05, São Paulo – SP. Op. cit.)*

**... pressionou senadores para tentar aprovar a manutenção da CPMF, o que o faz merecer a gratidão de Lula:** Mas companheiro governador do estado de São Paulo José Serra, a quem de público eu quero fazer um agradecimento pelo empenho que teve em tentar convencer os senadores da República de que não era possível tirar quarenta bilhões de reais do Orçamento de uma hora para outra. *(14/12/07, São Bernardo do Campo – SP. Lançamento do novo Ford KA)*

**... pode ser mais generoso:** Vejam vocês, o governador José Serra perguntou se o carro era bom e disse que ia recomendar para a prima dele comprar um. Mas se ele for mais generoso e comprar um de presente para a mulher dele, já são dois. Nesta época de Natal, todo mundo fica mais generoso, Serra. *(14/12/07, São Bernardo do Campo – SP. Op. cit.)*

## Jovem(ns)

[ver: universidade; violência]

Outra coisa que mudou no Brasil, que as pessoas vão ter que se acostumar, é o que eu tenho dito para as pessoas pobres, sobretudo para a juventude: eu não aceito a ideia de um jovem ficar desanimado, de um jovem dizer que não está mais interessado nas coisas, porque está tudo difícil. O jovem não tem o direito de ficar desestimulado. Eu digo para todo mundo: se eu saí de Pernambuco para não morrer de fome e virei presidente da República, qualquer um pode virar, é só acreditar, trabalhar, se preparar, se organizar, não tem barreira. E, sobretudo, porque somente no regime democrático é possível a gente disputar em igualdade de condições. *(11/3/08, Divinópolis – TO. Inauguração do reservatório de contenção da barragem Manuel Alves)*

**... podem esperar mais do que os outros:** Um jovem pode esperar um dia, um homem da minha idade pode esperar meio dia, mas um senhor de cem anos de idade não pode esperar muito. *(29/11/07, Vitória – ES. Assinatura de atos)*

**... usam roupas "esculhambadas":** Esses dias eu mudei para um apartamento, e um filho de um amigo meu, amigo do meu filho – essa meninada que usa essas bermudonas que você não sabe se são calça ou bermuda, porque não está nem no joelho, nem no tornozelo, está no meio da canela –, chega esse amigo do meu filho, na minha casa, de bermuda, de camiseta, todo esculhambado, como é próprio da idade, e chega na portaria e o porteiro – não era um negro, era um branco, mas o salário era igual ao do negro, salário mínimo – diz assim para o menino: "Por favor, pelo elevador de serviço." Eu fui obrigado a pegar o telefone, porque eu perguntei para o menino: "Por que você veio pelo elevador de serviço?" "Ah, porque o guarda mandou." Eu olhei para ele assim, e falei: "Pelos trajes, até que merecia." Aí liguei para o porteiro e disse: "Olha, daqui para a frente, quem vier à minha casa e disser que veio à minha casa entra pelo elevador considerado principal." *(21/3/03, Brasília – DF. Instalação da Secretaria Especial de Políticas de Promoção da Igualdade Racial)*

**... atualmente, muitos não acreditam mais em nada:** Muitos jovens, hoje, não acreditam em política, não acreditam em sindicato, não acreditam em religião. Ou seja, é um ajuntamento de pessoas que não veem perspectivas. *(30/6/03, Brasília – DF. Lançamento do programa Primeiro Emprego)*

**... devem acreditar na política:** Eu quero dar dois conselhos para os jovens que estão aqui. O primeiro é nunca dizer que não gosta de política, porque a desgraça de quem não gosta de política é a de ser governado por quem gosta. E se quem gosta de política são apenas os maus, significa que a maioria boa vai ficar marginalizada. A segunda coisa é que, quando vocês estiverem naquele momento de descrédito total, de que nada vale a pena, de que nenhum partido político presta, de que nenhum candidato presta, ainda assim, pelo amor de Deus, não desistam. Porque o político perfeito que vocês procuram não está dentro dos outros, e sim dentro de vocês. *(13/5/03, Brasília – DF. Entrega do manifesto: "A Paz e o Futuro dos Jovens")*

**... quando não têm profissão, podem virar criminosos ou alcoólatras:** E por que nós queremos formar os nossos jovens? Para que eles possam ter possibilidade de emprego. Eu sei a diferença entre um jovem com profissão e um jovem sem profissão. O que tem profissão vai ter emprego. O que não tem profissão não vai ter emprego e vai ser disputado pelo narcotráfico, pelo crime organizado ou, quem sabe, até pela bebida. *(29/11/07, Colatina – ES. Inauguração da BR-259/ES – Trecho João Neiva/Baixo Guandu)*

**... são mais arregimentados pelo crime porque conseguem correr mais da polícia:** Eu não me conformava de ver tanta juventude metida na criminalidade. Se vocês virem a televisão, vão perceber que quase todos os bandidos que eles mostram são jovens, jovens de 24 anos, de 23 anos, de 20 anos, até porque um velho de 60 não consegue mais roubar nada porque será pego, pois não pode nem correr. Então, tem que ser a juventude mesmo. *(19/2/08, Cachoeiro de Itapemirim – ES. Entrega da conclusão das obras dos prédios da Unidade de Ensino Descentralizada do Cefet)*

**... correm mais risco de serem cooptados pelo crime nas regiões metropolitanas:** As Forças Armadas Brasileiras vão convocar trinta mil jovens a mais do que os recrutas necessários, para que a gente possa não apenas fazê-los servir as Forças Armadas mas, também, aprender uma profissão para que eles possam sair de lá melhor preparados para o mercado de trabalho. E esses jovens serão chamados, de preferência, nas grandes regiões metropolitanas, para que a gente tire esse jovem que está no fio da navalha, entre a cidadania e a criminalidade, entre a cidadania e o narcotráfico. *(17/5/04, Goiânia – GO. Abertura da 45.ª Reunião Geral da Frente Nacional de Prefeitos)*

**... viram criminosos por culpa da administração pública:** Cada vez, Marilena Chauí [professora de filosofia da USP], que eu vejo a televisão mostrar um assalto ou um crime, ela mostra um jovem de 17, 15, 30 anos. Eu não estou aqui defendendo que esse jovem cometa crime, não. Ele tem que ser punido. Agora, é importante saber que esse jovem é resultado do descaso de trinta anos de administração pública deste país, em que os pobres foram sendo segregados, as famílias foram vivendo um processo de degradação pela miséria, sem perspectiva, sem escola. Essas crianças não tinham oportunidade. *(14/3/08, Araraquara – SP. Assinatura de ordens de início das obras do PAC em Araraquara)*

**... são criminosos hoje porque foram abandonados pelo poder público no passado:** Quando você vê um jovem, hoje, de 24 anos, preso em uma cadeia, você tem que lembrar que aquele jovem é filho da década de 80, foram vinte e poucos anos em que a Economia brasileira não cresceu, em que não melhorou a qualidade da educação, e essa pessoa não teve oportunidade de trabalhar. *(7/5/07, Brasília – DF. Entrevista à TV Rede Vida, no Palácio do Planalto)*

**... são a cara dos pais, na aparência e no comportamento:** Se a família estiver desagregada é humanamente impossível, é quase um ato de heroísmo um jovem vencer na vida se a família não estiver unida, porque todos nós, bem ou mal, somos a cara do que os nossos pais são, não apenas no físico, mas no comportamento. *(13/3/08, São Paulo – SP. Colação de grau da 1.ª turma de formandos da Universidade da Cidadania Zumbi dos Palmares)*

**... preferem ser honestos:** Eu estou convencido de que na hora que este jovem, homem ou mulher, perceber que tem uma chance de trabalhar honestamente e ganhar o seu salário, vai descobrir também que é muito melhor ser honesto e ser um chefe de família digno do que ser uma pessoa ligada ao crime, qualquer que seja a tipificação do crime. *(20/3/08, Foz do Iguaçu – PR. Entrega dos contratos de cessão de uso de águas públicas para aquicultura, assinatura do termo de cooperação entre a Petrobras e os estados do MS e PR para a construção do alcoolduto Campo Grande)*

**... com Lula, terão chances na vida:** Eu quero é dar aos jovens de hoje a oportunidade que eu não tive na minha geração, eu quero garantir que esses jovens tenham o diploma que eu não tive, as oportunidades que eu não tive, porque eu sei que, tendo um diploma e uma profissão, eles poderão garantir para as suas famílias, para o pai, para a mãe, para a mulher e para os filhos um mundo muito melhor do que aquele que eu e você recebemos dos nossos pais. *(22/2/06, Imperatriz – MA. Visita ao campus da Universidade Federal do Maranhão, em Imperatriz, no âmbito do programa de expansão do Sistema Federal de Ensino Superior)*

**... com Lula, serão ajudados a fugir do crime:** Quando, em dezembro de 2006, a gente pensou em fazer o PAC [Programa de Aceleração do Crescimento], eu pedi para a ministra Dilma [Rousseff, ministra-chefe da Casa Civil] conversar com os companheiros do Rio de Janeiro, porque eu estava cansado de ver na televisão ou ler nos jornais que todo dia tinha uma notícia do Complexo do Alemão, todo dia tinha uma notícia de Manguinhos, todo dia tinha uma notícia da Rocinha, mas nenhuma notícia boa. Só para você saber, governador [do Rio de Janeiro, cargo ocupado por Sérgio Cabral Filho], o nosso querido Leonardo [Januário da Silva, representante da comunidade do Complexo de Manguinhos], aqui, tem uma bala perdida na perna dele. Pois bem, eu estava cansado dessas notícias e eu sei que para a gente mudar isso é preciso que a gente ofereça, em nome do Estado brasileiro, esperança para milhões de jovens neste país. *(7/3/08, Rio de Janeiro – RJ. Assinatura de ordem de início das obras do PAC na comunidade de Manguinhos)*

**... com Lula, terão mais chances de estudar:** Criamos o Reuni [Programa de Apoio a Planos de Reestruturação e Expansão das Universidades Federais], acertamos com 54 reitores das universidades federais, e vamos aumentar de uma média, hoje, de 12 alunos por professor para 18 alunos por professor. Isso vai permitir que a gente, até 2010, coloque mais quatrocentos mil jovens nas escolas federais deste país. Vamos inaugurar, até 2010, dez novas universidades federais, 48 extensões universitárias e vamos também inaugurar 214 escolas técnicas neste país. Este dado é importante: de 1900 a 2003, a primeira foi construída por Nilo Peçanha [presidente entre 1909 e 1910], acho que na cidade de Campos, se não falha a memória; de 1909 até 2003, eles construíram 140 escolas técnicas, em 93 anos. Nós, em oito anos, vamos construir 214 escolas técnicas profissionais neste país, para garantir ao jovem deste país, e, sobretudo, aos filhos dos mais pobres, que têm o direito de aprender uma profissão e conquistar a sua cidadania. *(26/2/08, Rio de Janeiro – RJ. Inauguração da fábrica de pneus de mineração e terraplanagem da Michelin – América do Sul)*

**... com Lula, vão namorar mais:** Nós estamos criando quatrocentos centros de saúde bucal com tratamento de primeira qualidade, ortodontia, tratamento de canal, prótese, para que uma criança mais humilde da periferia possa colocar o mesmo aparelho que o presidente do BID [Banco Interamericano de Desenvolvimento] coloca para corrigir a sua boca. Isso chama-se inclusão social, isso chama-se inclusão educacional e chama-se a inclusão que você quiser. O dado concreto é que nós estamos fazendo aquilo que é preciso ser feito, porque senão os nossos jovens estarão proibidos de arrumar uma namorada. Porque não sei como é que alguém arruma uma namorada que não ri. Precisa rir. E se você não tem dentes, não ri. *(6/4/06, São Paulo – SP. Respostas a perguntas de empresários durante o World Economic Forum on Latin America)*

## Judiciário

[ver: corrupção; harmonia; justiça]

Eu duvido, não importa o momento da história do Brasil, em que o Estado brasileiro tenha combatido tanto a corrupção como nós estamos combatendo, ou seja, o que foi publicado na imprensa brasileira é resultado da eficácia do Governo que não protege as pessoas acusadas de corrupção; da Polícia Federal e dos procuradores que têm total liberdade para denunciar. Mas o julgamento quem faz não é o presidente da República, mas o Poder Judiciário, e isso é uma garantia do sistema democrático do Brasil e do mundo. Por que se cada um for condenado em função de um jornal, não seria necessário ter a polícia e a Justiça. *(5/7/07, Bruxelas – Bélgica. Entrevista ao canal France 24)*

**... não faz as leis, apenas interpreta:** O Poder Judiciário interpreta as leis, não faz leis. Então, é preciso que a gente reordene as instituições brasileiras para que elas funcionem cada vez mais democráticas e cada vez mais harmoniosas. *(28/2/08, Aracaju – SE. Inauguração do viaduto Jornalista Carvalho Déda e assinatura de ordens de início de obras da revitalização do rio São Francisco e de saneamento e urbanização – PAC)*

**... tem uma parte que serve ao crime organizado:** Hoje nós enfrentamos uma indústria, eu diria até multinacional, do crime organizado. Ele tem o seu braço na política, tem o seu braço na polícia, tem o seu braço no Poder Judiciário, tem o seu braço nos empresários, tem o seu braço internacional. Então, é uma coisa muito poderosa que, de vez em quando, nós vemos na televisão: "Polícia consegue apreender a maior quantidade de cocaína já vista no Brasil." Aí, o que apresenta a televisão? Cinco ou seis "bagrinhos". Para onde ia e de onde veio, quem vendeu e quem comprou a droga não aparece. Aparecem os "bagrinhos", ou seja, é sempre a mesma história. *(22/4/03, Vitória – ES. Assinatura do Protocolo de Intenções e repasse de recursos da*

*União para o Espírito Santo, para a área da segurança pública)*

**... tem uma "caixa-preta" e discrimina os pobres:** Nós queremos uma segurança pública em que a Justiça seja igual para todos, e não uma Justiça que cuida com mais carinho daquele que tem "alguns contos de réis" em conta bancária. Como dizia Lampião [Virgulino Ferreira da Silva, cangaceiro pernambucano que atuou no Nordeste nas décadas de 1920 e 1930], em 1927: "Neste país, quem tiver trinta contos de réis não vai para a cadeia." Em muitos casos ainda prevalece exatamente isso. Muitas vezes, a Justiça não age, enquanto Justiça, no cumprimento da Constituição, que diz que todos são iguais perante a lei. Muitas vezes, uns são mais iguais do que outros, e é o que eu chamo de "justiça classista". É uma justiça que favorece uma classe. E é por isso que nós brigamos há tanto tempo, dr. Márcio [Thomaz Bastos, ministro da Justiça], pelo controle externo do Poder Judiciário. Não é interferir na decisão de um juiz, mas é pelo menos saber como funciona a "caixa-preta" do Poder Judiciário, que muitas vezes parece intocável. E nós achamos que a sociedade brasileira precisa começar a assumir os espaços que lhe são de direito para que as coisas funcionem neste país. E, quanto mais fiscalizados formos, mais chances teremos de acertar. Quanto menos fiscalizados, mais continuaremos a cometer os erros que, historicamente, temos cometido. *(22/4/03, Vitória – ES. Op. cit.)*

**... deve ser fiscalizado:** Depois, vamos entrar com a reforma do Poder Judiciário. E ninguém precisa ficar zangado, porque ninguém quer tirar poder de juiz. O que nós queremos é apenas assegurar que todos nós sejamos iguais perante a lei. E se o Poder Executivo tem fiscalização e o Poder Legislativo tem fiscalização, por que o Poder Judiciário não pode ter o controle externo da sociedade para que ele possa funcionar? Qual é o problema? Um juiz, um ministro conhece mais leis do que nós que não somos juízes. Mas somos iguais. Portanto, precisamos ser tratados com o mesmo respeito. E nós queremos fazer isso para melhorar este país. *(20/11/03, Maceió – AL. Almoço oferecido pelo governador Ronaldo Lessa)*

**... assim como o Legislativo, não será obstáculo para os planos do Governo:** Nada, podem ficar certos, vai nos impedir – não tem chuva, não tem geada, não tem terremoto, não tem cara feia, não tem o Congresso Nacional, não tem o Poder Judiciário –, só Deus será capaz de impedir que a gente faça este país ocupar o lugar de destaque que ele nunca deveria ter deixado de ocupar. *(24/6/03, Brasília – DF. Entrega dos troféus às instituições beneficiárias do Programa SENAI Solidário e premiação do Concurso Nacional de Criatividade para Docentes)*

**... deve ter as suas decisões obedecidas:** Não estava previsto no Orçamento deste ano e nós vamos ter que pagar 12 bilhões e 400 milhões de reais, por conta da URV. Quando foi implantada a URV, alguns milhares de aposentados entraram com uma ação e essa ação saiu este ano. Ou seja, são 12 bilhões e 400 milhões que não estavam no Orçamento da União e que a gente agora vai ter que se virar para encontrar um jeito de pagar, porque é decisão judicial e nós não temos como descumprir uma decisão do Poder Judiciário. *(26/4/04, São Bernardo do Campo – SP. Lançamento do Serviço de Atendimento Móvel de Urgência – Samu – 192)*

**... não pode, enquanto poder autônomo, sofrer pressão dos outros poderes:** Temos uma Previdência que tem um passivo, Feijóo [José Lopez Feijóo, presidente do Sindicato dos Metalúrgicos do ABC], de duzentos bilhões de reais, ou seja, há duzentos bilhões de reais a receber e nós não podemos fazer nada, porque está na Justiça. Temos que esperar a decisão da Justiça porque não há como o Poder Executivo ou o Poder Legislativo impor ao Poder Judiciário uma decisão. Ele é um poder autônomo. *(26/4/04, São Bernardo do Campo – SP. Op. cit.)*

## Juros

[ver: credibilidade; crédito; desenvolvimento; Economia; economista]

A taxa de juros, normalmente, ela é baixa ou é alta de acordo com quem toma o dinheiro emprestado. Se fosse um ex-presidente da associação comercial, teu amigo, pedir para você cem reais emprestados, certamente você iria emprestar. E como você sabe que ele é um homem de muita credibilidade, ele vai lhe pagar e você iria falar para ele: "Olhe, nem juro você precisa pagar, ou, se for pagar, vai pagar um jurinho simbólico aí." Mas se não fosse ele e fosse um cidadão qualquer que pedisse cem reais emprestados, certamente você não emprestaria, e, se emprestasse, cobraria uma taxa de juros tão alta que, possivelmente, a taxa Selic [Sistema Especial de Liquidação e de Custódia] fosse uma piada perto da taxa de juros que você iria cobrar. Eu estou dizendo isso apenas para falar o seguinte: obviamente que todos nós queremos que os juros no Brasil sejam os mais baixos possíveis. Mas isso depende muito das condições de credibilidade que este país tem. Quando o Governo quer vender um título, quem vai comprar precisa saber se vai receber ou não. E aí é que entra a palavra credibilidade como chave para você começar a reduzir as taxas de juros. Isso vale para o Governo, mas vale também numa loja. Obviamente a loja tem a lista do seu bom comprador e a do mau comprador. Para o bom comprador tem uma taxa, tem um tratamento; para o outro, é outra taxa, é outro tratamento. No sistema financeiro brasileiro, quem paga paga por quem não paga. Vocês, quando vão pagar um cartão de crédito ou um cheque especial, vocês estão, simplesmente, pagando por aqueles que não pagam a conta bancária. Então, os honestos pagam por aqueles que não podem pagar. *(18/10/04, Curitiba – PR. Encontro com representantes da Associação Comercial do Paraná)*

**... serão reduzidos por Lula em razão de compromissos assumidos nas praças públicas:** Todo mundo sabe que nós precisamos reduzir a taxa de juros. Todo mundo sabe que nós precisamos fazer a reforma agrária, gerar emprego, fazer política agrícola. Foi para isso que nós ganhamos. Foram esses compromissos que nós assumimos em praças públicas. E são esses compromissos que nós queremos cumprir. E vamos cumpri-los, podem ficar certos de que vamos cumpri-los. *(25/2/03, Brasília – DF. Reunião do Conselho Nacional de Segurança Alimentar e Nutricional – Consea)*

**... serão reduzidos por Lula, mas não de uma hora para outra:** Vocês sabem que, durante a campanha, eu dizia: "Nenhum país do mundo irá se desenvolver se as taxas de juros oferecidas pelo Governo, a troco dos seus títulos, forem maiores do que as taxas de lucros advindas da produção." Eu dizia, como candidato, e quero reafirmar como presidente da República: "Nós temos que ter como objetivo reduzir as taxas de juros no nosso país." Mas vocês também sabem que não é uma coisa que se faz com um estalar de dedos ou um passe de mágica.

*(27/3/03, São Paulo – SP. Posse do presidente da Associação Comercial de São Paulo)*

**... não podem ser reduzidos rapidamente, assim como não se pode mexer intempestivamente com um doente em estado grave:** Será que alguém neste país imagina que eu não tenha vontade de reduzir os juros com uma medida provisória? Agora, há fragilidade. Isso é como um doente: se a pessoa está frágil, você não pode nem tirá-la do lugar, nem transportá-la para um hospital melhor. Não é isso? Você tem que deixá-la deitada, dando remediozinho ali, até criar oportunidades. *(1/5/03, Indaiatuba – SP. Visita ao Retiro de Itaici – CNBB)*

**... não são o problema central:** Neste país, meu companheiro Waldir Pires [ministro-chefe da Controladoria-Geral da União], as pessoas de vez em quando invertem a discussão. É lógico que a taxa de juros é alta. Quem é que não sabe, 26% na taxa Selic. Agora, não é esse juro que está matando o povo. Esse juro está dificultando o papel do Estado de investir, mas é engraçado que eu nunca tenha visto as pessoas fazerem um discurso questionando por que essas empresas que fazem propaganda para as pessoas pegarem dinheiro emprestado cobram 333% de juros ao ano. *(27/6/03, Brasília – DF. Abertura do Encontro Nacional de Vereadores e Deputados Estaduais do Partido dos Trabalhadores)*

**... não precisam ser reduzidos drasticamente:** Aqui [na pauta de reivindicação dos sindicalistas] está dizendo assim: "Redução. É necessária uma redução drástica dos juros." E eu fico me perguntando por que a palavra "drástica"? Não bastaria falar "redução da taxa de juros"? *(4/9/03, Brasília – DF. Reunião do Conselho de Desenvolvimento Econômico e Social – CDES)*

**... não serão motivo de reclamação do Governo; o Governo vai é trabalhar:** Nós não vamos ficar esperando as pessoas nos procurarem, não vamos ficar reclamando que não tem investimento, não vamos ficar reclamando se os juros estão mais altos ou menos altos. Nós vamos, com esses projetos na mão, procurar investidores brasileiros e estrangeiros para investir aqui. E como nós, no Governo, estamos convencidos de que não é o dinheiro que faz o projeto, mas que é o bom projeto que faz o dinheiro, nós não temos dúvida de que nós vamos, com esses projetos, fazer os investimentos que o Estado precisa fazer para poder motivar a iniciativa privada a fazer a sua parte. *(18/8/03, Jacareí – SP. Inauguração da nova linha de produção de celulose de eucalipto da Unidade Jacareí da Votorantin Celulose e Papel)*

**... são aumentados pelo Governo apenas por questão de necessidade:** Deixa eu pegar um dado aqui que é importante falar: os juros aumentaram 0,25%. Até brinquei em Campinas, disse que existe a questão da TPC, da Tensão Pré-Copom. Ou seja, a verdade, nua e crua, é que alguém – que não pode ser o presidente da República, que talvez seja, um dia, um presidente da CUT [Central Única dos Trabalhadores], o presidente da Federação das Indústrias – tem que reconhecer que a inflação foge de controle, na medida em que você não tem uma política dura para controlar, e ela aumenta por causa dos preços. Uma parte dos preços são os preços controlados, que a sociedade pensa que é o Governo que controla. Não é o Governo que controla. As agências têm autonomia para aumentar os preços, nós não controlamos as agências. Então, os preços controlados aumentam. Os preços de determinados produtos aumentam porque tem empresário que, quando começa a vender bem, ao invés de ganhar mais, vendendo mais, ele quer logo aumentar os preços. Por outro lado, nós temos muitos preços com *commodities*, inicialmente, e com todo o preço internacional. Então, a verdade é que a gente fica olhando uma coisinha para poder fazer uma crítica. *(18/9/04, São Paulo – SP. Apresentação do projeto de ampliação da produção do Polo Petroquímico União S.A.)*

**... não podem ser reduzidos à custa do aumento da inflação:** Tem gente que fala: "Não, presidente, se crescer dois números a inflação, não tem problema, mais dois." Acontece que eu conheço a história, se a gente deixar a inflação voltar a dois dígitos, ela vai para três, porque os mesmos que brigam a vida inteira contra a taxa de juros não brigam contra o aumento da inflação, não brigam. Até porque, no Brasil, tem gente que ganha com a inflação e, certamente, não são os trabalhadores brasileiros e, muito menos, os que ganham menos. *(11/12/06, São Paulo – SP. Entrega dos prêmios: Brasileiro do Ano, pela revista* IstoÉ*; Empreendedor do Ano, pela revista* IstoÉ Dinheiro*; e Personalidade do Ano, pela revista* IstoÉ Gente*)*

**... não deviam ser a preocupação dos empresários; eles deveriam trabalhar mais:** Os empresários brasileiros que estão aqui sabem que eu cansei de desafiá-los e cansei de dizer às entidades representativas dos empresários que, em vez de ficar esperando o Banco Central se reunir uma vez a cada 45 dias para discutir a taxa de juros, e eles ficarem esperando para fazer crítica no dia seguinte, que seria extremamente importante que eles colocassem aviões *charters*, e muitos, e colocassem empresários brasileiros para viajar o mundo, para descobrir nichos de oportunidades para comprar e para vender. *(12/3/08, Brasília – DF. Mesa de negócios do The Economist Newspaper Group)*

## Justiça

[ver: Judiciário; lei]

No mundo inteiro a Justiça é flexível, no mundo inteiro você tem o contra e o a favor, senão não precisava ter. Na Inglaterra tem advogado contra e advogado a favor, e ainda tem o Ministério Público. No Brasil também tem. E os processos seguem, chegam na Suprema Corte, e a Suprema Corte sempre tem decidido com a maior competência possível. Eu acho que tem poucos países que respeitam as coisas como o Brasil respeita. *(7/7/06, Brasília – DF. Entrevista ao jornal* Financial Times*)*

**... no Governo Lula, é o que guia a tomada de decisões:** Acabou o tempo do apadrinhamento. Acabou o tempo em que o "amigo do rei" conseguia os empréstimos, e aqueles que queriam produzir não conseguiam empréstimo. Agora, entrou o tempo da Justiça, ou seja, aquele que tiver direito vai receber o que lhe é de direito, aquele que não tiver direito vai ficar falando mal do Governo em algum lugar deste país. *(15/4/03, Catalão – GO. Inauguração do novo Complexo Mineroindustrial Copebrás)*

**... deve ser garantida pelo Estado:** Nenhum fiscal do Ministério do Trabalho, nenhum fiscal da Receita Federal, nenhum fiscal do INSS [Instituto Nacional do Seguro Social], nenhum fiscal do IBAMA [Instituto Brasileiro do Meio Ambiente e dos Recursos Naturais Renováveis], nenhum fiscal do INCRA [Instituto Nacional de Colonização e Reforma Agrária], nenhum policial federal ou nenhuma pessoa que esteja a serviço do Estado brasileiro, fiscalizando irregularidades, será cerceado milimetricamente na sua liberdade de fazer a fiscalização que tem que ser feita, porque somente assim nós conquistaremos o direito de andar de cabeça erguida, no mundo inteiro, dizendo que, no Brasil, o povo descobriu o quanto é importante ter um Governo que faça a justiça que o povo tanto reivindica, que é uma palavra tão distante desse povo. *(11/3/03, Brasília – DF. Lançamento do Plano Nacional de Erradicação do Trabalho Escravo)*

**... deveria comportar um instrumento de pedido de desculpas aos inocentes injustamente acusados:** Entretanto, eu estou pedindo a Deus que essa CPI [dos Correios, que também investigou o mensalão], ao terminar o seu trabalho, apresente quem são os culpados, que a Justiça julgue os culpados, e quem cometeu erro, quem cometeu qualquer crime contra o patrimônio público seja duramente punido. Agora, eu disse que, no Brasil, nós precisamos criar também um instrumento de pedido de desculpas, daqueles que, levianamente, acusam os outros e depois não têm coragem de dizer que acusaram de forma leviana pessoas que são crucificadas. O Aécio [Neves, governador de Minas Gerais] conviveu comigo na Constituinte, quando um deputado foi crucificado pela questão das bicicletas, o Alceni Guerra. Demorou anos para aquele cidadão ser inocentado. Nós tivemos, em São Paulo, uma escola de base em que o dono foi execrado, foi destruída a escola e a família e, depois de alguns anos, não tinha absolutamente nada contra ele. Mas a família já estava destruída. *(30/8/05, Uberlândia – MG. Inauguração das obras de ampliação e modernização do Aeroporto de Uberlândia)*

**... é soberana em suas decisões, mas sempre cabe recurso:** Eu quero lamentar, porque tem uma decisão da Justiça que mandou embora o pessoal da Saúde da Família. É uma pena que num país em que a gente se mata tanto para criar empregos, que tem gente trabalhando mesmo sem ser concursado, ao invés da gente encontrar uma solução, a Justiça decide mandar embora. É, lamentavelmente, uma situação em que o prefeito não pode fazer nada, porque da decisão da Justiça a gente só pode recorrer. Mas fiquem tranquilos, a gente vai lutar para vocês voltarem a trabalhar neste país. *(16/8/07, Campos dos Goytacazes – RJ. Inauguração da Uned Guarus)*

**... quando permite litígios longos, pode atrasar o desenvolvimento:** Como é que nós vamos resolver isso [projetos do Governo que aguardam aprovação do IBAMA – Instituto Brasileiro do Meio Ambiente e dos Recursos Naturais Renováveis]? Se ficarmos brigando apenas na Justiça, certamente vamos ter obras paralisadas durante 15 anos, 20 anos, até quem sabe nós não existirmos mais. O que estamos fazendo? Estamos tentando juntar todas as partes envolvidas em cada projeto, vendo a magnitude dos defeitos para tentarmos diminuí-los e aprovar esses projetos para que o Brasil possa colocá-los em funcionamento no menor espaço de tempo possível. *(30/3/04, Brasília – DF. Lançamento do Programa de Incentivo às Fontes Alternativas de Energia Elétrica e assinatura do Acordo de Cooperação Técnica entre Ministério de Minas e Energia e Meio Ambiente)*

**... em certos casos, deve ser evitada, porque é demorada:** Eu me lembro que lá em São Bernardo nós tínhamos uma empresa chamada Conforja – não sei se tem alguém aqui da Conforja, Maria [do Carmo Ferreira da Silva, secretária especial interina de Políticas de Promoção para a Igualdade Racial] –, mas eu me lembro que a Conforja era uma grande metalúrgica com mais de três mil trabalhadores. Quando ela faliu, a maioria das pessoas não recebeu nada. Então, o sindicato propôs criar uma cooperativa. A maioria dos trabalhadores não acreditou, alguns foram até para a porta da fábrica fazer assembleia contra o sindicato, dizendo que o sindicato estava traindo os trabalhadores, não é, Remigio [Todeschini, secretário de Políticas Públicas de Emprego]?, que era preciso brigar, não sei das quantas. O que aconteceu de lá para cá? Os que entraram na Justiça até hoje não receberam a sua indenização. Os que optaram pela cooperativa estão ganhando muito mais do que ganhavam enquanto trabalhadores, e a empresa está crescendo. E aí tem outros exemplos, tem outros exemplos em vários lugares do Brasil. *(27/6/06, Brasília – DF. Abertura da I Conferência Nacional de Economia Solidária)*

**... é demorada, e isso faz parte da democracia:** Muita gente quer que as coisas aconteçam mais rapidamente, mas é humanamente impossível imaginar que a CPI pode terminar antes do tempo que tem que terminar, que o Ministério Público possa fazer o processo antes de investigar com a Polícia Federal, e que a Justiça possa julgar antes de receber todas as informações para julgar. É assim que a gente constrói a democracia e é assim que ela vai se consolidar definitivamente no Brasil. *(25/8/05, Brasília – DF. 13.ª reunião ordinária do Pleno Conselho de Desenvolvimento Econômico e Social – CDES)*

**... deve condenar os culpados:** Vamos ser duros com os culpados e vamos ser justos com os inocentes porque, muitas vezes, o que a gente percebe é que mistura o arroz com a casca e depois a gente não sabe se vai separar o joio do trigo. E eu acho que pode ter muitos culpados e pode ter muitos inocentes. E a única coisa que um presidente da República pode querer é que haja justiça, para o bem e para o mal. *(3/8/05, Garanhuns – PE. Lançamento do Plano Safra da Agricultura Familiar – 2005/2006)*

**... deve condenar os culpados, mas o presidente não vai cortar relações de amizade antiga com eles:** Um dia desses, fiquei um pouco, um tanto chateado porque estava em Assis, no interior de São Paulo, inaugurando uma linha de transmissão; eu estava olhando no meio do povo e, de repente, eu vi a Deolinda, a mulher do companheiro José Rainha [integrante do Movimento dos Trabalhadores Rurais Sem-Terra]. Como eu não confundo a minha amizade com nenhum outro problema, amizade é uma coisa que eu preservo e carrego para o resto da vida, eu mandei buscar a Deolinda. A Deolinda veio, eu a cumprimentei, tomamos um café. No outro dia eu li um artigo fazendo uma crítica profunda de que eu tinha recebido a mulher de uma pessoa que estava condenada pela Justiça. Aquilo me marcou porque eu aprendi com o Greenhalgh [Luiz Eduardo Greenhalgh, deputado federal pelo PT de São Paulo], com todo mundo que está aqui, com o Suplicy [Eduardo Suplicy, senador pelo PT de São Paulo], com o Arlindo [Chinaglia, deputado federal pelo PT de São Paulo], com o Devanir [Ribeiro, deputado federal pelo PT de São Paulo] e com vocês, na época do regime militar, muitas vezes as pessoas ficavam com medo porque alguém era chamado de terrorista, de bandido, de assassino, e eu dizia: "Meu Deus do céu, por que eu vou perder a minha relação de amizade que foi construída há anos com uma família porque alguém está sendo condenado?" *(27/1/06, Castilho – SP. Assinatura de acordo de cooperação e parceria entre a Caixa Econômica Federal e o Incra)*

## Lei(s)

**[ver: Congresso; Judiciário; Justiça]**

Talvez o Brasil seja o único país do mundo que tem lei que pega e lei que não pega, quando a lei é obrigação de todos. *(29/9/04, Brasília – DF. Assinatura da mensagem que encaminha ao Congresso Nacional o projeto de lei complementar de incentivo às micro e pequenas empresas)*

**... se feitas por Lula, vão pegar:** Lamentavelmente, nós ainda somos um país onde há lei que pega e lei que não pega. E eu quero dizer para vocês que todas as leis que nós fizermos vão pegar, porque elas têm que ser consubstanciadas num debate que envolva a sociedade brasileira. *(28/5/03, Brasília – DF. Lançamento da Política Nacional de Saúde Mental)*

**... se feitas por Lula, nem sempre pegam:** Em outubro nós aprovamos uma lei em que a gente pedia para criar o primeiro emprego e ao mesmo tempo a gente criava, Nildemar [Secches, presidente da Perdigão], uma imposição para que o empregador não pudesse mandar um outro trabalhador embora. Ora, o que aconteceu? Nós criamos a lei, mas como no Brasil tem lei que pega e tem lei que não pega, essa lei não pegou. Por quê? Porque o empresário queria contratar o jovem, mas, se ele tivesse que mandar alguém embora por conta da crise econômica, ele não podia. Então, nós estamos mandando agora para o Congresso Nacional uma mudança na lei. *(5/5/04, Rio Verde – GO. Assinatura da carteira de trabalho de número 5.000 da empresa Perdigão.)*

**... podem ter efeito contrário ao desejado:** Eu me lembro de uma lei famosa no Brasil, quando – não sei se no Governo Geisel [Ernesto Geisel, presidente entre 1974 e 1979] – foram estendidos aos trabalhadores rurais os direitos previdenciários. O que aconteceu foi que os fazendeiros acabaram com as colônias, então ninguém tinha mais casa para morar na fazenda; ou seja, é preciso tomar todo cuidado para fazer as coisas com carinho, mas, ao mesmo tempo, com a responsabilidade de não permitir que a lei termine virando contra a pessoa que a gente pensou que iria beneficiar. *(1/10/03, Brasília – DF. Comemoração ao Dia Internacional do Idoso)*

**... às vezes precisam ser modernizadas:** Hoje nós podemos até discutir se queremos fazer renovação na legislação trabalhista, e todo mundo sabe que eu discordo dos companheiros sindicalistas que acham que não têm que discutir. Eu acho que não é possível, depois de 53 anos de consolidação de uma lei, você não ter mudança para fazer nela. *(24/8/07, Porto Alegre – RS. Lançamento do PAC Saneamento e Urbanização no estado do Rio Grande do Sul)*

**... são resultado de um longo processo legislativo:** Cada coisa que a gente tenta fazer... você manda um projeto de lei, este projeto de lei é debatido no Congresso Nacional, e até ele ser aprovado leva um tempo, depois você tem um tempo para a regulamentação. *(14/12/04, Manaus – AM. Inauguração do Centro de Treinamento de Alto Rendimento da Região Norte)*

**... às vezes, valem menos do que um bom acordo:** Agora, é importante ter em conta o seguinte: no dia 30 de abril, nós anunciamos a redução da gasolina em 10%. Foi anunciada pelo presidente da Petrobras. A decisão acordada é uma coisa mais séria, porque moralmente as pessoas têm que cumprir. Quando você faz um acordo político, quando você faz um acordo ético, um acordo moral, nenhum empresário vai à Justiça recorrer de uma decisão que foi acordada; mas todo e qualquer empresário pode recorrer de uma decisão decorrente de uma lei. Ele pode contratar um advogado e dizer: "Eu não concordo com a lei." Mas, se for um acordo e o advogado disser que ele não deve concordar, ele pode até se dar ao luxo de dispensar o advogado, porque foi ele quem fez o acordo. *(26/5/03, Brasília – DF. Reunião com representantes do setor sucroalcooleiro)*

**... podem atrapalhar o desenvolvimento do país:** Hoje, construir uma hidroelétrica – e aqui eu estou vendo gente que lida com isso – significa fazer um debate infinito com a área ambiental, significa você fazer um debate secular com o Ministério Público. Muitas vezes, numa cidade de cinco ou seis mil habitantes, o Ministério Público pode, em função da existência de uma lei ou de um processo qualquer, impedir que uma obra se realize. *(25/6/03, Brasília – DF. 1.º Seminário de Infraestrutura para o Desenvolvimento Sustentável)*

**... podem atrapalhar o desenvolvimento do país se não foram feitas por Lula:** Acontece que existe uma lei, que não foi feita por mim, proibindo os transgênicos no país. E nós vamos ter que resolver este problema. *(5/9/03, Esteio – RS. Inauguração oficial da XXVI Expointer 2003)*

**... são facilmente aprovadas no Congresso:** Vocês sabem que aprovar uma lei neste país é fácil, é só ter maioria no Senado e na Câmara, e a gente aprova. *(1/10/03, Brasília – DF. Op. cit.)*

**... são facilmente aprovadas no Congresso, sobretudo quando a iniciativa é de Lula:** Eu vi o presidente Bush [George W. Bush, presidente dos Estados Unidos], um dia desses, dando uma entrevista na Casa Branca se queixando que o Congresso americano não aprovou nenhuma lei dele. E eu não posso dizer o mesmo, porque, apesar do barulho da oposição, nós aprovamos 99% de todas as coisas que nós quisemos aprovar. *(9/5/08, Salvador – BA. Assinatura do Pacto Federativo do programa Territórios da Cidadania, lançamento do programa Bolsa Formação e do programa habitacional para agentes de segurança pública, lançamento dos projetos Farol, da ferrovia Leste-Oeste, da Via Expressa Portuária e do PAC Habitação e Saneamento na Bahia)*

**... certas ou erradas, devem ser obedecidas:** Hoje, por conta da legislação, que não fui eu quem fez, termina o prazo para que os companheiros que são ministros e querem ser candidatos a alguma coisa deixem o Governo. Eu não sei se a lei é certa ou não, mas ela existe, então hoje eu tenho dois companheiros aqui que... já recebi a carta deles, o Wagner [Jaques Wagner, ministro das Relações Institucionais] e o Miguel Rosseto [ministro do Desenvolvimento Agrário]. *(31/3/06, Brasília – DF. Assinatura do decreto que regulamenta a lei sobre Sistema Unificado de Atenção à Saúde Agropecuária e da mensagem encaminhada ao Congresso Nacional de projeto de lei sobre previdência rural)*

**... devem ser obedecidas por todos, sem exceção:** Eu acho que todos que tiverem alguma dívida com a sociedade terão que ser investigados e terão que ser punidos. Isso vale para todos os brasileiros. Isso vale para o mais humilde dos brasileiros e vale para o presidente da República. Afinal de contas, a Constituição diz que a lei é igual para todos. Sendo assim, todos estamos subordinados à mesma lei. *(13/9/05, Cidade da Guatemala – Guatemala. Entrevista coletiva)*

**... podem ser contornadas com uma medida provisória:** As coisas não são tão fáceis como a gente imagina, mas também não são tão difíceis como alguns dizem. Tudo tem um limite. Quando nós tomamos posse, este país tinha uma lei proibindo os transgênicos, e, de repente, nós nos deparamos com cinco milhões de toneladas de transgênicos, plantadas não apenas por grandes proprietários, mas também por pequenos agricultores, na maioria dos estados brasileiros. E o Governo estava diante de uma decisão: queimar, porque a lei proibia, ou negociar como "se livrar" dessa safra? Prevaleceu o bom senso, Hamilton [Pereira, presidente da Fundação Perseu Abramo], e permiti que essa safra fosse negociada com alguns critérios, e, para isso, fizemos uma medida provisória. *(25/6/03, Brasília – DF. Op. cit.)*

**... não têm efeito por si só:** O que nós precisamos ter é consciência e clareza de que, muito mais que uma lei, é preciso determinação; muito mais do que uma lei, é preciso disposição política; muito mais do que uma lei, é o Estado brasileiro transformar numa vontade o fato de que nós vamos erradicar o trabalho escravo no nosso país. *(11/3/03, Brasília – DF. Lançamento do Plano Nacional de Erradicação do Trabalho Escravo)*

**... exigem dinheiro disponível para que sejam cumpridas:** Muitas vezes, faz-se uma lei que se debate com a disponibilidade de recursos, e as coisas não acontecem como a gente gostaria e como está na própria lei. Então, é preciso que todos nós tenhamos consciência – os senadores, os deputados, os aposentados e os jovens de cara enrugada deste país – de que o fato de ser aprovada uma lei não significa que amanhã tenha comida para todo mundo no prato. Significa que nós temos a responsabilidade de cumprir a lei e de criar as condições, quando começarmos a discutir o Orçamento da União, para que o dinheiro vá para o lugar certo, para atender à lei que nós próprios criamos. *(1/10/03, Brasília – DF. Op. cit.)*

## Leitor(es)

**[ver: entrevista; imprensa; internet; jornal; televisão]**

Se muitas vezes, depois de uma saraivada de más notícias, eu acho ruim, muito pior seria se não existisse democracia neste país para a imprensa dizer o que bem entende, na hora em que bem entende, e ser julgada pelo único julgador: os ouvintes, os telespectadores e os leitores. *(29/5/07, Brasília – DF. Abertura do 24.º Congresso Brasileiro de Radiodifusão)*

**... são quem, junto com ouvintes e telespectadores, julga a imprensa:** A democracia é uma conquista do povo brasileiro, é uma conquista feita com muito sacrifício, e a imprensa brasileira, que todo político odeia quando a imprensa fala mal e elogia quando a imprensa fala bem, ou seja, a imprensa, fale mal ou fale bem, exerce um papel extraordinário na consolidação do processo democrático. Quando um jornalista erra, uma empresa erra, quem vai julgar é o seu ouvinte, se for rádio; é o seu telespectador, se for televisão; é o seu leitor, se for jornal. Não cabe a nós ficar julgando. *(18/11/05, Brasília – DF. Entrevista a emissoras de rádio de AM, PE, MG, PA, BA, RS, CE e GO)*

**... têm capacidade de discernimento, assim como os ouvintes:** Eu aprendi a não ficar com raiva da imprensa porque eu acredito na capacidade de discernimento do leitor, do ouvinte e do telespectador. A prova disso é a minha reeleição. Quando o cidadão é 100% contra, o leitor percebe. Quando ele é 100% a favor, o leitor também percebe. E tanto 100% contra como 100% a favor não têm credibilidade junto ao leitor. O cara começa a perceber: "Mas esse Franklin escreve todo dia, todo dia contra, será que não tem nada favorável?" Ele passa a perder a credibilidade. Ao passo que se ele for um homem justo, falar mal de tudo que tem que falar mal e reconhecer tudo que é bem-feito, ele passa a ter credibilidade. É esse o papel que eu acho que tem que ter a imprensa brasileira, o de informar corretamente a opinião pública. Acho que houve um tempo em que era 100% contra. E como na minha vida eu nunca tive muito afago, eu aprendi a conviver. E o povo está ficando inteligente. Aquela ideia de que alguém é formador da opinião pública, isso vai por terra se a pessoa não for verdadeira. Se o cara for verdadeiro, ele tem credibilidade, a pessoa percebe. A pessoa, no olho a pessoa percebe, no jeito de falar, no jeito de escrever. Quando a pessoa é séria, o dia que a pessoa der uma porrada, todo mundo percebe. O filho da mãe errou, o Governo errou, então o cara está certo em bater. *(24/4/08, Brasília – DF. Entrevista exclusiva aos* Diários Associados*)*

**... não concordam com tudo o que leem:** É preciso acabar com a síndrome do jornalista achar que escreve alguma coisa e aquilo bate no leitor como se fosse a verdade. *(10/12/07. Entrevista exclusiva ao repórter Ricardo Amaral [revista* Época*] durante voo Argentina-Brasil, após a posse da presidente Cristina Kirchner)*

## Liberdade

[ver: democracia]

Liberdade é uma coisa que se conquista, lutando diariamente, cotidianamente. *(8/3/04, Rádio Nacional. Programa de rádio* Café com o Presidente*)*

**... vale muito:** A palavra liberdade, não se tem como mensurá-la, do ponto de vista da quantidade de valor. Ela é uma coisa que é um pouco da alma da gente, é um pouco dos passos da gente. *(12/6/07, Guarulhos – SP. Abertura do VII Congresso Nacional dos Metalúrgicos da Central Única dos Trabalhadores – CUT)*

**... tem limites:** Uma sociedade a gente não constrói de forma anárquica, cada um querendo fazer o que bem entende, uma sociedade é regida por normas às quais todos nós estamos submetidos. A norma que fiscaliza desde uma obra que a gente vai fazer até o nosso procedimento, porque nós temos liberdade para tudo, desde que a nossa liberdade não interceda na vida dos outros. *(12/7/07, Salvador – BA. Lançamento do PAC nas áreas de saneamento e urbanização no estado da Bahia)*

**... exige responsabilidade e seriedade:** Para mim, a liberdade tem que ser plena, mas a liberdade plena exige responsabilidade, sobretudo seriedade. *(6/11/06, São Paulo – SP. Premiação das Empresas mais Admiradas no Brasil)*

**... não faz mal a ninguém:** Quanto mais liberdade e quanto mais autonomia tiver, melhor. Eu sou daqueles que defende que a liberdade não faz mal a ninguém; ela muitas vezes cria mais debate, mas é extraordinariamente essencial. *(24/2/06, Brasília – DF. Entrevista à revista* The Economist*)*

**... existem em três tipos, fundamentais para a democracia:** Eu dizia, sempre, que tem três coisas que demonstram que um país vive em democracia: uma é a liberdade política, outra é a liberdade religiosa, outra é a liberdade sindical. E eu penso que nós estamos vivendo esses momentos de liberdade no Brasil. *(22/12/03, Brasília – DF. Sanção do projeto de lei que altera o Código Civil, garantindo personalidade jurídica às igrejas e entidades religiosas)*

**... é um bem cuja conquista levou muitos à morte:** Milhares de pessoas já morreram neste continente porque acreditaram na liberdade, porque acreditaram na independência e porque queriam fazer justiça social. *(13/11/06, Ciudad Guayana*

– *Venezuela. Inauguração da segunda ponte sobre o rio Orinoco)*

**... para prefeitos, pode ser conquistada com um pouco de dinheiro do Governo Federal:** O que nós estamos fazendo, quando passamos um pouquinho a mais de dinheiro para os prefeitos, nem sempre é o que vocês precisam, e por mais que a gente desse ainda não seria o suficiente. O que nós estamos fazendo com isso é dando a vocês o direito de respirarem uma liberdade, de não ficarem subordinados a nenhum cacique político local, seja um deputado estadual, um federal, um senador, o presidente da República ou governador. E liberdade, meus filhos, não tem preço. *(10/4/07, Brasília – DF. Abertura da Marcha a Brasília em Defesa dos Municípios)*

**... faz falta a Lula, presidente:** O que sinto falta é da liberdade que eu tinha quando não era presidente da República. Sabe, aprendi que a liberdade é um bem incomensurável. Você não ter ninguém te vigiando, não ter ninguém tomando conta dos teus passos, poder levantar de manhã e decidir o que fazer na hora. Na Presidência você não pode, porque a Presidência é uma instituição. Eu estou aqui cinco anos, nunca vou a um restaurante, nunca vou a uma festa. Sabe, eu não vou nem em aniversário, eu não vou em casamento. Sabe por quê, Ricardo [Kotscho, jornalista, ex-secretário de Imprensa de Lula]? Porque eu termino atrapalhando as outras pessoas. Chego lá com um bando de companheiros que têm que fazer segurança para mim, eles têm as suas funções, e eu termino incomodando as pessoas. Então eu prefiro ficar em casa com a Marisa. Quando não estou viajando, fico com ela aqui, e, quando não estamos aqui, vamos para São Bernardo e ficamos no apartamento, conversando com os filhos. Eu sinto uma imensa saudade de quando ia para o meu terreno com os meus companheiros de sindicato, acendia o meu fogão a lenha, colocava uma panela de ferro para fazer meu coelhinho, fazer pizza, o meu feijãozinho com costela. Hoje é tudo mais fácil, não tenho que fazer nada, é só pedir... Mas é menos prazeroso, apesar do carinho com que as pessoas tratam a gente. Dá mais prazer a gente fazer do que receber feito. *(3/12/07, Brasília – DF. Entrevista ao jornalista Ricardo Kotscho e publicada na edição 6 [dez/07 – jan/08] da revista* Brasileiros*)*

## Líder

[ver: governar]

Eu aprendi, na minha vida, que o líder não é o mais arrogante, não é o mais prepotente, não é o que leu mais livros. O líder é o que sabe ser líder, é o que tem paciência, é aquele que sabe ouvir, é aquele que não disputa espaço com as pessoas, conquista. *(25/6/03, Brasília – DF. 1.º Seminário de Infraestrutura para o Desenvolvimento Sustentável)*

**... não se impõe, mas é reconhecido:** Veja, ninguém se autoindica liderança de coisa alguma. Os que tentaram se autoindicar fracassaram. O líder de um processo é reconhecido no sindicato, na política, e eu acho que o que nós precisamos, na América do Sul, não é apenas de um líder, o que nós precisamos é da compreensão coletiva de que não existe saída individual para nenhum país da América do Sul neste mundo globalizado. Precisamos juntar as nossas experiências, tirar proveito das similaridades existentes em cada país, discutir quais os nichos de oportunidades que cada país pode oferecer para investimento, que possibilidade nós temos de fazer crescer a nossa balança comercial. É isso que vai permitir que não precisemos de um líder, porque precisamos de um coletivo que pense com o mesmo objetivo. *(9/11/06, Brasília – DF. Entrevista após almoço com o presidente do Peru, Alan Garcia)*

**... não é arrogante, mas inteligente:** Nós temos dito ao mundo: "Nós, do Brasil, como o país mais importante da América do Sul, como a maior Economia, temos que ter generosidade para com os países menores na sua relação comercial." Nós precisamos ajudar a quem precisa de nós, porque, em algum momento, nós iremos precisar de ajuda. Queremos fazer isso como nunca foi feito na história deste país, porque o Brasil, por ser grande, por ser o maior país, as pessoas sempre entenderam que ele tinha que liderar. Liderança não se impõe. Liderança se conquista. E não se conquista liderança com arrogância, com prepotência. Isso é ditadura. Liderança se conquista com muita humildade, com muita tranquilidade, e, necessariamente, nem sempre o maior é o líder. Às vezes, é o mais competente. Às vezes, é o mais inteligente. Às vezes, é o mais humilde. Às vezes, é o menos pretensioso. *(25/6/03, Brasília – DF. Encerramento do 2.º Congresso Brasileiro de Agribusiness)*

**... sabe dizer não:** Todo mundo pensa que pode ser líder, mas líder é aquele que tem coragem de dizer não. *(22/2/06, Marabá – PA. Visita às obras do campus do Sul e Sudeste da Universidade Federal do Pará)*

**... é menos importante do que a harmonia política:** Nós não estamos na América Latina à procura de um líder, não estamos precisando de um líder Lula, Chávez [Hugo Chávez, presidente da Venezuela], Kirchner [Néstor Kirchner, presidente da Argentina]. O que nós estamos precisando é construir uma harmonia política, porque a América do Sul e a América Latina precisam aprender a lição do século XX. Nós tivemos chance de crescer, tivemos chance de nos desenvolver e jogamos isso fora, somos países ainda pobres. Então, eu não tenho a preocupação em ser líder de alguma coisa, o que eu quero é governar bem o meu país. E, ao deixar o meu mandato, saber que o povo melhorou de vida, que o povo tem mais escolaridade, mais emprego, mais salário, mais cultura. É isso que eu quero. Eu acho que é isso, no fundo, no fundo, que cada presidente deseja para o seu país. *(20/9/07, Brasília – DF. Entrevista ao jornal* The New York Times*)*

## Lindu, dona (mãe de Lula)

[ver: Lula]

Essa homenagem a minha mãe [Eurídice Ferreira de Melo] é uma homenagem a milhões e milhões de retirantes nordestinos que, ao longo do final do século XIX e do século XX, perambularam por este país afora. Eu tive parente que foi para São Paulo a pé, foram seis meses de viagem. Nós ainda fomos de pau de arara, foram 13 dias. Vocês pensam que é fácil? Hoje as pessoas reclamam de andar meia hora de ônibus... Treze dias em um pau de arara, dormindo muitas vezes embaixo de um caminhão, pedindo a Deus para não chover, e chovia, e chovia. Ô desgraceira! Fazendo comida da água barrenta do rio São Francisco. Chegamos em São Paulo, para minha desgraça... Minha mãe foi para lá porque o meu irmão mais velho mandou uma carta dizendo que o meu pai [Aristides Inácio da Silva] estava chamando, o que não era verdade. Ele inventou a carta, porque o meu pai veio para São Paulo, meu pai engravidou a minha mãe de mim e foi embora para São Paulo. Cinco anos depois ele voltou e engravidou a minha mãe da Tiana [apelido de Ruth Ferreira Mendes], da Ruth, que é a mais nova, a cada vez ele engravidava uma. E dessa vez ele levou o Jaime [Inácio da Silva] junto com ele. E o Jaime chegou em Santos e descobriu que ele tinha uma outra mulher. Essa outra mulher dele era uma prima da minha mãe que tinha desaparecido quando meu pai foi embora para São Paulo. Ela já estava com um monte de filhos lá. Mas a cena, eu... a cena de a gente chegar no porto de Santos, uma mulher com sete filhos agarrados no rabo da saia, mais um tio também que morava aqui, o tio Odorico, tia Laura e dois filhos... não, um filho, que já morreu também. Chegou na porta do armazém, mandou chamar o tal do Aristides, e quando ele vê a gente... eta cabra forte, porque eu morreria de infarto. Ele, maneiroso, mandou minha mãe para a casa de um compadre dele chamado acho que Zé Lima, Zé Lima... mandou para a casa dele e ficou com a gente na casa dele, junto com a outra mulher e com os outros filhos. Veja o que é um pobre que parece ignorante, mas veja... com poucos meses ele tirou a que era amante e mulher – e já tinha um monte de filhos – da casa principal, da casa grande, levou para um bairro bem longe, no fim do bairro onde a gente morava, e trouxe a minha mãe para a casa que chamava casa grande. Casa grande coisa nenhuma, devia ter 70m² a casa de madeira. Meu pai era tão bruto que ele dizia que as minhas irmãs não podiam entrar na escola porque não podiam escrever carta para o namorado. Tinha uma irmã minha, que eu não vou dizer quem é, que namorava um cara que morava vizinho da gente. Meu pai a proibia de namorar. Pois ela pulava a janela e ia namorar. Como qualquer um aqui fazia. Por isso que em vez de proibir é melhor a gente consentir, sabendo que vai acontecer. Pois bem, eu penso que essa viagem da minha mãe para São Paulo é a demonstração do sofrimento do retirante nordestino. Não é fácil. Naquele tempo a gente ainda tinha possibilidade de arrumar um emprego ganhando um salário mínimo. Hoje, os nordestinos que vão vão morar em lugares bem piores do que a gente foi naquela época. A gente morava num bar, a gente morava numa rua, rua Alpino de Moraes. A gente morava no fundo do bar de um tio meu, e a gente tinha um quarto e cozinha, a gente morava em 13 pessoas. E tinha um banheiro que era utilizado pelo público do bar, que era o banheiro que a gente utilizava. Imaginem a "desgrameira". Imaginem um bêbado indo ao banheiro antes de uma pessoa da casa ir. Agora, a vantagem, João Paulo [prefeito do Recife], é que eu nunca vi minha mãe reclamar, nunca vi essa mulher reclamar. Para ela, a vida era tocada como Deus queria que fosse tocada. Depois que a gente morou nessa rua, a gente tinha um fogão a querosene. Aquela minha irmã, a Tiana, tinha sete anos de idade, disse que o desgraçado desse fogão de querosene pegava fogo todo dia. Essa moça, não sei como ela não está traumatizada até hoje de ver o fogãozinho a querosene pegar fogo.

Depois nós compramos um fogão de duas bocas. Sabe o que é ter um fogão de duas bocas? E a gente foi mudar para uma outra casa, já melhor. Uma casa um pouquinho melhor, e o único móvel que a gente tinha era um fogão de duas bocas. Colocamos ele mais alto em cima do caminhão, só faltava a família em cima fazendo assim, para o pessoal ver o fogão de duas bocas. Aí as coisas foram melhorando, os irmãos foram trabalhando, trabalhando, e nós chegamos onde chegamos. O que era extremamente importante, e que eu acho um ato de coragem, porque uma mulher de classe média, uma mulher advogada, uma médica, uma dentista, uma empresária largar do marido é fácil, porque ela tem autonomia financeira para largar do marido e ir embora de casa. Mas uma mulher analfabeta ter a coragem que a minha mãe teve de largar do meu pai, com oito filhos, oito filhos... E saímos de casa para morar em um barraco com apenas um móvel que a gente levou. O móvel que a gente levou era uma tina. Sabem o que é tina? Uma barrica cortada no meio, um desses tonéis de carvalho cortado no meio, em que se lavava roupa. Era uma tina, uma faca de mesa e uma lata de leite Mococa, que era onde meu pai guardava o pão dele, porque ele comia pão diferente de nós. Guardava na lata, ia trabalhar, voltava de noite e comia aquele pão que era dele. O dele era pão doce, o nosso era pão desse comum, que a gente come hoje. Então, essa mulher pegou oito filhos, deixou a Marinete [Leite Cerqueira, irmã de Lula] em casa para avisar para o meu pai. Deixou a Marinete em casa: "Você avisa para o Aristides que eu fui embora." E fomos embora. O emprego sofisticado que nós tínhamos era que o meu irmão mais velho [José Inácio da Silva], que já morreu, era carvoeiro, carregava saco de carvão na cabeça. Chegava em casa parecendo um tição. O outro, Jaime [Inácio da Silva], trabalhava, acho que vendendo sardinha, vendendo qualquer coisa no estaleiro, fazendo o que... O Vavá [Genival Inácio da Silva] trabalhava num bar. O Frei Chico [José Ferreira de Melo] era um condenado. A gente ia vender coisas, e ele queria que eu gritasse. Eu tinha vergonha de gritar, e ele me dava cocorote para eu gritar. Hoje eu falo muito mais do que ele. A Maria [Ferreira Moreno, irmã de Lula] baixinha trabalhava de empregada doméstica, a Marinete de empregada doméstica, a Tiana já trabalhava de... não, não trabalhava coisa nenhuma, eu a sustentava com dez anos de idade. Bem, então essa mulher teve essa coragem. Isso eu acho um ato de heroísmo, porque a grande maioria das mulheres pobres aguenta desaforo do marido, apanha porque ela não tem onde cair morta. Ela, às vezes, não sai de casa porque "ah, porque eu tenho oito filhos", "porque eu tenho quatro filhos", "porque eu tenho cinco filhos", "porque eu tenho seis filhos". E a minha mãe é um testemunho vivo de que é melhor a gente sofrer em liberdade do que a gente viver na base do sofrimento, na base da aporrinhação. *(30/12/08, Recife – PE. Inauguração da primeira etapa do Parque Dona Lindu e do Monumento aos Retirantes)*

**... aparece em sonho para Lula, que não sabe como ela era quando jovem:** Ontem à noite eu sonhei com a minha mãe criança. Eu nunca vi minha mãe criança, nunca vi fotos dela, não sei como ela era. Eu sei que sonhei com a minha mãe criança, e ela parecia a minha irmã caçula. E quando eu cheguei aqui e fui apresentado às meninas nas salas de aula de computação, fiquei pensando: "Quem sabe eu sonhei com a minha mãe para ela me dar um alerta. E ela me apareceu jovem para que eu tivesse certeza de que eu preciso dedicar esses três anos e meio de mandato que tenho pela frente para fazer pelos jovens deste país aquilo que a minha não conseguiu fazer por mim, que é ter acesso à possibilidade de um curso universitário." *(16/8/07, Congonhas – MG. Inauguração do prédio da Uned Congonhas)*

**... já foi a única coisa valiosa de Lula:** Eu sei o que é, Requião [Roberto Requião, governador do Paraná], acordar no meio da noite com água batendo no colchão, rato tentando se salvar, barata, fezes boiando dentro da casa, e a gente ter que levantar quente e pisar no chão para tentar levantar as coisas. Naquele tempo eu não tinha nem geladeira para levantar, a única coisa valiosa que eu tinha para levantar era a minha mãe. Então, a gente tirava a minha mãe da cama, à noite, para que ela não se molhasse. *(24/8/07, Curitiba – PR. Lançamento do PAC Saneamento e Urbanização no estado do Paraná)*

**... morreu analfabeta:** Eu digo sempre que eu sou filho de uma mulher, de uma mãe e de um pai analfabetos. A coisa que meu pai mais desejava era saber ler. *(18/4/05, São Bernardo do Campo – SP. Comemoração dos trinta anos da sua posse como presidente do Sindicato dos Metalúrgicos do ABC)*

**... tinha uma sólida formação moral e religiosa:** Não foram poucas as noites em que a gente não teve o que comer, mas, por conta da formação moral da minha mãe, por conta da formação religiosa da minha mãe e por conta dos compromissos que ela tinha com seus filhos, ela criou os oito filhos, todos aprenderam uma profissão, todos casaram e um chegou até a presidente da República deste país. *(2/2/05, Guarulhos – SP. Entrega de cartões do programa Bolsa Família)*

**... era generosa:** A minha mãe era muito pobre, a gente vivia num quarto e cozinha com 13 pessoas e ela falava assim: "Na casa em que come um, comem dois; na casa que comem dois, comem dez." Ou seja, colocar um pouco mais de água no feijão, aumentar a porção de farinha e estava pronto o almoço de todo mundo. Ninguém estava preocupado com a mistura. *(14/4/05, Dacar – Senegal. Encontro com a comunidade brasileira residente no Senegal)*

**... foi quem traçou o destino de Lula:** A dona Lindu, quando me pôs no mundo, tinha um destino traçado para mim. Eu ainda não cumpri todo ele, portanto eu não poderia cumprir em quatro anos de mandato tudo que nós temos que cumprir... ou, num ano de mandato, tudo que nós vamos cumprir em quatro anos. *(19/12/03, Brasília – DF. Entrega das insígnias da Ordem do Mérito Cultural)*

**... ensinou a Lula a importância da cautela:** Minha mãe, coitada, que morreu analfabeta com 64 anos, muitas vezes quando alguém dava uma notícia para ela, "Dona Lindu, tal pessoa sarou", ela falava: "É, quando a pessoa está muito ruim e tem essa melhora, é porque a morte vem depois." Nós não queremos isso. Eu não quero brincar com a Economia brasileira, eu não quero tomar nenhuma atitude que signifique um gesto eleitoral. *(21/10/04, Rio de Janeiro – RJ. Posse da Diretoria da Federação das Indústrias do Estado do Rio de Janeiro – Firjan)*

**... não resistia a uma compra:** Quando da campanha, eu queria um secretário de comércio que fosse um mascate. Toda vez que eu falo de mascate eu me lembro da minha mãe. Porque chegava lá o cidadão com uma sacola cheia de peças de roupas, batia palmas e minha mãe dizia: "Não, não quero, eu não tenho dinheiro." Aí, dali a pouco minha mãe entrava com uns panos embaixo do braço e com 12 prestaçõezinhas para pagar não sei de quanto. *(21/10/04, Rio de Janeiro – RJ. Op. cit.)*

## Lucro(s)

[ver: banco; banqueiro; desenvolvimento; Economia; empresário]

Eu venho dizendo uma coisa, antes, durante e depois das eleições: nenhuma Economia do mundo vai para frente se as taxas de juros, pagas pelo Governo, pelos seus títulos, forem maiores do que as taxas de lucro de uma empresa através da produção. *(8/4/03, São Paulo – SP. Abertura da XI Feicom – Feira Internacional da Indústria da Construção)*

**... devem ser grandes, porque assim a arrecadação de impostos também vai ser:** Os empresários, tendo mais lucros, vão pagar mais imposto de renda; pagando mais imposto de renda, nós vamos ter mais dinheiro para repassar para os municípios, e isso é muito bom. *(27/12/05, Brasília – DF. Sanção do projeto de lei relativo ao Imposto Territorial Rural – ITR)*

**... devem ser o principal objetivo de um empresário, mas não do Estado:** O empresário pode aceitar participar da parceria em uma estrada, porque terá um pedágio rentável e lhe trará retorno. Eu quero dizer aos empresários que eu concordo com isso, só ponham o dinheiro de vocês aonde vocês puderem ganhar alguma coisa. Mas o Estado tem a obrigação de garantir o direito de ir e vir das pessoas. Então, quando o Estado faz investimento, ele não precisa, enquanto Estado, ficar pensando apenas no lucro. Ele está pensando na socialização dos benefícios que tem que garantir à sociedade. *(14/9/04, Paulínia – SP. Inauguração das Unidades de Coque, de Hidrotratamento de Diesel e de Recuperação de Enxofre da Replan)*

**... nos bancos oficiais, não são o mais importante:** Eu via, na televisão, muita propaganda, e falei: "Puxa, como este Governo está emprestando dinheiro barato." Aí eu percebi que muitos bancos estavam cobrando 6%, 7% ao mês. E percebi, também, que dentro dos nossos bancos, Banco do Brasil e outros bancos públicos, há sempre uma cisma, há sempre uma preocupação, porque os nossos bancos, nos últimos dez anos, praticamente agem com se fossem bancos privados, ou seja, eles precisam ter lucro, não podem ter prejuízo. Não é bom ter prejuízo porque a conta fica para o Tesouro depois; então, é importante que eles tenham lucro. Mas eles também têm que ter uma função social, e demorou um tempo. *(25/4/05, Brasília – DF. Lançamento do Programa Nacional de Microcrédito Produtivo Orientado)*

## Lula

Quero dizer algumas coisas a vocês, porque muitos aqui podem me conhecer de ouvir falar. Outros, durante algum tempo, quem sabe, tiveram medo do "bicho-papão" que o Lula era neste país. Eu, que já fui chamado de tantas coisas, que já causei tanto medo – mas a compensação é que causei esperança em outras pessoas –, eu gostaria de dar um testemunho pessoal, antes de dizer algumas coisas de Governo. Acho que é importante todos saberem que eu sou um retirante nordestino, filho de uma mulher que teve oito filhos. Na verdade teve 12, mas quatro morreram, oito sobreviveram. Filho de um retirante que veio para São Paulo arriscar a sorte como tantos vieram, na década de 50, e que por aqui casou outra vez e deixou minha mãe [Eurídice Ferreira de Melo] sozinha. E que ela veio para São Paulo, por teimosia. Ela foi enganada para vir para São Paulo, porque quem disse que era para ela vir foi um irmão meu, que mandou uma carta, sem que meu pai [Aristides Inácio da Silva] – que não queria que ela viesse – soubesse da carta. E, para nossa surpresa, quando chegamos aqui, meu pai estava casado com outra mulher e já tinha mais quatro filhos. Eu tenho um total de 26 irmãos, 12 de minha mãe e 14 da outra mulher do meu pai. Eu não sei quantos estão vivos. Da minha mãe sei que há sete vivos. Mas eu tive a sorte, que hoje a molecada não tem, a meninada não tem, de arrumar, em 1960, a possibilidade de fazer um curso no Senai [Serviço Nacional de Aprendizagem Industrial]. Fiz um curso de torneiro mecânico, e esse curso me deu alguns privilégios, que tinham os trabalhadores que possuíam uma profissão. Primeiro, eu fugi do salário mínimo. Eu passei a ser torneiro mecânico, e isso era uma profissão muito boa na época. Não era como o Gilberto Carvalho [secretário particular da Presidência], que se meteu a largar o seminário para ser operário e virou soldador. Eu era torneiro mecânico! E aquilo me fez ganhar um salário razoável. Em alguns momentos, acho que ganhava mais do que o salário de médico, na época. E, por isso, eu fui o primeiro filho, dos oito da minha mãe, a ter um diploma profissional, a ter um carro, a ter uma geladeira, a ter uma televisão, a ter uma casa. Eu era avesso a política, não gostava de política, como, quem sabe, muitos padres, muitos bispos falam que não gostam de política. Eu odiava política. Eu ainda dizia, por ignorância, que não gostava de política e não gostava de quem gostava de política. Isso era a ignorância elevada à quinta potência. Eu fui para o sindicato na marra. Eu não gostava do sindicato também. Eu achava que lá só tinha comunista. Eu tinha 21 anos de idade. Meu irmão era militante, era muito atuante e tentava me convencer, todas as vezes, mas eu nunca tive vontade de ir para o sindicato. Mas, como na vida acontece, um belo dia eu fui convencido a ir ao sindicato. Eu fui e cheguei no momento de uma briga de uma chapa contra a outra. Quiseram bater no meu irmão. E aí, por conta disso, eu passei a gostar do sindicato. E isso foi em 1967, minto, em 1968. Isso foi em agosto de 68. Em setembro eu já estava filiado e, em 69, eu já estava eleito diretor. Mas nunca me passou pela cabeça que eu fosse dirigente sindical, como nunca me passou pela cabeça que eu fosse presidente do sindicato. Eu fui eleito presidente. Quando anunciavam o meu nome, eu já ficava vermelho de vergonha. E é por isso que eu digo que a vida ensina muito, porque eu consegui me transformar num dirigente sindical razoável, porque tinha que sobreviver. Não só o enfrentamento que fazia com os empresários, mas sobreviver ao trabalho que a oposição fazia para tentar me derrotar no sindicato. Depois, eu me lembro que nós tivemos um momento glorioso no movimento sindical, que foi a questão da reposição salarial de 1977, a famosa reposição dos 34,1% que tinham nos roubado. Foi dali que começou uma certa projeção do movimento sindical junto aos órgãos de comunicação e à imprensa. Foi daí, então, que começou a minha aproximação muito forte com a Igreja. (...) E eu sempre disse que a minha história é a história do PT, embora alguém possa não gostar ou não querer, mas foi exatamente isso, tem muito a ver com a Igreja. Mesmo que vocês [bispos e padres] não queiram, jamais escaparão de ter a vinculação da história do PT muito ligada à Igreja e, sobretudo, à Igreja Católica. Digo isso com orgulho, porque eu sei que, muitas vezes, a imprensa acusou o PT de ser apoiado pela Igreja, e eu sempre dizia: "A Igreja, enquanto instituição, nunca apoiou o PT ou qualquer outro partido." Mas nós tivemos a primazia de vocês criarem comunidades de base, de vocês criarem pastorais operárias, de vocês criarem pastorais de imigrantes, de vocês criarem pastorais da juventude, de vocês criarem uma série de movimentos de base com leigos. E, à medida que foram aprendendo com vocês [os membros da Igreja], foram tendo consciência política e apareceu o PT, e essas pessoas viam no PT o espaço político para se manifestarem. (...) Às vezes, eu chegava num lugar e as pessoas falavam: "Olhe, Lula, nós somos da comunidade tal, somos do movimento tal. O bispo é meio conservador, não quer conversar com você. Nós pedimos para ele receber você, mas nós queremos participar." O PT nasceu assim, onde houvesse um padre que gostasse de uma boa luta, um bispo que gostasse de uma boa briga e um militante de base com consciência política. O PT nasceu rapidinho por conta disso. Por que Getúlio [Vargas, presidente do Brasil de 1930 a 1945 e de 1951 a 1954] não conseguiu criar um partido – mesmo sendo presidente da República – com a força do PT? Por que, por exemplo, apenas como fato histórico, o Brizola [Leonel Brizola, já falecido, ex-governador do Rio Grande do Sul e do Rio de Janeiro] não conseguiu criar um partido nos moldes do PT? Por que nenhum outro conseguiu, e nós conseguimos? Porque nós conseguimos o milagre da multiplicação dos seres humanos. Cristo multiplicou os pães e nós multiplicamos os seres humanos. Foi a junção mais perfeita que Deus permitiu nascer na organização política: era o que havia de melhor no movimento sindical, o que havia de melhor no movimento social e o que havia de melhor no trabalho de base que a Igreja Católica fez neste país. É por isso que, lá pelo ano de 1979, quando a gente estava pensando em organizar o PT, lá estava o Lula em Guarabira, fazendo assembleia para ver se conseguia mexer com o rebanho do dom Marcelo e trazer um pouco para o nosso lado. Bem, isso fez com que o partido se transformasse no partido de maior organização no meio do povo, na história do Brasil. As pessoas podem gostar ou não do PT, mas não tem similar na história política do nosso país, ou seja, estamos enraizados naquilo que existe de mais organizado. E não sou nada mais, dom Jayme [Chemello, presidente da CNBB], do que o resultado da junção da esperança que esse povo vem acumulando ao longo de tantos anos de sofrimento. Eu sempre disse que não sou o resultado da minha inteligência, o resultado da minha capacidade; eu sou o resultado da média do grau de consciência política da sociedade brasileira. E chegamos aqui porque acho que é obra de Deus, porque, veja: em 78, por exemplo, eu era totalmente apolítico. Seis meses depois, eu já estava apoiando o Fernando Henrique Cardoso [presidente do Brasil de 1995 a 2003] para candidato ao Senado, aqui em São Paulo, porque, na época, ele era um intelectual vindo do exterior, progressista, e era uma novidade. (...) Pois bem, de 80 para cá, vocês já conhecem o resto da história.Vocês já conhecem a história porque é uma história que está na imprensa: o resultado das greves, as campanhas e os acontecimentos. (...) É por isso que tenho repetido todas as vezes: eu não posso errar e não vou errar, porque um fracasso do meu Governo será um fracasso de uma parte da história de pessoas que lutaram durante trinta ou quarenta anos. Alguns morreram, não chegaram a ver este momento. Outros ficaram pelo caminho. Milhões de trabalhadores perderam o emprego neste país. Então, nós chegamos ao Governo. Agora, qual é a nossa responsabilidade? É fazer com que aquilo que a gente sonhou a vida inteira possa ser colocado em prática, com a cautela necessária, com os critérios mais democráticos possíveis, mas que a gente dê passos consistentes para que possamos, no final de um mandato, fazer uma avaliação daquilo que aconteceu no país nos últimos vinte, trinta, ou quarenta anos. (...) Fico imaginando como é que fui criado por uma mãe sozinha, com oito filhos, morando num quarto e cozinha, no fundo de um bar, onde as pessoas começavam a ficar bêbadas no sábado, às nove horas da manhã, e não paravam até as três horas da manhã. E minha mãe conseguiu criar oito filhos – todos, homens e mulheres –, trabalhadores e honestos. Por quê? Porque havia uma estrutura e uma referência que era ela. Ela tinha valores. E olhem que ela morreu analfabeta. Minha mãe não sabia fazer um "o" com um copo. Entretanto, ela tinha valores que havia herdado da mãe dela e que passou para nós. (...) Eu confesso a vocês: tenho cinco filhos. De vez em quando, digo para os meus amigos: "Me arrependi de não ter colocado meus filhos para estudarem no Senai, como eu estudei, e de não os ter colocado para trabalhar com 15 ou 16 anos, pelo menos por meio período, para que eles pudessem ir dando valor às coisas que eles fazem." *(1/5/03, São Bernardo do Campo – SP. Missa dos Trabalhadores: "A esperança é fruto de nossa resistência")*

**... conta a sua história a partir do pai:** Para quem não sabe, eu nasci na cidade de Garanhuns, subdistrito, na época, de Vargem Comprida, hoje Caetés, porque só foi transformada em cidade em 1962, e eu tinha ido embora para São Paulo em 1952. Meu pai [Aristides Inácio da Silva] engravidou a minha mãe [Eurídice Ferreira de Melo] de mim e foi embora para São Paulo em 1945. Minha mãe ficou grávida de mim, eu sou o penúltimo filho dela e meu pai só veio me ver quando eu já tinha cinco anos de idade, em 1950. Nós éramos de uma família que, para ser pobre, precisava ficar rico. Era muito pobre. E a gente vivia de comer o que era possível comer, como muita gente vive hoje. Em 1950, meu pai veio visitar minha mãe. Como o cidadão não tinha nenhuma escolaridade sexual, engravidou a minha mãe da minha irmã mais nova e voltou para São Paulo. Acontece que meu pai cometeu um erro, porque ele levou o meu irmão mais velho com ele para São Paulo. Quando meu pai chegou em São Paulo, esse meu irmão descobriu que meu pai já estava casado, e ele tinha se casado com a prima da minha mãe que tinha desaparecido. Quando meu pai foi embora para São Paulo, governador [de Pernambuco, cargo ocupado por Jarbas Vasconcellos], uma prima da minha mãe desapareceu e, aí, meu irmão descobriu que meu pai estava casado com essa mulher e que já tinha quatro filhos com ela. Esse meu irmão – porque meu pai era analfabeto, minha mãe era analfabeta –, esse meu irmão fez uma carta para minha mãe como se fosse meu pai, convidando para ir para São Paulo. A minha mãe vendeu o que tinha, ela vendeu tudo o que tinha, desde a casa, que era uma casinha "tapera" – todo mundo sabe como é uma casinha no meio do mato –, e ainda naquele tempo vendeu despertador, vendeu um burrico que tinha, vendeu não sei o quê mais lá. Eu sei que, ao todo, ela juntou acho que 13 contos, se não me falha a memória, e resolveu ir para São Paulo. Colocou os sete filhos no pau de arara, porque um já estava lá. E foi uma briga muito grande porque tinha irmão meu que se escondia para não ir, um subia no pé de caju e não queria descer. Uma irmã, na época, tinha apenas dois anos de idade, e viajamos 13 dias para São Paulo. A comida era um saco de farinha, algumas rapaduras e, quando o caminhão parava, a gente dormia embaixo do caminhão, de vez em quando acordava com um temporal e tinha que sair correndo, e a gente fazia comida pegando água no rio São Francisco, que não era tão poluído como é hoje, em muitos lugares do país. Depois de 13 dias de viagem, chegamos a São Paulo. Aí, viajou minha mãe com sete filhos, o irmão da minha mãe, a mulher e dois filhos. Você imagina, tudo isso entrando num táxi. Descemos do pau de arara, em São Paulo, pegamos um táxi e fomos a Santos, onde meu pai trabalhava. A dona Lindu, sequiosa para encontrar o seu marido, sem saber da vida dele. Quando nós chegamos no porto de Santos, meu pai trabalhava como ensacador, trabalhava carregando saco de café. Naquele tempo, ganhava por produção. Então, ele carregava um saco de sessenta quilos embaixo do braço, outro embaixo desse braço e um no pescoço. Era um negócio maluco para ganhar um pouco de dinheiro a mais. Aí, um compadre nosso foi lá, chamaram meu pai. Quando meu pai veio e viu minha mãe e a trempa de barrigudinhos ali, ele tomou um susto, mas não levou a minha mãe para a casa dele, pediu para um compadre levar a minha mãe para a casa dele [o compadre], levou os filhos para lá, e lá nós vimos a outra mulher dele, que já tinha quatro filhos. Então, minha mãe ficou morando uns meses com esse compadre até que meu pai levou a mulher que estava com ele para outra casa e levou minha mãe para dentro de casa, porque, segundo o conceito dele, minha mãe era a legítima, então a casa principal tinha que ser da minha mãe. Acontece que a minha mãe só conseguiu suportar isso durante pouco tempo. E é por isso que a minha mãe é uma referência, porque ela, sozinha – que deve ser a situação da mãe ou do pai de alguns de vocês [alunos do ProJovem] –, analfabeta, resolveu se separar do meu pai. E, um belo dia, nós tínhamos como únicas coisas a roupa do corpo, uma tina – eu não sei se vocês sabem o que é tina, uma barrica cortada no meio, um desses tonéis de carvalho, cortado no meio, onde se lavava a roupa e, muitas vezes, se tomava banho –, uma lata de leite Mococa vazia, onde meu pai guardava um pão doce que comprava só para ele, e uma faca. Era o que a gente teve de mudança. E ficamos lá. Um irmão meu trabalhava numa carvoaria, outro irmão trabalhava vendendo sardinha, outro trabalhava num bar e eu vendia amendoim e laranja. E, de vez em quando, o meu irmão mais velho me dava um cascudo porque eu tinha vergonha de gritar: "Olha a tapioca, olha o amendoim, olha a laranja." Ele gritava um pouco e quando ele falava: "Agora, Lula, grita você", quando eu ia gritar eu tinha vergonha, e ele me dava um cocorote. É por isso que eu acho que eu tenho a cabeça meio chata, de tomar cocorote do meu irmão mais velho. Pois bem, até 1955 nós ficamos em Santos. Aí, minha mãe resolveu ir para São Paulo. Meus irmãos todos, nenhum tinha profissão, todos trabalhavam ganhando o salário mínimo e, em 1956, eu fui para São Paulo. Aí eu já tinha 11 anos de idade. Quando eu saí de Caetés, eu tinha sete anos de idade. A primeira coisa que eu adorava era engraxar sapato no sábado e no domingo. Adorava acabar de engraxar o sapato, chegar no bar, porque era na frente de um bar, pedir meia bengala de pão, mandar colocar mortadela. Naquele tempo tinha uma bebida chamada Tubaína, que eu não sei se tem mais, e era meia bengala de pão com mortadela, uma Tubaína, e ali estava ganho o meu sábado. Naquele tempo, a gente não podia ir ao cinema, Jarbas, porque lá em São Paulo tinha que colocar paletó para ir ao cinema. Uma vez, um amigo meu, chamado Cláudio, me emprestou um paletó, eu briguei com ele no meio do caminho e ele tomou o paletó de volta, e eu não pude ir ao cinema. Pois bem, depois eu comecei a trabalhar de tintureiro, carregava paletó; eu não sou muito alto, vocês estão percebendo, mas até os 18 anos eu não tinha desenvolvido quase nada, eu era muito baixinho. Tinha um empregado da Ford, que depois eu comecei a chamá-lo de compadre, que era um "homão" grande, e umas três vezes eu fui levar o terno dele ao tintureiro; eu era carregador, era um cabo de vassoura aqui nas costas, colocava os ternos aqui do lado e saía carregando. Quando eu chegava para entregar o terno, a parte de baixo estava molhada, porque, como o terno era muito grande, arrastava no chão. A minha gratidão com esse companheiro é que depois eu o encontrei já como presidente do sindicato na Ford. Ele é pernambucano, e esse cara, mesmo eu levando a roupa dele suja, nunca me deu uma bronca, e a mulher dele ainda me dava uma gorjeta, mas eu tinha que trazer a roupa de volta para lavar outra vez, e trazia para lavar outra vez. Eu estou contando tudo isso para vocês porque o meu desafio aqui é despertar esperança em vocês e motivação para vocês. Eu sei as condições em que mora muita gente no Brasil. Nós morávamos num quarto e cozinha, na Vila Carioca, e a gente morava em 13 pessoas num quarto e cozinha. Eram aquelas caminhas de mola, de dia se fechava, de noite abria. Eu dormia junto com a minha mãe e com duas irmãs e outro meu irmão, e minha mãe com outros meus irmãos do lado, primos pobres ainda dormiam lá. Não tinha banheiro, o banheiro era o que atendia o bar e era lá que as minhas irmãs tinham que tomar banho e eu. Depois de um bar de sábado à noite, imaginem o ambiente no banheiro, e a gente utilizava aquilo lá. Pois bem, eu me lembro de um dia como se fosse hoje. Uma vez, nós fomos nos mudar dessa casa no fundo do bar para uma outra casa. A única coisa que a gente tinha era um fogão a gás, um fogão a querosene que a minha irmã, que tinha sete ou oito anos, cada vez que ia acender, o desgraçado do fogão pegava fogo, e essa minha irmã estava quase para morrer de estresse com oito anos de idade porque já não aguentava mais. Um dia, nós compramos um fogão de duas bocas. Nós mudamos dessa rua que eu morava para uma rua chamada rua Auriverde que o Moura e o [inaudível] conhecem muito bem, que estão aqui, meus primos de Pernambuco. A gente tinha um fogão de duas bocas. A maior alegria que eu tive na vida foi poder colocar em cima do caminhão um fogão de duas bocas, para todo mundo saber que eu tinha progredido. Pois bem, nenhum irmão meu tinha profissão, eles não tinham tirado o diploma primário ainda, portanto todos ganhavam salário mínimo. Aí, minha mãe, um dia, recebeu uma notícia de que tinha uma vaga no Senai, para que eu fizesse um curso. Me pegou pelo braço, fomos a pé, muito longe, chegamos lá, eu fiz um teste e fui aceito no Senai para fazer um curso de torneiro mecânico. Graças a esse curso, eu fui o primeiro filho da minha mãe a ter um diploma primário, eu fui o primeiro filho da minha mãe a ter uma profissão, eu fui o primeiro filho da minha mãe a ter uma casa própria, eu fui o primeiro filho da minha mãe a ter um carro, a ter uma televisão e, por conta dessa profissão, eu fui trabalhar numa empresa grande, que era a Villares, e por conta de ser uma empresa grande, eu ganhava um salário razoável que podia sustentar minha mãe, duas irmãs, pagar aluguel e ainda pensar em casar. E casei. Pois bem, graças a essa profissão, eu fui para uma empresa, virei dirigente sindical, virei presidente, entrei na política e hoje estou aqui como presidente da República. *(20/7/05, Recife – PE. Aula inaugural do ProJovem – Programa Nacional de Inclusão de Jovens)*

**... tinha um pai inusitado:** E o meu pai [Aristides Inácio da Silva] era uma coisa inusitada. Eu morava em Vicente de Carvalho, ali na divisa entre Guarujá e Santos, e meu pai trabalhava num armazém de café. Era naquele tempo em que o trabalhador ia trabalhar de terno, gravata e chapéu todo santo dia, e meu pai não sabia diferenciar um "o" de um "i". Entretanto, todo santo dia ele comprava um jornal em Santos e atravessava de barco, como se estivesse lendo o jornal. Só não via de cabeça para baixo, coitado, porque tinha figura, fotografia e ele não se enganava. Mas isso era a demonstração da vontade que ele tinha de ler e não adiantava ter vontade naquele instante, porque nem sempre o poder público está preparado para atender a vontade das pessoas. *(8/9/03, Brasília – DF. Lançamento do Programa Brasil Alfabetizado)*

**... soube da morte do pai com atraso:** Recebi a notícia da morte de meu pai por uma carta, depois de 13 dias que ele tinha morrido. E não era só uma notícia ruim, ruim foi eu ficar 13 dias sem saber que ele tinha morrido. Quando o carteiro conseguiu descobrir onde eu estava, eu recebi a carta. *(25/1/05, Aparecida de Goiânia – GO. Homenagem ao Dia do Carteiro e inauguração das novas instalações do Centro de Tratamento de Cartas e Encomendas)*

**... é Lula desde pequeno:** Eu me chamava Lula, desde pequeno. Eu não tinha o nome político, porque quando fui me candidatar, em 1982, as pessoas só me conheciam por Lula, não me conheciam por Luiz Inácio. Então, eu fui ao cartório e aumentei o Lula no meu nome. Meu nome era Luiz Inácio da Silva e eu coloquei Luiz Inácio Lula da Silva, passou a ser o meu nome oficial. *(15/9/07, Madri – Espanha. Entrevista ao jornal* El País*)*

**... foi mais feliz quando criança do que seus filhos são hoje:** Quero dizer para vocês que toda vez que vejo uma criança, nos dias de hoje, eu me lembro que, quando eu e muitos de vocês éramos crianças, embora fôssemos tão pobres quanto as crianças de hoje, naquele tempo a gente não tinha a violência que temos hoje. A rua era nossa. Ou seja, ir para a rua era quase como conquistar a liberdade. A gente podia jogar bola na rua, bastavam duas pedras e já se fazia o gol; uma bola de meia, e já valia a pena jogar. A gente não tinha medo de trânsito, porque não havia muitos carros. A gente não tinha medo de bandido, porque não havia tanto bandido, gangue; a gente voltava da escola e ia para a rua, para o campo de futebol, e voltava para casa às seis ou sete horas da noite, inteiro, sem ter acontecido nada. Hoje, as nossas crianças não têm essa oportunidade, seja porque todas as casas são feitas com grades, pois o medo toma conta das pessoas, seja porque não há mais o espaço nas ruas. Não temos a tranquilidade que tínhamos antes. Então, muitas crianças, aquelas que ainda podem, ficam na frente da televisão, vendo desenho animado, ou ficam na rua, sem ter muito o que fazer. Eu digo sempre que, naquele tempo, a gente era muito pobre, mas tinha mais liberdade. Eu, por exemplo, acho que era mais feliz do que meus filhos são hoje ou quando eram crianças, porque eu tinha o mundo aos meus pés. Eu morava na Vila Carioca. Havia tantos campos de futebol na Vila Carioca que a gente podia escolher o campo que queria jogar, a hora que queria jogar. Meus filhos não têm. Se quiserem jogar têm que ficar sócios de um clube e pagar uma mensalidade ou alugar uma quadra de futebol *society* para poder jogar uma hora. Então, fico pensando nos milhões de crianças que não podem pagar, dos pais que têm vontade de colocar os filhos para praticar algum esporte e não podem. E, às vezes, próximo à casa da pessoa tem um belo clube que fica fechado de segunda a sexta. E as crianças, do lado de fora, sem ter onde brincar. *(2/10/03, Brasília – DF. Apresentação do Programa Segundo Tempo e seus parceiros)*

**... não sabe quantos irmãos tem vivos:** Eu tenho um total de 26 irmãos, 12 de minha mãe e 14 da outra mulher do meu pai. Eu não sei quantos estão vivos. Da minha mãe sei que há sete vivos. *(1/5/03, Indaiatuba – SP. Visita ao Retiro de Itaici – CNBB)*

**... se frustrou ao não ser aceito para servir o Exército:** Eu me lembro que uma das frustrações grandes que eu tive na minha vida foi quando, com 18 anos de idade, eu me apresentei ali no Parque Dom Pedro para tentar servir no Exército brasileiro, e não consegui. Não sei por quê, não me quiseram. O dado concreto é que eu não pude servir no Exército brasileiro, e isso foi uma frustração muito grande para minha mãe, porque um dos sonhos dela era que seus filhos pudessem servir o Exército. Pode ser que tenha algumas pessoas com preconceito contra o Exército brasileiro, mas no meio do povo pobre, certamente, grande parte das famílias gostaria que os seus filhos tivessem a oportunidade de servir no Exército brasileiro. Mas a minha frustração foi compensada quando, quase quarenta anos depois, eu sou eleito presidente da República, e aquele menino que não pôde servir o Exército brasileiro vira comandante-chefe das Forças Armadas do nosso país. *(11/8/06, Barueri – SP. Visita ao 20.º Grupo de Artilharia de Campanha Leve e a oficinas do Programa Soldado Cidadão)*

**... nunca ganhou um presente quando criança:** Amanhã é Dia da Criança. Nós somos educados de que o Dia da Criança é um dia para as crianças ganharem presentes. Eu não sei quantos presentes você ganhou quando era criança. O meu primeiro presente fui eu mesmo que comprei, aos 17 anos de idade. Naquele tempo, a gente chamava bola de capotão e, como eu não podia comprar uma bola de capotão, comprei uma bola de borracha que, quando bateu no primeiro espinho, furou. O meu segundo presente foi aos 18 anos de idade, já com o meu salário. Comprei uma bicicleta, que era um sonho que eu tinha, uma bicicleta velha. Essa desgramada dessa bicicleta tinha um problema na corrente; eu dava duas pedaladas e tinha que descer para consertar a corrente da bicicleta. Eu passava mais tempo ajoelhado, tentando consertar a corrente, do que andando de bicicleta. Eu estou dizendo isso porque amanhã é o Dia da Criança, e muitas crianças, certamente, irão ganhar presentes. Outras crianças não irão ganhar presentes e, certamente, isso não pode e não deve mudar a vida das pessoas. Eu me lembro de um dia, Roberto e Moisés [crianças presentes à solenidade], eu morava em Vicente de Carvalho, entre Santos e Guarujá, era um bairro muito pobre e naquele tempo a prefeitura dava presentes. Eu me lembro que a minha mãe, lá pelas seis horas da manhã, pegou na minha mão e fomos para a prefeitura, para esperar o presente. Naquele tempo tinha uns carrinhos de corda, daqueles que nem abridor de lata, que você dava um pouquinho de corda, o carrinho andava meio metro, e já era uma maravilha do mundo. Eu sonhava com um carrinho daqueles. Nós ficamos até as duas horas da tarde na fila e, quando chegou a minha vez, simplesmente minha mãe foi comunicada que tinham terminado os presentes. Aquilo não mudou a minha vida, e não mudou por quê? Porque para superar essa coisa material que tanto agrada a gente – agrada por um dia, por uma semana, porque depois os brinquedos ficam jogados num canto, quebram –, para superar tudo isso é preciso uma palavra mágica, na verdade, duas palavras mágicas: carinho e afeto. É a gente saber que dentro de casa a gente tem muito carinho, muito afeto e muita compreensão entre a nossa família. O exemplo está aqui neste palco. *(11/10/07, Brasília – DF. Lançamento do programa social Direitos de Cidadania – Criança e Adolescente)*

**... bebia água suja na infância:** Então, o projeto da água é uma coisa maravilhosa que eu sonho que poderá dar maior sustança ao povo do Nordeste, porque, embora as pessoas não saibam, eu sei o que é ir pegar água num açude, num pote, e deixar a água assentar, porque a gente não tinha cultura nem para ferver nem para coar. A gente tomava daquela água e depois as canelinhas ficavam dessa grossura, o barrigão dessa grossura, a gente pensava que era saúde. E não era saúde e não foram poucas as vezes em que eu, com sete anos de idade, tinha que ir com a minha irmã buscar pote d'água. Então, eu sei o que é a gente andar 12 léguas, 16 léguas para trazer um pote d'água na cabeça. E, às vezes, não sabe se é água, se são fezes de animais, se é caramujo, se é urina, e é daquela água que tem que beber. Então, quem está no bem-bom não sabe o sacrifício. Quem está no bem-bom não sabe o que é isso. Como nós não temos dinheiro para comprar água Perrier para beber, água boa, então nós bebemos. *(11/2/05, Surubim – PE. Inauguração do Projeto de Abastecimento do Jucazinho)*

**... começou a trabalhar aos 11:** Eu comecei a trabalhar com 11 anos de idade e trabalhava porque precisava, não trabalhava por prazer, não. Eu não acredito que alguém trabalhe por prazer antes de completar 14 anos de idade. *(16/7/04, Brasília – DF. Entrevista coletiva para os Jornalistas Amigos da Criança)*

**... começou a trabalhar aos 13:** Eu acho que o primeiro emprego... eu acho que fica uma lembrança eterna na cabeça da gente. Eu era muito menino, tinha 13 anos de idade e era uma família de quatro pessoas, eram o pai, a mãe, duas filhas, e eles me tratavam como se eu fosse um filho da casa. Eu trabalhei lá até começar a trabalhar numa fábrica, mas a lembrança que eu carrego é do carinho com que eles me tratavam, ou seja, eu aprendi um pouco a passar roupa, aprendi a lavar roupa, eu entregava a roupa. Até hoje eu tenho uma relação de amizade com o casal. Eles moram hoje numa cidade do interior de São Paulo, mas foi muito marcante na minha vida, porque não era apenas a relação de trabalho, é que a família era amiga da minha família, da minha mãe, então eu tenho uma boa relação com o seu Antônio, com a dona Marina, a Mariko e a Kenko, que eram as duas filhas com quem trabalhava. Eu guardo essa recordação. *(17/5/05, Brasília – DF. Entrevista à TV japonesa NHK)*

**... deve tudo a duas mulheres:** Eu devo parte do que eu sou na vida a minha mãe, uma nordestina de Garanhuns que teve a coragem de colocar oito filhos num pau de arara e sobreviver em São Paulo, pensando que ia encontrar o maridão que já estava lá desde 1945. Isso foi em 1952, e, quando ela chegou para se encontrar com o maridão dela, ele estava casado com outra. E ela não perdeu a ternura e cuidou dos oito filhos sozinha e conseguiu até fazer com que um deles chegasse à Presidência da República. Uma outra é esta "galega" que está aqui do meu lado. Esta "galega", eu não sei se ela teve a sorte de me encontrar ou eu tive a sorte de encontrá-la. O dado concreto é que nós vamos fazer 31 anos de casados, e nesses 31 anos nós já passamos por momentos muito difíceis. De vez em quando eu digo que a Marisa foi a mãe e o pai dos meus filhos. Primeiro, pela minha atividade sindical, eu não estava junto com ela em nenhum momento em que nasceram os meus filhos. Depois, eu nunca estava em casa para ver o boletim da molecada, para ver se estava tudo bem na escola ou se não estava bem. O dado concreto é que o caçula já está com 18 anos, e hoje eu olho para o céu e dou graças a Deus de ter tido a Marisa cuidando daquela molecada, fazendo o papel de pai e mãe, e não permitindo que a ausência do pai fosse razão para que a gente tivesse um filho revoltado dentro de casa ou tivesse algum problema. Não tem isso. E mais ainda, mesmo quando eu fui preso em 1980, a dona Marisa, que parecia ser frágil, que parecia ser debilitada para enfrentar uma situação daquelas, em nenhum momento ela vacilou em assumir, junto com as mulheres de São Bernardo do Campo, a luta que os metalúrgicos estavam fazendo. Então, a força dessas duas mulheres, da minha mãe e da minha mulher, é, na verdade, uma espécie de vento, de força invisível que me empurra para dizer: por mais difícil que seja o momento que você esteja vivendo, não abaixe a cabeça nunca e não se sinta derrotado. Levante a cabeça e vá à luta, porque a vitória é sempre possível, na medida em que a gente acredita nela. E isso me fez estar aqui onde eu estou hoje e, obviamente, eu não estaria aqui se não fosse o símbolo dessas duas figuras para mim, mas também se não fosse o carinho de vocês, de perderem tantas eleições comigo e não desistirem nunca de chegar onde eu cheguei. *(8/3/05, Apodi – RN. Cerimônia por ocasião do Dia Internacional da Mulher)*

**... nunca bateu nos filhos:** Ora, se bater numa mulher, que às vezes tem até o tamanho do marido ou é mais forte que o marido, é um crime dessa envergadura, você disse bem, Xuxa [Maria da Graça Meneghel, apresentadora de programas infantis da TV Globo], imaginem bater numa criança. Eu falo com conhecimento de causa porque tenho cinco filhos e, graças a Deus, nunca precisei levantar a mão para bater em nenhum dos meus filhos. Muitas vezes, quando uma criança parece impertinente, quando uma criança parece incomodar uma conversa de adultos, ou quando uma criança parece incomodar o programa de televisão que o adulto está assistindo ou o jogo de futebol, o grito ou a palmada na criança deveria ser substituído pela compreensão de que aquela criança não está incomodando porque ela quer incomodar. Ela está apenas dizendo ao adulto: "Eu existo, eu sou melhor para você do que a televisão, eu sou melhor para você do que essa conversa, pelo amor de Deus, me dê pelo menos um minuto de atenção que eu vou ficar quieta no meu lugar, vou brincar, e não vou ficar perturbando." *(15/6/07, Brasília – DF. Lançamento da campanha Não Bata, Eduque, em favor dos direitos da criança e contra o castigo físico e humilhante)*

**... tinha o sonho de ser mecânico:** O meu sonho era ser mecânico. Eu não sabia nem o que era, mas eu queria ser mecânico porque eu tinha um irmão mais velho que se sujava de graxa, que era mecânico de carros, então... eu queria ser mecânico. Aí, entrei na fábrica de parafusos Marte, fui lá, me inscrevi, fiz a ficha, fui ao Senai, passei no teste. Eu não sabia o que era um torno. Passei na frente de uma prensa e achava que aquilo era um torno, tal era a minha ignorância dentro de uma fábrica. *(23/4/03, Brasília*

– DF. *Assinatura de convênio entre a Confederação Nacional da Indústria e o Ministério da Educação)*

**... no primeiro emprego, tinha orgulho de usar macacão, desde que sujo de graxa:** Bem, mas eu lembro do dia, em 1960, quando eu coloquei aquele macacão e saí para andar os dois quilômetros para ir trabalhar. Eu me achava o máximo, eu me achava... Tinha uma quitanda que tinha uma loura bonita, já uma moça. Eu era um moleque, e passava todo de pescoção duro, achando que aquela moça estava olhando para mim. Ela nem me enxergava. Mas eu achava que ela olhava para mim e essa esperança me fazia, todo dia, passar orgulhosamente na frente. Mas eu me lembro que no primeiro dia em que fui trabalhar, eu cheguei lá e não sabia o que fazer. Aí, fiquei lá. Me mandaram catar uns pedacinhos de ferro, eu catei uns pedacinhos de ferro. Mas chegou a hora do almoço, eu tinha que almoçar em casa, passar na frente da quitanda, ver a loura. E eu ia estar limpo, outra vez? Então, eu não tinha trabalhado! Aí eu peguei um tanque de óleo preto que tinha lá para [inaudível] peça, [inaudível] lá, esfreguei toda a lama, parecia... Cheguei em casa todo sujo de graxa, de óleo, pretinho, pretinho, com o maior orgulho. Minha mãe sorria para mim, vendo o filho dela mecânico; enquanto eu era um catador de ferro ali, achava que eu era mecânico. *(17/4/08, Belo Horizonte – MG. Visita às obras do projeto de urbanização da Vila São José)*

**... não tinha dinheiro para comprar Danoninho:** Há vinte anos eu, que era um trabalhador qualificado, para comprar Danoninho para os meus filhos, eu comprava medido, por semana. Só podia tomar um, se tomasse dois era castigado, só faltava colocar cadeado na geladeira. E eu era considerado classe média operária. Se tivesse trabalhado na fábrica de alguns aqui, quem sabe eu tivesse ganho um pouco mais, mas eu estava na Villares, então, não estava ganhando tão bem. *(12/3/08, Brasília – DF. Mesa de negócios do Economist Newspaper Group)*

**... não teve nada de graça:** Eu sou um homem calejado, eu apanhei muito na vida. Eu nunca, nunca na minha vida tive alguma coisa que eu não tivesse que lutar que nem um desgraçado para conquistar, nunca. *(3/8/05, Garanhuns – PE. Lançamento do Plano Safra da Agricultura Familiar 2005/2006)*

**... teve de enfrentar enchentes que levavam ratos e merda para dentro de casa:** Pense num "cabra" que desde os 11 anos de idade se habituou a viver com enchente. Pense num "cabra" que com 11 anos de idade morou numa rua chamada Auriverde, na Vila Carioca em São Paulo, em que chegava o final do ano já dava dor de barriga e disenteria mesmo, porque a gente sabia que ia encher. Pense num "cabra" que morou num cortiço em que, num único quintal, moravam oito famílias, trinta pessoas, com um banheiro só, sem descarga, sem água encanada, pense, meu filho. Pense o que são vinte pessoas se levantando às seis horas da manhã e só ter um desaguadouro. Pense o que é pegar água do poço, colocar num baldinho e puxar uma cordinha, amarrar. E água fria, porque não dava para esquentar para todo mundo, ou tomava banho de bacia dentro da cozinha. Pense num "cabra" que, um dia, saiu dessa rua Auriverde e foi morar na rua Verão, numa casa nova, com cheiro de tinta, em junho de 1963. E, em janeiro de 1964, acordou à meia-noite, com rato disputando espaço com barata, com merda boiando na ponta do nariz, com água batendo no colchão, e teve que se levantar à noite para levantar o colchão, para levantar a mãe, para tirar as irmãs. E, a partir da primeira enchente, toda desgraçada que vem é pior do que a primeira. Parece que a casa afunda toda, e vai ficando maior, e aí não para mais. Pense num "cabra" que achava que a enchente de um metro de água era muito, e mudou-se para outra rua mais alta, que não dava enchente e, no primeiro ano, deu um metro e meio de água dentro de casa. Eu sei que eu vivi tudo isso na década de 60, e eu sei que tem muita gente que vive, hoje, em 2007, porque não foi feito o que deveria ter sido feito pelos governantes brasileiros. *(12/7/07, Recife – PE. Lançamento do PAC nas áreas de saneamento e urbanização no estado de Pernambuco)*

**... em 1966, amargou o desemprego:** Eu entrei na Villares no dia 29 de janeiro de 1966. A Villares, naquele tempo, produzia motor de navio, produzia ponte rolante, produzia peças para o metrô. A Villares estava no auge, muito dinheiro do BNDES, a Villares estava no auge. Um belo dia, nós chegamos para trabalhar e a Villares dispensou 1.500 trabalhadores numa tacada só. É preciso ter noção do que significa o desespero de um pai de família chegar em casa e falar: "Perdi o emprego." *(26/2/08, Rio de Janeiro – RJ. Inauguração da fábrica de pneus de mineração e terraplanagem da Michelin – América do Sul)*

**... como operário, tinha vergonha da marmita se não houvesse carne:** Você, no domingo, visitando o trabalhador, ele não tinha um pedaço de carne para colocar na mesa, mas, se você perguntasse para ele: "Você está comendo carne?" Ele falava "estou", porque ele tinha vergonha de dizer. Eu sei que, muitas vezes, parece que não faz parte da liturgia presidencial contar determinados casos. Mas, quando eu comecei a trabalhar na Villares, não tinha refeitório, não tinha restaurante, a gente levava marmita. E a segunda-feira, normalmente, é o melhor dia da marmita, porque é a sobra do almoço do domingo, é o bife à milanesa, é o macarrão, é o frango. E eu me lembro, isso está gravado na minha memória, eu me lembro, como se fosse hoje, que cheguei numa segunda-feira – normalmente, sentam-se os mesmos companheiros à mesa, quem já trabalhou em fábrica sabe; às vezes, chegam certos companheiros e sentam-se juntos durante anos e anos, é como se fosse uma confraria – e eu fiquei distanciado porque na minha marmita não tinha mistura. Eu estava lá sentado, cada um dos companheiros abria a comida cheirosa, e, quando eu fui abrir a minha, eu vi que não tinha carne. Eu peguei e fechei: "Ah! Eu não estou com fome, não. Vou deixar para comer depois." E sempre tem aquele cara que faz a pergunta indesejável. O cara falou assim para mim: "Ô Lula, me dá a tua mistura." Eu falei: "Não, não vou dar porque eu vou comer mais tarde." E isso acontece porque as pessoas têm vergonha. Ninguém vai reconhecer para um amigo, para um namorado, que não teve o que comer, ninguém vai reconhecer. *(20/10/05, Brasília – DF. Abertura do Seminário Internacional Bolsa Família)*

**... parou de estudar, mas não devia ter parado:** Uma outra coisa importante, Michel [Ferreira da Silva, representante dos alunos da Escola Técnica do Senai em Petrolina], é que você não pode se contentar com o curso que você fez. Eu estou te dizendo isso agora porque eu me contentei com o curso que eu fiz. Eu tinha quase 18 anos quando me formei, minha mãe e duas irmãs moravam comigo, a gente pagava aluguel, tive que arrumar um emprego à noite porque ganhava 25% a mais, e eu ainda fazia duas horas extras por noite, todos os dias, Armando [Monteiro, deputado, presidente da Confederação Nacional da Indústria], duas horas extras que era para poder pagar o aluguel e cuidar da minha mãe e das duas irmãs. Então, eu não estudei mais, parei. Aí, arrumei emprego numa fábrica grande, passei logo a ganhar mais que dez salários mínimos porque, naquele tempo, torneiro mecânico era uma profissão importante, torneiro, frisador, mandrilador. Eu passei a ganhar um salário razoável e eu sempre fui um trabalhador que fazia, no mínimo, quarenta horas extras por mês, porque eu dizia: "Os meus vícios eu quero sustentar com as horas extras para não mexer no meu salário." Eu parei de estudar, mas eu queria te dar um conselho: não pare, não. Não pare, porque você chegou até aqui, o mundo se abriu para você. Você pode trabalhar, pode ganhar um salário, um salário melhor, pode pagar um curso melhor, pode se formar doutor e pode atender a uma demanda que o Brasil está precisando hoje. *(4/9/07, Petrolina – PE. Inauguração da Escola Técnica do Senai em Petrolina)*

**... poderia ter ficado com parte do dedo, mas perdeu todo ele porque era pobre:** Eu, quando cortei este dedo aqui, eram três horas da manhã, eu trabalhava numa metalúrgica, chamada Metalúrgica Independência. Eu me lembro até hoje. Na verdade, o dedo não tinha amassado todo, poderia ter tirado um cotoquinho, ter deixado um cotoquinho, pelo menos para eu coçar o ouvido. Mas eu era peão, estava vestido de macacão, três horas da manhã, fedendo a óleo. Eu acho que o cara que me pegou falou: "Sabe de uma coisa, arranca logo o dedo desse peão." E tirou todo o meu dedo. É assim que, muitas vezes, o pobre é tratado neste país. Não é diferente. *(26/2/08, Rio de Janeiro – RJ. Inauguração da Unidade de Pronto Atendimento 24h de Campo Grande)*

**... tinha vergonha do dedo amputado:** Quem não tem nenhum problema, muitas vezes, não sabe o que estou falando. O preconceito contra quem tem um problema qualquer, num certo membro qualquer, se não houver um tratamento, é muito grande. Eu, quando perdi este dedo aqui, andava no ônibus, durante muito tempo, com a mão no bolso, com vergonha das pessoas perceberem que eu não tinha um dedo. Naquele tempo não tinha o Sarah [Rede Sarah de hospitais, especializado em reabilitação física e neurológica], nem eu jamais imaginei vir a Brasília, muito menos ser o presidente da República. Mas o dado concreto é que eu sei como é que essas pessoas se sentem. *(17/12/03, Brasília – DF. Inauguração do Centro Internacional de Neurociências e Reabilitação – Rede Sarah)*

**... acredita em Deus:** Aconteceu porque tinha que acontecer, porque, como eu acredito em Deus, eu penso que Deus fez acontecer. *(1/5/03, São Bernardo do Campo – SP. Op. cit.)*

**... conheceu Marisa ao lhe dar um atestado de vida no sindicato:** Eu comecei a minha vida sindical cuidando do Departamento de Previdência Social. Foi lá, inclusive, que eu conheci a Marisa. Ela foi procurar um atestado de vida e eu vi, lá, uma viuvinha bonita. Eu falei: "Vou dar o atestado de vida e vou, aqui, pedi-la em namoro." Isso é verdade mesmo. Eu trabalhava no Departamento de Previdência Social, no sindicato, e tinha um advogado que trabalhava comigo, o Luizinho – nem sei se ele está mais no sindicato. E eu falava assim... Eu cuidava das viúvas que iam lá procurar atestado de vida, cuidava de habite-se, cuidava de uma série de documentos que naquele tempo exigiam, não sei se exigem tudo isso hoje ainda. Eu disse para o Luizinho: "Olhe, se aparecer uma viuvinha bonita aqui, você me fala." Porque eu era o chefe do departamento e era justo que eu atendesse. Aí, um dia, ele falou assim para mim: "Oh, Lula, tem uma lourinha aí bonita." *(14/12/07, São Paulo – SP. Inauguração da Agência da Previdência Social de Benefício por Incapacidade – APS/BI)*

**... gosta realmente de dona Marisa:** Olha, se você quer saber, eu gosto, mesmo, é da dona Marisa Letícia Lula da Silva. *(20/6/03, Washington D.C. – Estados Unidos. Entrevista coletiva concedida após reunião de trabalho com o presidente dos Estados Unidos, George W. Bush)*

**... teve em 1979 o ano mais difícil:** Eu não me esqueço nunca, e me marca profundamente, o ano de 1979. Aqui há muitos companheiros daquela época e nós tivemos, possivelmente, um dos melhores acordos que o sindicato já fez. Eu tinha preparado a categoria para uma guerra, não para uma greve. E qualquer que fosse a proposta que não fosse 100%, os companheiros achavam pouco. Não sei se dom Cláudio [Dom Cláudio Hummes, cardeal arcebispo de São Paulo] está lembrado, foi a assembleia mais difícil da minha vida, e cada vez que alguém tentava falar num acordo, tomava vaia dos trabalhadores. Eu consegui convencer os meus companheiros a aceitarem o acordo, mas foi o ano mais difícil da minha vida, porque os trabalhadores voltaram para dentro da fábrica com a sensação de que eu tinha traído todos eles. Uma sensação de que a greve deveria ir até as últimas consequências. Foi o ano mais duro da minha vida sindical. No ano de 1980, eu pensei com meus botões: "Se os trabalhadores acham que podem levar a greve até o limite do impossível, vão levar." E vocês estão lembrados que, com 41 dias, a greve terminou e eu estava preso ainda. E aquela foi a greve em que nós mais perdemos economicamente, não ganhamos absolutamente nada. Milhares de trabalhadores foram mandados embora. Entretanto, o ganho político que nós tivemos resultou na criação do PT, na criação da CUT e na chegada daquele líder do sindicato à Presidência da República. *(1/5/03, São Bernardo do Campo – SP. Op. cit.)*

**... em 1980 e hoje, acha que a onça deve beber água:** Meu caro Carlos Mesa [presidente da Bolívia] e meu caro Toledo [Alejandro Toledo, presidente do Peru], em 1980, quando mataram o Wilson Pinheiro de Souza, eu vim a esta cidade e o clima era muito tenso, porque o Wilson Pinheiro era um sindicalista e foi morto dentro de sua casa. E quando eu cheguei aqui tinha uma assembleia de trabalhadores, um clima muito tenso, muita gente armada andando pelas ruas, o nosso querido companheiro Osmarino [Amâncio Rodrigues, ex-sindicalista], que está aqui do nosso lado, estava aqui. E me chamaram para fazer um pronunciamento. Eu não lembro o que eu disse, eu só lembro que disse que estava cansado de fazer discurso na beira de caixão de companheiros que tinham sido assassinados. E eu me lembro que utilizei uma frase, que é muito usual aqui no Brasil, dizendo que estava chegando a hora da "onça beber água". Eu disse essa frase, voltamos para Rio Branco; estrada totalmente de terra, uma poeira muito grande e, para minha surpresa, alguns dias depois, quando eu estava em São Paulo, eu fui comunicado que eu estava sendo processado porque um delegado da Polícia Federal tinha entendido que a frase que eu utilizei, "Está chegando a hora da onça beber água", era uma senha para que os trabalhadores se vingassem. Aconteceu que, no dia seguinte, eu fui embora, e os trabalhadores mataram uma pessoa que eles consideravam suspeita de ter matado o Wilson Pinheiro. Por conta disso, eu fui julgado em Manaus, fui condenado a três anos e meio de prisão. Obviamente que não cumpri a pena porque era réu primário [em apelação a instâncias superiores, acabou absolvido]. Mas o esquisito foi que, na acusação, diziam que eu não tinha que ser condenado porque tinha matado qualquer pessoa, que eu não tinha que ser condenado porque usava revólver ou metralhadora; eu tinha que ser preso porque a minha arma era a minha língua, que era muito ferina, e eu não podia andar por aí dizendo que a onça podia beber água. E ainda hoje eu acho que a onça precisa beber água, porque senão ela morre. *(11/8/04, Brasileia – AC. Inauguração da ponte Wilson Pinheiro – Integração Brasil-Bolívia)*

**... narra a sua trajetória política:** Depois que eu ganhei as eleições, eu passei vários dias imaginando se era verdade que eu tinha ganho as eleições. Quando eu tomei posse, eu ficava imaginando como a democracia é uma coisa fantástica, porque na sociologia política brasileira não se imaginava que um operário pudesse chegar a presidente da República. Eu mesmo não acreditava. E, em vinte anos, organizamos um partido e ganhamos a Presidência, numa demonstração de que isso pode acontecer em qualquer país do mundo. Ou seja, a minha eleição é a demonstração viva de que a sociedade civil, os trabalhadores podem governar qualquer país. Têm que se organizar. Essa é uma coisa extraordinária. Você, imagine, em tão pouco tempo, em vinte anos. Eu perdi uma eleição para governador de São Paulo, aí fiquei decepcionado em 1982, fiquei decepcionado, [achando] que eu não ia ganhar nunca. Depois de um ano eu cheguei à conclusão que precisava continuar organizando os trabalhadores. Em 1986, fui o deputado mais votado da história do Brasil. Depois, eu não quis mais ser deputado. Depois, eu perdi a primeira eleição para presidente. Eu tive quase 47% dos votos. Fiquei vários meses decepcionado, achando que não valia a pena, pensando em desistir de tudo. Depois, eu fiquei pensando: "Não é todo dia que um operário tem 32 milhões de votos." Então, eu fiquei imaginando a dimensão do que significam 32 milhões de votos. Imagine 32 milhões de seres humanos se levantarem em um belo dia de manhã pensando em votar em você. Isso me estimulou e fui candidato em 1994. Até o mês de abril de 1994 eu estava certo de que eu ganharia as eleições. Os meus adversários, com medo de eu ganhar, diminuíram o mandato presidencial, proibiram colocar imagem externa na televisão, e eu perdi. Juntaram-se todos contra mim e eu perdi as eleições. Outra vez, eu pensei em desistir. Mas chegou em 1998, eu não queria ser candidato. Eu não queria, porque era muito difícil a eleição, mas eu tive que ser candidato outra vez. Tive 32% dos votos. Aí eu pensei: "Bom, já perdi três eleições, eu acho que está na hora de parar." Aí, chegou 2002, outra vez eu fui candidato e ganhei. Então, esse processo que aconteceu no Brasil é uma novidade, eu diria, extraordinária para o mundo. Nem na Revolução Russa os trabalhadores chegaram ao poder, nem na Revolução Cubana os trabalhadores chegaram ao Governo. E no Brasil, pela via democrática, com debate político, eu fui eleito. Então eu acho que isso pode despertar em outros trabalhadores, no mundo inteiro, a vontade de acreditar como eu acreditei. *(20/5/05, Brasília – DF. Entrevista à jornalista Insun Kang, do jornal* Chosun Ilbo*)*

**... atribui a sua eleição à teimosia:** Até para chegar a presidente da República tive que perder três eleições. Quantos de vocês imaginaram que eu ia desistir? Quantos? Alguns até queriam que eu desistisse. Mas a teimosia me fez ser presidente da República. E, agora que eu cheguei, eu não vou jogar fora a oportunidade de realizar o sonho de mais de uma geração, de alguns até que já morreram e não chegaram a ver esse momento. *(25/6/03, Brasília – DF. 1.º Seminário de Infraestrutura para o Desenvolvimento Sustentável)*

**... é presidente porque quis ser:** Eu sou o único presidente que não pode reclamar: "Ah, alguém quis que eu fosse presidente." Não. Fui eu que briguei muito para ser presidente da República. Briguei porque acredito em cada palavra que eu disse durante os meus trinta anos de política. Briguei porque acredito que é possível transformar este país. Briguei porque acredito que é possível fazer com que o dinheiro público possa ser muito mais útil à sociedade, se não permitirmos a corrupção e a safadeza. Briguei porque acredito que é possível construir um outro país. *(30/10/03, Juazeiro – BA. Visita à XIV Feira Nacional de Agricultura Irrigada – FENAGRI)*

**... foi eleito porque o Brasil chegou ao fundo do poço:** Se o Brasil tivesse tudo maravilhoso, se todos os estados tivessem dinheiro, se todas as prefeituras tivessem muito dinheiro, se o Governo Federal estivesse nadando em dinheiro, não seria eu o presidente da República. Eu só estou presidente da República porque o país chegou a um fundo do poço tão grande que o povo pensou: "Vamos colocar um peão, para ver se ele consegue resolver esse negócio." Não foi por outra razão. *(18/8/03, Pouso Alegre – MG. Retomada das obras da rodovia Fernão Dias e do anúncio da recuperação de seis mil quilômetros de rodovias federais em todo o país)*

**... chora, mas é durão:** Eu sou de chorar de emoção no meio de vocês, mas não sou de chorar em mesa de negociação. *(4/6/03, São Paulo – SP. 8.º Congresso Nacional da CUT)*

**... confia na palavra:** Eu sou de uma terra em que o homem assume o compromisso olhando nos olhos dos outros. Vale mais do que um documento e vale mais do que uma promessa. O caráter não precisa de assinatura. *(10/1/03, Teresina – PI. Visita à Vila Irmã Dulce)*

**... tem memória boa:** Eu sou um homem que tem a memória boa. Se há uma coisa que eu tenho privilegiada é a minha memória. Não pensem que eu esqueço um nome ou uma coisa que eu prometi. Eu sei cada palavra com que eu me comprometi com o povo, em cada canto deste país. Sei cada palavra, até porque não foi uma única vez que eu disputei as eleições. Eu perdi três eleições. *(6/5/03, Aracaju – SE. Outorga da Medalha do Mérito Serigy)*

**... sonha alto:** Eu aprendi com um companheiro meu que diz o seguinte: "Oh, Lula, o homem tem que ser do tamanho do seu sonho. Se você sonha pequeno, você faz coisas pequenas; se você sonha grande, você faz coisa grande." Eu sou pequeno, mas sonho grande e espero concretizar os sonhos que não são meus, são do povo brasileiro. *(24/2/05, Vitória – ES. Início das obras do novo terminal do Aeroporto Internacional de Vitória)*

**... é otimista porque a vida assim o ensinou:** Eu sou um otimista inveterado. Eu sou tão otimista que, quando a minha mãe saiu de Pernambuco com oito filhos agarrados na saia dela, num pau de arara, minha mãe levantava a cabeça e dizia: "Nós vamos vencer!" Para quem saiu de lá e chegou à Presidência da República, eu não tenho o direito de não ser otimista. *(14/12/04, Manaus – AM. Inauguração da 1.ª etapa da expansão da Honda-Manaus)*

**... sabe mais que os outros; sofreu e venceu, como Deus:** Quando nós ganhamos as eleições, todo mundo dizia: "O Brasil vai quebrar, esse Lula não vai dar certo. Imagina, esse retirante nordestino quer governar um país que sempre foi governado por doutor, sempre foi governado por gente lá de riba, lá do andar de cima, não vai dar certo." O que eles não sabiam é que eu tinha a convicção de que eu sabia mais do que eles e que eu não podia errar. Isso é que eles não sabiam: é que não podia errar. E, por isso, eu montei uma equipe de qualidade. Apanhamos que nem cachorro sarnento. Não foi fácil, não. Eu tinha até medo do segundo mandato, porque eu achava: "Se eu apanhar tanto, como eu apanhei no primeiro, eu vou morrer de pancada." Mas, graças a Deus, nós aprendemos uma lição: das coisas ruins da vida da gente, a gente precisa tirar proveito. Eu acho que, de vez em quando, Deus faz as coisas conosco de propósito, para saber se a gente vai passar na provação. Ele passou. Pois bem, nós passamos. *(6/5/08, Igarapé da Cachoeirinha – AM. Inauguração do projeto de urbanização do Igarapé da Cachoeirinha, assinatura de ordens de início das obras da ponte sobre o rio Negro, de ordens de serviço do PAC e do Pacto Federativo do Amazonas)*

**... sabe o que quer, sabe fazer:** Eu tenho consciência de cada passo que vou dar neste país. Nada será feito de forma precipitada, fora de hora, tudo será feito como tem que ser feito. *(22/4/03, Vitória – ES. Assinatura de Protocolo de Intenções e repasse de recursos da União para o Espírito Santo, para a área da segurança pública)*

**... tem de atender às reivindicações de si próprio:** A minha vida inteira foi reivindicar. E eu, agora, não questiono ninguém, Tarso [Genro, ministro do Conselho de Desenvolvimento Econômico e Social – CDES], eu agora só me questiono. Eu tenho que atender às minhas próprias reivindicações. *(4/9/03, Brasília – DF. Reunião do Conselho de Desenvolvimento Econômico e Social – CDES)*

**... não precisa falar inglês:** Os preconceituosos contra mim diziam assim: "Como é possível o Lula governar um país se ele não sabe nem falar inglês? Como é que ele vai conseguir conversar com o Bush [George W. Bush, presidente dos Estados Unidos], com o Tony Blair [primeiro-ministro do Reino Unido]?" Eu estou provando que eu não preciso falar inglês para ser respeitado no mundo. Eu tenho que falar português. Eu tenho que falar, pura e simplesmente, a língua de 175 milhões de brasileiros, para ser respeitado no mundo. *(4/6/03, São Paulo – SP. Op. cit.)*

**... duvida do próprio merecimento:** Tenho vários títulos de doutor *honoris causa* para receber e não recebi nenhum, porque só vou receber depois que eu deixar de ser presidente, para saber se as pessoas queriam me dar porque eu mereço ou porque eu era presidente da República. Então, quando terminar o meu mandato, eu vou atrás. *(20/10/05, Brasília – DF. Abertura do 11.º Congresso Nacional do PCdoB)*

**... duvida das novas amizades:** Guardem sempre uma frase que eu digo: "No dia em que eu deixar a Presidência da República, só terei como amigos, certamente, aqueles que eram meus amigos antes de eu ser presidente da República." Disso eu não me esqueço. Eu tenho conversado com vários ex-presidentes, e os ex-presidentes falam assim para mim: "Puxa vida, quando eu estava na Presidência, tinha tanta gente que queria falar comigo, tinha tanta audiência. Eu, agora, deixei de ser presidente e ninguém telefona mais para mim, ninguém liga mais para mim." Ou seja, é assim mesmo, porque não tem uma relação verdadeira. *(21/1/05, Porto Seguro – BA. Visita ao acampamento Luiz Inácio Lula da Silva)*

**... tem muitos amigos:** Eu sou um homem de muitos amigos. Durante a minha vida inteira eu construí uma relação de amizade que eu tento fazer sólida. Eu nunca perdi a amizade de um companheiro porque ele divergiu de mim, porque não concordou comigo, porque está em outro partido ou porque torce para outro time. Nunca. *(18/4/05, São Bernardo do Campo – SP. Comemoração dos trinta anos da sua posse como presidente do Sindicato dos Metalúrgicos do ABC)*

**... é um homem de sorte:** Eu não tenho tempo para levantar de cara feia. Eu sou um homem de muita sorte. Então, eu quero continuar, todos os dias, tendo muita sorte. É o seguinte: tudo o que dá errado é culpa minha, tudo o que dá certo é porque eu tenho sorte. Eu acho que o povo não vai votar num azarado para ser presidente da República, nunca. Tampouco uma mulher vai escolher um marido azarado. Imagine se o cara chegar para a mulher: "Meu amor, eu quero me casar com você, mas eu queria dizer que eu sou tão azarado que eu não tenho sorte nunca..." Você acha que ela vai se casar? *(20/3/08, Foz do Iguaçu – PR. Entrega dos contratos de cessão de uso de águas públicas para aquicultura, assinatura do termo de cooperação entre a Petrobras e os estados do MS e PR para construção do alcoolduto Campo Grande)*

**... é imune a urucubaca:** O que tem de gente fazendo figa para que a gente não consiga ter sucesso é uma coisa maluca, mas, como eu sou um cristão e tenho muita fé, urucubaca não vai pegar em cima de nós. *(23/7/04, Brasília – DF. Assinatura da MP de correção de aposentadorias e pensões de fevereiro de 1994 a março de 1997, e da MP de abono de R$100,00 no I.R. de pessoas físicas)*

**... não atribui o sucesso à sorte:** Tem muita gente que diz que as coisas estão dando certo no Brasil porque o Lula tem sorte. Obviamente que eu prefiro ser o Lula com sorte do que o Lula sem sorte, porque não há na vida nada que aconteça, para nenhum de nós, se a gente não tiver um pouco de sorte. Mas o que está acontecendo no Brasil é uma coisa que nós preparamos, e muitos dos ensinamentos que eu aprendi na minha vida cotidiana eu coloco em prática na arte de governar este país. Eu me casei pela primeira vez em 1969 e assumi o compromisso, com a minha mulher, de que eu só ia pagar um ano de aluguel e depois eu ia comprar uma casa. Para poder comprar essa casa, no primeiro ano de casados – eu e a mulher trabalhando –, nós nunca fomos a um restaurante, nós nunca fomos ao cinema, porque, a cada vez que eu ia pagar o aluguel, eu achava aquele dinheiro amaldiçoado. Era um dinheiro que eu dava e eu sabia que não estava construindo nada para mim. Fizemos um ano de sacrifício, não tinha restaurante, não tinha cinema, não tinha teatro, não tinha festa, não tinha roupa nova, não tinha nada. Um ano depois, eu comprei a minha primeira casa. Quem conhece São Paulo, era no Parque Bristol, era uma ribanceira tão grande que, quando chovia, a gente quase não conseguia ir trabalhar, porque não tinha guia, não tinha sarjeta, o barro virava uma cola e eu tinha que colocar uma galocha, andar a pé até o asfalto, tirar a galocha, embrulhar em um jornal e levar para a fábrica. Quando chegava à fábrica, lavava, deixava secar, e à tarde, quando eu saía da fábrica, descia do ônibus, na padaria, colocava a galocha, chegava em casa, tirava a galocha. Mais um pouco e eu pegaria o apelido de Lula Galocha. Dois anos depois, minha mulher morreu, eu fiquei quatro anos viúvo, me casei outra vez. Tinha vendido a casa porque eu tinha me mudado para São Bernardo. Quando eu me casei com a Marisa, eu assumi um compromisso: em um ano a gente vai comprar outra casa. Não deu para comprar em um ano, eu comprei a casa em um ano e seis meses. A Marisa trabalhava, eu trabalhava, outra vez não tinha restaurante, não tinha cinema, não tinha roupa nova. Qualquer dinheiro que a gente ganhava era guardado para a gente comprar a casa. Um ano e meio depois, eu comprei uma casinha do BNH [Banco Nacional da Habitação, já extinto], com 33m². Imaginem o tamanho da casa: quando um filho ia dormir, o outro tinha que se levantar; quando colocava o fogão, tinha que tirar a geladeira; se esticasse o pé no quarto, o pé saía pela janela. Nunca reclamei, porque não sou feito para reclamar. Eu aprendi que, em vez de reclamar, nós temos que fazer as transformações que acreditamos que seja possível fazer, e fazê-las. Eu contei esses dois casos para chegar ao Brasil. Aqui tem extraordinários companheiros e companheiras que vieram comigo, intelectuais da mais alta competência deste país. Essas pessoas sabem, como muitos de vocês aqui em Araraquara sabem, que, quando eu tomei posse, muita gente dizia: "Coitado do Lula. O Brasil está quebrado." Primeiro, o Brasil não tinha credibilidade externa, a gente não tinha dinheiro para pagar as nossas importações, o dinheiro que a gente tinha de reserva eram trinta bilhões de dólares, emprestados pelo FMI [Fundo Monetário Internacional], e a gente estava com os juros na estratosfera. A inflação já tinha ultrapassado os dois dígitos, e a situação era que "o Brasil vai quebrar". A primeira coisa que nós fizemos, no ano de 2003, foi o maior aperto que este país já conheceu. Eu perdi até amigos que achavam que eu podia fazer a transformação no primeiro ano ou no primeiro mês. Perdi muitos amigos que achavam que eu não ia fazer nada, porque os juros continuavam altos, porque o Brasil não crescia, porque tinha desemprego. E nós fizemos o ano de maior sacrifício neste país. Aumentamos, inclusive, o superávit primário: era de 3,75% e nós levamos para 4,25%. Por quê? Porque eu precisava fazer um sinal para os credores brasileiros de que a gente ia garantir o pagamento daquilo que era a dívida contraída por nós mesmos. Passamos 2003, 2004 deu uma melhorada, a inflação começou a voltar e nós tivemos que aumentar juros outra vez. Passamos 2005 muito apertados. Todo mundo acompanhou pela televisão o que os partidos de oposição tentaram fazer conosco. Todo mundo, aqui neste país, acompanhou o que uma parte da imprensa fez conosco em 2005 e em 2006. E em nenhum momento vocês me viram nervoso, porque eu tinha objetivos, eu tinha propósitos. Eu sempre dizia: "Qualquer governante neste país pode errar, que não tem problema, o povo já está acostumado com erros de governantes." O povo elege um governante e ele não cumpre 10% do que prometeu. Quando termina o seu mandato ele vai embora, estudar lá fora, fica quatro anos fora, depois regressa como se nada tivesse acontecido e ainda se candidata outra vez. Eu dizia: "Eu não posso errar, porque, se eu errar, tem duas coisas graves que vão acontecer." Primeiro, eu não posso ir para fora, não quero ir para fora. Quando eu perdi as eleições, me ofereceram um curso em Harvard, para que eu fosse me preparar, aprender inglês, que eu ia ficar mais "chiquérrimo". Obviamente que tinha vontade de fazer tudo isso, mas eu achava que, se eu quisesse ser presidente do Brasil, eu precisava conhecer a alma deste país, viajar este país, viajar os grotões deste país, conhecer a cara do povo deste país. Pois bem, esta é a primeira razão pela qual eu não posso errar. A outra é porque vindo de onde eu vim e chegar à Presidência da República... porque também não estava nos livros de sociologia um operário ser presidente da República do Brasil. Imaginava-se que, se houvesse uma revolução, um operário poderia chegar à Presidência da República. Mas não tem, também, nenhum país que fez revolução em que um operário chegou à Presidência da República; normalmente era alguém mais sabido do que o operário, intelectualmente. Então, o Brasil construiu uma coisa *sui generis.* O Brasil é uma das dez maiores nações do mundo, e o nosso processo cultural, o nosso processo democrático permitiu que um metalúrgico, que só tem um curso do Senai, chegasse à Presidência da República deste país. E eu dizia: "Por que eu não posso errar?" Porque, se eu errar, eles vão colocar uma cangalha no nosso pescoço e vão passar 150 anos ou 200 anos para as pessoas admitirem que um operário pode chegar à Presidência da República. Então, todo o sacrifício que nós fizemos permitiu que a gente pudesse estar vivendo o momento que estamos vivendo hoje. Nós, que tínhamos apenas 30 bilhões de reais de reservas, dos quais 15 bilhões e 900 milhões do FMI, hoje temos quase 200 bilhões de dólares de reservas, não devemos nada ao FMI, não devemos nada ao Clube de Paris e não devemos nada a ninguém. O que nós devemos são as compras que fazemos. Hoje o Brasil, que desde que Cabral colocou os pés aqui sempre deveu para alguém, na história de quinhentos anos, o Brasil sempre deveu para alguém. Hoje, graças a Deus, o Brasil é credor internacional, nós temos mais reservas do que nós devemos. *(14/3/08, Araraquara – SP. Assinatura de ordens de início das obras do PAC em Araraquara)*

**... divide para aprender melhor:** Agora, eu gosto de tencionar as disputas, porque toda vez... eu nunca ouvi um único economista na minha vida. Nunca. Quando eu não estava na Presidência, eu, nos últimos dez anos, antes de chegar à Presidência, me reunia todo mês com pelo menos trinta economistas. Quando eu precisava de um assessor que eu chamava para me dizer uma coisa, eu chamava outro que pensava um pouco diferente dele para ver se tinha um denominador comum que me permitisse não ouvir apenas uma voz, mas ouvir duas, se possível três, para poder tomar as decisões corretas. É assim que eu sou e, aos sessenta anos de idade, ao invés de mudar, eu quero aperfeiçoar esse modo de ser que aprendemos com a vida. *(18/11/05, Brasília – DF. Entrevista coletiva a emissoras de rádio de AM, PE, MG, PA, BA, RS, CE e GO)*

**... não governa com "principismo":** Eu fui um que fui ao Congresso Nacional trabalhar para a bancada do PT não aprovar a CPMF [Contribuição Provisória sobre a Movimentação ou Transmissão de Valores e de Créditos e Direitos de Natureza Financeira]. Agora, eu sou um cidadão que tem humildade para mudar de posição, sobretudo quando você vira presidente da República e depende de quarenta bilhões de reais para fazer investimentos. Eu não sou um poste, eu sou um ser humano. Você não governa com principismo. Principismo você faz no partido quando pensa que não vai ganhar nunca as eleições. Quando você vira Governo, você governa em função da realidade que você tem, e uma das realidades é o Orçamento da União. *(15/9/07, Madri – Espanha. Entrevista coletiva a jornalistas brasileiros, após almoço oferecido pelo presidente de Governo da Espanha, José Luis Zapatero)*

**... pertence ao Brasil:** E eu tenho dito aos quatro cantos do país: "Eu não vou jogar fora essa oportunidade." Primeiro, porque o Brasil não é do Lula, o Lula é que é brasileiro. O Brasil pertence a 175 milhões de brasileiros, o nosso mandato é de apenas quatro anos e, portanto, nós temos que fazer o esforço que for necessário para que possamos, nos quatro anos, deixar alguma coisa plantada para que os nossos filhos e os nossos netos possam colher. *(15/4/03, Catalão – GO. Inauguração do novo Complexo Mineroindustrial Copebrás)*

**... é popular, mas não populista:** Eu gosto de ser chamado de popular e me ofendo em ser confundido com populista. *(12/3/08, Brasília – DF. Op. cit.)*

**... desperta esperanças como nenhum outro:** Eu sei a expectativa que estou gerando nas mulheres, nos homens e nas crianças. Eu nunca vi, na história do Brasil, tanta expectativa, tanta esperança e tanta gente pedindo a Deus para a gente acertar. E tanta gente pedindo não emprego, mas dizendo para mim: "Lula, como é que eu faço para ajudar o nosso Governo a dar certo?" *(24/1/03, Porto Alegre – RS. III Fórum Social Mundial)*

**... é o presidente mais aplaudido em Davos:** Algum de vocês, algum dia, imaginou que eu pudesse ser o presidente mais aplaudido na história de Davos? Sabem por quê? Porque, antes, nós tínhamos tido uma reunião iberoamericana, com todos os países da América Latina. E comecei a perceber que os governantes do Terceiro Mundo agem como se fossem inferiores; nós somos sempre "coitadinhos", estamos sempre procurando um culpado para as nossas causas. *(27/3/03, São Paulo – SP. Posse do presidente da Associação Comercial de São Paulo)*

**... não quer dividir, mas trabalha com um Brasil já dividido:** Daí criou-se o sofisma de que alguém queria dividir o Brasil: "Esse Lula quer dividir o Brasil entre ricos e pobres." Não, eu não quero dividir, eu já nasci com ele dividido e, lamentavelmente, nasci do lado dos pobres. Eu poderia ter nascido senhor de engenho, mas nasci na senzala. Não fui eu quem dividiu, ele veio dividido. O que eu quero é repartir o pão produzido de forma mais justa, e quem estuda economia neste país, quem fala de economia com seriedade sabe que o consumo, numa parte deste país, está crescendo a níveis que nunca cresceram, sobretudo na parte mais pobre deste país. *(6/11/06, São Paulo – SP. Premiação das Empresas mais Admiradas no Brasil)*

**... não pode errar:** É por isso que, sem querer ofender ninguém, eu digo sempre: "Qualquer pessoa pode ser presidente; depois que ele sai, o povo nem lembra que ele existe." Mas eu, no dia em que vencer o meu mandato, virei morar a seiscentos metros deste sindicato. Então, se eu não fizer as coisas direito, muita gente sabe onde eu moro. Quero encontrar vocês durante todo o meu mandato, e quero encontrar vocês também depois do meu mandato e olhar na cara do Marinho [Luiz Marinho, presidente da Central Única dos Trabalhadores], do Feijóo [José Lopez Feijóo, presidente do Sindicato dos Metalúrgicos do ABC], do Vicentinho [Vicente Paulo da Silva, deputado federal pelo PT de São Paulo], do Meneguelli [Jair Meneguelli, presidente do Serviço Social da Indústria – SESI], do Guiba [Heguiberto Della Bella Navarro, delegado regional do Trabalho em São Paulo], de cada um de vocês, e dizer: "Companheiros, missão cumprida, porque eu estou aqui de cabeça erguida, olhando no olho de cada um de vocês." *(26/6/03, São Bernardo do Campo – SP. Abertura do 4.º Congresso de Metalúrgicos do ABC)*

**... se fracassar, o fracasso não será dele:** Os adversários querem, na verdade, é impedir que as coisas aconteçam neste país; mediocridade de algumas pessoas que acham que elas só terão chance de vencer na vida se eu fracassar. Agora, se eu fracassar, o fracasso não é meu. Aquele "cabra" que morou dentro da água, aquele "cabra" que bebeu água do açude em Caetés, aquele "cabra" que bebeu água não filtrada, mas assentada, aquele "cabra" que comia uma vez por dia, quando tinha, virou presidente da República. Então, as pessoas não vão me prejudicar, até porque os que querem me prejudicar, quando eu não for mais presidente, vão me convidar para fazer palestra para eles e vão pagar. Quem vai ser prejudicado é o povo deste país, são milhões e milhões de mulheres, crianças, jovens que estão abandonados há meio século. Como é que a gente recupera isso? Se não houver, por parte da sociedade, a compreensão de que a disputa eleitoral termina quando conta os votos, contou os votos, não tem mais situação e oposição, pode ter no Congresso, mas, para administrar, todo mundo tem que assumir a responsabilidade. Hoje, Eduardo [Campos, governador de Pernambuco], eu sou um homem convencido de que só Deus, na sua grandeza infinita, pode impedir que a gente faça as coisas que nós temos que fazer neste país, doa a quem doer. Nós vamos elevar o padrão de vida dessa sociedade, nós vamos elevar o padrão de vida do povo, fazer essas crianças terem esperança, porque hoje esses jovens que a gente vê na televisão todo santo dia cometendo violência são os filhos da década de 80, são jovens que foram nascidos até na época do milagre brasileiro, mas um milagre brasileiro que não sabia que tinha crianças, homens e mulheres neste país. *(12/7/07, Recife – PE. Lançamento do PAC nas áreas de saneamento e urbanização no estado de Pernambuco)*

**... pode ser cobrado, mas quer que as pessoas cobrem também de si próprias:** As pessoas que são exigentes comigo têm que continuar a ser exigentes, têm que cobrar. Não podem parar de cobrar nunca. Mas toda vez que forem me cobrar, antes cobrem a si mesmas: "O que eu estou fazendo para mudar este país?" Não depositem tudo nas costas do presidente, porque aí é falso. Depositem nas costas de cada um de nós. O que nós estamos fazendo para mudar a história deste país? O que nós estamos fazendo para haver a distribuição de renda? Porque, se fosse possível fazer por decreto, já estaria feito. *(28/8/03, São Paulo – SP. Aniversário dos vinte anos da Central Única dos Trabalhadores, e posse da nova diretoria)*

**... explica elogios a ditadores:** Por isso, é com muito orgulho que, de vez em quando, as pessoas falam: "O Lula defende, elogia o Governo Geisel [Ernesto Geisel, presidente do Brasil de 1974 a 1979], o Lula elogia não sei das quantas e tal." Pois eu agora veja a contradição, Requião [Roberto Requião, governador do Paraná]: um dos presidentes que permitiu que a gente vivesse o momento político mais crítico da história do país, o presidente Médici [Emílio Garrastazu Médici, presidente do Brasil de 1969 a 1974], foi o homem que assinou a Embrapa [Empresa Brasileira de Pesquisa Agropecuária] e foi o homem que assinou Itaipu. Em uma demonstração de que cada um de nós tem uma coisa boa para oferecer, tem coisas ruins dentro da gente, e que nós não poderemos ficar julgando eternamente as pessoas por um gesto, ou dois gestos, sem compreender os outros gestos que as pessoas fizeram, que permitiram que o Brasil encontrasse o seu rumo. Cada um de nós será julgado um dia. Cada um de nós será julgado por aquilo que fez, por aquilo que deixar de fazer, pelos nossos erros e pelos nossos acertos. *(23/4/08, Brasília – DF. Comemoração do 35.º aniversário da Empresa Brasileira de Pesquisa Agropecuária – Embrapa)*

**... não recebe lições de ética:** E quero dizer para vocês, meus companheiros e companheiras: neste país de 180 milhões de brasileiros pode ter igual, mas não tem nem mulher nem homem que tenha coragem de me dar lição de ética, de moral e de honestidade. Neste país, está para nascer alguém que venha querer discutir ética. Porque eu digo sempre o seguinte: "Eu sou filho de pai e mãe analfabetos, minha mãe não era capaz de fazer um 'o' com um copo. E o único legado que eles deixaram, não apenas para mim, para a família, era que andar de cabeça erguida é a coisa mais importante que pode acontecer a um homem e a uma mulher." Portanto, meus companheiros, eu conquistei o direito de andar de cabeça erguida, neste país, com muito sacrifício. E não vai ser a elite brasileira que vai fazer eu baixar a minha cabeça. Não vai ser. *(22/7/05, Rio de Janeiro – RJ. Visita às novas unidades de produção da Refinaria de Duque de Caxias – Reduc)*

**... bebe, mas sem ficar bêbado:** Eu duvido que tenha um jornalista no Brasil que tenha me visto bêbado. Duvido que tenha um companheiro meu do PT que tenha me visto bêbado. Duvido que tenha um militante do movimento sindical que tenha me visto bêbado. E eu digo para todo mundo ouvir: a última vez que eu bebi foi quando o Brasil perdeu da Holanda, de 2 a 0, na Copa do Mundo de 1974. Foi a primeira vez que eu vi televisão em cores, a gente tinha fechado o sindicato para comemorar a vitória do Brasil. O Brasil perdeu e a gente bebeu, de tristeza. Eu estava casado com a Marisa há um mês e cheguei em casa travado. Depois disso, eu duvido. Então, eu fiquei furioso porque como é que pode um cidadão que nunca conversou comigo, que nunca me viu, que nunca tomou um copo de cerveja comigo, que nunca tomou um copo d'água comigo, fazer uma matéria de que eu bebia [Larry Rohter, repórter do *New York Times*]? Isso me deixou muito furioso. Se é um companheiro que está comigo num bar e está me vendo tomar dois uísques, escreva que eu tomei dois uísques que estará falando a verdade. Então, eu fiquei muito furioso. Eu fiquei muito furioso, porque se as pessoas perguntam para mim: "Lula, você bebe?", eu falo: "Bebo." Gosto, gosto de tomar um uisquezinho, não gosto de cerveja, não gosto muito de vinho. Agora, eu estou falando de 33 anos. Eu duvido, desafio alguém a dizer que já me viu bêbado. *(10/10/07, Brasília – DF. Entrevista ao jornalista Kennedy Alencar, do jornal* Folha de S.Paulo*)*

**... não bebe antes de falar em público, ao contrário da época em que era metalúrgico:** Vou tomar um pouquinho de água. A diferença do Lula presidente, aqui em Araraquara, e o Lula metalúrgico, na porta de fábrica, é que lá, quando eu ia fazer assembleia às cinco horas da manhã, era obrigado a tomar uma coisa mais quente do que água para poder falar, e como presidente eu estou com uma aguinha aqui. *(14/3/08, Araraquara – SP. Assinatura de ordens de início das obras do PAC em Araraquara)*

**... adora briga, mas não pode brigar:** Eu gosto de uma briga, adoro uma briga, quem me conhece sabe que eu adoro uma briga. Agora, eu sou o presidente da República, eu não posso ficar respondendo cada baixo nível que fazem contra mim. Não posso. A minha responsabilidade é tentar dar de mim aquilo que vocês acreditaram que eu podia dar, e foi por isso que, neste estado aqui, eu tive a votação que tive nas eleições de 2002. *(21/3/06, Salvador – BA. Retomada das obras do metrô de Salvador)*

**... briga com a balança:** O peso deve estar nos 84 quilos. [...] Mas estou agora fazendo regime, e eu vou chegar a oitenta quilos. Essa ginástica, esse exercício físico, eu acho que isso me deixa com bom humor todo dia. Eu não tenho motivo para não ter bom humor. *(10/10/07, Brasília – DF. Op. cit.)*

**... é uma metamorfose ambulante:** As pessoas dizem uma coisa hoje, amanhã têm que reconhecer que erraram. E eu acho que, graças a Deus, o mundo é assim. Graças a Deus, nós temos inteligência para não ser os donos da verdade e ser uma espécie de metamorfose ambulante, mudando sempre, nos aprimorando sempre, para melhorar sempre. O que eu posso te garantir é que eu continuo, hoje, o mesmo Lula de janeiro de 2003. *(15/5/07, Brasília – DF. Entrevista coletiva a jornalistas brasileiros e estrangeiros)*

**... gosta de governar, mas teme enjoar:** Eu gosto de tudo no Governo, gosto de discutir economia, gosto de discutir política externa... O segundo mandato, para mim, está sendo mais complicado do que o primeiro, porque eu passo 24 horas por dia tentando me motivar. Eu não quero permitir que o segundo mandato me canse, por isso tento ficar criando coisas novas. Mas estou feliz, sou um homem feliz hoje. *(10/12/07. Entrevista exclusiva ao repórter Ricardo Amaral [revista Época] durante voo Argentina-Brasil, após a posse da presidente Cristina Kirchner)*

**... quer entrar para a História:** Eu não quero passar para a história do Brasil como o presidente que será lembrado porque tem uma fotografia exposta no Salão Nobre do Palácio. Não. Eu quero ser lembrado como presidente da República pelas políticas sociais que nós implementarmos; pela mudança da qualidade de vida de homens e mulheres; e, sobretudo, pela qualidade da Educação e da Saúde que a gente quer implantar neste país. *(1/5/03, São Bernardo do Campo – SP. Op. cit.)*

**... quer entrar para a História, mas não é da turma do "eu me amo":** Eu acho que nós vamos passar para a história do país da forma que o povo nos enxergar. Não cabe a mim me enxergar, eu não sou da turma do "eu me amo". Sabe aquela turma do "eu me amo", que tudo o que faz é o melhor do mundo? Eu não sou. Eu não estou fazendo para mim. O que eu estou fazendo são aspirações que eu alimentei a vida inteira, que estou tentando construir, sabendo que não é possível mudar em quatro anos erros estruturais de quinhentos anos, de trezentos anos, de duzentos anos. Mas pela primeira vez nós estamos colocando o pobre na agenda mundial. Pela primeira vez, eu sou convidado a Davos, a Evian, no G-8. Eu nunca pensei em participar do G-8, porque o Brasil tinha caído, e colocar a questão da fome, discutir a fome com os presidentes dos países mais importantes do mundo. De repente, você ter apoio de presidentes importantes; de repente, hoje não tem uma reunião internacional em que a questão da fome não seja colocada e o Bolsa Família seja pego como exemplo. Então, isso é uma coisa importante. Sabe por quê? Porque a fome... as pessoas têm vergonha de dizer que têm fome. E somente quem sentiu é que sabe o que é a dor do estômago vazio. *(7/11/05, Brasília – DF. Entrevista ao programa* Roda Viva*)*

**... acha que todos que quiseram governar apenas para entrar para a História fracassaram:** Eu queria dizer a vocês que tem gente que quer governar uma cidade, um estado ou um país, para marcar o seu nome na História ou, quem sabe, construir uma biografia. Eu acredito que todos que pensam assim ou que pensaram fracassaram antes de começar. *(27/3/03, São Paulo – SP. Op. cit.)*

**... sabe como quer entrar para a História:** Eu vou passar para a história do Brasil como o presidente que fez a maior política social, como o presidente que mais construiu universidades públicas no Brasil e, ao mesmo tempo, como o presidente que levou mais benefícios para os pequenos agricultores nas regiões mais pobres do país. *(5/7/07, Bruxelas – Bélgica. Entrevista ao canal France 24)*

**... quando deixar a Presidência, quer viver a vidinha dele:** Eu sei, ao longo da História, a dificuldade das pessoas viverem sem a corte, depois de passar tanto tempo com a corte. E, por conta disso, muita gente erra na política, muita gente cai em depressão, muita gente não se dá conta de que perdeu, acabou o mandato, tem que fazer outra coisa. Eu pretendo viver a minha vidinha tranquila. Eu – você conhece – pretendo voltar, no meu sábado e domingo, lá para o meu terreninho em São Bernardo do Campo, fazer o meu feijãozinho, fazer o meu coelhinho na panela de ferro, fumar um cigarrinho de corda sentado perto do fogão a lenha. E obviamente que vou continuar tendo atividade política, mas não quero nada de cargo, não quero voltar para a direção do PT, não quero nada. *(10/10/07, Brasília – DF. Op. cit.)*

**... quando chegar 2014, quer estar vivo:** Não há a menor hipótese de um terceiro mandato, isso seria brincar com a democracia brasileira. Quando terminar meu mandato na Presidência, em 2010, quero voltar para a minha amada São Bernardo do Campo e andar de cabeça erguida ao lado dos meus velhos companheiros de movimento sindical. Aí vou pescar, descansar e fazer aquele meu coelhinho assado, que eu adoro. Quanto a 2014, se eu estiver vivo já dou graças a Deus. *(18/2/08, Brasília – DF. Entrevista exclusiva à revista* Encontro*)*

# Lulinha Paz e Amor

[ver: Lula]

Nós ainda estamos naquela fase da campanha, ou seja, "Lulinha Paz e Amor" é "Brasil Paz e Amor". Mas o "paz e amor" não significa que não saibamos os nossos objetivos e os nossos interesses. Sabemos perfeitamente bem. *(4/11/03, Maputo – Moçambique. Visita ao Centro de Estudos Brasileiros – CEB)*

**... não fica nervoso:** Da minha parte vocês vão perceber que, se eu decidir ser candidato, eu vou ser o "Lulinha Paz e Amor" que eu fui na outra [campanha], tranquilo, sem nenhum problema. Eu não tenho nenhuma razão para estar nervoso. Nenhuma. *(26/5/06, Brasília – DF. Entrevista por ocasião do encerramento da 1.ª Conferência Nacional dos Direitos dos Idosos)*

**... tem respeito próprio:** Vejam, nós não queremos brigar com ninguém. Vocês estão lembrados que eu fiz uma campanha dizendo que a campanha era Lulinha Paz e Amor. Acontece que nós temos direito. E acontece que eu tenho uma convicção que nenhum interlocutor respeita um interlocutor que não se respeita. Portanto, se nós não nos respeitarmos, ninguém nos respeita. *(17/8/04, Santo Domingo – República Dominicana. Encontro com a comunidade brasileira em Santo Domingo)*

## Mãe(s)

**[ver: filho; governar; Lindu, dona (mãe de Lula)]**

A gente só vai sentir falta da mãe da gente quando a gente não a tiver mais. A mãe é quase que uma coisa sagrada. Todo dia de manhã nós temos que levantar e perguntar a nós mesmos se nós fizemos algum gesto bom para a nossa mãe, se nós fomos obedientes, se nós a tratamos com carinho, se nós tratamos bem o nosso pai. Essa relação é condição fundamental para a gente vencer na vida. *(30/3/07, Olinda – PE. Formatura do programa ProJovem)*

**... fazem sacrifícios:** Conheço o sacrifício que as mulheres fazem para criarem os seus filhos. Sei qual é o sacrifício de uma mãe precisando colocar comida na mesa sem ter a comida para colocar. Sei o sacrifício de uma mãe ao mandar o filho para a escola e saber que o filho vai para a escola sem ter tomado o café da manhã. Muitas vezes, ir para a escola sem ter um chinelo para colocar nos pés. *(10/11/05, Teófilo Otoni – MG. Assinatura do decreto de desapropriação do terreno, entrega do termo de compromisso de doação e anúncio da liberação de recursos para a construção do campus da Universidade Federal dos Vales do Jequitinhonha e de Mucuri, em Teófilo Otoni)*

**... querem ver os filhos bem-encaminhados na vida:** Não tem nada mais sagrado do que uma mãe e um pai terem consciência de que podem morrer, sabendo que seu filho ou sua filha está bem-encaminhado na vida. Essa é a coisa mais sagrada. E não existe nada mais sagrado para uma mãe do que a oportunidade de colocar seu filho em uma escola, não só porque ele está aprendendo uma profissão, mas porque a mãe e o pai têm consciência de que, quando o adolescente está na escola, ele não está nas ruas sendo aliciado pelo narcotráfico, sendo aliciado pelo crime organizado ou tendendo a fazer alguma arte na vida. *(16/8/07, Campos dos Goytacazes – RJ. Inauguração da Uned Guarus)*

**... são mais responsáveis do que os pais:** Eu disse agora no debate que estava, em Salamanca, que a gente dando dinheiro para a mãe... não que as mulheres sejam melhores do que os homens, eu acho que elas têm mais responsabilidade no trato da família. E você não olha feio, dona Marisa, por favor. É que eu acho que a gente, dando dinheiro para a mãe, a gente tem a certeza de que o dinheiro vai cumprir a sua finalidade. A mãe não vai ter a vontade de passar na casa lotérica e gastar dois reais, apostando. Se tiver frio, a mãe não vai ter vontade de parar, "mas deixa eu tirar aqui um realzinho e tomar um aperitivozinho aqui porque está muito frio". A mãe nunca terá essa vontade. A mãe sabe o que é sagrado a pessoa poder tomar café de manhã, almoçar e jantar. Somente a mãe é que tem noção do que significa crianças agarradas no rabo da sua saia, pedindo as coisas para comer sem ter. *(20/10/05, Brasília – DF. Abertura do Seminário Internacional Bolsa Família)*

**... devem servir de exemplo para os governantes:** A gente pode até não fazer tudo que a gente gostaria de fazer. Digo sempre que cada um de nós, sobretudo o Governo, precisa olhar para o povo como se estivesse olhando para o seu próprio filho. E quando uma mãe responsável ou um pai responsável olha para os seus filhos, ele pode até dizer para o filho: "Olhe, eu não posso fazer tudo o que você quer, mas você tem que ter a certeza de que estou fazendo tudo o que posso fazer para atender e lhe dar aquilo que você merece de melhor." *(25/2/03, Brasília – DF. Reunião do Conselho Nacional de Segurança Alimentar e Nutricional – Consea)*

**... mantêm a harmonia da "casa", como um presidente deve fazer:** Eu estou dizendo isto para mostrar que o papel de um presidente da República não é diferente do papel que vocês exercem dentro da casa de vocês. Muitas vezes vocês estão em casa, pensam que é muito diferente de ser presidente. Não é. É igual às decisões que vocês têm que tomar em casa. Uma mãe, quando está com os seus dois filhos dentro de casa, que o filho começa a brigar com o outro – e quem tem menina sabe como é que menina briga dentro de casa –, ela tem que tomar posição, e não pode ficar do lado de um e prejudicar o outro. A mãe sempre tem que ter o papel de harmonizar, de manter o equilíbrio, para que haja harmonia dentro de casa. Esse o papel que um presidente da República exerce. *(8/3/05, Apodi – RN. Cerimônia por ocasião do Dia Internacional da Mulher)*

**... tratam sempre os filhos de forma justa, como um presidente deve fazer:** O Brasil, todos vocês sabem, é um país que trata de forma desigual a sua população. E qual é a tarefa que nós temos que fazer? Como nunca existe dinheiro para fazer tudo, eu sempre digo que um governante tem que se comportar como uma mãe, porque nada no mundo é mais justo do que ela. Se uma mãe tiver, na sua casa, três crianças para comer e tiver três bifes, podem ficar certos de que nenhuma mãe vai deixar uma criança comer dois bifes e a outra ficar sem nenhum. Ela vai garantir que cada um tenha o seu bife para comer. E se tiver, dentro da casa, um mais fraco ou doentinho, ela vai dedicar àquele que está fragilizado muito mais carinho do que aos outros que estão com saúde. *(6/5/03, Aracaju – SE. Outorga da medalha do mérito Serigy)*

**... quando necessário, ministram remédios amargos, como um presidente deve fazer:** Para governar, muitas vezes a gente tem que fazer coisas que as pessoas, às vezes, não gostam, mas é como uma mãe que leva um filho para tomar vacina. Vocês já viram criança entrar na fila da vacina rindo? Quem é que já viu uma criança chegar, na frente da mulher que está com uma gotinha, dando uma risada? Fica todo mundo chorando, se esgoelando, além da dor... Entretanto, a mãe leva um filho para fazer aquele sacrifício por quê? Porque ela quer que o filho dela seja, no futuro, muito saudável. E nós fizemos assim com o Brasil. *(19/12/03, Brasília – DF. Entrega das insígnias da Ordem do Mérito Cultural)*

## Mágica

[ver: governar; realizar]

Eu, muitas vezes, me deparo com notícias, com comentários de que as coisas não estão andando, de que está demorando muito, como se fosse possível, num passe de mágica, fazer "assim" e acabar com a fome no país. Se fosse fácil assim, esse problema não teria ficado para nós. Alguém teria resolvido antes de nós. *(25/2/03, Brasília – DF. Reunião do Conselho Nacional de Segurança Alimentar e Nutricional – Consea)*

**... é quando se usa apenas a vontade:** Mas as coisas não acontecem como um passe de mágica, não basta querer para acontecer. *(25/11/03, Luziânia – GO. Abertura da Conferência Nacional de Aquicultura e Pesca)*

**... é algo fora da realidade:** Eu tinha sido candidato a presidente da República em 1989 e, quando terminou a campanha, eu saí com a certeza de que todos os candidatos, historicamente, fingem que conhecem o Brasil, mas não conhecem. Eu saí com a certeza de que um candidato a presidente recebe um texto pronto, muitas vezes um assessor lhe dá um texto, ele fala sobre uma região sem nunca ter colocado os pés lá, sem saber qual a cor das pessoas que moram lá. Vira quase que a interpretação de uma coisa mágica, fora da realidade. *(27/11/03, Brasília – DF. Lançamento do Fórum Mundial do Turismo para a Paz e Desenvolvimento Sustentável e do Movimento Brasil de Turismo e Cultura)*

**... não baixa os juros:** Eu dizia, como candidato, e quero reafirmar como presidente da República: "Nós temos que ter como objetivo reduzir as taxas de juros no nosso país." Mas vocês também sabem que não é uma coisa que se faz com um estalar de dedos ou um passe de mágica. *(27/3/03, São Paulo – SP. Posse do presidente da Associação Comercial de São Paulo)*

**... não cria emprego:** Agora, emprego a gente não cria do dia para a noite. Não tem mágica. Porque, se tivesse mágica, vocês já estavam me chamando de Mandrake, porque eu já teria feito crescer. *(20/10/04, São Paulo – SP. Inauguração do Centro de Especialidades Odontológicas de Campo Limpo)*

**... não acelera a Economia:** Ninguém mais do que eu, que já fiquei um ano e dois meses desempregado, sabe que a Economia tem que voltar a crescer, mas ninguém faz a Economia voltar a crescer com um passe de mágica. *(21/8/03, Benevides – PA. Lançamento do Polo de Fruticultura da Amazônia)*

**... levou quem lançou mão dela a quebrar a cara:** Todos, historicamente, que tentaram fazer mágica com a Economia brasileira quebraram a cara, porque uma coisa é a mágica acadêmica, outra coisa é praticidade do mercado e da sociedade brasileira, que trabalha com muito mais objetividade e com muito mais concretude. *(28/7/05, Canoas – RS. Visita às novas unidades de produção da Refap)*

**... não existe nem no Governo, nem na vida:** Muitas vezes, as pessoas acham que tudo pode acontecer num passe de mágica. E governar não tem mágica, como na vida da gente. *(14/5/04, Franca – SP. Inauguração da nova unidade de produção da fábrica de calçados Ferracini)*

## Mandato

**[ver: democracia; governar; reeleição]**

A coisa mais sagrada que pode existir no exercício de um mandato é a gente poder avaliar se, terminando o mandato, nós criamos um outro padrão de relação com a sociedade brasileira, e se o Estado e o Governo criaram condições para que as instituições da sociedade civil se sentissem coparticipantes das definições das políticas públicas colocadas em prática por um Governo. *(5/12/05, Brasília – DF. V Conferência Nacional de Assistência Social)*

**... não deve ser a maior preocupação de um presidente:** Por que, então, que eu teria que mexer com isso [reforma da Previdência Social]? Eu estou mexendo com a minha base, eu estou mexendo com os sindicalistas que votaram em mim. Por que eu estou fazendo isso? Eu poderia "empurrar com a barriga" mais quatro anos, pois um mandato de quatro anos, dizem, a gente nem percebe e ele já acaba. Por que eu estou fazendo isso? É porque um presidente da República não tem que pensar no seu mandato, ele tem que pensar no seu país, e pensando no seu país ele tem que fazer as coisas que devem ser feitas. *(27/3/03, São Paulo – SP. Posse do presidente da Associação Comercial de São Paulo)*

**... é curto para o Governo; é enorme para a oposição:** Eu sei que como um mandato é sempre menor do que nós gostaríamos que fosse, e infinitamente maior do que a oposição queria que fosse, muitas vezes nós ficamos inquietos porque tomamos decisões e essas decisões não andam com a pressa que nós gostaríamos que elas andassem. Afinal de contas, eu prometi nunca mais criticar a burocracia do meu país, que eu acho extremamente competente. Mas o problema é que a máquina pública do Estado é infinita, é definitiva, e os governantes são muito passageiros. Então, o tempo e a pressa política não são acompanhados pelo tempo com que a máquina administrativa pensa as coisas. *(13/12/07, Caracas – Venezuela. Encerramento do Encontro Empresarial Brasil-Venezuela e assinatura de atos)*

**... quando é o primeiro, serve para arrumar a casa:** O primeiro mandato foi para a gente arrumar a casa, porque no Brasil, normalmente, nós temos o hábito de jogar os insucessos nas costas dos outros e o sucesso nas nossas próprias costas. *(21/11/06, Barra do Bugres – MT. Inauguração da unidade de biodiesel da usina Barralcool)*

**... quando é o primeiro, serve como aprendizado:** Eu assumo o segundo mandato com mais responsabilidade do que assumi o primeiro, com mais compromisso e com muito mais vontade e sabedoria. Ou seja, depois de quatro anos, a gente descobre o caminho das pedras. *(15/12/06, Brasília – DF. Almoço com oficiais-generais)*

**... quando é o segundo, tem de produzir mais e melhor:** Eu quero dizer ao Sérgio Cabral [governador eleito do Rio de Janeiro] – é uma pena que não está aqui o nosso prefeito [cargo ocupado por Cesar Maia] –, mas dizer a todos vocês e ao povo do Rio de Janeiro: eu agradeço, de coração, a confiança de mais um mandato que vocês depositaram em mim. E quero dizer para vocês que não haveria nenhum sentido voltar a ser presidente da República se eu não tivesse consciência de que tenho que fazer mais e melhor no segundo mandato. *(18/11/06, Rio de Janeiro – RJ. Abertura da Campanha Nacional de Mobilização contra a Dengue e de entrega do plano de investimento da Secretaria de Vigilância em Saúde do Ministério da Saúde)*

**... quando é o segundo, sofre mais a vigilância do povo:** No segundo mandato, o povo é mais exigente, pessoal, o povo quer saber mais, o povo quer exigir mais de cada um de nós. E se nós repetirmos apenas as coisas que nós já fizemos, o povo fala: "O que adiantou?" *(23/11/06, Brasília – DF. Almoço com governadores)*

**... quando é o segundo, a autocrítica tem de ser mais cautelosa:** Eu, agora, não tenho mais que fazer nenhum discurso comparando o meu Governo ao Governo daqueles que eu substituí. Eu, agora, vou ter que fazer discurso comparando o meu segundo mandato com o primeiro. Agora, a vidraça sou eu, de mim mesmo. Jogarei as pedras, portanto, com mais cautela. *(15/12/06, Brasília – DF. Op. cit.)*

**... deveria ser de cinco anos, sem reeleição:** Eu quero dizer para vocês: sou contra e não serei candidato em 2010. Não é por nada não, é porque a Constituição não permite, a lei não permite, e eu acho imprudente alguém tentar apresentar qualquer mudança, permitindo um terceiro mandato. Eu tenho dito aos partidos políticos que eu não posso falar mais disso este ano. Mas, se tiver prudência dos partidos políticos, a melhor reforma política que poderia acontecer seria acabar com a reeleição, aprovar um mandato de cinco anos. E se a pessoa fez um bom Governo, cinco anos depois de ausência ela poderia voltar e concorrer a uma nova eleição. *(15/5/07, Brasília – DF. Entrevista coletiva a jornalistas brasileiros e estrangeiros)*

**... com Lula, não chegará a um terceiro:** Mas então está definido, meu filho [Sandro Lima, jornalista do *Correio Braziliense*], por não brincar com a democracia, não serei, nem pensarei, nem cogitarei qualquer hipótese de terceiro mandato.

Eu já era contra o segundo, imagine o terceiro. *(15/5/07, Brasília – DF. Op. cit.)*

**... deve respeitar a alternância de poder, em seu número máximo:** Por que eu não quero o terceiro mandato, Gamberini [Rodolfo Gamberini, repórter da RedeTV!]? Primeiro, porque a Constituição não permite. Segundo, porque eu sou favorável à alternância de poder. Terceiro, porque eu acho que a cada quatro anos, a cada oito anos, o povo tem que ter o direito prazeroso de renovar os seus mandatários. *(28/11/07, Brasília – DF. Entrevista à RedeTV!)*

## Máquina pública

**[ver: burocracia; Estado; funcionário público]**

Eu, um pouco antes da posse, li uma entrevista do presidente Sarney [José Sarney, presidente do Senado], nas páginas amarelas da revista *Veja*, em que ele dizia que lamentava que 80% das ordens do presidente não eram cumpridas, porque não chegavam onde ele queria que chegassem. Ora, não levando isso a ferro e fogo, a verdade é que você tem uma estrutura burocrática dentro da máquina governamental, e não é fácil trabalhar com ela. É delicado. *(1/5/03, Indaiatuba – SP. Visita ao Retiro de Itaici – CNBB)*

**... tem menos possibilidade de êxito na implementação de melhoras sociais do que a sociedade:** Se o Estado brasileiro confiar na sociedade brasileira, se o Estado brasileiro confiar nas instituições já organizadas da sociedade brasileira e, através dessas instituições e dessas entidades, fizer parcerias para políticas públicas no campo social, a possibilidade de termos sucesso é infinitamente maior do que se tentarmos fazer através da burocracia, da máquina pública, seja ela municipal, estadual ou federal. *(12/9/03, Feira de Santana – BA. Visita à Fazenda do Menor)*

**... é competente, apesar de ter sido tratada com descaso:** Cada um de nós lá, os ministros vamos fazer o máximo que pudermos fazer para que a gente possa recuperar o tempo perdido, para que a gente possa tentar recuperar o descaso que houve no desmonte da máquina pública deste país, porque durante muito tempo, a pretexto de terceirizar serviços importantes, e a pretexto de privatizar muitos setores, se inventou que o funcionalismo público brasileiro não era competente e não tinha competência. *(5/8/04, Rio de Janeiro – RJ. Inauguração do Centro de Produção de Antígenos Bacterianos Charles Mérieux)*

**... é motivo de orgulho:** Eu penso que todo mundo que veio para a máquina pública tem motivo de se orgulhar dos servidores públicos brasileiros. *(20/12/04, Brasília – DF. Missa de celebração de Natal)*

**... precisa de mais gente, e isso não é inchaço:** Eu fiquei preocupado porque toda vez que nós pedimos um concurso, nós somos vítimas de muitas agressões pelo... às vezes a imprensa entende que um concurso que queremos fazer é inchaço da máquina, é para colocar petista. É assim que, muitas vezes, as coisas são vendidas quando, na verdade, o Estado brasileiro, quem teve acesso ao Estado brasileiro percebe que ele estava totalmente desestruturado. Houve um momento, no Brasil, em que se achou que, entregando tudo para a iniciativa privada, nós teríamos o nosso problema resolvido. Então, não se queria mais cuidar da estrada, não se queria cuidar mais da escola, não se queria cuidar mais do Inmetro, não se queria cuidar mais das universidades, então dá uma impressão de que o Estado brasileiro não precisaria existir. *(20/1/06, Duque de Caxias – RJ. Entrega da medalha Prata – 30 anos de Inmetro)*

**... merece elogios:** A fama de vocês não é boa na praça, e disse aquilo como companheiro, porque se tem uma coisa de que eu tenho clareza é que o mandato de um prefeito, de um governador, de um presidente é uma coisa passageira, tem o tempo para entrar e tem o tempo para sair. O cargo de vocês tem tempo para entrar, tem tempo para sair, porque tem alguém que tira. Agora, alguns são concursados, vão continuar sendo funcionários do Estado brasileiro e vão continuar fazendo serviço aqui ou ali. Então, é melhor tê-los mais preparados, mais motivados, mais remunerados e, de vez em quando, lembrar que eles são seres humanos e que precisam ser agradecidos pelo que fizeram, para a gente poder adquirir autoridade de criticá-los quando não fizerem as coisas. É assim que a gente consegue criar um ambiente saudável dentro da máquina do Estado brasileiro. *(7/7/06, Brasília – DF. Reunião de trabalho no DNIT)*

## Marido(s)

[ver: harmonia; mulher]

A realidade da mulher brasileira mudou muito nas últimas décadas. Engana-se bastante, por exemplo, quem ainda pensa que ela se vê como uma dona de casa, conformada e satisfeita com a sua dependência econômica e submissão ao marido, ou pensa que ela, simplesmente, dedica a sua vida à espera de um príncipe encantado. Não é assim que as mulheres brasileiras se veem. Não é assim que as mulheres brasileiras agem. *(12/3/03, Brasília – DF. Comemoração ao Dia Internacional da Mulher)*

**... geralmente, querem filho homem:** Eu fico sempre comparando o exercício do cargo de presidente com as coisas mais simples que um povo entende. Muitas vezes – no Brasil era assim há um tempo atrás –, toda vez que um casal casava e ia ter um filho, normalmente o desejo do marido era que o filho fosse homem, e tinha gente que ficava zangado se não fosse homem; a mulher, mais contida, muitas vezes queria uma filha mulher, mas não falava, tal era o desejo do marido de querer um filho homem. *(19/2/04, Campo Florido – MG. Inauguração do trecho da BR-262)*

**... hoje, ao contrário da Idade Média, podem ganhar a esposa pelo estômago:** Houve um tempo, na Idade Média, em que se dizia o seguinte: "A mulher, ela só pode casar se aprender a cozinhar." E, por conta dessa cultura, se estabeleceu uma outra ideia, de que "ganhe o seu marido pelo estômago". O que acontece hoje, na verdade? Hoje, na verdade, nós temos uma quantidade de homens profissionais de cozinha extraordinários, então, não tem mais aquilo de homem ou de mulher. As profissões, elas mudaram, as pessoas trocaram de profissões, e hoje a gente pode, tranquilamente, se a gente poderia ganhar um marido pelo estômago, ou hoje o homem ganha a mulher pelo estômago, vamos ganhar os nossos visitantes pelo estômago. *(1/8/06, Brasília – DF. Abertura do 18.º Congresso Nacional da Associação Brasileira de Bares e Restaurantes – Abrasel)*

**... não podem maltratar a mulher se ela trabalha:** Uma mulher com uma profissão não fica subordinada ao seu marido, ela não aguenta desaforo, ela não precisa ser maltratada. Uma mulher que vive às custas do seu trabalho, uma mulher que ganha o seu salário, nós, os maridos, temos que tratá-la com muito respeito, porque, na hora em que falarmos uma bobagem, ela vai dizer para nós: "Olhe, meu caro, eu sou dona do meu nariz, não dependo do seu dinheiro, vou cuidar dos meus filhos, e você, ou muda de comportamento, ou não tem espaço nesta casa para você." *(29/3/06, Guarulhos – SP. Visita às futuras instalações do campus da Universidade Federal do Estado de São Paulo)*

**... devem falar bem da mulher:** Eu penso o seguinte: se a gente não elogiar o que é da gente... você pode até ter defeito. Imaginem se a gente sai de casa todo dia falando mal da mulher da gente ou imaginem se vocês saem falando mal dos maridos. Se nós não cuidarmos do que é nosso, quem é que vai cuidar? *(14/6/07, Rio de Janeiro – RJ. Entrega de veículos para uso na segurança dos Jogos Pan-Americanos 2007)*

**... são responsáveis pela violência doméstica:** Afinal de contas, todas as pesquisas mostram que grande parte da violência acontece dentro de casa, praticada por maridos, por ex-maridos, por namorados, ou seja, é uma coisa muito difícil de ser resolvida se a gente ficar achando que as questões são apenas econômicas. *(19/7/04, São Paulo – SP. Lançamento da campanha O melhor do Brasil é o brasileiro)*

## Marisa

**[ver: Lula; mãe; mulher]**

Vocês olham assim na cara da Marisa, que ainda não chegou à terceira idade, vocês percebem que ela é uma mulher feliz, porque talvez seja uma mulher, uma das mais bem-casadas deste país. *(26/5/06, Brasília – DF. Encerramento da 1.ª Conferência Nacional dos Direitos dos Idosos)*

**... é a cara-metade de Lula:** Minha querida cara-metade Marisa Letícia Lula da Silva. *(22/2/05, Campo Grande – MS. Assinatura do termo de implantação do Polo Minerossiderúrgico de Corumbá)*

**... merece um prêmio:** Eu me lembro, na campanha de 1989, que diziam assim: "O Lula não pode ganhar as eleições, porque tem muito vidro para dona Marisa limpar." Nós ganhamos as eleições e eu não tenho dúvida nenhuma de que, com a sua simplicidade, a dona Marisa passou a ser um exemplo de mulher a ser seguido neste país. Por isso, meus parabéns, dona Marisa Letícia. Eu vou criar um prêmio para dar para a Marisa: A Mulher que tem mais Paciência no Mundo para me aturar, porque eu realmente sou muito ranhento e ela me atura há trinta anos. Ela é uma espécie de equilíbrio do que eu devo fazer ou não fazer, se eu devo ir ou não ir. E como já faz trinta anos que deu certo, Marisa, eu vou criar um prêmio para eu mesmo entregar a você. *(15/12/03, São Paulo – SP. Premiação das revistas* IstoÉ, Brasileiro do Ano*;* IstoÉ Dinheiro, Empreendedor do Ano*;* IstoÉ Gente, Personalidade do Ano*)*

**... ensinou regras básicas de Economia ao Lula:** Nós estamos fazendo uma política econômica, a necessária de ser feita, porque eu aprendi com a dona Marisa Letícia que a gente não pode gastar mais do que o que a gente ganha, e a gente só pode fazer dívida do tamanho que a gente pode pagar, porque senão a gente quebra. *(3/2/06, Belo Horizonte – MG. Inauguração dos novos prédios da Universidade Federal de Minas Gerais – UFMG)*

**... é mais responsável do que Lula em finanças:** E a dona Marisa, quando eu chegava com o meu dinheiro, falava: "Não." "Mas o moleque está precisando disso, Marisa, vamos comprar." Ela falava: "Não. Se tem dinheiro a mais, vamos pagar uma prestação a mais que nós devemos para que a gente não fique sufocado no mês seguinte." *(21/10/04, Rio de Janeiro – RJ. Posse da diretoria da Federação das Indústrias do Estado do Rio de Janeiro – Firjan)*

**... é quem cuida do dinheiro do casal:** Eu digo sempre o seguinte: desde 1975, o meu pagamento é no nome da Marisa. Ela é quem recebe, ela é quem tem cheque, ela é quem cuida do dinheiro. Não me arrependo disso. Obviamente que cada marido sabe a mulher que tem e cada um vai cuidar... *(19/2/08, Cachoeiro de Itapemerim – ES. Entrega da conclusão das obras dos prédios da Unidade de Ensino Descentralizada do Cefet)*

**... funciona como um relógio:** A dona Marisa funciona como um relógio, controlando o meu tempo. *(6/4/04, Manuel Urbano – AC. Reativação da linha do Correio Aéreo Nacional – CAN)*

**... avisa quando Lula deve parar:** Eu não posso falar muito, porque a dona Marisa, quando me vê falar muito, fecha a cara e eu tenho que parar de falar logo, para cumprir os horários. *(6/4/04, Cruzeiro do Sul – AC. Inauguração do novo porto de Cruzeiro do Sul)*

**... avisa, com apenas um olhar, quando Lula deve parar:** Bem, eu, pelo olhar da Marisa, já estou falando demais. E eu conheço a Marisa, não vou... *(12/5/08, São Bernardo do Campo – SP. Comemoração dos trinta anos da greve da Scania)*

**... avisa, com beliscões, quando Lula deve parar:** Eu quero terminar as minhas poucas palavras, mas muita coisa aqui a dona Marisa já me beliscou tanto aqui na perna, que eu vou descer, vou ao departamento médico ver quantos hematomas eu tenho aqui na perna. *(3/10/05, São Bernardo do Campo – SP. Abertura do Congresso dos Metalúrgicos do ABC)*

**... namorou bastante dentro de um Volkswagen TL:** Eu fiquei emocionado, muito emocionado quando eu vi o meu TL ali na porta de chegada. Um TL que eu adquiri, aqui, em 1973, um TL da frota da Volkswagen, que era o carro mais chique da Volkswagen daquela época. É verdade, meu caro Paulo Markun [jornalista], que eu e dona Marisa namoramos bastante naquele carro, namoramos muito tempo porque parte da minha vida, eu diria, construímos tendo esse carrinho como o meio de transporte meu e da minha família. *(2/5/05, São Bernardo do Campo – SP. Comemoração à produção de 15 milhões de veículos da marca Volkswagen do Brasil)*

## Medo

[ver: ousadia]

No começo da minha carreira política neste sindicato, a pergunta que os jornalistas me faziam era a seguinte: "Lula, do que que você tem mais medo na vida?" E eu dizia: "De mentir para a categoria que eu represento." *(26/6/03, São Bernardo do Campo – SP. Abertura do 4.º Congresso de Metalúrgicos do ABC)*

**... com a eleição de Lula, foi vencido pela esperança:** É essa força da sociedade, e é exatamente esse capital político que fez com que a gente pudesse terminar a eleição e gritasse bem alto: "A esperança finalmente venceu o medo." *(24/1/03, Porto Alegre – RS. III Fórum Social Mundial)*

**... é algo que Lula já causou e já sentiu:** Eu me lembro de quantas vezes causei medo em muita gente neste país e, também, de quantas vezes tive medo de muita gente. *(6/6/03, Alto Araguaia – MT. Inauguração do terminal ferroviário da Ferronorte)*

**... não ocorre a quem fala a verdade, que conversa até com o diabo:** Quem fala a verdade conversa até com o diabo, sem medo, sai de cabeça erguida e ainda vai contar para Deus que derrotou o diabo. *(9/5/08, Lauro de Freitas – BA. Assinatura de atos do PAC)*

**... é barreira para a mudança:** As pessoas têm medo da mudança, têm medo do novo. Então: "Ah, vai mudar a estrutura sindical, mas ela está aí." Eu nasci dizendo que era preciso mudar a estrutura sindical porque ela era a cópia fiel da "Carta di Lavoro", de Mussolini [Benito Mussolini, líder fascista e primeiro-ministro da Itália de 1922 a 1943]. Eu nasci no movimento sindical com esse discurso. Mas tem gente que acha que tem que continuar assim. *(10/4/03, Brasília – DF. Reunião do Conselho de Desenvolvimento Econômico e Social – CDES)*

## Meio ambiente

**[ver: desenvolvimento; desmatamento; floresta; natureza]**

Acho que a evolução da humanidade, a defesa do meio ambiente, a preservação da natureza, hoje tão forte no seio dos seres humanos, está fazendo surgir para o Brasil algumas possibilidades que muitos de nós não tínhamos consciência há alguns anos. *(16/1/04, Piracicaba – SP. Lançamento do polo de biocombustíveis)*

**... no passado, não era defendido no Brasil:** Aliás, não faz muito tempo, no Brasil, falar de meio ambiente, eram muito poucos os que falavam, e quem falava muitas vezes ainda era achincalhado. Não faz muito tempo, faz pouco mais de vinte anos, o Chico Mendes [Francisco Alves Mendes Filho, líder seringueiro e ativista ambiental brasileiro assassinado em 1988], de quem vocês já ouviram falar, antes de dar no *New York Times*, ele era um dirigente sindical que fazia ocupações de terras, invasões de terras. Depois que ele foi vitimado e começou a dar no *New York Times*, uma parte dos brasileiros começou a se dar conta de que o Chico Mendes era muito mais que um dirigente sindical. Ele era um cidadão pobre, que descobriu que a única chance que tinha de sobrevivência era a preservação da mata da região em que ele morava. Era aquela árvore da qual ele tirava a seiva que produzia os ganhos para a sua família, era daquela árvore que ele tirava as coisas para as suas crianças comerem. Mas, enquanto não deu no *New York Times*, ele era considerado uma *persona non grata*. Tanto é que o mataram, porque ele tentava mostrar para as pessoas que não precisava desmatar, que poderia se ganhar um pouco de dinheiro, utilizar a mata como uma fonte de ganhar o seu próprio dinheiro, estabelecer uma convivência entre a necessidade de trabalhar e o meio ambiente. *(27/4/06, Brasília – DF. Entrega da Carta das Responsabilidades "Vamos Cuidar do Brasil", no âmbito da II Conferência Nacional Infanto-Juvenil pelo Meio Ambiente)*

**... preservado agora é uma questão de ordem cultural:** Essa é uma questão cultural. Essa é uma questão que precisamos começar a repartir na nossa casa, com as nossas crianças, ou na escola, quando as crianças estão numa idade em que podem aprender muito e até ensinar aos próprios pais. Cuidar do meio ambiente não é apenas uma questão de responsabilidade do Governo, é uma questão de consciência política da sociedade, que começa por sabermos reciclar o lixo na nossa casa, por sabermos que, ao jogar lixo em córregos ou em rios, esse lixo se volta contra nós e vai poluir a água, causar danos aos peixes e prejudicar a própria espécie humana; começa quando a gente, de forma totalmente irresponsável, permite o desmatamento num país gigante como o Brasil, às vezes de forma incontrolável, porque muitas vezes as queimadas acontecem e só se vai saber que aconteceram tempos depois. *(5/11/04, Rio de Janeiro – RJ. Lançamento da proposta de implementação dos Objetivos* *do Milênio nas comunidades de Madureira, Oswaldo Cruz e bairros adjacentes)*

**... terá no álcool brasileiro uma ajuda para ser menos poluído:** Somos nós que temos que fazer propaganda das coisas boas que temos. Não vamos ficar esperando que eles, um dia, descubram que temos álcool. Vamos lá dizer: "Nós temos. Vocês exigem tanto que o Terceiro Mundo cuide do meio ambiente que não se pode fazer uma hidroelétrica, que não se pode fazer uma fábrica, que não se pode fazer nada! Pois bem, nós queremos dar a contribuição para que o mundo industrializado polua menos o planeta Terra, vendendo álcool produzido no nosso país." *(26/5/03, Brasília – DF. Reunião com representantes do setor sucroalcooleiro)*

**... ao ser defendido, dá uma vantagem competitiva ao país:** Hoje, nós estamos tomando consciência de que preservar o meio ambiente, cuidar da natureza, passa a ser uma vantagem comparativa nos nossos negócios internacionais. As pessoas vão ter que aprender isso. Plantar um pé de soja a mais ou criar uma cabeça de gado a mais, não precisa desmatar, a tecnologia já permite que não se precise. *(22/11/05, Luziânia – GO. Abertura do I Congresso Nacional de Agricultura Familiar – Fetraf)*

**... no Brasil, pode servir para atrair turistas:** De vez em quando, vejo países que recebem cinquenta milhões, até sessenta milhões de turistas. Para ver o quê? Para ver museu, para ver tudo muito bonito. Mas nós temos coisas que só nós temos e só nós devemos mostrar. Por isso é importante não ficarmos contra aqueles que defendem o meio ambiente. É a defesa desse meio ambiente que vai permitir ao turismo crescer no nosso país. *(11/10/03, Corumbá – MS. Cerimônia comemorativa do 26.º aniversário do estado do Mato Grosso do Sul)*

**... não deve ser sacrificado em nome do desenvolvimento:** Qual é o dado concreto da política de desenvolvimento do Brasil? Muitas vezes, o empresário imaginava um projeto, vinha atrás de financiamento, ia ao BNDES [Banco Nacional de Desenvolvimento Econômico e Social] ou em qualquer outra instituição, e ninguém lhe orientava de que era preciso, em primeiro lugar, ir atrás do licenciamento para saber se esse projeto seria exequível ou não, se ele estaria ferindo algumas normas do meio ambiente que não tinham sido criadas pela ministra [do Meio Ambiente, cargo ocupado por Marina Silva], mas tinham sido aprovadas pelo Congresso Nacional. Portanto, a ministra, enquanto ministra, só tem que cumprir aquilo que está na lei; ela não pode dar um jeitinho, em se tratando de meio ambiente. *(30/3/04, Brasília – DF. Lançamento do Programa de Incentivo às Fontes Alternativas de Energia Elétrica e assinatura de Acordo de Cooperação Técnica entre o Ministério de Minas e Energia e o Ministério do Meio Ambiente)*

**... deve ser defendido sem se sacrificar o desenvolvimento do país:** Eu estou me dedicando, neste mês de novembro e neste mês de dezembro, para ver se eu pego todos os entraves que eu tenho com o meio ambiente, todos os entraves com o Ministério Público, todos os entraves com a questão dos quilombolas, com a questão dos índios brasileiros, todos os entraves que a gente tem no Tribunal de Contas, para tentar preparar um pacote, chamar o Congresso Nacional e falar: "Olha, gente, isso aqui não é um problema do presidente da República, não. Isso aqui é um problema do país." Eu não quero saber se você é do PFL, do PSDB, do PT, eu não quero saber. Eu quero saber o seguinte: este país precisa de todos nós. Então, na hora de votar as coisas importantes, é preciso parar com a questão partidária, onde o PT fala: "Eu não faço porque eu sou defensor não sei de quem." Aí o PFL fala: "Eu não faço porque eu sou contra o Governo." Na hora em que o Brasil estiver em jogo, como é que a gente vai construir as termelétricas? A gente vai produzir energia do quê, neste país? Porque as pessoas não querem que a gente use carvão, as pessoas não querem que a gente faça termelétrica, as pessoas não querem usina nuclear, e não têm dimensão do preço da eólica, do custo da termelétrica a óleo diesel. *(21/11/06, Barra do Bugres – MT. Inauguração da unidade de biodiesel da usina Barralcool)*

**... não deve motivar preocupação com a extinção das pererecas:** Eu vou contar uma coisa para vocês que é triste. Esses dias... a gente está fazendo um grande viaduto no Rio Grande do Sul, ligando a BR-101, que vai trazer muita gente da Argentina para o Brasil e muita gente do Brasil para a Argentina, de Osório à Palhoça, em Santa Catarina. Esse túnel tem mil e poucos metros, e encontraram do lado do túnel uma perereca. Todo mundo aqui sabe o que é uma perereca. Pois bem, e aí resolveram fazer um estudo para saber se aquela perereca estava em extinção. Aí teve que contratar gente para procurar perereca, e procure perereca, e procure perereca... Sabem quantos meses demorou para descobrir que a perereca não estava em extinção? Sete meses, a obra parada. Eu espero que aqui no Acre não apareça nenhuma perereca na ponte do rio Juruá. Não é possível. *(28/4/09. Rio Branco – AC. Inauguração do novo terminal de passageiros do Aeroporto de Cruzeiro do Sul e cerimônia de assinatura de ordem de serviço de início das obras sobre a ponte do rio Juruá)*

## Mensalão

[ver: corrupção; deputado; PT]

Nós tínhamos o Aldo Rebelo [deputado federal pelo PCdoB de São Paulo] como líder do Governo no Congresso, nós tínhamos o Arlindo Chinaglia [deputado federal pelo PT de São Paulo] como líder do PT, e eu pedi aos dois que explicassem se era verdade. Eles, categoricamente, disseram que isso era uma peça de ficção, que não existia mensalão dentro do Congresso Nacional. E, pelo que consta, até agora não foi provado que tem mensalão. Tem 513 deputados, até agora o que foi cassado foi cassado porque contou uma inverdade sobre o Congresso Nacional. *(7/11/05, Brasília – DF. Entrevista ao programa* Roda Viva*)*

**... se existisse, seria uma barbaridade:** Eu acho que o Roberto Jefferson [ex-deputado federal pelo PTB do Rio de Janeiro] foi cassado exatamente porque não provou o mensalão. E não acredito que tenha existido essa barbaridade na política nacional. Pode ter outro tipo de corrupção, pode ter outro tipo de envolvimento, mas já está provado que o mensalão vai..., eu acho que a CPI [Comissão Parlamentar de Inquérito] vai constatar que não tem, vão cassar deputados por outras razões, eu estou convencido disso, não vão cassar por causa de mensalão. E é importante, eu acho que o Roberto Jefferson prestou – e somente depois da CPI é que a gente vai ter claro isso – um desserviço à nação brasileira porque, a partir daí, nós tivemos uma política de se jogar suspeição em cima de todo mundo. *(7/11/05, Brasília – DF. Op. cit.)*

**... é desnecessário, pois há as emendas parlamentares:** Eu acredito piamente que nós estamos vivendo um momento em que as insinuações às vezes não têm respaldo no dia seguinte, mas vão ganhando corpo, e vão ganhando corpo e vão ganhando corpo. A CPI do mensalão vai terminar e eles não vão provar o mensalão. Entretanto, foi o mensalão que criou uma confusão generalizada no Brasil. E por que a CPI não vai provar o mensalão? Porque é humanamente impossível você imaginar que, qualquer que seja um Governo, e sobretudo no meu Governo, você tenha que chamar deputado para dizer: "Olha, você tem que votar porque eu te dou tanto." Aliás, o Congresso Nacional criou uma coisa democrática e saudável que são emendas parlamentares, que têm identidade, que, quando você libera uma emenda parlamentar de três milhões de reais ou de quinhentos reais, você sabe qual é a ponte que vai ser feita, você sabe qual é a estrada que vai ser feita. Isso é um instrumento criado pelo Congresso Nacional. *(18/11/05, Brasília – DF. Entrevista coletiva a emissoras de rádio de AM, PE, MG, PA, BA, RS, CE e GO)*

**... se existia, Lula não sabia:** Agora, quando o cidadão diz o seguinte: "Bom, tinha o mensalão na Câmara dos Deputados, e o presidente sabia." Ora, por que é que eu sou obrigado a saber o que acontece na reunião, quando o Gil Gomes [comunicador da Rádio Tupi, de São Paulo] sair daqui e for tomar um café no saguão do hotel? Por que eu sou obrigado a saber o que o Gil Gomes acertou, o que ele conversou, com quem ele conversou, o que ele fez? Só tem três possibilidades de um presidente saber: se ele participou da reunião, se alguém que participou contou para ele, ou se a imprensa denunciar. Essa é a hipótese que o presidente tem que saber. O que o presidente tem que fazer? Na hora em que souber, tomar providências. E nós tomamos todas as providências que poderiam ser tomadas sem julgar ninguém, porque não é papel do Poder Executivo julgar. Nós não somos Poder Judiciário. *(24/11/05, Brasília – DF. Entrevista coletiva a emissoras de rádio de SP e RJ)*

**... se existia, Lula não sabia, assim como um pai não sabe de tudo sobre o seu filho:** E eu tenho a responsabilidade por tudo que aconteceu de bom ou de ruim, ou que vai acontecer de bom ou de ruim. Mas a simplicidade de tentar carregar nas costas das pessoas... "Ah, mas aconteceu na tua casa, você não sabia?" Não sabia. Quantas mães de família, quantos pais de família têm um filho dentro de casa que está praticando algum delito, que está usando droga e não sabem? Só ficam sabendo quando a polícia prende, só ficam sabendo quando acontece uma desgraça, que aparece no jornal? Ora, se a gente não sabe as coisas que acontecem dentro de casa, por que num Estado o ministro tem que saber de tudo o que acontece no território nacional? *(7/12/05, Brasília – DF. Entrevista coletiva às emissoras de rádio Band AM e Bandnews FM, CBN e Jovem Pan, no Palácio do Planalto)*

**... é diferente do recebimento ilegal de dinheiro para campanha, que é um crime eleitoral:** Bom, se houve financiamento ilegal, então é outra história. É um crime eleitoral que as pessoas têm que pagar por ele. Até porque as pessoas deveriam ter prestado contas na sua campanha eleitoral. *(10/10/07, Brasília – DF. Entrevista ao jornalista Kennedy Alencar, do jornal* Folha de S.Paulo*)*

## Mentira

[ver: verdade]

## Mercado

[ver: Economia]

A gente não pode nunca esquecer que desde 1980, portanto há 26 anos, nós temos uma geração e meia que vive a discussão: dez anos ouvindo dizer que era preciso ter a Constituição, que ia salvar o Brasil, não salvou; depois, dez anos dizendo que era preciso combater a inflação, que ia salvar o Brasil, não salvou; depois, dez anos ouvindo dizer que era preciso diminuir o papel do Estado, que o mercado regulava tudo, não resolveu. Porque não existe essa certeza absoluta e essas máximas absolutas em nada. É preciso construir, o Estado ter um papel, a iniciativa privada ter outra. Nós temos que ter compromisso com políticas sociais, com a parte mais pobre da sociedade. *(26/1/07, Davos – Suíça. Entrevista coletiva após encerramento do Fórum Econômico Mundial)*

**... não conhecia Lula, mas agora é grato a ele:** Quando eu fui indicar o José Sérgio Gabrielli para diretor financeiro da Petrobras, meu caro ex-ministro João Paulo Reis Velloso, não faltaram pessoas que me diziam assim: "O mercado não vai gostar, o mercado vai reagir, é melhor deixar quem está lá." E eu fiquei pensando: "Puxa vida, nós nos matamos para ganhar as eleições, perdi três antes de ganhar, e aí um tal de mercado, que eu nem conheço, não quer que eu indique as pessoas para ocupar os cargos que preciso ocupar." Como eu não tinha nenhuma relação de amizade com o mercado, eu falei: "Sabe de uma coisa? Eu vou indicar meu companheiro." "Não, mas é melhor deixar quem está lá, presidente. Deixa quem está lá." Eu falei: "Mas se o povo quisesse que ficasse quem estava lá, o povo não tinha votado em mim." Bom, conclusão: coloquei o companheiro José Sérgio Gabrielli e hoje, orgulhosamente, o indiquei para presidente da Petrobras, porque, orgulhosamente, ele se transformou em um dos mais importantes diretores financeiros que a Petrobras já teve em toda a sua história, e é por isso que a Petrobras começou a ganhar alguns prêmios importantes pela sua gestão financeira. E eu concordo com o José Eduardo Dutra [deixava, na ocasião, a Presidência da Petrobras]: o tal do mercado, que a gente nem conhecia, hoje me agradece por ter indicado o José Sérgio Gabrielli, presidente da Petrobras. *(22/7/05, Rio de Janeiro – RJ. Visita às novas unidades de produção da Refinaria de Duque de Caxias – Reduc)*

**... não tem o Brasil na sua dependência:** Esta semana tomamos a decisão de devolver um dinheiro em que estávamos pagando juros, que custava mais caro para nós do que o juro que a gente recebia dos nossos depósitos, das nossas reservas no exterior. E devolvemos para dizer ao mundo, para dizer ao mercado: "Este país tem Governo, este país é dono do seu nariz e nós queremos errar e acertar, mas pela nossa própria cabeça, pela nossa consciência, pelas nossas tomadas de posição." *(15/12/05, Brasília – DF. Almoço com oficiais-generais)*

**... nem sempre sabe o que é melhor:** Eu lembro que quando nós começamos o Governo, e começamos a discutir o marco regulatório, muita gente dizia da complexidade, das dificuldades, e que o mercado não iria entender, que o mercado poderia não gostar, que não sei quem poderia não gostar. E o que nós colhemos depois de mais de um ano de árduo trabalho? Nós colhemos o resultado de uma coisa produzida não pelo Governo, mas com a participação do Governo; não pelos empresários, mas com a participação dos empresários; não pela burocracia técnica do Estado, mas também com a participação dele, com a participação de gente ligada aos consumidores, aos geradores, aos distribuidores, aos especialistas, numa demonstração de que pode ser mais demorado, pode ser mais difícil, mas é a forma mais eficaz de produzirmos o resultado de uma lei que regula um setor tão importante [o energético], um setor que o Brasil tanto precisa e tanto depende. *(30/7/04, Brasília – DF. Assinatura de decreto que regulamenta a Lei 10.848, que dispõe sobre a comercialização de energia elétrica)*

**... nem sempre cria os empregos necessários:** O microempreendimento, que é a atividade profissional realizada dentro de casa, pode ser uma das soluções para a geração de oportunidade de trabalho que muitas vezes o chamado mercado não permite criar. *(6/6/05, São Paulo – SP. Lançamento do Sistema Financeiro Inclusivo Caixa "Viver em Comum-Unidade")*

**... assim como a sociedade, deve perceber que o país precisa se desenvolver:** Fomos eleitos para criar bases sólidas para que este país possa, definitivamente, se transformar numa grande Economia, entrar no rol dos países desenvolvidos e sair do eterno rol dos países em via de desenvolvimento; entrar no rol dos países com política econômica objetiva e concreta, sem os sobressaltos que se tem todo dia por conta da fragilidade da Economia brasileira, e fazer com que tanto o tal do mercado como a sociedade brasileira percebam que nós não temos muitas escolhas, não. *(29/3/04, São Caetano do Sul – SP. Entrega de novas viaturas ao Departamento de Polícia Rodoviária Federal)*

**... se é livre, deve ser livre para todos:** E nós vamos brigar na Organização Mundial do Comércio porque não aceitamos a ideia de que o mercado tem que ser livre mas, quando chega a hora de o Brasil vender os seus produtos, cada um coloca um obstáculo para dificultar a entrada dos produtos brasileiros. Se o comércio é livre, vai ser livre para todos. *(12/4/03, Maringá – PR. Inauguração da indústria de sucos da Cocamar)*

**... interno é muito importante:** É humanamente impossível nós imaginarmos que o país conseguirá se segurar por muito e muito mais tempo apenas apostando nas exportações. Vamos continuar apostando, mas, ao mesmo tempo, eu tenho certeza que nem o Furlan [Luiz Fernando Furlan, ministro da Indústria e Comércio] e nem o Palocci [Antônio Palocci, ministro da Fazenda] deixam de se preocupar, a cada minuto do dia, em começar a recuperar o mercado interno, porque a produção para o mercado interno significa muito, também, na geração de riqueza e na geração de qualidade de vida das pessoas. *(18/8/03, Jacareí – SP. Inauguração da nova linha de produção de celulose de eucalipto da unidade Jacareí da Votorantim Celulose e Papel)*

**... interno precisa ser fomentado pelo Estado:** As nossas exportações estão crescendo, ano após ano. Mas nós precisamos combinar o crescimento das nossas exportações com o crescimento do nosso mercado interno. Isso significa investimento. É por isso que o BNDES [Banco Nacional de Desenvolvimento Econômico e Social] tem mais recursos para investimentos, é por isso que o Banco do Brasil tem mais recursos para investimentos, é por isso que um estado como este, e uma região como esta, recebeu, no ano passado, um bilhão a mais do Fundo Constitucional, dinheiro do FAT [Fundo de Amparo ao Trabalhador], porque os projetos feitos aqui consumiram todo o dinheiro até o mês de junho. *(5/5/04, Rio Verde – GO. Assinatura da carteira de trabalho de número 5.000 da empresa Perdigão)*

**... externo deve ser variado:** Acho que poucas vezes, na história do Brasil, um ministro da Indústria e Comércio Exterior tem viajado o tanto que tem viajado o nosso Furlan [Luiz Fernando Furlan]. E tem viajado porque temos consciência de que é preciso abrir novos mercados para o Brasil. É muito importante o mercado europeu. É muito importante o mercado americano. Mas, além de continuarmos competindo nesses mercados, tentando cada vez mais colocar os nossos produtos, nós precisamos procurar outros espaços geográficos e econômicos em que a nossa qualidade possa ser demonstrada. *(8/7/03, São Paulo – SP. Abertura da 35.ª Feira Nacional do Calçado – Francal 2003)*

**... é quem define o valor do dólar:** O papel do Governo é afirmar a todo e qualquer momento que a nossa lógica é que o dólar vai continuar flutuante, e quem determina o seu preço é o mercado. *(2/5/03, Ribeirão Preto – SP. Inauguração da Termelétrica da Companhia Energética Santa Elisa)*

**... não define, sempre, o preço de tudo:** Nós assumimos a responsabilidade de comprar os produtos agrícolas dos pequenos proprietários que trabalham no semiárido nordestino. Não sabemos quanto, mas vamos comprar. Vamos comprar para quê? Para mantê-los e incentivá-los a continuar produzindo. E se houver seca e eles não conseguirem produzir, nós temos que dar, no mínimo, uma quantia em dinheiro para que possam sobreviver e não tenham que ir para outro estado, para outra cidade, largando a sua família, largando a sua cultura. E se o mercado oferecer um preço razoável, eles vão vender para o mercado. Mas se o mercado oferecer um preço menor, nós temos que garantir a eles um preço compatível com aquilo que eles gastaram, para que possamos incentivá-los a continuar produzindo. *(8/7/03, São Paulo – SP. Lançamento da ONG Apoio Fome Zero)*

**... não cobra do Estado um projeto nacional:** A lição que os anos 90 deixaram é clara: o mercado não exige a responsabilidade pública sobre os rumos do desenvolvimento nacional. *(31/10/03, Brasília – DF. Entrega do prêmio Finep de Inovação Tecnológica)*

**... será incentivado pelo Estado:** Tudo que puder ser feito para colocarmos dinheiro no mercado para que possamos aumentar o consumo a gente vai fazer. Vamos fazer linha de crédito com o movimento sindical e com os aposentados, estamos também discutindo a questão da liberação do Fundo de Garantia. Se for necessário, vamos discutir mais acordos, como os automotivos enquanto setor da Economia; vamos abrir linha de crédito para todos aqueles setores que nós entendemos que podem comprar alguma coisa. *(4/9/03, Brasília – DF. Reunião do Conselho de Desenvolvimento Econômico e Social – CDES)*

**... não deve ter os preços controlados, pois quem acaba pagando é o pobre:** Todo mundo sabe que, ao controlar preços, a gente termina pagando muito mais caro porque o mercado paralelo aumenta muito o preço, e a vítima passa a ser, outra vez, o trabalhador. *(19/3/04, Betim – MG. Visita à fábrica da Fiat Automóveis)*

**... não corre risco com os pobres:** As estatísticas estão aí para provar: o menor risco do mercado é o pobre. Ele deixa de comprar, se for preciso, para saldar um débito antigo. *(12/12/03, Brasília – DF. Comemoração da abertura da conta CAIXA Aqui n.º 1.000.000)*

**... está sendo alargado pela entrada dos pobres:** Este ano nós vamos ter, talvez, um dos melhores natais de toda a história deste país. Por quê? Porque uma camada imensa de seres humanos que, ao longo de décadas, ficaram marginalizados estão entrando na sociedade que compra alguma coisa, na sociedade que produz alguma coisa. *(25/11/07, Brasília – DF. Entrevista a* O Globo*)*

**... deve se transformar no século XXI:** O Brasil tem toda a disposição de discutir as questões sobre a Amazônia com o mundo inteiro, como também gostaria que um país que descobrisse um remédio para enfrentar o câncer não fizesse disso uma mercadologia individual, mas transformasse num benefício para a humanidade, porque, ao se transformar em mercadologia, nós já sabemos que os ricos irão ter acesso e os pobres irão morrer na véspera. É essa a discussão, muito serena e muito madura, que eu penso que o mundo vai enfrentar no século XXI. As coisas não podem continuar como foram no século XX, muito menos como foram no século XIX. E no século XXI, nós precisamos começar a pensar o que vai ser do mundo no século XXII. E passa, sobretudo, pela mudança de comportamento, pela mudança do perfil de consumo e pela mudança da dominação dos que têm mais riqueza sobre os que têm menos riqueza. *(14/5/08, Brasília – DF. Conferência de imprensa durante visita oficial da chanceler federal da Alemanha, Ângela Merkel)*

**... com a crise de 2008, demonstrou que não resolve todos os problemas:** Uma outra lição que eu espero que seja definitiva para o Conselho de Washington [Consenso de Washington, princípios econômicos neoliberais adotados por instituições como o Fundo Monetário Internacional], que estabeleceu nos anos 80 e 90 que o Estado deveria ser abolido e que o mercado iria resolver todos os problemas. O que aconteceu na crise? Sabe o que me lembra? Os nossos filhos na adolescência. Nossos filhos são maravilhosos, eles, aos 18, 19 anos, não querem nem sentar para conversar com os pais porque são totalmente independentes, nós somos caretas, não compreendemos o mundo novo, o mundo moderno, e eles saem. A gente pede: "Meu filho, não saia à noite." "Eu saio. Você não sabe de nada. Eu vou sair." Parece que nunca precisam dos pais. Precisam do pai quando? Quando casam, que têm um filho, querem sair à noite e querem deixar o filho com os velhos. Aí os pais voltam a ter valor. Gostam dos pais quando estão doentes. Ah, se tiverem uma febrezinha ou uma dor de barriga, a mãe passa a ser um xodó outra vez, ou se quiserem sair e não tiverem dinheiro. O que aconteceu com os bancos é a mesma coisa. O Estado passou a valer. Todo mundo dizia: "Pelo amor de Deus, o Estado tem que intervir. O Estado precisa ajudar. O Estado não pode ficar omisso." O Estado, que foi negligenciado durante décadas e décadas. *(16/10/08, Maputo – Moçambique. Encerramento de encontro empresarial)*

**... quando tem uma diarreia, quer ser salvo pelo Estado:** O que aconteceu com o famoso mercado onipotente? Quando o mercado teve a dor de barriga, que não foi uma dor de barrigazinha, foi uma diarreia daquelas, [inaudível], insuportável... Quando o mercado teve essa diarreia, quem é que eles chamaram para salvá-los? O Estado, que eles negaram durante vinte anos. *(4/12/08, Rio de Janeiro – RJ. Lançamento das linhas de ação do Fundo Setorial do Audiovisual)*

## Milagre(s)

[ver: Deus; Economia; mágica]

Sou presidente da República não com o objetivo de fazer milagres, porque estes só Deus é quem faz. Mas sou presidente da República e quero terminar o meu mandato e poder me encontrar com vocês, em qualquer lugar do território nacional, olhar na cara de vocês, mesmo quando não tivermos feito tudo aquilo que vocês queriam, e dizer: "Companheiro, eu me sinto com a consciência tranquila do dever cumprido, como um pai de família que, mesmo não podendo atender toda a demanda dos seus filhos, trata esses filhos com muita honestidade, com muito carinho e com muito amor." *(25/11/03, Luziânia – GO. Abertura da Conferência Nacional de Aquicultura e Pesca)*

**... não são necessários ao Brasil:** Esse país está precisando de uma chance; esse país não precisa de um milagre, mas de uma chance. E todos nós aqui sabemos o que fazer. Ninguém aqui vai me cobrar mais do que eu vou cobrar a vocês, ninguém, como companheiro e como irmão. *(28/8/03, São Paulo – SP. Comemoração do aniversário dos vinte anos da Central Única dos Trabalhadores [CUT] e posse da nova diretoria)*

**... não existem:** Obviamente que não existe como fazer milagre; se assim pudesse ser feito, nenhum de nós teria problema e muito menos o Brasil. *(17/3/04, Fortaleza – CE. Lançamento da campanha Cresce Nordeste, do Banco do Nordeste)*

**... não existem em política:** Em política não existe milagre, existe determinação, existe definição de prioridades e existe o horizonte a que nós decidimos chegar, e eu estou convencido que vamos chegar onde todos nós sonhamos chegar. *(29/4/03, Brasília – DF. 30.º Aniversário da Embrapa)*

**... não existem na Economia:** No Governo, a gente tem que medir cada passo, porque um passo errado significa uma volta atrás. E uma volta atrás significa fazer sofrer aqueles que já sofrem neste país. Este país, meus companheiros, durante muitos e muitos anos, foi pego de sobressalto, com planos mirabolantes. "Agora vai dar", e todo mundo entrava em festa. "Agora vai ser para valer", e todo mundo ficava feliz. E, seis meses depois, "a vaca ia para o brejo" e o povo ficava com o prejuízo, porque, em todos os "milagres", sobrou prejuízo nas costas do trabalhador. *(21/11/03, Brasília – DF. Reunião com integrantes do Fórum Nacional pela Reforma Agrária e Justiça no Campo)*

**... não serão feitos por Lula:** Agora, meus senhores, não esperem que eu seja mais do que um presidente da República. Eu só tenho a Constituição para cumprir, não tenho os poderes de Deus para fazer os milagres que alguns acham que devo fazer, sobretudo na relação com prefeituras e com o Governo dos estados. *(29/3/04, São Caetano do Sul – SP. Entrega de novas viaturas ao Departamento de Polícia Rodoviária Federal)*

**... às vezes, acontecem: como Lula ter sobrevivido no Nordeste:** Eu sou de uma terra onde, se as pessoas não morrem até completar um ano de idade, já é um milagre. E eu não morri, cheguei a presidente da República. E podem ficar certos que vocês vão ouvir falar muito de um presidente briguento e que defende os interesses da sua nação. *(26/1/03, Davos – Suíça. Sessão plenária "Diálogo com o Presidente do Brasil" no XXXIII Fórum Econômico Mundial)*

**... desafiam os números:** Numa população de 175 milhões de habitantes, se 10% dos alfabetizados resolvessem ensinar os analfabetos, possivelmente nós faríamos um milagre, em que os calculistas pesquisadores não entenderiam o que aconteceu no nosso país. *(23/4/03, Brasília – DF. Assinatura de convênio entre a Confederação Nacional da Indústria e o Ministério da Educação)*

**... em termos de orçamento, precisam ser feitos pelo Governo:** Se uma família consegue sobreviver com um salário mínimo de 240 reais, nós temos que aprender a conviver com um orçamento pequeno e tentar fazer milagre. *(25/6/03, Brasília – DF. 1.º Seminário de Infraestrutura para o Desenvolvimento Sustentável)*

**... aconteceram no Governo Lula:** Acabar com a fome no Brasil é apenas uma questão de tempo. Nós vamos fazer. Porque vocês vão perceber aqui, no meu discurso, o milagre que aconteceu neste país em pouquíssimo tempo. *(10/2/04, São Paulo – SP. Inauguração da Expo Fome Zero 2004)*

**... enfim, é como um político se refere às suas ações positivas:** Agora virou moda: quando as coisas acontecem boas, é o milagre do prefeito, é o milagre do governador. Quando são ruins, é o Governo Federal. *(19/4/06, Porto Alegre – RS. Inauguração da nova emergência do Hospital Nossa Senhora da Conceição)*

## Ministério

[ver: companheiro; ministro]

Um mandato é de apenas quatro anos, e não tínhamos tempo de ficar culpando quem passou antes de nós, tínhamos que começar a dizer o que iríamos fazer a partir de nós. A primeira coisa era montar um time. E o time foi montado. Mas também era preciso montar um ministério, que no Brasil, companheiro João Paulo [prefeito do Recife], é como convocar a seleção brasileira. Como são muitos jogadores, há sempre alguém que vai ficar de fora. Mas sempre será assim. Sempre. Quando se tem que escolher o papa, um monte de gente fica de fora. Quando se tem que escolher os cardeais, um monte de gente fica de fora. Na política também é assim. Montamos o time. Criamos as coisas que, ao longo do tempo, nós entendíamos que deveríamos criar. *(27/6/03, Brasília – DF. Abertura do Encontro Nacional de Vereadores e Deputados Estaduais do Partido dos Trabalhadores)*

**... de Lula foi o melhor, comparado com os anteriores:** E eu não tenho dúvida nenhuma, olhando na cara de cada companheiro ministro, que pode ter tido Governo com ministro igual, mas eu duvido que tenha tido Governo com um ministério melhor do que o meu. *(5/7/04, Brasília – DF. Reunião de apresentação dos resultados do Governo)*

**... não é escalado pela imprensa:** Antes de tomar posse, vários jornais, várias rádios e vários repórteres da televisão fizeram o meu ministério, ou seja, todo dia tinha um ministro indicado, todo dia tinha um ministro que não era indicado. Veja, ninguém vai colocar e ninguém vai tirar ministro por notícia de jornal. Eu sempre disse que você não troca um jogador com 15 minutos de jogo, você espera a pessoa ter toda a oportunidade que todo mundo está tendo. *(2/10/03, Brasília – DF. Entrevista coletiva a emissoras de rádio)*

**... é escalado pelo presidente:** Na hora em que eu tiver que anunciar o ministério – eu tenho até o dia 1º de janeiro para anunciar –, eu terei o maior prazer de convocar uma cadeia e anunciar: meu ministério vai ser este. Podem ser os mesmos e podem não ser, mas me permita, como ganhador das eleições, fazer o meu Governo. *(30/10/06, Brasília – DF. Entrevista à TV Bandeirantes)*

**... não tem todas as atividades sob o conhecimento de Lula:** Só tem três hipóteses de você saber das coisas. Você [Pedro Bial, jornalista da Rede Globo] está comigo, aqui no terceiro andar, e tem gente trabalhando no quarto andar, tem gente trabalhando no segundo, tem gente trabalhando nos ministérios. Nem eu e nem você sabemos o que está acontecendo. Então, como é que você sabe? Quando participa da reunião, quando alguém que participou conta ou quando sai uma denúncia. *(1/1/06, Brasília – DF. Entrevista ao programa* Fantástico, *da Rede Globo, no Palácio do Planalto)*

**... não é lugar para colocar amigos:** A primeira demonstração de que eu não queria fazer um ministério de amigos é que não conhecia o Roberto Rodrigues [ministro da Agricultura], a não ser de duas ou três reuniões de que participamos. Todo mundo que me conheceu, nesses últimos anos, sempre imaginou que o meu ministro da Agricultura seria o José Graziano, que, hoje, é o responsável pela política de combate à fome. *(12/6/03, Brasília – DF. Lançamento do Plano Agrícola e Pecuário – Safra 2003/2004)*

**... tem o tamanho necessário no Governo Lula:** Tem muita gente que pensa que aumentou muito o número de ministérios. Não aumentou muito. Nós fizemos apenas o necessário. Eu era muito pequeno e minha mãe falava: "Meu filho, cachorro de muitos donos morre de fome, porque todo mundo pensa que alguém pôs comida e ninguém pôs." Não adiantaria colocarmos num ministério trezentas funções, que um homem só não daria conta de resolvê-las. *(27/6/03, Brasília – DF. Abertura do Encontro Nacional de Vereadores e Deputados Estaduais do Partido dos Trabalhadores)*

**... foi ampliado no Governo Lula, sem aumentar o número de funcionários:** É preciso um milagre da multiplicação dos pães, porque é fácil montar um ministério e contratar logo "um milhão" de pessoas de fora, mas ficar esperando que alguém ceda um funcionário para o ministério do Fritsch [José Fritsch, ministro da Pesca], que todo dia liga para o José Dirceu [ministro-chefe da Casa Civil], que todo dia fala comigo, liga para o Gilberto Carvalho [secretário particular da Presidência da República]. *(27/6/03, Brasília – DF. Op. cit.)*

**... sofreu críticas dos pessimistas, porque, com Lula, foi ampliado:** As primeiras manchetes, as primeiras matérias que saíram quando nós criamos o Ministério do Turismo eram aquelas de sempre: "Está criando muito ministério", "Mais um ministério". É aquele pessimista, que não acredita que as coisas podem mudar nunca. São aqueles que não acreditam que podem acontecer coisas diferentes do que, habitualmente, ele estava acostumado a ver acontecer. *(27/11/03, Brasília – DF. Lançamento do Fórum Mundial do Turismo para a Paz e Desenvolvimento Sustentável e do Movimento Brasil de Turismo e Cultura)*

**... funciona bem quando é "cutucado":** Eu quero dizer para vocês que um governante só trabalha com muito mais força se a sociedade estiver no calcanhar dele, alfinetando e cobrando, porque, se não for assim, as pessoas pensam que está tudo bem. Quando ninguém reclama, quando ninguém fala, o cidadão vai para a casa dele e fala: "Ah, está tudo maravilhoso, no meu país está tudo bom, no meu ministério está tudo bem." De vez em quando é preciso dar uma cutucada para as pessoas falarem: "Espera aí, nem tudo está bem." *(18/10/06, Brasília – DF. Lançamento da Política Nacional de Saúde da Pessoa Idosa)*

**... antes de Lula, era preponderantemente masculino:** Olhem, no Brasil há ministério que era só para homem e, de vez em quando, sobrava a vaga de um ministério para uma mulher. Eu conheci essa gaúcha como secretária de Energia do Governo Olívio Dutra [governador do Rio Grande do Sul entre 1999 e 2003] e não pensei duas vezes em transformá-la na ministra de Minas e Energia: a companheira Dilma Rousseff. *(10/1/03, Teresina – PI. Visita à Vila Irmã Dulce)*

# Ministro(s)

[ver: companheiro; ministério]

São pessoas que conhecem as áreas pelas quais estão responsáveis, que estão dispostas a fazer qualquer sacrifício para ajudar nosso país a mudar, e pessoas que, como eu, carregam dentro de si a esperança que alimentou nossos sonhos e vai permitir que os realizemos. De vez em quando fico pensando: como é que uma pessoa honesta, que não vai desviar um milímetro do dinheiro público para sua conta, aceita ser ministro num país onde salário de ministro é tão pequeno? *(29/4/03, Brasília – DF. Solenidade do 30.º aniversário da Embrapa)*

**... ganham pouco:** Quando eu fico vendo os ministros, que ganhavam muito bem, virem ganhar sete, oito mil reais, eu falo: esses são heróis. Alguns pagam para serem ministros, essa é a pura verdade. E eu digo isso de cátedra, porque eu digo sempre: eu sou o único que não posso reclamar do meu salário de oito mil reais, porque não tem nenhum torneiro mecânico no Brasil ganhando oito mil reais por mês. Então, eu ainda continuo sendo o torneiro mecânico mais bem-pago. *(16/3/07, Brasília – DF. Posse dos novos ministros da Justiça, da Saúde e da Integração Nacional)*

**... devem obedecer a alguns critérios:** A todos os ministros que assumiram no meu Governo eu disse uma única coisa: montem os seus ministérios, escolham as pessoas que vocês entenderem que são da confiança de vocês, mas as pessoas têm que ter duas condições básicas para serem contratadas: têm que ter competência e têm que ser honestas para poder fazer o trabalho. E por favor, não comecem nenhuma obra nova antes de a gente concluir o que está para ser feito no Brasil, porque ao longo de muitos e muitos anos uma das deficiências do Brasil, dos estados e dos municípios era exatamente essa: um prefeito, um governador ou um presidente da República tomava posse e, se tivesse uma obra em andamento do seu adversário, ele paralisava aquela obra e ia começar uma dele. Ele não conseguia terminar a obra dele, o outro que entrava também não dava continuidade, e começava outra obra. *(11/2/05, Surubim – PE. Inauguração do Projeto de Abastecimento do Jucazinho)*

**... devem trabalhar de forma apartidária:** Nenhum ministro tem autorização para indagar a que partido um prefeito é filiado para ser atendido. Não queremos saber a sigla partidária de nenhum prefeito. O que nós queremos é dizer que todos vocês, independentemente da idade, da religião a que pertençam, do time de futebol para o qual torçam ou do partido a que são filiados, têm direitos e têm deveres. O Governo Federal tem direitos e deveres, e o primeiro dever nosso é tratar um ente federado com o respeito que ele merece e dar a ele a atenção necessária quando vier aqui ou quando precisar conversar com alguma autoridade do Governo Federal. *(11/3/03, Brasília – DF. Encontro com prefeitos da VI Marcha a Brasília em Defesa dos Municípios)*

**... devem negociar com deputados e senadores:** Cada ministro tem a sua responsabilidade na relação com o Congresso Nacional. Muitas vezes, nós achamos que a responsabilidade é apenas da pessoa que tem a responsabilidade de fazer essa relação. Cada ministro tem a mesma responsabilidade, na relação com o Congresso, que tem o Jaques Wagner [secretário de Relações Institucionais], que vai ser o articulador político, substituindo o companheiro Aldo [Rebelo, secretário de Coordenação Política e Assuntos Institucionais]. *(21/7/05, Brasília – DF. Posse dos ministros de Estado da Previdência Social, de Cidades e da Ciência e Tecnologia)*

**... ajudam os amigos:** Vocês perceberam que a relação do Aécio [Neves, governador de Minas Gerais] com os ministros é quase uma confraria, de tão amigos que eles são. Por isso ele consegue tanta coisa para Minas Gerais. *(18/3/04, Belo Horizonte – MG. Assinatura de convênios)*

**... não são fortes:** De vez em quando, fico vendo as pessoas dizerem "tal ministro é forte, tal ministro é forte". Ministro forte cai. Quem é forte no regime presidencialista é o presidente. Eu só acho isso, Kennedy [Alencar, repórter da *Folha de S.Paulo*]: não existe ministro forte, existe Governo forte. E o presidente da República é, na verdade, o resultado dessa fortaleza do Governo. *(10/10/07, Brasília – DF. Entrevista ao jornalista Kennedy Alencar, do jornal* Folha de S.Paulo*)*

**... vêm e vão, como locomotivas** O funcionário público fala: "Bom, esse Governo é passageiro, ele tem quatro anos, eu tenho trinta anos." Eu de vez em quando me sinto sabe como? O trem. O trem vai, para; os ministros são as locomotivas e a estação é a máquina pública. A estação está imexível, como diria o Magri [Antônio Rogério Magri, ministro do Trabalho e da Previdência Social entre 1990 e 1992], ela está lá, impoluta, e o trem faz barulho e passa. Vem outro trem, faz barulho e passa. Ou seja, isso vem assim. Eu me lembro que o presidente Sarney [José Sarney, senador pelo PMDB do Amapá] uma vez me disse, logo que ganhei as eleições: "Presidente Lula, o senhor vai perceber uma coisa: de 100% das coisas que a gente decide neste país, apenas 20% conseguem andar porque os outros 80% param em algum pedaço, em alguma máquina, em alguma mesa, em alguma instância." *(11/2/06, Gaborone – Botsuana. Almoço oferecido pelo presidente da República de Botsuana, Festus Mogae)*

**... são companheiros de verdade:** Eu quero dizer para vocês que quem tem experiência, aqui, sabe que montar um Governo não é difícil quando a gente se cerca de companheiros que nos permitem deitar, toda noite, tendo a certeza de que os que estão com você são companheiros de verdade e não companheiros com quem se faz negócios ou negociatas, mas companheiros de caminhada. *(15/12/03, São Paulo – SP. Premiação das revistas* IstoÉ, *Brasileiro do Ano;* IstoÉ Dinheiro, *Empreendedor do Ano;* IstoÉ Gente, *Personalidade do Ano)*

**... são companheiros, mas não tanto:** Os ministros são todos meus companheiros, irmãos de luta e fé, mas, também, cada ministério tem as dificuldades normais da burocracia e, de vez em quando, a gente precisa fazer as coisas serem apressadas, porque no rito normal as coisas demoram para andar. *(23/12/04, São Paulo – SP. Celebração do Natal de Jesus – Encontro com Moradores de Rua)*

**... são amigos, mas estarão submetidos ao rigor da lei:** Cada um dos meus companheiros sabe que pode ser o meu melhor amigo, dentro ou fora do PT, dentro ou fora do Governo, se cometer alguma coisa de equívoco de conduta, com a mesma grandeza que eu o convidei para vir para o Governo, eu o convido para deixar o Governo e, depois, ele responderá onde tiver que responder. Isso vale para o Governo, vale para a máquina pública e vale para qualquer brasileiro; afinal de contas, nós precisamos provar que a lei, finalmente, foi feita para todos e que todos estarão subordinados a ela. *(25/8/05, Brasília – DF. 13.ª reunião ordinária do Pleno Conselho de Desenvolvimento Econômico e Social – CDES)*

**... saem os melhores, por injunções políticas:** E que nenhum companheiro tenha qualquer possibilidade de entendimento de que a troca de ministros é porque alguém que entra é melhor do que alguém que sai. Embora o Pelé tenha sido o melhor jogador do século, algumas vezes ele foi substituído, e nem por isso o que entrou era melhor do que ele. Tudo se devia às circunstâncias do jogo. E, aqui, se deve às circunstâncias da política e do funcionamento do Governo, porque queremos trabalhar de forma mais aprimorada. *(23/1/04, Brasília – DF. Anúncio da reforma ministerial)*

**... quando são amigos e saem, provocam dor:** Quero dizer para vocês que o momento de uma reforma no Governo é sempre um momento doloroso, do ponto de vista político e do ponto de vista humano, sobretudo para mim, que aprendi, ao longo da vida, a estabelecer uma relação de amizade muito forte com as pessoas com quem convivo. E é sempre muito difícil, por qualquer que seja o motivo, você dizer a um timoneiro que ele não está mais na direção do seu barco. *(23/1/04, Brasília – DF. Op. cit.)*

**... não sabem o que dizem:** Você tem que ver, na reunião dos ministérios, como é que estão as palavras. Agora tem "transversalidade", tem "estruturantes"! Esses dias eu fiz um ministro traduzir e ele teve dificuldade. *(25/3/03, Brasília – DF. Discurso no Conselho Nacional de Segurança Alimentar e Nutricional – Consea)*

**... não conversam entre si:** Com cinco anos de experiência, eu fico imaginando que muitas vezes nós ficamos cinco anos juntos, sentamos a esta mesa aqui, parece a Santa Ceia, todo mundo amigo, mas depois passamos um ano sem conversar entre nós. Possivelmente, a Dilma [Rousseff, ministra-chefe da Casa Civil] e eu recebamos os ministros porque eles vêm à Casa Civil, e quando têm problemas vêm à Presidência da República, e as audiências que eu faço individualmente com os ministros. Mas penso que entre vocês existe pouca conversa política. Eu diria, há quase meses e meses que vocês não conversam entre si, que não trocam ideia. Certamente as pessoas conhecem menos do que deveriam conhecer das coisas que o Governo faz, porque o sistema de informação e comunicação entre nós talvez não seja o mais perfeito ainda. *(23/1/08, Brasília – DF. Abertura da reunião ministerial)*

**... aprendem mais graças às cobranças de Lula:** Estou notando que os ministros estão infinitamente mais preparados. As coisas apresentadas para mim são extraordinárias. É porque eu estou cobrando mais e porque eles aprenderam mais também. *(10/10/07, Brasília – DF. Op. cit.)*

## Miséria

[ver: fome; pobre; pobreza; riqueza]

Durante muito tempo nós ficamos nos tratando como se fôssemos uma nação pequena, como se fôssemos um paisinho do Terceiro Mundo e achando que a culpa pela nossa miséria é dos países ricos. Ouso dizer aqui que é verdade que a relação comercial nem sempre é a mais igualitária, mas eu acho que nós não poderemos continuar a jogar a culpa da nossa incompetência histórica em cima dos outros. *(3/5/03, Uberaba – MG. Inauguração da 69.ª Expozebu)*

**... deve ser sempre repudiada:** Nós precisamos diferenciar o dólar que vem para investir na geração de empregos e o dólar que vem para investir na especulação financeira. Este da especulação financeira nós temos que banir. Agora, aquele que vem para investir em uma fábrica nós temos que dizer: "Pode vir dólar, pode vir euro, pode vir *yen*, pode vir o que quiser porque o povo brasileiro não tem preconceito contra dinheiro." O nosso preconceito é contra a miséria, o nosso preconceito é contra a pobreza a que o povo está submetido, o nosso preconceito é porque este país perdeu quase que cinquenta anos nas suas oportunidades de desenvolvimento. *(6/5/08, Igarapé da Cachoeirinha – AM. Inauguração do projeto de urbanização do Igarapé da Cachoeirinha, assinatura de ordens de início das obras da ponte sobre o rio Negro, de ordens de serviço do PAC e do pacto federativo do programa Territórios da Cidadania do Amazonas)*

**... está relacionada às guerras e ao terrorismo:** Nós achamos que, se o mundo inteiro, hoje, se preocupasse em combater a miséria e a fome, não haveria preocupação para a guerra, não haveria preocupação para o terrorismo. *(27/11/03, Brasília – DF. Entrevista à imprensa estrangeira)*

**... não tem ideologia:** A miséria não tem coloração ideológica, partidária, religiosa, ela envolve bilhões de pessoas, sobretudo os pobres. *(20/9/04, Nova York – Estados Unidos. Entrevista coletiva após a reunião de líderes mundiais para a "Ação contra a fome e a pobreza")*

**... é a condição de metade da população, o que justifica programas sociais:** Dizem que a gente está gastando mal. Não aceito. Gastar com política social num país em que metade da população vivia em condições de miséria é condição *sine qua non* para a gente poder ter o direito de gastar amanhã para fazer outras coisas. *(6/11/06, São Paulo – SP. Premiação das Empresas mais Admiradas no Brasil)*

**... é tanta, que pode ser bem reduzida por migalhas:** O ministro Olívio Dutra [ministro das Cidades] esteve ontem em Guaribas [no Piauí], onde iniciamos o programa Fome Zero e que hoje já beneficia 1.227 municípios no semiárido nordestino. Ele foi inaugurar um sistema de tratamento de água numa cidade pequena, onde foram atendidas duzentas e poucas casas, cuja vida mudou em um ano. Quem é de Guaribas pode contar o que uma migalha faz num lugar em que a miséria é muita. Só para os governadores terem uma ideia, Guaribas nunca tinha tido um salão de beleza. E, depois do programa Fome Zero, Guaribas já tem não apenas água, mas já tem um salão de beleza. Ou seja, as pessoas descobriram que é possível, já que não moram numa grande capital para fazer uma plástica, ir a um instituto de beleza, que não é estatal, não é público, é privado, para ficarem mais bonitas. *(17/12/03, Brasília – DF. Contratação de recursos do FGTS para o saneamento ambiental)*

**... sustenta alguns políticos:** Tem muita disputa eleitoral, o nosso projeto está bem-pensado. Nós colocamos em primeiro lugar a revitalização dos afluentes e do rio São Francisco, recuperar aquilo que hoje, os que são contra, dizendo que nós temos que preservar as margens das florestas, queimaram para fazer carvão durante um século, e nós vamos recuperar. Alguns que estão falando contra jogam centenas de toneladas de esgoto todos os dias nos afluentes. Nós é que vamos revitalizar o rio São Francisco. Se eu pudesse, para não incomodar ninguém, eu ia, na hora em que a água vai cair dentro do mar assim, antes de chegar no mar, eu ia puxá-la de volta para levar para o semiárido. Como fica muito caro, eu tenho certeza que o povo baiano, o povo sergipano, o povo alagoano não negarão um copo d'água para o seu irmão do Nordeste. Alguns políticos possivelmente neguem. Porque tem gente que não quer acabar com a miséria neste país, porque a miséria é a fonte da sua manutenção em cargos políticos. *(22/11/05, Luziânia – GO. Abertura do I Congresso Nacional de Agricultura Familiar)*

**... motiva certos políticos:** Mas também é verdade que tem político que não sabe fazer discurso se não tiver miséria em sua frente. É bem verdade que tem gente que precisa ver uma pessoa bem miserável para poder ter vontade de fazer discurso. *(30/5/08, Belém – PA. Assinatura de atos e lançamento de programas em Belém do Pará)*

## Movimento social

O mandato de um presidente é de apenas quatro anos. O mandato de vocês pode ser de trinta ou quarenta anos, porque o movimento social continuará existindo, independentemente de quem seja Governo. *(15/6/04, São Paulo – SP. Encontro com o Fórum da Sociedade Civil, na XI UNCTAD)*

**... representa a parte mais pobre da sociedade:** Frei Betto [assessor da Presidência] perdeu o seu parceiro – porque eu tinha o Frei Betto para organizar a parte mais pobre da população, a parte ligada ao movimento social, e tinha o Oded Grajew [ex-assessor da Presidência] para organizar os empresários. O Oded Grajew achou que poderia ajudar organizando o Ethos [Instituto Ethos de Empresas e Responsabilidade Social], onde ele era presidente, saiu e voltou para lá, e eu estou somente com o Frei Betto. *(17/3/04, Olinda – PE. Abertura da II Conferência Nacional de Segurança Alimentar)*

**... deve ser ouvido pelos Governos:** Eu saio desta cúpula triste porque o Mbeki [Thabo Mvuyelwa Mbeki, presidente da África do Sul] não nos deu almoço. Eu não sabia que tínhamos tomado a decisão no Brasil de que a reunião seria sem almoço, senão eu teria trazido uma marmitinha para comer aqui, mas eu saio desta reunião feliz. Feliz, Mbeki, porque a participação do movimento social foi de uma contribuição excepcional, e eu sei que na África do Sul, na Índia e no Brasil tem tantos movimentos sociais que podem contribuir que dificilmente nós erraremos nas nossas decisões se tivermos humildade para ouvir aqueles que são a razão pela qual nós governamos os nossos países. *(17/10/07, Joanesburgo – África do Sul. Sessão plenária de encerramento do Fórum de Diálogo Índia-Brasil-África do Sul)*

**... deve ter a sua relação com Governos institucionalizada:** É importante ter noção do que foi feito neste país, para os setores excluídos da sociedade brasileira, que você vai do Bolsa Família ao programa Luz para Todos, que você vai do Pronaf [Programa Nacional de Fortalecimento da Agricultura Familiar] ao crédito consignado, que você vai do ProJovem [Programa Nacional de Inclusão de Jovens] às escolas técnicas, ao ProUni [Programa Universidade para Todos], ao Reuni [Programa de Apoio a Planos de Reestruturação e Expansão das Universidades Federais], à construção de 214 escolas técnicas que estão em andamento – cinquenta já foram inauguradas –, que permitem que você tenha uma densidade de política social como poucas vezes, ou nenhuma vez, o Brasil teve. E nós achamos que isso é apenas o começo do processo de uma política que tem que se consolidar. A relação do Governo com a sociedade e a relação do Governo com o movimento social é uma coisa muito forte que eu prezo e que eu quero que isso se consolide de forma institucional, para que seja uma prática, independentemente de quem seja o Governo no Brasil. Esse é um dado concreto: o crescimento da Economia, a geração de empregos, o aumento de salários. *(24/4/08, Brasília – DF. Entrevista exclusiva aos* Diários Associados*)*

**... nunca esteve tão próximo ao Governo:** Eu penso que não existe, na história republicana, ou não sei se não existe na história da América do Sul, algum momento em que o movimento social esteve tão próximo das relações mais saudáveis possíveis com o Governo do que nós temos hoje. *(2/7/05, São Paulo – SP. Ato político de celebração aos 15 anos do Foro de São Paulo)*

**... passou a fazer parte do Governo com Lula:** Eu ficava pensando: será que o povo está percebendo as coisas que nós estamos fazendo? Eu tinha colocado no Governo, se não todos, parte das melhores pessoas que participavam do movimento social neste país, pessoas que a vida inteira trabalharam para tentar fazer as coisas. Isso tinha que dar certo, isso tinha que dar resultado. *(12/6/07, Guarulhos – SP. Abertura do VII Congresso Nacional dos Metalúrgicos da Central Única dos Trabalhadores – CUT)*

**... precisa continuar reivindicando:** Eu quero dizer aos companheiros trabalhadores que estão aqui, ao companheiro Manoel Serra [presidente da Confederação Nacional dos Trabalhadores na Agricultura – Contag], que não tenha medo de reivindicar, Manoel. Não tenha medo. Nós, primeiro, achamos que o papel do movimento é reivindicar. Vocês reivindicam tudo aquilo que vocês acham que é importante reivindicar. Às vezes, vocês reivindicam coisas que é impossível o Governo cumprir, e com a mesma lealdade que nós temos nos tratado nesses últimos trinta anos, eu vou dizer para você: eu posso, eu não posso. O que eu não quero, nunca, é criar as condições para que vocês não possam mais reivindicar para nós. Ou seja, eu prefiro vocês reunidos com os ministérios, com cada ministério que vocês quiserem se reunir, cobrando e exigindo, do que vocês não terem, como no passado, um lugar para poder extravasar as reclamações que vocês têm do Governo. *(28/6/04, Brasília – DF. Lançamento do Plano Safra da Agricultura Familiar 2004/2005)*

**... nunca estará satisfeito; poderia, entretanto, fazer menos barulho:** Eu nasci, na minha vida, aprendendo a reivindicar. E eu sei que todos nós que nascemos no movimento popular, e o próprio governador Paulo Souto [da Bahia], o prefeito de Eunápolis, se o prefeito vai ao governador e ele consegue uma coisinha, pode ficar certo que, um mês depois, ele estará pedindo uma coisa maior, pode ficar certo que depois vai ficar pedindo. Se o governador vai a Brasília pedir um dinheiro para ajudar o estado e eu der, pode ficar certo que, no mês seguinte, ele vai com um pedido maior. Podem ficar certos. Ora, da mesma forma que eu tenho consciência que, no movimento social, a luta é quase que infinita. Quanto mais a gente conquista, mais a gente tem vontade de conquistar. Então, não pensem que eu fico chateado. Eu, às vezes, fico chateado porque a gente pode fazer os acordos sem precisar até de muito barulho. Até porque, às vezes, eu acho que sem barulho ele pode sair melhor. *(28/9/05, Santa Cruz de Cabrália – BA. Visita ao assentamento Lulão)*

**... às vezes, reclama sem razão; e a culpa disso é de Lula:** Uma vez eu vinha viajando com a ministra Nilcéa [Freire, ministra da Secretaria Especial de Política para as Mulheres], do Rio de Janeiro para cá. Já faz tempo, logo no começo do Governo. E tinha dado uma enchente não sei em que cidade, acho que no próprio Rio de Janeiro, e eu tinha visto muitas manifestações culpando o prefeito, culpando a governadora do estado. Quando se trata de enchente, não culpam o Governo Federal, só os entes federativos abaixo às vezes culpam. Eu dizia para a Nilcéa: "É estranho porque eu vi um dos furacões que teve nos Estados Unidos, foram entrevistar um cidadão, a casa dele estava caída, ele, na frente da casa caída, e foram perguntar para ele: 'Quem é o culpado?' Ele falou: 'Olha, eu acho que Deus e a mãe natureza devem estar com algum problema conosco, porque eu não posso culpar o Governo, não posso culpar o prefeito municipal, porque o furacão foi de tamanha violência que, se até ele estivesse aqui na frente, seriam levados juntos.'" Então, eu acho que alguma coisa está acontecendo no planeta, porque está acontecendo muita coisa que a gente não consegue controlar. E eu digo que Freud sempre dizia: "As intempéries do ser humano, por mais que se prepare, quando tem uma reviravolta ninguém consegue controlar." E muitas vezes nós ficamos nervosos e culpamos alguém. E me lembro que a Nilcéa falou assim para mim: "Lula, você não reclame, porque você tem muita responsabilidade nesse negócio da gente culpar o que está mais próximo. Isso é uma cultura política que veio do movimento sindical, da Igreja, do movimento social, ou seja, a gente está sempre descarregando em cima de quem está mais próximo a culpa por aquilo que aconteceu. Então, se tem alguém no Brasil que não pode reclamar, é você." A partir daí eu me conformei, eu comecei a lembrar dos discursos que fiz a vida inteira por este país. Eu falei: bom, eu não posso reclamar quando as pessoas fizerem qualquer culpa, porque em algum momento eu e outros já tínhamos dito isso. *(29/11/05, Brasília – DF. Reunião do Consea)*

**... não deve radicalizar:** Eu já fui dirigente sindical, já radicalizei muitas vezes, e já tive bom senso em outras vezes. E toda vez que prevaleceu o bom senso, eu ganhei. Toda vez que prevaleceu o radicalismo, eu perdi. Se eu posso dar um conselho aos meus companheiros do movimento social, é esse: ajam com a maior responsabilidade possível, porque todos nós seremos vítimas das nossas palavras. *(19/4/04, Rádio Nacional. Programa de rádio* Café com o Presidente*)*

**... deve ter os limites impostos pela democracia:** Muitos de vocês que acompanham a minha vida sabem que eu nasci do movimento social. Eu fiz as greves que tinham que ser feitas neste país, eu fiz as passeatas que tinham que ser feitas neste país para conquistar a democracia, fizemos as caminhadas que imaginávamos que eram necessárias ser feitas, vim a Brasília fazer passeata, caminhada, comício, na frente do Congresso Nacional, cobrar de deputado, mas na minha cabeça sempre permeou a certeza de que a democracia também nos impõe limite de responsabilidade e nos impõe o limite das coisas que podemos ou não fazer. Na medida que extrapolarmos os limites impostos pela democracia, estaremos cometendo atos ilegais e, portanto, estaremos à disposição de pagar o preço de desrespeitar a democracia. O que aconteceu no Congresso ontem não foi um movimento reivindicatório, até porque não apresentaram pauta. *(7/6/06, Brasília – DF. Assinatura de mensagem que encaminha projeto de lei de criação do Fundo Setorial de Audiovisual [FNC] e mecanismos de fomento ao setor)*

**... em alguns casos causa problemas para a administração pública:** Se tem uma casa num lugar inadequado e tentamos mudar essa casa, é possível, mas, quando tem mil, já vira um movimento social praticamente impossível de ser removido. E eu acho que esse é um problema quase insolúvel nos grandes centros urbanos do nosso país: a ocupação desordenada, muitas vezes por irresponsabilidade de políticos que dirigiam a cidade, na época em que as pessoas ocuparam aquilo. *(18/10/04, Curitiba – PR. Encontro com representantes da Associação Comercial do Paraná)*

## MST (Movimento dos Trabalhadores Rurais Sem-Terra)

[ver: movimento social]

Essa assinatura que eu fiz agora, da desapropriação de fazendas, eu poderia ter assinado em Brasília, antes de viajar, mas fiz questão de vir assinar aqui, Zeca [do PT, governador do Mato Grosso do Sul], na sua presença, porque sei da sua luta neste estado para estabelecer um clima de tranquilidade e harmonia e uma boa relação entre os proprietários, que nós chamamos de empresários da agricultura, e os trabalhadores sem-terra, que tanto precisam trabalhar neste país. Eu fiz questão de assinar aqui porque eu queria fazer um gesto, tanto para os trabalhadores quanto para os empresários. Neste país, a reforma agrária vai ser feita por uma questão de justiça social, por uma necessidade de repartir um pouco melhor o território produtivo, para que a nossa gente tenha a oportunidade de trabalhar. Mas ela não vai ser feita no grito. Nem no grito dos trabalhadores, nem pelo grito dos que são contra. Ela vai ser feita respeitando a legislação vigente e num clima de harmonia, que norteia o comportamento de todo o meu Governo. *(2/4/04, Três Lagoas – MS. Inauguração da Termelétrica de Três Lagoas)*

**... às vezes tem divergências com o Governo e vice-versa:** De vez em quando a Direção Nacional dos Sem-Terra tem divergências com o Governo e o Governo com eles. Agora, eu duvido que, desde que o Sem-Terra nasceu, na década de 80, alguém tem tratado, os sem-terra com o respeito que eu tenho tratado, e sei que, no estado, também o governador tem boa política com os sem-terra, e sei que o prefeito trata os sem-terra com um carinho muito grande. *(21/3/06, Salvador – BA. Retomada das obras do metrô de Salvador)*

**... sabe que não basta assentar famílias:** Hoje, quem anda pelo Nordeste – a Contag [Confederação Nacional dos Trabalhadores na Agricultura] sabe disso, o João Pedro [Stédile, membro da direção nacional do MST] sabe disso, o MST sabe disso – sabe que o problema não é apenas assentar, porque essa experiência de colocar miseráveis num canto e em outro já foi feita, muitas vezes, no Brasil. *(21/11/03, Brasília – DF. Reunião com integrantes do Fórum Nacional pela Reforma Agrária e Justiça no Campo)*

**... é uma entidade que representa a sociedade:** Recebi as lideranças de todas as instituições religiosas e também do MST, do Grito da Terra, da Contag, da Marcha das Margaridas e, praticamente, de todas as entidades nacionais de empresários dos diversos setores. Minha agenda de trabalho tem sido um permanente encontro com a sociedade brasileira. *(18/12/03, Brasília – DF. Ato de Prestação de Contas do Ano de 2003)*

**... é ouvido pelo secretário-geral da Presidência Luiz Dulci:** Aquele companheiro ali, o Luiz Soares Dulci, um mineirinho, quietinho, aquele de bigode ali, que parece o Santos Dumont, esse companheiro eu duvido que, na história do país, juntando todos os ministros do Trabalho da história deste país, juntando os ministros da Previdência deste país, juntando todos, eu duvido que em 118 anos de República tenha havido um companheiro que se reuniu com tantos movimentos como este companheiro se reuniu. É com Movimento Sem-Terra, é com a Contag, é com a CUT [Central Única dos Trabalhadores] – e um falando mal do outro – é com a CUT, é com a Força Sindical, é com a UGT [União

Geral dos Trabalhadores], com a CGT [Central Geral dos Trabalhadores], com o "não sei o que T", é com Fetraf [Federação dos Trabalhadores na Agricultura Familiar], que fala da Contag; é com a Contag, que fala da Fetraf; é com as ONG's, é com as mulheres, é com os negros, é com os homens. Ou seja, eu nunca vi. Ele passa o dia se reunindo com as pessoas e é por isso que nós conquistamos esse equilíbrio, um equilíbrio de respeitabilidade entre nós, um equilíbrio em que as pessoas podem até saber que a gente não está fazendo tudo, mas sabem que a gente está tentando fazer. *(12/6/07, Guarulhos – SP. Abertura do VII Congresso Nacional dos Metalúrgicos da Central Única dos Trabalhadores – CUT)*

**... não é mais importante do que a reforma agrária:** O compromisso de vida que nós temos com a reforma agrária é um compromisso que antecede à criação do PT, à criação da CUT, à criação do MST. É um compromisso que antecede à criação de todos os movimentos que lutam pela reforma agrária neste país. *(19/2/04, Campo Florido – MG. Visita à sede do assentamento Nova Santo Inácio Ranchinho)*

**... não detém mais o monopólio da discussão sobre a terra:** O ministro Miguel Rossetto [ministro do Desenvolvimento Agrário], eu e outros companheiros nos reunimos muito com o MST. Trata-se de um movimento muito importante, muito sério, mas hoje a questão da terra não está apenas na mão dos sem-terra. Mudou a conjuntura nos últimos dez anos. *(7/12/05, Brasília – DF. Entrevista coletiva às emissoras de rádio Band AM e Bandnews FM, CBN e Jovem Pan, no Palácio do Planalto)*

**... deve respeitar as instituições:** Aqui já entrou sem-teto, aqui já entrou sem-terra, aqui já entrou todo tipo de movimento que vocês possam imaginar. Nunca, em nenhum momento, nós criamos qualquer dificuldade para que o movimento pudesse vir aqui nos entregar reivindicações e reclamar. Nunca, em nenhum momento, e vamos continuar agindo assim. Afinal de contas, foi para isso que eu ganhei as eleições, para garantir que a parte da sociedade que não tem os acessos que normalmente uma outra parte tem ao poder político possa ter. Entretanto, o que nós vimos ontem [invasão do Congresso Nacional por militantes do Movimento de Libertação dos Sem-Terra, dissidência do MST] não foi uma cena de democracia, foi uma cena de vandalismo, foi uma cena de pessoas que perderam o limite da responsabilidade no trato da coisa pública. As pessoas podem até não gostar do Congresso Nacional – eu fui deputado quatro anos e desisti porque não quis mais ser deputado –, mas todos nós aqui somos testemunhas de que este país era muito menos seguro e era menos gratificante quando a gente não tinha o Congresso Nacional funcionando, fechado pelo autoritarismo brasileiro. *(7/6/06, Brasília – DF. Assinatura de mensagem que encaminha projeto de lei de criação do Fundo Setorial de Audiovisual [FNC] e mecanismos de fomento ao setor)*

## Mulher(es)

[ver: marido; Marisa]

A mulher... a gente pensa que mulher é mais calma, não é isso? A gente tem o hábito de achar que mulher é sexo fraco. Deus me livre. Só fala isso quem não conhece a dona Marisa, porque, se mulher fraca é aquela, Deus me livre quem se casou com uma mulher forte aí. *(17/4/08, Belo Horizonte – MG. Visita às obras do projeto de urbanização da Vila São José)*

**... sabe cuidar melhor do dinheiro do que o homem:** A valorização da mulher é demonstrada no Bolsa Família. Aqui na

Bahia são 932 mil famílias que recebem o Bolsa Família, e quem recebe o cartão não é o homem, é a mulher. Não é que a gente não confia no homem, é que a mulher, quando se trata de cuidar dos "barrigudinhos", a mulher tem mais responsabilidade. A mulher não tem vontade de parar no bar e tomar uma caninha. Ela vai é comprar o leite para o filho, ela vai é comprar o feijão para o filho. *(24/9/05, Salvador – BA. Lançamento do Programa de Recadastramento de Pescadores)*

**... são excluídas, por preconceito, da Declaração Universal dos Direitos Humanos:** Preconceito é uma coisa doentia, e eu estou aqui, de frente para vocês, e atrás de vocês há um artigo da Declaração Universal dos Direitos Humanos, o artigo primeiro, que foi feito em 1948, que começa assim: "Todos os homens" – ou seja, não tinha mulher naquele tempo – "nascem livres e iguais em dignidade e direitos. São dotados de razão e consciência e devem agir, uns em relação aos outros, com espírito de fraternidade". Não é possível que as mulheres do mundo inteiro ainda não tenham feito uma pressãozinha para a ONU mudar o artigo primeiro e dizer: "Todos os homens e mulheres do mundo..." *(21/3/03, Brasília – DF. Instalação da Secretaria Especial de Políticas de Promoção da Igualdade Racial)*

**... no Brasil, têm em Benedita da Silva a sua legítima representação:** A Benedita [da Silva, ministra da Assistência Social] é uma das mais legítimas representações da nossa querida mulher brasileira. *(10/1/03, Teresina – PI. Visita à Vila Irmã Dulce)*

**... sem salário, ficam subordinadas ao salário do marido:** Uma mulher sem formação profissional, uma mulher sem uma profissão fica, na verdade, subordinada ao salário que o seu marido leva para casa. Uma mulher formada profissionalmente, às vezes, pode ganhar até mais do que o próprio marido e, ao invés de o marido muitas vezes ser duro com a mulher dentro de casa, ele vai saber que, se endurecer, ela vai mandar ele procurar outro destino, porque ela não precisa do salário dele. Mas o mais importante é que o somatório do salário do marido com o salário da mulher significa mais qualidade de vida para os filhos desse homem e dessa mulher. *(20/3/07, Inhumas – GO. Visita às obras da Unidade de Ensino Descentralizada [Uned] do Centro Federal de Educação Tecnológica [Cefet] de Goiás em Inhumas)*

**... sem profissão, tem de se submeter às coisas de que ela não gosta no marido:** Quando falo de profissão, eu falo para as mulheres: não tem nada pior, no mundo feminino, quando a gente vai discutir a situação das mulheres e a gente percebe que uma mulher é dependente do marido. Se a mulher depender do salário do marido, é obrigada a se subordinar às coisas de que ela não gosta. Mas se ela tiver uma profissão e ganhar um salário para se sustentar, quando o marido fizer um desaforo para ela, ela faz dois desaforos para ele, e ele vai ter que respeitá-la. *(29/10/07, Camaçari – BA. Comemoração de um milhão de veículos da Ford)*

**... são violentadas, ricas ou pobres:** As mulheres são violentadas, as mulheres são maltratadas, e muita gente pensa que é só no meio dos pobres. Não é, não. Na classe média, na classe média alta. É que nos pobres logo alguém chama a polícia e todo mundo fica sabendo. Em outras classes sociais as coisas ficam encobertas. *(26/5/06, Brasília – DF. Encerramento da 1.ª Conferência Nacional dos Direitos dos Idosos)*

**... precisam da ajuda da lei contra a violência:** É preciso mais que uma lei, é preciso que haja uma evolução na qualidade da massa encefálica que temos dentro do cérebro para compreender a importância da convivência paritária, igual, entre homens e mulheres, porque a violência contra a mulher é proibida por lei. No ano passado aprovamos a Lei Maria da Penha, que dá cadeia e não cesta básica para quem bater na mulher. *(7/3/07, Rio de Janeiro – RJ. Comemoração ao Dia Internacional da Mulher)*

## Mundo

**[ver: globalização; planeta Terra]**

Nós não podemos deixar de perceber que o mundo não é feito apenas de países ricos. O mundo é feito de países pobres também. Por isso, nós estamos tendo uma política muito produtiva, eu diria, em relação ao continente africano. Eu já visitei, nesses 19 meses de Governo, dez países africanos, o Egito, a Líbia, que fazem parte da África, mas eu já visitei o Gabão, já visitei São Tomé e Príncipe, Cabo Verde, Angola, África do Sul, Moçambique, Namíbia. Porque nós temos uma dívida histórica com a África, nós temos raízes profundas com o continente africano, e eu acho que é preciso começar a pagar essa dívida, é preciso começar a resgatar essa relação em que, muitas vezes, o Brasil olhava para a Europa passando por cima do continente africano, sem enxergar que ali tem gente – e tem muita gente – que ajudou a construir o Brasil. E tudo isso nós estamos fazendo sem perder de vista o grau e a parceria forte que nós temos com a União Europeia e com os Estados Unidos. *(17/8/04, Santo Domingo – República Dominicana. Encontro com a comunidade brasileira em Santo Domingo)*

**... se preparou para a globalização:** Acreditar sempre, mesmo quando parece impossível, deve ser o lema de um pesquisador. E muitas vezes os resultados negativos da pesquisa são, muitas vezes, maiores do que os positivos. Mas acho que a gente tem que ter a certeza de que esse é o caminho para o nosso país. Fora disso, a chance é muito pequena. O mundo se preparou, criaram a globalização, e nós não podemos ficar fora dela. Precisamos nos preparar. *(31/10/03, Brasília – DF. Entrega do prêmio Finep de Inovação Tecnológica)*

**... está também nas palafitas:** Eu acho que todos os ministros vão ter que viajar mais do que já viajaram. Viajar muito, para que a gente não perca o pé no chão que nos elegeu. Se a gente achar que o mundo se resume ao Palácio do Planalto, a gente acabou. Nós temos que perceber que o mundo está lá, nas palafitas do rio Amazonas, de Manaus, nas palafitas de Recife, e daí por diante. *(1/5/03, Indaiatuba – SP. Visita ao Retiro de Itaici – CNBB)*

**... para o presidente, se resume ao Brasil:** Quando eu era dirigente sindical, meu único interesse eram os metalúrgicos. O mundo, para mim, se resumia aos metalúrgicos. Agora que eu sou presidente, o mundo se resume ao Brasil. Então, para mim, se tiver uma fábrica no Acre ou em São Paulo, se tiver uma fábrica em Rondônia ou no Rio Grande do Sul, o que importa é que esteja no Brasil, gerando empregos para os brasileiros, gerando renda e dando certo, fazendo um mapa do Brasil um pouco mais equânime do que é hoje. *(2/9/04, Brasília – DF. Reunião do Conselho de Desenvolvimento Econômico e Social – CDES)*

**... não combinava com um presidente que não falava inglês:** Há dois anos muita gente neste país tinha muitas dúvidas: "O que vai acontecer com o Brasil se esse tal de Lula ganhar as eleições?" Uns inventaram que nós íamos quebrar o Brasil, e o Brasil ia ficar isolado do mundo porque o mundo não combinava bem com um presidente da República que não falava inglês e que, portanto, era um problema para o Brasil. *(24/2/05, Vitória – ES. Início das obras do novo terminal do Aeroporto Internacional de Vitória)*

**... poderia ter paz se os ricos entendessem que o desenvolvimento tem de ser para todos:** Nós sabemos dos interesses de cada país, sabemos o que pesa os interesses dos subsídios nos países europeus, mas nós não vamos deixar de tentar convencê-los do contrário. E o Brasil, aos poucos, vai dando exemplos. Por isso nós temos viajado muito para a África, por isso nós viajamos muito para a América Latina, porque, com pequenos gestos, nós queremos provar que o mundo poderia ser diferente, poderia ser muito melhor se os países ricos tivessem a compreensão de que somente o desenvolvimento é que vai permitir que o mundo viva em paz. *(9/2/06, Argel – Argélia. Entrevista durante visita de Estado à Argélia)*

**... está preocupado com a China, como Napoleão:** É assim que nós vamos ocupar um espaço que o Brasil jamais deveria ter deixado de ocupar, como nação emergente, como nação competente, como uma grande nação, capaz de fazer o que a China está fazendo. Napoleão Bonaparte [imperador da França entre 1804 e 1815] disse: "A China é um gigante adormecido, e no dia em que acordar, o mundo vai tremer." E a China acordou, e o mundo está, pelo menos, preocupado com o potencial de crescimento da China. Antes de Napoleão Bonaparte ter visitado a China, o hino brasileiro já falava que nós somos um gigante [Napoleão nunca esteve na China]. *(10/3/03, Mauá – SP. Inauguração da nova unidade da empresa Polibrasil)*

**... vai evoluir para incluir mais países no G-8:** Veja, o G-8 é uma composição política. Se dependesse do dinamismo da Economia, o Brasil já estaria participando do G-8. Entretanto, eu até brinco com os presidentes, com o Bush [George W. Bush, presidente dos Estados Unidos], brincava com o Chirac [Jacques Chirac, ex-presidente da França]: "O dia em que o Brasil virar a 5.ª Economia do mundo, vocês vão criar o G-4; o dia que o Brasil virar a 3.ª, vocês vão criar o G-2; o dia que virar a 2.ª, vocês vão criar o G-1." Porque eu não sei se na cabeça do mundo desenvolvido está a ideia de um país que foi eternamente considerado um país emergente participar de um bloco tão seleto como é o bloco do G-8. Eu acho que há uma movimentação; vários países que participam do G-8 estão defendendo que hoje é incompatível reunir o G-8 sem reunir o Brasil, sem reunir a China, sem reunir a Índia, sem reunir o México. Então, as pessoas estão se dando conta de que a Economia globalizada e a participação dos países emergentes, que eles chamam de Brics [Brasil, Rússia, Índia e China], como é o caso do Brasil, é imprescindível. Como é que você vai discutir meio ambiente, hoje, sem estar o Brasil presente? Como é que você vai discutir alimentos sem estar presente o Brasil? Então, eu penso que o mundo vai evoluir, não para que o Brasil faça parte do G-8, mas eu acho que vai evoluir para que mais países componham esse grupo seleto que discute os rumos da Economia mundial. *(2/5/08, Brasília – DF. Entrevista exclusiva à TV Cultura)*

**... pode mudar:** Quem duvida que um outro mundo é possível leve uma fotografia deste plenário para casa e olhe todo dia, e perceba a evolução que nós tivemos em tão pouco tempo de realização do Fórum Social Mundial. Mas não é apenas a questão do fórum. Era importante que cada companheiro, independentemente do país que seja, independentemente do partido ou do time de futebol que participe, independentemente da seita ideológica, é importante lembrar a evolução que houve na América Latina nesses últimos dois anos. *(27/1/05, Porto Alegre – RS. Conferência "Chamada Global para a Ação contra a Pobreza", no Fórum Social Mundial)*

**... não suporta a fome:** E o mundo, neste momento, sobretudo na questão de alimento, não pode esperar. As pessoas aguentam crise econômica, as pessoas aguentam crise política, mas na hora que o mundo se deparar com o problema de falta de alimento, nós vamos ter problema sério. *(23/4/08, Brasília – DF. Comemoração do 35.º aniversário da Empresa Brasileira de Pesquisa Agropecuária – Embrapa)*

**... não estava preparado para a diminuição da fome:** O mundo não estava preparado para os milhões e milhões de chineses que começaram a comer, os milhões e milhões de indianos que começaram a comer, os milhões e milhões de brasileiros que estavam segregados à fome e que voltaram a comer, os milhões de latino-americanos que voltaram a comer, os milhões de asiáticos que voltaram a comer e milhões de africanos que voltaram a comer. Ora, esse não é um problema assustador que uma elite europeia tenta jogar a culpa em cima dos biocombustíveis, se ninguém planta biocombustíveis a não ser o Brasil. E nós não temos nenhuma razão para temer a incompatibilidade entre biocombustíveis e comida, um país que tem a quantidade e o potencial que o Brasil tem. Imagine se a savana africana tiver as mesmas condições de produtividade que tiver um cerrado brasileiro. Qual não será a revolução no mundo na produção de alimentos? *(30/4/08, Maceió – AL. Instalação e posse do conselho deliberativo da Superintendência do Desenvolvimento do Nordeste – Sudene)*

**... vai se curvar aos combustíveis renováveis:** Podem falar o que quiserem, mas é irreversível: o mundo vai se curvar aos combustíveis renováveis, o mundo vai se curvar e, na hora em que o mundo se curvar, não tem ninguém que possa competir com o Brasil. E não vamos tirar nenhum metro quadrado de plantar alimento, até porque quanto mais tecnologia vocês criarem aqui na ABCZ [Associação Brasileira dos Criadores de Zebu], quanto mais vocês inovarem, menos espaço de terra vocês vão precisar para criar o gado, e mais terra vai sobrar para plantar outras coisas que possam garantir ao Brasil essa política de autossuficiência e de grande supridor das necessidades do mundo poluente que pode comprar o nosso combustível. *(3/5/07, Uberaba – MG. Abertura oficial da 73.ª ExpoZebu)*

**... não pode competir com o Brasil em agroenergia:** O mundo não pode competir com o Brasil em se tratando de agroenergia; o mundo não tem como competir com o Brasil na produção de álcool; o mundo não tem como competir com o Brasil na produção de biodiesel. Até tem território maior que o Brasil, a China é maior que o Brasil; a Rússia era, quando era uma só, maior que o Brasil; os Estados Unidos são maior que o Brasil. Mas, no Alasca, o que se planta lá? Aqui no Brasil, não. Nós temos oito milhões e meio de quilômetros quadrados e, coisa como a mamona, dizem que até em pedra, se a gente plantar, dá. Obviamente que a mamona tem que ser plantada numa certa altura ao nível do mar para produzir muito mais. Mas o dado concreto é que a gente poderia pegar uma flor como essa aqui, que a gente, antigamente, não sabia para que servia, a não ser para embelezar a natureza. Hoje a gente pode pegar a semente do girassol e dizer: "Daqui eu vou produzir o combustível para tocar o trator do senhor João." Qual é o país que pode competir conosco? Os Estados Unidos, para produzir álcool de milho, vão gastar três vezes mais do que nós e, se ele continuar produzindo de milho vai ser bom, porque o nosso governador Maggi [Blairo Maggi, governador do Mato Grosso] vai aumentar a produção de milho aqui e vai ganhar mais dinheiro ainda, porque os americanos vão produzir biodiesel. *(21/11/06, Barra do Bugres – MT. Inauguração da unidade de biodiesel da usina Barralcool)*

**... tem gente boa e má:** O mundo não é feito só de gente boa, que quer ajudar, o mundo é feito de gente que também quer atrapalhar. *(27/7/07, Teresina – PI. Lançamento do PAC Saneamento e Urbanização no estado do Piauí)*

**... é uma coisa sonhadora, quando se é jovem:** Quando a gente tem 14 ou 15 anos – e eu posso falar agora porque já passei pelos 14 e vocês ainda não passaram pelos 60, portanto, eu tenho possibilidade de dizer para vocês isso –, quando a gente tem 14, 15, 16, 17 anos de idade, o mundo é uma coisa tão sonhadora que a gente, muitas vezes, não percebe as oportunidades que se apresentam para nós, e nós, muitas vezes, ficamos deixando para o ano que vem. É como fazer regime. Todo mundo diz que vai começar a fazer regime na segunda-feira. "Ah, hoje é sábado e domingo, eu não vou parar, mas amanhã eu começo." Aí, não começa. Na outra semana: "Ah, hoje eu não vou parar, é sábado e domingo, mas na segunda eu começo." Também estudar é assim. Quando as pessoas são jovens, se não têm um pai e uma mãe que os force a estudar, e falam: "Ah, o ano que vem eu vou fazer, o mês que vem eu vou fazer, o semestre que vem eu vou fazer." E não percebem que o tempo vai passando. E se jogam fora as oportunidades que tiveram, o que vai acontecer? Daqui a pouco arrumam uma namorada, casam, aí têm filho e tudo fica mais difícil, porque além de não ter uma profissão, vão ter que cuidar da mulher, depois vem um filho, depois vem dois, e tudo fica mais difícil. *(4/9/07, Petrolina – PE. Inauguração da escola técnica do Senai em Petrolina)*

**... seria mais alegre sem preconceitos ou tabus:** Eu conheço líderes importantes. Ao longo da minha vida, eu conheci figuras muito importantes no planeta que não têm coragem de assumir o homossexualismo no seu país. Dá a impressão de que não existe, porque as pessoas sempre pensam: "No meu país não tem isso, na minha casa não tem aquilo, eu nunca vou pegar isso, eu nunca vou pegar aquilo." Nós estamos sempre transferindo para os outros quando, na verdade, seria tão mais simples e o mundo seria tão mais alegre se nós fôssemos menos rígidos com os tabus que foram colocados no nosso caminho ao longo da nossa história. *(5/6/08, Brasília – DF. Abertura da I Conferência Nacional de Gays, Lésbicas, Bissexuais, Travestis e Transexuais – GLBT)*

**... não precisa de guerra:** O Brasil é signatário do acordo de não proliferação de armas nucleares. Pelo contrário, o Brasil trabalha para que os países que têm armas nucleares desativem as suas armas. Eu acho que o mundo não precisa de guerra. O mundo precisa de trabalho, de justiça social. Então, se eu pudesse dar um conselho, eu diria para todos os governantes: "Vamos gastar menos em armamento e vamos gastar mais em Educação." *(20/5/05, Brasília – DF. Entrevista à jornalista Insun Kang, do jornal* Chosun Ilbo*)*

**... vê o Brasil como uma nação alegre:** Nós já fizemos pesquisas até para saber o que o mundo pensa do Brasil. E a imagem que o mundo tem do Brasil é uma imagem de um país alegre, de um país colorido, de uma coisa leve. Nós é que somos pesados, porque muitas vezes vendemos muito pessimismo. Eu, de vez em quando, vejo cada artigo escrito por especialistas contra a nossa política externa que eu não consigo acreditar que estou vivendo no mesmo planeta que o cidadão que escreveu aquilo. Porque o que as pessoas estão percebendo é que o mundo globalizado permitiu que o Brasil deixasse de ser colônia, permitiu que o Brasil pudesse viajar o mundo tentando se oferecer enquanto qualidade de mão de obra e de produto, para vender para o mundo. E o resultado tem sido extraordinário. *(23/11/05, Rio de Janeiro – RJ. Abertura do 25.º Encontro Nacional do Comércio Exterior – ENAEX)*

## Município(s)

[ver: cidade]

Nós podemos rodar o Brasil para onde a gente quiser, podemos rodar o mundo, mas nós terminaremos a nossa vida no município. É para lá, depois que eu deixar de ser presidente da República, que eu vou voltar. Vou voltar para a mesma rua, vou voltar para a mesma casa, vou ter os mesmos vizinhos e, portanto, o município tem que ser tratado com o carinho que merece ser tratado e não como uma espécie de ente federativo em que você, vira e mexe, dependendo da época do ano, faz um ou outro favor para o município. O que nós queremos é aproveitar os princípios que aprovamos na Constituição de 1988, que respeitavam e davam autonomia aos municípios, para que os municípios brasileiros sejam cada vez mais independentes do Governo Federal, do Governo Estadual e, cada vez mais, possam elaborar a sua própria forma de arrecadação. *(27/12/05, Brasília – DF. Sanção do projeto de lei relativo ao Imposto Territorial Rural – ITR)*

**... bem-administrados, resolvem a vida da população:** Estamos familiarizados com as dificuldades e as pressões enfrentadas pelas prefeituras, mas também conhecemos muito de perto como um município bem-organizado e bem-administrado consegue resolver os problemas e melhorar a qualidade de vida da população. *(15/4/08, Brasília – DF. Abertura da XI Marcha a Brasília em Defesa dos Municípios)*

**... é onde se pode encontrar mais facilmente o governante:** E dizia também que era muito melhor, era muito mais fácil um munícipe encontrar um prefeito num bar da esquina, num restaurante ou em qualquer lugar, do que encontrar um governador de estado, um presidente da República, um secretário ou um ministro. *(16/3/04, Brasília – DF. Abertura da 7.ª Marcha dos Prefeitos)*

**... em sua totalidade, têm obras do PAC:** Não tem um município, neste país, que não tenha uma obra do PAC [Programa de Aceleração do Crescimento]. *(25/4/08, Campinas – SP. Assinatura de ordens de serviço de obras do PAC em municípios das regiões de Campinas e Sorocaba)*

**... deveriam ficar com a maior parte dos recursos:** O ideal seria que boa parte dos recursos ficassem nos municípios, porque é exatamente no município onde a pessoa mora, trabalha, estuda, vai ao médico, tem o seu acesso ao lazer, e portanto é a coisa mais próxima dele. *(16/3/04, Brasília – DF. Op. cit.)*

**... precisam ser fiscalizados, para que possam receber dinheiro:** Se eu mando um dinheiro para um município, ele é utilizado totalmente para a finalidade que foi para lá? Esse é o acompanhamento que nós temos que fazer, sem o objetivo de fazer denúncia. O objetivo é: se tiver um erro administrativo, corrigir; mas se não tiver erro administrativo, tiver má-fé, mandar para o Ministério Público. Mas o nosso ideal é tentar corrigir, porque é assim, nós mandamos muito dinheiro. *(16/7/04, Brasília – DF. Entrevista coletiva para os Jornalistas Amigos da Criança)*

**... não devem assumir a paternidade das crianças:** É errado nós entendermos que podemos cuidar de uma criança ou de um adolescente fora do seio da própria família. Eu acho que o estado e o município não têm que assumir a paternidade. *(7/4/03, São Paulo – SP. Solenidade comemorativa do Dia Mundial da Saúde)*

**... devem ser os responsáveis pela educação das crianças:** O Governo Federal pode ser o indutor, com repasse de verba para que os municípios possam aperfeiçoar a formação dessas crianças. Esse eu acho que é o grande papel do Estado brasileiro, do Governo central, é ser o indutor do município, fazer a política que somente ele pode fazer. Não é o Estado que vai fazer, não é o MEC [Ministério da Educação] que vai fazer, mas, sim, o município, em função da responsabilidade que ele tem com o ensino fundamental na sua cidade. *(16/7/04, Brasília – DF. Op. cit.)*

**... devem atuar com o Estado e com o Governo Federal:** No Brasil, nós temos o hábito de o Governo Municipal não poder fazer uma coisa e culpar o Governo Estadual; aí o Governo Estadual não consegue fazer e culpa o Governo Federal; o Governo Federal não pode fazer e não tem a quem culpar, ou devolve para o município. O problema não é desse ou daquele ente federativo, o problema é da ausência de bom senso. Ninguém é o único titular da responsabilidade de resolver este ou aquele problema. Ficaria muito mais fácil resolver se nós todos, municípios, estados e União, assumíssemos de forma tripartite, com a sociedade, um jeito de encontrar soluções e a execução dessas soluções. *(21/10/04, Rio de Janeiro – RJ. Posse da diretoria da Federação das Indústrias do Estado do Rio de Janeiro – Firjan)*

**... devem ser tratados com justiça:** Não podemos mais conviver com a realidade em que alguns poucos municípios chegam a receber até 130 vezes mais recursos *per capita* do ICMS [Imposto sobre Circulação de Mercadorias e Serviços], em comparação com outro município do mesmo estado. Então, é preciso fazer justiça. *(15/4/08, Brasília – DF. Op. cit.)*

**... já viveram uma era dourada:** Os municípios brasileiros viveram quase que o momento de ouro [em 1989], porque naquele tempo nós tínhamos pensado em maiores recursos para os municípios e para a União, e mais para os estados e menos para a União. Mas depois da Constituição os governantes do Brasil não pensavam assim, porque tem muita gente que prefere que os prefeitos venham à capital da República de chapéu na mão implorar a um ministro um favor ou, quem sabe, a liberação de uma verba à qual o município até teria por direito. *(11/3/03, Brasília – DF. Encontro com prefeitos da VI Marcha a Brasília em Defesa dos Municípios)*

**... hoje se encontram em uma posição humilhante:** Eu tenho certeza de que nesses últimos dois anos nós vamos construir o que falta construir, para que o município nunca mais tenha que vir a Brasília, ou mesmo ao estado, como se fosse um pedinte de pequenas causas para os governantes deste país. *(15/4/08, Brasília – DF. Op. cit.)*

## Nação

[ver: Brasil; nacionalismo]

Durante muito tempo, esqueceu-se que uma nação não é construída de prédios, de máquinas. Uma nação é construída de homens, mulheres e crianças. E, muitas vezes, esqueceram-se de cuidar dessa coisa mais extraordinária, que é a gente que compõe a nação brasileira. *(3/10/03, Blumenau – SC. Inauguração do conjunto habitacional Itoupava Garten)*

**... se dependesse da lógica fria, não existiria:** Se dependesse somente da lógica fria, dos condicionantes da época, certamente Getúlio Vargas [presidente do Brasil entre 1930 e 1945 e entre 1951 e 1954] não teria criado a Petrobras, Juscelino [Kubitschek, presidente do Brasil entre 1956 e 1961] não teria feito Brasília, nem tampouco Celso Furtado [economista brasileiro, morto em 2004] teria feito a Sudene [Superintendência do Desenvolvimento do Nordeste]. Hoje, talvez, nem tivéssemos o direito de ostentar a palavra "nação". *(3/10/03, Rio de Janeiro – RJ. Solenidade comemorativa dos cinquenta anos da Petrobras)*

**... é feita de símbolos, e o povo é o principal deles:** Este país precisa mudar, porque uma nação é construída de muitos símbolos, e o mais importante deles é a bandeira nacional de um país. Vocês podem ver na televisão que, quando eu viajo para qualquer país do mundo, a bandeira é um símbolo tão forte que eu sou obrigado a fazer uma reverência às bandeiras dos países que eu visito. E qualquer presidente que vem ao Brasil é obrigado a se curvar diante da bandeira nacional. Mas não é apenas a bandeira nacional. A marca de um país são suas belezas naturais, a marca de um país são suas grandes empresas, e seu alto grau de investimento em tecnologia. Então, tem muitas coisas que podem simbolizar um país. Mas não tem nada, não existe nada que possa simbolizar um país mais do que o seu povo, mais do que a cara das crianças, mais do que a boca do povo brasileiro quando consegue sorrir com dentes, mais do que a qualidade da Educação que nós oferecemos, mais do que o respeito que os governantes têm para com o povo. *(24/8/07, Curitiba – PR. Lançamento do PAC Saneamento e Urbanização no estado do Paraná)*

**... é construída pelo povo, que não pede muita coisa a Governos:** Então, a gente pode atender muita gente pobre neste país se a gente tiver um olhar humano, se a gente tiver um olhar cristão e se a gente perceber que, no fundo, no fundo, essa gente pobre é quem ajuda a construir esta nação, sem pedir muita coisa para os Governos Municipais, Estaduais ou Federal. *(27/6/07, Belo Horizonte – MG. Lançamento do PAC Saneamento e Urbanização no estado de Minas Gerais)*

**... nova está em construção por Lula:** Eu quero poder, a cada mês, a cada ano, olhar na cara de cada criança, de cada mulher, de cada homem e dizer: nós estamos construindo uma nova nação. Nós estamos construindo um novo país. E teimo em dizer, todo santo dia: eu hei de realizar um sonho, que não é só meu, mas um sonho que é de todos vocês: que haverá um dia, neste país, onde nenhuma criança irá dormir sem um prato de comida e nenhuma criança acordará sem um café da manhã. Haverá o dia em que, neste país, as pessoas poderão morrer, porque nascemos para morrer, mas ninguém morrerá de desnutrição, como muitos morrem hoje. Chega um dia em que a gente tem que ter a consciência de que este país que eu sonho e que vocês sonham pode ser construído. Depende da nossa disposição de fazê-lo. Depende da nossa coragem. Depende da nossa disposição. *(24/1/03, Porto Alegre – RS. III Fórum Social Mundial)*

**... não é fácil de ser renovada:** Nós estamos tentando construir um novo país e uma nova nação. E é sempre muito difícil, não é fácil. As coisas não são como a gente imagina. Nós estamos tentando construir uma nova nação e isso pressupõe sacrifício de todo mundo, pressupõe disposição de todo mundo, de errar e acertar. *(28/8/03, São Paulo – SP. Comemoração do aniversário dos vinte anos da Central Única dos Trabalhadores [CUT], e posse da nova diretoria)*

**... se quiser se renovar, precisa explicar as dificuldades aos companheiros, que devem fazer um esforço para entendê-las:** Pois bem, meus companheiros. Eu já passei por tudo que é desgraça que vocês possam imaginar que um ser humano passou. Já pensaram? Pensem mais. Eu fui ao Canal da Malária com a Luciana [Santos, prefeita de Olinda], com a Maria Fernanda [Ramos Coelho, presidente da Caixa Econômica Federal], com o João Paulo [prefeito de Recife] e vários companheiros. A coisa mais dignificante foi ver uma senhora – tinha dado enchente na casa dela dois dias atrás, uma fedentina podre na casa dela, aquele chão de terra molhado – com uma mesinha limpinha, com a cama limpinha, com a esperança de que nós íamos fazer. Nós colocamos o dinheiro lá, e está fazendo agora, não é, Luciana? E quando estiver pronto eu quero ir visitar a mesma casa e a mesma mulher, para a gente poder dar sinais para essa gente, porque nós temos que ter consciência, Eduardo [Campos, governador de Pernambuco], e você já passou por isso. Eu estou vendo aqui o Severino [Cavalcanti, ex-presidente da Câmara dos Deputados, renunciou para escapar da cassação em meio a um escândalo de desvio de verbas], que também já passou por isso. Eu sei o que é a vingança da elite brasileira, eu sei o que é, muitas vezes, o ódio de classe demonstrado, às vezes, desnecessariamente. Aos sessenta anos eu sou um homem sem ódio, ninguém vai me deixar nervoso, nem meus companheiros reivindicando me deixam nervoso e nem meus adversários xingando me deixam nervoso. Eu tenho um objetivo. O objetivo é provar que este país pode dar certo, o objetivo é provar que o povo pode viver melhor, o objetivo é provar que o Brasil pode se transformar numa potência e não ser um país eternamente em desenvolvimento, em vias de desenvolvimento, um país do futuro. Este país tem tudo para dar um salto de qualidade, e o Eduardo disse uma coisa importante. Esses dias eu estava num lugar, e os meus companheiros do Sem-Terra estavam com uma faixa "Reforma Agrária". É uma coisa que está na minha cabeça, na minha consciência. Agora, as pessoas podem criticar que nós não fizemos tudo, é justo, mas é justo as pessoas reconhecerem que, em quatro anos, nós desapropriamos 32 milhões de hectares contra 18 milhões em oito anos do Governo passado. As pessoas querem aumento de salário, é verdade. Os companheiros nem conseguem tomar posse e já tem uma greve. Eu aprendi a conviver com greve porque fiz as mais importantes deste país, mas o que eu não acho justo é as pessoas não reconhecerem as coisas. Nós demos, em média, para algumas categorias que estão querendo fazer greve, 60%, numa inflação de 28%. Obviamente que eu não acho que as pessoas precisem se conformar com o salário que ganham. Eu digo sempre o seguinte: quem se contenta com o que ganha não merece o que ganha. Todos nós temos que brigar cada vez mais, querer cada vez mais, é assim a vida e é bom que seja assim. A gente ganha 10, precisa de 15; ganha 15, precisa de 20; a gente não pode parar. O que nós precisamos é não perder a compreensão do limite de quem tem que dar, e se a gente não quiser ficar olhando o adversário, a gente tem que olhar para a casa da gente. Quem tem filho aqui? Quantas vezes os filhos pedem uma coisa e você é obrigado a dizer não? Não é que você não goste do filho. Quantas vezes a mulher pede para o marido: "Olha, vamos trocar a geladeira, vamos trocar a televisão." E quantas vezes você é obrigado a falar não para a sua pessoa amada? Você está diante de uma situação em que você está colocando o desejo com a possibilidade. O desejo é fazer, mas, quando você olha para o seu contracheque, não dá, então tem que dizer não. No Governo é a mesma coisa: às vezes os meninos têm que dizer não porque não tem, e porque também a gente não pode gastar tudo com folha de pagamento. Levar água, levar saneamento básico, levar asfalto, levar guia, levar sarjeta, melhorar a saúde, o povo precisa disso. Nós, no Brasil, Eduardo, muitas vezes queremos pagar pouco imposto e ter muito benefício. Não tem lógica, não cabe. As pessoas falam da Alemanha, falam da França. Veja quanto as pessoas pagam de imposto lá. Ninguém reclama porque o Estado pode atendê-los. Agora, aqui, as pessoas acham: "Eu quero pagar o menos possível e ter o máximo possível." Essa conta não fecha. Eu acho extremamente importante a gente fazer essas discussões mais abertas entre companheiros, porque os adversários não querem discutir isso. *(12/7/07, Recife – PE. Lançamento do PAC nas áreas de saneamento e urbanização no estado de Pernambuco)*

**... é construída com o que se tem, mesmo que seja pouco:** Nós não somos vítimas de nada, nós somos vítimas da nossa competência ou da nossa incompetência. Nós temos que acreditar em nós mesmos. Foi por isso que eu tomei a decisão de que não vou ficar olhando para trás. Eu tenho é que olhar para a frente. Eu tenho é que decidir, com o povo brasileiro, o que nós vamos fazer a cada mês, a cada ano, a cada hora. Há muito o que fazer. Tem pouco dinheiro? Tem. Mas isso tem que ser tratado como na nossa casa. Se tem pouco dinheiro, a gente economiza de um lado, aperta o cinto do outro, não compra uma coisa supérflua aqui, compra apenas o necessário, mas vai tocando o barco. E assim é que a gente constrói uma nação. *(22/4/03, Vitória – ES. Implantação do III Alto-forno da Companhia Siderúrgica de Tubarão)*

**... é construída com autoestima:** Se nós somos capazes de fazer isso, se nós somos capazes de fazer o que nós fazemos neste país, e se nós somos capazes de ter trabalhadores como vocês, de ter uma Zeferina [Maria Zeferina Balldaia, ex-cortadora de cana-de-açúcar, vencedora da corrida de São Silvestre em 2001], de ter um Pelé [ex-artilheiro do Santos e da seleção brasileira, considerado "o atleta do século"], de ter um Ayrton Senna [tricampeão de Fórmula 1, já falecido], significa que nós podemos muito mais. É por isso que nós precisamos acordar todo santo dia acreditando que a gente tem capacidade de fazer mais do que a gente fez no dia anterior. E andar de cabeça erguida, brigar pelos nossos direitos. É assim que a gente constrói uma nação, é assim que a gente constrói uma cidadania, e é assim que a gente recupera a nossa autoestima. *(2/5/03, Ribeirão Preto – SP. Inauguração da termelétrica da Companhia Energética Santa Elisa)*

**... só se torna rica e poderosa com educação:** Vocês, quando andarem pelo Brasil, em cada cidade-polo em que vocês chegarem, vai ter uma extensão universitária e vai ter uma escola técnica, porque somente o investimento na Educação e na formação do nosso povo vai transformar o Brasil numa nação definitivamente rica e poderosa. É para isso que nós trabalhamos. *(14/6/07, Angra dos Reis – RJ. Batismo da plataforma P-52)*

**... deve estar acima de interesses imediatos:** Eu lembro que, em 2004, nós tínhamos eleições para prefeito, faltavam 15 dias para as eleições, e o Banco Central aumentou os juros. Muita gente dizia: "Perdemos as eleições em São Paulo por causa dos juros." E eu dizia: "Perdemos em São Paulo, podemos perder em Salvador, mas eu não vou jogar fora o que nós estamos construindo por causa de uma eleição. Nós estamos pensando é numa nação, e ela tem que ser construída porque é a razão de ser da nossa presença no Estado brasileiro." *(23/5/07, Brasília – DF. Entrega do prêmio Parceiros do Desenvolvimento às empresas que contribuíram para o desenvolvimento do país em 2006, no Centro de Convenções Brasil 21)*

**... será defendida por um presidente briguento:** Eu sou de uma terra onde, se as pessoas não morrem até completar um ano de idade, já é um milagre. E eu não morri, cheguei a presidente da República. E podem ficar certos que vocês vão ouvir falar muito de um presidente briguento e que defende os interesses da sua nação. *(26/1/03, Davos – Suíça. Sessão plenária "Diálogo com o Presidente do Brasil" no XXXIII Fórum Econômico Mundial)*

**... não morre, mas fica adulta:** E aí o país passa, já de quarenta anos, sendo um eterno país em desenvolvimento, como um país emergente, como um país em vias de desenvolvimento. E nós precisamos dar um salto de qualidade. Porque na vida a gente nasce, fica adolescente, fica adulto, fica velho e morre. Uma nação não morre, mas ela também fica adulta. E o Brasil já está na fase da maturidade intelectual, da maturidade empresarial, da maturidade sindical. E, portanto, nós não temos que pensar apenas no nosso próprio umbigo, mas pensar no que nós queremos garantir para outras gerações que virão depois de nós. *(23/11/04, Brasília – DF. Posse da diretoria e do conselho fiscal da Confederação Nacional do Comércio)*

**... pode ser grande por competência própria:** Nós queremos apenas dizer: "Olha, existimos, somos uma nação grande, temos capacidade e competência e queremos ocupar o nosso espaço." *(27/9/03, Havana – Cuba. Encontro com estudantes brasileiros)*

# Nacionalismo

**[ver: Brasil; comunismo; nação; socialismo]**

Eu, por exemplo, como nacionalista que sou, nunca consegui imaginar como é que uma família pega todas as suas crianças para levar para Miami e não leva essas crianças para conhecer uma boa parte do território nacional, que tem coisas exuberantes para as pessoas conhecerem. *(11/3/04, Brasília – DF. Encontro com membros do Conselho Nacional do Turismo)*

**... sem dogma, continua sendo necessário:** Nós temos que nos preocupar com as empresas brasileiras. Tem setores que vão perdendo competitividade. Nós temos que cuidar. A gente não tem que ter medo de dizer que é nacionalista, não. Não tem que ter dogma, não. Isso não é um nacionalismo arcaico, não. Ter uma indústria têxtil produzindo aqui no Brasil é condição *sine qua non* para se ter aumento, para ter trabalhador trabalhando, garantir a nossa empresa de sapatos, a nossa empresa de móveis. *(17/5/07, Brasília – DF. 21.ª reunião do Conselho de Desenvolvimento Econômico e Social – CDES)*

**... não é páreo para preços baixos:** O Brasil entrou na era em que exportar, para nós, já não é uma coisa de exportação de excedentes, porque no Brasil era assim: nós exportaremos apenas o que sobrar. Acontece que, muitas vezes, as pessoas não querem comprar de nós apenas o que sobra. As pessoas querem comprar antes de sobrar. Daí a necessidade do aumento da nossa produtividade, combinado com a qualidade e combinado com os preços competitivos que nós temos que colocar no mercado. Nós não iremos levar nenhuma vantagem, em nome do nacionalismo, se alguém apresentar produtos iguais, ou de melhor qualidade, a preços mais baratos que os nossos. Até na casa de um produtor é capaz de comprar um, se aparecer essa chance. *(17/2/06, Flores da Cunha – RS. Almoço com agricultores)*

**... deve ser motivo de orgulho:** Eu sei que nunca vou conseguir admirar o teu pai [Omar Torrijos, general, esquerdista, jamais eleito, governou o Panamá de 1968 a 1981 sem ostentar o título de presidente] como você [Martín Torrijos, presidente eleito do Panamá] o admira, mas quero que você saiba que eu espero que, a partir do momento em que você me colocou essa faixa que tem o nome dele, eu consiga fazer, nesses três anos e meio de mandato, um pouco daquilo que era a razão da participação política do teu pai, ou seja: não ter vergonha de defender o seu país, não ter vergonha de ser nacionalista, não ter vergonha de defender os mais pobres e não ter vergonha de ir em qualquer lugar do mundo, em qualquer situação, e ter orgulho do seu povo. *(10/8/07, Cidade do Panamá – Panamá. Cerimônia de condecoração e assinatura de atos)*

## Não

[ver: verdade]

Um não, dito com verdade, é muito mais frutífero do que um sim dito com mentira, para enganar, para ganhar tempo. *(26/6/03, São Bernardo do Campo, SP – Abertura do 4.º Congresso de Metalúrgicos do ABC)*

**... não deve ser dito pelo presidente:** Até de um clube como o Náutico, José Múcio [Monteiro, deputado federal pelo PTB de Pernambuco], até da Presidência da República, o tesoureiro tem que ser o cara mais sovina da equipe, ele tem que estar sempre pronto para dizer não, porque, na hora em que tiver que dizer sim, ele comunica a mim, e eu digo sim porque quem tem que ganhar sou eu, e ele me ajuda a ganhar. *(29/3/07, Brasília – DF. Posse de novos ministros de Estado)*

**... deve ser dito pelo presidente:** Eu tenho cinco filhos, não consigo agradar aos cinco nunca, tem sempre um que quer uma coisa a mais. A gente tem que ter coragem de dizer não. Eu não posso levar as pessoas a acreditarem em uma mentira. Daqui a pouco não tem dinheiro para pagar ninguém. *(8/5/03, Brasília – DF. Reunião da Associação Brasileira de Atacadistas e Distribuidores de Produtos Industrializados – Abad)*

**... deve ser explicado:** A gente vai dizer sim na hora que a gente tiver condições de dizer sim. E na hora que tiver de dizer não, a gente vai ter que ter a mesma honradez e dizer: "Companheiro, não é possível; companheira, não é possível." E explicar o porquê. *(27/11/03, Brasília – DF. Audiência com a Comissão das Margaridas)*

**... é mais difícil de dizer do que o sim:** O mais fácil seria dizer todos os sins, que muitas vezes as pessoas pensam que nós podemos dizer. E nós não podemos dizer os sins que as pessoas gostariam. Nós temos que, muitas vezes, apenas dizer os sins que podemos dizer. *(26/3/04, Brasília – DF. Abertura da 7.ª Marcha dos Prefeitos)*

**... é o que os líderes têm de ter a coragem de dizer:** Líder é aquele que tem coragem de dizer não. Começar uma greve é a coisa mais fácil, é subir num caminhão de som e xingar a mãe de alguém, a mãe do governador, do prefeito, do presidente, a mãe do reitor, e está começada a greve. Agora, pare ela. Tenha coragem de ir numa assembleia falar: "Vamos parar com a greve." Não é todo mundo que tem coragem, não. Tem covarde que prefere deixar a greve acabar por inanição. *(22/2/06, Imperatriz – MA. Visita ao campus da Universidade Federal do Maranhão, em Imperatriz, no âmbito do programa de expansão do Sistema Federal de Ensino Superior)*

**... deve ser dito com arte:** Eu nunca vi alguém dizer não e as pessoas saírem tão satisfeitas como quando se reuniam com o Palocci [Antônio Palocci, ministro demissionário da Fazenda], às vezes mais satisfeitas do que com um sim meu ou um sim de outra pessoa qualquer. Essa arte a gente não aprende na universidade, essa arte a gente não aprende no Ministério da Fazenda, essa arte se aprende praticando essa arte, que foi o que Palocci fez a vida inteira. De menino trotskista a vereador, a deputado estadual, a deputado federal, a prefeito, a prefeito outra vez e a ministro da Fazenda. *(28/3/06, Brasília – DF. Posse do novo ministro da Fazenda, Guido Mantega)*

## Natureza

**[ver: desmatamento; floresta; meio ambiente]**

Deus fez duas coisas com o Brasil: deu uma natureza de beleza incomparável a qualquer país do mundo e deu um povo maravilhoso, ordeiro e generoso. Mas, lamentavelmente, durante muitos anos, as pessoas que dirigiram o país não tiveram a dimensão da importância do que o turismo representava para o nosso querido Brasil. *(30/10/03, Campina Grande – PB. Inauguração do novo terminal de passageiros do Aeroporto Presidente João Suassuna)*

**... deve ser preservada:** Bem, depois de toda a celeuma nesses anos todos, o que nós estamos fazendo hoje aqui é aquele negócio de matar a cobra e, ao invés de mostrar o pau, que não prova que você matou a cobra, você está mostrando a cobra morta. Como todos nós... Não, porque não tem nada mais mentiroso do que alguém dizer "mata a cobra e mostra o pau", ou seja, mata a cobra e mostra a cobra. Agora, como nós somos todos preservadores da natureza, nós não vamos matar nenhuma cobra e vamos mostrar aqui o que está acontecendo. *(10/10/05, Niterói – RJ. Lançamento do Programa de Modernização e Expansão da Frota Nacional de Petroleiros da Petrobras Transporte S/A)*

**... tem o seu próprio tempo, assim como o Governo:** Eu tenho cinco filhos; só com a minha galega aqui, eu tenho quatro. E eu sei que, por mais que a gente ame os filhos, quando a Marisa engravidou eu fiquei doido, "agora vou ser papai", e fiquei nove meses grudado na barriga dela: "Ele está chutando, ele está se mexendo." Eu tive que esperar nove meses para ele nascer. Depois que nasceu, eu tive que esperar quase 11 meses para ele andar. Depois, ainda tive que esperar 12 meses para ele aprender a falar papai ou mamãe. Então, por que eu vou fazer as coisas com pressa? Eu tenho que ter a paciência da natureza e trabalhar com a sabedoria coletiva do nosso povo, para que a gente possa cumprir cada coisa que prometeu para vocês, cada palavra que nós falamos nos nossos discursos. *(10/3/03, São Paulo – SP. Exposição de produtos da fábrica Daimler-Chrysler do Brasil)*

**... deve ser respeitada, e não combatida:** Eu acho que o problema da seca no Nordeste não tem que ser combatido, como dizem alguns. Eu, de vez em quando, vejo, na televisão, alguém dizer: "Nós precisamos combater a seca." Imaginem se nós, todo ano, ouvíssemos o primeiro-ministro do Canadá dizer: "Nós temos que combater a neve." Ou seja, você não faz política de combate à natureza. Você faz política de convivência com ela, respeitando o ciclo em que ela é mais dura com você, mas tirando proveito dos momentos de bonança que a natureza lhe oferece. *(9/4/03, Brasília – DF. Cerimônia relativa à Articulação no Semiárido – ASA)*

**... preservada é sinal de evolução da humanidade:** Acho que a evolução da humanidade, a defesa do meio ambiente, a preservação da natureza, hoje tão forte no seio dos seres humanos, está fazendo surgir para o Brasil algumas possibilidades que muitos de nós não tínhamos consciência há alguns anos. *(16/1/04, Piracicaba – SP. Lançamento do Polo de Biocombustíveis)*

**... às vezes, é inexplicável:** Eu não sei se vocês não deveriam ter sido acometidos do mesmo mal que eu fui. Eu não sei se nós ouvimos muitos discursos e me deu esse torcicolo aqui. Eu não sei se foi por causa do aumento dos juros ontem, não sei se foi por causa do massacre que o Corinthians recebeu do Goiás ontem. Eu sei que eu acordei com este pescoço... e o Cruzeiro também tomou uma lavada na Bolívia. Eu acho que tudo isso junto me deu esse torcicolo aqui. Eu já tomei quatro comprimidos hoje, e não parava a dor. Aí o médico me falou assim: "Presidente, essa dor que o senhor está sentindo é o peso da cabeça em cima do pescoço." Eu falei: "Então tem duas soluções: ou me pendura em um cabide e eu fico de cabeça para baixo, falando com vocês, ou eu coloco esse negócio aqui, que está me importunando muito [estava usando um colar cervical]." Mas, de qualquer forma, eu não posso ficar com o pescoço doendo muito tempo. Está certo que a minha cabeça é um pouco agigantada para o meu pescoço. Hoje de manhã, quando eu me levantei e falei que estava com dor no pescoço, Marisa falou assim para mim: "Como é que pode alguém que não tem pescoço ter dor de pescoço?" Mas são coisas da natureza. *(17/4/08, Belo Horizonte – MG. Visita às obras do projeto de urbanização da Vila São José)*

## Necessidade(s)

[ver: pobre; pobreza]

Eu nunca fiquei na fila para pegar comida, mas eu ficava na fila para pegar presente de Natal. É a mesma coisa. E, quando chegava na hora, acabava o brinquedo, e eu voltava para casa sem o brinquedo e com a frustração. A comida deve ser pior. Primeiro, porque as pessoas não têm coragem de dizer que estão com fome. Quem tem fome normalmente não afirma que está com fome. As pessoas têm vergonha, as pessoas têm medo. Imagine uma menina de 16 anos ou um menino de 17 anos, que quer ir numa festinha com os amigos, dizer: "Eu não almocei hoje porque não tem comida." Ele jamais vai dizer. Ele vai com fome, mas não vai dizer. A gente costumava fazer discurso na porta da fábrica e, para provocar a peãozada, dizíamos que o cara – como é, Maria [não identificada]? – "comia mortadela e arrotava peru". Ou seja, por ele não ter coragem de dizer que estava com fome, ele então inventava coisas. Então, o combate à fome tem que levar em conta essa necessidade primeira. *(25/3/03, Brasília – DF. Discurso no Conselho Nacional de Segurança Alimentar e Nutricional – Consea)*

**... básicas são trabalhar e comer:** Eu tenho dito sempre e disse na Contag [Confederação Nacional dos Trabalhadores na Agricultura], na campanha: "A seca é um fenômeno da natureza." A gente não pode combater. A gente tem que estabelecer políticas de convivência. A fome, resultante da seca, já é falta de capacidade dos governantes de atender a uma necessidade básica do povo, que é a de trabalhar e a de comer. *(14/5/03, Brasília – DF. Encerramento do Grito da Terra – Brasil 2003)*

**... que não são básicas podem esperar:** Para mim não tem importância que as coisas demorem um ano a mais ou um ano a menos, o que importa é que elas saiam. Se elas saírem, para nós é importante. Por quê? Porque, em um país com as necessidades que tem o Brasil, a gente não pode pensar em curto prazo. Nada pode ser feito em curto prazo, a não ser [aplacar] a fome do povo. O resto, tudo tem que ser planejado para que seja feito de forma mais sólida. *(20/6/07, Brasília – DF. Entrevista ao jornal* Valor Econômico*)*

**... devem obrigar o governante a gastar tudo em caixa para atendê-las:** Não é possível que você fique com dinheiro em caixa, mesmo que seja um real, com tanta necessidade que há neste país. *(11/3/03, Brasília – DF. Encontro com prefeitos da VI Marcha a Brasília em Defesa dos Municípios)*

## Negociar
[ver: conversar]

Negociação é assim. Você negocia, você pede cem e o adversário te oferece dez, você quer noventa e ele te oferece vinte, até que você encontra um ponto de equilíbrio que permita que se faça o acordo. *(3/7/07, Fortaleza – CE. Abertura da III Conferência Nacional de Segurança Alimentar e Nutricional)*

**... é uma arte que Lula aprendeu cedo:** Eu faço política, eu aprendi a negociar muito antes de ser político. *(3/5/06, Brasília – DF. Abertura da XVI Reunião Regional Americana da Organização Internacional do Trabalho)*

**... pode dissipar oposições, como entre capital e trabalho:** Vocês vão perceber que tem muita coisa em comum [entre o Fórum Econômico Mundial e o Fórum Social Mundial]. Isso é como numa negociação simples, entre um empregador e um sindicalista. Parece que as distâncias são enormes, mas, quando se sentam na mesa para negociar, a gente percebe que tem vários pontos que precisam apenas ser melhor ajeitados, para que a gente possa colocar a política para andar. *(26/1/03, Davos – Suíça. Sessão plenária "Diálogo com o Presidente do Brasil" no XXXIII Fórum Econômico Mundial)*

**... é a solução para todos os problemas do país:** Se dependesse de mim, tudo seria feito por acordo, tudo. É que, de vez em quando, tem eleição e os acordos ficam mais difíceis porque as pessoas depositam todo o seu interesse num período muito curto de eleição. Isso às vezes atrasa, mas eu estou convencido de que não há nada neste país que a gente não possa se sentar a uma mesa, negociar e sair com uma síntese que possa atender a todo mundo. *(6/7/04, Brasília – DF. Solenidade comemorativa do 82.º Dia Internacional do Cooperativismo)*

**... deveria ser prática generalizada entre todos os setores da sociedade:** Ora, quando nós temos empresários com uma disposição política de negociar com os trabalhadores, quando nós temos os trabalhadores com a disposição política de negociar com os empresários, quando nós temos os empresários com a disposição política de conversar com o Governo, quando nós temos o Governo com a disposição política de conversar com os empresários e com os trabalhadores, nós estamos, na verdade, com mais de 50% dos nossos problemas resolvidos. *(23/10/05, São Paulo – SP. Abertura do Salão Internacional do Transporte – Fenatran/2005)*

**... requer altivez:** Eu aprendi, nos meus trinta anos de militância política, que nenhum negociador respeita alguém que começa a negociar de cabeça baixa. *(25/4/03, Recife – PE. Encerramento do Encontro Empresarial Brasil/Venezuela)*

**... não é algo que se faz com qualquer um:** Nós estamos preparados para lidar com empresários, para fazer reuniões, debates, para ganhar e para perder, e para fazer concessões. Agora, o que nós não queremos é negociar com gente que age como bandido [empresários do transporte urbano de São Paulo] com o povo, sem respeito ao povo. Então, saiba que, além do apoio do Ministério das Cidades, você [Marta Suplicy, prefeita de São Paulo] tem o apoio e a solidariedade do presidente da República. *(8/4/03, São Paulo – SP. Lançamento de Programa de Regularização Fundiária em Favelas)*

## Negro(s)

[ver: África; afrodescendente; preto; raça]

Eu penso que, se a gente levar em conta o valor histórico da passagem dos negros pelo Brasil, condenando tudo que tenhamos que condenar, o resultado para o Brasil foi a criatividade extraordinária do povo brasileiro e uma miscigenação que criou um povo extraordinariamente bonito. A esse povo nós devemos a nossa culinária, grande parte dela; devemos a musicalidade que o Gil [Gilberto Gil, cantor e compositor brasileiro, ministro da Cultura] demonstrou aqui, o samba no pé da mulher e do homem brasileiro. Esse gingado e essas coisas a gente não aprende na Alemanha, a gente não aprende na Suécia, a gente aprende aqui, na Ilha Gorée, porque isso não se aprende na universidade. Isso está no nosso DNA. *(14/4/05, Ilha de Gorée – Senegal. Visita à Ilha de Gorée)*

**... também podem ser políticos:** Eu fui uma vez numa cidadezinha, eu não sei se é chamada Iracenópolis, lá para o lado de Ribeirão Preto, e tinha um prefeitinho lá chamado Caju. Ele me contou uma história tão fantástica que é dessas coisas contadas de forma humilde, que faz a gente pensar coisas grandes. Ele me contou uma história que eu quero contar para vocês. Ele era casado e tinha vários filhos. Ele era um negro alto, jovem ainda, já tinha lá uns três, quatro filhos casados, e resolveu ser candidato a prefeito. Ele era pedreiro, e todo mundo dizia: "Mas você vai ser candidato a prefeito? Você é pedreiro, rapaz, você deixou de cortar cana, foi ser pedreiro, e quer ser candidato a prefeito?" E ainda era xingado porque ele era de cor e era palmeirense, o pessoal achava que ele tinha que ser corinthiano, santista ou sei lá. E esse rapaz foi para a campanha, e todo mundo xingava ele, gozava dele, avacalhava com ele. E ele estava lá, trabalhando, trabalhando, trabalhando. Faltavam uns três meses para as eleições, uma namorada que ele teve de pequeno, de adolescente, ficou viúva e ele então resolveu largar a mulher e casar com aquela mulher que era a paixão da vida dele. E o pessoal dizia, os assessores diziam: "Você é louco. Caju, faltam três meses para as eleições, como é que você vai largar a sua mulher e vai casar com outra?" Ele dizia: "Olhe, um homem não pode perder as oportunidades que se apresentam na sua vida. Eu sou casado, é verdade, mas a minha paixão por aquela mulher eu tenho desde que eu era criança, e ela agora se apresentou na minha frente desimpedida. Eu vou casar e vou ganhar as eleições." Largou a mulher, casou e ganhou as eleições. E não precisou deixar de ser palmeirense. E ele dizia para mim: "Sabe por que eu ganhei, presidente?" Ele não me chamava de presidente não, era de Lula mesmo. "Sabe por que eu ganhei, Lula? Porque o homem tem que ser do tamanho do seu sonho, o homem tem que pensar grande, ele tem que pensar até maior do que ele, porque, se ele pensar pequeno, ele não será ninguém. Eu era um cortador de cana, um pedreiro, pensei grande, disse que ia ganhar, ganhei e ainda reencontrei a paixão da minha vida e estou feliz da vida." *(19/7/05, Taubaté – SP. Comemoração dos cinquenta anos da Alstom no Brasil)*

**... são pobres, na maior parte:** Mais de 64% dos pobres e pelo menos 70% dos indigentes brasileiros são negros, como também a maior parte dos desempregados e subempregados do país. *(21/3/03, Brasília – DF. Instalação da Secretaria Especial de Políticas de Promoção da Igualdade Racial)*

**... sofrem preconceito, o que pode ser resolvido com a criação de uma secretaria:** A questão do negro no país. Nós criamos uma secretaria para ver se a gente consegue acabar com os preconceitos, porque somos uma sociedade preconceituosa. Nós acabamos com a escravidão há um século e meio. Entretanto, grande parte dos negros ainda vive segregada neste país. É uma questão cultural. Mesmo dentro de uma fábrica, o negro tem dificuldade de ser chefe. *(1/5/03, Indaiatuba – SP. Visita ao Retiro de Itaici – CNBB)*

**... devem agir em conjunto, pois a cor da pele determina uma luta política comum:** Ou vocês se convencem de que o Estatuto da Igualdade Racial só será aprovado quando o movimento tiver uma única proposta, ou nós todos vamos completar cem anos, como Oscar Niemeyer [arquiteto brasileiro], e o estatuto vai estar no Congresso Nacional. Ora, porque tem uma turma que quer "A", a outra turma quer "B", aparece uma turma querendo nem "A" e nem "B", mas querendo "C". Os deputados sabiamente, já pensando no próximo mandato, não querem brigar com ninguém. Não vão desagradar quem quer "A", não vão desagradar quem quer "B", não vão desagradar quem quer "C". Ora, então pelo amor de Deus, amadureçam politicamente e construam não aquilo que é o ideal para cada agrupamento, mas construam uma proposta que seja consensual, que possa permitir que haja avanço. Senão vai ser um deputado do movimento negro votando contra outro deputado do movimento negro, porque um é da proposta "A", o outro é da proposta "B", o outro é da proposta "C". Será que vocês não aprenderam, na vida inteira, que quanto mais nós divergimos mais os nossos adversários obtêm vitórias sobre nós? Será que a gente não aprendeu... a África do Sul nos deu a lição agora. Eu duvido que os negros percam mais uma eleição na África do Sul, porque eles tomaram consciência de que são maioria e tomaram consciência de que são capazes de fazer tanto ou mais do que os brancos, nunca menos. *(20/11/07, Brasília – DF. Celebração do Dia Nacional da Consciência Negra e lançamento da Agenda Social Quilombola)*

**... não sofrem discriminação no Rio Grande do Sul:** O Rio Grande do Sul é a demonstração da grandeza e da alma do povo brasileiro, porque aqui chegaram alemães, italianos, poloneses, negros, pernambucanos, paraibanos, cearenses, e aqui todos são tratados como gaúchos de primeira hora, sem preconceito, sem discriminação. *(16/3/05, Erechim – RS. Visita a áreas atingidas pela seca na região Sul)*

**... geralmente não falam alemão:** Eu conheço poucos lugares no mundo em que os trabalhadores têm organização como na Mercedes-Benz, como na Ford, como na Volkswagen, como na Scania. Não vou ficar citando todas as empresas aqui, sempre que a gente cita são as maiores. Mas tem poucos lugares, é só andar pelo Brasil

N

para saber qual tem. E essa peãozada é metida. Você vai na comissão da Mercedes, o pessoal é metido a discutir, até falar em alemão eles querem falar. Eu me lembro do dia em que eu fui com o Barbosa [sem identificação] para a Alemanha. O Barbosa era da Volkswagen, já era engenheiro, e é negro. Quando eu cheguei lá e falei "Este é o meu intérprete", o pessoal... (risos). Puro preconceito! *(18/4/05, São Bernardo do Campo – SP. Comemoração dos 30 anos da sua posse como presidente do Sindicato dos Metalúrgicos do ABC)*

**... estiveram, antes do Governo Lula, à margem do ensino universitário:** Nós fizemos um acordo com as universidades particulares, fizemos algumas isenções de impostos, e elas transformaram o valor equivalente do imposto em bolsa de estudo para as crianças estudarem. Só aqui, na Bahia, foram 9.807 jovens que entraram na universidade, dos quais a grande maioria é gente da periferia, que estudava em escola pública e, mais ainda, uma boa parte representante do povo negro brasileiro, que sempre esteve marginalizado do processo universitário brasileiro. *(17/8/05, Vitória da Conquista – BA. Inauguração da eletrificação do assentamento Amaralina e comemoração ao atendimento de 1.300.000 pessoas pelo programa Luz para Todos)*

**... não têm a cor de Lula:** Eu sei que já tem universidade no Brasil em que companheiros negros estão sendo admoestados porque são negros e estão estudando de graça, e do lado tem um branco, como eu, pagando. *(20/11/07, Brasília – DF. Op. cit.)*

**... não causaram a crise econômica de 2008:** Resolver o problema da crise é resolver o problema da imigração. Porque nós também não temos o direito de permitir que sejam os pobres, que viajam o mundo à procura de uma oportunidade, de um emprego, de um salário, de uma renda, que sejam os primeiros a pagarem as contas de uma crise feita pelos ricos, sobretudo por nenhum negro, por nenhum índio e por nenhum pobre. É uma crise causada, fomentada, por comportamentos irracionais de gente branca, de olhos azuis, que antes da crise parecia que sabia tudo e que agora demonstra não saber nada. *(26/3/09, Brasília – DF. Conferência de imprensa em conjunto com o primeiro-ministro britânico, Gordon Brown)*

## Notícia(s)

[ver: entrevista; imprensa; internet; jornal; televisão; televisão pública]

Outro dia, eu dizia para a imprensa que notícia de verdade é a que a gente não quer falar e sai na imprensa. Aquilo que a gente quer falar não é notícia, é publicidade. E me parece que todos vocês aprenderam isso com muita rapidez. *(10/9/03, Brasília – DF. Inauguração da Sala de Redação Carlos Castello Branco e do novo site da SID)*

**... deveriam ser a mais pura verdade:** É preciso fiscalizar melhor a formação dos nossos jovens, porque o jornalista trabalha com uma coisa muito poderosa que é a caneta e um espaço no jornal. E o que nós efetivamente desejamos enquanto brasileiros, não enquanto presidente da República, mas enquanto seres humanos, é que ao abrirmos o jornal e lermos uma notícia, ela seja a mais pura verdade conseguida por aquele jornalista e não apenas a intenção do profissional, do dono do jornal ou coisa parecida. *(7/4/04, Brasília – DF. Encontro com representantes da Federação Nacional dos Jornalistas)*

**... devem ser lidas com desconfiança pelo povo:** E eu digo sempre: eu só quero, no dia 31 de dezembro de 2006, eu quero fazer um balanço dos meus quatro anos de Governo, com o que aconteceu no Brasil nesses últimos vinte anos. E aí, podem me julgar, porque aí eu tive uma obra concretizada, e eu quero provar quem é que fez mais política social neste país, eu quero ver quem cuidou dos pobres mais do que nós cuidamos neste país, eu quero ver quem se preocupou em fazer com que o pobre adquirisse a cidadania. Por isso, a minha tranquilidade em pedir ao povo brasileiro: toda vez que vocês virem uma notícia muito escandalosa, analisem-na, leiam duas vezes, vejam se tem verdade ali, porque eu já cansei de ver, no Brasil, denúncias e mais denúncias, achincalhamento ao nome de pessoas e, depois, não se prova nada e não acontece nada com quem acusou, não acontece nada com quem difamou e, muitas vezes, não acontece nada também com quem tinha acusações verdadeiras. *(30/8/05, Uberlândia – MG. Inauguração das obras de ampliação e modernização do Aeroporto de Uberlândia)*

**... que mais interessam não são sempre as mais verdadeiras:** O ser humano recebe uma notícia assim: eu dou três notícias para vocês e vocês sempre ficam com aquela que melhor lhes interessa. Não é nem a mais verdadeira, é a que mais lhes interessa. Então, você passa a trabalhar com as coisas mais fáceis. *(11/3/04, Brasília – DF. Reunião do Conselho Nacional de Desenvolvimento Econômico e Social)*

**... quando são boas, são dadas pelos políticos:** Vocês sabem que todo político gosta de dar boas notícias, não é? As más notícias vocês, da imprensa, dão; as boas, nós damos. *(18/3/04, Belo Horizonte – MG. Entrega do cartão Bolsa Família)*

**... correm rápido, se forem más; e devagar, se forem boas:** Eu sou sempre chegado a que se difunda, ao máximo possível, as coisas que dão certo. As coisas que não dão certo não vai faltar quem divulgue. Minha mãe [Eurídice Ferreira de Melo], quando eu era pequeno, dizia: "Meu filho, você tome cuidado, porque a notícia boa anda devagarzinho, a notícia ruim corre." Então, muitas vezes a gente faz uma coisa maravilhosa, com resultados extraordinários e ninguém sabe. Uma pisada na bola que alguém der, aí ganha manchete, até internacional. *(6/7/04, Brasília – DF. Solenidade comemorativa do 82.º Dia Internacional do Cooperativismo)*

**... quando boas, devem ser dadas pelo presidente:** Por que eu estou falando de notícia boa? Porque de vez em quando a gente lê muita notícia ruim. É como se a gente se levantasse de manhã e fosse perguntar para um corintiano as virtudes do Palmeiras, nenhuma; ou fosse perguntar para um palmeirense as virtudes do Corinthians, nenhuma; ou fosse perguntar para um torcedor argentino as virtudes da seleção brasileira, nenhuma. E vice-versa também, a recíproca é verdadeira. Os brasileiros não veriam nenhuma. Então, cabe ao presidente da República, de vez em quando, dar as boas notícias que nem sempre a gente vê nas bancas de jornais, que nem sempre a gente ouve ou a gente vê. *(4/4/06, São Paulo – SP. Abertura da Semana Internacional da Construção e Iluminação)*

**... são omitidas pela imprensa, quando dizem respeito à boa atuação do Governo:** Houve um tempo, em 2004, 2005, em que eu vivia agoniado porque a imprensa daqui do estado [do Mato Grosso do Sul] mostrava todo dia as crianças morrendo lá em Dourados, na comunidade indígena Guaraní-Kaiwá. Aquilo me incomodava barbaridade, não apenas porque eram índios, mas porque eram crianças que morriam. Então, eu reunia as pessoas, pedia explicação e nem sempre me convenciam. Até que eu montei um pelotão de choque, com companheiros de vários ministérios, e viemos para cá. Foram feitas ações políticas, foram feitas habitações, melhoraram as habitações, melhorou a água, melhorou tudo mais, e hoje parece-me que diminuiu a mortalidade infantil em 80%, 82%. Eu não queria nada, eu só queria que a imprensa, que fazia a acusação, fosse lá – pelo amor de Deus, não precisa falar bem do Governo – e dissesse o seguinte: "Em função das denúncias que fizemos em 2004, as crianças pararam de morrer e hoje diminuiu em 82%..." Deem a notícia, só isso. Podem requisitar o mérito para vocês, mas deem a notícia, porque senão as pessoas que ouviram apenas que estavam morrendo lá podem não saber que está melhorando. E podem dizer o seguinte: "O Governo não fez nada, foi a denúncia que resolveu", e eu já me contento. *(31/7/07, Campo Grande – MS. Lançamento do PAC Saneamento e Urbanização no estado do Mato Grosso do Sul)*

**... são divulgadas pela imprensa para o Governo, tanto as boas quanto as más:** Sabem vocês que, nesses dois anos e quatro meses de Governo, nós temos trabalhado, primeiro, para combater a depressão quando deparamos com uma notícia de jornal dando a impressão de que o Brasil acabou. E, ao mesmo tempo, trabalhamos para conter a euforia quando, no mesmo jornal, sai uma matéria extremamente favorável ao Governo. Quando achamos que o Governo tem que ter um procedimento – como se fosse um ponto de equilíbrio, o pêndulo – para que a gente não se deixe trabalhar pelas euforias ou pelas depressões, mas trabalhar com uma definição de objetivos muito bem-consolidada na cabeça daqueles que têm a obrigação de elaborar tanto a política de desenvolvimento quanto a política econômica e social do país. *(2/5/05, São Paulo – SP. Comemoração aos cinco anos do jornal* Valor Econômico*)*

# Número(s)

Antes de eu ser presidente, Manoel [dos Santos, presidente da Confederação Nacional dos Trabalhadores na Agricultura], eu utilizava um número, que não sei de onde saía, que diziam assim para mim: "Presidente" – não era presidente ainda – "companheiro Lula, oitocentas mil famílias deixaram o campo". E eu saía pelo Brasil falando: oitocentas mil famílias deixaram o campo, enquanto o Governo só tinha assentado duzentas mil. Desde que o Bianchini [Valter Bianchini, ex-secretário de Agricultura Familiar do Ministério do Desenvolvimento Agrário, secretário da Agricultura e do Abastecimento do Paraná] assumiu o ministério, eu dizia: "Bianchini, eu quero saber onde está este número." Um presidente da República, para citar números, tem que ter uma fonte, porque senão ele pode ser desmentido. Tem que ter uma fonte. Até hoje eu não tenho esse número, mas o dado concreto, mas o que eu tenho na verdade, Manoel, o que eu tenho na verdade, companheiro da Contag, da Fetraf [Federação dos Trabalhadores na Agricultura Familiar], companheiros dos pequenos agricultores e deputados, é visto na televisão: trabalhadores da indústria voltando para o campo por causa do crédito, por causa do Luz para Todos, por causa da compra de alimentos. *(27/6/07, Brasília – DF. Lançamento do Plano Safra da Agricultura Familiar – 2007/2008)*

**... podem trazer otimismo:** É importante lembrar que o crescimento que nós estamos vivendo não aconteceu agora, ele vem acontecendo desde setembro do ano passado. Ele vem crescendo mês a mês, um pouquinho em cada mês, mas de forma sustentável. Até chegar agora e aparecer esse número que a imprensa publicou, que é um número que desperta em todos nós um otimismo muito grande de que a Economia brasileira vai dar certo. *(12/7/04, Rádio Nacional. Programa de rádio* Café com o Presidente*)*

**... podem causar espanto:** Eu fui à inauguração do Centro Educacional Unificado, na cidade de São Paulo, no domingo, e eu no discurso vi um número tão forte, que não tive coragem de lê-lo. Eu não acreditei no número, eu falei: "Não posso ler, porque esse número é tão forte que parece não ser verdadeiro." Aí, eu viajei para Santos com o Cristovam Buarque [ministro da Educação] e falei: "Cristovam, esses números aqui são verdadeiros ou não?" O Cristovam falou para mim: "Presidente, não só são verdadeiros, como, se a gente for pesquisar mais a fundo, talvez sejam mais graves." Ou seja, 52% das crianças que estão na quarta série não sabem interpretar um texto que leem, e 59% não sabem fazer as quatro operações. Isso é tão grave, meus companheiros, prefeitos e governadores, quanto a situação econômica do país. *(5/8/03, Brasília – DF. Encontro com lideranças políticas)*

**... escondem o sofrimento:** A fome para nós – eu não sei se é para todo mundo – ainda é um número. *(25/3/03, Brasília – DF. Discurso no Conselho Nacional de Segurança Alimentar e Nutricional – Consea)*

**... afastam os governantes do povo:** Eu descobri que nós ganhamos as eleições porque nós cuidamos do povo deste país, e quando eu digo a palavra cuidar é que você cuida daqueles que, muitas vezes, os que governam não sabem que eles existem ou, se sabem, sabem por um número estatístico, não conhecem as suas caras, nunca apertaram a mão deles, nunca visitaram a casa de um deles. *(8/11/06, Brasília – DF. Entrega da Ordem do Mérito Cultural)*

**... para Lula, não se confundem com gente:** Para muita gente na América do Sul e na América Latina, pobre é apenas um número estatístico, pobre não é levado em consideração na divisão da riqueza do país. Para nós, pobre não é um número estatístico, é um ser humano com alma, com consciência e com coração e que não reivindica nada que não possa ser atendido. *(27/3/03, São Paulo – SP. Posse do presidente da Associação Comercial de São Paulo)*

**... com Lula, apareceram pela primeira vez:** Conseguimos, em janeiro deste ano, introduzir 112 mil jovens a mais nas universidades particulares, com uma coisa muito interessante, Vicentinho [Vicente Paulo da Silva, deputado federal pelo PT de São Paulo]: 38 mil jovens afrodescendentes. Eu penso que um número nunca visto na história do nosso país. *(2/12/05, Santo André – SP. Inauguração do polo tecnológico da Tim)*

## Nunca antes na história deste país

Eu queria fazer um parêntese aqui, nesse "pela primeira vez no Brasil", porque, Nuzman [Carlos Arthur Nuzman, presidente do Comitê Olímpico Brasileiro – COB], toda vez que nós falamos "pela primeira vez no Brasil" muita gente acha: "Mas por que que o Lula fala tanto 'pela primeira vez'?" Porque é pela primeira vez. Porque são coisas tão óbvias, que nunca foram feitas, que nós somos obrigados a dizer: "Pela primeira vez está sendo feita, no Brasil, determinada coisa." *(17/6/04, Brasília – DF. Abertura da 1.ª Conferência Nacional do Esporte)*

**... é uma expressão de que alguns jornais não gostam:** Alguns jornais não gostam que eu utilize a palavra "nunca", mas eu vou repetir: nunca, neste país, as cooperativas foram tão facilitadas, e nunca foi tão fácil criar uma cooperativa como está sendo agora, em apenas sete meses de Governo. *(21/8/03, Benevides – PA. Lançamento do Polo de Fruticultura da Amazônia)*

**... é uma expressão que se espalhou pela sociedade:** Não sou eu quem diz "nunca antes...". Hoje, qualquer brasileiro, em qualquer palco, você vai ver... Ontem, uma mulher do movimento social, filha de boliviano que recebeu a obra, dizia: "Nunca, na história do país, eu pensei que um presidente viria aqui anunciar obras para a minha enchente." Nós estamos fazendo o que deveria ter começado a ser feito na década de 50, na década de 60, na década de 70, e não foi feito. O Brasil sempre foi governado para um pequeno percentual da sociedade. Imaginemos 35, 40 milhões de brasileiros... Nós resolvemos não apenas governar para estes, porque governamos para todos, mas priorizar, nas nossas políticas públicas, a parte mais pobre da população. *(19/3/08, Brasília – DF. Entrevista exclusiva para a TV Gazeta)*

**... é uma expressão que pode ser substituída por outras, para não cansar:** Eu penso que – para não dizer "pela primeira vez" – há muito tempo o Brasil não via um programa de ciência e tecnologia tão arquitetado, trabalhado com centenas e centenas de cabeças, milhares de mãos. *(4/3/08, Campinas – SP. Inauguração do Centro de Nanotecnologia César Lattes)*

**... é uma expressão às vezes usada indevidamente, como Lula mesmo admite:** Eu vou ler um trechinho do discurso que eu fiz para os prefeitos, em fevereiro, quando houve aquele grande encontro no Hotel Blue Tree. O Jorge Mattoso [presidente da Caixa Econômica Federal] pediu e eu anunciei que nós iríamos destinar um bilhão e quatrocentos milhões de reais para gastar em saneamento básico. E eu dizia que era todo o dinheiro que nós tínhamos para gastar este ano, achando que era pouco. E nós pretendemos, no final do ano, saber se gastamos aquilo que tínhamos para gastar. Porque uma coisa é um prefeito gastar mais do que tem, outra coisa é você ter um pouco e não gastar aquilo que tem. Então, não é possível que alguém fique com dinheiro em caixa, mesmo que seja um real, com tanta necessidade que o país tem. Eu me lembro que depois que anunciei um bilhão e quatrocentos eu recebi, na mesa, um papelzinho me alertando que não era a primeira vez que alguém anunciava um bilhão e quatrocentos e que, no final do ano, esse dinheiro não saía, ora por problemas orçamentários, ora por problemas de contabilidade com o Tesouro, ou seja, por qualquer razão. E o que me deixou mais preocupado foi que o próprio presidente Fernando Henrique Cardoso [presidente da República entre 1995 e 2003] tinha anunciado, também no começo do ano de 2002, um bilhão e quatrocentos milhões, a mesma quantia que eu tinha anunciado, e só tinha liberado, ao final do ano, 262 milhões. Eu me lembro que chamei o Mattoso e perguntei: "Espere aí, esse dinheiro é o dinheiro que você está sempre anunciando e nunca sai? Porque eu estou anunciando a mesma quantia que o Fernando Henrique Cardoso anunciou." Foi aí que nós detectamos que havia problemas, que vocês, prefeitos e governadores, sabem. Tivemos uma conversa com o Mattoso e com o Palocci [Antônio Palocci, ministro da Fazenda] e chegamos à conclusão de que era uma questão de honra liberarmos todo esse dinheiro, até porque, se não liberássemos, quando anunciássemos outra quantia de dinheiro para o ano que vem, ninguém iria mais acreditar. *(17/12/03, Brasília – DF. Contratação de recursos do FGTS para o saneamento ambiental)*

## Obama, Barack
[ver: Estados Unidos]

A eleição do Obama para a Presidência dos Estados Unidos só pode ser possível num país que tenha democracia. Eu penso que nós, brasileiros, como segunda nação negra do mundo depois da Nigéria, precisamos estar otimistas, esperançosos e com muito orgulho, porque não é pouca coisa eleger um negro para a Presidência da República dos Estados Unidos da América do Norte. Penso que é motivo de alegria, e poucas vezes na história dos Estados Unidos um presidente despertou tanta atenção no mundo inteiro para que fosse eleito. Certamente, se o mundo inteiro votasse, ele teria mais votos do que teve, mas eu penso que é uma coisa consagradora. *(5/11/08, Brasília – DF. Sessão solene em comemoração aos vinte anos da promulgação da Constituição Cidadã)*

**... é um fenômeno:** Eu quero que ele tenha consciência de que ele não é um presidente comum. Ele é um fenômeno na política americana e, portanto, esse fenômeno tem que se transformar em coisas mais ousadas. *(5/2/09, São Salvador – TO. Entrevista coletiva após inauguração da usina hidrelétrica de São Salvador)*

**... é resultado de um processo que começou na América do Sul:** O presidente Obama, que eu acho que é uma novidade extraordinária... Eu sempre tomei muito cuidado para não dar palpite sobre nenhuma eleição em nenhum país, mas eu não me contive e fiz questão de dizer que eu gostaria que o Obama ganhasse as eleições. Não é pouca coisa, e vejam que tudo começou na nossa América do Sul. É só pegar a mudança política que aconteceu no nosso continente para a gente perceber que o Obama é mais um passo disso. Aquilo que parecia impossível, um negro ser presidente dos Estados Unidos – e não podemos nos esquecer que, quarenta anos atrás, Luther King [pastor protestante e ativista norte-americano pelos direitos civis, assassinado em 1968] foi assassinado –, não é pouca coisa esse homem se transformar, muito menos num candidato, mas mais numa ideia inovadora, numa ideia de reforma. E aquilo que parecia impossível, que alguns diziam que o conservadorismo americano não permitiria que um negro chegasse à Presidência, chegou à Presidência. *(7/11/08, Foz do Iguaçu – PR. Reunião dos governadores e prefeitos da rodada de integração produtiva do foro consultivo de municípios, estados federados, províncias e departamentos do Mercosul [FCCR]: Eixo Sul)*

**... foi eleito por causa da crise financeira:** É possível, e essa crise, dentre os benefícios que vai causar, vai eleger o Obama presidente dos Estados Unidos, eleger um negro, o que não é pouca coisa. Pode até ser que não tenha muita diferença ideológica e conceitual entre democratas e republicanos na hora em que se trata da política interna dos Estados Unidos. Mas, do ponto de vista simbólico – este mundo elegeu um torneiro mecânico pela segunda vez no Brasil, elegeu um índio [Evo Morales] na Bolívia –, eleger um negro nos Estados Unidos e um bispo [Fernando Lugo] no Paraguai é demais. *(20/10/08, São Paulo – SP. Premiação das Empresas mais Admiradas do Brasil promovida pela revista* Carta Capital*)*

**... tem o maior "pepino":** Estou pedindo até para o presidente Obama, que tem o maior pepino de todos nós, que, pelo amor de Deus, resolva logo o problema da crise americana. *(3/2/09, Rio de Janeiro – RJ. Entrevista coletiva após anúncio de recursos do FNHIS e do Pronasci, da ampliação do Programa Saúde da Família e da inauguração do Cetep da comunidade Santa Marta)*

**... deve resolver a crise imediatamente, pois assumiu com força política inédita nos Es-**

**tados Unidos:** Eu acho que o pior da crise financeira já passou, e eu espero que o Obama, que acabou de ganhar as eleições agora, com uma força política inédita na história dos Estados Unidos... Obviamente ele não vai se desgastar num ano, sem resolver essa crise. Ele vai ter que resolver imediatamente a crise americana, ele vai ter que tomar decisões para que ela não se agrave, porque agora a crise pode ser debitada nas costas do atual Governo, mas um ano depois, se não estiver resolvida, já fica debitada em quem tomou posse. E eu acho que o Obama é suficientemente inteligente para que tome as medidas logo e evite que a crise se propale ou cresça ainda mais. *(6/11/08, Brasília – DF. Reunião plenária do Conselho de Desenvolvimento Econômico e Social – CDES)*

**... assim como Lula, não faz parte da elite, e por isso não pode errar:** O Obama vai entrar com o país na maior crise da sua história, igual à crise de 1929. Eu acho que o Obama tem que dizer o que eu disse aqui, quando eu tomei posse em 2003. Eu dizia sempre: "Eu não posso errar, porque qualquer presidente da elite pode errar e, no dia seguinte, está contratado para escrever artigos em jornais, para dar aula em universidade, qualquer um." Mas um metalúrgico não pode errar, porque se eu errar é uma "cangalha" na cabeça do trabalhador, que ele vai passar quinhentos anos para eleger outro trabalhador, porque eles vão dizer que o trabalhador não tem competência. O Obama é inteligente, tudo indica que ele é muito inteligente. Então, ele tem que entrar e dizer: "Eu tenho que recuperar a Economia americana, porque senão vão jogar esse desastre dos brancos nas costas dos negros e nunca mais um negro vai ser eleito presidente dos Estados Unidos." *(20/11/08, Rio de Janeiro – RJ. Comemoração do Dia da Consciência Negra)*

**... adota medidas mais tímidas, mas elas recebem mais destaque do que as realizações de Lula:** Eu vou dar um dado. Vocês viram o discurso do Obama esses dias. O Obama disse: "Eu vou fazer de tudo para, até 2011, criar dois milhões e meio de empregos." Vocês viram isso? Vejam que interessante: aqui no Brasil, esse país pequeno, pobre, miserável, porque nós temos ainda uma parte da elite brasileira colonizada intelectualmente, este país... quando o Obama propôs criar dois milhões de empregos, foi uma coisa fantástica, até 2011. Este ano, no Brasil, nós já criamos até agora 2 milhões e 149 mil empregos de carteira profissional assinada. E certamente que não mereceu 10% do destaque dos dois milhões do Obama até 2011. *(4/12/08, Rio de Janeiro – RJ. Lançamento das linhas de ação do Fundo Setorial do Audiovisual)*

**... deve mudar a relação dos Estados Unidos com Venezuela e Cuba:** Eu fico torcendo, companheiro Chávez [Hugo Chávez, presidente da Venezuela], para que o presidente Obama tenha uma outra visão sobre a Venezuela, que queira manter uma boa relação política com a Venezuela, sem deixar de enxergar a soberania da Venezuela. Que tentem reabrir relações com outros países que têm Economia praticamente independente deles. Como é que pode a maior Economia do mundo, de US$13 trilhões do PIB [Produto Interno Bruto], cortar US$50 milhões de compra da Bolívia? Eu espero que se Obama tomar a decisão de reatar com Cuba... não existe mais nenhuma explicação política, sociológica, nenhum analista do mundo, um psicólogo qualquer entenderia por que ainda há um bloqueio a Cuba. Será que é vingança? *(17/12/08, Costa do Sauipe – BA. Encerramento da Cúpula da América Latina e do Caribe sobre Integração e Desenvolvimento – Calc)*

**... deve mudar a relação dos Estados Unidos com a América Latina:** Eu não vejo o Obama como um presidente normal para os Estados Unidos. Eu vejo o fato do povo americano ter feito com que um negro fosse eleito presidente dos Estados Unidos da América do Norte. É um gesto extraordinário, e eu penso que o Obama tem que transformar esse gesto do povo americano em um gesto de transcendência da política americana para a América Latina, respeitando a nossa soberania, as nossas democracias e uma convivência igualitária entre nós. *(16/1/09, Maracaibo – Venezuela. Conferência de imprensa após assinatura de atos com o presidente da Venezuela, Hugo Chávez)*

**... vai virar companheiro de Lula:** Eu penso que, pelo jeito do Obama, nós vamos virar companheiros logo, logo. E quando a gente vira companheiro, a gente pode falar qualquer coisa um para o outro que não tem problema. *(5/2/09, São Salvador – TO. Op. cit.)*

## Obra(s)

[ver: infraestrutura; PAC]

As prioridades do Governo, na verdade, são obras de infraestrutura, portos, aeroportos, rodovias e ferrovias e, depois, tem 140 bilhões de reais em investimento naquilo que nós chamamos de infraestrutura social, que é a parte habitacional e a parte de saneamento básico. *(2/2/07, Campinas – SP. Entrevista antes da cerimônia de inauguração da Estação de Tratamento de Esgoto Anhumas)*

**... não vão adiante se não são do interesse da população:** A quantidade de obras que estão há 15, 18, algumas há 21 anos totalmente paralisadas no Brasil demonstra que, muitas vezes, a obra não era de interesse da cidade, não era de interesse do Estado, não era de interesse da União. Às vezes, a obra era do interesse de quem a projetou ou, quem sabe, de meia dúzia de pessoas que pensaram em fazer aquela obra. *(14/8/03, Brasília – DF. Entrega dos relatórios dos 27 Fóruns da Participação Social no PPA 2004-2007)*

**... têm de seguir o que foi combinado entre presidente e governadores:** É preciso que a gente tome cuidado porque senão você dá o dinheiro apenas na parceria, e, muitas vezes, as pessoas, em vez de fazer uma obra que possa resolver um problema grande, ficam tentando fazer quatro ou cinco obrinhas pequenas para atender a totalidade da cidade. O que estamos fazendo? Nós estamos fazendo com que o governador e o presidente da República assumam juntos o compromisso de ser coordenadores daquelas obras, para que os municípios possam cumprir exatamente aquilo que foi determinado. *(8/5/07, São José – SC. Inauguração do Centro Operacional e Administrativo dos Correios e Telégrafos)*

**... ficam paralisadas quando são eleitoreiras:** Quero dizer, Rigotto [Germano Rigotto, governador do Rio Grande do Sul], quero dizer, Luiz Henrique [governador de Santa Catarina], que o dinheiro está aí. As empresas licitadas ganharam as concorrências e vão fazer a obra. Agora é cada um de nós tomar conta da construção; é cada um de nós fiscalizar para que a gente não seja vítima do descaso outra vez. Não tem coisa pior no Brasil do que a gente viajar o tanto que a gente viaja e ver obras paralisadas, são estradas, pontes, ferrovias, portos que começaram em época de eleição; normalmente, se inaugura, se estoura champanhe, se faz festa e, depois, acabadas as eleições, as pessoas vão embora e não fazem mais a obra. *(3/12/04, Palhoça – SC. Assinatura da Ordem de Serviço da Duplicação da BR-101 no estado de Santa Catarina)*

**... sem projeto, podem virar "trambicagem":** É o bom projeto que arruma dinheiro, não é o dinheiro que arruma projeto. Muitas vezes, dinheiro demais, sem projeto, arruma "trambicagem", gente inventa obra, gente inventa estrada, gente inventa pontes. *(18/8/03, Pouso Alegre – MG. Retomada das obras da rodovia Fernão Dias e anúncio da recuperação de seis mil quilômetros de rodovias federais em todo o país)*

**... com projeto, podem não sair do papel:** Muitas vezes a gente libera um dinheiro e a gente pensa que a obra já começou. E às vezes a gente passa três meses e a obra não começa. É uma tal de burocracia para cá, burocracia para lá, projeto para lá. *(16/6/06, Olinda – PE. Liberação de recursos do Fundo Nacional de Habitação e Interesse Social para urbanização de assentamentos)*

**... têm o início prejudicado por normas legais:** Aprovamos o PAC [Programa de Aceleração do Crescimento], e aí eu estou em uma reunião, um belo dia, o ministro Guido Mantega [da Fazenda] e o ministro Paulo Bernardo [do Planejamento, Orçamento e Gestão] falam assim para mim: "Presidente, nós temos..." Como é o tal de Cauc [Cadastro Único de Convênio, banco de dados da Secretaria do Tesouro Nacional para verificar se os entes federativos estão em dia com a Constituição Federal, Lei de Responsabilidade Fiscal, Lei de Diretrizes Orçamentárias e legislação aplicável a questões referentes a repasses de recursos por parte da União]? Ou seja, os estados que fizeram acordo conosco não podem pegar dinheiro porque tem o negócio do Cauc. O cara que está devendo para a Previdência Social, para o Governo Federal, às vezes o cara deve hoje, amanhã não deve, depois deve amanhã. Todo dia, ele sobe e desce no ranking do Cauc. Eu falei: "Guido, não é possível, eu estou há mês andando por este país anunciando o PAC, agora você vem me dizer que tem um tal de Cauc. Tira esse inferno desse Cauc e vamos liberar as obras do PAC." *(9/5/08, Salvador – BA. Assinatura do Pacto Federativo do programa Territórios da Cidadania, lançamento do programa Bolsa Formação e do Programa Habitacional para Agentes de Segurança Pública, lançamento dos projetos Farol, da ferrovia Leste-Oeste, da Via Expressa Portuária e do PAC Habitação e Saneamento na Bahia)*

**... quando são de infraestrutura, só são feitas com dinheiro público:** Quando se trata de infraestrutura, há um componente que, queiramos ou não, é essencial, chamado "dinheiro". E só se pode fazer investimentos em infraestrutura se tiver dinheiro próprio, que tem que estar previsto no Orçamento da União, portanto, aprovado pelo Congresso Nacional. Ou se consegue financiamento do exterior para poder fazer a obra de infraestrutura. Caso contrário, tudo passa a ser um sonho não realizável. *(25/6/03, Brasília – DF. 1.º Seminário de Infraestrutura para o Desenvolvimento Sustentável)*

**... quando são de infraestrutura, podem ser feitas em parceria com a iniciativa privada:** E as outras obras, para as quais nós não temos dinheiro? Vamos ter que fazer parcerias. Nós sempre afirmamos, aqui no Governo, que é o projeto que faz o dinheiro, não é o dinheiro que faz o projeto. Se você tentar convencer um empresário a investir em alguma coisa de forma abstrata, apenas pelo seu bom discurso, você não vai trazer um níquel para cá, mas se você tiver um bom projeto, que tenha base de sustentação, que tenha viabilidade econômica, pode ficar certo que muita gente vai ter interesse de investir os recursos aqui no Brasil. *(14/8/03, Brasília – DF. Op. cit.)*

**... devem ser feitas, em alguns casos, mesmo se forem caras, pois é mais custoso não fazê-las:** Esse projeto já foi orçado em cinco, em seis, em dois, em três, a quantidade de bilhões que vocês possam imaginar. Mas o dado concreto é que, em 1847, portanto há 160 anos, dom Pedro teve a ideia de fazer a transposição das águas. Significa que, naquela época, o imperador tinha detectado que o problema da seca era grave. Possivelmente, na hora que ele reuniu os seus conselheiros, alguém disse: "Não tem dinheiro, custa muito caro." Então, isso foi sendo protelado até os dias de hoje. Mas nós temos a responsabilidade de discutir o custo da obra. Temos que, antes de discutir se ela custa cinco ou seis bilhões de dólares, discutir quanto custou, nesses últimos 160 anos, não fazer a transposição de águas do rio São Francisco para o Nordeste brasileiro. *(14/8/03, Brasília – DF. Op. cit.)*

**... grandes geram coisas que o presidente não pode falar:** Eu me lembro de uma frase famosa de um prefeito que disse uma vez: "O povo está preparado para participar apenas das decisões sobre obras pequenas, das grandes é muito difícil." Das grandes é que é mais fácil. Acontece que é nas grandes obras que têm, muitas vezes, as grandes coisas que todo mundo sabe que um presidente da República não pode falar. *(14/8/03, Brasília – DF. Op. cit.)*

**... se tiveram início, têm de ser terminadas:** Se não temos dinheiro para fazer dez obras, nós temos que definir cinco. Mas temos que definir cinco, anunciar, começar e acabar. *(18/8/03, Pouso Alegre – MG. Op. cit.)*

**... podem demorar como as pirâmides do Egito, e isso não importa:** Imaginem se a pessoa que pensou em construir a torre Eiffel estivesse pensando apenas no seu tempo de vida [Gustave Eiffel, engenheiro francês; a torre foi erguida em dois anos e inaugurada em 1889; o engenheiro faleceu em 1923]. Ele não construiria. Como tantas outras obras que a humanidade admira não estariam construídas hoje. Se nós pensássemos apenas no mandato de um governante e não em décadas e décadas, nós não teríamos sequer uma pirâmide construída no Egito. *(25/6/03, Brasília – DF. Op. cit.)*

**... devem ser inauguradas pelo presidente:** Eu espero voltar aqui [Catu – BA], em uma outra vez, já com essas obras prontas, e espero que me convidem para inaugurá-las. Por enquanto, nós viemos anunciar o começo, mas, no dia da inauguração, eu peço a Deus que esteja vivo, que você esteja viva, e que o povo todo esteja aqui, para a gente comemorar mais uma obra na Bahia. *(9/5/08, Catu – BA. Visita ao projeto Gasoduto Sudeste-Nordeste e primeira solda do gasoduto no trecho Catu/BA-Cacimbas/ES)*

**... podem reservar ao presidente um lugar na História:** Eu quero passar para a História pelas obras que nós fomos capazes de fazer neste país, pela mudança de relação entre Estado e sociedade. E, para isso, podem ficar certos, eu tenho as pernas curtas, mas os passos são largos. *(27/6/03, Brasília – DF. Abertura do Encontro Nacional de Vereadores e Deputados Estaduais do Partido dos Trabalhadores)*

**... de Lula não têm a ver com cimento e tijolo:** Um homem não é marcado pela quantidade de anos que ele vive ou pela quantidade de anos em que ele fica no mandato. Um homem é marcado pela grandeza da sua obra, e a minha obra é recuperar a autoestima do povo brasileiro e colocar o Brasil no mundo de cabeça erguida, porque nós não somos uma raça inferior, nós somos iguais a qualquer outro no mundo e precisamos entrar nas negociações, sejam políticas, culturais ou comerciais, de cabeça erguida. Quem tem que resolver o problema do desemprego no Brasil somos nós, quem tem que fazer a reforma agrária somos nós, quem tem que acabar com o analfabetismo somos nós, quem tem que cuidar do salário com carinho especial somos nós, e isso, pode ter certeza, nós vamos fazer e, se Deus quiser, essa será a grande obra do nosso Governo. E para isso, tenho certeza, vou contar com o apoio dos trabalhadores brasileiros e com o apoio dos empresários brasileiros. *(2/5/03, Ribeirão Preto – SP. Inauguração da Termelétrica da Companhia Energética Santa Elisa)*

## OMC (Organização Mundial do Comércio)

[ver: potência]

Todo mundo sabe que, se não acontecer um acordo sobre o comércio agora, a OMC vai perder credibilidade, as pessoas vão se perguntar para que ela existe. E como entrou pela primeira vez na discussão da Rodada de Doha [negociações iniciadas em 2001 no âmbito da Organização Mundial do Comércio relativas às barreiras comerciais] a palavra desenvolvimento, isso é importante porque não adianta os países ricos acharem que vão ajudar os países pobres dando um pouquinho de dinheiro, não. É muito melhor a gente investir em projetos de desenvolvimento nos países mais pobres. *(29/1/07, Rádio Nacional. Programa de rádio* Café com o Presidente*)*

**... regula o comércio do mundo, e por isso deve abrigar a China:** Eu tomei uma decisão pessoal, eu ouvi muita gente que era contra, eu tomei uma decisão pessoal porque eu não posso ter um gigante como a China trabalhando pelas portas, pelas laterais. O jeito de a gente ter a China sendo uma Economia de mercado mesmo é levá-la para dentro da OMC, para cumprir as mesmas regras que nós cumprimos. Deixá-la solta... Imagine a China e a Índia soltas no mundo, com dois bilhões e trezentos milhões de habitantes, ninguém segura. Então, a minha decisão foi a seguinte: não adianta eu ficar xingando os produtos chineses ou, às vezes, ficar reclamando da China. Eu tenho que trazer a China para a legalidade comercial do mundo. E onde é isso? É na OMC. *(20/6/07, Brasília – DF. Entrevista ao jornal* Valor Econômico*)*

**... tem uma correlação interna de forças obsoleta, que pode ser modificada:** Se olharmos para o mundo, vamos perceber que a geografia do mundo não é a mesma de 1945, é outra. As forças políticas são outras, as forças econômicas evoluíram. Então, nós precisamos mudar. A OMC precisa ser democratizada. Quando o Brasil entra na OMC brigando contra subsídio do açúcar – os europeus criavam problema para nós –, e nós ganhamos; quando o Brasil entra na briga do algodão, e ganhamos, quem é favorecido não é apenas o Brasil, comercialmente. *(4/5/05, Brasília – DF. Entrevista aos jornalistas franceses da TV5 [Slimane Zeghidour], Rádio França Internacional [Pierre Ganz] e revista* Paris Match *[Olivier Royant])*

**... é a instituição por meio da qual o Brasil se relaciona comercialmente com o mundo desenvolvido:** A nossa relação com o chamado mundo desenvolvido, a nossa relação na OMC, é uma relação de persistência. Não dá para a gente aceitar, de pronto, que nós somos fracos e que, portanto, já perdemos. Se fosse assim, não precisaríamos fazer nada. Ou seja, é exatamente por eles pensarem que nós somos fracos que nós temos que mostrar que somos fortes, que temos disposição para negociar, e que a gente vai negociar de cabeça erguida, porque ninguém respeita aquele que está de cabeça baixa. *(4/11/03,*

*Maputo – Moçambique. Visita ao Centro de Estudos Brasileiros – CEB)*

**... é a instituição por meio da qual o Brasil busca o fim dos subsídios dados pelos países ricos:** É por isso que nós estamos brigando na OMC, para que a gente possa acabar com os subsídios dos países ricos, para que os produtos dos países emergentes e dos países pobres possam chegar ao mercado internacional mais valorizados, senão a competitividade fica desigual. *(7/12/05, Brasília – DF. Entrevista coletiva às emissoras de rádio Band AM e Bandnews FM, CBN e Jovem Pan, no Palácio do Planalto)*

**... é a instituição por meio da qual o Brasil, antes de Lula, era coadjuvante:** Pela primeira vez o Roberto Rodrigues [ministro da Agricultura], que é um especialista em negociação, junto com o Ministério das Relações Exteriores e com o Ministério do Desenvolvimento, Indústria e Comércio Exterior, vai poder participar da reunião da OMC numa posição minimamente vantajosa. Ou seja, eles não entrarão na OMC, desta vez, como coadjuvantes. Entrarão como protagonistas do processo de discussão. *(5/9/03, Esteio – RS. Inauguração oficial da XXVI Expointer 2003)*

**... é a instituição por meio da qual Lula briga com os EUA, sem medo, ao contrário do Governo FH:** No Governo passado, o ministro das Relações Exteriores era contra brigar com a OMC, porque tinha que brigar com os Estados Unidos. Pois bem, nós entramos, compramos a briga e ganhamos. Ganhamos a briga na Organização Mundial do Comércio. E vamos ganhar outra briga, porque este país aprendeu a andar de cabeça erguida, este país aprendeu a ter orgulho de si próprio, e este país aprendeu a respeitar os 176 milhões de brasileiros. *(14/5/04, Franca – SP. Abertura da 35.ª Feira Agropecuária de Franca)*

## Opinião pública

[ver: imprensa; intelectual; jornal; leitor]

Teve um tempo que, no Brasil, se achava que tinha formadores de opinião, que falavam pelo povo. É como se eles fossem atravessadores, intermediários. Hoje o povo está mais esperto, hoje o povo fala: "Eu não preciso de tradutor, porque eu sei pensar, sei falar e sei o que quero." Acredite nisso, meu companheiro, que vai ficar muito mais fácil a gente governar este país. *(20/3/08, Foz do Iguaçu – PR. Entrega dos contratos de cessão de uso de águas públicas para aquicultura, assinatura do termo de cooperação técnica entre Petrobras, Mato Grosso do Sul e Paraná para construção do alcoolduto Campo Grande/Paranaguá, e assinatura de contratos do PAC)*

**... que importa hoje é a do povo:** Mudou o perfil do dirigente da América Latina, e eu acho que o povo deixou de ser o coadjuvante e passou a ser o artista principal. Você ia para uma eleição e se perguntava: "O que os formadores de opinião pública estão pensando?" Hoje você pergunta o que o povo está pensando. Isso em quase toda a América Latina. *(10/12/07. Entrevista exclusiva ao repórter Ricardo Amaral [revista* Época*] durante o voo Argentina-Brasil, após a posse da presidente Cristina Kirchner)*

## Oposição

[ver: bravata; PFL; PSDB]

Eu já fui oposição muitas vezes, perdi muitas eleições e nunca fui chamado para conversar. É importante que as pessoas saibam que, no mundo inteiro, na Inglaterra, nos Estados Unidos, na Alemanha, oposição é oposição, Governo é Governo, quem ganha governa e acabou. *(30/10/06, Brasília – DF. Entrevista à TV Bandeirantes)*

**... pode ser irresponsável ou responsável:** Às vezes eu tenho a impressão de que determinados discursos da oposição trabalham no sentido de evitar que o Brasil dê certo. São pessoas que se levantam e vão dormir sonhando que aconteça um desastre qualquer para que o Brasil não dê certo, para que o Governo não dê certo. Isso é uma bobagem imensa. A oposição é que apresente um programa alternativo para o Brasil, a oposição é que apresente uma proposta de política industrial para o Brasil. A oposição precisa ter o cuidado de tentar não atravancar ou atrapalhar o desenvolvimento do nosso país, tentando obstruir as votações no Congresso Nacional. Essa é a forma de fazer política de um partido que não tem nenhuma experiência. Quando um partido tem 10 ou 12 deputados e não tem perspectiva de poder, ele pode fazer qualquer coisa, mas um partido que já governou este país durante oito anos, ou um partido que já governou este país desde que Cabral aqui descobriu, não pode agir como se fossem estudantes torcendo para as coisas não darem certo. *(11/4/08, Haia – Holanda. Entrevista coletiva a jornalistas brasileiros durante visita à Holanda)*

**... gosta de mostrar coisas ruins relativas aos adversários:** Se um político não mostrar o que ele está fazendo de bom, o de ruim podem ficar certos que a oposição está guardando e, na época da campanha, aparecem coisas das quais você nem lembra mais. *(21/10/04, Rio de Janeiro – RJ. Posse da Diretoria da Federação das Indústrias do Estado do Rio de Janeiro – Firjan)*

**... não gosta de mandatos longos:** Durante toda a campanha eu dizia que era contra a reeleição. Agora, é preciso aumentar o mandato. Se não aumentar o mandato, é melhor ficar a reeleição. Eu sei que para a oposição é ruim, porque a oposição sempre acha um mandato mais longo difícil, uma reeleição difícil. Mas, de qualquer forma, é importante que um presidente da República tenha a possibilidade de concluir um projeto. *(10/10/07, Brasília – DF. Entrevista ao jornalista Kennedy Alencar, do jornal* Folha de S.Paulo*)*

**... tem pressa por eleições:** Mas a questão eleitoral é sempre assim, quem está na oposição tem muita pressa que a eleição venha logo, quem está na situação não tem a mesma pressa. E estou dizendo isso porque fui oposição durante trinta anos da minha vida, quatro anos é uma eternidade para quem está na oposição e é um minuto para quem está na situação. Esse é um dado concreto. *(25/8/05, Brasília – DF. 13.ª reunião ordinária do Pleno Conselho de Desenvolvimento Econômico e Social – CDES)*

**... tem solução para tudo porque não governa:** A verdade é que economista, quando está na oposição, é melhor do que quando está na situação. Na oposição eles têm todas as fórmulas para todos os problemas, mas, quando estão no Governo, não há nenhuma fórmula para nenhum dos problemas. *(15/12/03, São Paulo – SP. Premiação das revistas* IstoÉ, Brasileiro do Ano*;* IstoÉ Dinheiro, Empreendedor do Ano*;* IstoÉ Gente, Personalidade do Ano*)*

**... discorda do Governo porque tem vergonha de concordar:** Em qualquer lugar do mundo, para você aprovar as coisas no Congresso Nacional, você constrói maioria. E à oposição é dado o direito de pensar um pouco no país, de votar favorável quando os projetos são de interesse do país e de fazer discurso contra quando tem vergonha de falar a favor. *(15/9/07, Madri – Espanha. Entrevista coletiva a jornalistas brasileiros, após almoço oferecido pelo presidente de Governo da Espanha, José Luis Zapatero)*

**... é saudável, desde que não atrapalhe o Governo:** Eu estou convencido de que a oposição é saudável, ela é importante no processo democrático, mas tem hora para fazer oposição, tem hora para legislar, tem hora para governar. Se cada um fizer as coisas no tempo certo, nós poderemos fazer oposição e ter o país e os estados andando maravilhosamente bem. *(3/5/07, Uberaba – MG. Entrevista após cerimônia de abertura oficial da 73.ª ExpoZebu)*

**... gosta de criar embaraços:** A oposição é assim no mundo inteiro, e era assim quando o PT era oposição. A oposição quer, muitas vezes, criar embaraços para o Governo, está no papel dela. *(10/12/07. Entrevista exclusiva ao repórter Ricardo Amaral [revista* Época*] durante voo Argentina-Brasil, após a posse da presidente Cristina Kirchner)*

## Orçamento

[ver: dinheiro; prioridade]

Você sabe que discutir Orçamento é sempre muito complicado porque tem muita gente querendo mais dinheiro, e o dinheiro é limitado. Então, nós vamos ter que definir as nossas prioridades para fazer um orçamento mais justo e um orçamento que possa ser cumprido na sua totalidade. *(22/8/05, Rádio Nacional. Programa de rádio* Café com o Presidente*)*

**... é relativo:** Quando houve o corte no Orçamento, eu falei para os ministros: "Eu não estou preocupado, porque, se a máxima do Palocci [Antônio Palocci, ministro da Fazenda] valer, que cada real na mão deles vale dois na nossa mão, então estou com o dobro do Orçamento que penso que estou. Então, eu vou ter que fazer e pedir a Deus que me ajude a fazer o milagre da multiplicação do Orçamento". *(1/5/03, Indaiatuba – SP. Visita ao Retiro de Itaici – CNBB)*

**... não resolve todos os problemas:** Eu acho que muitas vezes a institucionalidade dificulta a vida das pessoas. Eu me convenci, antes e depois das eleições, que os graves problemas que o Brasil tem na área da Cultura, do Esporte, da Educação não serão resolvidos pelo institucional. Se a gente for esperar que no Orçamento da União, do estado ou do município sobre o dinheiro que precisamos para fazer os investimentos nesta área, eu não acredito que a gente resolva isto em quarenta ou cinquenta anos. Eu acredito que se nós tivermos competência de mexer com a mente e com os corações de mulheres e homens deste país, de empresários e empresárias para que entrem nessa jogada e participem dando aquilo que podem dar, nós poderemos, com muito mais rapidez, resolver esses problemas: o problema da fome, da educação, o problema do esporte, do lazer, da cultura. *(2/10/03, Brasília – DF. Apresentação do programa Segundo Tempo e seus parceiros)*

**... quando é cortado, deve poupar a área social:** Sabem os ministros que o Orçamento está apertado. Mas sabe, também, cada ministro que, se tivermos que cortar alguma verba do Orçamento, nós não cortaremos verba da área social. Muitos setores podem esperar mais um mês, podem esperar até mais um ano. Mas quem está com fome não pode esperar nem mais um dia. *(23/1/03, Curitiba – PR. Transmissão do cargo de diretor-geral brasileiro da Itaipu Binacional)*

## Orgulho

[ver: autoestima; humildade]

A verdade nua e crua é que ninguém, ninguém na face da Terra, gosta de viver de favores de quem quer que seja. Todo ser humano nasceu para viver às custas do seu trabalho. Ele tem o maior orgulho quando trabalha e recebe no final do mês um salário, e com aquele salário pode levar as coisas para a sua casa. Não tem nada que dê mais orgulho para um ser humano do que isso. As pessoas podem até aceitar um favor hoje, outro amanhã, ganhar uma cesta básica, ganhar alguma coisa, mas isto tem limite, isto tem muito limite. *(23/12/03, São Paulo – SP. Inauguração da Casa Cor da Rua e lançamento do selo "Amigo do Catador")*

**... é o que Lula sente por ser presidente do Brasil:** Eu já sou um poço de orgulho por ser brasileiro e por ser presidente da República. Eu quero dizer para vocês que eu saio de Urucu ainda com mais orgulho de ser brasileiro, porque um país que tem homens e mulheres como vocês não tem por que não ser otimista e não tem por que não acreditar no futuro. *(22/4/04, Urucu – AM. Inauguração da Unidade de Processamento de Gás Natural de Urucu – UPGN III)*

**... é o que Lula sente ao ser chamado de companheiro, mais do que de presidente:** A coisa que me dá mais orgulho não é alguém me chamar de presidente, tem gente que precisa desse status, tem gente que se recusa não ser chamado de Presidente, coloca no protocolo: tem que chamar de Senhor Presidente, Vossa Excelência. Eu sinto mais orgulho de ser chamado de companheiro Lula, é assim que eu prefiro ser chamado neste país. *(28/7/05, Canoas – RS. Visita às novas unidades de produção da Refinaria Alberto Pasqualini – Refap)*

**... é o que Lula sente quando seus compatriotas são elogiados:** O que me dá mais orgulho é quando um empresário estrangeiro me diz: "Presidente Lula, os trabalhadores brasileiros são melhores do que qualquer outro trabalhador, em qualquer outra parte do mundo, porque não tem tarefa difícil para esses trabalhadores." *(26/4/03, Buíque – PE. Lançamento do Programa Conviver)*

**... é o que Lula sente quando é condecorado pelo Kadafi:** Hoje, quando recebo a condecoração das mãos do presidente Kadafi [Muammar al-Kadafi, chefe de Estado da Líbia, cargo que exercia desde 1969], eu fico muito orgulhoso. Orgulhoso pelo reconhecimento do Governo da Líbia, orgulhoso por ter sido condecorado e muito mais orgulhoso porque esta medalha e esta faixa não pertencem a mim, mas sim àqueles que me fizeram chegar até aqui, que é o povo brasileiro. *(9/12/03, Trípoli – Líbia. Visita à Líbia)*

**... é o que Lula sente quando encontra um brasileiro honesto:** Meu caro Francisco Cavalcante. O Francisco, eu não sei se vocês estão lembrados, que há um ano e pouco atrás surgiu uma notícia daquelas que nos permitem ter mais orgulho do Brasil e do nosso povo. Este homem que vocês estão vendo aqui, elegante – venha aqui, sr. Francisco –, este homem, terno novo, gravata nova, este homem que vocês estão vendo aqui, há mais ou menos um ano, um ano e pouco, ele trabalha na Infraero, presta serviços a uma empresa terceirizada, este cidadão achou dez mil dólares. E para nossa grata surpresa, este companheiro pegou esses dez mil dólares e entregou na Direção do aeroporto. Esse dinheiro era de um cidadão suíço, que depois veio buscar o dinheiro, não sei se lhe deu uma gorjeta, acho que nem falou obrigado. Eu recebi o Francisco no meu gabinete e perguntei para o Francisco: "Francisco, você não teve vontade de ficar com o dinheiro? Afinal de contas, você não tinha roubado, você achou." Ele falou: "Não." Eu falei: "Por quê?" "Porque aquele dinheiro não era meu." *(25/7/05, Brasília – DF. Visita às obras de ampliação da nova pista do Aeroporto de Brasília)*

**... é o que Lula sente quando se depara com os sucessos da Petrobras:** Eu acredito que a Petrobras seja motivo de orgulho porque, ao longo desses cinquenta anos, ela vem se aperfeiçoando, ela vem formando profissionais. A Petrobras é uma empresa de formação e produção de conhecimento porque poucas empresas no mundo têm o grau de competência do seu pessoal como tem a Petrobras. E agora, muito mais orgulho porque a autossuficiência significa que nós agora somos donos do nosso nariz. *(24/4/06, Rádio Nacional. Programa de rádio* Café com o Presidente*)*

**... é o que Lula sente quando inaugura um estacionamento no Aeroporto de Congonhas:** A Infraero está fazendo a sua parte, eu quero aqui dizer que o nosso querido Carlos Wilson [presidente da Infraero] está fazendo uma pequena revolução nos aeroportos brasileiros, ou seja, uma das coisas que eu vou fazer com mais orgulho, Cláudio Lembo [vice-governador de São Paulo], é vir, não sei se em dezembro, inaugurar aquele estacionamento do Aeroporto de Congonhas. *(1/6/05, São Paulo – SP. Abertura do Salão do Turismo – Roteiros do Brasil)*

**... é o que Lula sente ao ver o trabalho do primeiro astronauta brasileiro:** Meu querido Marcos Pontes [tenente-coronel da Aeronáutica e astronauta], eu estou aqui com o vice-presidente da República, José Alencar; com o novo ministro da Defesa, que tomou posse depois que você embarcou para o espaço, o nosso ministro Waldir Pires; com o ministro da Ciência e Tecnologia, Sérgio Rezende; e com o comandante Bueno [tenente-brigadeiro do ar Luiz Carlos Silva Bueno, comandante da Aeronáutica], o comandante que você conhece tão bem. O ministro Sérgio Rezende vai conversar com você, mas antes eu queria dizer para você, Marcos, que essa tua viagem, depois de tantos e tantos anos de espera, depois de tanta angústia que você viveu e, finalmente, conseguimos fazer com que você fizesse a viagem, ela transforma o povo brasileiro num povo um pouco mais orgulhoso, um pouco mais, eu diria, cheio de orgulho porque você, neste momento, representa o orgulho que cada um de nós, brasileiros, sentimos da nossa força, da nossa disposição e, sobretudo, da nossa perseverança. *(5/4/06, Brasília – DF. Videoconferência com o tenente-coronel Marcos Pontes – astronauta brasileiro)*

## Origem

Aos meus queridos companheiros sindicalistas que estão aqui, eu quero dizer: eu não esqueço a minha origem e, portanto, se eu não puder fazer o bem para o trabalhador, podem ficar certos de que o mal eu jamais farei, porque isto está no meu sangue e na minha origem. *(6/5/03, Aracaju – SE. Outorga da Medalha do Mérito Serigy)*

**... não deve ser esquecida:** Se em algum momento da história deste país nós tivemos governantes que não souberam olhar no olho do povo pobre sem pensar em eleição, que não souberam olhar no olho do pobre sem pensar no dia do voto, eu quero dizer para vocês: eu trago nas minhas convicções a minha origem de um homem que não esquece de onde veio e que sabe muito bem para onde vai. *(17/8/05, Vitória da Conquista – BA. Inauguração da eletrificação do Assentamento Amaralina e comemoração ao atendimento de 1.300.000 pessoas pelo programa Luz para Todos)*

**... não é esquecida por Lula, mesmo quando usa terno e gravata:** Não pensem que porque vocês me veem todo dia de terno e gravata que eu esqueci a minha origem e esqueci quem são meus companheiros. *(28/2/08, Fortaleza – CE. Assinatura de atos de saneamento e habitação do PAC)*

**... diferencia Lula dos presidentes anteriores:** Que vocês me cobrem, porque um político precisa ser cobrado, como um filho tem que ser cobrado pela mãe ou pelo pai para estudar, para fazer as coisas certas, para fazer aquilo que tem que ser feito, porque, senão, outras prioridades vão tomando conta da cabeça das pessoas. E quero dizer para vocês, em nome do meu Governo: acho que muitos presidentes que eu conheço, quem sabe, tiveram a mesma preocupação que eu tenho. Quem sabe, a diferença seja na nossa formação política, na nossa origem de classe. Mas, para que a gente não cometa os erros que outros cometeram, tenham consciência de uma coisa: nós não sabemos de tudo e nós não podemos tudo. *(1/12/03, Brasília – DF. Abertura da V Conferência Nacional dos Direitos da Criança e do Adolescente)*

**... define para Lula o pobre como prioridade:** Tenho que aproveitar a minha origem, de onde eu vim, para não esquecer o problema da fome. Os seres humanos, normalmente, reagem de acordo com o chão que os seus pés estão pisando. Se está junto da pobreza, pensa na pobreza, mas se daqui a pouco estiver do lado dos ricos, pensa como os ricos. Eu cheguei à Presidência da República, mas não quero esquecer de onde vim, eu não quero esquecer o mundo onde eu convivi politicamente. Por isso, eu acho importante a gente transformar a fome num problema político. *(16/2/04, Brasília – DF. Perguntas dos participantes da Conferência Anual da Rede Parlamentar de Países-Membros do Banco Mundial)*

**... não é necessária para definir o pobre como prioridade:** A Marta [Suplicy, prefeita de São Paulo] perdeu as eleições. Agora, um dia, a História vai mostrar que São Paulo nunca teve uma prefeita com origem na classe rica de São Paulo que dedicou o seu mandato para fazer política para os pobres desta cidade. *(23/12/04, São Paulo – SP. Celebração do Natal de Jesus – Encontro com moradores de rua – São Paulo – SP – primeiro pronunciamento)*

**... determina os valores das pessoas:** Por isso, estou vindo à terceira comemoração na CNI [Confederação Nacional da Indústria]. E quantas vezes houver um ato em que eu possa falar bem do Senai [Serviço Nacional de Aprendizagem Industrial], podem ficar certos de que aqui estarei, porque, dependendo da origem social, as pessoas não dão valor a determinadas coisas. Para uma pessoa que não precisa do Senai, que pode ir para uma universidade sem passar por um curso técnico, obviamente o Senai não tem a dimensão que teve para mim ou para outras pessoas. *(24/6/03, Brasília – DF. Entrega dos troféus às instituições beneficiárias do programa Senai Solidário e premiação do Concurso Nacional de Criatividade para Docentes)*

**... não determina os direitos básicos:** Todo ser humano, independentemente da sua origem social ou de onde veio, tem o direito de tomar café de manhã, almoçar e jantar, todo santo dia. *(15/9/03, São Paulo – SP. Jantar comemorativo do 50.º aniversário da Associação Brasileira "A Hebraica" de São Paulo)*

**... é um ponto de partida e de retorno:** E quero dizer aos companheiros do Fórum Social Mundial: não sei se no ano que vem ele vai ser feito no Brasil. Queria dizer para vocês que eu não sou gaúcho, mas se [o Fórum] pudesse continuar sendo no Rio Grande do Sul seria uma alegria, não apenas para o gaúcho, mas para os brasileiros. Mas respeito e sei da importância que o Fórum tem para outros países. Se vocês decidirem, certamente não terão tantos brasileiros como aqui, certamente, não sei se eu poderei ir, mas podem ficar certos que, se me convidarem, não tenham dúvida de que eu irei aos Fóruns Sociais, porque eu estou presidente da República, mas, de origem, eu sou do movimento social, de origem eu sou um militante político. Quando terminar o meu mandato, eu não vou para a França nem para os Estados Unidos fazer pós-graduação.

Quando eu terminar o meu mandato, eu vou voltar para São Bernardo do Campo para conviver com os meus companheiros metalúrgicos, de onde eu nasci e, certamente, é para onde eu vou voltar. *(27/1/05, Porto Alegre – RS. Conferência "Chamada Global para a Ação contra a Pobreza", no Fórum Social Mundial)*

## Ousadia

Nós temos que criar alternativas. E qual é a alternativa? É o Brasil ter ousadia, é o Brasil fazer política internacional com mais competência, é o Brasil viajar por esse mundo dizendo: "Olhem, o Brasil tem crianças de rua, sim, o Brasil tem carnaval, sim, o Brasil tem futebol, sim, o Brasil tem prostituição infantil, sim, mas o Brasil tem agricultura, tem trabalhador, tem tecnologia e nós temos coisas para vender para vocês, e queremos vender." *(27/6/03, Brasília – DF. Abertura do Encontro Nacional de Vereadores e Deputados Estaduais do Partido dos Trabalhadores)*

**... faz bem ao país:** Eu acho que um pouco de ousadia vai fazer bem ao país. *(9/10/07, Brasília – DF. Comemoração do 35.º aniversário do Sebrae)*

**... ajuda a superar situações difíceis:** A única coisa impossível é Deus pecar. É a única coisa impossível. Para nós, seres humanos, aquilo que parece impossível é apenas um pouco mais difícil. E, se for mais difícil, precisa de mais ousadia, de mais criatividade para que a gente não deixe de fazer aquilo que é o papel do Estado brasileiro fazer. *(19/4/06, Tenente Portela – RS. Inauguração das obras de eletrificação rural do programa Luz para Todos na Terra Indígena do Guarita)*

**... nem sempre é compreendida:** Era quase que impossível, do ponto de vista econômico, imaginar que o México ia querer se associar ao Mercosul [Mercado Comum do Sul]. E por que isso está acontecendo? Porque quando nós fomos a Cancún, o Chile, o Brasil e outros países tiveram a coragem e a ousadia, nem sempre compreendidos pelos setores da imprensa do nosso continente, que diziam que nós tínhamos sido derrotados. *(24/8/04, Santiago – Chile. Inauguração do seminário "Como Fazer Negócios com o Brasil")*

**... é tão importante quanto a competência:** A Petrobras é uma empresa que tem que levantar a cabeça e fazer acordo com quem ela bem entender, porque ela tem mais competência e não vai perder nunca. Ela vai ganhar se tiver ousadia, ela vai ganhar se tiver coragem. *(24/2/05, Jaguaré – ES. Visita às obras da Estação Fazenda Alegre)*

**... é o que falta à Petrobras:** Ainda falta um pouco de ousadia para a Petrobras. A Petrobras, de vez em quando, não tem dimensão da grandeza dela, e ela não é mais ousada. Porque tem mais espaço para a Petrobras em muitos países do mundo. Tem muito mais buraco para a gente fazer no mar ou fora do mar, e tem muito mais petróleo e gás para a gente tirar. *(9/6/05, Rio de Janeiro – RJ. Conclusão da obra de conversão da Unidade Flutuante de Produção, Armazenamento e Transferência FPSO P-47)*

**... deveria ser algo que todos tivessem:** Este homem [papa João Paulo II], mesmo quando as pessoas discordavam dele, as pessoas o respeitavam porque ele tinha aquilo que toda pessoa tem que ter: um pouco de ousadia, um pouco de, eu diria, um pouco não, muita tolerância, muita perseverança, e conduziu a nossa mente, consciente e inconsciente, para compreendermos, no final da sua vida, que tinha valido a pena fazer o que ele fez. *(8/4/05, Roma – Itália. Entrevista coletiva)*

## PAC (Programa de Aceleração do Crescimento)

[ver: infraestrutura; obra; programa de governo]

O PAC não é um projeto do presidente da República, o PAC não é um projeto do Governo, o PAC é apenas o atendimento das necessidades do Brasil que nós descobrimos, em função das demandas dos próprios governadores de estados, durante o primeiro mandato. *(31/1/07, Suape – PE. Assinatura dos contratos para construção dos dez primeiros navios da Transpetro em Suape/PE)*

**... deve se desdobrar em outros PACs:** O PAC é um programa de integração, uma combinação entre a complementação de obras, por exemplo, da rodovia com a ferrovia, da ferrovia com a hidrovia, e de tudo isso com portos e com aeroportos. Da mesma forma, pretendemos fazer com que o PAC seja apenas o compromisso das obras consideradas prioritárias para o país, sem deixar de reconhecer que os governadores têm outras obras importantes nos estados, por isso vai ser preciso criar o PAC estadual, o PAC municipal, o PAC social, o PAC educacional, o PAC tecnológico, ou seja, agora é o que eu disse lá em Davos, agora ou vai ou racha, porque não há tempo a perder. *(31/1/07, Suape – PE. Op. cit.)*

**... depende da iniciativa privada:** O PAC é um simples compromisso de colocar 504 bilhões de reais, 250 bilhões de dólares, até 2010, na perspectiva de que a iniciativa privada entre nesse negócio. Se, para cada real que nós colocarmos, a iniciativa privada colocar um real, nestes próximos quatro anos nós teremos, então, não 504 bilhões, mas um trilhão de reais tocando a Economia brasileira. *(9/2/07, São Francisco do Conde – BA. Início das operações do Campo de Gás de Manati)*

**... é um programa com cabeça, tronco e membros:** O PAC é o mais importante projeto de desenvolvimento já feito neste país. Não tenho medo de dizer que é o mais importante, com cabeça, tronco e membro. *(13/3/07, São José dos Campos – SP. Lançamento do programa Espaço e Sociedade)*

**... é o mais importante programa de todos os tempos:** O PAC é o programa mais importante já elaborado neste país. *(27/7/07, Teresina – PI. Lançamento do PAC Saneamento e Urbanização no estado do Piauí)*

**... é o mais organizado programa de todos os tempos:** O PAC é, na minha opinião, a coisa mais organizada já anunciada neste país. *(12/6/07, Guarulhos – SP. Abertura do VII Congresso Nacional dos Metalúrgicos da Central Única dos Trabalhadores – CUT)*

**... é o mais planejado programa de todos os tempos:** O PAC é, sem dúvida nenhuma, o mais planejado programa de investimento já feito neste país. *(3/7/07, Fortaleza – CE. Lançamento do PAC saneamento e urbanização no estado do Ceará)*

**... é o mais perfeito programa de todos os tempos:** Eu posso dizer para vocês que o PAC é o mais perfeito projeto de desenvolvimento já feito nesta República, desde que ela foi proclamada, porque ele tem começo, meio e fim para cada obra. *(10/4/07, Brasília – DF. Abertura da Marcha a Brasília em Defesa dos Municípios)*

**... ainda é uma experiência:** O PAC é, eu diria, uma experiência que estamos implementando, e precisamos ter a ousadia de transformá-lo numa coisa muito verdadeira. *(26/6/07, São Paulo – SP. Lançamento do PAC nas áreas de saneamento e habitação)*

**... é exemplo de educação na política:** O PAC é um gesto de educação civilizada da política. Nós aqui estamos, eu duvido que tenha um prefeito deste estado ou de qualquer estado do Brasil que um dia tenha ouvido da minha boca a pergunta: "A que partido você pertence?" Duvido. Mesmo aquele que mais me odeia, que já conversou comigo, eu duvido que ele possa dizer que algum dia eu perguntei a que partido ele pertencia. *(31/7/07, Campo Grande – MS. Lançamento do PAC Saneamento e Urbanização no estado do Mato Grosso do Sul)*

**... é exemplo de republicanismo:** O PAC é a demonstração do jeito republicano de governar, ou seja, todos os governadores, independentemente do partido político, todos os prefeitos, independentemente do partido político, todos estão aquinhoados com uma fatia do dinheiro do PAC, porque nós pensamos, definitivamente, que esse é o momento do Brasil. *(29/10/07, Salvador – BA. Inauguração de unidade do Cimatec/Senai)*

**... tem mãe:** É por isso que eu tenho a Dilma Rousseff [ministra-chefe da Casa Civil], que é a mãe do PAC federal. O Serra [José Serra, governador de São Paulo], para copiar de mim, encontrou uma Dilma para ser a mãe do PAC dele. Essas pessoas têm a responsabilidade de gerenciar. Eu posso dizer para vocês que a Dilma cuida do PAC como uma mãe cuida do seu filho. É preciso saber se ele está bem todos os dias e toda a hora, é preciso saber se ele foi à aula. A Dilma tem que saber se tal ministério está andando, o que aconteceu, se é o Tribunal de Contas, se é o Governo do Estado, se é o prefeito, ou seja, ela tem que acompanhar, prestar contas a mim todos os meses, prestar contas à imprensa a cada quatro meses. Se não for assim, a obra não anda. *(20/5/08, Santos – SP. Assinatura de atos relativos a obras do PAC na Baixada Santista)*

**... tem objetivo eleitoral, para 2010:** Governar é um pouco isso, é a gente exercitar a arte do possível, a arte da competência de deliberar as coisas que são importantes e a arte da paciência para fazer as coisas sem perceber que o nervosismo do cotidiano te permite tomar decisões precipitadas. Então, nós esperamos o PAC até o dia 22 de janeiro de 2007, depois que nós ganhamos as eleições sem o PAC. O PAC é para a próxima, ou seja, por enquanto nós não precisamos do PAC. *(27/7/07, Natal – RN. Lançamento do PAC Saneamento e Urbanização no estado do Rio Grande do Norte)*

**... não é eleitoreiro:** O PAC tem sido frequentemente chamado de "eleitoreiro" por alguns, que não têm interesse em que o nosso Governo dê certo. E isso que você [jornal *O Estado do Paraná*] está citando ["Petistas reclamam que recursos do PAC fortalecem prefeitos de partidos adversários"] comprova justamente o contrário: não me interessa se o governador é meu amigo ou se o prefeito é simpatizante do Governo, o que interessa são as necessidades do povo daquele estado ou daquele município. Vale o que é bom para a população, não para o político. O PAC é um compromisso que assumi com o povo brasileiro. Ele é um programa, acima de tudo, republicano, e as políticas públicas que colocamos em prática no país estão sendo feitas em função das necessidades da sociedade brasileira. *(15/4/08, sem local. Entrevista coletiva por escrito ao* Jornal do Commercio *(AM),* Jornal da Paraíba, O Estado do Mato Grosso do Sul, O Estado do Paraná *e* O Sul*)*

**... vai ser focalizado em grandes concentrações de população pobre:** Nós poderíamos ter escolhido gastar o PAC apenas em grandes avenidas nas cidades mais importantes deste país. Entretanto, nós dedicamos quarenta bilhões de reais para cuidar do quê? Para cuidar das pessoas que vivem em situações mais degradantes, escolhemos as principais regiões metropolitanas do país, onde as pessoas vivem apinhadas em favelas. São Paulo, Eduardo [Braga, governador do Amazonas], em 1970, tinha duas favelas. Hoje, São Paulo tem dois milhões de brasileiros morando em favela, repartindo o seu metro quadrado com barata, com rato, a cada trovoada ele sabe que vai ter uma enchente e vai acordar de noite com a água batendo no seu colchão. Pois bem, o PAC é o começo da mudança disso. Por isso, escolhemos 11 regiões metropolitanas, as que têm maior número de favelas, para investir quase que 70% desse dinheiro, e não ficar picotando um pouquinho em cada lugar, mas pegar o problema mais grave e atacá-lo definitivamente para que aquele problema desapareça da nossa frente. *(20/9/07, Manaus – AM. Assinatura de atos relativos às obras do PAC no estado do Amazonas nas áreas de habitação, saneamento e transportes)*

## Paciência

[ver: pressa; pressão]

Eu nunca encontrei uma pessoa que me cobrasse alguma coisa imediata. Todas as pessoas sabem que se requer um tempo. E nós precisamos apenas ter paciência para esse tempo. É como se nós tivéssemos um filho com febre e quiséssemos mudar de médico e de medicamento. E, entre um médico e outro, esse filho tivesse febre. Você, talvez, tivesse que dar o mesmo medicamento que foi a razão pela qual você tirou a criança do médico. *(23/1/03, Curitiba – PR. Transmissão do cargo de diretor-geral brasileiro da Itaipu Binacional)*

**... é melhor do que o nervosismo:** Eu acredito que nós estamos vivendo hoje um momento de colheita daquilo que nós plantamos ao longo dos últimos anos no Brasil. Eu sei que possivelmente no meu primeiro mandato, no começo do mandato, quando as coisas estavam difíceis, quantos companheiros meus e companheiras espalhados por este Brasil achavam que a gente tinha fracassado e que as coisas não iam dar certo. E eu sempre dizia que a gente precisa ter muita paciência para não permitir que o nervosismo ocasional estrague um projeto que está em andamento. *(11/3/08, Divinópolis – TO. Inauguração do reservatório de contenção da barragem Manuel Alves)*

**... é uma das qualidades de Lula, mas até certo ponto:** Eu sou um homem de muita paciência, eu tenho evitado comentar qualquer coisa. Mas hoje eu fui lançar o Territórios da Cidadania e vi o que significa para as mulheres e para os homens pobres deste país, eu vi o que significa para as pessoas que têm esperanças de melhorar. De repente, alguém fala: "Olha, se entrarem na Justiça, eu vou analisar." Na verdade, ele [Marco Aurélio Mello, presidente do Tribunal Superior Eleitoral e membro do Supremo Tribunal Federal] deu a senha para o PFL e para o PSDB. Foi uma senha. Então, meus companheiros deputados e senadores, eu acho que vocês têm um papel a cumprir – mais do que apoiar o meu Governo e mais do que votar contra os que votam contra –, de fazer valer o Poder Legislativo brasileiro, que faz as leis. O Poder Judiciário interpreta as leis, não faz leis. Então, é preciso que a gente reordene as instituições brasileiras para que elas funcionem cada vez mais democráticas e cada vez mais harmoniosas. *(28/2/08, Aracaju – SE. Inauguração do viaduto Jornalista Carvalho Déda e assinatura de ordens de início de obras da revitalização do rio São Francisco e de saneamento e habitação – PAC)*

**... é uma das qualidades do povo brasileiro:** Vocês sabem que nós só estamos há quatro meses no Governo, e eu sei que esse povo tem uma paciência extraordinária.

Esse povo sabe o que nós faremos neste país. Vocês podem ficar certos, com a fé com que eu estou olhando na cara de vocês: nós vamos fazer cada coisa que nós prometemos neste país. *(6/5/03, Aracaju – SE. Outorga da Medalha do Mérito Serigy)*

**... é uma das qualidades do povo brasileiro, porque ele é muito cristão:** Às vezes eu fico agradecendo a Deus por ver como o povo brasileiro é paciente, porque passar as privações que o povo passa, vendo entrar Governo e sair Governo, e nada acontecer para o povo, é ter muita paciência. O que salva é a fé que o povo tem em Deus, é o que salva. Nós somos muito cristãos e acreditamos sempre que amanhã vai acontecer alguma coisa. *(26/3/08, Recife – PE. Assinatura de ordem de início das obras do PAC no estado de Pernambuco)*

**... deve ser uma das qualidades dos ministros:** Não se preocupe com as cobranças, Marinho [Luiz Marinho, ministro do Trabalho], não se preocupe. As cobranças servem para alertar a gente de que é preciso fazer algo mais, é preciso, às vezes, dar respostas. Mas neste jogo de governar, a paciência é um elemento excepcional para você consolidar aquilo que precisa ser feito no Ministério do Trabalho e aquilo que precisa ser feito para a classe trabalhadora brasileira. Por isso, meu querido, toda sorte do mundo, use a paciência, o trabalho é duro, as viagens serão muitas, daqui a pouco estará apanhando na imprensa. Mas todos nós estamos calejados, preparados. *(12/7/05, Brasília – DF. Posse do ministro do Trabalho e Emprego, Luiz Marinho)*

## Palácios do Planalto e da Alvorada

Se a gente achar que o mundo se resume ao Palácio do Planalto, a gente acabou. Nós temos que perceber que o mundo está lá, nas palafitas do rio Amazonas, de Manaus, nas palafitas de Recife, e daí por diante. *(1/5/03, Indaiatuba – SP. Visita ao Retiro de Itaici – CNBB)*

**... na Era Lula, abrigam os únicos que podem salvar o país:** Todo dia, quando chego ao palácio para governar e encontro o José Dirceu [ministro-chefe da Casa Civil], o Antônio Palocci [ministro da Fazenda], o Gilberto Carvalho [secretário particular da Presidência], o José Genoino [presidente do PT], o Olívio Dutra [ministro das Cidades] e todos os ministros, o meu papel é dizer para eles que nós temos que estar cada vez mais tranquilos e cada vez mais convencidos de que somente nós poderemos fazer o que o Brasil precisa que seja feito. *(5/8/03, Brasília – DF. Encontro com lideranças políticas)*

**... fazem os políticos verem a realidade distorcida:** Muitas vezes, lá dentro do Palácio da Prefeitura, lá dentro do Palácio do Governo, lá dentro do Palácio do Planalto, quando tem uma manifestação de vocês, quando tem a gritaria de vocês, é muito cômodo para a gente, que não está morando na situação de vocês, achar que vocês estão radicalizando. *(21/3/06, Salvador – BA. Cerimônia de Regularização Fundiária – entrega de títulos de posse aos moradores de Alagados)*

**... são um espaço democrático:** Quase todos os empresários que, publicamente, sei que trabalharam contra mim na campanha, já os chamei para conversar no Palácio do Planalto. E os tratei como eu trato o Marinho [Luiz Marinho, presidente da CUT], quando vai lá. Tratei igual eu trato o Meneguelli [Jair Meneguelli, presidente do Sebrae] ou o Vicentinho [deputado pelo PT de São Paulo], quando vão lá. Porque eu não ganhei as eleições para governar para o meu umbigo, eu ganhei as eleições para governar para 175 milhões de brasileiros, independentemente do que eles pensam. *(29/5/03, São Bernardo do Campo – SP. Entrega simbólica de 225 toneladas de alimentos para o programa Fome Zero)*

**... no Brasil, com Lula, são o espaço mais democrático do mundo:** Em que momento da História um catador de papel pôde usar a tribuna num palácio governamental? Em que momento da História um morador de rua pôde utilizar a palavra no palácio presidencial em qualquer país do mundo? Por isso que o Brasil, aos poucos, vai sedimentando práticas e exemplos que podem ajudar na conquista da democracia no mundo. *(25/10/06, Brasília – DF. Assinatura do decreto que institui a coleta seletiva dos órgãos federais e anúncio de linha de crédito para catadores de materiais recicláveis)*

**... são o lugar da memória oficial, que Lula não quer ocupar:** Eu quero terminar dizendo para vocês, companheiros, que eu não quero passar para a História do Brasil e não quero ser lembrado como presidente apenas porque no salão de honra do Palácio do Planalto vai ter uma fotografia de um velhinho de cabelo branco: esse foi presidente. Eu não quero passar para a História por essa fotografia. *(27/6/03, Brasília – DF. Abertura do Encontro Nacional de Vereadores e Deputados Estaduais do Partido dos Trabalhadores)*

**... devem ser representativos de toda a nação:** Por isso é que venho, pela nona vez, a uma feira de negócios da agricultura brasileira. Venho aqui com orgulho, para ver essa beleza de animal que está sendo apresentado. Espero que o cavalo crioulo que ganhei seja da mais alta qualidade. O Rigotto [Germano Rigotto, governador do Rio Grande do Sul] vai ter que levá-lo para mim; como, eu não sei, mas vai ter que levá-lo, porque, outro dia, foi um grupo de gaúchos lá em casa, me deram uma égua e, depois, foram embora e eu fiquei sem a égua. Amanhã, vão me entregar a égua, e eu estarei de braços abertos para recebê-la. E me deram também um pé de mate. Quando eu fui plantar, não era um pé, era apenas um galho. Então, agora, também me devem um pé de mate, para eu plantar, porque vou criar um espaço em que vai ter árvore de cada país, de cada estado plantada no terreiro do Palácio da Alvorada, para dar uma densidade nacional. *(5/9/03, Brasília – DF. Inauguração oficial da XXVI Expointer 2003)*

**... têm um espaço físico limitado:** Muitas vezes, os companheiros passaram seis meses sem ter sala para trabalhar, embora fossem ministros, porque queríamos fazer um rearranjo na estrutura do Palácio do Planalto. E não pensem que é fácil a gente conseguir uma sala. Na redação, quando vocês da imprensa querem ocupar uma sala um pouco maior e vão pedir para um companheiro, é quase impossível. Você transforma uma simples sala numa questão de política de Estado. *(23/1/04, Brasília – DF. Anúncio da reforma ministerial)*

**... precisam ser preservados:** Eu, agora, estou recuperando o Palácio da Alvorada, porque aquilo já tem cinquenta anos, e está totalmente deteriorado. E aquilo não é o palácio do Lula, eu estou lá de forma passageira, aquilo é uma estação que pode perdurar cem anos se a gente cuidar, se não cuidar, dura cinquenta. Quando ele estiver deteriorado, vai aparecer um engraçadinho falando: "Vamos implodir." Aí, implode-se, como tantas coisas bonitas neste país já implodiram, porque as coisas bonitas não têm valor em muitos lugares. Aqui, no Brasil, não. Nós vamos lá fora, achamos tudo maravilhoso. Agora não sabem que um castelo daqueles, para ser mantido, custa uma fortuna. E ele é mantido porque a fortuna que se gasta para mantê-lo tem retorno com o despertar da curiosidade de nós mesmos. No Brasil, não, derruba-se tudo. *(21/10/04, Rio de Janeiro – RJ. Abertura do 32.º Congresso Brasileiro de Agências de Viagens)*

**... levam as marcas de Niemeyer e JK:** O Palácio do Planalto é uma das coisas mais fantásticas que nós temos no Brasil. Não só foi arquitetado pelo gênio Oscar Niemeyer, mas teve como primeiro presidente a figura inesquecível do Juscelino Kubitschek. Nós poderíamos deixar passar e ficar do jeito que está. Acontece que se cada presidente que entra deixa para o próximo fazer, e o próximo não pode fazer no primeiro mandato porque nem conhece o prédio e muitas vezes, também, não quer tomar a decisão de fazer... Eu resolvi, exatamente no ano em que fui reeleito presidente da República, fazer a reforma do Palácio do Planalto. *(7/4/08, Brasília – DF. Assinatura de termo de cooperação entre a Casa Civil da Presidência da República e o Governo do Distrito Federal para uso do Palácio do Buriti)*

## Palafita

**[ver: casa; habitação; pobre; pobreza]**

Nós não podemos construir as seis milhões de casas que nós precisamos. Nós precisamos, então, escolher quem precisa de casa e definir as prioridades. Nós precisamos acabar com os moradores de palafitas neste país e dar a eles um mínimo de decência. Quem mora numa grande cidade ou numa cidade média, fora do mangue, simplesmente não conhece o que é uma palafita. Mas eu já vi mulher com uma estaca de pau grudada na costela, que perfurou o seu útero e matou o seu filho. É o tipo de moradia mais degradante que pode existir. *(11/3/03, Brasília – DF. Encontro com prefeitos – VI Marcha a Brasília em Defesa dos Municípios)*

**... é pior do que um barraco na favela:** A palafita é um processo de degradação da moradia, porque quem mora numa favela ainda está com o pé no chão, mesmo que seja um barranco. Mas quem mora numa palafita está em cima da água. *(8/4/03, São Paulo – SP. Lançamento do Programa de Regularização Fundiária em Favelas)*

**... normalmente é a única forma de o pobre morar perto da praia:** Normalmente o povo tem uma casinha popular, geralmente bem afastada do centro da cidade; perto da praia, só se for palafita. *(18/3/05, Aracaju – SE. Entrega de unidades habitacionais do Programa de Arrendamento Residencial – PAR)*

**... prolifera porque o poder público não se importa com os pobres:** Uma palafita começa com um barraco, e em um ano tem mil, em dois anos tem duas mil. Por quê? Porque não era prioridade e não era interessante assumir o compromisso de consertar aquilo, porque pobre neste país, Geddel [Vieira Lima, ministro da Integração Nacional], só é valorizado em época de eleições. *(26/3/08, Recife – PE. Assinatura de ordem de início das obras do PAC no estado de Pernambuco)*

**... é prioridade no Programa de Aceleração do Crescimento:** Praticamente 90% do PAC será atacar os problemas cruciais das regiões metropolitanas, a partir da pior coisa para a menos pior, ou seja, começando a atacar, nos grandes centros urbanos, as palafitas, as favelas, tentando urbanizar e dar condições de vida para isso. *(15/3/07, Brasília – DF. Abertura da reunião com educadores)*

## Palavra(s)

[ver: discurso]

Eu deixei o discurso de lado, porque eu estou convencido de que as palavras e o comportamento dos seres humanos, do Estado brasileiro, do empresariado brasileiro, do povo brasileiro é que determinam se vamos ou não ter sucesso. *(28/3/05, Brasília – DF. Lançamento do projeto Viva Brasil 2005, parte integrante do Ano do Brasil na França)*

**... quando faladas, são menos formais:** Eu tenho certeza de que tudo que eu estou falando aqui vocês já leram no jornal *Valor*. Não com as palavras que eu estou dizendo, mas com outras, coordenadas pelo Celso Pinto [diretor de Redação do jornal *Valor Econômico*], mais sofisticadas. Mas, de qualquer forma, como dizia Paulo Freire: "A gente tem que caprichar é na escriba. Todo mundo tem que entender, o português tem que ser correto. Na palavra, o que vale é a comunicação." E, portanto, eu tenho certeza que nós nos entendemos, e o Brasil precisa disso. *(2/5/05, São Paulo – SP. Comemoração aos cinco anos do jornal* Valor Econômico*)*

**... quando faladas, podem ser uma bobagem:** Quando a gente fala de improviso, a gente pode cometer o erro de falar uma palavra indevida no momento certo [Ao que parece, Lula quis dizer "momento errado".]. Como diriam vocês, quando fazem a rodinha para conversar alguma coisa, poderia se falar alguma bobagem. Mas, em se tratando de bobagem, é melhor a gente falar do que fazer bobagem. *(20/7/05, Recife – PE. Aula inaugural do ProJovem – Programa Nacional de Inclusão de Jovens)*

**... se forem escritas, valem mais:** Como esse é o nosso primeiro encontro, vocês vão ter algum tempo pela frente para cobrar as minhas palavras, até porque, como eu perdi muitas eleições no Brasil, todos vocês que participaram, em algum momento, seja como reitor de universidade, seja como membro da SBPC [Sociedade Brasileira para o Progresso da Ciência], sabem que eu tenho compromissos assumidos por escrito, que eu fazia questão de entregar em todos os encontros da SBPC; tem de 1989, tem de 1994, tem de 1998, tem de 2002, eu acho que deve ter na biblioteca das entidades. É só pegar e cobrar, porque agora eu não posso mais fazer promessa, agora tenho que cumprir aquilo que nós já fizemos durante tantos e tantos anos. O fato ruim de se perder muitas eleições é porque se assume muitos compromissos. *(11/9/03, Brasília – DF. Reinstalação do Conselho Nacional de Ciência e Tecnologia)*

**... quando se governa, não podem ser vazias:** Esse país só pode ser construído se nós tivermos competência e convencer não apenas os empresários brasileiros, mas os empresários de outros países de que o que nós falamos não são meras palavras, está consubstanciado nos atos cotidianos da nossa política. *(27/5/05, Tóquio – Japão. Encerramento da reunião conjunta do Comitê de Cooperação Econômica Brasil-Japão e Seminário Brasil-Japão: Oportunidades de Comércio e Investimento)*

**... quando faladas em inglês, mostram que o sujeito é chique:** O aeroporto do Rio de Janeiro está ficando um brinco, chiquérrimo. Não é mais o cara pegar um ônibus, sair na chuva, agora tem *finger*. Eu, quando aprendo a falar essas palavras assim bonitas, em inglês, eu gosto de repetir, para o povo saber que eu sou chique. *(14/6/07, Angra dos Reis – RJ. Batismo da plataforma P-52)*

**... às vezes, são difíceis de entender:** Nós já inventamos a palavra "estruturante", viu, Plínio [de Arruda Sampaio, presidente da Associação Brasileira de

Reforma Agrária], você tem que ver, na reunião dos ministérios, como é que estão as palavras. Agora tem "transversalidade", tem "estruturantes"! Esses dias eu fiz um ministro traduzir e ele teve dificuldade. *(25/3/03, Brasília – DF. Conselho Nacional de Segurança Alimentar e Nutricional – Consea)*

**... difíceis são o máximo:** Quero dizer para vocês que também é inexorável – de vez em quando eu aprendo uma palavra difícil e a repito muito, inexorável eu acho o máximo – a sustentabilidade do crescimento econômico brasileiro. *(17/7/07, Brasília – DF. 22.ª Reunião ordinária do Conselho de Desenvolvimento Econômico e Social – CDES)*

**... como inveja deveriam ser abolidas:** Inveja deveria ser uma palavra abolida do dicionário e deveria ser proibida, e, quando alguém tivesse, dava um choque nele para lembrar que não se pode ter inveja. *(14/5/07, Hortolândia – SP. Inauguração da fábrica da Dell no Brasil)*

**... sagradas devem ser recuperadas:** Nós precisamos recuperar, no Brasil, duas palavras que são sagradas: fraternidade e solidariedade. Nós temos que recuperar essas duas palavras e, aí, não adianta o Congresso votar uma lei dizendo: "Todo mundo é obrigado a ter ações de fraternidade" ou "Todo mundo é obrigado a fazer ações de solidariedade". Isso não existe em lei. Isso existe numa política de convencimento, de conversar, com a cabeça das pessoas, com o coração das pessoas. *(23/12/04, São Paulo – SP. Celebração do Natal de Jesus – Encontro com moradores de rua)*

**... se forem sinceras, são compreendidas em qualquer língua:** Eu, agora mesmo, estou falando aqui, em português, e deve haver companheiro aí francês, inglês, deve haver gente da China, da Índia, que não está entendendo nada do que estou falando. Entretanto, aqueles que não entenderem as minhas palavras, e são pessoas que acreditam no Fórum Social Mundial, olhem nos meus olhos, que vão entender cada palavra que eu falar. *(24/1/03, Porto Alegre – RS. III Fórum Social Mundial)*

**... diferem, se proferidas por oposição ou Governo:** Quando você está no Governo, você muda duas palavras-chaves. Quando a gente é oposição, a gente fala: eu acredito, eu penso, eu acho. Quando você é Governo, ou você faz ou não faz, ou você pode ou não pode. Você não pode dizer: eu acho que eu posso fazer isso, eu acho que eu posso fazer aquilo. Não. Ou você faz ou não faz. *(20/10/05, Brasília – DF. Abertura do 11.º Congresso Nacional do PCdoB)*

**... do presidente têm mais peso:** Bem, meus companheiros, vocês sabem que falar como presidente da República é diferente de falar como presidente do PT ou militante político, porque as palavras são carregadas de maior responsabilidade e de maior atenção. *(7/12/05, Brasília – DF. Posse da nova Executiva Nacional do PSB)*

**... têm muito valor, e Lula demorou a perceber isso:** Muitas vezes nós somos vítimas do nosso discurso. Eu demorei muito tempo para aprender o valor das palavras. Cada palavra que você fala tem um peso muito grande porque, dependendo de como você falou, você não pode voltar atrás. *(20/12/07, Brasília – DF. Bate-papo com jornalistas do Comitê de Imprensa na Presidência da República, durante café da manhã de confraternização pelo final de ano)*

**... devem ser bem-escolhidas:** Nós temos que tomar muito cuidado com o que falamos, com o que publicamos e, muitas vezes, até com o que pensamos, porque as nossas palavras são captadas no exterior da forma e do interesse político deles [países desenvolvidos e em desenvolvimento], na competitividade conosco. *(21/10/04, Rio de Janeiro – RJ. Posse da Diretoria da Federação das Indústrias do Estado do Rio de Janeiro – Firjan)*

**... devem ser abreviadas em alguns momentos:** Vocês viram que eu desprezei o meu discurso, porque esta gente está aqui desde as 8h da manhã, e de vez em quando nós precisamos diminuir o "pac" das palavras e fazer as coisas mais curtas. *(30/5/08, Belém – PA. Assinatura de atos e lançamento de programas em Belém do Pará)*

## Palpite(s)

[ver: opinião pública]

No Brasil, nós temos muita gente que tem o hábito de dar palpite sobre tudo, mesmo que não conheça. O Brasil, eu acho que é um país extraordinário porque todos nós entendemos de tudo, e, sobretudo, quando alguém coloca um microfone na frente ou um rádio. Eu digo sempre que no Brasil tem gente que abre a geladeira de manhã, vê a luz e já começa a dar declaração, achando que é televisão. *(7/4/06, Brasília – DF. Lançamento do Plano Nacional de Prevenção da Influenza Aviária)*

**... são fáceis de dar:** Muitas vezes é fácil dar palpites. Eu vejo muito, na televisão, darem palpites: "Não, porque tem que gerar empregos, porque tem que gerar isso, porque tem que gerar aquilo." *(17/6/04, Brasília – DF. Abertura da 1.ª Conferência Nacional do Esporte)*

**... são comuns entre os pessimistas:** Eu não me canso de dizer que no Brasil nós temos os pessimistas de plantão. Aqueles que se levantam de manhã, sem querer enxergar a realidade, e dão palpites e mais palpites, que viram manchetes e mais manchetes de coisas que, na verdade, não estão acontecendo. São coisas que eles gostariam que acontecesse porque no Brasil tem gente que não se contenta em ver alguém fazer mais do que eles. Tem gente que não se contenta que as coisas deem certo. *(6/4/06, Campinas – SP. Lançamento do edital de licitação para o Aeroporto Industrial de Campinas e anúncio de melhorias urbanas para a comunidade do entorno de Viracopos)*

**... não deixam o Brasil dar certo:** Eu sempre achei que, muitas vezes, as coisas no Brasil não davam certo porque pessoas que não entendem dão muito palpite. *(12/6/03, Brasília – DF. Lançamento do Plano Agrícola e Pecuário – Safra 2003/2004)*

**... quando dados por estrangeiros, não são necessários ao Brasil:** Viajo de helicóptero, eu vejo aqueles gringos dando palpites na nossa Amazônia e eu vejo os países deles carecas, não têm nada. Nós precisamos dizer que nós somos os donos da Amazônia e nós sabemos cuidar das nossas florestas, nós sabemos cuidar da nossa água. Não precisa ninguém dar palpite. *(7/12/07, Macapá – AP. Assinatura do decreto de transferência de domínio de terras da União para o Governo do estado do Amapá e atos para o Amapá)*

**... atrapalham a harmonia institucional:** O Governo não se mete no Poder Legislativo, não tem um palpite meu no Poder Legislativo. E o Governo não se mete no Poder Judiciário. Se cada um ficar no seu galho, o Brasil tem chance de ir em frente. Se cada um quiser dar palpite na vida do outro, a gente pode conturbar a tranquilidade que a sociedade brasileira espera de nós e crê que nós vamos implantá-la. *(28/2/08, Aracaju – SE. Inauguração do viaduto Jornalista Carvalho Déda e assinatura de ordens de início de obras da revitalização do rio São Francisco e de saneamento e habitação – PAC)*

**... não são a melhor forma de exercer liderança:** A saída para os países pobres é se juntarem, para poderem lutar na sua relação com os ricos. Se ficar cada um achando que, sozinho, vai encontrar a solução, não vai haver solução. E o Brasil pode jogar o papel de liderança. Não aquela liderança hegemônica, aquela liderança que quer mandar, que quer dar palpite, que quer que os outros façam somente o que ela gosta, mas aquela liderança generosa, que faça parceria, que ceda quando tiver que ceder. *(1/5/03, Indaiatuba – SP. Visita ao Retiro de Itaici – CNBB)*

**... são sinônimo de falta de conhecimento:** Vejam o que é o destino, eu já fui criticado aqui no Ceará, já teve uma carta de repúdio a mim na Assembleia Legislativa do Ceará porque diziam que eu era contra a transposição do São Francisco. Eu nunca fui contra nem a favor, porque eu não dou palpite naquilo que eu não conheço, mas tinha outros candidatos que chegavam no Ceará e eram favoráveis, chegavam na Bahia e eram contra, chegavam em Pernambuco, eram favoráveis, chegavam em Sergipe, eram contra. Como eu não tenho duas caras, eu tenho uma só, e vocês já estão percebendo que não é das melhores, pois bem, eu, que nunca prometi trazer água do São Francisco para o Ceará, quero dizer para vocês que, se Deus quiser, ainda este ano, nós vamos começar a fazer o canal que vai ser a redenção de 12 milhões de famílias no semiárido nordestino. *(26/8/05, Quixadá – CE. Lançamento do Programa do Desenvolvimento Regional Sustentável do Banco do Brasil e inauguração do Centro de Comercialização da Agricultura Familiar de Quixadá)*

**... podem ser dados pelo Governo:** Muitas vezes, se perguntado, a gente dá um palpite. Por exemplo, quando a Petrobras foi fazer um contrato das plataformas e dos navios, havia uma disputa se tudo ia ser feito no Rio ou se a gente iria dar um pedaço para os outros estados. E nós conseguimos, embora deixando a maior parte no Rio, demos um pouco para o Espírito Santo, um pouco para São Paulo, um pouco para o Paraná, um pouco para o Rio Grande do Sul e um pouco para a Bahia, para distribuir um pouco a geração de emprego e de riqueza no país. *(22/12/04. Brasília – DF. Anúncio da criação do Polo de Poliéster do Nordeste)*

**... podem ser dados pelo presidente:** Eu não ia falar porque, com tanta gente especialista em educação, não precisaria o presidente da República falar sobre Educação. Mas eu quero dar uns palpites porque esta é a hora em que a gente dá sugestão. *(23/3/06, Brasília – DF. 16.ª Reunião Plenária do Conselho de Desenvolvimento Econômico e Social)*

## Papa(s)

[ver: Deus; Igreja]

No ano passado, quando eu fui à ONU [Organização das Nações Unidas], na reunião com os chefes de Estado, discutir a questão da fome, ele [papa João Paulo II] mandou a segunda pessoa mais importante da Igreja participar do evento, de forma que a imagem que ele construiu é uma imagem altamente positiva para a sociedade que, eu acho, vai continuar a alimentar milhões e milhões de seres humanos que veem no papa um exemplo de dedicação, perseverança e de vontade de fazer as coisas melhores. *(4/4/05, Rádio Nacional. Programa de rádio* Café com o Presidente*)*

**... dão esperança ao povo:** O que eu acho fundamental na vinda do papa Bento XVI ao Brasil é, na verdade, a expectativa e a esperança do povo. João Paulo II, quando veio aqui em 80, e depois voltou mais duas vezes, irradiou, na verdade, uma coisa muito forte na fé do povo. Eu penso que a vinda da Sua Santidade, o papa Bento XVI, neste momento, é extremamente importante. *(7/5/07, Rádio Nacional. Programa de rádio* Café com o Presidente*)*

**... são a maior autoridade da Igreja:** Mas o papa vem de vez em quando, e o papa é a autoridade maior da Igreja, então, é diferente. *(7/5/07, Brasília – DF. Entrevista à Rede Católica de Rádio)*

**... são, folcloricamente, a maior autoridade do mundo:** Este país é assim: prefeito joga culpa no governador, que joga a culpa no presidente, que joga a culpa no FMI [Fundo Monetário Internacional], que joga a culpa no papa e que volta para o povo. *(15/9/03, Rio de Janeiro – RJ. Abertura do 37.º Congresso Nacional de Supermercados)*

**... não têm a obrigação de conhecer o PAC:** Não basta dar entrevista, é preciso mandar o material do PAC [Programa de Aceleração do Crescimento] para os editores dos jornais, para os donos dos jornais, para os editores de televisão, para os donos de televisão e para quem mais quiser. Eu só não vou entregar para o papa agora, porque o papa não tem obrigação de saber o que é o PAC. *(8/5/07, São José – SC. Inauguração do Centro Operacional e Administrativo dos Correios e Telégrafos)*

**... João Paulo II era um ativista pela democracia e pela justiça social:** Foi com muita tristeza e dor que Marisa e eu recebemos a notícia da morte do papa João Paulo II. Um papa que foi operário na sua juventude, um papa que dedicou, antes de ser papa, parte da sua vida lutando contra adversidades como o nazismo, um papa que teve um comportamento extraordinário na luta pela redemocratização do Leste Europeu, um papa que dedicou toda a sua passagem pela Igreja na luta pela justiça social e no combate à pobreza. *(2/4/05, Brasília – DF. Declaração sobre o falecimento do papa João Paulo II)*

**... Bento XVI não é tão conservador quanto dizem:** Veja, muita gente fala, escreve e dá palpite antes, dizendo que o papa [Bento XVI] era extremamente conservador e queria tocar apenas em temas conservadores quando, na verdade, o que aconteceu foi que o papa teve um comportamento de muito compromisso com as questões sociais. Ele teve uma preocupação de conhecer os problemas de perto aqui no Brasil, e teve vários pronunciamentos em que o papa colocou críticas profundas à questão da criminalidade, à questão da violência, à questão do abandono social a que os pobres do mundo estão submetidos. Então, eu achei que foi um comportamento muito digno, um comportamento, eu diria, benéfico para nós, povo brasileiro. *(14/5/07, Rádio Nacional. Programa de rádio* Café com o Presidente*)*

## Parceria(s)

[ver: harmonia]

A sabedoria da política está no fato de você saber construir as alianças com os contrários, de construir as parcerias dentro da adversidade. Ninguém precisa torcer para o mesmo time ou ter como profissão de fé a mesma religião. O que nós precisamos é ter uma única coisa: compromisso com este país. *(21/1/08, Brasília – DF. Posse do ministro de Minas e Energia, Edison Lobão)*

**... são a melhor forma de gerenciar o Brasil:** A melhor forma de gerenciar o Brasil e os problemas do Brasil para encontrar a solução é você consolidar as parcerias entre os entes federados e a sociedade civil. *(26/6/07, Brasília – DF. Renovação do compromisso com o pacto Um Mundo para a Criança e o Adolescente do Semiárido Brasileiro de 2007 a 2010)*

**... são fundamentais entre o presidente e os governadores, quando são sérios:** Quero ser testemunha, aqui, de que o governador Marconi Perillo [de Goiás] tem sido um parceiro exemplar. Em nenhum momento ele tem se negado a fazer todo e qualquer tipo de convênio junto com o Governo Federal para que as coisas comecem a andar, seja diretamente com o presidente da República, seja com os ministros. E não tenho dúvida nenhuma de que vamos continuar fazendo muitas parcerias, porque o Brasil precisa de homens sérios, o Brasil precisa de gente que tenha coragem, o Brasil precisa de gente que tenha a coragem de olhar na cara do povo e, com a mesma sinceridade que tem para dizer "sim", também ter para dizer "não", porque o povo brasileiro não suporta mais mentiras, não suporta mais que as coisas não sejam cumpridas. *(12/3/04, Cavalcante – GO. Lançamento da Ação Kalunga)*

**... são melhores quando o governador é mais qualificado do que os outros:** Quero agradecer ao Paulo Hartung [governador do Espírito Santo] pelas parcerias que temos feito. Obviamente que essas parcerias dão muito melhor quando o governador tem o nível qualificado que você tem para fazer os acordos com o Governo Federal. *(10/6/06, Serra – ES. Início das obras do Gasoduto Cabiúnas-Vitória [Gascav], trecho inicial do Gasoduto Sudeste-Nordeste [Gasene])*

**... devem ter a cumplicidade da sociedade civil:** Hoje, todos nós estamos convencidos de que a sociedade civil tem que ser cúmplice das boas parcerias que os Governos fazem. *(7/3/07, Rio de Janeiro – RJ. Laçamento do Rio Solidário – Obra Social do Rio de Janeiro)*

**... devem ser feitas com a iniciativa privada quando o Estado não consegue fazer as obras:** É preciso instituir, no Brasil, as parcerias que o Aécio Neves [governador de Minas Gerais] falou aqui, que o Anderson [Adauto, ministro dos Transportes] falou, porque aquilo que o Estado não pode fazer, o Estado precisa fazer em parceria com quem pode fazer, para que a gente possa concluir determinadas obras que, historicamente, são reivindicadas pelo povo brasileiro. Mas entra Governo, sai Governo, e essas obras não acontecem nunca. Por quê? Porque cada Governo define a sua prioridade, cada Governo quer deixar a sua placa, quer deixar a sua marca. E eu penso que, como nós somos uma nova geração de Governo, meu caro governador, a única placa que nós queremos deixar é a placa de que "o país ganhou" com a nossa passagem pelo Brasil e pelo estado de Minas Gerais. *(19/2/04, Campo Florido – MG. Inauguração do trecho da BR-262)*

**... quando não são feitas podem custar caro:** Nós precisamos aproveitar cada milímetro de oportunidade que surge na nossa frente e, por isso, nós tomamos como decisão fazer os investimentos que precisam ser feitos, fazer as parcerias que precisarem ser feitas para que o Brasil não permita, em nenhum momento, que voltemos a ser vítimas de um apagão de energia como fomos em 2001, porque esse erro cometido pode desmotivar qualquer pessoa que tenha interesse em investir no Brasil se nós não garantirmos que vamos ter energia. *(9/2/07, São Francisco do Conde – BA. Início das operações do campo de gás de Manati)*

**... não estão acima dos negócios:** Na década de 80, o Brasil encontrou uma das maiores reservas de petróleo do mundo no Iraque, na época o presidente era o Saddam Hussein. O que aconteceu? Quando nós descobrimos a maior reserva do mundo, que ainda não foi explorada, o Saddam Hussein chamou a Petrobras e falou: "Olha, meus filhos, parceria é parceria, mas essa riqueza é do povo iraquiano." E nós temos que compreender que é assim mesmo. *(10/11/07, Santiago – Chile. Entrevista após sessão plenária da Conferência dos Chefes de Estado e de Governo Ibero-Americanos)*

## Partido(s)

[ver: PFL; PMDB; PSDB; PT]

Os partidos políticos precisam ter respeitabilidade na sociedade. Para isso, tem que haver regras democráticas muito sólidas e muito fortes. Às vezes, o que tem acontecido no Brasil é que as pessoas acabam de ganhar as eleições, nem tomam posse e já mudam de partido. *(10/4/03, Brasília – DF. Reunião do Conselho de Desenvolvimento Econômico e Social)*

**... só têm militantes que têm energia apenas para disputar o poder:** Eu estou acostumado, na minha vida, às pessoas brigarem tanto para ser alguma coisa, e depois que o são, não exercem 10% da energia que o fizeram brigar para ser ocupante de um cargo. Isso acontece muito nos partidos, acontece muito nos sindicatos, acontece muito no movimento social. As pessoas brigam, fazem guerra. Quando assumem o posto, nunca mais aparecem. Ou seja, aparecem na próxima reunião para brigar outra vez. *(11/9/03, Brasília – DF. Reinstalação do Conselho Nacional de Ciência e Tecnologia)*

**... perdem a importância para quem chega ao ápice do poder:** Quando nós somos guindados a um posto de presidente da República, que é o posto mais importante que um ser humano pode exercer num país, ou quando nós somos guindados a um cargo de governador de estado, que é o cargo mais importante dentro do estado, nós não temos mais o direito de ficar olhando as cores das bandeiras dos partidos a que pertencemos e tampouco temos o direito de tratar algumas pessoas melhores que as outras. *(19/2/04, Campo Florido – MG. Inauguração do trecho da BR-262)*

**... só devem ter divergências entre si durante as eleições:** Eu acho que tem um tempo em que a gente briga, tem um tempo em que cada um pertence a um partido político. Isso é que nem uma partida de futebol. Vocês já assistiram a uma partida de futebol com um adversário de vocês no sofá? Quantas vezes dá vontade de brigar com o nosso companheiro que está do lado? Terminada a partida, o que você faz? Governar é a mesma coisa. Terminou a eleição, o Governo Federal não tem que se preocupar se o prefeito [Ao que parece, Lula quis dizer "governador"] é desse ou daquele partido político; o governador não tem que se preocupar se o prefeito é desse ou daquele partido político. Os prefeitos não devem se importar se o presidente é desse ou daquele partido político, se o governador é desse ou daquele partido político. Nós temos a responsabilidade de, em quatro anos, governar e cumprir cada palavra que nós assumimos nos palanques com o povo, na época das eleições. *(11/3/03, Brasília – DF. Encontro com prefeitos – VI Marcha a Brasília em Defesa dos Municípios)*

**... não serão discriminados por Lula:** Não queremos saber a que partido pertence cada um de nós. Nós queremos saber é se vocês pertencem a um partido chamado Brasil, fazem parte da sociedade brasileira e, portanto, têm que ser tratados com decência e muita dignidade. *(12/3/04, Cavalcante – GO. Lançamento da Ação Kalunga)*

**... quando forem aliados a Lula, serão recebidos de braços abertos:** Na medida em que um companheiro é indicado por um partido político que tem tido a relação democrática que tem conosco, como o PMDB, ou como os outros partidos aliados, eu me reservo o direito de receber as pessoas de braços abertos. *(21/1/08, Brasília – DF. Posse do ministro de Minas e Energia, Edison Lobão)*

**... como o PFL e outros, não têm responsabilidade, pois não têm perspectivas:** Acho que os senadores, na hora de votar, vão ter a responsabilidade de perceber que podem votar, porque pode ter um pequeno grupo que pode agir sem responsabilidade, que é o PFL, que não tem perspectiva de nada, mas os partidos mais sérios terão que ter perspectiva. Eu tenho dito aos meus companheiros do PSDB, do PMDB... O PSDB tem cinco Governos de estados importantes: São Paulo, Minas Gerais, Rio Grande do Sul, estados importantes... como é que pode prescindir do dinheiro da CPMF? Não é possível. *(29/11/07, Vitória – ES. Assinatura de atos)*

**... têm pouca credibilidade:** É preciso ter uma reforma política de verdade no Brasil para que os partidos tenham mais representatividade, para que as pessoas tenham mais credibilidade quando são candidatas e pedem voto. *(26/8/05, Quixadá – CE. Lançamento do Programa do Desenvolvimento Regional Sustentável do Banco do Brasil e inauguração do Centro de Comercialização da Agricultura Familiar de Quixadá)*

**... somente com um certo peso conseguem se impor:** Todo mundo aqui, quem faz política sabe, um partido que tem três deputados pode gritar o que quiser o dia inteiro na Câmara que ele é ouvido, mas, na hora de votar, não tem o peso que precisava. *(25/10/05, Brasília – DF. Abertura do 19.º Congresso Brasileiro de Avicultura)*

**... devem ter alianças claras:** Acho que o fim da verticalização que alguns companheiros defendiam... eu, sinceramente, não aceito a bigamia em política, ou seja, um partido fingir que está apoiando e depois não estar apoiando, é melhor escancarar e ver quem é quem neste país, quem apoia quem, quem está com quem à luz do dia, e não você ficar pensando que alguém está com você e, depois, não está. Então, é melhor acabar logo isso e fazer as coisas muito abertas, muito à vontade. *(30/1/06, Viana – ES. Inauguração da Subestação de Energia Elétrica de Viana)*

**... são muito regionalizados:** Os incidentes que houve numa ou noutra eleição, e que poderão continuar a haver num município ou em outro, fazem parte da trajetória política deste país, onde os partidos são muito fortemente regionalizados. *(29/3/07, Brasília – DF. Posse de novos ministros de Estado)*

**... não devem abrigar pessoas de muita qualidade e grandeza:** Eu queria começar pelo Márcio Thomaz Bastos [ministro demissionário da Justiça]. Muita gente imaginava, ao longo da História, que o Márcio Thomaz Bastos era do PT. Muitas vezes, o Márcio discutia comigo se deveria entrar ou não no PT, e eu dizia: “Márcio, um advogado que atingiu a qualidade e a grandeza que você atingiu, não é prudente você estar filiado a um partido político. Até porque o advogado nunca é advogado de pessoas que não cometeram nenhuma falha, ou seja, os advogados normalmente são chamados para defender grandes causas.” *(16/3/07, Brasília – DF. Posse dos novos ministros da Justiça, Saúde e Integração Nacional)*

**... devem encarar as perdas de filiados com naturalidade:** Quero dizer para vocês que tanto no PCdoB, como no PT, no PSB, em todos os Ps da vida, você tem companheiros que em uma trajetória de 30 degraus consegue subir 29 e para, cansa, ou sobe apenas três ou quatro e, no meio do caminho, essas coisas vão acontecendo, companheiros vão deixando os partidos, vão saindo. Essas coisas têm que ser encaradas com uma certa naturalidade. *(20/10/05, Brasília – DF. Abertura do 11.º Congresso Nacional do PCdoB)*

# Paz

[ver: guerra]

A paz é uma busca incessante, e essa paz está intimamente ligada à questão dos direitos humanos, à questão da justiça social. *(16/2/04, Brasília – DF. Perguntas dirigidas ao presidente pelos participantes da Conferência Anual da Rede Parlamentar de Países-Membros do Banco Mundial [videoconferência])*

**... é necessária ao mundo:** O mundo não está precisando de guerra, o mundo está precisando de paz, o mundo está precisando de compreensão. *(24/1/03, Porto Alegre – RS. III Fórum Social Mundial)*

**... é boa para os investimentos:** No almoço que fiz com o presidente Bush [George W. Bush, presidente dos Estados Unidos] na minha casa, 90% da conversa era sobre o biodiesel, porque os americanos também estão preocupados com o petróleo e estão querendo produzir biodiesel. Eu disse: "Nós temos terra, sol, água, gente boa para trabalhar, não temos furacão, não temos neve, não temos maremoto, terremoto, aqui é paz e amor, neste país. Pode investir aqui, que não tem problema." *(25/11/05, Fortaleza – CE. Assinatura de contratos e convênios para a construção da Transnordestina e do metrô de Fortaleza e anúncio de empréstimos de microcrédito do BNB)*

**... deve ser garantida por Lula às famílias:** E o meu trabalho de presidente não é apenas administrar a grande política de Brasília, é cuidar para que a família brasileira viva em harmonia, viva em paz, que pai goste de filhos, que filhos gostem da mãe e que juntos eles possam construir a base de uma nação livre e soberana que nós vamos consagrar no nosso país. *(17/8/05, Vitória da Conquista – BA. Inauguração da eletrificação do Assentamento Amaralina e comemoração ao atendimento de 1.300.000 pessoas pelo programa Luz para Todos)*

**... caracteriza o povo brasileiro:** O Brasil fez algumas opções. Nós assinamos o Tratado de Não Proliferação de Armas Nucleares. Portanto, se somos defensores da luta apenas com pétalas de rosas, achamos que somos um povo da paz e pela paz. *(16/1/04, Piracicaba – SP. Lançamento do Polo de Biocombustíveis)*

**... é alcançada quando se combate a miséria:** Eu estou indo, agora, à Inglaterra, vou à Espanha, vou a Portugal e estou indo exatamente porque quero, a cada possibilidade que eu tiver de falar, tentar chamar a atenção dessa gente para o problema de combate à miséria no mundo. Porque não é possível continuar do jeito que está, sem que nós tenhamos capacidade de enxergar que estamos gastando muito em armas, sobretudo em armas químicas – que se gasta muito, no mundo –, quando isso poderia estar produzindo feijão, arroz e outras coisas que significariam paz. *(8/7/03, São Paulo – SP. Lançamento da ONG Apoio Fome Zero)*

**... pode ser transmitida pelo esporte:** Se Deus quiser, no dia 18 de agosto, se as condições estiverem colocadas, nós vamos levar a seleção brasileira de futebol para jogar no Haiti, pela paz no Haiti. É um símbolo, é um gesto para demonstrar que nós queremos que o mundo viva em paz e não em guerra. *(9/7/04, Brasília – DF. Despedida dos atletas que iam para as Olimpíadas de Atenas)*

**... pode ser ajudada pelo turismo:** Eu temo que nós não tenhamos, no mundo, a grandeza de entender o que o turismo pode fazer por nós, o que o turismo pode ajudar no desenvolvimento e pode ajudar na questão da paz. *(1/12/04, Salvador – BA. Abertura do Fórum Mundial do Turismo)*

**... para o mundo depende da diplomacia:** A diplomacia e a política internacional são fundamentais para a paz global, para o comércio. *(24/8/06, Brasília – DF. 19.ª Reunião ordinária do Pleno Conselho de Desenvolvimento Econômico e Social)*

**... para a família, depende da relação entre pais e filhos:** Olha gente, é preciso que a gente tenha uma boa convivência dentro de casa, a relação de um filho com a mãe é condição fundamental para a gente viver em harmonia, para a gente ter paz. *(30/3/07, Olinda – PE. Formatura do programa ProJovem)*

## Periferia

[ver: palafita; pobre; pobreza]

Eu dizia, em 89, 94, 98, 2002 e continuo dizendo: um dos problemas dos governantes é que eles não conhecem o país que eles governam. Então, muitas vezes, as pessoas ficam presas nas capitais, atendendo apenas à demanda da burocracia, e não se dão conta de que, com um gesto simples como este, você une dois países e dá um início extraordinário para a Economia, tanto do Pando [departamento boliviano que estava sendo ligado ao Brasil por uma ponte], quanto para a Economia do Acre. Então, as pessoas não têm interesse em fazer esse trabalho da periferia. É muito mais cômodo ir para a capital; é muito mais cômodo ir para a cidade de trezentos mil habitantes, um milhão de habitantes. É muito mais cômodo, no meu caso, ir para São Paulo, para Brasília, para Belo Horizonte, para o Rio de Janeiro. *(11/8/04, Brasileia – AC. Inauguração da ponte Wilson Pinheiro – Integração Brasil-Bolívia)*

**... nasce da pobreza:** Dificilmente o rico compra um terreno num lugar que não tem água e não tem esgoto. Normalmente, quando nós vamos fazendo benefícios nas cidades, os impostos vão vindo e os pobres vão correndo. O rico cresce para cima, nos grandes apartamentos, e os pobres vão se espraiando pela periferia dos grandes centros. Então, qualquer melhoramento que acontece, é preciso que ele aconteça e a gente preveja que o pobre seja um beneficiário daquele melhoramento, porque senão ele vai sendo escorraçado para a periferia, como se não tivesse direito de ter acesso à riqueza produzida pelo país, pelo estado e pela cidade. *(31/7/07, Cuiabá – MT. Lançamento do PAC Saneamento Básico e Urbanização no estado de Mato Grosso)*

**... é onde mora a fome:** É importante termos uma ação combinada e saber o seguinte: hoje, possivelmente, uma grande Belo Horizonte tem mais famintos do que algumas cidades do interior que consideramos pobres; hoje, em São Paulo – quem é de São Paulo sabe –, a fome campeia uma boa parte da periferia. *(25/3/03, Brasília – DF. Discurso no Conselho Nacional de Segurança Alimentar e Nutricional – Consea)*

**... é onde mora a miséria:** A miséria não está apenas no semiárido nordestino ou no Vale do Jequitinhonha, não. Ela está na periferia de São Paulo, do Rio de Janeiro, de Salvador, do Ceará, de Recife. É só andar pela periferia que a gente vai ver o que acontece com as pessoas. *(20/12/04, Brasília – DF. Missa de celebração de Natal)*

**... não tem atendimento dentário:** Hoje, as crianças da periferia, do centro-sul, do Nordeste brasileiro e do Norte, se precisarem de um dentista e tiverem que pagar oitenta, setenta ou cem reais por uma obturação, vão deixar o dente apodrecer, porque não têm dinheiro para pagar, mesmo que seja trinta ou quarenta reais. Às vezes, só vai ao dentista quando a dor é insuportável ou já se matou de tanto colocar álcool na boca para ver se passava a dor de dente. *(17/4/04, Sobral – CE. Lançamento do programa Nacional de Saúde Bucal)*

**... é uma área esquecida pelo poder público:** Imaginem o milagre da sobrevivência, num país que já teve oportunidades extraordinárias no século passado, de se transformar numa grande nação, e cada vez mais as pessoas vão sendo escorraçadas para as periferias das cidades, dos campos, e cada vez mais essas pessoas vão sendo esquecidas pelo poder público. *(2/1/07, Brasília – DF. Sanção da lei que estabelece diretrizes nacionais para o saneamento básico)*

**... precisa ter ensino técnico:** Vocês imaginam para a periferia do Brasil o que é um jovem ter acesso a um curso profissionalizante de uma escola técnica. É uma revolução na família, é uma revolução na vida dele. Eu digo todo dia para ninguém esquecer: por conta do meu curso, eu fui o primeiro a ter uma casa, o primeiro a ter um carro, o primeiro a ter uma geladeira, o primeiro a ter uma televisão, de uma família de oito. Isso, certamente, acontece em todos os lares deste país que o jovem consegue ter acesso a uma formação. *(26/1/06, Brasília – DF. Reunião com diretores dos Centros Federais de Educação Tecnológica – CEFETs)*

**... sofre muito preconceito:** O preconceito contra o ProUni [Programa Universidade para Todos]: "O Governo Lula está nivelando a Educação por baixo, está levando os pobres da periferia para a Educação." Dois anos depois, foi feita a primeira avaliação e, em 14 áreas, os melhores alunos foram exatamente os pobres da periferia que chegaram à universidade deste país. Eu me lembro de que quando nós reduzimos 38 materiais de construção, que nós desoneramos para baratear, houve quem dissesse: "Lula está favelizando o Brasil." Porque eles acham que o pobre comprar um tijolo ou uma telha é para aumentar a favela. Não, o povo precisa fazer a sua casinha, o seu puxadinho. *(20/3/08, Florianópolis – SC. Lançamento do programa de revitalização do Maciço do Morro da Cruz e de assinatura dos termos de doação de telecentros a municípios do estado de Santa Catarina)*

**... não tem esperança nos políticos:** Chegou a hora de a gente olhar para aqueles que vivem no anonimato na periferia deste país, sofrendo as agruras do esquecimento da maioria dos políticos, ao longo da História. Chegou a hora de a gente aproveitar essa extraordinária gama de governadores novos que foram eleitos, construir parceria com os prefeitos das capitais e das pequenas cidades, para que a gente possa estender a mão e fazer com que a mulher mais humilde da periferia volte a ter esperança de que nós, homens públicos, governamos definitivamente para todos e não para aqueles que conseguem adentrar nos palácios das prefeituras, nos palácios dos Governos e nos palácios do presidente da República. *(3/7/07, Fortaleza – CE. Lançamento do PAC Saneamento e Urbanização no estado do Ceará)*

**... é objeto de políticas do atual Governo que beneficiam sua população:** Nós fizemos um acordo com as universidades particulares, fizemos algumas isenções de impostos, e elas transformaram o valor equivalente do imposto em bolsa de estudo para as crianças estudarem. Só aqui, na Bahia, foram 9.807 jovens que entraram na universidade, dos quais, a grande maioria é gente da periferia, que estudava em escola pública e, mais ainda, uma boa parte representante do povo negro brasileiro, que sempre esteve marginalizado do processo universitário brasileiro. *(17/8/05, Vitória da Conquista – BA. Inauguração da eletrificação do Assentamento Amaralina e comemoração ao atendimento de 1.300.000 pessoas pelo programa Luz para Todos)*

## Pernambuco

[ver: Garanhuns]

Voltar a Pernambuco é sempre, em qualquer que seja a circunstância, uma coisa prazerosa. *(16/1/06, Goiana – PE. Visita às obras de duplicação da rodovia BR-101 Nordeste, no estado de Pernambuco)*

**... está bem-representado no Governo Lula, como em nenhum outro Governo:** Eu fico feliz porque estou aqui em Pernambuco participando da assinatura desses convênios; fico feliz, porque não sei que outro momento histórico deve ter havido em que Pernambuco tenha tido a primazia de ter dois ministros [Eduardo Campos, da Ciência e Tecnologia, e Humberto Costa (na verdade, natural de São Paulo), ministro da Saúde] em dois cargos tão importantes no Governo. Os dois ministros são importantes, mas as pessoas são muito mais importantes. *(18/3/04, Recife – PE. Assinatura de convênio entre o Ministério da Ciência e Tecnologia e a Universidade de Pernambuco)*

**... tem um povo culturalmente rico, mas materialmente pobre:** Uma coisa me chama a atenção no Vale do Jequitinhonha, possivelmente pela semelhança com a minha região no estado de Pernambuco: um povo altamente inteligente, um povo com uma capacidade cultural excepcional, mas um povo numa região empobrecida econômica e financeiramente. *(26/3/04, Itinga – MG. Inauguração da ponte sobre o rio Jequitinhonha e lançamento do programa Luz para Todos, em Minas Gerais)*

**... tinha pobres que comiam ratos:** Eu me lembro de que, uma vez, no sindicato, nós denunciamos que os trabalhadores comiam rato na favela do Alves Dias. Foi um escândalo. A pessoa lia o jornal e achava que a gente era xiita: "Onde já se viu dizer que as pessoas comem rato?" E comiam. Em Quipapá, Pernambuco, quando fui pela primeira vez, com Jarbas Vasconcelos [governador de Pernambuco], Marcos Freire [político pernambucano, já falecido] e Cristina Tavares [política pernambucana, já falecida], entramos numa casa que tinha uma família comendo rato. E não era preá, era rato mesmo. *(25/3/03, Brasília – DF. Discurso no Conselho Nacional de Segurança Alimentar e Nutricional – Consea)*

**... tem pobre com Doença de Chagas:** Ontem, Requião [Roberto Requião, governador do Paraná], eu fiquei assustado porque na hora em que nós fomos estudar o PAC/Funasa, eu me dei conta de que um estado como o Rio Grande do Sul, que eu pensava que era um estado altamente desenvolvido – eu vou agora à tarde para lá –, ainda tem Doença de Chagas na metade sul do estado, que eu jamais imaginei que tivesse. Eu pensei que era uma coisa apenas do meu Pernambuco, da Paraíba, do Nordeste brasileiro. *(24/8/07, Curitiba – PR. Lançamento do PAC Saneamento e Urbanização no estado do Paraná)*

## Pesca

[ver: agricultura]

Se eu tivesse que fazer uma imagem sobre a pesca no Brasil e sobre a vida dos pescadores, a imagem, para mim, seria a imagem da paciência. Não há ninguém que tenha mais paciência, no mundo, do que um pescador, um bom pescador, porque aqueles apressados ficam cinco minutos e já caem fora, achando que não vai dar nada. Não têm a paciência de esperar o bom cardume passar para poder voltar para casa. *(13/6/03, Brasília – DF. Lançamento das Conferências Nacionais de Aquicultura e Pesca)*

**... não deve ser praticada irregularmente, nem pelo presidente:** Então, eu quero terminar aqui, Blairo [Maggi, governador de Mato Grosso], dizendo o seguinte: meu filho, primeiro eu vou aceitar o convite que você me fez para uma boa pescaria. Eu vou tirar a minha carteirinha do Ibama, para não ser um pescador clandestino, e vou aceitar. *(31/7/07, Cuiabá – MT. Lançamento do PAC Saneamento Básico e Urbanização no estado de Mato Grosso)*

**... deve ser "ambientalmente correta":** Agora, também não pode o Alfredo [Nascimento, ministro dos Transportes], cada vez que está comigo em uma obra, ficar anunciando tantas estradas assim. Vocês viram que ele já anunciou trinta milhões, já anunciou ponte, já anunciou a 307, já anunciou porto. Eu não sei, mas daqui a pouco ele vai anunciar que vai me dar um peixe pescado no rio Negro de presente, e eu não posso aceitar, porque ambientalmente eu não quero comer peixe do rio Negro. *(21/9/07, São Gabriel da Cachoeira – AM. Lançamento da Agenda Social dos Povos Indígenas)*

**... deve ser incentivada depois de se ouvirem os pescadores:** A gente tem que ter a humildade de chamar aqui aqueles que sabem, aqueles que estão nisso há trinta, quarenta anos, aqueles que dedicaram parte da sua adolescência, parte dos melhores anos da sua vida tentando encontrar na pesca o sustento da sua família e que, possivelmente, têm muito mais conhecimento do que este país pode ganhar com a pesca do que qualquer especialista, qualquer engenheiro, qualquer doutor formado nas melhores universidades deste país. *(25/11/03, Luziânia – GO. Abertura da Conferência Nacional de Aquicultura e Pesca)*

**... foi praticada por Lula:** Eu acho extremamente importante, neste ato, dizer para vocês que eu venho a São Caetano e não me sinto honrado apenas por ser o primeiro presidente a estar em São Caetano, mas também porque fui morador e pescador de São Caetano. Pesquei no rio dos Meninos, quando se podia pescar nesse rio. *(29/3/04, São Caetano do Sul – SP. Entrega de novas viaturas ao Departamento de Polícia Rodoviária Federal)*

**... é fácil quando se trata de peixe pequeno:** Na verdade, quem é pescador, aqui, sabe que um peixe grande demora mais para se pegar. O Maluf [Paulo Maluf, ex-prefeito de São Paulo] é pescador, ele sabe que pegar um lambarizinho é mais fácil do que pegar um pintado, do que pegar um jaú. *(27/3/03, São Paulo – SP. Posse do presidente da Associação Comercial de São Paulo)*

**... deve ser mais desenvolvida no Brasil:** Criamos a Secretaria Especial de Aquicultura e Pesca, porque o Brasil tem oito mil quilômetros de costa marítima, além das duzentas milhas, e a questão da pesca era tratada numa vírgula de um artigo no Ministério da Agricultura, e o Brasil tinha que importar peixe do Peru ou do Chile. *(1/5/03, Indaiatuba – SP. Visita ao Retiro de Itaici – CNBB)*

**... será estimulada pela criação de uma secretaria especial no Governo Lula:** A pesca vai poder ganhar muito mais importância, não apenas para os nossos pescadores que pegam no rio, até com a possibilidade de financiar um barquinho e a minha tese é a seguinte: se a gente pode financiar um carro, porque a gente não pode financiar uma canoazinha para um companheiro sair de manhã e pegar um peixe para alimentar sua família? Sabe o companheiro Fritsch [José Fritsch, secretário da Pesca] que tem que fazer um trabalho enorme para ajudar os companheiros que têm uma terrinha, e se for possível e tiver água, a fazerem um tanque para criar peixe, porque isso vai dar mais "sustança" para a família. O cara vai poder chegar e pegar uma tilapiazinha para dar para a família, um bagre, uma piabazinha. E, ao mesmo tempo, se ele aprender a criar direito, vai poder até ter nisso uma fonte de receita para que ele possa vender. *(28/2/05, Brasília – DF. Abertura do 9.º Congresso Nacional dos Trabalhadores e Trabalhadoras Rurais)*

## Pesquisa científica

**[ver: ciência; universidade]**

A pesquisa científica, em seus diversos campos, faz a humanidade avançar: na Agricultura, na Saúde, na Educação, no domínio de formas mais democráticas de acesso ao conhecimento, no combate a mazelas seculares, como a desnutrição. No mundo de hoje, a pesquisa é também um dos principais instrumentos para o desenvolvimento dos povos, no campo do comércio internacional e das relações entre os países. *(31/10/03, Brasília – DF. Entrega do prêmio Finep de Inovação Tecnológica)*

**... conta com bons profissionais no país:** O Brasil possui uma comunidade científica das mais competentes e reconhecidas nacional e internacionalmente, por isso é preciso ter o compromisso de apoiá-la e contribuir para ampliá-la. Isso é essencial para que o país desenvolva pesquisas básicas e aplicadas, indispensáveis ao nosso conhecimento. *(11/9/03, Brasília – DF. Reinstalação do Conselho Nacional de Ciência e Tecnologia)*

**... precisa atrair aqueles que ainda estão nos bancos escolares:** Na medida em que nós precisamos continuar investindo em pesquisas, acreditando em nossos cientistas e criando, cada vez mais, condições para eles poderem produzir, nós precisamos criar condições para que aqueles que estão no ensino fundamental venham a ser cientistas tão importantes quanto estes cientistas que nós estamos elogiando hoje. *(13/3/07, São José dos Campos – SP. Lançamento do programa Espaço e Sociedade)*

**... consolida a soberania:** Em vez de virem gringos aqui roubar as espécies que nós temos, vamos nós investir em pesquisas, em ciência, para que a gente seja dono da nossa riqueza e não apenas dê a nossa riqueza para os outros. *(6/5/08, Igarapé da Cachoeirinha – AM. Inauguração do projeto de urbanização do Igarapé da Cachoeirinha, assinatura de ordens de início das obras da ponte sobre o rio Negro, de ordens de serviço do PAC e do Pacto Federativo do programa Territórios da Cidadania, do Amazonas)*

**... deve ser fomentada pelo Estado:** Nas minhas caminhadas e caravanas pelo Brasil, raramente passei numa região onde eu não tivesse uma visita agendada a uma representação da Embrapa [Empresa Brasileira de Pesquisa Agropecuária]. E fiz isso porque acreditava, e hoje acredito mais firmemente, que a Embrapa pode ser muito mais do que ela é, na medida em que o Governo cumpra a sua pequena obrigação, que é a de garantir o dinheiro para a continuidade das pesquisas em andamento e para as novas pesquisas que precisam ser feitas neste país. *(29/4/03, Brasília – DF. Solenidade do 30.º aniversário da Embrapa)*

**... deve ter mais relação com as necessidades sociais do país:** Esse tipo de pesquisa é uma demonstração do quanto podemos fazer daqui para a frente. Ou seja, nós não queremos mais que a ciência seja utilizada a serviço dos cientistas, que a ciência seja uma coisa discutida apenas pelos doutores cientistas do Brasil, das universidades. É preciso fazer com que isso se transforme numa decisão que envolva mais gente da sociedade, até porque, dentro desse contexto, Amaro, vamos ter que, cada vez mais, ir discutindo também qual o compromisso que as universidades têm com a sociedade e com os problemas sociais existentes no Brasil. *(18/3/04, Recife – PE. Assinatura de convênio entre o Ministério da Ciência e Tecnologia e a Universidade de Pernambuco)*

**... deve ter mais relação com o desenvolvimento econômico:** Não é bom que o Estado possa fazer tudo, é importante que o Estado tenha competência em fazer parcerias, na própria iniciativa privada, que possam ajudar a financiar determinadas pesquisas que são de interesse não apenas da nação brasileira, mas também de setores empresariais, que terão muito a ganhar com as pesquisas e com o seu resultado. *(18/3/04, Recife – PE. Op. cit.)*

**... não pode privilegiar uma região em detrimento de outra:** Sergipe está numa situação altamente privilegiada com esse petróleo, com essa bebida de carro de boa qualidade que vocês estão oferecendo. Esse é um projeto estratégico para a Petrobras, pois vai aumentar a produção brasileira de óleo leve, que é um dos objetivos da empresa. Também será o primeiro polo de produção de petróleo em águas profundas do Nordeste. Essa é uma coisa importante, porque o povo do Nordeste sempre se ressentia que tinha poucas pesquisas para fazer prospecção em águas profundas no Nordeste. Não é possível que na bacia de Campos ou na bacia de Santos, num pedacinho assim, tenha muito petróleo, e nessa imensidão de água que tem no Nordeste não tenha petróleo. Se aqui na terra, se aqui em cima da água, durante trezentos anos os nordestinos foram esquecidos, e por isso ficou uma região mais pobre, embaixo da água os políticos não meteram a mão ainda, então tem que ter petróleo, não é possível. A não ser que, antes de Cabral [Pedro Álvares Cabral, português que chegou ao Brasil, em 1500] chegar aqui, alguém tenha vindo e levado o nosso petróleo embora. Nós somos tão azarados que é capaz de ter acontecido isso mesmo. *(4/9/07, Aracaju – SE. Batismo da Plataforma de Petróleo FPSO Sevam-Piranema do Campo de Piranema)*

## Pesquisa eleitoral

[ver: campanha política; eleição; eleitor]

Eu tenho por hábito não reagir à pesquisa. Nem se eu tivesse 100%, se tivesse 0%, porque as pesquisas retratam a situação política que vive o país. Eu estou muito tranquilo. Eu fico, de vez em quando, me perguntando: "Se não fosse eu, se fosse outro presidente que estivesse nessas circunstâncias, possivelmente estivesse abaixo de zero." Eu estou tranquilo de que as pesquisas não refletem o que você pode fazer no Governo, e nós estamos cumprindo, o Governo está fazendo o que tem que fazer, nós sairemos muito fortalecidos, e isso não me preocupa. Você sabe que eu tenho por hábito não fazer comentário de pesquisa. *(13/9/05, Georgetown – Guiana. Entrevista a jornalistas brasileiros)*

**... quando é favorável, pode ser comentada:** Eu acho que é gratificante quando você tem uma avaliação feita pelo povo, nas circunstâncias que foram feitas essas avaliações, em duas pesquisas. Eu fico satisfeito. Obviamente que isso, ao invés de me deixar de sapato alto, me coloca mais responsabilidade. Eu tenho que ter consciência de que tenho que trabalhar muito mais no segundo mandato e de que tenho que produzir muito mais. *(18/12/06, Manaus – AM. Entrevista após inauguração da Usina Termelétrica Cristiano Rocha)*

**... pode atrapalhar o candidato:** No momento em que ele [o candidato] está bem nas pesquisas, cercado de puxa-sacos por todos os lados, ele não consegue ver nada. Se ele está mal, ele desce [do avião] sozinho e não é nem convidado. *(21/10/04, Rio de Janeiro – RJ. Abertura do 32.º Congresso Brasileiro de Agências de Viagens)*

**... pode despertar inveja nos adversários:** Somente aqui, no estado de Minas Gerais, entre todas as políticas sociais, são praticamente um bilhão e seiscentos milhões de transferência de renda, e isso no Brasil inteiro. Depois as pesquisas começaram a dizer: "O Lula é imbatível, o Lula é imbatível." Então resolveram me atacar no que nunca deveriam ter me atacado, porque quem me conhece, sabe como eu sou. Começaram a mexer na questão ética para ver se colocava desconfiança na sociedade. Pois bem, do mesmo jeito que eu agia quando dizia que era imbatível, eu reajo agora, com a tranquilidade de que a gente tem que tomar as decisões no momento certo, na hora certa, porque nós não fomos eleitos para ficar com raiva de quem não gosta de nós. Nós não fomos eleitos para ficar com raiva de quem nos acusa, nós não fomos eleitos para governar para quem gosta de nós. Nós fomos eleitos para governar para 186 milhões de brasileiros, para quem gosta ou para quem não gosta. *(30/8/05, Uberlândia – MG. Inauguração das obras de ampliação e modernização do Aeroporto de Uberlândia)*

**... mostrou que o país mudou, e que agora o povo sabe escolher:** Eu falo, sem medo de errar, e não vou mais fazer aqui comparação, porque agora eu tenho que me comparar com o primeiro mandato, que nunca houve na história do país qualquer situação que chegasse perto do que nós conseguimos fazer nos primeiros quatro anos. É por isso que muita gente ficou atônita, porque depois do massacre que o Governo sofreu as pesquisas mostravam que nós íamos ganhar as eleições. É porque milhões e milhões de almas brasileiras, mulheres e homens, que recebiam o benefício diretamente na sua casa, seja na agricultura familiar, seja na política de urbanização de favelas, seja no Bolsa Família, seja nos programas para a juventude brasileira, muitas vezes não tinham sequer condições de ter acesso aos jornais ou a um jornal na televisão. Mas essas pessoas passaram a contar na política brasileira, porque em poucos momentos da História essas pessoas passaram a ser sujeitos da própria história e não mais coadjuvantes que assistiam de longe os formadores dizerem o que eles tinham que fazer, elas resolveram fazer pelas suas próprias mãos. E é assim que nós precisamos construir um país, onde um ser humano não precise ficar dependendo do outro para ter informação correta, um ser humano não precise de informação de outro para tomar a decisão em quem vai votar, em quem vai escolher para ser vereador, prefeito, deputado, governador ou presidente da República. *(23/3/07, Brasília – DF. Posse dos novos ministros da Agricultura, Pecuária e Abastecimento, do Turismo e da Secretaria de Relações Institucionais da Presidência da República)*

## Pessoa(s)

**[ver: bandido; criança; homem; humanidade; jovem; mulher]**

A gente quer provar que 99% das pessoas são boas, 99% das pessoas querem trabalhar e viver dignamente, querem ganhar dinheiro com o suor do seu sangue. Não querem viver traficando, vendendo armas, contrabandeando. Não querem. As pessoas vão para isso quando falta oportunidade. *(26/2/08, Rio de Janeiro – RJ. Premiação da Olimpíada Brasileira de Matemática das escolas públicas 2007)*

**... são honestas, até prova em contrário:** Então, eu acho que é importante a gente viver o momento que a gente está vivendo, tomar muito cuidado com aquilo que a gente fala, tomar muito cuidado com aquilo que a gente escreve, tomar muito cuidado com julgamentos precipitados que se faz das pessoas. Por que o correto é o quê? O correto é esperar que haja a apuração, depois haja o indiciamento e, depois, haja o julgamento. Até lá, as pessoas são todas inocentes, até prova em contrário. *(12/6/07, Guarulhos – SP. Entrevista antes da abertura do VII Congresso Nacional dos Metalúrgicos da Central Única dos Trabalhadores – CUT)*

**... apenas indiciada não é culpada nem inocente:** O fato de alguém ser indiciado não prova que a pessoa é culpada, nem que a pessoa é inocente, prova que a pessoa tem, agora, que resolver o seu problema no Poder Judiciário. *(28/4/06, São Paulo – SP. Entrevista por ocasião da visita ao Feirão da Casa Própria)*

**... não se corrompem apenas por falta de oportunidade:** Lógico que fico decepcionado porque você começa a descobrir que, muitas vezes, as pessoas não se corrompem porque não têm oportunidade; quando têm, elas se corrompem. É muito triste, é muito triste para um ser humano suportar isso, sobretudo quando roubam dinheiro de algo sagrado como é a saúde do povo brasileiro. *(20/5/04, Brasília – DF. Entrevista ao jornal* O Globo, *no Palácio do Planalto, publicada no dia 23/5/04)*

**... não nascem ruins:** Eu tenho certeza que quando a gente vê um bandido de 20 anos ser preso, de 25 anos, porque a maioria que está presa é dessa idade, na década de 80 essas crianças tinham quantos anos? Quatro anos de idade, eram tão bonitinhas e meigas como essa criança que está aqui. Mas como ela não foi cuidada adequadamente, como ela não foi cuidada no momento certo, como não recebeu a comida necessária, a escola necessária e, muitas vezes, o carinho da própria família e da sociedade na hora certa, depois a gente fica dizendo que a pessoa nasceu ruim, que a pessoa é do mal, que a pessoa não é do bem. Ninguém nasce ruim, ninguém nasce do mal, ninguém tem sangue ruim. Se medirmos o sangue de todo mundo, nós vamos perceber que pode ter uma ou outra diferença. A gente fica mau porque nós aprendemos isso na própria sociedade em que vivemos. *(28/6/06, Contagem – MG. Cerimônia alusiva ao cumprimento da meta do programa Bolsa Família)*

**... podem ser recuperadas:** E nós temos que ter no sistema penitenciário brasileiro a ideia fixa de que as pessoas podem ser recuperadas. Dependendo do tamanho do crime, da gravidade do crime, as pessoas podem ser recuperadas. Então, você não pode trancafiar todo mundo na mesma gaiola. É preciso que você faça uma diferenciação. *(24/11/05, Brasília – DF. Entrevista coletiva a emissoras de rádio de SP e RJ)*

**... sem escola, podem se tornar agressivas ou podem apanhar do marido:** 30% das meninas de 15 a 17 anos deste país, que estão fora da escola, são meninas que tiveram filhos. Estão fora da escola porque tiveram filhos 30% das meninas de 15 anos. Portanto, essas mulheres estão predestinadas a ter uma vida mais sofrida do que as outras. Ao mesmo tempo, nós temos dois milhões e quatrocentos mil jovens em idade escolar que já desistiram de estudar. E quando alguém desiste de estudar é porque a pessoa não sente estímulo na escola. Então, não indo à escola, a pessoa pode resultar num homem agressivo, numa mulher que apanha do marido. *(7/3/07, Rio de Janeiro – RJ. Lançamento do Rio Solidário – Obra Social do Rio de Janeiro)*

**... podem privar-se de muitas coisas, mas não de comida:** A pessoa pode não ter uma televisão, é normal. A pessoa pode não ter um carro, é normal. A pessoa pode não poder comprar um Ray-Ban, é normal. A pessoa pode não poder comprar um boné, é normal. Agora, não é normal, não está na Bíblia, não está em lugar nenhum, que uma pessoa possa ficar sem comer três ou quatro dias, como neste país. *(10/1/03, Teresina – PI. Visita à Vila Irmã Dulce)*

**... pode querer não comer, mas não pode querer ficar analfabeto:** Eu acho que a pessoa pode ter o direito de comer e não querer comer; a pessoa pode ter o direito de querer viajar ou não viajar; mas de ser alfabetizado, eu acho que ele não tem que ter direito, ele tem que ter obrigação de se alfabetizar e contribuir para a alfabetização dos seus filhos. *(8/9/03, Brasília – DF. Lançamento do Programa Brasil Alfabetizado)*

**... sem comida, não estudam direito, não trabalham direito:** Vocês sabem que nós tínhamos assumido o compromisso de combater a fome neste país, porque a fome é a desgraça maior na vida de um ser humano. Se a pessoa não come direito, a pessoa não estuda direito, a pessoa não trabalha direito, a pessoa não vive bem, porque a sua saúde estará em situação de precariedade. É por isso que nós instituímos a fome como prioridade. *(4/4/03, Belém – PA. Apresentação dos programas Sementes do Amanhã e Escola-Circo e entrega dos três primeiros Cartões Alimentação do programa Fome Zero a famílias da cidade de Belém)*

**... agarram as oportunidades:** Como eu vivi o sentimento de milhões de chefes de famílias neste país que veem o seu filho terminar o colegial, o ensino médio, e [o país] não dá perspectiva nem de emprego nem de universidade para esse filho, eu quero dizer para vocês: eu farei tudo o que estiver ao meu alcance que possa garantir... o jovem pode não ir para a universidade se ele não quiser, mas, se ele quiser, nós temos que ter obrigação moral de, em curto tempo, garantir que todos tenham uma oportunidade na vida. A oportunidade faz o homem e faz a mulher. Se a gente der, as pessoas pegam, agarram e não largam mais em proveito da vida. Se a gente não der, as pessoas podem cair nos descaminhos da vida. *(2/6/06, São José dos Campos – SP. Anúncio de investimentos da Petrobras no estado de São Paulo)*

**... são ansiosas:** Eu acho que há uma ansiedade das pessoas. Às vezes, eu fico pensando como as pessoas são ansiosas para querer que as coisas, que têm que ter um tempo de maturação para acontecer, aconteçam muito rapidamente. *(7/12/05, Brasília – DF. Entrevista coletiva às emissoras de rádio Band AM e Bandnews FM, CBN e Jovem Pan, no Palácio do Planalto)*

**... no Nordeste, parecem mais velhas:** Olha a cara dessa gente aqui, Benjamin [Steinbruch, presidente da Companhia Siderúrgica Nacional, controladora da Companhia Ferroviária do Nordeste S/A], olha a fisionomia dessa gente, você veja que aqui tem mulheres com cinquenta anos, com a fisionomia sofrida. Em alguns lugares do Brasil, uma mulher de cinquenta anos parece uma menina de trinta. Aqui não. Aqui as pessoas são mais sofridas por causa do sol, por causa das necessidades. *(6/6/06, Missão Velha – CE. Início das obras da nova Transnordestina)*

**... não devem ser discriminadas:** Eu era chamado de radical, meu caro Paulo Renato [Souza, ex-ministro da Educação, deputado federal pelo PSDB de São Paulo], na década de 80, porque eu dizia que o Brasil seria o Brasil dos nossos sonhos no dia em que a empregada [Ao que parece, Lula quis dizer "filha"] da faxineira estivesse sentada, no mesmo banco da escola, ao lado do filho da sua patroa. Aí, sim, nós estaremos criando uma nação justa, uma nação solidária, em que as pessoas não sejam discriminadas nem pelo berço e nem tampouco pelo sobrenome, e muitos menos pela cor ou pelo credo religioso. *(13/3/08, São Paulo – SP. Colação de grau da 1.ª turma de formandos da Universidade da Cidadania Zumbi dos Palmares)*

**... devem poder sorrir:** Fica até mais difícil para um menino de 18, 19, 20 anos, ou para um homem de 40 anos, arrumar emprego se não tiver dente. Fica muito mais difícil para uma menina ou um menino de 18 anos namorar se um deles não tiver dentes. E é coisa muito séria a pessoa poder sorrir. Não tem nada mais gostoso do que uma bela gargalhada, do que um belo sorriso. E isso a gente só pode fazer quando não tem vergonha. *(20/10/04, São Paulo – SP. Inauguração do Centro de Especialidades Odontológicas de Campo Limpo)*

**... estão descrentes:** Eu acho que, muitas vezes, estávamos mal-acostumados no Brasil. Venho dizendo nos últimos quatro anos: há uma coisa mais grave no Brasil que a situação econômica, que é o processo de desagregação da estrutura da sociedade brasileira. As pessoas estão descrentes, as pessoas não acreditam mais em nada, as famílias estão se deteriorando, é filho que não acredita em pai, é pai que não acredita em mãe. Levados por uma incerteza, por uma enxurrada de matérias negativas, as pessoas vão achando que muitas vezes não vale mais a pena. E esse é um problema que nós vamos ter que resolver, que é recuperar uma coisa sem a qual o ser humano não sobrevive, que é a autoestima, é acreditar nas coisas que faz, a cada santo dia, e levantar todo dia mais otimista do que estava de noite, quando foi deitar. *(29/4/03, Brasília – DF. 30.º aniversário da Embrapa)*

**... comuns que não vivem na periferia não a entendem:** Uma pessoa comum, que nasce numa rua que tem guia, sarjeta e asfalto, não tem a dimensão do valor do asfalto numa periferia. Não tem a dimensão do que é um trabalhador sair descalço, pisando em barro vermelho e chegar para pegar o ônibus, com três quilos de barro – daria para fazer uma casinha, se ele tivesse um pouco de cimento para misturar ali. Então, quando se coloca uma simples guia, aquilo vira um milagre. *(23/4/2004, Brasília – DF. Assinatura de convênio entre a Confederação Nacional da Indústria e o Ministério da Educação)*

# Petista(s)

[ver: companheiro; PT]

Quero dizer para vocês que sou petista, tenho orgulho de ser petista, e a justiça começa dentro de casa. Se companheiros nossos cometeram erros, eles terão que ser punidos, tanto quanto se fossem adversários ou inimigos. A lei existe para todos, as regras são para todos e, portanto, todos sabiam que um partido que sofreu para chegar ao poder, como chegou o PT, não poderia ter cometido erros que, historicamente, são cometidos neste país. *(25/8/05, Brasília – DF. 13.ª reunião ordinária do Pleno Conselho de Desenvolvimento Econômico e Social)*

**... são corajosos, amam o partido e são otimistas:** Veja, não foi quórum baixo, porque 330 mil pessoas comparecerem para votar, num momento em que o partido estava sendo atacado pelos quatro cantos. Foi uma demonstração de coragem dos petistas, uma demonstração de amor ao partido e uma demonstração de que os companheiros acreditavam que a gente ia dar a volta por cima, como aconteceu com a minha reeleição. *(2/12/07, São Bernardo do Campo – SP. Entrevista após votação para eleições do PT)*

**... devem ser referência ética:** Não pense que eu fiquei inibido de ser petista, não, pelo contrário, agora estou mais orgulhoso porque agora eu acho que é o seguinte: nós também não somos infalíveis, cometemos erros e quando cometemos erros nós temos que pagar e pagar forte, porque a sociedade brasileira precisa nos cobrar sistematicamente, de forma implacável, para que a gente seja uma referência ética neste país, e eu quero estar junto de todos aqueles que estiverem dispostos a fazer isso. *(7/12/05, Brasília – DF. Entrevista coletiva às emissoras de rádio Band AM e Bandnews FM, CBN e Jovem Pan, no Palácio do Planalto)*

**... não têm apenas uma única orientação ideológica:** Eu não me preocupo que tenha gente mais à esquerda, gente mais à direita, mais ao centro. O que me preocupa é a combinação dessa disputa toda no resultado final. Para você fazer um produto, um remédio de qualidade, você coloca lá dentro vários produtos químicos diferenciados, e a soma deles é que dá um resultado que pode curar uma doença. Essa soma da diversidade petista é que dá ao PT essa característica boa. *(23/8/07, Brasília – DF. Entrevista aos jornalistas Tânia Monteiro, Vera Rosa, Rui Nogueira e Ricardo Gandour, do jornal* O Estado de S. Paulo*)*

**... podem, hoje, viver bem com tucanos:** Era impensável, antes, você imaginar um petista deixar um tucano falar em nome dele. Era impensável. E isso acontece com naturalidade, com muita naturalidade, porque as pessoas estão percebendo: nós estamos num barco só, esse barco chamado Brasil, se ele der certo todo mundo vai chegar no final da festa, se ele der errado todo mundo vai morrer afogado. É isso que as pessoas estão percebendo. *(30/4/08, Maceió – AL. Instalação e posse do Conselho Deliberativo da Superintendência do Desenvolvimento do Nordeste – Sudene)*

## Petrobras

[ver: petróleo]

A Petrobras é aquela empresa que todo país gostaria de ter; é a empresa que tem a rentabilidade que todo país gostaria que as suas empresas tivessem; é a empresa que tem o conhecimento tecnológico que toda empresa gostaria de ter; é a empresa que trabalha com um produto que muitas outras empresas gostariam de trabalhar; e é uma empresa que tem um quadro de funcionários especializados que muitas empresas do mundo gostariam de ter. E, sobretudo, a Petrobras é uma empresa que tem dimensão da sua importância para o desenvolvimento do polo petroquímico no nosso país. Ela sabe, tem consciência de que é a grande parceira. *(22/12/04, Brasília – DF. Anúncio da criação do Polo de Poliéster do Nordeste)*

**... está ficando tão poderosa que pode criar um regime político singular no país:** Eu penso que vai ter algum momento na história do Brasil – se a Petrobras continuar assim – que vai ter que ter eleição direta para presidente da Petrobras, e ele indicará o presidente da República, tal é a capacidade de investimento. *(12/5/08, Rio de Janeiro – RJ. Lançamento da Política de Desenvolvimento Produtivo)*

**... é o Ronaldinho da indústria brasileira:** Nós achamos que a Petrobras é tão grande, é tão importante para o Brasil, a Petrobras é um filho que todo mundo gostaria de ter, ela é uma espécie de "Ronaldinho" da indústria brasileira, é verdade. Então, a Petrobras teve apenas que ser educada, apenas reeducar a Petrobras e dizer para a Petrobras: "Querida Petrobras, pense menos em você e pense um pouco mais neste imenso país, pense menos em você e pense em 180 milhões de habitantes que moram neste país." *(14/6/06, São Gonçalo – RJ. Lançamento da pedra fundamental do Polo Petroquímico de Itaboraí e da pedra fundamental do Centro de Inteligência de São Gonçalo)*

**... é o filho que todos nós gostaríamos de ter:** A Petrobras é motivo de orgulho para nós. A Petrobras é um filho que todos nós gostaríamos de ter, porque ela tem competência técnica, profissional, qualidade, e é uma empresa respeitada. E ela sabe da sua importância no desenvolvimento do Brasil. *(10/6/06, Serra – ES. Início das obras do Gasoduto Cabiúnas-Vitória [Gascav], trecho inicial do Gasoduto Sudeste-Nordeste [Gasene])*

**... não é homem nem mulher, mas todos podem amá-la:** A Petrobras é uma espécie de orgulho para todos nós. Se a Petrobras fosse uma mulher, seria a mulher com que toda mãe queria que o seu filho casasse. Se ela fosse um homem, ela seria o homem que toda sogra gostaria de ter como genro. Mas como ela não é nem homem nem mulher, é uma indústria, ela então pode ser amada por todos nós, porque a Petrobras é, definitivamente, o grande motivo de orgulho para todos nós, brasileiros, que viajamos em qualquer lugar do mundo. *(9/6/05, Rio de Janeiro – RJ. Conclusão da obra de conversão da Unidade Flutuante de Produção, Armazenamento e Transferência FPSO P-47)*

**... é a namoradinha do mundo:** É só visitar a América do Sul para ver quantas obras estão sendo financiadas pelo Brasil, ou pela Petrobras, ou pelo BNDES [Banco Nacional de Desenvolvimento Econômico e Social], para financiar a nossa engenharia, para construir pontes, para construir hidrelétricas, para construir coisas que são extraordinariamente importantes para o Brasil, porque é exportação de serviços e de conhecimentos do Brasil. E, nesse item, a Petrobras é definitivamente o carro-chefe, é a namorada que todo mundo quer casar com ela. A Arábia Saudita quer casar com a Petrobras, e a Petrobras tem medo da Arábia Saudita ser um pouco maior. O Chávez [Hugo Chávez, presidente da Venezuela] já arrumou até o lugar do casamento, quer que eu e ele sejamos padrinhos da fusão da PDVESA [Petróleos de Venezuela S.A., empresa estatal venezuelana de petróleo] com a Petrobras. Já estamos discutindo a ideia de criar o embrião da Petroamérica, ou seja, o que não falta, na verdade, é oportunidades para a Petrobras. *(9/6/05, Rio de Janeiro – RJ. Op. cit.)*

**... é do povo brasileiro:** Eu acho que a Petrobras é uma empresa que não é dos petroleiros e muito menos da direção. Ela é uma empresa de 181 milhões de habitantes, porque todos nós a carregamos dentro do nosso peito. *(18/9/04, São Paulo – SP. Apresentação do Projeto de Ampliação da Produção do Polo Petroquímico União S.A.)*

**... tem proprietários privados:** A Petrobras é uma empresa que tem ações no mercado, tem sócios e, portanto, não é uma empresa em que o Governo tenha o direito de dizer o que ela vai fazer a cada momento. *(16/12/05, Ipojuca – PE. Lançamento da pedra fundamental da refinaria de Pernambuco)*

**... sofre influência do Governo em suas decisões:** Eu me lembro que quando tomei posse, em 2003, eu lia muito a ideia de que: "Não tem Governo para a Petrobras, a Petrobras é dona do seu nariz, teve presidente que disse que era uma caixa-preta, que ninguém podia discutir." Eu nunca tive problemas com a Petrobras. Aliás, a Petrobras tem feito coisas extraordinárias, em que nós discutimos no Governo, junto com a Petrobras, aprovamos no Conselho da Petrobras e as coisas funcionam. *(4/9/07, Aracaju – SE. Op. cit.)*

**... deve atuar para o desenvolvimento do Brasil:** É preciso ter consciência de que uma empresa como a Petrobras não pode existir apenas para ser a sexta maior empresa do mundo, a terceira das Américas. Não! Ela existe também para ser a alavancadora do desenvolvimento deste país, a geradora de oportunidades para outros setores da sociedade. *(26/5/08, Niterói – RJ. Lançamento do Programa de Modernização e Expansão da Frota e de Embarcações de Apoio da Petrobras)*

**... tem muito dinheiro para gastar:** A Petrobras é um motivo de orgulho para nós. Todo mundo conhece, a Petrobras é a empresa mais extraordinária que o Brasil poderia ter. Ela é tão importante que eu acho que o presidente da Petrobras deveria ser eleito diretamente pelo voto, porque vá ter dinheiro para gastar em outro lugar. Eu fui ao Rio de Janeiro agora, ele anunciou, até 2010, 86 bilhões de reais de investimento, quando o Governo brasileiro não tem como anunciar uma quantia dessas. *(25/11/05, Fortaleza – CE. Assinatura de contratos e convênios para a construção da Transnordestina e do metrô de Fortaleza e anúncio de empréstimos de microcrédito do BNB)*

**... não é uma caixa-preta:** É acertada a decisão da Petrobras de não ficar fazendo parcerias apenas com as empresas já existentes, em torno de projetos já existentes, mas fazer parcerias em torno de projetos novos, construir novas plantas, para gerar novos empregos, para gerar riqueza para o país. E essa é uma decisão que eu acho fundamental para a Petrobras, que deve aproveitar o bom nome que tem. Porque a coisa mais fácil, José Eduardo [Dutra, presidente da empresa], era dizer o que se dizia antes: "A Petrobras é uma caixa-preta que ninguém consegue saber o que faz e por que faz." *(18/9/04, São Paulo – SP. Apresentação do Projeto de Ampliação da Produção do Polo Petroquímico União S.A.)*

**... é necessária ao mundo:** Na medida em que a gente não tem nenhuma empresa com a competência da Petrobras para prospecção em profundidade, o mundo está precisando da Petrobras, e nós temos que ter a ousadia de ocupar esses espaços que o oceano está nos permitindo ocupar. *(24/2/05, Jaguaré – ES. Visita às obras da Estação Fazenda Alegre)*

**... tem boa aceitação mundial:** Eu tenho certeza, em todos os lugares que eu tenho ido, do mundo, que a Petrobras é vista como uma empresa que, em qualquer momento que chegar, ela é aceita. *(9/6/05, Rio de Janeiro – RJ. Conclusão da obra de conversão da Unidade Flutuante de Produção, Armazenamento e Transferência FPSO P-47)*

**... só investe onde tem lucro garantido:** Ontem, me perguntavam assim: "A Petrobras vai continuar investindo na Bolívia?" Eu dizia: "A Petrobras é uma empresa e, como empresa, ela investirá em qualquer lugar do mundo que lhe permita investir e ter o retorno do seu capital investido e mais um lucro." *(5/5/06, Aimorés – MG. Inauguração da Usina de Aimorés – Hidrelétrica Eliezer Batista)*

**... antes do Governo Lula, tinha pouca ousadia:** A gente estava em Angola, mas a Petrobras não tinha muita ousadia, ela tinha medo de se juntar a outras coisas maiores, ela tinha medo dessa competição, como ela é muito bonita, ela tinha medo de se misturar. E eu entendia que a Petrobras não tinha que ter medo de ninguém. Se tem uma empresa no Brasil que não tem que ter medo de competir, do ponto de vista da sua competência tecnológica, do ponto de vista da qualidade dos trabalhadores, é a Petrobras. Ela disputa com quem quer que seja, seja chinesa ou americana, ela disputa com qualquer um, porque ela está altamente qualificada para fazer esse debate. *(5/5/06, Aimorés – MG. Op. cit.)*

**... deve investir na exploração de gás:** Se a Petrobras não investe, nenhuma outra empresa vai investir. E a Petrobras investe porque ela também precisa do gás. No fundo, no fundo, a Petrobras está investindo porque ela precisa suprir o mercado com o qual ela tem compromisso, que é o mercado brasileiro. *(20/12/07, Brasília – DF. Bate-papo com jornalistas do Comitê de Imprensa na Presidência da República, durante café da manhã de confraternização pelo final de ano)*

## Petróleo

[ver: biocombustível; Petrobras]

Nós ainda temos que comprar um pouco de petróleo de fora, porque o nosso petróleo é pesado e precisamos misturar um petróleo mais leve para que a nossa refinaria possa fazer o refino do petróleo e tirar o óleo diesel, tirar o óleo lubrificante, a nafta, tirar a gasolina e o querosene. Do petróleo saem muitos produtos. *(22/12/05, Montes Claros – MG. Inauguração do Samu, Farmácia Popular, Centro de Especialidades Odontológicas, e anúncio de Restaurante Popular e Unidade Industrial de Biodiesel)*

**... precisa ser importado pelo Brasil, apesar da autossuficiência:** A independência significa que nós estamos produzindo o tanto que nós consumimos. Só que nós vamos ter que continuar importando petróleo, porque o nosso petróleo é pesado, nós temos que comprar petróleo leve para misturar no nosso para poder ajudar a tirar o subproduto do petróleo. *(19/4/06, Porto Alegre – RS. Inauguração da nova emergência do Hospital Nossa Senhora da Conceição)*

**... vai acabar, mas o Brasil não será prejudicado:** Vai chegar um tempo em que, quando o petróleo não existir mais – e todos nós estamos felizes porque a Petrobras atingiu a autossuficiência –, mas o dia em que o petróleo não existir mais, certamente o Brasil já estará sendo o maior exportador de biocombustível do mundo, porque ninguém pode competir conosco nessa área. *(27/4/06, Brasília – DF. Entrega da Carta das Responsabilidades "Vamos Cuidar do Brasil", no âmbito da II Conferência Nacional Infanto-Juvenil pelo Meio Ambiente)*

**... não vai acabar:** Me ensinaram a dizer na campanha de 1989, e eu disse pelos quatro cantos do Brasil: "O petróleo vai acabar no Brasil em trinta anos, o petróleo vai acabar no México em sessenta anos, o petróleo vai acabar..." Sabe, eu e quase toda a classe política daquela época andávamos difundindo o fim do petróleo. Passados 15 anos, nós estamos descobrindo que a indústria do petróleo ressurge com muito mais força, não só pelo preço do barril do petróleo – o José Sérgio [Gabrielli, presidente da Petrobras] ri 24 horas por dia –, não só por isso, mas porque as novas tecnologias estão permitindo que as empresas descubram novas reservas de petróleo em vários lugares do mundo. Então, aquela ideia de que o petróleo ia acabar, Paulo Okamotto [presidente do Sebrae], acabou. Ele não só não acabou, como aumentou de preço e está aumentando a quantidade que está sendo produzida diariamente neste país. *(7/11/07, Brasília – DF. Abertura do 5.º Encontro Nacional do Programa de Mobilização da Indústria Nacional de Petróleo e Gás Natural – Prominp)*

**... quando caro, é bom para o Brasil:** O petróleo é uma coisa tão nobre que, se o preço continuar como está, essa é a matéria-prima mais valiosa para a gente entrar na Opep [Organização dos Países Exportadores de Petróleo], para a gente exportar, e o José Eduardo Dutra [presidente da Petrobras] não vai ficar apenas discutindo aqui, com os sindicatos, o aumento de salário. Vai discutir com o príncipe da Arábia Saudita o preço do petróleo, para valorizar o petróleo brasileiro cada vez mais. É isso é que vai acontecer neste país. *(24/2/05, Jaguaré – ES. Visita às obras da Estação Fazenda Alegre)*

**... quando caro, é ruim para os países pobres:** Nós temos que fazer, não eu, mas vocês, do movimento sindical, podem fazer alguma pressão no mundo, para que o preço do petróleo seja reduzido. O preço do petróleo não prejudica os Estados Unidos, a Alemanha, o Japão, a França, a Suécia, a Dinamarca, que são exportadores, mas são ricos. Prejudica quem? Prejudica os países pobres da América Latina e os países pobres da África. E um aumento de um dólar no barril já é um sufoco para quem está passando fome. *(18/9/04, São Paulo – SP. Op. cit.)*

**... deve ser exportado pelo Brasil, para que, assim, o país possa usar internamente biocombustíveis:** O petróleo é uma coisa tão extraordinária no mundo de hoje – mas, ao mesmo tempo, o Brasil está subordinado ao preço internacional e a gente não tem controle do preço interno – que nós vamos ter que transformar o petróleo numa coisa maravilhosa para exportar. E eu sonho que o biodiesel possa, um dia, ser utilizado nos carros, nas ruas de Aracaju, nas ruas de São Paulo, porque o biodiesel é menos poluente que o óleo diesel, é mais econômico, é mais gerador de emprego e, quem sabe, a gente vá ganhar mais dinheiro com o petróleo, exportando um pouco mais do que nós já exportamos hoje. *(18/3/05, Aracaju – SE. Celebração dos 150 anos da cidade de Aracaju e assinatura de atos entre o Governo Federal e a prefeitura de Aracaju)*

**... não pode ter o preço determinado pelo Governo:** A Petrobras pode atingir a sua autossuficiência, mas o petróleo não vai baixar porque é *commodity*, é preço internacional. A Petrobras não é uma empresa do Estado brasileiro, ela tem acionistas, portanto, o preço vai continuar. *(18/10/04, Curitiba – PR. Encontro com representantes da Associação Comercial do Paraná)*

**... no Brasil, pertence aos brasileiros:** Então, o fato de estar aqui, hoje, reconhecendo que este estado [o Espírito Santo] passa a se transformar, logo, logo, no segundo estado produtor de petróleo do Brasil nos dá uma satisfação de a gente dizer: "O petróleo não é do Espírito Santo, o petróleo não é do Rio de Janeiro, o petróleo não é do estado de Sergipe, o petróleo não é do estado da Bahia. O petróleo, na verdade, é uma propriedade de 180 milhões de brasileiros, que têm o direito de usufruir dessa riqueza produzida pela Petrobras." *(24/2/05, Jaguaré – ES. Op. cit.)*

**... é um dos causadores do aquecimento global:** Todos nós sabemos do aquecimento do planeta e todos nós sabemos que o petróleo é um dos causadores desse problema. Portanto, nós vamos continuar investindo nos biocombustíveis. Eu continuo dizendo que é inexorável que o mundo vai ter que adotar uma mistura do biocombustível no petróleo. *(12/11/07, Rádio Nacional. Programa de rádio* Café com o Presidente*)*

**... é mais caro de produzir do que os biocombustíveis:** O petróleo é tão refinado que, para uma empresa encontrar petróleo hoje, às vezes precisa fazer prospecção em seis mil metros de profundidade, depois de dois ou três mil metros de lâmina d'água. Para construir uma plataforma para tirar duzentos mil barris de petróleo/dia é preciso um investimento de dois bilhões de dólares, que gera sete ou oito mil empregos. E quantos países detêm essa tecnologia, quantos podem fazer esse investimento? Espanha tem empresas que podem fazer isso, o Brasil tem empresa que pode fazer isso, o Brasil é autossuficiente em petróleo, mas os biocombustíveis podem ser plantados por uma pessoa que não sabe ler, que não sabe escrever, ou seja, com a sua mão ele pode plantar uma oleaginosa ou um pé de cana e colher o combustível que, na minha opinião, será inexorável nos próximos anos, a ser adotado por todos os países do mundo. *(17/9/07, Madri – Espanha. Conferência de imprensa)*

## PFL (Partido da Frente Liberal, atual Democratas)

[ver: oposição; PSDB]

A CPMF [Contribuição Provisória sobre a Movimentação ou Transmissão de Valores e de Créditos e Direitos de Natureza Financeira] são quarenta bilhões de reais. Quem paga a CPMF? Nós estamos isentando, no imposto de renda, até dois milhões e oitocentos. Na verdade, o dinheiro da CPMF é para a Saúde, para a aposentadoria de trabalhador rural e para o Bolsa Família. É para isso que serve a questão da CPMF. Quem quer acabar? Quem quer acabar, na verdade, além do PFL – que torce todo santo dia para as coisas não darem certo neste país, porque eles governaram durante quinhentos anos e não conseguiram fazer o que o país queria que fosse feito? Ora, eles agora ficam com o discurso de que é muito imposto – na verdade, quem tem medo da CPMF é quem sonega imposto. *(29/11/07, Vitória – ES. Inauguração das obras de ampliação da siderúrgica ArcelorMittal Tubarão)*

**... não tem autoridade política para pedir o *impeachment* de um presidente:** Olha, primeiro eu não sei se o PFL tem autoridade política para pedir *impeachment* de um presidente da República, ou se tem argumento para pedir *impeachment* de um presidente da República. *(7/11/05, Brasília – DF. Entrevista ao programa* Roda Viva*)*

**... não tem nada a perder e não tem perspectiva de futuro:** Eu estou convencido de que o Senado aprovará a CPMF, até porque tem dois setores radicalizados contra a CPMF: o PFL, que não tem nada a perder e não tem perspectiva de futuro; e tem alguns sonegadores. *(28/11/07, Brasília – DF. Entrevista ao SBT)*

**... é adversário do Governo:** Eu vou contar uma novidade para vocês: os nossos adversários, que vocês sabem quem são, um chamava-se PFL, agora eles se chamam Democratas, o outro, vocês já sabem quem é. Pois bem, eles, no final do ano passado, derrotaram a CPMF, que era o imposto que a classe média brasileira e os ricos pagavam, porque pobre não trabalha com cheque. Eles tiraram do Governo Federal R$40 bilhões. E tiraram por quê? Tiraram porque eles deviam. *(28/2/08, Fortaleza – CE. Assinatura de atos de saneamento e habitação do PAC)*

**... assim como os outros partidos, deve ter responsabilidade:** Hoje, não quero saber se um governador é do PMDB, se um deputado é do PSDB, se um vereador é do PFL, se é do PT ou do PCdoB. O que quero saber é que ele tem um mandato e, por esse mandato, ele tem responsabilidade. *(5/9/03, Esteio – RS. Inauguração oficial da XXVI Expointer 2003)*

**... não age com responsabilidade:** Acho que os senadores, na hora de votar, vão ter a responsabilidade de perceber que podem votar, porque pode ter um pequeno grupo que pode agir sem responsabilidade, que é o PFL, que não tem perspectiva de nada, mas os partidos mais sérios terão que ter perspectiva. *(29/11/07, Vitória – ES. Assinatura de atos)*

**... critica o Governo Federal:** Pois bem, nós estamos há 18 meses, e nas duas marchas dos prefeitos a totalidade do nosso Governo, a começar pelo presidente da República, esteve na marcha. Estivemos não apenas falando, estivemos prestando contas, estivemos debatendo, e foi com muito orgulho que, no último encontro dos prefeitos, aqui em Brasília, ouvi da boca de um prefeito que, pela primeira vez, eles tiveram 90% da demanda deles atendidas pelo nosso Governo. A ponto de vermos prefeitos, como o Cesar Maia [prefeito do Rio de Janeiro], do PFL, entregar por escrito, na reunião de prefeitos das capitais – há 12 anos ele cuida da administração pública da cidade do Rio de Janeiro – de que nunca a cidade do Rio de Janeiro recebeu a quantidade de dinheiro que recebeu do nosso Governo. Ele ainda brincou comigo: "Presidente, no Rio de Janeiro, eu só falo bem do senhor. Agora, como sou vice-presidente do PFL, de vez em quando eu sou obrigado a fazer uma crítica num jornal de outro estado." *(5/7/04, Brasília – DF. Reunião de apresentação dos resultados do Governo)*

**... destila o ódio:** Estão lá [no Senado] os nossos amigos do DEM, que tiveram tanta vergonha que até mudaram o nome do partido, de PFL para DEM. Estão lá destilando ódio, coisa que eu, mesmo quando era dirigente sindical, não conseguia destilar ódio contra os meus adversários, porque eu aprendi que em política a gente constrói consensos para que a gente possa beneficiar a sociedade. E lá eles governaram este país desde que Cabral aqui aportou, eles governaram, fizeram e desfizeram. *(28/3/08, Delmiro Gouveia – AL. Assinatura de protocolos de cooperação federativa e de instalação do Comitê Estadual de Articulação do programa Territórios da Cidadania)*

**... vai deixar de ser tão nervoso:** Eu acho que muita coisa vai acontecer no Brasil para melhor. Acho que o PFL vai deixar de ser tão nervoso, acho que as pessoas vão aprendendo que o povo não quer saber de muita confusão, o povo quer que o país dê certo. *(15/5/07, Brasília – DF. Entrevista coletiva a jornalistas brasileiros e estrangeiros)*

**... tem gente civilizada:** Amizade é amizade, e posso dizer para vocês que, desde 78 até agora, são 28 anos, já fui convidado várias vezes para fazer palestra no Mackenzie, onde o Cláudio Lembo [governador de São Paulo] era o reitor, e quero dizer para vocês que sempre fui tratado com fidalguia, com respeito e com muita dignidade. Por isso, eu quero que vocês saibam: o Cláudio Lembo é governador, é um político ligado ao PFL, mas vocês sabem que tem, em todos os partidos políticos, gente melhor, gente pior, gente civilizada, não civilizada. E eu posso dizer para vocês que este homem é um político civilizado, independentemente do partido em que ele estiver. Ele é um homem de bem e por isso eu o respeito. *(2/6/06, São José dos Campos – SP. Anúncio de investimentos da Petrobras no estado de São Paulo)*

## Planejamento

[ver: desenvolvimento; futuro; infraestrutura]

O planejamento democrático é a verdadeira moeda forte de um país em construção. Hoje, mais que nunca, é sua grande âncora de unidade federativa, de justiça social e de autonomia econômica. *(28/7/03, Fortaleza – CE. Recriação da Sudene)*

**... não se discute no Brasil:** No Brasil o que falta, hoje, são exatamente fóruns, para que as pessoas possam promover discussões sobre o desenvolvimento estratégico, sobre desenvolvimento a longo prazo, planejamento e, sobretudo, sobre o desenvolvimento regional. O Brasil há muito tempo deixou de ser planejado e deixou de ser pensado de forma estratégica. Nós, agora, estamos constituindo um grupo de trabalho que, sob a coordenação do meu vice, José Alencar, vai utilizar técnicos das universidades brasileiras, setores ligados aos empresários brasileiros e instituições como o IBGE [Instituto Brasileiro de Geografia e Estatística] e o Ipea [Instituto de Pesquisa Econômica Aplicada], para que montemos um núcleo de debate estratégico sobre o desenvolvimento do Brasil. *(10/3/03, Mauá – SP. Inauguração da nova unidade da empresa Polibrasil)*

**... foi considerado necessário por Lula em 1989:** Convenci-me, desde 1989, de que um país como o Brasil não pode prescindir de um planejamento estratégico de longo prazo. Só se constrói uma grande nação se você pensá-la para trinta, para quarenta, para cinquenta anos e não pensar apenas de eleição em eleição, que é um dos grandes defeitos do nosso país. *(22/4/03, Vitória – ES. Implantação do III Alto-forno da Companhia Siderúrgica de Tubarão)*

**... existia na década de 1970:** Esta aqui é uma reunião em que estamos discutindo em cima de fatos concretos, de coisas que nós descobrimos no processo de que era preciso rearranjar o Brasil. E você [Paulo Godoy, presidente da Associação Brasileira da Infraestrutura e Indústrias de Base – ABDIB] disse uma coisa muito importante: o Brasil tinha esquecido o planejamento. O Brasil que, durante um tempo na década de 70, tinha um armário de projetos deixou de ter projetos. *(23/8/07, Brasília – DF. Almoço de encerramento do Seminário da ABDIB: "Obstáculos e Soluções para o Desenvolvimento da Infraestrutura Brasileira")*

**... com Lula, passou a existir novamente:** Não é possível que a gente não tenha consciência que o Brasil não pode ter encomendado o último navio em 89. Foi o navio *Livramento*, que foi encomendado em 1989 e foi entregue apenas em 1996. Essa encomenda tinha sido feita bem antes. Portanto, era preciso um vento de travessia para romper com essa paradeira, e ele chegou. O seu nome agora é compromisso com a nação, seu nome é planejamento público das prioridades nacionais, seu nome é manejo responsável dos recursos disponíveis, seu nome, enfim, é política de desenvolvimento voltada para o conjunto da sociedade, isso chama-se Programa de Aceleração da Economia. *(31/1/07, Cabo de Santo Agostinho / Ipojuca – PE. Assinatura dos contratos para construção dos dez primeiros navios da Transpetro em Suape – PE)*

**... tem de abranger todas as áreas:** O que nós estamos fazendo é dizendo para a sociedade brasileira, dizendo para os nossos deputados, para os nossos senadores e dizendo ao mundo o seguinte: "Este país está sendo pensado de forma diferente." Até porque não teria nenhum sentido um segundo mandato, se fosse apenas para repetir tudo o que nós fizemos no primeiro, sem criar coisas novas, e nós temos que fazer planejamento regional e desenvolvimento regional pensando economicamente, mas temos que pensar também do ponto de vista educacional, do ponto de vista cultural. *(22/2/07, Brasília – DF. Assinatura do decreto que instituirá a Política Nacional do Desenvolvimento Regional – PNDR)*

**... não pode depender da vontade do governante:** Os ministros, todos eles, e o presidente da República terão que trabalhar em função de um programa. As obras já estão determinadas, já estão detectadas as importâncias. E se todo mundo cumprir o organograma que nós fizemos, nós vamos terminar o mandato fazendo aquilo que o Brasil precisa. Eu ainda tenho a ideia de, na Secretaria de Planejamento Estratégico, pensar o Brasil até 2022. Em 2022, nós estaremos completando duzentos anos de Independência, e nesses duzentos anos de Independência precisamos definir como é que nós vamos ter o Brasil daqui a 15 anos. É um tempo bom de planejamento, e nós precisamos determinar as obras que serão importantes para o Brasil, obras que não dependem de quem for presidente da República. Tem algumas coisas que são tão importantes para o Brasil que, seja o presidente "a" ou presidente "b", aquelas obras eles terão que fazer, porque o Brasil precisa delas; outras, eles podem escolher, de caráter pessoal, sei lá. *(30/3/07, Recife – PE. Entrevista após cerimônia de formatura do programa ProJovem)*

**... poderia, no passado, ter ajudado o Brasil a alimentar a população:** Até meados dos anos 70, o peixe ainda era a segunda fonte de proteína no cardápio nacional. A fome cresceu, mas a multiplicação dos peixes não tem ocorrido em igual velocidade. Faltou planejamento, faltou Governo, faltou Estado, faltou atenção ao que é nosso – a começar pelas necessidades sociais. *(13/6/03, Brasília – DF. Lançamento das Conferências Nacionais de Aquicultura e Pesca)*

**... pode ser atropelado pelos fatos:** Vocês viram aqui que a Dilma [Rousseff, ministra das Minas e Energia] é muito racional. A Dilma, talvez por ser mulher, é mais equilibrada, possivelmente tenha mais juízo. Vocês viram que ela falou que vamos começar com 2%, depois vamos chegar a 5%, e não sei das quantas. Eu acho que, do ponto de vista do planejamento, maravilhoso, é isso mesmo que tem que fazer. Mas, minha querida ministra de Minas e Energia, se o petróleo continuar a subir como está subindo, podem ficar certos que o biodiesel vai ser utilizado em maior quantidade, em um prazo muito menor do que todos nós estamos pensando. *(27/4/05, Belém – PA. Inauguração da usina de biodiesel da Agropalma)*

**... tem de ser seguido, para que a desordem não se instale:** Eu quero falar deste hospital aqui, agora, e somente dele, para que vocês tenham a dimensão do que significa isso para uma cidade. Se o povo e o prefeito aproveitarem que ela [Palmas] é uma capital com apenas 180 mil habitantes, e tomarem cuidado com o planejamento bem-ordenado, esta cidade pode ser a cidade-modelo deste país, porque outras cidades foram planejadas, tiveram ocupação desordenada e aquilo que era um planejamento foi para a cucuia. *(10/8/05, Palmas – TO. Inauguração do Hospital Geral de Palmas Dr. Francisco Ayres)*

## Planejamento familiar

[ver: família; filho; sexo]

Nós precisamos quebrar alguns tabus que são históricos neste país. A classe média já resolveu o seu problema. A classe média já resolveu. A classe média casa e, com todo o cuidado, arruma o primeiro filho; se a situação melhora, arruma o segundo, e para por aí. O terceiro já é um acidente. O terceiro já é uma coisa que não se queria. Por quê? Porque tem consciência que só pode ter um número de filhos que pode criar. Minha mãe [Eurídice Ferreira de Melo] teve 12. Oito sobreviveram, quatro morreram. E ela dizia: "A gente só pode ter quando a gente pode criar." Mas criar naquele tempo era diferente de criar hoje. Hoje nós temos uma situação muito grave, ou seja, embora o crescimento demográfico no nosso país tenha crescido, a taxa de natalidade tenha diminuído muito... O dado concreto é que nós precisamos orientar decentemente e adequadamente as mulheres e os homens deste país, para que não precisem ter um filho cada vez que mantêm uma relação, que podem se cuidar. E, aí, eu acho que é um problema de Estado brasileiro fazer isso, como política pública do Estado. É uma coisa extremamente importante e, certamente, nós vamos fazer. *(8/7/05, Brasília – DF. Posse dos ministros de Estado da Saúde, das Comunicações e de Minas e Energia)*

**... tem de existir para evitar tragédias:** Se nós tivéssemos, no Brasil, um bom processo de planejamento familiar, de educação sexual, possivelmente nós não tivéssemos a quantidade de gravidez indesejada que temos no Brasil, hoje. Entretanto, quando ela existe, o Estado precisa tratar isso como uma questão de Saúde Pública, porque a História também nos ensina que, muitas vezes, no desespero e por falta de orientação, muitas meninas se matam precocemente. Eu conheço casos de meninas que perfuraram o útero com agulha de fazer tricô. Eu conheço casos, na Bahia e em outros estados do Nordeste, em que meninas colhiam fuligens no fogão de lenha, achando que aquilo poderia resolver o problema da sua gravidez. Ora, então o Estado não pode ficar alheio a uma coisa que existe, que é real, e não dar assistência para essas pessoas. Essa divergência vai existir, eu acho que ela ainda vai levar muito tempo, vamos discutir até que a gente entenda corretamente o seguinte: qual é o meu sonho? O meu sonho é que as pessoas tenham uma educação tão desejada e tão perfeita que não precisem ficar grávidas sem desejar. Este é o meu desejo. Agora, enquanto isso não acontece, o Estado precisa assumir a responsabilidade de cuidar de milhões de pessoas, ao longo de décadas, que às vezes ficam grávidas sem querer ficar grávidas. E, depois, como é se comporta o pai de uma menina de 17 anos que fica grávida? Como é que se comporta a mãe? Como é que se comportam os parentes? *(7/5/07, Brasília – DF. Entrevista à Rede Católica de Rádio)*

**... deve ser induzido pelo Estado através dos meios de comunicação:** Se o pai ou a mãe não têm coragem de trabalhar a educação sexual dos seus filhos, o Estado pode ser o indutor, através dos meios de comunicação, de uma boa política de educação ambiental, sexual, de planejamento familiar. *(7/4/03, São Paulo – SP. Solenidade comemorativa do Dia Mundial da Saúde)*

**... deve ser realizado, efetivamente, com ações concretas:** A questão dos anticoncepcionais, a questão da vasectomia, nós vamos fazer, porque nós entendemos que está dentro da nossa política de planejamento familiar. *(5/3/08, Brasília – DF. Comemoração do Dia Internacional da Mulher)*

## Planeta Terra

[ver: mundo]

Eu quero que a gente olhe para o céu, mesmo quem não acredita em Deus, saiba que alguém mais poderoso do que nós deve estar zangado com o que nós estamos fazendo no planeta, nesse momento histórico da sua vida. *(22/11/05, Luziânia – GO. Abertura do I Congresso Nacional de Agricultura Familiar – Fetraf)*

**... está piorando:** Nesse mundo globalizado, em que a disputa é cada vez mais acirrada, em que as pessoas chutam da canela para cima e os países estão todos tentando conquistar um espaço neste planeta, que está ficando pequeno... E que nós, seres humanos, tratamos, ao longo desses últimos anos, apressar a piora da qualidade de vida no nosso planeta. *(16/1/04, Piracicaba – SP. Lançamento do Polo de Biocombustíveis)*

**... tem no brasileiro o povo mais especial:** Eu, não por ser presidente da República, mas por ser brasileiro, e que viaja muito, eu não acredito que tenha um povo no planeta tão especial quanto o nosso povo, sobretudo o povo nordestino, que, no sofrimento... *(29/3/07, Fazenda Nova – PE. Palavras do presidente por ocasião do 40.º espetáculo da Paixão de Cristo)*

**... tem no brasileiro um personagem importante:** Nós estamos vivendo um momento em que o brasileiro descobriu-se como personagem importante no planeta Terra. *(1/12/04, Salvador – BA. Abertura do Fórum Mundial do Turismo)*

**... deve ter como parâmetro as crianças:** As crianças, nós sabemos, são os seres humanos mais sensíveis e vulneráveis. Se existirem condições saudáveis para elas, existirão, também, condições saudáveis para todos os seres vivos em nosso planeta. *(7/4/03, São Paulo – SP. Solenidade comemorativa do Dia Mundial da Saúde)*

**... é poluído, em grande parte, pelos países ricos:** E o mundo desenvolvido, que é responsável por 70% da poluição do planeta Terra, se não quiser fechar as suas fábricas, comece a produzir carros a biodiesel e a comprar biodiesel dos países pobres, o que ajudará a desenvolver os países pobres. *(11/2/05, Caruaru – PE. Inauguração da Clínica Asa Branca, do Programa Brasil Sorridente)*

**... pode receber uma grande contribuição do Brasil:** Não vamos ficar esperando que eles, um dia, descubram que temos álcool. Vamos lá, dizer: "Nós temos. Vocês exigem tanto que o Terceiro Mundo cuide do meio ambiente, que não se pode fazer uma hidroelétrica, que não se pode fazer uma fábrica, que não se pode fazer nada! Pois bem, nós queremos dar a contribuição para que o mundo industrializado polua menos o planeta Terra, vendendo álcool produzido no nosso país." *(26/5/03, Brasília – DF. Reunião com representantes do setor sucroalcooleiro)*

**... tem na fome o pior inimigo:** A fome é a arma mais mortífera que nós temos hoje, no planeta Terra. Não tem arma química que destrua mais do que a fome. Nenhuma guerra destrói tanto quanto a fome está destruindo. Numa guerra matam-se soldados, a fome mata crianças e, muitas vezes, ainda no útero da mãe, quando não mata a mãe junto. Mata crianças com meses de idade, com dias e com poucos anos. E, se não mata, debilita. *(7/10/04, Brasília – DF. Apresentação da agenda das ações preparatórias da comemoração do Dia Mundial da Alimentação)*

**... é extremamente rico, mas, mesmo assim, tem muitos famintos:** Porque as oito Metas do Milênio são coisas que, em algum momento da nossa vida, nós falamos a respeito. A primeira delas, é importante que todos saibam, é acabar com a fome e com a miséria, num planeta extremamente rico em conhecimento, em tecnologia, num planeta que produz, per capita, alimento para saciar a fome de todo o mundo e onde, mesmo assim, quase um bilhão de seres humanos ainda passam fome. *(5/11/04, Rio de Janeiro – RJ. Lançamento da proposta de Implementação dos Objetivos do Milênio nas comunidades de Madureira, Oswaldo Cruz e bairros adjacentes)*

## Plano(s) econômico(s)

[ver: Economia; economista]

Não queremos anunciar nenhum plano mirabolante e que, seis meses depois, a gente tenha que voltar atrás porque o povo, eu penso, já se cansou de viver momentos de êxtase e, alguns meses depois, entrar em verdadeira depressão. *(28/11/03, Rio de Janeiro – RJ. Encerramento do 23.º Encontro Nacional de Comércio Exterior)*

**... são menos importantes do que o compromisso:** E vamos fazer com que o Brasil volte a aparecer no cenário da macroeconomia mundial como um país em que, pela primeira vez, estamos construindo uma estabilidade sem nenhum plano mirabolante. Não tem Plano Collor, não tem Plano Bresser, não tem Plano Verão, não tem Plano Cruzado. Ou seja, tem, na verdade, o compromisso de tratar a Economia brasileira como um trabalhador sério trata o seu salário na relação com a sua família. Um trabalhador que não tem seriedade e não tem respeito pela sua família é capaz de pegar o seu salário e gastá-lo no primeiro salão de *snooker* que tiver na cidade. Um trabalhador sério pega o seu salário, vai para casa, senta com a mulher e vai discutir como pagar a dívida e o que fazer se sobrar algum centavo no seu pagamento. *(16/1/04, Piracicaba – SP. Inauguração da nova unidade de fundição da fábrica Dedini S.A.)*

**... devem ser substituídos pela recuperação da credibilidade política:** A segunda coisa é que nós, no Brasil, demos uma demonstração extraordinária, que foi garantir a estabilidade macroeconômica do país sem inventar nenhum plano econômico, apenas recuperando aquilo que nenhum político pode perder, que é a sua credibilidade. Nós encontramos o país com um Risco Brasil praticamente a dois mil pontos, hoje está a menos de quinhentos. Nós não tínhamos financiamento para as nossas exportações, hoje temos. A Economia começa a crescer. A inflação, que era prevista para 40% está, agora, prevista para 5,5%. E eu estou muito mais otimista do que estive no começo do ano passado, quando tomei posse. *(16/2/04, Brasília – DF. Perguntas dirigidas ao presidente pelos participantes da Conferência Anual da Rede Parlamentar de Países-Membros do Banco Mundial [videoconferência])*

**... são diferentes da "concretude" dos mercados:** A Economia brasileira, nós tivemos que tratá-la com o cuidado que precisa ser tratada, sem a pressa e o ufanismo com que, muitas vezes, alguém quer que a gente trate, porque nós somos, ainda, uma Economia muito vulnerável, temos ainda problemas sérios e não podemos brincar nessa parte, para que a gente não tenha um retrocesso, porque um retrocesso leva anos e anos para a gente recuperar. Não se recupera num dia, leva-se anos e, às vezes, não se recupera. É por isso que nós tivemos a década perdida, que foi a década de 90. Depois nós tivemos a década de 80 a 90 [*sic*], em que também não foi feita muita coisa neste país. Por quê? Porque o Brasil ficou sempre apostando que iria aparecer um mágico e que iríamos tirar um economista do bolso, da cartola, não sei de quê, ou da cartola não sei de onde, e aquele economista iria fazer um plano que salvaria o país. Todos, historicamente, que tentaram fazer mágica com a Economia brasileira quebraram a cara, porque uma coisa é a mágica acadêmica, outra coisa é praticidade do mercado e da sociedade brasileira, que trabalha com muito mais objetividade e com muito mais concretude. *(28/7/05, Canoas – RS. Visita às novas unidades de produção da Refap)*

**... são resultado de marketing pessoal e têm grande potencial para iludir a população:** Vocês, mais do que ninguém, os sindicalistas sobretudo, já foram vítimas neste país de planos mirabolantes. Cada ministro da Fazenda que entrava neste país inventava um plano, o seu plano, o seu nome, o seu sucesso. Eu me lembro do que sindicalistas diziam quando o Collor [Fernando Collor de Mello, presidente do Brasil de 1990 a 1992] inventou o sequestro da poupança. Eu me lembro quantos sindicalistas importantes diziam: "Agora, sim. Agora, está bom, porque eu estou igual ao dr. Roberto Marinho [jornalista e empresário brasileiro, já falecido, foi presidente das Organizações Globo]. Sabe, nós só temos cinquenta mil na poupança." É mais fácil acreditar numa mentira, é mais fácil acreditar numa coisa fácil do que acreditar numa verdade dura. *(11/3/04, Brasília – DF. Reunião do Conselho Nacional de Desenvolvimento Econômico e Social)*

**... prejudicam os mais pobres:** Este país entrou em uma rota de crescimento sustentável, este país entrou em uma rota de seriedade, este país entrou em uma rota de credibilidade que não existe debate político que faça este país retroceder, que faça este país voltar às políticas dos custos, àquela política que, de noite a gente vai dormir alegre porque o Governo anunciou um plano maravilhoso e, no dia seguinte, a gente levanta tendo que vender a geladeira para pagar a dívida do resultado das políticas que eles anunciavam como milagrosas. E não preciso citá-las porque vocês conhecem. *(22/7/05, Rio de Janeiro – RJ. Visita às novas unidades de produção da Refinaria de Duque de Caxias – Reduc)*

**... são enganadores, como o Plano Real:** Sabe aquele negócio: o presidente ganha e no dia seguinte vai à televisão e anuncia um plano econômico que parece uma mágica? De repente o real passa a valer mais do que o dólar. Todo mundo ficou feliz. Quanto tempo durou? Eu falei: "Não tem mágica." Em Economia a gente tem que tratar com seriedade. Em Economia, primeiro, a gente só pode gastar aquilo que a gente tem. Eu sou casado há 34 anos com a dona Marisa, já vivemos momentos muito difíceis na nossa vida e a gente nunca fez uma dívida sem antes a gente ter certeza de que a gente podia pagar. Esse negócio de querer uma televisão nova porque saiu, é moda, não tinha na minha casa. A gente vai esperar, a gente vai criar as condições e a gente vai comprar quando a gente puder, porque, se a gente der um passo maior do que a perna, a gente se machuca e nunca mais pode se recuperar. *(26/2/08, Rio de Janeiro – RJ. Inauguração da fábrica de pneus de mineração e terraplanagem da Michelin – América do Sul)*

**... no caso de Lula, se resumem a um:** Eu prefiro manter um plano que é o único que pode fazer a Economia brasileira dar certo, que é o plano da certeza, o plano da credibilidade, o plano onde não tenha por que não conversar com todos os segmentos da sociedade e ir fazendo os ajustes que têm que ser feitos. Porque pegar as pessoas de surpresa, de madrugada, anunciando ideias mirabolantes, esse filme nós já vimos e, quando acordamos, qual era a dívida que tínhamos que pagar. *(29/3/04, São Caetano do Sul – SP. Entrega de novas viaturas ao Departamento de Polícia Rodoviária Federal)*

## PMDB (Partido do Movimento Democrático Brasileiro)

[ver: base; partido]

O PMDB é um partido grande, um partido importante no Brasil, mas que está conseguindo a proeza de ter tantas tendências quanto o meu PT, e vai precisar de todos os quadros bons lá, para trabalhar de forma conjunta. *(8/7/05, Brasília – DF. Posse dos ministros de Estado da Saúde, das Comunicações e de Minas e Energia)*

**... foi rejeitado por Lula em 2003 porque era parte integrante do Governo FH:** Ela [a aliança com o PMDB] não aconteceu porque não estava madura, Kennedy [Alencar, repórter da *Folha de S.Paulo*]. Eu não me casei com a Marisa quando eu quis casar. Eu me casei com a Marisa quando ela concordou em se casar comigo. Então, aliança é assim. Aquele momento não estava maduro. Você há de convir que o PMDB estava dentro da aliança com o Fernando Henrique Cardoso [presidente do Brasil entre 1995 e 2003] e que muita gente do PMDB não tinha amadurecido a vinda para o Governo. *(10/10/07, Brasília – DF. Entrevista ao jornalista Kennedy Alencar, do jornal* Folha de S.Paulo*)*

**... tem afinidades históricas com o PT:** O reencontro do PT com o PMDB é mais do que uma aliança política. Até porque, como quase todos os militantes históricos do meu partido um dia pertenceram ao velho partidão, é motivo de orgulho, pois muitos de nós um dia fomos militantes do PMDB. Eu acho que pouquíssima gente não esteve no PMDB em algum momento. *(23/1/04, Brasília – DF. Anúncio da reforma ministerial)*

**... tem em Geddel, que foi um ácido crítico de Lula, a prova de que a aliança com o presidente é para valer:** O outro nome que eu estou indicando e que nomeio agora, o companheiro Geddel Vieira Lima [deputado pela Bahia], é o exemplo mais forte dessa coalizão e a demonstração inequívoca de que, quando falamos em coalizão, falamos para valer, porque se a gente fosse analisar apenas o que as pessoas fizeram ontem, sem pensar no que as pessoas vão fazer amanhã, a gente não teria acordo em muitas das coisas que a gente faz com os partidos. E a felicidade de alguém que exerce um segundo mandato é que eu não tenho tempo de pensar em ontem. Eu estou com a minha cabeça preparada para pensar no amanhã, depois de amanhã, no mês seguinte, porque o Brasil não pode esperar. E essa vinda do Geddel é, eu diria, a consolidação – junto com os outros ministros que já tem o PMDB e mais outro que vai entrar – de uma coalizão política da qual fazem parte muitos partidos políticos, mas o PMDB, que é o maior partido dentro do Congresso Nacional, tem uma importância muito grande. *(16/3/07, Brasília – DF. Posse dos novos ministros da Justiça, Saúde e Integração Nacional)*

**... é o maior partido do Senado:** O PMDB, como maior partido no Senado, tem o direito republicano de indicar o presidente do Senado. Quem o PMDB indicar eu vou torcer para ganhar a Presidência do Senado. *(7/12/07, Macapá – AP. Entrevista após assinatura do decreto de transferência de domínio de terras da União para o Governo do estado do Amapá e atos para o Amapá)*

**... é importante para a base aliada de Lula, e, por isso, ele trabalha pela união da bancada:** Eu tenho trabalhado com muita insistência para uma unificação do PMDB como um todo na bancada federal no Senado. Todo mundo sabe da importância do PMDB para consolidar a nossa base de aliança. *(26/2/07, Rádio Nacional. Programa de rádio* Café com o Presidente*)*

**... tem, com o Governo, relacionamento de marido e mulher:** Eu acho que um casamento tem que ser por amor, um casamento não pode ser obrigatório, as pessoas se casam quando querem se casar. E eu disse isso quando fiz aliança com o PMDB, o Ciro [Gomes, ministro da Integração Nacional] sabe disso, o Eduardo Campos [deputado federal por Pernambuco e presidente do PSB] sabe disso, o PT sabe disso, quando eu fiz aliança com o PMDB, e convidei o PMDB para vir ao ministério, eu disse a todos do PMDB, ao presidente do Senado, ao presidente José Sarney, na época, ao ministro Eunício [Oliveira, ex-ministro das Comunicações e deputado federal pelo PMDB do Ceará], o seguinte: "Olha, eu não quero que vocês tenham compromisso de me apoiar nas próximas eleições. Não quero. Por conta da obrigação de uma lei, eu não quero. Vocês terão que apoiar, primeiro, se eu for candidato; segundo, se eleitoralmente for interessante." *(7/12/05, Brasília – DF. Posse da nova Executiva Nacional do PSB)*

**... tem uma parceria estratégica com Lula; mas o melhor seria contar só com o PT:** Exatamente porque quando nós resolvemos construir essa relação com o PMDB e quando nós falamos na história da coligação, de uma aliança estratégica, pressupõe que você discuta o Governo também com os seus parceiros estratégicos. O ideal do mundo, senador Teotônio Vilela [senador pelo PSDB de Alagoas], seria que nós pudéssemos ganhar as eleições, sozinhos elegermos quatrocentos deputados, setenta senadores, e não precisarmos de ninguém. Isso é ilusão. *(21/1/08, Brasília – DF. Posse do ministro de Minas e Energia, Edison Lobão)*

## Pobre(s)

[ver: fábrica; miséria; pobreza]

É lógico que pobre é pobre em qualquer lugar, mas a verdade é que há pobreza maior do que outra pobreza, há situações em que a pobreza se torna insuportável. Há situações em que a pobreza deixa de ser pobreza para ser miséria. E, quando é miséria, ela fere o maior sentimento da vida humana, que é a dignidade, em cada um dos países onde as pessoas estão empobrecidas. *(10/1/03, Teresina – PI. Visita à Vila Irmã Dulce)*

**... não precisam morar em uma casinha humilde:** Eu acho que nós precisamos melhorar um pouco as casas que a gente está fazendo para a parte mais pobre da população, porque eu acho que não é porque o cara é pobre que tem que ter uma casinha muito humilde. Esta casinha aqui, do Senai, para o povo pobre do país, você pode começar a levar em conta agora que a gente pode melhorar. Se o Senai foi capaz de produzir uma casa dessas, certamente que a nossa engenharia pode pensar outros modelos de casa que não seja apenas economicamente rentável para uma empresa, mas que seja socialmente, eticamente e dignamente uma casa merecedora de morar uma família trabalhadora neste país. *(4/4/06, São Paulo – SP. Abertura da Semana Internacional da Construção e Iluminação)*

**... assim como os ricos, têm na moradia a sua prioridade:** Se você perguntar para o pobre, para a classe média também, até para rico, qual é a principal prioridade de uma pessoa, ele vai dizer: "É uma casa." Ele tendo a casa e tendo saúde, o resto ele se vira. *(7/2/06, Brasília – DF. Lançamento das medidas de apoio à habitação e construção civil)*

**... não são caloteiros:** Só quero dizer a todos aqueles que trabalham com microcrédito: não tenham nenhuma preocupação em emprestar dinheiro a pobre, porque pobre não dá calote, pobre paga, paga em dia e, quando não puder pagar, vai comunicar a vocês que não pode pagar; não vai fugir, não, até porque não tem para onde fugir. Ele passou a vida inteira querendo um lugarzinho para poder dizer que tem residência fixa; portanto, ele não vai fugir, e isso eu acho extremamente importante. *(6/10/03, Brasília – DF. Abertura do III Fórum Internacional de Microcréditos)*

**... querem preservar o nome:** Ora, no caso das pessoas mais pobres, possivelmente, grande parte do patrimônio seja o próprio nome delas, porque o pobre tem um medo de ficar devendo como o diabo tem medo da cruz, o nome dele é a coisa mais importante. Então, se ele não paga, é porque algo de grave está acontecendo com ele. *(25/4/05, Brasília – DF. Lançamento do Programa Nacional de Microcrédito Produtivo Orientado)*

**... são desprezados pelo poder público:** Eu resolvi fazer essa visita – nós fomos a Juazeiro, na Bahia, fomos a Petrolina e estou vindo aqui –, primeiro, para dizer que vocês, como outros tantos milhões de brasileiros, são vítimas do descaso que o poder público, historicamente, tem com o povo pobre do nosso país. *(4/2/04, Teresina – PI. Visita ao abrigo instalado no Ginásio de Esportes Pato Preto)*

**... estão recebendo reparações, com Lula:** As pessoas recebem um cartão e sabem que aquela é uma transferência de renda feita pelo Estado brasileiro. Portanto, ela não deve favor ao presidente da República, ao ministro. Ela sabe que é o Estado brasileiro que está tentando fazer pequenos reparos nos grandes malefícios que, ao longo da História, o Estado brasileiro construiu para prejudicar as pessoas mais pobres. Porque, afinal de contas, pobre não tem acesso a dinheiro público. É muito difícil. *(20/1/05, Brasília – DF. Apresentação da Rede Pública de Fiscalização do programa Bolsa Família)*

**... sentem dor de dente, que amenizam até com cachaça:** Todo mundo aqui se lembra que, quando eu era presidente do sindicato ainda, lá para os idos de 1976, a minha briga com a indústria automobilística era que eles faziam convênios com empresas prestadoras de assistência médica e não colocavam odontologia dentro do plano. Por quê? Porque, na verdade, dente doendo é coisa de pobre. Rico não tem problema de dente. É o pobre que tem dor de dente, é o pobre que coloca cachaça, coloca álcool, alguns até bebem um pouquinho para dizer que vai curar a dor de dente. *(26/4/04, São Bernardo do Campo – SP. Lançamento do Serviço de Atendimento Móvel de Urgência – Samu – 192)*

**... não deveriam ser tratados como cidadãos de terceira categoria:** Pela primeira vez, neste país, as crianças pobres têm o direito de ir a uma escola que, até então, apenas os ricos poderiam frequentar. E essa mulher [Marta Suplicy, prefeita de São Paulo e disputando a reeleição, impedida de estar presente na ocasião por conta da legislação eleitoral] teve a coragem de não atender à classe média à qual ela pertence, de construir um CEU [Centro Educacional Unificado] no Pacaembu ou em outro bairro de classe média alta. Ela sabe que nesses bairros já tem as escolas necessárias, e ela sabe que uma outra parte pode até pagar uma escola melhor, mas ela resolveu tomar a decisão que poucas pessoas têm coragem neste país, que é levar escola de qualidade aos bairros mais pobres desta capital para que a criança pobre tenha uma sala para fazer teatro, para ver cinema, uma quadra para jogar, uma piscina para nadar, aprender computação, aprender música. Ou seja, pela primeira vez neste país se dá aos pobres uma perspectiva de que não é pelo fato deles serem pobres que eles têm que ser tratados como pessoas de terceira categoria. *(18/9/04, São Paulo – SP. Inauguração da primeira etapa da obra de prolongamento da avenida Radial Leste)*

**... devem viver com dignidade e decência:** Nós estamos construindo a base para fazer com que esse povo pobre do país possa viver com dignidade e com decência. *(17/8/05, Vitória da Conquista – BA. Inauguração da eletrificação do Assentamento Amaralina e comemoração do atendimento de 1.300.000 pessoas pelo programa Luz para Todos)*

**... são bem-tratados apenas em período eleitoral:** Durante muito tempo, neste país, os pobres eram utilizados como moeda eleitoral. Vocês já perceberam que é o único dia em que um bando de políticos trata o pobre igual ao rico? Porque na época da campanha você não vê político falando mal de pobre. Político xinga banqueiro, político xinga empresário, político xinga todo mundo. Mas pobre é "meu queridinho" daqui e "meu queridinho" de lá. Aí, depois que ganha as eleições... É o único dia em que o pobre vira top model, vira a coisa mais importante, porque o voto dele vale igual ao voto do rico. Coloquem o presidente do banco mais importante do Brasil na fila dos eleitores e coloquem esta companheira na fila dos eleitores, o voto dos dois vale a mesma coisa. Só que, depois das eleições, alguns políticos só convidam os ricos para as suas festas, e os pobres ficam esquecidos até as próximas eleições. É isso que mudou no Brasil. *(11/3/08, Divinópolis – TO. Inauguração do reservatório de contenção da barragem Manuel Alves)*

**... sofrem mais hoje do que há cinquenta anos:** Eu estou dizendo isso da década de 50, portanto, esse problema do trabalho do menor, no Brasil, é uma coisa histórica e crônica, com nuances diferentes. Porque ser criança pobre, naquele tempo – eu digo sempre para os meus filhos –, era menos sofrível do que hoje, porque naquele tempo, embora nós tivéssemos a mesma pobreza, a gente não tinha os problemas de violência, o problema do narcotráfico, a criminalidade que coloca muito mais em risco, a prostituição infantil. Ou seja, era menos sofrível ser pobre naquele tempo. E, também, porque a gente tinha a rua à disposição da gente para brincar, sem risco, o dia inteiro. *(13/12/04, Brasília – DF. Recepção à Caravana Nacional pela Erradicação do Trabalho Infantil)*

**... têm na TV, muitas vezes, sua única fonte de informação e diversão:** A TV digital vai moldar em boa medida o futuro das comunicações, da produção, difusão e absorção de cultura em nosso país. Vai permitir um amplo acesso a serviços e bens culturais, especialmente para a população mais pobre, que muitas vezes tem na televisão seu único meio de informação e diversão gratuita. *(29/6/06, Brasília – DF. Assinatura do decreto sobre implantação do Sistema Brasileiro de Televisão)*

**... incomodam os ricos:** Quando alguém criticar vocês por causa do ProUni [Programa Universidade para Todos], vocês haverão de lembrar que as pessoas que estão criticando, antes de vocês entrarem, não falavam nada, eram silenciosas porque não se importavam se vocês iam ou não entrar numa universidade. Na hora em que vocês entram, e no Brasil sempre foi assim, na hora em que o pobre conquista um milímetro de espaço, ele incomoda, mesmo que não tenha tirado um milímetro de espaço dos ricos, mas eles ficam incomodados: como é que o pobre está alcançando uma coisa que até então não era para pobre? *(13/1/05, Brasília – DF. Sanção do ProUni – Programa Universidade para Todos)*

**... merecem investimentos, não gastos:** Porque historicamente, no Brasil, "eu vou dar cinquenta bilhões não sei para quem" é investimento; "eu vou dar quarenta milhões não sei para quem" é investimento; "eu vou dar não sei para quem" é investimento. Agora, quando é para dar um centavo ao pobre, é gasto. E na minha cabeça, e na minha consciência, cada real que a gente puder destinar a fazer um pouco de política assistencial, de fazer um pouco de política social, na forma em que for possível fazer, em função das necessidades, também dependendo da região das pessoas, nós temos que ver como investimento. *(5/12/05, Brasília – DF. V Conferência Nacional de Assistência Social)*

**... com Lula, recebem benefícios do dinheiro arrecadado dos ricos:** Nós estamos dizendo que o Brasil não são aqueles que já conquistaram a sua cidadania, o Brasil tem uma maioria igual a vocês, o Brasil tem uma maioria pobre, o Brasil tem uma maioria sertaneja, o Brasil tem uma maioria que não fez universidade, o Brasil ainda tem milhões de crianças que não terminam o ensino fundamental e, quando terminam, não têm sequer oportunidade de chegar a uma escola técnica. O que nós estamos fazendo? Nós não estamos fazendo nada mais nada menos do que repartir para o povo pobre o dinheiro que nós arrecadamos dos ricos. Apenas isso, é pegar o imposto e dividi-lo de forma mais justa para trazer para a parte mais necessitada da população aquilo que é o básico, sem o qual nenhum país vai para a frente, que é a Educação. *(21/2/06, Petrolina – PE. Visita às futuras instalações do campus da Univasf em Petrolina – PE)*

**... não pedem muito:** Porque uma coisa que a gente aprende é que cuidar de pobre é muito mais barato do que cuidar de rico, cuidar de pobre é muito mais fácil. Cada pobre que conversa comigo pede, às vezes, cinquenta reais, dez reais. Os negócios dos ricos são logo de bilhão para cima. *(10/4/07, Brasília – DF. Abertura da Marcha em Defesa dos Municípios)*

## Pobreza

[ver: miséria; pobre]

A pobreza e a extrema pobreza apresentam hoje os níveis mais baixos da História, exceto durante o pico do Plano Cruzado, numa demonstração de que é plenamente possível você combinar uma política econômica séria, em que tem que ter um ajuste fiscal sério porque nós devemos um trilhão de reais e, portanto, nós temos que ter responsabilidade, temos que fazer um superávit para dizer aos credores que nós vamos pagar nossa conta, porque é isso que dá credibilidade ao nosso comportamento e, ao mesmo tempo, fazer uma forte política social. Essa combinação é que vai permitir que o Brasil possa acreditar e voltar a ter esperança de que o Brasil entrou numa fase em que não tem pirotecnia, em que não vai ter uma mágica em que alguém vai aparecer na televisão e dizer: "Está resolvido o problema da humanidade a partir de agora", como nós já vimos muitas vezes no Brasil. E vamos fazer as coisas com a tranquilidade que uma pessoa responsável faz. *(7/12/05, Brasília – DF. Entrevista coletiva às emissoras de rádio Band AM e Bandnews FM, CBN e Jovem Pan, no Palácio do Planalto)*

**... com Lula, se tornou uma discussão internacional, pela primeira vez:** Nunca, na história recente da humanidade, se discutiu tanto a questão da pobreza no mundo. Só no G-8 já discutimos duas vezes. Em Davos, a fome foi tema prioritário durante dois anos seguidos. *(14/7/05, Paris – França. Recepção oferecida pelo presidente da República francesa, Jacques Chirac, por ocasião da Data Nacional Francesa)*

**... faz parte do Brasil real, que nem todos conhecem:** Neste país tem um tipo de político que não gosta de pobre, tem um tipo de político que não respeita os trabalhadores, que acha que a gente dar dinheiro para a pessoa comprar arroz e feijão para comer é assistencialismo. É assistencialismo para quem toma café da manhã, almoça e janta e ainda joga metade da comida fora, que sobrou. Mas, para quem vive a pobreza neste país sabe o que significa uma criança tomar um café com pão com manteiga, sabe o que significa uma criança tomar um copo de leite, sabe o que significa uma criança ir dormir com a sua barriga cheia. Quem vive fazendo política só na capital ou na universidade, ou quem fica fazendo política só em Brasília, não tem dimensão do Brasil real que nós enfrentamos. *(23/5/06, Aguiarnópolis – TO. Vistoria às obras do trecho ferroviário Araguaína-Aguiarnópolis da ferrovia Norte-Sul)*

**... pode viver em harmonia com a riqueza:** Tem gente que acha que o seu desenvolvimento, o seu enriquecimento necessita da pobreza de outro, que a melhora de qualidade da sua vida necessita da piora da qualidade de vida do outro. Aliás, no Brasil se habituou a dizer que a corda arrebenta do lado mais fraco. Qualquer um de nós, do mais humilde dos brasileiros ao mais público dos brasileiros, nós sabemos que esse ditado popular aparece sempre na nossa rodinha de amigos: "Ah, a corda arrebenta do lado mais fraco." Na verdade, quem cunhou esse ditado popular foi um malandro, porque ele cunhou para tentar convencer a parte mais pobre que ela tem que perder sempre, que ela precisa sempre levar desvantagem, quando a gente poderia ter dito: "A corda não precisa arrebentar." Por que a corda tem que arrebentar? A corda pode ficar sem arrebentar, e a gente fazer com que os vários segmentos da sociedade possam viver em harmonia, cada um tendo aquilo que é possível ter naquele momento, sem que ninguém possa prejudicar ninguém na distribuição do bolo que nós temos que fazer no país. *(6/4/06, Campinas – SP. Lançamento de edital de licitação para o Aeroporto Industrial de Campinas e anúncio de melhorias urbanas para a comunidade do entorno de Viracopos)*

**... não deve ser tolerável:** Não é possível que, em pleno século XXI, no estágio de civilização e de desenvolvimento tecnológico que nos encontramos, a pobreza e a miséria ainda sejam toleráveis. *(11/2/05, Brasília – DF. Entrevista ao jornal* O Globo*)*

**... é relativa:** Eu fui ao Haiti. Vocês não têm dimensão do que é pobreza. Quem acha que é pobre aqui, no Brasil, vá para o Haiti, que vai falar: "Puxa vida, eu era rico e não sabia." É muita pobreza. Foi explorado durante trezentos anos. Depois, mais trinta anos pelos americanos, pelos franceses. E levaram tudo. Eles ficaram sem nada. Só ficaram com a pobreza. *(18/9/04, São Paulo – SP. Apresentação do projeto de ampliação da produção do Polo Petroquímico União S.A.)*

**... não tem relação com a violência, que é resultado da desagregação familiar:** E eu sou daqueles que acham que a pobreza não leva à violência, a pobreza não leva a pessoa a ser ladrão, a ser marginal. Eu fico sempre pensando que, se fosse a pobreza, na minha família não tinha escapado ninguém, porque eu morei na Vila Carioca durante muito tempo. Morei num quarto e cozinha, com 13 pessoas morando dentro da casa, numa situação de pobreza como muitos ainda vivem hoje, e todos conseguiram sobreviver, casar e construir família, aprender uma profissão e trabalhar. Por quê? Porque tinha uma estrutura maior que, muitas vezes, a gente despreza, que é a estrutura da família, que é o apego, o aconchego do pai, da mãe, do irmão, do tio. Ou seja, coisa que está ficando difícil nos dias de hoje. *(23/12/04, São Paulo – SP. Celebração do Natal de Jesus – Encontro com moradores de rua)*

**... não tem relação com a violência, como prova o caso norte-americano:** Eu tenho em mente que a questão da segurança pública não é apenas um problema de polícia. Eu vejo e tenho pensado, tenho estudado, criei um grupo de trabalho, determinei aos ministros que cuidam da área da juventude no meu Governo e das políticas sociais, que é preciso estabelecer uma discussão, não apenas para fazer um diagnóstico do que acontece na questão da violência, no Brasil, mas para que a gente descubra, concretamente, que não é apenas a questão da pobreza, como alguns falam, porque senão nos Estados Unidos não aconteceria a barbaridade que acontece com setores médios. *(24/4/07, Brasília – DF. Entrevista durante jantar com a bancada do PT)*

**... gera clima de frustração e desesperanças:** Combater a fome e a pobreza ainda é o melhor remédio ao desafio de enfrentar o clima de frustração e desesperanças que nutrem a violência e o terrorismo. *(20/4/04, Brasília – DF. Formatura dos novos diplomatas)*

**... é um problema nosso:** Eu tento resolver os meus problemas, acho que parte da pobreza do Brasil não depende dos Estados Unidos, ou não depende da Europa, ou não depende da França, ou não depende da Argentina, depende de nós. Então, vamos ter que resolver. *(4/5/05, Brasília – DF. Entrevista aos jornalistas franceses da TV5 [Slimane Zeghidour], Rádio França Internacional [Pierre Ganz] e revista* Paris Match *[Olivier Royant])*

**... não ajuda a atrair turistas, se divulgada sem se divulgarem virtudes:** No Brasil, muitas vezes, nós cometemos um equívoco, porque nós permitimos que apenas as desgraças apareçam e não apresentamos as virtudes, sem negar as desgraças que existem. Eu, por exemplo, acho que a questão da violência no Brasil é um fator que joga contra o Brasil. Muitas vezes, eu acho que a pobreza de muitos países da América Latina e da África são ingredientes contra o nosso próprio desenvolvimento na área de turismo. A gente não precisa negar isso, mas temos que mostrar as outras coisas boas que nós temos. Nós temos que fazer uma espécie de balanço, para que a gente possa atrair as pessoas para virem aqui.

*(1/12/04, Salvador – BA. Abertura do Fórum Mundial do Turismo)*

**... para ser eliminada, não basta que o país cresça:** Eu conheço país aqui, na América Latina, que cresce a 7%, 8% já há uns dez anos, entretanto, a pobreza continua a mesma. O Brasil cresceu 14%, na década de 70 e não houve distribuição de renda. Ora, nós precisamos saber que nós somos eleitos para governar para a parte mais pobre. Nós governamos para todos, mas a parte mais pobre tem que ter a nossa preferência para que ela deixe de ser pobre. Quando ela deixar de ser pobre, ela vai virar consumidora. Quando ela virar consumidora, ela vai comprar, a empresa vai produzir, o mercado vai vender, vai ter mais um emprego, mais um salário, mais um consumidor. *(9/5/08, Salvador – BA. Assinatura do Pacto Federativo do programa Territórios da Cidadania, lançamento do programa Bolsa Formação e do Programa Habitacional para Agentes de Segurança Pública, lançamento dos projetos Farol, da ferrovia Leste-Oeste, da Via Expressa Portuária e do PAC Habitação e Saneamento na Bahia)*

**... será exterminada com políticas sociais:** Eu quero aumentar o número de ricos, quero aumentar o número de gente na classe média e quero acabar com a pobreza neste país. Por isso, para nós é uma questão de honra não abrirmos mão de fazer as políticas sociais que estamos fazendo agora. E vou fazer mais. *(12/3/08, Brasília – DF. Mesa de negócios do Economist Newspaper Group)*

## Polícia

[ver: policial; violência]

A gente aprendeu ao longo da vida que a polícia era nossa inimiga, quando, na verdade, são pessoas iguais a nós, que exercem uma função e que, às vezes, se colocam contra a gente. Eu mesmo já corri muito de polícia. Eu, nas greves de 78, 79 e 80, era um pega para capar. Agora, eu compreendo o papel da polícia, porque compreendo que a polícia é um braço necessário do Estado. *(5/5/08, Teresina – PI. Assinatura de ordens de serviço de início de obras do PAC, lançamento do Bolsa Formação, Plano Habitacional para Policiais e Pacto dos Territórios da Cidadania no estado do Piauí)*

**... como ideal, deveria prender sem dar um único tiro:** O ideal seria que a polícia conseguisse pegar as pessoas sem precisar dar um único tiro. Isso seria o ideal. Eu acho que o sonho da própria polícia é conseguir prender as pessoas sem precisar atirar. Agora, é importante saber que a polícia não está diante de nenhuma pessoa santa. Muitas vezes, para você entrar numa coisa complicada, como o Complexo do Alemão, você encontra resistência. E, nessa troca de tiros, obviamente que vai levar desvantagem aquele que está menos preparado para o enfrentamento. Eu acho correta a atuação do Governo do estado do Rio de Janeiro no Complexo do Alemão. *(11/7/07, Brasília – DF. Entrevista aos jornais* O Globo, Folha de S.Paulo, O Estado de S. Paulo, Jornal do Brasil, O Dia *e* Correio Braziliense, *sobre os Jogos Pan-Americanos 2007)*

**... não atua da mesma forma contra ricos e pobres:** O Aeroporto de Brasília, quando eu tomei posse, estava há oito anos impedido de construir a segunda pista porque havia um embargo na Justiça, porque um cidadão que tinha ocupado uma área indevidamente, depois que ocupou a área se deu ao luxo de dizer que os aviões faziam barulho e não queria que a área fosse construída lá. No Brasil é assim, quando é uma pessoa de posses que ocupa uma área, ela ainda atrapalha o desenvolvimento. Quando é um pobre, a polícia logo é chamada para tirar o pobre da área em que ele está colocado. *(6/4/06, Campinas – SP. Lançamento de edital de licitação para o Aeroporto Industrial de Campinas e anúncio de melhorias urbanas para a comunidade do entorno de Viracopos)*

**... pega os bagrinhos e deixa soltos os tubarões:** É preciso que a gente esteja à altura desse combate. Estar à altura desse combate significa investir corretamente num processo de melhoramento da nossa polícia, de melhoramento da nossa Inteligência, e cuidar para evitar que o narcotráfico comece a passar a ideia de que a vítima é o "coitadinho" que é pego. A televisão mostra todo dia: "A Polícia Federal pegou, no aeroporto de Cumbica, em São Paulo, trezentos quilos de cocaína." Aí, aparece meia dúzia de "carazinhos" lá, de "tilápias", sempre "bagrinhos". Você não sabe para onde ia e nem de onde vinha, e não sabe quem é o responsável por aquilo, e o assunto desaparece do noticiário. Aí, passam mais cinco meses, a polícia pega um grande carregamento de maconha no Aeroporto de Recife. Aparecem os "bagrinhos" outra vez. Você não sabe para onde vão e não sabe de onde vieram. *(27/3/03, São Paulo – SP. Posse do presidente da Associação Comercial de São Paulo)*

**... historicamente, foi preparada para combater ladrões de galinha:** Combater o narcotráfico hoje, meu caro, não é com a polícia, que foi preparada, historicamente, para enfrentar ladrão de galinha; combater o narcotráfico, hoje, é sobretudo investir na Inteligência. Para prender um bandido hoje, você não precisa de mil policiais, você pode ter dois e fazer o mesmo trabalho se trabalhar com inteligência. *(21/10/04, Rio de Janeiro – RJ. Posse da Diretoria da Federação das Indústrias do Estado do Rio de Janeiro – Firjan)*

**... no Governo Lula, está prendendo mais graúdos do que nunca:** No meu Governo, a Polícia Federal, em apenas 31 meses, prendeu mais corruptos do que todos os Governos nos últimos 20 anos neste país. *(3/8/05, Teresina – PI. Visita às obras realizadas na Vila Irmã Dulce)*

# Policial

[ver: polícia; violência]

Acontece que, muitas vezes, a miséria é utilizada como cabide para levar gente a ter mandato neste país. E, depois, todos nós ficamos cobrando da polícia: "Corram atrás, peguem, prendam." Como se o policial fosse um ser mágico, fosse um ser... um homem-aranha, que tivesse poder superior ao poder dos outros, sem levar em conta que no Brasil também, com raríssimas exceções, os policiais são seres humanos, pobres, moram mal, ganham pouco e não têm a formação correta para exercer a atividade tão precisa que nós entendemos que ele tenha que ter. Muitas vezes nós não compreendemos que, quando o policial tem que subir o morro, ele pode subir para querer prender alguém, mas na cabeça dele ele sabe que ele tem mulher, que ele tem filhos, que muitas vezes estão passando a mesma fome que estão passando aqueles que estão na favela. *(8/5/08, Rio de Janeiro – RJ. Lançamento do projeto Bolsa Formação, para policiais)*

**... atualmente, não exerce a função por vocação:** Um dia, nós vamos ter uma polícia em que a pessoa vai ser policial por vocação, porque quer ser policial, vai prestar concurso e vai saber que vai ter uma carreira de Estado, que vai lhe garantir um salário digno para a função que a sociedade exige dela. *(8/5/08, Rio de Janeiro – RJ. Op. cit.)*

**... exerce a profissão com medo:** É sempre um tema controverso quando se discute a ação da polícia, mais violenta ou não violenta. O dado concreto é que o policial que vai para a rua também tem medo. Ele sai para a rua com o objetivo de ser uma pessoa com uma ação muito forte para que ele não seja encurralado. *(27/11/07, Brasília – DF. Entrevista à TV Record)*

**... é malremunerado:** Eu espero que a partir de 2010, quando vier outro presidente, ele pegue a casa muito mais arrumada do que eu peguei e ele possa fazer muito mais do que eu fiz, porque nós temos pelo menos trinta anos de dívida social com o povo brasileiro. Trinta anos, que envolve todo mundo: professor é malremunerado neste país, policial é malremunerado neste país, está cheio de gente malremunerada neste país. *(8/5/08, Rio de Janeiro – RJ. Op. cit.)*

**... assim como Deus, é bem-vindo na hora do perigo:** Policial só tem valor quando aparece o bandido. Policial e Deus são os dois nomes mais agraciados quando a pessoa está no perigo. Pode dizer que é ateu o ano inteiro, mas naquele dia fala: "Graças a Deus, oh meu Deus, apareceu um policial." *(15/12/05, Brasília – DF. Almoço com oficiais-generais)*

**... não resolve o problema da violência, que é cultural:** Cada tijolo que a gente colocar em uma escola será um tijolo a menos em uma cadeia que nós teremos que fazer neste país. Ou nós acreditamos na futura geração e plantamos agora o que vamos colher daqui a 15 ou 20 anos, ou nós ficaremos apenas preocupados com o que aconteceu no passado, sem a gente plantar. E pode colocar policial na rua à vontade. Pode colocar, que esse problema da violência já é um problema cultural que precisa muito mais do que polícia para resolver, muito mais. *(21/5/06, São Paulo – SP. Inauguração da sede do Sindicato dos Comerciários de São Paulo)*

**... antes de Lula, não estava preparado para combater o crime organizado:** Na minha opinião, o policial brasileiro não estava preparado para o crime organizado, estava preparado para pegar o bandido comum. O crime organizado é uma máquina poderosa, e muitas vezes o centro de decisão de uma ação não está no Brasil, está em outro país. Então, é preciso que haja redes para que a gente possa combater o crime organizado com policiamento melhor preparado. *(30/11/03, Brasília – DF. Entrevista à TV Bandeirantes, no Palácio da Alvorada)*

**... é utilizado como remédio por conta da Economia com a Educação:** E quero dizer para vocês que o dinheiro que alguns que governaram antes de mim economizaram na educação tiveram que gastar em cadeia, tiveram que gastar contratando policial, tiveram que contratar gastando em coisas para punir um povo que não teve a formação adequada. *(21/2/06, Arapiraca – AL. Lançamento da pedra fundamental do campus da Universidade Federal de Alagoas)*

**... deveria ser bem-remunerado e ter boa moradia, para não se corromper:** Quanto melhor formados forem os nossos soldados, quanto melhor eles morarem e quanto melhor eles ganharem, mais chance nós temos de não ter policial corrupto, mais chance nós temos de ver um policial saindo de casa sabendo que a sua mulher está comendo, que seu filho está comendo, está estudando. *(5/5/08, Teresina – PI. Assinatura de ordens de serviço de início de obras do PAC, lançamento do Bolsa Formação, Plano Habitacional para Policiais e Pacto dos Territórios da Cidadania no estado do Piauí)*

**... quando é corrompido, favorece a impunidade:** Lamentavelmente, a impunidade ainda é a razão maior pela qual as coisas se repetem tanto no Brasil. As pessoas sabem que podem fazer. As pessoas sabiam que podiam corromper um fiscal. As pessoas sabiam que podiam corromper um policial federal, um policial civil. As pessoas sabiam que, num determinado momento, um prefeito, um vereador, um deputado ligaria para alguém superior e pediria que houvesse uma intermediação para que o fiscal não perturbasse [quem explora trabalho escravo]. E, quando tudo isso não resolvia, ainda assim, o denunciado começava a dar tiro – não é, padre Ricardo [Rezende, integrante da Pastoral da Terra]? – para ver se afugentava aqueles que estavam denunciando, para ver se fugiam da localidade, para não atrapalhar. *(11/3/03, Brasília – DF. Lançamento do Plano Nacional de Erradicação do Trabalho Escravo)*

**... mora em situação de risco, em geral:** Estamos, inclusive, estudando a possibilidade de construir casas para a Polícia Militar, porque, muitas vezes, morando onde moram, muitos não podem nem chegar em casa com a roupa, com medo de serem assaltados pelo primeiro bandido da esquina. Ou, quem sabe, mandar a mulher lavar a roupa e esconder dentro do quarto para que ninguém saiba que é policial. *(16/3/04, Brasília – DF. Abertura da 7.ª Marcha dos Prefeitos)*

**... é facilmente enganado quando anda de carro velho:** Eu quero dizer à Direção da GM que se vocês continuarem vendendo carros para a Polícia Rodoviária mais baratos e com boa qualidade, e se o Governo do estado de São Paulo continuar abrindo mão do ICMS [Imposto sobre Operações relativas à Circulação de Mercadorias e Prestação de Serviços de Transporte Interestadual e Intermunicipal e de Comunicação] e, quem sabe, fizer parceria com o Governo Federal, a Polícia Federal nunca mais vai andar com carros de oito ou nove anos de uso, e nem qualquer ladrãozinho vai conseguir enganar o policial. *(29/3/04, São Caetano do Sul – SP. Entrega de novas viaturas ao Departamento de Polícia Rodoviária Federal)*

**... quando tem tecnologia à disposição, pode se distrair:** Tudo isso que está sendo colocado aqui no Rio de Janeiro, mais os carros velhos, quebrados, que o Sérgio [Cabral, governador do Rio de Janeiro] contou aqui que ele tem que jogar fora e comprar outros novos, porque não adianta nada, o bandido está roubando e o policial está consertando o carro. Aquele carro ali tem até computador, o nosso secretário de segurança vai ter dificuldade, porque é preciso tomar cuidado, se o policial gostar de fazer joguinho em computador, é capaz de o bandido estar roubando na frente dele e ele estar ali fazendo o joguinho. Então, vai ter que ter um computador para controlar o computador do policial, para ele não ficar dormindo no ponto. *(14/6/07, Rio de Janeiro – RJ. Entrega de veículos que serão utilizados na segurança dos Jogos Pan-Americanos 2007)*

# Política

[ver: politicagem; político]

Para mim, política é relação humana, política é conversa, política é convencimento. E eu não sou daqueles de ficar sentado lá em casa, olhando para a cara da minha mulher, achando que as coisas estão ruins. Eu sou daqueles que saem para a rua para tentar fazer. *(27/1/05, Porto Alegre – RS. Conferência "Chamada Global para a Ação contra a Pobreza", no Fórum Social Mundial)*

**... é a atividade principal de um Governo:** A política é o centro da atividade de um

Governo, tudo que nós fazemos começa pela política e termina tendo um resultado político. *(23/1/08, Brasília – DF. Abertura da reunião ministerial)*

**... é produto de uma relação de confiança:** A política é feita de uma relação de confiança. Podem ficar certos de que política não é apenas o interesse imediato, política tem uma relação de confiança. Quando dois seres políticos estabelecem negócios, relações diplomáticas, se existe confiança entre quem está na mesa de negociação, as coisas podem fluir com muito mais facilidade, eu diria, com muito mais produtividade para as duas partes. *(2/8/04, Barueri – SP. Apresentação de modelo da plataforma para exportação de serviços de tecnologia da informação da Hewlett-Packard)*

**... é o instrumento para solução dos graves problemas do Brasil:** Hoje, não quero saber se um governador é do PMDB, se um deputado é do PSDB, se um vereador é do PFL, se é do PT ou do PCdoB. O que quero saber é que ele tem um mandato e, por esse mandato, ele tem responsabilidade. E eu quero lidar com ele por meio da responsabilidade institucional que lhe foi delegada pela sociedade, para que a gente possa fazer o Brasil voltar a acreditar que através da política nós poderemos resolver os graves problemas que já se tentou resolver no Brasil e que não se conseguiu. *(5/9/03, Esteio – RS. Inauguração oficial da XXVI Expointer 2003)*

**... é dinâmica:** Todos nós aprendemos que a política é mais dinâmica do que qualquer outra coisa, ou seja, aquilo que é impossível hoje se torna realidade amanhã. *(1/6/06, Manaus – AM. Entrevista durante visita a Manaus)*

**... é a arte do impossível, mas não da "trambicagem":** Eu trabalho com a minha cabeça pensando neste país para trinta anos. Eu não consigo pensar pequeno e pensar no Brasil para 2006. Este país tem que ser pensado para trinta anos, para vinte anos, se nós acreditarmos que a política é a arte do impossível, mas não a arte da trambicagem; a arte das negociações; a arte das coisas sérias; e a arte de nós planejarmos neste país para o futuro, para os nossos netos e para os nossos filhos, e isso a gente tem que começar com muita rapidez. *(30/12/04, Brasília – DF. Sanção do projeto de lei que institui normas gerais para licitação e contratação da parceria público-privada)*

**... é feita também de gestos:** Às vezes a política é feita de gestos. E, às vezes, os gestos valem mais do que uma obra que a gente possa construir. *(8/3/05, Apodi – RN. Cerimônia por ocasião do Dia Internacional da Mulher)*

**... se parece com o futebol:** E vocês sabem que em política é assim mesmo, tem gente que não gostou do que nós anunciamos ontem [obras da ferrovia Transnordestina], porque tem gente que gostaria que não acontecesse. Isso é que nem futebol, eu cito sempre futebol porque todo mundo conhece futebol, sobretudo agora que a seleção é unanimidade. Mas no futebol você está sempre torcendo para o seu adversário tomar um gol, nunca para marcar, na política também é assim. E nós estamos fazendo aquilo que está ao nosso alcance. *(7/6/06, Brasília – DF. Encerramento do seminário "Brasil nos Trilhos")*

**... tem um lado mesquinho:** Eu, às vezes, acho que a política tem um lado pequeno, tem um lado mesquinho, que é o seguinte, uma comparação chula: um casal se separa, depois como é que fica? A mulher fica torcendo para o marido não arrumar uma melhor do que ela, e o marido fica torcendo para ela arrumar um marido pior do que ele. É o prazer pela desgraça quando, na verdade, eles deveriam torcer para que ambos continuassem felizes e arrumassem coisa melhor, até porque, se o "ex" fosse bom, não tinha separação. *(31/7/07, Campo Grande – MS. Lançamento do PAC Saneamento e Urbanização no estado do Mato Grosso do Sul)*

**... produz torcida contrária, e isso é ruim:** Política é como time de futebol: o jogador que está no banco, na reserva, ele fica sempre torcendo para que aconteça alguma coisinha com o que está jogando, para ele entrar. Os políticos que estão fora, a tal da oposição, ficam torcendo para você não dar certo, ficam torcendo para o prefeito não dar certo, o que é uma desgraça, porque, quando eles torcem para a gente errar, quem perde é o povo. Ou seja, eles têm que torcer para a gente acertar, eles têm que torcer para você fazer o melhor. *(16/8/07, Campos dos Goytacazes – RJ. Inauguração da Uned Guarus)*

**... pode ser burra:** Quando a classe política é pequena, quando ela acha que, por ser de outro partido, não pode participar de nada, quando as pessoas ficam com "beicinho": "Ah, o presidente vai lá, eu não vou porque sou de oposição", quando a gente faz burrice em política, quem perde é o povo deste país, são os trabalhadores deste país, são as pessoas mais pobres deste país. *(31/7/07, Campo Grande – MS. Lançamento do PAC Saneamento e Urbanização no estado do Mato Grosso do Sul)*

**... não pode prejudicar 175 milhões:** Não tem importância que um deputado seja de oposição. Não tem importância que um deputado queira falar mal do Governo. Isso faz parte do jogo democrático. O que não vale em política é a gente prejudicar 175 milhões de pessoas por conta de uma próxima eleição. Cada um de nós tem que trabalhar com a consciência de que a sorte está lançada. O povo espera de nós, de mim, de vocês, e eu só espero que cada um cumpra os seus compromissos, que o Brasil estará melhor do que esteve até hoje. *(30/4/03, Brasília – DF. Entrega das propostas das reformas Tributária e Previdenciária)*

**... não é a arte da desavença:** Quando é que nós vamos ter juízo e maturidade para entender que a política não é a arte da desavença? A política pode ser a arte da confluência, do consenso, da maturidade. Vocês viram no Senado, me derrotaram, na CPMF, achando que fui eu quem perdeu. Tinha pessoa que dizia: "É, nós vamos tirar 120 bilhões dele até 2010. Eu quero ver o que vai acontecer." Ora, para mim não vai acontecer nada. Eu tenho plano médico, eu pago. Eu quero saber é do povo pobre que teve quarenta bilhões a menos na Saúde. Eu quero saber dos 16 estados brasileiros que não podem pagar sequer os 12% que estão na Constituição. Eu quero saber quantos coitados de prefeitos podem cumprir a Constituição e pagar o que está previsto para ele colocar na Saúde. Então, as pessoas acharam que me prejudicaram. Não prejudicaram, não me causaram um arranhão, uma vírgula. O mais eloquente deles, eu tive 84% no estado dele, ele teve 4%. *(9/5/08, Salvador – BA. Assinatura do Pacto Federativo do programa Territórios da Cidadania, lançamento do programa Bolsa Formação e do Programa Habitacional para Agentes de Segurança Pública, lançamento dos projetos Farol, da ferrovia Leste-Oeste, da Via Expressa Portuária e do PAC Habitação e Saneamento na Bahia)*

**... existe para explicitar diferenças:** Uma das coisas mais difíceis em política é a unanimidade. Aliás, a política existe justamente para exprimir as diferenças nas formas de agir e de pensar. E é bom que seja assim, porque essa diversidade nos enriquece. *(1/10/03, Brasília – DF. Comemoração ao Dia Internacional do Idoso)*

**... deve levar à generosidade dos mais fortes:** O boxeador que nocauteia o outro é o que tem que ter a humildade de ir lá e abraçar aquele que está caído. Na relação política é a mesma coisa: aqueles que são mais fortes na Economia, aqueles que têm mais força política é que precisam ter generosidade com aqueles mais frágeis, até porque cabe a nós fazermos um esforço para que todos comecem a ter oportunidade. *(20/6/03, Washington DC – Estados Unidos. Entrevista coletiva após reunião de trabalho com o presidente dos EUA, George Bush)*

**... pode provocar atritos intermináveis:** Eu disse desde o começo: "Nós não podemos errar na política." A política é feita com um sensor muito delicado, e se a gente não cuidar da sensibilidade dos interlocutores, por uma coisinha qualquer a gente pode criar um atrito interminável, pode ter uma ferida incurável. *(18/12/03, Brasília – DF. Prestação de contas do ano de 2003)*

**... deve ser exercitada por todos:** Na hora em que vocês estiverem desanimados, na hora em que vocês não acreditarem mais em nada, na hora em que vocês disserem "esse Lula não vale nada, esse governador não vale nada, esse ministro não vale nada", na hora em que vocês estiverem escolhendo o político perfeito, pelo amor de Deus, não aceitem a tese daqueles que recusam a política, porque a desgraça de quem não gosta de política é de ser governado por quem gosta, e se quem gosta for a minoria vocês sempre serão governados pela minoria. *(16/8/07, Rio de Janeiro – RJ. Visita às instalações do Campus Educacional do Colégio Pedro II)*

**... é um vício:** Vir aqui neste momento é quase que fazer justiça à cidade de São Paulo e fazer justiça ao Carlos Wilson. O Carlos Wilson [presidente da Infraero] falou bem da Infraero, mas vocês viram que ele está deixando a Infraero para ser deputado. Ele não está deixando porque eu o estou mandando embora, ele está deixando porque a política é um vício. *(23/12/05, São Paulo – SP. Inauguração das obras de ampliação da sala de embarque e de quatro pontes de embarque do Aeroporto Internacional de Congonhas)*

## Politicagem

**[ver: política; político]**

Meu anjo da guarda é a sabedoria do povo brasileiro, que sabe separar o joio do trigo. O povo aprendeu a compreender o que é verdade e o que é mentira, o que é politicagem e o que é coisa séria. E ele percebe que nós trabalhamos como nunca se trabalhou neste país para fazer as coisas acontecerem. *(3/12/07, Brasília – DF. Entrevista concedida ao jornalista Ricardo Kotscho e publicada na edição 6 da revista* Brasileiros*)*

## Político(s)

**[ver: deputado; política; politicagem; senador]**

Não tem coisa pior do que você ver um cara dizer: "Eu não sou político, eu sou apolítico." Primeiro, não tem ninguém que não seja político. A nossa primeira atitude de político é quando a gente nasce, e a gente chora. É o primeiro protesto nosso. *(18/10/04, Curitiba – PR. Encontro com representantes da Associação Comercial do Paraná)*

**... antes de Lula, foram os responsáveis pelo atraso brasileiro:** Tem um grupo de políticos no país, que governou este país desde que Cabral aqui pôs os pés, e que fez com que o país não desse certo durante séculos. Agora, estão muito incomodados porque um igual a vocês, saído do sertão nordestino, lá do agreste de Garanhuns, torneiro mecânico, chega à Presidência da República, e consegue fazer aquilo que eles teimaram em não fazer a vida inteira neste país, que é cuidar do povo mais pobre. *(28/2/08, Quixadá – CE. Lançamento do programa Territórios da Cidadania)*

**... não devem fazer o papel de técnico:** Eu, há muito tempo, aprendi que um bom técnico é um bom técnico; um bom político é um bom político. Nenhum político deve se meter a exercer o papel competente do especialista. E, muitas vezes, o especialista se confunde em exercer o papel do político. *(25/2/03, Brasília – DF. Reunião do Conselho Nacional de Segurança Alimentar e Nutricional – Consea)*

**... esquecem quem os elegeu:** Cobrem dos meus ministros, cobrem de mim, cobrem de cada um de nós, do Governo Federal. Aproveitem, de tabela, e cobrem do Governo Estadual e do prefeito também. Porque político é assim, por melhor que a gente seja, as tarefas são tantas que a gente vai fazendo outras relações de amizade. E a gente não pode esquecer, nunca, quem foi que levou a gente à Presidência da República. E eu tenho consciência de que foi o povo pobre deste país que me elegeu. E é para o povo pobre deste país que nós temos que dedicar as prioridades para as nossas políticas. *(30/10/03, Lagoa Seca – PB. Ato público comemorativo do programa Um Milhão de Cisternas Rurais)*

**... são medíocres quando só pensam na eleição:** A mediocridade de um político é não pensar na nação, mas só pensar na próxima eleição. Nós temos que ter projetos de longo prazo e é isso que nós estamos tendo. *(28/7/05, Canoas – RS. Visita às novas unidades de produção da Refap)*

**... têm duas caras:** No dia da eleição, o político é capaz de criticar o banqueiro da sua cidade, mas não tem coragem de ofender um mendigo que está dormindo na sarjeta. Ele até se curva para cumprimentar o mendigo. Mas, depois das eleições, o banqueiro toma café com ele, janta com ele, almoça com ele, e o mendigo passa os quatro anos sem ser chamado por ele para nada ou, muitas vezes, [o político] até manda a polícia escorraçá-lo. *(24/8/07, Curitiba – PR. Lançamento do PAC Saneamento e Urbanização no estado do Paraná)*

**... são esquecidos, quando não têm mandato:** Eu perdi três eleições. Não é fácil você voltar para casa, depois dc uma derrota, e ficar lambendo as suas feridas, como dizia o nosso querido Brizola. Não é fácil. Porque político sem mandato neste país, nem vento bate nas costas. É verdade. Quando você tem mandato, você tem puxa-saco de magote. Quando você não tem mandato, o cara te vê em uma calçada, passa para a outra, porque ele acha que você vai pedir um empréstimo ou pedir para pagar a dívida da derrota dele. Então, eu sou um cara agradecido, porque a derrota não me deixou mágoas. Eu nunca fiquei com mágoa do Collor [Fernando Collor de Mello, presidente do Brasil de 1990 a 1992], nunca fiquei com mágoa do Fernando Henrique Cardoso [presidente entre 1995 e 2003]. Eu achava que era um processo que nós tínhamos que superar. E, graças a Deus, nós superamos e, graças a Deus, nós ganhamos e, graças a Deus, a gente pode provar que o Brasil poderia estar muito melhor se a gente tivesse coragem de fazer as coisas simples que estamos fazendo. *(9/5/08, Salvador – BA. Assinatura do Pacto Federativo do programa Territórios da Cidadania, lançamento do programa Bolsa Formação e do Programa Habitacional para Agentes de Segurança Pública, lançamento dos projetos Farol, da ferrovia Leste-Oeste, da Via Expressa Portuária e do PAC Habitação e Saneamento na Bahia)*

**... gostam de fotografia:** Eu quero, primeiro, dizer aos nossos amigos fotógrafos que hoje, sendo o dia deles, eu queria dizer para vocês do reconhecimento que todos nós temos por vocês e por suas inconvenientes máquinas. A verdade é que eu acho que não existiria política se não existisse fotógrafo. Porque político gosta tanto de fotografia que você pode ver que em todas as fotos aparece um político rindo. Não sei do quê, mas estão rindo. *(8/1/04, Brasília – DF. Sanção da Lei de Renda Básica de Cidadania)*

**... não são insubstituíveis:** Eu não brinco com democracia, porque toda vez que se brinca com a democracia a gente quebra a cara. A alternância de poder é importante. Toda vez que um dirigente político se acha imprescindível e insubstituível, está começando a nascer um pequeno ditadorzinho dentro dele. *(6/5/08, Igarapé da Cachoeirinha – AM. Inauguração do projeto de urbanização do Igarapé da Cachoeirinha, assinatura de ordens de início das obras da ponte sobre o rio Negro, de ordens de serviço do PAC e do Pacto Federativo do programa Territórios da Cidadania, do Amazonas)*

## Potência(s)

[ver: Estados Unidos]

E o dia em que todos nós pararmos de acreditar que o que se produz lá fora é melhor do que se produz aqui dentro, e acreditar no que nós produzimos, nós deixaremos de ser um país emergente para sermos a grande potência que todos nós sonhamos no mundo. *(10/3/03, São Paulo – SP. Abertura da IX Feira Internacional do Plástico)*

**... criam obstáculos para os países emergentes:** Nós estávamos presos à comodidade de sermos procurados ou procurarmos por quem já estávamos habituados a fazer negócios. Entretanto, nesse mundo do negócio, nesse mundo globalizado, está cada vez mais difícil, porque as potências econômicas estão cada vez mais se fechando em torno dos seus interesses, em torno dos seus empregos, e não vacilam um momento sequer em criar obstáculos para os países emergentes que querem disputar nos seus mercados. *(28/1/04, Mumbai – Índia. Lançamento do Fórum Empresarial Brasil-Índia)*

**... subordinam os países emergentes e pobres:** E, quando os governantes da América do Sul começarem a ter em conta que nós ainda não utilizamos 10% do potencial de relação comercial que podemos ter – não utilizamos 10% ainda –, porque, historicamente, todos nós ficamos subordinados às grandes potências. Às vezes, o Brasil preferia olhar para o mundo lá longe, depois do Atlântico, ao invés de olhar para a sua fronteira. Muitas vezes, o Peru e a Bolívia preferiam olhar para Miami do que olhar para o Brasil. *(11/8/04, Assis Brasil – AC. Lançamento da pedra fundamental das obras da ponte de integração Brasil-Peru)*

**... logo terão de competir com o Brasil em igualdade de condições:** Já estamos maduros, adultos, e queremos, logo, logo, ser tratados como um país capaz de competir em igualdade de condições com qualquer potência econômica no mundo. *(20/10/04, São Paulo – SP. Abertura do 23.º Salão Internacional do Automóvel)*

**... terão o Brasil como uma delas:** Eu digo todo dia: "Se o século XIX foi da Europa, se o século XX foi dos Estados Unidos, se o final do século XX e o começo do século XXI foram de alguns países asiáticos como a Coreia, como a China, podem ficar certos que nós não iremos abdicar, não iremos jogar fora a oportunidade de fazer com que o Brasil se transforme numa grande potência no século XXI, e nós estamos apenas começando." Talvez nem vejamos o Brasil se transformar nessa potência que nós sonhamos, mas, se não fizermos as coisas certas agora, certamente o Brasil poderá ter o mesmo retrocesso que teve em tantos momentos da sua história, em que parecia que as coisas iam bem e, de repente, as coisas desandavam e o Brasil quase voltava para trás. *(25/5/05, Seul – Coreia. Encontro com a comunidade brasileira na Coreia)*

## Povo

O Brasil é um país que não tem contencioso com nenhum outro país, o nosso povo não gosta de guerra, o nosso povo é alegre, é criativo, gostamos de futebol, gostamos de samba, gostamos de carnaval, somos religiosos, e isso ajuda muito nas nossas relações. *(20/5/05, Brasília – DF. Entrevista à jornalista Insun Kang, do jornal* Chosun Ilbo*)*

**... mesmo na adversidade, acredita em dias melhores, que Lula representa:** O povo brasileiro realmente é um povo fantástico, porque mesmo quando as pessoas estão desempregadas, mesmo quando as pessoas estão sem dinheiro, mesmo quando as pessoas não estão podendo comprar aquilo que querem, estão acreditando que o amanhã vai ser melhor e nós representamos essa esperança em que o povo brasileiro tanto acredita e tanto deposita a sua fé. *(29/12/03, Rádio Nacional. Programa de rádio* Café com o Presidente*)*

**... é generoso:** O Brasil tem que agir como age o povo brasileiro: se você chega à casa de um nordestino, por mais pobre que seja, ele diz: "Onde come um, comem dois. Onde comem dez, comem vinte." Ou seja, nós temos como cultura esse coração bondoso, essa repartição. Nem todos têm, mas a grande maioria do povo e, sobretudo, a parte pobre da população tem essa dimensão de generosidade. *(4/11/03, Maputo – Moçambique. Visita ao Centro de Estudos Brasileiros – CEB)*

**... no passado, foi muito enganado:** E eu sempre digo que parte da desgraça do nosso povo é dada pela quantidade de mentiras que ao longo da vida se contou para este povo. *(19/3/04, Betim – MG. Visita à fábrica da Fiat Automóveis)*

**... na eleição de Lula, derrotou o medo:** Eu só ganhei as eleições porque o Brasil estava numa situação tão delicada que o povo brasileiro resolveu fazer com que a esperança derrotasse o medo jogado na nossa cabeça durante tantas e tantas décadas. *(10/3/03, São Paulo – SP. Exposição de produtos da fábrica Daimler-Chrysler do Brasil)*

**... recuperou a esperança:** O povo brasileiro recuperou a autoestima, voltou a gostar e a acreditar no Brasil, na honestidade, voltou a acreditar que o amanhã pode ser melhor para ele. *(26/6/03, São Bernardo do Campo – SP. Abertura do 4.º Congresso de Metalúrgicos do ABC)*

**... se pobre, terá os frutos do Governo Lula primeiro:** Quem planta, e os lavradores brasileiros sabem disso, tem que ter paciência, porque às vezes alguém passa em cima do roçado da gente, a semente está enterrada e as pessoas falam: "Aqui não tem nada, isso não vai dar em nada, isso não presta." Aí nasce o primeiro brotinho: "Ah, mas é fraquinha, não vai dar nada, não vai crescer." E quando dá o fruto, eles querem chupar no lugar da gente. Não. Esses frutos são de vocês, esse fruto é do povo brasileiro, esse fruto é da parte mais pobre da população brasileira, porque aqueles que não são tão pobres aguentam. Quem não tem fome, quem está de barriga cheia, quem toma café da manhã, almoça e janta pode esperar, mas quem está vendo a lombriga maior comer a menor não espera, não tem tempo de esperar. *(22/2/06, Parnaíba – PI. Anúncio do Programa de Interiorização da Universidade Federal do Piauí e expansão do campus de Parnaíba)*

**... deve poder entrar no Palácio do Planalto:** Aquele palácio não estava acostumado a permitir que os sem-terra entrassem lá, que os índios entrassem lá, que os negros entrassem lá, que os sem-teto entrassem lá. Aquilo é um espaço do povo, porque o povo é a força motora do processo democrático deste país e, portanto, se um rico pode entrar lá, porque um pobre não pode entrar? *(23/12/06, São Paulo – SP. Celebração do Natal de Jesus – Encontro com moradores de rua)*

**... não gosta de conversa fiada:** O Brasil precisa que os governantes façam aquilo que precisa ser feito, deixem de divergências, deixem de xingatórios, deixem de acusações falsas, que depois não se prova nada. O povo quer saber o que as pessoas estão fazendo, o povo quer saber se a carne está mais barata, se o arroz está mais barato, o povo quer saber se o aluguel está mais barato. É isso que o povo quer saber. E é isso que nós temos que fazer. *(15/3/06, Itabaiana – SE. Implantação do projeto de expansão das universidades federais no estado de Sergipe)*

**... quer os seus direitos:** O povo aprendeu não apenas a gritar que está com fome, mas o povo aprendeu a ir atrás da comida. E este povo quer apenas o quê? O nosso povo, ele quer apenas o direito de trabalhar, o direito de estudar, o direito de criar sua família. *(6/6/06, Missão Velha – CE. Início das obras da nova Transnordestina)*

**... quer outras coisas também:** Eu tenho na minha cabeça que o povo quer três coisas: casa, casar com uma mulher bonita, e a mulher quer casar com um homem bonito e ter um carro. *(12/3/08. Brasília – DF. Na mesa de negócios do Economist Newspaper Group)*

**... não precisa de intermediários:** Tem alguns, Luiz Henrique [governador de Santa Catarina], que acham que o povo é tonto, tem alguns que acham que podem atravessar a televisão e fazer a cabeça do povo, através do rádio, através do jornal, como se o povo precisasse de um intermediário, de um atravessador. Sabe aquele atravessador eleitoral, que vai e convence você que tem que votar no outro porque o tal não presta? Nós não precisamos mais disso, nós não precisamos de opinião sobre as escolhas que nós precisamos fazer neste país. Nós saberemos construir as nossas opiniões. *(20/3/08, Florianópolis – SC. Lançamento do programa de revitalização do maciço do morro da Cruz e de assinatura dos termos de doação de telecentros a municípios do estado de Santa Catarina)*

**... não entende citações complicadas:** E eu fico sempre fazendo as minhas imagens, as metáforas, que muitas vezes a imprensa não gosta, porque ela preferia que eu citasse grandes personalidades do mundo intelectual, e eu prefiro citar jogador de futebol, pé de laranja, "pé de coisa", é o que eu acho que o povo brasileiro entende melhor. *(3/2/06, Belo Horizonte – MG. Inauguração dos novos prédios da Universidade Federal de Minas Gerais – UFMG)*

**... não é igual em todo o Brasil:** O Sul do país é uma região nobre, é uma região onde o povo teve oportunidade de ter acesso à escola primeiro que em outra parte do Brasil, por isso o Sul é uma região desenvolvida, o povo é bem-informado e nós temos que tratar da região Sul do país com um carinho especial. *(20/2/06, Rádio Nacional. Programa de rádio* Café com o Presidente*)*

**... é quase todo trabalhador:** Nós vamos ganhar a guerra do crime organizado

P

e do narcotráfico neste país, porque a grande maioria do povo brasileiro vive do seu suor, vive do seu trabalho, a grande maioria do povo brasileiro quer trabalhar em paz, quer viver em paz, quer construir a sua família em paz. *(24/3/03, São Bernardo do Campo – SP. Comemoração dos 50 anos de atividades da Volkswagen no Brasil)*

**... no Rio de Janeiro, é quase todo decente:** Agora, graças a Deus o Rio de Janeiro elegeu o Sérgio Cabral [governador do Rio de Janeiro]. Um companheiro que tem trabalhado como se fôssemos irmãos, não Abel e Caim [personagens bíblicos do livro Gênesis, filhos de Adão e Eva; de acordo com esta narrativa, Caim, o mais velho, matou Abel por ciúmes]. Irmãos, eu diria, de coração e de alma, porque o Rio de Janeiro precisa parar de sair nas páginas dos jornais apenas por violência. Esse Rio tem coisa muito melhor, 99% do povo é decente. Agora, tem gente que gosta de mostrar desgraça. *(26/2/08, Rio de Janeiro – RJ. Inauguração da fábrica de pneus de mineração e terraplanagem da Michelin – América do Sul)*

**... deve estar acima das divergências partidárias:** Não é porque o Governo é de outro partido, a minha divergência é com o governador e isso não pode fazer com que o povo do estado do Pará sofra qualquer prejuízo, porque o povo é mais importante do que as nossas divergências ideológicas. *(4/4/03, Belém – PA. Apresentação dos programas Sementes do Amanhã e Escola-Circo e entrega dos três primeiros Cartões Alimentação do programa Fome Zero a famílias da cidade de Belém)*

**... é mais inteligente do que se imagina:** O PAC [Programa de Aceleração do Crescimento] será cumprido integralmente e, para surpresa de alguns, será cumprido quase na sua totalidade. Obviamente que depende de chuva, depende de algumas coisas, mas eu não tenho dúvida nenhuma de que, ao terminar o nosso mandato, as pessoas que começaram a dizer "o PAC não existe, o PAC não funciona" vão ter que se curvar como se curvaram no ano passado quando pensavam que eu tinha acabado para a política brasileira e tiveram que saber que o povo é mais inteligente do que a gente imagina neste país. *(8/5/07, São José – SC. Inauguração do Centro Operacional e Administrativo dos Correios e Telégrafos)*

**... percebe as mentiras:** E foi muito engraçado eu ver na televisão a quantidade de discursos pedindo aumento para o salário mínimo, pessoas que passaram oito anos evitando que ele aumentasse. Então, é nessas horas – eu até vi o Aloizio Mercadante [senador pelo PT de São Paulo] calmo –, é nessas horas que a gente tem que estar calmo mesmo. E sabe o que acontece? O povo é mais inteligente, o povo é mais politizado e o povo percebe quando uma coisa é real ou quando não é real. E o povo tem clareza. Se tem alguém, neste país, que pode recuperar o poder aquisitivo do salário mínimo, é quem vos fala. *(5/7/04, Brasília – DF. Apresentação dos resultados do Governo)*

**... cobra mais de quem está no segundo mandato:** No segundo mandato, o povo é mais exigente, pessoal, o povo quer saber mais, o povo quer exigir mais de cada um de nós. E se nós repetirmos apenas as coisas que nós já fizemos, o povo fala: "O que adiantou?" Quando é o primeiro mandato, como o Sérgio Cabral [governador do Rio de Janeiro], como o Jaques Wagner [governador da Bahia], como o Déda [Marcelo Déda, governador de Sergipe], como o Binho [Marques, governador do Acre], aí todo mundo fala: "Não, é a primeira vez, dá uma chance." No segundo mandato, a cobrança será muito maior. *(23/11/06, Brasília – DF. Almoço com governadores)*

**... não gosta que o presidente grite:** O papel do presidente da República é não perder a paciência nunca. Qualquer cidadão pode ficar nervoso, pode xingar. Toda vez que eu fico meio nervoso, a Marisa é a primeira a me chamar a atenção: "Você não pode, você é o presidente da República, você tem que contar até dez antes de falar." Então, eu nunca, eu nunca... muitas vezes, por mais que eu esteja irritado ou nervoso, eu não posso dizer tudo o que eu penso em função do cargo em que eu estou e porque também sei que o povo não gosta de um presidente que fica gritando, que fica berrando. O povo quer um presidente que converse com ele com a tranquilidade com que uma mãe conversa com o seu filho, com que um pai conversa com o seu filho, com respeito. *(17/8/05, Vitória da Conquista – BA. Inauguração da eletrificação do Assentamento Amaralina e comemoração do atendimento de 1.300.000 pessoas pelo programa Luz para Todos)*

**... não aguenta candidato falando muito na televisão:** Nem sempre você consegue ganhar uma eleição porque você tem muito tempo na televisão. Se você tiver muito tempo na televisão e não tiver muito o que falar, e, mesmo que tenha, o povo não aguenta a cara de um candidato falando muito tempo. Eu acho que nós temos que pensar isso com carinho. *(7/12/05, Brasília – DF. Entrevista à revista* Carta Capital*)*

**... não pode ser controlado:** Agora, também, a gente não pode controlar o povo. Quando o povo quer gritar um nome, quer aplaudir um, quer vaiar outro, vai fazer o quê? Não tem jeito. *(19/6/06, Santo Estêvão – BA. Entrevista após inauguração de bico de luz no sítio Santa Rita)*

**... tem o direito de se manifestar com vigor:** A sociedade brasileira aceita as manifestações, aceita as passeatas, aceita as greves, aceita o protesto. A sociedade aprendeu que isso faz parte da democracia. Em todo mundo civilizado é assim, na Suécia, na Finlândia, na França, na Itália, na Espanha, nos Estados Unidos, ou seja, você pode pegar o país que você quiser como modelo que você vai perceber que o povo se manifesta, que tem enfrentamento com a polícia, isso já está absorvido pelos democratas do planeta Terra. *(7/6/06, Brasília – DF. Assinatura de mensagem que encaminha projeto de lei de criação do Fundo Setorial de Audiovisual [FSA] e mecanismos de fomento ao setor)*

**... é igual a Lula:** Eu quero saber quem cuidou mais da Educação, quem cuidou mais da Saúde, quem cuidou mais do emprego, quem cuidou mais do desenvolvimento. Eu quero medir porque os números, você pode não gostar, mas eles não mentem. Você pode discordar ou não, mas os números são os números. Afinal de contas, Marta [Suplicy, ex-prefeita de São Paulo], matemática é uma ciência exata e não pode mentir. Você pode não acreditar, mas eles são exatos. E, aí, a gente vai poder dizer ao povo brasileiro: "Valeu a pena a gente acreditar que um igual a nós poderia fazer mais por nós do que os tantos diferentes que nós tivemos governando este país." *(23/12/05, Osasco – SP. Comemoração da meta do programa Bolsa Família – 8.700.000 famílias atendidas em 2005)*

# Prazer

**[ver: felicidade; orgulho]**

Eu quero ver máquinas trabalhando, quero ver gente trabalhando, porque gente trabalhando é a coisa que mais me dá prazer, porque significa que o cidadão vai ter um salário e vai poder cuidar da sua família com dignidade e com respeito. *(7/12/07, Macapá – AP. Assinatura do decreto de transferência de domínio de terras da União para o Governo do estado do Amapá e atos para o Amapá)*

**... faz o trabalho mais gostoso:** Quanto mais felizes nós estivermos, mais trabalharemos com prazer, e o trabalho com prazer não tem preço, o trabalho com prazer não são dez a mais ou dez a menos, quando você se levanta para trabalhar prazerosamente, para fazer uma coisa que você quer fazer, que você gosta de fazer, não porque você tem obrigação. *(20/12/04, Brasília – DF. Celebração de Natal da Presidência da República)*

**... é um traço do brasileiro:** Eu duvido que haja uma capacidade produtiva maior, em qualquer país do mundo, do que a dos trabalhadores brasileiros, além da criatividade e dedicação. Porque se há uma coisa que nós temos diferente dos outros, primeiro, é a nossa mistura com a África; segundo, é a alegria estampada na alma de cada brasileiro. A gente costuma fazer as coisas com prazer, mesmo quando está zangado, mesmo quando a gente não gosta. *(29/5/03, São Bernardo do Campo – SP. Entrega simbólica de 225 toneladas de alimentos para o programa Fome Zero)*

**... é ficar no meio dos trabalhadores:** Este presidente tem tanto medo [de manifestação] que, em 1975, quando diziam que a porta da Volkswagen estava cheia de militares para não nos deixar fazer assembleia, eu levantava às quatro horas da manhã para ir fazer assembleia. Quando diziam que era proibido fazer greve, eu ia fazer greve. Portanto, se pensarem que vão deixar o Lula dentro daquele gabinete... meu maior prazer é ficar assim, no meio de vocês. *(31/7/07, Cuiabá – MT. Lançamento do PAC Saneamento Básico e Urbanização no estado de Mato Grosso)*

**... é colocar dinheiro no Piauí:** Quero te dizer, companheiros prefeitos, que dá prazer colocar dinheiro no estado do Piauí. Quero dizer para vocês que dá prazer, porque eu sei que este homem aqui [Wellington Dias, governador do Piauí], na relação dele com os prefeitos deste estado, cada centavo que entra aqui eu sei que tem um destino correto, e ele não está preocupado a que partido político pertence o prefeito. *(27/7/07, Teresina – PI. Lançamento do PAC Saneamento e Urbanização no estado do Piauí)*

**... é gerar empregos:** Aqui, no Rio de Janeiro, com essa dragagem, a gente vai permitir que navios de calado maior possam entrar no porto do Rio de Janeiro. E tudo isso só dá prazer porque significa gerar mais empregos, mais salários, mais renda e melhor qualidade de vida. *(24/3/06, Rio de Janeiro – RJ. Assinatura do Acordo de Cooperação Técnica para a reabilitação da área portuária do Rio de Janeiro)*

**... é baratear o custo de vida dos pobres:** O que é gostoso é ver um trabalhador dizer que agora está comprando um saco de cimento por R$9,50, que custava R$23,00. O que é gostoso é a gente ouvir dizer... o que dá prazer na vida pública é a gente ver uma dona de casa dizer: "Eu pagava o arroz Tio João a R$13,00, Presidente, em 2003; agora eu estou pagando R$4,90 ou R$5,00, em um pacote de cinco quilos." *(6/4/06, Campinas – SP. Lançamento de edital de licitação para o Aeroporto Industrial de Campinas e anúncio de melhorias urbanas para a comunidade do entorno de Viracopos)*

**... nem sempre, para o trabalhador, está no salário, mas na realização e no reconhecimento:** É humanamente impossível imaginar uma professora dentro da sala de aula, com vinte crianças viradas para lá, vinte para cá, e mais vinte para lá e ter que dar aula para séries diferentes, matérias diferentes. Por isso, muitas vezes o que recompensa o educador não é apenas o salário que ele ganha – se bem que o salário é peça importante na vida de qualquer profissional –, muitas vezes o que falta, e que dá prazer, é o reconhecimento. Mas muito mais prazer dá a um educador saber que as crianças estão indo para a escola alimentadas, que as crianças estão aprendendo e que essas crianças estão indo à escola por prazer e não por obrigação. *(15/10/03, Brasília – DF. Recepção a docentes representantes dos estados pelo Dia dos Professores)*

## Preconceito racial e outros

[ver: raça]

Nós estamos aqui para tratar de problemas com os quais ninguém gosta de ser identificado: preconceito racial, discriminação, intolerância, racismo. Tem gente até que acredita que eles não existem no Brasil. Ou pensa que, quando ocorrem, prejudicam apenas algumas minorias. A realidade é bem diferente: esses males, aparentemente invisíveis, causam muito sofrimento entre nós. Pelo menos metade da população brasileira vem sendo prejudicada por essa situação: a metade negra do nosso povo. Ela não é somente negra – é, em sua grande maioria, pobre. Mais de 64% dos pobres e pelo menos 70% dos indigentes brasileiros são negros, como também a maior parte dos desempregados e subempregados do país. No caso das mulheres negras, a discriminação é dupla, de gênero e de raça. Muitas são submetidas a trabalhos precários, baixa remuneração, violência e abuso sexual, além do abandono que as obriga a assumirem sozinhas o sustento de suas famílias. Essa situação injusta e cruel é produto da nossa história – da escravidão que durou quatro séculos no Brasil, deixando marcas profundas em nosso convívio social –, mas é também resultado da ausência de políticas públicas voltadas para superá-la. *(21/3/03, Brasília – DF. Instalação da Secretaria Especial de Políticas de Promoção da Igualdade Racial)*

**... só se curam com humildade e sabedoria:** O preconceito é uma doença, é uma mistura de doença com ignorância, com má-fé que, às vezes, adentra a massa encefálica de algumas pessoas, e elas passam a ser preconceituosas para o resto da vida. E isso é uma coisa que não tem cura, porque para a gente ser curado de preconceito é preciso tomar um "chá de humildade", um "chá de sabedoria", e nem todo mundo está disposto a isso. *(22/2/05, Campo Grande – MS. Assinatura do Termo de Implantação do Polo Minerossiderúrgico de Corumbá)*

**... são muito grandes no Brasil:** Então, meu caro José Sérgio Gabrielli [presidente da Petrobras], meus companheiros diretores da Petrobras, diretores da Norse, da Queiroz Galvão, trabalhadores, eu quero dizer para vocês que o que a gente tinha que enfrentar de ruim, nós enfrentamos no primeiro mandato: a descrença, a má-fé, tudo o que podia acontecer. Nesses quatro anos, nós aprendemos. Aprendemos como enfrentar o preconceito, que é muito grande neste país, aprendemos como enfrentar as adversidades, mas provamos que é possível fazer um país melhor. *(9/2/07, São Francisco do Conde – BA. Início das operações do Campo de Gás de Manati)*

**... são grandes no Brasil, porque o país foi colônia:** Eu digo sempre que muitas vezes nós, brasileiros, que fomos colonizados há muitos anos, ainda carregamos na nossa formação cultural determinados preconceitos de um povo que, muitas vezes, valoriza muito as coisas de fora e valoriza pouco as coisas de dentro. Isso não chega a ser um pecado muito grave, na medida em que nós precisamos... nós devemos desculpas aos preconceitos que ao longo dos anos foram sendo jogados na nossa cabeça. Então, vira e mexe você ouve: "O cinema brasileiro não presta, o que presta é o cinema de tal país, não sei o quê do Brasil não é bom, o que é bom é tal coisa de tal país", e vai por aí afora. Ou seja, vamos sempre encontrando um jeito de dizer que as nossas coisas são inferiores. *(26/12/07, Brasília – DF. Jantar "Vinhos do Brasil")*

**... não existem no Brasil:** Este país não pode esquecer que nós não somos um país de uma única cor, aliás, eu acho que a beleza do Brasil, a alegria do Brasil está na nossa mistura, está na nossa mistura extraordinária que produziu este povo de múltipla cor, alegre, um povo que não tem preconceito, um povo que conseguiu, na Constituição, estabelecer uma igualdade. *(21/3/06, Cruz das Almas – BA. Instalação da Universidade Federal do Recôncavo da Bahia em Cruz das Almas)*

**... são fantasticamente doentios:** É interessante, eu estava lembrando que o preconceito é uma coisa fantasticamente doentia. *(16/9/04, Brasília – DF. Entrega do prêmio Gestor Eficiente da Merenda Escolar)*

**... são odiosos:** O preconceito é uma coisa odiosa. O racismo é mais odioso ainda. *(8/3/06, Rádio Nacional. Programa de rádio* Café com o Presidente*)*

**... para a sociedade ser perfeita, devem ser eliminados:** E, para chegarmos a essa perfeição de sociedade que sonhamos, precisamos quebrar tabus, enfrentar preconceitos, quebrar regras secularmente estabelecidas, que nós vamos ter que, criando coragem, enfrentar, porque somente assim poderemos, num ano qualquer, num século qualquer ou, quem sabe, numa década qualquer, comemorar o dia 8 de março tendo a certeza de que a liberdade da mulher é plena, porque a sociedade evoluiu, porque a sociedade se modernizou e porque a sociedade entende que não pode mais haver divisão de espécie alguma, tratamento diferenciado por conta de gênero neste país. *(12/3/03, Brasília – DF. Comemoração ao Dia Internacional da Mulher)*

**... para construirmos uma pátria republicana, devem ser eliminados:** Nós não queremos saber de que credo religioso é o governador, de que partido é o governador, para que time que ele torce, governador ou prefeito, nós queremos saber que, independentemente de ter divergência entre presidente e governador, presidente e prefeito, o povo merece o respeito de todos os entes federativos. É assim que nós vamos construir uma pátria verdadeiramente republicana, sem preconceitos, sem perseguições e fazendo pelo povo, dando prioridade àqueles mais necessitados. *(21/2/06, Juazeiro – BA. Visita às futuras instalações do campus da Univasf)*

**... são grandes contra os gays, as lésbicas, os travestis e os transexuais, e não é fácil nem mesmo para o presidente se reunir com eles:** Não é fácil para um presidente da República, nem aqui no Brasil e nem em outro país do mundo, participar de eventos que envolvam um segmento tão grande, tão heterogêneo e tão motivo de preconceitos como vocês. Não é fácil. Então, quando o Tony Reis [presidente da Associação Brasileira de Gays, Lésbicas, Transexuais e Travestis – ABGLT] fala que nunca antes na história do planeta um presidente convocou uma conferência como esta, eu fico orgulhoso porque nós estamos vivendo no Brasil um momento de reparação. *(5/6/08, Brasília – DF. Abertura da I Con-*

*ferência Nacional de Gays, Lésbicas, Bissexuais, Travestis e Transexuais – GLBT)*

**... não se curam rapidamente:** O preconceito é uma doença. Somente o tempo é que se encarrega de curá-la. Eu vivo preconceito na minha vida desde que eu era moleque. Habitualmente, em São Paulo, as pessoas ficam chamando a gente de baiano. O preconceito por ser pobre... Isso tem no mundo inteiro. Agora, não adianta ficar se martirizando por isso, porque os preconceitos foram quebrados quando eu ganhei as eleições. Quebrou uma segunda vez, quando eu fui reeleito. E quebra muito mais ainda quando as coisas estão dando certo. Se bem que ele é uma doença tão forte, em algumas pessoas, que você não quebra nunca. Você pode ter um empresário que não está ganhando muito no nosso Governo e ele não tem preconceito. Você pode ter outro que está ganhando muito, mas na hora que ele tem que votar ele não vota [no Governo] por preconceito. Isso nós temos que entender que é um processo histórico. Isso não muda por discurso, isso muda com o tempo. Com um monte de atos, com práticas, as pessoas vão aprendendo. *(10/12/07. Entrevista exclusiva ao repórter Ricardo Amaral, da revista* Época. *Voo Argentina – Brasil, após posse da presidente Cristina Kirchner)*

**... são grandes contra deficientes, e Lula sabe por experiência própria:** Quem não tem nenhum problema, muitas vezes, não sabe o que estou falando. O preconceito contra quem tem um problema qualquer, num certo membro qualquer, se não houver um tratamento, é muito grande. Eu, quando perdi este dedo aqui, andava no ônibus, durante muito tempo, com a mão no bolso, com vergonha das pessoas perceberem que eu não tinha um dedo. Naquele tempo não tinha o Sarah [Hospital Sarah Kubitschek], nem eu jamais imaginei vir a Brasília, muito menos ser o presidente da República. Mas o dado concreto é que eu sei como é que essas pessoas se sentem. E o que é gratificante, num hospital como este, é que não se trata apenas o problema do pé ou o problema da mão, trata-se da plenitude do corpo das pessoas e, sobretudo, da cabeça das pessoas. *(17/12/03, Brasília – DF. Inauguração do Centro Internacional de Neurociências e Reabilitação – Rede Sarah)*

**... aparecem quando o Governo quer ajudar os pobres:** Nós precisamos cuidar do doutor que vai para o exterior porque é importante para o país, mas não podemos aceitar o preconceito contra o que a gente dá para famílias mais pobres comerem o feijão que precisam comer todo dia. Nós temos que cuidar da sociedade como um todo, mas temos que cuidar dos mais pobres em primeiro lugar. *(16/8/07, Congonhas – MG. Inauguração do prédio da Uned Congonhas)*

# Prejuízo

[ver: lucro]

A Petrobras é uma empresa e, como empresa, ela investirá em qualquer lugar do mundo que lhe permita investir e ter o retorno do seu capital investido e mais um lucro. Essa é a lógica de uma empresa privada, fazer investimentos, e ninguém investe mais no estrangeiro do que a Vale do Rio Doce. Essa é a lógica. A Vale não vai investir – e agora quer investir – no Gabão ou em Moçambique para ter prejuízo, a Vale quer investir para dar lucro. E se amanhã tiver um problema naquele país e tentarem causar um problema a ela, ela vai para a Justiça para rever aquilo que foi investimento dela. *(5/5/06, Aimorés – MG. Inauguração da Usina de Aimorés – Hidrelétrica Eliezer Batista)*

**... quando é do sistema bancário, é total:** Mais impressionante será o dia em que os bancos derem prejuízo e o Governo tiver que criar um Proer [Programa de Estímulo à Reestruturação e ao Fortalecimento do Sistema Financeiro Nacional] para ajudá-los, aí o prejuízo é total. *(8/8/07, Manágua – Nicarágua. Entrevista a jornalistas brasileiros e estrangeiros)*

**... é inaceitável para os bancos públicos, mas isso não deve impedi-los de ter uma função social:** Percebi, também, que dentro dos nossos bancos, Banco do Brasil e outros bancos públicos, há sempre uma cisma, há sempre uma preocupação, porque os nossos bancos, nos últimos dez anos, praticamente agem com se fossem bancos privados, ou seja, eles precisam ter lucro, não podem ter prejuízo; não é bom ter prejuízo porque a conta fica para o Tesouro depois; então, é importante que eles tenham lucro. Mas eles também têm que ter uma função social, e demorou um tempo. *(15/9/04, Manaus – AM. Encerramento do Seminário Empresarial Brasil – Venezuela)*

**... é resultado do trabalho apressado:** Essas coisas não podem ser feitas de forma atabalhoada, porque às vezes o prejuízo é maior do que o benefício que a gente pensa estar dando ao povo brasileiro. *(4/5/07, Brasília – DF. Assinatura de ato de licenciamento compulsório do medicamento Efavirenz)*

**... é resultado da falta de bom senso:** Então é preciso saber se o dinheiro está sendo bem-aplicado. Agora, se faltar bom senso em alguns senadores, eu estou convencido de que quem vai ter prejuízo não é nem o governador, nem o presidente da República, é o povo mais pobre deste país, porque uma grande parte do dinheiro da CPMF [Contribuição Provisória sobre a Movimentação ou Transmissão de Valores e de Créditos e Direitos de Natureza Financeira], o que é? Aposentadoria. O que é? Bolsa Saúde, Bolsa Família. Portanto, as pessoas terão que ter responsabilidade. *(30/11/07, Rio de Janeiro – RJ. Entrevista após visita ao arquiteto Oscar Niemeyer para entrega da comenda da Ordem do Mérito Cultural)*

**... deve ser avaliado antes de uma decisão política:** Quero dizer para vocês que não tem reivindicação difícil, não existe, na minha vida política não existe reivindicação difícil ou reivindicação impossível, o que existe é que muitas reivindicações precisam de um tempo de maturação para serem compartilhadas entre as pessoas que têm que decidir. E decididas para que não causem prejuízos a ninguém e causem benefícios ao autor da própria reivindicação. *(10/4/07, Brasília – DF. Abertura da Marcha em Defesa dos Municípios)*

## Pressa

[ver: planejamento]

A pressa é a razão do fracasso de muitas coisas que se tenta fazer em qualquer situação. *(13/2/03, Brasília – DF. Instalação do Conselho de Desenvolvimento Econômico e Social)*

**... aumenta em proporção direta com a pobreza:** É preciso fazer um pacote completo, porque eu acho que nós temos condições de começar, de baixo para cima, a atender as pessoas mais necessitadas, as pessoas que têm mais pressa. *(26/10/06, Brasília – DF. Apresentação da redução do índice de desmatamento da Amazônia)*

**... deve ser evitada, e o povo deve estar esclarecido a respeito disso:** Quando o povo tiver pressa, converse com ele para mostrar que tem um tempo para a gente plantar e um tempo para a gente colher. *(23/12/05, Osasco – SP. Comemoração da meta do programa Bolsa Família – 8.700.000 atendidas em 2005)*

**... é algo que Lula hoje às vezes tem, como presidente:** Na política é assim, às vezes eu tenho pressa, eu cobro. Eu duvido que alguém já cobrou dos ministros como eu cobro todo santo dia e toda santa hora. *(17/5/04, Goiânia – GO. Abertura da 45.ª Reunião Geral da Frente Nacional de Prefeitos)*

**... não deve nortear as mudanças estruturais do país:** As mudanças estruturais deste país vão acontecer. Mas isso é que nem colher uma fruta. Não adianta a gente, por pressa, colhê-la verde, porque a gente vai comer, não vai gostar e vai jogar fora. *(25/2/03, Brasília – DF. Reunião do Conselho Nacional de Segurança Alimentar e Nutricional – Consea)*

**... não garante um lugar na História:** Eu sempre digo que não é a pressa ou a ansiedade que vai mostrar o que um ser humano faz na sua passagem pela Terra. Aliás, a História está cheia de exemplos de pessoas que foram massacradas em vida e reconhecidas como heróis depois que não existiam mais. O Brasil está cheio de exemplo de pessoas que foram execradas quando estavam exercendo a sua função no Governo e, depois que deixaram o Governo, essas pessoas foram guindadas a patamares que só grandes homens chegam. *(8/7/05, Brasília – DF. Posse dos ministros de Estado da Saúde, das Comunicações e de Minas e Energia)*

**... não pode justificar o descumprimento de normas:** Nós não podemos exigir, pela nossa pressa, que um técnico burle uma norma vigente para tentar fazer a vontade de um presidente, mas nós, através dos nossos ministros de Relações Exteriores, através de nossos ministros em cada atividade nos nossos países, podemos detectar quais os entraves técnicos, legais, burocráticos, que temos em cada acordo que fazemos. *(15/9/04, Manaus – AM. Encerramento do Seminário Empresarial Brasil-Venezuela)*

## Pressão

A pressão é um bem necessário. Porque senão, se você tiver dez tarefas para cumprir e não sentir pressão, você vai ceder àquelas para as quais as pessoas estão exigindo mais. *(31/03/03, Brasília – DF. Reunião do Conselho de Desenvolvimento Econômico e Social)*

**... é feita sempre pelos mais ricos:** Aqueles que têm poder de pressão, que ganham 10 mil, 12 mil, 9 mil reais, conseguem fazer pressão. A grande maioria do povo, que tem uma aposentadoria média de 240 ou 350 reais, não fazem pressão, portanto, ficam prejudicados. *(8/5/03, Brasília – DF. Reunião da Associação Brasileira de Atacadistas e Distribuidores de Produtos Industrializados – Abad)*

**... tem efeito sobre os políticos:** Essa parte da população que passa fome ainda não adquiriu capacidade de pressão na sociedade. E político é muito sensível à pressão. E, normalmente, quem faz pressão é quem tem possibilidade de chegar perto do poder. Aqueles que estão no Vale do Jequitinhonha, na periferia de São Paulo, aqueles que estão desempregados não têm chance de fazer pressão. *(8/7/03, São Paulo – SP. Lançamento da ONG Apoio ao Fome Zero)*

**... tem muito efeito entre os parlamentares:** Se o Congresso vai fazer do jeito que é melhor, eu não sei, porque o Congresso é uma instituição de representação da sociedade, tem o seu jeito de funcionar, mas também depende da capacidade de pressão que a gente possa fazer. *(27/9/06, Brasília – DF. Assinatura do Decreto de Titulação de Terras Quilombolas)*

**... é normalmente feita contra Governos:** Eu acho que nenhum Governo, em qualquer lugar do mundo, trabalha sem pressão. Então, eu não acho ruim que as pessoas façam pressão para obter os recursos, que precisam ser liberados de acordo com as nossas possibilidades. *(11/11/03. Brasília – DF. Lançamento do Programa Nacional de Universalização do Acesso e Uso da Energia Elétrica)*

**... não influencia Lula a mudar de rumo o que está dando certo:** Não haverá nenhuma pressão, de quem quer que seja, que faça com que a gente mude o rumo de uma coisa que está dando certo. *(24/10/05, São Paulo – SP. Debate sobre "Responsabilidade Social das Empresas na Construção de um Brasil Melhor" com empresários integrantes do Grupo de Líderes Empresariais)*

**... influencia Lula quando vem do povo:** Então, eu acho que as coisas estão andando. Estão andando e estão andando bem, e eu acho que tudo isso só acontece porque o povo brasileiro soube, nos momentos certos, fazer pressão, soube exigir, soube reivindicar, e o nosso papel no Governo é atender. *(30/1/06, Rádio Nacional. Programa de rádio* Café com o Presidente*)*

# Preto(s)

[ver: afrodescendente; negro; raça]

E muito mais importante é que este povo que está aqui é a cara do povo brasileiro, meio preto, meio branco, meio índio, meio português. Não importa com que "meio" a gente seja, o que importa é que nós somos de corpo e alma brasileiros, seja negro, seja branco, e queremos construir uma pátria livre e soberana, onde todos possam viver condignamente. *(7/3/08, Rio de Janeiro – RJ. Assinatura de ordem de início das obras do PAC na comunidade de Manguinhos)*

**... compõem a população das favelas:** Eu sei que vocês são empresas que já fizeram obras extraordinárias no Brasil, mas agora vocês estão tratando com uma coisa especial, que é o povo mais pobre deste país, é o povo mais perseguido. É perseguido porque é pobre, é perseguido porque é preto, é perseguido porque mora no morro, é perseguido por mil coisas. Então, além das máquinas de vocês, eu queria pedir: coloquem o coração de vocês porque, certamente, é uma obra que, quando terminar, vocês terão muito mais orgulho de terem sido os empresários que construíram as obras da Rocinha. *(7/3/08, Rio de Janeiro – RJ. Assinatura de ordem de início das obras do PAC na comunidade da Rocinha)*

**... como os pobres, sofrem discriminação:** Uma vez eu vim visitar um prefeito importante aqui, no Rio de Janeiro, não vou contar em que época, nem vou contar, para não macular. Eu estava com a Benedita da Silva [secretária de Assistência Social e Direitos Humanos do estado do Rio de Janeiro], e a gente estava vindo de um comício na Baixada Fluminense. Naquele tempo, eu usava camiseta, não essa camisa de qualidade que as cooperativas estão usando agora, eram aquelas camisetas brancas que, depois de meia dúzia de comícios, ficavam marrom. E eu lembro que cheguei com a Benedita no prédio, e o porteiro falou assim para nós: "Vocês não podem entrar pelo elevador principal, têm que entrar pelo elevador de serviço." Foi a primeira vez, já como político, que eu me senti um cidadão de terceira categoria. Porque, gente, se tem uma coisa abominável é você viver num país em que tem um elevador para um e um elevador para outro, que tem elevador para empregado [falha na gravação]. Eu me lembro de que, na época, eu liguei para o prefeito e falei: "Prefeito, eu não vou subir, porque eu não vou pelo elevador de serviço. Não é por nada não, é porque eu não estou trabalhando. Eu vim aqui fazer uma visita e eu quero entrar." Então, o prefeito ficou nervoso e falou com o porteiro, porque certamente era uma figura simples, mas que tinha essa coisa: que pobre e preto têm que subir pelo elevador dos fundos, e não pelo elevador da frente. Apenas para mostrar o quanto nós ainda temos que avançar. Nós temos que avançar muito porque nós retrocedemos. *(1/10/07, Rio de Janeiro – RJ. Liberação de recursos do BNDES para cooperativas de catadores de materiais recicláveis)*

**... serão tratados sem discriminação por Lula:** E nós, meus companheiros e companheiras, queremos fazer isso com carinho, e eu digo sempre: "Quero tratar cada homem e cada mulher deste país, seja branco ou preto, católico ou crente, pobre, rico, e, de preferência, as pessoas mais pobres da população, como se eu estivesse tratando do meu próprio filho." *(6/5/03, Aracaju – SE. Outorga da Medalha do Mérito Serigy)*

**... vivem cordialmente ao lado dos brancos no carnaval, na praia e no futebol:** Nós temos três coisas que, no Brasil, nivelam a sociedade, ricos e pobres, pretos e brancos, mulheres e homens, ou seja, não tem separação: um, é o carnaval, quem for ao carnaval, por qualquer lugar deste país, ao chegar num bloco, ali, você não sabe quem é quem, quanto ganha, filho de quem é, você sabe que a pessoa está se divertindo. A outra, é a praia. Não tem nada mais extraordinário do que uma praia. Obviamente que, se você for olhar o iate, você vai perceber que tem alguém de uma origem social diferente. Mas ali, na areia, tomando banho de sol e batendo uma bola, todo mundo é igual, ninguém sabe quem é rico ou quem é pobre. E a outra é o futebol. Nada – e eu estava vendo o desfile dos meninos que ganharam os prêmios –, nada é socialmente mais justo do que o futebol, porque são raras as profissões do mundo que permitem que um jovem, por mais humilde que seja, do lugar mais pobre deste país, tenha a possibilidade de virar uma personalidade importante da seleção brasileira, de um clube importante. *(29/1/07, São Paulo – SP. Entrega do 3.º Troféu Mesa-Redonda da TV Gazeta)*

## Previdência

**[ver: aposentado; aposentar-se]**

Previdência é direito e não privilégio de uns poucos que têm acesso a ela. Queremos previdência para todas as pessoas. *(30/10/03, Campina Grande – PB. Inauguração do novo terminal de passageiros do Aeroporto Presidente João Suassuna)*

**... é sustentada pelos trabalhadores:** Um país que ficou 26 anos sem a Economia crescer, um país que ficou, só no setor da construção civil, mais de vinte anos só desempregando, e à medida que a pessoa está recebendo um benefício e ela não vislumbra a possibilidade de ter um emprego quando ela for tida como apta ao trabalho, ela entra em desespero. É preciso compreender, Marinho. Porque você tem um malandro... Nada melhor do que um cidadão que não está doente receber auxílio-doença e não pegar alta. É tudo que a gente deseja. Mas como quem paga a Previdência é o povo trabalhador, é justo que só recebam os benefícios as pessoas que tiverem realmente problema, porque aí você garante que o sistema possa funcionar para o resto da vida. *(11/12/07, São Paulo – SP. Inauguração da Agência da Previdência Social de Benefício por Incapacidade – APS/BI)*

**... deve ser reformada pelo bem dos estados:** A reforma da Previdência é crucial para salvar os estados brasileiros. *(8/5/03, Brasília – DF. Reunião da Associação Brasileira de Atacadistas e Distribuidores de Produtos Industrializados – Abad)*

**... deve ser reformada pelo bem de nossos filhos:** A reforma da Previdência é necessária porque nós precisamos garantir que os nossos filhos e os nossos netos, amanhã, tenham o direito de se aposentar e receber o seu salário. *(5/8/03, Brasília – DF. Encontro com Lideranças Políticas)*

**... deve ser reformada, mas é difícil levar a reforma adiante:** A reforma da Previdência é difícil fazer. E não é difícil fazer no Brasil, não. É difícil fazer no mundo, em qualquer país do mundo. Por quê? Porque você mexe com usos e costumes, você mexe com hábitos, você mexe com os direitos das pessoas. *(5/8/03, Brasília – DF. Op. cit.)*

**... tem um déficit pequeno:** A Previdência, se você comparar o que ela recebe dos trabalhadores e dos empresários e se você analisar o que recebem os trabalhadores que pagam a Previdência, o déficit é muito pequeno. Ora, o déficit, na verdade, é um déficit muito mais do Tesouro do que da Previdência, porque fomos nós, na Constituição de 1988, que colocamos sete milhões de trabalhadores rurais dentro da Previdência Social, fomos nós que aprovamos a Loas [Lei Orgânica da Assistência Social, n.º 8.742, de 7/12/1993], fomos nós que fizemos todas as políticas de seguridade social, que aprovamos o Estatuto do Idoso. Ora, quando o Congresso aprova, o Congresso, na verdade, aumentou o gasto do Tesouro Nacional. Jogar isso na Previdência é uma injustiça com a Previdência Social. O que nós temos que encontrar é uma saída para o déficit do Tesouro, e a reforma da Previdência nós precisamos, e estamos fazendo o censo. O censo foi feito com muita seriedade, ninguém reclamou, e as pessoas que estiverem ilegalmente recebendo o benefício deixarão de recebê-lo. *(28/11/06, Brasília – DF. Entrevista após comemorações do Dia Nacional da Consciência Negra)*

# Prioridade(s)

[ver: necessidade; vontade]

Por isso a obsessão de dar comida, de gerar emprego, de fazer distribuição de renda, de melhorar a Educação e a Saúde possivelmente seja uma obstinação não de um governante do PT, mas deveria ser de qualquer governante de qualquer partido do Brasil, porque essas são as prioridades que o nosso povo está a exigir de cada um de nós. *(4/4/03, Barcarena – PA. Inauguração da terceira linha da cadeia de produção da Alunorte, refinaria de alumina da Vale do Rio Doce)*

**... é governar para os mais pobres:** É importante que as pessoas saibam e eu vou repetir sempre: "Eu sou um presidente da República que tem compromisso com todos, com o rico e com o pobre, com o empresário grande e com o empresário pequeno, mas a nossa prioridade é cuidar dos mais pobres porque são eles que precisam mais do Governo." *(18/5/07, Babaçulândia – TO. Inauguração do trecho Aguiarnópolis – Araguaína da ferrovia Norte-Sul)*

**... é o combate à fome:** É por isso que nós instituímos a fome como prioridade. *(4/4/03, Belém – PA. Apresentação dos pro-*

*gramas Sementes do Amanhã e Escola-Circo e entrega dos três primeiros Cartões Alimentação do programa Fome Zero a famílias da cidade de Belém)*

**... é a saúde de crianças e adolescentes:** Para o meu Governo, a saúde das crianças e dos adolescentes é e deve ser sempre uma prioridade. *(7/4/03, São Paulo – SP. Comemoração do Dia Mundial da Saúde)*

**... é valorizar a perícia criminal:** Precisamos dar prioridade à valorização das perícias nos estados para melhorar a investigação do vestígio dos crimes. Há alguns dias eu fiquei sabendo que de 100% dos crimes que acontecem no Rio apenas 8% são desvendados e 92% não o são. Ou seja, se tem uma pessoa rica que é vítima, muitas vezes a pressão da família faz com que a polícia vá fundo para investigar. Mas se é um pobre, depois da missa de sétimo dia, ele é esquecido. E aquilo entra apenas no controle dos boletins de ocorrências. *(22/4/03, Vitória – ES. Assinatura de Protocolo de Intenções e Repasse de Recursos da União para o Espírito Santo para a área da Segurança Pública)*

**... é investir em energia e infraestrutura:** Aqui também vemos a integração de duas áreas que têm que ser vistas como prioridades em nosso Governo: o setor energético e a questão da infraestrutura. E são prioridades porque estamos preocupados em crescer e em retomar nossa capacidade de produção. *(30/4/03, Rio de Janeiro – RJ. Inauguração do Laboratório de Tecnologia Oceânica – Laboceano da Coppe/UFRJ)*

**... é estreitar relações com a China:** Minha presença é indicação da alta prioridade que meu Governo atribui ao estreitamento das relações com a China. *(30/4/03, Rio de Janeiro – RJ. Abertura do Seminário Brasil-China: "Um salto necessário")*

**... é terminar de construir estradas em Santa Catarina:** O Banco Interamericano colocou muito dinheiro ali e não tem sentido deixar uma obra em estado avançado se perder – a outra é a BR-116. De vez em quando vou passar férias em Santa Catarina e descubro um trecho paralisado, às vezes, uma simples ponte. Vamos tentar atacar isso como prioridade zero e ver se conseguimos concluir. *(8/5/03, Brasília – DF. Associação Brasileira de Atacadistas e Distribuidores de Produtos Industrializados – Abad)*

**... é a ligação, por ferrovia, de quatro países sul-americanos:** Eu pedi ao presidente do BNDES [Banco Nacional de Desenvolvimento Econômico e Social] que colocasse como prioridade máxima arrumar uma empresa que tenha condições de fazer o investimento, para que possamos colocar essa ferrovia para funcionar, e que a gente tente utilizar ao máximo possível essa ferrovia como ligação de transporte entre quatro países, o que não é pouca coisa. *(11/3/04, Brasília – DF. Reunião com o Conselho Nacional de Desenvolvimento Econômico e Social)*

**... é o turismo:** A imagem do turismo tem que ser tratada assim. Ou seja, na medida em que a gente define o turismo como prioridade, na medida em que a gente cria um ministério para cuidar do turismo, na medida em que a gente coloca o turismo dentre as dez prioridades do Governo para o desenvolvimento da Economia, nós temos que ter o cuidado excepcional com a imagem que nós queremos passar, porque a imagem é o que pode atrair as pessoas, tanto de dentro para viajar internamente o Brasil, quanto de fora para vir para o Brasil. *(29/4/04, Brasília – DF. Teleconferência sobre o Programa de Regionalização do Turismo – Roteiros do Brasil – CNC)*

**... é a integração sul-americana:** Um empresário do Equador que queira vir ao Brasil tem que ir a Miami para vir aqui. Se ele tem que ir a Miami, ele já faz negócios em Miami. Por que viria ao Brasil? Então, nós resolvemos estabelecer como prioridade essa integração. Recuperamos o Mercosul. Hoje o Mercosul está muito mais consolidado. *(30/4/04, Ribeirão Preto – SP. Visita à Agrishow 2004 – Feira Internacional de Tecnologia Agrícola em Ação)*

**... é o esporte com foco na inclusão social:** No meu Governo, o esporte com foco na inclusão social é uma prioridade e uma questão de Estado. *(17/6/04, Brasília – DF. Abertura da 1.ª Conferência Nacional do Esporte)*

**... é a recuperação dos portos:** Por isso é que colocamos como prioridade a recuperação dos nossos portos, fazendo todo o serviço de dragagem que tem que ser feito. É por isso que priorizamos recuperar nossas rodovias, construir a famosa ferrovia que o presidente Sarney [José Sarney, presidente do Brasil entre 1985 e 1990, senador pelo PMDB do Amapá] começou a construir em 1996, ferrovia Norte-Sul, e que de lá para cá ficou, praticamente, parada. Se nós quisermos escoar toda a produção do Centro-Oeste brasileiro, que cresce de forma extraordinária, nós temos que acabar essa ferrovia; assim como temos que acabar a ferrovia Transnordestina; como temos que fazer a BR-101 Nordeste, duplicando do Rio Grande do Norte até Salvador; como temos que fazer o Programa de Biodiesel, para produzir o biodiesel da mamona e, quem sabe, desenvolver as regiões mais empobrecidas do país, como o Semiárido e o Vale do Jequitinhonha, além das regiões do Norte do país, com a palma e o óleo de dendê. *(14/7/04, Campinas – SP. Comemoração dos 230 anos da cidade de Campinas)*

**... é o desenvolvimento científico:** O desenvolvimento científico e tecnológico é prioridade em nosso Governo. *(2/12/04, Brasília – DF. Entrega do Prêmio Finep e sanção da Lei de Inovação de Incentivo à Pesquisa Tecnológica)*

**... é a democratização do ensino superior:** O compromisso com a verdadeira democratização do acesso ao ensino superior e com uma educação de qualidade constitui prioridade básica de nosso Governo. *(12/1/05, Brasília – DF. Sanção da Lei n.º 4.177/04, que dispõe sobre o Plano de Carreira de Cargos Técnico-Administrativos em Educação)*

**... é a transposição das águas do São Francisco:** Então, essa transposição da água é uma prioridade que nós vamos fazer. Não é possível que, desde 1846, o imperador d. Pedro queria fazer e não conseguiu fazer. *(8/3/05, Apodi – RN. Comemoração do Dia Internacional da Mulher)*

**... é a Educação:** Quando nós aprovamos, na semana passada ou há alguns dias, o Fundeb [Fundo de Manutenção e Desenvolvimento da Educação Básica], nós consagramos a ideia de que definitivamente a Educação tem que ser tratada como prioridade "um" do nosso país. *(24/6/05, Brasília – DF. Reunião com diretores da Rede Federal de Educação Profissional e Tecnológica)*

**... é a Saúde:** Vocês sabem que os investimentos em Saúde são prioridade de nosso Governo desde o primeiro dia. *(10/8/05, Palmas – TO. Inauguração do Hospital Geral de Palmas Dr. Francisco Ayres)*

**... é o comércio exterior:** Nós tomamos uma decisão de afirmar, de forma muito categórica, que nossa política de comércio exterior é prioridade, e não é incompatível com o crescimento interno, e não é incompatível com as brigas que fazemos com a OMC [Organização Mundial do Comércio], porque no Brasil tem um tipo de gente que leu algum manual, em algum momento da História, e ele acha que aquele manual é irreversível, que aquilo não muda nunca, que não pode mudar. *(23/11/05, Rio de Janeiro – RJ. Abertura do 25.º Encontro Nacional do Comércio Exterior – ENAEX)*

**... para o povo, é a habitação:** Se você perguntar para o pobre, para a classe média também, até para rico, qual é a principal prioridade de uma pessoa? Ele vai dizer: "É uma casa." Ele tendo a casa e tendo saúde, o resto ele se vira. *(7/2/06, Brasília – DF. Lançamento das medidas de apoio à habitação e construção civil)*

**... é investir nas regiões Norte e Nordeste:** Eu quero dizer para vocês que eu quero que o Brasil se desenvolva igualmente, só que tem estado que já aprendeu a andar pelas suas próprias pernas, e tem outros estados que, se não tiver a mão do Governo, vão demorar para chegar aonde precisam chegar. Por isso, o Nordeste brasileiro tem a nossa prioridade, por isso o Norte do país tem a nossa prioridade. *(21/3/06, Cruz das Almas – BA. Instalação da Universidade Federal do Recôncavo da Bahia em Cruz das Almas)*

**... é a TV digital:** Transformamos a TV digital em prioridade porque ela está plenamente afinada com a meta do nosso Governo, de conciliar avanço social com avanço tecnológico. *(29/6/06, Brasília – DF. Assinatura de decreto sobre implantação do Sistema Brasileiro de Televisão Digital)*

**... é o saneamento básico:** Nós demos prioridade à questão do saneamento básico. E por que nós demos prioridade? Porque nem sempre, no Brasil, a classe política levou muito a sério a questão do saneamento básico na periferia das cidades. *(12/6/07, Recife – PE. Lançamento do PAC nas áreas de saneamento e urbanização no estado de Pernambuco)*

**... é a reforma tributária:** A reforma tributária tem sido uma prioridade do nosso Governo. *(23/5/07, Brasília – DF. Entrevista ao jornal* Diário Econômico, *de Portugal)*

**... é a duplicação do Contorno de Aracaju:** A duplicação do chamado Contorno de Aracaju é uma prioridade para o Governo Federal. *(4/9/07, sem local. Entrevista exclusiva ao* Jornal da Cidade, *Sergipe)*

**... são 31 para o Governo Lula:** Na semana passada eu convoquei uma reunião, depois da reunião do dia 6 que fiz com os ministros, para redefinir prioridades do Governo. E definimos 31 prioridades, ou seja, as prioridades das prioridades. *(11/3/04, Brasília – DF. Conselho Nacional de Desenvolvimento Econômico e Social)*

**... pode ser alterada pelo governante que entra:** Nós temos mandatos com tempo determinado, e cada um que entra pode ter uma prioridade, e uma política começada em um ano pode não ser seguida no ano seguinte. *(12/7/06, Salvador – BA. Encerramento da II Conferência de Intelectuais da África e da Diáspora)*

## Privilégio(s)

Nós sabemos que precisamos fazer a reforma na Previdência Social, não para prejudicar aqueles que trabalham efetivamente. Nós precisamos fazer uma reforma, não para causar prejuízo a ninguém, mas uma reforma previdenciária para que a gente possa, primeiro, torná-la universal, onde todos tenham direitos iguais, trabalhadores urbanos e funcionalismo público; para que a gente possa acabar com os privilégios de uma minoria neste país, porque no setor público, também, a grande maioria ganha um salário de fome, que precisa ser melhorado. *(10/3/03, São Paulo – SP. Exposição de produtos da fábrica Daimler-Chrysler do Brasil)*

**... impedem a existência de justiça, por isso devem acabar:** Há coisas que são indescritíveis, ou seja, há pessoas que receberam, no mês de dezembro, 53 mil reais de pensão. Obviamente que a maioria ganha muito pouco, e é para essa maioria que a gente precisa ter uma política justa. Mas a gente não conseguirá fazer a justiça para os muitos que nós queremos, se a gente não contiver os privilégios que poucos conseguiram ter neste país. *(10/4/03, Brasília – DF. Conselho de Desenvolvimento Econômico e Social)*

**... tiveram um fim, com a reforma da Previdência:** Eu quero lhe dar os parabéns, porque, como dirigente sindical dos bancários, você [Ricardo Berzoini, ministro da Previdência] foi um herói competente na reforma da Previdência Social, que acabou com os privilégios neste país. *(28/8/03, São Paulo – SP. Aniversário dos 20 anos da Central Única dos Trabalhadores – CUT, e posse da nova diretoria)*

**... na Saúde têm de ter um fim:** Nós vamos tratar de trabalhar para que a Saúde não seja um privilégio de quem tem dinheiro, mas que seja, definitivamente, entendida como uma obrigação do Estado brasileiro garantir, dos mais pobres aos mais ricos, o direito de ser tratado com respeito e dignidade. *(18/3/05, Aracaju – SE. 150 anos da cidade de Aracaju e assinatura de atos entre o Governo Federal e a prefeitura de Aracaju)*

**... como a privacidade, têm sido, no país, mais comuns aos desonestos:** Nós, homens livres, temos menos privilégios do que aqueles que estão condenados. Em muitos lugares isso acontece. Nós somos mais vigiados. E o que nós queremos? Nós queremos ter um sistema de segurança pública que, em primeiro lugar, não cometa erros, que não puna inocentes e que não absolva culpados. *(22/4/03, Vitória – ES. Assinatura de Protocolo de Intenções e Repasse de Recursos da União para o Espírito Santo para a área da Segurança Pública)*

**... não é o que os países pobres querem:** Foi com muita ousadia e com muita coragem que o Brasil conseguiu, junto com outros vinte países, constituir um bloco e, na Organização Mundial do Comércio, fazer prevalecer não o poder dos mais ricos, mas fazer prevalecer o poder de uma política de comércio exterior equânime, em que os países pobres não querem nem privilégios, queremos apenas que os países ricos não continuem subsidiando os produtos onde os países pobres são mais competitivos, sobretudo na agricultura, onde muitos países pobres são quase que imbatíveis. *(2/5/04, Brasília – DF. Entrega do Prêmio Finep e sanção da Lei de Inovação de Incentivo à Pesquisa Tecnológica)*

**... não são compatíveis com o desenvolvimento regional do Brasil:** A atenção e o cuidado com o Nordeste não é um favor do Governo, muito menos do presidente da República, é uma prova de coerência, de um plano de Governo que enfatiza a repartição social e regional da riqueza e não compactua com privilégios, nem com a exclusão de modelos anteriores de desenvolvimento. *(31/1/07, Suape – PE. Assinatura dos contratos para construção dos dez primeiros navios da Transpetro em Suape)*

## Problema(s)

E eu disse a vocês o que eu tenho dito a todos os empresários: não há problema que não tenha solução. E não há lugar melhor para a solução dos problemas do que colocar aqueles que estão em conflito em torno de uma mesa e conversar, um olhando no olho do outro, para a gente encontrar a solução. Vai ser assim no Brasil daqui para a frente. *(2/5/03, Ribeirão Preto – SP. Inauguração da Termelétrica da Companhia Energética Santa Elisa)*

**... no G-8 ou no sindicato, são os mesmos:** Eu, por exemplo, Marinho [Luiz Marinho, presidente da CUT], fui à reunião do G-8. Um ser humano normal, aqui no Brasil, lendo na imprensa ou vendo na televisão sobre a reunião do G-8, fica imaginando os oito presidentes dos países mais ricos do mundo se reunindo, fica imaginando que é uma coisa tão grande que você nem se sente bem lá dentro. E depois que eu participei da reunião, não vi nenhuma diferença, Marinho, das milhares de reuniões que eu fiz a minha vida inteira no movimento sindical, no PT e agora no Governo. Os problemas são os mesmos, as reclamações são as mesmas, as choradeiras são as mesmas. Sabe, é tudo igual, só muda de tamanho e de local, mas é a mesma coisa. *(12/6/03, Brasília – DF. Câmara de Política Social)*

**... são mais fáceis de ser resolvidos quando dizem respeito aos pobres:** Uma coisa que está muito clara para mim, e é uma deficiência estrutural mundial, é que os problemas dos pobres são mais fáceis de resolver do que os problemas dos ricos. Ninguém imagina o que se pode fazer para atender milhões de pobres com quinhentos milhões ou seiscentos milhões de reais e, muitas vezes, um bilhão de reais não atende à dívida de um empresário que está numa situação econômica difícil, que não é o caso hoje, porque a Economia está bem e os empresários estão ganhando muito dinheiro. *(26/6/07, Brasília – DF. Renovação do compromisso com o pacto Um Mundo para a Criança e o Adolescente do Semiárido Brasileiro, de 2007 a 2010)*

**... são resultado do descaso de outros governantes:** Nós temos problemas? Temos. Nós temos problemas enormes. Os problemas que nós temos que são resultado do acúmulo de décadas de desprezo em cuidar deste país corretamente. Vai levar algumas décadas para a gente consertar, a gente não vai consertar em pouco tempo. Mas vamos olhar os dados da Economia da semana passada, vamos olhar os dados da PNAD [Pesquisa Nacional por Amostra de Domicílio, do Instituto Brasileiro de Geografia e Estatística] na semana passada, e vamos pelo menos dizer o seguinte: "Nós não resolvemos tudo ainda. Mas demonstramos que somos capazes de resolver." *(20/9/07, Brasília – DF. 23.ª reunião ordinária do Conselho de Desenvolvimento Econômico e Social – CDES)*

**... começaram a ser resolvidos por Lula:** E eu quero fazer uma comparação do crescimento econômico, da renda salarial, da distribuição de renda, do saneamento básico, da qualidade da Saúde com os que passaram antes de mim, para a gente ver que não era tão difícil começar a resolver os problemas do Brasil. *(22/4/03, Vitória – ES. Implantação do III Alto-forno da Companhia Siderúrgica de Tubarão)*

**... não podem ser resolvidos por uma pessoa só:** Esse pacto demonstra para todos nós que a melhor forma de gerenciar o Brasil e os problemas do Brasil para encontrar a solução é você consolidar as parcerias entre os entes federados e a sociedade civil. Não existe possibilidade de um prefeito ou um governador sozinhos, ou um presidente da República sozinho, resolver todos os problemas. E também não existe a possibilidade de a sociedade civil sozinha resolver os problemas. A nossa inteligência precisa nos obrigar a entender que juntos poderemos fazer o que durante séculos não foi possível fazermos separados. *(26/6/07, Brasília – DF. Op. cit.)*

**... têm de ser resolvidos um a um:** É lógico que o Brasil tem tantos problemas que seria necessário uma vida inteira para resolver todos esses problemas, porque tem uma dívida acumulada ao longo de muitas décadas, ao longo de séculos. E esses problemas são que nem prestação que a gente tem: se a gente não pagar uma, vai ficar mais difícil pagar duas, vai ficar mais difícil pagar três e aí chega um dia em que a gente não pode pagar mais. A dívida social foi se acumulando ao longo do século passado e, ao invés de você ter um milhão de gente com problemas, você tem trinta, quarenta milhões com problemas. Seriamente, muito mais difícil. *(3/12/04, Torres – RS. Assinatura da ordem de serviço para início das obras de duplicação da BR-101 SC-RS)*

**... levam tempo para serem resolvidos:** É lógico que os problemas são muito grandes. Para resolver os problemas herdados durante quinhentos anos neste país, nós vamos levar tempo para consertar. Mas é preciso fazer as coisas certas na hora certa. *(4/8/05, Eliseu Martins – PI. Colheita de mamona para a produção de biodiesel)*

**... não podem ser resolvidos por milagre:** O poder público nunca tratou com a decência necessária a parte pobre da população. E os problemas se acumularam de tal ordem que não tem milagre para que, num toque de mágica, a gente possa resolver os problemas. E vocês sabem disso. *(4/2/04, Teresina – PI. Visita ao abrigo instalado no Ginásio de Esportes Pato Preto)*

**... não devem ser jogados nas costas de outros:** Se um país tem problema, se o Paraguai tem problema no seu desenvolvimento, nós temos que ajudá-lo. Agora, o que nós temos clareza é que nós não iremos encontrar a solução para o Mercosul [Mercado Comum do Sul] se cada um de nós ficar jogando os nossos problemas nas costas dos outros. Os nossos problemas são nossos, e nós temos que tratar de resolvê-los. Essa é a questão. E vamos resolvê-los quanto mais democraticamente agirmos, vamos resolvê-los quanto mais paciência tivermos, e vamos resolvê-los quanto mais maduros formos na nossa relação política. E isso só será possível com um grau de confiança muito grande, isso só será possível com políticas consistentes para a integração do nosso continente. *(4/7/06, Caracas – Venezuela. Entrevista coletiva anterior à cerimônia de assinatura do Protocolo de Adesão da Venezuela como Membro-Pleno do Mercosul)*

## Processo(s) penal(is)

[ver: acusação; corrupção; denúncia; punir]

Não poderemos cometer injustiças de punir inocentes ou absolver culpados sem que antes haja um processo de apuração muito rigoroso em todas as denúncias. Isso vale para o mais simples até para o mais importante político, ou mais importante empresário brasileiro. *(25/8/05, Brasília – DF. 13.ª reunião ordinária do Pleno Conselho de Desenvolvimento Econômico e Social – CDES)*

**... têm início com o indiciamento, que não prova que a pessoa é culpada:** Eu acho que o indiciamento é o começo de um processo. O fato de alguém ser indiciado não prova que a pessoa é culpada, nem que a pessoa é inocente, prova que a pessoa tem, agora, que resolver o seu problema no Poder Judiciário. Eu acho que essa é a tramitação normal de um país democrático, ou seja, você tem as instituições que funcionam, o Ministério Público faz a denúncia, a Polícia Federal faz a denúncia e você, então, vai se defender no Poder Judiciário. Esse é um processo normal da democracia brasileira que a gente tem que louvar porque isso foi uma conquista nossa. *(28/4/06,*

*São Paulo – SP. Entrevista por ocasião da visita ao Feirão da Casa Própria)*

**... com o tempo, dizem quem é culpado ou inocente:** Eu, a priori, não digo que ninguém é inocente e, a priori, não digo que ninguém é culpado. Somente o tempo e o processo vão dizer quem é quem. *(23/8/07, Brasília – DF. Entrevista aos jornalistas Tânia Monteiro, Vera Rosa, Rui Nogueira e Ricardo Gandour, de* O Estado de S. Paulo*)*

**... não devem ser apressados, para o bem da democracia:** Por isso é que nós apostamos nesse processo democrático, por isso é que nós achamos que mesmo a sociedade tendo pressa, mesmo a sociedade querendo que seja rápido, querendo que seja amanhã, tem um ritual de todos os poderes que tem que ser cumprido, porque todas as vezes em que se julgou de forma apressada neste país nós vivíamos em regime de arbítrio e pessoas inocentes até foram mortas. Mortas ou em vida, ou mortas politicamente, a experiência brasileira está cheia, e nós não temos o direito de, no século XXI, cometer esses mesmos abusos. Nós temos que ser duros, nós temos que ser rígidos, temos que apurar, mas temos que permitir que as instituições funcionem sem cometer nenhum ato que possa colocar em risco o bom senso daqueles que praticam, nas suas instituições, a prática democrática. *(25/8/5, Brasília – DF. Op. cit.)*

**... precisam ocorrer sem interferências do presidente:** Agora, nós estamos com um processo no Poder Judiciário, que vamos ver se as denúncias são verdadeiras ou não, se têm procedência ou não, porque, por enquanto, você tem o relatório da Câmara dos Deputados, que vai para o Poder Judiciário. E nós vamos ver se a investigação do Poder Judiciário, o julgamento vai... E o Brasil sobreviveu a isso tranquilamente, sem que o presidente da República tivesse uma vírgula de interferência, em qualquer momento, no funcionamento das CPIs [Comissão Parlamentar de Inquérito], e muito menos na imprensa brasileira. Nada funcionou com tanta liberdade neste país como a imprensa brasileira, como as CPIs, porque eu acho que é isso que vai consolidar a democracia. *(7/7/06, Brasília – DF. Entrevista ao jornal* Financial Times*)*

**... não podem ser utilizados com objetivos políticos ou para aumentar a audiência de TV:** Neste país, nós precisamos agir com maior seriedade, porque quando alguém tenta fazer de um processo de investigação, campanha política, ou tenta fazer de um processo de investigação cena para a televisão, essa pessoa não está contribuindo seriamente para a apuração. *(30/8/05, Uberlândia – MG. Inauguração das obras de ampliação e modernização do Aeroporto de Uberlândia)*

**... devem ser escondidos da imprensa antes de sua conclusão:** Nós defendemos a ideia de que quando uma acusação estiver sendo alvo de processo, que esse processo não seja vazado para a imprensa antes do seu final, porque senão nós cometemos o erro de condenar as pessoas, como já aconteceu tantas vezes no Brasil, pessoas que foram condenadas a priori e, depois que foi feita a investigação, essas pessoas eram inocentes. *(28/5/07, Rádio Nacional. Programa de rádio* Café com o Presidente*)*

**... aparecem na TV porque o Governo está investigando:** O Governo mantém uma relação de total autonomia com o Ministério Público, não tem processo engavetado. Agora, qual é o problema do combate à corrupção? É que, quanto mais você combate, mais ela aparece. O povo fica vendo todo dia aparecer denúncia na televisão, mas ele só fica sabendo porque o Governo está investigando. *(3/12/07, Brasília – DF. Entrevista ao jornalista Ricardo Kotscho, publicada na edição 6 [dez/07 – jan/08] da revista* Brasileiros*)*

**... não são concluídos em alguns casos:** Se você [Pedro Bial, jornalista da TV Globo] andar no Brasil em época de eleição, vai perceber que, ao terminarem as eleições, na maioria dos municípios brasileiros, tem denúncia de corrupção contra quem ganhou, contra quem perdeu ou contra alguém. Isso é o que mais tem no Brasil. Alguns processos são apurados e as pessoas são punidas, outros não são apurados ou termina o mandato e não apurou nada porque a Justiça tem dificuldade. *(1/1/06, Brasília – DF. Entrevista ao programa* Fantástico*, da Rede Globo)*

## Professor(es)

**[ver: Educação; educador; educar; ensino]**

Houve um tempo em que ser professora neste país era até motivação para os nossos maiores compositores fazerem músicas. Todo mundo lembra de "A normalista", lembra de "A professorinha". Hoje, ser professor é quase um martírio, porque ganha mal, é maltratado, não tem a sua função reconhecida e não tem um processo de requalificação dos nossos professores. *(13/4/06, Salto – SP. Assinatura de termos de compromisso para transferência de convênios entre instituições de segmento comunitário e o Cefet)*

**... não conseguem identificar os "gênios":** Possivelmente, a gente vá descobrir que nós temos tantos gênios, no Brasil, algumas centenas ou, quem sabe, milhares, como vocês. Na hora em que a gente descobrir a metodologia certa para dar a matéria, é possível que as crianças aprendam. Não é possível que um aluno entre na sala de aula, estude, fique as quatro horas na escola, saia e não tenha ninguém que pergunte: "Você aprendeu o que ensinaram hoje? Como é que foi a tua aula de português, de matemática, de ciência, de biologia, de química?" *(13/9/04, Brasília – DF. Encontro com os alunos vencedores das Olimpíadas de Matemática)*

**... são os culpados quando o aluno não quer ir à escola:** Tem aulas que os alunos adoram; por exemplo, uns preferem matemática, outros preferem português, outros preferem geografia, poucos gostam de física e química. Mas, de qualquer forma, tem aulas que a meninada tem preferência. E possivelmente não seja pela aula, mas pela capacidade que o educador tem de fazer com que eles se sintam à vontade para aprender aquela matéria. E tem outras que as crianças veem como se fosse um castigo. No dia que tem determinada matéria, as crianças falam: "Hoje, não vou para a escola. Aquela professora é chata. Aquele professor é chato." E, muitas vezes, não vão à escola mesmo. *(7/9/03, Brasília – DF. VII Encontro Cívico Nestlé)*

**... são os culpados quando o aluno não aprende:** Se eu sou um professor, entro na sala de aula e dou uma aula hoje, outra amanhã, outra segunda, outra sexta, um mês, um ano, quatro anos, em algum momento eu tenho que perguntar: "Espera aí, será que essa criança está aprendendo o que eu estou ensinando?" Se eu ensino uma vez e a pessoa não aprende, se eu ensino duas vezes e ela não aprende, na terceira, se ela não aprender, sou eu que preciso aprender, não é mais a criança. *(13/3/07, São José dos Campos – SP. Lançamento do programa Espaço e Sociedade)*

**... não representam gasto para o Governo, e sim um investimento:** Não é possível fazer o investimento na Educação se a mediocridade de alguns entende que contratar um professor é fazer gasto, contratar um técnico para trabalhar na escola é fazer gasto. *(24/6/05, Brasília – DF. Reunião com diretores da Rede Federal de Educação Profissional e Tecnológica)*

**... terão de esperar por outro Governo, porque o de Lula já fez muito, mas ainda é pouco:** Eu espero que a partir de 2010, quando vier outro presidente, ele pegue a casa muito mais arrumada do que eu peguei, e ele possa fazer muito mais do que eu fiz, porque nós temos pelo menos trinta anos de dívida social com o povo brasileiro. Trinta anos, que envolve todo mundo: professor é malremunerado neste país, policial é malremunerado neste país, está cheio de gente malremunerada neste país. Poucos ganham muito e muitos ganham pouco e não é uma coisa que você mude por decreto, é uma coisa que você só pode mudar... Isso é como a vida da gente, a gente só pode fazer uma coisa quando a gente tem dinheiro para fazer; se fizer uma prestação por uma coisa que o nosso salário não pode pagar, a gente vai quebrar a estrutura sadia da nossa família. *(8/3/08, Rio de Janeiro – RJ. Lançamento do projeto Bolsa Formação, para policiais)*

## Programa(s) de Governo

Quero iniciar dizendo para vocês que, certamente, iremos cumprir cada compromisso feito durante a campanha, porque quando começamos a campanha tomamos a decisão de fazer um programa mais modesto, mas que fosse possível de ser realizado. *(8/5/03, Brasília – DF. Associação Brasileira de Atacadistas e Distribuidores de Produtos Industrializados – Abad)*

**... não são sólidos, como os projetos de nação:** Como nós não estamos pensando em fazer um programa para um Governo ou um programa para uma eleição, mas estamos tentando construir as bases sólidas para uma nação, nós não temos pressa de demorar um mês ou dois meses a mais, de recebermos mais ou menos críticas, queremos fazer as coisas com a solidez que uma nação precisa ter para que possa crescer de forma sustentável e gerar riquezas. Fazer a coisa com seriedade leva mais tempo, fazer a coisa com responsabilidade leva ainda muito mais tempo, mas eu prefiro isso porque todos nós aqui somos passageiros e, o Brasil, eu espero que seja eterno, e que nunca aconteça nada com o planeta. Por isso é que muitas vezes as coisas demoram e não saem com a pressa que todos nós gostaríamos que saíssem. *(11/3/04, Brasília – DF. Conselho Nacional de Desenvolvimento Econômico e Social)*

**... não podem ser confundidos com pauta de reivindicação:** Em 1989 o PT tinha só nove anos de existência. Eu me considerava mais sindicalista do que um político, então eu era muito mais de fazer pauta de reivindicação do que programa de Governo. Eu acho que se eu tivesse ganho em 89, a gente poderia ter governado com uma radicalidade tão grande que poderia não ser benéfico ao país. *(23/4/08, Brasília – DF. Comemoração do 35.º aniversário da Empresa Brasileira de Pesquisa Agropecuária – Embrapa)*

**... têm de ser cumpridos:** Nós também temos consciência de que, para o Brasil crescer e se desenvolver, a Educação é peça fundamental, até porque não tem, na história da humanidade, nenhum país que conseguiu crescer e se desenvolver sem antes ter consolidado a sua base, que é a formação intelectual e profissional da sua gente. Isso nós sabemos porque não é um compromisso de campanha, é um compromisso histórico que vocês trazem da vida de vocês e que ficou consubstanciado em um programa de Governo que eu faço questão de, de vez em quando, reler e que, na primeira reunião dos ministérios, pedi que cada um utilizasse o programa de Governo como se fosse um livro de cabeceira, para que sempre soubéssemos o que prometemos, para que nunca nos esquecêssemos que o nosso objetivo era cumprir aquilo que nós escrevemos no programa. *(5/8/03, Brasília – DF. Encontro com lideranças políticas)*

**... podem demorar para começar a funcionar:** Então, eu acho que quando a gente lança um programa, muitas vezes ele demora a acontecer porque tem um processo de maturação. *(22/11/05, Luziânia – GO. Abertura do I Congresso Nacional de Agricultura Familiar – Fetraf)*

**... podem unir adversários políticos:** Porque é verdade que o governador, muitas vezes, fala mal do presidente, o prefeito fala mal do governador e o munícipe fala mal do prefeito. E, obviamente, todo mundo termina falando mal do presidente da República. O presidente da República, como não ouve todo mundo falar mal, porque estamos distantes um do outro, ou seja, o presidente da República não pode reclamar para o papa, que já me disse que não está a fim de ouvir as minhas queixas, eu converso com Deus, mas vocês também conversam, e vocês acreditam que ele está favorável a vocês, eu acredito que ele está favorável a mim, então, o jogo termina empatado. Nós resolvemos o seguinte: para acabar com isso, vamos juntar todo mundo e fazer um programa em que todos tenham responsabilidade perante o povo. *(31/7/07, Campo Grande – MS. Lançamento do PAC Saneamento e Urbanização no estado do Mato Grosso do Sul)*

**... quando dão certo, têm muitos pais:** Eu já aprendi também, em três anos de Governo, aliás eu já tinha aprendido na vida: você vê uma criança feia na rua, ninguém quer ser pai; se é bonitinha, tem quinhentos pais. Programa de Governo, quando dá certo, todo mundo é o criador, quando dá errado, ninguém assume a responsabilidade. Eu, na minha vida, criei cinco filhos sem negar a responsabilidade em nenhum momento e, como presidente da República, aquilo que a gente fizer de bom a gente assume, e aquilo que a gente não fizer a gente tem que ter coragem de assumir também. *(15/3/06, Itabaiana – SE. Implantação do projeto de expansão das universidades federais no estado de Sergipe)*

**... têm dois pré-requisitos:** Assim também acontece com quem governa, assim também acontece com um prefeito, com um governador, com um presidente da República: você é eleito para cumprir um programa e esse programa é feito em dois momentos. Primeiro, na medida em que se tenha tempo de executar esse programa; segundo, na medida em que se tenha os recursos necessários para fazer aquilo que é preciso fazer. *(12/7/04, Brasília – DF. I Encontro Nacional da Agricultura Familiar)*

**... podem ser implementados em oitos anos:** Oito anos na Presidência de um país é tempo suficiente para a gente executar um programa de Governo. *(11/4/08, Haia – Holanda. Entrevista coletiva a jornalistas brasileiros)*

**... de Lula estão todos frescos na memória dele:** Tenho na minha cabeça cada discurso que fiz na vida, cada compromisso que eu assumi em praça pública, programas de Governo. Tenho também na minha cabeça a noção de que, se falhar, terá falhado um pedaço da história do Brasil e, possivelmente, passarão muitos anos para que a gente possa reconstruir a esperança que brotou no nosso país. *(1/5/03, São Bernardo do Campo – SP. Missa dos trabalhadores: "A esperança é fruto de nossa resistência")*

**... deveriam ser substituídos por um conjunto de projetos a serem seguidos obrigatoriamente por Governos sucessivos:** Outro dia eu fui ao Ceará e eu disse que, quem sabe um dia, no Brasil, não sei se no Brasil, um candidato não precise ter programa de Governo. Ele pode até ter um programa dele, alguma coisinha que ele quer fazer, mas o Brasil deveria definir quais são as coisas que são consideradas essenciais para os próximos quinze ou vinte anos e transformar aquilo quase numa obrigatoriedade que cada Governo que entrasse teria que... pode fazer o que ele quiser, mas aquelas obras ele tem que fazer, porque quando terminar aquela nós vamos poder pensar mais 20 ou 30 obras importantes. *(1/11/05, Brasília – DF. Declaração à imprensa por ocasião da visita do primeiro-ministro da Jamaica, Percival Patterson)*

# Proibir

É extremamente significativo a gente dizer, Marina [Silva, ministra do Meio Ambiente], que você está provando que é possível, ao invés de proibir, a gente continuar ensinando como fazer as coisas corretas neste país. *(26/10/06, Brasília – DF. Apresentação da redução do índice de desmatamento da Amazônia)*

**... não serve para certos ambientes:** Noutro dia – eu não sei se está aqui o companheiro Paulinho, da Força Sindical – ele me falava da questão de jogos aqui no Brasil, sei lá se bingo, se cassino... Eu falei: "Vamos falar com o Paulinho. Proponham um grupo de trabalho e apresentem uma proposta para o Conselho debater. Aqui não tem tema proibido. Aliás, o lema deste Conselho é 'é proibido proibir'. Aqui se discute tudo, encaminha-se aquilo que for importante levar para a frente, e aquilo que não for fica para a História." *(1/4/08, Brasília – DF. 25.º Pleno Conselho de Desenvolvimento Econômico e Social – CDES)*

**... nem sempre é a melhor estratégia:** Se nós quisermos diminuir a Economia informal e se nós quisermos que muitos pequenos empresários deixem de ser clandestinos, já está provado que não basta uma lei proibindo, é como proibir pisar na grama, e todo mundo pisa. Nós não queremos criar facilidades, mas, ao invés de criar dificuldade, queremos criar um processo que faça justiça a uma pessoa que queira abrir uma pequena empresa, e que ele possa, com maior facilidade, abrir essa empresa e, se não der certo, com a maior facilidade, fechar essa empresa. *(23/9/04, Brasília – DF. Entrevista coletiva a 13 emissoras de rádio)*

# Propina

[ver: corrupção; corrupto]

Eu confesso a vocês que alguns companheiros meus que vieram para cá, na área de imprensa, não vou dizer das outras áreas, não; mas é muito difícil. Eu não sei se vocês sabem, mas você conseguir trazer um jornalista que habitualmente ganhava num jornal vinte ou trinta mil reais, para vir ganhar sete mil reais bruto, sem nenhuma propina e sem nenhum contrato terceirizado, não é fácil. Você não tem muita gente carimbada, no Brasil, disposta a fazer esse sacrifício, a não ser por idealismo. *(26/11/04, Brasília – DF. Despedida do secretário de imprensa, Ricardo Kotscho)*

## PSDB (Partido da Social Democracia Brasileira)

**[ver: oposição; PFL; PT]**

O PSDB não precisa deixar de ser oposição ao Governo, afinal de contas todo partido pode fazer as críticas que quiser, é um direito de exercer o seu papel de partido de oposição. Agora, não pode haver confusão quando se trata de um projeto importante, de interesse do país. Aí não estarão me prejudicando, estarão prejudicando pessoas que não estão nem próximas da Presidência da República. *(15/5/07, Brasília – DF. Entrevista coletiva a jornalistas brasileiros e estrangeiros)*

**... tem uma relação histórica com Lula; se radicalizam agora, a culpa não é de Lula:** Eu sempre tive uma boa relação com o PSDB. Eu não gosto de voltar à História, mas é importante lembrar que, em 1994, se não fosse o Plano Real, o PSDB teria indicado o vice na minha chapa, e não foram poucas as reuniões que nós fizemos para que isso acontecesse. Depois, veio o Plano Real, ele foi uma novidade importante para o país, e aí o PSDB teve candidato e ganhou as eleições de mim. Eu mantenho relações muito boas com muita gente do PSDB, com o Serra [José Serra, governador de São Paulo], com o Aécio [Neves, governador de Minas Gerais], com o Tasso Jereissati [senador pelo PSDB do Ceará] e com outros membros do PSDB. Ora, se em algum momento eles radicalizaram e criaram mais transtorno do que deveriam criar, é um problema de avaliação deles. Nós disputamos as eleições e eles detectaram que o povo não estava combinado com aquilo que eles tentaram fazer com o Governo. Isso não impediu, em nenhum momento, que eu tivesse disposição para conversar com o PSDB, e vou continuar conversando. *(15/5/07, Brasília – DF. Op. cit.)*

**... deve ser um adversário de Lula, não um inimigo:** Eu quero respeitar o direito do PSDB ser oposição, quero respeitar o direito deles fazerem as críticas que tiverem que fazer, mas também quero que eles respeitem a vontade que eu tenho de tê-los como adversários e não como inimigos. *(15/5/07, Brasília – DF. Op. cit.)*

**... pode se aliar ao PT em torno de assuntos importantes:** Na política, você trabalha em função dos momentos, das necessidades políticas, das circunstâncias. Nada impede que, em algum momento, o PT e o PSDB possam estar juntos em função de um assunto importante para o Brasil. Eu, por exemplo, gostaria que o PSDB estivesse junto comigo na questão da reforma política. *(27/9/07, São Paulo – SP. Entrevista à Record News)*

**... tem senadores que já atuaram de forma civilizada em relação ao Governo Lula:** É importante lembrar que o meu partido só tem 14 senadores e o Senado tem 81. Para eu aprovar qualquer coisa, eu preciso ter, no mínimo, 41 senadores. E estão lá os nossos amigos do PSDB, que em um primeiro momento trabalharam de forma, eu diria, civilizada. *(28/3/08, Delmiro Gouveia – AL. Assinatura de protocolos de cooperação federativa e de instalação do Comitê Estadual de Articulação do programa Territórios da Cidadania)*

**... no Senado, radicalizou contra Lula:** Eu sempre achei que PT e PSDB pudessem ter muitas convergências e que as coisas não fossem ser radicalizadas do jeito que ficaram radicalizadas. Sempre achei. Quando o PSDB ganhou as eleições, houve uma tentativa de aproximação com a esquerda, havia até quem dissesse que o Fernando Henrique Cardoso [presidente do Brasil entre 1995 e 2003] tinha cooptado o José Genoíno [presidente do PT], cooptado outras pessoas de esquerda, isso não aconteceu. Só para você ter ideia, eu fui chamado para conversar com o Fernando Henrique Cardoso em 1998, depois das eleições. Não havia diálogo. E agora também não há, porque o PSDB virou o principal adversário nosso. É importante lembrar que, entre 94 e 98, o PT trabalhou, nas duas eleições, o PT disputou com o Mário Covas [ex-governador de São Paulo, já falecido] e depois o PT teve a responsabilidade de contribuir para a eleição do Mário Covas. Então, há dentro do PSDB e dentro do PT um espectro de conversações muito amplo. Radicalizou muito nos últimos três anos com algumas pessoas, não com todas. Por exemplo, a minha convivência com os governadores do PSDB é a melhor possível, seja com o Serra [José Serra, governador de São Paulo], seja com o Aécio, com o Cássio Cunha Lima, [governador da Paraíba] com a Yeda [Crusius, governadora do Rio Grande do Sul] com o Téo Vilela [governador de Alagoas], é a melhor possível. Onde é que está o problema? No Senado. *(24/4/08, Brasília – DF. Entrevista exclusiva aos* Diários Associados*)*

**... e PT: antes de surgirem, seus atuais integrantes conviviam bem:** Quando nós nos dispusemos a conversar com a oposição, e sobretudo com o PSDB, nós demos um sinal de que achamos o PSDB um partido que pode ter uma relação diferenciada do [inaudível]. Isso fica muito claro até porque tivemos uma relação histórica com o PSDB quando ninguém era PSDB, quando ninguém era PT, todo mundo era amigo. Então, nós tentamos estabelecer essa relação. *(10/11/07, Santiago – Chile. Entrevista após sessão plenária da Conferência dos Chefes de Estado e de Governo Íbero-Americanos)*

**... junto com o DEM, forma a maior oposição ao Governo:** Vocês imaginem, pelo fato de nós termos no Senado e na Câmara os democratas sendo a maior oposição ao Governo, junto com o PSDB, poder-se-ia pensar: "O Lula não vai a nada com o Arruda [José Roberto Arruda, governador de Brasília]." Entretanto, quando eu olho para Brasília, eu não vejo nem os democratas, nem os tucanos, nem o PT, nem o PMDB. Eu vejo o povo de Brasília, que precisa ser tratado com respeito. *(16/4/08, Brasília – DF. Entrevista coletiva após almoço oferecido à presidente da Índia, Pratibha Patil)*

**... fala mal do presidente da República, mas nenhuma cidade administrada pelo partido será discriminada:** Se naquela cidade tiver gente vivendo com uma quantia mensal abaixo da linha da pobreza, ele pode ser um prefeito do PFL, do PSDB, pode passar o dia inteiro falando mal do presidente da República, mas os pobres na sua cidade serão tratados igual aos da cidade de Belo Horizonte, ou igual aos da cidade de Contagem. *(28/6/06, Ouro Branco – MG. Anúncio de investimentos da Gerdau Açominas)*

**... poderia ser tratado a pão e água por Lula, o que não acontece:** O Téo Vilela é governador de Alagoas, do PSDB. Portanto, eu poderia deixar Alagoas a pão e água. Entretanto, ele é tratado como você é tratado, como é tratado um governador do PT, porque eu não estou tratando o governador de Alagoas, eu estou tratando o povo de Alagoas que precisa de água, que precisa de esgoto, que precisa de tudo. *(19/2/08, Vitória – ES. Assinatura da ordem de início das obras de adequação do Contorno de Vitória e das obras de esgotamento sanitário no bairro de Santo Antônio)*

**... recebe ajuda do Poder Judiciário em sua oposição ao Governo:** Jackson Barreto [deputado federal pelo PMDB de Sergipe], você tem a obrigação de fazer um discurso na tribuna da Câmara, perguntando, a quem falou essa sandice [que o programa Territórios da Cidadania tem cunho eleitoral], se ele quer ser ministro da Suprema Corte [Supremo Tribunal Federal] ou se quer ser político. Se ele quiser ser político, renuncie lá e se candidate a um cargo para falar as bobagens que quiser, na hora em que quiser, mas não fique se metendo na política do Poder Executivo. Eu sou um homem de muita paciência, eu tenho evitado comentar qualquer coisa. Mas hoje eu fui lançar o Territórios da Cidadania e vi o que significa para as mulheres e para os homens pobres deste país, eu vi o que significa para as pessoas que têm esperanças de melhorar. De repente, alguém fala [refere-se a um ministro do STF]: "Olha, se entrarem na Justiça, eu vou analisar." Na verdade, ele deu a senha para o PFL e para o PSDB. Foi uma senha. Então, meus companheiros deputados e senadores, eu acho que vocês têm um papel a cumprir – mais do que apoiar o meu Governo e mais do que votar contra os que votam contra –, de fazer valer o Poder Legislativo brasileiro, que faz as leis. O Poder Judiciário interpreta as leis, não faz leis. Então, é preciso que a gente reordene as instituições brasileiras para que elas funcionem cada vez mais democráticas e cada vez mais harmoniosas. *(28/2/08, Aracaju – SE. Inauguração do Viaduto Jornalista Carvalho Déda e assinatura de ordens de início de obras da revitalização do rio São Francisco e de saneamento e habitação – PAC)*

**... atua em CPIs com o objetivo de derrotar o Governo nas eleições:** A CPI [Comissão Parlamentar de Inquérito] é um instrumento de oposição e nós tentamos utilizá-lo, muitas vezes, quando éramos oposição. O que nós entendemos é que a CPI dos Correios poderia ser adiada por mais um mês, até dezembro, até sei lá. Ora, quando se pede o adiamento até abril, no nosso entendimento tem um componente político muito forte, já dito pelos nossos adversários. O que disseram os nossos adversários do PFL e do PSDB? Que eles querem fazer o Governo sangrar até as eleições. Então, o adiamento é visto por nós como a tentativa de se arrastar 2006 discutindo CPI, quando o próprio presidente acha que mais um mês poderia resolver o problema de ter os relatórios prontos. *(18/11/05, Brasília – DF. Entrevista coletiva a emissoras de rádio de AM, PE, MG, PA, BA, RS, CE e GO)*

**... tem perspectiva de poder:** O PSDB tem perspectiva de poder, governou o país até outro dia. *(28/11/07, Brasília – DF. Entrevista à RedeTV!)*

## PT (Partido dos Trabalhadores)

[ver: companheiro; corrupção; PFL; PSDB]

Para resumir em poucas palavras, eu diria que o lema do Partido dos Trabalhadores sempre foi democracia e desenvolvimento econômico com distribuição de renda e inclusão social. O socialismo para o PT sempre foi uma ideia reguladora, de se buscar a justiça social, e não um "modo de produção". Foi a ideia de transformar o Brasil, dentro da democracia, que norteou a fundação do PT. Tenho para mim que o comportamento político do partido sempre foi pragmático e orientado para as reformas estruturais de que o país precisa. Quando me perguntavam se o PT ia ser tático ou estratégico, eu respondia: "Eu só quero fundar um partido." *(11/2/05, Brasília – DF. Entrevista ao jornal* O Globo*)*

**... não tinha como objetivo inicial chegar à Presidência:** A ideia de transformar o Brasil é que motivou a fundação do Partido dos Trabalhadores. Portanto, o projeto de se alcançar a Presidência da República não foi um ponto de partida do PT, mas de chegada. *(9/2/05, Brasília – DF. Entrevista ao jornal* A Notícia*)*

**... sofreu muita resistência no início:** Imaginem vocês a dificuldade que tivemos quando nós imaginamos criar o PT. Porque até então eu era unanimidade no movimento sindical brasileiro. Eu era convidado por todos os partidos políticos para fazer palestras. Quando eu inventei de criar o PT, os convites começaram a diminuir. Na verdade, as pessoas não queriam lutar por liberdade de organização partidária, porque as pessoas não queriam que nós existíssemos. Naquele momento, falar que os trabalhadores iriam criar um partido era quase uma violência. Ninguém entendia isso porque não tinha hábito, não tinha cultura; o trabalhador, até então, era coadjuvante, era assistente; no máximo, ia a um comício, bater palmas para quem estivesse falando. Então, aparece um grupo de malucos no ABC e diz: "Vamos criar um partido dos trabalhadores." E a gente nem falava "Partido dos Trabalhadores", porque nós aprendemos a comer o "s", como eu nunca vi na vida. A gente falava "Partido dos Trabalhador", que era mais charmoso, mais forte, mais gostoso. *(26/6/03, São Bernardo do Campo – SP. Abertura do 4.º Congresso de Metalúrgicos do ABC)*

**... não foi previsto por nenhum sociólogo ou cientista político:** Em 1979, estávamos lutando neste país pela reconquista das liberdades políticas e eu inventei de criar um partido. Aí, aqueles que queriam liberdades políticas começaram a ficar contra, porque na liberdade política deles não se pressupunha a criação de um partido político. E havia quem dissesse para mim: "Olhe, no Brasil não cabe um partido como o PT. Esse negócio de dizer que Partido de Trabalhadores pode ser criado, que metalúrgico vai dirigir partido, isso é coisa do passado. Não há, na sociologia brasileira ou mundial, exemplo disso." Pois bem, nós fomos teimosos e criamos um partido, que hoje é o partido mais importante da esquerda em toda a América Latina. *(24/1/03, Porto Alegre – RS. III Fórum Social Mundial)*

**... foi concebido em Brasília, numa visita ao Congresso Nacional:** Em 1978, o presidente Geisel [Ernesto Geisel, presidente entre 1974 e 1979] mandou ao Congresso Nacional uma lei que criava as chamadas categorias essenciais, que não podiam fazer greve; envolvia bancários, frentistas de posto de gasolina e outras categorias. Eu me lembro que, na época, nós tentamos fazer um movimento para vir a Brasília, e o ministro Arnaldo da Costa Prieto [ministro do Trabalho no Governo Geisel] foi à televisão fazer um pronunciamento em cadeia nacional dizendo que era proibido que os dirigentes sindicais viessem a Brasília. E colocava restrições que, certamente, o presidente da República tinha discutido. E eu me lembro, meu caro Prieto – hoje eu posso chamá-lo assim –, que para eu vir a Brasília tive que fazer uma carta de licença do sindicato, porque, se alguém tentasse fazer uma intervenção no sindicato, eu estaria de licença da Presidência do mesmo, e não poderia sofrer uma intervenção. Viemos a Brasília conversar com os deputados para que não aprovassem aquela lei. Bendita hora em que eu vim a Brasília, porque foi na visita que eu fiz, de gabinete em gabinete – eu e meia dúzia de dirigentes sindicais –, que eu descobri a necessidade de criar um partido, porque sentia que nós não tínhamos representantes aqui no Congresso Nacional. E a partir daquele instante surgiu a ideia de criar o Partido dos Trabalhadores. *(29/7/03, Brasília – DF. Lançamento do Fórum Nacional do Trabalho)*

**... como Cristo, fez um milagre:** Por que Getúlio [Vargas, presidente do Brasil entre 1930 e 1945, e entre 1951 e 1954] não conseguiu criar um partido – mesmo sendo presidente da República – com a força do PT? Por que, por exemplo, apenas como fato histórico, o Brizola [Leonel Brizola, ex-governador do Rio Grande do Sul e do Rio de Janeiro, fundador do PDT, e hoje já falecido] não conseguiu criar um partido nos moldes do PT? Por que nenhum outro conseguiu e nós conseguimos? Porque nós conseguimos o milagre da multiplicação dos seres humanos. Cristo multiplicou os pães e nós multiplicamos os seres humanos. Foi a junção mais perfeita que Deus permitiu nascer na organização política: era o que havia de melhor no movimento sindical, o que havia de melhor no movimento social e o que havia de melhor no trabalho de base que a Igreja Católica fez neste país. *(1/5/03, Indaiatuba – SP. Visita ao Retiro de Itaici – CNBB)*

**... é um partido com muitas tendências, e isso o torna equilibrado:** Essa diversidade no PT é que permite que a gente nem vá para a ultraesquerda, nem vá para a direita. Que você fique numa posição intermediária daquilo que é a política possível de ser colocada em prática, daquilo que é possível estar de acordo com a realidade. Isso é um ponto de equilíbrio importante. Eu não me preocupo que tenha gente mais à esquerda, gente mais à direita, mais ao centro. O que me preocupa é a combinação dessa disputa toda, no resultado final. Para você fazer um produto, um remédio de qualidade, você coloca lá dentro vários produtos químicos diferenciados, e a soma deles é que dá um resultado que pode curar uma doença. Essa soma da diversidade petista é que dá ao PT essa característica boa. *(23/8/07, Brasília – DF. Entrevista aos jornalistas Tânia Monteiro, Vera Rosa, Rui Nogueira e Ricardo Gandour do jornal* O Estado de S. Paulo*)*

**... mudou, mas não muito:** Olhando de um horizonte mais longo, creio que o Partido dos Trabalhadores amadureceu, e suas posições evoluíram em relação a dez anos atrás. Com o exercício do poder, aprendemos a valorizar a estabilidade e compreender sua importância para o crescimento. Mas não perdemos, em momento nenhum, nosso compromisso básico com a melhoria da distribuição de renda. *(5/10/07, sem local. Entrevista exclusiva ao jornal* Emerging Markets *– EUA)*

**... teve de sofrer transformações após a conquista do poder porque a sociedade é mais complexa que ele:** Tinha gente que entendia que o PT, chegando ao Governo, deveria ter o mesmo discurso que tinha antes de ser Governo. Era humanamente impossível, porque a realidade política, quando se ganha um país da dimensão do Brasil, e quando se descobre que a sociedade é mais heterogênea do que um partido político, tem mais segmentos da sociedade representados do que as correntes dentro de cada partido político. Ou nós compreendemos isso e nos articulamos para sair da fase do "eu acho" para entrar na fase do "eu faço" e fazemos, ou nós não governamos uma cidade, não governamos um estado e muito mais um país do tamanho do Brasil. *(23/1/04, Brasília – DF. Anúncio da reforma ministerial)*

**... começou a fazer o que criticava e perdeu credibilidade:** Há uma história neste país, e o PT não poderia ter entrado nela porque o PT nasceu para combater isso, e quem fez isso praticou um erro abominável contra a história do PT que, agora, vai amargar muitos anos para recuperar a sua história política, a sua credibilidade, e eu estarei do lado do PT tentando contribuir para que isso aconteça, estarei do lado do PT. *(7/12/05, Brasília – DF. Posse da nova Executiva Nacional do PSB)*

**... não tem medo de punir os seus membros:** Você sabe que o PT não tem medo de punir companheiros. Você se lembra que quando a gente tinha apenas oito deputados, nós afastamos cinco, por ocasião do Colégio Eleitoral. *(7/11/05, Brasília – DF. Entrevista ao programa* Roda Viva*)*

**... traiu o presidente:** Ajudei a criar esse partido e, vocês sabem, perdi três eleições presidenciais e ganhei a quarta, mantendo-me sempre fiel a esses ideais, tão fiel quanto sou hoje. Quero dizer a vocês, com toda a franqueza, eu me sinto traído. Traído por práticas inaceitáveis das quais nunca tive conhecimento. Estou indignado pelas revelações que aparecem a cada dia, e que chocam o país. O PT foi criado justamente para fortalecer a ética na política e lutar ao lado do povo pobre e das camadas médias do nosso país. Eu não mudei e, tenho certeza, a mesma indignação que sinto é compartilhada pela grande maioria de todos aqueles que nos acompanharam nessa trajetória. *(12/8/05, Brasília – DF. Abertura da reunião ministerial, na Granja do Torto)*

**... foi objeto de investigação do Governo Lula:** Se estivesse ao meu alcance, já teria identificado e punido exemplarmente os responsáveis por esta situação. Por ser o primeiro mandatário da nação, tenho o dever de zelar pelo estado de direito. O Brasil tem instituições democráticas sólidas. O Congresso está cumprindo com a sua parte, o Judiciário está cumprindo com a parte dele. Meu Governo com as ações da Polícia Federal estão investigando a fundo todas as denúncias. Determinei, desde o início, que ninguém fosse poupado, pertença ao meu partido ou não, seja aliado ou da oposição. Grande parte do que foi descoberto até agora veio das investigações da Polícia Federal. *(12/8/05, Brasília – DF. Op. cit.)*

**... deve pedir desculpas:** Eu não tenho nenhuma vergonha de dizer ao povo brasileiro que nós temos que pedir desculpas. O PT tem que pedir desculpas. O Governo, onde errou, tem que pedir desculpas, porque o povo brasileiro, que tem esperança, que acredita no Brasil e que sonha com um Brasil com Economia forte, com crescimento econômico e distribuição de renda, não pode, em momento algum, estar satisfeito com a situação que o nosso país está vivendo. Quero dizer a vocês: "Não percam a esperança." Eu sei que vocês estão indignados, e eu, certamente, estou tão ou mais indignado do que qualquer brasileiro. E nós iremos conseguir fazer com que o Brasil consiga continuar andando para frente, marchando para o desenvolvimento, para o crescimento da riqueza e para a distribuição de renda. E eu tenho certeza que posso contar com o povo brasileiro. *(12/8/05, Brasília – DF. Op. cit.)*

**... quando erra, é sinal de juventude:** É verdade que o PT passa por momentos críticos, mas é verdade que a prévia do PT demonstrou que o PT tem muito vigor, porque, quando todo mundo imaginava que o PT estava morto, compareceram 320 mil filiados para escolher a nova direção do partido, em uma demonstração de vigor que poucas vezes foi dada na história política do Brasil. E é muito importante que aconteçam essas coisas com o PT enquanto o PT é novo. O PT só tem 25 anos de vida e, nessa idade, você sabe que entre 18 e 25 anos nós cometemos muitos erros para que a gente amadureça quando estiver com trinta anos, ou seja, isso vai servir de aprendizado para nós. Aqueles que cometeram erros pagarão, e já estão pagando o preço, mas o PT é muito grande, o PT está espraiado por este território nacional como nunca um partido esteve, nos mais diferentes e nos mais longínquos lugares em que você for, você vai encontrar alguém com a bandeira do PT. *(18/11/05, Brasília – DF. Entrevista coletiva a emissoras de rádio de AM, PE, MG, PA, BA, RS, CE e GO)*

**... deve ser defendido como instituição:** Eu defendo o PT, porque o PT é infinitamente maior do que as pessoas. Eu conheço o PT, fundei o PT, o PT está no meu sangue. Se alguns companheiros do PT cometeram erros, o partido não pode pagar o preço por isso. Aliás, nenhuma instituição merece ser julgada por erro de um membro daquela instituição. Você não pode nunca, porque a água está suja, jogar o bebê junto. *(20/9/07, Brasília – DF. Entrevista ao jornal* The New York Times*)*

**... precisa voltar a ser um partido exemplar:** Eu acho que o PT precisa voltar a ser exemplo de boas práticas políticas, sobretudo se nós quisermos convencer a juventude brasileira a fazer política, porque se não, do jeito que está aí, se pudesse ter candidatura fora de partido político, nas eleições que vêm nós iríamos ter um grande "banzé" na eleição. Acontece que, pela legislação, as pessoas têm que estar abrigadas dentro de um partido político, mas é importante que a gente pense de forma muito séria em uma reestruturação partidária no Brasil. *(7/11/05, Brasília – DF. Entrevista ao programa* Roda Viva*)*

**... não merecia passar pelo que passou; e, se Lula tiver sido injusto, pedirá desculpas:** Eu acho que o PT não merecia passar pelo que passou. Agora, isso faz parte da história contemporânea do país, não faz parte do passado. O tempo vai se encarregar de dizer se eu estou certo de estar frustrado ou não, se as pessoas cometeram erros ou não. Eu só quero dizer para vocês uma coisa: eu tenho humildade para pedir desculpas se algum companheiro que eu prejudiquei for inocente. Humildemente eu pediria desculpas. Eu quero ver se todos que acusaram com leviandade terão coragem de pedir desculpas. Eu pedirei desculpas se eu tiver cometido alguma injustiça. *(23/8/07, Brasília – DF. Op. cit.)*

**... não cometeu erros; quem errou foi uma minoria ínfima:** O PT é um partido muito grande, com quase um milhão de filiados, um partido espalhado. Se três, quatro, meia dúzia, dez, quinze ou vinte pessoas de uma organização política cometem erros, não significa que o partido todo está cometendo o mesmo erro. *(1/1/06, Brasília – DF. Entrevista ao programa* Fantástico, *da Rede Globo)*

**... pertence ao Brasil, e não o contrário:** O Brasil não é do PT, o PT é que é um partido do Brasil. *(4/4/03, Barcarena – PA. Inauguração da terceira linha da cadeia de produção da Alunorte, refinaria de alumina da Vale)*

## Punir

[ver: corrupção; denúncia; investigar; processo penal]

Nós vamos precisar, também, ter muito mais consciência para entender que, embora nós todos – e estou vendo a cara de vocês, todo mundo com a cara boa – acreditemos que todo mundo é bom até provarem o contrário, e vamos continuar pensando assim, na hora em que a gente perceber que tem gente no nosso meio que está fazendo erros, que está cometendo uma política incorreta, nós temos que punir essa pessoa. *(26/10/04, Brasília – DF. 5.ª reunião do Consea – Gestão 2004-2005)*

**... é algo que tem acontecido como nunca no Brasil:** Ao governar um país do tamanho do Brasil, com a máquina poderosa que tem, você pode cometer um ou outro erro. E, na medida em que você detecta esse erro, tem que tomar as providências para apurar e punir aqueles que puderam... ou aqueles que cometeram o erro. E isso nós fizemos como jamais foi feito na história do Brasil. *(1/1/06, Brasília – DF. Entrevista ao programa* Fantástico, *da Rede Globo)*

**... não é algo que se faz de forma precipitada, para não atingir inocentes:** Agora, o que precisamos é ter consciência de que nós temos que esperar as pessoas serem julgadas, processadas, para que a gente não cometa nenhum abuso de autoridade e vá punindo de forma desordenada para punir inocentes neste país, porque a História também está cheia de exemplos. *(17/8/05, Vitória da Conquista – BA. Inauguração da eletrificação do Assentamento Amaralina e comemoração ao atendimento de 1.300.000 pessoas pelo programa Luz para Todos)*

**... nem sempre é a melhor estratégia:** Eu acho absurdo quando eu vejo na televisão alguém querer discutir a diminuição da maioridade penal, achando que é o seguinte: hoje nós punimos com 18, vamos baixar para 17, para 16, para 15, para 14, para 10, para 9. Daqui a pouco, vão punir a ideia de ter um filho. E ninguém pensa como discutir a punição daqueles que, durante séculos, foram responsáveis por essa geração que está deserdada. Além dessa geração deserdada, nós temos a escola, no ensino fundamental, que todas as pesquisas que temos feito demonstram que ela precisa ser aprimorada. *(13/3/07, São José dos Campos – SP. Lançamento do programa Espaço e Sociedade)*

**... às vezes, não resolve o problema:** Em outro momento, a gente não pode entrar em desespero e achar que tomando uma atitude drástica para punir alguém está resolvendo o problema. Eu acho que todos aqueles que cometerem erros têm que ser punidos, sobretudo aqueles que cometem crimes bárbaros, mas o Estado brasileiro precisa pensar que faz 26 anos que essa juventude não vê a Economia brasileira crescer, não vê gerar emprego, portanto é uma geração que nasceu, cresceu e virou adulta frustrada com o país, e nós precisamos, agora, recuperar a esperança para essa gente. *(28/2/07, Ipojuca – PE. Entrevista após cerimônia de lançamento da pedra fundamental do Polo Petroquímico de Suape)*

## Qualidade

[ver: bravata; qualificação]

Todos vocês já aprenderam que, quando a gente é oposição, quando a gente não está no poder, a gente acha que é possível oferecer tudo de boa qualidade e de graça. E, quando a gente ganha, a gente percebe que a única possibilidade que a gente tem de oferecer coisas de qualidade é você ter dinheiro para bancar ou você tem que cobrar. Não tem milagre. *(19/5/08, Brasília – DF. Encontro com prefeitos de municípios com menor Índice de Desenvolvimento da Educação Básica – Ideb)*

**... na vida é melhor do que quantidade:** A gente não mede a nossa passagem pela Terra pela quantidade de anos que vive, apenas, mas pela qualidade dos prazeres que a gente teve enquanto viveu. Isso eu acho que ninguém pode esquecer. *(1/10/03, Brasília – DF. Comemoração ao Dia Internacional do Idoso)*

**... é o objetivo da reforma agrária do atual Governo:** Quando eu tomei posse disse ao companheiro Miguel Rossetto [ministro do Desenvolvimento Agrário]: "Companheiro Miguel Rossetto, nós não temos que medir a reforma agrária apenas pela quantidade de gente que nós colocaremos no campo." Porque nós já vimos, na história do Brasil, gente ficar discutindo que colocou duzentos, trezentos, quatrocentos, quinhentos, mas nunca se discutiu a qualidade dos assentamentos, a qualidade da moradia, as condições de vida das pessoas, a qualidade da educação, se no assentamento tinha posto de saúde, se tinha escola, se tinha agroindústria, se tinha cooperativa. *(20/12/03, Mossoró – RN. Imissão de posse da Fazenda Maísa)*

**... em certos casos, deve vir acompanhada de quantidade também:** Vocês sabem que no Brasil, durante muitos anos, priorizou-se, na Educação, a quantidade e não a qualidade. Lógico que o ideal seria a combinação dos dois, que tivéssemos uma grande quantidade e uma extraordinária qualidade no ensino. Mas nós estamos percebendo e vamos mudar isso para o próximo ano. *(13/9/04, Brasília – DF. Encontro com os alunos vencedores das Olimpíadas da Matemática)*

**... não é incompatível com quantidade:** O Fundeb [Fundo de Manutenção e Desenvolvimento da Educação Básica], o ProUni [Programa Universidade para Todos] e o Programa de Desenvolvimento da Educação, o PDE, são a nossa resposta a quem pensa que a qualidade é incompatível com a democratização das oportunidades. *(16/8/07, Rio de Janeiro – RJ. Visita às instalações do Campus Educacional do Colégio Pedro II)*

## Qualificação

[ver: qualidade]

As pessoas investem pela solidez das estruturas, das instituições da sociedade brasileira, pela seriedade dos contratos e pela qualificação que a gente pode oferecer para eles. *(24/2/05, Vitória – ES. Início das obras do novo terminal do Aeroporto Internacional de Vitória)*

**... profissional deve ser bem-remunerada, no setor público ou privado:** Um cientista brasileiro, um alto funcionário de muita competência de um instituto de pesquisa ou do Governo ganha sete, oito mil reais por mês e é considerado marajá. Esse mesmo cidadão sai de onde ele está, ganhando sete mil reais por mês, e vai ganhar setenta lá fora. Aí "não, é por causa de qualificação profissional". No setor público, ele é marajá, no outro, é por competência. *(13/3/07, São José dos Campos – SP. Lançamento do programa Espaço e Sociedade)*

**... é garantia de emprego:** Quando o Governo Federal, o Senai [Serviço Nacional de Aprendizagem Industrial], o Sesi [Serviço Social da Indústria] e o Governo Estadual duplicam o número de vagas no Senai aqui, na Bahia, é porque nós acreditamos que somente a qualificação profissional vai permitir que vocês conquistem a cidadania plena e vai permitir que vocês possam ter emprego, seja aqui em Camaçari ou seja em qualquer outro lugar do Brasil. Porque com uma carteira profissional na mão, com uma profissão, a chance de ter emprego é muito maior. *(29/10/07, Camaçari – BA. Comemoração de um milhão de veículos da Ford)*

**... é condição necessária, mas não única, para alguém ocupar uma cadeira no STF:** Ontem, eu indiquei três ministros para o Supremo Tribunal Federal. Dois deles eu nunca tinha visto. E por que isso? Porque eu não quero que o Supremo Tribunal seja um clube de amigos do presidente da República. As pessoas têm que ser escolhidas, primeiro, porque têm competência, têm qualificação profissional para exercer a função. É preciso que as pessoas sejam éticas e que tenham um mínimo de visão social. *(8/5/03, Brasília – DF. Reunião da Associação Brasileira de Atacadistas e Distribuidores de Produtos Industrializados – Abad)*

**... faz um país ser respeitado e ir para a frente:** O que eu sei é que nenhum país do mundo foi para a frente sem antes ter acreditado na formação da sua gente, sem antes ter investido na Educação, sem antes ter investido na formação profissional, na qualificação da sua mão de obra, para que a gente seja cada vez mais competitivo, e para que sejamos cada vez mais respeitados. *(28/7/05, Canoas – RS. Visita às novas unidades de produção da Refap)*

**... é algo que o Brasil tem de sobra:** O Brasil está dizendo ao mundo que o Brasil não é um país inferior, nem do ponto de vista do conhecimento científico e tecnológico, nem do ponto de vista da sua capacidade produtiva, nem do ponto de vista da qualificação dos seus trabalhadores, da qualificação dos seus engenheiros, da qualificação dos profissionais brasileiros. *(9/6/05, Rio de Janeiro – RJ. Conclusão da obra de conversão da Unidade Flutuante de Produção, Armazenamento e Transferência FPSO P-47)*

## Raça(s)

**[ver: afrodescendente; negro; preconceito racial e outros]**

A nossa história com a África é mais do que uma relação diplomática. É uma dívida que eu acho que o Brasil, nenhum de nós individualmente, mas que o Brasil tem com o continente africano. Porque foi desta parte do mundo que partiram homens livres, transformados em escravos no momento em que partiram, para nos ajudar a ser o que somos hoje, para nos ajudar a construir uma mistura belíssima de raças e ter um povo maravilhoso, como nós temos. *(4/11/03, Maputo – Moçambique. Visita ao Centro de Estudos Brasileiros – CEB)*

**... podem determinar, quando misturadas, além da aparência física, o caráter de um povo:** E, hoje, quem vem a este estado, e quem vem a esta cidade, a esta região da serra e a outras regiões do Rio Grande do Sul percebe que este povo não apenas venceu, do ponto de vista da sua sobrevivência econômica, a gente percebe que este povo venceu do ponto de vista cultural. A gente percebe que a mistura de raças acontecida neste estado produziu um povo extraordinariamente bonito. E muito mais do que isso, extraordinariamente trabalhador e criativo. *(20/2/04, Caxias do Sul – RS. Abertura da 25.ª Festa da Uva 2004)*

**... deram ao brasileiro ginga para o futebol, porque se misturaram no Brasil:** Eu acredito que o Brasil continua produzindo ainda o melhor futebol do mundo. Sobretudo porque agora viramos grandes exportadores de jogadores com a globalização. Eu penso que é um pouco da miscigenação da raça brasileira, a mistura de portugueses, europeus, índios e negros, que permitiu que nós fôssemos esse povo com uma ginga extraordinária para o samba e para o futebol. *(1/6/07, Londres – Inglaterra. Entrevista à TV Al Jazeera)*

**... se for a brasileira, em sua essência, mora nas favelas:** Não é habitual o governante subir o morro. Então, eu acho que nós precisamos aprender que nos morros e nas favelas de São Paulo, nas palafitas de Salvador, nos alagados de Salvador, nas palafitas do Maranhão, nas palafitas de Pernambuco, nesses lugares mais pobres mora a essência da raça brasileira, mora a essência do povo brasileiro. *(30/11/07, Rio de Janeiro – RJ. Assinatura da autorização de início das obras de urbanização integrada do PAC nas comunidades de Pavão/Pavãozinho e Cantagalo)*

**... devem ser motivo de orgulho:** Ser negro na Bahia é ser cidadão. As pesquisas do IBGE [Instituto Brasileiro de Geografia e Estatística], os níveis baixos de escolaridade, a situação precária da mulher negra neste país não diminuem o orgulho da negra e do negro na Bahia. Aqui vocês conquistaram o orgulho da cor, o orgulho da raça. Aqui vocês aprenderam, muito rapidamente, que ninguém é melhor do que ninguém, nem pela roupa que veste, nem pelo partido a que pertence, muito menos pela religião. Aqui vocês aprenderam a ser cidadãos e cidadãs, negros e brancos vivendo em convivência sadia. *(7/6/04, Salvador – BA. Recebimento dos títulos de Cidadão Baiano e Soteropolitano da Assembleia Legislativa da Bahia)*

**... se for a negra, sofre discriminação no Brasil:** Nós estamos aqui para tratar de problemas com os quais ninguém gosta de ser identificado: preconceito racial, discriminação, intolerância, racismo. Tem gente até que acredita que eles não existem no Brasil. Ou pensa que, quando ocorrem, prejudicam apenas algumas minorias. A realidade é bem diferente: esses males, aparentemente invisíveis, causam muito sofrimento entre nós. Pelo menos metade da população brasileira vem sendo prejudicada por essa situação: a metade negra do nosso povo. Ela não é somente negra – é, em sua grande maioria, pobre. Mais de 64% dos pobres e pelo menos 70% dos indigentes brasileiros são negros, como também a maior parte dos desempregados e subempregados do país. No caso das mulheres negras, a discriminação é dupla, de gênero e de raça. Muitas são submetidas a trabalhos precários, baixa remuneração, violência e abuso sexual, além do abandono que as obriga a assumirem sozinhas o sustento de suas famílias. *(21/3/03, Brasília – DF. Instalação da Secretaria Especial de Políticas de Promoção da Igualdade Racial)*

**... se há as inferiores, os nordestinos não são uma delas:** Viu, Chávez [Hugo Chávez, presidente da Venezuela], aqui no Brasil se fala assim: "O nordestino é muito bom, ele é pedreiro, ele faz ponte, ele faz estrada, ele faz edifício." Não é assim que falam de nós? Falam, falam como se nós fôssemos uma raça inferior, só sabemos fazer ponte e viaduto, só sabemos fazer não sei das quantas. Não. É preciso que a gente olhe para este povo queimado de sol, sofrido, com as mãos calejadas, em muitos lugares deste Nordeste, e diga: "O que eles não tiveram, até agora, foi uma oportunidade", porque, na hora em que eles têm oportunidade, são iguais ou melhores do que qualquer trabalhador de qualquer parte do Brasil ou de qualquer parte do mundo. *(16/12/05, Ipojuca – PE. Lançamento da pedra fundamental da refinaria de Pernambuco)*

**... não deve ser critério para o acesso aos direitos básicos:** Mas nós sabemos que a democracia definitiva só irá acontecer quando, neste país, nós soubermos que todos, sem distinção de credo religioso, de raça, sem distinção da origem social, tenham tido acesso às coisas elementares que todo ser humano deva ter: o direito de trabalhar, o direito de morar, o direito de estudar, o direito de ter acesso à Saúde e o direito de tomar café, almoçar e jantar todo santo dia. *(13/2/03, Brasília – DF. Reunião do Conselho de Desenvolvimento Econômico e Social – CDES)*

**... terão políticas de promoção de igualdade no segundo mandato de Lula:** No início do nosso segundo mandato, tomamos a decisão de aprofundar as políticas que dizem respeito à promoção da igualdade de gêneros e raça. *(17/8/07, Brasília – DF. Abertura da II Conferência Nacional de Políticas para as Mulheres)*

## Razão

**[ver: sensibilidade]**

Eu aprendi que, na casa que não tem pão, todo mundo fala mal de todo mundo e ninguém tem razão. Ou seja, todo mundo tem um pouco de culpa, tem um pouco de erro. *(28/5/07, São Paulo – SP. Abertura do 20.º Congresso Nacional de Siderurgia)*

**... só Deus sabe quem tem:** Quem quiser falar bem de mim, eu sou agradecido. Quem quiser falar mal, eu fico agradecido do mesmo jeito, porque Deus sabe quem tem razão e Deus é que fará o juízo final de todos nós. No fundo, no fundo, nós seremos julgados. *(14/6/06, São Gonçalo – RJ. Lançamento da pedra fundamental do Polo Petroquímico de Itaboraí e da pedra fundamental do Centro de Inteligência de São Gonçalo)*

**... não é necessária para uma manifestação em um regime democrático:** Eu acho que o protesto é a demonstração viva das entidades organizadas da sociedade, com razão ou sem razão as pessoas têm o direito de se manifestar, isso se chama democracia. *(22/2/05, Sidrolândia – MS. Inauguração da rede de eletrificação em 53 assentamentos rurais)*

**... não é tudo para um bom governante:** Uma das crenças que tenho é que não tem ser humano totalmente ruim, não tem ninguém 100% ruim, como não tem ninguém 100% bom. Todo mundo tem um lado bom, um lado ruim, tem uns mais ruins, outros melhores. Mas o que estamos fazendo com essa campanha é deixar o lado ruim guardado numa gaveta, pensar não apenas com a consciência, mas pensar com o coração, porque eu não acredito, meu querido Tarso Genro [ministro da Educação], que algum governante, no mundo, possa governar corretamente se não pensar 50% com o sentimento de seu coração, com o sentimento do ser humano. Não é possível ficar apenas com as coisas racionais. Um pouco de irracionalidade, um pouco de emoção é que faz com que um governante tenha sensibilidade para olhar para aqueles que, muitas vezes, não estão nem nas ruas quando passa a carreata de um candidato. *(15/10/04, Brasília – DF. Apresentação das Ações de Educação Alimentar e Nutricional)*

## Real (moeda)

[ver: dólar]

Quando foi implantado o real, eu já não era mais dirigente sindical, era presidente do PT. Eu sempre tive uma relação extraordinária com os dirigentes sindicais, então, em vários debates de que eu participava, eu dizia para os trabalhadores: "Vocês precisam adentrar no mundo da política e diminuir o mundo econômico, porque, sem inflação, a bandeira diminui muito." *(20/6/07, Brasília – DF. Entrevista ao jornal* Valor Econômico*)*

**... no Governo FH, estava artificialmente valorizado:** Só poderíamos ter uma política comercial, uma política externa mais arrojada, se nós consertássemos primeiro a nossa relação caseira, que era o Mercosul [Mercado Comum do Sul], que durante muitos anos viveu subordinado a duas moedas que não eram reais: o real nunca valeu um dólar e o peso nunca valeu um dólar. Portanto, a falta de iniciativa para mudar a política cambial no momento certo fez com que um país do tamanho do Brasil acumulasse durante muitos anos seguidos um déficit comercial quase sem precedentes na nossa história. E não foi por falta de aviso. É porque normalmente, quando se trata de política econômica, muitos governantes não têm coragem de fazer as mudanças no tempo certo se a política econômica tiver rendendo algum dividendo eleitoral. *(24/8/04, Santiago – Chile. Inauguração do seminário "Como Fazer Negócios com o Brasil")*

**... no Governo Lula, está corretamente valorizado:** Eu dizia ao presidente da Continental que hoje a palavra da moda é dizer que a moeda brasileira está forte, o real está forte, o dólar está fraco, portanto, tem problema nas nossas exportações ou na implantação de novas fábricas. E eu dizia para ele que o que vai consertar o câmbio brasileiro não é um decreto-lei, uma medida provisória ou uma mágica, o que vai arrumar o câmbio e colocá-lo no ponto justo é a seriedade da política econômica, é o comportamento do empresariado brasileiro, a certeza de que os juros vão chegar a um patamar que precisa chegar, mas também a certeza de que o Brasil precisa importar mais do que está importando, sobretudo máquinas, para que a gente tenha as nossas empresas atualizadas, com novas tecnologias, mais competitivas, para que a gente possa exportar mais. *(5/4/06, Camaçari – BA. Inauguração da primeira fábrica de pneus da Continental do Brasil Produtos Automotivos Ltda.)*

**... no Governo Lula, não se valoriza frente ao dólar; é o dólar que se desvaloriza:** O que é importante é que não é o real que está se valorizando diante do dólar, o que é importante é que o dólar está se desvalorizando diante de todas as moedas do mundo. *(30/4/08, Maceió – AL. Instalação e posse do Conselho Deliberativo da Superintendência do Desenvolvimento do Nordeste – Sudene)*

**... no Governo Lula, deveria estar mais desvalorizado:** Eu acho que nós não queremos que o real se transforme numa moeda muito forte, que desvaloriza o dólar, porque para nossas exportações é melhor que o dólar mantenha um certo equilíbrio. Eu não sou economista, mas eu fico vendo os jornais, vendo televisão e conversando com as pessoas e penso que, se o dólar, no Brasil, estivesse a 3,00, 2,90, 3,10, seria melhor para as nossas exportações. *(23/11/04, Brasília – DF. Entrevista à TV Bloomberg)*

## Realizar

**[ver: teoria]**

E nós achamos que o pequeno tem que ter aspiração de ser grande. O pequeno não pode se contentar em ser pequeno. Nós não podemos nos contentar em ficar choramingando as nossas misérias, a nossa pobreza. Nós temos que sonhar grande, pensar grande, para realizar grande. *(3/5/03, Uberaba – MG. Inauguração da 69.ª Expozebu)*

**... não é fácil:** A construção de um país é como a construção de uma vida, a gente nasce cheio de sonhos, cheio de desejos e, a cada dia que passa, a gente vai descobrindo como é difícil construir o sonho. Como é difícil conseguir realizar tudo aquilo que a gente busca alcançar. *(14/7/04. Campinas – SP. Visita à fábrica de produtos da Samsung)*

**... nem sempre é inventar:** Eu, como andei muito pelo Brasil, firmei a convicção de que a grande obra que um Governo pode realizar num país da dimensão do Brasil é fazer funcionar as coisas que já existem na área da Saúde, na área da Educação, na área dos transportes. *(2/4/04, Três Lagoas – MS. Inauguração da Termelétrica de Três Lagoas)*

**... é menos simples do que falar:** Entretanto, é importante lembrar a todos vocês que, muitas vezes, é mais fácil falar do que realizar, quando se trata de infraestrutura. Primeiro, porque, quando se trata de infraestrutura, há um componente que, queiramos ou não, é essencial, chamado "dinheiro". *(25/6/03, Brasília – DF. I Seminário de Infraestrutura para o Desenvolvimento Sustentável)*

**... é um motor da História:** Acho que uma base gratificante da história de um ser humano é ele poder ser desbravador ou desbravadora, enfrentar coisas muitas vezes adversas, na perspectiva de realizar um desejo ou na perspectiva de dar uma contribuição. *(4/11/03, Maputo – Moçambique. Visita ao Centro de Estudos Brasileiros – CEB)*

## Reeleição

**[ver: eleição; mandato; PAC]**

Vocês estão lembrados de que, quando eu entrei no sindicato [dos Metalúrgicos de São Bernardo do Campo], eu fui o primeiro a tomar a decisão de que o presidente do sindicato não poderia ser reeleito, depois isso mudou. Mas, de qualquer forma, eu acho que a reeleição não é um bom instituto, sobretudo para o Brasil, acho que não é. Se o cidadão foi bem, ele sai no primeiro mandato, deixa outro administrar, quatro anos depois ele volta, é melhor assim. *(7/11/05, Brasília – DF. Entrevista ao programa* Roda Viva*)*

**... foi aprovada, no Brasil, por medo de Lula:** Todo mundo sabe e eu já disse, eu sou contra a tese da reeleição, sou contra, votei contra ela na Constituição de 1988, acho que foi um desatino ter diminuído o mandato de cinco para quatro anos, com medo de eu ganhar as eleições em 1994. É importante reviver a História, o mandato era de cinco anos, em 1994, eu tinha 40% nas pesquisas em março, aí resolveram mudar, diminuíram o mandato com medo que eu ganhasse as eleições. Eu não ganhei as eleições e aí, em 1996, aprovaram o instituto da reeleição e eu quero dizer para vocês, quero dizer aos ouvintes da Jovem Pan, da CBN e da Bandeirantes, o instituto da reeleição não é um bom instituto, não é uma boa política, o Brasil poderia ter um mandato de cinco anos sem reeleição porque aí quem está presidindo não ficaria preocupado em fazer negociações para poder se reeleger. *(7/12/05, Brasília – DF. Entrevista coletiva às emissoras de rádio Band AM e Bandnews FM, CBN e Jovem Pan)*

**... não deve ser uma preocupação do governante:** Não podemos continuar fazendo política como sempre se fez no Brasil. O Brasil é pensado apenas de quatro em quatro anos, ou seja, eu ganho as eleições e tenho que fazer um monte de coisas, tenho que fazer bastante pirotecnia, porque tenho a minha reeleição pela frente. Eu não quero pensar o Brasil para quatro anos. Quero que a gente pense no Brasil para vinte anos, para trinta anos. *(1/5/03, São Bernardo do Campo – SP. Missa dos trabalhadores: "A esperança é fruto de nossa resistência")*

**... foi nociva para o Brasil, quando foi estendida para os cargos do Executivo:** A gente pode lembrar do que foi o sucesso do Plano Real, em 1994, e que acabou quando se aprovou a tese da reeleição neste país. Tudo isso porque um político tem que pensar grande. E pensar grande não permite que um político pense em si mesmo. Pensar grande não permite que um político pense apenas no seu mandato. Pensar grande obriga um político a pensar um país para daqui a trinta anos, para daqui a quarenta anos, para daqui a vinte anos. *(24/2/05, Jaguaré – ES. Visita às obras da Estação Fazenda Alegre)*

**... não agrada a Lula, mas é justo que ele a dispute:** Eu ainda nem disse que sou candidato. Mas tem gente que fala: "É preciso fazer ele sangrar, para ver se ele chega fraco às eleições." Outros dizem: "Ah, seria bom se o presidente Lula não concorresse à reeleição." Ora, não fui eu que aprovei a reeleição. Pelo contrário, o mandato era maior. Com medo que eu ganhasse em 2004 [Lula quis dizer 1994], eles diminuíram. Depois, eles ganharam, e aumentaram. Eu, na Constituinte, votei para não ter reeleição. Mas, agora, dizer: eu não posso concorrer? Com base em quê? Com medo de que eu possa provar que em quatro anos eu fiz mais do que eles fizeram em oito anos. *(3/8/05, Garanhuns – PE. Lançamento do Plano Safra da Agricultura Familiar 2005/2006)*

**... não será mais comentada por Lula, uma vez que ele se beneficiou dela:** Eu sempre fui contra a reeleição. Acontece que tem o instituto da reeleição, e eu sou um presidente reeleito, portanto, eu não posso agora dar palpite na reforma política no que diz respeito à reeleição. Não me peçam opinião que eu não vou dar. Esse é um problema dos partidos políticos, é um problema do Congresso Nacional. Então, eu quero que os partidos resolvam isso, que aqueles que são candidatos em 2010 resolvam isso. E eu estarei torcendo para que o Brasil aprove o que for melhor para o povo brasileiro. *(23/4/07, Rádio Nacional. Programa de rádio* Café com o Presidente*)*

**... é algo que um candidato deve avaliar muito bem antes de aceitar:** E eu dizia, claramente, que para alguém ser candidato a reeleição existem tantas condicionantes que é preciso contar até dez, depois repetir outra vez até dez e depois contar mais dez, até que se decida claramente a viabilidade, as possibilidades, as conclusões, o que você pretende. Não é um automaticismo que você aperta como se apertasse uma máquina de jogar qualquer coisa em um bingo e desse o resultado final. *(7/12/05, Brasília – DF. Posse da nova Executiva Nacional do PSB)*

**... só deve ser considerada se o candidato tiver certeza de que pode fazer mais no segundo mandato:** A minha tese é a seguinte: alguém só pode ser candidato à reeleição se ele perceber que, no segundo mandato, ele poderá fazer mais do que no primeiro. Porque se ele tiver consciência que não pode, não seja louco, não seja candidato, porque vai afundar. Foi o que aconteceu com nosso amigo Fernando Henrique Cardoso [presidente do Brasil entre 1995 e 2003]. O segundo mandato foi muito ruim, se comparado ao primeiro. Então, eu não tenho obsessão pelo poder. Eu tenho obsessão pelas políticas públicas que possam mudar a vida do povo. *(30/11/03, Brasília – DF. Entrevista à TV Bandeirantes)*

**... é como casar com a ex-mulher:** Eu disse outro dia que o segundo mandato é como se fosse uma mulher e um homem que se separam e depois casam outra vez. Ou seja, é você casar com a ex-mulher, e a ex-mulher casar com o ex-marido. Você tem que fazer tanta coisa nova para dar certo, para motivar, senão não vale a pena. *(25/4/07, Brasília – DF. Entrevista a jornalistas argentinos e chilenos, jornais* Página 12, El Clarín *e* La Nación, *da Argentina; e os jornais* La Tercera *e* El Mercúrio, *do Chile)*

**... deve encerrar um ciclo: a menos que um inimigo seja eleito sucessor:** Tem gente que fala o seguinte: "Mas você voltaria em 2014?" Para eu voltar em 2014 teria que ser eleito um inimigo meu aqui no Governo. Se tiver um sucessor meu, que eu tenha trabalhado para essa pessoa ganhar, é normal que essa pessoa tenha direito a uma reeleição, como eu tive. Como é que eu vou ficar no pé? Eu vou arrumar essa pessoa como inimiga. Hoje a minha cabeça funciona assim: oito anos é um bom tempo para alguém governar o Brasil e ficar quieto depois. *(23/4/08, Brasília – DF. Entrevista exclusiva ao jornal* Diário do Grande ABC*)*

## Reforma(s)

A reforma não é para fazer favor para uns, não é para prejudicar outros. A reforma é para conseguirmos fazer com que o nosso país deixe definitivamente de ser um país emergente, em vias de desenvolvimento, e passe a ser um país desenvolvido; que conquiste os espaços que já deveria ter conquistado nesse mundo globalizado. *(30/4/03, Brasília – DF. Entrega das propostas das reformas tributária e previdenciária)*

**... serão feitas porque são resultado da consciência dos trabalhadores:** Se, para alguns, a vitória significa a eleição de um homem ou de uma mulher, no meu caso é diferente, porque a minha vitória significa a vitória da História e não de um homem, mas da história da própria classe trabalhadora brasileira. E eu não posso esquecer que a minha inteligência não é minha inteligência, é o resultado da consciência política de vocês. É por isso que eu cheguei lá. E é por isso que nós vamos fazer as reformas que nós temos que fazer neste país. *(24/3/03, São Bernardo do Campo – SP. Comemoração dos 50 anos de atividades da Volkswagen no Brasil)*

**... têm objetivos sociais:** As reformas têm justamente a finalidade de criar as condições para o crescimento, que não será um crescimento qualquer e, sim, um crescimento capaz de assegurar uma nova coesão social, pela inclusão cada vez maior do conjunto da população na democracia e na Economia. As reformas têm, portanto, sentido tanto econômico como social. Mas nós sabemos que o mais importante das reformas é o seu sentido social. *(13/2/03, Brasília – DF. Instalação do Conselho de Desenvolvimento Econômico e Social – CDES)*

**... combaterão também a fome e a miséria:** Estamos tentando passar para a sociedade a ideia de que o combate à fome e à miséria será alcançado na sua plenitude pelas reformas estruturais que precisamos fazer no país. *(25/3/03, Brasília – DF. Conselho Nacional de Segurança Alimentar e Nutricional – Consea)*

**... provocam dissenso, como quando Oswaldo Cruz "descobriu" a vacina da febre amarela:** O que nós temos que ter em conta é que reforma é algo tão complicado que, quando Oswaldo Cruz [sanitarista brasileiro, diretor-geral da Saúde Pública durante a Presidência de Rodrigues Alves] inventou a vacina da febre amarela para salvar o povo brasileiro de uma peste que se avizinhava, o que aconteceu? Ele quase foi linchado, porque ninguém queria tomar a vacina. [Na verdade, Oswaldo Cruz não inventou a vacina contra a febre amarela, mas combateu o mosquito transmissor criando brigadas "mata-mosquitos"; a Revolta da Vacina teve início em 10/11/1904, em protesto contra a vacinação obrigatória contra a varíola.] Então, reforma é sempre assim, há pessoas que têm preocupações, às vezes verdadeiras; há pessoas que têm preocupações, às vezes por falta de informação; há pessoas que são contra, porque acreditam em outra coisa; e também há pessoas que são favoráveis, porque acreditam na proposta. *(12/6/03, Brasília – DF. Reunião da Câmara de Política Social)*

**... gera resistências:** Eu tenho consciência de que tudo que é reforma é difícil, tudo que é mudança é complicado. É complicado quando nós tentamos mudar de uma casa para outra, de uma vila para outra, além das mudanças que se faz no casamento e todo mundo sabe o quanto é difícil. Mas então, mudar é muito complicado, você está habituado, tem uma cultura, tem raízes, querer mudar para se adequar à nova realidade é sempre incompreendido por alguns. *(20/4/05, Brasília – DF. Inauguração do 16.º Congresso Continental Ordinário da Organização Regional Interamericana de Trabalhadores)*

## Renda

[ver: Bolsa Família; Economia]

Vamos ter que fazer a Economia do Brasil voltar a crescer. Vamos ter que gerar empregos, porque é o emprego que gera renda e riqueza neste país. *(19/12/03, Angra dos Reis – RJ. Início das obras de construção da plataforma P-52 e de lançamento do Programa Nacional de Petróleo e Gás Natural)*

**... é fundamental para a conquista da cidadania:** O que nós lamentamos, ao mesmo tempo, é saber que, numa cidade pujante como Santo André, numa cidade extraordinária como Santo André, ainda tenha famílias que não tenham conquistado a sua plena cidadania, ganhando uma renda suficiente para sobreviver com dignidade com a sua família. *(4/6/05, Santo André – SP. Entrega de cartões do programa Bolsa Família)*

**... depende da formação educacional:** Aliás, eu não tenho dúvidas de que, se nós tivéssemos investido há trinta ou quarenta anos na formação educacional do nosso povo, nós não apenas teríamos os trabalhadores equiparados aos melhores do mundo, mas nós seríamos também um dos países mais ricos do mundo, nós teríamos também uma renda *per capita* das maiores do mundo e não seríamos uma nação onde 43 milhões de pessoas passam privações alimentares. *(10/3/03, São Paulo – SP. Exposição de produtos da fábrica Daimler-Chrysler do Brasil)*

**... depende do investimento no setor produtivo:** Todo mundo sabe que no Brasil tem três jeitos de se ganhar dinheiro: o mais fácil é especulando, todo mundo sabe que tem gente que chora, chora, chora, mas vive de especulação; hoje acontece no mundo uma nova modalidade, o narcotráfico e o contrabando, que tem feito gente ficar rica pelo mundo afora; mas a mais sadia, aquela que faz uma nação crescer, que contribui com o nascimento da cidadania, que contribui com a certeza de uma nação grande e próspera, chama-se investimento no setor produtivo, sem o qual nenhum país consegue gerar os empregos necessários, a riqueza necessária e a renda necessária. *(18/8/03, Jacareí – SP. Inauguração da nova linha de produção de celulose de eucalipto da unidade Jacareí da Votorantim Celulose e Papel)*

**... depende das exportações:** Há 36 meses nós batemos, todo mês, recorde de exportação. Se aumenta a exportação, aumentou a produção, aumentou emprego, aumentou a renda e, portanto, a Economia brasileira começa a demonstrar que ela tem um novo ciclo de crescimento. *(19/4/06, Porto Alegre – RS. Inauguração da nova emergência do Hospital Nossa Senhora da Conceição)*

**... é maldistribuída no Brasil:** A nossa renda *per capita* não permite que ninguém tenha fome. Não temos uma renda *per capita* de duzentos dólares, de trezentos dólares. Temos uma renda *per capita* acima de três mil dólares. Portanto, está claro que a única razão pela qual ainda há gente no Brasil passando fome é o desacerto histórico da política de distribuição de renda do nosso país. *(10/2/04, São Paulo – SP. Inauguração da Expo Fome Zero 2004)*

**... com Lula, será mais bem-distribuída:** A cada dia que passa eu quero que vocês saibam que o programa de combate à fome, o programa Fome Zero, o Bolsa Família, essa transferência de renda é, para mim, a coisa mais séria que um governante pode fazer. *(26/10/04, Brasília – DF. 5.ª reunião do Consea – Gestão 2004-2005)*

**... será aumentada por Lula:** Eu tenho dito todo santo dia: meu mandato é de quatro anos, e eu quero voltar em qualquer praça deste país e quero comparar os meus quatro anos com os quatro anos de qualquer outro Governo que passou antes de nós. Eu quero medir quem gerou mais empregos, eu quero medir quem aumentou mais a renda, eu quero medir quem investiu em Educação, eu quero medir quem investiu mais na Saúde, eu quero medir o crescimento econômico e o crescimento da agricultura com os outros Governos. E aí, quando terminar o meu mandato, eu quero ter conquistado não apenas a melhoria da qualidade de vida do povo brasileiro, mas quero ter garantido o direito de um presidente da República, uma vez na vida, deixar o seu mandato e andar de cabeça erguida em cada esquina e em cada rua deste país, porque cumpriu o que prometeu. *(12/4/03, Londrina – PR. Visita à Via Rural – Fazendinha)*

**... já começou a crescer com Lula:** Eu sou daqueles que acha que o povo brasileiro, sobretudo a parte mais pobre da população brasileira, está vivendo um momento em que pela primeira vez eles têm perspectiva de ver este país crescer de forma sustentável, com a inflação baixa. Portanto, esse trabalhador está tendo perspectiva de ter um ganho real na sua renda mensal e de poder participar, com muito mais força, da política e do mercado de consumo deste país. *(23/8/05, Cuiabá – MT. Inauguração da Linha de Transmissão de Energia Elétrica Coxipó/Cuiabá/Rondonópolis)*

## Repórter(es)

[ver: entrevista; imprensa; internet; jornal; leitor; televisão]

## República

[ver: Estado]

Quando penso em Alagoas, muita coisa bonita me vem à mente. Não só a beleza das praias, o brilho do sol e o calor humano dessa gente tão especial, mas também os momentos históricos protagonizados por alagoanos ilustres, como Deodoro da Fonseca e Floriano Peixoto, personagens principais da Proclamação da República. *(28/3/08, sem local. Entrevista exclusiva para a* Gazeta de Alagoas*)*

**... deve ter uma unidade jurídica:** O Governo não defende a ideia [do plantio de transgênicos], o que o Governo pode fazer, e isso já foi discutido há muito tempo, é fazer o zoneamento das áreas em que pode ser produzida [soja transgênica] e áreas em que não pode ser produzida; mas, se a gente permitir que a legislação seja específica para cada estado, eu acho que nós iremos criar várias repúblicas dentro do Brasil. *(31/8/07, Brasília – DF. Entrevista concedida à imprensa:* A Crítica*/AM,* O Liberal*/PA,* Jornal do Commercio*/PE,* A Tarde*/BA,* O Povo*/CE,* O Popular*/GO,* O Dia*/RJ,* Hoje em Dia*/MG,* Zero Hora*/RS,* Gazeta do Povo*/PR, e Associação Paulista de Jornais)*

**... requer partidos fortes:** Segundo, seria preciso que nós tivéssemos a fidelidade partidária, para que a gente possa construir partidos mais fortes, para que a República brasileira se transforme numa República muito mais forte. *(7/11/05, Brasília – DF. Entrevista ao programa* Roda Viva*)*

**... tem o PT no comando, e isso é muito:** O PT tem o privilégio de ter o cargo mais importante da República, que é o de presidente, mais do que isso é querer muita coisa. *(15/5/07, Brasília – DF. Entrevista coletiva a jornalistas brasileiros e estrangeiros)*

**... é tão antiga quanto a suspeita de mensalão:** Quando se levantou a questão do mensalão, eu, intimamente, dizia: "Eu quero saber como é que vão provar mensalão neste país, porque a história de que tem deputado que faz votação por coisas, isso é desde que foi proclamada a República do Brasil." Entretanto, ninguém nunca provou. O que eu estou dizendo é que o José Dirceu sofreu uma acusação, o acusador foi cassado porque não provou as acusações, e o José Dirceu [ex-deputado, ex-ministro Chefe da Casa Civil] foi cassado porque jogou-se em cima do José Dirceu a responsabilidade. *(7/12/05, Brasília – DF. Entrevista às emissoras de rádio Band AM e Bandnews FM, CBN e Jovem Pan)*

**... com Lula, vive o seu melhor momento econômico:** É importante saber o seguinte: eu gostaria de discutir com as pessoas que fazem crítica à política econômica do Governo, porque eu duvido se, desde que foi proclamada a República neste país, houve um momento econômico como o que nós estamos vivendo hoje. A taxa de juros mais baixa da história do Brasil, o maior aumento de salário mínimo da história do Brasil, a maior recuperação salarial, o Dieese [Departamento Intersindical de Estatística e Estudos Socioeconômicos] publica todos os dias. *(7/5/07, Brasília – DF. Entrevista à Rede Católica de Rádio)*

**... nunca viu um Governo trabalhando tanto como o de Lula:** Eu acho que nós temos trabalhado, aqui, como jamais se trabalhou nesta República, nem na República velha, nem na República nova. Na futura, vai se trabalhar mais. *(19/12/03, Brasília – DF. Entrega das insígnias da Ordem do Mérito Cultural)*

## Republicano

[ver: República]

Num país republicano e democrata, não é o estudante que anda seiscentos quilômetros para encontrar a universidade, é a universidade que anda trezentos quilômetros para tornar mais perto o caminho desse estudante. *(21/2/06, Recife – PE. Inauguração do Aeroporto Internacional de Recife/Guararapes Gilberto Freyre)*

**... é aquele que pensa em todos:** Um presidente da República tem que ser republicano, ele não pode ser pequeno. Ele precisa trabalhar pensando em todo mundo. *(28/3/08, Delmiro Gouveia – AL. Assinatura de protocolos de cooperação federativa e de instalação do Comitê Estadual de Articulação do programa Territórios da Cidadania)*

**... é aquele que distribui dinheiro igualmente entre todos os governantes:** Pois bem, como nós temos disposição, e o PAC [Programa de Aceleração do Crescimento] é a demonstração do jeito republicano de governar, ou seja, todos os governadores, independentemente do partido político, todos os prefeitos, independentemente do partido político, todos estão aquinhoados com uma fatia do dinheiro do PAC, porque nós pensamos, definitivamente, que esse é o momento do Brasil. *(29/10/07, Salvador – BA. Inauguração de unidade do Cimatec/Senai)*

**... é aquele que coloca o povo em primeiro lugar:** O nosso Governo pode ser acusado de qualquer coisa, menos do nosso comportamento republicano no tratamento dos entes federativos, independentemente de a que partido pertença um prefeito, um deputado, um vereador e um governador. Eu não pergunto para que time as pessoas torcem, não pergunto que religião elas frequentam, não pergunto de que partido elas são. Até porque, quando eu faço uma coisa para uma cidade ou para um estado, eu não estou pensando no prefeito ou no governador, eu estou pensando é se o povo vai se beneficiar com aquela medida que nós estamos fazendo. *(22/2/06, Marabá – PA. Visita às obras do campus do Sul e Sudeste da Universidade Federal do Pará)*

**... é aquele que coloca o povo em primeiro lugar, pelo menos até as eleições:** Da minha parte, vocês podem ter certeza de que eu estarei disposto a qualificar, da melhor forma possível, a nossa relação, de dar aos estados o tratamento republicano que todos nós esperamos que vocês deem aos municípios de vocês, porque daqui a dois anos já começa a guerra da eleição municipal. *(23/11/06, Brasília – DF. Almoço com governadores)*

**... é aquele que não discrimina rico ou pobre:** Por fim, quero destacar que esse serviço tem um forte caráter republicano, e o meu entusiasmo com o Samu [Serviço de Atendimento Móvel de Urgência] deve-se também a isso, voltado para atender qualquer pessoa, rica ou pobre, em situações de extrema urgência, quando sua vida está em perigo, muitas vezes por um triz. *(24/8/05, Brasília-DF. Inauguração do Serviço de Atendimento Móvel de Urgência do DF – Samu 192)*

**... é também o comportamento de quem protesta:** Tem barulho? Tem. Tem greve de fome? Tem. Não tem problema, eu nasci na luta. Se as pessoas fazem greve, eu já fiz greve. Se as pessoas fazem greve de fome, eu já fiz, fiz por seis dias. [inaudível] Fiz seis dias de greve de fome e, quando a lombriga maior estava comendo a menor, eu fiquei pedindo a Deus para alguém me mandar parar com a greve de fome, porque eu já não aguentava mais. A vontade que eu tinha de comer um taco de rapadura, um taco de carne de sol. Então, eu acho que os movimentos, todos, têm o direito de protestar, é legítimo, é democrático, é republicano, mas aquilo que for para melhorar a vida do povo eu vou fazer neste país. Podem ficar tranquilos que nós vamos fazer. *(26/3/08, Recife – PE. Assinatura de ordem de início das obras do PAC no estado de Pernambuco)*

**... é o comportamento de quem investiga os crimes com isenção:** Então, cabe ao delegado investigar e cabe a ele, então, mandar para o Ministério Público. O Ministério Público vai indiciar ou não e fazer o processo. Não cabe ao delegado passar para a imprensa. O que eu tenho percebido, e por isso eu disse que é um momento de reflexão profunda, é o seguinte: dependendo se houver briga política, as pessoas vão pingando para um jornal uma coisa, para outro jornal outra coisa, e as pessoas, sem ter o direito de se defender, vão sendo execradas, condenadas aos olhos da opinião pública, sem poder provar se são inocentes. Como eu sou o presidente da República, e sou, sobretudo, um republicano – não do Partido Republicano, sou republicano por comportamento –, é que eu acho que nós precisamos fazer a apuração correta. *(12/6/07, Guarulhos – SP. Entrevista antes da abertura do VII Congresso Nacional do Metalúrgicos da Central Única dos Trabalhadores – CUT)*

## Responsabilidade

Eu sei da minha responsabilidade, não apenas com o país. A minha responsabilidade é com a minha história, a minha responsabilidade é com a minha origem, a minha responsabilidade é com os meus companheiros que me fizeram nascer na política. A gente pode não fazer tudo que a gente quer, mas quem é pai aqui sabe: o que vale a pena não é a gente ter dado o presente do tamanho que o filho queria, é a gente ter lembrado dele e ter dado um presente do tamanho que a gente podia dar. E isso, certamente, nós vamos fazer pelo Brasil. *(25/1/05, Aparecida de Goiânia – GO. Homenagem ao Dia do Carteiro e inauguração das novas instalações do Centro de Tratamento de Cartas e Encomendas)*

**... não é só de Lula:** Muitas vezes a oposição pensa que é apenas da minha responsabilidade cuidar do país. A responsabilidade é de todos, é minha como presidente, mas é de cada deputado, de cada vereador, de cada prefeito, de cada governador, de cada homem, de cada mulher, de cada jornalista, ou seja, a responsabilidade é de todos, porque se der certo todo mundo ganha, se der errado todo mundo perde. *(4/9/07, Ipojuca – PE. Início das obras da Refinaria General José Ignácio Abreu e Lima)*

**... de Lula é a maior da História:** O que eu quero que todo mundo compreenda é que a nossa responsabilidade é infinitamente maior do que a de qualquer outro presidente em qualquer outro momento da história deste país. Exatamente porque eu não sou um homem que veio de cima para baixo, eu sou um homem que vocês fizeram brotar do chão da fábrica, entrar na política e virar presidente da República. *(1/5/03, São Bernardo do Campo – SP. Missa dos trabalhadores: "A esperança é fruto de nossa resistência")*

**... é ajudar o Governo:** Todo mundo sabe, em sã consciência, que o Estado brasileiro não pode viver sem a CPMF [Contribuição Provisória sobre a Movimentação ou Transmissão de Valores e de Créditos e Direitos de Natureza Financeira] e sem a DRU [Desvinculação de Recursos da União]. Todo mundo sabe, porque, se alguém tirar dinheiro da CPMF, nós vamos ter que tirar dinheiro do Orçamento e cortar o Orçamento. Esse é um dado concreto e objetivo, e as pessoas não podem... Eu digo isso de cátedra, porque de vez em quando, quando você é oposição, você vota pensando em prejudicar quem está no Governo. E muitas vezes você esquece que você pode ser o Governo e que a atitude pode lhe prejudicar no ano seguinte. Então, agir com responsabilidade é a única coisa que eu peço, nesse aspecto, para todos os congressistas. *(15/5/07, Brasília – DF. Entrevista coletiva a jornalistas brasileiros e estrangeiros)*

**... é de todos os brasileiros, como no caso da dengue:** Nós temos que responsabilizar cada homem e cada mulher deste país, porque quem sabe como é que está o quintal são eles. Se eles cuidarem, não precisa entrar nenhum bombeiro, nenhum agente de saúde. Nós precisamos fazer mutirão para cuidar da rua, porque todas as crianças nossas brincam na mesma rua. Nós precisamos cuidar do bairro, porque todo mundo brinca no bairro. Então, eu não quero aqui transformar essa coisa de que a responsabilidade é do Governo Federal, do Governo Estadual ou do Governo Municipal. A responsabilidade, na verdade, é de 190 milhões de brasileiros, é de todos os prefeitos, de todos os governadores, do presidente da República e de quem mais estiver nos ouvindo e quiser participar desse mutirão para a gente matar o mosquito antes que ele nos mate. *(15/4/08, Brasília – DF. Abertura da XI Marcha a Brasília em Defesa dos Municípios)*

**... é intransferível, quando se trata de Lula:** Eu aprendi que o juízo de alguém que tem responsabilidade sempre conta até dez para tomar uma posição, sempre pensa um pouco mais para não cometer erros na tomada de posição. E cada um de nós tem um estilo de trabalhar. Eu tenho um estilo de trabalhar que é público e conhecido porque vem desde 1975, quando eu estava à frente do sindicato. E é um estilo que não tem muita diferença, tem diferença de grandeza, mas o comportamento de manter uma relação de lealdade com as pessoas que trabalham comigo, uma relação de transferência de confiança com essas pessoas sem, em nenhum momento, transferir responsabilidade, porque essa é minha. Quem teve voto foi o presidente da República e, portanto, essa responsabilidade é intransferível nos erros e nos acertos. Eu não sou daqueles que acham que só devo falar das coisas que me favorecem, não. O presidente da República também tem responsabilidade pelos erros. Mesmo que algum assessor do presidente da República tenha cometido um erro na divisa do Oiapoque com a Guiana Francesa, ainda assim a responsabilidade passa pelo presidente da República. *(18/11/05, Brasília – DF. Entrevista coletiva a emissoras de rádio de AM, PE, MG, PA, BA, RS, CE e GO)*

## Revolução

Nesses três anos e meio, a estrutura social brasileira se modificou. Não apenas a pobreza diminuiu, como a desigualdade social caiu significativamente. Tenho consciência do caminho que ainda precisa ser percorrido, mas convicção absoluta de que estamos no rumo certo na construção de um país para todos e uma sociedade mais justa. Revoluções são processos que lançam novos e mais ambiciosos objetivos à nossa frente. *(27/7/06, Brasília – DF. Entrevista ao jornal* Expresso *de Portugal)*

**... precisa ser feita no Brasil no campo da moral e da ética:** Olhem, nesta hora, para a gente mudar este país, a gente vai juntar todos os homens e todas as mulheres de bem, para a gente poder fazer a revolução moral e ética de que o nosso país necessita. Quem quiser ajudar, eu não quero saber se é de direita ou de esquerda, branco ou preto, baixo ou alto, católico, evangélico ou ateu. Eu quero saber se as pessoas estão dispostas a ajudar, quem está disposto a ajudar a melhorar a qualidade de vida desse povo. *(10/1/03, Teresina – PI. Visita à Vila Irmã Dulce)*

**... não deve ser armada:** Quero começar dizendo para vocês que é extremamente importante que haja a compreensão da democracia na nossa querida América Latina e na nossa querida América do Sul. É importante lembrar que a democracia é uma coisa nova entre nós, que precisa ser consolidada a cada dia, a cada debate e a cada ação, tanto do Governo quanto do Poder Legislativo e da sociedade. Eu dizia agora há pouco ao editor que se a gente olhar o que aconteceu na América Latina, nesses quarenta anos, nós vamos perceber que até a década de 80 nós tínhamos, em todos os países, uma parcela da sociedade e da militância política que acreditava que a solução e a saída para o nosso continente se dariam através de revoluções, e muitos acreditavam na luta armada. *(12/3/08, Brasília – DF. Mesa de negócios do Economist Newspaper Group)*

**... não acontece na velocidade dos discursos:** A revolução que vocês sonham não acontece com passe de mágica, e muito menos as coisas que nós desejamos acontecem com as facilidades de um discurso. Muitas vezes, quando vamos transformar os nossos discursos em coisas práticas, começamos a perceber que nem tudo é tão fácil, que não estamos no mundo sozinhos, que tem obstáculos, e que temos que ir vencendo cada obstáculo com a tranquilidade necessária, para que não sejamos atropelados. *(19/2/04, Campo Florido – MG. Visita à sede do Assentamento Nova Santo Inácio Ranchinho)*

**... não é estimulada pela fome:** A gente ouve muito se dizer: "Ah, o povo tem que apanhar para aprender. Ah, tem que passar fome para aprender." É a coisa que a gente mais ouve na gíria popular. "Não, a pessoa tem que passar fome para aprender." E eu descobri, depois, na minha vida sindical e política, que a fome não leva nenhum homem e nenhuma mulher à revolução. Se fosse assim, que bom seria. *(25/2/03, Brasília – DF. Reunião do Conselho Nacional de Segurança Alimentar e Nutricional – Consea)*

**... é estimulada pela bondade, pelo companheirismo e pela solidariedade:** Mas, se a gente souber extrair o potencial de bondade, de companheirismo, de solidariedade que tem dentro de cada ser humano, nós poderemos fazer uma grande revolução neste nosso querido planeta Terra. *(21/8/04, Porto Alegre – RS. Comemoração da "Semana Nacional pela Cidadania e Solidariedade")*

**... pode ser feita com ações aparentemente simples:** Levar água para aquela gente beber, levar um pouco de água para irrigar alguma coisa, fazer com que os açudes se tornem perenes e não fiquem oscilando em função da seca é uma revolução na região que vai produzir efeitos extraordinários daqui a cinco, seis ou dez anos. Mas nós temos que fazer. *(2/9/04, Brasília – DF. Reunião do Conselho de Desenvolvimento Econômico e Social – CDES)*

**... pode ser feita pela mamona, um sonho de Lula:** A grande revolução dos meus sonhos, para o Nordeste, é o programa do biodiesel porque é um programa que vai fazer da mamona... vamos ter logo, logo uma planta financiada pelo Ministério da Ciência e Tecnologia para amassar a mamona aqui na cidade de Caetés e, logo, logo teremos uma usina em outra cidade. A mamona, que antes era uma coisa que a gente falava "não serve para nada", agora vai servir para produzir biodiesel, para o Brasil, no futuro, não precisar mais utilizar óleo diesel, exportar o nosso petróleo e utilizar carro a biodiesel, que é muito mais econômico, vai ser muito menos poluente e vai gerar muito mais empregos. *(16/12/05, Garanhuns – PE. Inauguração da Escola Senai de Garanhuns Eurídice Ferreira de Melo – "Dona Lindu")*

**... pode acontecer em diversas escalas, inclusive na individual:** Vocês imaginam para a periferia do Brasil o que é um jovem ter acesso a um curso profissionalizante de uma escola técnica. É uma revolução na família, é uma revolução na vida dele. Eu digo todo dia para ninguém esquecer: por conta do meu curso, eu fui o primeiro a ter uma casa, o primeiro a ter um carro, o primeiro a ter uma geladeira, o primeiro a ter uma televisão, de uma família de oito. Isso, certamente, acontece em todos os lares deste país que o jovem consegue ter acesso a uma formação. *(26/1/06, Brasília – DF. Reunião com diretores dos Centros Federais de Educação Tecnológica – CEFETs)*

**... na Educação, está além da alfabetização:** Então, Cristovam [Buarque, ministro da Educação], você sabe que a nossa revolução não é apenas alfabetizar, é alfabetizar, recuperar a dignidade do professor brasileiro e dar sentido a uma escola pública. *(23/4/03, Brasília – DF. Assinatura de convênio entre a Confederação Nacional da Indústria e o Ministério da Educação)*

**... na Educação, pode ser pequena:** Nós precisamos fazer uma pequena revolução na Educação. A educadora aqui sabe perfeitamente bem que as crianças, hoje, estão na quarta série e não sabem ler; muitas vezes, não sabem uma das quatro operações. Isso porque não existe um processo de avaliação correto. *(17/5/04, Goiânia – GO. Abertura da 45.ª Reunião Geral da Frente Nacional de Prefeitos)*

**... quando é muito grande, sofre muita resistência:** Nós queremos aumentar a média de alunos para 18 alunos por professor. Com isso, nós vamos colocar até 2010, até 2011, mais quatrocentos mil jovens nas universidades federais brasileiras públicas. Essa é uma revolução, porque entre ProUni [Programa Universidade para Todos] e Reuni [Programa de Apoio a Planos de Reestruturação e Expansão das Universidades Federais] serão oitocentos mil jovens a mais nas universidades. A maioria, jovens que não tinham sequer condições de sonhar em estudar, porque terminavam o colegial e iam para casa porque não podiam pagar a universidade particular, ou iam para casa porque não tinha vaga na universidade federal. Agora vocês sabem que tem gente contra? Eu não sei se o reitor está aqui. Mas em todas as cidades, quando o reitor reunia os conselhos, ele quase apanhava. Tinha gente contra, que dizia que era muito, 18 alunos por professor era muito, que nós estávamos querendo avacalhar a universidade. Tinha que ser só um. Porque a verdade é essa, as pessoas que já chegaram lá não querem que os outros cheguem. *(19/2/08, Vitória – ES. Assinatura da ordem de início das obras de adequação do Contorno de Vitória e das obras de esgotamento sanitário no bairro de Santo Antônio)*

**... está acontecendo na Economia brasileira, sob o Governo Lula:** Neste mês de março, se Deus quiser, nós vamos ultrapassar os cem bilhões de dólares de exportação. É um marco que muita gente jamais imaginou que pudesse acontecer. Em 2002, o Brasil tinha um déficit de conta de 32 bilhões. Hoje, o Brasil tem um superávit de 14 bilhões de dólares. Nós saímos de 32 negativos para 14 positivos, o que é uma revolução na Economia brasileira. *(11/2/05, Caruaru – PE. Inauguração da Clínica Asa Branca, do programa Brasil Sorridente)*

**... está acontecendo na matriz energética, sob o Governo Lula:** Logo nós vamos começar a executar o funcionamento de termoelétricas a álcool, o que é uma revolução no Brasil, porque todo mundo sabe o tanto de emprego que a cana-de-açúcar representa neste país. *(19/5/06, Natal – RN. Visita às obras da Ponte de Todos – Newton Navarro, entre Forte e Redinha)*

**... está acontecendo no biodiesel, sob o Governo Lula:** O biodiesel, para quem não sabe ainda, é a utilização do óleo vegetal como óleo diesel, é uma revolução energética neste país. Ele pode ser feito da mamona, ele pode ser feito da soja, ele pode ser feito do pinhão-manso, que é um parente da mamona, ele pode ser feito do dendê, ele pode ser feito do caroço de algodão, ele pode ser feito da semente de girassol e de qualquer oleaginosa. *(21/11/06, Sapezal – MT. Visita e entrega de trecho da BR-364, entre Sapezal e Comodoro)*

**... está acontecendo no crédito, sob o Governo Lula:** Quem não é brasileiro precisa saber que nós fizemos uma pequena revolução no crédito interno ou crédito consignado. Os trabalhadores pegam dinheiro emprestado a juros mais baratos do que no mercado, e eles pagam com o desconto na folha. Mensalmente, vai para a empresa para descontar no máximo 30% do que ele ganha. E em 17 meses colocamos em circulação 23 bilhões de reais. E a poupança interna, que em 2002 era de 17% do PIB [Produto Interno Bruto], hoje está 24% do PIB. *(17/10/05, Roma – Itália. Encontro com empresários italianos e brasileiros na Confindustria)*

**... aconteceu na política do Nordeste:** Na verdade, o Nordeste brasileiro fez uma revolução eleitoral. O Nordeste brasileiro mudou de paradigma nas eleições de 2006. Eu não sei quantos analistas políticos conseguem imaginar o que aconteceu no Nordeste. A velha oligarquia do Nordeste foi varrida da política do Nordeste e no lugar dela entrou gente como o Déda [Marcelo Déda, governador de Sergipe], advogado, não sei se acadêmico ou intelectual, mas um bom advogado. Eu não o pegaria para uma causa minha, mas um grande advogado, talvez um dos melhores parlamentares que Brasília teve. Também se elegeu o Jaques Wagner [governador], na Bahia, que foi a surpresa mais extraordinária, porque a gente tinha dúvida se o Wagner iria derrotar o PFL. E ele ganhou, no primeiro turno, do Antônio Carlos Magalhães [ex-governador da Bahia, já falecido]. O nosso companheiro Eduardo Campos [governador], lá em Pernambuco, [teve] uma eleição difícil porque o ex-governador Jarbas Vasconcelos parecia imbatível. E o nosso companheiro Eduardo Campos ganhou as eleições. O Jackson Lago [governador] ganhou lá no Maranhão. Então, mudou a cara do Nordeste. E, pelo fato de ter mudado a cara do Nordeste, ficou mais fácil a gente estabelecer, entre o Governo Federal e os Governos Estaduais, políticas e parcerias que possam beneficiar o povo do Nordeste. *(28/2/08, Fortaleza – CE. Assinatura de atos de saneamento e habitação do PAC)*

**... não foi necessária, no Brasil, para que os sindicalistas chegassem ao poder:** Eu não conheço, em nenhum momento da história política de qualquer país do mundo, uma situação como a que nós estamos vivendo hoje. Nem nos países que fizeram a revolução, nem nos países que se constituíram durante muitos e muitos anos em modelos de países socialistas, a classe trabalhadora teve a participação que tem no meu Governo. Só para vocês terem uma ideia, além do presidente da República, tem nove ministros que saíram do movimento sindical. Eu não conheço nenhum momento na história política da humanidade em que um Governo, por mais democrático que tenha sido, tenha tido tantos sindicalistas como ministros. E nós temos porque a nossa eleição foi o resultado, foi a construção de um processo histórico nascido há mais de vinte anos, que foi fazendo com que os companheiros fossem galgando cargos importantes. *(20/4/05, Brasília – DF. Inauguração do 16.º Congresso Continental Ordinário da Organização Regional Interamericana de Trabalhadores)*

## Riqueza

[ver: pobreza]

Continuo sonhando em construir uma sociedade justa, solidária, fraterna, onde o resultado da riqueza produzida no país seja distribuído de forma mais equânime para todos os filhos deste país. *(24/1/03, Porto Alegre – RS. III Fórum Social Mundial)*

**... é gerada pela Economia:** A Economia é a máquina, produz riquezas para o ser humano, condiciona o campo de ação, mas não decide o nosso destino. *(3/10/03, Rio de Janeiro – RJ. Comemoração dos cinquenta anos da Petrobras)*

**... é gerada pelos projetos estruturais:** Eleição passa, de quatro em quatro anos mudam as pessoas, agora, os projetos estruturais ficam para sempre, geram riqueza, geram trabalho e geram cidadania. *(28/6/06, Ouro Branco – MG. Anúncio de investimentos da Gerdau Açominas)*

**... é gerada pelo povo:** A desgraça deste país sempre foi essa, um presidente começava uma obra, o outro vinha e parava porque tinha que começar a dele, um presidente tinha uma política de programa social, o outro chegava e parava porque tinha que ter a marca do presidente. Nós não precisamos de marca de presidente, nós precisamos é de marca de povo neste país, de homens e mulheres que constroem a riqueza deste país. *(23/5/06, Aguiarnópolis – TO. Vistoria às obras do trecho ferroviário Araguaína-Aguiarnópolis da ferrovia Norte-Sul)*

**... deve ser administrada pelo trabalhador que a gerou:** O trabalhador não nasceu apenas para ser mandado. O trabalhador nasceu para administrar a riqueza produzida por ele. *(29/5/03, Diadema – SP. Encontro com a diretoria, fornecedores e grandes clientes da Uniforja)*

**... no Brasil, cresceu de forma concentrada:** No século XX, de 1950 a 1980, nós crescemos à taxa de 7,5% ao ano e não conseguimos fazer com que esse crescimento se transformasse em elevação da qualidade de vida do nosso povo. Houve uma concentração de riqueza exagerada no nosso país. *(11/11/04, Porto Real – RJ. Início da produção do Peugeot 206 SW)*

**... agora vai ser distribuída, como nunca foi antes:** Nosso povo já deu mostras, ao longo da História, de sua capacidade, generosidade e vocação para o desenvolvimento. E dessa vez, como nunca no passado, vamos crescer para mudar, para distribuir riqueza e fazer justiça social. *(18/12/03, Brasília – DF. Prestação de contas do ano de 2003)*

**... historicamente, foi produzida à custa do Nordeste:** É fácil falar que no Nordeste tem muita pobreza, mas é difícil lembrar o que o Nordeste já fez pelo Brasil historicamente, o que o Nordeste já fez nesses 350 ou quatrocentos primeiros anos da história do Brasil. Foi do Nordeste que saiu grande parte da nossa riqueza. Então, humildemente, como nordestino, eu estou apenas dizendo: "Vou dar a minha contribuição para o Nordeste ser mais Nordeste." *(16/1/06, Goiana – PE. Visita às obras de duplicação da Rodovia BR-101 Nordeste, no estado de Pernambuco)*

**... precisa ser mais bem-explorada na América Latina:** Meus queridos companheiros, eu quero que vocês saibam que vocês têm um amigo no Brasil. Um amigo que sabe das dificuldades, mas um amigo que acredita que a América Latina tem uma chance, uma chance ímpar. Nós temos riquezas que não foram exploradas ainda por nós, nós temos que aproveitar as similaridades entre nós. *(25/8/04, Quito – Equador. Almoço empresarial oferecido pelo presidente do Equador)*

## Sacanagem

Eu não sei se o Waldomiro [Diniz, ex-assessor de José Dirceu na Casa Civil] era filiado ao PT. Não tenho clareza disso. Eu fiquei decepcionado porque na hora em que um cidadão é convidado para trabalhar com um ministro que é companheiro dele, a honestidade e o zelar pelo seu comportamento passam a ser condição *sine qua non* para que as coisas deem certo. Eu não posso imaginar que eu convide você para trabalhar como meu assessor porque confio em você, e você tira proveito dessa confiança para fazer uma sacanagem contra alguém. Acho isso deplorável no ser humano, acho isso muito triste, e isso muitas vezes vai sempre colocando dúvidas nas relações humanas. *(20/5/04, Brasília – DF. Entrevista ao jornal* O Globo*)*

**... é a desonestidade:** Eu me lembro de uma vez em que o Furlan [Luiz Fernando Furlan, ministro do Desenvolvimento] entrou na minha sala, nervoso, e falou assim: "Presidente, olha o tanto, tanto que eu exporto frango, presidente. Nunca, nunca eu vi uma sacanagem. Agora, presidente, eu peguei uma pessoa que estava exportando frango com água dentro, e congela, fica mais pesado." Será que esse malandro acha que vai ganhar uns dólares a mais, mas sabe o prejuízo que pode criar para a imagem do país, a política de exportação do país, ele tem noção disso? Então, com essas pessoas, nós temos que ser duros. Nós temos que ser duros com os maus para garantir que aqueles que são bons, sérios, possam ganhar mercado no mundo e possam vender cada vez mais. *(23/11/05, Rio de Janeiro – RJ. Abertura do 25.º Encontro Nacional do Comércio Exterior – Enaex)*

**... é a mentira:** O Brasil virou o maior exportador de carne do mundo, o Brasil é um dos maiores exportadores de soja do mundo, o Brasil é o maior exportador de café do mundo, o Brasil é um grande exportador de muitas outras coisas. E eles, agora, inventaram: "Vai faltar alimento no mundo, porque o biocombustível está tomando lugar da produção do alimento." Sacanagem pura, malandragem pura de quem não tem competência para competir com o Brasil. *(6/5/08, Igarapé da Cachoeirinha – AM. Inauguração do projeto de urbanização do Igarapé da Cachoeirinha, assinatura de ordens de início das obras da ponte sobre o rio Negro, de ordens de serviço do PAC e do Pacto Federativo do programa Territórios da Cidadania do Amazonas)*

**... é o peculato:** Estou vendo, aqui, o Meio-quilo, Mariano Palma Vilata [ex-presidente do conselho fiscal do Sindicato dos Metalúrgicos de São Bernardo do Campo], nosso companheiro diretor do sindicato, companheiro do conselho fiscal, que brigava tanto para as notas do sindicato estarem em dia. Brigava tanto, que me obrigou a instituir a diária no sindicato, coisa que eu quero fazer no Governo Federal para acabar com sacanagem, instituir logo a diária para todo mundo saber. *(12/5/08, São Bernardo do Campo – SP. Comemoração dos trinta anos da greve da Scania)*

## Sacrifício(s)

[ver: dificuldade]

Para quem vem de baixo, qualquer coisa, por menor que seja, dá uma emoção muito maior do que para muita gente que nunca soube o que é o sacrifício de "comer o pão que o diabo amassou" para ter um lugar ao sol. *(24/6/03, Brasília – DF. Entrega dos troféus às instituições beneficiárias do programa Senai Solidário e premiação do Concurso Nacional de Criatividade para Docentes)*

**... podem fazer de alguém um bom governante:** Muitas vezes, as pessoas que governaram este país, por terem tido todas as oportunidades que a vida lhes ofereceu, às vezes por terem herdado do pai ou da mãe o que eles tiveram, sem muito sacrifício, eles ganharam as eleições, foram presidentes, foram governadores e, muitas vezes, esqueceram que tinham que dar para o povo pobre deste país as oportunidades que eles receberam de outros governantes. Eles esqueceram o quanto é sagrado, para a independência de um ser humano, uma profissão. Eles esqueceram o quanto é sagrado para um trabalhador poder trabalhar e, chegar no final do mês, ter o dinheiro para sustentar condignamente a sua família, sem precisar ficar em programas auxiliares do prefeito, do governador ou do presidente da República. *(16/8/07, Rio de Janeiro – RJ. Inauguração da Uned Guarus)*

**... nem sempre são reconhecidos:** E no Brasil, também, se adquiriu o hábito de só se receber quem traz medalha de ouro. O coitado do atleta que não consegue ganhar, mesmo depois de fazer um sacrifício enorme, de passar a noite sem dormir, nervoso, por causa da disputa no dia seguinte, volta para o seu país e, às vezes, nem a família está esperando no aeroporto, porque ele não trouxe medalha. Jornalista, nem se fala, governante, então, nem aparece. Todo mundo gosta, mesmo, é de receber quem traz medalha de ouro no pescoço. Ou seja, é como se, numa guerra, os soldados que morreram não tivessem a mesma importância dos que ficaram vivos na batalha a que se submeteram. *(9/7/04, Brasília – DF. Despedida dos atletas que estarão nas Olimpíadas de Atenas)*

## Saneamento

[ver: obra; Saúde]

No Brasil, historicamente, saneamento básico não é tratado com o carinho que deveria ser tratado. É só pegarmos o estudo dos investimentos em saneamento básico, que nós vamos ver que saneamento básico é tratado como se fosse uma coisa sem importância – e às vezes não se leva em conta que, de 1995 a 1998, trezentas mil crianças morreram no Brasil por doenças adquiridas por falta de saneamento básico. Sabem por que muitas vezes não há saneamento básico? Porque tem que cavar um buraco, o que atrapalha a população durante um tempo, depois se coloca um tubo – o que continua atrapalhando a população –, depois joga-se terra por cima, ninguém vai ver, e não dá para colocar o nome de alguém: "Encanamento Fulano de Tal"... Então as pessoas preferem fazer pontes e viadutos, porque aí dá para colocar placa. *(7/4/03, São Paulo – SP. Comemoração do Dia Mundial da Saúde)*

**... melhora a vida das pessoas:** Liberar dinheiro para saneamento básico é liberar, indiretamente, dinheiro para a Saúde; é liberar, indiretamente, dinheiro para a melhoria da qualidade de vida das pessoas. *(17/12/03, Brasília – DF. Contratação de recursos do FGTS para saneamento ambiental)*

**... teve investimentos recordes com Lula:** Nós estamos destinando R$40 bilhões para saneamento básico. Quem é deputado, quem é prefeito, quem é senador poderia pesquisar, nos anais da Câmara dos Deputados ou do Senado, se desde que Marechal Deodoro proclamou a República neste país tem um investimento na área de saneamento básico como o que nós estamos fazendo. *(27/7/07, Tere-*

*sina – PI. Lançamento do PAC Saneamento e Urbanização no estado do Piauí)*

**... tem tanto investimento com Lula que vai acabar sobrando dinheiro na área da Saúde:** Todo mundo sabe que o saneamento básico... eu não sei se o Ministério da Saúde concorda com isso, mas a Organização Mundial da Saúde costuma avisar que, a cada real que a gente coloca no saneamento básico, a gente está evitando gastar quatro reais na Saúde. Se isso for verdade, daqui a uns dias vai estar sobrando dinheiro no Ministério da Saúde, porque o Brasil passou muito tempo sem investir em saneamento básico. Se vocês pegarem os números, vocês vão perceber que o Brasil ficou muito tempo sem investir em saneamento básico. *(22/5/06, Brasília – DF. Assinatura de protocolos de intenções no âmbito do programa Saneamento para Todos)*

## Satisfação

**[ver: felicidade; orgulho]**

Eu digo sempre que eu quero ser medido pelas coisas boas e pelo grau de satisfação que um ser humano sente. Eu digo sempre: quando eu deixar a Presidência da República eu quero ter conquistado o direito, mesmo que não tenha feito tudo que eu pensava fazer, de ter feito o máximo que estava ao meu alcance, para poder olhar na cara de cada companheiro, de cada metalúrgico, como eu estou agora, aqui, olhar os empresários, e não ter perdido o direito de chamá-los de companheiros. *(3/9/04, Osasco – SP. Cerimônia pelos 60 anos de fundação da Cobrasma, atuais Flanaço e Amsted Maxion)*

**... para Lula, é saber que o povo está vivendo melhor:** Nós não vamos consertar em quatro anos os desmazelos de quinhentos anos, de trezentos anos ou de duzentos anos. O que me dá satisfação é saber que agora as pessoas estão vivendo um pouco melhor. *(7/12/05, Brasília – DF. Entrevista coletiva às emissoras de rádio Band AM e Bandnews FM, CBN e Jovem Pan)*

**... só existe quando a tarefa é cumprida:** Quando a gente compara a situação em que pegamos o país – com a Economia estagnada, dólar disparado, inflação descontrolada, relação dívida/PIB [Produto Interno Bruto] próxima da inviabilidade e carga tributária recorde – com a que nos encontramos agora, a sensação que eu tenho é de alegria, de estar cumprindo com a nossa obrigação. Satisfação eu não diria, porque ainda temos muito a fazer antes de ficar satisfeitos. *(11/2/05, Brasília – DF. Entrevista ao jornal* O Globo*)*

## Saúde

Uma criança desnutrida não tem força ou condições de fazer quase que absolutamente nada. Antigamente a gente tinha um personagem, no Brasil, chamado Jeca Tatu. Havia um livrinho, de um laboratório que fabricava um biotônico, com a história do Jeca Tatu e da fragilidade de um doente. Aquilo continua valendo para hoje. Então nós temos que saber que a Saúde é um dos direitos universais e que todo e qualquer Estado, independente de quem o dirija, tem que tratar do assunto com carinho excepcional. *(7/4/03, São Paulo – SP. Dia Mundial da Saúde)*

**... deve ser mantida com prevenção:** A melhor forma de você cuidar da saúde é fazer o tratamento preventivo, evitar que as pessoas fiquem doentes, porque fica mais barato evitar que elas fiquem doentes do que tratá-las depois que fiquem doentes e têm que ser internadas no hospital ou têm que tomar remédio. *(14/7/04, Campinas – SP. Inauguração da Estação de Tratamento de Esgoto)*

**... se consegue fazendo exercícios:** Eu fico imaginando quanta gente poderia estar melhor de saúde se levantasse meia hora antes do trabalho para andar um pouquinho. E, muitas vezes, não anda de preguiça. Eu fico imaginando quantas pessoas poderiam comprar menos remédios para a hipertensão, se andassem meia hora antes de dormir, mas que, muitas vezes, preferem ficar sentadas na frente de uma televisão, tomando remédio, do que tentar praticar um esporte que vai lhes permitir, como cidadãos, como seres humanos, ter uma vida mais saudável e mais longa. *(14/10/04, Brasília – DF. Encontro com a delegação de atletas das Paraolimpíadas de Atenas-2004)*

**... é também promovida com investimentos em saneamento:** Para que a gente possa resolver o problema de todas as pessoas é preciso uma forte política de investimento em Saúde. E compreendendo Saúde não apenas o hospital ou os postos de atendimento médico ou a farmácia popular, mas sobretudo uma política de saneamento básico, fazendo com que água de qualidade chegue na casa das pessoas, que o esgoto seja recolhido, seja tratado, jogado nos rios para não poluir a água. *(20/1/06, Queimados – RJ. Assinatura de convênios para Saúde na Baixada Fluminense e anúncio dos recursos para retomada das obras do Hospital de Queimados)*

**... não pode esperar:** Eu, toda vez que falo em Saúde Pública, eu me lembro quando eu precisava de Saúde Pública, em São Paulo, quando eu trabalhava em fábrica que tinha convênio. E qual é o desejo nosso? O desejo nosso é fazer com que o sistema de Saúde no Brasil... e algumas prefeituras já fazem isso com muita competência, porque as prefeituras também têm que colocar uma boa parte do dinheiro, é que nós precisamos fazer com que o tratamento de Saúde não permita que a pessoa espere, porque a doença não espera. Ninguém pode dizer para a dor de cabeça: "Olha, vem amanhã, porque hoje não tem médico." O que nós gostaríamos era que em todas as cidades brasileiras o sistema de Saúde funcionasse. Nós temos exemplos de cidades em que a Saúde funciona bem. *(24/11/05, Brasília – DF. Entrevista coletiva a emissoras de rádio de SP e RJ)*

**... leva ao aumento de produtividade:** Quando você gasta dinheiro ou quando você põe dinheiro para cuidar da saúde de uma pessoa, aquilo é um investimento, porque a pessoa com saúde vai poder produzir intelectualmente, vai poder trabalhar mais. *(26/5/06, Brasília – DF. Encerramento da 1.ª Conferência Nacional dos Direitos dos Idosos)*

**... deve ter três programas prioritários:** Três coisas importantes na área da Saúde que nós vamos fazer: primeiro, a questão da saúde bucal. Vocês sabem que, no Brasil – quem é médico aqui sabe, quem é dentista sabe e quem é especialista em política sabe –, que odontologia, que boca, que dente, nunca foi um assunto tratado como questão de Saúde Pública no Brasil. Ou seja, uma pessoa trata de uma unha encravada no pé, trata de um calo por conta dos convênios de assistência médica, mas pode ter um dente estourado, porque os convênios não aceitam tratamento dentário nos convênios assinados pela maioria do povo deste país. Por quê? Porque dor de dente é coisa de pobre. Rico se trata desde que nasce. O problema é pobre, que bebe água sem tratar, que não tem cloro, que não tem uma série de coisas. Então, uma criança com sete anos, com oito anos, com nove, com dez anos, nem saiu o dente direito, já está com o dente cariado por antecipação, já vem cariado lá de baixo. Então, nós resolvemos colocar a questão da saúde bucal como uma das nossas prioridades. Eu sou nordestino e não me conformo de ver uma menina ou um menino de 14, 15, 16 ou 17 anos não conseguir falar com você porque tem vergonha de mostrar a boca totalmente desdentada. Eu tive o prazer de participar da inauguração do primeiro centro na cidade do Ciro Gomes [ministro da Integração Nacional, nascido em Pindamonhangaba – SP, e radicado na infância em Sobral – CE], numa demonstração da influência que ele tem no Governo, pois foi na cidade dele que foi inaugurado o primeiro centro de saúde bucal do Brasil, ou seja, feito pelo Governo Federal. É um centro que tem todas as especialidades. Kátia [sem maior identificação], você que é dentista, até aqueles negócios para corrigir dente, que só rico tem no Brasil, aquilo também vai ter. Vai ter tratamento de canal, vai ter prótese. E o mais importante é que as pessoas irão marcar por telefone. Não precisa pegar um ônibus e amanhecer ou passar a noite lá. Nós vamos criar quatrocentos centros para atender uma população de quinhentos mil habitantes. Então, cada centro vai cuidar de quinhentos mil habitantes. E eu penso que nós vamos chegar a 2006, no Brasil inteiro, com o programa chamado Brasil Sorridente, e as pessoas não vão precisar ganhar dentadura que, às vezes, não cabem na boca, de político em época de eleição. As pessoas vão ser respeitadas e vão ter um tratamento de prótese decente, digno, para que possam, realmente, se sentir cidadãs no seu próprio país. Este é um programa importante. Outro programa importante é a Farmácia Popular. Nós vamos criar uns cem números de farmácias populares. Já tem algumas prontas em algumas capitais. Uma das capitais onde está pronta é a capital do PFL, lá em Salvador, que tem quatro farmácias populares. Mas tem em São Paulo, tem no Rio de Janeiro, acho que vai ter em Recife, acho que vai ter em Fortaleza, vai ter aqui, em Goiânia. Ainda não temos na quantidade que nós queremos, mas nós queremos fazer a farmácia popular para vender remédios. São 92 tipos de remédios, de preferência aqueles de uso contínuo, a preço, quem sabe, menor de 50% do valor normal, para que as pessoas pobres – que não ganham remédio quando vão nos hospitais públicos, porque nem sempre tem o remédio – possam comprar. O nosso desejo é fazer parceria com a rede de farmácias do Brasil e eles possam vender esse remédio de uso contínuo mais barato para a população. No começo de junho já vai ter uma série de cidades fazendo a inauguração. E a outra é a nossa política emergencial, o famoso Samu [Serviço de Atendimento Móvel de Urgência], onde nós já compramos 1.480 ambulâncias. Essas ambulâncias são de primeira categoria. Tem ambulância que é quase uma UTI ambulante, e nós vamos também criar atendimentos regionais, vocês já sabem do programa, porque o Humberto Costa [ministro da Saúde] já falou. Ou seja, basta discar 192 e nós vamos ter, em alguma região do país, uma central que vai atender, que vai mandar a ambulância. Nós temos convênios com as Forças Armadas e com a Polícia Rodoviária para utilizar o helicóptero, quando for necessário.

Este é apenas um exemplo para vocês saberem como isso funciona bem. Já tem em Recife. O prefeito de São Paulo está feliz da vida por conta disso. Já tem em mais algumas cidades. Aracaju também já tem quatro. *(17/5/04, Goiânia – GO. Abertura da 45.ª Reunião Geral da Frente Nacional de Prefeitos)*

**... no Brasil, está chegando à perfeição:** Nós queremos que o povo brasileiro seja tratado com muito mais respeito no Brasil. E só equipes do Saúde Bucal são 15 mil espalhadas pelo Brasil, como as do Saúde da Família, para cuidar das pessoas. Eu acho que não está longe de a gente atingir a perfeição no tratamento de saúde neste país. Para isso, nós temos que fazer mais investimento, como fizemos nesse Qualisus [Política de Qualificação da Atenção à Saúde]. No mais, companheiros, eu quero dizer para vocês que, se depender do nosso Governo, eu vou dizer uma coisa para vocês, para vocês terem noção do que aconteceu no Brasil. Os números do SUS [Sistema Único de Saúde], no Brasil, continuam crescendo. Os atendimentos realizados na rede de serviço do SUS aumentaram de um bilhão e oitocentos milhões para dois bilhões de reais. E o Governo continua investindo, cada vez mais, para garantir o direito da população brasileira de ter Saúde Pública. A cobertura da população, das equipes do Saúde da Família, passou de 30% em 2002 para 43,4% em 2005, alcançando 78 milhões de pessoas em todo o território nacional. Hoje, 94% dos municípios brasileiros contam com agentes comunitários de saúde, e 90% deles com equipes completas do Saúde da Família, em atuação. As equipes do Saúde Bucal atendiam 17,5% da população no país, hoje atendem 35% da população do país. Foram implantados 8.875 novas equipes, além dos 351 centros especializados em odontologia, que realizaram mais de um milhão e trezentos mil procedimentos especializados no Brasil. Vocês estão lembrados do Samu [Serviço de Atendimento Móvel de Urgência]. O Samu é uma coisa extraordinária, nós já temos mil e poucas ambulâncias, 1.100, e vamos colocar mais mil ambulâncias, já foi feita a licitação, nós queremos cobrir o território nacional com médico, com enfermeira, com tratamento decente para ninguém morrer ou na vila ou na estrada por falta de tratamento médico ou de socorro de emergência. *(19/4/06, Porto Alegre – RS. Inauguração da nova emergência do Hospital Nossa Senhora da Conceição)*

**... não sofre com a falta de recursos:** Se nós temos problemas na Saúde não é por causa das viagens [Lula se refere a denúncias de viagens em excesso por parte dos funcionários do ministério], deve ser outro problema, porque nós fazemos transferência de recursos para prefeitos e para os estados. Então, é preciso saber se o dinheiro que está sendo transferido está sendo aplicado corretamente na compra dos remédios, na compra de equipamentos, porque o Orçamento do Ministério da Saúde é um orçamento, eu diria, sozinho, ele é metade do orçamento de todos os outros ministros. Portanto, o problema não é da falta de dinheiro. *(18/11/05, Brasília – DF. Entrevista coletiva a emissoras de rádio de AM, PE, MG, PA, BA, RS, CE e GO)*

**... sofre com a falta de recursos, principalmente depois do fim da CPMF:** O que aconteceu? A oposição, PSDB e PFL, resolveram derrotar a CPMF [Contribuição Provisória sobre a Movimentação ou Transmissão de Valores e de Créditos e Direitos de Natureza Financeira]. Conclusão? Tiraram o programa de Saúde que nós havíamos lançado. Nós, agora, estamos trabalhando para ver se é possível a gente reconstruir uma política que possa melhorar a questão da Saúde no Brasil. E melhorar a Saúde significa mais investimento, significa mais leitos, significa mais médicos, significa mais enfermeiros, significa mais agentes de saúde. Eu quero levar a saúde para a escola. Eu acho que todas as crianças, quando entram na escola, têm que fazer exame de oftalmologia, têm que fazer os dentes. Nós já tivemos isso, na década de 60, por que não pode ter agora? *(23/4/08, Brasília – DF. Entrevista exclusiva para o jornal* Diário do Grande ABC*)*

## Seca

[ver: fome]

A seca causada pela falta de chuva precisa ser tratada como um fenômeno da natureza. Já a fome e a miséria, advindas da falta de chuva, são irresponsabilidade dos governantes do nosso país. No Brasil, habitualmente, trata-se a questão da seca com um uso político muito forte. Eu sou pernambucano, nascido em Garanhuns, e voltei lá, depois de quase trinta anos que estava fora de Pernambuco. Quando voltei à minha terra, os meus parentes que moravam lá estavam, ainda, do mesmo jeito de trinta anos atrás. E os discursos dos meus parentes eram os mesmos que a minha mãe [Eurídice Ferreira de Melo] fazia, quando eu tinha sete anos de idade e morava lá. Então, muitas vezes utilizou-se a fome, a seca e a miséria do Nordeste como um instrumento de perpetuação de uma determinada casta da sociedade, historicamente no poder. Obviamente, há pessoas que não concordam com isso. Mas esse é um dado muito concreto e objetivo. Eu acho que o problema da seca no Nordeste não tem que ser combatido, como dizem alguns. Eu, de vez em quando, vejo, na televisão, alguém dizer: "Nós precisamos combater a seca." Imaginem se nós, todo ano, ouvíssemos o primeiro-ministro do Canadá dizer: "Nós temos que combater a neve."Ou seja, você não faz política de combate à natureza. Você faz política de convivência com ela, respeitando o ciclo em que ela é mais dura com você, mas tirando proveito dos momentos de bonança que a natureza lhe oferece. *(9/4/03, Brasília – DF. Articulação no Semiárido – ASA)*

**... já fez Lula sofrer pessoalmente os seus efeitos:** Em 52, eu tinha sete anos de idade e fui embora para São Paulo por causa da maldita fome e por causa da seca. Então, nós precisamos resolver isso. Só é contra quem não sabe o que é carregar uma lata d'água na cabeça por quatro ou cinco léguas. Só é contra quem não sabe o que é pegar um pote d'água cheio de barro, de merda de animal, de caramujo, levar para dentro de casa, colocar para assentar e ficar tomando aquela água barrenta cheia de caramujo para pegar doença, para apodrecer os dentes, para pegar verminose. Então, quem tem água Perrier na geladeira pode até ser contra. *(27/7/07, Brasília – DF. Lançamento do PAC Saneamento e Urbanização no estado do Rio Grande do Norte)*

**... para muitos, é sempre culpa do Governo Federal:** Nós estivemos dois anos em crise na agricultura, e quem era o culpado? Era o Governo Federal. Não choveu, teve seca, perdeu, quem paga o pato? É o Governo Federal, porque as pessoas acham que a gente tem um pacote de dinheiro esperando a crise para resolver. Agora choveu, está tudo bem. Quem é o culpado pelas coisas estarem bem?

Não é o Governo, ou seja, nós só somos culpados se chover demais e perder a lavoura, ou se não chover e perder a lavoura. Se estiver tudo certo, o Governo não existe. *(20/4/07, Anápolis – GO. Inauguração da fábrica da Hyundai)*

**... devia ser do conhecimento de todos os ministros:** Eu queria levar todos os ministros para conhecerem a rudeza do sertão brasileiro em tempos de seca. *(10/1/03, Teresina – PI. Visita à Vila Irmã Dulce)*

**... pode ser atenuada com programas sociais do Governo:** Agora, com o seguro agrícola, se Deus quiser, daqui a alguns anos não vai ter mais problema. Não vai ter mais problema porque, bateu uma crise em um estado ou em uma região, a gente vai poder, imediatamente, com o seguro, cobrir. Uma coisa que eu fico feliz é que acabou a história... vocês nunca mais viram, na imprensa nacional, a figura daquelas frentes de trabalho. Tem uma seca, os trabalhadores tiram uma pedra de um canto, colocam em outro canto. No ano seguinte, ele tira do outro canto e bota no mesmo canto que estava. Agora, não. Agora o Bolsa Família está ajudando muitas famílias. Esses dias eu fiquei... esses dias, lá em casa, vendo televisão, quando eu vi aquelas mulheres do Rio Grande do Norte devolvendo o cartão porque já tinham resolvido o seu problema – e uma contou uma história, que comprou, com o primeiro dinheiro que ela recebeu, comprou pintinhos, aí com o segundo também comprou pintinhos, e daqui a pouco ela tinha uma galinhada, e daqui a pouco ela estava sendo vendedora de ovos e de frango caipira, e por isso ela não precisava mais do cartão, foi devolver. Recebi 290 cartões de volta, em uma demonstração de que vale a pena acreditar na seriedade do povo deste país. Vale a pena. *(22/11/05, Luziânia – GO. Abertura do I Congresso Nacional de Agricultura Familiar – Fetraf)*

## Segurança pública

[ver: bandido; Bolsa Família; cadeia; corrupção; corrupto; criança; droga; Educação; educador; família; jovem; pobre; pobreza; polícia; policial]

## Seleção brasileira de futebol

[ver: Corinthians; futebol]

Eu tenho andado muito, em todos os países que eu vou, seja na Rússia, na Alemanha, na França ou num país africano, no Oriente Médio, não tem um país a que eu vá em que a seleção brasileira não seja motivo de orgulho. Cada um de vocês [jogadores] é por demais conhecido, cada um de vocês virou um símbolo do esportista. Portanto, eu acho que vocês sabem o peso que está nas costas de vocês, a responsabilidade. *(8/6/06, Brasília – DF. Videoconferência com a seleção brasileira)*

**... serve como comparação para a política e o Governo:** Eu cito sempre futebol porque todo mundo conhece futebol, sobretudo agora que a seleção é unanimidade. *(7/6/06, Brasília – DF. Encerramento do Seminário Brasil nos Trilhos)*

**... tem grandes patrocinadores:** Está todo mundo quebrado, e as empresas privadas, também, não incentivam jogador que não é famoso. As empresas são mais espertas, ou seja, elas só vão incentivar e só vão garantir financiamento para o atleta que já volta da seleção brasileira, porque quando ele é bagrinho... ninguém aposta em bagrinho. *(24/3/06, Rio de Janeiro – RJ. Visita às obras da Vila do PAN e ao lançamento do programa Segundo Tempo)*

**... é valorizada apenas quando vence:** Quando a seleção de futebol perde um campeonato mundial, cada jogador desce no aeroporto escondidinho, com medo, meio cismado com a torcida e vai para a sua casa. Ninguém vai lá dar um abraço e falar: "Ô meu! Valeu a pena, valeu o sacrifício! O que valeu é que você suou a camisa." Ninguém vai. *(9/9/04, Brasília – DF. Recepção da delegação brasileira que participou das Olimpíadas de Atenas)*

**... poderia visitar mais os países pobres:** Quanto mais discuto sobre o Haiti, quanto mais eu visito a África, eu acho que a seleção brasileira deveria ter pelo menos uma data por ano... porque esses meninos, quando chegam à seleção, viram deuses, são queridos por milhões de pessoas que não moram no Brasil, mas, quem sabe, pudesse a CBF [Confederação Brasileira de Futebol] dar uma data por ano para que pudesse fazer mais jogos como aquele [no Haiti] em outro país. Se a CBF pudesse jogar na Guiné-Bissau, é um país muito pobre, é só atravessar o Atlântico, para mim e para você dá para ir até a nado, com o porte físico nosso, você não sabe o bem que a gente faria para milhões de pessoas que jamais sonhariam em ver um atleta da seleção brasileira. *(4/5/05, Brasília – DF. Lançamento nacional da Loteria Timemania)*

**... precisa estar bem em 2014; e que seja campeã:** Todos nós pedimos a Deus que a seleção esteja bem em 2014, que vá para a final e que ganhe a Copa do Mundo. *(12/11/07, Brasília – DF. Assinatura do convênio para transferência de recursos do Governo Federal para o Governo do estado do Rio de Janeiro para realização, por delegação, das obras do Arco Rodoviário)*

## Senado

**[ver: Câmara dos Deputados; Congresso; deputado; senador]**

O Senado é um poder importante, como todo o Congresso, um poder autônomo, uma instituição poderosa, e a relação tem de ser de independência, mas ao mesmo tempo de ser uma relação harmoniosa. *(16/12/07, Brasília – DF. Entrevista na sede do Partido dos Trabalhadores, eleições internas)*

**... é importante para o Executivo, porque vota os projetos:** Para um presidente da República o que interessa é que o Senado volte a funcionar com normalidade, porque nós temos coisas muito importantes a serem votadas: nós temos a CPMF [Contribuição Provisória sobre a Movimentação ou Transmissão de Valores e de Crédito e Direitos de Natureza Financeira], nós temos reforma tributária, nós temos coisas do interesse do povo brasileiro. É isso que conta, na verdade. *(13/9/07, Copenhague – Dinamarca. Entrevista a jornalistas brasileiros)*

**... pode atrasar boas iniciativas do Governo por disputas eleitorais:** O projeto de PPP [Parcerias Público-Privadas] não foi um projeto construído pelo ministro Guido Mantega [ministro do Planejamento] ou pelo ministro Furlan [Luiz Fernando Furlan, ministro do Desenvolvimento] ou pelo ministro Palocci [Antônio Palocci, ministro da Fazenda]. Foi um projeto em que nós ouvimos muita gente. Este projeto está na Câmara dos Deputados, aprovado, está no Senado já há algum tempo. Eu não sei se tem problemas políticos, não sei se estão pensando nas eleições de 2006. O dado concreto é que, a cada dia que nós deixarmos de votar um projeto desse, nós estamos jogando no ralo a oportunidade da boa parceria entre a iniciativa privada e o poder público. *(21/10/04, Rio de Janeiro – RJ. Posse da Diretoria da Federação das Indústrias do Estado do Rio de Janeiro – Firjan)*

**... precisa ser monitorado pelo povo para ver se atrapalha o país por disputa eleitoral:** O momento da disputa é o momento eleitoral. Depois que você faz a disputa, é preciso ter um tempo de governança. É preciso que as pessoas acreditem que tudo que acontecer de ruim no Amapá não vai prejudicar o Waldez [Góes, governador do Amapá], não vai prejudicar o prefeito, não vai prejudicar os deputados, vai prejudicar é aquele povo que vive no anonimato, no meio do mato neste estado, que fica à espera de que a gente faça alguma coisa. Por isso, meus companheiros e minhas companheiras, é importante vocês ficarem atentos: qual será o voto dos senadores brasileiros na próxima semana, ou sei lá quando eles vão votar. *(7/12/07, Macapá – AP. Assinatura do decreto de transferência de domínio de terras da União para o Governo do estado do Amapá e atos para o Amapá)*

**... quando demonstra boa vontade, vota a favor do Governo e "arranja" o Brasil:** Agora, eu acho que os projetos estão indo para o Senado, eu acho que o Senado vai demonstrar a mesma boa vontade da Câmara, e nós agora temos a Lei Geral da Micro e Pequena Empresa, que é um avanço extraordinário, e nela está acoplado o projeto de Pré-empresa, e eu acho que aí o Brasil, definitivamente, está todo arranjado. *(30/1/06, Viana – ES. Cerimônia de inauguração da Subestação de Energia Elétrica de Viana)*

**... não deve sofrer a intromissão do presidente em seus assuntos:** Veja, eu não tenho discutido o problema do Senado. Acho que é um problema eminentemente do Senado. O Senado, em algum momento, vai tomar a decisão, e a decisão, qualquer que seja ela, é o resultado do funcionamento de uma instituição, o resultado democrático que nós temos que acatar. Eu estou deixando o Senado decidir. Presidente do Senado não é comigo, é com o Senado. *(21/11/07, Brasília – DF. Entrevista após lançamento do Programa Desenvolvimento & Cidadania Petrobras)*

# Senador(es)

[ver: Câmara dos Deputados; Congresso; deputado; Senado]

Não adianta um senador dizer "eu não gosto do Lula". Se ele diz que não gosta do Lula, ele que pegue a tribuna e me xingue o quanto quiser, até cair a língua, não tem problema. Isso não me incomoda. Agora, na hora em que ele tiver que votar, ele tem que ver o seguinte: esse projeto vai beneficiar o presidente ou vai beneficiar o povo brasileiro? E aí votar com consciência. *(27/7/07, Natal – RN. Lançamento do PAC Saneamento e Urbanização no estado do Rio Grande do Norte)*

**... não deveriam ter suplente:** Eu, por exemplo, acho que era preciso acabar com a figura do suplente de senador. Um senador foi eleito, não está mais no mandato, o segundo entra. *(23/8/07, Brasília – DF. Entrevista aos jornalistas Tânia Monteiro, Vera Rosa, Rui Nogueira e Ricardo Gandour, do jornal* O Estado de S. Paulo*)*

**...fazem discurso, enquanto a imprensa futrica e o Governo trabalha:** Em vez de ficar preocupado com discurso de um senador, com discurso de um deputado, com futrica no jornal, como as coisas estão dando certo, nós temos que nos preocupar agora em trabalhar, porque é para isso que o Brasil nos elegeu. *(6/5/08, Manaus – AM. Entrevista coletiva após visita às obras da ponte sobre o rio Negro)*

**... devem ter seriedade:** Você tem no Orçamento uma quantidade de dinheiro que está comprometida com a Previdência Social, está comprometida com salário. Eu espero que, na hora em que algum senador votar contra [a CPMF – Contribuição Provisória sobre a Movimentação ou Transmissão de Valores e de Crédito e Direitos de Natureza Financeira], ele diga onde nós vamos arrumar quarenta bilhões para fazer o que precisamos fazer. É só isso que eu quero: seriedade, nada mais do que isso. *(16/10/07, Brazzaville – Congo. Entrevista a jornalistas brasileiros durante visita à República do Congo)*

**... devem ter bom senso, sendo ou não do PSDB, e votar a favor do Governo:** Se os governadores do PSDB querem a CPMF, por que os senadores votariam contra? De qualquer forma, pode ser que algum senador, que seja senador num estado em que ele seja inimigo do governador, queira trabalhar contra. Mas, se ele for pelo menos um brasileiro de bom senso, que entenda a realidade dos estados, certamente ele votará [a favor da CPMF]. *(14/11/07, Brasília – DF. Entrevista após almoço com o presidente de Guiné-Bissau, João Bernardo Nino Vieira)*

**... às vezes, como os deputados, copiam propostas dos colegas:** Perguntem para os deputados e para os senadores. Política é assim: você pensa em apresentar um projeto de lei, comenta sobre o assunto no jantar e, no café da manhã, outro já apresentou. *(28/11/03, Rio de Janeiro – RJ. Encerramento do 23.º Encontro Nacional de Comércio Exterior)*

**... não são criticados por Lula:** Eu duvido que um cidadão brasileiro, de zero a cem anos, tenha visto uma declaração minha falando mal de um governador, falando mal de um prefeito, falando mal de um deputado ou de um senador. Mesmo quando eu fui atacado da forma mais rasteira, eu não deixei de me comportar como presidente da República do Brasil, porque não farei jogo rasteiro. Jogo rasteiro é para outro tipo de gente, jogo rasteiro é para quem não respeita o povo quando a gente se dirige ao povo. *(24/3/06, Vitória – ES. Comemoração dos 100 anos do Porto de Vitória)*

**... assim como qualquer brasileiro, são inocentes até que se prove o contrário:** Veja, um senador, todo ser humano, todo brasileiro, 190 milhões de brasileiros, inclusive você [um repórter] terá o meu apoio porque todos são inocentes até prova em contrário. *(8/8/07, Manágua – Nicarágua. Entrevista a jornalistas brasileiros e estrangeiros)*

**... devem ser ajudados para ajudar o Governo, afinal de contas, "uma mão lava a outra":** O Orçamento da União ainda não foi votado, porque no Brasil é assim: o Governo quer trabalhar, e tem uma banda que não quer que o Governo trabalhe. Então, eu fui eleito para a gente trabalhar, é o que a gente está fazendo e, portanto, eu queria que nos estados vocês não permitissem que as disputas locais pudessem atrapalhar as coisas em nível nacional, porque aí, quando eu for pedir apoio a um senador, ele vai dizer para mim "por que eu vou votar nas coisas do Governo se lá no estado o seu partido me destrata", ou coisa parecida? Então, eu queria que levassem isso em conta, porque com uma mão a gente lava a outra e com as duas a gente até toma um banho, se for o caso. *(24/3/06, Vitória – ES. Op. cit.)*

**... quando votam contra ou a favor do Governo, não devem satisfações ao presidente:** Agora eu estou vendo as pessoas dizerem para votar contra a CPMF. Às vezes eu tenho a impressão, e a imprensa trabalha muito isso, gostosamente, tentando vender uma briga entre o Senado e o Governo. Primeiro, parem com essa bobagem de vender briga entre o Senado e o Governo, porque o "Lula Paz e Amor" não vai brigar com o Senado. Não vou brigar com o Senado. Votar contra ou a favor é o estado de consciência que vai tomar conta dos senadores no dia em que eles tiverem que votar. Se votarem contra, é um resultado tão legítimo quanto se votarem a favor. Agora, também não têm que prestar contas para mim. Eu jamais vou cobrar de um senador da República. Até porque o presidente não pode cobrar, o mandato de presidente é só de quatro anos e o deles é de oito. Então, o presidente tem que ser mais comedido. *(14/11/07, Brasília – DF. Abertura da 13.ª Conferência Nacional de Saúde – edição 2007)*

**... prejudicam o país, quando contrariam o Governo:** Eu quero terminar dizendo para vocês que o Governo poderia estar choroso, porque em dezembro alguns senadores tiraram 40 bilhões de reais do Governo Federal. Desses 40 bilhões, a gente ia colocar 24 bilhões na Saúde, 24 bilhões eram para cuidar da Saúde; eles tiraram. Não tem problema. Vão fazer falta 40 bilhões, mas nós vamos arrumar mais. Pode demorar um pouco mais, um pouco menos, mas nós vamos arrumar dinheiro. *(6/5/08, Igarapé da Cachoeirinha – AM. Inauguração do projeto de urbanização do Igarapé da Cachoeirinha, assinatura de ordens de início das obras da ponte sobre o rio Negro, de ordens de serviço do PAC e do Pacto Federativo do programa Territórios da Cidadania do Amazonas)*

**... como os deputados, devem ser reconhecidos quando favorecem o país:** Nós estamos aprovando isso, não por mérito do presidente da República, mas por mérito dos deputados e dos senadores, que entendem que uma reforma tributária neste país não é para beneficiar o presidente da República ou o Poder Executivo federal. *(11/10/03, Corumbá – MS. Comemoração do 26.º aniversário do estado do Mato Grosso do Sul)*

**... às vezes, resolvem trabalhar:** Quando os homens públicos do Brasil resolvem trabalhar, as coisas acontecem, como aconteceu na Câmara e no Senado. Eu acho que os senadores e deputados brasileiros estão de parabéns. *(17/12/03, Brasília – DF. Inauguração do Centro Internacional de Neurociências e Reabilitação – Rede Sarah)*

## Sensibilidade

[ver: razão]

Não deixarei de fazer as coisas que temos que fazer. E espero dar a minha contribuição para que outros companheiros ganhem as eleições em outros países do mundo, para que a gente possa, de uma vez por todas, começar a eleger pessoas que tenham mais sensibilidade, que tenham mais compromisso, que acreditem que é possível a gente mudar a história da humanidade. *(24/1/03, Porto Alegre – RS. III Fórum Social Mundial)*

**... é do que o homem é feito, na sua maior parte:** Eu não sou daqueles que ficam aqui, sentado na minha cadeira, achando que os Estados Unidos são imperialistas, que a França é imperialista, que não sei quem é imperialista. Cada um defende os seus interesses. Nós defendemos os nossos, os países ricos defendem os deles. E esse jogo de força, esse jogo de adversidade na democracia é que vai permitir que conquistemos um pouco aqui e um pouco ali. E a sensibilidade do ser humano. O ser humano tem 20% de razão e 80% de emoção. E, com o tempo, vamos convencendo as pessoas de que não é justo permitir que, nos dias de hoje, com os avanços tecnológicos que nós temos, com o avanço da engenharia genética, possamos assistir a uma criança morrer de fome, a pessoas não tendo o que comer. É apenas disso que eu acho que temos que convencer as pessoas. *(4/5/05, Brasília – DF. Entrevista aos jornalistas franceses da TV5, Slimane Zeghidour; Rádio França Internacional, Pierre Ganz, e revista* Paris Match, *Olivier Royant)*

**... é tão importante quanto o dinheiro:** Você pode ter o dinheiro do mundo, se você não tiver humildade e sensibilidade para fazer as coisas florescerem, desabrocharem como um botão de rosa, o dinheiro não vai valer nada. O dinheiro, ao invés de produzir cultura, pode produzir um monstrengo, como nós já cansamos de ver em outros momentos históricos deste país. *(8/11/06, Brasília – DF. Entrega da Ordem do Mérito Cultural)*

**... é algo sagrado:** Esse negócio de combater a fome é menos bravata, é menos discurso ideológico. É, na verdade, falar com o coração das pessoas. É falar com aquilo que o ser humano tem de mais sagrado, que é a sua sensibilidade. *(7/10/04, Brasília – DF. Apresentação da agenda das ações preparatórias da comemoração do Dia Mundial da Alimentação)*

**... é algo necessário na política:** A política é feita com um sensor muito delicado, e, se a gente não cuidar da sensibilidade dos interlocutores, por uma coisinha qualquer a gente pode criar um atrito interminável, pode ter uma ferida incurável. *(18/12/03, Brasília – DF. Ato de prestação de contas do ano de 2003)*

**... é algo necessário no Governo:** Não é possível um governante governar, apenas com a sua consciência, um país como o Brasil, com as dificuldades do Brasil, nós temos que governar com a nossa sabedoria, mas temos que governar com a nossa sensibilidade, e a sensibilidade nossa, ela vem daqui. A gente, cada vez que tiver que discutir um dinheiro, em que a gente normalmente utiliza a palavra gasto, nós temos que discutir se aquilo é gasto ou investimento, porque política social não é gasto, é investimento, porque política educacional não é gasto, é investimento. *(28/7/05, Canoas – RS. Visita às novas unidades de produção da Refap)*

**... é o que Lula tem:** Eu tenho sensibilidade. Eu vejo, nos olhos das pessoas, quando me veem na rua, principalmente os mais pobres, o grau de expectativa que nós geramos. *(1/5/03, Indaiatuba – SP. Visita ao Retiro de Itaici – CNBB)*

## Sexo

[ver: aids]

Não tem como a gente carimbar na testa de uma criança, adolescente, qual é o momento em que ela pode começar a fazer sexo. Não tem como um pai ou uma mãe dizer: "A minha filha só vai fazer sexo, ou o meu filho, quando eu quiser." Primeiro porque sexo é uma coisa que quase todo mundo gosta e é uma necessidade orgânica, é uma necessidade da espécie humana e da espécie animal. Portanto, como nós não temos controle disso, o que nós precisamos é educar, no momento certo, enquanto é criança. *(7/3/07, Rio de Janeiro – RJ. Comemoração ao Dia Internacional da Mulher)*

**... não serve apenas à reprodução:** Esse que é o responsável pela sua gravidez possivelmente seja tão inocente quanto ela, porque também não teve, nem na sua adolescência, nem na sua infância, nenhum processo de educação que dissesse às pessoas: "É possível fazer sexo sem precisar engravidar e ter um filho." É possível fazer sexo seguro, é possível planejar a família da gente, não porque o Governo manda castrar o homem ou a mulher, mas porque há um processo de educação em que as pessoas aprendem a autodeterminar quando e quantos filhos querem colocar no mundo, para assumir a responsabilidade. *(12/3/03, Brasília – DF. Comemoração ao Dia Internacional da Mulher)*

## Sindicato(s)

**[ver: empregado; empregador; fábrica; trabalhador; trabalho]**

Faz, pelo menos, uns dez anos que tenho brigado com o movimento sindical, porque o movimento tem que deixar de ser apenas corporativista e se transformar num instrumento mais defensor do conjunto da sociedade. Eu até apelidei esse nome, de que nós deveríamos transformar o sindicato num sindicato chamado "sindicato cidadão". Um sindicato que, ao mesmo tempo que defenda os interesses daquele que está entrando para trabalhar na porta de uma fábrica, se preocupe com aquele que já entrou na fábrica e que está vendendo cachorro-quente na porta da fábrica. Um sindicato que se preocupe com aquele que está na porta da fábrica, mas se preocupe também com aquele que está em casa, com a criança que está em casa, que é resultado de muitas coisas que acontecem ou que não acontecem no mundo do trabalho, neste país. Um sindicato que eu tenho chamado a atenção para que se transforme num instrumento político da sociedade, mais do que num instrumento corporativo de uma categoria específica. E um sindicato que comece a se preocupar com aqueles que querem trabalhar e não têm trabalho, com aqueles que querem comer e não têm comida, com aqueles que querem estudar e não têm escola, com aqueles que querem saúde e não têm acesso a médico, com aqueles que querem remédio e não têm dinheiro para comprar. E, sobretudo, um sindicato que se preocupe com as coisas que acontecem em Brasília. *(25/2/03, Brasília – DF. Reunião do Conselho Nacional de Segurança Alimentar e Nutricional – Consea)*

**... no início, eram rejeitados por Lula, um peão:** Aliás, meu irmão mais velho me convidava para o sindicato e eu nunca aceitei, porque eu achava uma coisa tremendamente chata as discussões que, normalmente, eu não entendia. Eu vim ao sindicato em 1968, pela primeira vez. Houve uma briga no sindicato, não sei por quê, mas houve uma briga. E, por conta da briga, eu passei a gostar de vir e a frequentar o sindicato. *(1/5/03, São Bernardo do Campo – SP. Missa dos trabalhadores: "A esperança é fruto de nossa resistência")*

**... no início, eram rejeitados pela maior parte dos peões:** Em 1965, quando eu assumi o Sindicato dos Metalúrgicos do ABC [foi eleito suplente do Sindicato dos Metalúrgicos de São Bernardo do Campo e Diadema em 1969; presidente desse mesmo sindicato em 1975; o Sindicato dos Metalúrgicos do ABC, fundado em 1933 e extinto em 1959, foi recriado apenas em 1993], os trabalhadores eram muito desunidos. Nós íamos na porta de uma fábrica distribuir boletins, entravam quarenta mil trabalhadores dentro da Volkswagen, da Mercedes, da Ford, e às vezes eles nem paravam para pegar um boletim da nossa mão. Era como se o sindicato não existisse, era como se o sindicato atrapalhasse a vida dos trabalhadores. Você convocava uma grande reunião, numa categoria que tinha 150 mil pessoas, e apareciam meia dúzia de gatos pingados, e ainda não acreditavam no sindicato. *(12/4/03, Maringá – PR. Inauguração da Indústria de Sucos da Cocamar)*

**... tiveram sua história transformada pelos peões, sem teoria na cabeça:** Como surgiu o tal do novo sindicalismo, em 1977? Surgiu exatamente por conta da criatividade de um conjunto de pessoas, uma grande maioria que não tinha nenhuma teoria sindical, eram peões de fábrica mesmo, que foram percebendo que da forma como vinha sendo feito não dava para funcionar, e que era preciso, então, fazer as coisas um pouco diferentes. *(29/11/04, Brasília – DF. Apresentação do Programa Nacional de Microcrédito Produtivo Orientado)*

**... tiveram sua história transformada por Lula:** Quando comecei minha vida sindical, os meus amigos mais inteligentes e mais espertos diziam para mim: "Lula, não entres no movimento sindical, porque a estrutura sindical brasileira é a cópia fiel da 'Carta di Lavoro', de Mussolini [Benito Mussolini, líder fascista e primeiro-ministro da Itália entre 1922 e 1943] e, se tu entrares no sindicato, vais virar um pelego e não vais conseguir fazer nada." Eu entrei no sindicato e, em três anos, nós mudamos a história do movimento sindical brasileiro, que hoje é um dos mais importantes do mundo. *(24/1/03, Porto Alegre – RS. III Fórum Social Mundial)*

**... logo conquistaram a confiança dos peões:** Quando eu comecei a fazer sindicalismo, a gente convocava a assembleia e ninguém comparecia. Nós fomos descobrindo e colocando na cabeça do trabalhador que era preciso que ele estivesse unido, para que nós pudéssemos conquistar algumas coisas. Em pouco tempo, nós conseguimos fazer o mais forte sindicalismo brasileiro. *(27/9/03, Havana – Cuba. Encontro com estudantes brasileiros)*

**... no início, eram muito vigiados:** Naquele tempo, fazer sindicalismo era muito diferente de agora. Primeiro, porque o momento político era muito delicado, não era um momento político em que qualquer um de nós podia falar o desaforo que quisesse e ir embora. O momento político era muito delicado, as palavras eram medidas, os boletins eram fiscalizados e, portanto, a gente vivia sob uma pressão muito maior, uma fiscalização muito dura. *(18/4/05, São Bernardo do Campo – SP. Comemoração dos trinta anos da sua posse como presidente do Sindicato dos Metalúrgicos do ABC)*

**... no início, receberam apoio da Igreja:** Se pegarem a revista *IstoÉ*, de 1978, há matéria ali sobre uma divergência minha com o padre Adelino e, depois, nós não só ficamos grandes amigos, como a igreja passou a ser o palco de todas as nossas lutas, porque em toda greve o sindicato sofria intervenção e a gente corria para dentro da igreja e lá estava a porta da igreja aberta, estava o salão paroquial aberto e era lá que a gente fazia a nossa distribuição de alimentos, era lá que a gente arrecadava alimentos, ou seja, a igreja passou a ser um sindicato adjunto, por falta do sindicato legalmente constituído. *(1/5/03, São Bernardo do Campo – SP. Op. cit.)*

**... podem ajudar no combate à fome e ao crime:** Aqui, na grande cidade, um moleque de 16, 17 anos com fome, desesperado, passa a ser uma vítima quase fatal do crime organizado, do narcotráfico e da bandidagem. Então, é urgente que a gente leve em conta essa necessidade. E nós temos mais potencial nas grandes cidades. Imaginem quantos sindicatos a CUT [Central Única de Trabalhadores] tem em São Paulo. Coloquem esses companheiros para fazer esse trabalho. *(25/3/03, Brasília – DF. Conselho Nacional de Segurança Alimentar e Nutricional – Consea)*

**... mais do que contestar, devem fazer propostas:** Houve um tempo em que eu defini, na minha cabeça, que o sindicalismo... que o sindicato era um órgão eminentemente de contestação. O fato de a gente ir na porta de fábrica falar mal do empregador e falar mal do Governo já nos dava o direito de dizer que éramos bons dirigentes sindicais. Hoje, o sindicato precisa ser algo mais do que apenas um sindicato de contestação. Obviamente que ele pode contestar e é o papel dele. Mas obviamente que um papel sagrado do sindicato hoje é, além de contestar, ter capacidade de fazer propostas que possam significar melhoria para a sua própria categoria. *(21/5/06, São Paulo – SP. Inauguração da sede do Sindicato dos Comerciários de São Paulo)*

**... devem qualificar os trabalhadores, mas não para a universidade:** Eu tinha uma escola de supletivo no sindicato. Chegou um momento que eu descobri que estava ficando meio ruim para a categoria, para o meu corporativismo, porque eu estava tirando os trabalhadores da fábrica e formando eles para a universidade, e eu queria formá-los para ficarem dentro da fábrica. Nós terminamos fechando a escola, que era um curso de Madureza, com 1.900 alunos, montamos uma escola profissional. Nós dávamos curso de desenho, curso de matemática, curso de eletricidade, curso de mecânica. Ou seja, o fato de um cidadão vir a um sindicato fazer um cursinho de matemática, ele deixava de ser ajudante e virava operador de máquina numa fábrica, ou seja, ele praticamente dobrava o salário dele. *(26/1/06, Brasília – DF. Reunião com diretores dos Centros Federais de Educação Tecnológica – CEFETs)*

**... são um exemplo para o mundo:** Eu acho que sindicato e trabalhadores juntos podem continuar dando exemplos ao Brasil e ao mundo. *(29/5/03, Diadema – SP. Encontro com a diretoria, fornecedores e grandes clientes da Uniforja)*

**... no Brasil, enfraquecem a competição com a China:** Então, competir com a China não é uma coisa fácil. Não é fácil, lá eles não têm a dificuldade que nós temos aqui para fazer uma lei. Lá eles não têm o sindicato reivindicando o tanto de aumento de salário que eles reivindicam aqui. *(23/11/05, Rio de Janeiro – RJ. Abertura do 25.º Encontro Nacional do Comércio Exterior – ENAEX)*

**... podem ser só de fachada:** Porque, vamos ser francos, tanto do lado dos trabalhadores, como do lado dos empresários, tem muito sindicato de carimbo. Vamos ser francos, a maioria dos empresários não se sente representada pelos seus sindicatos e, agora, com as grandes corporações, depois do processo de privatização, é que perderam a representatividade. Nós não podemos fingir que temos representatividade. No movimento sindical você tem alguns sindicatos marcadamente representativos, mas tem muito sindicato de carimbo no meio dos trabalhadores. *(10/4/03, Brasília – DF. Reunião do Conselho de Desenvolvimento Econômico e Social – CDES)*

**... podem existir apenas para usufruir do imposto sindical:** Não existe sindicato forte se a categoria não tem no sindicato a sua referência de representação junto ao Estado e junto aos empregadores. Porque senão você deixa de ser um sindicato de representação dos interesses dos trabalhadores e passa a ser um sindicato de carimbo, vivendo apenas por conta do imposto sindical. *(21/5/06, São Paulo – SP. Op. cit.)*

**... ainda precisam ter a estrutura antiga reformada para acabar com o peleguismo:** Depois da reforma previdenciária e da reforma tributária, vai vir a reforma na estrutura sindical, para acabar com o peleguismo neste país. Tem muito "sindicato de carimbo" no Brasil, sindicato que virou aparelho. E o sindicato é um órgão de defesa dos interesses da classe trabalhadora. Eu estou falando isso e as pessoas sabem que eu sei do que estou falando. *(17/6/03, Pelotas – RS. 11.ª Feira Nacional do Doce – Fenadoce)*

**... não precisam ter a estrutura antiga reformada para acabar com o peleguismo:** Quando eu comecei a minha militância sindical, as pessoas diziam: "Não, o sindicato não pode fazer nada, porque é preciso mudar a estrutura sindical. Se não mudar a estrutura sindical você não vai fazer nada." Eu entrei no sindicato, não mudou a estrutura sindical e nós fizemos tudo. Mudamos a história do sindicalismo brasileiro, a partir de 75, sem mudar a estrutura sindical. *(3/2/06, Belo Horizonte – MG. Inauguração dos novos prédios da Universidade Federal de Minas Gerais – UFMG)*

**... precisam ser independentes:** O dado concreto e objetivo é que, se nós pudermos criar um sindicalismo verdadeiramente forte, que não seja aparelho de partido político, que não seja aparelho de religião, que não seja aparelho de organizações menores, nós temos que acreditar na organização, no chão da fábrica, para que o sindicato se transforme efetivamente num sindicato forte. *(20/4/05, Brasília – DF. Inauguração do 16.º Congresso Continental Ordinário da Organização Regional Interamericana de Trabalhadores)*

## Soberania

[ver: nação; nacionalismo]

Eu digo sempre o seguinte: respeito é bom, eu gosto de dar e gosto de receber. Não sou mais importante do que ninguém, e ainda tenho um defeito, não falo inglês, nem francês. Mas eu acho que o que vale na relação internacional é a definição de tipo de soberania que você quer para o seu país, é a definição do tipo de caráter dos governantes, e, disso, nós não abrimos mão. *(20/10/05, Brasília – DF. Abertura do 11.º Congresso Nacional do PCdoB)*

**... é independência:** Hoje, com muita humildade, nós poderemos transitar no mundo, não com o nariz em pé, mas de cabeça erguida, dizendo: "Nós não queremos ser maiores ou menores do que ninguém, nós queremos apenas ser respeitados enquanto nação e ser respeitados na nossa soberania. Nós decidimos o que queremos, como queremos e quando fazemos as coisas." É importante as pessoas perceberem, porque tem muita gente que dá palpite. *(26/2/08, Rio de Janeiro – RJ. Inauguração da fábrica de pneus de mineração e terraplanagem da Michelin – América do Sul)*

**... pressupõe ter competitividade internacional:** Um país só pode conquistar definitivamente a sua soberania se nesse país estiver funcionando todas as melhores qualidades que ele possui, para que isso seja vantagem comparativa nas relações com o restante do mundo, nesse mundo globalizado. *(23/11/05, Niterói – RJ. Batismo da Plataforma FPSO P50 da Petrobras)*

**... depende do discurso:** Não é possível um governante, seja ele de uma prefeitura, seja ele de um Governo Federal, querer que a Economia do seu país se desenvolva, querer que o seu país seja respeitado, querer que o seu país aja com soberania nas relações internacionais, se as pessoas passam o tempo inteiro lamentando e chorando que as coisas não estão bem. *(24/2/05, Jaguaré – ES. Visita às obras da Estação Fazenda Alegre)*

**... é conquistada de verdade pelo Brasil quando o país paga o FMI:** Vamos dizer ao FMI [Fundo Monetário Internacional] que nós não precisamos mais do dinheiro deles e vamos devolver esse dinheiro para eles. E devolver o dinheiro porque nós agora conquistamos a independência de verdade, nós agora conquistamos a nossa soberania de verdade. *(20/1/06, Queimados – RJ. Assinatura de convênios para saúde na Baixada Fluminense e anúncio dos recursos para retomada das obras do Hospital de Queimados)*

**... é conquistada de verdade pelo Brasil quando o país tem energia e comida:** O que nós precisamos, em se tratando de energia, é ser autossuficientes. Nós compraremos dos outros se o preço for compatível, sem que a gente abra mão daquilo que nós temos que produzir, porque energia e comida são o que garantem soberania a uma nação. Se a gente tiver o que comer e tiver energia, nós estamos tranquilos. *(21/11/06, Bugres – MT. Inauguração da unidade de biodiesel da usina Barralcool)*

**... assim como a alma, não se vende:** Eu só não vendo a alma lá fora, o território nacional e a nossa soberania. Mas, quem tiver um bom produto para vender lá fora, me dê que eu saio por esse mundo afora vendendo, porque o Brasil precisa exportar muito mais do que exporta. *(21/11/06, Bugres – MT. Op. cit.)*

## Socialismo

[ver: comunismo; comunista]

Eu acho muito ruim a gente ficar com um carimbo, na testa, do que a gente é. Eu poderia dizer: eu me considero um homem com aptidões socialistas muito fortes. Agora, esse socialismo é um projeto de conquista da sociedade e não uma imposição de um Governo. Não é possível fazer socialismo por decreto, por medida provisória. *(28/11/07, Brasília – DF. Entrevista ao jornalista Carlos Nascimento, do SBT)*

**... era o que o PT queria implantar no Brasil quando conquistou a primeira prefeitura:** Eu venho aprendendo a governar desde 1982, quando a gente elegeu uma única prefeitura, a prefeitura de Diadema, no estado de São Paulo. Aquele tempo, sim, era duro. Era duro porque o PT, naquele tempo, não tinha a experiência que nós temos. O PT era mais novo, todos nós éramos mais exigentes, eu diria até mais inconscientes do que somos hoje, e queríamos, a partir da cidade de Diadema, fazer o socialismo. *(27/6/03, Brasília – DF. Encontro de deputados e vereadores do PT)*

**... para o PT não é um "modo de produção", e sim uma "ideia reguladora":** Para resumir em poucas palavras, eu diria que o lema do Partido dos Trabalhadores sempre foi "democracia e desenvolvimento econômico com distribuição de renda e inclusão social". O socialismo para o PT sempre foi uma ideia reguladora, de se buscar a justiça social, e não um "modo de produção". Foi a ideia de transformar o Brasil, dentro da democracia, que norteou a fundação do PT. Tenho para mim que o comportamento político do partido sempre foi pragmático e orientado para as reformas estruturais de que o país precisa. Quando me perguntavam se o PT ia ser tático ou estratégico, eu respondia: "Eu só quero fundar um partido." Tanto em nossa vida sindical, partidária, de oposição quanto agora, no Governo, sempre defendemos e praticamos o diálogo democrático, a negociação política intensa. Não só porque esse diálogo é legítimo e justo, mas porque por meio dele estamos resolvendo problemas que nunca foram resolvidos. Na época da fundação do partido, enquanto alguns companheiros de esquerda queriam planejar a revolução social para dali a vinte, trinta anos, nós optamos por mudar a realidade já, do micro para o macro: eleger vereadores, deputados, prefeitos, governadores... E foi com essa convicção, aliada a uma ação política prática e efetiva, que chegamos à Presidência da República em 2002. *(11/2/05, Brasília – DF. Entrevista ao jornal* O Globo*)*

**... não pode ser aguardado:** Eu me lembro que, quando eu comecei a minha militância política, a gente dizia: "Nós vamos fazer tal coisa, vamos organizar um partido, vamos organizar o sindicato, vamos fazer uma Central." As pessoas diziam: "Não, só vamos resolver o problema quando o socialismo chegar." Então, tudo se resumia na construção do socialismo. Havia alguns que falam assim para mim: "Por que disputar eleição agora? Vamos construir, primeiro, uma sociedade socialista, depois a gente disputa." E eu comecei a pensar nos anos que eu tinha, nos anos que faltavam. E eu falei: "Se ficar esperando esse tal de socialismo, eu morro e não chego a presidente da República. Eu vou é chegar a presidente da República para facilitar as coisas para o povo brasileiro." *(17/3/04, Olinda – PE. Abertura da II Conferência Nacional de Segurança Alimentar e Nutricional – Consea)*

**... no Brasil, tem uma lógica própria:** As transferências de dinheiro, voluntárias, do Governo Federal para o Rio de Janeiro, em 2004, foram cinco bilhões e oitocentos milhões de reais, são 18% da arrecadação própria do Estado. Em São Paulo, a transferência em São Paulo, as voluntárias, foram... São Paulo, como é mais rico, recebe menos, essa é a lógica do socialismo brasileiro. Ou seja, São Paulo recebeu, de transferência voluntária, praticamente quase quatro bilhões de reais, além do dinheiro obrigatório. Você vê, transferências obrigatórias são onze bilhões para São Paulo e oito bilhões para o Rio de Janeiro, de transferências obrigatórias. E esse dinheiro vai para o município, esse dinheiro vai para o estado, e eu espero que eles estejam gastando da melhor forma possível. *(24/11/05, Brasília – DF. Entrevista coletiva a emissoras de rádio de SP e RJ)*

## Sociedade

[ver: povo]

A sociedade é infinita porque, embora nós morramos, nós renascemos nos nossos filhos, e a coisa continua. *(19/7/05, Taubaté – SP. Comemoração dos 50 anos da Alstom no Brasil)*

**... não é justa:** Continuo sonhando em construir uma sociedade justa, solidária, fraterna, onde o resultado da riqueza produzida no país seja distribuído de forma mais equânime para todos os filhos deste país. *(24/1/03, Porto Alegre – RS. III Fórum Social Mundial)*

**... deve ser respeitada em sua diversidade:** Essa diferença de comportamento, dos mais diferentes segmentos da sociedade, só pode ser resolvida se for compreendido que nós somos diferentes em espécie humana e em funções, que cada um tem uma utilidade, e foi para isso que nós fomos colocados no mundo. A compreensão de que o trabalho de um homem ou de uma mulher, que anda com uma carroça na rua, colhendo a sujeira que nós fazemos, precisa ser reconhecido como uma atividade nobre – como é a atividade de um trabalhador dentro da Volkswagen, onde o Marinho [Luiz Marinho, ex-presidente da CUT, ministro do Trabalho] trabalhou durante tantos anos, ou de alguém que está dentro de uma sala, dando aulas, ou de alguém que está num palácio fazendo um decreto ou assinando uma lei – é apenas a compreensão da importância de cada um de nós nesta sociedade tão complexa e tão heterogênea. Compreender que as pessoas que vão morar na rua não vão morar na rua porque querem. Depois, podem até ter disposição de ficar lá, mas é preciso que a gente se preocupe em saber sua origem. Por que alguém que já teve carteira profissional assinada e que já trabalhou em uma fábrica de repente a gente encontra dormindo embaixo de um viaduto, dormindo em cima de um banco de praça ou dormindo embaixo de um buraco, repartindo o seu sono com ratos, pela periferia dos grandes centros urbanos? O papel da sociedade é compreender essa diversidade que existe na sociedade brasileira, diversidade política, cultural, mas, sobretudo, a diversidade social. *(25/10/06, Brasília – DF. Assinatura de decreto que institui a coleta seletiva nos órgãos federais e anúncio de linha de crédito para catadores de materiais recicláveis)*

**... tem na família a sua base:** Cada pessoa que tiver acesso ao trabalho a gente sabe que vai garantir uma vida melhor para todos nós, uma vida, sobretudo, com a família unida, porque para mim a base da sociedade é a família. Se a família tiver pai e mãe que estejam bem e que cuidem bem dos filhos, esta família não vai criar nenhum bandido, nenhum traficante, nenhum viciado em droga. *(28/2/05, Brasília – DF. Abertura do 9.º Congresso Nacional dos Trabalhadores e Trabalhadoras Rurais)*

**... é construída a partir do respeito a regras:** Como é que a gente vai construir uma nova sociedade se não tiver harmonia entre as pessoas, se os filhos não virem os seus pais como seus mestres, como espelho do que eles querem ser? Como é que a gente vai construir? Nesse aspecto, meus companheiros, a televisão brasileira precisa contribuir, e contribuir muito, é preciso ter espaço para a Educação, é preciso ter espaço para as boas práticas e para as boas maneiras, porque uma sociedade a gente não constrói de forma anárquica, cada um querendo fazer o que bem entende, uma sociedade é regida por normas às quais todos nós estamos submetidos. *(12/7/07, Recife – PE. Lançamento do PAC nas áreas de saneamento e urbanização no estado de Pernambuco)*

**... é mais complexa do que o PT:** Tinha gente que entendia que o PT chegando ao Governo deveria ter o mesmo discurso que tinha antes de ser Governo. Era humanamente impossível, porque a realidade política, quando se ganha um país da dimensão do Brasil, e quando se descobre que a sociedade é mais heterogênea do que um partido político, tem mais segmentos da sociedade representados do que as correntes dentro de cada partido político. *(23/1/04, Brasília – DF. Anúncio da reforma ministerial)*

**... é heterogênea em seus interesses:** Todos os segmentos da sociedade querem ganhar e não querem perder, e é muito difícil construir um jogo que dê empate em todas as partes. *(5/9/03, Esteio – RS. Inauguração oficial da XXVI Expointer 2003)*

**... pressiona, xingando os políticos:** Portanto, o poder de pressão da sociedade é muito maior em cima do município. Ou seja, o primeiro a ser xingado é o prefeito; depois, se xinga o governador; e depois, se xinga o presidente da República. E em outras coisas, se começa pelo presidente da República, vai para o governador, chega ao prefeito, e assim sucessivamente. *(16/3/04, Brasília – DF. Abertura da 7.ª Marcha dos Prefeitos)*

**... não deve pressionar demais, senão atrapalha:** A pressão da sociedade é legítima, as críticas são legítimas, mas nós precisamos ter certeza do seguinte: o Governo... o médico, quando está na sala de cirurgia, que examinou o paciente, fez todo o diagnóstico, analisou, não pode ficar fazendo a cirurgia e ouvindo os palpites em volta dele, porque também ele mata o paciente. Eu conheço muita gente que, de fora do Governo, sabe tudo e que, de dentro, não soube nada. Eu conheço muita gente. É como ver um jogo de futebol, todo mundo fala: "Por que o Tevez [jogador do Corinthians] perdeu aquele pênalti contra a Ponte Preta? Eu marcaria, chutaria ali, chutaria ali." Vai lá chutar para ver se chuta, vai colocar o guizo no pescoço do gato para ver se coloca. Então, meu caro, eu vou contar uma coisa para você. Esse ponto de equilíbrio, Heródoto [Barbeiro, jornalista da rádio CBN], é que nós precisamos para governar o Brasil. Não permitir que muitas vezes a crítica correta, justa, legítima, democrática, faça com que você tire um ministro "A" ou "B", não permitir que a cada crítica você tente inventar uma mudança porque, aí, ninguém passa a crer em você. Você, quando vai num hospital procurar um médico, se o médico é bom e você confia, ele pode até errar na cirurgia, mas você está satisfeito porque ele é o melhor. *(7/12/05, Brasília – DF. Entrevista coletiva às emissoras de rádio Band AM e Bandnews FM, CBN e Jovem Pan)*

**... tem pressa, mas a pressa pode levar a erros e injustiças:** Por isso é que nós apostamos nesse processo democrático, por isso é que nós achamos que, mesmo a sociedade tendo pressa, mesmo a sociedade querendo que seja rápido, querendo que seja amanhã, tem um ritual de todos os poderes que tem que ser cumprido, porque todas as vezes em que se julgou de forma apressada neste país nós vivíamos em regime de arbítrio e pessoas inocentes até foram mortas. Mortas ou em vida, ou mortas politicamente, a experiência brasileira está cheia, e nós não temos o direito de, no século XXI, cometer esses mesmos abusos. Nós temos que ser duros, nós temos que ser rígidos, temos que apurar, mas temos que permitir que as instituições funcionem sem cometer nenhum ato que possa colocar em risco o bom senso daqueles que praticam, nas suas instituições, a prática democrática. *(25/8/05, Brasília – DF. 13.ª reunião ordinária do Pleno Conselho de Desenvolvimento Econômico e Social – CDES)*

**... tem pressa, mas deve saber que não se pode fazer tudo de uma vez:** Então, a nossa relação com a sociedade é dizer cada vez mais para eles que não é possível fazermos tudo que precisa ser feito neste país num passe de mágica, mas vamos fazer. O que é preciso é que eles tenham certeza da lisura da nossa relação com a sociedade, seja de empresários ou de trabalhadores. *(5/7/04, Brasília – DF. Reunião de apresentação dos resultados do Governo)*

**... com Lula, está disposta a agir:** Nós nunca tivemos neste país a vontade, a disposição que a sociedade tem agora de fazer alguma coisa. Nunca. *(25/2/03, Brasília – DF. Reunião do Conselho Nacional de Segurança Alimentar e Nutricional – Consea)*

## Solidariedade

[ver: amor]

A solidariedade é essencial na implantação de um processo de desenvolvimento. Sem ela, como pactuar um novo ciclo histórico de crescimento sustentável em nosso país? *(10/2/04, São Paulo – SP. Inauguração da Expo Fome Zero 2004)*

**... é sempre desejada:** E eu não poderia deixar de agradecer esse gesto de solidariedade. Aliás, solidariedade é sempre muito bom. Todos nós deveríamos aprender a fazer mais gestos de solidariedade a favor de muita gente que todo santo dia está precisando que façamos gestos de solidariedade. *(11/7/05, Brasília – DF. Encontro com sindicalistas)*

**... pode ser moeda para pagamento de dívidas históricas:** Quando eu tomei a decisão de visitar, nos primeiros 36 meses de Governo, 17 países africanos, eu tinha consciência de que a dívida, se fôssemos quantificá-la monetariamente, seria impagável, mas eu tinha consciência de que determinadas coisas a gente não paga com dinheiro, a gente paga com reconhecimento, a gente paga com gestos, a gente paga com solidariedade, a gente paga com companheirismo, a gente paga, eu diria, muitas vezes com sentimentos. *(27/9/06, Brasília – DF. Assinatura do Decreto de Titulação de Terras Quilombolas)*

**... não tem fronteiras:** A solidariedade não tem fronteiras quando a proposta política toca o coração das pessoas. *(8/7/03, São Paulo – SP. Lançamento da ONG Apoio Fome Zero)*

## Solução

[ver: problema]

O acúmulo causado pela irresponsabilidade de tantos e tantos anos, em que autoridades viraram as costas para os reais problemas deste país, traz à nossa geração de Governos a responsabilidade de fazer uma coisa que poderia ter sido feita há trinta anos, quarenta anos. Portanto, o estoque de problemas é muito grande, e a solução é, normalmente, muito difícil. *(7/3/07, Rio de Janeiro – RJ. Lançamento do Rio Solidário – Obra Social do Rio de Janeiro)*

**... a melhor é a mais simples e a mais fácil:** Eu estou, hoje, convencido que as melhores soluções estão em medidas simples e muito fáceis. *(16/9/04, Brasília – DF. Entrega do prêmio Gestor Eficiente da Merenda Escolar – edição 2004)*

**... quando fácil, pode ser eleitoreira:** No Brasil, normalmente as pessoas esticam a corda até passar as eleições. Passaram as eleições, solta a corda, e fica quem quiser com o prejuízo. Por experiência, eu sei que arrebenta do lado mais fraco. Foi assim com o Plano Cruzado, com a necessidade da desvalorização cambial. Todos nós conhecemos a história. Em tempo de eleição, ninguém quer mexer com nada; perto de eleições, todos apresentam soluções fáceis. *(2/5/05, São Paulo – SP. Comemoração dos cinco anos do jornal* Valor Econômico*)*

**... quando fácil, não seduz Lula:** Não cedemos a soluções fáceis e prontas, mas buscamos caminhos corretos e inovadores que nos façam recuperar perdas do passado e nos projetem, com mais dinamismo, para o futuro. *(29/6/06, Brasília – DF. Assinatura de decreto sobre implantação do Sistema Brasileiro de Televisão Digital)*

**... pode ser percebida na reclamação do outro:** Muitas vezes, nas reclamações de algumas pessoas é que a gente consegue detectar que existem outras soluções além daquelas que os nossos olhos conseguem enxergar. *(11/3/03, Brasília – DF. Encontro com prefeitos – VI Marcha a Brasília em Defesa dos Municípios)*

**... pode ser percebida em situações incômodas:** Eu digo sempre o seguinte: muitas vezes, o incômodo traz soluções definitivas para o país, e nós precisamos trabalhar com a ideia de que tudo que nós estamos vivendo é resultado de uma conquista nossa, das televisões, do rádio, dos jornais, das revistas, do trabalhador mais comum deste país, que é essa palavra mágica chamada "democracia", essa palavra mágica que permite que, neste país, um metalúrgico chegue à Presidência da República. *(29/5/07, Brasília – DF. Abertura do 24.º Congresso Brasileiro de Radiodifusão)*

**... nem sempre é alcançada através da razão:** Os dirigentes, os empresários e a sociedade não podem mais pensar apenas com a cabeça. Eu acho que em algum momento nós temos que ter a consciência que nós, seres humanos, somos tocados por sentimentos. É o sentimento que nos toca, e, portanto, se a gente colocar o coração para falar um pouquinho, no nosso dia a dia, possivelmente as soluções dos problemas do Brasil estejam muito mais próximos e muito mais fáceis do que os números gelados de uma pesquisa, seja do IBGE [Instituto Brasileiro de Geografia e Estatística], do IPEA [Instituto de Pesquisa Econômica Aplicada], da Febraban [Federação Brasileira de Bancos], da CNTI [Confederação Nacional dos Trabalhadores na Indústria], da CNI [Confederação Nacional da Indústria], seja de qualquer instituição. *(4/9/03, Brasília – DF. Reunião do Conselho de Desenvolvimento Econômico e Social – CDES)*

## Sonhador(es)

**[ver: sonho; vontade]**

Eu sou um eterno sonhador. E eu sonho com muitas coisas boas. *(1/9/04, Brasília – DF. Abertura do Encontro Internacional de Combate à Lavagem de Dinheiro e Recuperação de Ativos)*

**... podem ser grandes presidentes:** O Juscelino [Kubitschek, presidente do Brasil entre 1956 e 1961] era uma figura fantástica, porque era um médico militar e um sonhador que a chamada "direita ideológica" brasileira não queria. Naquela época, a direita dizia assim: "O Juscelino não pode ser candidato, se ele for candidato não pode ganhar, se ele ganhar não pode tomar posse, se tomar posse nós vamos depô-lo." Era assim que eram tratadas as coisas. E quantas vezes Juscelino foi achincalhado. Hoje, não, hoje está recuperado aos olhos da nação como um grande presidente. *(16/6/06, Brasília – DF. 13.º Congresso da União da Juventude Socialista – UJS)*

**... se exagerados, não enxergam a realidade:** As hidrelétricas são sempre um problema no país. É importante lembrar que o Brasil é um dos países do mundo que tem o maior patrimônio hídrico para fazer hidrelétricas. Nós não podemos prescindir disso e fazer termelétrica de carvão, que seria um contrassenso contra tudo o que se discute sobre a questão do efeito estufa. Nós poderemos fazer energia nuclear, ficamos vinte anos sem fazer, poderemos retomar a questão da energia nuclear, que vai levar algum tempo. Nós poderemos fazer biomassa, mas também é uma coisa incipiente. Alguns mais sonhadores falam: "Por que não faz energia eólica?" As pessoas não se dão conta de que uma usina de eólica, que tem que produzir 100mW, produz, em média, 30mW, porque ainda não inventaram alguém para ficar soprando de forma constante para mexer com as hélices. *(8/5/07, São José – SC. Inauguração do Centro Operacional e Administrativo dos Correios e Telégrafos)*

## Sonho

**[ver: Lula; sonhador; vontade]**

Continuo com o meu sonho de fazer a reforma agrária neste país. Continuo com o meu sonho de garantir uma escola pública de boa qualidade para o nosso povo; e que a universidade não seja um privilégio de apenas 8% da sociedade, mas que seja um direito ao alcance de todos. Continuo sonhando com a possibilidade de fazer uma política de saúde, em que nenhum pobre morra mais na porta do hospital por falta de atendimento médico ou por falta de assistência. Continuo sonhando em construir uma sociedade justa, solidária, fraterna, onde o resultado da riqueza produzida no país seja distribuído de forma mais equânime para todos os filhos deste país. *(24/1/03, Porto Alegre – RS. III Fórum Social Mundial)*

**... para Lula, é cuidar do povo pobre:** Todo mundo sabe que o meu sonho é melhorar a vida deste povo. Todo mundo sabe que o meu sonho é melhorar a vida do povo pobre deste país. *(22/4/03, Vitória – ES. Implantação do III Alto-forno da Companhia Siderúrgica de Tubarão)*

**... para Lula é fazer o povo pobre não depender de Governos:** Qual é o meu sonho? O meu sonho é que um dia todos os brasileiros possam viver às custas do seu trabalho, não precisem receber ajuda do Governo. *(1/11/04, Rádio Nacional. Programa de rádio* Café com o Presidente*)*

**... só se torna realidade com perseverança:** O país está ocupando um papel muito importante. Quem viaja o mundo sabe que este país nunca foi tão respeitado como é hoje, nunca houve tanta esperança como existe hoje. E nós sabemos que cumprir ou transformar essa esperança em sonho não é do dia para a noite. Se fosse do dia para a noite, outros já teriam feito. Fazer esse sonho se tornar realidade é um trabalho que tem que ser feito com muita perseverança, enfrentando adversidades, não baixando a cabeça nunca, não achando que a coisa está ruim nunca. Não tem nada que esteja ruim que a gente não possa melhorar. É só a gente acreditar. *(11/2/05, Surubim – PE. Inauguração do Projeto de Abastecimento do Jucazinho)*

## Sorriso

[ver: felicidade]

E é coisa muito séria a pessoa poder sorrir. Não tem nada mais gostoso do que uma bela gargalhada, do que um belo sorriso. *(20/10/04, São Paulo – SP. Inauguração do Centro de Especialidades Odontológicas de Campo Limpo)*

**... pode expressar quase todas as emoções:** Não há nada mais bonito num ser humano do que um sorriso. No sorriso a gente transmite 99% das emoções e das coisas que nós estamos sentindo. *(11/2/05, Caruaru – PE. Inauguração da Clínica Asa Branca, do Programa Brasil Sorridente)*

**... pode expressar até mesmo o caráter:** O sorriso é o primeiro sinal de que nós somos boa gente. *(22/12/05, Montes Claros – MG. Inauguração do Samu, da Farmácia Popular do Brasil, do Centro de Especialidades Odontológicas e anúncio da construção de um Restaurante Popular e de uma Unidade Industrial para a produção de Biodiesel da Petrobras)*

**... é uma característica dos baianos:** Nas minhas vindas à Bahia, eu venho aqui desde 1975, mesmo nos momentos em que eu vim de lutas, de greves, de coisas sindicais, a gente sempre encontra os baianos com motivo para dar um sorriso, com motivo para ser alegre, ou seja, eu acho que é uma coisa, é um valor brasileiro, é um patrimônio brasileiro que nós temos que colocar como vantagem comparativa nas nossas relações internacionais. *(1/12/04, Salvador – BA. Abertura do Fórum Mundial do Turismo)*

**... é alegria:** Em fevereiro deste ano tivemos um encontro com mais de dois mil prefeitos, e pude constatar, com satisfação, a alegria, o sorriso de cada prefeito quando anunciamos um crédito de um bilhão e quatrocentos milhões de reais. *(17/12/03, Brasília – DF. Contratação de recursos do FGTS para saneamento ambiental)*

**... revela confiança:** Podem ficar certos que o otimismo que nós estamos sentindo, a alegria de ver o Brasil retomar o crescimento, a alegria de ver a confiança voltar no sorriso dos trabalhadores, no sorriso daqueles que estão desempregados; a confiança que a gente vê, tanto dos empresários internos quanto dos empresários externos, depositada na Economia brasileira é a solidez de um trabalho que vem sendo feito e pensado de forma meticulosa, sem permitir que a euforia, em nenhum momento, tome conta de nós. *(23/7/04, Brasília – DF. Assinaturas da MP de correção de aposentadorias e pensões concedidas entre fevereiro de 94 e março de 97; da MP de concessão de abono de R$100,00 no I.R. de pessoas físicas; e sanção do PL que reduz alíquotas do PIS e da Cofins)*

**... sem os dentes, não existe:** No Brasil já tem fazendeiro, meu caro Humberto Costa [ministro da Saúde], que está colocando prótese nas suas vacas de raça, nos seus bois de raça. E o coitado do pobre brasileiro, às vezes com 14 anos de idade, aqui no Nordeste, meninas e meninos, às vezes não podem dar um sorriso porque já perderam metade dos dentes que têm na boca. *(23/7/04, Brasília – DF. Op. cit.)*

**... sem dinheiro, não existe:** E eu acho que passar por um aeroporto bonito, limpo, com funcionários – espero que ganhando um salário bom, para as pessoas trabalharem rindo, porque ninguém consegue rir se estiver ganhando pouco – é uma qualidade que Brasília oferece e que nós queremos oferecer no Brasil inteiro. *(15/12/03, Brasília – DF. Inauguração do terminal internacional de passageiros do Aeroporto Internacional de Brasília Presidente Juscelino Kubitschek)*

**... pode ser uma terapia:** Mas quando a pessoa chega num hospital, dependendo do ambiente, já fica pelo menos 20% melhor, dependendo do sorriso da atendente, mais 10% melhor, dependendo do tratamento do médico, com carinho, mais 10% melhor. Depois vai ficar tudo mais fácil porque vai precisar de apenas 50% de medicamentos. *(5/8/04, Rio de Janeiro – RJ. Inauguração do Centro de Produção de Antígenos Bacterianos Charles Mérieux)*

## Sorte

Olhem, companheiros e companheiras, eu estou vivendo um momento de muita sorte no Brasil. Eu acho que eu tenho sorte porque eu gosto de mim, porque gosto do meu Governo, porque gosto deste país e porque acredito no povo deste país. *(20/3/08, Foz do Iguaçu – PR. Entrega dos contratos de cessão de uso de águas públicas para aquicultura, assinatura do termo de cooperação técnica entre Petrobras, Mato Grosso do Sul e Paraná para construção do alcoolduto Campo Grande/Paranaguá, e assinatura de contratos do PAC)*

**... está lançada:** Cada um de nós tem que trabalhar com a consciência de que a sorte está lançada. *(30/4/03, Brasília – DF. Entrega das propostas das reformas tributária e previdenciária)*

**... não faz mal a ninguém:** Da minha parte, acho que um pouco de sorte não faz mal a ninguém. Deus me livre de ser pé-frio como muitos foram neste país. *(27/2/08, Brasília – DF. Reunião com lideranças empresariais para apresentação da proposta de reforma tributária)*

**... está ao lado de Lula:** O PAC [Programa de Aceleração do Crescimento]... eu penso que virou moda agora dizer que eu tenho sorte, tudo o que acontece no Brasil, agora, é porque eu tenho sorte. Deus queira que eu continue tendo sorte. Nós tivemos sorte, porque o PAC poderia ter se transformado em um desastre se nós o tivéssemos lançado antes das eleições de 2006. Ele iria passar para a sociedade como mais uma peça eleitoreira e, portanto, perderia a credibilidade na sociedade. E também porque, na época, o nosso assessor dizia que era plenamente possível a gente ganhar as eleições sem precisar inventar mais nenhum programa. *(18/3/08, Campo Grande – MS. Assinatura de ordens de início das obras do PAC no Mato Grosso do Sul, lançamento do programa Caminho da Escola, entrega de telecentros e visita às obras de urbanização e saneamento do bairro Vila Popular)*

**... está ao lado de Lula, na vitória e na derrota:** É verdade que eu tenho sorte, muita sorte, e é verdade que Deus é brasileiro. Essas duas verdades são inexoráveis. Eu sou um homem de muita sorte. Eu tive sorte quando perdi três eleições e tive sorte quando ganhei duas. Tive muita sorte. *(27/3/08, Recife – PE. Fórum Empresarial Brasil-México)*

**... não está ao lado do Corinthians:** Aí, as pessoas falam: "Ah, mas o Lula tem sorte." Graças a Deus eu tenho sorte, porque, de azar, chega o Corinthians. Não é, gente? *(23/4/08, Brasília – DF. Entrevista ao jornal* Diário do Grande ABC*)*

## Subsídio

[ver: desenvolvimento; parceria]

Não adianta a Europa dizer que o Brasil tem que abrir mão dos seus subsídios, dos seus incentivos, se nós estamos praticamente impedidos de competir em igualdade de condições pela quantidade de dinheiro que eles colocam lá. Não adianta a gente ter o nome num organismo chamado Alca, que é a Área de Livre Comércio das Américas, se, antes de começarmos a negociar, os Estados Unidos aprovam no Congresso todas as salvaguardas para os seus produtos agrícolas. Nós vamos entrar para competir de que jeito? *(29/4/03, Brasília – DF. Solenidade do 30.º Aniversário da Embrapa)*

**... são mantidos pelos Governos por conta da pressão política dos produtores:** A França não muda o subsídio não é porque o Chirac [Jacques Chirac, presidente da França] não gosta de nós, ele não muda porque ele gosta mais dos produtores agrícolas dele, que têm um poder de pressão política muito grande. Da mesma forma o Governo americano, qualquer que seja ele, democrata ou republicano. Eles têm que ter uma política especial porque os agricultores têm um peso, não só na Economia, mas um peso político. *(18/6/04, Brasília – DF. Lançamento do Plano Agrícola e Pecuário 2004/2005)*

**... são derrubados com ousadia e competência:** Pois bem, nessa relação entre o Brasil e o mundo, o Brasil tem que compreender que, em comércio exterior, ninguém faz concessão. Não adianta a gente ficar chorando para a União Europeia reduzir os subsídios que eles dão para os seus agricultores. Eles não vão reduzir, não, porque é interesse deles, inclusive político, manter o subsídio. Os Estados Unidos estão produzindo álcool de milho, que vai custar três vezes mais caro que o álcool de cana que produzimos aqui. Seria mais fácil comprar de nós. Por que não vão comprar? Porque eles precisam, primeiro, se eleger lá e, segundo, manter a agricultura deles funcionando. Ora, se nós temos esse problema, não adianta a gente ficar chorando: "Nós somos os coitadinhos, nós somos os pobrezinhos, nós somos a América Latina, por favor..." Não. Ninguém respeita negociador que chora ou que anda de cabeça baixa. O Brasil não deve nada a nenhum país do mundo, do ponto de vista da sua capacidade tecnológica e da produtividade agrícola. Não devemos nada a nenhum país do mundo. Competimos com todos eles. E, certamente, produziremos produtos de melhor qualidade com mais produtividade. Entretanto, se nós não tivermos ousadia de nos vendermos lá fora, vender os nossos produtos, a nossa qualidade, vender aquilo que a gente sabe fazer, ninguém estará preocupado em ter piedade se aqui tem criança de rua, se aqui tem ocupação de terras, se aqui tem violência, se aqui tem qualquer coisa. Nós é que temos que ter a preocupação de ir lá fora dizer: "Nós existimos. Nós temos competência. Nós temos produtos e queremos disputar em igualdade de condições com vocês". *(6/7/03, Alto Araguaia – MT. Inauguração do Terminal Ferroviário da Ferronorte)*

**... são derrubados com convencimento:** Abrir novos mercados, novos espaços, novas amizades, novos relacionamentos foi uma tarefa, eu diria, muito grande que nós conseguimos coroar com certo êxito na última sexta-feira, quando em Genebra conseguimos, por fim, sensibilizar corações e mentes americanos, corações e mentes europeus, e o subsídio já não é mais um entrave tão grande para que nós possamos exportar determinados produtos onde temos vantagens comparativas. *(2/8/04, Barueri – SP. Apresentação de modelo da plataforma para exportação de serviços de tecnologia da informação da Hewlett-Packard)*

## Sucesso
[ver: desgraça; sorte]

O que tem de gente fazendo figa para que a gente não consiga ter sucesso é uma coisa maluca, mas, como eu sou um cristão e tenho muita fé, "urucubaca" não vai pegar em cima de nós. *(23/7/04, Brasília – DF. Assinaturas da MP de correção de aposentadorias e pensões concedidas entre fevereiro de 94 e março de 97; da MP de concessão de abono de R$100,00 no I.R. de pessoas físicas; e sanção do PL que reduz alíquotas do PIS e da Cofins)*

**... é alcançado com o trabalho:** Nós deixamos de ficar sentados no trono esperando que alguém descobrisse a gente e viesse comprar. Nós resolvermos sair e mostrar do que nós somos capazes. E o sucesso é muito grande. *(19/8/05, São Paulo – SP. Lançamento da Política Nacional de Esporte)*

**... é relativo:** Muitas vezes, numa cidade, quando tem remédio, o sucesso é do prefeito, quando falta remédio a culpa é do Governo Federal. *(14/11/07, Brasília – DF. Abertura da 13.ª Conferência Nacional de Saúde – edição 2007)*

**... será obtido quando o Estado e a sociedade forem parceiros:** Se o Estado brasileiro confiar na sociedade brasileira, se o Estado brasileiro confiar nas instituições já organizadas da sociedade brasileira e, através dessas instituições e dessas entidades, fizer parcerias para políticas públicas no campo social, a possibilidade de termos sucesso é infinitamente maior do que se tentarmos fazer através da burocracia, da máquina pública, seja ela municipal, estadual ou federal. *(14/11/07, Brasília – DF. Op. cit.)*

## Televisão

**[ver: entrevista; imprensa; internet; jornal; leitor; televisão pública]**

Não posso errar porque não fui eleito pelo apoio de um canal de televisão. Eu não fui eleito pelo apoio do sistema financeiro. Eu não fui eleito por interesse dos grandes grupos econômicos. E eu não fui eleito por obra da minha capacidade ou da minha inteligência. Eu fui eleito pelo alto grau de consciência política da sociedade brasileira, no dia 27 de outubro de 2002. *(24/1/03, Porto Alegre – RS. III Fórum Social Mundial)*

**... era racista, pouco tempo atrás:** Há alguns anos, negro só aparecia na televisão se houvesse um personagem de escravo ou de bandido. Negra, até outro dia, o máximo a que chegava era ser chefe de cozinha. *(21/3/03, Brasília – DF. Instalação da Secretaria Especial de Políticas de Promoção da Igualdade Racial)*

**... cansa Lula:** Eu não me canso conversando, o que me cansa é ficar parado na frente de uma televisão. *(4/4/03, Barcarena – PA. Inauguração da 3.ª linha da cadeia de produção da Alunorte, refinaria de alumina da Vale)*

**... deve promover a educação a distância:** É preciso sempre lembrar que os meios de comunicação podem cumprir um papel cada vez mais importante na difusão de informações socialmente relevantes, fortalecendo a educação da população para a cidadania. Esse é um trabalho que acho importante que os meios de comunicação cumpram, seja rádio, televisão ou jornal. É o que eu chamo de educação a distância. Se o pai ou a mãe não têm coragem de trabalhar a educação sexual dos seus filhos, o Estado pode ser o indutor, através dos meios de comunicação, de uma boa política de educação ambiental, sexual, de planejamento familiar. *(7/4/03, São Paulo – SP. Solenidade comemorativa do Dia Mundial da Saúde)*

**... pode esclarecer a população:** Imaginem agora o Antônio Fagundes [ator], no programa *Carga Pesada*, ele e a Patrícia Pillar [atriz] aparecerem na novela passando nos buracos. Até agora não passaram em nenhum, mas logo a Globo vai mostrar uma estrada intransitável e os personagens comentando sobre as estradas brasileiras. Seria bom que fizessem isso para as pessoas terem noção de como estão as estradas em nosso país. *(8/5/03, Brasília – DF. Reunião da Associação Brasileira de Atacadistas e Distribuidores de Produtos Industrializados – Abad)*

**... mostra reportagens que levam Lula a fazer cobrança de ministros:** Ontem, Waldir [Pires, ministro da Controladoria Geral da União], eu tive a oportunidade de assistir ao *Fantástico*. E tive a oportunidade de ver o que está acontecendo em Porto Seguro. Não estou afirmando que alguém é culpado ou não. Mas a gravidade da denúncia é de tal ordem que não pode ter uma tramitação normal, como se fosse apenas um erro administrativo, como se fosse uma coisa menor. É preciso que se tenha mecanismos mais eficazes na apuração e que as pessoas envolvidas sejam condenadas, porque a condenação passa a ser um exemplo para que os administradores públicos tomem cuidado e tenham responsabilidade com o dinheiro que não é seu. *(12/5/03, Brasília – DF. Sorteio dos municípios que serão fiscalizados quanto à aplicação de recursos, realizado pela Controladoria Geral da União – CGU)*

**... presta serviços, com telecursos, como o da Globo:** Eu digo sempre, Roberto Marinho [fundador da TV Globo, falecido em 2004], que o nosso companheiro Vicentinho [ex-sindicalista, deputado federal pelo PT de São Paulo], que eu pensei que iria estar aqui, só conseguiu fazer o vestibular e estudar Direito porque teve a ousadia de levantar todo dia de madrugada para assistir o cursinho que vocês colocam na Rede Globo de Televisão. Mas nem toda televisão tem isso, ainda, nem a nossa TV Educativa tem, com a força que precisa ter. *(8/9/03, Brasília – DF. Lançamento do Programa Brasil Alfabetizado)*

**... é uma das únicas opções das crianças hoje, devido à violência, o que é ruim:** Não temos a tranquilidade que tínhamos antes. Então, muitas crianças, aquelas que ainda podem, ficam na frente da televisão, vendo desenho animado, ou ficam na rua, sem ter muito o que fazer. *(2/10/03, Brasília – DF. Apresentação do programa Segundo Tempo e seus parceiros)*

**... mostra cenas inusitadas para Lula:** Esses dias, a televisão mostrou, num programa especial, a situação dos professores e das professoras. Eu vi uma cena, Cristovam [Buarque, ministro da Educação], inusitada: uma professora dava aula para três turmas na mesma sala de aula. É humanamente impossível imaginar uma professora dentro da sala de aula, com vinte crianças viradas para lá, vinte para cá, e mais vinte para lá, e ter que dar aula para séries diferentes, matérias diferentes. Por isso, muitas vezes o que recompensa o educador não é apenas o salário que ele ganha – se bem que o salário é peça importante na vida de qualquer profissional –, muitas vezes o que falta, e que dá prazer, é o reconhecimento. *(15/10/03, Brasília – DF. Recepção a docentes representantes dos estados pelo Dia dos Professores)*

**... expõe as crianças a programas sem muito controle:** A gente nunca parou para discutir qual é o papel que alguns programas de televisão têm na formação das nossas crianças e dos nossos adolescentes. Quantos pais estão em casa, para cuidar do tipo de programa que as crianças têm que assistir, do tipo de filme? Nós nunca pensamos. *(1/12/03, Brasília – DF. Abertura da V Conferência Nacional dos Direitos da Criança e do Adolescente)*

**... aproximou-se da produção independente, graças a Lula:** Um dos marcos nessa área foi a vinculação da Agência Nacional do Cinema ao Ministério da Cultura, e a redefinição de sua estrutura para incorporar também o Setor Audiovisual, superando a divisão artificial entre cinema de arte e cinema de mercado e aproximando duas categorias historicamente distantes: os realizadores independentes e as emissoras de televisão. *(18/12/03, Brasília – DF. Ato de prestação de contas do ano de 2003)*

**... põe em segundo plano as coisas boas, para destacar as más:** Eu fico imaginando um brasileiro qualquer, que assista um programa de televisão e veja noticiário sobre a violência no Rio de Janeiro; ele, certamente, terá medo de viajar para o Rio de Janeiro, quando, na verdade, aquilo é apenas um lado; o outro lado é que o Rio é muito bonito, tem hotéis bonitos, restaurantes bonitos, um povo agradabilíssimo, tem belos bares, belos restaurantes, belos shoppings. Não posso falar tudo o que tem de belo, porque a imprensa está ali e poderão pegar como malícia. Mas a verdade é essa: tem coisas que acontecem que são desagradáveis, mas a maioria das coisas são agradáveis. E, muitas vezes, isso fica no segundo plano. *(11/3/04, Brasília – DF. Encontro com membros do Conselho Nacional do Turismo)*

**... mostra coisas boas que estão acontecendo no país:** Duas coisas me alentam: a primeira é a certeza de que a gente pode vencer essa dificuldade [problemas de saneamento, habitação e pobreza nas grandes metrópoles]. A segunda, o que está acontecendo aqui, hoje, que foi motivo de uma grande reportagem num programa da Rede Globo de Televisão, para falar das regiões do país que estão dando certo. Porque está se apresentando um fenômeno novo para a sociedade. *(5/5/04, Rio Verde – GO. Assinatura da carteira de trabalho de número 5.000 da empresa Perdigão)*

**... tem a preferência dos cidadãos sedentários, o que é ruim:** Eu fico imaginando quantas pessoas poderiam comprar menos remédios para a hipertensão se andassem meia hora antes de dormir, mas que, muitas vezes, preferem ficar sentadas na frente de uma televisão, tomando remédio, do que tentar praticar um esporte que vai lhes permitir, como cidadãos, como seres humanos, ter uma vida mais saudável e mais longa. *(14/10/04, Brasília – DF. Encontro com a delegação de atletas das Paraolimpíadas de Atenas – 2004)*

**... ajuda, com suas reportagens, a consertar desvios de programas sociais:** Depois que a Rede Globo fez uma matéria, eu recebi duas cartas, que entreguei ao ministro Patrus [Ananias, ministro do Desenvolvimento], de pessoas que não tinham o direito de receber [o Bolsa Família] e estavam recebendo, e que entenderam que tinham sido cadastradas de forma equivocada, ou por honestidade, ou por medo de serem pegas por uma fiscalização. A verdade é que as pessoas refizeram o seu comportamento. E eu penso que muitos outros que entraram no programa de forma equivocada haverão de sair, para que as pessoas mais necessitadas possam receber o dinheiro. *(5/11/04, Rio de Janeiro – RJ. Lançamento da proposta de Implementação dos Objetivos do Milênio nas Comunidades de Madureira, Oswaldo Cruz e bairros adjacentes)*

**... denuncia desvios em programas sociais, o que é bom:** Eu queria pedir para os prefeitos que fizessem o cadastro como se estivessem cuidando dos seus filhos, da sua mulher, com a maior seriedade, porque, se a gente permitir um desvio, daqui a pouco estará a cara de um de vocês no *Jornal Nacional* sem saber por quê. *(7/3/05, Brasília – DF. Abertura da 8.ª Marcha a Brasília em Defesa dos Municípios)*

**... dá o mote para que Lula faça charme sobre o que considera êxitos de seu Governo:** Vocês viram na televisão, na semana passada, eu não sei nem dizer direito, mas eu estava em casa vendo televisão, e dizia assim: "O Brasil agora virou *investment grade*." Eu nem sabia o que era isso. Aí, já fui ligar para o Celso Amorim [ministro das Relações Exteriores]: "Que diabo de palavra é essa?" Aí, ele falou para mim: é grau de investimento. Eu fiquei mais confuso ainda. *(5/5/08, Teresina – PI. Assinatura de ordens de serviço de início de obras do PAC, lançamento do Bolsa Formação, Plano Habitacional para Policiais e Pacto dos Territórios da Cidadania no estado do Piauí)*

**... nos fins de semana, só é vista por Lula se houver programação leve:** Eu, por exemplo, no sábado e no domingo, não leio jornal. Não vejo nenhum programa de política. Se eu vejo televisão, eu vejo... se for programa infantil, ainda melhor. Ou seja, só quero coisa leve, coisa que não me preocupe. *(20/5/05, Brasília – DF. Entrevista à jornalista Insun Kang, do jornal* Chosun Ilbo*)*

**... pode alavancar uma carreira política se a pessoa tiver um pouco de conteúdo:** O Hélio Costa [ministro das Comunicações], todo mundo conhece, antes de ser senador, antes de ser candidato a governador de Minas Gerais. Todos nós, em algum momento, pelo menos os mais velhos, já tínhamos visto em algum momento o Hélio Costa fazer alguma reportagem na Rede Globo de Televisão. O Hélio foi um jornalista que entrou na política e deu certo, porque muitos outros tentaram, não é, Hélio? Teve muita gente que tentou, mas muitas vezes o povo é sábio. Nem sempre a pessoa aparecer na televisão dá a ela o direito de ganhar uma eleição. Precisa aparecer muito, e ter um pouco de conteúdo quando aparece, passar para o povo algumas verdades que o povo exige tanto das pessoas. *(8/7/05, Brasília – DF. Posse dos ministros de Estado da Saúde, das Comunicações e de Minas e Energia)*

**... acompanha de perto as atividades de Lula no Palácio:** Mas não é apenas o significado do dinheiro. Por que aqui no Nordeste? Primeiro, porque não é todo presidente da República que tem coragem de vir perto do povo pobre deste país. Não é todo. É muito mais fácil anunciar no Palácio do Planalto, com toda a imprensa lá, dá no *Jornal Nacional*, dá no *Jornal da Record*, dá no *Jornal do SBT*, dá nas rádios, dá na imprensa. Não. É melhor vir aqui para dizer o seguinte: Nós, governador Jarbas e governador Ronaldo Lessa, nós somos a oportunidade de fazer com que o Nordeste brasileiro se transforme numa região desenvolvida, geradora de empregos, geradora de renda e criando a oportunidade para esse povo deixar de ser visto pelo restante do Brasil como a parte sofrida do nosso país." *(3/8/05, Garanhuns – PE. Lançamento do Plano Safra da Agricultura Familiar)*

**... tem que ser facultada a todos, pois acessá-la é parte da cidadania:** A cidadania das crianças poderem estudar à noite sem forçar a sua visão, a cidadania do cidadão poder comprar uma geladeira, um rádio, um liquidificador, a cidadania da pessoa ter acesso a uma televisão, ter acesso às informações, portanto, a pessoa ficar muito mais esperta e estar acompanhando muito mais o que acontece no cotidiano do mundo. *(17/8/05, Vitória da Conquista – BA. Inauguração da eletrificação do Assentamento Amaralina e comemoração ao atendimento de 1 milhão e 300 mil pessoas pelo programa Luz para Todos)*

**... era algo importante para Lula, quando menino pobre; e, para os pobres, continua sendo:** Então, levar energia elétrica para essas pessoas é dizer o seguinte: "Olha companheiro, você está vivendo no meio do mato, mas você está produzindo coisas para nós da cidade comermos. E se nós, na cidade, podemos ter uma geladeira para guardar a nossa comida, por que você, no campo, também não tem que ter? Por que não pode ter uma televisãozinha, por mais simples que seja?" Como é a vida de uma criança hoje, sem televisão? Eu me lembro, Dilma [Rousseff, ministra-chefe da Casa Civil], que eu morava na Vila Carioca e não tinha televisão, aí eu ia na casa de uma vizinha assistir televisão e, por ser visita, a gente não sentava no sofá, a gente sentava no chão, o sofá era do dono da casa, o que era correto, a casa era deles, mas a gente não podia viver sem uma televisão, a gente queria ver os desenhos, queria ver o jogo. Eu me lembro que tinha um bar e, quando a gente jogava, naquele tempo a luta livre era muito famosa, estou falando do começo da década de 60, e quando ia ter luta livre, que era quinta-feira, a gente só podia assistir à luta livre se tivesse dinheiro para gastar no bar. Como a gente era moleque e não tinha dinheiro, não via a luta livre. Jogo de futebol, para a gente ver, tinha que pagar, comprar um refrigerante, senão a gente não via. E naquele tempo eram milhões de brasileiros que não tinham televisão. Eu fico imaginando, hoje, o que é para um jovem do campo ter acesso a um centro de computação, ter acesso à internet. É uma revolução que muitas vezes a gente não consegue pensar a partir de Brasília. Eu acho que somente quem viveu isso e quem vive isso é que sabe a importância desse benefício chegar à casa das pessoas. *(2/1/07, Brasília – DF. Comemoração ao atendimento de cinco milhões de pessoas pelo programa Luz para Todos)*

**... pode estimular o pessimismo, por conta das más notícias:** Daqui para a frente, gente, não tem choro e nem vela. A Economia, este ano, vai ser muito melhor, nós vamos crescer mais, não existe lugar para o pessimismo. Ao invés de a gente se levantar de manhã e ficar dizendo: "Puxa vida, eu vi na televisão, as coisas vão dar errado", e tal, ao invés de ficar choramingando, levante a cabeça e fale: "O que que eu posso fazer pelo meu país hoje? O que que eu posso fazer pela minha cidade?" E levantar a cabeça para as coisas darem certo neste país. *(11/2/05, Surubim – PE. Inauguração do Projeto de Abastecimento de Jucazinho)*

**... prende a atenção dos homens, que deveriam estar ajudando as mulheres nos serviços domésticos:** Aqui tem muitos companheiros, nós temos que provar a cada dia se nós queremos, de verdade, a liberdade da mulher, nós temos que provar a cada dia se nós somos companheiros da mulher, se na hora de fazer o serviço de casa a gente fica sentado na frente da televisão pedindo para a mulher fazer o serviço que a gente poderia ajudá-la, desde cuidar das crianças até o serviço de dentro de casa, que faz parte da construção do mundo novo que todos nós queremos construir. *(8/3/05, Apodi – RN. Dia Internacional da Mulher)*

**... pode ajudar a promover o turismo:** Eu acho que nós precisaríamos conversar com os nossos homens de comunicação, na televisão. Tem tantos programas com apresentadores bons. Poderia dedicar dois minutos do seu programa para falar do turismo, para mostrar os lugares bonitos que nós temos. E eu acho que eles farão isso. A gente não pode dizer: "Ah, não tem dinheiro para fazer propaganda." Porque também a gente só fala: "Não tem dinheiro, não tem dinheiro." Nós temos que conversar com as pessoas. Você [Walfrido dos Mares Guia, ministro do Turismo] tem que fazer um programa da terceira idade ou da segunda e meia, e você tem que ligar para uma Hebe Camargo [apresentadora do SBT] e falar: "Hebe, eu quero que você me dê aí meia hora, que eu quero falar para o seu público sobre turismo." Você pode falar com o Faustão [Fausto Silva, apresentador da TV Globo]: "Faustão, me dá aí uns cinco minutos para falar de turismo no Brasil, mostrar as coisas bonitas que temos." Eu tenho certeza de que todos eles farão com prazer. *(1/6/05, São Paulo – SP. Abertura do Salão do Turismo – Roteiros do Brasil)*

**... mostra "honestamente" episódios da História:** Não tinha palavrão que faltasse para o Juscelino [Kubitschek, presidente do Brasil de 1956 a 1961] ser atacado, e a televisão está mostrando honestamente o que foi aquilo. E eles fizeram isso conosco o ano passado. Não são os mesmos, se fizer um DNA político, ideológico, é a mesma coisa, vão perceber que é a mesma coisa. Eu aprendi que a gente tem que ter paciência nessas horas, a gente tem que ter paciência, contar até dez, pensar muito em Deus e sempre acreditar que a verdade vai aparecer. *(17/3/06, São Francisco do Sul – SC. Cerimônia alusiva às obras de recuperação e modernização do Porto de São Francisco do Sul)*

**... mostra a situação degradante em que vivem milhares de crianças; e o problema é culpa dos políticos que antecederam a Lula:** Eu não sei se vocês assistiram o *Fantástico*, no domingo, na Globo. Pois bem, eu não sei se vocês viram aquela situação degradante em que milhares de crianças, no Brasil inteiro, estão vivendo. Sabem por que aquelas crianças estão vivendo daquele jeito? Porque durante muitos anos neste país não se fez um investimento necessário em Educação, não se fez um investimento necessário para cuidar da família brasileira. E quando a gente não investe em Educação, quando a gente não investe em habitação, o resultado é que a gente vai ter que investir em cadeia, e cadeia fica muito mais caro e é muito pior para a população brasileira. *(21/3/06, Salvador – BA. Regularização Fundiária – entrega de títulos de posse aos moradores de Alagados)*

**... mostra problemas graves do Brasil atual:** Se a gente fizer isso [investir no social], podem ficar certos que os "falcões" [meninos-traficantes] irão desaparecer do Brasil, não morrendo, mas tendo esperança outra vez e voltando a se transformar em crianças recuperáveis para a sociedade brasileira. Embora tenha aparecido violência, aquilo que a Globo mostrou no domingo passado, a verdade é que o que a gente mais ouvia da boca das crianças é que elas estavam precisando de carinho, estavam precisando de oportunidade. *(24/3/06, Rio de Janeiro – RJ. Visita às obras da Vila do Pan e ao lançamento do programa Segundo Tempo)*

**... faz Lula se dar conta do benefício que ele próprio proporciona ao povo:** Esses dias eu estava assistindo um programa de televisão que, certamente, muitos assistem aqui, o *Globo Rural*. Ao passar uma reportagem sobre o programa Luz para Todos, sabe do que eu me dei conta? É que nós estávamos fazendo uma família dar um salto do século XVIII para o século XXI, estávamos tirando uma família das trevas para colocá-la no mundo civilizado, no mundo da luz e, se Deus quiser, e a indústria tiver capacidade de produzir cabos, postes e luz, até 2008 nós não teremos neste país nenhum cidadão sem energia elétrica. Esse é um programa em que 80% dos gastos são feitos pelo Governo Federal, de graça. Uma ligação, vocês sabem, chega a custar, dependendo da região, 3.600 reais, e ela é dada de graça para o povo, sobretudo do campo, sem que ele tenha que pagar nada e ter acesso à modernidade. *(4/4/06, São Paulo – SP. Abertura da Semana Internacional da Construção e Iluminação)*

**... mostra que o trabalhador, com Lula, está podendo comprar um quilo de filé mignon:** O que é gostoso é ver um trabalhador na televisão mostrar que ele agora está podendo comer um quilo de filé mignon. O que é gostoso é ver um trabalhador dizer que agora está comprando um saco de cimento por R$9,50, que custava R$23,00. O que é gostoso é a gente ouvir dizer... o que dá prazer na vida pública é a gente ver uma dona de casa dizer: "Eu pagava o arroz Tio João a R$13,00, presidente, em 2003; agora eu estou pagando R$4,90 ou R$5,00, em um pacote de cinco quilos." *(6/4/06, Campinas – SP. Lançamento de edital de licitação para o Aeroporto Industrial de Campinas e anúncio de melhorias urbanas para a comunidade do entorno de Viracopos)*

**... ajuda Lula a saber o que vai bem ou mal no seu Governo:** E as coisas estão acontecendo porque nós sofremos para fazer acontecer. Não foram poucos os desaforos, porque não dizer, Patrus [Ananias, ministro do Desenvolvimento], quando te convidei para ser ministro, não foram poucas as vezes que você falou: "Puxa, vida, eu estava tão bem como deputado federal, a minha obrigação lá era fazer um discurso, de vez em quando, metendo o pau na política econômica, e agora o Lula me chama para esse pepino aqui, e agora eu tenho que saber..." Eu ligava para o Patrus, eu via um programa à meia-noite, eu ligava para o Patrus: "Patrus, você viu televisão? Você não viu, então procura ver, você tem que responder isso. Você viu tal matéria no jornal? Patrus, tem que responder. Patrus, você ouviu o programa de rádio? Patrus, tem que responder, a gente não pode deixar nada passar." E hoje o Patrus está com a cara boa, alegre. *(24/5/06, Brasília – DF. Reunião do Conselho Nacional de Segurança Alimentar e Nutricional – Consea)*

**... deixa Lula emocionado com novelas:** Eu sou um chorão de nascença. Eu chorei no dia que eu fui à Suprema Corte [Supremo Tribunal Federal] ser diplomado, que era o momento mais importante, eu chorei na avenida Paulista, eu chorei na campanha, eu choro até com novela. *(1/6/06, Manaus – AM. Entrevista durante visita a Manaus)*

**... mostra a Lula o que acontece com seus colegas estrangeiros:** Um tempo desses eu vi, na televisão, alguém jogando um copo com alguma coisa no Tony Blair [primeiro-ministro da Grã-Bretanha], acho que era talco ou sal. Outro dia eu vi alguém jogar um copo de sangue no Schröeder [Gerhard Schröeder], quando ele era primeiro-ministro da Alemanha. Aqui, no Brasil, não acontece isso. Se acontecesse, puxa vida, seria... aqui não acontece isso. Aqui, nós estamos, por Deus do céu, aprendendo a consolidar o processo democrático brasileiro e na América Latina, na adversidade. *(7/7/06, Brasília – DF. Entrevista ao jornal* Financial Times*)*

**... mostra a Lula, todo dia, o que acontece no mundo:** Qual é o Congresso Nacional que não tem problema? Apontem-me um. Só não tem problema onde não tem Congresso Nacional. Eu vejo todo dia, na televisão: tem problema na Inglaterra, na França, nos Estados Unidos, na Itália. Na Itália nós vivemos um período em que, em poucos anos, nove primeiros-ministros caíram e a Itália continuou. *(7/7/06, Brasília – DF. Op. cit.)*

**... só destaca os estados pobres quando há desgraça, o que pode atrapalhar o país:** Eu não queria começar a minha fala sem antes pedir para o professor, nosso cientista, pesquisador, Expedito Parente, vir aqui, junto de mim, porque normalmente os estados mais pobres do Brasil só aparecem na televisão nacional quando tem uma desgraça. Agora, quando a gente consegue produzir, num estado nordestino, um cientista da qualidade do professor Expedito Parente, companheiro que é o responsável pela existência do biodiesel neste país, que um dia descobriu que a gente, tirando óleo da mamona, não tira apenas para fazer óleo de rícino, que poderia fazer combustível; que, esmagando girassol e tirando o óleo, a gente poderia fazer combustível; que, esmagando qualquer planta que tenha óleo, a gente pode tirar um combustível, e esse combustível fazer um carro andar, fazer um avião andar, fazer um ônibus andar, esse homem, na verdade, começou a fazer uma revolução de muita importância, tecnológica e científica, na década de 80. E durante mais de vinte anos ficou apenas como uma tese acadêmica experimental, porque qualquer político neste país falava do biodiesel, mas quando você ia espremer o discurso, não tinha uma gota de biodiesel no discurso dessas pessoas. Imaginem se este homem tivesse aparecido em todas as televisões brasileiras, em cadeia nacional, em 1985, mostrando a sua descoberta, o que nós já não poderíamos ter mudado na história da matriz energética brasileira. *(31/1/07, Crateús – CE. Inauguração da Usina de Biodiesel da Brasil Ecodiesel)*

**... mostra os êxitos do Governo Lula:** Quando nós lançamos o programa ProUni [Programa Universidade para Todos], garantindo quase trezentas mil vagas nas universidades particulares para jovens pobres de escolas públicas, teve vários artigos nos jornais dizendo que o Lula estava nivelando o ensino universitário por baixo, que eu estava rebaixando o nível das universidades. Mas o MEC [Ministério da Educação] fez uma pesquisa e eu tive uma grata surpresa, governador, ligando a televisão, na semana passada, e vendo no *Jornal Nacional* que a prova que o MEC fez, de 14 matérias, em 14 cursos, engenharia, medicina, ciências contábeis, ciências políticas, veterinária, os melhores eram os alunos pobres que estudavam no ProUni. *(20/4/07, Gama – DF. Inauguração do Centro de Recondicionamento de Computadores [CRC] do Gama)*

**... é fundamental para a integração do país:** Sem rádio e sem televisão o país fica privado de parte indispensável de sua capacidade de se comunicar consigo mesmo. Todo mundo aqui sabe o desempenho e a importância da radiodifusão e o papel extraordinário e fundamental no processo de integração nacional, sobretudo no caso de um país com as dimensões do Brasil. Todo mundo aqui conhece a força, a hegemonia e a qualidade técnica da televisão comercial brasileira, que é a principal referência de lazer, cultura e informação para o conjunto da nossa sociedade, cuja importância é reconhecida aqui e no exterior. *(29/5/07, Brasília – DF. Abertura do 24.º Congresso Brasileiro de Radiodifusão)*

**... recebe críticas injustas; faz críticas injustas; o que é normal, já que ninguém é dono da verdade:** Possivelmente, todos vocês que estão aqui, ligados direta ou indiretamente à radiodifusão, já receberam reclamações de pessoas dizendo: "Olha, vocês não publicaram aquilo que eu queria que publicassem, vocês falaram mal de mim, a minha cara não estava boa na televisão hoje, a manchete não estava como eu queria." Quem é que já não reclamou para vocês aqui? Todo mundo já reclamou e muitas vezes vocês também reclamam: "Mas não foi dada a entrevista que eu queria, não respondeu às perguntas que eu queria." Esse troca-troca de inquietações é que permite que a gente possa consolidar a democracia. Qual é a única certeza que nós temos que ter? É que a democracia não permite e não aceita donos da verdade. A democracia exercida na sua plenitude exige que cada um de nós, seres humanos, que estamos ligados à política ou que estamos ligados à radiodifusão, compreendamos o seguinte: toda vez que um de nós acha que é imprescindível ou toda vez que um de nós entende ser insubstituível, nós estamos fazendo a democracia correr perigo. *(29/5/07, Brasília – DF. Abertura do 24.º Congresso Brasileiro de Radiodifusão)*

**... deu uma notícia alentadora para Lula; notícia que pode ter salvo a vida dele:** Eu quero dizer para vocês uma coisa prática. A radiodifusão, na minha vida, me deu a notícia mais alentadora quando em abril de 1980, às seis horas da manhã, eu fui preso pelo Dops [Departamento de Ordem Política e Social, já extinto]. Quando me colocaram numa perua, daquelas Chevrolet, que eram todas iguais no Brasil inteiro, com um monte de soldados com metralhadora dentro, soldados não, policiais federais do Dops, o cidadão estava com o rádio ligado – quase que eu cometo uma gafe aqui dizendo qual era a rádio que eu estava ouvindo –, a perua estava com o rádio ligado, e depois de dois minutos havia uma neblina muito grande lá em São Bernardo, a gente não enxergava um palmo à frente do nariz. E eu fiquei pensando: "Puxa vida, se eles me matarem, se me jogarem na estrada e disserem que eu fui atropelado" – afinal de contas tinha muitas histórias dessas –, "e se eu não chegar preso, e se a Marisa não souber aonde eu vou?". Três minutos depois aparece uma notícia dizendo: "Acabaram de prender o presidente do sindicato e ele está sendo levado para o Dops." Eu já estava indo preso, mas o fato de eu saber que alguém sabia e tinha transmitido, ou ao Brasil ou a São Paulo inteira, foi como se eu tivesse conquistado a liberdade, embora eu tivesse ido preso, nem tinha sido preso ainda. *(29/5/07, Brasília – DF. Op. cit.)*

**... é muito vista por Lula:** Eu me lembro que quando o Brasil foi jogar a final da Copa América com a Argentina, e eu assisto muito televisão, à meia-noite, uma hora da manhã, gosto de programas esportivos, eu penso que, se fizessem uma votação antes – agora, não, agora todo mundo sabe o resultado –, 90% iam dizer que o Brasil não tinha condições de ganhar da Argentina e que o Brasil iria perder aquele jogo. Se não falassem assim, não entenderiam de futebol, porque era uma coisa lógica. E o Brasil ganhou e virou campeão da Copa América. *(20/8/07, Brasília – DF. Lançamento do Plano Nacional de Segurança com Cidadania – Pronasci)*

**... não é mais vista por Lula, como antes:** Eu não tenho tempo de ver televisão, como eu tinha antes. *(10/10/07, Brasília – DF. Entrevista ao jornalista Kennedy Alencar, do jornal* Folha de S.Paulo*)*

**... não tem uma programação saudável:** Eu digo todo dia, sem medo de errar: "Se a gente olhar parte da programação dos meios de comunicação neste país, sobretudo da televisão, a gente vai se perguntar: em que momento vai ter alguma coisa educativa na televisão para a gente poder assistir, para a gente poder aprender?" *(3/12/07, Brasília – DF. Abertura da VII Conferência Nacional dos Direitos da Criança e do Adolescente)*

**... desagrega a família, com muitos de seus programas:** Se você tem uma família desagregada, por uma situação econômica difícil, por programas de televisão que não trazem nada que seja instrutivo para as pessoas, se pai não respeita mãe, que não respeita filho, que filho não respeita pai, se as pessoas moram apinhadas em 3m², onde comem, defecam e dormem; se as pessoas repartem os metros quadrados da sua área individual com baratas, com ratos; se as pessoas não têm ruas sequer para passear, não têm área de lazer, não têm escola, não têm nem onde praticar um esporte, na verdade eu me pergunto: "O que fez o Estado brasileiro nesses últimos trinta anos?" *(8/3/08, Rio de Janeiro – RJ. Lançamento do Projeto Bolsa Formação, para policiais)*

## Televisão pública

**[ver: entrevista; imprensa; internet; jornal; leitor; televisão]**

A primeira orientação que eu dei ao companheiro Franklin [Martins, ministro-chefe da Secretaria de Comunicação] foi a seguinte: se a televisão for puxa-saco do Governo, ela será chata; se ela for só oposição, ela será chata. Encontrar esse ponto de equilíbrio é como a chuva. A chuva, quando chove de mais, os agricultores sofrem; quando chove de menos, os agricultores sofrem. Ela tem a quantidade certa. Então, o que eu quero é isso, é que a TV pública seja o equilíbrio da maturidade da informação no Brasil, nem ser chapa branca, mas também não ser chapa marrom. *(18/12/08, Brasília – DF. Entrevista exclusiva à revista* Piauí*)*

**... tem de mostrar também o que não dá audiência:** Porque no mundo desenvolvido você tem outras coisas a informar, além daquilo que dá ibope. Eu não posso fazer dos meios de comunicação apenas uma coisa de interesse mercadológico. Nós queremos uma TV pública para informar, para promover debates sobre temas que, certamente, a TV privada não tem interesse porque... Se colocar a televisãozinha na frente do Ibope ali e começar a cair, muda de assunto imediatamente. *(18/12/08, Brasília – DF. Op. cit.)*

## Tempo
**[ver: futuro]**

Muitas vezes, na política, as pessoas têm mais pressa do que o tempo exige que as pessoas tenham. Nós somos apressados por natureza, ou seja, toda vez que nós queremos uma coisa, nós a queremos num tempo mais rápido do que o tempo natural de fazê-la acontecer. Eu fico vendo a imprensa, todo dia, e há determinados órgãos de imprensa que se comportam, em relação ao Governo, como se eu já estivesse há 15 anos na Presidência. Mas estou apenas há cinco meses. E eu acho que nós já fizemos, em cinco meses, o que nenhum de vocês, individualmente, esperava que já tivesse sido feito neste país *(12/6/03, Brasília – DF. Lançamento do Plano Agrícola e Pecuário – Safra 2003/2004)*

**... tem de ser respeitado:** E vocês, como agricultores, sabem que, na agricultura, a natureza cuida do tempo como ninguém. Sabem que a gente tem que plantar na hora certa. Se deixar passar o tempo, não planta mais. A gente tem que colher na hora certa, porque, se deixar passar, a gente perde. No Governo, eu quero agir mais ou menos assim: tudo tem o seu tempo. Eu disse, aqui, que vou fazer a reforma agrária mais tranquila e mais pacífica que este país já viu na sua história. Eu vou fazer, e há o tempo certo para isso acontecer. Estamos preparando, e no momento certo vocês vão perceber que, numa mesa de negociação, vamos anunciar ao Brasil o começo da reforma agrária neste país. *(3/5/03, Uberaba – MG. Inauguração da 69.ª Expozebu)*

**... é curto para o presidente:** Eu adquiri o hábito, depois de eleito presidente da República, de fazer o discurso como foi escrito, que é uma forma de controlar o tempo, porque eu vou ficando emocionado e vou contando caso. E a agenda do presidente não permite que eu tenha a flexibilidade que eu tinha antes de ser presidente da República. *(21/8/03, Benevides – PA. Lançamento do Polo de Fruticultura da Amazônia)*

**... aproxima adversários:** Há alguns anos atrás, no começo do PT, qualquer fazendeiro que tivesse dois hectares tinha medo, porque achava que nós íamos tomar as suas terras. O tempo se encarregou de aproximar vários de nós com grandes proprietários de terra deste país. *(16/1/04, Piracicaba – SP. Inauguração da nova unidade de fundição da fábrica Dedini S.A.)*

**... deve ser vivido de forma prazerosa quanto menor for:** Quando completei cinquenta anos de idade, tomei uma decisão na minha vida. Eu sabia que eu tinha menos tempo pela frente do que eu já tinha vivido. Então, resolvi tornar o tempo que eu tinha pela frente mais prazeroso. Passei a falar: “Bom, se eu tenho menos tempo, eu tenho que vivê-lo de forma mais gostosa, mais saborosa e mais motivadora.” *(1/10/03, Brasília – DF. Comemoração ao Dia Internacional do Idoso)*

**... é que prova os acertos:** O tempo é que vai provar o acerto da nossa política nessa relação com a sociedade. *(5/7/04, Brasília – DF. Apresentação dos resultados do Governo)*

**... vai calar os adversários:** Somente o tempo é que vai calar aqueles que continuam teimando em dizer que eu quero um terceiro mandato. *(3/12/07, Brasília – DF. Entrevista ao jornalista Ricardo Kotscho e publicada na edição 6 [dez/07 – jan/08] da revista* Brasileiros*)*

**... é tomado por decisões:** Eu tenho é que decidir, com o povo brasileiro, o que nós vamos fazer a cada mês, a cada ano, a cada hora. *(22/4/03, Vitória – ES. Implantação do III Alto-forno da Companhia Siderúrgica de Tubarão)*

## Teoria

**[ver: intelectual]**

Eu queria dizer para vocês uma coisa: teoria é uma coisa gostosa, porque a gente não tem que decidir, a gente acha, pensa, acredita, mas a gente não executa. A diferença entre o teórico e o "cara" que tem que executar é que um teoriza e o outro tem que assinar o cheque. E, na hora de assinar o cheque, sempre há mais responsabilidade. *(4/9/03, Brasília – DF. Reunião do Conselho de Desenvolvimento Econômico e Social – CDES)*

**... é sonho:** Há um processo de politização que será muito mais forte se a gente tiver um pouco mais de ousadia. E, para isso, nós estamos hoje criando, com a sanção da lei, praticamente todas as possibilidades para que o microcrédito, finalmente, deixe de ser uma teoria, deixe de ser um sonho, para se tornar uma grande realidade no nosso país. *(25/4/05, Brasília – DF. Lançamento do Programa Nacional de Microcrédito Produtivo Orientado)*

**... é simplista:** Na teoria tudo é fácil. O Djavan [cantor e compositor popular] é quem fala que na teoria é fantástico, porque na teoria o dia tem 24 horas, mas, na prática, ele tem manhã, tarde e noite, e ainda tem a madrugada para os boêmios. *(25/4/05, Brasília – DF. Op. cit.)*

**... pode conter tudo, de modo irresponsável:** Eu quero dizer para vocês que, quando a gente assume a Presidência da República, você é tomado de uma responsabilidade que você nem pensava que tinha, e eu sei que tem muita gente que vende facilidade: "O Brasil poderia estar crescendo 10%", "O Brasil poderia estar crescendo isso", "O superávit poderia ser aquilo", "O juro poderia ser aquilo", porque na teoria cabe tudo. A diferença básica é que, quando você vira Governo, você sai da era do "eu acho" para a era do "eu faço", você vai poder fazer em função das condições que você tem. *(23/11/05, Niterói – RJ. Batismo da Plataforma FPSO P50, da Petrobras)*

**... é fácil fazer; difícil é a prática:** Não faltam, no Brasil, consultorias especializadas em produzir livros de 150 páginas sobre política industrial, como não faltam no Brasil especialistas, acadêmicos ou as próprias entidades empresariais para fazerem isso. O difícil é sair da teoria e tentar fazer concretamente uma política industrial. *(11/3/04, Brasília – DF. Reunião do Conselho de Desenvolvimento Econômico e Social – CDES)*

**... é desmentida pelos fatos:** De vez em quando eu leio no jornal algumas críticas, de vez em quando eu vejo as pessoas falarem de câmbio, falam de juros. O dado concreto é que a prática desmonta a teoria, na medida em que todo santo dia os números do crescimento das exportações crescem. *(22/12/05, Brasília – DF. Inauguração da nova pista do Aeroporto Internacional de Brasília – Juscelino Kubitschek)*

**... é separada da prática por um oceano:** Em um primeiro momento, nós tivemos que convencer o Banco Central a fazer a flexibilização que tinha que fazer. Eu achava que era mais fácil, mas a teoria e a prática têm uma distância do tamanho do oceano Atlântico. *(27/6/06, Brasília –DF. Abertura da I Conferência Nacional de Economia Solidária – "Economia Solidária como Estratégia e Política de Desenvolvimento")*

**... não ensina a negociar com as nações desenvolvidas:** O Brasil precisa deixar de ser um país em vias de desenvolvimento. Eu não tinha nem cabelo branco e o Brasil já era o "país do futuro". Será que nós não somos filhos de Deus, que esse futuro nunca chega? Vai chegar, na hora em que depender de nós. Por isso o acerto do G-20, lá em Cancún. Essa coisa a gente não aprende na teoria, não. Essa coisa a gente aprende na prática. Eu converso muito com o Celso Amorim [ministro das Relações Exteriores], com o Furlan [Luiz Fernando Furlan, ministro do Desenvolvimento, Indústria e Comércio Exterior], com o Roberto Rodrigues [ministro da Agricultura]. Se o Brasil for pelear – como diria o Pratini de Moraes [ex-ministro da Agricultura] –, sozinho, com a União Europeia, é uma luta titânica, porque eles são muito fortes. *(28/11/03, Rio de Janeiro –RJ. Encerramento do 23.º Encontro Nacional de Comércio Exterior)*

**... é aceita somente pelos preguiçosos:** Houve um tempo, no Brasil, e não é culpa de qualquer governante, individualmente, mas era uma doutrina que começava a se espalhar pela universidade, pela imprensa, pelos governantes, por muitos empresários, de que a globalização colocava o Brasil num patamar em que o Brasil não precisaria produzir coisas que eram consideradas essenciais para nós. E a cabeça de alguns dirigentes, possivelmente com preguiça de pensar alternativas, vai aceitando as teorias com a maior facilidade. *(3/9/04, Osasco – SP. Cerimônia pelos sessenta anos de fundação da Cobrasma, atuais Flanaço e Amsted Maxion)*

**... deve ajudar a criar riqueza:** Mas, vejam, eu fui à China, eu cheguei na China e a coisa mais importante era a ligação entre a universidade pública e as empresas da China, transformando o seu conhecimento teórico em produtos que poderiam ser industrializados, gerar riqueza para aquela empresa e uma contrapartida para a universidade. Isso é a coisa mais fantástica que eu vi. E eu voltei para o Brasil convencido de que a gente tem que fazer isso, afinal de contas, nós não podemos ficar a vida inteira produzindo teorias, guardando numa gaveta, e não tentar fazer aquilo gerar riquezas para um país. Eu acho extraordinário isso. E esta parceria da Vale do Rio Doce com a Universidade Federal do Pará é uma coisa genial. *(22/2/06, Marabá – PA. Visita às obras do campus do Sul e Sudeste da Universidade Federal do Pará)*

**... é menos importante do que a experiência:** Como surgiu o tal do novo sindicalismo, em 1977? Surgiu exatamente por conta da criatividade de um conjunto de pessoas, uma grande maioria que não tinha nenhuma teoria sindical, eram peões de fábrica mesmo, que foram percebendo que da forma como vinha sendo feito não dava para funcionar, e que era preciso, então, fazer as coisas um pouco diferentes. *(29/11/04, Brasília – DF. Apresentação do Programa Nacional de Microcrédito Produtivo Orientado)*

## Trabalhador(es)

**[ver: chefe; empregado; emprego; empresário; trabalho]**

Eu, quando vejo a cara de vocês, fico lembrando que a classe operária brasileira poderia ser assim. O que nós queremos? Trabalhar. O que nós queremos? Tomar café da manhã, almoçar e jantar. O que nós queremos? Colocar nossos filhos numa escola decente. O que nós queremos? Sonhar com os nossos filhos entrando numa universidade. O que nós queremos? Ter acesso ao lazer, ter acesso à cultura. É isso que nós queremos, coisas simples, que estão na Bíblia, que estão na Constituição, que estão na Declaração Universal dos Direitos Humanos, que estão no Estatuto da Criança e do Adolescente. *(10/3/07, São Paulo – SP. Exposição de produtos da fábrica Daimler-Chrysler do Brasil)*

**... têm no salário a coisa mais sagrada:** O que vocês estão dando ao sistema financeiro? Vocês estão oferecendo ao sistema financeiro aquilo que o trabalhador tem de mais sagrado, que é o seu salário no final do mês. O banco vai ter a certeza de que, ao estar financiando um trabalhador que tem carteira assinada e recebe salário no final do mês – e que, portanto, o desconto pode ser pactuado entre o sindicato e a empresa –, o risco é zero. Ou seja, o banco vai emprestar com a certeza de que vai receber esse dinheiro a cada mês, e isso é uma garantia que não existe em qualquer lugar do mundo. *(17/9/03, Brasília – DF. Lançamento do Programa de crédito com consignação em folha de pagamento)*

**... têm três sonhos:** Todo trabalhador brasileiro carrega três sonhos na vida, que são a marca registrada de cada homem e de cada mulher. Um deles é ter uma casa própria, como se fosse um passarinho: nós sabemos que tem muitos ninhos por aí, mas nós queremos o nosso ninho. Nenhum passarinho põe ninho no ninho do outro, a não ser o chupim, que derruba o ovo do tico-tico e coloca o ovo no lugar, para o tico-tico criar o chupim. Mas todo ser humano honesto e trabalhador, que não é chupim, quer o que é dele, quer o ninho dele, quer saber que vai morar num lugar em que os filhos dele vão ter os amigos, em que vai ter escola, em que vai ter uma série de coisas. A família vai construir amizade e ele vai viver tranquilo. O segundo sonho é ter emprego. Se você tiver os dois juntos, a casa e o emprego, aí Deus está te abençoando duas vezes. Mas se, além de ter a casa e o emprego, a gente puder colocar o filho numa faculdade, aí Deus está olhando a gente três vezes e amando a gente três vezes. É esse o sonho que eu tenho para construir este país. *(7/3/07, Rio de Janeiro – RJ. Inauguração dos condomínios do Programa de Arrendamento Residencial em Santa Cruz)*

**... gostam de três coisas:** O que ele quer é cuidar do carro com carinho, porque tem três coisas que um trabalhador gosta: uma casa, casar com uma mulher bonita e ter um carro bom, três coisas importantes. Serra [José Serra, governador de São Paulo], há um tipo de companheiro que compra carro e dedica ao carro uma exclusividade de sábado, que é lavar o carro dele, lubrificar, passar perfume. Somente depois é que ele se lembra da mulher e da família, mas ele cuida do carro com um carinho especial. *(14/12/07, São Bernardo do Campo – SP. Lançamento do novo Ford KA)*

**... têm direito a uma cervejinha:** Eu estou vendo a cara do pessoal aí, todo mundo com a cara feliz, trabalhando, setecentos empregos, para no fim do mês colocar o salariozinho no bolso, com direito a tomar uma cervejinha gelada, para quem bebe. Se encontrar comigo, pague uma para mim, que eu não recusarei. *(14/3/08, Araraquara – SP. Visita ao canteiro de obras do pátio ferroviário de Tutoia)*

**... devem poder comer filé:** Esses dias eu fiquei emocionado porque eu vi um trabalhador pegar um filé e dizer: "Eu nunca comi um filé na minha vida e agora estou podendo comer um filé." Lógico que ele não pode comer um [único] filé por ano, o ideal é que ele possa comer filé todos os dias. Todos os dias, não, também, porque enjoa, mas que ele tenha condições de comprar. *(1/5/06, São Bernardo do Campo – SP. Missa em homenagem ao Dia do Trabalhador)*

**... podem ser ou não sérios:** Um trabalhador que não tem seriedade e não tem respeito pela sua família é capaz de pegar o seu salário e gastá-lo no primeiro salão de *snooker* que tiver na cidade. Um trabalhador sério pega o seu salário, vai para casa, senta com a mulher e vai discutir como pagar a dívida e o que fazer se sobrar algum centavo no seu pagamento. *(16/1/04, Piracicaba – SP. Inauguração da nova unidade de fundição da fábrica Dedini S.A.)*

**... no passado, arrancavam um dente para compensar falta no trabalho:** Eu não sei se todo mundo sabe, quando fui presidente do Sindicato dos Metalúrgicos do ABC, nós tínhamos um departamento médico razoável. Nós tínhamos 16 dentistas, nós tínhamos vários médicos. E, naquele tempo, não se oferecia nenhum tratamento, a não ser obturação e extração. E eu contava para o Humberto [Costa, ministro da Saúde] que, às vezes, o trabalhador faltava na segunda-feira, ia no sindicato e falava: "Me arranca um dente." E pegava um atestado para ganhar o dia. Muitas vezes, os dentistas obedeciam porque era a vontade da pessoa e, também, porque não tinha muita coisa para fazer. *(17/3/04, Sobral – CE. Lançamento do Programa Nacional de Saúde Bucal)*

**... fazem tudo com prazer:** Falam que os Estados Unidos são mais democráticos, que a Alemanha é mais avançada; eu duvido que exista em algum lugar do mundo o relacionamento que existe entre os trabalhadores da indústria automobilística brasileira e os seus empregadores. Eu duvido que haja uma capacidade produtiva maior, em qualquer país do mundo, do que a dos trabalhadores brasileiros, além da criatividade e dedicação. Porque se há uma coisa que nós temos diferente dos outros, primeiro, é a nossa mistura com a África; segundo, é a alegria estampada na alma de cada brasileiro. A gente costuma fazer as coisas com prazer, mesmo quando está zangado, mesmo quando a gente não gosta. *(29/5/03, São Bernardo do Campo – SP. Entrega simbólica de 225 toneladas de alimentos para o programa Fome Zero)*

**... orgulham-se do que ajudam a produzir:** Se tem uma coisa da qual nós governantes temos que nos orgulhar é da capacidade dos trabalhadores brasileiros. Eu mesmo trabalhei numa empresa que produzia peças, que competia em qualidade com outros países. E, toda vez que chegavam as peças produzidas em outros países, nós trabalhadores tínhamos orgulho de verificar que as nossas tinham melhor qualidade, melhor acabamento, e quem sabe até precisão. Eu não tenho dúvida nenhuma que os trabalhadores e trabalhadoras são privilegiados, do ponto de vista do trabalho, porque eu fico imaginando quantos milhões de brasileiros gostariam de ter a chance de trabalhar nesta empresa e, quando visse um avião da Embraer sobrevoando os ares do Brasil ou de outro país qualquer do mundo, ele se sentiria muito mais orgulhoso por saber que ali tinha a sua mão e parte da sua inteligência. *(9/2/04, São José dos Campos – SP. Lançamento do jato comercial Embraer 190)*

**... devem poder ter o que produzem:** Quando eu entrei aqui, conversei com os três representantes dos trabalhadores que me esperavam, e senti que, cada vez que eles olhavam para um carro na linha de montagem e falavam daquele carro, eles estavam falando de uma coisa que tinham ajudado a produzir, que tinha o dedo deles. Muitas vezes ele não pôde dedicar ao seu filho o tempo que ele tinha dedicado para construir aquele carro. E daí o orgulho de saber que o seu trabalho não foi em vão. Certamente muitos não conseguiram, ainda, comprar um carro que produzem, mas, se Deus quiser, haverá um dia em que todos os trabalhadores brasileiros poderão comprar o resultado da sua produção, porque um carro não pode ser um artigo de luxo, tem que ser um instrumento de trabalho para facilitar a vida das pessoas em cidades que, muitas vezes, dificultam o nosso dia a dia. *(19/3/04, Betim – MG. Visita à fábrica da Fiat Automóveis em Betim/MG)*

**... são cidadãos plenos, quando são formais:** Quando eu vejo um trabalhador com a sua carteirinha assinada, significa que esse trabalhador deu um passo adiante para conquistar, definitivamente, a sua cidadania. *(21/3/06, Salvador – BA. Visita por ocasião da retomada das obras do metrô de Salvador)*

**... no Brasil, têm mais qualidade:** Inegavelmente, o trabalhador brasileiro é imbatível em criatividade e em qualidade neste mundo. *(19/12/03, Angra dos Reis – RJ. Início das obras de construção da Plataforma P-52 e de lançamento do Programa Nacional de Petróleo e Gás Natural)*

**... devem se qualificar:** Na minha vida foi isso, na minha vida eu fui o primeiro filho de um total de oito irmãos a aprender uma profissão e aprendi muito rapidamente, como o Meneguelli [Jair Meneguelli, ex-líder sindical, ex-presidente da Central Única dos Trabalhadores, ex-deputado pelo PT, presidente do Sesi – Serviço Social da Indústria] também, que estudou no Senai, a diferença de um trabalhador sem profissão procurando emprego e a diferença de um trabalhador com profissão procurando emprego. Um é tratado como se não fosse ninguém, e o outro é tratado como se fosse um profissional. E não tem nada mais importante até do que você, tendo uma profissão, poder discutir o teu salário. Quando a gente não tem profissão, a gente, primeiro, não escolhe emprego, muito menos a gente escolhe salário. A gente trabalha onde alguém oferece um emprego para a gente. *(5/10/05, São Paulo – SP. Abertura da Olimpíada do Conhecimento 2005)*

**... ajudam o Brasil a competir, quando têm qualificação:** Por isso é que nós precisamos investir na Educação, na formação profissional dos nossos trabalhadores, dos nossos operários, para que a gente possa colocar qualidade nos produtos que a gente produz, porque é isso que vai dar condições de competitividade para o Brasil. Ninguém vai comprar do Brasil porque o Brasil é um país de Terceiro Mundo; ninguém vai comprar do Brasil porque o Brasil é o país do carnaval; ninguém vai comprar do Brasil porque o Brasil é o campeão de futebol; ninguém vai comprar do Brasil porque o presidente do Brasil é isso ou aquilo. As pessoas vão comprar na hora em que a gente oferecer, no mercado internacional, produtos a preços competitivos e com qualidade competitiva a qualquer outro país do mundo. *(22/4/03, Vitória – ES. Implantação do III Alto-forno da Companhia Siderúrgica de Tubarão)*

**... nordestinos são tão bons quanto os outros:** Na hora em que eles têm oportunidade, são iguais ou melhores do que qualquer trabalhador de qualquer parte do Brasil ou de qualquer parte do mundo. Nós, nordestinos, também não queremos ser melhores, também não queremos ser mais bonitos, nós queremos apenas ser iguais, ser tratados, de Norte a Sul, como se fôssemos irmãos. Não adianta dizer que nós temos a cabeça chata ou não, porque dentro dessa cabeça chata nós temos uma massa encefálica de qualidade, neurônios bons, e que podem ajudar a desenvolver este país. *(16/12/05, Ipojuca – PE. Lançamento da pedra fundamental da refinaria de Pernambuco)*

**... devem querer ganhar mais:** Eu, uma vez, ouvi um ministro do Trabalho dizer para mim – quando estava iniciando a minha vida no movimento sindical – o seguinte: "O trabalhador que se contenta com o salário que ganha não merece o que ganha. Um povo que se contenta com a política econômica que tem não merece essa política econômica." *(29/3/04, São Caetano do Sul – SP. Entrega de novas viaturas ao Departamento de Polícia Rodoviária Federal)*

**... não devem lutar apenas por salários mais altos:** Na greve de 80, nós não ganhamos nada, e a categoria se sentiu vitoriosa. Isso demonstrou o quê? Que a luta da classe trabalhadora não é uma luta eminentemente economicista. Não vivemos para lutar apenas por 10% de aumento de salário; vivemos para lutar por isso, mas também por outros valores que significam melhorar a qualidade de vida de cada um de nós, o nosso espaço democrático, o nosso espaço cultural, o nosso espaço de moradia, o nosso espaço de escola, e isso foi a grande lição que eu tive em 1980. *(26/6/03, São Bernardo do Campo – SP. Abertura do 4.º Congresso de Metalúrgicos do ABC)*

**... quebrarão o país se reivindicarem sem levar em conta a realidade local:** Então, quando um trabalhador de um país pobre aceita que as condições no seu país devem ser as mesmas, por exemplo, da Itália, ele, na verdade, quebrará o país dele, porque vai levar muitos anos para que o seu país possa chegar ao padrão de conquistas sociais a que chegou a Itália, sobretudo se levar em conta o mundo do trabalho. *(15/6/04, São Paulo – SP. Encontro com representantes do Fórum da Sociedade Civil, na XI UNCTAD)*

**... devem ter trabalho:** Mas tudo o que eu quero e que tenho obsessão, na vida, é que o trabalhador tenha trabalho, porque tendo trabalho ele tem salário, tendo salário ele leva as coisas para casa e tem dignidade, vai ser respeitado pela família, vai respeitar a família, e o país vai ficar muito melhor. *(20/6/06, Passo Fundo – RS. Lançamento da pedra fundamental da Usina de Biodiesel BSBios)*

**... se afeiçoam à empresa se trabalham nela muito tempo:** Quando um cidadão chega a fazer 20 anos em uma empresa – eu trabalhei 17 em uma empresa –, aquilo passa a fazer parte da vida da gente. É como se fosse um filho, é como se fosse um parente, ou seja, a gente não consegue mais viver sem o cotidiano daquela empresa. *(28/6/06, Ouro Branco – MG. Anúncio de investimentos da Gerdau Açominas)*

**... sabem o que significa o desemprego:** Somente quem está dentro de uma fábrica, ou quem está em casa esperando que o companheiro ou a companheira chegue, ao final do mês, com o salário para ajudar a família sobreviver, tem noção do que é o desemprego, tem noção do que é um trabalhador ir marcar o seu cartão, chegar lá e o cartão não está, vai ao departamento de pessoal e recebe o comunicado de que foi dispensado. *(26/2/08, Rio de Janeiro – RJ. Inauguração da fábrica de pneus de mineração e terraplanagem da Michelin – América do Sul)*

**... são substituídos pela máquina, e isso não é necessariamente ruim:** O robô venceu e, hoje, está implantado em toda a indústria automobilística, melhorando, possivelmente, até a qualidade dos produtos que fabricamos e, muitas vezes, tirando o trabalhador de atividades que não são condizentes com a própria saúde do trabalhador brasileiro. *(19/3/04, Betim – MG. Visita à fábrica da Fiat Automóveis)*

**... devem ser realocados quando substituídos pela máquina, para não caírem no desemprego:** Por exemplo, em sã consciência, nenhum ser humano pode ser contra os avanços tecnológicos. A tecnologia melhora a capacidade produtiva de uma empresa, aumenta a rentabilidade, torna essa empresa mais competitiva. E qual é o lado ruim do avanço tecnológico? É que ele pode significar milhares de trabalhadores no olho da rua. A inteligência do ser humano existe para solucionar isso, e esse é o papel do Governo; esse é o papel do empresário; esse é o papel do sindicato. É para que a gente, não se colocando contra os avanços tecnológicos, toda vez que tiver que substituir um conjunto de trabalhadores por uma máquina mais avançada, nós, enquanto Governo, enquanto empresário, enquanto prefeito, enquanto sindicato, pense em como fazer para que os trabalhadores que vão ser substituídos não fiquem no olho da rua e possam viver condignamente. Esse é o desafio que está colocado para nós: uma combinação da sensatez do dirigente político, do governante, do empresário, dos trabalhadores, dos sindicatos, para que a gente possa, numa mesa de negociação, encontrar solução, tendo sempre a certeza de que nós não podemos deixar mais trabalhadores desempregados neste país e que precisamos ter consciência de que, se há uma coisa que dá dignidade a um homem e a uma mulher, é trabalhar e com o suor do seu trabalho sustentar a sua própria família. *(2/5/03, Ribeirão Preto – SP. Inauguração da Termelétrica da Companhia Energética Santa Elisa)*

**... são frágeis, quando desunidos:** Lembro de uma cartilha que eu fiz, orientado pelo nosso saudoso Henfil [cartunista brasileiro, já falecido], em que a gente fez uma história em quadrinhos e que contava, no fundo, uma coisa que vocês todos sabem: a gente mostrava um cidadão quebrando uma varinha. E depois a gente dava para esse cidadão um feixe de varinhas, e ele já não conseguia quebrar mais. E começamos a repetir essa imagem para os trabalhadores, para tentar mostrar para eles como nós éramos frágeis se fôssemos desunidos. E, com apenas três anos, os trabalhadores tomaram consciência e conseguiram fazer dos Metalúrgicos do ABC o sindicato mais importante do Brasil, naquele momento histórico. *(12/4/03, Maringá – PR. Inauguração da indústria de sucos da Cocamar)*

**... teriam mais força à frente de fundo de pensão do que fazendo greve:** Hoje, a nossa poupança interna é de apenas 17% do PIB. Outro dia, falei para meu amigo Sérgio Rosa [presidente da Previ – Caixa de Previdência dos Funcionários do Banco do Brasil]: “Sérgio, você vai ter que convocar uma reunião internacional com os principais fundos de pensão do mundo – e, em muitos deles, os sindicalistas estão por trás – para a gente discutir a criação de fundos de pensão no Brasil.” Os trabalhadores vão perceber que, quando eles tiverem muito dinheiro, como tem a Previ, eles passarão a mandar mais na Economia do que se fizerem uma greve. Não é que não se deva fazer greve, porque, quando precisa, tem que fazer. Mas é que eles vão ter muito mais decisão, muito mais influência nas decisões políticas.

Temos categorias imensas no Brasil que poderiam estar organizando fundos de pensão e estar aí, investindo em empresas e participando de projetos. Então, é como dizia o meu amigo Aloizio Mercadante [senador pelo PT de São Paulo]: "Nós vamos fazer este país aprender a ganhar dinheiro como um verdadeiro país capitalista, para que a gente possa gastá-lo como socialista." Ou seja, ganhar da forma mais moderna possível e gastá-lo da forma mais justa e mais equânime possível. *(4/4/03, Barcarena – PA. Inauguração da terceira linha da cadeia de produção da Alunorte, refinaria de alumina da Vale)*

**... como maioria, devem governar o país:** Eu descobri que o sindicato era pequeno, que eu queria mais. E queria mais não para mim. Eu queria mais para os trabalhadores. Eu achava que, se nós trabalhadores éramos a maioria da sociedade, por que é que a gente, então, não poderia pleitear governar o país? Nós descobrimos isso e criamos um partido político. Vinte anos depois nós ganhamos as eleições para presidente da República. Você sabe que levou muitos anos para que 26 milhões de negros, na África do Sul, descobrissem que eram mais do que os seis milhões de brancos. E, quando tomaram consciência disso, os negros votaram nos negros, e o Mandela foi eleito presidente da República da África do Sul. *(2/5/03, Ribeirão Preto – SP. Op. cit.)*

**... se conseguem viver com salário mínimo, conseguiriam administrar orçamentos maiores, como os de Governos:** É por isso que se cunhou uma frase muito famosa neste país, de que trabalhador de salário mínimo é que deveria administrar a Economia do Brasil, porque, se eles conseguem viver com um salário mínimo, imaginem se tivessem o montante de dinheiro que tem, normalmente, o Governo para administrar o país. *(16/1/04, Piracicaba – SP. Op. cit.)*

**... antes de Lula, eram coadjuvantes na política:** Imaginem vocês a dificuldade que tivemos quando nós imaginamos criar o PT. Porque até então eu era unanimidade no movimento sindical brasileiro. Eu era convidado por todos os partidos políticos para fazer palestras. Quando eu inventei de criar o PT, os convites começaram a diminuir. Na verdade, as pessoas não queriam lutar por liberdade de organização partidária, porque as pessoas não queriam que nós existíssemos. Naquele momento, falar que os trabalhadores iriam criar um partido era quase uma violência. Ninguém entendia isso porque não tinha hábito, não tinha cultura; o trabalhador, até então, era coadjuvante, era assistente; no máximo, ia a um comício, bater palmas para quem estivesse falando. Então, aparece um grupo de malucos no ABC e diz: "Vamos criar um partido dos trabalhadores" – e a gente nem falava partido dos trabalhadores, porque nós aprendemos a comer o "s" como eu nunca vi na vida. A gente falava "Partido dos Trabalhador", que era mais charmoso, mais forte, mais gostoso. E nós chegamos aqui. *(26/6/03, São Bernardo do Campo – SP. Op. cit.)*

**... foram os verdadeiros responsáveis pela eleição de Lula:** Uma coisa muito importante que eu gostaria, pela relação de amizade que nós temos, há tantos anos, é que os meus companheiros trabalhadores, os desempregados, as mulheres aqui presentes, compreendessem o seguinte: a minha eleição é mais do que a eleição de um homem para presidir este país. A minha eleição é a consumação de uma história da qual eu sou apenas uma peça. Há muita gente, mas muita gente mesmo, que teve uma importância tremenda para fazer acontecer o que aconteceu no Brasil. E essa pessoa possivelmente esteja desempregada, e a gente não sabe disso. Essa pessoa, possivelmente, esteja passando fome, e a gente não sabe; muitos companheiros nossos, metalúrgicos, até já morreram sem que a gente saiba que eles tenham morrido. Por isso é que eu sempre faço questão de dizer: "A minha chegada à Presidência da República é o resultado do crescimento da consciência política da classe trabalhadora brasileira." O mérito, portanto, não é pessoal do presidente ou do meu partido, que tem méritos, mas o mérito muito maior é de uma sociedade que acordou e que resolveu tomar para si a responsabilidade de governar o nosso país. *(1/5/03, São Bernardo do Campo – SP. Missa dos trabalhadores: "A esperança é fruto de nossa resistência")*

**... hoje fazem menos greves:** De vez em quando, alguém pergunta: "Mas por que não faz tanta greve quanto fazia antes?" Porque quando os trabalhadores estão organizados não precisa fazer greve a toda hora. Quanto mais organização você tem, menos greve você precisa fazer. Por quê? Porque, quando você não tem organização, você tem que fazer greve para o patrão perceber que você está preparado. Agora, quando você está preparado, muitos empresários já ficaram espertos e não querem provar para saber aquilo que eles já sabem. Então, é melhor sentar à mesa de negociação e fazer um acordo antes. *(18/4/05, São Bernardo do Campo – SP. Comemoração dos trinta anos da sua posse como presidente do Sindicato dos Metalúrgicos do ABC)*

**... hoje têm menos antagonismos com os patrões, e isso é bom:** Quando eu entrei na Fiat, disse à direção da empresa e aos trabalhadores que me receberam que há uma mudança excepcional entre o tempo que eu vivi dentro de uma fábrica e o tempo que vocês estão vivendo agora. A gente percebia o orgulho com que os trabalhadores falavam do trabalho deles na Fiat, de saberem que estão trabalhando, que têm parentes seus aqui dentro e, por isso, conquistaram a cidadania de ter um emprego com carteira profissional assinada e todos os seus direitos respeitados. No meu tempo não era assim. No meu tempo – e já faz muito tempo – havia muito mais confronto das duas partes. Não que os trabalhadores fossem melhores, e os empresários, piores. Havia um antagonismo estabelecido no cotidiano da nossa relação. E quando eu chego, aqui, na Fiat, e encontro algumas crianças vestidas com uma camisa "Esportista Cidadão" e percebo a quantidade de projetos sociais com os quais a empresa está envolvida, e percebo o carinho com que os trabalhadores olham os produtos que eles produziram – que são os carros –, eu chego à conclusão de que o mundo mudou para melhor. De que o mundo mudou para ser mais civilizado e permitir que as pessoas convivam com muito mais liberdade e com muito mais tranquilidade. *(19/3/04, Betim – MG. Op. cit.)*

## Trabalho

[ver: trabalhador]

Eu digo sempre que não tem nada que possa dignificar mais um ser humano do que o trabalho. Nada! Nada dá mais sentido de cidadania a um ser humano do que trabalhar e, no final do mês, com o resultado do seu trabalho, sustentar a sua família. É uma coisa quase mágica, quase maravilhosa. *(30/8/04, Piracicaba – SP. Comemoração dos cinquenta anos da empresa Caterpillar Brasil)*

**... com prazer não tem preço:** Quanto mais felizes nós estivermos, mais trabalharemos com prazer, e o trabalho com prazer não tem preço, o trabalho com prazer não são dez a mais ou dez a menos, quando você se levanta para trabalhar prazerosamente, para fazer uma coisa que você quer fazer, que você gosta de fazer, não porque você tem obrigação. *(20/12/04, Brasília – DF. Missa de celebração de Natal)*

**... faz o PIB crescer:** Se você, Guido [Mantega, ministro da Fazenda], continuar fazendo o que precisa ser feito, mostrar seriedade, fazer acontecer a política de desenvolvimento que todos nós queremos que aconteça, sem oferecer para a sociedade nenhum milagre, mas oferecendo apenas a oportunidade de mais empenho, de mais sacrifício, de mais trabalho, porque termina sendo o trabalho que pode resultar na Economia com crescimento acima do que nós crescemos até agora, ao longo de tantos e tantos anos... *(28/3/06, Brasília – DF. Posse do ministro da Fazenda, Guido Mantega)*

**... informal é, às vezes, uma necessidade:** Não é apenas a pobreza que leva a pessoa ao trabalho infantil ou ao trabalho em condições que não sejam decentes. Eu fui criado num lugar muito pobre, oito irmãos, um mais pobre do que o outro, uma mãe que se separou do marido, e nós muitas vezes trabalhávamos do jeito que podíamos trabalhar, um vendia "assadinho", outro carregava carvão, porque era preciso ajudar a família. E aí, a gente não queria saber se o trabalho era bom ou não era, porque se a gente não tinha trabalho formal nós queríamos era levar, no final do mês, uma ajuda para dentro de casa, e isso ainda deve acontecer com dezenas e milhares de pessoas neste país. Por isso nós temos que ter um olhar na existência legal de mecanismos que proíbam qualquer atividade, mas temos que ter um olhar sensível às questões sociais de cada região e saber, muitas vezes, por que as pessoas fazem coisas que não deveriam fazer. O nosso desejo é que nenhuma criança neste país deixe de estudar para trabalhar, esse é o nosso desejo. O nosso sonho é garantir que essas crianças, quando terminarem o ensino fundamental, estejam preparadas para dar um salto de qualidade na Educação. *(3/5/06, Brasília – DF. Abertura da XVI Reunião Regional Americana da Organização Internacional do Trabalho)*

**... é um instrumento para dignificar a vida humana, mesmo quando começa na adolescência:** Acho que todo mundo aqui conhece um pouco a vida do Gerdau [Jorge Gerdau, presidente do Grupo Gerdau], todo mundo sabe que com 14 anos de idade ele já era fabricante de pregos, obrigado, certamente, pelo seu pai, pelo seu avô, pelo seu tataravô. E o resultado do comportamento do teu pai, ao te levar, com 14 anos, para uma oficina, para trabalhar, Gerdau, é a confirmação de que o trabalho não faz mal a ninguém, é a confirmação de que o trabalho é um instrumento de dignificação da espécie humana. Tem gente que gosta de um feriado, todos nós gostamos, mas eu não sei o que seria do mundo sem o trabalho e acho que ele seria melhor se nós começássemos a trabalhar, eu diria, no tempo certo. Eu comecei a trabalhar possivelmente com a mesma idade de muitos de vocês que estão aqui, com 14 anos de idade. Era um tempo em que a gente começava a trabalhar com 14 anos de idade. Hoje, todos nós, que temos condições, queremos que os nossos filhos tirem diploma universitário para depois trabalharem. *(28/6/06, Ouro Branco – MG. Anúncio de investimentos da Gerdau Açominas)*

**... é mais pesado para as mulheres:** E queria também dizer às mulheres brasileiras que acho que o espaço que vocês conquistaram ainda é pouco diante do que vocês merecem conquistar. O trabalho da mulher, muitas vezes, é uma jornada muito complicada, porque ela tem que levantar de manhã, preparar o filho para a escola, preparar o marido para ir para o trabalho, muitas vezes arrumar a roupa dele, e ir trabalhar. Trabalha o dia inteiro, volta, prepara a janta, bota as crianças na cama e, muitas vezes, o marido fica sentado, vendo televisão. Então, é importante que nós assumamos a responsabilidade de que esse é um gesto mínimo que temos que fazer, de contribuir com as nossas companheiras no cotidiano das suas tarefas, porque, assim, vamos tornar a vida mais prazerosa, mais gostosa, e vamos perceber que vamos viver muito mais em harmonia do que estamos vivendo. *(8/3/04, Rádio Nacional. Programa de rádio* Café com o Presidente*)*

**... é a saída para a juventude escapar do crime:** O que nós precisamos é trabalhar para que a juventude não veja no crime e na violência uma saída. A saída é o estudo e o trabalho porque é isso que garante a cidadania para as pessoas. *(28/2/07, Ipojuca – PE. Entrevista após cerimônia de lançamento da pedra fundamental do Polo Petroquímico de Suape)*

**... é sempre nobre, independentemente das profissões:** A compreensão de que o trabalho de um homem ou de uma mulher que anda com uma carroça na rua, colhendo a sujeira que nós fazemos, precisa ser reconhecido como uma atividade nobre – como é a atividade de um trabalhador dentro da Volkswagen, onde o Marinho [Luiz Marinho, ex-sindicalista, ministro do Trabalho] trabalhou durante tantos anos, ou de alguém que está dentro de uma sala, dando aulas, ou de alguém que está num palácio fazendo um decreto ou assinando uma lei – é apenas a compreensão da importância de cada um de nós nesta sociedade tão complexa e tão heterogênea. *(25/10/06, Brasília – DF. Assinatura de decreto que institui a coleta seletiva nos órgãos federais e anúncio de linha de crédito para catadores de materiais recicláveis)*

## Transporte(s)

A inteligência, hoje, do mundo, obriga que o sistema de transporte mais perfeito é a combinação entre o transporte fluvial, o transporte rodoviário e o transporte ferroviário. *(14/9/04, Paulínia – SP. Inauguração das unidades de coque, de hidrotratamento de diesel e de recuperação de enxofre da Replan)*

**... estão em situação caótica no Brasil:** Confesso a vocês que eu não imaginava, por mais que nós tivéssemos informações, que a situação do Brasil estivesse tão caótica quando iniciamos o Governo, a começar pela questão do transporte. *(8/5/03, Brasília – DF. Reunião da Associação Brasileira de Atacadistas e Distribuidores de Produtos Industrializados – Abad)*

**... nos centros urbanos são um problema porque o carro é uma paixão nacional:** Agora, o prefeito fala da necessidade da gente fazer parcerias para fazer os Transportes. Na verdade, o transporte nas grandes capitais... Em Brasília, para ir do centro de Brasília a Taguatinga, que antes a gente levava vinte ou trinta minutos, hoje se leva duas horas para ir. Isso significa que, de um lado, como metalúrgico, eu estou feliz, porque o povo está comprando mais carros, cada vez mais carros. Eu acho importante, porque o carro... Eu lembro, quando comprei o meu primeiro fusquinha. Gente, o carro para mim era uma paixão nacional. Eu acho que todo mundo quer três coisas na vida: toda mulher quer casar com homem bonito, sério, bom, honesto e trabalhador, quer ter uma casa própria e quer ter um carro para passear com a família. Hoje, o filho, quer um quarto componente, que é o computador. Todo homem, também, quer casar com uma mulher bonita, uma mulher que cuide dele adequadamente, mas quer um carro também e quer uma casa. Ora, então, eu sei que o povo está comprando mais carros, eu sei que o Serra [José Serra, governador do estado de São Paulo] reclama, que o Kassab [Gilberto Kassab, prefeito da cidade de São Paulo] reclama: "Não, mas tem mil e não sei quantos licenciamentos todos os dias. Está entupida a rua de carros." Mas o dado concreto é: quando o cara entra no carro, liga o motor e fala "É meu", ele está quase perto do céu. E nós precisamos cuidar para melhorar a trafegabilidade das cidades, porque também você ter um carro, entrar dentro e ficar três horas para andar por um lugar que levaria 15 minutos, aí você começa a xingar o governador, o prefeito, o presidente da República, os vereadores. E nós não queremos ser xingados em silêncio, nós queremos ser xingados bem alto, nos comícios, para a gente ouvir a ira do povo. *(20/5/08, São Paulo – SP. Assinatura de atos relativos a obras do PAC da cidade de São Paulo, de contrato para despoluição de manancial de água das represas Billings e Guarapiranga, de contrato da Linha Verde do Metrô e de autorização da Rádio Comunitária de Heliópolis)*

**... em São Paulo, não podem ser operados por maus empresários:** Marta [Suplicy, prefeita de São Paulo], eu acho que esse povo é agradecido pelo que você está fazendo. Não fique preocupada com a questão dos Transportes, não. Você só não tem que ceder. Empresário mau caráter tem que ser banido do transporte urbano de São Paulo. Não pode ficar. *(8/8/03, São Paulo – SP. Lançamento do Programa de Regularização Fundiária em Favelas)*

**... precisam de melhoria, quando se fala em estradas de ferro e rios:** Nós temos consciência do que significam as ferrovias para o transporte de carga, mas elas podem ser aprimoradas, também, para o transporte de passageiros, em muitos lugares deste país. Nós temos consciência disso. Nós temos consciência do que significa o transporte fluvial para um país que tem a costa marítima que tem o Brasil e para um país que tem a quantidade de rios totalmente navegáveis, como temos no Brasil. *(6/6/03, Alto Araguaia – MT. Inauguração do Terminal Ferroviário da Ferronorte em Alto Araguaia)*

**... é mais agradável quando é o ferroviário:** E nós precisamos entender que uma grande parte dos turistas, pelo menos na minha concepção, se pudesse, andava menos de avião e mais de trem. Pegar uma viagem num trem confortável, de duas, três, quatro horas é infinitamente mais saudável do que ficar três horas no aeroporto esperando o voo que atrasou, ou o voo que vai deixar de existir. Isso nós também estamos fazendo, uma das coisas em que nós vamos apostar é na recuperação das nossas ferrovias, para que possamos fazer uma combinação entre o transporte de carga e o transporte de turismo. Porque, hoje, o privilégio é a carga, e o turismo está tratado de forma muito secundária. *(11/3/04, Brasília – DF. Encontro com membros do Conselho Nacional do Turismo)*

**... demandam dinheiro para que ganhem em qualidade:** O Estado não tem dinheiro para fazer porque o Estado também não foi preparado para fazer essas coisas. Todos nós queremos pagar menos impostos e todos nós queremos melhores serviços, e é incompatível essa dádiva de Deus, de menos impostos e mais serviços, as duas coisas não batem. Quando alguém fala: "Eu quero transporte bom e de qualidade, barato", não existe. Eu digo isso porque aqui tem muitos prefeitos que, nos discursos, prometeram isso a vida inteira. Tem presidente da República, tem governadores, e na hora dos discursos, de escrever os programas, tudo é mais fácil do que executar. *(7/3/07, Rio de Janeiro – RJ. Lançamento do Rio Solidário – Obra Social do Rio de Janeiro)*

# Transversalidade

No Brasil era assim: as pessoas pensavam um projeto, faziam o projeto, acertavam o financiamento e, depois que tudo estava pronto, lembravam que tinha o Ministério do Meio Ambiente, que tinha o Ibama e que tinham que pedir licenciamento. E, aí, quando o Ibama ou o Ministério do Meio Ambiente descobriam que alguma coisa estava incorreta, eram obrigados a paralisar para conseguir isso. Foi aí que a companheira Marina [Silva, ministra do Meio Ambiente] criou uma palavra chamada transversalidade – bonita e difícil de falar – para quando um ministério pensar em fazer qualquer investimento ou qualquer projeto, o Ministério do Meio Ambiente e o Ministério Público comecem a trabalhar na elaboração desse projeto desde o começo, de forma que, quando estiver pronto, já esteja concluída também a política de licenciamento, pelo Ministério do Meio Ambiente, pelo Ibama e seus similares. *(11/3/04, Brasília – DF. Reunião do Conselho de Desenvolvimento Econômico e Social – CDES)*

**... não é facilmente implementada:** Parece uma coisa simples de fazer ["a transversalidade nas ações do Governo"], mas nós cometemos erros no nosso cotidiano. Ou seja, o ministro tal pensa um projeto, discute esse projeto com os seus pares, aí quando esse projeto começa a tramitar você descobre que teríamos que ter ouvido um outro ministro; aí, esse outro ministro é chamado, faz as emendas dele, aí você descobre que precisava ter entrado mais um outro ministro; depois que está tudo pronto, aí você tem que ter o licenciamento prévio do Ibama; aí, depois que está tudo pronto, vem o Ministério Público, entra com uma ação e embarga o "bom desejo", e as coisas ficam paralisadas anos e anos no Brasil. *(25/2/05, Brasília – DF. Entrega de manifestos de apoio à reforma da Educação Superior)*

**... garante que o Estado atue em uma única direção, definida pelo Governo:** Todas essas coisas só vão ser resolvidas se nós conseguirmos colocar em prática, na medida em que tem oito ministros participando do Fórum [Brasileiro de Mudanças Climáticas], o presidente da República e todos vocês, se a gente criar aquilo que a Marina denominou, no Governo, como "transversalidade"; se nós conseguirmos fazer com que o Governo não continue sendo um Governo que, de um lado, dá com uma mão, e, de outro lado, tira com a outra mão; o mesmo Governo que autoriza é o mesmo Governo que proíbe; o mesmo Governo que pede para alguém dar licença prévia, mas faz uma lei tão rígida que condena se o cidadão der a licença prévia e cometer algum equívoco... então ele não dá a licença prévia. *(30/11/04, Brasília – DF. Abertura da reunião do Fórum Brasileiro de Mudanças Climáticas)*

**... torna as ações governamentais mais eficientes:** Aqui nós aprendemos, inclusive por sugestão da Marina, a criar uma coisa chamada transversalidade, em que, muitas vezes, sentam 19 ministros em uma mesa para discutir um tema, seja ele meio ambiente ou TV digital, seja ele integração do São Francisco ou seja ele combate à seca ou à enchente. Nós aprendemos que decidir coletivamente às vezes demora mais, mas, quando a gente delibera, as coisas funcionam infinitamente melhor. *(27/5/08, Brasília – DF. Posse do novo ministro do Meio Ambiente, Carlos Minc)*

**... torna as responsabilidades difusas:** Criamos essa palavra para que não tivesse política de ministro, não tivesse política do ministro do Meio Ambiente, não tivesse política do ministro das Comunicações, não tivesse política do ministro da Indústria e Comércio. A palavra "transversalidade" significa colocar todos os atores envolvidos naquela matéria em torno de uma mesa, para que a decisão se transforme em política de Estado e política de Governo, e não política de ministro. *(14/5/08, Brasília – DF. Conferência de imprensa durante visita oficial da chanceler federal da Alemanha, Angela Merkel)*

## Tributo(s)

[ver: imposto]

A política de tributos de um país é uma fonte extraordinária de distribuição de renda. *(5/12/07, Brasília – DF. Encontro com representantes das Centrais Sindicais da 4.ª Marcha da Classe Trabalhadora)*

**... são um assunto controverso:** Acontece que política tributária é muito difícil, porque cada estado quer estabelecer a sua regra de tributos, cada prefeito da capital quer estabelecer a sua regra de tributos. Cada setor de atividade econômica do país imagina uma política tributária. *(20/12/07, Brasília – DF. Bate-papo com jornalistas do Comitê de Imprensa na Presidência da República, durante café da manhã de confraternização pelo final de ano)*

**... são de interesse dos trabalhadores:** Eu acho que tem que ser mostrado também, da mesma forma que se mostrou aos empresários, mostrar aos trabalhadores, mostrar ao movimento social, porque nós precisamos acabar com essa história de que tributo é uma coisa que interessa apenas aos estados, aos municípios e aos empresários. Sobretudo, interessa aos trabalhadores, porque na política tributária está embutido um grande número de dinheiro que vai fazer política social. *(14/11/07, Brasília – DF. Entrevista após almoço com o presidente de Guiné-Bissau, João Bernardo Nino Vieira)*

**... são sonegados por alguns:** Tem gente que acha que os tributos, mesmo estando na lei, não valem para eles. *(7/3/05, Brasília – DF. Abertura da 8.ª Marcha a Brasília em Defesa dos Municípios)*

**... são importantes, mas o fim de alguns não determina o fracasso de políticas públicas:** Vocês sabem que a oposição derrotou o imposto que nós tínhamos sobre transações financeiras. E não derrotou porque era contra o imposto, não, derrotou porque acharam que era demais garantir ao Governo do Lula ter 120 bilhões de reais até 2010, e era preciso diminuir. Nós lamentamos. Chorar não choramos, mas lamentamos. Nós tínhamos aprovado um Programa de Saúde que era uma revolução na Saúde, e eu vou implementá-lo. O dinheiro vai aparecer, e podem ficar tranquilos que eu não vou aumentar tributo, e o dinheiro vai aparecer. Podem ficar certos de que nós vamos gastar melhor o que temos que gastar e economizar onde não é essencial, para a gente gastar onde é essencial. *(12/3/08,*

*Brasília – DF. Mesa de negócios do* Economist Newspaper Group*)*

**... oneram o setor produtivo:** Este país não pode ficar cobrando o tributo que cobra hoje daqueles que querem investir, que querem produzir e que querem comercializar seus produtos. *(11/10/03, Corumbá – MS. Cerimônia comemorativa do 26.º aniversário do estado do Mato Grosso do Sul)*

**... devem diminuir, para que sejam orgulho do brasileiro:** Essa proposta, meus senhores, torna o tributo brasileiro mais justo, mais transparente e mais motivo de orgulho para a gente sonhar com uma redução das alíquotas e aumentar a carga. *(27/2/08, Brasília – DF. Encerramento da reunião com lideranças empresariais para apresentação da proposta de reforma tributária)*

**... se forem baixos, estimulam o aumento da arrecadação:** Na minha opinião, a redução de tributos não diminui a receita, ela pode diminuir temporariamente, mas, no fundo, no fundo, ela vai aumentar a arrecadação. Por quê? Porque aumenta a base de contribuintes. Uma das razões pelas quais as pessoas sonegam no Brasil é porque, muitas vezes, as pessoas não podem pagar mesmo, sobretudo se você analisar os pequenos. Agora, na medida em que você estabelece uma política – e eu espero que agora a gente consiga, porque agora parece que a coisa está muito mais harmônica, parece que o Ministério da Fazenda, junto com os governadores, junto com os empresários, junto com o Congresso Nacional, está se colocando de acordo –, eu espero que a gente faça uma política tributária que diminua a carga tributária e, ao mesmo tempo, ao longo do tempo, aumente a arrecadação. *(20/6/07, Brasília – DF. Entrevista ao jornal* Valor Econômico*)*

**... não são muitos e, se a Economia vai bem, não se tornam tão pesados:** As pessoas falam da carga tributária, mas não falam dos ganhos. Ninguém fala quanto as empresas estão ganhando, quanto os bancos estão ganhando, o quanto a massa salarial está subindo. Ora, se vai tudo bem na Economia, a empresa vai ganhar mais, o Governo vai arrecadar mais, os trabalhadores vão ganhar mais, todo mundo vai ganhar mais. Agora, é importante não confundir aumento de carga tributária com aumento de tributo. E vamos ser francos, o Brasil está numa situação privilegiada, pode ter um ou outro setor que ainda não desencantou, mas no fundo, no fundo, se a gente olhar para os últimos 25 anos vai perceber: nunca vivemos o momento que estamos vivendo. *(20/9/07, Brasília – DF. 23.ª reunião ordinária do Conselho de Desenvolvimento Econômico e Social – CDES)*

## Turismo

[ver: turista]

O turismo é uma das atividades mais rentáveis e que mais geram empregos, no Brasil e no mundo. Por isso, criamos um ministério específico para desenvolver o enorme potencial do setor. *(18/12/03, Brasília – DF. Prestação de contas do ano de 2003)*

**... é recente no Brasil:** É assim, nós nascemos para gostar de coisas bonitas, nós nascemos para gostar de coisas boas, e eu acho que nós ainda temos muito por fazer porque o Brasil, apesar de ter quinhentos anos, é um país novo, e o turismo é uma modalidade nova. O turismo, antigamente, era quase um sacrifício de meia dúzia de pessoas ou de algumas centenas de empresários, porque não tinha política de Estado para o turismo. *(1/6/05, São Paulo – SP. Abertura do Salão do Turismo – Roteiros do Brasil)*

**... não tem estrutura, embora se fale no assunto há muito tempo:** Eu ouço, Armando [Monteiro Neto, presidente da Confederação Nacional da Indústria], há muitos e muitos anos, que o turismo é a solução do Brasil. Eu vejo as pessoas falarem: "O turismo é um caminho extraordinário para o desenvolvimento do Brasil, para a geração de empregos." Você já deve estar cansado de ouvir isso na Câmara dos Deputados. Entretanto, como é que você pode falar em turismo num país que não tem, sequer, uma política de integração? Nós não temos, com a América do Sul inteira, ferrovias, rodovias, não temos voo diário para nenhum país, praticamente, a não ser para a Argentina. Nós não temos voo para a África. Uma grande parte dos voos da Europa para o Nordeste, só se forem *charter*. Ou seja, nós não temos propaganda lá fora. Então, nós precisamos fazer as coisas acontecerem. Nós temos que fazer acontecer. *(24/6/03, Brasília – DF. Entrega dos troféus às instituições beneficiárias do Programa Senai Solidário e premiação do Concurso Nacional de Criatividade para Docentes)*

**... não existe sem a facilidade de locomoção:** Viemos hoje inaugurar o aeroporto de Campina Grande, porque Campina Grande é uma cidade grande não apenas no nome, é uma cidade grande do ponto de vista da sua população. É uma cidade bem-preparada porque tem uma grande universidade, porque tem um grande comércio. E viemos inaugurar o aeroporto porque a Paraíba tem também na sua vocação o turismo. E, se não houver o direito das pessoas de ir e vir, o turismo não vai acontecer. *(30/10/03, Lagoa Seca – PB. Ato público comemorativo do programa Um Milhão de Cisternas Rurais)*

**... envolve vários setores da Economia:** É preciso lembrar que o turismo é uma atividade que envolve não apenas setores estruturados da Economia, como hotéis, agências e companhias de transporte. É grande e imprescindível também a participação de ocupações informais, como vendedores, artesãos, barraqueiros e pescadores, e tantos outros brasileiros e brasileiras que produzem produtos na Economia informal. *(29/4/04, Brasília – DF. Teleconferência sobre o Programa de Regionalização do Turismo – Roteiros do Brasil)*

**... depende da propaganda positiva sobre o país:** Agora, para fazer a indústria do turismo ser rentável, é preciso ter política de infraestrutura, investir no setor de serviços e vender o Brasil lá fora. Qual é a nossa preocupação? É vender a imagem positiva do Brasil lá fora. É verdade, o Brasil tem crianças de rua, o Brasil tem violência, o Brasil tem carnaval e tem futebol. Mas o Brasil tem muito mais e isso tem que ser mostrado. E quem vai mostrar? Os nossos concorrentes? Os espanhóis? Os portugueses? Os franceses? Ou somos nós? *(30/11/03, Brasília – DF. Entrevista à TV Bandeirantes)*

**... depende da autoestima do país, ou seja, da coragem de oferecer feijoada ao príncipe das Astúrias e tucunaré ao presidente da França:** Eu queria contar dois casos para vocês. O turismo é muito ligado à autoestima, o turismo é muito ligado às coisas que a gente acredita, às coisas que a gente fala. Eu vou contar dois casos para vocês. Veio almoçar, no Itamaraty, o príncipe das Astúrias e a princesa, e o Itamaraty, por tradição, tinha o hábito de fazer uma comida internacional, era uma comida menos brasileira, era uma comida mais internacional, aquelas porçõezinhas pequenas – eu pelo menos gosto de sustança –, e eu comecei a ficar meio perturbado e conversava com os companheiros: "Por que a gente não serve comida brasileira? Por que a gente não oferece pratos típicos brasileiros e tal?" E um belo dia os companheiros se convenceram, porque nada pode ser obrigado, essas coisas têm que ter convencimento, porque se você obriga e não dá certo, o cara fala: "Está vendo, eu falei, você é culpado." Então, quando é convencimento, a gente vira cúmplice. E veio o príncipe das Astúrias e sua princesa, e eu e a minha princesa, mais o Celso Amorim [ministro das Relações Exteriores] e a princesa dele, resolvemos fazer uma oferenda um pouco mais nobre para o casal, e oferecemos uma feijoada. E, podem crer, havia quem dissesse assim para mim: "Presidente, feijoada é muito pesada, presidente, a princesa não está habituada a comer feijoada." Pois bem, qual não foi nossa agradável surpresa, que a princesa repetiu duas vezes a feijoada e disse a mim e à Marisa que, de todas as viagens internacionais que ela tinha feito, ela nunca tinha comido uma comida tão extraordinária como aquela feijoada que foi servida naquele dia. Esse é o primeiro fato. O segundo fato foi o presidente Chirac [Jacques Chirac, presidente da França], agora. Ninguém vai falar de comida para os franceses, ninguém. Aliás, se tem uma culinária, uma cozinha que é uma das razões do turismo, é a cozinha francesa. Mas os franceses lá comem melhor do que os que pensam que são franceses aqui. Aqui a porção é maior. Eu falei: "Gente, nós temos que servir para o Chirac uma sustança brasileira. Vamos colocar aí um monte de comida: galinha cabidela, tucunaré, tambaqui, feijão-tropeiro, farofa." Sabe o que ele falou para mim? Ele falou assim: "Presidente Lula, o senhor sabe que eu nunca aceitei, na minha vida, comer nos países que eu visito pratos internacionais? Eu posso chegar onde chegar, eu como a comida daquele país, pode ser o mais pobre ou o mais rico, eu não como esses pratos internacionais que a gente encontra da Mongólia ao Chuí, não como, eu quero é a comida local." O que isso despertou, Walfrido [dos Mares Guia, ministro do Turismo], na minha consciência, é que eu acho que poucos países do mundo têm a diversidade cultural, a diversidade culinária que nós temos, é que muitas vezes nós somos habituados à mesmice, mas pouca gente tem. É só ir no Pará, em Minas Gerais e na Bahia e em vários estados do Nordeste para a gente perceber a diversidade cultural. O que você encontra de pratos diferentes que você nunca imaginou que tivesse! Nunca imaginou. E, se a gente dá para que outras pessoas possam experimentar essas coisas, é uma coisa exuberante, é uma coisa que motiva as pessoas a virem. E não tem um que não goste, eu duvido que tenha uma alma estrangeira capaz de recusar um elogio a uma moqueca baiana, duvido. Ele pode dizer que tem um pouquinho mais de dendê, um pouquinho menos, mas ele vai querer outra vez, ou uma moqueca capixaba, ou um pato do tucupi, ou uma bela feijoada, ou um caldinho de feijão com uma cachacinha de entrada. Essas coisas é que nós temos que valorizar, porque se o cidadão vem da Escócia e chega aqui a gente mete um uísque nele, ele fala: "Espera aí, isso eu bebo todo dia, o que é que tem no pedaço aqui para eu beber?" É isso que ele quer saber, e eu acho que é isso, Walfrido, que vocês começaram a mostrar, ou seja, vocês tiveram a capacidade, não de criar o turismo no Brasil, o que vocês estão fazendo é dar ordenamento a uma coisa que existia dispersa, a uma coisa que existia sem muita valorização. *(2/6/06, São Paulo – SP. Abertura da 2.ª edição do Salão do Turismo – Roteiros do Brasil)*

## Turista(s)
[ver: turismo]

Nós podemos nos basear na nossa própria vida, na nossa própria vontade de saber o comportamento de um turista. Muitos de vocês, que trabalham com turismo, um dia já tiveram vontade de pegar a família e sair para passear, já ficaram mapeando preços de passagem, onde é mais fácil, se é para ir a Miami ou a Manaus; já ficaram olhando preço de passagem para saber se era mais fácil ir até a Europa, passar um final de semana, ou um mês, ou umas férias inteiras, ou ir ao rio Madeira ver se pegava um bom peixe com a mão; já procuraram saber quais são as condições dos apartamentos, quais as condições de segurança, se tem mosquito de malária, se não tem, se tem mosquito da dengue. Ou seja, todos vocês pensam nisso, quando querem viajar. Só não pensam em arrumar o pneu do carro, de fazer manutenção no carro. Mas, no resto, pensa-se em tudo. E o ser humano normal, o comum, que não está ligado, não pensa diferente de vocês. Toda vez que ele quer fazer uma viagem, ele analisa preços, hotéis, condições, comida, cultura da região que ele vai visitar. E, aí, ele faz a sua viagem. *(11/3/04, Brasília – DF. Encontro com membros do Conselho Nacional do Turismo)*

**... têm bom humor:** Não tem turista pesado, aquele que está sempre de mau humor, esse não faz turismo, esse, no máximo, para num boteco e toma uma para esquecer o mal dele. O turista, ele quer descansar. *(2/6/06, São Paulo – SP. Abertura da 2.ª edição do Salão do Turismo – Roteiros do Brasil)*

**... devem ser bem-tratados:** Precisamos qualificar melhor essas pessoas, e aí está o Sebrae [Serviço Brasileiro de Apoio às Micro e Pequenas Empresas] para fazer isso, para que o turista se sinta bem-atendido, aumente sua permanência nos locais visitados e tome a decisão de voltar sempre que possível. *(29/4/04, Brasília – DF. Teleconferência sobre o Programa de Regionalização do Turismo – Roteiros do Brasil)*

**... não gostam de aeroportos "muquifos":** Se o cidadão, o turista estrangeiro chega ao Brasil, e encontra um aeroporto "muquifo", ele vai levar para fora a cara do "muquifo". Se ele encontra um aeroporto que não tem banheiro adequado, que não tem uma loja, que não tem um bar adequado para ele tomar café, em que as pessoas estão se espremendo, essa é a primeira imagem que fica. *(21/10/04, Rio de Janeiro – RJ. Sessão de abertura do 32.º Congresso Brasileiro de Agências de Viagens)*

**... deviam ganhar sempre um DVD do Zeca Pagodinho:** Eu até queria dar uma sugestão para os empresários do turismo: compensaria cada empresário assistir o DVD do Zeca Pagodinho [cantor brasileiro]. É o primeiro cantor de samba que faz o seu show, o seu DVD gravado ao vivo, com orquestra, com maestro de verdade. E eu penso que seria uma obra-prima se cada turista, mesmo que não entenda uma palavra de português, saísse levando o DVD embaixo do braço e gingando por causa da beleza do DVD. É uma das coisas mais bonitas que eu já vi da música popular brasileira. Meus parabéns, Zeca. *(21/10/04, Rio de Janeiro – RJ. Op. cit.)*

## Universidade

**[ver: Educação; educador; educar; escola; intelectual; professor]**

A universidade é um investimento tão importante ou mais importante que qualquer outro investimento que se faça em qualquer parte do mundo. Por quê? Porque a universidade faz uma reforma estrutural na cabeça da sociedade, ela deixa a sociedade mais competitiva com qualquer outra nação do mundo. *(28/9/07, Santo André – SP. Visita às obras do campus da Universidade Federal do ABC)*

**... contribui para a distinção de um país:** É exatamente pelo fato de o Brasil ser a maior Economia do nosso continente, a maior extensão territorial, a maior população e, possivelmente, um país com uma dimensão maior do ponto de vista intelectual e cultural, e com mais universidades, que teria que ser generoso, e deveria, efetivamente, assumir não o papel daquele país líder que tenta transformar os outros em subservientes, mas deveria ser um parceiro, aquele que defende os interesses da América do Sul. *(23/1/03, Curitiba – PR. Transmissão do cargo de diretor-geral brasileiro da Itaipu Binacional, do engenheiro Antônio José Correia Ribas para o engenheiro Jorge Miguel Samek)*

**... ajuda a impulsionar o desenvolvimento:** É importante saber que uma região, para se desenvolver, tem que ter estrada, tem que ter ferrovia, tem que ter energia, senão não vai para a frente. Tem que ter escola fundamental, escola técnica, universidade, tem que ter Embrapa, centros de pesquisa. *(21/5/03, Balsas – MA. Abertura da Agrobalsas)*

**... é menos importante do que o combate à fome:** Começaremos a cumpri-los [os compromissos] na hora que a gente puder afirmar, não importa o dia, mas puder, em algum instante, avisar, em algum lugar do mundo: "No meu Brasil as pessoas não conseguiram ainda todas comprar computador. No meu Brasil, todas as pessoas não podem ainda viajar de avião." Ou, até dizer: "No meu país todas as pessoas não conseguiram ainda chegar à universidade." Ou: "No meu país as pessoas não conseguiram ainda comprar o seu primeiro ou o seu segundo carro." Mas nós temos que dizer: "No meu país, todas as pessoas que lá moram tomam café, almoçam e jantam todo dia." *(25/2/03, Brasília – DF. Reunião do Conselho Nacional de Segurança Alimentar e Nutricional – Consea)*

**... não é garantia de sabedoria:** No Brasil adquiriu-se o hábito de confundir título universitário com sabedoria, título universitário com inteligência, o que é uma coisa descabida, e ninguém melhor que o Amador Aguiar [já falecido, tornou-se controlador do Bradesco em 1969] para provar que a inteligência é uma coisa à parte, e a universidade é apenas o aumento do conhecimento que as pessoas precisam ter sobre determinadas coisas específicas. *(3/5/07, Uberlândia – MG. Inauguração da Usina Amador Aguiar II)*

**... demorou a existir no Brasil por culpa da elite:** Muitas vezes, no Brasil, não se alfabetizou no tempo certo, porque a ignorância era um instrumento de dominação política por uma parte da elite brasileira, ao longo de muitos séculos. Não é à toa que o Peru, já em 1550, tinha universidade. O Brasil só veio a ter universidade na década de 20, no século XX, ou seja, nós perdemos quatrocentos anos. *(8/9/03, Brasília – DF. Lançamento do Programa Brasil Alfabetizado)*

**... não deve ser privilégio da minoria:** Continuo com o meu sonho de garantir uma escola pública de boa qualidade para o nosso povo; e que a universidade não seja um privilégio de apenas 8% da sociedade, mas que seja um direito ao alcance de todos. *(24/1/03, Porto Alegre – RS. III Fórum Social Mundial)*

**... antes de Lula, era só para os ricos:** Eu fiquei analisando o que aconteceu no Brasil nos últimos quarenta anos, criou-se uma, duas, três universidades por mandato. E eu compreendo que um cidadão que já se formou, que já foi para fora trabalhar, ele possivelmente ache que as pessoas que ficaram não precisam entrar numa universidade, porque no Brasil não tem uma perspectiva de pobre fazer universidade. Pobre nasceu, segundo a lógica deles, para ser peão, pobre nasceu para ser pobre, esse negócio de ter diploma de doutor não é coisa para pobre. É assim que as pessoas imaginavam. Se você não é filho de gente de classe média, que pode pagar, você está fora, vai procurar emprego e se virar. *(21/3/06, Lauro de Freitas – BA. Inauguração das residências do projeto Habitar Brasil – HBB)*

**... com Lula, dá mais acesso a pobres, negros e índios:** Eu quero que vocês pesquisem se em algum momento da história do Brasil a gente teve a quantidade de estudantes negros e de indígenas, como nós temos hoje. Nós fomos criticados porque tivemos a coragem de dizer ao jovem da periferia, aquele que não pode entrar numa federal, de dizer para aquele que estudou no ensino fundamental público: "Você vai ter o direito de entrar numa universidade e nós vamos dar bolsa para você poder estudar neste país." *(21/3/06, Lauro de Freitas – BA. Op. cit.)*

**... faz a alegria do papai, da mamãe e do presidente:** Eu quero dizer para vocês que não tem alegria maior para um presidente da República, não tem alegria maior para um pai ou para uma mãe saber que o seu filho vai poder entrar numa universidade. Eu posso dizer para vocês que nem um pai nem uma mãe têm a preocupação de deixar herança material para os filhos, nós não temos preocupação de deixar casa, apartamento, carro ou dinheiro. O que nos dá mais orgulho é deixar como legado, para os nossos filhos, a Educação que a gente possa garantir que essas crianças e que esses adolescentes recebam. *(29/3/06, Guarulhos – SP. Visita às futuras instalações do campus da Universidade Federal do Estado de São Paulo)*

**... públicas contam com o apoio de Lula:** Meus queridos estudantes que estão ali, reivindicando uma universidade pública: nós temos um compromisso histórico com as universidades públicas e, dentro das nossas possibilidades, vamos garantir que os nossos jovens estudem, sem que precisem pagar o que não têm, o que não ganham. *(24/7/03, Concórdia – SC. Abertura do III Seminário Brasileiro de Agricultura Familiar)*

**... deve sair das capitais e buscar os alunos no interior:** Na verdade, quem tem que andar atrás do aluno é a universidade, e não o aluno ficar perambulando pelas capitais atrás de uma vaga na universidade, nem sempre conseguindo a vaga, nem sempre podendo pagar moradia, nem sempre conseguindo estudar. Então, cabe à universidade sair das excelências das capitais e começar a adentrar o interior brasileiro, para que o jovem do interior tenha a oportunidade de ter acesso à universidade. *(21/3/06, Salvador – BA. Retomada das obras do metrô de Salvador)*

**... não é caminho obrigatório para o melhor dos governantes:** Eu quero dizer isto para vocês: eu não tenho um diploma universitário, mas este país vai ficar orgulhoso de ver como é que um torneiro mecânico, formado no Senai, pode cuidar deste país melhor do que alguns doutores que governaram o Brasil durante tantos anos. *(21/5/03, Balsas – MA. Op .cit.)*

**... terá em Lula, que não tem nível superior, o seu maior multiplicador:** Se vocês quiserem estudar, peguem a história da República e vejam, de todos os presidentes que teve, quanto cada um fez de universidade. Nós vamos fazer 14 universidades federais novas e vamos fazer 48 extensões universitárias, levando *campi* para o interior deste país. *(29/11/07, Colatina – ES. Inauguração da BR-259/ES – Trecho João Neiva/Baixo Guandu)*

## Vantagem

Às vezes, as coisas demoram mais do que a gente gostaria, porque todo mundo quer levar vantagem. Eu digo sempre que um acordo – seja em família, seja entre colegas, seja um negócio de um carro ou um negócio de Estado para Estado – vai ser bom quando os dois saírem dizendo que ganharam. Esse é o acordo ideal. *(26/3/07, Rádio Nacional. Programa de rádio* Café com o Presidente*)*

**... não deve ser exagerada:** Vocês foram eleitos sobretudo para administrar corretamente a cidade de vocês, mas para fazer com que haja uma cumplicidade na relação federativa, e que cada um dos entes federativos cumpra com o seu papel para que nenhum fique sobrecarregado demais e para que nenhum leve vantagem demais. *(10/4/07, Brasília – DF. Abertura da Marcha a Brasília em Defesa dos Municípios)*

**... é algo que se deve buscar, sem timidez:** Um vendedor tem que ser um mascate, não tem que ter vergonha de defender o seu produto, não tem que ter vergonha de vender o seu produto como o melhor do mundo, de melhor qualidade e de menor preço, porque senão a gente não disputa neste mundo globalizado em que as grandes potências têm muito desejo de levar vantagem sobre nós. *(25/10/05, Brasília – DF. Abertura do 19.º Congresso Brasileiro de Avicultura)*

**... é o objetivo de uma negociação (que pode ser um empate também):** E uma negociação é simples: senta-se à mesa, coloca-se a oferta do lado, regateia-se daqui ou dali, e você sai com uma boa vantagem ou sai com empate. *(23/11/05, Rio de Janeiro – RJ. Abertura do 25.º Encontro Nacional do Comércio Exterior – Enaex)*

## Venezuela

[ver: Hugo Chávez]

Acho que a Venezuela é um país rico, um país que produz petróleo como poucos produzem no mundo, um país que tem um potencial de gás excepcional, portanto, um país que poderia ser muito mais rico do que é, se resolver os problemas da convivência democrática, da adversidade, da convivência democrática e pacífica. *(16/8/04, Santo Domingo – República Dominicana. Declaração sobre o referendo na Venezuela)*

**... é um lugar onde a democracia é verdadeira:** Eu quero dizer, companheiro Chávez [Hugo Chávez, presidente da Venezuela], que para nós, no Brasil, e para mim pessoalmente, a tua vitória e a consolidação do referendo são uma marca que não deixa dúvida em nenhum país do mundo de que na Venezuela existe uma verdadeira democracia e que tem um presidente que durante três vezes se submeteu... *(15/9/04, Manaus – AM. Encerramento do Seminário Empresarial Brasil-Venezuela)*

**... é diferente do Brasil:** Há pessoas, até hoje, que não estão satisfeitas, que não acreditam que as coisas estejam melhorando. Há pessoas que achavam que eu ia transformar o Brasil numa Venezuela. Há pessoas que achavam que eu ia transformar o Brasil numa Argentina. Qualquer que fosse o Governo, o Brasil jamais seria uma Argentina, jamais seria uma Venezuela, porque o Brasil já deu demonstrações, de sobra, que tem capacidade de se recuperar, por pior que sejam os governantes. *(4/4/03, Barcarena – PA. Inauguração da terceira linha da cadeia de produção da Alunorte, refinaria de alumina da Vale)*

**... tem uma imprensa parecida com a daqui:** Eu te conheci [presidente Hugo Chávez], na Venezuela, em um momento em que eu jamais imaginei que a imprensa em um país pudesse fazer com um presidente o que a imprensa da Venezuela fazia contigo. Estava eu um dia no hotel, com meu companheiro Marco Aurélio [assessor especial da Presidência], assistindo televisão. A propaganda contra o Chávez era de tamanha magnitude, as ofensas pessoais ao Chávez eram de tamanha magnitude, que eu jamais imaginei que, em um país democrático, a imprensa pudesse agir da forma que agiu contra o presidente Chávez. E agora estamos vivendo, no Brasil, algo semelhante. Estamos vivendo no Brasil um momento, Chávez, em que as pessoas não têm preocupação de saber se é verdade ou não a denúncia. Primeiro se publica para depois, então, não ter nenhuma responsabilidade em apurar. *(16/12/05, Ipojuca – PE. Lançamento da pedra fundamental da refinaria de Pernambuco)*

**... tem um povo parecido com o nosso:** Há pouco eu vinha no carro e o meu ministro Celso Amorim [ministro das Relações Exteriores] me chamava a atenção para a coisa fantástica da semelhança entre o povo da Venezuela e o povo do Brasil, estampada na beleza das pessoas, na cor das pessoas e, sobretudo, na alegria estampada no rosto de cada homem e de cada mulher. *(13/11/06, Ciudad Guayana – Venezuela. Inauguração da segunda ponte sobre o rio Orinoco)*

**... foi ajudada por Lula para obter estabilização política:** Vocês estão lembrados que quando nós chegamos ao Governo, a Venezuela estava em pé de guerra, e a imprensa brasileira dizia todo dia: "O presidente Chávez vai cair, porque a sociedade está contra ele." O que nós fizemos? Criamos um grupo de amigos, começamos a conversar com a Venezuela e, hoje, a Venezuela voltou ao equilíbrio normal, reconhece o seu presidente, e, para fazer um referendo, vai ter que cumprir as regras da Constituição. *(29/5/03, São Bernardo do Campo – SP. Entrega simbólica de 225 toneladas de alimentos para o programa Fome Zero)*

**... deve estar integrada ao Mercosul:** Era preciso trazer outros países da América do Sul para compor o Mercosul [Mercado Comum do Sul]. Já tivemos um ganho extraordinário com a entrada do Peru e esperamos que, até o final do ano, a gente possa trazer a Venezuela e a Colômbia; a Venezuela e o Equador já estão muito próximos e aí, sim, nós vamos ter uma integração melhor com a América do Sul. *(15/9/03, Rio de Janeiro – RJ. Abertura do 37.º Congresso Nacional de Supermercados)*

**... deve ser um parceiro comercial preferencial para o Brasil:** Nós estamos importando carvão da China. A Venezuela é rica em carvão. Então, ao invés de a gente ficar andando 15 mil quilômetros para ir buscar carvão na China, a Venezuela está mais próxima de nós. Nós temos que fazer parceria com a Venezuela, nós vendemos alguma coisa para eles e compramos o carvão deles, e fica tudo mais próximo, tudo mais perto, e desenvolve-se a Venezuela e desenvolve-se o Brasil. *(15/2/05, Georgetown – Guiana. Encontro com a comunidade brasileira)*

**... compra muito do Brasil:** O Brasil tem uma forte parceria com a Venezuela, temos um superávit comercial com a Venezuela muito grande, nós precisamos comprar algumas coisas da Venezuela para poder ter um certo equilíbrio. *(16/5/05, Rádio Nacional. Programa de rádio* Café com o Presidente*)*

**... junto com outros países, está mostrando que um mundo melhor é possível:** É importante lembrar que no nosso querido Uruguai acaba de ter uma eleição e, depois de três derrotas, o companheiro Tabaré [Vázquez] finalmente é eleito presidente da República. É importante lembrar que o companheiro Nicanor Duarte conseguiu derrotar a estrutura oligárquica do Paraguai. É preciso lembrar o que aconteceu na Venezuela mais recentemente. É preciso lembrar o que aconteceu no Panamá mais recentemente, e a gente vai perceber que a evolução política na América do Sul está permitindo não apenas sonhar que um outro mundo é possível, mas está permitindo que a gente construa, dia a dia, a possibilidade de termos esse mundo. *(27/1/05, Porto Alegre – RS. Conferência "Chamada Global para a Ação contra a Pobreza", no Fórum Social Mundial)*

**... só recebe críticas de quem não a conhece verdadeiramente:** Acho que a Venezuela tem o direito de ser um país soberano, de tomar suas decisões e, ao mesmo tempo, a Venezuela não precisa ficar sendo acusada de coisas que quem convive com ela sabe que não são próprias de seu pensamento e comportamento. *(29/3/05, Ciudad Guayana – Venezuela. Encontro de trabalho com os presidentes da Colômbia, Venezuela e Espanha)*

## Verdade

Trabalhar com a verdade é muito melhor. A desgraça da mentira é que, ao contar a primeira, você passa a vida inteira contando mentiras para justificar a primeira que você contou. E a verdade, não. A verdade, você disse ela hoje, daqui a cem anos vai dizer outra vez, daqui a duzentos anos vai dizer outra vez. Então, eu prefiro ser verdadeiro. *(10/7/05, Paris – França. Entrevista à jornalista Melissa Monteiro, TV Francesa, e exibida no programa* Fantástico, *da Rede Globo, em 17 de julho de 2005)*

**... é dura:** Eu fui criado aprendendo a dizer que a verdade muitas vezes é muito dura, mas ela tem que ser dita. A mentira é mais fácil, porque protela. E aí, se você conta a primeira, tem que passar a vida inteira mentindo para poder justificar a primeira. Então eu prefiro dizer a verdade, mesmo que doa. *(4/9/03, Brasília – DF. Reunião do Conselho de Desenvolvimento Econômico e Social – CDES)*

**... torna-se absoluta, quando repetida muitas vezes:** Portanto, se aqui for dita alguma coisa que eu já disse, é um defeito político, na verdade, um defeito genético do político brasileiro, mas que, segundo os comunicadores, é sempre importante a gente repetir uma mesma coisa muitas vezes, até que essa coisa se torne quase que uma verdade absoluta para todos nós. *(10/4/07, Brasília – DF. Abertura da Marcha a Brasília em Defesa dos Municípios)*

**... espalha-se mais devagar do que a mentira:** E uma política, quando se tenta destruir... é como disse o Patrus [Ananias, ministro do Desenvolvimento Social e Combate à Fome], e que nós já ouvimos também, quando pequenos, que a verdade engatinha e, muitas vezes, a mentira corre. Não tem nada para andar mais rápido do que um boato. Você faz uma política certa, às vezes termina o mandato e as pessoas não souberam o que você fez. Você faz uma política errada e no dia seguinte está o mundo inteiro sabendo. *(20/1/05, Brasília – DF. Apresentação da Rede Pública de Fiscalização do programa Bolsa Família)*

**... só se encontra depois de busca criteriosa:** Agora, a única coisa que eu não posso admitir é que as mentiras prevaleçam sobre a verdade. Eu sou daqueles que querem apurar a verdade, doa a quem doer. Agora, tem critérios. Eu não posso enforcar para depois julgar. Primeiro, eu preciso julgar para depois tomar as outras atitudes. *(24/11/05, Brasília – DF. Entrevista a emissoras de rádio de SP e RJ)*

**... necessita de atenção e esforço para se revelar:** Eu penso que é preciso a gente sempre ficar atento a tudo que a gente lê, a tudo que a gente vê. A gente tem que saber o que é verdade, o que é mentira, quem quer apurar ou quem quer fazer carnaval, quem está tentando ajudar ou quer atrapalhar. *(3/8/05, Garanhuns – PE. Lançamento do Plano Safra da Agricultura Familiar – 2005/2006)*

**... acaba sempre aparecendo:** Se alguns imaginaram que o presidente da República iria tomar atitudes que pudessem cercear qualquer investigação, para se fazerem de vítimas, não haverá vítima por falta de investigação. Que se investigue tudo, porque eu acho que o Brasil está precisando disso. Aquilo que for verdade vai aparecer como verdade, aquilo que for mentira vai aparecer como mentira, e um belo dia o povo brasileiro saberá fazer juízo de valor. *(15/12/05, Brasília – DF. Almoço com oficiais-generais)*

**... é percebida sempre pelo povo:** O fato dela [a imprensa] bater não impediu que eu chegasse à Presidência da República, eu cheguei, e não impediu que eu me reelegesse. A única coisa em que eu acredito é na verdade. Quem escrever a verdade, quem falar a verdade, o povo que estiver lendo ou vendo vai acreditar ou não. Quem estiver mentindo, o povo também vai saber, vai ter discernimento para saber o que é mentira e o que é verdade. *(24/8/07, Curitiba – PR. Lançamento do PAC Saneamento e Urbanização no estado do Paraná)*

**... não tem dono:** Eu não sou dono da verdade e ninguém, individualmente, é dono da verdade. A verdade é o resultado do nosso bom senso. *(17/6/03, Pelotas – RS. 11.ª Feira Nacional do Doce – Fenadoce)*

## Vergonha

[ver: orgulho]

Se alguém, em algum momento, teve vergonha do que foi, eu não tenho. Não tenho vergonha do que fui, não tenho vergonha do que sou e não tenho vergonha do que serei. *(4/6/03, São Paulo – SP. 8.º Congresso Nacional da CUT)*

**... sempre faltou aos políticos brasileiros:** Se a seca é um fenômeno da natureza, a fome causada por ela é falta de vergonha de quem governou este país durante tantos e tantos séculos. *(1/5/03, Indaiatuba – SP. Visita ao Retiro de Itaici – CNBB)*

**... não se deve ter da própria ignorância:** Eu só quero dizer que não tem tabu neste Governo, este Governo não tem tema que não possa ser discutido, nós não somos donos da verdade, nós achamos que o ser humano tem que ser sempre uma "metamorfose ambulante", sempre disposto a aprender alguma coisa nova que ainda não sabe e não ter, nunca, vergonha de dizer que não sabe. *(21/10/04, Rio de Janeiro – RJ. Abertura do 32.º Congresso Brasileiro de Agências de Viagens)*

**... camufla a realidade:** Porque não é todo ser humano que reconhece que passa fome. As pessoas têm vergonha. As pessoas não sentem orgulho de dizer: "Eu passo fome" ou "Eu não comi as calorias e as proteínas necessárias". *(20/12/04, Brasília – DF. Missa de celebração de Natal da Presidência da República)*

## Violência

[ver: bandido; cadeia; polícia; policial]

A violência só gera violência e não traz paz para ninguém. *(15/9/03, São Paulo – SP. Jantar comemorativo do 50.º aniversário da Associação Brasileira "A Hebraica" de São Paulo)*

**... no Brasil, tem crescido mais do que os salários:** Todos nós aprendemos que o Brasil era o país do futuro. E se a gente olhar as estatísticas, faz trinta anos que a massa salarial não cresce neste país. Se a gente analisar bem, a violência cresceu muito mais. Então, em alguns casos andamos para trás. *(27/3/03, São Paulo – SP. Posse do presidente da Associação Comercial de São Paulo)*

**... prejudica o turismo:** Eu, por exemplo, acho que a questão da violência no Brasil é um fator que joga contra o Brasil. Muitas vezes, eu acho que a pobreza de muitos países da América Latina e da África são ingredientes contra o nosso próprio desenvolvimento na área de turismo. A gente não precisa negar isso, mas temos que mostrar as outras coisas boas que nós temos. *(1/12/04, Salvador – BA. Abertura do Fórum Mundial do Turismo)*

**... é hipertrofiada pela mídia:** Se eu estou sentado no sofá, em São Paulo, na minha casa, pensando em fazer uma viagem para passar um final de semana no Rio de Janeiro, e eu vejo a reportagem da violência no Rio, eu não venho. Agora, a minha pergunta é a seguinte: será que o Rio é mais violento do que outros estados brasileiros? Ou será que a coisa aqui ganha uma dimensão infinitamente maior? *(2/7/07, Rio de Janeiro – RJ. Lançamento do PAC nas áreas de saneamento e urbanização no estado do Rio de Janeiro)*

**... que atinge os jovens é fruto de um Brasil que não gerou oportunidades:** E por que tem violência, normalmente envolvendo jovens de 17 anos, 14 anos ou 15 anos? É importante que a gente diga: essa meninada que está caindo na violência é filha de um Brasil que durante 26 anos não cresceu a Economia, não gerou emprego, não investiu na Educação, não investiu em oportunidades. Essa meninada é filha do descaso das autoridades. *(7/3/08, Rio de Janeiro – RJ. Assinatura de ordem de início das obras do PAC na comunidade da Rocinha)*

**... tem origem nos Governos anteriores:** O que leva um jovem a fazer um ato de insanidade, a cometer um ato ilícito, a cometer uma violência? A verdade é que durante muito tempo houve um processo de degradação da estrutura da sociedade brasileira, e isso não vai ser resolvido num curto espaço de tempo, acho que isso começou, também... não começou no meu Governo, isso começou em outros Governos. Acho que nós estamos fazendo a nossa parte. E acho que vai levar ainda alguns anos para que a gente possa devolver, como forma de contribuição e de melhoria de vida, o sacrifício que o nosso povo fez durante duas décadas e meia, em que desapareceram da porta das fábricas as placas de "precisa-se", não existiam mais. *(30/1/08, São Paulo – SP. Inauguração das novas instalações da Agência Central dos Correios de São Paulo)*

**... justifica ações do atual Governo:** A Educação que gera oportunidades é a resposta democrática contra a violência, o desalento e a exclusão. *(16/8/07, Rio de Janeiro – RJ. Visita às instalações do campus educacional do Colégio Pedro II)*

**... no passado, não era reflexo imediato da pobreza:** Mas quero dizer para vocês que toda vez que vejo uma criança, nos dias de hoje, eu me lembro que, quando eu e muitos de vocês éramos crianças, embora fôssemos tão pobres quanto as crianças de hoje, naquele tempo a gente não tinha a violência que temos hoje. *(2/10/03, Brasília – DF. Cerimônia de apresentação do programa Segundo Tempo e seus parceiros)*

**... é um problema cultural:** Ou nós acreditamos na futura geração e plantamos agora o que vamos colher daqui a 15 ou vinte anos, ou nós ficaremos apenas preocupados com o que aconteceu no passado, sem a gente plantar. E pode colocar policial na rua à vontade. Pode colocar, que esse problema da violência já é um problema cultural que precisa muito mais do que polícia para resolver, muito mais. *(21/5/06, São Paulo – SP. Inauguração da sede do Sindicato dos Comerciários de São Paulo)*

**... é fruto da falta de referências na família:** De vez em quando a gente vê na televisão alguém dizer que pobre cai na violência porque é pobre. Não é verdade, porque se fosse assim eu teria caído. Muitas vezes nós perdemos referência porque dentro da nossa própria casa a referência desapareceu. *(21/5/06, São Paulo – SP. Op. cit.)*

**... diminui ao se combater a fome:** Combater a fome e a pobreza ainda é o melhor remédio ao desafio de enfrentar o clima de frustração e desesperanças que nutrem a violência e o terrorismo. *(20/4/04, Brasília – DF. Formatura dos novos diplomatas)*

# Vontade

[ver: força]

Se um filho de pai e mãe analfabetos, se um torneiro mecânico de formação chegou à Presidência da República, vocês acreditem que, se vocês quiserem, vocês podem chegar muito mais alto do que os livros dizem que vocês podem chegar. É só ter vontade, e não parem de estudar. Eu sei que, muitas vezes, a preguiça faz a gente não fazer as coisas. Mas vocês tiveram a primeira luz. Por favor, não abandonem. Se tiverem dificuldade, vão procurar alguém. Mesmo você, Maria José [diplomada no evento], com 68 anos, sabe que uma pessoa de 68 anos que sabe ler tem mais possibilidade de arrumar um namorado do que alguém que não tem 68 anos e que não sabe ler. Pense nisso. Ezequiel [diplomado no evento], sobretudo para você, meu filho, sobretudo para você: não existe espaço na humanidade, hoje, se a gente não souber ler e escrever, trabalhar com computação. Então, você tem que pensar que o seu futuro está ligado à sua vontade política, à sua determinação. Somente você pode se ajudar. O Estado pode dar as condições, mas a vontade é sua. *(25/9/04, Rio de Janeiro – RJ. Formatura dos alunos do projeto SESI – Por um Brasil Alfabetizado)*

**... deve ser determinada por nós, não por nossos opressores:** O que nós fizemos na ONU [Organização das Nações Unidas], essa semana, é apenas uma pequena demonstração de que, quando a gente quer, a gente conquista. O que a gente não pode permitir é que o opressor determine as nossas ações, as nossas vontades. *(25/9/04, Rio de Janeiro – RJ. Op. cit.)*

**... na política, não é suficiente para fazer as coisas acontecer:** Eu acho que o importante é que as ONGs saibam – até porque tem uma ONG em Cancún – é que, depois que nós criamos o G-20, teve vários países que desistiram, porque sofreram pressões. E nós ficamos telefonando para os amigos, tentando convencê-los de que era importante estarem juntos conosco. Essa é uma tarefa muito difícil, não é uma coisa simples e fácil, que baste a gente ter vontade e dizer: vai acontecer. Às vezes, o Celso Amorim [ministro das Relações Exteriores] tem que viajar dez vezes para um país para convencer uma autoridade de que ter determinada posição é melhor para ele, para nós, é melhor para todos. *(15/6/04, São Paulo – SP. Encontro com representantes do Fórum da Sociedade Civil, na XI UNCTAD – parte II)*

**... não é suficiente quando se tem a plutocracia contra:** Não tem problema em negociar com o Chávez [Hugo Chávez, presidente da Venezuela], até porque o Chávez é um homem dotado de muita vontade política para a América do Sul. Qual é o problema? O problema é que, muitas vezes, a vontade política esbarra na plutocracia de todos os países. As coisas, muitas vezes, não andam. *(29/12/07, Brasília – DF. Bate-papo com jornalistas do Comitê de Imprensa na Presidência da República, durante café da manhã de confraternização pelo final de ano)*

# Bibliografia


AUNE, James Arnt; MEDHURST, Martins J. (orgs.). *The Prospect of Presidential Rhetoric.* Houston: Texas A&M University, 2008.

BARDIN, Laurence. *Análise de conteúdo.* Tradução: Luiz Antero Reto; Augusto Pinheiro. Lisboa: Edições 70 LDA, 2009.

BARROS, Adil de Jesus Paes de; LEHFELD, Neide Aparecida de Souza. *Projeto de pesquisa: Propostas metodológicas.* Petrópolis: Editora Vozes Ltda., 1988.

BERELSON, Bernard R; LAZARSFELD, Paul F; McPHEE, William N. Voting. *A Study of Opinion Formation in a Presidential Campaign.* Chicago: The University of Chicago Press, 1954.

BERGER, Leoni. Aquisição humana da linguagem, *in Estudo do emprego de técnicas da análise transacional e da programação neurolinguística na melhora da comunicação pessoal e organizacional.* Tese de mestrado apresentada ao Programa de Pós-Graduação em Engenharia de Produção da Universidade Federal de Santa Catarina, Florianópolis, 1999, disponível em http://www.eps.ufsc.br/disserta99/berger/cap2a.html#2.2.3 em 31 de março de 2009.

BIASOTO JUNIOR, Geraldo. Os gastos sociais do Governo Federal e a carga tributária bruta: Algumas observações. Disponível em http://www.fundap.sp.gov.br/debatesfundap/pdf/conjuntura/Os%20gastos%20sociais%20do%20Governo%20federal.pdf em 31 de março de 2009.

CAMPBEL, Karlyn Kohrs; JAMIESON, Kathleen Hall. *Deeds Done in Words, Presidential Rhetoric and the Genres of Governance.* Chicago: The University of Chicago Press, 1990.

CARGA Tributária Brasileira – 2008. Disponível em http://portal.cnm.org.br/sites/5700/5770/19022009_estudo_novo.pdf em março de 2009.

CHARAUDEAU, Patrick; MAINGUENEAU, Dominique. *Dicionário de análise do discurso.* São Paulo: Editora Contexto, 2008.

DISCURSOS, entrevistas e programas radiofônicos (*Café com o Presidente*) do presidente Luiz Inácio Lula da Silva, disponíveis em http://www.info.planalto.gov.br/static/inf_briefdiscusos.htm em 31 de março de 2009.

ESTIMATIVA do percentual do investimento direto em educação por esfera de governo em relação ao Produto Interno Bruto (PIB) – Brasil 2000

– 2007. Disponível em http://www.inep.gov.br/estatisticas/gastoseducacao/despesas_publicas/P.N._federal.htm em 31 de março de 2009.

FREITAS, Henrique; JANISSEK, Raquel. *Análise léxica e análise de conteúdo, técnicas complementares, sequenciais e recorrentes para exploração de dados qualitativos*. Porto Alegre: Sphinxis, Editora Saga Luzzatto, 2000.

HOUAISS, Antônio. *O português no Brasil: Pequena enciclopédia da cultura brasileira*. Rio de Janeiro: Unibrade e Unesco, 1985.

KRIPPENDORFF, Klaus. *Content Analysis, an Introduction to Its Methodology*. Thousands Oaks, Califórnia: Sage Publications Inc., 2004.

LIMA, Maria Emilia A.T. *A construção discursiva do povo brasileiro: Os discursos de 1.º de maio de Getúlio Vargas*. Campinas: Editora da Unicamp, 1990.

MUELLER, Suzana P.M. (org). *Métodos para a pesquisa em ciência da informação*. Brasília: Thesaurus Editora, 2007.

RIFFE, Daniel; LACY, Stephen; FICO, Frederick G. *Analysing Media Messages: Using Quantitative Content Analyses in Research*. Nova York, NY: Lawrence Erlbaum Associates, Inc. Publishers, 2005.

SCHWARTSMAN, Alexandre. "Exodus", Relatório econômico do Banco Santander disponível em http://www.schinvestment.com/home.asp?MenuTab=LatestResearch.

STUCKEY, Mary E. *Defining Americans: The Presidency and National Identity*. Lawrence, Kansas: University Press of Kansas, 2004.

TULIS, Jeffrey K. *The Rhetorical Presidency*. Princeton. Nova Jersey: Princeton University Press, 1987.

EDITORA RESPONSÁVEL
*Cristiane Costa*

PRODUÇÃO EDITORIAL
*Daniele Cajueiro*
*Ana Carla Sousa*
*Janaína Senna*

REVISÃO
*Carolina Rodrigues*
*Eduardo Carneiro*
*Guilherme Bernardo*
*Gustavo Meyer*
*Gustavo Penha*
*Mariana Elia*
*Phellipe Marcel*
*Rachel Rimas*
*Rosana Alencar*
*Shahira Mahmud*

PROJETO GRÁFICO
*Victor Burton*

DIAGRAMAÇÃO
*Ana Paula Daudt Brandão*

Este livro foi impresso no Rio de Janeiro, em julho de 2009,
pela Ediouro Gráfica, para a Editora Nova Fronteira.
A fonte usada no miolo é Proforma, corpo 8,5.
O papel do miolo é offset 75g/m², e o da capa é cartão 250g/m².

Visite o site do livro:
www.dicionariolula.com.br